lonely planet

ITALIEN

Duncan Garwood,
Federica Bocco, Julia Buckley, Virginia DiGaetano, Stefania D'Ignoti, Benedetta Geddo, Paula Hardy, Phoebe Hunt, Sara Mostaccio, Stephanie Ong, Kevin Raub, Eva Sandoval, Nicola Williams, Angelo Zinna

INHALT

Reiseplanung

Reiseziele

Basilica di Santa Croce, Florenz (S. 429)

Praktisches

Storybook

Parco Nazionale d'Abruzzo, Lazio e Molise (S. 153)

WILLKOMMEN IN ITALIEN

Unmittelbar nach dem strengen Lockdown Italiens war es seltsam und verstörend, durch die menschenleeren Straßen Roms zu gehen. Es war, als ob die Lautstärke auf Null gedreht wurde; es war einfach nicht richtig. Die Stadt brauchte den Lärm und die Energie der sonst so belebten Straßen und Plätze. Heute ist die Lautstärke wieder da. Es ist Normalität zurückgekehrt, nur dass jetzt selbst die schlichtesten Genüsse kostbar erscheinen. Und Italien hat gerade auf diesem Gebiet viel zu bieten: eine Pasta Carbonara in der Lieblingstrattoria, ein Glas Rotwein mit einer Schale gebackener *taralli* (brezelähnliche Kekse), ein Spaziergang in den herbstlichen Hügeln. Auch für die großen Momente, die auf der Bucketlist stehen, wie die Besichtigung der Sixtinischen Kapelle oder ein Tagesausflug nach Pompeji, ist Italien gut. Wenn es ein Land gibt, das die Lust am Reisen wiederbeleben kann, dann ist es Italien.

Duncan Garwood

@DuncanGarwood

Duncan lebt in Rom und ist Reiseschriftsteller sowie Autor von Reiseführern mit dem Schwerpunkt Italien und Mittelmeerraum.

Mein Lieblingserlebnis ist eine Wanderung durch die Buchenwälder und Berge des Parco Nazionale d'Abruzzo, Lazio e Molise. Bären habe ich noch nicht gesehen, aber vielleicht beim nächsten Mal.

LIEBLINGSPLÄTZE

Hier schlägt für unsere Autor:innen und Expert:innen das Herz Italiens

LINKS: CATARINA BELOVA/SHUTTERSTOCK © RECHTS: DAVESAYIT/SHUTTERSTOCK ©

Die **Basilica di San Marco** (S. 278) macht Venedig aus – wegen ihrer erhabenen Schönheit und, weil sie die oft unbeachtete Geschichte von La Serenissima erzählt. Vieles von dem, was sich hier befindet, wurde aus anderen Ländern geraubt; an der Außenseite gibt es ein Mosaik, auf dem der Diebstahl der Reliquien des Heiligen Markus dargestellt ist. Die Basilika litt stark unter Überschwemmungen, dass sie immer noch steht, zeugt von der Widerstandsfähigkeit der Venezianer:innen.

Julia Buckley

@juliathelast

Julia, einst Redakteurin für britische Zeitungen, ist heute Freiberuflerin in der Lagunenstadt.

Wie die meisten europäischen Schlösser wirkt auch **Reggia di Venaria Reale** (S. 171) vor den Toren Turins wie aus einem Fantasy-Roman. Es gibt nichts Schöneres, als wenn die Galleria Grande fast oder ganz leer ist – die Bilder, die dabei entstehen, sind nicht von dieser Welt. Dann ist da noch die Altstadt von Parasio (S. 223), die über Imperia thront – jede Ecke eine Komposition aus verwinkelten Gassen, grünen Kaskaden und dem blauen Meer.

Benedetta Geddo

@beegeddo @beegeddo

Benedetta schreibt Reiseführer und Reportagen für Lonely Planet; für den Rest ihrer Beiträge schöpft sie aus dem reichen Fundus ihrer Nerd-Kultur.

LINKS: IMAGEBROKER.COM/SHUTTERSTOCK © RECHTS: ANDREW MAYOVSKYY/SHUTTERSTOCK ©

Das **Supramonte-Massiv** (S. 723) im Norden Sardiniens ist so gewaltig, dass man sich wie ein Zwerg fühlt. Es hat etwas Abschreckendes und zugleich Verlockendes an sich, das in einem Moment einladend und im nächsten abweisend wirkt. Es stellt dich vor die Wahl: Freiheit oder Einschränkung. Allein durch seine Existenz wirkt es aufregend und kühn, genau wie Sardinien selbst.

Virginia DiGaetano

Virginia ist Autorin und Übersetzerin und wollte eigentlich nie in Italien leben, aber jetzt kann sie sich nur schwer vorstellen, woanders zu leben, vor allem wegen des Kaffees.

Apulien (S. 595) ist eine sonnige Region. Und es bietet herzliche Gastfreundschaft sowie eine magische Kombination aus Kulturgeschichte, wildem Nachtleben und unberührter Natur. Hier erstrahlen kleine Dörfer in einzigartigen Licht, und die Aromen der Küche erinnern an eine Vergangenheit, in der jede Kultur, die gekommen und gegangen ist, ihre Spuren hinterlassen hat.

Stefania D'Ignoti

@stef_dgn

Stefania ist Journalistin und hat sich auf die italienische Kultur und Gesellschaft spezialisiert, über die sie für National Geographic und BBC Travel berichtet.

LINKS: MONTICELLO/GETTY IMAGES © RECHTS: TINXI/SHUTTERSTOCK ©

Das kalabrische Dorf **Badolato** (S. 649) ist toll, weil es für die Schwierigkeiten *und* für das Potenzial dieses unbeachteten Teils Italiens steht. In den 1970er-Jahren völlig verlassen, hat es 1997 durch die freundliche Aufnahme von Bootsflüchtlingen einen spektakulären Neubeginn erlebt. Ein Besuch hier vermittelt nicht nur einen Einblick in die engen Beziehungen in einem Bergdorf, sondern regt auch zum Nachdenken über das Thema Migration an und darüber, wie Orte dadurch geprägt werden.

Paula Hardy

@paulahardy

Paula ist seit über 20 Jahren Reisejournalistin und schreibt für Lonely Planet und Zeitungen wie die Financial Times, The Telegraph und The Guardian.

Die **Mailänder Designwoche** (S. 230) ist meine Lieblingsjahreszeit, eine intensive Woche mit vielen Veranstaltungen, die Einheimische und Ausländer:innen in Scharen besuchen. Aber es lohnt sich, denn dann kann man in einer versteckten Ecke Mailands etwas Cleveres, Unerwartetes oder Schönes entdecken – von einer ehemaligen Fabrik bis zu einem alten Kloster. Ich liebe die Energie und die Kreativität, die dann in die Stadt strömen; die Veranstaltung wird jedes Jahr größer und zeigt, wie schnell Mailand und diese Region wachsen.

Stephanie Ong

Stephanie ist eine in Melbourne geborene Autorin, die sich vor 10 Jahren in Mailand niederließ und es seitdem nie bereut hat.

LINKS: MICHELE VACCHIANO/SHUTTERSTOCK © RECHTS: STRIPPEDPIXEL.COM/SHUTTERSTOCK ©

Ich lebe in Bologna, wo die Einheimischen darauf konditioniert sind, auf **Modena** (S. 375) herabzusehen, aber ich bin hingerissen von der Stadt (viele *bolognesi* waren noch nie dort!). Hier befinden sich einige meiner Lieblingsrestaurants in Italien, mein Lieblingscafé, meine Lieblingsgelateria und mein Lieblingmarkt. Ich liebe die Farben – die rostroten Orangen und feurigen Rottöne von Modena changieren stimmungsvoll mit dem Sonnenlicht. Diese kleine Stadt hat es geschafft, der Welt Ferrari, Balsamico-Essig und Pavarotti zu schenken. Man sollte einfach nicht auf die *bolognesi* hören.

Kevin Raub

@RaubontheRoad @RaubontheRoad

Kevin ist ein in Bologna ansässiger Reisejournalist und Craft-Bier-Kenner – sowie Mitautor von über 110 Lonely-Planet-Reiseführern über vier Kontinente.

Neapel (S. 544) hat vielleicht eine raue Fassade, aber wer an der mit Graffiti übersäten Oberfläche kratzt, findet Schätze jenseits aller Erwartungen. Römische Ruinen, die auf 3000 Jahre alten griechischen Straßen ruhen, magisches Blut von Heiligen, verschnörkelte Barockpaläste und die beste Pizza der Welt. Hier sollte man es langsam angehen lassen, denn Neapel ist wie eine Babuschka, die man vorsichtig Schicht für Schicht auspackt, um nicht von ihrem Inhalt überwältigt zu werden.

Eva Sandoval

@ieatmypigeon @ieatmypigeon

Eva schreibt über Gastronomie und Reisen für Publikationen wie Condé Nast Traveler, BBC Future und Fodor's Travel. Sie lebt abwechselnd in Italien sowie den USA und isst in beiden Ländern so viel wie möglich.

Wenn ich Lust auf eine Insel habe, zieht es mich nach **Favignana** (S. 706), eine der Ägadischen Inseln bei Sizilien. Ich kann nicht genug bekommen von der schnörkellosen Küche und der Unbekümmertheit, mit der hier Tuffsteinblöcke wie Legosteine verstreut herumliegen. Die Inselbewohner:innen machen keinen Versuch, ihre Insel herauszuputzen. Favignana ist zuallererst ihr Zuhause, wo der tägliche Fang in braunen Papiertüten mit *frittura mista* (gemischte Meeresfrüchte) landet und wilde Kräuter mit salzigem Wasser aus einem artesischen Brunnen zu Isola-di-Favignana-Gin verarbeitet werden.

Nicola Williams

@tripalong @tripalong

Nicola ist Reiseschriftstellerin, Trailläuferin und Bergfan.

Eine Wanderung auf den Bergkämmen oberhalb von **Carrara** (S. 479) erzeugt eine seltsame Mischung aus Ehrfurcht und Bitterkeit. Die wie verpixelt wirkenden Steinbrüche aus weißem Marmor sind ein Beweis für die Endlichkeit der Umwelt. In dem Maße, wie die Berge schwinden, erscheinen die Orte, an denen Michelangelo das Material für seine Skulpturen auswählte, heute wie Fotografien aus dem Anthropozäns – Orte, die man gesehen haben muss, um sich Gedanken darüber zu machen, was wert ist, gebaut zu werden, und was wert ist, bewahrt zu werden.

Angelo Zinna

@angelo_zinna

Angelo ist Autor, Redakteur und Fotograf in Florenz und interessiert sich für ungewöhnliche Architektur, die Umwelt und die ehemalige Sowjetunion.

DIE AUTOR:INNEN

Federica Bocco

@fedaenerys

Federica hat am Kapitel Neapel & Kampanien mitgearbeitet. Sie ist Reisende aus Leidenschaft und Autorin aus innerer Neigung, auch wenn sie sich manchmal wünscht, es wäre andersherum.

Phoebe Hunt

@phoebetravelpig

Phoebe hat Beiträge für das Kapitel über die Toskana verfasst. Sie ist Reiseschriftstellerin und lebt in Florenz – sie hat an vier Reiseführern und unzähligen Artikeln über Italien und mehr gearbeitet.

Sara Mostaccio

@fritha

Sara hat am Kapitel über Sizilien mitgearbeitet. Sie ist Journalistn und Podcasterrin.

Turin
Im Hinterland der Stadt die Paläste der Könige bewundern (S. 164)
Mailand
Die neueste Designer-Mode kaufen (S. 230)
Dolomiten
Inmitten hochragender Felskathedralen wandern (S. 314)
Venedig
Die architektonische Pracht der Stadt der Kanäle bestaunen (S. 268)
Urbino
Fern des Massenandrangs in Renaissancekunst schwelgen (S. 521)
Toskana
Durchs Chianti-Weinbaugebiet radeln (S. 448)
0
200 km
DEUTSCHLAND
München
Salzburg
ÖSTERREICH
Innsbruck
Zürich
SCHWEIZ
Rhein
BUDAPEST
UNGARN
Klagenfurt
Tarvisio
SLOWENIEN
LJUBLJANA
SERBIEN
Cortina d'Ampezzo
Dolomiten
Meran
Bozen
Cima Brenta
TRIENT
FRIAUL-JULISCH-VENETIEN
Udine
Belluno
Trient
VENETIEN
Genf
Mont Blanc (Monte Bianco)
Aosta
Monte-rosa
Lugano
Comer See
Lago Maggiore
Como
LOMBARDEI
Bergamo
Garda-see
Vicenza
Treviso
Triest
Rijeka
Gran Paradiso
Mailand
Brescia
Verona
Padua
Venedig
PIEMONT
Turin
Asti
Piacenza
Cremona
Po
Mantua
Parma
Ferrara
Pula
Krk
Cres
KROATIEN
BOSNIEN & HERZEGOVINA
Briançon
Alba
Alessandria
Modena
Bologna
Ravenna
Pag
Zadar
Cuneo
Savona
Genua
LIGURIEN
Apuanische Alpen
Monte Pisanino
EMILIA-ROMAGNA
FRANKREICH
La Spezia
Pistoia
Rimini
SAN MARINO
MONACO
Nizza
San Remo
Golf von Genua
Lucca
Pisa
Arno
Florenz
Livorno
San Gimignano
Arezzo
Urbino
Ancona
Split
Brač
Hvar
Vis
Korčula
Siena
UMBRIEN
MARKEN
Adria
MONTENEGRO
TOSKANA
Perugia
Assisi
Ascoli Piceno
Dubrovnik
Elba
Grosseto
Orvieto
Tevere
Terni
Corno Grande
ABRUZZEN
Pescara
PODGORICA
Bastia
Orbetello
Giglio
Viterbo
LATIUM
L'Aquila
Monte Amaro
KORSIKA

Sardinien
In La Pelosa den idealen Strand genießen (S. 708)
Rom
Vor Michelangelos weltberühmten Meisterwerken in Verzückung geraten (S. 58)
Neapel
Die beste Pizza der Welt genießen (S. 550)
Pompeji
Mit Schaudern die Ruinen im Schatten des Vesuvs betrachten (S. 560)
Matera
In den uralten Höhlensiedlungen herumstöbern (S. 628)
Civitavecchia
ROM
Tivoli
Avezzano
Sulmona
Termoli
Vieste
MOLISE
Campobasso
Frosinone
Foggia
Barletta
Bari
Caserta
KAMPANIEN
Vesuv (Vesuvio)
Neapel
Pompeji
Ischia
Capri
Sorrento
Agropoli
Potenza
Matera
APULIEN
Brindisi
Lecce
Otranto
Gallipoli
Taranto
Golfo di Taranto
BASILIKATA
Appenino Lucano
Monte Cervati
Sapri
Monte Pollino
Rossano
Cosenza
KALABRIEN
Monte Gariglione
Crotone
Catanzaro
Tropea
Tyrrhenisches Meer
Liparische Inseln
Stromboli
Lipari
Vulcano
Salina
Messina
Milazzo
Montalto
Reggio Calabria
Ajaccio
Bonifacio
Santa Teresa di Gallura
Olbia
Sassari
SARDINIEN
Alghero
Nuoro
Oristano
Punta La Marmora
Iglesias
Cagliari
Carbonia
Mittelmeer
Palermo
Trapani
Marsala
Cefalù
Pizzo Carbonara
Taormina
Ätna
Caltanissettà
Enna
Catania
Agrigent
SIZILIEN
Gela
Syrakus
Ragusa
Ionisches Meer
Annaba
TUNIS
TUNESIEN
ALGERIEN
MALTA
VALLETTA

MEISTERWERKE DER KUNST

Mit einigen der größten Kunstwerken der Welt hat Italien wahrhaft Außergewöhnliches zu bieten. Italienische Kirchen und Museen sind vollgepackt mit unschätzbaren Meisterwerken. Historische Straßen und Plätze sind geschmückt mit Skulpturen und Springbrunnen von Künstler:innen der Spitzenklasse. Von klassischen Statuen und byzantinischen Mosaiken bis hin zu Renaissance-Fresken, barocken Skulpturen und futuristischen Gemälden ist Italiens Erbe ohne Konkurrenz – es ist das Ergebnis von etwa 3000 Jahren bahnbrechenden künstlerischen Schaffens.

Online buchen

Mit ihren herausragenden Sammlungen gehören Italiens Kunstmuseen zu den meist besuchten Europas. Wer nicht Schlange stehen will, sollte das Ticket vorab online buchen.

Kirchenkunst

Wer kein Museumsfan ist, kann seinen Kunsthunger in Italiens reich verzierten Kirchen stillen. Dort ist der Eintritt meistens frei.

Eintrittsfreie Sonntage

Als Teil der Initiative *Domenica al Museo* bieten viele der staatlichen Museen in Italien am ersten Sonntag des Monats freien Eintritt.

BESTE KUNSTERLEBNISSE

Die Augen gen Himmel auf Michelangelos berühmte Fresken in der **Sixtinischen Kapelle** ❶ richten und die Papstkirche sowie die Vatikanischen Museen besuchen. (S. 95)

Das letzte Abendmahl von Leonardo da Vinci in der **Basilica di Santa Maria delle Grazie** ❷ in Mailand bewundern. (S. 231)

In der **Galleria degli Uffizi** ❸, dem führenden Kunstmuseum in Florenz, die weltberühmten Renaissance-Gemälde bestaunen. (S. 411)

Sich in der **Basilica di San Vitale** (S. 396) und der **Basilica di Sant'Apollinare Nuovo** ❹ (S. 398) in Ravenna von den überwältigenden frühchristlichen Mosaiken beeindrucken lassen.

Den wie in weichen Marmor gehüllten *Cristo velato*, das Highlight der **Cappella Sansevero** ❺ in Neapel, bewundern. (S. 550)

ANTIKE RELIQUIEN

Von Tempeln und Friedhöfen bis hin zu Amphitheatern, Arenen und Aquädukten – Italiens Vergangenheit zeigt sich im Landschaftsbild des ganzen Landes. Die Griechen und Etrusker waren die Wegbereitenden, das Bedeutendste hinterließen aber die Römer: Monumentale Gebäude, Fernstraßen und ausgeklügelte urbane Infrastrukturen. Über 2000 Jahre sind seither vergangen und ihr Vermächtnis ist in das Gefüge des Landes eingeflochten: Straßen verlaufen hinter historischen Aquädukten, Metro-Stationen befinden sich in unterirdischen Ruinen, in Gladiatoren-Arenen ertönen Opern.

Beste Zeit

Große Städte sollte man frühmorgens oder spätnachmittags besichtigen, um die größte Hitze und die Menschenmassen zu umgehen. Frühjahr und Herbst eignen sich am besten für Sightseeing-Touren.

Lesen

Beschilderungen und Infos sind in Italiens archäologischen Parks oft rar gesät. Es zahlt sich aus, einen Plan oder ein Buch mit Erklärungen im Gepäck zu haben.

Kulturveranstaltungen

In vielen antiken Sehenswürdigkeiten werden vor allem im Sommer Konzerte und Kulturveranstaltungen geboten. Vorab checken lohnt sich.

Tempio di Dioscuri, Tal der Tempel (S. 697)

BESTE ANTIKE STÄTTEN

Beim Erklimmen der Tribünen des **Kolosseums** ❶, dem größten Gladiatoren-Amphitheater des Römisches Reichs, sich das Gebrüll der Massen vorstellen. (S. 66)

Den Spuren derer folgen, die in **Pompeji** ❷ lebten, arbeiteten und starben. Die berühmt-berüchtigte Stadt wurde durch den verheerenden Ausbruch des Vesuvs zerstört. (S. 560)

In **Veronas Römischer Arena** ❸, dieser traumhaften Location für die alljährlich stattfindenden Opernfestspiele, die Musik auf sich wirken lassen. (S. 352)

Erotische Fresken und unzählige beeindruckende Hügelgräber auf den etruskischen Grabanlagen in **Cerveteri** und **Tarquinia** ❹ im nördlichen Latium entdecken. (S. 140)

Die symmetrische Schönheit und die Ingenieurskunst der griechischen Tempel im **Tal der Tempel** ❺ in Agrigent bewundern. (S. 696)

WUNDER AUS DER KÜCHE

In nur wenigen Ländern herrscht eine solche Begeisterung fürs Essen wie in Italien. Die Speisen werden aus frischen Produkten der Saison zubereitet, und das kulinarische Know-how wurde von Generation zu Generation verbessert. Historische Plätze und Strandpromenaden sorgen für unvergessliche Kulissen. Regionale Spezialitäten gibt es im Überfluss und egal wo man hier isst, man isst immer gut – sei es nun in einer Trattoria in Familienhand, einer lauten Hinterhofpizzeria oder einem schicken Restaurant am Hafen.

Wo?

Neben Trattorien und *ristoranti* (Restaurants) kann man auch in Pizzerien, *osterie* (Tavernen/Weinbars) und *agriturismi* (Bauernhöfe) essen.

Wann?

Als Faustregel gilt: *pranzo* (Mittagessen) 13–14.30 Uhr, *aperitivo* (Drink vor dem Abendessen) 17–20 Uhr, *cena* (Abendessen) 19.30–21.30 Uhr.In Süditalien isst man in der Regel später als in Norditalien.

Die ganze Mahlzeit

Eine ganze Mahlzeit besteht aus *antipasto* (Vorspeise), *primo* (Pasta- oder Reisgericht), *secondo* (Fleisch oder Fisch), *contorno* (Salat oder Gemüsebeilage) und *dolce* (Dessert).

VON LINKS: ROSSHELEN/SHUTTERSTOCK ©, BELT944/SHUTTERSTOCK ©, THEARTOFPICS/ALAMY STOCK PHOTO ©

Pizzeria Da Michele, Neapel (S. 552)

BESTE ESSERLEBNISSE

Die allerbeste Holzofen-Pizza bekommt man in **Neapel** ❶, in der Stadt, in der die Pizza Margherita zu Ehren der Königin Margherita di Savoia erfunden wurde. (S. 550)

Wer wissen will, wie Italien schmeckt, sollte in einer Trattoria in **Bologna** ❷ *tagliatelle al ragù* (die ursprünglichen Spaghetti Bolognese) bestellen. (S. 368)

In **Palermo** ❸ einen göttlichen Street-Food-Snack genießen. Der Renner ist *arancino*, gebratene Reisbällchen gefüllt mit etwas *ragù* und geschmolzenem Käse. (S. 662)

Man sollte es den Römern gleichtun und auf den **Castelli Romani Hügeln** ❹ *porchetta* (entbeintes und mit Kräutern geröstetes Schwein) und andere Spezialitäten in einer *fraschetta* probieren. (S. 148)

In einem *trullo* (rundes Steinhaus) in **Alberobello** ❺ lernen, wie man die für Apulien typischen *orecchiette* oder „Kleine Ohren"-Pasta zubereitet. (S. 600)

HIGHLIGHTS DER ARCHITEKTUR

Auf der Suche nach Inspirationen hatten Architekt:innen lange Zeit Italien im Visier. Stets haben die Aufsehen erregenden klassischen Monumente den Maßstab für architektonische Ambitionen und technische Innovation gesetzt. Auch die Kirche spielte eine Glanzrolle. Sie protegierte die großen Architekten der damaligen Zeit, die so Grenzen durchbrechen und immer größere Kirchen bauen konnten. Herausgekommen ist ein Land voller außergewöhnlicher Gebäude, von gotischen Kathedralen und Renaissance-Palästen bis hin zu barocken Basiliken und modernen Öko-Wolkenkratzern.

Kostenlos

Um Italiens architektonische Ikonen zu erkunden, braucht man beim Bummel durch die historischen Orte und Städte nur die Augen aufzusperren.

Goldene Zeit

Viele Monumentalbauten sind am frühen Abend am schönsten, wenn die Sonne untergeht und alles in ein sanft goldfarbenes Licht taucht.

Lesen

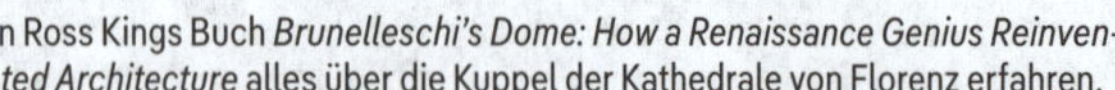

In Ross Kings Buch *Brunelleschi's Dome: How a Renaissance Genius Reinvented Architecture* alles über die Kuppel der Kathedrale von Florenz erfahren.

Das Pantheon, Rom (S. 77)

BESTE ARCHITEKTUR-ERLEBNISSE

Das bedeutendste technische Meisterwerk der alten Römer, die rekordverdächtige Kuppel des **Pantheons** ❶ in Rom, bewundern. (S. 77)

Das exotische Schauspiel von Palermos arabisch-normannischer Architektur in der **Cappella Palatina** und dem **Palazzo dei Normanni** ❷ bestaunen. (S. 663)

Den Anblick, den Venedigs **Palazzo Ducale** ❸ (Dogenpalast), dieses am Meer stehende Meisterwerk der venezianischen Gotik aus dem 14. Jh. bietet, auf sich wirken lassen. (S. 277)

In Florenz von oben die Skyline und Brunelleschis revolutionäre rot gedeckte Kuppel des **Duomo** ❹ bewundern. (S. 408)

Sich an der Pracht des *barocco leccese* (**Lecceser Barock**) in der apulischen Stadt Lecce, die auch „Florenz des Südens" ❺ genannt wird, erfreuen. (S. 607)

TRAUMSTRÄNDE & INSELHOPPING

Vier Meeren und einer 7600 km langen Küste ist es zu verdanken, dass es in Italien einige der besten Strände am ganzen Mittelmeer gibt. Egal ob man auf der Suche nach einer kleinen idyllischen von Felsen gesäumten Bucht oder nach einem Sandstrand mit azurblauem Wasser ist, irgendwo findet jeder einen Ort nach seinem Geschmack. Und wer gerne mit dem Boot fährt, kann von Bucht zu Bucht schippern und mit Fähren über Meerengen zu Inseln wie Sizilien und Sardinien fahren. Auch viele Binnen-, Lagunen- und Vulkaninseln warten darauf, entdeckt zu werden.

Strände

Strandabschnitte gehören oft zu privaten Clubs, die Eintritt nehmen. Wer nicht bezahlen möchte, kann an eine *spiaggia libera* (freier Strand) gehen.

Fähren

Italiens Inseln werden von einer ganzen Flotte von Fähren und Tragflügelbooten angesteuert. Sie verkehren das ganze Jahr, im Sommer fahren sie weitaus öfter und die Ticketpreise sind höher.

Inselaufenthalte

Viele Inseln werden im Rahmen eines Tagesausflugs besucht, wer eine Insel aber wirklich kennenlernen will, sollte Übernachtungen einplanen.

Spiaggia della Pelosa, Sardinien (S. 737)

BESTE STRÄNDE & INSELERLEBNISSE

Der Anblick von **La Pelosa** ❶, diesem perfekten Strand auf Sardinien, ist ein wahrer Augenschmaus – ein grandioser Strand auf einer Insel voller grandioser Strände. (S. 737)

An der **Costa degli Dei** ❷ im Boot durch die Buchten und vorbei an Stränden schippern und so den perfekten Badespot an der kalabrischen Küste finden. (S. 645)

Hinausfahren zu der **Spiaggia delle Due Sorelle** ❸, den besten Strand an der Riviera del Conero in Marken. (S. 529)

Sonne tanken an den schwarzen Sandstränden **Strombolis** ❹, Siziliens explosivstem Vulkan auf den Liparischen Inseln. (S. 678)

Inselhopping im **Golf von Neapel** ❺, vom mondänen Capri (beliebter Tagesausflug) zum coolen Procida und weiter nach Ischia mit ihren Thermalquellen, der größten und erschlossensten Insel. (S. 566)

Cappella degli Scrovegni, Padua (S. 347)

UNBEKANNTE KLEINODE

Jeder hat schon mal was vom Kolosseum und von Pompeji gehört, aber das Land hat zahlreiche Kultur- und Naturschätze zu bieten, die kaum im Rampenlicht stehen, aber einen bleibenden Eindruck hinterlassen. Die Palette reicht von Höhlenbehausungen und bewaldeten Bergen bis hin zu skelettartigen römischen Ruinen und Renaissance-Kunstwerken.

Sehenswertes in der Provinz

Nicht nur die Großstädte, auch Italiens Provinzstädte und kleinere Zentren haben zahlreiche Meisterwerke und historische Funde zu bieten.

Alternative Highlights

Unter *lonelyplanet.com/articles/alternative-italy-5-new-places-to-discover* sind alternative Ziele in Italien angegeben, z.B. Kap Gargano in Apulien und das Weingebiet Langhe in Piemont.

BESTE ALTERNATIVE ERLEBNISSE

In **Ostia Antica** ❶ antike Theater und erstaunlich gut erhaltene Mosaiken bewundern. (S. 128)

Sich in Paduas **Cappella degli Scrovegni** ❷ anschauen, wie Giotto mit seinem Fresko-Zyklus die Kunst revolutioniert hat. (S. 347)

Eine Gänsehaut bekommen bei dem Gedanken, in **Matera** ❸ in den *sassi* (Höhlenwohnungen) zu leben. (S. 628)

In **Turins Museen** ❹ in Kinogeschichte, Autokultur und antike Ägyptologie eintauchen. (S. 164)

Im **Parco Nazionale d'Abruzzo, Lazio e Molise** nach Braunbären Ausschau halten ❺. S. 152)

DIE WEINKARTE

Von edlen Rotweinen bis hin zu Roséweinen, von prickelnden Weißweinen bis zu süßen Dessertweinen – Italiens Weinkarte hat für jeden Geschmack den richtigen Tropfen zu bieten. Wer etwas über Weine erfahren möchte, nimmt an Verkostungen und Touren durch die Weinberge teil. Man kann aber auch einfach nur zu einer ausgedehnten, geselligen Mahlzeit oder beim vorabendlichen *aperitivo* das eine oder andere Gläschen probieren.

Regionale Vielfalt

Jede Region erzeugt ihre eigenen Weine. Einige haben einen bekannten Namen wie Barolo aus Piemont oder Prosecco aus Venetien, andere muss man selbst entdecken.

Qualitätsstufen

Qualitätsstufen für italienische Weine sind: DOCG (Denominazione di Origine Controllata e Garantita; s. Abb.); DOC (Denominazione di Origine Controllata); IGT (Indicazione Geografica Tipica); *vino da tavola* (Tafelwein).

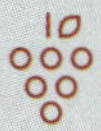

Weingüter besuchen

Man sollte vorab reservieren, denn Besichtigungen ohne Voranmeldung werden nicht immer akzeptiert. Auf Verkostungsgebühren wird manchmal verzichtet, wenn man ein paar Flaschen Wein kauft.

BESTE WEINE

Italiens beliebtesten Schaumwein in Venetien auf der **Strada del Prosecco** ❶, der ältesten Weinstraße Italiens, entdecken. (S. 361)

In Piemont in der Gegend um die **Langhe-Hügel** ❷ Barolo und Barbaresco in den gleichnamigen Dörfern kosten. (S. 173)

In der Toskana durch das **Chianti-Weingebiet** ❸ fahren, an historischen Weingütern anhalten und die hiesigen Weine probieren. (S. 462)

Den süßen Dessertwein Malvasia in einer familiengeführten Kellerei auf der Liparischen Insel **Salina** ❹ genießen. (S. 677)

Den besten Weißwein der Welt, den Verdicchio dei Castelli di Jesi, in den alten Weingütern in **Marken** ❺ ausfindig machen. (S. 526)

SHOPPEN BIS ZUM UMFALLEN

Modeboutiquen und Flagship-Stores, Märkte, Feinkostgeschäfte und Kunsthandwerksläden – Italien hat für jeden Geschmack und jeden Geldbeutel etwas zu bieten. Viele Geschäfte befinden sich seit Generationen in Familienhand, andere hingegen waren einst kleine Läden, die aufgrund des klassischen Designs und der qualitativ hochwertigen Verarbeitung jetzt weltweit bekannte Marken sind.

Was kaufen?

Kleidung und Schuhe sowie handgefertigte Lederartikel, Glaswaren und Majolika-Keramik (s. Abb.). Man kann sich auch mit Wohnaccessoires und Leckereien eindecken.

Öffnungszeiten

Als Faustregel gilt: Mo–Sa 9.30–13 & 15.50–19.30 Uhr. In den Innenstädten sind die Geschäfte über Mittag und Sonntagvormittag geöffnet.

Schlussverkauf

Wer seine Reise richtig plant, kann Designer-Klamotten für den Bruchteil des normalen Preises ergattern. *Saldi* (Schlussverkäufe) finden im Januar und Juli statt.

BESTE SHOPPING-ERLEBNISSE

Zusammen mit Wohlhabenden durch die Boutiquen im **Quadrilatero D'Oro** ❶, Mailands erste Shopping-Adresse, stolzieren. (S. 234)

Die Farben, Geräusche und Gerüche auf Venedigs historischem **Rialto Markt** ❷ in sich aufsaugen. Frühmorgens ist am meisten los. (S. 284)

Abends eine *passeggiata* (Spaziergang) auf der **Via del Corso** und der **Via dei Condotti** ❸ unternehmen und die mondänen Luxusgeschäfte Roms besuchen. (S. 91)

In **Meran** ❹, einer Stadt in den Dolomiten, über den festlichen tiroler Weihnachtsmarkt bummeln. (S. 326)

Wie in den Büchern von Charles Dickens beschrieben in die Menschenmenge auf **Palermos Straßenmärkten** ❺ eintauchen. (S. 662)

San Gimignano (S. 462)

BERGDÖRFER

Italiens Berge und Hügel sind übersät mit unzähligen historischen Städten, von denen viele noch aus der Antike stammen. Sie sind im ganzen Land verstreut, aber vor allem in Mittelitalien, d. h. in Umbrien und Marken befindet sich auf so ziemlich jedem Hügel ein netter mittelalterlicher Ort.

Auto parken & Loslaufen

Meistens zahlt es sich aus, sein Auto außerhalb des historischen Zentrums zu parken und den Ort zu Fuß zu erkunden.

Jährliche Feste

Viele Bergdörfer legen Wert auf mittelalterliche Feste, um einen Schutzheiligen zu feiern oder einem historischen Ereignis zu gedenken.

BESTE BERGDÖRFER

Von **Ravello** ❶ den Blick auf die Amalfiküste genießen, die von Wagner bis Gore Vidal wohl schon alle bezaubert hat. (S. 580)

Tagesausflug nach **San Gimignano** ❷ unternehmen, das wegen der jahrhundertealten Wolkenkratzer auch „Manhattan des Mittelalters" genannt wird. (S. 462)

Die Renaissance-Architektur in **Urbino** ❸, eines der vielen historischen Bergdörfer in Marken und Umbrien, bewundern. (S. 521)

In **Tivoli** ❹ die zum UNESCO-Kulturerbe gehörenden Renaissance-Gärten und gewaltigen römischen Ruinen besichtigen. (S. 143)

Sich an der prächtigen normannischen Architektur und den exquisiten Mosaiken in **Monreale** ❺ erfreuen. (S. 669)

RUF DER WILDNIS

Der Ruf der Wildnis wirkt in Italien wie ein Sog. Schneebedeckte Berge in den Alpen, rauchende Vulkane im Süden, Gletscherseen und Salzlagunen sowie Steilküsten und ungezähmte Inselwildnis, Italiens Landschaft bietet ein großartiges Outdoor-Vergnügen. Im ganzen Jahr kann man die unterschiedlichsten Sportarten ausüben. Wer es weniger sportlich mag, fährt über die Landstraßen und erfreut sich an der Wahnsinnslandschaft, die sich hinter jeder Kurve offenbart.

Nationalparks

In Italien gibt es 25 Nationalparks mit ganz unterschiedlichen Landschaften – von in den Himmel ragenden Bergen und Wäldern bis hin zu Feuchtgebieten, Küstenklippen und Inselgruppen.

Tiere

Mit etwas Glück kann man in den Bergen Gämsen, Steinböcke, Steinadler, Wanderfalken und sogar Marsische Braunbären zu Gesicht bekommen. (s. Abb.)

Wandertipps

Das beste Wetter zum Wandern ist im Frühjahr (April–Juni) und im Frühherbst (Sept.). Die Wege sind in der Regel mit rot-weißen Symbolen gekennzeichnet.

VON LINKS: MNSTUDIO/SHUTTERSTOCK ©, CLAUDIO BOTTONI/SHUTTERSTOCK ©, YUESTOCK/SHUTTERSTOCK ©

Wandern, Tre Cime di Lavaredo (S. 338)

BESTE ERLEBNISSE IN DER WILDNIS

Wie wär's mit einer Wanderung um die **Tre Cime di Lavaredo** ❶, diese in den Himmel ragenden, für die Dolomiten charakteristischen Felsspitzen im Pustertal. (S. 338)

In den Abruzzen von der Hochebene Campo Imperatore den **Gran Sasso** ❷, den höchsten Berg der Apenninen, erklimmen. (S. 155)

Mit den Göttern über den **Sentiero degli Dei** ❸, einen faszinierenden Küstenweg entlang der Berge an der Amalfiküste laufen. (S. 583)

Die dramatische Küstenlandschaft in Sardiniens **Parco Nazionale del Golfo di Orosei e del Gennargentu** ❹ genießen. (S. 729)

Auf einer Wanderung in der ruhigen Hügellandschaft alles über die Mythen der **Monti Sibillini in Marken** ❺ erfahren. (S. 537; s. Abb. links außen)

VILLEN & PALÄSTE

Schon in der Antike haben Italiens Herrschende keine Kosten gescheut, die besten Künstler und Architekten für die Gestaltung ihrer Wohnstätten zu beschäftigen. Das Ergebnis ist eine bemerkenswerte Anzahl kaiserlicher Paläste, königlicher Residenzen, Renaissance-Landhäuser und aristokratischer Villen. Viele dieser Gebäude beherbergen heute Museen und wunderbare Kunstsammlungen und alle bezeugen den Wohlstand und die Ambitionen der früheren Besitzer:innen. Ein Besuch lohnt sich unbedingt.

VON LINKS: VIACHESLAV LOPATIN/SHUTTERSTOCK ©, EDDY GALEOTTI/SHUTTERSTOCK ©, CRISTALV/SHUTTERSTOCK ©

Der erste Palazzo

Das Wort „Palazzo“ (wie auch das Wort „Palast“) stammt vom lateinischen Namen des Hügels Palatin („Palatium“) in Rom ab (s. Abb.), wo römische Herrschende in dem kaiserlichen Hauptpalast lebten.

Publikumslieblinge

Die Renaissance war eine lukrative Zeit zum Bauen, da Paläste im ganzen Land wie Pilze aus dem Boden schossen – von Vicenza und Mantua bis nach Ferrara, Urbino (s. Abb.) und Florenz.

Gärten & Anwesen

Viele der königlichen Residenzen in Italien haben große Gärten, die man oft unabhängig von dem Besuch des Hauptgebäudes besichtigen kann.

La Rotonda, Vicenza (S. 356)

BESTE PALÄSTE

Beim Anblick des unglaublichen Luxus der **Reggia di Caserta** ❶, Süditaliens Schwanengesang auf das Barock, muss man einfach nach Luft schnappen. (S. 563)

Vicenzas **La Rotonda** und die zum UNESCO-Welterbe gehörenden Paläste des genialen Renaissance-Architekten Andrea Palladio ❷ auf sich wirken lassen. (S. 356)

Im nördlichen Hinterland von Turin lohnt der Besuch der **Reggia di Venaria Reale** ❸, dieser luxuriösen Residenz des Herzogs von Savoyen und Rivalin von Versailles. (S. 171)

Mantuas Renaissance-Architektur betrachten. Wie wär's mit dem monumentalen, aus 500 Räumen bestehenden **Palazzo Ducale** und dem **Palazzo Te** ❹ mit seinen unzähligen Fresken? (S. 266)

Das aristokratische Dekor des **Palazzo Reale** ❺, der Hauptattraktion mehrerer genuesischer Paläste, die unter dem Namen Palazzi dei Rolli bekannt sind, bestaunen. (S. 199)

STÄDTE & REGIONEN

Entdecke dein Sehnsuchtsziel.

Turin & Piemont

GESCHICHTE UND GENÜSSE

Das Piemont, das sich an die französische Grenze schmiegt, bietet viele Dinge für viele Menschen. Stadtmenschen kommen in Turin, der kosmopolitischen, modernen Hauptstadt der Region, voll auf ihre Kosten, Outdoor-Fans können sich in den schneebedeckten Alpen austoben und Feinschmecker:innen können sich an Weltklasseweinen und an der dekadenten Küche laben.

S. 158

Mailand & die großen Seen

WOHLSTAND, KULTUR UND NATURSCHÖNHEITEN

Von Kunstgalerien und Designstudios bis hin zu mittelalterlichen Palästen und Alpenseen bietet dieser Teil Norditaliens urbanen Schwung und mondänen Schick am Wasser. Mailand ist der Hauptanziehungspunkt und ebnet den Weg zu charmanten Städten wie Bergamo und Mantua sowie zu den großen Seen wie dem Comer See, dem Lago Maggiore und dem Gardasee.

S. 224

Italienische Riviera

DIE MELODIE DES MEERES

Die italienische Riviera, eingezwängt zwischen steil abfallenden Bergen und dem Ligurischen Meer, bietet mondäne Urlaubsorte, eine atemberaubende Küstenlandschaft und Fischereidörfer mit salziger Luft. Das Herzstück ist Genua, eine der großen Hafenstädte Italiens, – einerseits kultiviert, aristokratisch und andererseits eher trist. Im Osten locken die Cinque Terre mit ihrer reizvollen Küstenlandschaft.

S. 190

Florenz

POSTKARTEN-SCHÖNHEIT

Florenz ist ein Muss auf jeder Italienreise und eine der am meisten geschätzten Kunststädte Europas. Das makellose Stadtbild der Renaissance ist vollgepackt mit hochkarätigen Museen und weltberühmten Kunstwerken. Neben den Meisterwerken Michelangelos und den Palazzi der Medici laden die Weinbars an den Plätzen zum Genießen und die Kunsthandwerksläden zum Stöbern ein.

S. 402

Toskana

ROTWEIN, STAUBIGE STRASSEN, HÜGEL MIT SCHLÖSSERN UND BURGEN

Bereits seit die Kunstschaffenden der Renaissance die toskanische Landschaft im Bild festgehalten haben, zieht es Reisende auf der Suche nach dem italienischen Ideal in die Region. Und das aus gutem Grund: Sie ist eine herrliche Komposition aus sanften Hügeln und Chianti-Weinbergen, mittelalterlichen Städten und inspirierenden gotischen Kathedralen.

S. 448

Die Dolomiten & der Nordosten

MAJESTÄTISCHE BERGE, ALPINE KULTUR, BERÜHMTE WEINE

Mit einem guten Glas Prosecco kann man auf das Triveneto anstoßen, eine historische Region, die Trentino-Südtirol, Friaul-Julisch-Venetien und Venetien umfasst. Im Norden der Region erheben sich die Dolomiten, die zu den spektakulärsten Landschaften Italiens gehören. In niedrigeren Lagen warten kulturelle Reichtümer in Verona, Vicenza und Padua auf ihre Entdeckung.

S. 314

Venedig

DIE „SERENISSIMA"' – STADT DER KUNST

Mit seinen märchenhaften Kuppeln, gotischen Fassaden, Gondeln und romantischen Wasserstraßen ist Venedig eine Stadt wie keine andere. Doch trotz ihrer offensichtlichen Schönheit ist sie auch eine Stadt der Geheimnisse, eine Stadt der atmosphärischen Winternebel und versteckten Gärten, der verschlafenen *campi* (Plätze) und der verwitterten *bacari* (Bars).

S. 268

Bologna & Emilia-Romagna

GASTRONOMISCHE KÖSTLICHKEITEN, HISTORISCHE SCHÄTZE

Die Emilia-Romagna, die nicht nur schnelle Autos und Opernstars hervorgebracht hat, sondern auch einige der berühmtesten Gerichte Italiens, nährt die Seele und regt den Appetit an. Von den roten Säulengängen des mittelalterlichen Bologna über das mosaikverkleidete Ravenna bis hin zu Riminis neuer Strandpromenade – hier gibt es jede Menge kulinarische Genüsse, Kunst und Unterhaltung.

S. 362

Umbrien & Marken

DAS VERBORGENE HERZ ITALIENS

Das gewellte Zentrum Italiens ist geprägt von hübschen Städten auf Hügeln. Dazu gehören vor allem Perugia, Assisi, Urbino und Orvieto – allesamt mit gut erhaltenen mittelalterlichen Stadtkernen und Kunstschätzen. Ansonsten kann man in den brütenden Monti Sibillini wandern und an den Stränden der Riviera del Conero die Sonne genießen.

S. 504

Süditalien
auf S. 30/31

Toskana
S. 448

Rom

ITALIENS LEGENDÄRE HAUPTSTADT

Eindrucksvolle Ruinen, ehrfurchtgebietende Kunst und ikonische Monumente vereinen sich in Rom, Italiens charismatischer und energiegeladener Hauptstadt, zu einem aufregenden Erlebnis. Nach der Pandemie wird die Stadt von reiselustigen Besuchern überschwemmt, die nach dem Motto „carpe diem" (nutze den Tag) das dolce vita genießen wollen.

S. 58

Latium & Abruzzen

ANTIKE GESCHICHTE & HOCH AUFRAGENDE BERGE

Die Region Latium, die oft im Schatten der regionalen Hauptstadt Rom steht, wird nur selten ins Rampenlicht gerückt – aber mit Weltkulturerbestätten, etruskischen Gräbern, vulkanischen Seen und Sandstränden hat sie einiges vorzuweisen. Im Osten liegt die Apenninregion der imponierenden Abruzzen mit ihren uralten Buchenwäldern und schroffen Bergen.

S. 130

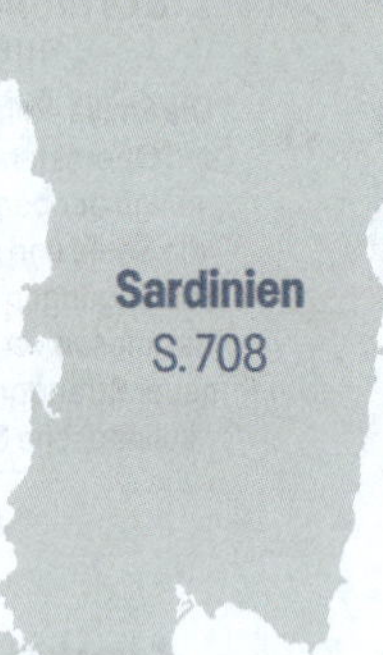

Sardinien

WANDELN AUF DEN SPUREN VON RIESEN

Sardinien hat mehr zu bieten als spektakuläre Strände und abgeschiedene Buchten. Das kultivierte Stadtleben blüht in Cagliari und dem im Norden gelegenen Sassari, während das wilde Landesinnere einen Einblick in den Geist der Insel gibt, der sich in prähistorischen Ruinen, leidenschaftlichen Festivals und moderner Straßenkunst ausdrückt.

S. 708

Sizilien

ANTIKE RUINEN & ABENTEUER UNTER DEM VULKAN

Die fruchtbare Vulkanlandschaft Siziliens hat sich im Laufe der Geschichte der Fremdherrschaft zu einem faszinierenden kulturellen Mischmasch entwickelt, der von antiken griechischen Tempeln bis zu normannischen Kathedralen und barocken Basiliken reicht. Dazu kommen aquamarinblaues Meer und eine reichhaltige, arabisch inspirierte Küche – und schon hat man alle Zutaten für einen unvergesslichen Aufenthalt im Süden beisammen.

S. 656

Apulien

TARALLI & WEIN

Italiens Stiefelabsatz ist ein Paradies für Gourmets, eine Bastion der *cucina povera* (Armeleuteküche) der alten Schule und der Gastfreundschaft des Südens. Neben kulinarischen Genüssen kann man in Lecce extravagante Barockarchitektur und in Alberobello seltsame Häuser mit kegelförmigen Dächern bewundern. Das Valle d'Itria ist wie geschaffen für entschleunigendes Reisen und der Gargano lädt zum Wandern und zu magischen Meerblicken ein.

S. 594

Neapel & Kampanien

GESCHICHTE & MYTHEN

Vor dem Hintergrund des brodelnden Vesuvs ist Neapel eine aufregende Stadt mit Gassen wie aus einem Roman von Dickens und fürstlichen Palästen, ergreifender Kunst und traumhaften Ausblicken. Auf der anderen Seite liegt die Region Kampanien mit der dramatischen Amalfiküste, den beklemmenden Ruinen von Pompeji und den Thermen und Meereshöhlen auf den vorgelagerten Inseln.

S. 544

Kalabrien & Basilikata

GESCHICHTE INMITTEN VON STEILEN BERGEN

Italiens Stiefelspitze, ländlich und bei Reisenden aus dem Ausland wenig bekannt, bietet einen ungeschminkten Einblick in das Leben im sonnendurchglühten Süden. Der Tourismus beschränkt sich weitgehend auf die herrlichen Strände der Region und die Felsenstadt Matera; wer sich ins Landesinnere wagt, kann in den drei Nationalparks weitläufige Gebiete unberührter Berglandschaften erkunden.

S. 622

BESTE REISEZEIT

Italien ist ein ganzjähriges Reiseziel. Hier kommen Traveller das ganze Jahr über auf ihre Kosten.

Seit Pilger nach Rom zogen und antikenbegeisterte Aristokraten ihre Grand Tour absolvierten, strömen Reisende nach Italien. Die besten Jahreszeiten, um ihren Spuren zu folgen, Sightseeing zu betreiben, Touren zu unternehmen und saisonales Essen zu genießen, sind der Frühling und der Herbst. Im Hochsommer sind die Strände voll belegt, weil sich die Städte leeren und Urlaubende zur Küste strömen. Der Winter wiederum verspricht Spaß und Entspannung in den vielen Skiresorts des Landes.

Bei der Planung eines Besuchs sollte man auch die Festivalprogramme und den religiösen Festkalender des Landes im Blick haben. Große kulturelle und geschäftliche Events können ganze Großstädte in Beschlag nehmen, und die Festtage der Heiligen und große religiöse Feste können für Massenandrang und Spitzen bei den Unterkunftspreisen sorgen.

Kurz & knapp: Unterkünfte

In vielen Städten gibt es keinen klar definierten Unterschied zwischen Haupt- und Nebensaison. Als Faustregel gilt, dass die Unterkünfte hier zwischen November und März am günstigsten sind. An der Küste steigen die Preise im August in schwindelerregende Höhen, man kommt also besser im Juni, Juli oder Anfang September.

LOCAL TIPP

WINTERSPORT

Denis Falconieri ist Journalist und Autor für Lonely Planet Italien. Er lebt in Aosta und ist ein begeisterter Wanderer, Kletterer und Skifahrer. ***(@denisfalconieri)***

Ich liebe es, das ganze Jahr über in den Bergen zu leben. Im Februar und März sind die Skihänge im Aostatal hinreißend, und es fehlt wahrlich nicht an Gelegenheiten zu organisierten Skitouren. Was Bergsteigen und das Klettern auf den *vie ferrate* betrifft, da haben die Dolomiten einige prächtige Felswände zu bieten, die im Juni und September am besten sind.

Sa Sartiglia, Oristano (S. 731)

SCHNEEFÄLLE

Schnee ist in den Alpen und Apenninen zwischen November und März, manchmal auch noch später, garantiert. Es schneit auch in tieferen Lagen, aber wann und in welcher Menge ist kaum vorherzusehen.

Reisewetter (Rom)

JANUAR	**FEBRUAR**	**MÄRZ**	**APRIL**	**MAI**	**JUNI**
Max. ø-Temp.: **12° C**	Max. ø-Temp.: **13° C**	Max. ø-Temp.: **16° C**	Max. ø-Temp.: **19° C**	Max. ø-Temp.: **23° C**	Max. ø-Temp.: **27° C**
Regentage: **7**	Regentage: **7**	Regentage: **7**	Regentage: **7**	Regentage: **6**	Regentage: **4**

DER WIND AUS DER SAHARA

Vor allem im Süden Italiens ist es nicht ungewöhnlich, an einem Frühlings- oder Sommermorgen aufzuwachen und zu sehen, dass draußen alles von einer Staubschicht bedeckt ist. Schuld daran ist der *scirocco*, ein heißer Südwind, der Sand aus der nordafrikanischen Wüste Sahara mit sich führt.

Karneval, Prozessionen & Palio

Bevor die Fastenzeit beginnt, wird überall im Land groß der **Karneval** gefeiert. In Venedig feiern Maskierte, in Viareggio jubeln die Massen auf riesigen Wagen aus Pappmaschee. **Februar**

Prozessionen auf Italiens Straßen prägen das **Osterfest.** Die Römer:innen strömen zum Petersplatz, um sich vom Papst segnen zu lassen (S. 97); die Florentiner:innen veranstalten ein Feuerwerk an der Kathedrale von Florenz (S. 408). **März oder April**

Die Piazza del Campo in Siena ist Schauplatz des **Palio** (S. 454), eines wagehalsigen Pferderennens zwischen kostümierten Jockeys. Jeder Reiter repräsentiert einen der mittelalterlichen *contrade* (Bezirke) der Stadt. **Juli und August**

Darstellende Künstler:innen erobern beim **Festival dei Due Mondi** die steilen Straßen von Spoleto. Mehr als zwei Wochen lang stehen in der umbrischen Stadt Kunstausstellungen, Oper, Ballett und klassische Musik auf dem Programm. **Juni–Juli**

Sportliche Highlights

Maskierte Reiter:innen zeigen bei der **Sa Sartiglia** furchtlose Reitakrobatik, während Prozessionen im Rhythmus kostümierter Trommler marschieren. Das historische Karnevals-Event findet in der sardischen Stadt Oristano statt (S. 731). **Februar**

Kostümierte Spieler gehen sich in Florenz beim **calcio storico** (historischen Fußballmatch; S. 433), das zu Ehren des Schutzheiligen der Stadt veranstaltet wird, mächtig zu Leibe. **Juni**

Der Spätsommerhimmel über **Urbino** (S. 521) zeigt eine unerwartete Farbenpracht, wenn Tausende Drachen während der Festa dell'Aquilone über der Renaissancestadt schweben. **September**

Während der **Corsa degli Zingari** rennen Hunderte abgehärtete Läufer:innen barfuß über steinige Bergpfade in den Abruzzen nahe der Kleinstadt Pacentro (S. 153). **September**

LOCAL TIPP

SEGELN IM WINTER

Andrea Balzer ist Segellehrerin und Teilnehmerin der Sunfish World Championships von 2022. Sie segelt in den Gewässern vor Torvaianica an der Küste Latiums. (*@andrea.balzer*)

Jede Jahreszeit hat ihre Eigenschaften, die das Meer einzigartig machen. Ich bewundere das und betreibe meinen Sport das ganze Jahr über. Ich liebe es, im Winter herauszufahren, wenn es kalt und windig ist und außer mir kaum jemand sonst auf dem Wasser ist. Dennoch gibt's das beste Wetter zum Segeln meiner Meinung nach im Spätfrühling bzw. Frühsommer.

Parco Naturale Regionale delle Madonie (S. 119)

REGNERISCHES ROM

Tatsächlich regnet es in Rom mehr als in London. Der Unterschied ist aber, dass Regenfälle in Rom vorhersehbarer sind, überwiegend zwischen Oktober und Februar.

JULI	AUGUST	SEPTEMBER	OKTOBER	NOVEMBER	DEZEMBER
Max. ø-Temp.: **31° C**	Max. ø-Temp.: **31° C**	Max. ø-Temp.: **27° C**	Max. ø-Temp.: **22° C**	Max. ø-Temp.: **17° C**	Max. ø-Temp.: **13° C**
Regentage: **3**	Regentage: **3**	Regentage: **7**	Regentage: **8**	Regentage: **9**	Regentage: **8**

TRIFF DIE ITALIENER:INNEN

Leidenschaft und Herzlichkeit sind Klischees, die oft mit Italiener:innen verbunden werden. Aber es gibt viel mehr zu entdecken, als Filme vermuten lassen. Nicht wundern, wenn einem ein Ohr abgekaut wird! BENEDETTA GEDDO stellt ihr Volk vor.

Fragt man Leute, was ihnen bei Italiener:innen zuerst in den Sinn kommt, so wird man häufig hören, dass sie mit den Händen reden. Und das ist auch absolut wahr. Eine Unterhaltung, bei der man seine Vorstellungen nicht mit einer ausgreifenden Geste – und dem einen oder anderen Schimpfwort – unterstreicht, wäre keine wirkliche Unterhaltung.

Wir sprechen mit unseren Händen, weil wir leidenschaftliche Menschen sind. Wir lieben unsere Küche, unseren Sport und unser unveräußerliches Recht, über alles zu klagen, nur um zu klagen. Wir lieben unseren langen, goldenen Sommer – lange drei Monate jedes Jahr, in denen alles möglich und alles schön zu sein scheint, weil es draußen um 21 Uhr immer noch hell ist.

Wir sind durch viele Dinge miteinander verbunden, darunter die gemeinsame Liebe für unser Erbe. Wir können einen respektlosen Umgang damit gar nicht leiden: Also bitte nicht in Brunnen springen und keine Steine von archäologischen Stätten mitnehmen! Wir sind durch tiefe Familienbande miteinander verbunden, die manchmal ein Segen der Gemeinschaft und der Liebe und manchmal eine Last von Verpflichtungen und Erwartungen darstellen. Und wir sind durch den prägenden Einfluss verbunden, den die Katholische Kirche immer noch in unserem Land besitzt – obwohl die Italienische Republik keine Staatsreligion hat, ist der Einfluss des Katholizismus auf alle Aspekte des italienischen Lebens unverkennbar.

Gleichzeitig sind die regionalen Unterschiede in kaum einem Land ausgeprägter als in Italien. Immerhin ist das heutige Italien vergleichsweise jung. Die Vereinigung erfolgte erst 1861, und dafür standen hier Königreiche gegen Herzogtümer, das Österreichische Kaiserreich und den Kirchenstaat. Heute bezeichnen wir uns zwar als Italiener:innen, fügen aber immer gleich die Region an, aus der wir stammen.

Das geht alles auf jene Jahrhunderte zurück, in denen wir in unterschiedlichen Republiken und Königreichen lebten. Wenn man sich durchs Land bewegt, hört man überall eine andere Klangfarbe und Intonation – das regionale Italienisch des Veneto hat sehr wenig mit auf Sizilien gemein, und dabei spreche ich noch nicht einmal von den unterschiedlichen Dialekten. Immer noch herrscht böses Blut zwischen dem Norden und dem benachteiligten Süden. Und auch zwischen manchen Nachbarstädten herrscht eine leidenschaftliche Abneigung, da braucht man sich nur in der Toskana umzuhören. Unsere schwierige Politik ist immer ein Lieblingsthema für Schimpftiraden.

Oberflächlich wirkt Italien wie eine zum Leben erweckte Filmkulisse, angefangen mit der Form des Landes, das wie ein Stiefel in der Mitte des Mittelmeers sitzt. Blickt man aber tief, über die malerischen Kleinstädte hinaus, entdeckt man ein wunderschönes Land mit echten, vielschichtigen Menschen. Und wenn wir uns Aug in Auge gegenübergesessen hätten, würde ich meine Ausführungen gewiss mit einer eindrucksvollen Reihe von Gesten untermalt haben.

WIE VIELE & WIE ALT?

Italien hat eine Bevölkerung von knapp über 60 Mio. Menschen. Wie in vielen anderen westlichen Ländern liegt das Durchschnittsalter recht hoch: Mehr als die Hälfte der Einwohner:innen sind über 45 Jahre alt, und ihr Anteil wird noch weiter zunehmen.

ICH BIN ITALIENERIN, ABER MEINE GESCHICHTE IST NUR EINE UNTER VIELEN …

Ich wurde in Piemont in Norditalien geboren, wo meine Familie schon seit Generationen lebt, und bin hier aufgewachsen. Alles hier erweckt bei mir Heimatgefühle. Die Wurzeln, die ich in Piemont habe, sind stark und fest, und sie sind nur stärker geworden, als ich nach Jahren anderswo zurückkam, um wieder hier zu leben.

Meine Geschichte ist für Italien durchaus typisch, aber definitiv nicht die einzige. Dieses Land ist schließlich seit eh und je ein Einwanderungsland. Andererseits gibt es eine lange Geschichte von Italiener:innen, die im 19. und 20. Jh. auswanderten. Und diese Geschichte hält auch heute noch an. Laut Angaben des italienischen Statistikamts ISTAT sind in den letzten zehn Jahren fast eine Million Menschen ausgewandert.

Und eingewandert? ISTAT meldet, dass rund 8 % der Menschen, die gegenwärtig in Italien leben, Einwander:innen sind. Die größten Kontingente kommen aus Rumänien, Albanien, Marokko, China und der Ukraine.

Blick vom San Miniato al Monte über Florenz (S. 442)

BESTENS VORBEREITET AUF ITALIEN

Nützliches zum Vorbereiten und Einstimmen.

Kleidung

Legere Eleganz Im modebewussten Italien spielt das Aussehen eine sehr große Rolle. Für den Restaurantbesuch in einer Stadt sollte man sich locker elegant kleiden. Im Sommer sind Shorts, T-Shirts und Sandalen für Stadtbesichtigungen und Strandbesuche in Ordnung. Im Frühjahr und Herbst sollte man eine leichte Regenjacke im Gepäck haben. Im Winter ist dicke Kleidung angesagt.

Schuhe und Hüte Ein Hut kann im Sommer lebensrettend sein, vor allem in großen archäologischen Stätten, wo oft nur wenig Schatten ist. Feste Schuhe sind ein weiteres Muss, denn Kopfsteinpflasterstraßen sind für Fersen und Knöchel eine Herausforderung – Pompeji in Pumps ist keine gute Idee.

Dresscodes In vielen berühmten religiösen Stätten gilt eine strenge Kleiderordnung. Wer in den Petersdom oder den Markusdom in Venedig möchte sollte Schultern, Rumpf sowie Oberschenkel bedecken.

Etikette

Es ist höflich, in Geschäften, Restaurants und Bars zur **Begrüßung** *„buongiorno“* (Guten Tag) oder *„buona sera“* (Guten Abend) zu sagen.

Es ist okay, Pizza mit den Händen zu essen. Einfach in Stücke schneiden und zu Dreiecken zusammenklappen.

Italiener:innen geben gewöhnlich nur wenig Trinkgeld. Den Rechnungsbetrag in Pizzerien und Trattorien aufrunden; in feinen Restaurants sind 5 % bis 10 % üblich.

LESEN

Der Leopard (Giuseppe Tomasi di Lampedusa, 1958) Historischer Roman, der die Erinnerung an die sozialen Bewegungen in Sizilien in Zeiten des Risorgimento wachruft.

Meine geniale Freundin (Elena Ferrante, 2012) Erster Band der neapolitanischen Saga über die Freundschaft von zwei Mädchen im Neapel der Nachkriegszeit.

SPQR: Die tausendjährige Geschichte Roms (Mary Beard, 2015) Die berühmte Altphilologin erweckt in ihrer Geschichte das alte Rom zum Leben.

La Bella Figura: A Field Guide to the Italian Mind (Beppe Severgnini, 2007) Der italienische Journalist Severgnini schreibt geistreich über seine Landsleute.

Sprechen

ciao (tchau) – „Hallo" oder „Tschüss" wird zu Freunden oder Familienmitgliedern gesagt, dazu gibt's wahrscheinlich einen Kuss auf jede Wange.
buongiorno (buon dschor no) oder **buona sera** (buo na se-ra) ist formell für „Guten Tag" oder „Guten Abend".
arrivederci (a-ri-ve-der-tschi) heißt „Auf Wiedersehen".
per favore (per fa-vo-re) heißt „Bitte".
grazie (gra-tsjye) heißt „Danke", die traditionelle Antwort ist prego (pre-go) „Bitte".
come stai? (ko-me stai) ist die lockere Version von „Wie geht es dir?". Man kann auch **come va?** (ko-me va) „Wie geht's?" oder formeller **come sta?** (ko-me sta) sagen.
scusa (sku-za) oder formeller **scusi** (sku-zi) heißt „Entschuldigung", wenn man Aufmerksamkeit auf sich ziehen will. Wenn man im Gedränge an jemandem vorbei will, sagt man **permesso** (per-mes-so).
ecco (e-ko) „Hier". Es kann auch lo oder la folgen, je nach Geschlecht der übergebenen Sache.
hai ragione (ai ra-dschio-ne) bedeutet „Du hast recht".
boh (bo) ist das italienische Äquivalent von „keine Ahnung", oft auch mit gleichzeitigem Achselzucken. Es ist die klassische Antwort von Teenagern auf so ziemlich jede Frage.
basta (ba-sta) bedeutet, „Es reicht" oder „Stopp"; z.B. wenn jemand etwas zu trinken einschenkt oder ein Markthändler Obst auf die Waage legt.
un po' (un poh) ist umgangssprachlich für poco „ein wenig" wie auf die Frage „Möchten Sie noch etwas Wein?" **Si, un po'**. („Ja, ein wenig.")

ANSCHAUEN

La grande bellezza – Die große Schönheit (Paolo Sorrentino, 2013) Eine Beschreibung Roms als komplexe, schöne Stadt mit einem moralisch bankrotten Kern.

Cinema Paradiso (Giuseppe Tornatore, 1988; Abb.) Eine Geschichte über das Erwachsenwerden anhand der Freundschaft eines Jungen und eines Filmvorführers.

Das süße Leben (Federico Fellini, 1960) Fellinis Klassiker mit Marcello Mastroianni und Anita Ekberg bei einem Flirt im Trevibrunnen.

Call Me By Your Name (Luca Guadagnino, 2017) In seiner seichten Lovestory beschreibt Timothée Chalamet verschiedene Orte im Norden.

REINHÖREN

Die drei Tenöre im Konzert (Luciano Pavarotti, José Carreras, Plácido Domingo; 1990) Die erste Zusammenarbeit der drei Opernmaestrosy

Teatro d'ira: Vol. I (Måneskin; 2021) Das zweite Album des ESC-Gewinners. Weltweit bekannt wurde die Rockband mit ihrem Hit „Zitti e buoni".

La voce del padrone (Franco Battiato; 1981) Das meistverkaufte Album, das Italiens heißgeliebten Singer-Songwriter zum Superstar machte.

Sig. Brainwash – l'arte di accontentare (Fedez; 2013) Platin-Album des italienischen Rappers und Partner des Social-Media-Stars Chiara Ferragni.

PAOLO GALLO/SHUTTERSTOCK ©

Spaghetti alle vongole, Neapel (S. 550)

ESSEN WIE DIE LOCALS

Italien ist ein Land, das gern isst, in dem das Essen einen zentralen Platz einnimmt und die kulinarischen Traditionen mit Stolz gepflegt werden.

Von wegen Politik und Fußball – in Italien wird über kein Thema so leidenschaftlich diskutiert wie übers Essen. Alle haben eine Meinung dazu und sind bereit, diese zu äußern, oft in entschiedener Form. Essen ist ein Thema, das die Gemüter erhitzt.

Schließlich ist Italien sowohl das Ursprungsland der mediterranen Ernährung als auch die Geburtsstätte der Slow-Food-Bewegung. Doch italienische Köchinnen und Köche haben auch schon lange vorher das praktiziert, was die Bewegung propagiert: die Verwendung von saisonalen, regionalen Zutaten. Dabei stand und steht ihnen natürlich Italiens reichhaltige Auswahl an sonnenverwöhnten Produkten zur Verfügung.

Die italienische Küche ist berühmt für ihre Regionalität, und wo immer man hinkommt, findet man Spezialitäten, die auf lokalen Traditionen und überlieferten Rezepten beruhen. Doch so unterschiedlich die Rezepte und Zutaten auch sein mögen, die Leidenschaft, die hinter dem Stolz steht, ist universell, und ob in Palermo oder Parma, es gibt keine anregenderen Worte als „*buon appetito*".

Die italienische Speisekammer

In einer italienischen Küche finden sich generell eine Reihe von klassischen Vorräten. Da wäre die Pasta: *pasta secca* (getrocknete Pasta) für den täglichen Gebrauch und vielleicht *pasta fresca* (frische Pasta) für das Mittagessen am Sonntag. Auch der Brotkasten wird gefüllt sein, meist mit einem am selben Tag gekauften Laib. Eine Flasche Olivenöl und etwas Balsamico-Essig zum Anmachen von Salaten und Würzen. In einer dunklen Ecke verbergen sich wahrscheinlich

Unbedingt probieren!

PIZZA MARGHERITA
Klassische Pizza mit Tomaten, Mozzarella und Basilikum.

TAGLIATELLE AL RAGÙ
Das Original der Spaghetti Bolognese: lange Bandnudeln mit Fleischsauce.

RISOTTO ALLA MILANESE
Mailands typisches Reisgericht, zubereitet mit Knochenmark und Safran.

BISTECCA ALLA FIORENTINA
Das legendäre Steak aus Florenz, ein riesiges T-Bone-Steak aus Chianina-Rindfleisch.

auch Hülsenfrüchte. Im Kühlschrank warten in Papier eingewickelter dünn geschnittener Schinken, Hartkäse zum Reiben und weichere Käsesorten als kleine Snacks.

Regionale Spezialitäten

Welche Art von Nudeln, Schinken oder Käse es gibt, hängt davon ab, wo im Land man sich befindet. In Emilia-Romagna sind Eiernudeln wie Tagliatelle und Tortellini sehr beliebt, während man in Umbrien Strangozzi (eine Art eckige Spaghetti) liebt und die Einheimischen in Apulien nicht genug von ihren Orecchiette („kleine Ohren") bekommen können. Ebenso gibt es unzählige Variationen von Schinken und Wurstwaren, von Parmas berühmtem Prosciutto über Mortadella aus Bologna bis hin zu trockengesalzenem Speck aus Südtirol (Trentino). Auch Käse-Fans haben die Qual der Wahl zwischen *parmigiano reggiano* (Parmesan) aus dem Norden, Gorgonzola und Mozzarella oder Burrata aus dem Süden.

Was die Italiener:innen trinken

Für Millionen von Italiener:innen gehört der *caffè* (Kaffee) am Morgen zum Tagesablauf. Er wird in einer Bar im Stehen getrunken oder zu Hause in einer *caffettiera* (Espressokanne) zubereitet und besteht aus einem starken, dunklen Kaffee, den Nicht-Italiener:innen als Espresso bezeichnen würden. Am späteren Vormittag und nach dem Mittagessen kann noch ein weiterer Kaffee getrunken werden. Cappuccino ist eine akzeptable Alternative, aber nur am Morgen.

Zu den Mahlzeiten oder bei einem Snack am frühen Abend ist Wein das Getränk der Wahl. In der Regel liegt man mit einem regionalen Wein nicht falsch, sei es ein Barolo aus dem Piemont, ein Chianti aus der Toskana oder ein Valpolicella aus Verona.

ALESSANDRO CRISTIANO/SHUTTERSTOCK ©

Barolo-Wein, Alba (S. 175)

DAWN DAMICO/SHUTTERSTOCK ©

FESTE RUND UMS ESSEN

Girotonno (S. 721) Die winzige sardinische Insel San Pietro feiert dieses Fest im Juni zu Ehren des beliebten Thunfischs der Region.

Festa delle Rose (S. 205) In der kleinen ligurischen Stadt Busalla wird im Juni das Fest der Rosen gefeiert, die zum Aromatisieren von Likören und Süßigkeiten verwendet werden.

Festa te la Uliata (S. 599) Bei diesem Fest im Juli in Caprarica di Lecce im Salento steht das apulische Streetfood im Mittelpunkt.

Festival del Prosciutto di Parma (S. 367) Jedes Jahr im September präsentiert Parma seinen weltberühmten Schinken.

Eurochocolate (S. 515) Das mittelalterliche Zentrum von Perugia ist im Oktober Schauplatz einer Hommage an alles, was mit Schokolade zu tun hat.

Fiera Internazionale del Tartufo Bianco d'Alba (S. 175) Köchinnen und Köche sowie Gourmets strömen im Oktober nach Alba, um die sündhaft teuren Weißen Trüffel zu schlemmen.

Eurochocolate, Perugia (S. 515)

SPAGHETTI ALLE VONGOLE
Die beliebte Kombination aus Spaghetti und Venusmuscheln.

PORCHETTA
Mit Kräutern gewürzter Rollbraten vom Schwein, der in der Regel kalt serviert wird.

POLENTA
Ein Maismehl-Brei aus dem Norden, der als Beilage wie Reis oder Nudeln gereicht wird.

CICHETI
Venezianische Bar-Snacks, eine Art italienische Tapas.

Lokale Spezialitäten

Hier unsere Auswahl an kulinarischen Klassikern und gastronomischen Herausforderungen.

Pastagerichte für jeden Tag

Spaghetti aglio olio Mit Öl, Knoblauch und (wer will) Chili.

Spaghetti carbonara Mit dicker Eiersauce mit Schweinespeck.

Pasta al pesto Mit einer Paste aus Basilikum, Knoblauch, Pinienkernen und Parmesan.

Pasta e ceci Herzhafte Mischung aus Pasta und Kichererbsen.

Streetfood & Snacks

Pizza al taglio Pizzastücke sind der perfekte römische Snack.

Arancini Sizilianische frittierte Reisbällchen, gefüllt mit *ragù* (Fleischsauce), Erbsen und Käse.

Porchetta-Brötchen Gewürzter Schweinebraten in einem knusprigen Brötchen.

Focaccia genovese Dünne Focaccia aus Genua, mit Olivenöl und grobem Salz.

Panzerotti Frittierte Teigtaschen mit Tomaten und Mozzarella.

Süße Leckereien

Gelato Der Himmel im Hörnchen.

Cannoli Knusprige Teigrollen, gefüllt mit cremigem Ricotta.

Sfogliatelle Blätterteiggebäck, gefüllt mit Ricotta und kandierten Früchten.

Arancini

Tiramisu Klassiker in der Trattoria, aus Kaffee, Schokolade, Mascarpone und Löffelbiskuits.

Panettone Weihnachtskuchen mit kandierten Früchten.

Innereien

Il quinto quarto Römische Gourmets können vom „fünften Viertel" (d.h. den Innereien des Tieres) nicht genug bekommen. Besonders beliebt sind *pajata* (Kalbsdärme), *trippa* (Kutteln), *animelle* (Bries) und *coda alla vaccinara* (Ochsenschwanz).

Lampredotto In Florenz isst man Kuhmagen, der gekocht, in Scheiben geschnitten, gewürzt und im Brötchen serviert wird.

Pani ca meusa Streetfood-Fans schwören in Palermo auf die Sandwiches mit in Schmalz gebratener Rindermilz und -lunge.

GESCHMACKS-ERLEBNISSE

Osteria Francescana (S. 375) Das Restaurant von Superstar-Koch Massimo Bottura in Modena verspricht ein Gourmet-Feuerwerk.

Enoteca Pinchiorri (S. 434) Erlesene toskanische Küche bietet dieses mit drei Michelin-Sternen ausgezeichnete Restaurant in Florenz.

Gagini (S. 667) Ein Renaissancekunstatelier bildet die Kulisse für moderne Spitzenküche in Palermos einzigem Michelin-Sternerestaurant.

Dattilo (S. 644) Die Aromen Kalabriens werden in Caterina Ceraudos mit einem Michelin-Stern ausgezeichnetem *agriturismo* (Landgasthof) geboten.

Trattoria al Gatto Nero (S. 313) Fangfrisches Seafood auf der venezianischen Laguneninsel Burano.

Bislakko Cioccoristoreria (S. 184) Das Top-Restaurant in Vercelli bietet zeitgenössische Piemont-Küche.

SAISONALE KÜCHE

FRÜHLING

Der Frühling bringt eine reiche Gemüseernte. Ein römischer Favorit ist *carciofo* (Artischocke), die in zwei Gerichten die Hauptrolle spielt: *carciofo alla giudia* (frittiert) und *carciofo alla romana* (mit Knoblauch und Minze, langsam gedünstet).

SOMMER

Die italienischen Märkte quellen über vor frischen Produkten: Auberginen, leuchtend rote Paprikaschoten, Pfirsiche, Feigen, Wassermelonen und Zitronen von der Amalfiküste. Für Seafood-Fans ist es eine gute Zeit für *cozze* (Miesmuscheln).

HERBST

Der Herbst wird von erdigen Aromen bestimmt: geröstete Kastanien, Pilze, Trüffel. Die Jagdsaison bringt eine große Auswahl an Wildbret mit sich, z.B. *cinghiale* (Wildschwein), das in Eintöpfen und Fleischsaucen verarbeitet wird.

WINTER

Herzhaftes Gemüse harmoniert mit *lenticchie* (Linsen), *ceci* (Kichererbsen) und *fagioli* (Bohnen), um wärmende Winter-Minestrone und Suppen anzureichern. Und für den Vitaminhaushalt sind sizilianische Blutorangen die ideale Medizin.

Restaurantterrassen, Burano (S. 309)

SCOTTYELLOX/SHUTTERSTOCK ©

Neptunskulptur im Parco dei Mostri (S. 141)

OUTDOOR-ERLEBNISSE

Die Gebirgslandschaft und vier Seen in Italien bieten das ganze Jahr über vielfältige Aktivitäten wie alpines Skifahren, Wandern, Radfahren und alle Arten von Wassersport.

Mit zwei Gebirgszügen, vielen Flüssen und Seen sowie einer rund 7600 km langen Küste ist Italien das reine Outdoor-Paradies. Von den nördlichen Alpen bis zum südlichen Apennin finden Wintersportler:innen ideale Bedingungen. Im Sommer kann man in den gleichen Bergen herrlich wandern und Rad fahren. Auf Wassersportfans warten tolle Tauchspots, Wildwasserrafting und Kajakfahrten in abgelegene Meereshöhlen.

Wandern

Italien verfügt über Tausende von Kilometern an *sentieri* (markierte Wege), die sich für Verschiedenes eignen: von mehrtägigen Trekkingtouren bis zu familienfreundlichen Kurzwanderungen. Die anspruchsvollsten Wege befinden sich in den Alpen und Dolomiten. Im Süden locken atemberaubende Wanderungen in den Abruzzen, den Monti Sibillini in Umbrien und in den Marken. Noch weiter südlich wandert man auf den Spuren der Gottheiten an der Amalfiküste entlang, im Gargano oder in den Bergen von Kalabrien und Basilikata.

Auf großes Interesse stoßen in den letzten Jahren auch die alten Pilgerwege, allen voran die Via Francigena, die von der Schweizer Grenze durch unzählige Regionen nach Rom führt. Besonders schön sind die Abschnitte in der Toskana.

Um die größte Hitze und extreme Menschenmassen zu vermeiden, sollte man kei-

Outdoor-Sport

KLETTERN
Die *vie ferrate* (Klettersteige mit Klammern und Seilen) der **Brenta-Dolomiten** (S. 331) sind sehr anspruchsvoll.

TAUCHEN
Vor **Maratea** (S. 635) am Tyrrhenischen Meer wartet ein herrliches Tauchgebiet.

SCHNORCHELN
Im tiefblauen Wasser vor **Cefalù** (S. 671) kann man ausgezeichnet schnorcheln.

FAMILIEN-ABENTEUER

Wunderbare Stalaktiten und Stalagmiten in den **Höhlen von Frasassi** in den Marken (S. 532) bestaunen.

Der **Parco dei Mostri** in Bomarzo (S. 141) im nördlichen Latium ist voller **unheimlicher Statuen und fantastischer Erscheinungen**.

Einem Vulkanausbruch nachspüren auf den schwarzen Lavahängen des **Ätna** (S. 684) oder auf der Liparischen Insel **Stromboli** (S. 678).

Im **Parco Nazionale d'Abruzzo, Lazio e Molise** (S. 153) **Ausschau nach Braunbären halten**.

Einen Tag lang mit dem Boot durch die kleinen Buchten der **Costa degli Dei** (S. 647) in Kalabrien schippern.

In der Lagune von Venedig bei einer Bootstour mit **Torcello Birdwatching** (S. 313) die lokale Tierwelt und eine alte Friedhofsinsel kennenlernen.

nesfalls im August kommen, sondern im Frühjahr (von April bis Juni) oder September. Die Tourismusinformationen bieten umfangreiches Informationsmaterial und verkaufen teilweise auch spezielle Wanderkarten.

Skifahren & Snowboarden

Italien hat einige der besten Ski- und Snowboardgebiete in Europa. Die Besten befinden sich in den nördlichen Alpen, einige sehr gute auch im Apennin, insbesondere in den zentralen Abruzzen. Sogar auf Sizilien (Ätna) und Sardinien (östliches Gennargentu) kann man Ski fahren. Die großen Wintersportorte haben Weltklasseniveau und bieten das ganze Spektrum von Hügeln für Unerfahrene bis zu schwarzen Pisten.

Die Skisaison dauert von Dezember bis Ende März, doch in Trentino-Südtirol, im Aostatal, am Mont Blanc und Matterhorn (Monte Cervino) kann man das ganze Jahr über Ski fahren. Januar und Februar sind in der Regel die besten Monate, allerdings ist es dann auch überall voll und teuer.

BEST OF

Die Karte auf S. 44 zeigt die besten Outdoor-Orte und -Routen.

Wandern auf dem Ätna (S. 684)

NAPOLEONKA/SHUTTERSTOCK ©

Radfahren

Egal ob Rennrad, Mountainbike oder Tourenrad, hier ist für alle etwas dabei. Die Tourismusinformationen bieten Broschüren zu Radwegen und auch geführte Touren. In den meisten Städten und wichtigen Ferienorten gibt's einen Fahrradverleih.

Viele alpine Skiorte geben ihre Pisten im Sommer als Mountainbiketrails frei. Die herausforderndsten Trails finden sich in den Brenta-Dolomiten in Trentino-Südtirol, aber auch im benachbarten Venetien (Colli Euganei).

Weitere Top-Reiseziele zum Radfahren sind die Region Chianti in der Toskana und das Valle d'Itria in Apulien mit seinen strahlend weißen Häusern. Abseits der Küste locken noch der barocke Südosten Siziliens und das wilde Supramonte-Gebirge auf Sardinien.

KAJAKFAHREN
Viele Strände und Höhlen der **Liparischen Inseln** (S. 675) sind nur mit dem Meerkajak oder Stand-up-Paddelboard zu erreichen.

RAFTING
Wildwasserrafting ist in der spektakulären **Raganello-Schlucht** (S. 639) in Kalabrien möglich.

SEILRUTSCHEN
Im **Parco Nazionale della Majella** (S. 154) über die Dächer des mittelalterlichen Bergdorfs Pacentro sausen.

WINDSURFEN
Der **Lago Trasimeno** (S. 517), Italiens viertgrößter See, liegt mitten in Umbrien.

ACTION AREAS

Die besten Outdoor- Erlebnisse in Italien.

Ski-/Snowboardfahren

1. Sestriere, Piemont (S. 172)
2. Monterosa, Piemont & Aostatal (S. 187)
3. Sellarunde, Dolomiten (S. 333)
4. Roccaraso, Abruzzen (S. 157)
5. Ätna, Sizilien (S. 684)

Naturschutzgebiete

1. Parco Nazionale dello Stelvio (S. 332)
2. Parco Nazionale delle Cinque Terre (S. 214)
3. Parco Nazionale dell'Appennino Tosco-Emiliano (S. 383)
4. Parco Nazionale d'Abruzzo, Lazio e Molise (S. 153)
5. Parco Nazionale del Gargano (S. 619)
6. Parco Nazionale dell'Aspromonte (S. 654)
7. Parco Nazionale del Golfo di Orosei e del Gennargentu (S. 728)

Kajak- & Kanufahren

1. Liparische Inseln, Sizilien (S. 675)
2. Maratea, Basilikata (S. 635)
3. Raganello-Schlucht, Kalabrien (S. 639)
4. Lago Trasimeno, Umbrien (S. 517)
5. Comer See (S. 249)

Wandern

1. Drei Zinnen, Dolomiten (S. 338)
2. Pescasseroli, Abruzzen (S. 153)
3. La Sila, Kalabrien (S. 640)
4. Comer See (S. 249)
5. Monti Sibillini, die Marken (S. 537)
6. Supramonte, Sardinien (S. 723)
7. Via Francigena, Toskana (S. 463)

Radfahren

1. Brenta-Dolomiten (S. 331)
2. Colli Euganei, Venetien (S. 351)
3. Region Chianti, Toskana (S. 461)
4. Valle d'Itria, Apulien (S. 605)
5. Küste von Syrakus, Sizilien (S. 687)

Ajaccio
Bonifacio
Santa Teresa di Gallura
Olbia
Sassari
SARDINIEN
Alghero
Nuoro
Oristano
Punta La Marmora
Iglesias
Cagliari
Carbonia
Mittelmeer
Tyrrhenisches Meer
ROM
Avezzano
Campobasso
Frosinone
Foggia
Barletta
Bari
KAMPANIEN
APULIEN
Caserta
Vesuv (Vesuvio)
Neapel
Pompeji
Potenza
Matera
Brindisi
Ischia
Sorrento
Capri
BASILIKATA
Taranto
Lecce
Otranto
Agropoli
Appenino Lucano
Sapri
Golfo di Taranto
Gallipoli
Monte Pollino
Rossano
Cosenza
KALABRIEN
Crotone
Catanzaro
Liparische Inseln
Stromboli
Tropea
Salina
Lipari
Vulcano
Messina
Montalto
Milazzo
Reggio Calabria
Palermo
Trapani
Cefalù
Taormina
Pizzo Carbonara
Ätna
Marsala
SIZILIEN
Ionisches Meer
Caltanissettà
Enna
Catania
Agrigent
Syrakus
Gela
Ragusa
MALTA
VALLETTA

REISEROUTEN

Italien Highlights

Dauer: 10 Tage
Strecke: 930 km

Diese Tour von den unvergesslichen Kanälen in Venedig bis zu den kleinen Gassen in Neapel ist eine kurze Einführung in die größten Hits Italiens. Auf dem Weg gen Süden kommt man vorbei an römischen Ruinen, Meisterwerken der Renaissance und barocken Plätzen und lernt ganz nebenbei auch noch die leckere regionale Küche kennen.

Kathedrale von Florenz (S. 408)

ROSSHELEN/SHUTTERSTOCK ©

1

VENEDIG 2 TAGE

Mit ihren unbeschreiblich fotogenen Kanälen, atemberaubenden Palazzi und schwarzen schmalen Gondeln zieht **Venedig** (S. 268) wohl alle in den Bann. Ein absolutes Muss sind die Piazza San Marco, die mit Mosaiken überladene Basilica di San Marco, der Palazzo Ducale und die Gallerie dell'Accademia. Auch ein Besuch des Rialto Markts mit seinen Fischständen ist lohnenswert, und nicht zu vergessen die leckeren *cicheti* (venezianische Tapas), zu denen ein Glas Prosecco passt.

BBSFERRARI/SHUTTERSTOCK ©

2

BOLOGNA 1 TAG

Bologna (S. 368), Italiens kulinarische Hauptstadt und Heimat der ältesten Universität Europas, hat ein mittelalterliches Stadtzentrum. Etwa 20 Türme blicken auf die roten Backsteingebäude. Die Straßen sind von Säulengängen gesäumt und übersät mit Feinkostläden, Bars und Trattorien. Sehenswert sind die Basilica di San Petronio und die Pinacoteca Nazionale. Anschließend isst man im Stadtteil Quadrilatero.

3

FLORENZ  2 TAGE

Zwei Tage sind nicht viel für **Florenz** (S. 402), Italiens unvergleichliche Renaissance-Stadt, aber genug für eine kurze Einführung in die wichtigsten Sehenswürdigkeiten: den Duomo mit seiner berühmten rot gedeckten Kuppel, die Galleria degli Uffizi, der Heimat einer der größten Kunstsammlungen der Welt, und natürlich Michelangelos muskulöser David in der Galleria dell'Accademia.

4

PISA 1 TAG

Am sechsten Tag geht's in Richtung Westen nach **Pisa** (S. 468), um zu überprüfen, ob der Schiefe Turm wirklich schief ist. Die Torre Pendente ist das Highlight der drei mittelalterlichen Sehenswürdigkeiten auf der Piazza dei Miracoli, 2 km nördlich des Bahnhofs. Neben der Torre kann man Pisas makellosen Duomo aus dem 12. Jh. und das stummelige, an einen Cupcake erinnernde Battistero bestaunen.

5

ROM 3 TAGE

Alle Wege führen nach **Rom** (S. 58), in die Ewige Stadt, die genug bietet, um einen ein Leben lang zu beschäftigen. In drei Tagen schafft man die wichtigsten Sehenswürdigkeiten wie das Kolosseum, das Pantheon und die Vatikanischen Museen (mit der Sixtinischen Kapelle). Auch bleibt noch etwas Zeit für das bunte Straßenleben rund um den Campo de' Fiori und den Besuch des stimmungsvollen Bezirks Trastevere.

6

NEAPEL 1 TAG

Neapel (S. 544) mit dem Vesuv am Horizont ist eine feurige, witzige und absolut süchtig machende Stadt. Am letzten Tag sollte man die antiken Schätze im Museo Archeologico Nazionale, der Heimat unbezahlbarer Funde aus Pompeji, bewundern und in einer der beliebten Pizzerien eine der weltbesten Pizzas essen. Als i-Tüpfelchen kann man dann abends einer Oper im Teatro di San Carlo lauschen.

REISEROUTEN

Städte im Norden

Dauer: 10 Tage
Strecke: 349 km

Auf dieser Tour quer durch Norditalien stehen aristokratische Villen und Renaissance-Fresken, Shakespeare-Dramen und erstklassige Weine auf dem Programm. Von Mailand führt die Tour in Richtung Osten vorbei an mehreren historischen Städten bis nach Venedig an der Adria.

❶ **MAILAND** ⏱ 2 TAGE

Stilgerecht geht es los in **Mailand** (S. 230), Italiens Mode- und Finanzzentrum. Zunächst bestaunt man den architektonischen Reichtum des Duomo und Leonardo da Vincis *Abendmahl*, anschließend bewundert man zeitgenössische Kunst in einer ehemaligen Gin-Fabrik und besucht die Designer-Boutiquen im Quadrilatero d'Oro. Abends stillt man seinen Hunger mit *risotto alla milanese* und genießt einen *aperitivo* am Kanal im Viertel Navigli.

❷ **MANTUA** ⏱ 1 TAG

Der nächste Stopp ist **Mantua** (S. 265), eine wohlhabende Stadt in der Lombardei. Sie ist berühmt für ihre Renaissance-Architektur und aristokratischen Paläste, wie der Palazzo Ducale, die riesige Residenz der Gonzaga-Familie, die hier mehrere Jahrhunderte herrschte. Hier sollte man sich die umwerfenden Fresken anschauen und mit den verspielten Bildern im Palazzo Te vergleichen, den zweiten Gonzaga-Palast, der oft für Rendezvous genutzt wurde.

❸ **VERONA** ⏱ 2 TAGE

Die nächsten beiden Tage verbringt man in Verona (S. 352), der Kulisse für Shakespeares romantische Tragödie Romeo und Julia. Hier sucht man Julias fiktiven Balkon und bewundert die römische Arena der Stadt – vielleicht besucht man auch eine Opernaufführung. Wer einen Szenenwechsel wünscht, besucht die Galleria d'Arte Moderna Achille Forti.

Abstecher: Ausflug ins Weingebiet Valpolicella, wo man den berühmten Amarone-Wein verkosten kann. ⏱ *5 Std.*

Iseosee
TRIENT
Bassano del Grappa
Schio
Treviso
VENETIEN
Castelfranco Veneto
Salò
Vicenza
END
Brescia
Valpolicella
Mestre
Gardasee
40 Min.
40 Min.
45 Min.
Desenzano del Garda
3
4
5
6
Venedig
Padua
Peschiera del Garda
Mincio
Lido
Verona
45 Min.
Pellestrina
Parco Regionale dei Colli Euganei
Chiese
Chioggia
Este
Legnago
Adria
Piadena
2
Etsch
Mantua
Ostiglia
Rovigo
Po
0
50 km

4

VICENZA 1 TAG

Jetzt geht's einen Tag nach **Vicenza** (S. 356), wo man die bahnbrechenden Arbeiten des Architekten Andrea Palladio aus dem 16. Jh. bewundern kann. Sein Meisterwerk ist La Rotonda, eine Villa auf einem Hügel mit Blick über die Stadt. Aber auch seine Arbeiten am Teatro Olimpico und an der Basilica Palladiana können sich sehen lassen. Auch der barocke Palazzo Leoni Montanari mit seiner wunderbaren Sammlung italienischer Kunst und russischer Ikonen lohnt den Besuch.

5

PADUA 1 TAG

Der letzte Stopp vor Venedig ist **Padua** (S. 347), eine reiche, dynamische Universitätsstadt. Ihre Hauptattraktion ist die Cappella degli Scrovegni (im Voraus buchen), Paduas Version der Sixtinischen Kapelle. Sie beherbergt einen herrlichen Freskenzyklus von Giotto. Anschließend kann man das angesehene Museum der Medizingeschichte Musme besuchen und sich unter die Pilger:innen in der Basilica di Sant'Antonio mischen.

6

VENEDIG 3 TAGE

Die letzten Tage sind für **Venedig** (S. 268) vorgesehen. So hat man genügend Zeit für die bedeutendsten Sehenswürdigkeiten wie die Basilica di San Marco und die Gallerie dell'Accademia, aber auch für Kirchen und Galerien wie I Frari und die Peggy Guggenheim Collection. Eine Gondelfahrt und ein *aperitivo* auf dem Campo Santa Margherita dürfen natürlich auch nicht fehlen.

REISEROUTEN

Wie wär's mit Mittelitalien

Dauer: 7 Tage
Strecke: 243 km

Mittelalterliche Städte auf sanft geschwungenen Hügeln, grüne Weinberge im Chianti und Italiens viertgrößter See warten darauf, entdeckt zu werden. Diese klassische Tour führt durch inspirierende Landschaften der südlichen Toskana und des benachbarten Umbrien.

ALBERTO MASNOVO/SHUTTERSTOCK ©, STEVANZZ/SHUTTERSTOCK ©, CESARE ANDREA FERRARI/ SHUTTERSTOCK ©

1
FLORENZ 2 TAGE
Bevor man sich mit dem Auto auf den Weg macht, sollte man ein paar Tage in **Florenz** (S. 402) verbringen. Zunächst stehen die Galleria degli Uffizi mit ihren Meisterwerken der Renaissance und anschließend der architektonisch grandiose Duomo auf dem Programm. Auch sollte man das Straßenleben rund um die Piazza della Signoria auf sich wirken lassen und Michelangelos David anlächeln.

2
CHIANTI 1 TAG
Den dritten Tag widmet man den Weinbergen und Weingütern im **Chianti** (S. 461). In Greve in Chianti, der Hauptstadt im Chianti Fiorentino (der nördlichsten der beiden Chianti-Regionen), sollte man einen Zwischenstopp für eine Weinverkostung einlegen. Anschließend genießt man ein vorzügliches Steak in Panzano in Chianti und bewundert die zeitgenössische Kunst im Castello di Ama.

3
SIENA 1 TAG
Mit den mittelalterlichen Palazzi und der hochherrschaftlichen gotischen Architektur ist **Siena** (S. 454) ein Ort, der in der Toskana seinesgleichen sucht. Oben vor der Torre del Mangia, diesem schlanken Turm, genießt man den Blick über den Palazzo Pubblico und die abschüssige Piazza del Campo. Nur wenige Schritte entfernt befindet sich Sienas Duomo aus dem 13. Jh., eine der größten gotischen Kirchen Italiens.

4

LAGO TRASIMENO ⏱ 1 TAG

Nach vier Tagen auf der Straße, sollte man das Bergfest am **Lago Trasimeno** (S. 517) feiern. Italiens viertgrößter See besänftigt die Seele, vor allem wenn man von den mittelalterlichen Türmen in Castiglione del Lago hinabblickt. Es ist einer der ruhigen Orte, die das Seeufer säumen.

5

PERUGIA ⏱ 1 TAG

Der nächste Stopp ist **Perugia** (S. 510), die Regionalhauptstadt Umbriens mit ihren vielen Studierenden. Der Anstieg ins Zentrum ist recht anstrengend, ist aber die Mühe wert, denn das ganze gotische Stadtbild breitet sich vor einem aus. Wie wär's mit einem Bummel über den Corso Vannucci und dem Besuch der Galleria Nazionale dell'Umbria mit ihren Meisterwerken. Den Abschluss bildet dann die Piazza IV Novembre und die Cattedrale di San Lorenzo.

6

ASSISI ⏱ 1 TAG

Am letzten Tag pilgert man nach **Assisi** (S. 512). Diese kleine Stadt mit Kopfsteinpflasterstraßen ist heute ein beliebtes Ausflugsziel. Im Zentrum steht die Basilica di San Francesco, ein mächtiger Kirchenkomplex, in dessen Oberkirche sich der berühmte Freskenzyklus von Giotto befindet. Darunter geht es durch die mit Fresken geschmückte, schwach beleuchtete Basilika zum Grab des hl. Franziskus.

REISEROUTEN

Die Südküste

Dauer: 7 Tage
Strecke: 110 km

Vom Trubel in Neapel bis zur verträumten Amalfiküste – diese „Best-of-Sommertour" führt zu weltberühmten antiken Ruinen ebenso wie zu klassischer Kunst. Auch Bootsfahrten, anmutige Inseln und eine atemberaubende Küstenlandschaft stehen auf dem Programm.

Sorrento (S. 582)

TRABANTOS/SHUTTERSTOCK ©

1

NEAPEL 2 TAGE

Neapel (S. 544), das ist urbane, kraftvolle Energie. Los geht's mit den pompejischen Mosaiken und atemberaubenden Skulpturen im Museo Archeologico Nazionale, es folgt der unglaubliche *Cristo velato* in der Cappella Sansevero und zu guter Letzt steht dann eine zum Umfallen leckere Pizza in Spaccanapoli, dem Herzen des historischen Zentrums, auf dem Programm.

KHD/SHUTTERSTOCK ©,

2

POMPEJI 1 TAG

Am dritten Tag fährt man mit der Circumvesuviana-Bahn um die Bucht nach **Pompeji** (S. 560). Italiens vollständigste archäologische Stätte ist ein einzigartiger Ort, in dem man anhand der Ruinen die Agonie einer ganzen antiken Stadt nachvollziehen kann. Beim Spaziergang durch die Straßen entdeckt man das weltweit erste Schild „Vorsicht, bissiger Hund!" unter den bedrohlichen Augen des Vesuvs am Horizont.

3

SORRENT 1 TAG

Weiter geht's entlang der Küste in den sonnigen Badeort **Sorrent** (S. 582). Hier gibt es nur wenig Sehenswertes. Es macht einfach nur Spaß durch die farbenfrohen Straßen zu schlendern, den Blick auf die Bucht zu genießen und in den Geschäften in Keramik- und kunstvollen Einlegearbeiten zu stöbern. Wer Lust hat, kann auch einen Limoncello, einen süßlichen Likör aus hiesigen Zitronen, probieren.

4

CAPRI 1 TAG

Tag fünf verbringt man auf **Capri** (S. 569), der berühmtesten Insel im Golf von Neapel. Vom Anblick des anscheinend aus einer anderen Welt stammenden blauen Lichts in der Grotta Azzurra (Blaue Grotte) ist man überwältigt. Auch kann man in den antiken Ruinen der Villa Jovis herumlaufen. Für einen grandiosen Blick aufs Meer, fährt man mit dem Sessellift von Anacapri hinauf auf den Gipfel des Monte Solaro, den höchsten Punkt der Insel.

5

POSITANO 1 TAG

Positano (S. 578), den instagramwürdigsten und teuersten Ort an der Amalfiküste, erreicht man am besten übers Meer. Wenn man sich dem Ort nähert, sieht man die an den Hängen übereinander gestapelten pfirsich-, pink- und terracottafarbenen Häuser. Wenn man wieder festen Boden unter den Füßen hat, kann man am Strand die Seele baumeln lassen oder durch die steilen Straßen mit den Modegeschäften bummeln.

6

AMALFI 1 TAG

Die Tour endet in **Amalfi** (S. 579), der eigentlichen Hauptstadt der Küste mit ihrer umwerfenden Cattedrale di Sant'Andrea, den farbenfrohen Keramikläden und der belebten Strandpromenade. Der Ort ist nicht groß, sodass man in aller Ruhe über die sonnenbeschienenen Plätze bummeln kann.

Abstecher: Ravello bietet bildschöne Gärten und den besten Blick über die Küste. 3 Std.

REISEROUTEN

Ein Stück Sizilien

Dauer: 7 Tage
Strecke: 297 km

Die Sizilientour führt von Catanias schwarzen Lavastraßen zu den antiken griechischen Tempeln in Agrigent und zu spektakulären barocken Schönheiten der Insel. Man fährt durch honigfarbene Orte inmitten von Zitrus- und Olivenhainen und vorbei an Kalksteinklippen und Schluchten.

1

CATANIA 2 TAGE

Das im Schatten des Ätna gelegene **Catania** (S. 680) ist ein beeindruckender Ausgangspunkt. Besonderes Augenmerk sollte man auf die schwarz-weiße Barockarchitektur – das Ergebnis der Verwendung von schwarzer Lava – der Cattedrale di Sant'Agata richten. Anschließend stürzt man sich ins Gewimmel des Fischmarkts La Pescheria.

Abstecher: Am zweiten Tag bietet sich die Erkundung des Ätna an. 1 Tag

2

SYRAKUS 1 TAG

Syrakus (S. 687), der Geburtsort des Archimedes (dem berühmten „Heureka"-Mathematiker), galt als schönste Stadt der Antike. Noch heute ist der Ort ein legendärer Hingucker mit einem umwerfenden Hauptplatz, der Piazza del Duomo, und einem prächtigen Duomo. Die Überbleibsel aus den frühen Tagen, darunter ein wie durch ein Wunder noch intaktes griechisches Theater aus dem 5. Jh. v. Chr., sind im Parco Archeologico della Neapolis zu bestaunen.

3

NOTO 1 TAG

Noto (S. 693) ist die erste von drei barocken Städten, deren betörendes Aussehen auf den Wiederaufbau nach dem Erdbeben in 1693 zurückzuführen ist. Noto ist die Inselschönheit und kann sich mit einer der bemerkenswertesten Straßen Siziliens brüsten, dem Corso Vittorio Emanuele, sowie einer ins Auge springenden Basilika, der Cattedrale di San Nicolò. Die Stadt ist zu jeder Tageszeit schön, am schönsten aber im Sonnenlicht der frühen Abendstunden.

Ätna
Riposto
Adrano
Nicolosi
Acireale
Enna
Paternò
START
1 Catania
Caltanissetta
Piazza Armerina
Ionian Sea
Lentini
Augusta
Caltagirone
1 Std.
2 ½ Std.
2 Syrakus
Licata
Gela
Còmiso
Ragusa
Vittòria
5
25 Min.
Noto 3
40 Min.
Modica 4
45 Min.
Scicli

4

MODICA 1 TAG

Modica (S. 694) ist für ihren Barockstil bekannt und war im Mittelalter eine mächtige Stadt. Sie erstreckt sich rund um eine tiefe Felsschlucht. Hier sollte man die Chiesa di San Giorgio in Modica Alta, der Oberstadt, besichtigen und sich bei der *passeggiata* (Bummel) auf dem Corso Umberto I unter die Einheimischen mischen und vielleicht in einer Bar die berühmte Schokolade des Orts probieren.

5

RAGUSA 1 TAG

Fans der TV-Serie *Commissario Montalbano* erkennen vielleicht den einen oder anderen Ort in **Ragusa** (S. 694). Ein häufiger Drehort ist Ragusa Ibla (das historische Zentrum) mit seinen labyrinthähnlichen Gassen, die vorbei an felsgrauen Palazzi zum Piazza Duomo führen. Vom ansteigenden, sonnenüberfluteten Platz führt eine Treppe hinauf zur unverkennbaren Kathedrale des Orts, den Duomo di San Giorgio.

6

AGRIGENT 1 TAG

Nach einer langen Fahrt gen Westen endet die Tour in Agrigent (S. 695), der Heimat zahlreicher griechischer Tempel. Das Highlight ist der Tempio della Concordia, der Hauptdarsteller im Tal der Tempel, Agrigents weitläufigem archäologischem Park mit den Überresten der antiken Stadt Akragas.

ITALIEN

REISEZIELE

In jeder Region starten wir mit dem perfekten Standort, um die Umgebung zu erkunden. Entdecke einzigartige Erlebnisse, Tipps unserer Autor:innen und Expert:innen, Hintergründe und Empfehlungen.

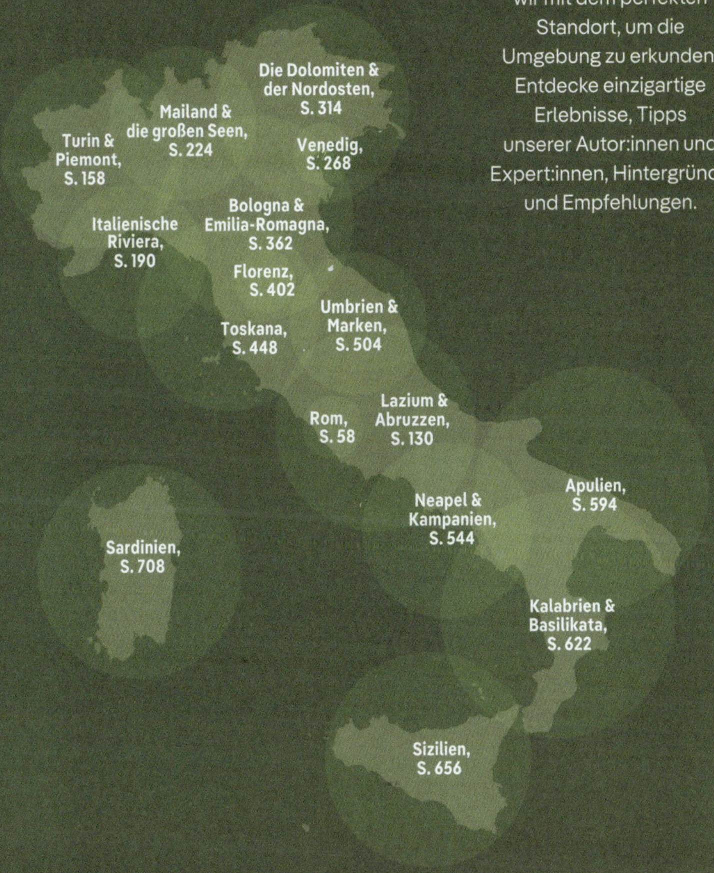

Im Dom von Amalfi, Amalfi (S. 579)

ROM

ITALIENS LEGENDÄRE HAUPTSTADT

Nach der Pandemie blüht Rom förmlich auf. Der Tourismus zieht wieder an und die Traveller kehren in die historischen Straßen und zu den ikonischen Monumenten zurück.

Selbst im Land der wunderbaren Städte ist Rom etwas Besonderes. Nur wenige Orte können mit dem erstaunlichen historischen und künstlerischen Erbe mithalten, das einige der bekanntesten Meisterwerke Europas umfasst. Im Laufe ihres 3000-jährigen Bestehens hat die Stadt bei vielen großen Umwälzungen der europäischen Geschichte eine Hauptrolle gespielt, zunächst als *caput mundi* (Welthauptstadt) der Antike, später als Sitz der katholischen Kirche und als Keimzelle künstlerischer und architektonischer Innovationen. Verrückte Kaiser und machthungrige Päpste sind gekommen und gegangen und haben dabei zahllose Bauwerke hinterlassen – das Kolosseum, das Pantheon und die Sixtinische Kapelle sind nur einige davon.

Doch trotz seiner Geschichte ist Rom weit davon entfernt, das Freilichtmuseum zu sein, als das es oft bezeichnet wird. Die Hauptstadt und größte Stadt Italiens mit 2,7 Mio. Ansässigen ist eine moderne Arbeitsmetropole. Während die Traveller zu den Sehenswürdigkeiten und Museen strömen, spielt sich im Hintergrund der städtische Alltag ab: Angestellte fahren zur Arbeit in den Ministerien, Einkäufer:innen bummeln auf den Märkten, und Bürokräfte essen in Trattorien zu Mittag.

Im Großen und Ganzen wird die Stadt den doppelten Anforderungen durch Tourismus und modernes städtisches Leben ganz gut gerecht. Doch ein sprunghafter Anstieg der Zahl der Besucher:innen nach der Pandemie setzt die alternde Infrastruktur mächtig unter Druck und macht das Problem des Übertourismus drängender denn je.

Gewiss, Rom kann chaotisch wirken. Der typische Lärm der Stadt – Hupen und Busse, die über das Kopfsteinpflaster rattern – ist allgegenwärtig, und es geht oft hektisch zu. Autos und Motorroller schießen vorbei, und das Überqueren der Straße kann zum Abenteuer werden (Tipp: Nach Nonnen oder Priestern Ausschau halten und mit ihnen über die Straße gehen). Wenn man jedoch genauer hinsieht, stellt man fest, dass die meisten Autofahrer:innen angeschnallt sind und die Rollerfahrer:innen in der Regel einen Helm aufhaben. Die Stadt ist also nicht das riesige Durcheinander, das sie manchmal zu sein scheint.

Und das ist das Schöne an Rom: Man kann die Stadt ein Leben lang erkunden und wird trotzdem immer nur an der Oberfläche kratzen.

DIE WICHTIGSTEN STADTVIERTEL

ANTIKES ROM
Epische Ruinen der Kaiserstadt. S. 64

CENTRO STORICO
Labyrinthisches historisches Zentrum. S. 73

TRIDENTE, TREVI & QUIRINAL
Charakteristische Sehenswürdigkeiten und Markenkleidung-Shopping. S. 85

VATIKANSTADT, BORGO & PRATI
Meisterwerke und architektonischer Prunk. S. 93

MONTI, ESQUILINO & SAN LORENZO
Schicke Boutiquen und alternative Bars. S. 98

MAPICS/SHUTTERSTOCK ©

Petersdom (S. 96)

TRASTEVERE & GIANICOLO
Kopfsteinpflastergassen und Karnevalsstimmung. S. 105

SAN GIOVANNI & TESTACCIO
Traditionelle Trattorien und mittelalterliche Kirchen. S. 112

VILLA BORGHESE & NÖRDLICHES ROM
Grüne Parks und kulturelle Zentren. S. 119

SÜDLICHES ROM
Katakomben, Nachtleben und Street-Art. S. 124

Erste Orientierung

Rom ist eine weitläufige Stadt, aber das Geschehen konzentriert sich auf einige zentrale Viertel, die man am besten zu Fuß erkundet. Wahrscheinlich wird man irgendwann einmal falsch abbiegen, aber das gehört dazu, und früher oder später wird man den Weg schon wieder finden.

0 1 km
VILLAGGIO OLIMPICO
PARIOLI
FLAMINIO
Villa Borghese & Nördliches Rom
S. 119
PINCIANO
TRIONFALE
SALARIO
FLAMINIO
VILLA BORGHESE
NOMENTANO
Vatikanstadt, Borgo & Prati
S. 93
PRATI
Tridente, Trevi & Quirinal
S. 85
SALLUSTIANO
Vatikanische Museen
BORGO
VATIKANSTADT
Petersdom
Museo Nazionale Romano: Palazzo Altemps
Spanische Treppe
Museo Nazionale Romano: Palazzo Massimo alle Terme
CASTRO PRETORIO
Monti, Esquilino & San Lorenzo
S. 98
Trevi-brunnen
Stazione Termini
TIBURTINO
Piazza Navona
Pantheon
MONTI
Basilica di Santa Maria Maggiore
SAN LORENZO
Centro Storico
S. 73
GIANICOLO
Villa Farnesina
Tiber
Kapitolinische Museen
Antikes Rom
S. 64
ESQUILINO
Basilica di Santa Maria in Trastevere
Forum Romanum
Kolosseum

VOM/ZUM FLUGHAFEN

Vom Flughafen Leonardo da Vinci (auch bekannt als Fiumicino) verkehren regelmäßig Züge zum Hauptbahnhof von Rom (Stazione Termini). Die Busse bedienen die gleiche Strecke, sind aber langsamer. Vom kleineren Flughafen Ciampino nimmt man am besten einen Shuttlebus zum Termini.

ZU FUSS

Das historische Zentrum Roms lässt sich am besten zu Fuß erkunden. Die Entfernungen sind nicht groß, und es gibt wirklich keine bessere Art, die engen Gassen zu erleben. Bequeme Schuhe sind aber ein Muss, denn das Kopfsteinpflaster kann für die Füße die reinste Qual sein.

METRO

Die Metro ist schneller als der überirdische Nahverkehr, aber das Netz ist begrenzt, und es gibt nur zwei Hauptlinien, die das Zentrum bedienen und sich am Bahnhof Termini kreuzen. Die Metro ist für große Sehenswürdigkeiten wie das Kolosseum und den Vatikan praktisch, für das historische Zentrum jedoch weniger.

BUS

Busse verbinden die meisten Teile der Stadt miteinander, können aber bei viel Verkehr langsam sein. Außerdem sind die Busse auf beliebten Strecken oft überfüllt, was bedeuten kann, dass man sich hineinquetschen muss. Nachts, wenn die Metro nicht fährt, ist auch das Busnetz eingeschränkt.

Perfekte Tage

Der Tag startet mit einem *cornetto* (Croissant) und einem Cappuccino, bevor man die Straßen der Stadt auf der Suche nach Kunstschätzen und buntem Trubel erkundet.

XARA KRETA/SHUTTERSTOCK ©

Forum Romanum (S. 68)

Tag 1

Morgens

● Der Tag beginnt im **Kolosseum** (S. 66). Danach geht es zum **Palatin** (S. 69) mit seinen antiken Ruinen, bevor man hinunter zum **Forum Romanum** (S. 68) schlendert.

Mittags

● Nach dem Mittagessen geht's zur Piazza del Campidoglio hinauf, wo man atemberaubende klassische Kunst in den **Kapitolinischen Museen** (S. 70) bewundern kann. Anschließend lockt die großartige Aussicht vom **Vittoriano** (S. 67), bevor es ins *centro storico* (historisches Zentrum) geht, um die labyrinthischen Gassen und die wichtigsten Sehenswürdigkeiten wie das **Pantheon** (S. 77) und die **Piazza Navona** (S. 79) zu erkunden.

Abends

● Der Tag klingt im Zentrum aus, vielleicht bei einem Abendessen im **La Ciambella** (S. 82) oder bei einem abendlichen Kaffee im **Caffè Sant'Eustachio** (S. 83).

... nicht verpassen

Erkunde die Viertel Roms: in den Katakomben unter die Erde gehen, ein Fußballspiel besuchen, sich in der Oper mitreißen lassen.

RÖMISCHE KÜCHE KOSTEN

In einer Trattoria in **Testaccio** eine römische Carbonara (Nudeln mit Ei, gepökelter Schweinebacke und *pecorino*) genießen.

IN DEN BOUTIQUEN SHOPPEN

Das Stöbern in unabhängigen Boutiquen ist eine essentielle römische Erfahrung. Ein guter Ausgangspunkt dafür ist **Monti**.

***CALCIO* LIVE ERLEBEN**

Von den hoch aufragenden Tribünen des **Stadio Olimpico** eine der Fußballmannschaften Roms – Roma oder Lazio – anfeuern.

VON LINKS: RARRAORRO/SHUTTERSTOCK ©, MATTEO GABRIELI/SHUTTERSTOCK ©, MIKOLAJ BARBANELL/SHUTTERSTOCK ©

Tag 2

Morgens

● Den Anfang machen die **Vatikanischen Museen** (S. 95). Nachdem man Michelangelos Fresken in der Sixtinischen Kapelle bestaunt hat, rundet ein Besuch im **Petersdom** (S. 96) die Vatikan-Tour ab.

Mittags

● Nach einem Stück Pizza im **Bonci Pizzarium** (S. 97) bringt einen die Metro zur Piazza di Spagna, wo man die **Spanische Treppe** (S. 89) bewundert. Von dort geht es weiter zum **Trevibrunnen** (S. 90). Nachdem die obligatorische Münze ins Wasser geworfen wurde, kann man zum Abschluss noch den Blick auf den Sonnenuntergang auf der **Piazza del Quirinale** (S. 91) genießen.

Abends

● Den Abend verbringt man in der Gegend rund um den **Campo de' Fiori** (S. 78). Im **Open Baladin** (S. 84) gibt es leckeres Craft-Bier und im **Barnum Cafe** (S. 83) werden Cocktails serviert.

Tag 3

Morgens

● Los geht's mit einem Besuch des **Museo e Galleria Borghese** (S. 122), um barocke Skulpturen und Meisterwerke der Renaissance zu bewundern. Anschließend lockt ein Spaziergang durch Roms bekanntesten Park, die **Villa Borghese** (S. 119).

Mittags

● Am Nachmittag heißt das Ziel **Piazza del Popolo**, wo man sich in der **Basilica di Santa Maria del Popolo** (S. 85) ein paar Caravaggios anschauen kann. Auch einem Bummel durch die Geschäfte entlang der und um die **Via del Corso** (S. 91) sollte man etwas Zeit widmen.

Abends

● Auf der anderen Seite des Flusses ist das malerische **Trastevere** (S. 105) der ideale Ort, um den Abend zu verbringen. Beim Schlendern durch die mittelalterlichen Straßen hat man unter den zahlreichen Bars und Restaurants die Qual der Wahl.

OPERNBESUCH

In Roms Opernhaus, dem **Teatro dell'Opera**, kann man einer Arie lauschen, oder man besucht eine Sommervorstellung in den Ruinen der **Terme di Caracalla**.

GELATO-VERKOSTUNG

Bei einem Besuch im **Otaleg** in Trastevere kann man das beste, cremigste und köstlichste Gelato probieren, das Rom zu bieten hat.

BLICK DURCHS SCHLÜSSELLOCH

Im Viertel Aventino versteckt sich eine großartige römische Kuriosität: der perfekte **Blick durch ein Schlüsselloch** auf den Petersdom.

IM UNTERGRUND

Wer sich in die **Katakomben** unter der Via Appia Antica wagt, kann die dunkle Unterwelt unterhalb den Straßen Roms erkunden.

ANTIKES ROM

EPISCHE RUINEN DER KAISERSTADT

Hier befinden sich die großen Ruinen der antiken Stadt: das Kolosseum, der Palatin, die Kaiserforen und der Campidoglio (Kapitolshügel), der Sitz der Kapitolinischen Museen. Die Gegend ist meist vom Vormittag bis zum späten Nachmittag belebt, in der Hochsaison kann es jedoch den ganzen Tag über voll sein.

Das Viertel hat zwei Mittelpunkte: das Kolosseum im Südosten und das Vittoriano im Nordwesten. Dazwischen liegen die Kaiserforen, durch die die Via dei Fori Imperiali, die Hauptverkehrsader des Viertels, verläuft. Diese verkehrsfreie Straße bietet eine wunderbare freie Fläche, von der aus das Meer aus Ruinen erkundet werden kann.

Natürlich sind die meisten Menschen, denen man hier begegnet, andere Traveller. Aber man kann immer noch den einen oder anderen Blick auf das authentische Stadtleben erhaschen: Jogger:innen, die ihre Runden um den Circo Massimo drehen, Ingenieursstudierende, die zum Gebäude auf dem Oppius-Hügel eilen oder Journalist:innen, die auf den Bürgermeister warten.

TOP TIPP

Der offensichtliche Ausgangspunkt für die Erkundung des Gebiets ist das Kolosseum, das mit der Linie B der Metro erreichbar ist. Von dort aus kann man die meisten anderen Orte zu Fuß erkunden, einschließlich der Piazza Venezia, die von zahlreichen Bussen angefahren wird. Um den größten Andrang zu vermeiden, empfiehlt es sich, die großen Sehenswürdigkeiten am frühen Morgen oder – noch besser – am späten Nachmittag zu besuchen.

VOLOLIBERO/SHUTTERSTOCK ©

Mercati di Traiano Museo dei Fori Imperiali

Kaiserforen

EIN RIESIGES MEER AUS RUINEN

Die **Ruinen** auf der anderen Straßenseite des Forum Romanum sind als die Kaiserforen bekannt. Sie wurden zwischen 42 v. Chr. und 112 n. Chr. erbaut und 1933 größtenteils zerstört, als Mussolini die Via dei Fori Imperiali durch das Gebiet pflügen ließ, aber durch Ausgrabungen wurde ein Großteil davon wieder freigelegt. Die Hauptattraktionen sind die Mercati di Traiano und die Colonna Traiana, deren beeindruckende Reliefs die militärischen Siege Trajans über die Daker darstellen.

Hinter den Ruinen sind die Reste einer 30 m hohen Mauer zu sehen, die das Forum vor den regelmäßig im nahe gelegenen Armenviertel Suburra ausbrechenden Bränden schützen sollte.

Mercati di Traiano Museo dei Fori Imperiali

HOCH AUFRAGENDE ANTIKE MÄRKTE

Dieses beeindruckende **Museum** umfasst die Mercati di Traiano (Trajansmärkte), den gewaltigen Komplex des Kaisers Trajan aus dem 2. Jh., und bietet gleichzeitig eine faszinierende Einführung in die Kaiserforen mit Multimedia-Displays, Infotafeln und einigen archäologischen Artefakten.

In Räumen, die sich zum einstigen Großen Saal hin öffnen, sind Skulpturen, Friese und Büsten ausgestellt. Der Höhepunkt ist aber die Besichtigung des riesigen dreistöckigen Rundbaus, in dem wohl die Verwaltungsbüros des Forums untergebracht waren.

HIGHLIGHTS
1 Basilica dei SS Cosma e Damiano
2 Kapitolinische Museen
3 Chiesa di Santa Maria in Aracoeli
4 Kolosseum
5 Kaiserforen
6 Mercati di Traiano Museo dei Fori Imperiali
7 Palatin
8 Palazzo Venezia
9 Forum Romanum
10 Vittoriano

SEHENSWERTES
11 Bocca della Verità
12 Circo Massimo
13 Le Domus Romane di Palazzo Valentini

SCHLAFEN
14 Inn at the Roman Forum
15 Nerva Boutique Hotel
16 Residenza Maritti

ESSEN
17 47 Circus Roof Garden
18 Alimentari Pannella Carmela
19 Alle Carrette
20 Terre e Domus

AUSGEHEN
21 0,75
22 Terrazza Caffarelli

Kolosseum

DAS FURCHTERREGENDE AMPHITHEATER VON ROM

Egal, wie viele Fotos man schon gesehen hat: Nichts kann einen auf den Schauder vorbereiten, der sich einstellt, wenn man das Kolosseum zum ersten Mal erblickt. Mehr als jedes andere Monument verkörpert dieses gewaltige Amphitheater den Mord und Totschlag des antiken Roms, denn hier trafen Gladiator:innen in tödlichen Kämpfen aufeinander und verurteilte Gefangene wehrten sich vor einer rasenden Menge gegen wilde Bestien.

Ursprünglich hatte Kaiser Vespasian das Amphitheater im Jahr 72 n. Chr. in Auftrag gegeben, aber er erlebte dessen Fertigstellung nicht mehr, und so wurde es von seinem Sohn und Nachfolger Titus im Jahr 80 n. Chr. eingeweiht. Zu diesem Anlass wurden 100 Tage und Nächte lang Spiele veranstaltet.

Beim Blick auf die Außenmauern sind drei Ebenen mit Bögen zu erkennen. Auf der oberen Ebene befanden sich Stützen für 240 Masten, die ein riesiges Sonnensegel über der Arena hielten. Ebenerdig befanden sich Zugangsbögen, sogenannte *vomitoria*, die es dem Publikum ermöglichte, innerhalb weniger Minuten einzutreten und Platz zu nehmen.

Das Innere der Arena bestand aus einem mit Sand bedeckten Holzboden (lateinisch *harena*, daher das Wort „Arena"), durch den Falltüren in den unterirdischen Gewölbebereich, das Hypogäum, führten. Das Publikum saß in der *cavea*: Magistrate und hohe Beamte in der untersten Reihe, wohlhabende Bürger in der Mitte und der Pöbel in der obersten Reihe. Frauen (mit Ausnahme der Vestalinnen) wurden in die billigsten Bereiche ganz oben verbannt. Das Podium, eine breite Terrasse vor den Sitzreihen, war dem Kaiser, den Senatoren und anderen VIPs vorbehalten.

TICKETS & SUPER SITES

Für die Besichtigung des Kolosseums muss unter *www.coopculture.it* vorab ein Ticket für eine bestimmte Einlasszeit gekauft werden.

Das Standardticket (16 €) ist 24 Stunden lang gültig und beinhaltet den Eintritt für das Kolosseum, das Forum Romanum, die Kaiserforen und den Palatin. Das Ticket „Full Experience" (22 €) bietet zusätzlichen Zugang zur Kolosseum-Arena und den unterirdischen Bereichen sowie zu den sogenannten SUPER Sites. Dabei handelt es sich um eine Reihe von Denkmälern und ansonsten nicht zugänglichen Gebäuden, die über das Forum Romanum und den Palatin verteilt sind. Weitere Einzelheiten findest du unter *https://parcocolosseo.it.*

Kolosseum

NICOLA FORENZA/SHUTTERSTOCK ©

UNTER DER ERDE

Das Kolosseum wurde auf dem Gelände eines Sees erbaut, der einst Teil der **Domus Aurea** (S. 100) war, des gigantischen Palastkomplexes von Kaiser Nero. Ein großer Teil des Domus wurde nach Neros Tod zerstört, einige Teile davon können aber immer noch unter dem Oppius-Hügel besichtigt werden.

Basilica dei SS Cosma e Damiano

FUNKELNDE MOSAIKE IN DER FORUMSKIRCHE

Diese unauffällige Basilika aus dem 6. Jh., die direkt am Forum Romanum liegt, umfasst Teile des Foro di Vespasiano und des Tempio di Romolo, die man vom Ende des Kirchenschiffs aus sehen kann. Ihr Hauptanziehungspunkt ist jedoch das fabelhafte Mosaik in der Apsis aus dem 6. Jh., auf dem Petrus und Paulus Christus die Heiligen Cosma, Damiano, Theodorus und Papst Felix IV. vorstellen.

Sehenswert ist auch die neapolitanische *presepe* (Krippe) aus dem 18. Jh. in einem Raum neben dem Innenhof des Klosters.

Basilica dei SS Cosma e Damiano

Chiesa di Santa Maria in Aracoeli

LEGENDÄRE KIRCHE AUF EINEM HÜGEL

Die romanische **Kirche** (6. Jh.) am oberen Ende der Aracoeli-Treppe markiert den Gipfel des Kapitols. Zu ihren Schätzen gehören z. B. ein Kosmaten-Fußboden und Pinturicchio-Fresken (15. Jh). Der Grund für ihre Berühmtheit ist ein hölzernes Jesuskind, dem heilende Kräfte nachgesagt werden (es ist jedoch eine Kopie, das Original wurde 1994 gestohlen).

Die Kirche befindet sich an der Stelle des einstigen römischen Tempels der Juno Moneta und wird seit Langem mit der Geburt Christi in Verbindung gebracht. Der Sage nach soll die tiburtinische Sybille hier Augustus von der nahenden Geburt Christi berichtet haben.

Vittoriano

MONUMENTALER ALTAR FÜR DAS VATERLAND

Man kann ihn lieben oder hassen (wie viele Römer:innen), aber ignorieren kann man den Vittoriano, auch Altare della Patria genannt, nicht, denn der Berg aus weißem Marmor überragt unübersehbar die Piazza Venezia. Er wurde zu Beginn des 20. Jhs. zu Ehren des ersten italienischen Königs Vittorio Emanuele II. erbaut, der in einem riesigen Reiterstandbild verewigt ist.

Zum Monument gehören das Grab des Unbekannten Soldaten und das kleine **Museo Centrale del Risorgimento**. Das Highlight ist jedoch der Balkon des Denkmals mit einem 360-Grad-Blick auf die Stadt. Hinauf kommt man mit dem Panoramalift **Roma dal Cielo**.

Vittoriano

Palazzo Venezia

DENKMALGESCHÜTZTER RENAISSANCEPALAST

Der zwischen 1455 und 1464 erbaute Palazzo Venezia war der erste der großen Renaissancepaläste Roms. Jahrhundertelang diente er als Botschaft der Republik Venedig (daher der Name), aber er wird eher mit Mussolini in Verbindung gebracht, der hier sein Büro hatte. Heute beherbergt das Gebäude das **Museo Nazionale del Palazzo Venezia** mit seiner eklektischen Sammlung von byzantinischen und Frührenaissance-Gemälden, Keramiken, Bronzefiguren, Waffen und Rüstungen.

Der Palazzo ist mit der zinnenbewehrten Fassade, dem Garten und dem zweistöckigen Kreuzgang ein imposanter Anblick. Drinnen im Apartamento Barbo gibt's Wechselausstellungen.

Forum Romanum

RUINEN DES ANTIKEN RÖMISCHEN ZENTRUMS

Das Forum Romanum war das Herzstück des antiken Roms, ein geschäftiges Viertel mit Tempeln, Basiliken und lebhaften öffentlichen Räumen. Die Ruinen können zwar unübersichtlich wirken, aber wenn man seiner Fantasie freien Lauf lässt, ist es ein beeindruckendes Erlebnis, auf den Spuren so vieler legendärer römischer Persönlichkeiten zu wandeln.

Die **Via Sacra**, die Hauptverkehrsader des Forums, verläuft quer über das Gelände. Sie führt zum **Tempio di Giulio Cesare**, der an der Stelle steht, an der Julius Cäsar 44 v. Chr. eingeäschert wurde. Von dort ist es nur ein kurzer Spaziergang zur Kurie, dem Sitz des ursprünglichen römischen Senats, und zum Arco di Settimio Severo, einem Triumphbogen, der 203 n. Chr. zum Gedenken an den römischen Sieg über die Parther errichtet wurde.

In der Nähe stehen noch acht Granitsäulen des **Tempio di Saturno**, eines bedeutenden Tempels, der gleichzeitig als Schatzkammer des Staates diente. Zurück im Zentrum des Forums unbedingt auf die drei Säulen achten, die vom Tempio di Castore e Polluce erhalten geblieben sind.

Die **Chiesa di Santa Maria Antiqua** aus dem 6. Jh. ist ein Abstecher in eine ganz andere Epoche. Sie beherbergt frühchristliche Fresken und eine der ältesten noch existierenden Ikonen.

Die **Casa delle Vestali**, das Haus der Jungfrauen, die die Flamme im angrenzenden Tempio di Vesta hüteten, ist dann wieder Teil des heidnischen Roms. Ein Stück weiter befindet sich die kolossale Basilica di Massenzio und dahinter der **Arco di Tito**, der 81 n. Chr. zur Feier der Siege von Vespasian und Titus über die Aufständischen in Jerusalem errichtet wurde.

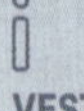

VESTALISCHE JUNGFRAUEN

Trotz der Privilegien und des öffentlichen Ansehens war das Leben als Vestalin kein Zuckerschlecken. Alljährlich wurden sechs Mädchen aus Patrizierfamilien mit perfekter Physis im Alter von sechs bis zehn Jahren per Los ausgewählt, um Vesta, der Göttin des Herdfeuers und des Hauses, zu dienen. Einmal ausgewählt, mussten sie 30 Jahre lang keusch leben und dafür sorgen, dass das heilige Feuer im Tempio di Vesta niemals erlosch. Wenn dies doch einmal geschah, wurde die dafür verantwortliche Priesterin ausgepeitscht. Verlor eine Vestalin ihre Jungfräulichkeit, lief sie Gefahr, lebendig begraben zu werden.

Forum Romanum

Palatin

GEBURTSSTÄTTE EINES REICHES

Zwischen dem Forum Romanum und dem Circo Massimo liegt der **Palatinhügel**, ein wunderschönes Areal mit eindrucksvollen Ruinen, hoch aufragenden Pinien und einer atemberaubenden Aussicht. Hier nahm alles seinen Anfang. Hier soll Romulus Remus getötet und die Stadt 753 v. Chr. gegründet haben, und hier lebten die römischen Kaiser in prachtvollem Luxus.

Kaiser Augustus wohnte hier sein ganzes Leben lang, und die nachfolgenden Kaiser errichteten immer üppigere Paläste – das Wort „Palast" leitet sich sogar vom lateinischen Namen des Hügels, Palatium, ab. Doch nach dem Untergang des römischen Reiches verfielen die Bauten, im Mittelalter wurden Gotteshäuser und Burgen darüber errichtet. Reiche Familien ließen in der Renaissance dort prächtige Gärten anlegen.

Den größten Teil des heutigen Palatins nimmt die riesige Palastruine von Kaiser Domitian ein, die 300 Jahre lang als kaiserlicher Hauptpalast diente. Er wurde im 1. Jh. n. Chr. erbaut und besteht aus der **Domus Flavia** (dem öffentlichen Teil des Palastkomplexes), der **Domus Augustana** (den Privaträumen des Kaisers) und einem versunkenen Stadion. In der Nähe der Domus Augustana kann man im **Museo Palatino** die Entwicklung des Palatins anhand von Videovorführungen, Modellen und archäologischen Funden nachvollziehen.

Weitere Höhepunkte sind die gut erhaltene Casa di Livia (Haus von Augustus' Frau Livia), die mit Fresken verzierte Casa di Augusto (Privatresidenz des Augustus) und der Garten Orti Farnesiani mit einem Balkon (toller Blick über das Forum Romanum!).

ROMULUS & REMUS

Roms mythische Gründer wurden der Sage nach auf dem Palatin vom Hirten Faustulus aufgezogen, nachdem ein Wolf sie vor dem Tod gerettet hatte. 2007 wurde 15 m unter der Domus Augustana eine Höhle entdeckt. Einige aus der Wissenschaft gehen davon aus, dass es sich dabei um die **Lupercale** handelt, die Höhle, in der nach dem Glauben der alten Römer Romulus und Remus von der Wölfin gesäugt wurden.

Im südwestlichen Teil des Hügels, inmitten einer Reihe von Hütten aus der Eisenzeit, befindet sich die **Casa Romuli**, in der Romulus angeblich im 8. Jh. gelebt haben soll.

Domus Augustana, Palatin

Kapitolinische Museen

DIE ÄLTESTEN ÖFFENTLICHEN MUSEEN DER WELT

Die Kapitolinischen Museen, die in zwei prächtigen Palazzi an der **Piazza del Campidoglio** untergebracht sind, sind die ältesten öffentlichen Museen der Welt. Sie stammen aus dem Jahr 1471, als Papst Sixtus IV. der Stadt eine Reihe von Bronzestatuen schenkte, die den Grundstock für eine der schönsten Sammlungen klassischer Skulpturen in Italien bildeten. Der Eingang zu den Museen ist im Palazzo dei Conservatori, wo sich das ursprüngliche Kernstück der Skulpturensammlung und die **Pinakothek** mit Werken vieler großer Kunstschaffenden befinden.

Bevor man die Treppe hinaufgeht, sollte man sich einen Moment Zeit nehmen, um die antiken Steinmetzarbeiten im Innenhof zu bewundern, insbesondere die riesigen Überreste (Kopf, Hand und Fuß) einer einst 12 m hohen Konstantin-Statue.

Von den Skulpturen ist die *Lupa Capitolina* das berühmteste Stück. Es stellt eine bronzene Wölfin dar, die über ihren säugenden Schützlingen, Romulus und Remus, steht. Bis vor Kurzem dachte man, die Wölfin sei ein etruskisches Werk aus dem 5. Jh. v. Chr., aber die Kohlenstoffdatierung hat ergeben, dass sie wahrscheinlich um 1200 entstanden ist.

Im Obergeschoss befindet sich die Gemäldesammlung mit einer Fülle von Meisterwerken. Dazu gehören Pietro da Cortonas *Ratto delle Sabine* (Raub der Sabinerinnen) und zwei wichtige Gemälde von Caravaggio: *La buona ventura* (Die Wahrsagerin; 1595) und *San Giovanni Battista* (Johannes der Täufer; 1602).

Der Palazzo Nuovo beherbergt auch einige echte Highlights. Zu ihnen zählt vor allem die *Galata morente*, eine rührende Skulptur eines sterbenden gallischen Kriegers.

DIE RÖMISCHEN VERTRÄGE

Mit Fresken, die Episoden aus der römischen Geschichte darstellen, und zwei päpstlichen Statuen – eine von Urban VIII. von Bernini und eine von Innozenz X. von Algardi – bot die **Sala degli Orazi e Curiazi** den prachtvollen Rahmen für eines der wichtigsten Ereignisse der europäischen Moderne. Am 25. März 1957 versammelten sich hier die Staats- und Regierungschefs Italiens, Frankreichs, Westdeutschlands, Belgiens, der Niederlande und Luxemburgs zur Unterzeichnung der Römischen Verträge und damit der Gründung der Europäischen Wirtschaftsgemeinschaft, dem Vorläufer der Europäischen Union.

Piazza del Campidoglio

NATTAKIT JEERAPATMAITREE/SHUTTERSTOCK ©

Antiker Lügendetektor

SCHNAPPSCHUSS AN DER BOCCA DELLA VERITÀ

Für ein typisches römisches Urlaubsfoto unbedingt an der **Bocca della Verità** vorbeischauen. Als Denkmal wirkt diese antike Kuriosität eher unscheinbar. Es handelt sich um ein bärtiges Gesicht, das in eine riesige Marmorscheibe gemeißelt ist, die möglicherweise von einem antiken Brunnen oder einem Gullydeckel stammt. Aber das Besondere ist seine Legende. Diese besagt, dass, wenn man seine Hand in die *bocca* (Mundöffnung) legt und eine Lüge erzählt, der Mund zuschnappt und die Hand abbeißt. Die Herausforderung besteht also darin, die Hand in den Mund zu legen und zaghaft zu lächeln, während man etwas erzählt, was nicht stimmt.

Die Bocca della Verità befindet sich im Säulengang der mittelalterlichen **Chiesa di Santa Maria in Cosmedin** – meist am Ende einer langen Schlange wartender mutiger Besucher:innen.

Drinks & Dinner auf der Dachterrasse

BEI EINEM GETRÄNK DIE AUSSICHT GENIESSEN

Nichts ist schöner als ein Abendessen oder ein Drink im Freien auf einer Dachterrasse mit Panoramablick, um daran erinnert zu werden, dass man sich ja in Rom befindet. Für einen entspannten Kaffee vor der Kulisse der Dächer und Kuppeln empfiehlt sich die **Terrazza Caffarelli**, das bemerkenswerte Terrassencafé der Kapitolinischen Museen. Dafür braucht man nicht einmal eine Eintrittskarte für das Museum, da es einen Seiteneingang am Piazzale Caffarelli gibt.

Nahe der Bocca della Verità befindet sich das **47 Circus Roof Garden**, das einen hinreißenden Blick auf den Aventin-Hügel bietet und zeitgenössische mediterrane Küche serviert.

Osterprozessionen & Gründungsfeiern

BEI EINER FEIERLICHEN OSTERPROZESSION DABEI SEIN

Das antike Rom mit seinen eindrucksvollen Ruinen und himmelhohen Pinien bildet die Kulisse für einige der stimmungsvollsten Feste der Stadt.

Am Karfreitag kann man im Kolosseum miterleben, wie der Papst die traditionelle **Via-Crucis-Prozession** anführt. Diese Veranstaltung bei Kerzenschein, die in die ganze Welt übertragen wird, ist ein wichtiger Bestandteil der Osterfeierlichkeiten in Rom.

WARUM ICH DAS ANTIKE ROM LIEBE

Duncan Garwood, Schriftsteller

Auch nach mehr als zwei Jahrzehnten in Rom bekomme ich jedes Mal eine Gänsehaut, wenn ich das Kolosseum und die Kaiserforen sehe. Noch mehr liebe ich jedoch den Palatin. Ich mag nicht nur die Ruinen, sondern auch die Pinien und die Aussicht, denn der Anblick des Forum Romanum, das sich unterhalb erstreckt, ist etwas Besonderes. Ich liebe auch die römischen Legenden. Glaubt man ihnen – und das sollte man schon deshalb, weil es Spaß macht –, dann wurden Romulus und Remus von einer Wölfin gerettet und gründeten hier Rom. Ein echt ungewöhnlicher Ort.

OSTERSEGEN

Ostern ist ein großes Ereignis in Rom mit Veranstaltungen in der ganzen Stadt. Der Höhepunkt ist es, wenn der Papst am Ostersonntag um die Mittagszeit die Menge auf dem **Petersplatz** segnet (S. 93).

ÜBERNACHTEN IM ANTIKEN ROM

Residenza Maritti
Großartige kleine Unterkunft mit 14 individuell gestalteten Zimmern und unvergesslichem Blick auf die nahe gelegenen Kaiserforen. **€€**

Inn at the Roman Forum
Schickes Boutiquehotel mit Fünf-Sterne-Service, raffiniertem Design und ruhiger Lage in der Nähe der Kaiserforen. **€€€**

Nerva Boutique Hotel
Gemütliche moderne Zimmer in einem freundlichen Hotel, das versteckt hinter dem Forum Romanum liegt. **€€€**

VIA DEI FORI IMPERIALI

Im Gegensatz zu den Monumenten, die sie umgeben, war die Via dei Fori Imperiali nie Teil der antiken Stadt. Tatsächlich wurde sie von Mussolini gebaut und am 28. Oktober 1932 eingeweiht.

Die Straße, die quer durch das Forum führt, wurde im Rahmen eines großen Stadtentwicklungsprojekts gebaut, um die Infrastruktur Roms zu modernisieren und die Anbindung an die Außenbezirke der Stadt zu verbessern. Sie diente auch Propagandazwecken, indem sie eine symbolische Verbindung zwischen Mussolinis faschistischen Regime (dargestellt durch die Piazza Venezia) und dem Römischen Reich (dargestellt durch das Kolosseum) herstellte.

Für den Bau der 900 m langen Straße rissen Mussolinis Bulldozer das gesamte Renaissance-Viertel Alessandrino nieder und es wurde ein Großteil der antiken Kaiserforen asphaltiert.

LUKEONTHEROAD/SHUTTERSTOCK ©

Circo Massimo

Am 21. April feiert Rom mit dem **Natale di Roma** seinen Geburtstag in fröhlicher Atmosphäre. Das Programm variiert von Jahr zu Jahr, aber im Allgemeinen finden die Veranstaltungen und historischen Inszenierungen rund um die Via dei Fori Imperiali, den Campidoglio und den Circo Massimo statt.

Später im Jahr, am 2. Juni, versammeln sich Italiens politische Verantwortungsträger:innen auf dem Vittoriano und in der Via dei Fori Imperiali, um die **Festa della Repubblica** (Tag der Republik) mit Kranzniederlegungen und einer Militärparade zu begehen.

Workout auf einer alten Rennbahn

JOGGEN UM DEN CIRCO MASSIMO (CIRCUS MAXIMUS)

Wer auch im Urlaub in Form bleiben will, zieht die Laufschuhe an und schließt sich den vielen Läufer:innen auf dem **Circo Massimo** an. Hier kann man auf der einst größten Wagenrennbahn des antiken Roms, einem 600 m langen Rundkurs in einem Stadion mit 250 000 Plätzen, joggen gehen. Von diesem riesigen Bauwerk ist bis auf ein kleines Segment am südlichen Ende wenig übrig geblieben, aber das enorme, Gras bewachsene Becken hat seine rechteckige Form behalten, und es hat etwas unbestreitbar Erhebendes, im Schatten des Palatins, der ursprünglichen Geburtsstätte Roms, zu trainieren.

Ganz ambitionierte Sportler:innen nehmen Ende März oder im April am Rom-Marathon teil, der auf der Via dei Fori Imperiali beginnt und endet.

ESSEN & AUSGEHEN IM ANTIKEN ROM

Alimentari Pannella Carmela
Authentisches Lebensmittelgeschäft, ideal für Picknickzutaten und *panini*, die an der Feinkosttheke auf Bestellung zubereitet werden. **€**

0,75
Entspannte Bar am Circo Massimo, die von einem jungen internationalen Publikum besucht wird.

Terre e Domus
Klassische regionale Küche und eine lockere Atmosphäre in der Nähe des Wahrzeichens Colonna di Traiano. **€€**

CENTRO STORICO

VERWINKELTES HISTORISCHES ZENTRUM

Das historische Zentrum, ein dichtes Gewirr aus Gassen, Renaissancepalästen und barocken Plätzen, ist das Rom, das viele Traveller anlockt. Auch Einheimische sind hier anzutreffen – beim Arbeiten, in Ausstellungen oder bei Treffen mit Freund:innen.

Das Pantheon und die Piazza Navona sind die Top-Attraktionen, aber bei einem Bummel stößt man auch auf zahllose Denkmäler, Museen und Kirchen, von denen viele Meisterwerke von Michelangelo, Caravaggio, Bernini und Raffael beherbergen.

Es dreht sich aber nicht alles nur um Hochkultur: Die edlen Palazzi und die prächtigen Plätze bieten eine wunderbare Kulisse, um draußen zu essen oder auszugehen. Zwischen Gourmetrestaurants, familiengeführten Trattorien, einfachen Kneipen und schicken Cocktailbars findet man stets etwas Passendes.

Bequeme Schuhe fürs Kopfsteinpflaster und gute Laune nicht vergessen – sich zu verlaufen und Menschmassen sind Programm.

TOP TIPP

Am besten erreicht man das historische Zentrum mit dem Bus bis Largo di Torre Argentina oder man geht alternativ von den Metrostationen Barberini oder Spagna aus zu Fuß. Das Gebiet selbst lässt sich super zu Fuß erkunden. Ein Spaziergang kann durstig machen. Zum Glück gibt's überall die traditionellen Trinkbrunnen, die hier als *nasoni* (große Nasen) bekannt sind.

V_E/SHUTTERSTOCK ©

Chiesa Sant'Ignazio di Loyola

Galleria Doria Pamphilj

ALTE MEISTERWERKE IN PRIVATER GALERIE

Hinter der grauen Fassade des Palazzo Doria Pamphilj verbirgt sich in dieser wunderbaren Galerie eine der umfangreichsten privaten Kunstsammlungen Roms mit Werken von Raffael, Tintoretto, Tizian, Caravaggio, Bernini und Velázquez sowie mehreren flämischen Kreativen.

Meisterwerke gibt es viele, u.a. zwei frühe Caravaggios. Der unbestrittene Star ist Velázquez' Porträt des unerbittlichen Papstes Innozenz X., der sich darüber beschwerte, dass die Darstellung „zu real" sei. Zum Vergleich kann man sich Berninis bildhauerische Interpretation desselben Themas anschauen.

Der ausgezeichnete kostenlose Audioguide mit von Jonathan Pamphilj eingesprochenen Texten erweckt die Galerie mit Familienanekdoten und weiteren Hintergrundinfos zum Leben.

Chiesa Sant'Ignazio di Loyola

FAKE-KUPPEL & FASZINIERENDE FRESKEN

Diese **Jesuitenkirche** an einer Rokoko-Piazza verfügt über eine Fassade von Carlo Maderno und zwei *Trompe-l'œil*-Fresken von Andrea Pozzo (1642–1709). Auf dem einen ist raffiniert eine fingierte Kuppel dargestellt, auf dem anderen, an der Decke des Kirchenschiffs, wird der heilige Ignatius Loyola von Christus und der Madonna im Paradies empfangen.

Den besten Blick auf dieses schwindelerregende Werk hat man, wenn man sich auf den kleinen gelben Punkt auf dem Boden des Kirchenschiffs stellt. Eine zweite Marmorscheibe markiert den besten Platz, um die Kuppel zu bewundern, die in Wirklichkeit eine flache Leinwand ist.

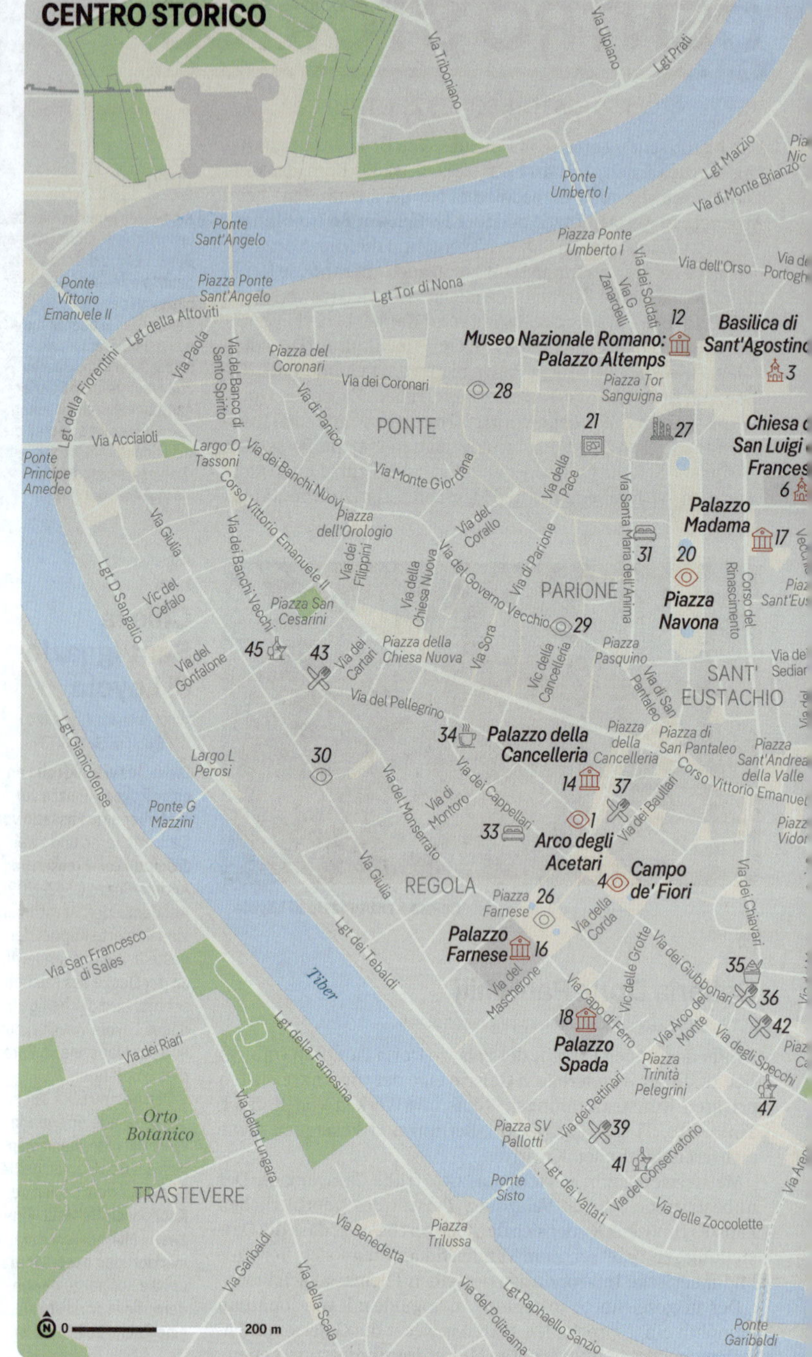
CENTRO STORICO
Museo Nazionale Romano: Palazzo Altemps 12
Basilica di Sant'Agostino 3
Chiesa di San Luigi dei Francesi 6
Palazzo Madama 17
Piazza Navona 20
Palazzo della Cancelleria 14
Arco degli Acetari 1
Campo de' Fiori 4
Palazzo Farnese 16
Palazzo Spada 18
PONTE
PARIONE
REGOLA
SANT' EUSTACHIO
TRASTEVERE
Tiber
Orto Botanico
Ponte Sant'Angelo
Ponte Umberto I
Ponte Vittorio Emanuele II
Ponte Principe Amedeo
Ponte G Mazzini
Ponte Sisto
Ponte Garibaldi
Piazza Ponte Sant'Angelo
Piazza Ponte Umberto I
Lgt Tor di Nona
Lgt della Altoviti
Lgt dei Fiorentini
Lgt D Sangallo
Lgt Gianicolense
Lgt dei Tebaldi
Lgt della Farnesina
Lgt dei Vallati
Lgt Raphaello Sanzio
Lgt Prati
Lgt Marzio
Via Tiboniano
Via Ulpiano
Via di Monte Brianzo
Via dell'Orso
Via dei Soldati
Via G Zanardelli
Piazza Tor Sanguigna
Piazza del Coronari
Via dei Coronari
Via di Panico
Via Paola
Via del Banco di Santo Spirito
Via Acciaioli
Largo O Tassoni
Via dei Banchi Nuovi
Via Monte Giordana
Piazza dell'Orologio
Via della Pace
Via Santa Maria dell'Anima
Via del Corallo
Via di Parione
Via dei Filippini
Via della Chiesa Nuova
Via del Governo Vecchio
Corso Vittorio Emanuele II
Via dei Banchi Vecchi
Via Giulia
Vic del Cefalo
Piazza San Cesarini
Via del Gonfalone
Via dei Cartari
Piazza della Chiesa Nuova
Via Sora
Vic della Cancelleria
Piazza Pasquino
Via di San Pantaleo
Corso del Rinascimento
Via del Pellegrino
Piazza della Cancelleria
Piazza di San Pantaleo
Piazza Sant'Andrea della Valle
Largo L Perosi
Via del Monserrato
Via di Montoro
Via dei Cappellari
Via dei Baullari
Piazza Farnese
Via della Corda
Via del Mascherone
Vic delle Grotte
Via Capo di Ferro
Via dei Giubbonari
Via Arco del Monte
Via degli Specchi
Piazza Trinità Pelegrini
Via dei Chiavari
Via dei Pettinari
Piazza SV Pallotti
Via del Conservatorio
Via delle Zoccolette
Via San Francesco di Sales
Via dei Riari
Via della Lungara
Via Benedetta
Piazza Trilussa
Via Garibaldi
Via della Scala
Via del Politeama
28 29 30 21 27 31 34 33 37 26 35 36 42 47 39 41 45 43
0 200 m

HIGHLIGHTS
1 Arco degli Acetari
2 Basilica di Santa Maria Sopra Minerva
3 Basilica di Sant'Agostino
4 Campo de' Fiori
5 Chiesa del Gesù
6 Chiesa di San Luigi dei Francesi
7 Chiesa di Sant'Ignazio di Loyola
8 Galleria Doria Pamphilj
9 Isola Tiberina
10 Jüdisches Ghetto
11 Museo Nazionale Romano: Crypta Balbi
12 Museo Nazionale Romano: Palazzo Altemps
13 Palazzo Chigi
14 Palazzo della Cancelleria
15 Palazzo di Montecitorio
16 Palazzo Farnese
17 Palazzo Madama
18 Palazzo Spada
19 Pantheon
20 Piazza Navona

SEHENSWERTES
21 Chiostro del Bramante
22 Largo di Torre Argentina
23 Piazza della Minerva
24 Piazza della Rotonda
25 Piazza di Sant'Ignazio Loyola
26 Piazza Farnese
27 Stadio di Domiziano
28 Via dei Coronari
29 Via del Governo Vecchio
30 Via Giulia

SCHLAFEN
31 Eitch Borromini
32 Hotel Mimosa
33 Navona Essence

ESSEN
34 Barnum Cafe
35 Fatamorgana
36 Forno Roscioli
37 Grappolo D'Oro
38 La Ciambella
39 Pianostrada
40 Retrobottega
41 Rimessa Roscioli
42 Salumeria Roscioli
43 Supplizio

AUSGEHEN & FEIERN
44 Caffè Sant'Eustachio
45 Il Goccetto
46 La Casa del Caffè Tazza d'Oro
47 Open Baladin

UNTERHALTUNG
48 Teatro Argentina

Basilica di Sant'Agostino

EINE MARMOR-MADONNA STIEHLT DIE SHOW

Die schlichte, weiße Fassade dieser **Kirche** aus der Frührenaissance (im 15. Jh. erbaut; Ende des 17. Jhs. renoviert) lässt nicht auf die imposante Kunst im Inneren schließen. Das berühmteste Werk ist Caravaggios *Madonna dei Pellegrini* (Madonna der Pilger), aber auch Raffaels *Profeta Isaia* (Prophet Jesaja) und eine viel verehrte Skulptur von Jacopo Sansovino, die *Madonna del Parto* (Madonna der Geburt), sind hier zu finden. Schwangere beten hier traditionell für eine problemlose Schwangerschaft.

NOCH MEHR CARAVAGGIOS

Caravaggio war das *enfant terrible* der römischen Kunstwelt des 16. Jhs. und schockierte alle mit seinem wilden Verhalten und seinen künstlerischen Innovationen. Seine Gemälde sind in ganz Rom zu sehen, u.a. im **Museo e Galleria Borghese** (S. 122).

Basilica di Santa Maria Sopra Minerva

DIE EINZIGE GOTISCHE KIRCHE ROMS

Vor der Basilica di Santa Maria Sopra Minerva, Roms einziger gotischer **Kirche**, steht die beliebte *Elefantino*-Statue. Von dem ursprünglichen Gotteshaus aus dem 13. Jh. ist nur noch wenig übrig, und heute ist die Hauptattraktion ein kleiner Michelangelo im kunstvoll gestalteten Innenraum.

Dort befinden sich auch prächtige Fresken des philippinischen Malers Lippi aus dem 15. Jh. und die Grabstätten mehrerer berühmter Persönlichkeiten, darunter drei Päpste und der Künstler Fra' Angelico. Der kopflose Körper der hl. Katharina von Siena liegt unter dem Hochaltar.

Links vom Altar findet sich Michelangelos *Cristo Risorto* (Der auferstandene Christus), das Jesus mit einem Kreuz und einem auffälligen Bronzegewand zeigt. Dieses war eigentlich nicht Teil der ursprünglichen Komposition und wurde nach dem Konzil von Trient (1545–63) hinzugefügt, um die Sittsamkeit Christi zu betonen.

Chiesa del Gesù

FUNDGRUBE FÜR BAROCKE KUNST

Roms bedeutendste Jesuitenkirche beherbergt eine reiche Sammlung barocker Schätze, darunter das schwungvolle Gewölbefresko *Trionfo del Nome di Gesù* (Triumph des Namens Jesu) von Giovanni Battista Gaulli, auch Il Baciccia genannt, und das juwelengeschmückte Grabmal von Ignatius Loyola, Gründer des Jesuitenordens, von Andrea del Pozzo. Der heilige Ignatius lebte von 1544 bis zu seinem Tod im Jahr 1556 in der Kirche. Seine Wohnräume rechts von der Hauptkirche können besichtigt werden.

***Madonna dei Pellegrini*, Basilica di Sant'Agostino**

Chiesa di San Luigi dei Francesi

BAROCKE HEIMAT EINES CARAVAGGIO-HATTRICKS

Die opulente **Barockkirche**, die seit 1589 der französischen Gemeinde Roms dient, beherbergt drei berühmte frühe Caravaggio-Gemälde: *Vocazione di San Matteo* (Berufung des hl. Matthäus), *Martirio di San Matteo* (Martyrium des hl. Matthäus) und *San Matteo e l'angelo* (Matthäus und der Engel). Die Werke sind gemeinsam auch unter dem Namen Matthäus-Zyklus bekannt. Sie wurden zwischen 1600 und 1602 gemalt und zeigen den charakteristischen Realismus Caravaggios und die beeindruckende Verwendung von Hell-Dunkel-Kontrasten. Auch bemerkenswert: Domenichinos verblasste Cäcilia-Fresken (17. Jh.).

Pantheon

EINFLUSSREICHES MEISTERWERK DER ANTIKEN ARCHITEKTUR

Das Pantheon, ein 2000 Jahre alter Tempel, ist das am besten erhaltene der antiken Monumente Roms. Es wurde um 125 n. Chr. von Hadrian an der Stelle des Tempels von Marcus Agrippa aus dem Jahr 27 v. Chr. erbaut. Obwohl man seiner löchrigen Fassade das Alter ansieht, ist es immer noch erhebend, durch die Bronzetüren zu gehen und in die weltweit größte **Kuppel**, die jemals ohne Stahlbeton errichtet wurde, hinaufzuschauen.

Hadrians Tempel war den klassischen Gottheiten gewidmet – daher der Name Pantheon, der sich aus den griechischen Wörtern *pan* (alles) und *theos* (Gott) zusammensetzt. Im Jahr 608 wurde er aber als christliche Kirche geweiht und ist nun offiziell als Basilica di Santa Maria ad Martyres bekannt.

Der Eingangsportikus ist ein imposanter Anblick. Die 16 korinthischen Säulen, jede 11,8 m hoch und aus jeweils einem einzigen Block ägyptischen Granits gefertigt, tragen einen dreieckigen Giebel. Im höhlenartigen, mit Marmor verkleideten Inneren befindet sich das Grab des Künstlers Raffael neben den Gräbern der Könige Vittorio Emanuele II. und Umberto I.

Die eigentliche Faszination des auffälligen Pantheons liegt jedoch in seinen gewaltigen Ausmaßen und der beeindruckenden Kuppel, deren harmonisches Erscheinungsbild auf einer perfekten Symmetrie beruht: Ihr Durchmesser von 43,4 m entspricht genau der Innenhöhe des Bauwerks. In der Mitte kommt dem Oculus, einem Rundfenster mit einem Durchmesser von 8,7 m, eine besondere strukturelle Bedeutung zu, indem es die enormen Zugkräfte der Kuppel aufnimmt und umverteilt.

DIE INSCHRIFT

Jahrhundertelang verleitete die lateinische Inschrift über dem Eingang zum Pantheon die Historiker:innen zu der Annahme, dass es sich bei dem Tempel um das von Marcus Agrippa errichtete Original handelte. Der Wortlaut legt dies nahe, denn er lautet: „M.AGRIPPA.L.F. COS.TERTIUM.FECIT" – „Marcus Agrippa, Sohn des Lucius, hat dies im Jahr seines dritten Konsulats gebaut". Bei Ausgrabungen im 19. Jh. wurden jedoch Spuren eines früheren Tempels gefunden, und die Gelehrten erkannten, dass Hadrian Agrippas Originalinschrift einfach für seinen neuen Tempel verwenden ließ.

Kuppel innen, Pantheon

Campo de' Fiori

HEKTISCHE PIAZZA BEI TAG UND BEI NACHT

Farbenfroh und immer belebt: **Il Campo** ist ein wichtiger Brennpunkt des römischen Lebens. Tagsüber findet hier ein bekannter Markt statt, abends füllen sich die Restaurants und schrillen Bars mit Besucher:innen und jungen Einheimischen. Sein poetischer Name (Blumenfeld) bezieht sich auf die Wiese, die sich hier befand, bevor der Platz Mitte des 15. Jhs. angelegt wurde.

Inmitten des Trubels auf dem Platz steht die Statue eines Mönchs mit Kapuze. Das ist der Philosoph Giordano Bruno, der hier im Jahr 1600 wegen Ketzerei verbrannt wurde.

Campo de' Fiori

SIXTINISCHE FRESKEN

Wer Michelangelos Fresken in der Sixtinischen Kapelle sehen möchte, begibt sich schnurstracks zu den **Vatikanischen Museen** (S. 95). Dort bilden sie den Höhepunkt des riesigen Museumskomplexes.

Palazzo della Cancelleria

KOLOSSALER RENAISSANCEPALAST

Dieser riesige Palazzo, eines der imposantesten Renaissancegebäude Roms, wurde zwischen 1483 und 1513 für Kardinal Raffaele Riario errichtet. Später wurde er vom Vatikan erworben und zum Sitz der päpstlichen Kanzlei. Er ist immer noch Eigentum des Vatikans und beherbergt heute verschiedene kirchliche Ämter, darunter die Rota Romana, das höchste kirchliche Gericht des Heiligen Stuhls.

Der Palazzo beherbergt auch eine Ausstellung, die den Maschinenentwürfen von Leonardo da Vinci gewidmet ist. Wer sich dafür nicht interessiert, kann stattdessen einen Blick auf Bramantes prächtige Doppelloggia werfen oder via E-Mail (*economato@apsa.va*) einen Platz für eine Führung am Samstagmorgen buchen.

Palazzo Farnese

BOTSCHAFT MIT EHRWÜRDIGEN FRESKEN

Dieser imposante Renaissancepalast, einer der schönsten Palazzi Roms, beheimatet die französische Botschaft und wurde 1514 von Antonio da Sangallo dem Jüngeren begonnen, von Michelangelo fortgesetzt und von Giacomo della Porta vollendet. Im Inneren sind Fresken von Annibale und Agostino Carracci zu sehen, von denen einige behaupten, dass sie mit den Werken der Sixtinischen Kapelle von Michelangelo mithalten können. Der Höhepunkt ist das monumentale Deckenfresko *Amori degli Dei* (Liebe der Götter) in der Galleria dei Carracci, das zwischen 1597 und 1608 entstand.

Die Besichtigung des Palastes erfolgt im Rahmen von Führungen (in englischer, französischer und italienischer Sprache), für die eine rechtzeitige Anmeldung erforderlich ist. Einzelheiten sind unter *https://visite-palazzofarnese.it* zu finden. Für den Eintritt ist ein Lichtbildausweis nötig.

Piazza Navona

BAROCKER SALON UNTER FREIEM HIMMEL

Mit ihren prächtigen Brunnen, barocken Palazzi und dem bunten Treiben von Street Artists, Straßenhändler:innen, Bedienungen und Travellern ist die Piazza Navona der elegante Vorzeigeplatz im Zentrum Roms. Im 15. Jh. gepflastert, beherbergte er fast 300 Jahre lang den wichtigsten Markt der Stadt. Das Herzstück ist Berninis **Fontana dei Quattro Fiumi**, ein extravaganter Brunnen mit einem ägyptischen Obelisken und muskulösen Personifikationen der Flüsse Nil, Ganges, Donau und Rio de la Plata. Die Legende besagt, dass die Figur des Nil ihre Augen abschirmt, um nicht auf die nahe gelegene Chiesa di Sant'Agnese in Agone blicken zu müssen, die von Berninis verhasstem Rivalen Borromini entworfen wurde. In Wirklichkeit begann Borromini die Arbeit an der kunstvollen Fassade der Kirche erst zwei Jahre nachdem Bernini seinen Brunnen fertiggestellt hatte. Die Geste deutete lediglich darauf hin, dass die Quelle des Nil zu jener Zeit noch unbekannt war.

Die **Fontana del Moro** am südlichen Ende des Platzes wurde 1576 von Giacomo della Porta entworfen. Bernini fügte die Figur, die einen Delphin hält, Mitte des 17. Jhs. hinzu, aber die umgebenden Tritonen sind Kopien aus dem 19. Jh. Am nördlichen Ende der Piazza befindet sich die **Fontana del Nettuno** aus dem 19. Jh., die Neptun, umgeben von Meeresnymphen, im Kampf mit einem Meeresungeheuer darstellt.

Das größte Gebäude an der Piazza ist der Palazzo Pamphilj, der zwischen 1644 und 1650 für Papst Innozenz X. erbaut wurde und heute Sitz der brasilianischen Botschaft ist.

Piazza Navona

STADIO DI DOMIZIANO

Wie viele Wahrzeichen Roms thront auch die Piazza Navona auf einem antiken Bauwerk, in diesem Fall dem Stadio di Domiziano aus dem 1. Jh. In diesem **Stadion** mit 30 000 Plätzen, dessen unterirdische Überreste von der Via di Tor Sanguigna aus zugänglich sind, wurden früher Leichtathletikwettkämpfe ausgetragen. Daher stammt auch der Name Navona, eine Verfälschung des griechischen Wortes *agon*, das öffentliche Spiele bedeutet. Unweigerlich verfiel das Stadion jedoch im Laufe der Zeit und erst im 15. Jh. wurde die bröckelnde Arena gepflastert und der zentrale Markt Roms vom Campidoglio hierher verlegt.

Museo Nazionale Romano: Crypta Balbi

IN DER VERGANGENHEIT GRABEN

Das am wenigsten bekannte der vier Museen des Museo Nazionale Romano, die Crypta Balbi, wurde auf den Ruinen mehrerer mittelalterlicher Gebäude erbaut, die wiederum auf dem Teatro di Balbo (13 v. Chr.) stehen. Archäologische Funde veranschaulichen die städtebauliche Entwicklung der Umgebung, während die unterirdischen Ausgrabungen des Museums einen fesselnden Einblick in die vielschichtige Vergangenheit Roms gewähren.

Isola Tiberina

Isola Tiberina

TIBERINSEL

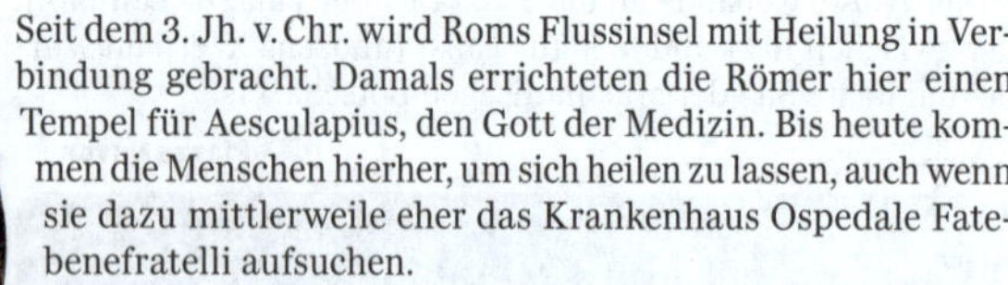

Seit dem 3. Jh. v. Chr. wird Roms Flussinsel mit Heilung in Verbindung gebracht. Damals errichteten die Römer hier einen Tempel für Aesculapius, den Gott der Medizin. Bis heute kommen die Menschen hierher, um sich heilen zu lassen, auch wenn sie dazu mittlerweile eher das Krankenhaus Ospedale Fatebenefratelli aufsuchen.

Die Insel ist durch zwei Brücken mit dem Festland verbunden: die 62 v. Chr. erbaute **Ponte Fabricio**, die älteste noch bestehende Brücke Roms, die zum jüdischen Ghetto führt, und die **Ponte Cestio**, die hinüber nach Trastevere verläuft.

Im Süden sind die Überreste der Ponte Rotto (Zerstörte Brücke) zu sehen, der ersten Steinbrücke des antiken Roms, die bei einer Überschwemmung 1598 fast vollständig weggespült wurde.

Gedenktafeln in Erinnerung an die Opfer des Holocaust

Jüdisches Ghetto

HERZ DER JÜDISCHEN GEMEINDE IN ROM

Das jüdische Ghetto mit der belebten Via del Portico d'Ottavia in seinem Zentrum ist ein stimmungsvolles Viertel mit Kunsthandwerksateliers, ausgefallenen Geschäften, koscheren Bäckereien und beliebten Trattorien. Gekrönt wird alles von der quadratischen Kuppel der Hauptsynagoge Roms.

In den Straßen des Viertels sollte man auf kleine Pflastersteine aus Messing achten. Die Stolpersteine erinnern an die Opfer des Holocaust in Rom: Sie befinden sich vor den Häusern der Opfer und sind mit dem Namen einer Person sowie dem Datum und dem Ort ihrer Deportation und ihres Todes versehen.

Die jüdische Gemeinde Roms geht auf das 2. Jh. v. Chr. zurück und ist damit eine der ältesten in Europa. Im Jahr 1555 ordnete Papst Paul IV. die Zwangsunterbringung der Jüdinnen und Juden im Ghetto an, was ein Zeitalter der offiziellen Intoleranz einleitete, das mit Unterbrechungen bis ins 20. Jh. andauerte.

Museo Nazionale Romano: Palazzo Altemps

RENAISSANCEPALAST MIT FESSELNDER KLASSISCHER BILDHAUEREIKUNST

Der nördlich der Piazza Navona gelegene Palazzo Altemps ist ein wunderschöner Palast aus dem späten 15. Jh., in dem die Glanzstücke der beeindruckenden klassischen Skulpturensammlung des Museo Nazionale Romano untergebracht sind. Zahlreiche Stücke stammen aus der berühmten Ludovisi-Sammlung, die von Kardinal Ludovico Ludovisi im 17. Jh. zusammengetragen wurde.

Zu den preisgekrönten Exponaten gehört der wunderbare *Trono Ludovisi* (Ludovisi-Thron) aus dem 5. Jh., ein gemeißelter Marmorblock mit einem Relief in der Mitte, das eine nackte Venus (Aphrodite) zeigt, die aus dem Meer emporgehoben wird. Im Nachbarraum befindet sich der *Ares Ludovisi*, eine Darstellung des jungen, kahlgeschorenen Mars aus dem 2. Jh. v. Chr., der seinen rechten Fuß einer Restaurierung von Gian Lorenzo Bernini aus dem Jahr 1622 zu verdanken hat.

Ein weiteres ergreifendes Werk ist die *Galata Suicida* (Selbstmord des Galliers), eine melodramatische Darstellung eines Galliers, der sich über einer toten Frau stehend mit einem Messer das Leben nimmt.

Das Gebäude selbst bildet mit einem großen zentralen Innenhof, einer kunstvoll bemalten Loggia und mit Fresken verzierten Räumen einen stilvollen Rahmen für die Kunstwerke. Einer der Räume ist die Sala delle Prospettive Dipinte. Sie wurde für Kardinal Altemps, den reichen Neffen von Papst Pius IV. (reg. 1560–65), der den Palazzo Ende des 16. Jhs. kaufte, mit Landschaften und Jagdszenen geschmückt.

Das Museum beherbergt auch Stücke aus der ägyptischen Sammlung des Museo Nazionale Romano.

***Trono Ludovisi*, Museo Nazionale Romano: Palazzo Altemps**

TAKASHI IMAGES/SHUTTERSTOCK ©

MUSEO NAZIONALE ROMANO

Der Palazzo Altemps ist eines von vier Museen, die zusammen das Museo Nazionale Romano bilden. Ein Kombiticket (12/8 €), das eine Woche lang gültig ist, berechtigt zum Besuch aller vier Sehenswürdigkeiten: Palazzo Altemps, Crypta Balbi, Terme di Diocleziano und Palazzo Massimo alle Terme in der Nähe der Stazione Termini.

BESTE RESTAURANTS

Pianostrada
Schickes, modernes Bistro mit sommerlichem Innenhof und einer Speisekarte mit kreativer, saisonaler Küche. €€

Grappolo D'Oro
Eine ausgezeichnete Wahl in der Gegend um den Campo de' Fiori, wo gut zubereitete Pasta und reichhaltige Desserts serviert werden. €€

La Ciambella
Mit seinem hellen Interieur, der kreativen Küche und der ausgezeichneten Lage ist dieses Restaurant in der Nähe des Pantheons eine tolle Option. €€

Salumeria Roscioli
Berühmtes Delikatessen-Restaurant, das für seine klassischen römischen Gerichte und die umfangreiche Weinkarte bekannt ist. €€€

Retrobottega
In diesem modernen, minimalistischen Restaurant wird die regionale Küche neu interpretiert. €€€

MEHR IM CENTRO STORICO

Der perfekte römische Innenhof

INSTAGRAM-TAUGLICHER VERSTECKTER INNENHOF

Eine der malerischsten Ecken Roms ist der **Arco degli Acetari**, gleich neben dem Campo de' Fiori in der Via del Pellegrino 19. Wenn man unter dem Bogen hindurchgeht, gelangt man auf einen winzigen mittelalterlichen Platz, der von rostfarbenen Häusern und wuchernden Pflanzen umgeben ist. Auf dem Kopfsteinpflaster liegen Katzen und Fahrräder und von den hübschen, blumengeschmückten Balkonen hängt frische Wäsche herab.

Architektonische Tricksereien

OPTISCHE TÄUSCHUNG IM PALAZZO SPADA

In Rom gibt es mehrere verblüffende optische Täuschungen, darunter ein berühmtes Trompe-l'oeil vom Barockarchitekten Francesco Borromini. Der als **Prospettiva** (Perspektive) bekannte Raum scheint eine lange Säulengalerie zu sein, die zu einer Hecke und einer lebensgroßen Statue führt. Tatsächlich ist der Korridor viel kürzer, als er aussieht – nur ca. 10 m –, und die Skulptur ist gerade einmal hüfthoch. Und beim genaueren Hinsehen entpuppt sich die perfekt aussehende Hecke als eine Nachbildung aus Stein – Borromini glaubte nicht, dass eine echte Hecke präzise genug zugeschnitten werden konnte.

Die Prospettiva befindet sich im **Palazzo Spada**, einem schönen manieristischen Palast mit einer kleinen Sammlung mit Werken von Andrea del Sarto, Guido Reni, Guercino und Tizian.

Gleich drei Flaniermeilen

STREIFZUG DURCH BOUTIQUEN, BARS & PALÄSTE

Die reizende **Via del Governo Vecchio** ist der perfekte Ausgangspunkt für einen Stadtbummel. Diese gepflasterte Straße westlich der Piazza Navona war einst Teil des päpstlichen Prozessionsweges zwischen der Basilica di San Giovanni in Laterano und dem Petersdom und ist heute von Bars, Boutiquen, unabhängigen Geschäften und Restaurants gesäumt.

Nur einen Katzensprung weiter nördlich ist die **Via dei Coronari** ein weiteres Paradies für Spaziergänge. Sie ist berühmt für ihre Antiquitätenläden, mittlerweile findet man hier aber auch eine Reihe von anderen Geschäften und gemütlichen Cafés sowie die fabelhafte Gelateria del Teatro in der Nr. 65–66.

Weiter südlich liegt die **Via Giulia**, eine der bezauberndsten Meilen Roms. Sie ist eine elegante, weitgehend autofreie Straße mit Kirchen, bunten Renaissancepalazzi und diskreten Boutiquen.

ÜBERNACHTEN IM CENTRO STORICO

Hotel Mimosa
Diese alteingesessene Pension ist mit ihren geräumigen Zimmern und ihrer optimalen Lage eine gute Homebase. €€

Navona Essenz
Gemütliches Boutiquehotel mit schlichtem, modernem Design und einer erstklassigen Lage mitten im Geschehen. €€

Eitch Borromini
Das elegante Hotel ist in einem von Borromini entworfenen Palazzo aus dem 17. Jh. untergebracht und bietet einen Blick auf die Piazza Navona. €€€

Stadtspaziergang: Legendäre Plätze & Sehenswürdigkeiten

EIN BUMMEL VON PIAZZA ZU PIAZZA

Das *centro storico* beherbergt einige der bekanntesten Piazzas Roms sowie ein paar schöne, aber weniger bekannte Plätze. Bei diesem leichten Rundgang von 1,5 km Länge kann man die besten von ihnen entdecken.

Los geht's am 1 **Largo di Torre Argentina**, einem belebten Verkehrsknotenpunkt rund um die Ruinen von vier Tempeln aus der republikanischen Zeit. An der westlichen Flanke der Piazza befindet sich das Teatro Argentina, Roms wichtigstes Theater, in der Nähe der Stelle, an der Julius Cäsar 44 v. Chr. ermordet wurde. Von dort aus geht es weiter zur 2 **Piazza della Minerva**, wo sich Berninis beliebte Elefantenskulptur und die Basilica di Santa Maria Sopra Minerva befinden. Als nächstes arbeitet man sich weiter vor bis zur 3 **Piazza di Sant'Ignazio Loyola**, einem bezaubernden Platz, der von der gleichnamigen Kirche flankiert wird, und weiter zur 4 **Piazza della Rotonda** mit dem Pantheon, das keiner Vorstellung bedarf. Die 5 **Piazza Navona** ist nur einen kurzen Spaziergang entfernt.

Auf der anderen Seite des Corso Vittorio Emanuele II überquert man den 6 **Campo de' Fiori**, um zur 7 **Piazza Farne-**

DIE POLITISCHE SCHALTZENTRALE ITALIENS

Drei Paläste im historischen Zentrum bilden das politische Herz Italiens. Der aus dem 16. Jh. stammende **Palazzo Chigi** (*governo.it*) mit Blick auf die 30 m hohe **Colonna di Marco Aurelio** auf der Piazza Colonna ist seit 1961 die offizielle Residenz der italienischen Premierminister:innen.

Nebenan auf der Piazza Montecitorio befindet sich der barocke, von Bernini entworfene **Palazzo di Montecitorio** (*camera.it*), Sitz der italienischen Abgeordnetenkammer. Bei einem geführten Rundgang kann man die prächtigen Empfangsräume und den Hauptsaal besichtigen, in dem die 630 Abgeordneten vor einer wunderschönen Kulisse im Liberty-Stil debattieren.

Nur einen kurzen Spaziergang entfernt befindet sich der **Palazzo Madama** (*senato.it*), der seit 1871 Sitz des italienischen Senats ist.

KAFFEETRINKEN IM CENTRO STORICO

Caffè Sant'Eustachio
In diesem unscheinbaren und stets gut besuchten Café gibt's mit den besten Kaffee Roms.

La Casa del Caffè Tazza d'Oro
Elegantes, altmodisches Café mit einem ausgezeichneten Kaffeeangebot, nur einen Steinwurf vom Pantheon entfernt.

Barnum Cafe
Ein entspanntes, retro-cooles Café mit internationalem Frühstück, perfektem Kaffee und leichten Mahlzeiten.

SEHENSWÜRDIGKEITEN OHNE DIE MASSEN

Silvia Prosperi ist ein Guide und stellt einige ihrer Lieblingsorte im *centro storico* und in anderen zentralen Stadtvierteln vor, die abseits der Touri-Ströme liegen. (*@afriendinrome.it*)

Krypta Balbi
Dieses Museum ist ein Muss, wenn man den schwierigen Übergang vom Ende des Römischen Reiches zum mittelalterlichen Rom verstehen möchte. Auf Nachfrage kann man die Exedra besichtigen.

Monumento di Clemente XIV
Ein Meisterwerk von Canova, das unscheinbar in der Kirche Santi Apostoli steht und von den meisten übersehen wird, obwohl es nur einen Steinwurf vom Trevibrunnen entfernt ist.

Chiesa di Santo Stefano Rotondo
Nicht weit vom Kolosseum entfernt überrascht diese Kirche mit ihrer runden, hellen Struktur und ihren manieristischen Fresken, die mit ihren realistischen Darstellungen aller Arten von Martyrium niemanden unberührt lassen.

se zu gelangen. Hier wartet einer der großen Renaissancepaläste Roms.

Streetfood

SUPPLÌ, *PIZZA AL TAGLIO* & GELATO

In den letzten Jahren hat der Trend zum Streetfood dazu geführt, dass überall in der Stadt hochwertige Fast-Food-Lokale entstanden sind. Das **Supplizio** (Via dei Banchi Vecchi 143) hat sich auf den römischen Snack Supplì (Risottobällchen) spezialisiert, und das Ergebnis ist – wie könnte es anders sein – lecker!

Eine weitere römische Spezialität ist die *pizza al taglio* (Pizzastücke). Sie wird an Imbissständen in der ganzen Stadt angeboten, aber nur wenige von ihnen reichen an das **Forno Roscioli** (Via dei Chiavari 34) heran, eine Bäckerei, die ein wahres Festmahl aus Pizzen, Gebäck, Supplì und vielem mehr bereit stellt. Und zum Nachtisch geht man einfach nebenan zu **Fatamorgana** (Via dei Chiavari 37), wo eine Portion Gelato garantiert zur Glückseligkeit führt.

Besuch einer Ausstellung

MODERNE KUNST IM RENAISSANCEKLOSTER

Den Touri-Strömen in den Gassen rund um die Piazza Navona kann man entfliehen, indem man eine Ausstellung im **Chiostro del Bramante** besucht. Dieser Kreuzgang aus dem 16. Jh., selbst ein Meisterwerk der Hochrenaissance, bietet eine großartige Bühne für Ausstellungen moderner Kunst und kulturelle Veranstaltungen. Danach lockt ein Snack im eleganten Hauscafé.

Ein Abend im Theater

SCHAUSPIEL, MUSIK & TANZ

Wenn man schon einmal in Rom ist, sollte man sich unbedingt einen Theaterabend im besten Theater Roms, dem **Teatro Argentina**, gönnen. Das 1732 gegründete Theater bietet ein breit gefächertes Programm mit klassischen und zeitgenössischen Stücken (meist in italienischer Sprache) sowie Tanzaufführungen und Konzerten klassischer Musik. Ein guter Zeitpunkt, um eine Aufführung zu besuchen, ist das **Romaeuropa**, ein Festival für Theater, Oper und Tanz im Herbst.

CHIESA DI SANTO STEFANO ROTONDO

Mehr Infos über die **Chiesa di Santo Stefano Rotondo** aus dem 5. Jh. (S. 112) und ihre schockierenden Innenfresken findest du im Abschnitt San Giovanni & Testaccio.

AUSGEHEN IM CENTRO STORICO

Open Baladin
Ein fester Bestandteil der römischen Craft-Bier-Szene mit namhaften Bieren und handwerklichen Mixturen italienischer Kleinbrauereien.

Il Goccetto
Authentischer, traditioneller Vino-e-Olio-Laden (Wein und Öl) mit holzgetäfeltem Innenraum und Regalen voller Flaschen.

Rimessa Roscioli
Dieses Restaurant mit Bar ist bei Weinfans sehr beliebt und bietet Abendessen mit passendem Wein, Verkostungen, Führungen und Kurse an.

TRIDENTE, TREVI & QUIRINAL

BEKANNTE SEHENSWÜRDIGKEITEN UND MARKEN-SHOPPING

Der Trevibrunnen und die Spanische Treppe gehören zu den bekanntesten Attraktionen dieser zentralen Gegend, die stets von Besucher:innen, Einheimischen auf Shoppingtour und am Wochenende auch von aufgedrehten Jugendlichen bevölkert ist.

Tridente ist voll von altem Geld, historischen Kunstgalerien, mondänen Bars und eleganten Hotels. In Straßen wie der Via dei Condotti und der Via del Babuino ziehen Designer-Boutiquen und Flagship-Stores eine gut betuchte Kundschaft an, während Kaufhäuser die Via del Corso säumen.

Im Süden des Viertels erhebt sich der Trevibrunnen aus einem Knoten enger Straßen. Auf dem Quirinal lockt der Präsidentenpalast mit grandioser Architektur, unweit davon reizen raffiniert gestaltete Kirchen und Meisterwerke im Palazzo Barberini.

TOP TIPP

Vom Zentrum aus gelangt man leicht zu Fuß oder mit öffentlichen Verkehrsmitteln hierher: Die Metrostation Barberini (Linie A) eignet sich am besten für die Bereiche Trevi und Quirinal, während Spagna und Flaminio (beide Linie A) die richtigen Stopps für den Tridente sind. Außerdem fahren Busse zur Piazza Barberini, Via del Tritone und Via del Corso.

Cerasi-Kapelle, Basilica di Santa Maria del Popolo

Basilica di Santa Maria del Popolo

KUNSTREICHE RENAISSANCEKIRCHE

Diese **Basilika**, eine der am üppigsten ausgestatteten Renaissancekirchen in Rom, wurde erbaut, um den Geist Neros zu vertreiben, der angeblich an dieser Stelle spukte. Im Mittelpunkt der beeindruckenden Kunstsammlung stehen zwei Caravaggios: die *Bekehrung des Paulus* (1600–01) sowie die *Kreuzigung des Petrus* (1601) in der Cerasi-Kapelle aus dem 16. Jh. Weitere schöne Werke sind Carraccis *Himmelfahrt der Jungfrau Maria* (um 1660) und mehrere Fresken von Pinturicchio.

Die Ursprünge der Kirche gehen auf das Jahr 1099 zurück, doch wurde sie in der Folgezeit mehrfach umgebaut, vor allem von Pinturicchio, Bramante und Raffael im späten 15. und frühen 16. Jh. Auch Bernini arbeitete im 17. Jh. in der Kirche.

Villa Medici

ANMUTIGE RENAISSANCEVILLA

Diese prächtige **Villa aus der Renaissance** wurde 1540 als Sitz der Französischen Akademie erbaut und 1576 von Kardinal Ferdinando de' Medici gekauft. Sie blieb bis 1801 im Besitz der Medici, bevor Napoleon sie für die Akademie erwarb. Ihr berühmtester Bewohner war Galilei, der hier zwischen 1630 und 1633 während seines Prozesses wegen Ketzerei inhaftiert war.

Die normalen Eintrittskarten gelten für die Wechselausstellungen, man kann sich aber auch für eine Führung anmelden und die mit Skulpturen geschmückten Gärten, das mit Fresken bemalte Gartenatelier und die Privatgemächer des Kardinals besichtigen.

TRIDENTE, TREVI & QUIRINAL

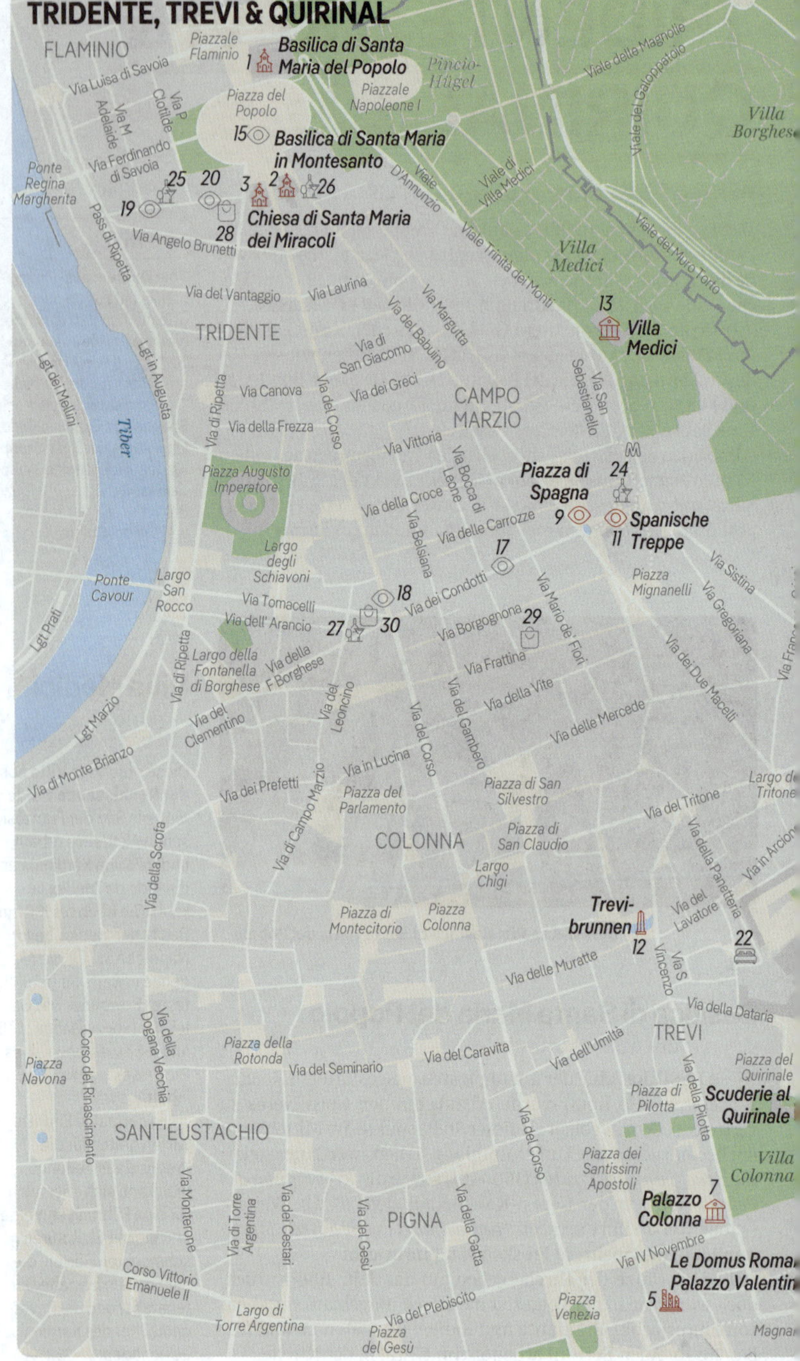

HIGHLIGHTS
1 Basilica di Santa Maria del Popolo
2 Basilica di Santa Maria in Montesanto
3 Chiesa di Santa Maria dei Miracoli
4 Chiesa di Santa Maria della Vittoria
5 Le Domus Romane di Palazzo Valentini
6 Palazzo Barberini
7 Palazzo Colonna
8 Palazzo del Quirinale
9 Piazza di Spagna
10 Scuderie al Quirinale
11 Spanische Treppe
12 Trevibrunnen
13 Villa Medici

SEHENSWERTES
14 Convento dei Cappuccini
15 Piazza del Popolo
16 Piazza del Quirinale
17 Via dei Condotti
18 Via del Corso
19 Via della Penna
20 Via dell'Oca

SCHLAFEN
21 La Controra
22 Palazzo Scanderbeg
23 The Radical Hotel

AUSGEHEN & FEIERN
24 Il Palazzetto
25 Locarno Bar
26 Stravinskij Bar
27 Zuma Bar

SHOPPEN
28 Bomba
29 Fausto Santini
30 Fendi

Palazzo Barberini

SCHATZREICHER BAROCKPALAST

Dieser Barockpalast, der anlässlich des Aufstiegs der Familie Barberini zur päpstlichen Macht in Auftrag gegeben wurde, beeindruckt schon vor der Besichtigung seiner Kunstsammlung. Viele namhafte Architekten arbeiteten daran, darunter die Rivalen Bernini und Borromini: Ersterer steuerte eine quadratische Treppe bei, letzterer eine schraubenförmige.

Von den ausgestellten Meisterwerken sollte man sich Filippo Lippis *Annunciazione e due donatori* (Maria Verkündung mit Stiftern) und Pietro da Cortonas Deckenfresko *Il Trionfo della Divina Providenza* (Der Triumph der göttlichen Vorsehung) nicht entgehen lassen.

Auch Hans Holbeins berühmtes Porträt von Heinrich VIII. und Raffaels *La Fornarina* (Die Bäckerstochter), bei dem es sich um ein Porträt seiner Geliebten handeln soll, sind zu bestaunen. Zu den Werken Caravaggios gehören *Narciso* (Narziss) und das betörend schaurige Werk *Giuditta e Oloferne* (Judith enthauptet Holofernes).

RAFFAELS MÄTRESSE

Raffael soll so sehr in seine Geliebte, die „Bäckerstochter", vernarrt gewesen sein, dass er sich nicht richtig auf seine Arbeit bei der Dekoration der **Villa Farnesina** (S. 101) konzentrieren konnte. Schließlich machte er sich wieder an die Arbeit und das Ergebnis ist – wen wundert es – brillant.

Palazzo Colonna

DER GRÖSSTE PRIVATPALAST ROMS

Der größte private Palast Roms, der Palazzo Colonna, verfügt über einen formalen Garten, mehrere Empfangsräume und einen grandiosen Barocksaal, der zu Ehren von Marcantonio II Colonna, einem Helden der Seeschlacht von Lepanto (1571), erbaut wurde.

Die opulenten Salons beherbergen bedeutende Kunstwerke, darunter Annibale Carraccis *Mangiafagioli* (Der Bohnenesser) und Bronzinos sinnliche *Venus, Amor und Satyr.* Im Großen Saal, der als Kulisse für den Film *Ein Herz und eine Krone* diente, steckt eine Kanonenkugel in der Marmortreppe der Galerie und erinnert an die Belagerung Roms 1849.

Samstagvormittags kann man dem Palazzo einen Besuch auf eigene Faust abstatten oder sich am Freitagvormittag einer Führung anschließen.

Borrominis Treppenhaus, Palazzo Barberini

Palazzo del Quirinale

ITALIENISCHER PRÄSIDENTENPALAST

Dieser historische Palast krönt den Quirinal-Hügel, einen der ursprünglich sieben Hügel Roms. Jahrhundertelang war er die Sommerresidenz des Papstes, doch 1870 wurde der Palast von der königlichen Familie Savoyen übernommen, nachdem Rom in das neu gegründete Königreich Italien eingegliedert worden war. Im Jahr 1946 wurde er vom italienischen Staatsoberhaupt, dem Presidente della Repubblica, bezogen. Auftraggeber des Baus war einst Papst Gregor XIII. (reg. 1572–85), doch in den darauffolgenden 150 Jahren hinterließen Architekten wie Domenico Fontana, Francesco Borromini, Gian Lorenzo Bernini und Carlo Maderno ihre Spuren.

Führungen (nur auf Italienisch) durch die Empfangsräume, Höfe und Gärten müssen mindestens fünf Tage im Voraus gebucht werden.

Die Spanische Treppe

ORNAMENTALE STATEMENT-TREPPE

Diese imposante Treppe, die die **Piazza di Spagna** schmückt, ist eines der wichtigsten Wahrzeichen Roms und ein beliebter Treffpunkt. Obwohl die Treppe offiziell Scalinata della Trinità dei Monti heißt, ist sie auf Deutsch als Spanische Treppe bekannt.

Die Piazza di Spagna verdankt ihren Namen der spanischen Botschaft des Heiligen Stuhls, obwohl die von dem Italiener Francesco de Sanctis entworfene Treppe 1725 mit dem Geld eines französischen Diplomaten gebaut wurde. Nach dem Bau wurde die *scalinata* schnell zu einem Magneten für ausländische Besucher:innen, insbesondere für englische Reisende auf der Grand Tour, was die Einheimischen dazu veranlasste, das Gebiet als *ghetto degli inglesi* (englisches Ghetto) zu bezeichnen.

Auf der Piazza, am Fuß der 135 Stufen, befindet sich ein Brunnen mit einem sinkenden Boot, die Barcaccia (1627), vermutlich ein Werk von Pietro Bernini, dem Vater des berühmteren Gian Lorenzo Bernini. Oben wird die Treppe von der Chiesa della Trinità dei Monti gekrönt, einer Kirche aus dem 16. Jh., die für ihren weiten Blick auf die Stadt und die beeindruckenden Fresken von Daniele da Volterra bekannt ist.

Südöstlich der Piazza di Spagna wird die angrenzende Piazza Mignanelli von der Colonna dell'Immacolata beherrscht, die 1857 zur Feier der Erklärung der Unbefleckten Empfängnis durch Papst Pius IX. errichtet wurde.

Spanische Treppe & Chiesa della Trinità dei Monti

MOSTRA DELLE AZALEE

Die Spanische Treppe wird von den beiden Glockentürmen der Chiesa della Trinità dei Monti gekrönt und ist ein beliebtes Instagram-Motiv, das nach einer 1,5 Mio. Euro teuren, vom römischen Juwelier Bulgari finanzierten Sanierung noch besser in Schuss ist. Am fotogensten ist sie zwischen Anfang April und Mitte Mai, wenn sie mit Hunderten von Vasen mit blühenden, farbenprächtigen Azaleen geschmückt ist.

Le Domus Romane di Palazzo Valentini

UNTERIRDISCHE RUINEN ZUM LEBEN ERWECKT

Unter dem großen Sitz der Stadtverwaltung von Roma Capitale befinden sich die Überreste mehrerer antiker römischer Häuser, deren ausgegrabene Fragmente in ein faszinierendes multimediales Erlebnis verwandelt wurden.

Bei einer Besichtigung (nach Voranmeldung) geht es auf einen virtuellen Rundgang durch die Behausungen, mit Soundeffekten, projizierten Fresken und Einblicken in das antike Leben, wie es rund um die Gebäude stattgefunden haben könnte. Es ist wirklich spannend und auch sehr gut für ältere Kinder geeignet.

Trevibrunnen

ROMS LIEBLINGSBRUNNEN

Der berühmteste Brunnen Roms, die **Fontana di Trevi**, ist ein barockes Meisterwerk, eine Komposition aus Marmor und Wasserspielen, die eine ganze Piazza einnimmt.

Das extravagante, 20 m breite und 26 m hohe Ensemble wurde 1732 von Nicola Salvi entworfen und stellt den Meeresgott Oceanus in einem muschelförmigen Wagen dar, der von Tritonen mit Meerespferden – eines wild, eines sanftmütig – geführt wird, die die Stimmungen des Meeres repräsentieren. In der Nische links von Neptun befindet sich eine Statue, die den Reichtum darstellt, zu seiner Rechten steht die Statue der Gesundheit. Das Wasser stammt aus der Aqua Virgo, einem unterirdischen Aquädukt aus dem 1. Jh. v. Chr., und der Name Trevi bezieht sich auf die drei Straßen (*tre vie*), die am Brunnen zusammenlaufen.

Berühmt ist der Trevibrunnen vor allem dank Fellinis Filmklassiker *La Dolce Vita* (1960), in dem sich Anita Ekberg in einem Ballkleid im Brunnen tummelt. Offenbar trug sie unter ihrem schwarzen Kleid Gummistiefel und zitterte während der winterlichen Dreharbeiten dennoch am ganzen Körper. Der Brunnen spielte auch eine Rolle in Jean Negulescos Film *Drei Münzen im Brunnen* von 1954, der hauptsächlich durch den von Frank Sinatra gesungenen Titelsong bekannt wurde.

Der Brunnen ist tagsüber sehr gut besucht. Deshalb sollte man besser später am Abend vorbeikommen, wenn er schön beleuchtet ist und man die schäumende Pracht des Brunnens ohne die Menschenmassen genießen kann.

MÜNZEN WERFEN

Eine Münze in den Brunnen zu werfen ist ein Initiationsritus für alle Rom-Reisenden und soll sicherstellen, dass man eines Tages in die Ewige Stadt zurückkehren wird. Aber was passiert mit den geschätzten 3000 €, die jeden Tag hineingeworfen werden? Das Geld wird täglich eingesammelt und an die katholische Wohltätigkeitsorganisation Caritas übergeben, die damit Obdachlose und von Armut betroffene Familien in der Stadt unterstützt.

Trevibrunnen

MEHR RUND UM TRIDENTE, TREVI & QUIRINAL

Leute beobachten & Schaufensterbummel

FLAGSHIP-STORES & MODEBOUTIQUEN

Die *passeggiata* (traditioneller Abendspaziergang) ist ein typisch römischer Brauch. Besonders bunt geht es an den Wochenenden zu, wenn Familien, Freund:innen und Verliebte auf den Straßen auf und ab flanieren, Gelato essen, einen Schaufensterbummel machen und sich gegenseitig dabei beobachten.

Ein beliebter Ort für all dies ist die **Via del Corso**, eine weitgehend verkehrsfreie Straße, die von Kaufhäusern mit großen italienischen und internationalen Marken gesäumt ist. Die **Via dei Condotti** ist Roms Top-Einkaufsmeile, in der die besten Design-Boutiquen zu finden sind. Schicke, unabhängige Geschäfte gibt es in der **Via dell'Oca** und der **Via della Penna**.

Die **Piazza del Popolo**, am Ende der Via del Corso gelegen, ist ein Paradies, um Leute zu beobachten. Am besten sucht man sich einen Sitzplatz, etwa auf den Stufen der Zwillingskirchen, die den Eingang bewachen – der **Chiesa di Santa Maria dei Miracoli** und der **Basilica di Santa Maria in Montesanto**. Oder man nimmt am Fuß des 36 m hohen ägyptischen Obelisken Platz und beobachtet, wie die Welt an einem vorbeizieht.

Blockbuster-Ausstellungen & atemberaubende Sonnenuntergänge

KRAFTVOLLE KUNST & MAGISCHE AUSSICHTEN

Mit ihrem hoch aufragenden Obelisken und dem Präsidentenpalast bietet die **Piazza del Quirinale** eine epische Kulisse für spektakuläre Kunst und traumhafte Sonnenuntergänge. In den **Scuderie al Quirinale**, einer in den ehemaligen Stallungen des Palastes untergebrachten Galerie, können hochkarätige Ausstellungen besucht werden, bevor man das letzte Licht des Tages genießt und beobachtet, wie die Sonne über der Kuppel des Petersdoms in der Ferne untergeht.

Gruseln gefällig?

SCHAURIGE, VON GEBEINEN GESÄUMTE GRUFT

Beim Betreten der Krypta des **Convento dei Cappuccini** taucht man in eine seltsame, unheimliche Welt aus menschlichen Knochen ein. Zwischen 1732 und 1775 schufen die ansässigen Kapuzinermönche aus den Gebeinen von 3700 ihrer verstorbenen Brüder ein makabres Memento mori (Er-

VERZÜCKTE TERESA

Die Kirchen Roms bieten eine imposante Vielfalt an Schätzen. Man wird es nie schaffen, sie alle zu sehen, aber eine, die alle Rom-Reisenden unbedingt auf der Liste haben sollten, ist Gian Lorenzo Berninis *Santa Teresa trafitta dall'amore di Dio* (Die Verzückung der hl. Teresa) in der **Chiesa di Santa Maria della Vittoria**. Diese gewagte und sexuell aufgeladene Skulptur ist eines der großen Meisterwerke der europäischen Barockkunst. Sie zeigt die Heilige Teresa, die von einem fließenden Gewand umhüllt in Ekstase auf einer Wolke schwebt. Dabei pikst sie ein neckischer Engel mit einem goldenen Pfeil.

Das Kunstwerk wird von sanftem Tageslicht erhellt, das durch ein verborgenes Fenster hereinströmt. Nachmittags wirkt dieser Effekt besonders intensiv.

NOCH MEHR BERNINI

In der **Chiesa di San Francesco a Ripa** (S. 107) in Trastevere befindet sich eine weitere, ähnlich gewagte Skulptur von Bernini, die *Beata Ludovica Albertoni* (die Selige Ludovica Albertoni).

ÜBERNACHTEN RUND UM TRIDENTE, TREVI & QUIRINAL

La Controra
Eine entspannte Pension, die im gehobenen Viertel Via Veneto eine Unterkunft im Hostel-Stil bietet. €

The Radical Hotel
Das Boutiquehotel im 2. Stock besticht durch sein Design im Vintage-Stil und die praktische Lage nahe der Via Veneto. €€

Palazzo Scanderbeg
Nur einen Münzwurf vom Trevibrunnen entfernt liegt das elegant eingerichtete Suite-Hotel in einem Palazzo des 15. Jhs. €€€

DIE BESTEN COCKTAILBARS

Il Palazzetto
In dieser Bar oberhalb der Spanischen Treppe genießt man nicht nur Negronis, sondern auch einen herrlichen Blick von der Dachterrasse.

Stravinskij Bar
Im sonnigen Innenhof des historischen Hotel de Russie locken klassische Cocktails.

Zuma Bar
Für einen stilvollen Cocktail in dieser atemberaubend eleganten Bar auf dem Dach von Fendi Flagshipstore darf man sich ruhig etwas in Schale werfen.

Locarno Bar
Die Lounge-Bar des Art-déco-Hotels Locarno mit ihrer Terrasse im Innenhof ist eine beliebte Cocktail-Location.

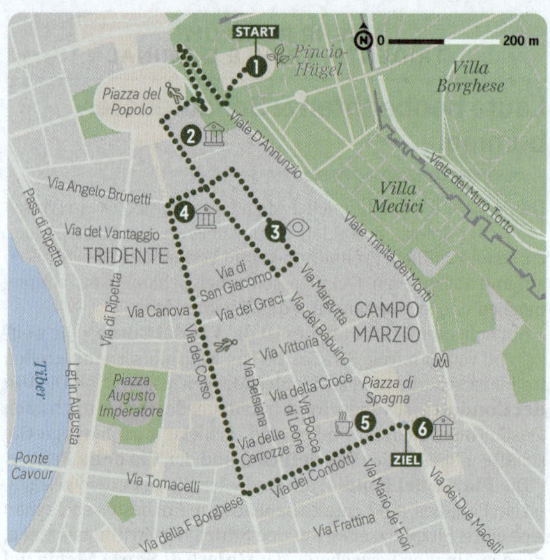

innerung an die Sterblichkeit), einen 30 m langen Gang, der zu sechs Gruften führt, die jeweils nach der Art des Knochens benannt sind, mit dem sie geschmückt wurden (Schädel, Schienbein, Becken usw.). Ein Anblick, der einen nicht mehr loslässt.

Stadtspaziergang: Literarische Hotspots

DIE LITERARISCHE GESCHICHTE DES VIERTELS ENTDECKEN

Hier kann man die realen und fiktiven literarischen Schauplätze kennenlernen, die in den Straßen rund um die Spanische Treppe zu finden sind.

Der Spaziergang startet in den **1 Gärten des Monte Pincio**, wo in Henry James' Novelle Daisy Miller mit Frederick Winterbourne spazieren ging. Dann geht es bergab zur Via del Babuino und zum **2 Hotel de Russie**, einem beliebten Treffpunkt der künstlerischen Avantgarde im frühen 20. Jh.

Parallel zur Via del Babuino verläuft die **3 Via Margutta**, eine malerische Kopfsteinpflasterstraße, in der schon Fellini, Picasso, Strawinsky und Puccini zu Hause waren.

Von dort aus geht es weiter zur Via del Corso, um die **4 Casa di Goethe** zu sehen, wo Goethe von 1786 bis 1788 wohnte. Der nächste Stopp liegt in der Via dei Condotti, wo Casanova, Goethe, Keats, Byron und Shelley einst im **5 Antico Caffè Greco** verkehrten. Von dort ist es nicht weit bis zur Piazza di Spagna und dem **6 Keats-Shelley House**, wo der 25-jährige Keats 1821 an Tuberkulose starb.

SHOPPEN IN TRIDENTE, TREVI & QUIRINAL

Bomba
Perfekt geschneiderte Mode nach klassischen Schnitten und aus hochwertigen Stoffen.

Fausto Santini
Der legendäre Schuhdesigner aus Rom ist bekannt für architektonisch inspirierte Designs.

Fendi
Prêt-à-porter-Kreationen im Flagshipstore des römischen Modehauses.

VATIKANSTADT, BORGO & PRATI

LEGENDÄRE MEISTERWERKE UND ARCHITEKTONISCHER POMP

Die 1929 gegründete Vatikanstadt ist ein souveräner Staat (mit 44 ha der kleinste der Welt), in der Praxis ist er jedoch eher ein Viertel, wenn auch eines mit einer eigenen Armee (der Schweizergarde) und einem Staatsoberhaupt (dem Papst). Als einer der meistbesuchten Orte Roms ist er trotz vieler Menschen und Schlepper:innen ein Highlight: Unbezahlbare Schätze und Meisterwerke gibt's im Petersdom und in den Vatikanischen Museen.

Nur einen kurzen Spaziergang vom Petersplatz entfernt erhebt sich das Castel Sant'Angelo (Engelsburg) über dem kleinen Viertel Borgo. Die Burg war einst viel größer, wurde aber 1936 größtenteils zerstört, um Platz für die Via della Conciliazione zu schaffen. Nördlich des Borgo liegt das vornehme Prati mit Kanzleien und einigen guten Geschäften, Bars und Restaurants.

TOP TIPP

Der Vatikan, der mit der Metro (Linie A bis Ottaviano) oder dem Bus (40 oder 64 ab Termini) zu erreichen ist, und die nahe gelegenen Viertel Borgo und Prati können zu Fuß erkundet werden. Beachte, dass der Petersdom (Petersplatz) und die Vatikanischen Museen (Viale Vaticano) getrennte Eingänge haben.

Castel Sant'Angelo (Engelsburg)

Castel Sant'Angelo (Engelsburg)

DIE BURG AM FLUSS

Mit ihrem klobigen, runden Wehrturm ist die Burg ein Wahrzeichen, das ins Auge sticht. Sie wurde als Mausoleum für Kaiser Hadrian erbaut und im 6. Jh. in eine päpstliche Festung umgewandelt. Heute findet sich hier das Museo Nazionale di Castel Sant'Angelo mit einer großen Sammlung von Kunstwerken, militärischen Stücken und mittelalterlichen Feuerwaffen. Viele dieser Waffen wurden zum Schutz der Burg verwendet, die dank eines Geheimgangs zum Vatikan (Passetto di Borgo) aus dem 13. Jh. vielen Päpsten in Zeiten der Gefahr Zuflucht bot.

In den oberen Stockwerken gibt's Räume mit elegantem Interieur aus der Renaissance, u. a. die mit Fresken bemalte Sala Paolina. Zwei Etagen höher bietet die Terrasse, die in Puccinis Oper *Tosca* verewigt wurde, einen unvergesslichen Blick auf Rom.

Petersplatz

EINE VORZEIGE-PIAZZA

Der zentrale Platz des Vatikans vor dem Petersdom wurde zwischen 1656 und 1667 nach einem Entwurf von Gian Lorenzo Bernini angelegt. Von oben betrachtet ähnelt er einem riesigen Schlüsselloch. Die zwei halbkreisförmigen Kolonnaden umschließen ein Oval, das zum Petersdom hin immer schmaler wird, um die Gläubigen in die Basilika zu leiten. Bernini beschrieb die Kolonnaden als „die mütterlichen Arme der Kirche".

Die Ausmaße des Platzes beeindrucken: An seinen entferntesten Punkten misst er bis zu 320 × 240 m. Es gibt 284 Säulen und 140 Heilige oben auf den Kolonnaden. Der 25 m hohe Obelisk wurde aus dem ägyptischen Heliopolis nach Rom gebracht.

HIGHLIGHTS
1 Castel Sant'Angelo (Engelsburg)
2 Petersdom
3 Petersplatz
4 Vatikanische Gärten
5 Vatikanische Museen

SEHENSWERTES
6 Aula delle Udienze Pontificie Paolo VI

SCHLAFEN
7 Hotel San Pietrino
8 Le Stanze di Orazio

ESSEN
9 Bonci Pizzarium
10 Fa-Bio
11 Panificio Bonci

AUSGEHEN
12 Angelico Box Bistro

UNTERHALTUNG
13 Alexanderplatz
14 Auditorium Conciliazione
15 Fonclea Pub

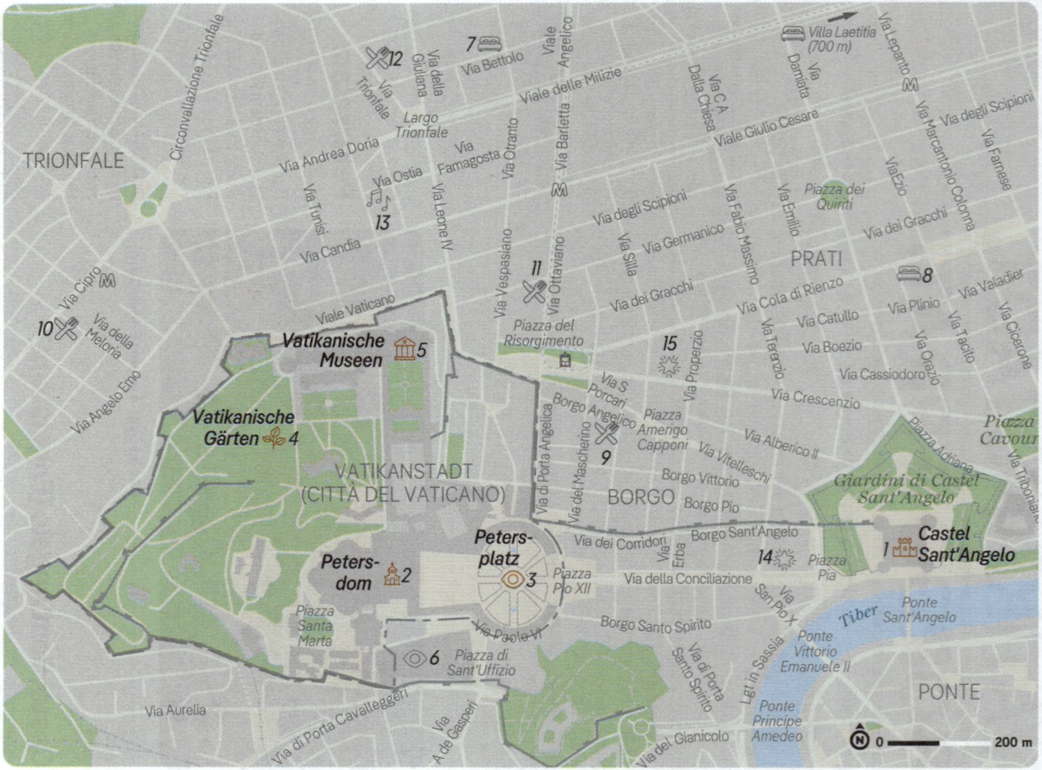

Kuppel des Petersdoms (S. 96)

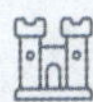

Vatikanische Museen

SIXTINISCHE KAPELLE & EINDRUCKSVOLLE KUNST

Die Vatikanischen Museen sind in den prächtigen Hallen und Galerien des Palazzo Apostolico Vaticano untergebracht und beherbergen eine der größten Kunstsammlungen der Welt. Zu den Highlights zählen u. a. die Sammlung klassischer Statuen im Museo Pio-Clementino, eine Reihe von Sälen, die von Raffael gestaltet wurden, sowie die von Michelangelo mit Fresken geschmückte Sixtinische Kapelle.

In der unteren Etage zeigt das **Museo Pio-Clementino** einige der schönsten antiken Skulpturen des Vatikans. Zu den zahlreichen Schätzen gehören der *Apollo von Belvedere* sowie die *Laokoongruppe* aus dem 1. Jh., die sich beide im Cortile Ottagono (Achteckiger Innenhof) befinden.

Vom Museum aus führt die Simonetti-Treppe zu mehreren langen Galerien, deren Höhepunkt die außergewöhnliche **Galleria delle Carte Geografiche** (Kartengalerie) bildet. Darüber hinaus sind die **Stanze di Raffaello** (Raffael-Säle) vier Gemächer, die von Raffael und seiner Schule bemalt wurden. Star der Ausstellung ist Raffaels Meisterwerk *La scuola di Atene* (Die Schule von Athen).

Von den Raffael-Sälen aus gelangt man durch mehrere weitere Galerien zur **Cappella Sistina** (Sixtinische Kapelle), in der sich zwei der bekanntesten Kunstwerke der Welt befinden: Michelangelos Deckenfresken (1508–12) und sein *Giudizio Universale* (Jüngstes Gericht; 1536–41).

Die 800 m² große Deckengestaltung, die man am besten von der Ostwand aus betrachtet, besteht aus neun Tafeln, die Geschichten aus dem Buch Genesis darstellen. Im Gegensatz dazu zeigt das hypnotisierende *Giudizio Universale* Christus, wie er über die Seelen der Verstorbenen richtet.

KONKLAVE

Die Sixtinische Kapelle ist der Ort, an dem das Konklave zur Wahl eines neuen Papstes zusammentritt. Die Regeln aus dem Jahr 1274 sind eindeutig: Zwischen 15 und 20 Tagen nach dem Tod eines Papstes muss sich das Kardinalskollegium (bestehend aus allen Kardinälen unter 80 Jahren) im Vatikan versammeln, um einen neuen Pontifex zu wählen. Täglich finden vier geheime Abstimmungen statt, bis eine Zweidrittelmehrheit erreicht ist. Die Nachricht von der Wahl wird dann durch den Ausstoß von weißem Rauch durch einen eigens errichteten Schornstein übermittelt.

Galleria delle Carte Geografiche, Vatikanische Museen

Petersdom

DIE PRUNKVOLLE VORZEIGEKIRCHE DES VATIKANS

Selbst in einer Stadt voller herausragender Kirchen stellt der Petersdom als Italiens größte, üppigste und spektakulärste Basilika alle anderen in den Schatten. Das Zeugnis jahrhundertelanger künstlerischer Genialität beherbergt sensationelle Kunstwerke, darunter drei der berühmtesten Meisterwerke Italiens: Michelangelos *Pietà*, seine hoch aufragende Kuppel und Berninis 29 m hoher Bronzebaldachin über dem päpstlichen Altar.

Die ursprüngliche Peterskirche, die sich unter der heutigen Basilika befindet, wurde im 4. Jh. an der Stelle erbaut, an der Petrus angeblich begraben wurde. Die heutige Kirche wurde 1626 nach einer turbulenten 120-jährigen Bauzeit geweiht.

Ihre monumentale, von Carlo Maderno entworfene Fassade gibt den Blick frei auf ein riesiges Marmorinterieur. Am Kopfende des rechten Kirchenschiffs befindet sich Michelangelos ergreifende *Pietà*, das einzige Werk, das er jemals signiert hat. Eine rote Scheibe auf dem Boden markiert die Stelle, an der Karl der Große und später die römischen Kaiser vom Papst gekrönt wurden.

Das Zentrum des Petersdoms wird von Berninis Baldachin dominiert. Dieser erhebt sich über dem Hauptaltar an der Stelle, an der sich Petrus' Grab befindet. Über dem Baldachin ragt Michelangelos Kuppel 119 m in die Höhe. Gestützt wird die gigantische Kuppel von vier steinernen Pfeilern, die jeweils nach den Heiligen benannt sind, deren Statuen in den von Bernini entworfenen Nischen stehen: der Heilige Longinus, die Heilige Veronika, die Heilige Helena und der Heilige Andreas.

Am Fuß des Longinus-Pfeilers steht die beliebte Bronzestatue des Heiligen Petrus von Arnolfo di Cambio aus dem 13. Jh., dessen rechter Fuß durch unzählige Berührungen über die Jahrhunderte schon ganz abgewetzt ist.

Baldachin, Petersdom

DIE SCHWEIZERGARDE

Mit ihren Harlekin-Uniformen und gefährlich aussehenden Piken ist die Schweizergarde seit mehr als 500 Jahren die Leibgarde des Papstes.

Das Korps, faktisch die Armee des Vatikans, wurde 1506 von Papst Julius II. eingesetzt. Zu dieser Zeit waren Schweizer Söldner bei den sich ständig bekriegenden Monarchen in Europa sehr gefragt, und als ein Schweizer Bischof anregte, der Papst möge doch ein ständiges Kontingent einsetzen, nahm Julius diese Idee auf.

Vatikanische Gärten

GROTTEN, BRUNNEN & EIN HUBSCHRAUBER-LANDEPLATZ

Etwa ein Drittel der Fläche der Vatikanstadt besteht aus den perfekt gepflegten Vatikanischen Gärten, in denen sich Festungsmauern, Grotten, Denkmäler, Brunnen sowie der kleine Heliport und die Bahnstation des Zwergstaates befinden. Besuche sind ausschließlich im Rahmen von Führungen möglich – entweder zu Fuß (2 Std., einschließlich der Besichtigung der Sixtinischen Kapelle) oder mit einem offenen Bus (45 Min.) – und sollten rechtzeitig gebucht werden. Nach der Bustour können die Vatikanischen Museen auf eigene Faust besichtigt werden; der Eintritt ist im Ticketpreis inbegriffen.

Den Papst sehen

AN EINER PAPSTAUDIENZ TEILNEHMEN

Es gibt drei Möglichkeiten, den Papst in Rom zu Gesicht zu bekommen. Zum einen kann man an einer **Papstaudienz** teilnehmen. Diese finden immer mittwochvormittags statt, in der Regel auf dem Petersplatz, manchmal aber auch in der nahe gelegenen **Aula delle Udienze Pontificie Paolo VI** (Audienzsaal Paul VI.). Alternativ nimmt man an einer **päpstlichen Messe** teil. Die Plätze für diese Gottesdienste sind sehr begehrt, vor allem zu Ostern und Weihnachten. Es lohnt sich also, so früh wie möglich zu reservieren, am besten sobald der Termin des Rombesuchs feststeht. Für beide Optionen sind Eintrittskarten erforderlich, die kostenlos sind, aber vorab gebucht werden müssen. Weitere Informationen finden sich unter *www.vatican.va/various/prefettura/index_en.html.*

Die dritte Möglichkeit, für die man auch keine Tickets braucht, ergibt sich am Sonntagmittag auf dem Petersplatz, wenn der Papst dort seinen **wöchentlichen Segen** erteilt.

Einen Gig erleben

VON SWING ÜBER JAZZ BIS POP

Der Papst ist nicht der einzige Publikumsmagnet in diesem Teil von Rom. Nur 15 Gehminuten vom Petersplatz entfernt spielen italienische und internationale Kunstschaffende vor weltgewandten Musikfans im **Alexanderplatz**, dem berühmtesten Jazzclub der Stadt, in einer Seitenstraße in Prati.

Eine weitere gute Adresse ist das **Fonclea**, eine alteingesessene Kneipe, in der alles von Blues und Soul bis hin zu Pop, Rock und Doo-Wop gespielt wird. Dann gibt es noch das **Auditorium Conciliazione**, einen großen Veranstaltungsort, der eine breite Palette von Events bietet – klassische und zeitgenössische Konzerte, Kabaretts, Tanz- und Theateraufführungen, Filmvorführungen, Ausstellungen und Konferenzen.

DIE BESTEN IMBISSBUDEN & SAFTBARS

Bonci Pizzarium
Gefeierter Imbiss, der die beste Pizza Roms serviert und mit seinen originellen Zutaten die Gäste glücklich macht. **€**

Panificio Bonci
Cornetti, Brot, Focaccia und Pizza vom Star-Bäcker Gabriele Bonci, dem Gründer des Pizzarium. **€**

Fa-Bio
In dem beliebten veganen Restaurant gibt's Wraps, Salate, Wok-Gerichte und frische Säfte aus Bio-Zutaten. **€**

Angelico Box Bistro
Diese Saftbar ist die perfekte Adresse für einen Smoothie, Salat oder leichten Snack in einer ruhigen Ecke des Borgo-Viertels. **€**

LIEBER IN DIE OPER?

Wer die Oper dem Jazz und das Ballett dem Bebop vorzieht, sollte sich das Programm des **Teatro dell'Opera** (S. 104), Roms wichtigstem Opernhaus, oder der **Terme di Caracalla** (S. 116), wo im Sommer Konzerte im Freien stattfinden, ansehen.

ÜBERNACHTEN IN VATIKANSTADT, BORGO & PRATI

Hotel San Pietrino
Eine altmodische, familiengeführte *pensione* mit einfach eingerichteten Zimmern in fußläufiger Entfernung zum Petersdom. **€**

Le Stanze di Orazio
Schickes Boutiquerefugium im eleganten Stadtteil Prati, nur eine Metrostation vom Vatikan entfernt. **€€**

Villa Laetitia
Erstklassiges, mit einem Michelin-Stern ausgezeichnetes Restaurant im Boutiquestil in einer Jugendstil-Villa am Flussufer. **€€€**

MONTI, ESQUILINO & SAN LORENZO

SCHICKE BOUTIQUEN UND ALTERNATIVE BARS

Das Zentrum dieses großen, weltoffenen Gebiets ist der Verkehrsknotenpunkt Stazione Termini. Es kann hektisch und unübersichtlich wirken, doch zwischen den schmuddeligen Straßen verstecken sich einige schöne Kirchen, eines der größten Kunstmuseen Roms und jede Menge coole Bars und Restaurants.

Esquilino ist ein ganz normaler Stadtteil mit einer belebten Markthalle und Dutzenden von kleinen Geschäften, die Handyzubehör und billige Waren aus Plastik verkaufen. Monti, in Richtung Kolosseum gelegen, war in der Antike der berüchtigte Suburra-Slum der Stadt, ist heute aber ein schickes, gentrifiziertes Viertel mit Boutiquen und *enoteche* (Weinbars). Vor allem an den Wochenenden ist es ein sehr beliebter Treff. Das studentische Viertel San Lorenzo ist nicht für alle Etwas, aber abends erwacht es zum Leben, wenn sich die vielen Restaurants und Bars füllen.

TOP TIPP

Die Stazione Termini im Zentrum des Gebiets ist der wichtigste Verkehrsknotenpunkt Roms. Ab hier kommt man mit der Metro B Richtung Cavour nach Monti und mit der Metro A Richtung Vittorio Emanuele nach Esquilino. Nach San Lorenzo gelangt man mit der Straßenbahnlinie 3 oder 19. In den einzelnen Stadtteilen ist alles zu Fuß erreichbar.

YURIY BIRYUKOV/SHUTTERSTOCK ©

Fontana delle Naiadi, Piazza della Repubblica

Museo Nazionale Romano: Terme di Diocleziano

GROSSER ANTIKER BADEKOMPLEX

In den Terme di Diocleziano, einem der größten Badekomplexe des antiken Roms, fanden bis zu 3000 Personen Platz. Heute beherbergen sie die Sammlung des Museo Nazionale Romano mit antiken Inschriften, die auf Artefakten wie Altären und Grabsteinen zu finden sind.

Weitere Exponate – klassische Sarkophage, geschnitzte Grabaltäre und Tierköpfe – gibt's im großen Kreuzgang aus dem 16. Jh. Er wurde nach Michelangelos Zeichnungen als Teil der benachbarten Basilica Santa Maria degli Angeli e dei Martiri erbaut.

Im oberen Stockwerk sind antike Funde ausgestellt, die die Geschichte der lateinischen Völker ab dem 11. Jh. dokumentieren.

Piazza della Repubblica

CHARAKTERISTISCHER PLATZ

Dieser von neoklassizistischen Kolonnaden aus dem 19. Jh. flankierte Platz in der Nähe der Stazione Termini wurde im Zuge der Neugestaltung Roms nach der Wiedervereinigung angelegt. Er orientiert sich an der halbkreisförmigen Exedra (Säulengang) der Diokletiansthermen und hieß ursprünglich Piazza Esedra. Die **Fontana delle Naiadi** in seiner Mitte erregte bei ihrer Enthüllung im Jahr 1901 die Gemüter der Puritaner. Bemängelt wurde die Nacktheit der vier Najaden (Wassernymphen), die die zentrale Figur des Glaukos umgeben.

HIGHLIGHTS
1 Basilica di San Lorenzo Fuori le Mura
2 Basilica di San Pietro in Vincoli
3 Basilica di Santa Maria Maggiore
4 Basilica di Santa Prassede
5 Cimitero di Campo Verano
6 Domus Aurea
7 Museo Nazionale Romano: Palazzo Massimo alle Terme
8 Museo Nazionale Romano: Terme di Diocleziano
9 Palazzo Merulana
10 Piazza della Repubblica

SEHENSWERTES
11 DILIT International House

KURSE & TOUREN
12 Vino Roma

SCHLAFEN
13 Beehive
14 Generator Hostel
15 RomeHello

ESSEN
16 Alle Carrette
17 La Vecchia Conca
18 Mercato Centrale
19 Said
20 Tram Tram

AUSGEHEN & FEIERN
21 Artisan
22 Drink Kong
23 Gatsby Café
24 La Bottega del Caffè
25 Officine Beat
26 Rooftop Spritzeria Monti

UNTERHALTUNG
27 Blackmarket Hall
28 Teatro dell'Opera di Roma

SHOPPEN
29 Nuovo Mercato Esquilino
30 Perlei
31 Pifebo
32 Tina Sondergaard

Basilica di Santa Prassede

SCHILLERNDE BYZANTINISCHE MOSAIKE

Diese kleine Kirche aus dem 9. Jh., die für ihre großartigen byzantinischen Mosaike berühmt ist, ist der Heiligen Praxedes, einer frühchristlichen Heldin, gewidmet.

Die **Mosaike**, die die Wände und das Gewölbe vollständig bedecken, wurden von Kunstschaffenden angefertigt, die Papst Paschalis I. eigens aus Byzanz kommen ließ. Sie weisen alle Merkmale ihrer östlichen Erschaffenden auf: üppige goldene Hintergründe und eine ausgeprägte christliche Symbolik. Die Mosaike der Apsis zeigen Christus, flankiert von den Heiligen Petrus, Pudentiana und Zeno auf der rechten Seite und den Heiligen Paulus, Praxedes und Paschal auf der linken Seite.

Weitere Schätze warten in der reich mit Mosaiken geschmückten Cappella di San Zenone, darunter ein Stück der Säule, an die Christus gefesselt gewesen sein soll, als er ausgepeitscht wurde.

Basilica di Santa Prassede

Domus Aurea

DAS GOLDENE HAUS DES NERO

Die Domus Aurea war Neros riesiger Palastkomplex. Er wurde nach einem Brand im Jahr 64 n.Chr. erbaut und nahm nahezu ein Drittel der Stadt ein. Der Komplex war prächtig mit Gold und Edelsteinen verziert, was ihm den Namen „**Goldenes Haus**" einbrachte. Doch Nero war so unbeliebt, dass nach seinem Tod die nachfolgenden Kaiser versuchten, jede Spur davon zu beseitigen. Vespasian etwa errichtete das Kolosseum auf dem Gelände des früheren Sees der Domus. Einige Teile haben überlebt, und die ausgegrabenen Abschnitte können jetzt unter dem Oppius-Hügel besichtigt werden (Reservierung erforderlich unter *https://ecm.coopculture.it*). Dank Virtual-Reality-Technik kann man sogar sehen, wie die Bereiche in ihrer Blütezeit ausgesehen haben könnten.

Domus Aurea

Basilica di San Pietro in Vincoli

MICHELANGELOS *MOSES* & WUNDERSAME KETTEN

Pilgernde und Kunstfans strömen aus zwei Gründen zu dieser Basilika aus dem 5. Jh.: Zum einen, um die beeindruckende Skulptur *Moses* von Michelangelo zu bewundern, zum anderen, um die Ketten zu sehen, mit denen der Heilige Petrus gefesselt gewesen sein soll, als er im Carcere Mamertino gefangen gehalten wurde („*in Vincoli*" bedeutet „in Ketten").

Die Kirche wurde eigens gebaut, um Petrus' Fesseln aufzubewahren, die nach dem Tod des Heiligen nach Konstantinopel gebracht worden waren, aber später als Reliquien zurückgegeben wurden. Sie kamen in zwei Teilen an, und die Legende besagt, dass sie sich auf wundersame Weise wieder zusammenfügten, als sie wieder vereint wurden.

Michelangelos *Moses* bildet das Herzstück seines unvollendeten Grabmals für Papst Julius II. Der Prophet posiert dabei muskulös mit ausgeprägtem Bizeps, prächtigem, hüftlangem Bart und zwei kleinen Hörnern.

Museo Nazionale Romano: Palazzo Massimo alle Terme

UNBEACHTETE SCHÄTZE DER KLASSISCHEN KUNST

Diese oft leere Zweigstelle des Museo Nazionale Romano ist eines der schönsten Museen Roms und beherbergt spektakuläre klassische Kunst. Besonders fesselnd ist eine Reihe von Fresken und Mosaiken im 2. Stock, die auf faszinierende Weise einen Einblick in das Leben in den großen römischen Villen geben.

Das Highlight im 2. Stock ist ein Saal mit Fresken aus der **Villa di Livia** (30–20 v. Chr.), einem der Wohnhäuser von Augustus' Frau Livia Drusilla. Sie zeigen einen paradiesischen Garten voller Rosen, Granatäpfel, Schwertlilien und Kamillen unter einem tiefblauen Himmel mit Vögeln. Die Kunstwerke schmückten einst ein sommerliches Triclinium, einen großen Wohn- und Essbereich, der zum Schutz vor der Hitze halb unter die Erde gebaut wurde. Ebenfalls im 2. Stock befinden sich kunstvolle Bodenmosaike und farbenprächtige Fresken aus der aristokratischen Residenz **Villa Farnesina**. Eine Multimedia-Präsentation vermittelt eine hervorragende Vorstellung davon, wie die 1879 in Trastevere wiederentdeckte Villa ursprünglich ausgesehen haben könnte.

Das Erdgeschoss und die 1. Etage sind der Bildhauerei gewidmet. Im 1. Stock sollte man sich eine Marmorstatue aus der Mitte des 3. Jhs. v. Chr. ansehen, die als *Anzio Maiden* bekannt ist und ein junges Mädchen darstellt, das an einem dionysischen Ritual teilnimmt. Im Erdgeschoss sind zwei griechische Bronzen aus dem 2. bis 1. Jh. v. Chr. (*Der Boxer* und *Der Prinz*) sowie die Marmorstatue des *Sterbenden Niobiden* aus dem 4. Jh. v. Chr. zu bewundern.

Fresko, Villa di Livia, Palazzo Massimo alle Terme

MÜNZ- & MEDAILLENSAMMLUNG

Die Münzsammlung des Museums, die im Untergeschoss ausgestellt ist (zum Zeitpunkt der Recherche war sie vorübergehend geschlossen), ist weitaus interessanter als erwartet, denn sie zeichnet die Propagandaoffensive des Römischen Reiches anhand der Münzen nach. Viele der Stücke, die etwa aus dem 9. Jh. v. Chr. stammen, wurden bei den Arbeiten zur Modernisierung Roms im Zuge der italienischen Einigung ausgegraben. Es gibt auch jahrtausendealten Schmuck, der so gut wie neu aussieht.

Palazzo Merulana

MODERNE KUNST IN STILVOLLEM AMBIENTE

In diesem Kulturraum und imposanten **Museum** für moderne Kunst werden Werke aus der Stiftung Elena und Claudio Cerasi ausgestellt (den Cerasis gehört die Baufirma, die für große Projekte wie das MAXXI-Museum verantwortlich war). Die meisten präsentierten Arbeiten stammen von römischen und italienischen Kunstschaffenden, die in der ersten Hälfte des 20. Jhs. tätig waren, darunter Giacomo Balla, Giorgio De Chirico und Giuseppe Capogrossi. Weitere Vorzüge des Museums: eine geräumige Terrasse, eine stilvolle Kaffeebar und ein super Souvenirshop.

Basilica di Santa Maria Maggiore

GLÄNZENDE MOSAIKE IN DER PATRIARCHALBASILIKA

Diese monumentale Kirche, die den Hügel Esquilin krönt, ist eine der vier Patriarchalbasiliken Roms. Sie wurde ursprünglich im 5. Jh. erbaut, aber im Laufe der Jahrhunderte stark verändert, sodass sie heute eine Art Hybrid-Architektur repräsentiert.

Der große Eingang besteht aus einem zweistufigen barocken Säulengang. Das gewaltige Bauwerk umfasst eine Reihe von schimmernden Mosaiken aus dem 13. Jh., die man nur bei einem Besuch der **Loggia delle Benedizioni** (9 €) ausreichend würdigen kann. Der romanische Glockenturm der Basilika ist mit 75 m der höchste Roms.

Das höhlenartige Innere beherbergt einige fabelhafte Mosaike aus dem 5. Jh. im Triumphbogen und im Kirchenschiff, die Szenen aus dem Alten Testament darstellen. Das zentrale Bild in der Apsis stammt aus dem 13. Jh. und zeigt die Krönung der Jungfrau Maria. Der Fußboden des Kirchenschiffs ist ein schönes Beispiel für Kosmaten-Belag aus dem 12. Jh.

Am Kopfende des Kirchenschiffs erhebt sich ein Baldachin aus dem 18. Jh. über dem Altar, der die Reliquien des Heiligen Matthäus und anderer Märtyrer enthalten soll. Eine Treppe führt hinunter zur *confessio*, wo eine Statue von Papst Pius IX. vor einem Reliquienschrein kniet, der angeblich ein Fragment der Krippe Jesu enthält.

Die prächtige Cappella Sistina, die letzte auf der rechten Seite, wurde im 16. Jh. von Domenico Fontana erbaut und beherbergt die Gräber der Päpste Sixtus V. und Pius V. Nicht ganz so prunkvoll, aber dafür umso schöner ist die Cappella Sforza auf der linken Seite, die von Michelangelo entworfen wurde.

WUNDERSAMER SCHNEEFALL

Der religiösen Überlieferung zufolge wurde die Basilica di Santa Maria Maggiore an der Stelle errichtet, an der im Hochsommer 358 n. Chr. Schnee gefallen sein soll. Zum Gedenken an dieses wundersame Ereignis wird jedes Jahr am 5. August der Schneesturm mit einer abendlichen Lichtshow auf der Piazza vor der Basilika nachgestellt.

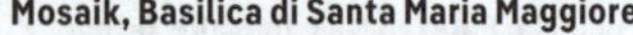

Mosaik, Basilica di Santa Maria Maggiore

In Boutiquen stöbern

COOLE MODE IN MONTI

Mit seinen coolen Boutiquen, der Indie-Mode und den lässigen Cafés ist Monti wie geschaffen für entspanntes Shoppen. Los geht's mit einem Kaffee in **La Bottega del Caffè**, bevor man die Via Bottega hinaufschlendert, um bei **Tina Sondergaard** nach Retro-Designs und bei **Perlei** nach avantgardistischem Schmuck zu stöbern. Am oberen Ende der Straße abbiegen und zur Via dei Serpenti gehen, einer weiteren Top-Einkaufsmeile, in der das **Pifebo** mit alten Secondhand-Klamotten aufwartet.

Markttag

LEBENSMITTEL, GEWÜRZE & FLAIR

Das multikulturelle Viertel Esquilino beherbergt eine der bekanntesten Markthallen der Hauptstadt, den **Nuovo Mercato Esquilino**. Dieser authentische Markt, auf dem frisches Obst, Gemüse, Fleisch, Kräuter und Gewürze angeboten werden, ist nur einen Häuserblock von der Piazza Vittorio Emanuele entfernt.

Ganz in der Nähe, im Bahnhof Termini, ist in einer Halle mit gewölbter Decke aus den 1930er-Jahren der **Mercato Centrale** untergebracht. Er ist ideal für einen schnellen Imbiss und beherbergt zahlreiche Theken, an denen alles von *panini* und Pizzastücken bis hin zu Ramen und Sushi verkauft wird.

Einen Kurs besuchen

AUFFRISCHUNG DER ITALIENISCHKENNTNISSE & WEINVERKOSTUNG

Wer tiefer in die italienische Kultur eintauchen möchte, kann dank eines Kurses das Leben vor Ort noch besser kennenlernen. Um die eigenen Kommunikationsfähigkeiten aufzufrischen, bietet **Dilit** (*dilit.it*), eine etablierte Schule nahe des Bahnhofs Termini, eine Reihe von Sprach- und Kulturkursen an. Wer eher auf Wein steht, kann bei **Vino Roma** (*vinoroma.com*) in Monti eine Weinverkostung buchen. Das wunderschön eingerichtete Studio bietet Verkostungen, Abendessen, geführte Touren und Masterclasses in englischer Sprache an, bei denen sowohl Neulinge als auch Sachkundige in die Grundlagen des italienischen Weins eingeführt werden.

BESTE BARS

Rooftop Spritzeria Monti
Für einen *aperitivo spritz* sollte man einen Tisch in dieser angesagten Dachterrassenbar in Monti reservieren.

Blackmarket Hall
Ein Speakeasy in Monti mit mehreren Räumen in einem ehemaligen Kloster und eklektischer Vintage-Einrichtung.

Drink Kong
Dunkles Design und maßgeschneiderte Cocktails in der renommierten Bar in Monti.

Gatsby Café
Lockere Bar unter den Säulengängen der trendiger werdenden Piazza Vittorio Emanuele.

Officine Beat
Lounge-Bar mit Craft-Bier und guten Cocktails in San Lorenzo.

NOCH MEHR MARKTBESUCHE

Der größte Flohmarkt Roms ist der **Porta Portese**, der sonntags in Trastevere stattfindet. Auf S. 111 gibt's einen Überblick mit Tipps von Kunsthandwerker Luigi Cigola, der dort seit Jahren einen Stand hat.

ÜBERNACHTEN IN EINEM HOSTEL IN MONTI, ESQUILINO & SAN LORENZO

Beehive
Kleines, einladendes Hostel mit Privatzimmern, gemischten und reinen Frauenschlafsälen und freundlicher Traveller-Atmosphäre. **€**

RomeHello
Großes Hostel mit 200 Betten und ausgezeichneter Ausstattung in der Nähe der Piazza della Repubblica. Alle Gewinne kommen sozialen Projekten zugute. **€**

Generator Hostel
Schickes Design-Hostel in der Nähe des Termini mit hellen Zimmern und Schlafsälen mit drei bis sechs Betten. **€**

ALFRESCO OPERA

Im Juli und August findet das Operngeschehen draußen statt, wenn das Teatro dell'Opera di Roma seine Sommersaison in die antiken Ruinen der **Terme di Caracalla** verlegt (S. 116).

SIPA USA/ALAMY STOCK PHOTO ©

Via del Pigneto

PIGNETO

In den letzten zehn Jahren hat dieses ehemalige Arbeiterschaftsviertel eine dramatische Verwandlung durchgemacht und sich zu einem Treffpunkt der Kunst- und Hipsterszene entwickelt. Unsterblich wurde Pigneto durch den Filmregisseur Pier Paolo Pasolini, der viel Zeit im Café Necci dal 1924 verbrachte und hier *Accattone* (1961) drehte. Es herrscht ein kleinstädtisches Flair mit niedrigen Häusern und engen Straßen, die mit Graffiti und Street-Art versehen sind. Zentrum des Geschehens ist die verkehrsfreie Zone Via del Pigneto, wo morgens ein Markt und abends die Bars für jede Menge Trubel sorgen. Aber auch in den umliegenden Straßen gibt's zahlreiche Kneipen.

Pigneto ist mit der Metro (Linie C) ab San Giovanni oder mit den Straßenbahnen 14 und 5 ab Termini erreichbar.

Abhängen in San Lorenzo

STUDENTISCHE BARS & TREFFS DER KREATIVEN

San Lorenzo liegt nur einen kurzen Spaziergang südöstlich des Bahnhofs Termini und ist ein von Graffiti übersäter Tummelplatz für linke Bohemiens und Studierende der nahe gelegenen Sapienza-Universität. Hier gibt es viele Bars, Kellerclubs, Kulturräume, günstige Restaurants, Roms historischen Friedhof, den **Cimitero di Campo Verano**, und eine bedeutende Kirche, die **Basilica di San Lorenzo Fuori Le Mura**. Schokoladenbegeisterte können ihre Gelüste im **Said** stillen, einem Ladencafé in einer historischen Schokoladenfabrik, während Fans von Craft-Bier und Cocktails in Bars wie **Artisan** und **Officine Beat** auf ihre Kosten kommen.

Ein Abend in der Oper

ROMS FÜHRENDES OPERNHAUS

Die Römer:innen gehen schon immer leidenschaftlich gern in die Oper, und im 19. Jh. wurden in der Stadt mehrere erfolgreiche Opern uraufgeführt, darunter Rossinis *Il barbiere di Siviglia* (Der Barbier von Sevilla; 1816), Verdis *Il trovatore* (Der Troubadour; 1853) und Puccinis *Tosca* (1900), die sogar in Rom spielt. Im **Teatro dell'Opera di Roma** gibt es während der jährlichen Spielzeit (Okt.–Juni) sowohl Oper- und Ballettaufführungen als auch Konzerte klassischer Musik.

ESSEN IN MONTI, ESQUILINO & SAN LORENZO

Alle Carrette
Eine traditionelle Pizzeria, die in einer der schönsten Straßen von Monti Pizzen nach römischer Art im Holzofen zubereitet. **€**

La Vecchia Conca
Eine familiengeführte Trattoria mit traditioneller römischer Küche zu fairen Preisen nahe der Piazza Vittorio Emanuele. **€€**

Tram Tram
Eine feste Größe in San Lorenzo, die sich auf klassische römische Gerichte und die Fischgerichte aus Apulien spezialisiert hat. **€€**

TRASTEVERE & GIANICOLO

GEPFLASTERTE GASSEN UND KARNEVALSSTIMMUNG

Trastevere ist mit den kopfsteingepflasterten Gassen, bezaubernden Piazzas und bröckelnden Palazzi sehr fotogen. Abends schlagen Verkäufer:innen ihre Zelte auf, und die Menschen strömen in die Restaurants, Bars und Cafés. Die Weltoffenheit des Viertels lässt sich auf seine antiken Ursprünge als rauer Außenbezirk der Fischer:innen, Versklavten und Eingewanderten zurückführen. Die Lage auf der „falschen" Seite des Flusses – *tras tevere* bedeutet „über dem Tiber" – hat bei den Ansässigen ein stolzes Gefühl des „Andersseins" hervorgerufen, das bis heute anhält.

Bei einem Spaziergang durchs Viertel kann man zahlreiche Attraktionen besichtigen und vom Gianicolo-Hügel aus die Aussicht genießen. Dieser achte Hügel Roms ist ein grüner Rückzugsort, der Schatten spendet und Entschleunigung bietet.

TOP TIPP

Trastevere, dessen enge Gassen man am besten zu Fuß erkundet, ist nur wenige Gehminuten vom *centro storico* entfernt, das sich auf der anderen Seite des Flusses befindet. Alternativ nimmt man die Straßenbahnen 3 und 8, die entlang der Hauptstraße des Viertels, der Viale Trastevere, verlaufen. Die Buslinie H fährt auch in dem Gebiet und zum Termini.

VALERIOMEI/SHUTTERSTOCK ©

Orto Botanico (Botanischer Garten)

Tempietto di Bramante & Chiesa di San Pietro in Montorio

MEISTERWERK DER RENAISSANCEARCHITEKTUR

Bramantes **Tempietto** (Kleiner Tempel; 1508) gilt als erstes großes Bauwerk der Hochrenaissance und ist ein überraschender Anblick, denn er wurde nachträglich im Hof der Chiesa di San Pietro in Montorio errichtet. Der runde Innenbereich ist von 16 Säulen eingerahmt und wird von einem klassischen Fries, einer Balustrade und einer Kuppel gekrönt. Mehr als ein Jahrhundert nach der Fertigstellung durch Bramante fügte Bernini 1628 eine Treppe hinzu. Bernini steuerte auch eine Kapelle zur benachbarten Kirche bei, in der Beatrice Cenci ihre letzte Ruhe fand. Die junge Adlige, die an der Ermordung ihres gewalttätigen Vaters beteiligt war, wurde 1599 auf der Engelsbrücke enthauptet.

Orto Botanico

BOTANISCHE GÄRTEN AM HANG

Der 12 ha große **botanische Garten** Roms, der früher zum Privatbesitz des Palazzo Corsini (S. 107) gehörte, ist ein großartiger Ort, um sich im Schatten auf dem Gianicolo-Hügel zu entspannen. Seit dem 13. Jh. werden hier Pflanzen kultiviert, und der heutige Garten umfasst bis zu 8000 Arten, darunter jahrhundertealte Bäume, 400 Orchideenarten und einige der seltensten Pflanzen Europas.

Der Eingang befindet sich am Ende der Via Corsini, am oberen Ende des Gartens gibt es allerdings keinen Ein- oder Ausgang zum Gianicolo-Hügel.

HIGHLIGHTS
1 Basilica di Santa Cecilia in Trastevere
2 Basilica di Santa Maria in Trastevere
3 Chiesa di San Francesco a Ripa
4 Galleria Corsini
5 Gianicolo
6 Orto Botanico
7 Piazza di Santa Maria in Trastevere
8 Tempietto di Bramante & Chiesa di San Pietro in Montorio
9 Villa Farnesina

SEHENSWERTES
10 Fontana dell'Acqua Paola
11 Garibaldi-Denkmal

SCHLAFEN
12 Arco del Lauro
13 Donna Camilla Savelli Hotel
14 Relais Le Clarisse

ESSEN
15 Da Enzo
16 Fior di Luna
17 La Renella
18 Otaleg
19 Santo Trastevere
20 Spirito DiVino
21 Trattoria Da Teo

AUSGEHEN & FEIERN
22 Freni e Frizioni
23 Pimm's Good

SHOPPEN
24 Biscottificio Innocenti
25 Mercato di Porta Portese

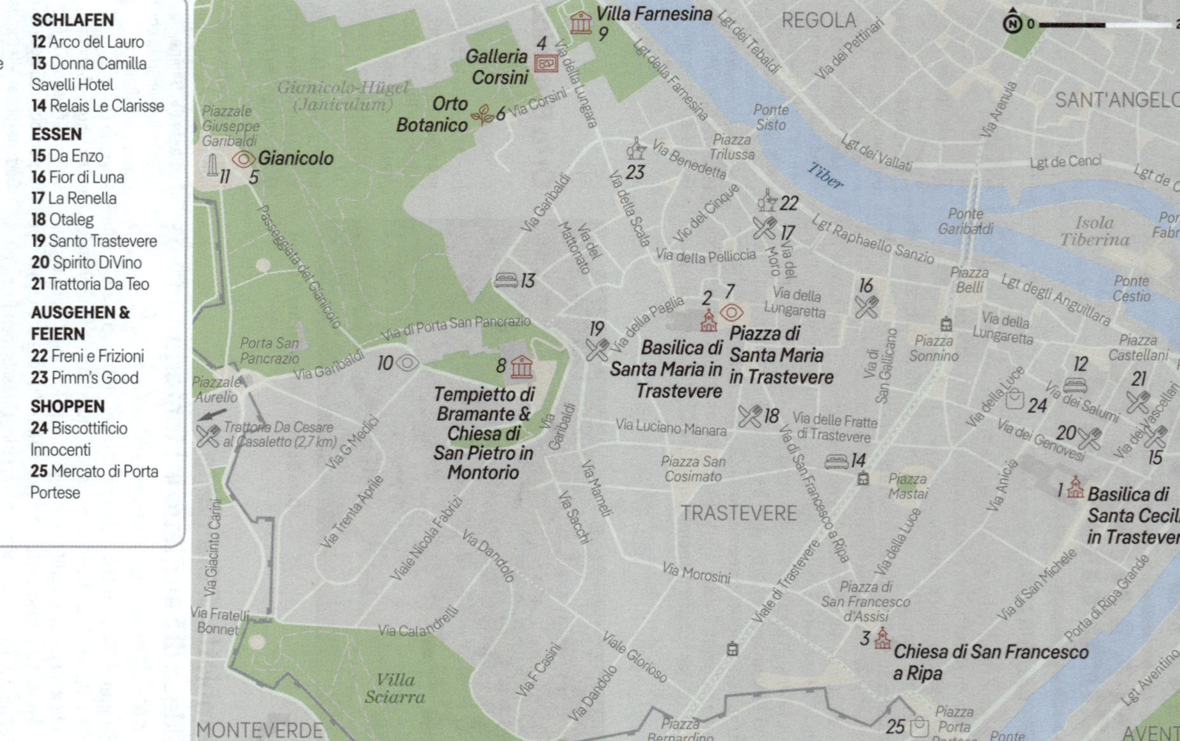

Basilica di Santa Cecilia in Trastevere

KUNSTSCHÄTZE IN EINER RUHIGEN BASILIKA

Diese abgelegene Basilika mit einem begrünten Innenhof und einer Fassade aus dem 18. Jh. ist die letzte Ruhestätte von Cäcilia, der Schutzpatronin der Musik. Die Heilige, die in einem Haus unter der heutigen Kirche gemartert worden sein soll, wird durch eine Skulptur unter dem Hauptaltar dargestellt. Die filigrane Marmorstatue, ein Werk von Stefano Maderno, soll zeigen, wie ihr auf wundersame Weise erhaltener Körper aussah, als er 1599 in den Katakomben von San Callisto entdeckt wurde.

Das andere große Meisterwerk der Basilika ist das wunderschöne Fresko von Pietro Cavallini aus dem 13. Jh. im Nonnenchor, das einen Ausschnitt aus dem *Jüngsten Gericht* zeigt.

Der Eintritt in die Basilika ist frei, aber für die Besichtigung der Fresken und der unterirdischen Ausgrabungen wird ein Eintrittspreis von 2,50 € erhoben.

DIE KATAKOMBEN

Die heilige Cäcilia war nur eine von vielen Tausend frühen Christen, die in den Katakomben von San Callisto begraben wurden, einem von drei ausgedehnten Katakombensystemen unter der **Via Appia Antica** (S. 124).

Chiesa di San Francesco a Ripa

HEILIGE HEIMAT EINES BAROCKEN MEISTERWERKS

Diese in der ruhigeren östlichen Hälfte von Trastevere gelegene **Kirche** verdankt ihren Namen dem Heiligen Franz von Assisi, der hier 1219 übernachtet haben soll. Der Hauptgrund für einen Besuch ist jedoch die außergewöhnliche Bernini-Skulptur der *Beata Ludovica Albertoni* (Selige Ludovica Albertoni; 1674). Dieses virtuose Werk von höchster sexueller Zweideutigkeit und technischer Brillanz – man beachte, wie sich der Marmor in ein fließendes Gewand verwandelt – zeigt die Franziskanernonne Ludovica, die mit geschlossenen Augen, geöffnetem Mund und einer Hand an der Brust in religiöser Verzückung ruht.

***Beata Ludovica Albertoni*, Chiesa di San Francesco**

Galleria Corsini

BEDEUTENDE KUNSTSAMMLUNG IN EINEM HERRENHAUS

Der Palazzo, in dem einst Königin Christina von Schweden wohnte, in deren Schlafzimmer männliche wie weibliche Liebhaber angeblich ein und aus gingen, verdankt seinen Namen der Florentiner Familie Corsini, die ihn übernahm, als aus Lorenzo Corsini 1730 Papst Clemens XII. wurde. Heute ist er einer von zwei Sitzen der **Gallerie Nazionali di Arte Antica** (der andere ist der Palazzo Barberini).

Zu den Höhepunkten der herausragenden Kunstsammlung gehören Caravaggios *San Giovanni Battista* (Johannes der Täufer), Guido Renis *Salome con la testa di San Giovanni Battista* (Salome mit dem Haupt Johannes des Täufers) und Fra' Angelicos Corsini-Triptychon sowie Werke von Rubens, Poussin und Van Dyck.

Am Wochenende muss man vorab online reservieren (*barberinicorsini.org*).

Basilica di Santa Maria in Trastevere

GLITZERNDE MOSAIKE IN ANTIKER BASILIKA

Die **Hauptbasilika** von Trastevere gilt als die älteste Kirche Roms, die der Jungfrau Maria geweiht ist. Sie wurde im frühen 3. Jh. an der Stelle errichtet, an der der Legende nach auf mysteriöse Weise eine Ölquelle aus dem Boden sprudelte.

In ihrer heutigen Form entstand sie größtenteils im 12. Jh., als der romanische Glockenturm samt einer glanzvollen Fassade hinzugefügt wurde. Diese ist mit einem wunderschönen mittelalterlichen Mosaik verziert, das Maria darstellt, wie sie, umgeben von zehn Frauen mit Lampen, den kleinen Jesus füttert. Der Säulengang mit seiner Balustrade, die von den Statuen der vier Päpste gekrönt wird, wurde von Carlo Fontana im Jahr 1702 hinzugefügt.

Im Inneren stehen die goldenen Mosaike aus dem 12. Jh. im Mittelpunkt. In der Apsis fallen die schillernden Darstellungen von Christus und seiner Mutter auf, die von verschiedenen Heiligen flankiert werden, sowie ganz links von Papst Innozenz II., der ein Modell der Kirche in der Hand hält. Darunter sieht man sechs Mosaike von Pietro Cavallini (um 1291), die das Leben der Jungfrau Maria präsentieren.

Weitere Highlights sind die 24 römischen Säulen, von denen einige aus den Caracalla-Thermen geplündert wurden, die Fragmente römischer geschnitzter Marmore, die ein informelles Mosaik auf der Veranda bilden, die 1617 von Domenichino entworfene Holzdecke und ein spiralförmiger Kosmaten-Kerzenleuchter an der Stelle, an der der Ölbrunnen entsprungen sein soll. Auch die Cappella Avila mit ihrer beeindruckenden Kuppel aus dem 17. Jh. lohnt einen Blick.

Piazza di Santa Maria in Trastevere

FONS OLEI

Rechts vom Altar befindet sich eine Marmorbalustrade mit der Inschrift *Fons Olei*. Sie bezieht sich auf den Ölbrunnen, der hier 38 v. Chr. gesprudelt haben soll. Die frühen Christen interpretierten das wundersame Plätschern als Vorankündigung der baldigen Geburt Christi. Forschende glauben jedoch, dass *fons olei* (Ölbrunnen) eine Abwandlung von *fons olidus* (verschmutzter Brunnen) sein könnte und sich auf das Wasser bezieht, das für simulierte Seeschlachten in der örtlichen Arena nach Trastevere geleitet wurde.

Piazza di Santa Maria in Trastevere

ZENTRALER TREFFPUNKT IM VIERTEL

Der zentrale **Platz** von Trastevere ist ein idealer Ort, um Leute zu beobachten. Tagsüber ist er voll von plaudernden Einheimischen und Urlauber:innen, abends treffen sich hier ausländische Studierende, junge Römer:innen und Traveller, die in den Cafés und Bars auf ihre Kosten kommen. An den Platz grenzen der Palazzo San Callisto, der sich im Besitz des Heiligen Stuhls befindet, und die Basilica di Santa Maria in Trastevere an. Der achteckige Brunnen in der Mitte stammt aus der Zeit der Römer und wurde 1659 von Bernini und 1692 erneut von Carlo Fontana restauriert.

Villa Farnesina

RENAISSANCEVILLA MIT RAFFAEL-FRESKEN

Diese anmutige Villa aus dem 16. Jh. ist ein Meisterwerk der Renaissancearchitektur. Sie ist von außen ruhig und symmetrisch proportioniert und innen mit fantastischen Fresken versehen.

Ursprünglich wurde sie für Agostino Chigi erbaut, einem steinreichen Bankier, der für seine großzügige Gastfreundschaft bekannt war. Es wird erzählt, dass er nach einem Bankett im Jahr 1518 die Goldteller, die seine Gäste benutzt hatten, als Zeichen seiner Freigebigkeit in den Tiber werfen ließ – gewieft wie er war, hatte er zuvor jedoch Netze aufstellen lassen, um sie wieder herauszuholen. Heute trägt die Villa den Namen der Familie Farnese, die sie im Jahr 1579 erwarb.

Der architektonische Kopf hinter der Villa war Baldassare Peruzzi, der ehemalige Assistent von Bramante. Er steuerte auch einiges zur Innenausstattung bei: Vor allem seine Fresken im Salone delle Prospettive im 1. Stock vermitteln eine großartige illusionistische Perspektive auf das Rom des 16. Jhs. Seine Werke sind auch im Hauptsaal der Villa, der Loggia der Galatea, zu sehen. Dieser Saal im Erdgeschoss wird von Raffaels berühmter Darstellung der Meeresnymphe Galatea beherrscht, zeigt aber auch mythologische Szenen von Sebastiano del Piombio.

Weitere Werke Raffaels sind in der Loggia von Amor und Psyche nebenan zu sehen, die von nackten Figuren und muskulösen Amoretten wimmelt.

RAFFAELS GELIEBTE

Während seiner Arbeit in der Villa Farnesina soll sich Raffael angeblich in Margherita Luti, die Tochter eines Bäckers aus Trastevere, verliebt haben. Laut dem Historiker Giorgio Vasari aus dem 16. Jh. soll Raffael ihr verfallen sein, nachdem er sie beim Baden im Tiber gesehen hatte. Er war so vernarrt in sie, dass sich seine Arbeit verlangsamte, bis Agostino Chigi sie schließlich in die Villa ließ. Wer wissen möchte, wie sie aussah, sollte sich Raffaels Gemälde *La Fornarina* im Palazzo Barberini ansehen (S. 88).

Villa Farnesina

DIE BESTEN BÄCKEREIEN & GELATERIAS

La Renella
Historische Bäckerei in Trastevere, die für ihr köstliches Brot, ihre Kekse und ihre Holzofenpizza bekannt ist.

Biscottificio Innocenti
Hausgemachte Kekse, mundgerechte Baisers und Obstkuchen aus einer malerischen Bäckerei in einer Seitenstraße.

Otaleg
Otaleg, oder Gelato rückwärts, erscheint regelmäßig auf den Listen der besten Gelaterias in Rom – und das zu Recht.

Fior di Luna
Natürliche, saisonale Zutaten sind die Grundlage für die schmackhaften Gelati und Sorbets in diesem kleinen, geschäftigen Lokal.

PHANT/SHUTTERSTOCK ©

Fontana dell'Acqua Paola

MEHR IN TRASTEVERE & GIANICOLO

Ein Abend im Viertel

DRINKS, ABENDESSEN & NOCH MEHR DRINKS

Nach Sonnenuntergang ist Trastevere einer der beliebtesten Treffpunkte für Traveller und Einheimische in Rom. Vor allem an lauen Sommerabenden, wenn die Reisenden in den Restaurants am Straßenrand sitzen und sich die Feierwütigen vor den Bars drängen, kommen auch die Römer:innen in Scharen hierher.

Wer es den Einheimischen gleichtun will, stößt mit einem Cocktail im **Pimm's Good** oder einem *aperitivo* im beliebten **Freni e Frizioni** auf den Abend an. Nach diesem kleinen Warm-up geht's in den östlichen Teil des Viertels, um im **Spirito DiVino** italienische Küche der Saison zu genießen. Anschließend kann man den Abend stilvoll bei einem Drink im **Santo Trastevere** ausklingen lassen, einem angesagten Bar-Restaurant in einer grünen Ecke westlich der Piazza Santa Maria in Trastevere.

NOCH MEHR AUSSICHT

Roms Hügel und hoch aufragende Monumente bieten zahlreiche Aussichtspunkte. Eines der spektakulärsten ist das **Vittoriano** (S. 67), von dessen Terrasse man einen 360-Grad-Panoramablick auf die Stadt und die entfernten Hügel hat.

ÜBERNACHTEN IN TRASTEVERE & GIANICOLO

Arco del Lauro
Einladende Pension mit modernen, schlichten Zimmern in einer ruhigen kopfsteingepflasterten Gasse. €€

Relais Le Clarisse
Zentral gelegenes Hotel mit rustikalem Charme und Zimmern, die um einen hübschen Innenhof angeordnet sind. €€

Donna Camilla Savelli Hotel
Klassisch eingerichtetes Hotel in einem von Borromini entworfenen Barock-Kloster. Die Aussicht und der Klostergarten sorgen für zusätzlichen Charme. €€€

Food Tour

DIE KULINARISCHEN GEHEIMNISSE VON TRASTEVERE LÜFTEN

Mit seinen jahrhundertealten Keksläden und Bäckereien, familiengeführten Trattorien und ausgezeichneten Lebensmittelhändler:innen ist Trastevere ein idealer Ort, um der kulinarischen Neugier zu frönen. Eine gute Möglichkeit, dies zu tun, ist die Teilnahme an einer geführten Food Tour, bei der man die kulinarischen Traditionen und Gourmet-Hotspots des Viertels kennenlernt. Zuverlässige Anbieter sind **Casa Mia** (*https://casamiatours.com*) und **The Roman Guy** (*https://theromanguy.com*).

Hinauf auf den Hügel

AUSBLICKE, DENKMÄLER & DREHORTE

Der **Gianicolo** ist eine wunderbare Möglichkeit, den manchmal klaustrophobischen Straßen Trasteveres zu entfliehen. Der höchste Hügel Roms zählt zwar nicht zu den ursprünglichen sieben Hügeln, ist aber ein hervorragender Aussichtspunkt, von dem aus man einen unvergesslichen Blick über die Dächer Roms hat. Pro-Tipp: Die beste Sicht hat man von einem Platz nördlich der Imbissbuden am **Garibaldi-Denkmal**. Diese kolossale Bronzestatue ist eine von vielen Darstellungen des legendären italienischen Rebellen auf dem Gianicolo. Grund dafür ist, dass Garibaldi hier 1849 während des Kampfes um die italienische Einigung eine erbitterte Schlacht führte. Er und eine Armee, die für die Einigung kämpfte, errangen einen bedeutenden Sieg gegen die französischen Truppen, die für Papst Pius IX. kämpften.

Kürzlich hatte der Gianicolo in Paolo Sorrentinos Oscar-gekröntem Film *La grande bellezza – Die große Schönheit* (2013) einen Auftritt: Die Anfangsszene spielt vor dem Wahrzeichen **Fontana dell'Acqua Paola**, auch bekannt als Fontanone (großer Brunnen).

Bei der Festa mitfeiern

DAS JÄHRLICHE STADTTEILFEST VON TRASTEVERE

Wer Trastevere im ultimativen Partymodus erleben möchte, sollte es in den letzten beiden Juliwochen während der **Festa de' Noantri** (*noantri* bedeutet im römischen Dialekt „wir anderen") besuchen. Seit dem 16. Jh. zieht das Fest die Massen an.

Im Mittelpunkt der Veranstaltungen, die von viel Essen, Trinken und Gebeten begleitet werden, stehen zwei Prozessionen. Bei der Ersten wird ein hölzernes Bildnis der Madonna del Carmine von seinem Standort in der Chiesa di Sant'Agata durch die Straßen bis zur Basilica di San Crisogono getragen. Die Zweite findet acht oder neun Tage später statt. Dann wird die Madonna auf ein Boot verladen und über den Tiber zurückgeschippert.

SHOPPINGTIPPS FÜR PORTA PORTESE

Die Kunstschaffenden **Luigi Cigola** und **Sonia Stuppia** sind die kreative Kraft hinter der Schmuckmarke Formespazio Roma (*https://formespazioroma.it*). Luigi verrät seine Tipps für die **Porta Portese**, den historischen Flohmarkt in Rom, auf dem er seit 17 Jahren einen Stand betreibt.

Hauptbereiche
Zwischen dem Piazzale della Radio und der Via Ippolito Nievo findet man Secondhand- und Vintage-Kleidung. Die Via Ippolito Nievo (bis zur Piazza Ippolito Nievo) ist traditionell das Antiquitätenviertel. Ein dritter Bereich um die Via Porta Portese ist der kommerziellste Teil mit Ständen, an denen neue Kleidung und Haushaltswaren verkauft werden.

Beste Zeit für ein Geschäft
Bei Markteröffnung und in den ersten Stunden.

Handeln
Das ist das Allerwichtigste. Man sollte immer den Preis verhandeln. Das ist ein ungeschriebenes Gesetz.

IM FREIEN ESSEN IN TRASTEVERE & GIANICOLO

Da Enzo
Eine traditionelle Trattoria mit typisch römischer Küche und wenig Schnickschnack. Man sollte sich auf eine Warteschlange gefasst machen. **€€**

Trattoria Da Teo
Die Trattoria Da Teo bietet alles, was das Herz begehrt: eine bezaubernde Piazza, authentische lokale Küche, witzige Servicekräfte. **€€**

Trattoria Da Cesare al Casaletto
Hervorragende lokale Küche unter einer mit Weinreben bewachsenen Gartenlaube. Die Taxifahrt dorthin lohnt sich. **€€**

SAN GIOVANNI & TESTACCIO

TRADITIONELLE TRATTORIEN UND MITTELALTERLICHE KIRCHEN

San Giovanni ist ein überwiegend von Wohnhäusern geprägtes Viertel, das sich um seine berühmte Basilika nahe der Aurelianischen Mauern erstreckt. Das offiziell als Appio Latino bekannte Viertel verläuft sich entlang der Via Appia Nuova, einer Hauptverkehrsader, mit Geschäften, Cafés und Kaufhäusern.

Im Osten liegt auf dem Celian-Hügel die Villa Celimontana, ein schöner, wenig bekannter Park, den die Einheimischen gern für einen Mittagsspaziergang nutzen. Weiter westlich befindet sich das grüne Reichenviertel Aventino mit seinen eleganten Villen im Liberty-Stil und romantischen Ausblicken.

Testaccio, am Fuß des Aventino, ist hauptsächlich für seine traditionelle römische Küche und seine Nachtclubs bekannt. Trotz der Gentrifizierung bleibt das Viertel bodenständig.

TOP TIPP

Dieser große Bezirk südöstlich des Zentrums lässt sich in zwei Bereiche unterteilen: San Giovanni und Celio sowie westlich davon Testaccio und der Aventino-Hügel. Beide Gebiete können zu Fuß erkundet werden und sind mit der Metro erreichbar: Nach San Giovanni nimmst du die Linie A, nach Testaccio die Linie B (Richtung Piramide).

Chiesa di Santo Stefano Rotondo

Chiesa di Santo Stefano Rotondo

GRAUSIGE FRESKEN

Diese faszinierende Kirche aus dem 5. Jh. mit ihrer Säulenfront und ihrem runden, von Säulen gesäumten Innenraum liegt in einem abgelegenen Park. Was jedoch am meisten Aufmerksamkeit erregt, sind die sehr grafischen Wandmalereien – ein Freskenzyklus aus dem 16. Jh., der die Folterungen vieler frühchristlicher Märtyrer:innen darstellt. Charles Dickens beschrieb die Gemälde 1846 mit den Worten: „Ein solches Panorama des Grauens und des Gemetzels könnte sich kein Mensch im Schlaf vorstellen, selbst wenn er ein ganzes Schwein roh zum Abendessen verspeisen würde."

Basilica dei SS Quattro Coronati

DÜSTERE MITTELALTER-BASILIKA

Die befestigte Basilika beherbergt einige schöne Fresken aus dem 13. Jh. und einen herrlichen, versteckten Kreuzgang. Die Fresken im **Oratorio di San Silvestro** stellen die Geschichte der sogenannten Konstantinischen Schenkung dar, ein berüchtigtes gefälschtes Dokument, mit der Kaiser Konstantin angeblich die Kontrolle über Rom und das Weströmische Reich an das Papsttum abtrat. Weitere Fresken sind in der **Aula Gotica** (Gotischer Saal) zu sehen, die im Rahmen einer Führung besichtigt werden kann (10 €; siehe *aulagoticasantiquattrocoronati.it*).

Die aus dem 6. Jh. stammende Basilika erhielt ihre heutige Form im 12. Jh., nachdem die ursprüngliche Kirche 1084 von den Normannen zerstört worden war.

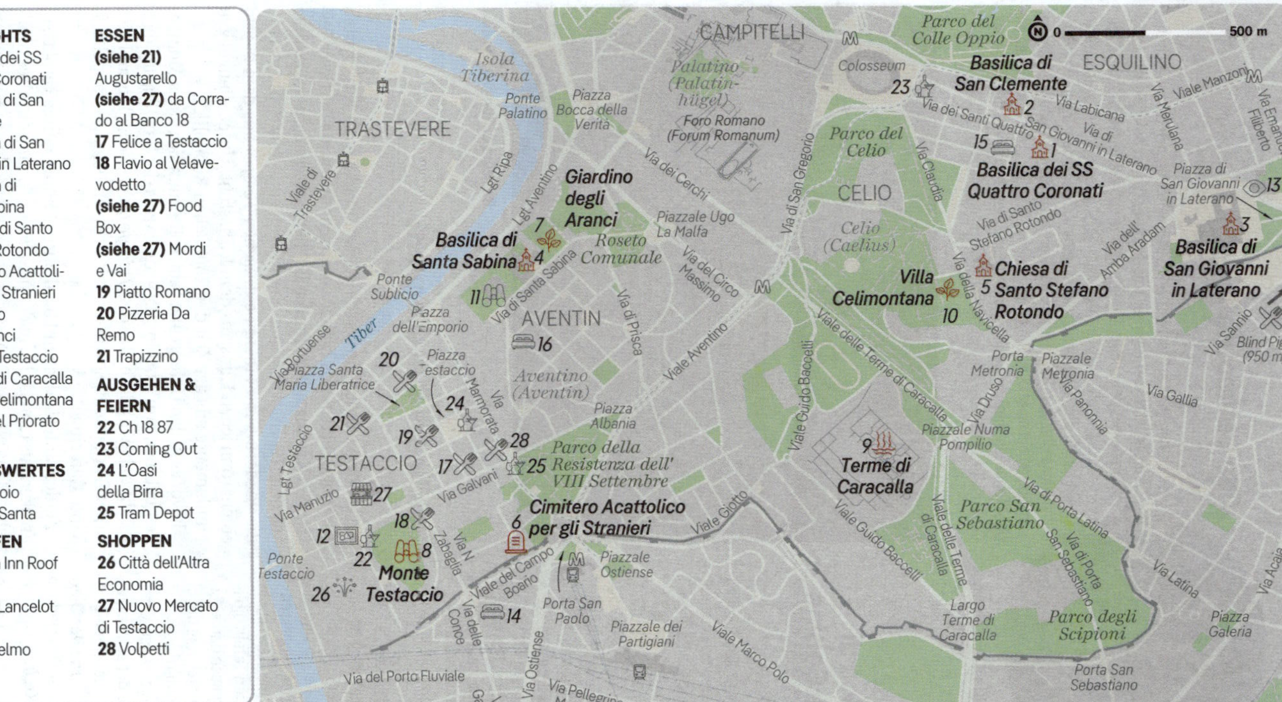

HIGHLIGHTS
1 Basilica dei SS Quattro Coronati
2 Basilica di San Clemente
3 Basilica di San Giovanni in Laterano
4 Basilica di Santa Sabina
5 Chiesa di Santo Stefano Rotondo
6 Cimitero Acattolico per gli Stranieri
7 Giardino degli Aranci
8 Monte Testaccio
9 Terme di Caracalla
10 Villa Celimontana
11 Villa del Priorato di Malta

SEHENSWERTES
12 Mattatoio
13 Scala Santa

SCHLAFEN
14 Althea Inn Roof Terrace
15 Hotel Lancelot
16 Hotel Sant'Anselmo

ESSEN
(siehe 21) Augustarello
(siehe 27) da Corrado al Banco 18
17 Felice a Testaccio
18 Flavio al Velavevodetto
(siehe 27) Food Box
(siehe 27) Mordi e Vai
19 Piatto Romano
20 Pizzeria Da Remo
21 Trapizzino

AUSGEHEN & FEIERN
22 Ch 18 87
23 Coming Out
24 L'Oasi della Birra
25 Tram Depot

SHOPPEN
26 Città dell'Altra Economia
27 Nuovo Mercato di Testaccio
28 Volpetti

Villa Celimontana

Villa Celimontana

FRIEDVOLLER PARK

Mit seinen Bänken, farbenfrohen Blumenbeeten und zahlreichen Bäumen ist dieser Park ein wunderbarer Ort für ein Picknick. Im Sommer ist er Schauplatz einer Reihe von kostenlosen Konzerten, die im Rahmen des beliebten Festivals Village Celimontana stattfinden. In der Mitte befindet sich eine Villa aus dem 16. Jh., in der die Italienische Geographische Gesellschaft untergebracht ist, während im Süden ein über 12 m hoher ägyptischer Obelisk steht. Um dieses antike Monument ranken sich Legenden. Eine Geschichte besagt, dass der Globus auf der Spitze die Asche von Kaiser Augustus enthält.

Basilica di Santa Sabina

RUHIGE BASILIKA AUF DEM AVENTINO

Diese ehrwürdige Basilika gehört zu den schönsten frühchristlichen Kirchen Roms. Sie wurde um 422 gegründet und im 9. Jh. sowie 1216, kurz bevor sie an den neu gegründeten Dominikanerorden übergeben wurde, erweitert. Der Innenraum wurde 1587 von Domenico Fontana weiter umgestaltet. Nach einer Restaurierung im 20. Jh. erhielt sie ihr ursprüngliches Erscheinungsbild zurück.

Eines der wenigen Originalelemente, die erhalten geblieben sind, sind die Türen aus Zypressenholz. Auf ihnen sind auf 18 geschnitzten Tafeln biblische Ereignisse dargestellt, darunter eine der ältesten erhaltenen Kreuzigungsszenen. Oben links ist sie nur schwer zu erkennen, aber sie zeigt Jesus und die beiden Diebe, seltsamerweise jedoch nicht ihre Kreuze.

Basilica di San Clemente

Basilica di San Clemente

HINABSTEIGEN IN DIE GESCHICHTE

Nirgendwo werden die verschiedenen Etappen der turbulenten Vergangenheit Roms besser veranschaulicht als in dieser fesselnden **Kirche** mit mehreren Ebenen. Die ebenerdige Basilika aus dem 12. Jh. wurde auf einer Kirche aus dem 4. Jh. erbaut, die wiederum auf einem heidnischen Tempel aus dem 2. und einem römischen Haus aus dem 1. Jh. steht. Unter allem liegen Fundamente aus der Zeit der Römischen Republik.

Bevor es in den Untergrund geht, sollte man sich einen Moment Zeit nehmen, um das Mosaik in der Apsis der Basilika aus dem 12. Jh. zu bewundern, das den *Trionfo della Croce* (Triumph des Kreuzes) darstellt, sowie die mit Fresken bemalte Cappella di Santa Caterina.

Zu den unterirdischen Highlights gehören einige verblasste Fresken aus dem 11. Jh. in der *basilica inferiore*, ein altes römisches Haus und ein Tempel des heidnischen Gottes Mithras aus dem 2. Jh. Darunter hört man das unheimliche Geräusch eines unterirdischen Flusses, der durch einen Kanal aus der Zeit der Römischen Republik fließt.

Basilica di San Giovanni in Laterano

MONUMENTALE PÄPSTLICHE BASILIKA

Diese mächtige Kirche, die älteste der vier päpstlichen Basiliken der Stadt, ist die offizielle **Kathedrale** Roms und der Sitz des Papstes als Bischof von Rom. Die im Jahr 324 geweihte Kirche wird als *mater et caput* (Mutter und Haupt) aller katholischen Kirchen verehrt und war fast 1000 Jahre lang der wichtigste Gebetsort der Päpste.

Im Laufe der Jahrhunderte wurde sie mehrmals umgebaut, vor allem von Francesco Borromini im 17. Jh. und von Alessandro Galilei, der 1735 die riesige weiße Fassade hinzufügte.

Das hallende, mit Marmor verkleidete Innere verdankt sein heutiges Aussehen zu einem großen Teil Borromini, der es für das Jubiläum von 1650 renovierte. Es ist ein atemberaubender Anblick und wartet mit einer vergoldeten Decke, einem Mosaikboden aus dem 15. Jh. und einem breiten Mittelschiff auf, das von muskulösen, 4,6 m hohen Skulpturen der Apostel gesäumt wird.

Der gotische Baldachin über dem Papstaltar am Kopfende des Kirchenschiffs beherbergt angeblich die Reliquien der Häupter der Heiligen Petrus und Paulus. Davor, am Fuß des Altars, befindet sich das Grab von Papst Martin V. in der Confessio, zusammen mit einer Holzstatue von Johannes dem Täufer.

Die massive Apsis hinter dem Altar ist mit funkelnden Mosaiken verziert. Teile davon stammen aus dem 4. Jh., die meisten wurden jedoch um 1800 hinzugefügt.

Der Kreuzgang außerhalb der Kirche stammt aus dem 13. Jh. und ist ein schöner, ruhiger Ort mit anmutigen, gewundenen Säulen, die einen zentralen Garten umgeben.

Giardino degli Aranci

SCALA SANTA

Auf der anderen Seite des Platzes, gegenüber der Basilika, befindet sich eine weitere ehrwürdige Stätte. Die Scala Santa, die im 4. Jh. von der Heiligen Helena nach Rom gebracht wurde, soll die Treppe sein, die Jesus im Palast des Pontius Pilatus in Jerusalem hinaufging. Für die Pilger:innen ist sie heilig und sie besteigen sie auf den Knien, wobei sie auf jeder der 28 Stufen ein Gebet sprechen. Ganz oben befindet sich das prachtvoll verzierte Sancta Sanctorum (Allerheiligstes), die ehemalige Privatkapelle des Papstes.

Giardino degli Aranci

ROMANTISCHER GARTEN AUF DEM HÜGEL

Dieser von Mauern umgebene Park auf dem Aventino, der offiziell **Parco Savello** heißt, den Römer:innen aber als Giardino degli Aranci (Orangengarten) bekannt ist, ist eine romantische Oase. Wer seinen Lieblingsmenschen beeindrucken will, bringt ihn oder sie bei Sonnenuntergang hierher, um zwischen den blühenden Orangenbäumen spazieren zu gehen und den tollen Blick auf die Kuppel des Petersdoms zu genießen.

Bemerkenswert ist auch, dass die Kuppel von vorne im Park kleiner erscheint als von hinten, was scheinbar im Widerspruch zu den Regeln der Physik steht.

Monte Testaccio

DER HÜGEL, DEM TESTACCIO SEINEN NAMEN VERDANKT

Der mit Gras bewachsene *monte* im Herzen von Testaccio ist ein **künstlicher Hügel**, der vollständig aus den Scherben zerbrochener Amphoren (lateinisch *testae*, daher der Name Testaccio) besteht. Zwischen dem 2. Jh. v. Chr. und dem 3. Jh. n. Chr. war Testaccio der Flusshafen Roms. Die Olivenöllieferungen wurden in riesigen Terrakotta-Amphoren transportiert, die nach dem Entleeren zerbrochen wurden. Die Scherben wurden dann nahe den Lagerhäusern aufgestapelt. Im Laufe der Zeit wuchs dieser Haufen zu einem beachtlichen, 54 m hohen Hügel – dem Monte Testaccio.

Terme di Caracalla

Cimitero Acattolico per gli Stranieri

GRÄBER VON KREATIVEN UND GELEHRTEN

Der „nicht-katholische" **Friedhof** von Rom, der von der charakteristischen Pyramide von Testaccio überragt wird, die eigentlich ein Grab aus dem 1. Jh. v. Chr. ist, ist eine grüne Oase des Friedens. Ein Hauch von Grand-Tour-Romantik liegt über dem Ort, an dem bis zu 4000 Menschen begraben sind, darunter die romantischen Dichter:innen Shelley und Keats, der italienische politische Denker Antonio Gramsci und Andrea Camilleri, der Autor der extrem erfolgreichen Bücher rund um Inspektor Montalbano.

Zwischen den Grabsteinen und Zypressen sollte man nach dem *Angelo del dolore* (Engel des Kummers) Ausschau halten, einer vielfach kopierten Skulptur aus dem Jahr 1894, die der amerikanische Künstler William Wetmore Story für das Grab seiner Frau anfertigte.

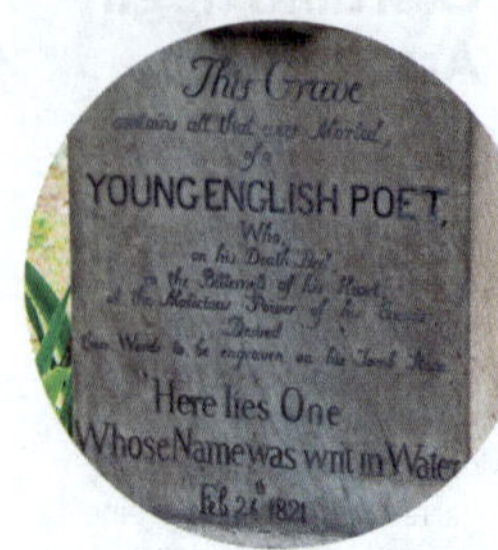

Grab von John Keats, Cimitero Acattolico per gli Stranieri

Terme di Caracalla

IMPOSANTE RUINEN DER ANTIKEN BÄDER

Die Reste der **Thermen** des Kaisers Caracalla gehören zu den beeindruckendsten Ruinen Roms. Die 212 n. Chr. eingeweihte, ursprünglich 10 ha große Anlage mit Bädern, Turnhallen, Bibliotheken, Geschäften und Gärten wurde täglich von bis zu 8000 Menschen genutzt. Im Mittelpunkt steht das Badehaus, ein rechteckiger Bau, an den sich zwei *palestre* (Turnhallen) anschließen.

Damals bestand das Badehaus aus einem *frigidarium* (kalter Raum), in dem die Gäste nach dem wärmeren *tepidarium* und dem kuppelförmigen *caldarium* (heißer Raum) Halt machten. Während die Kundschaft die luxuriösen Einrichtungen genoss, schwitzten Hunderte von Versklavten in 9,5 km langen Tunneln unter der Erde und bedienten die komplexen Sanitäranlagen.

Im Sommer werden die Ruinen für spektakuläre Musik- und Ballettaufführungen genutzt.

Durch das Schlüsselloch

BERÜHMTER BLICK AUF DEN PETERSDOM

In einer Stadt voller inspirierender Aussichten ist der berühmte Schlüssellochblick des Aventino einer der unerwartetsten. Die Piazza dei Cavalieri di Malta ist ein hübscher Platz aus dem 18. Jh., der von der ornamentalen Fassade der **Villa del Priorato di Malta** flankiert wird. Es ist nicht sofort erkennbar, aber wenn man durch das Schlüsselloch der grünen Tür der Villa blickt, sieht man die Kuppel des Petersdoms, die am Ende einer von Hecken gesäumten Allee perfekt ausgerichtet ist. Die pure geometrische Perfektion ist wirklich beeindruckend – aber gar nicht so leicht zu fotografieren, wenn man nicht gerade ein Kameragenie ist.

Essen auf die Hand

FAST FOOD AUF RÖMISCHE ART

Der **Nuovo Mercato** von Testaccio, der heute in einem modernen, zweckmäßigen Gebäude untergebracht ist, war lange Zeit ein kommunales Zentrum. Auch heute noch herrscht hier reges Treiben, wenn die Einheimischen ihre Einkäufe erledigen, die bunten Produkte ganz genau unter die Lupe nehmen und an den Ständen mit Schuhen, Hüten und Kleidern stöbern. Zur Mittagszeit verlagert sich der Schwerpunkt auf die zahlreichen Essensstände des Marktes.

Wer klassisches, schnörkelloses römisches Streetfood probieren möchte, holt sich einfach ein *panino con l'allesso di scottona* (Brötchen mit zartem, langsam gegartem Rindfleisch) von **Mordi e Vai** am Stand 15 oder ein knuspriges *carciofo alla giudia* (frittierte Artischocke) von **Food Box** am Stand 66.

Eine modernere Variante des römischen Fast Food bietet das nahe gelegene **Trapizzino**, das sich auf eine Art Hybrid-Sandwich spezialisiert hat, bei dem ein Kegel aus Focaccia-Teig mit Leckereien wie *polpette al sugo* (Fleischbällchen in Tomatensoße) oder *pollo alla cacciatore* (geschmortes Huhn) gefüllt wird.

Und wem das alles nicht zusagt, der kann sich natürlich auch etwas bei **Volpetti** holen, dem berühmten Feinkostladen in Testaccio.

Testaccios alternative Seite

ZEITGENÖSSISCHE KUNST IN EINEM STILLGELEGTEN SCHLACHTHOF

Fast ein Jahrhundert lang befand sich in Testaccio der wichtigste Schlachthof Roms. Der riesige Komplex wurde schließlich

DIE BESTEN BARS

Tram Depot
Mit seinen Sitzgelegenheiten im Freien und einer Atmosphäre wie bei einer Gartenparty ist dieses beliebte Lokal in Testaccio ideal für einen *aperitivo.*

L'Oasi della Birra
Diese Kellerbar in Testaccio ist bekannt für ihre internationale Auswahl an Bieren.

Ch 18 87
Brillant gemixte Cocktails in einer diskreten Bar über dem historischen Restaurant Checchino Dal 1887 in Testaccio.

Blind Pig
Elegantes Lokal in San Giovanni mit fachmännisch gemixten Cocktails.

Coming Out
Fine queere Bar am Kolosseum, in der es bei Cocktails und Karaoke richtig heiß hergeht.

ESSEN WIE DIE RÖMER:INNEN IN TESTACCIO

Pizzeria Da Remo
Das ultimative römische Pizzaerlebnis: schroffe Servicekräfte, erstklassige gebratene Antipasti und knusprige, hauchdünne Pizzen. €

Flavio al Velavevodetto
Eine klassische Trattoria, die für ihre bodenständige römische Küche bekannt ist. Unbedingt die ausgezeichnete Carbonara probieren. €€

Felice a Testaccio
Ein Urgestein in Testaccio, das sich ganz der traditionellen römischen Küche verschrieben hat. €€

DIE RÖMISCHE KÜCHE IN TESTACCIO ENTDECKEN

Die Gastro-Autorin **Rachel Roddy** wohnt in Testaccio und gibt einen Einblick in die klassische römische Küche und die Gastroszene des Viertels.

Lieblingsgerichte
Ich bin ein großer Fan von *gricia*, einem klassischen römischen Nudelgericht. Ich mag auch Carbonara. Im Winter bestelle ich oft Nudeln mit Bohnen *(fagioli)* oder Kichererbsen *(ceci)*. Im Sommer liebe ich gegrillte rote Paprika.

Top-Trattorien
Augustarello ist die beste Adresse für Innereien. **Piatto Romano** ist ebenfalls fantastisch. Es serviert klassische römische Küche mit einer persönlichen Note.

Kulinarischer Trend
Naturwein ist im Moment total angesagt. Auf dem Markt ist das **da Corrado al Banco 18** ein Laden für Naturwein und Käse, wo man ein Glas Wein und ein Gericht zu einem guten Preis bekommt.

JULIAN CASTLE/ALAMY STOCK PHOTO ©

Mattatoio

1975 stillgelegt und ist seitdem als **Mattatoio**, ein Veranstaltungsort für zeitgenössische Kunst, wiederauferstanden. Heute finden in den großen Hallen, die selbst ein schönes Beispiel für die Industriearchitektur des 19. Jhs. sind, regelmäßig Ausstellungen, Installationen und Performances von etablierten und aufstrebenden internationalen Kunstschaffenden statt.

Nebenan finden in der mit Graffiti verkleideten **Città dell'Altra Economia** Festivals und Veranstaltungen in den Räumen statt, in denen sich einst die Ställe befanden.

Am May Day abrocken

GRATISKONZERT ALS PUBLIKUMSMAGNET

Wer gern auf Konzerte geht, sollte sich am 1. Mai San Giovanni nicht entgehen lassen. Zur Feier des *primo maggio* (1. Mai) pilgern Zehntausende von Musikfans auf die **Piazza di San Giovanni**, um bei dem kostenlosen Maikonzert dabei zu sein. Die festliche Atmosphäre heizt sich im Laufe des Nachmittags und Abends auf, wenn bekannte italienische Stars und gelegentlich auch ausländische Gäste die jubelnde Menge bis tief in die Nacht unterhalten.

ÜBERNACHTEN IN SAN GIOVANNI & TESTACCIO

Althea Inn Roof Terrace
Ausgezeichnetes B&B mit modern eingerichteten Zimmern, kleinen Dachterrassen und kurzen Wegen zu den zahlreichen Restaurants von Testaccio. **€**

Hotel Lancelot
In großartiger Lage in der Nähe des Kolosseums, mit beeindruckender Aussicht und sehr hilfsbereiten Englisch sprechenden Angestellten. **€€**

Hotel Sant'Anselmo
Ein hinreißendes Refugium im Boutiquestil in einer eleganten Villa auf dem Aventino-Hügel. **€€€**

VILLA BORGHESE & NÖRDLICHES ROM

GRÜNE PARKS UND KULTURELLE ZENTREN

Die Villa Borghese ist der bekannteste Park Roms und beherbergt u.a. den Zoo der Stadt, mehrere Museen der Superlative und einen See mit Booten. Die im Nordosten gelegene Villa Ada ist zum Joggen und Spaziergehen beliebt, während in der Villa Torlonia im Osten drei unauffällige Museen einquartiert sind.

Abgesehen von den Parks hat der Norden Roms weniger traditionelle Attraktionen zu bieten als andere Stadtteile. Parioli, nördlich der Villa Borghese, ist eine der teuersten Gegenden Roms und der Ursprung des abfälligen Begriffs „*pariolini*", mit dem reiche Kinder in Markenklamotten bezeichnet werden. Inmitten der begrünten Straßen befinden sich jedoch hochkarätige kulturelle Zentren wie das Auditorium Parco della Musica und das MAXXI. Im Stadio Olimpico wird's eher sportlich.

TOP TIPP

Dieses weitläufige Gebiet im Norden von Rom erstreckt sich rund um die Villa Borghese, dem wichtigsten Park im Zentrum Roms. Die Oase ist leicht zu Fuß von der Piazza del Popolo oder von der Metrostation Spagna (Linie A) aus zu erreichen. Für Ziele rund um die Via Flaminia, Via Nomentana und Via Salaria nimmt man den Bus oder die Straßenbahn.

Villa Borghese

La Galleria Nazionale

WENIG BEKANNTES MUSEUM FÜR MODERNE KUNST

Die in einem riesigen Belle-Epoque-Palast untergebrachte Galerie für moderne Kunst – bekannt als **GNAM**, nach ihrem vollständigen Namen (La Galleria Nazionale d'Arte Moderna e Contemporanea di Roma) – ist ein stilles Juwel. Die hochkarätige Sammlung reicht von der neoklassischen Skulptur bis zum abstrakten Expressionismus und umfasst Werke der wichtigsten Vertretenden der Kunst des 19. und 20. Jhs.

Zu sehen sind Gemälde der Macchiaioli (italienische Impressionisten) und der Futuristen Boccioni und Balla sowie Skulpturen von Canova und bedeutende Werke von Modigliani, de Chirico und Guttuso. Zu den vertretenen internationalen Kunstschaffenden zählen Van Gogh, Cézanne, Monet, Klimt, Kandinsky, Mondrian und Man Ray.

Villa Borghese

ROMS STADTPARK

Einheimische, Verliebte, Traveller, Jogger:innen – niemand kann der Verlockung von Roms berühmtestem Park widerstehen. Das ehemalige Landgut des Kardinals Scipione Borghese aus dem 17. Jh. erstreckt sich über 80 ha mit Waldlichtungen, Gärten und grasbewachsenen Ufern. Zu den Attraktionen gehören der gepflegte Giardino del Lago mit einem kleinen See zum Bootfahren, die Piazza di Siena, eine staubige Arena, in der im Mai Roms wichtigstes Reitturnier stattfindet, und eine Panoramaterrasse auf dem Pincio-Hügel.

An verschiedenen Stellen im Park können Fahrräder ausgeliehen werden.

HIGHLIGHTS
1 Auditorium Parco della Musica
2 Basilica di Sant'Agnese Fuori le Mura & Mausoleo di Santa Costanza
3 La Galleria Nazionale
4 MAXXI
5 Museo e Galleria Borghese
6 Museo Nazionale Etrusco di Villa Giulia
7 Villa Borghese

SEHENSWERTES
8 Foro Italico
9 Villa Ada

SCHLAFEN
10 Palm Gallery Hotel

ESSEN
11 Al Settimo Gelo
12 All'Oro
13 Fatamorgana Nemorense
14 Gelateria dei Gracchi
15 Neve di Latte
16 Osteria Flaminio

UNTERHALTUNG
17 Stadio Olimpico

Museo Nazionale Etrusco di Villa Giulia

ITALIENS FÜHRENDES ETRUSKISCHES MUSEUM

Die Villa von Papst Julius III. aus dem 16. Jh. liefert den stimmungsvollen Rahmen für Italiens beste Sammlung etruskischer und vorrömischer Schätze. Die Exponate, von denen viele aus Gräbern in der umliegenden Region Latium stammen, reichen von Bronzefiguren und schwarzem Bucchero-Geschirr bis hin zu Tempeldekorationen, Terrakotta-Vasen und funkelndem Schmuck.

Unbedingt sehenswert sind eine vielfarbige Terrakottastatue des Apollo aus einem Tempel in Veio und der *Sarcofago degli sposi* (Ehegatten-Sarkophag) aus dem 6. Jh. Dieses erstaunliche Werk, das 1881 in Cerveteri ausgegraben wurde, zeigt einen Mann und eine Frau, die auf einer steinernen Kline ruhen.

Weitere Funde, die die Umbrer und die lateinischen Völker betreffen, werden in der nahe gelegenen Villa Poniatowski aufbewahrt, die freitagsnachmittags geöffnet ist.

ETRUSKISCHE REISE

Das Museo Nazionale Etrusco di Villa Giulia ist eine gute Vorbereitung auf eine Reise ins Nord-Latium, wo sich zwei wichtige etruskische Stätten Italiens befinden: die Friedhöfe von **Cerveteri** (S. 141) und **Tarquinia** (S. 140).

Auditorium Parco della Musica

ROMS VORZEIGE-KULTURZENTRUM

Das von Renzo Piano entworfene und 2002 eingeweihte Auditorium ist das Zentrum der römischen Kulturszene und beherbergt das erstklassige Orchester der Accademia Nazionale di Santa Cecilia.

Es ist ein kühnes Architektur-Werk aus drei silbergrauen, kapselartigen Konzertsälen, die um ein Amphitheater mit 3000 Plätzen angeordnet sind. Sie bieten eine Bühne für alles: von klassischer Musik und Jazz bis hin zu Vorträgen und Filmvorführungen.

Wer mehr über den Komplex erfahren möchte, zu dem zwei Museen gehören – eines mit Artefakten, die bei den Bauarbeiten gefunden wurden, und eines mit Instrumenten –, kann an einer englischsprachigen Führung teilnehmen (Infos: *auditorium.com/visite_guidate.html*).

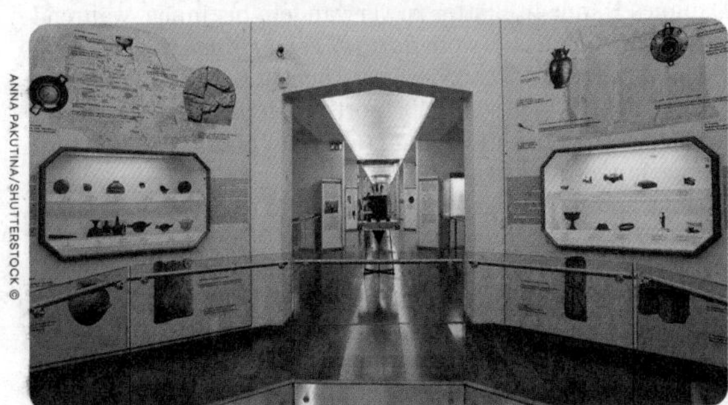

Museo Nazionale Etrusco di Villa Giulia

Basilica di Sant'Agnese Fuori le Mura & Mausoleo di Santa Costanza

KATAKOMBEN & PRÄCHTIGE MOSAIKE

Es ist zwar ein echter Fußmarsch bis hierher, aber ein Besuch dieses mittelalterlichen Kirchenkomplexes in der Via Nomentana lohnt sich allemal. Er liegt über den Katakomben, in denen die Heilige Agnes begraben wurde, und umfasst die Basilica di Sant'Agnese Fuori le Mura und das Mausoleo di Santa Costanza, das mit einigen der ältesten **Mosaiken** der Christenheit geschmückt ist.

Der Star der Basilika ist ihr goldenes Apsismosaik. Es ist eines der besten Beispiele byzantinischer Kunst in Rom und zeigt die Heilige Agnes flankiert von den Päpsten Honorius und Symmachus, die über den Zeichen ihres Martyriums stehen – einem Schwert und einer Flamme.

Neben der Hauptbasilika befindet sich das Mausoleum. Dieser gedrungene Rundbau hat eine Kuppel, die von zwölf Säulenpaaren getragen wird, und einen gewölbten Wandelgang, der mit wunderschönen Mosaiken aus dem 4. Jh. verziert ist.

Museo e Galleria Borghese

SENSATIONELLE SKULPTUREN & MEISTERWERKE DER RENNAISSANCE

Diese außergewöhnliche **Galerie**, die oft als „Königin der privaten Kunstsammlungen" bezeichnet wird, beherbergt einige der größten Schätze Roms, u.a. Skulpturen von Gian Lorenzo Bernini und Gemälde von Caravaggio, Tizian, Raffael und Rubens.

Beeindruckend ist schon die Eingangshalle, die mit Bodenmosaiken aus dem 4. Jh. und einem *satiro combattente* (kämpfender Satyr) aus dem 2. Jh. geschmückt ist. Hoch oben an der Wand befindet sich ein Flachrelief von Pietro Bernini, das ein Pferd und einen Reiter zeigt, die ins Leere stürzen.

Die nächsten Räume beherbergen die wertvollsten Skulpturen des Museums. In der Sala I befindet sich Antonio Canovas gewagte Darstellung von Napoleons Schwester Paolina Bonaparte Borghese als *Venere vincitrice*. In Sala III ist Berninis *Apollo e Dafne* zu sehen, das genau den Moment festhält, in dem sich Daphnes Hände in Blätter zu verwandeln beginnen, während in Sala IV sein Meisterwerk *Ratto di Proserpina* ausgestellt ist.

Die Werke von Caravaggio beherrschen die Sala VIII. Besonders bemerkenswert sind sein Selbstporträt *Bacchino malato* (Kranker Bacchus) und der bekannte *Giovane col canestro di frutta* (Junge mit einem Obstkorb).

Im Obergeschoss der Pinakothek sollte man sich unbedingt Raffaels außerordentliches Gemälde *La Deposizione di Cristo* (Kreuzabnahme) und seine *Dama con liocorno* (Dame mit dem Einhorn) anschauen.

Weitere Höhepunkte sind *Venere e Amore che reca il favo di miele* (Venus und Amor mit Honigwabe) von Lucas Cranach dem Älteren und Tizians Meisterwerk *Amor sacro e amor profano* (Himmlische und irdische Liebe).

***Ratto di Proserpina*, Museo e Galleria Borghese**

DIE SAMMLUNG

Die Sammlung des Museums wurde von Kardinal Scipione Borghese (1577–1633) zusammengetragen, einer der einflussreichsten Persönlichkeiten der barocken Kunstwelt Roms. Er war der Neffe von Papst Paul V. und förderte die größten Kunstschaffenden seiner Zeit, darunter Caravaggio, Bernini, Domenichino, Rubens und Guido Reni. Doch obwohl er die Kunstschaffenden finanziell unterstützte, war er nicht immer einer Meinung mit ihnen und durchaus bereit, mit unsauberen Methoden an ihre Werke zu kommen. Einmal ließ er sogar Domenichino verhaften, um ihn zur Herausgabe eines Gemäldes zu zwingen.

MAXXI

MUSEUM FÜR ZEITGENÖSSISCHE KUNST

Das von Zaha Hadid entworfene Gebäude des **Museo Nazionale delle Arti del XXI Secolo**, Roms führendem Museum für moderne Kunst, ist ein absoluter Blickfang. Die geschwungene Betonstruktur (früher eine Kaserne) hat eine vielseitige geometrische Fassade und ein höhlenartiges Inneres voller verschlungener Gänge und abgehängter Treppen. Es sind Werke aus der ständigen Sammlung der Galerie zu sehen, die Highlights sind aber die Wechselausstellungen mit Kunst von etablierten Stars und aufstrebenden Kunstschaffenden aus Italien und der ganzen Welt.

Eine Runde Fußball

SPORT IM OLYMPIASTADION

Fußball ist eine große römische Leidenschaft, die man am besten bei einem Spiel im **Stadio Olimpico** miterleben kann. Während der Saison (Ende Aug.–Mai) findet an den meisten Sonntagen ein Spiel einer der beiden Serie-A-Mannschaften der Stadt statt: Roma oder Lazio. Wer ein Spiel besucht, sollte die Basics draufhaben: Roma spielt in Rot und Gelb und seine eingefleischten Fans stehen in der Curva Sud (Südtribüne), Lazio spielt in Himmelblau und seine Fans bevölkern die Curva Nord (Nordtribüne).

Im Stadion finden auch die Heimspiele der italienischen Nationalmannschaft während des jährlichen Rugby-Turniers Six Nations (Feb.–März) statt, während im nahe gelegenen **Foro Italico** beim Turnier Internazionali BNL d'Italia im Mai Tennis gespielt wird.

In Festivallaune

PREMIEREN & KONZERTE IM PARK

In der **Villa Ada**, einem 160 ha großen, weitläufigen Park, der einst das private Anwesen von König Vittorio Emanuele III. war, kommt Festivalstimmung auf. Von Juni bis Anfang August ist hier einiges los, denn dann findet das **Villa Ada Festival** mit einer Reihe von energiegeladenen Konzerten unter freiem Himmel statt.

Während der **Festa del Cinema di Roma** im Oktober rollen Roms Cineasten und Cineastinnen den roten Teppich für Filmstars aus Italien und Hollywood aus. Im Zentrum des Geschehens steht das **Auditorium Parco della Musica**, doch während der zehn Festivaltage werden die Filme an verschiedenen Orten in der Stadt gezeigt.

OPEN-AIR-KINO

Wer im Sommer noch mehr Filme sehen möchte, besucht die **Isola Tiberina** (S. 80) zum Festival Isola del Cinema, bei dem sich die Flussinsel in ein unvergessliches Open-Air-Kino verwandelt.

DIE BESTEN GELATERIAS

Neve di Latte
Ideale Lage beim MAXXI mit klassischen Geschmacksrichtungen wie Schokolade und Pistazie.

Al Settimo Gelo
Ein traditionelles Urgestein in Prati, das für seine kreativen Geschmacksrichtungen und die Verwendung sorgfältig ausgewählter saisonaler Zutaten bekannt ist.

Gelateria dei Gracchi
Das Markenzeichen dieser Gelateria in der Viale Regina Margherita sind schlichte Geschmacksrichtungen, die auf traditionelle Weise zubereitet werden.

Fatamorgana Nemorense
Das Fatamorgana in der Nähe der Villa Ada ist ein Garant für zufriedene Gäste. Man darf sich auf kreative Sorten und ungewöhnliche Kombinationen freuen.

ÜBERNACHTEN & ESSEN IN VILLA BORGHESE & IM NÖRDLICHEN ROM

Palm Gallery Hotel
Dieses wunderschöne Hotel in der Nähe der Villa Torlonia ist eine Villa im Liberty-Stil mit eklektischem Dekor. €€

Osteria Flaminio
Elegantes kleines Restaurant in der Via Flaminia, das Fischgerichte und neu interpretierte römische Klassiker serviert. €€

All'Oro
In dem mit einem Michelin-Stern ausgezeichneten Restaurant von Chefkoch Riccardo di Giacinto wird die traditionelle regionale Küche stilvoll weiterentwickelt. €€€

SÜDLICHES ROM

KATAKOMBEN, NACHTLEBEN UND STREET-ART

Der Süden Roms besteht aus mehreren verschiedenen Stadtteilen, die alle ihr eigenes Aussehen und ihren eigenen Charakter haben. Der augenfälligste Anziehungspunkt ist die Via Appia Antica. Diese Konsularstraße führt durch sattgrüne Landschaften zu romantisch gelegenen Ruinen und kilometerlangen, unheimlichen Katakomben. Weiter draußen, an der Küste, warten noch mehr Ruinen in Ostia Antica, der antiken Hafenstadt Roms, die fast vollständig erhalten geblieben ist.

Zurück in Richtung Zentrum erstreckt sich das Viertel Ostiense entlang der Via Ostiense. Das einstige Industrieviertel wurde vor Kurzem als eine der angesagtesten Ecken Roms wiederentdeckt, in der sich Start-ups, Kommunikationsbüros, Studierende und Nachteulen niedergelassen haben. Das nahe gelegene Garbatella mit einem Mix aus Architekturstilen wurde als eine Art Gartenstadt für die Arbeiter:innen der Fabriken angelegt. Das angrenzende EUR-Viertel ist für seine wuchtigen Gebäude bekannt, in denen Regierungsbehörden untergebracht sind.

TOP TIPP

Alle in diesem Abschnitt vorgestellten Orte können mit öffentlichen Verkehrsmitteln erreicht und anschließend zu Fuß, mit der Metro (Linie B) oder, wie im Fall der Via Appia Antica, mit dem Fahrrad erkundet werden. Nach Ostia Antica fahren regelmäßig Züge von der Stazione Porta San Paolo (neben der Metrostation Piramide).

TILIALUCIDA/SHUTTERSTOCK ©

Villa dei Quintili

Katakomben

UNTERIRDISCHE BEGRÄBNISTUNNEL

Es wird geschätzt, dass es unter der Via Appia Antica und dem Umland ein ca. 300 km langes Netz aus Katakomben gibt. Viele davon wurden von den Christen gebaut, um ihre Toten außerhalb der Stadtmauern zu bestatten. Die größten Katakomben sind die **Catacombe di San Callisto**. In den bisher erforschten 20 km an Tunneln liegen bis zu 16 Päpste, viele Märtyrer:innen und Tausende Christen. Unter der gleichnamigen nahen Basilika (4. Jh.) erstrecken sich die **Catacombe di San Sebastiano** mit Fresken, Inschriften und drei perfekt erhaltene Mausoleen.

Ein dritter Komplex, die **Catacombe di Santa Domitilla**, liegt westlich der Katakomben von San Callisto. Er beherbergt die Reste einer Kirche aus dem 4. Jh. und exquisite Wandmalereien.

Villa dei Quintili

BEEINDRUCKENDE RUINEN EINER PRÄCHTIGEN VILLA

Diese Villa aus dem 2. Jh., die sich an der Via Appia Antica über grüne Felder erhebt, ist eines der weniger bekannten Prachtstücke Roms. Sie war das verschwenderische Zuhause zweier Konsule, der Brüder Quintili, doch ihr luxuriöser Überfluss wurde ihnen zum Verhängnis: Der Kaiser Commodus ließ sie beide töten und nahm die Villa für sich selbst in Beschlag, um sie später noch zu erweitern. Das Highlight der beeindruckenden Ruinen ist der gut erhaltene Badekomplex mit einem Pool, *caldarium* und *frigidarium*. Es gibt auch ein kleines Museum mit einigen guten Exponaten.

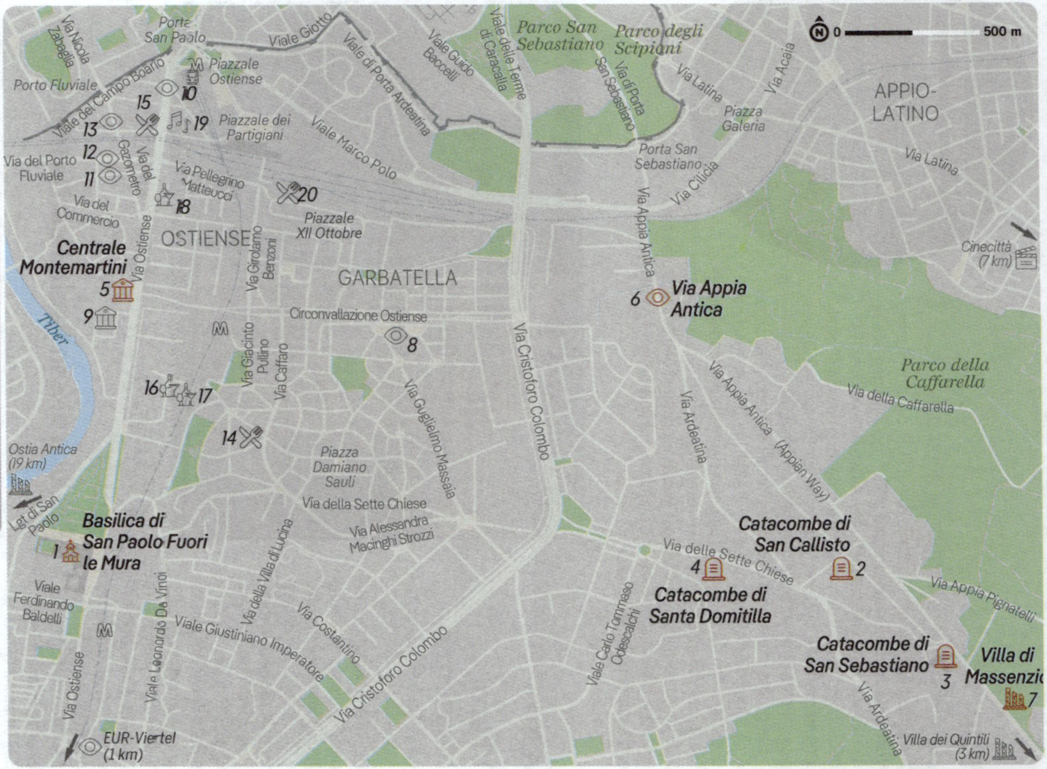

HIGHLIGHTS
1 Basilica di San Paolo Fuori le Mura
2 Catacombe di San Callisto
3 Catacombe di San Sebastiano
4 Catacombe di Santa Domitilla
5 Centrale Montemartini
6 Via Appia Antica
7 Villa di Massenzio

SEHENSWERTES
8 Albergo Rosso
9 Museo Capitoline Centrale Montemartini
10 Ostiense
11 Via dei Magazzini Generali
12 Via del Porto Fluviale
13 Via delle Conce

ESSEN
14 Al Ristoro degli Angeli
15 Trattoria Pennestri

AUSGEHEN & FEIERN
16 Circolo degli Illuminati
17 Rashōmon Bar & Club

UNTERHALTUNG
18 Caffè Letterario
19 Elegance Jazz Cafe

SHOPPEN
20 Eataly

EUR

AUSSENBEZIRK MIT MODERNER ARCHITEKTUR

Am südlichen Ende der Metrolinie B liegt EUR, ein „orwellsches" Viertel mit breiten Boulevards und großen, geradlinigen Gebäuden. Es wurde für eine internationale Ausstellung im Jahr 1942 gebaut, und obwohl der Krieg dazwischenkam und die Ausstellung nie stattfand, blieb der Name erhalten: Esposizione Universale di Roma (Römische Weltausstellung) oder EUR.

Das größte Interesse in diesem Viertel gilt der rationalistischen Architektur, die im Palazzo della Civiltà Italiana, dem sogenannten Quadratischen Kolosseum und heutigen Hauptsitz des Modehauses Fendi, ihre Vollendung findet. Ein weiteres markantes Gebäude ist das 2016 von Massimiliano und Doriana Fuksas errichtete Kongresszentrum La Nuvola, eine dramatische Glas- und Stahlkonstruktion mit einer „Wolke", die ein Auditorium und Konferenzräume enthält.

NOCH MEHR KAPITOLINISCHE SKULPTUREN

Die **Kapitolinischen Museen** (S. 70) sind eine der besten Sammlungen antiker Skulpturen in Rom und umfassen viele wertvolle Stücke. Am besten, du besuchst die Piazza del Campidoglio und überzeugt dich selbst davon.

Villa di Massenzio

WAGENRENNBAHN & ANTIKES MAUSOLEUM

Die Villa di Massenzio, der riesige Palast des Kaisers Maxentius aus dem 4. Jh. v.Chr., ist eine der bedeutendsten Sehenswürdigkeiten der Via Appia Antica. Der Komplex auf der grünen Wiese besteht aus drei Hauptgebäuden: der Villa selbst, einem Mausoleum und einem Zirkus. Am eindrucksvollsten sind die gut erhaltenen Überreste des **Circo di Massenzio**, einer von Maxentius um 309 erbauten Wagenrennbahn mit 10000 Plätzen. In der Nähe wurde das Mausoleo di Romolo für Romulus, den 17-jährigen Sohn von Maxentius, errichtet. Das riesige Mausoleum war ursprünglich von einer großen Kuppel gekrönt und von einer imposanten Kolonnade umgeben, von der einige Teile noch zu sehen sind.

Palazzo della Civiltà Italiana, EUR

Basilica di San Paolo Fuori le Mura

KOLOSSALE PÄPSTLICHE BASILIKA

Diese riesige Basilika, die nach dem Petersdom die größte Kirche Roms ist, steht an der Stelle, an der der Apostel Paulus nach seinem Tod im Jahr 67 begraben wurde. Sie wurde im 4. Jh. von Konstantin erbaut und 1823 durch einen Brand weitgehend zerstört. Heute sieht man deshalb vor allem das Ergebnis des Wiederaufbaus im 19. Jh.

Einige Schätze haben den Brand jedoch überstanden, darunter der Triumphbogen aus dem 5. Jh. mit seinen aufwändig restaurierten Mosaiken und das gotische Marmortabernakel über dem Hauptaltar. Die kunstvolle romanische Osterkerze rechts vom Altar stammt aus dem 12. Jh. und zeigt grimmig dreinschauende Kreaturen mit Tierköpfen. Der Kreuzgang wäre ein wunderbares Refugium mit Lavendelduft, wenn man sich dort hinsetzen könnte. Es gibt aber leider weder Bänke noch Stühle.

Via Appia Antica

DIE ERSTE AUTOBAHN DER WELT

Die Via Appia Antica war die berühmteste der antiken Konsularstraßen Roms. Sie wurde nach dem Konsul Appius Claudius Caecus benannt, der 312 v. Chr. den ersten 90 km langen Abschnitt anlegte. Nach ihrer Fertigstellung 190 v. Chr. entwickelte sie sich schnell zu einer wichtigen Verkehrsader, die Rom mit dem südlichen Hafen von Brindisi verband.

In der Antike wurde sie die *regina viarum* (Königin der Straßen) genannt, und sie ist auch heute noch ein majestätischer Anblick: eine wunderschöne gepflasterte Straße, flankiert von stattlichen Pinien und üppigen Feldern, auf denen Ruinen und versteckte Villen stehen.

Trotz ihrer Schönheit hat die Straße eine dunkle Vergangenheit: Spartacus und 6000 seiner aufständischen Versklavten wurden hier 71 v. Chr. gekreuzigt, und die frühen Christen begruben hier ihre Toten in den 300 km langen unterirdischen **Katakomben**. Es können zwar nicht die ganzen 300 km besichtigt werden, drei große Katakombenkomplexe (S. 124) sind jedoch für geführte Besichtigungen geöffnet.

Auch oberirdisch gibt es viel zu entdecken. Eine Sehenswürdigkeit ist das **Mausoleo di Cecilia Metella**, ein zinnenbewehrter Turm, der im 1. Jh. v. Chr. zunächst als Grabmal diente, später aber als Festung genutzt wurde, um Mautgebühren vom vorbeifahrenden Verkehr zu erheben. In der Nähe kann man die Ruinen der Villa di Massenzio besichtigen, die im 4. Jh. von Kaiser Maxentius erbaut wurde. Weiter südlich befinden sich zwei andere Villen: das Capo di Bove und 3 km weiter die Villa dei Quintili, eine aristokratische Villa, deren Opulenz einen Kaiser zum Mörder werden ließ.

Via Appia Antica

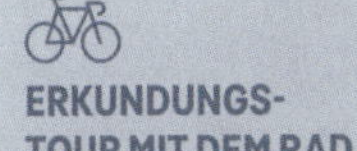

ERKUNDUNGS-TOUR MIT DEM RAD

Die Via Appia Antica lässt sich am besten zu Fuß oder mit dem Fahrrad erkunden. Fahrräder können an verschiedenen Stellen ausgeliehen werden, u.a. im Service Center Appia Antica (*parcoappiaantica.it*) in der Hausnummer 58–60. Von dort aus kann man der Straße bis zu den Katakomben von San Callisto und weiter bis zum südlichen Abschnitt der *via* folgen, auf dem man auch schöne längere Touren unternehmen kann. Karten sind im Servicecenter erhältlich. Es werden auch geführte Touren mit dem Rad, zu Fuß oder mit einer Art elektrischem Golfwagen angeboten.

Centrale Montemartini

INDUSTRIEMASCHINEN & ANTIKE SKULPTUREN

Diese Außenstelle der Kapitolinischen Museen ist in einem ehemaligen Kraftwerk untergebracht und verbindet eindrucksvoll klassische Skulpturen mit Dieselmotoren und Dampfturbinen. Die Highlights befinden sich in zwei widerhallenden Räumen, der **Sala Macchine** (Maschinenraum) und **Sala Caldaia** (Kesselraum), in denen antike Statuen rund um die riesigen Maschinen posieren. Zu den schönsten Stücken gehören die *Fanciulla seduta* (Sitzendes Mädchen) und die *Musa Polimnia* (Muse Polyhymnia). Es gibt auch römische Mosaike zu sehen.

EIN KONZERT BESUCHEN

Die in Rom lebende Journalistin und professionelle Rednerin **Arianna Galati** verrät ihre liebsten Musiklocations im Süden von Rom und anderswo in der Stadt.

Elegance Jazz Cafè (Südliches Rom)
Das von New Yorker Clubs inspirierte Format ist sowohl ein Gourmetrestaurant als auch ein Ort mit Live-Musik, an dem jeden Abend Konzerte (von Jazz über Swing bis hin zu Bossa Nova) stattfinden.

Alcazar (Trastevere)
Ein altes Kino, das in einen vielseitigen Club mit 1970er-Jahre-Flair umgewandelt wurde. Hier ist immer was los und man kann zu gut gemachten DJ-Sets tanzen, und es gibt auch Livekonzerte mit explosivem Soul und Funk.

Dram Boat (Tridente, Trevi & Quirinal)
Ein Holzboot auf dem Tiber ist der stimmungsvollste Ort, um Jazz live zu hören und dabei köstliche Cocktails zu schlürfen.

MEHR IM SÜDLICHEN ROM

Street-Art in Ostiense

DIE FARBENFROHEN WANDMALEREIEN VON OSTIENSE ENTDECKEN

Ostiense war einer der Vorreiter des Street-Art-Trends, der Rom in den 2010er-Jahren eroberte, und zählt mehr als 30 Wandbilder. Einige sind schon verblasst, aber es sind noch genügend vorhanden, sodass sich eine Erkundung lohnt.

Los geht's in der **Via delle Conce**, wo ein schwarz-weißes Gesicht auf die Hausnummer 14 blickt. Das Werk der italienischen Street Artists Sten & Lex wird flankiert von einem bedrohlichen kahlköpfigen Gangster des französischen Künstlers MTO an Haus Nummer 12. Ganz in der Nähe, in der **Via dei Magazzini Generali**, betrachtet eine Reihe von Sten-&-Lex-Porträts die *Wall of Fame* von Roman JBRock.

In der **Via del Porto Fluviale** findet man ein Trio bekannter Wandgemälde. Das meistdiskutierte Werk ist die inzwischen verblasste Komposition des Künstlers Blu mit riesigen Gesichtern auf einer ehemaligen Luftwaffenkaserne. Besser in Schuss ist das fünfstöckige *Hunting Pollution* der Mailänderin Iena Cruz. Weiter die Straße hinunter zeigt Agostino Iacuris *Fish'n'Kids* einen Mann, der zwischen Fischen schwimmt.

Architektur in Garbatella

ANGESAGTES VIERTEL MIT UNVERWECHSELBAREM LOOK

Garbatella ist sicher eines der eigenwilligsten Viertel Roms. Dieses bunte und zunehmend angesagte Quartier war ursprünglich als Arbeiterschaftsviertel konzipiert, wurde aber später zur Unterbringung von Menschen genutzt, die durch faschistische Bauprojekte vertrieben wurden. Viele Menschen wurden in *alberghi suburbani* (Vorstadthotels) untergebracht – riesige Wohnblocks wie das Wahrzeichen **Albergo Rosso**. Bei einem Spaziergang durch das Viertel fällt jedoch schnell auf, wie vielfältig es mit seinen niedrigen Häusern, Gemeinschaftshöfen, Treppenhäusern und großen Wandmalereien eigentlich ist.

Das römische Pompeji

EINE VOLLSTÄNDIG ERHALTENE ANTIKE STADT

Eine unkomplizierte Zugfahrt von der Stazione Porta San Paolo entfernt befindet sich **Ostia Antica**, eine der eindrucksvollsten archäologischen Stätten Italiens. Die Überreste des antiken römischen Hafens sind erstaunlich vollständig erhalten, und es ist ein unvergessliches Erlebnis, durch Stadtteile zu spazieren, die seit Tausenden von Jahren unversehrt geblieben sind.

AUSGEHEN IM SÜDLICHEN ROM

Caffè Letterario
Cooler Treffpunkt der Gegenkultur, der teils Buchladen, teils Galerie, teils Bühne und teils Lounge-Bar ist.

Circolo Degli Illuminati
Hier kann man sich zunächst mit Cocktails stärken und dann bei Techno-, House-, Hip-Hop- und Chill-Musik so richtig loslegen.

Rashōmon Bar & Club
House-, Techno- und Electronica-Sounds bestimmen das Geschehen in diesem postindustriellen Club in Ostiense.

MGALLAR/SHUTTERSTOCK ©

Mosaik, Terme di Nettuno

Ostia war ursprünglich ein Militärstützpunkt, der die Mündung des Tibers bewachte. Daher stammt auch der Name, der eine Ableitung des lateinischen Wortes *ostium* (Mündung) ist. Die Stadt wuchs schnell und wurde im 2. Jh. n. Chr. zu einem blühenden Hafen mit rund 50 000 Ansässigen. Nach dem Untergang des Römischen Reiches begann auch der Niedergang Ostias und es wurde schließlich aufgegeben. In den folgenden Jahrhunderten wurden die Ruinen vom Schlamm des Flusses begraben und somit konserviert.

Man betritt das Gelände an der **Porta Romana**, die auf den **Decumanus Maximus**, die Hauptstraße der Stadt, trifft. Diese führt hinunter zu zwei wichtigen Sehenswürdigkeiten: den **Terme di Nettuno** aus dem 2. Jh., in denen ein berühmtes Mosaik von Neptun auf einem Seepferdchen-Wagen zu sehen ist, und dem **Teatro** mit 4000 Plätzen. Die Rasenfläche hinter dem Theater ist der **Piazzale delle Corporazioni** (Forum der Körperschaften), der Sitz der Kaufmannsgilden von Ostia.

Weiter unten wird das Forum vom **Capitolium** überragt, einem Tempel, der Jupiter, Juno und Minerva geweiht ist. In der Nähe befindet sich das **Thermopolium**, ein altes Café mit Bar und Fragmenten der ursprünglichen, mit Fresken bemalten Speisekarte.

ROMS KINOSTADT

In den späten 1950er- und frühen 1960er-Jahren gehörte Rom zur Hochburg der Promikultur. Das *Dolce Vita* war in vollem Gange und Hollywood-Stars wurden regelmäßig in der Stadt gesehen, wenn sie zwischen zwei Drehs in der **Cinecittà** auf Partys unterwegs waren. Die bedeutendsten Filmstudios Italiens wurden 1937 von Mussolini gegründet und in der Folge für viele ikonische Filme wie Fellinis Klassiker *La Dolce Vita* von 1960 und das Epos *Cleopatra* von 1963 genutzt. Auch heute noch sind sie in Betrieb und lieferten in den letzten Jahren die Kulissen für die HBO-Serie *Rom* und Paolo Sorrentinos *The Young Pope*.

Einblicke bekommt man bei einer Führung durch die Studios (*https://cinecittasimostra.it*) in der Via Tuscolana ganz im Süden der Stadt.

ESSEN IM SÜDLICHEN ROM

Eataly
Lebensmittelgeschäft in der Nähe des Bahnhofs Ostiense mit Gelato, Gebäck, Pizza, gegrilltem Fleisch und Craft-Bier. **€-€€**

Trattoria Pennestri
Stilvolle Trattoria mit römischen Klassikern und moderner italienischer Küche. **€€**

Al Ristoro degli Angeli
Einheimische Kenner:innen besuchen dieses beliebte Restaurant in Garbatella, um sich feine Nudelgerichte und frisches Seafood schmecken zu lassen. **€€**

LATIUM & ABRUZZEN

URALTE GESCHICHTE & HOHE GIPFEL

Etruskische Gräber und römische Ruinen, Vulkanseen und wilde Gebirgslandschaften – in dieser wenig bekannten Gegend gibt es viel zu entdecken.

Das Latium und die Abruzzen erstrecken sich über die gesamte Breite von Italien und umfassen große Teile des zentralen Apennin. Das von Küste zu Küste reichende Gebiet trennt den Norden vom Süden des Landes. Die raue Landschaft ist geprägt von hohen schneebedeckten Bergen und uralten Wäldern.

Dieser Teil Italiens will langsam entdeckt werden: Kurvige Sträßchen führen zu abgelegenen Bergdörfern und einsamen Klöstern, die Nationalparks sind von kilometerlangen Wanderwegen durchzogen, überall gibt es herzhafte Bauernhof-Gerichte. Schon an der Stadtgrenze von Rom schaltet man automatisch einen Gang zurück und genießt die Ruhe und Einsamkeit.

Aber auch Schatzsucher:innen und Geschichtsfans kommen auf ihre Kosten: Die etruskischen Gräber in Cerveteri und Tarquinia, Tivolis römische Ruinen und die Klöster in Subiaco müssen den Vergleich mit bekannten Attraktionen Italiens nicht scheuen. Im mittelalterlichen Viterbo scheint die Zeit stehen geblieben zu sein, das hübsche Sulmona liegt inmitten der höchsten Gipfel der Abruzzen.

Es ist ein Paradies für Outdoor-Fans. Die grandiosen Nationalparks sind von anspruchsvollen Wanderwegen, Mountainbiketrails und Skipisten durchzogen. Trotzdem leben hier auch noch Wölfe und Bären. Und diese atemberaubend wilde Landschaft lässt sich auf recht guten Straßen gefahrlos erkunden.

DIE WICHTIGSTEN ZIELE

VITERBO & ETRURIA
Das Etruskerland des Latium. S. 136

TIVOLI & SÜDLICHES LATIUM
Römische Ruinen und UNESCO-Welterbe. S. 143

SULMONA & DIE NATIONALPARKS DER ABRUZZEN
Aufregende Gebirgslandschaft. S. 150

GRAN SASSO
Außerirdisches Hochgebirge. S. 155

Ares-Statue in der Villa Adriana (S. 143)

Viterbo & Etruria, S. 136

Viterbo mit seiner bezaubernden Altstadt ist von uralten etruskischen Ruinen, Vulkanseen und stillen Geisterstädten umgeben.

Tivoli & südliches Latium, S. 143

Historische Ruinen, einsame Bergklöster, feine Sandstrände und fantastisches Essen prägen das zentrale und südliche Latium.

Erste Orientierung

Die Gegend, die sich quer durch Italien von Küste zu Küste erstreckt, wird immer noch unterschätzt. Dabei bietet sie faszinierende alte Städte und etruskische Ruinen inmitten von grünen Hügeln, Vulkanseen und ruhiger Berglandschaft.

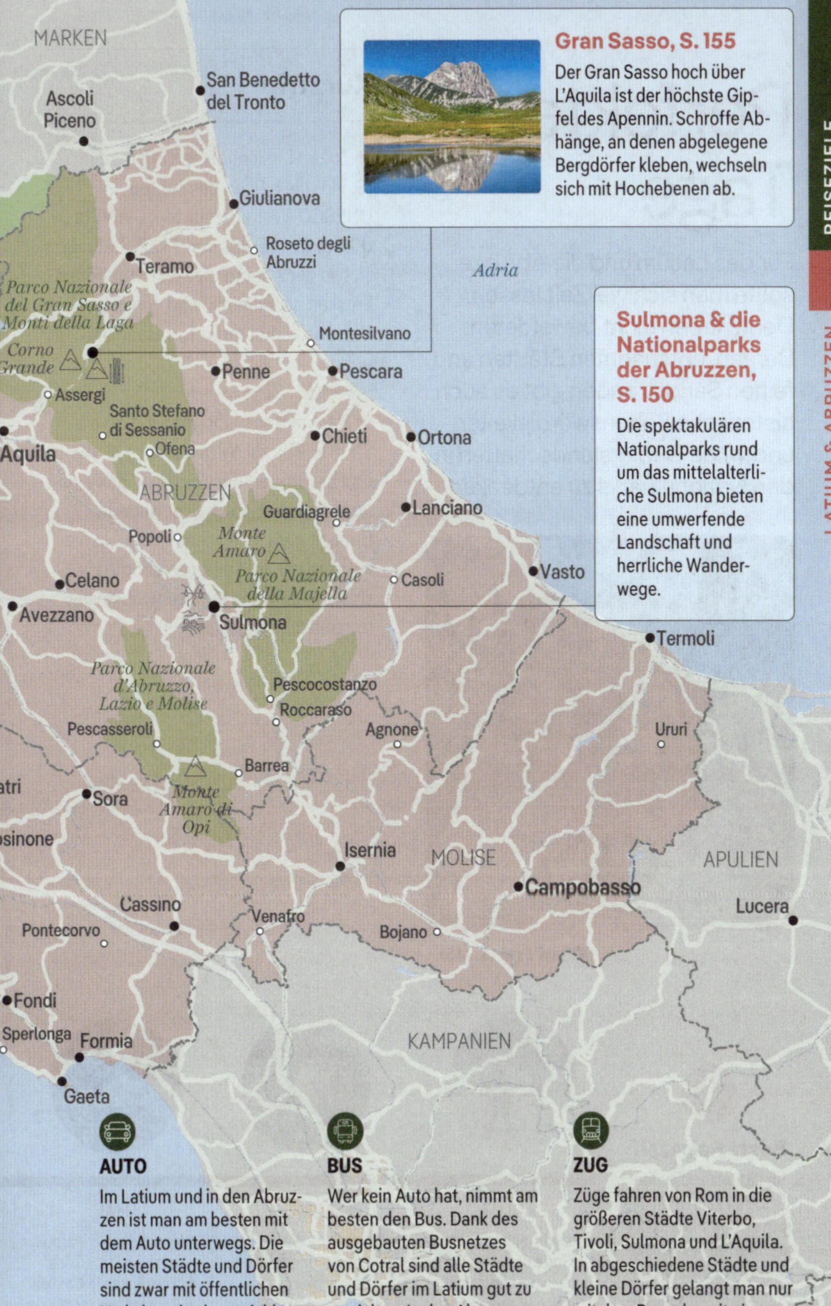

Gran Sasso, S. 155

Der Gran Sasso hoch über L'Aquila ist der höchste Gipfel des Apennin. Schroffe Abhänge, an denen abgelegene Bergdörfer kleben, wechseln sich mit Hochebenen ab.

Sulmona & die Nationalparks der Abruzzen, S. 150

Die spektakulären Nationalparks rund um das mittelalterliche Sulmona bieten eine umwerfende Landschaft und herrliche Wanderwege.

AUTO

Im Latium und in den Abruzzen ist man am besten mit dem Auto unterwegs. Die meisten Städte und Dörfer sind zwar mit öffentlichen Verkehrsmitteln erreichbar, doch mit dem Auto ist man flexibler und man bestimmt das Reisetempo selbst.

BUS

Wer kein Auto hat, nimmt am besten den Bus. Dank des ausgebauten Busnetzes von Cotral sind alle Städte und Dörfer im Latium gut zu erreichen. In den Abruzzen fahren TUA-Busse in die meisten Orte.

ZUG

Züge fahren von Rom in die größeren Städte Viterbo, Tivoli, Sulmona und L'Aquila. In abgeschiedene Städte und kleine Dörfer gelangt man nur mit dem Bus oder mit einem eigenen Fahrzeug.

REISEZIELE

LATIUM & ABRUZZEN

Perfekte Tage

Für das Latium und die Abruzzen sollte man sich viel Zeit lassen. Denn neben dicht bewaldeten Bergen, entspannten Städten und feinen Sandstränden gibt es auch historische Sehenswürdigkeiten und wilde Gebirgslandschaften in den Nationalparks zu entdecken.

MARCO RUBINO/SHUTTERSTOCK ©

Villa d'Este (S. 145)

Kurztrip

- Zuerst besichtigt man in **Tivoli** (S. 143) die beiden berühmten UNESCO-Welterbestätten. Die **Villa d'Este** (S. 145) aus dem 16. Jh. befindet sich in der Altstadt. Sie ist mit schönen Fresken geschmückt und von einem Garten mit mehreren Terrassen umgeben.

- Nachmittags fährt man mit dem Shuttle-Bus zur **Villa Adriana** (S. 143) und bewundert die Überreste des einstigen Palastes von Kaiser Hadrian. Danach geht man wieder hinauf in die **Altstadt** (S. 145) und genießt die klassisch italienische Küche im Sibilla mit romantischer Aussicht.

Beste Reisezeit

Im Latium und in den Abruzzen kann man das ganze Jahr über Sport treiben: im Winter Ski fahren, im Sommer baden und in den Bergen wandern. Sehenswürdigkeiten besichtigt man am besten im Frühjahr und Herbst.

JANUAR

Die **schneebedeckten Hänge** der Abruzzen laden während der jährlichen Wintersportsaison zum Skifahren und Snowboarden ein.

APRIL

Das warme Wetter im Frühjahr ist ideal für die Besichtigung von Sehenswürdigkeiten im Freien wie die **Villa Adriana**.

MAI

Wenn es immer wärmer wird, kann man das leckere Essen in **Castelli Romani** wieder draußen genießen.

VON LINKS NACH RECHTS: GIUSEPPE NOCERA/SHUTTERSTOCK ©, VINCIBER/SHUTTERSTOCK ©STE77/SHUTTERSTOCK ©

Drei Tage zum Erkunden

● Nach einem Tag in Tivoli (s. links) fährt man in Richtung Osten nach **Subiaco** (S. 147). Die Provinzstadt ist bekannt für ihre Benediktinerklöster. Anschließend gönnt man sich ein üppiges Festessen in **Castelli Romani** (S. 148) südöstlich von Rom.

● Am dritten Tag fährt man nach **Viterbo** (S. 136) im Norden. In der sehr gut erhaltenen mittelalterlichen Altstadt kann man sich mit einer herzhaften Mahlzeit in der Trattoria stärken, bevor es zu den etruskischen Ruinen im Latium geht. Hier hat man die Wahl zwischen den schön bemalten Gräbern in **Tarquinia** (S. 140) und der berühmten Nekropole in **Cerveteri** (S. 141).

Länger Zeit

● Wer mehr Zeit hat, kann noch für drei Tage ins Hochgebirge der Abruzzen aufbrechen. Man fährt zuerst nach **L'Aquila** (S. 157) und dann weiter über **Campo Imperatore** (S. 157) ins **Gran Sasso** (S. 155). Um die atemberaubende Landschaft ganz in Ruhe genießen zu können, sollte man im Bergdorf **Santo Stefano di Sessanio** (S. 156) übernachten.

● Am übernächsten Tag fährt man weiter ins mittelalterliche **Sulmona** (S. 150) und deckt sich dort mit *confetti* (farbigen Zuckermandeln) ein. Den letzten Tag verbringt man im überwältigenden **Parco Nazionale d'Abruzzo, Lazio e Molise** (S. 153) mit den Orten **Scanno** (S. 153) und **Pescasseroli** (S. 153).

JUNI

Es ist schon warm genug, um **Seen und Strände** zu genießen, bevor die Massen kommen.

JULI

Beim **Giostra Cavalleresca** in Sulmona werden mittelalterliche Turniere ausgetragen.

SEPTEMBER

Im Spätsommer kann man schöne Wanderungen in den Nationalparks unternehmen und dabei nach **Bären** Ausschau halten.

DEZEMBER

Dem kalten Winter trotzt man im **heißen Wasser** von Viterbo.

VITERBO

Nur wenige ausländische Traveller kommen nach Viterbo. Dabei ist die entspannte Provinzstadt mit dem gut erhaltenen mittelalterlichen Stadtkern das Tor zum nördlichen Latium und nach Etruria, dem alten Etruskerland.

Tatsächlich wurde auch Viterbo von den Etruskern gegründet, bevor es die Römer eroberten. Im 13. Jh. residierte hier für kurze Zeit auch der Papst.

Obwohl die Stadt im Zweiten Weltkrieg heftig bombardiert wurde, blieb die mittelalterliche Altstadt mit den kopfsteingepflasterten Gassen, Türmen und grauen Steinhäusern recht gut erhalten. Hier im malerischen *centro storico* (historischen Zentrum) befinden sich auch die wichtigsten Sehenswürdigkeiten und viele Bars und Restaurants.

TOP TIPP

Viterbo kann gut an einem Wochenende erkundet werden, doch du solltest unbedingt auch einen Abstecher in das grüne Hinterland machen. Am besten also insgesamt drei bis fünf Tage einplanen.

DIE THERMALQUELLEN VON VITERBO

Schon die alten Römer wussten die heißen Quellen hier zu schätzen und bauten riesige Bäder. Im 15. Jh. ließ sich Papst Nikolaus V. eine Villa direkt neben den Heilbädern errichten. Selbst in Dantes *Inferno* findet sich in Gesang XIV ein Hinweis auf Viterbo.

Das Wasser, das mit 40 bis 58 °C aus dem Boden sprudelt, ist reich an Schwefel, Calcium und Magnesium. Man kann in einem der frei zugänglichen Naturbecken baden oder die **Terme dei Papi** oder die **Salus Terme** besuchen, die beide exzellente Spas haben.

Gelage im Freien

AUF DER PIAZZA FEIERN WIE DIE RÖMER:INNEN

Die stimmungsvollen Plätze von Viterbo sind ideal für dieses typisch italienische Ritual – den abendlichen *aperitivo* im Freien einzunehmen. Besonders gut eignet sich dafür die **Tredici Gradi Slow Bar**, deren Tische auf der malerischen Piazza del Gesù stehen. Zu den ausgezeichneten Sangiovese-Weinen aus der Region gibt's Wurst- und Käseteller. Der **Winter Garden** an der benachbarten, trotz des Namens recht schönen Piazza della Morte (Platz des Todes) serviert Craft-Bier und Cocktails.

Eine heilige Prozession

MIT LANGER TRADITION

Am 3. September feiert Viterbo seine Schutzheilige, die Hl. Rosa, mit der größten religiösen Hingabe, die in Mittelitalien zu finden ist. Beim extrem anstrengenden **Trasporto della Macchina di Santa Rosa** schleppen 100 oder mehr Träger:innen die 30 m hohe und 5 t schwere Statue durch die Straßen der Stadt. Das Spektakel beginnt um 21 Uhr, wenn die Straßenbeleuchtung reduziert und die hell erleuchtete Statue bei der Porta Romana aufgenommen wird. Sie wird 1 km weit durch die Straßen voller Publikum zur Piazza del Plebiscito und hinauf zum Santuario di Santa Rosa getragen.

HIGHLIGHTS

1 Necropoli di Banditaccia
2 Palazzo Farnese

SEHENSWERTES

3 Museo Archeologico Nazionale Tarquiniense
4 Museo Nazionale Cerite
5 Necropoli dei Monterozzi
6 Parco dei Mostri
7 Villa Lante

AKTIVITÄTEN

8 Terme dei Papi

ESSEN

9 Lo Sfizio Del Lago
10 Pane e Olio
11 Trattoria del Moro

SPAZIERGANG BEI SONNENUNTERGANG

Benedetta Lomoni ist Stadtführerin und Gründerin von Experience Viterbo *(www.experienceviterbo.com).*

Gehe durch die Porta Faul in die **Via Cava**. Die Straße heißt so, weil sie von den Etruskern in das Gestein gegraben wurde. Mit den hohen Mauern auf beiden Seiten ist es hier auch im Sommer kühl, vor allem nach Sonnenuntergang. Wer dann einen *aperitivo* im **Podere dell'Arco Country Charme**, einem Bauernhaus mit eigenen Lavendelfeldern, trinken will, muss vorab reservieren.

Stadtspaziergang: Durch die Altstadt

GOTISCHE PALÄSTE & MITTELALTERLICHE KIRCHEN

Los geht es auf der **1 Piazza San Lorenzo**, dem religiösen Zentrum der mittelalterlichen Stadt. Hier stehen zwei wichtige Gebäude der Stadt: die **2 Cattedrale di San Lorenzo** mit ihrem markanten schwarz-weißen Glockenturm und der **3 Palazzo dei Papi**. Der gotische Palast wurde für die Päpste gebaut, die von 1257 bis 1281 in Viterbo residierten. Außerdem fand hier von 1268 bis 1271 das erste und längste Konklave (1006 Tage) der Geschichte statt. Im Palast führt eine Treppe zur überwölbten Loggia delle Benedizione hinauf. Auf dem eleganten Balkon zeigte sich der neugewählte Papst nach dem Konklave.

Von der Piazza führt der Weg ins **4 Quartiere San Pellegrino**, dem ältesten Stadtviertel von Viterbo. Nach einem kurzen

ESSEN IN VITERBO

L'Archetto
Das Restaurant bietet die einfache bodenständige Küche von Viterbo. **€**

Il Gargolo Ristorantino
Auf einer hübschen Piazza werden köstliche Nudelgerichte und Desserts serviert. **€€**

Al Vecchio Orologio
Für die feinen lokalen Gerichte werden nur Zutaten der Saison verwendet. **€€**

Rundgang durch die kleinen Gassen mit Bögen, Türmen und grauen Häusern geht es zurück zur 5 **Chiesa del Gonfalone**. Sie ist vor allem für ihr magisches Deckenfresko bekannt: Die Säulen am Kopf des Freskos scheinen einen zu verfolgen. Ganz in der Nähe befindet sich die romanische 6 **Chiesa di Santa Maria Nova**. Sie hat einen bezaubernden Kreuzgang und eine Kanzel, auf der schon der Hl. Thomas von Aquin 1266 predigte. Von hier sind es nur ein paar Schritte zur 7 **Piazza del Plebiscito**, dem zentralen Platz der Stadt, der vom 8 **Palazzo dei Priori**, dem Renaissance-Rathaus, beherrscht wird.

Nach weiteren 10 Minuten erreicht man das 9 **Museo Nazionale Etrusco**. In der Festung aus dem 14. Jh. ist heute eine große Sammlung etruskischer und römischer Artefakte untergebracht.

UNTERWEGS VOR ORT

Viterbo liegt 90 Autominuten nördlich von Rom entfernt. Von hier fährt ein Zug und ein Bus von Cotral direkt nach Viterbo. Wer mit dem Auto kommt, stellt es am besten auf dem kostenlosen Parkplatz in der Via Faul ab und fährt mit dem Aufzug in die Altstadt hinauf. Diese ist gut zu Fuß zu erkunden.

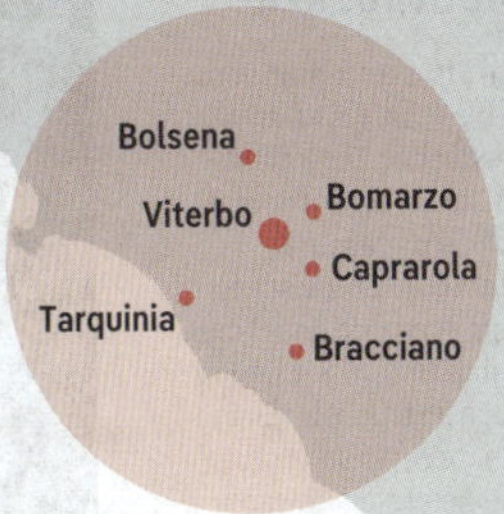

Bolsena
Viterbo
Bomarzo
Caprarola
Tarquinia
Bracciano

Rund um Viterbo

Etruskische Gräber, Renaissance-Paläste, herrliche Seen und stille Geisterstädte – in der grünen Landschaft rund um Viterbo sind so manche Schätze verborgen.

Die beeindruckenden historischen Sehenswürdigkeiten, die beliebten Badeseen und die Geisterstädte im nördlichen Latium sind immer noch ein Geheimtipp. Dabei gehören die etruskischen Ruinenstätten Cerveteri und Tarquinia zum UNESCO-Weltkulturerbe. Schöne Renaissance-Gärten und Vulkanseen laden zu Spaziergängen ein. Und im ruhigen Hinterland befinden sich das berühmte verlassene Dorf Civita di Bagnoreggio und viele andere einsame Dörfer.

TOP TIPP

Bei den Tourismusinformationen in Viterbo, Tarquinia und Cerveteri sind ausführliche Broschüren und Fahrpläne erhältlich.

Fresko im Tomba dei Leopardi, Tarquinia (S. 140)

DIE ETRUSKER

Die Etrusker lebten vom 8. bis 4. Jh. v. Chr. im westlichen Zentralitalien. Ihr Siedlungsgebiet Etruria umfasste 12 Stadtstaaten zwischen dem Arno und dem Tiber.

Ihre Ursprünge liegen noch im Dunkeln: Einige glauben, sie seien aus Kleinasien eingewandert, andere halten sie für die indigene Bevölkerung dieser italienischen Region. Auf jeden Fall waren sie ein hochentwickeltes Kulturvolk, das von Landwirtschaft, Handel und Bergbau lebte. Die wenigen Überreste lassen auch darauf schließen, dass sie hervorragend im Bauen waren und neben Tempeln auch Aquädukte, Brücken und Abwasserkanäle errichteten. Ihre Gräber schmückten sie mit herrlichen Gemälden, die heute noch u.a. in Cerveteri und Tarquinia zu sehen sind.

RAGEMAX/SHUTTERSTOCK ©

Villa Lante

Die besten etruskischen Stätten

WUNDERBARE FRESKEN & MYSTISCHE GRÄBER

In dieser Gegend haben die Etrusker zwei ihrer bedeutendsten Stätten in Italien hinterlassen. Im 44 km südwestlich von Viterbo gelegenen **Tarquinia** befindet sich die **Necropoli dei Monterozzi** aus dem 7. Jh. v. Chr. Auf den ersten Blick ist nur ein unscheinbarer Friedhof auf einer Grünfläche zu erkennen. Darunter verbergen sich jedoch die mit wunderbaren Fresken geschmückten Gräber.

Die schönsten Malereien finden sich in der Tomba della Leonessa, der Tomba della Caccia e della Pesca, in der Jagd- und Fischereiszenen dargestellt sind, der Tomba dei Leopardi und der Tomba della Fustigazione, die ihren Namen einer erotischen Zeichnung verdankt.

Die in der Nekropole und ihrer Umgebung ausgegrabenen Fundstücke sind im **Museo Archeologico Naziona-**

ÜBER DIE ETRUSKER

Wer mehr über die Etrusker erfahren möchte, muss nach Rom fahren. Das dortige **Museo Nazionale Etrusco di Villa Giulia** (S. 121) in einer schönen Renaissance-Villa verfügt über die beste Sammlung etruskischer Fundstücke.

ESSEN UND AUSGEHEN IN CERVETERI & TARQUINIA

Da Bibbo
Das noble Restaurant in der Altstadt von Cerveteri serviert hervorragende Gerichte *di mare* (des Meeres) und *di terra* (vom Land). **€€**

Il Cavatappi
Der Familienbetrieb in Tarquinia bietet regionales Essen in üppigen Portionen. **€€**

Capolinea Caffè
Die Tische des beliebten Cafés in Tarquinia stehen direkt an der alten Stadtmauer. Ideal für den Aperitif am Abend! **€**

le Tarquiniense zu sehen. Die Stars der Ausstellung sind *Cavalli Alati*, ein großartiges Fries mit zwei geflügelten Pferden, und *Mitra Tauroctono*, eine Skulptur des kopf- und handlosen Mithras, der einen Stier tötet.

Von Tarquinia fährt man 54 km in Richtung Süden nach **Cerveteri**, wo sich die **Necropoli di Banditaccia** befindet. Die 12 ha große Nekropole ist wirklich eine Stadt der Toten mit Straßen, Plätzen und in Terrassen angeordneten *tumuli* (runde mit Erde bedeckte Grabhügel). In manchen Gräbern wie z. B. der Tomba dei Rilievi aus dem 6. Jh. v. Chr. sind noch Spuren von bemalten Reliefen zu finden. Weitere Fundstücke, darunter auch der berühmte *Euphronios Krater*, eine Vase aus dem 1. Jh. v. Chr., sind im **Museo Nazionale Cerite** in der Altstadt von Cerveteri zu bewundern.

Villen, Gärten & eine Verrücktheit

UNTERWEGS IM HINTERLAND VON VITERBO

In der Umgebung von Viterbo befinden sich drei herrliche Sehenswürdigkeiten im Stil der Renaissance. Die **Villa Lante** in **Bagnaia**, 5,5 km östlich der Stadt, ist bekannt für ihren manieristischen Garten aus dem 16. Jh. Mit den monumentalen Brunnen und einem genialen Wasserfall diente er schon oft als Filmkulisse: In Nanni Morettis *Habemus Papam – Ein Papst büxt aus* von 2011 und Paolo Sorrentinos *The Young Pope* von 2016 stellte er die Vatikanischen Gärten dar.

30 Autominuten weiter südlich liegt **Caprarola**. Hier steht einer der eindrucksvollsten Renaissance-Paläste des Latium. Der **Palazzo Farnese** aus dem 16. Jh. hat einen fünfeckigen Grundriss, ein bemerkenswertes Treppenhaus voller Säulen und mit Fresken geschmückte Räume. Der prachtvolle Garten erstreckt sich auf einem Hügel.

Eine Attraktion der etwas anderen Art ist der **Parco dei Mostri** in Bomarzo, 17 km nördlich von Viterbo. Im 16. Jh. ließ der exzentrische Herrscher von **Bomarzo** den Waldpark anlegen und verteilte darin ein surreales Sammelsurium von Ungeheuern, Drachen, Riesen und Fabeltieren.

Vulkanseen

BADEN, WANDERN & TOLLE AUSBLICKE

Mitten in der grünen Landschaft des nördlichen Latium liegen einige schöne Seen. Der **Lago di Bolsena** ist der größte davon und zugleich der größte Vulkansee in ganz Italien. Er ist 13 km lang und von feinen Sandstränden gesäumt. Direkt am See be-

DAS WUNDER VON BOLSENA

Bolsena ist für immer mit einem Wunder verbunden. Nach der Überlieferung soll der deutsche Priester Peter von Prag 1263 auf seinem Weg nach Rom einen Zwischenstopp in Bolsena gemacht haben. Trotz großer Glaubenskrise feierte er die Messe am Grab der Schutzheiligen Cristina in der Basilica di Santa Cristina. Während des Gottesdienstes tropfte plötzlich Blut aus der heiligen Hostie, scheinbar als Zeichen seines schwankenden Glaubens. Überzeugt davon, dass er soeben ein Wunder erlebt hatte, eilte der Priester nach Orvieto, um Papst Urban IV. davon zu berichten. Der Papst bestätigte das Wunder und befahl, künftig das Fronleichnamsfest zu seinen Ehren zu feiern.

ESSEN IN DER NÄHE DER SEEN

Pane e Olio
Im Schatten der mächtigen Burg von Bracciano genießt man hausgemachte Pasta und fangfrischen Fisch. **€€**

Lo Sfizio
Das ausgezeichnete Restaurant in Anguillara Sabazia hat eine schöne Terrasse und eine schicke moderne Innenausstattung. **€€**

Trattoria del Moro
Die strohgedeckte Trattoria am Lago di Bolsena serviert Fisch aus dem See und örtliche Klassiker. **€€**

findet sich das hübsche Städtchen **Bolsena**, wo Navigazione Alto Lazio kostenlose Bootsfahrten anbietet. Hoch über der Stadt thront eine Festung aus dem 13. Jh.

Südlich von Viterbo trifft man auf den **Lago di Vico**. Er ist wesentlich kleiner und weniger touristisch erschlossen. Hier kann man schön in Buchenwäldern spazieren gehen und den Sonnenuntergang beobachten.

Noch weiter südlich liegt der **Lago di Bracciano**. Mit seinem sauberen Wasser lockt er an den Sommerwochenenden die Römer:innen in Scharen an. Die Stadt **Bracciano**, rund um das Castello Odescalchi aus dem 15. Jh., ist einige Kilometer vom Wasser entfernt, doch der Ort des Geschehens ist sowieso das kleine **Anguillara Sabazia** direkt am See.

EST! EST!! EST!!!

Der berühmte, leicht säuerliche Weißwein Est! Est!! Est!!! wird auf dem üppigen vulkanischen Gelände rund um **Montefiascone** zwischen Viterbo und Bolsena erzeugt.

Der ungewöhnliche Name geht auf einen reisenden Bischof im 12. Jh. zurück. Auf seinem Weg nach Rom schickte der Prälat angeblich jeden Tag seinen Diener voraus, um einen guten Wein für ihn zu finden. Der Diener schrieb dann jeweils *Est!* („Dieser") an jedes Gasthaus, wo er einen guten Wein entdeckt hatte. Von dem Wein in Montefiascone war er so begeistert, dass er *Est! Est !! Est!!!* schrieb. Damit hatte der Wein seinen Namen.

Der Wein wird in der **Cantina di Montefiascone** an der SR2 südlich der Stadt verkauft.

Unheimliche Geisterstädte

DIE VIELEN VERLASSENEN DÖRFER IM LATIUM

Eine halbe Autostunde nördlich von Viterbo befindet sich mit der **Civita di Bagnoregio** eine der spektakulärsten Sehenswürdigkeiten des nördlichen Latium. Die mittelalterliche Stadt, die auch als *il paese che muore* (sterbende Stadt) bekannt ist, thront auf einem bröckeligen Tuffsteinfelsen über dem tiefen Valle dei Calanchi. Sie ist nur über eine alte Brücke zugänglich und bis auf die vielen Trattorien komplett ausgestorben.

In der Umgebung gibt's noch zwei weitere Geisterstädte. **Celleno** wurde in den 1950er-Jahren aufgegeben, ist mit dem kleinen ummauerten Stadtzentrum und einem erstaunlichen modernen Kunstwerk noch sehr sehenswert. Südlich davon liegt **Calcata Vecchia** im dicht bewaldeten Treja-Tal. Die seit den 1930er-Jahren verlassene Stadt wird seit Kurzem von einer kleinen Gruppe Kunstschaffender und Kunsthandwerker:innen „wiederbelebt".

DAS BOLSENA-FRESKO VON RAPHAEL

In *Messa di Bolsena (die Messe von Bolsena)* verewigte Raphael das Wunder von Bolsena. Das Gemälde hängt im Stanza d'Eliodoro, einem der vier Raphael gewidmeten Säle in den **Vatikanischen Museen** (S. 95).

UNTERWEGS VOR ORT

Mit viel Zeit und Geduld sind alle hier beschriebenen Orte von Viterbo oder Rom aus mit Bussen von Cotral zu erreichen. Für alle abgelegeneren Orte ist ein eigenes Fahrzeug erforderlich.

TIVOLI

Tivoli liegt beiderseits einer tiefen Schlucht am Fuß der Monti Tiburtini. Die uralte Stadt ist bekannt für zwei UNESCO-Welterbestätten: die Villa Adriana, das weitläufige Anwesen von Kaiser Hadrian, und die Villa d'Este, ein Palast der Renaissance mit herrlichem Landschaftsgarten und opulenten Brunnen.

Die beiden Villen können gut bei einem Tagesausflug vom 30 km entfernten Rom besucht werden, doch dann verpasst man die anderen Sehenswürdigkeiten von Tivoli: die hoch gelegene Altstadt, die tollen Ausblicke und wunderbare Wasserfälle. Bei einem längeren Aufenthalt in der Stadt kann man auch das zentrale und südliche Latium erkunden.

Tivoli hat seit Jahrtausenden Besucher:innen beherbergt. Schon die alten Römer und später die Reichen der Renaissance verbrachten hier gern den Sommer. Im 18. und 19. Jh. war die Stadt eine obligatorische Station der Italienreisen von Angehörigen der europäischen Aristokratie und von Kunstschaffenden.

TOP TIPP

Achtung: Die riesige Villa Adriana unterhalb der Altstadt liegt im Sommer in der prallen Sonne. Unbedingt Trinkwasser mitbringen und einen Sonnenhut und bequeme Schuhe tragen.

Die Villa des Hadrian

ÜBERWÄLTIGENDE RÖMISCHE BAUKUNST

Selbst die Überreste des riesigen Anwesens, 5 km außerhalb von Tivoli, sind immer noch beeindruckend. Die von 118 bis 138 n. Chr. erbaute **Villa Adriana** war eine der größten Villen der damaligen Zeit. Von den einstigen 120 ha sind heute noch 40 ha zugänglich. Dafür sollte man sich etwa drei Stunden Zeit nehmen.

Vom Eingang geht man auf dem Hauptweg 400 m bis zu einem **Pavillon**, in dem ein Kunststoffmodell der ursprünglichen Villa ausgestellt ist. Den größten Teil der Villa hat Hadrian selbst nach Gebäuden entworfen, die er anderswo gesehen hatte. So stand das Vorbild für den **Pecile**, das große Wasserbecken bei der Mauer, in Athen. Ebenso war der **Canopo** eine Nachbildung des Heiligtums in der altägyptischen Stadt Kanopus. Das äußerst fotogene Bauwerk ist ein langes, schmales Wasserbecken, das mit Statuen gesäumt ist und in einem riesigen **Nymphaeum** (Heiligtum der Wassernymphen) endet.

Vom *canopo* aus gelangt man an den Überresten der **Grandi Terme** vorbei zur **Piazza d'Oro**. Im Frühjahr ist die Grasfläche ein Meer aus gelben Wildblumen.

Von hier geht es an der **Terme con Heliocaminus** vorbei zurück zum **Teatro Marittimo**, einem der bekanntesten Gebäude des Anwesens. Die runde Minivilla steht mitten in einem Wasserbecken. Hierhin zog sich Hadrian gern zurück.

TRAVERTIN AUS TIVOLI

Seit Jahrtausenden wird in Tivoli Travertin abgebaut. Der kalkhaltige Stein ist ein beliebtes Baumaterial. Vor allem die Römer nutzten ihn in großem Maßstab und errichteten damit ihre gigantischen Monumente wie das Colosseum, das Teatro di Marcello und die Porta Maggiore. Auf der Via Tiburtina und dem Fluss Aniene transportierten sie den Stein nach Rom. Bis heute ist er sehr beliebt. So bestehen viele moderne Gebäude aus Travertin, darunter das Getty Centre in Los Angeles und der Hauptsitz der Bank of China in Peking.

SEHENSWERTES
1 Abbazia di Montecassino
2 Chiaia di Luna Beach
(siehe 3) Monastero di Santa Scolastica
3 Monastero di San Benedetto
4 Museo Archeologico Nazionale di Palestrina
5 Museo Nazionale Etrusco di Villa Giulia
6 Palazzo Apostolico
7 Parco Nazionale del Circeo
8 Parco Villa Gregoriana
9 Spiaggia delle Grotte di Nerone
10 Spiaggia di Levante
11 Spiaggia di Sabaudia
12 Tempio di Vesta
13 Villa Adriana
14 Villa Aldobrandini
15 Villa d'Este

ESSEN
16 Antico Ristorante Pagnanelli
17 Gli Archi
18 La Selvotta
19 Oresteria by Ponza
(siehe 18) Osteria da Angelo
20 Romolo al Porto

ESSEN IN TIVOLI

Bar Gelateria da Maurizio
Die Bar auf dem belebten Marktplatz von Tivoli bietet Kaffee und Eis. **€**

La Fornarina
Das Restaurant serviert klassische Pizza, kreative Pasta und leckere Fleischgerichte auf einer kopfsteingepflasterten Piazza. **€€**

Sibilla
Elegantes Restaurant mit klassischer italienischer Küche und romantischem Ausblick. **€€€**

Renaissance-Villa & zauberhafte Gärten

BRUNNEN, FRESKEN & WASSERSPEIER

Auf dem Berg mitten im Zentrum von Tivoli steht die **Villa d'Este** mit ihrem wundervollen Garten. Das ehemalige Benediktinerinnenkloster wurde Ende des 16. Jhs. von Kardinal Ippolito d'Este, dem Sohn von Lucrezia Borgia, zu einer luxuriösen Villa umgebaut. Von 1865 bis 1886 ließ sich der Komponist Franz Liszt hier zu *Les jeux d'eaux à la Villa d'Este* inspirieren.

Das ganze Haus ist mit manieristischen Fresken geschmückt. Der Garten besteht aus mehreren Terrassen, auf denen sich unzählige Wasserspeier, Höhlen und riesige Brunnen verteilen. Highlights sind die 130 m lange **Allee der Hundert Brunnen** und der von Bernini geschaffene **Orgelbrunnen**, bei dem eine vom Wasserdruck angetriebene Orgel zu hören ist.

Die historische Altstadt

TRAUMHAFTE AUSBLICKE & EIN PARK IN STUFEN

Nach den berühmten Villen sollte man auch unbedingt die hübsche Altstadt erkunden. Die Via Campitelli führt hinunter zur **Casa Gotica**, einem gut erhaltenen gotischen Haus mit „Romeo-und-Julia-Balkon".

Am anderen Ende der Altstadt hat man von der **Ponte Gregoriano** aus dem 2. Jh. v. Chr. einen tollen Blick auf den **Tempio di Vesta** hoch über einer dicht bewaldeten Schlucht. Vom benachbarten **Parco Villa Gregoriana** kann man in die Schlucht hinabsteigen. Die Wege sind gesäumt von Höhlen und Aussichtsplattformen. Eine dieser Plattformen befindet sich unterhalb eines 120 m hohen Wasserfalls.

TOP TIPPS ZU DEN VILLEN

Elisa Mancini, Archäologin und Guide bei Visite Guidate Tivoli *(www.visiteguidatetivoli.it)*, gibt Tipps für den Besuch der Villa Adriana und Villa d'Este.

Beste Besuchszeit
Zumindest eine Villa sollte man bei Sonnenuntergang besuchen. Die Villa d'Este ist im Frühling am schönsten, wenn alle Blumen blühen. Im Sommer ist sie dagegen schön kühl. Die Villa Adriana ist in der Zwischensaison (Frühjahr und Herbst) am schönsten und sollte möglichst am frühen Morgen besucht werden, vor allem im Sommer.

Nicht verpassen
Wenn die oberste Terrasse der Villa d'Este offen ist (Zugang vom Hof), bietet sie einen tollen Blick über den gesamten Garten, die mittelalterliche Stadt und die ganze Ebene bis zur Skyline von Rom.

NOCH MEHR RENAISSANCE

In der Umgebung von Viterbo befinden sich unzählige Sehenswürdigkeiten im **Stil der Renaissance** (S. 141), darunter eine Villa mit spektakulären Fresken in Caprarola, wunderbare Landschaftsgärten in Bagnaia und ein unheimlicher Monsterpark nahe Bomarzo.

UNTERWEGS VOR ORT

Von Rom fahren regelmäßig Züge und Cotral-Busse nach Tivoli. In der Stadt angekommen, lässt sich das Zentrum auf dem Berg am besten zu Fuß erkunden. Parken kann ein Problem sein, aber es gibt einen gut ausgeschilderten Parkplatz am Piazzale Matteotti.

Nimm von der Piazza Garibaldi den Bus 4 oder 4X, um vom Zentrum zur Villa Adriana zu gelangen.

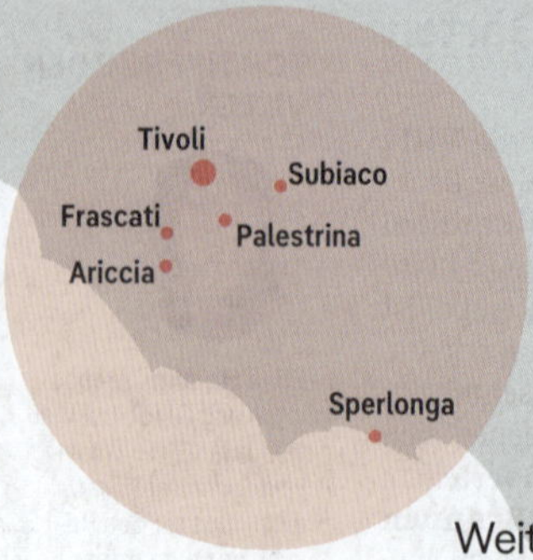

Tivoli
Subiaco
Frascati
Palestrina
Ariccia
Sperlonga

Rund um Tivoli

Weit abgelegene Klöster, unbekannte Meisterwerke, fantastische Strände und hervorragendes Essen prägen das zentrale und südliche Latium.

Das Gebiet, das sich von Roms Hinterland bis zur Südküste des Latium und den abgelegenen Tälern im Osten erstreckt, ist voller Naturschönheiten und historischen Wunderwerken, allem voran ein uraltes Mosaik und drei abgeschiedene Benediktinerklöster aus dem Mittelalter. Die Berglandschaft der Castelli Romani ist gespickt mit romantischen Seen, aristokratischen Villen und sogar einem Papstpalast, während das südliche Latium mit langen Sandstränden und herrlichem Meer aufwartet. Und natürlich gibt es hier, wie überall in Italien, leckeres Essen und wunderbare Weine an jeder Ecke – von frischem Seafood in den Restaurants am Wasser bis zu klassischen Fleischgerichten in traditionellen *osterie* (Tavernen).

TOP TIPP

Das Frühjahr und der Herbst eignen sich am besten für die Besichtigung von Sehenswürdigkeiten. Badeurlaub solltest du im Früh- oder Spätsommer machen.

Subiaco

RAGEMAX/SHUTTERSTOCK ©

FRANCESCA SCIARRA/SHUTTERSTOCK ©

Abbazia di Montecassino

Auf den Spuren der Benediktiner

MITTELALTERLICHE KLÖSTER IN DEN BERGEN

Ein schöner Ausflug abseits ausgetretener Wege führt nach **Subiaco**, 40 km östlich von Tivoli. Durch die üppig grüne Landschaft fährt man ins Valle dell'Aniene, wo sich zwei grandiose mittelalterliche Klöster befinden. Das überwältigende **Monastero di San Benedetto** wurde über der Höhle errichtet, in der der Hl. Benedikt drei Jahre als Einsiedler gelebt hatte. Die einmalige Lage beschrieb Petrarca als „am Rand des Paradieses". Das Innere des Klosters ist über und über mit Fresken aus dem 13. bis 15. Jh. bedeckt.

Etwas unterhalb erhebt sich das **Monastero di Santa Scolastica**. Hier stand einst die erste Druckerpresse Italiens. Das Kloster hat drei innere Kreuzgänge, die aus unterschiedlichen Epochen stammen: Der erste entstand in der Renaissance, der zweite im 14. Jh. und der dritte um 1200. Der hoch aufragende Glockenturm aus dem 12. Jh. ist weitgehend in der ursprünglichen Form erhalten.

Ein drittes ebenfalls sehenswertes Benediktinerkloster liegt 114 km weiter südlich. Die auf einem Berg thronende **Abbazia di Montecassino** wurde im 6. Jh. gegründet und war im Mit-

DER ZWEITE WELTKRIEG

1944 war **Montecassino** Schauplatz mehrerer Schlachten, in denen die Deutschen vier Monate lang versuchten, den Durchbruch der Alliierten nach Norden zu verhindern. Der Berg war der zentrale Verteidigungsposten der Deutschen. Das Kloster selber war nicht besetzt, doch die Alliierten gingen davon aus, dass es als Beobachtungsposten diente, und legten es im Februar 1944 in Schutt und Asche. Die Kämpfe gingen trotzdem weiter, bis am 18. Mai die Deutschen endlich aufgaben.

Auch **Anzio** an der Küste des Latium wurde Kriegsschauplatz, als die Alliierten am 22. Januar 1944 hier mit 36000 Soldaten an Land gingen. Die Landung brachte jedoch nicht den erhofften Erfolg, und die Truppen steckten fest, bis im Mai schließlich Verstärkung aus dem Süden kam.

SEAFOOD ESSEN IN DER GEGEND

Oresteria by Ponza
Das Restaurant in Ponza serviert im Sommer superfrisches Seafood auf großen Platten. **€€**

Gli Archi
Das alteingesessene Lokal in Sperlonga bietet klassische Salate mit Seafood, Pasta und Risotto. **€€€**

Romolo al Porto
Das historische Restaurant im Hafen von Anzio ist bekannt für seine üppigen Antipasti mit Fisch. **€€€**

DIE BESTEN FOTOMOTIVE

Lago Albano, Castel Gandolfo
Das Bergdorf Castel Gandolfo ist der beste Standort für traumhafte Fotos vom Lago Albano.

Ponte Gregoriano, Tivoli
Stelle dich auf diese Brücke: Von hier bietet sich dir ein Panoramablick auf den Tempio di Vesta hoch über einer grünen Schlucht.

Monastero di San Benedetto, Subiaco
Der Anblick des in den steilen Felsen hineingebauten Klosters ist unvergesslich.

Altstadt von Sperlonga
Die Altstadt an sich ist wirklich fotogen, bietet aber auch einen super Blick auf die Küste unter ihr.

ESSEVU/SHUTTERSTOCK ©

Lago Albano von Castel Gandolfo aus

telalter ein bedeutendes Zentrum der christlichen Welt. Später war die Abtei dann Schauplatz einer der größten Schlachten des Zweiten Weltkriegs.

Meisterhaftes Mosaik

DAS WUNDERWERK VON PALESTRINA

Im Latium sind die größten Schätze zumeist an unscheinbaren Orten versteckt. So findet sich in der kleinen Stadt **Palestrina**, 25 km südlich von Tivoli, eines der großartigsten Meisterwerke der Region. Das atemberaubende *Mosaico Nilotico* aus dem 2. Jh. v. Chr., das im **Museo Archeologico Nazionale di Palestrina** präsentiert wird, stellt die Überflutung des Nils im alten Ägypten dar. Zu dieser Zeit gab es in Praeneste, wie Palestrina damals hieß, auch noch einen riesigen Tempel am Berg, das Santuario della Fortuna Primigenia. Er wurde zwar mittlerweile mehrmals überbaut, doch die Überreste der Terrassen sind vor dem Museum noch zu sehen.

Essen, Villen & Ausblicke vom Feinsten

UNTERWEGS IN DEN CASTELLI ROMANI

Vergiss die noblen Sterne-Restaurants. Wer die wahre Küche des Latium kennenlernen will, muss in die **Castelli Romani**

ESSEN IN DEN CASTELLI ROMANI

La Selvotta
Die beliebte *fraschetta* (rustikales Restaurant) hat große Holztische unter 100 Jahre alten Kastanienbäumen. **€**

Osteria da Angelo
Eine der ältesten *fraschette* in Ariccia serviert *porchetta* und andere Klassiker des Castelli. **€€**

Antico Ristorante Pagnanelli
Das historische Restaurant in Castel Gandolfo bietet saisonales Essen, ausgezeichnete Weine und eine romantische Aussicht. **€€€**

südöstlich von Rom fahren. Die hübsche Hügellandschaft mit Vulkanseen ist bekannt für ländlich herzhaftes Essen und rustikale Trattorien, die hier *fraschette* heißen und überall zu finden sind.

Die besten *fraschette* gibt's im kleinen Städtchen **Ariccia**, das in ganz Italien für seine *porchetta* (Schweinebraten mit Kräutern) bekannt ist. Neben diesem Klassiker stehen auf jeder Speisekarte einer *fraschetta* auch *coppiette* (getrocknete Schweinefleischstreifen), Prosciutto, mariniertes Gemüse, Mozzarella, Oliven und knuspriges Bauernbrot. Dazu gibt's den lokalen Wein in Karaffen.

Natürlich gibt's im Castelli auch noch etwas anderes als leckeres Essen. In **Frascati** kann man die schöne Altstadt und den Garten der **Villa Aldobrandini** besuchen. Die Villa ist nur einer von vielen aristokratischen Landsitzen in der Gegend. Ein paar Kilometer weiter bietet **Castel Gandolfo** nicht nur einen außerordentlichen Blick auf den **Lago Albano**, sondern auch auf den **Palazzo Apostolico**, der bis vor Kurzem die Sommerresidenz der Päpste war.

Abkühlung am Strand

DIE SCHÖNEN STRÄNDE IM SÜDLICHEN LATIUM

Wer im heißen Sommer eine Abkühlung braucht, folgt den Einheimischen an den Strand. Die Küste des südlichen Latium ist gesäumt von feinen Sandstränden, vor allem rund um **Anzio**. Etwas weiter südlich erstreckt sich der naturbelassene Strand von **Sabaudia** am Fuß des Circeo, dem Mittelpunkt des **Parco Nazionale del Circeo**.

Der mit Abstand schönste Küstenort ist jedoch **Sperlonga**, ein schickes Wochenendziel auf halber Strecke zwischen Rom und Neapel. Hier gibt es gleich zwei Strände – der schönere ist die **Spiaggia di Levante** östlich des Vorgebirges, auf dem die Stadt liegt. Die Altstadt ist ein enges Gewirr aus steilen Treppen und schmalen Gassen, die zur **Piazza della Libertà** hinaufführen. Der winzige Platz ist gesäumt von Cafés und Bars. Von einem Aussichtspunkt in der Nähe sieht man auf die Küste hinunter, die sich bis zum südlichen Horizont erstreckt.

Vor der Küste laden die Insel **Ponza** und die **Isole Pontine** ebenfalls zum Baden ein. Im Juli und August sind die Inseln hoffnungslos überfüllt, im übrigen Jahr ist es hier sehr ruhig.

DIE BESTEN STRÄNDE

Spiaggia delle Grotte di Nerone, Anzio
Der halbmondförmige Sandstrand liegt vor einem Felsen mit Höhlen und der Ruine einer von Nero gebauten Villa.

Spiaggia di Sabaudia
Der lange feine Sandstrand ist von Dünen mit mediterranem Gestrüpp umgeben.

Spiaggia di Levante, Sperlonga
Der hübsche halbmondförmige Strand erstreckt sich östlich der Altstadt von Sperlonga.

Chiaia di Luna, Ponza
Der schöne Strand mit glasklarem Wasser vor steil aufragenden Klippen in Ponza ist derzeit leider gesperrt.

NOCH MEHR NATIONALPARKS

Das Land im Osten der Abruzzen ist zum größten Teil noch ursprüngliche Wildnis, die in drei Nationalparks geschützt wird. Der **Parco Nazionale d'Abruzzo, Lazio e Molise** (S. 153) ist ein Paradies für anspruchsvolle Wander:innen.

UNTERWEGS VOR ORT

Zur schnellen und umfassenden Erkundung der Gegend ist ein Auto erforderlich. Wer mehr Zeit hat, kann auch mit öffentlichen Verkehrsmitteln reisen. Tivoli und die anderen Städte an der Südküste sind gut mit dem Zug zu erreichen. Auch die Busse von Cotral fahren in die meisten Orte. Von Terracina schippern das ganze Jahr über Fähren zu den Isole Pontine, im Sommer auch von Anzio und Formia aus.

SULMONA

Die hübsche Provinzstadt im Valle Peligna liegt im Schatten dunkler hoher Berge. Vom Stamm der Peligni gegründet, wurde Sulmona unter den Römern zu einer recht großen Stadt. 43 v. Chr. wurde hier Ovid geboren. Auch im Mittelalter war sie ein bedeutendes Zentrum. Leider wurde bei dem Erdbeben 1706 die mittelalterliche Stadt größtenteils zerstört, sodass sie sich heute als Barockstadt präsentiert. In neuerer Zeit ist Sulmona in ganz Italien berühmt für seine *confetti*, eine zuckersüße Leckerei, die den Gästen auf Hochzeiten überreicht wird.

Sulmona kann gut in einem Tagesausflug entdeckt werden. Allerdings bietet es sich aufgrund der günstigen Lage und guter Anbindung auch als Basislager für die Erkundung der Nationalparks der Abruzzen und des äußersten Südens des Latium an.

TOP TIPP

Ende Juli schmückt sich ganz Sulmona für das Giostra Cavalleresca. Bei dem Spektakel galoppieren kostümierte Reiter:innen in wildem Tempo um die Piazza Garibaldi herum.

SULMONAS BERÜHMTESTER SOHN

Ovid wurde 43 v. Chr. in eine wohlhabende Familie hineingeboren. Als junger Mann schickte man ihn nach Rom, um Rhetorik zu studieren. Schon bald war er der Star der literarischen Szene dort. In seinem Meisterwerk *Metamorphosen* verband er die Bearbeitung griechischer Mythen mit Huldigungen an Cäsar und Augustus. Seine steile Karriere endete jedoch jäh, als er 8 n. Chr. ans Schwarze Meer verbannt wurde. Der Grund für die Verbannung ist nicht bekannt, doch Ovid selbst führte sie auf ein *carmen et error* (ein Gedicht und einen Fehler) zurück. Er starb 10 Jahre später in Tomi im heutigen Rumänien.

Ein schöner Spaziergang

RUNDGANG ZU DEN WICHTIGSTEN SEHENSWÜRDIGKEITEN

Ein Spaziergang entlang Sulmonas Hauptstraße, dem **Corso Ovidio**, ist auch eine Lieblingsbeschäftigung der Einheimischen. Los geht's an der **Piazza Garibaldi**, dem schönsten Platz der Stadt. Jenseits der gewaltigen Bögen des **Aquädukts** aus dem 13. Jh. kommt ein monumentales gotisches Portal in Sicht. Diese **Rotonda** war einst der Eingang zur Chiesa di San Francesco della Scarpa, die jedoch bei dem Erdbeben 1706 zerstört wurde.

Auf dem *corso* geht man weiter, vorbei an der **Piazza XX Settembre** mit dem Ovid-Denkmal, zum **Complesso della Santissima Annunziata**. Der bemerkenswerte Komplex wurde 1320 in einer harmonischen Mischung aus Gotik und Renaissance als Hospital errichtet. Heute sind hier das Museo Civico und die Tourismusinformation untergebracht.

Hinter dem Complesso erstreckt sich der Park der **Villa Comunale** bis zur unterschätzten **Cattedrale di San Panfilo**. In einem unterirdischen Raum werden die Überreste des ehemaligen Einsiedlers und späteren Papstes Pietro da Morrone (1215–1296) aufbewahrt.

HIGHLIGHTS
1 Bosco di Sant'Antonio
2 Cattedrale di San Panfilo
3 Collegiata di Santa Maria del Colle
4 Complesso della Santissima Annunziata
5 Gole di Sagittario
6 La Camosciara
7 Museo Confetti Pelino
8 Santuario di Monte Tranquillo
9 Val Fondillo
10 Zipline Majella

SCHLAFEN
11 La Fattoria di Morgana

ESSEN
12 Il Duca degli Abruzzi

Süßigkeiten shoppen

NIMM SÜSSES *CONFETTI* MIT

Der **Corso Ovidio** ist gesäumt von Läden, in denen kunterbunte Pillen verkauft werden. Bei diesen Pillen handelt es sich um das berühmte *confetti* von Sulmona. Dafür werden Mandeln mit farbigem Zuckerguss umhüllt. Bei traditionellen Hochzeiten und anderen Feiern werden sie an die Gäste verschenkt. Die Süßigkeit wird schon seit den 1780er-Jahren in Sulmona hergestellt und hat die Stadt reich gemacht. Der stolzen Tradition ist sogar ein Museum gewidmet. Das kleine **Museo Confetti Pelino** wird von der berühmtesten Zuckerbäckerei der Stadt geleitet. Ihre *confetti* wurden schon bei Hochzeiten der britischen Königsfamilie verschenkt.

***Confetti*, Sulmona**

UNTERWEGS VOR ORT

Sulmona ist sehr gut mit Bus und Zug von L'Aquila, Pescara und Rom aus zu erreichen. Die Stadt ist nicht groß und gut zu Fuß zu erkunden. Der günstigste Parkplatz für die Altstadt ist der Parcheggio di Santa Chiara, von dem man direkt in die verkehrsfreie Zone der Piazza Garibaldi gelangt.

Sulmona
Pacentro
Pescocostanzo
Parco Nazionale d'Abruzzo, Lazio e Molise

Rund um Sulmona

Eine atemberaubende Landschaft und ganzjährige Aktivitäten erwarten die Gäste im Hochland der Abruzzen.

Sulmona liegt inmitten des aufregendsten Teils der Abruzzen. Im Südwesten erstreckt sich der 440 km² große Parco Nazionale d'Abruzzo, Lazio e Molise. In seinen sumpfigen Buchenwäldern leben Abruzzen-Gämse, der Apenninwolf, Luchse, Rotwild und sogar Marsische Braunbären (der Park beherbergt Italiens größte Population der vom Aussterben bedrohten Tierart). Östlich von Sulmona befindet sich der ähnlich spektakuläre, 750 km² große Parco Nazionale della Majella. In den dichten Wäldern streifen Wölfe umher und verbergen sich uralte Einsiedeleien. Beide Parks sind von Wanderwegen durchzogen. Im Winter kann man teilweise auch Ski fahren.

TOP TIPP

Die beste Zeit, einen Bären zu erblicken, ist im Frühjahr (April/Mai) und Spätsommer (Mitte Aug.–Mitte Sept.).

Wandern in Villetta Barrea

GENNARO LEONARDI/EYEEM/GETTY IMAGES ©

DIE SCHÖNSTEN FESTE

Festa degli Serpari, Cocullo
Am 1. Mai feiert Cocullo den Heiligen San Domenico Abate, indem seine mit Schlangen bedeckte Statue durch das Dorf getragen wird.

Giostra Cavalleresca, Sulmona
Ende Juli treffen sich Reiter:innen aus ganz Europa zum Turnierkampf in Sulmona. Außerdem gibt's Umzüge mit prachtvoll Kostümierten.

Corsa degli Zingari, Pacentro
Bei dem historischen Wettrennen am ersten Sonntag im September laufen die Teilnehmenden barfuß über steinige Wege.

Autotour: Eine Achterbahnfahrt

AUF UND AB IN DEN BERGEN

Von 1 **Sulmona** windet sich eine kurvige Straße durch eine zerklüftete Schlucht, an Seen vorbei und über einen Pass nach Pescasseroli (75 km, 2 Std.) im Herzen des Parco Nazionale d'Abruzzo, Lazio e Molise. Der erste Abschnitt führt durch die 2 **Gole di Sagittario**, eine enge Felsenschlucht, nach Scanno hinauf, vorbei am schönen 3 **Lago di Scanno**. Das mittelalterliche 4 **Scanno** hat angeblich den niederländischen Grafiker Escher bei seiner Reise durch die Abruzzen 1926 besonders inspiriert.

Von Scanno schlängelt sich die Straße in engen Kurven zum 5 **Passo Godi** (1630 m) hinauf, bevor es langsam wieder bergab nach 6 **Villetta Barrea** am nordwestlichen Ende des Lago di Barrea geht. Von Villetta fährt man schließlich durch ein üppig grünes Tal nach 7 **Pescasseroli**.

Ab in die Berge

WANDERUNGEN RUND UM PESCASSEROLI

Mit rund 150 Wegen, die sehr gut mit rotweißen Zeichen an Bäumen und Felsen markiert sind, ist der Parco Nazionale

ÜBERNACHTEN UND ESSEN IN DEN NATIONALPARKS

Albergo La Rua
Das gemütliche kleine Hotel im Zentrum von Pescocostanzo hat raue Steinmauern und Holzbalkendecken. **€**

La Fattoria di Morgana
Das hübsche *agriturismo* mit Tieren und ländlicher Küche liegt unterhalb des Bergdorfs Opi. **€€**

Il Duca degli Abruzzi
Das schöne Hotel-Restaurant in Pescasseroli verbindet rustikalen Charme mit regionaler Hausmannskost. **€€**

d'Abruzzo, Lazio e Molise ein Traum zum Wandern. Die Routen reichen von einfach und familienfreundlich bis zu anspruchsvoll über Felsen und steiniges Hochland.

Viele Wege beginnen an den Parkplätzen La Camosciara und Val Fondillo an der SR83, darunter auch der beliebte Anstieg zum **Monte Amaro** (1862 m, 3¼ Std., Weg F1) ab Val Fondillo. Diese Route darf allerdings nur im August mit einem offiziellen Wanderguide begangen werden.

Eine andere exzellente Wanderung führt hinauf zum **Santuario di Monte Tranquillo**. Der Einstieg ist 1 km südlich von Pescasseroli. Es gibt auch eine Schotterpiste durch den dichten Wald hinauf zu der in 1600 m liegenden Kapelle, der Fußweg (C3) ist jedoch kürzer.

MEINE LIEBLINGSWEGE

Paolo Iannicca, Wanderführer bei Ecotur *(www.ecotur.org)* in Pescasseroli, stellt seine Lieblingsorte und -wege vor.

Der uralte Buchenwald von Selva Moricento
Der Parco Nazionale d'Abruzzo, Lazio e Molise ist berühmt für seine jahrhundertealten Buchenwälder. Besonders bemerkenswert ist der versteckte Selva Moricento mit den 500 Jahre alten Bäumen.

Creste della Rocca
Der Höhenweg verläuft entlang der Grenze zwischen Latium und Abruzzen. Einmal oben angekommen, ist der Weg recht einfach und bietet einen tollen Blick über den gesamten Park.

Monte Meta (2242 m)
Das Hochgebirge ist die Heimat der Apennin-Gämsen, die sich hier das ganze Jahr über beobachten lassen.

Bergdörfer

KOPFSTEINPFLASTER, EINE BURG & EINE SEILRUTSCHE

Für einen ordentlichen Adrenalinkick sorgt die Fahrt nach **Pacentro** in den Ausläufern des **Parco Nazionale della Majella**. In dem hübschen Bergdorf, das weitgehend unberührt vom Tourismus ist, lockt die **Zipline Majella** (*www.ziplinemajella.com*; im Voraus buchen!), die älteste Seilrutsche in Zentralitalien. Nachdem man mit 80 km/h durch den Wald gesaust ist, sollte man noch die Burg aus dem 14. Jh. besuchen, bevor man weiter nach Süden fährt.

Die gemütliche Fahrt führt durch den schönen Wald **Bosco di Sant'Antonio** (ideal für ein Picknick) nach **Pescocostanzo**. Die bezaubernde Stadt liegt auf einer Höhe von 1395 m und hat eine überraschend schöne Altstadt, in der die Zeit seit dem 16. und 17. Jh. stehengeblieben zu sein scheint. Damals war sie eine wichtige Zwischenstation an der Via degli Abruzzi, die Neapel mit Florenz verband.

Sehenswert sind vor allem die **Collegiata di Santa Maria del Colle** und der **Palazzo Fango**, der 1624 von dem berühmten Barockbaumeister Cosimo Fanzago errichtet wurde. Danach kann man sich mit einer herzhaften Mahlzeit, z. B. im **Ristorante da Paolino**, stärken.

ENRICO SPETRINO/SHUTTERSTOCK ©

Collegiata di Santa Maria del Colle, Pescocostanzo

UNTERWEGS VOR ORT

Die Busse von TUA fahren jeden Tag von Sulmona nach Scanno und Pacentro. Um mit dem Bus von Sulmona nach Pescasseroli, nach Civitella Alfedena und in andere Orte des Parco Nazionale d'Abruzzo, Lazio e Molise zu gelangen, muss man in Castel del Sangro umsteigen. Wer von L'Aquila oder Rom kommt, hat einen Umstieg in Avezzano vor sich.

Realistisch betrachtet, ist es mit einem eigenen Fahrzeug immer einfacher und bequemer.

GRAN SASSO

Rund 20 km nordöstlich von L'Aquila, der Hauptstadt der Region Abruzzen, erhebt sich der 2912 m hohe Gran Sasso. Er ist der höchste Berg des Apennin und Mittelpunkt des Parco Nazionale del Gran Sasso e Monti della Laga, einem der größten Nationalparks in Italien. Die Gebirgslandschaft ist rau und unwirtlich, bietet aber tolle Ausblicke, u.a. auf den Calderone, den südlichsten Gletscher Europas. Hier leben Wölfe, Gämse, Turmfalken und Königsadler, und es gibt trutzige Burgen und robuste, unverwüstliche Bergdörfer.

Das kleine Fonte Cerreto im Westen ist das Haupttor zum Gran-Sasso-Massiv. Von dort führen eine *funivia* (Seilbahn) und eine kurvige Straße zum Campo Imperatore hinauf. Auf dieser windgepeitschten Hochebene kann man im Sommer wandern und im Winter Ski fahren.

TOP TIPP

In der kleinen Tourismusinformation in Fonte Cerreto gibt's eine Rad- und Wanderkarte für den Gran Sasso. Die Straße zum Campo Imperatore ist im Winter (zumeist von Okt. bis Mitte Mai) gesperrt.

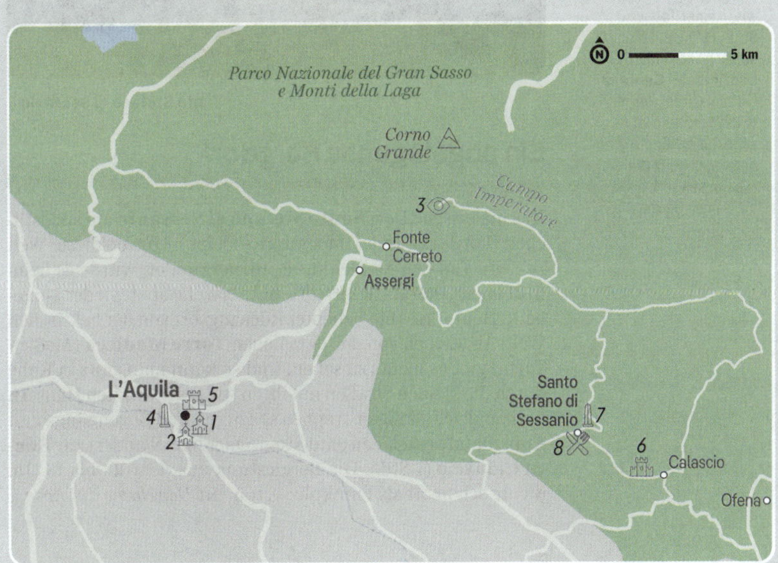

SEHENSWERTES
1 Basilica di San Bernardino
2 Basilica di Santa Maria di Collemaggio
3 Campo Imperatore
4 Fontana delle 99 Cannelle
5 Forte Spagnolo
6 Rocca Calascio
7 Torre Medicea

SCHLAFEN
(siehe 7) Sextantio Albergo Diffuso

ESSEN
8 Locanda Sotto gli Archi

UNTERHALTUNG
(siehe 5) Auditorium del Parco

WAS ICH IM GRAN SASSO MAG

Duncan Garwood, Autor

Der windgepeitschte, baumlose und seltsam weltfremde **Campo Imperatore** ist einfach wunderbar. Die Hochgebirgslandschaft ist einmal karg und öde, dann wieder üppig grün und lebendig – genau wie in einer Tolkien-Saga. Hier kann man herrlich wandern. Der **Sentiero del Centenario** zum Gipfel des Monte Brancastello ist für mich der schönste Wanderweg in ganz Italien. Hier lassen sich auch oft Gämse beobachten.

LIANEM/SHUTTERSTOCK ©

Santo Stefano di Sessanio

Ein abgelegenes Bergdorf

VOLLKOMMENE STILLE GENIESSEN

Das malerische Dorf **Santo Stefano di Sessanio** am südöstlichen Hang des Campo Imperatore scheint nicht von dieser Welt zu sein. Von den Medici im 16. Jh. gegründet, wurde es beim Erdbeben 2009 stark zerstört, mittlerweile aber wieder aufgebaut. Heute ist es ein beliebter Rückzugsort von der hektischen Welt. Abgesehen von der 18 m hohen **Torre Medicea** (Medici-Turm) gibt es nichts zu sehen. Und so kann man ganz in Ruhe durch die kleinen Straßen mit ihren rußgeschwärzten Häusern und ungleichmäßigen Treppen spazieren und Bogengänge und Kunsthandwerksläden entdecken. Oder man wandert zur **Rocca Calascio** (1 Std.). Die Bergfestung aus dem 10. bis 13. Jh. diente schon oft als Filmkulisse, u. a. für *Der Name der Rose.*

ÜBERNACHTEN UND ESSEN IM GRAN-SASSO-MASSIV

Hotel L'Aquila
Funktionales Vier-Sterne-Hotel in der Altstadt von L'Aquila, das sein Geld wert ist. **€€**

Sextantio
Die 30 rustikal-schicken Zimmer verteilen sich auf das ganze Bergdorf Santo Stefano di Sessanio. **€€**

Locanda Sotto gli Archi
Das Restaurant des Hotels Sextantio in Santo Stefano di Sessanio mit Gewölbedecke und Steinmauern bietet bodenständige Küche aus der Region. **€€**

Klein-Tibet

TRAUMHAFTE BERGLANDSCHAFT

Um dem Gipfel des Gran Sasso nahe zu kommen, sind keine professionellen Kletterkünste erforderlich. Die Hochebene **Campo Imperatore** (2117 m), die auch Italiens „Klein-Tibet" genannt wird, ist die perfekte Aussichtsplattform. Das mit dem Auto und zu Fuß zu erreichende grüne Grasland ist umgeben von der grauen Spitze des **Corno Grande** und einem hohen Felsengebirge.

Einer der beliebtesten Wanderwege zum Campo ist die *via normale*, die bis zum Gipfel des Corno Grande führt. Die 10 km lange EE-Route (für erfahrene Wander:innen) beginnt in der Nähe des Ostello Campo Imperatore, wo Mussolini 1943 kurz inhaftiert war, und dauert hin und zurück fünf bis sieben Stunden. Ein fantastischer Weg ist auch der Sentiero del Centenario, der zum Gipfel des Monte Brancastello (2385 m) geleitet. Beide Strecken sind in der Regel von Anfang Juni bis Ende September oder Anfang Oktober schneefrei.

Sehenswerte Hauptstadt

WIEDERHERGESTELLTE SEHENSWÜRDIGKEITEN

L'Aquila, die Regionalhauptstadt der Abruzzen, ist wieder auf dem Radar der Traveller. Nach dem verheerenden Erdbeben 2009 wurde die Stadt größtenteils wieder aufgebaut und ist jetzt erneut im Geschäft. Die Stadt ist nicht sehr groß, die wichtigsten Sehenswürdigkeiten konzentrieren sich in der Altstadt und können gut an einem Tag besichtigt werden.

Das bekannteste Gebäude ist die **Basilica di Santa Maria di Collemaggio** aus dem 12. Jh. Hinter der auffällig gemusterten Fassade mit gotischen Rosetten befindet sich die letzte Ruhestätte des Einsiedlerpapstes Celestino V. Am anderen Ende der Altstadt steht die **Basilica di San Bernardino** aus dem 15. Jh. inmitten eines kleinen Parks. L'Aquilas befestigte Burg aus dem 16. Jh. heißt **Forte Spagnolo** (Spanisches Fort). In dem Park befindet sich auch das **Auditorium del Parco**, die von Renzo Piano entworfene Konzerthalle in einem flachen Holzhaus.

Schließlich gibt's noch den **Fontana delle 99 Cannelle**, den „Brunnen der 99 Wasserspeier" (obwohl es nur 93 sind).

DIE BESTEN SKIORTE

Campo Imperatore
Die Hochebene im Parco Nazionale del Gran Sasso e Monti della Laga bietet 13 km an tollen Pisten.

Roccaraso
Das größte Skigebiet der Abruzzen wartet mit 90,5 km an Pisten, einem Snowpark und großartigem Après-Ski auf.

Ovindoli-Monte Magnola
Der bekannte Skiort verfügt über 20 km an Pisten aller Schwierigkeitsgrade und zwei Snowparks.

Campo Felice
Der kleine Ort südlich von L'Aquila hat 31 km an Pisten und eignet sich gut für Familien.

Pescasseroli
Der beliebte Skiort verfügt über 8,5 km an tollen Pisten.

NOCH MEHR WANDERWEGE

Der **Parco Nazionale d'Abruzzo, Lazio e Molise** (S. 153) mit seinen uralten Wäldern und stillen Gipfeln ist von einem dichten Netz an Wanderwegen durchzogen.

UNTERWEGS VOR ORT

L'Aquila ist ganz einfach mit dem Zug (ab Rom und Pescara über Terni) oder mit Bussen von TUA (ab Rom, Pescara und Sulmona) zu erreichen. Wer jedoch in abgelegenere Gegenden reisen will, braucht ein eigenes Fahrzeug, und sei es nur, um zur *funivia* (Seilbahn) in Fonte Cerreto zu kommen.

CODEGONI DANIELE/SHUTTERSTOCK ©

Ausritt in den Weinbergen von Barolo (S. 174)

TURIN & DAS PIEMONT

GESCHICHTE & HIGHLIGHTS

Von den Bergen über die Hügel bis ins Flachland ist Italiens zweitgrößte Region eine Schatztruhe königlicher Sehenswürdigkeiten und einer appetitanregenden Küche.

Alles, was man wissen muss, steckt schon im Namen, denn Piemont bedeutet „am Fuß der Berge". Die Alpen umrunden die Region wie eine Krone, steigen dann zunächst in wildberühmte Hügel und dann in die riesige Tiefebene ab, die sich über ganz Norditalien erstreckt und die Geschichte der Region geformt hat.

Das Piemont spielte auch eine führende Rolle in der Herausbildung einer italienischen Geschichte. Das Gebiet war das Machtzentrum des Hauses Savoyen, dessen Herzöge zunächst Könige von Sardinien und schließlich Könige des geeinten Italiens wurden. Die Region war zudem ein Schrittmacher der Industrialisierung Italiens. Turin, die Hauptstadt der Region, trägt dieses stolze Erbe; bei einem Bummel über die verschiedenen Plätze und durch die Säulenhallen beeindruckt die Pracht der einstigen Königshauptstadt.

Das Piemont hat aber neben Turin noch viel mehr zu bieten. Unzählige kleinere Städte, Ortschaften und Dörfer verteilen sich über das Land, und jeder dieser Orte bezeugt mit seinen Straßen und Kirchen eine jahrhundertealte Geschichte. Man wird feststellen, dass das Leben inmitten der Felder, Hügel und Bergtäler langsamer verläuft – manche meinen sogar zu langsam –, und dass man viel Zeit hat, alles in Ruhe zu genießen, sich zu verlieren und wiederzufinden. Und, dabei gibt's reichlich zu essen und zu trinken, denn das Piemont ist in kulinarischer Hinsicht reich gesegnet.

DIE WICHTIGSTEN ZIELE

TURIN
Die geschichtsträchtige Hauptstadt. **S. 164**

LANGHE & MONTFERRAT
Weingüter und mittelalterliche Traditionen. **S. 173**

CUNEO & PROVINZ
Wanderwege. **S. 180**

VERCELLI & VALSESIA
Reisfelder und Skihänge. **S. 184**

Erste Orientierung

Piemont ist eine der größten Regionen Italiens, und die Geschichte ändert sich mit der Landschaft. Hier eine Übersicht über die wichtigsten Ziele, von denen jedes einzelne zu weiteren Entdeckungen einlädt.

Turin, S. 164

Die vielen Paläste, eleganten Säulengänge und munteren Parks der Regionalhauptstadt Turin zeugen von der königlichen Vergangenheit der Stadt.

Vercelli & Valsesia, S. 184

Bei der Reise durch Vercelli und seine Provinz bewegt man sich von Feldern der Po-Ebene bis hinauf zu den Gipfeln der Alpen.

Langhe & Montferrat, S. 173

Eine reiche Küche und jahrhundertealte Traditionen werden in den Weinhügeln des Piemont lebendig.

Cuneo & Provinz, S. 180

Cuneo ist die ideale Ausgangsbasis für Wanderungen durch die Täler und über die Gipfel, die die Provinz prägen.

Carignano, Asti, Felizzano, Alessandria, Casteggio, Castel San Giovanni, Torre Pellice, Carmagnola, Tanaro, Rivanazzano, Cavour, Racconigi, Canale, Nizza Monferrato, Tortona, Varzi, Montviso, Paesana, Bra, Alba, Canelli, Novi Ligure, Bobbio, Monte Chersogno, Saluzzo, Sampeyre, Savigliano, La Morra, Barolo, Le Langhe, Acqui Terme, Arquata Scrivia, EMILIA-ROMAGNA, Busca, Fossano, Ovada, Ottone, Rocca la Meia, Dronero, Dogliani, Spigno, Busalla, Torriglia, Cuneo, Mondovi, LIGURIEN, Voltri, Demonte, Borgo San Dalmazzo, Vicoforte, Genua, Borzonasca, Arenzano, Rapallo, Parco Naturale delle Alpi Marittime, Savona, Chiavari, Limone Piemonte, Monte Argentera, Punta Marguareis, Digne-les-Bains, Guillaumes, Rocca do Abisso, Golf von Genua, Sestri Levante, FRANKREICH, Monte Galero, Finale Ligure, Albenga, Ventimiglia, MONACO, Menton, Nizza, MONACO, Mittelmeer

AUTO

Ein Auto gibt die Freiheit, die gesamte Region zu erkunden und dort anzuhalten, wo man Lust hat – sei es in einem malerischen Dorf oder am Straßenladen einer Reismühle. In den Großstädten greift man besser auf öffentliche Verkehrsmittel zurück, weil die Parkplatzsuche schwierig ist.

BUS

Wer kein Auto hat, kann mit Bussen gut kleinere Ortschaften ohne Bahnhof erreichen, z.B. die Hügeldörfer in den Weinbauregionen Langhe und Montferrat. Die aktuellen Fahrpläne und Tickets erhält man in den jeweiligen Tourismusinformationen.

ZUG

Die Hauptorte im Piemont sind per Zug gut erreichbar; stündlich fahren Züge ab Turin. Verspätungen sind möglich, insbesondere bei Regionalzügen, aber man reist nachhaltig und kann die Aussicht genießen.

Perfekte Tage

Selbst in der größten Stadt Piemonts ist das Leben in dieser Region nicht besonders hektisch. Man kann sich also auch Zeit nehmen, egal ob man eine Sightseeing-Tour durch Turin oder Asti unternimmt oder in der Umgebung von Cuneo oder Alagna Valsesia wandert.

365_VISUALS/SHUTTERSTOCK ©

Palazzo Madama (S. 164), Turin

Wenig Zeit

● Bei wenig Zeit erkundet man am besten **Turin** (S. 164), die erste Hauptstadt des vereinigten Italiens. Ein kurzer Marsch führt vom Bahnhof Torino Porta Nuova zum wahren Herzen der Stadt, der **Piazza Castello** (S. 164) mit dem **Palazzo Reale** (S. 164) und dem **Palazzo Madama** (S. 164). Von dort spaziert man unter den Arkaden der **Via Po** (S. 166) bis zur **Piazza Vittorio Veneto** (S. 166) und dem Ufer des Po.

● Am Nachmittag verliert man sich entweder in den eleganten Straßen von Turins Stadtzentrum oder erkundet ein Museum, z. B. das Museo Nazionale del Cinema in der unübersehbaren **Mole Antonelliana** (S. 167) oder das Museo del Risorgimento im historischen **Palazzo Carignano** (S. 167).

Beste Reisezeit

Die Sommer und Winter können in Piemont ungemütlich sein, nämlich schweißtreibend heiß bzw. bitterkalt. Frühling und Herbst sind die idealen Jahreszeiten, um sich im Freien zu bewegen, die Städte zu erkunden und Weine zu verkosten.

JANUAR
Man packt sich warm ein und fährt mit Skiern oder Snowboard zu den Hängen des **Skigebiets Via Lattea**.

MAI
Bücherfreunde aus aller Welt strömen zu Turins **Salone del Libro**, einem viertägigen Event, das ganz der italienischsprachigen Verlagswelt gewidmet ist.

JUNI
Nizza Monferrato lockt mit zwei Events: dem kulinarischen Festival **Monferrato in Tavola** und der spannenden **Corsa delle Botti** (Weinfassrennen).

ENRICOALIBERTI ITALYPHOTO/SHUTTERSTOCK ©, LUIGI BERTELLO/SHUTTERSTOCK ©, FABER1893/SHUTTERSTOCK ©

Drei Tage zum Erkunden

- Vom Bahnhof Porta Nuova in Turin geht's in die Hügel von Montferrat und nach **Asti** (S. 175), das man nach einer einstündigen Zugfahrt erreicht. Hier folgt ein Spaziergang durchs mittelalterliche Zentrum von der **Piazza San Secondo** (S. 175) zur **Cattedrale di Santa Maria Assunta** (S. 176); falls der Besuch in den September fällt, übernachtet man wegen des **Festival delle Sagre** (S. 175).

- Der letzte Tag gilt dem ebenfalls eine Fahrtstunde von Turin entfernten **Vercelli** (S. 184). Dort bestaunt man die **Basilica di Sant'Andrea** (S. 187), schlendert durchs ruhige Stadtzentrum und isst sich satt an *panissa*, dem örtlichen Reisgericht (S. 184).

Länger Zeit

- Nun widmet man ein oder zwei Tage der Gegend um Turin. Zunächst kommen die Königsschlösser außerhalb der Stadt an die Reihe, darunter die **Reggia di Venaria Reale** (S. 171). Wer noch mehr Schlösser sehen will, sollte sich für die Jagdschlösser in **Stupinigi** (S. 172) oder **Racconigi** (S. 172) entscheiden. Dann geht's mit dem Zug hinauf ins Val di Susa (dt. Susatal) zur Erkundung der **Sacra di San Michele** (S. 172), des offiziellen Wahrzeichen von Piemont. Die Abtei thront malerisch auf der Spitze eines Felssporns und blickt hinunter auf die Kleinstadt Avigliana.

- Zum Schluss kann man noch ein paar Tage darauf verwenden, die eleganten Straßen **Cuneo** (S. 180) zu erkunden. Wer etwas wandern will, hat in den umliegenden **Tälern** (S. 183) beste Gelegenheit dazu.

JULI
In den Bergen gibt's eine gute Portion örtlicher Küche und Unterhaltung beim Festival **Alpàa** in Varallol.

SEPTEMBER
In diesem Monat ist Asti angesagt: Der **Palio** und das **Festival delle Sagre** finden hier am ersten bzw. zweiten Septemberwochenende statt.

NOVEMBER
Mit dem Schoko-Festival **CioccolaTò** und dem **Torino Film Festival** tut Turin alles, um den Spätherbst weniger trübselig wirken zu lassen.

DEZEMBER
Inmitten der Weihnachtslichter und Festlichkeiten bleibt noch Zeit, in Alba das Ende der **Fiera internazionale del Tartufo Bianco d'Alba** mitzuerleben.

TURIN

Mehr als zweitausend Jahre Geschichte fließen durch die Straßen von Turin und in ihrem bedeutendsten Fluss, dem Po, dem wichtigsten Strom in ganz Norditalien, dem die Po-Ebene ihren Namen verdankt. Die Stadt wurde vom keltisch-ligurischen Stamm der Tauriner im 3. Jh. v. Chr. gegründet. Diese Siedlung wuchs mit der Zeit, wurde im 1. Jh. n. Chr. zur römischen Kolonie Augusta Taurinorum und schließlich in der Renaissancezeit zur Hauptstadt des Herzogtums Savoyen.

Nach der Vereinigung des Landes im 19. Jh. wurde Turin zur ersten Hauptstadt des Königreichs Italiens und im Zuge der Industrialisierung zu einem der großen Wirtschaftsmotoren des Landes. Der jahrhundertelange Status als Sitz der Herzög:innen und König:innen prägte das Erscheinungsbild Turins als einer eleganten Stadt mit prächtigen Palazzi, weiten Plätzen und gut besuchten Arkaden.

TOP TIPP

Turin ist berühmt für seine Rechtwinkligkeit, den übersichtlichen Rasterplan aus hauptsächlich parallel zueinander verlaufenden Straßen, der noch auf die Römer zurückgeht. Im 17. und 18. Jh. wurde Turin dann städtebaulich umgestaltet, um die gestiegene Macht des Hauses Savoyen zu repräsentieren.

Eine königliche Stadt

SPAZIERGANG ZU DEN PALÄSTEN DES HAUSES SAVOYEN

Gleich wenn man aus einem der zwei Hauptbahnhöfe, **Torino Porta Nuova** bzw. **Torino Porta Susa**, heraustritt, präsentiert sich Turin stolz mit eleganten Gebäuden, die einen an Paris erinnern, von seiner imposanten Seite. Von beiden Bahnhöfen aus führen leichte Spaziergänge direkt zu den Portalen der Schlösser, in denen die Herrschenden wohnten und von wo aus sie regierten.

Los geht's an der **Piazza Castello**, dem eigentlichen Zentrum von Turin, wo sich der **Palazzo Reale**, die offizielle Königsresidenz, erhebt. Durchquert man den äußeren und inneren Hof des Schlosses, gelangt man in die **Giardini Reali**, in denen man spazieren gehen und sich im Schatten der Bäume niederlassen kann. Eine andere Seite der Piazza Castello nimmt der **Palazzo Madama** ein. Beide Paläste sind schon für sich allein genommen Museen, dazu kommen aber häufig noch interessante Ausstellungen und Events. Zu jedem Palastkomplex gehört natürlich auch eine herrschaftliche Kirche. Gleich neben dem Palazzo Reale – und unweit der **Porta Palatina**, dem einzigen erhaltenen Eingang zur römischen Stadt, heute Bestandteil

OPERNABEND

Nach der Piazza Castello geht man Richtung Po und kommt zu Turins bedeutendstes Theater, das Teatro Regio. Ursprünglich aus dem 18. Jh. wurde es nach einem Brand in den 1930er-Jahren erst ab 1967 (abgesehen von der Außenfassade) komplett neu gebaut. Die saisonalen Programme bieten klassische und moderne Stücke, Ballett- und Opernaufführungen, für die es sich immer lohnt, vorab zu buchen. Außerdem bietet Turin Theaterfans noch viel mehr: wirf einen Blick ins Programm vom Teatro Stabile, vom Teatro Carignano und vom Teatro Gobetti.

KÖNIGLICHE PRACHT

Die Sitze der Savoyen (S. 171) verte len sich über Turin hinaus, von de Reggia di Venaria Reale bis zum Castello di Racconigi. Alle geber einen Einblick in das Leben an einem italienischen Herrschaftshof.

HIGHLIGHTS
1 Cattedrale di San Giovanni Battista
2 Mole Antonelliana
3 Museo Egizio
4 Palazzo Carignano
5 Palazzo Reale
6 Parco Valentino
7 Piazza Castello
8 Porta Palazzo

SEHENSWERTES
9 Chiesa della Gran Madre di Dio
10 Giardino Reale
(siehe 2) Museo Nazionale del Cinema
(siehe 4) Museo Nazionale del Risorgimento Italiano
11 Palazzo Madama
12 Piazza Carlo Emanuele II
13 Piazza San Carlo
14 Piazza Statuto
15 Piazza Vittorio Veneto
16 Porta Palatina

SCHLAFEN
17 Hotel Roma e Rocca Cavour
18 Principi di Piemonte | UNA Esperienze

ESSEN
19 M** Bun
(siehe 24) Pepino
20 PoDiCiotto
21 Poormanger
(siehe 24) Ristorante Del Cambio

AUSGEHEN
22 Caffè Al Bicerin
23 Caffè Mulassano

UNTERHALTUNG
24 Teatro Carignano
(siehe 26) Teatro Gobetti
25 Teatro Regio
26 Teatro Stabile

SHOPPEN
27 Balon

ESSEN IN TURIN

Ristorante del Cambio
Das Luxusrestaurant nimmt einen besonderen Platz in der Geschichte Piemonts ein, denn es etablierte das Gewürz Piment in der gehobenen Küche. **€€€**

Barbagusto
Eine typische piemontesische *piola* (traditionelles Speiselokal) direkt in San Salvario, dem Zentrum des Turiner Nachtlebens. **€€**

Poormanger
Die Speisekarte steht ganz im Zeichen gefüllter Kartoffeln – die Zutaten wechseln je nach Saison. **€€**

EINE CHRONIK DER GESCHICHTE DES MODERNEN ITALIENS

Ferruccio Martinotti, Direktor des Museo Nazionale del Risorgimento, äußert sich zu dem Museum und der unvergleichlichen Sammlung.

Das **Museo Nazionale del Risorgimento** ist DAS Museum zur Geschichte des italienischen Nationalstaats und daher auch das einzige seiner Art, das seit 1901 den Zusatz *nazionale* trägt. Von den großen Revolutionen des 18. Jhs. bis zum Ersten Weltkrieg folgen die Besucher:innen der Entstehung des italienischen Staats mithilfe einer gewaltigen Sammlung von Objekten und Schauplätzen. Dazu gehört auch die **Camera Subalpina**, der einzige Parlamentssaal aus der Zeit unmittelbar nach den Revolutionen von 1848, der in Europa unverändert erhalten ist. Man kann diesen Saal, in dem zwischen 1849 und 1861 die Abgeordneten des Königreichs Sardinien tagten, durch ein großes Fenster betrachten; alljährlich am 17. März, dem Jahrestag der Vereinigung Italiens, wird er für alle geöffnet.

Piazza San Carlo

des archäologischen Parks der Stadt – erhebt sich der im Renaissancezeitalter erbaute Dom, die **Cattedrale di San Giovanni Battista**, die Turins Schutzpatron, Johannes dem Täufer, geweiht ist. Im Dom befindet sich die **Cappella della Sacra Sindone**, in der das Turiner Grabtuch ausgestellt wird.

Szenen aus dem Stadtzentrum

MUSEEN, KIRCHEN, PIAZZE UND ARKADEN

Auf Turins Plätzen spürt man die Atmosphäre der Stadt, von der schattigen **Piazza Statuto** nahe dem Bahnhof Porta Susa bis zur prächtigen **Piazza San Carlo** mit ihren beiden Kirchen. Man schaut an der Piazza Carlo Emanuele II vorbei, die alle nur Piazza Carlina nennen, ehe man sich dem Zentrum des Turiner Nachtlebens widmet, der Piazza Vittorio Veneto. Vom einen Platz zum nächsten kommt man leicht: Einfach nur unter den **Arkaden** entlangschlendern! Zusammen genommen sind Turins monumentale Arkaden fast 20 km lang. Sie säumen die Straßen des Stadtzentrums und erlauben den Menschen, im Freien zu bleiben, auch wenn das Wetter gerade nicht besonders schön ist. Regentage sind zudem die ideale Gelegenheit, in eines der Turiner Museen einzutauchen, wie z. B. das **Museo Nazionale del**

ESSEN IN TURIN

M Bun**
Klassisches Fastfood auf typisch piemontesische Art, sogar mit einer Speisekarte im örtlichen Dialekt. **€**

LA PISTA Restaurant
Das Restaurant im Lingotto-Komplex bietet eine exklusive Loungebar. **€€€**

PoDiCiotto
Diese *piola* direkt am Ufer des Po gehört zu einem größeren Sportclub. **€**

Cinema. Es residiert in der **Mole Antonelliana**, deren Turm die Skyline so prägt, dass er als Motiv für die Rückseite der italienischen Zwei-Cent-Münze auserkoren wurde. Fährt man mit dem Aufzug bis zur Spitze hinauf, bietet sich eine hinreißende Sicht auf die gesamte Stadt und die umliegenden Berge. Ebenfalls interessant ist das **Museo Nazionale del Risorgimento**, das sich der Entstehung des italienischen Nationalstaats widmet und in einer weiteren Residenz des Hauses Savoyen, dem **Palazzo Carignano** untergebracht ist. Weitere unverzichtbare kulturelle Highlights sind das **Museo Egizio**, das weltweit zweitgrößte, ausschließlich ägyptischen Werken gewidmete Museum nach jenem in Kairo, sowie das **Museo dell'Automobile**, dessen Ausstellung die Geschichte des Automobils von den Anfängen bis zur Gegenwart behandelt.

Entspannung & Spaß im Parco del Valentino

TURINS GRÜNE SEITE

Es gibt viele Parks in Turin, aber keiner ist so berühmt und geliebt wie der **Parco del Valentino** gleich außerhalb des eigentlichen Stadtzentrums am Ostufer des Po. Er ist der ideale Ort, um die Turiner Lebensweise auszuprobieren und dem Beispiel der Einheimischen zu folgen: Man genießt die Sonne, schlürft einen *aperitivo*, trifft Freunde und schlendert ziellos herum. Oder vielleicht doch nicht ganz ziellos, denn der Park bietet zahllose interessante Kuriositäten: Die riesige **Fontana dei Dodici Mesi**, die ihren Namen den zwölf, die Monate darstellenden Statuen verdankt, die ihn umgeben; oder die aus den Social Media bekannten **Streetlamp Lovers**, eine Installation, die zwei Straßenlaternen bei einem romantischen Date zeigt. Die auffälligste Sehenswürdigkeit im gesamten Park ist aber ohne jeden Zweifel der **Borgo Medievale**, eine getreue Rekonstruktion eines mittelalterlichen Städtchens, die im 19. Jh. im Zuge einer landesweiten Ausstellung errichtet wurde. Der Borgo war ein solcher Erfolg, dass die Pläne, ihn nach der Ausstellung wieder abzureißen, aufgegeben wurden. So blieb er bis zum heutigen Tag ein Publikumsmagnet. Und wer an keinem Tag in Turin auf einen Herrschaftspalast verzichten kann, darf beruhigt sein: Das Haus Savoyen hat auch in diesem Park seine Spuren hinterlassen. Es kaufte das gesamte Gebiet im 17. Jh. örtlichen Adelsfamilien ab und verwandelte es in einen Park, und sie errichteten auch das **Castello del Valentino**, das ebenfalls zum UNESCO-Weltkulturerbe „Residenzen des Königshauses Savoyen" zählt.

WEISSE & SCHWARZE MAGIE

Trotz all seiner klassizistischen Eleganz und königlicher Atmosphäre gilt Turin seit jeher als ein Ort der Esoterik und Magie. Manche glauben, die gesamte Stadt sei von einem Netz unterirdischer Tunnel, den „alchemistischen Höhlen", durchzogen, von denen sich Türen in andere Dimensionen öffnen sollen. Turin gilt auch als der Ort, wo sich der Stein der Weisen – versteckt in einer der alchemistischen Höhlen – und der Heilige Gral – irgendwo unter der Chiesa della Gran Madre di Dio – befinden könnten. Auf der Torino Magica Tour kann man alle magischen Orte der Stadt abklappern und sich von alten Legenden in Angst versetzen lassen.

TURIN & DAS MITTELALTER

Das Mittelalter hat seine Spuren in Turin und dem Umland hinterlassen: Außerhalb der Stadt beeindruckt die Sacra di San Michele (S. 172), das Wahrzeichen Piemonts.

ÜBERNACHTEN IN TURIN

Principi di Piemonte | UNA Esperienze
Das Haus direkt im Zentrum von Turin ist die beste Adresse für einen Luxusaufenthalt. **€€€**

Hotel Roma e Rocca Cavour
Das seit der Mitte des 19. Jhs. familiengeführte Hotel ist eine komfortable Unterkunft. **€€€**

Bamboo Eco Hostel
Das Hostel legt viel Wert auf Nachhaltigkeit und bietet farbenfrohe Zimmer. **€**

EINE KARTE FÜR ALLES SEHENSWERTE

Vor dem Aufbruch nach Turin und ins Piemont sollte man sich die diversen Angebote der **Torino+Piemonte Card** anschauen. Man hat die Wahl zwischen einem, zwei, drei oder fünf aufeinanderfolgenden Tagen, an denen man freien Eintritt zu den wichtigsten Museen und Ausstellungen in Turin hat und mehrere weitere Sehenswürdigkeiten in der Stadt und der Region zu ermäßigten Preisen besuchen kann. Die Karte lässt sich auch mit dem Turiner öffentlichen Nahverkehr verbinden, den man dann zu ermäßigten Preisen benutzt. Für unter 18 Jährige gibt's die Junior Card.

Zwei Clubs in Turin

EINE TRAUMTOUR FÜR FUSSBALLFANS

Zwei berühmte Fußballclubs sind in Turin zu Hause. Das ist auf der einen Seite der Torino Football Club, auch bekannt als „Il Toro" oder im deutschen Sprachraum als FC Turin. Der Verein trägt seine Spiele im **Stadio Olimpico Grande Torino**, das außerhalb der Spielzeit auch als Konzertstätte dient. Unverzichtbar ist ein Besuch der **Basilica di Superga**, die von einem Hügel auf die Stadt hinunterblickt und per Seilbahn zu erreichen ist. Hier befinden sich nicht nur die Gräber einiger Herzöge von Savoyen und Könige von Sardinien. Das Gelände war auch der Schauplatz eines der schlimmsten Unfälle in der Geschichte des italienischen Fußballs: Bei einem Flugzeugabsturz im Jahr 1949 kamen hier alle Spieler des wegen seiner Siegesserie als „Grande Torino" bekannten Teams ums Leben. Eine Plakette erinnert an die Opfer, und Fußballfans jeden Alters strömen immer am 4. Mai, dem Jahrestag des Absturzes, zu der Basilika. Das **Museo del Grande Torino e della Leggenda Granata** sammelt Erinnerungsstücke der Grande-Torino-Spieler, um ihr Gedächtnis am Leben zu halten.

Und dann gibt es natürlich den Juventus Football Club, kurz Juve. Juventus Turin gehört das **Allianz Stadium**, in dem der Club all seine Heimspiele austrägt. Zum Stadion gehört das **J-Museum**, das sich der Geschichte des Vereins widmet. Das Stadion befindet sich im **J-Village**, zu dem auch der offizielle Vereinssitz sowie das **J|Hotel** gehören; letzteres dient der Unterbringung von Juventus-Fans,die von außerhalb anreisen, um ihr Team spielen zu sehen.

Abwechslung & Unterhaltung mit Büchern & Schokolade

MÄRKTE, FESTIVALS & EVENTS

Es gibt viele Events und Festivals, die den Besuch in Turin zu etwas ganz Besonderem machen können. Jedes Jahr Mitte Mai gibt's den **Salone del Libro**, ein viertägiges Event mit Buchpräsentationen, Gesprächen mit Autor:innen und Ständen von fast allen Verlagen des Landes. Der Salone findet in **Lingotto** statt. Insbesondere am Wochenende strömen die Massen herbei, aber ein Besuch lohnt sich auf jeden Fall. Die erste Juniwoche steht im Zeichen der Musik: Das **Torino Jazz Festival** verteilt sich auf verschiedene Clubs in der ganzen Stadt. Auch der No-

SÜSSES ESSEN IN TURIN

Torteria Berlicabarbis
Die Konditorei mit zwei Standorten in Turin ist ideal, um sich am Nachmittag ein Stück Kuchen zu gönnen. **€**

Caffè Gelateria Florio
Die Eisdiele, eine der berühmtesten der Stadt, findet sich unter den Arkaden an der Via Po. **€€€**

Bardotto
Aperitivi und heiße Schokolade geben sich in diesem Café zwischen der Porta Nuova und der Piazza Castello mit Büchern ein Stelldichein. **€**

Grande-Torino-Gedenkfeiern, Basilica di Superga

ANTONELLO MARANGI/SHUTTERSTOCK ©

vember hat einen vollgepackten Terminkalender. Von den letzten Tagen des Oktober bis in die erste Novemberwoche kann man beim **CioccolaTò** Schokolade auf den Straßen und Plätzen der Stadt genießen, und im November und Dezember werden beim **Torino Film Festival** in allen größeren Kinos der Stadt neu erschienene Filme gezeigt.

Aber auch wenn man zu diesen Events nicht vor Ort sein kann, kann man immer noch auf örtlichen Bauernmärkten und Messen viel Turiner Lokalkolorit schnuppern. In fast jedem Viertel gibt's einen täglichen Bauernmarkt, aber jener an der **Porta Palazzo** ist einer der größten nicht nur Turins, sondern ganz Europas. An jedem zweiten Sonntag im Monat verwandeln sich einige Straßen im Viertel Valdocco in ein Paradies für Fans von Vintage und Secondhand-Artikeln: Der **Balon** ist einer der berühmtesten Antikmärkte Turins.

BESTE AUSGEHORTE IN TURIN

Poufer
Viele Restaurants, in denen man speisen, und viele Clubs, in denen man die Nacht durchtanzen kann.

Piazza Vittorio Veneto
Elegante Cafés, in denen man sich ein Glas Wein oder Wermut, die aromatisierte, örtliche Version davon, genehmigen kann.

Vanchiglia und Aurora
In diesen Gebieten voller Studierenden lässt sich alles über die neuesten Trends in der Stadt herausfinden.

San Salvario
Der richtige Ort, um zwischen Clubs, Cafés und *piole* abzuwechseln.

UNTERWEGS VOR ORT

Turin ist bei Sonnenschein und Regen dank der Arkaden gut zum Spazierengehen geeignet, und das ist definitiv auch die beste Art, um das Stadtzentrum zu erkunden. Die öffentlichen Verkehrsmittel (Busse und eine U-Bahnlinie) sind die beste Alternative, wenn man weiter abgelegene Orte der Stadt wie Lingotto oder das Allianz Stadium erreichen will. Besucher:innen, die mit dem Auto kommen, können ihr Fahrzeug entweder in einer der kostenpflichtigen Tiefgaragen unter den Plätzen, z.B. der Piazza Carlo Felice oder der Piazza Vittorio Veneto, abstellen oder an einer der beiden Endstationen der U-Bahn (Bengasi bzw. Fermi) und von dort mit dem Zug ins Stadtzentrum fahren.

Rund um Turin

Die Berge rund um Turin bergen unzählige Schätze, von Abteien und Burgen bis hin zu einigen der besten Skihänge Italiens.

Wo immer man sich in Turin aufhält, stets bleibt man sich der umliegenden Berge gewahr. Es lohnt sich also, einige Zeit durch diese Täler zu wandern, die die natürliche Grenze zwischen Italien und Frankreich bilden und einen jahrtausendealten Kreuzweg des Handels, der Sprachen und der Kulturen darstellen. Man findet römische Ruinen, Seen, auf Klippen thronende mittelalterliche Abteien und viel Gelegenheit zu Wintersport. Und natürlich wird man immer wieder daran erinnert, das die Macht des Hauses Savoyen über Turin hinausreichte – davon künden vor allem viele Schlösser und Jagdschlösser, deren Erkundung vergnüglich ist.

TOP TIPP

Wenn du mit dem Zug anreist, empfiehlt sich die Trenitalia-App herunterzuladen; dort findest du Tickets, Fahrpläne und aktuelle Infos.

Palazzina di Caccia di Stupinigi

MIKEDOTTA/SHUTTERSTOCK ©

Hauptsaal, Palazzina di Caccia di Stupinigi

Die Residenzen des Hauses Savoyen

NOCH MEHR SCHLÖSSER DES UNESCO-WELTKULTURERBES

Die Stadtschlösser in Turin waren zwar die Hauptzentren seiner Macht, aber keineswegs die einzigen Residenzen, die das Haus Savoyen baute oder erwarb. Die Zahl der Paläste, Jagdschlösser und Residenzen, die seine „Krone des Vergnügens" in ganz Piemont bildeten, beläuft sich auf nicht weniger als 16. Sie sind seit 1997 Teil des UNESCO-Weltkulturerbes **Residenzen des Königshauses Savoyen**. Die berühmteste dieser Anlagen – und diejenige, die man unbedingt auswählen sollte, wenn nur Zeit für den Besuch einer bleibt – ist die **Reggia di Venaria Reale**, die man oft einfach nur mit dem Ort Venaria Reale bezeichnet, in dem sie sich befindet. Ursprünglich handelt es sich um ein Jagdschloss, das später aber zu einer richtigen Königsresidenz ausgebaut wurde. Das größte Highlight ist die atemberaubende Galleria Grande, die an den Spiegelsaal im Schloss von Versailles erinnert. Der Palast öffnet sich zu dem riesigen **Parco La Mandria**, in dem auch das **Castello della Mandria** steht, ein Marstall, den König Viktor Emanuel II. in einen Privatsitz für sich und seine langjährige Mätresse Rosa Marcellana umbauen ließ, die er schließlich in morganatischer Ehe heiratete. Wer mehr

SEINEN STEMPEL HOLEN

Wer gern alle Punkte auf einer To-Do-Liste abhakt und viel Zeit mit der Erkundung der königlichen Residenzen verbringen will, kann den Royal Residences Passport ausfüllen. Wenn man ihn entweder im Internet oder an den Kartenschaltern eines Schlosses erhalten kann, kann man ihn jeweils abstempeln lassen und so beweisen, dass man alle Residenzen besucht hat. Für Kinder ist das ein lustiges Spiel, aber auch Erwachsene haben ihre Freude daran!

UNTERWEGS VOR ORT

Man erreicht das Val di Susa mit den Vorortzügen des Servizio Ferroviario Metropolitano (kurz Sfm) vom Bahnhof Torino Porta Nuova nach Susa und Bardonecchia. In Venaria Reale gibt's einen Shuttlebus-Service, der Traveller vom Stadtzentrum zum Reggia di Venaria Reale (und umgekehrt) bringt. Der Bus hat eine Haltestelle direkt an der Piazza Castello.

Zeit hat, um weitere Paläste zu erkunden, sollte unbedingt die **Palazzina di Caccia di Stupinigi** und das **Castello di Racconigi**. Das erstgenannte ist ein Jagdschloss, das per Bus gerade mal eine Stunde vom Turiner Stadtzentrum entfernt ist. Das zweite – mit dem Auto Richtung Süden in rund 49 Minuten zu erreichen – bot den Herrschern im Sommer Zuflucht vor dem Trubel in Turin.

Die Berge hinauf & hinunter

ABTEIEN & SKIRESORTS

Von den Tälern, die sich um Turin herum öffnen, ist das **Val di Susa** (dt. Susatal) ein unverzichtbares Ziel. Halbstündlich fahren Züge vom Bahnhof Torino Porta Nuova nach Susa oder Bardonecchia, die unterwegs in den wichtigsten Ortschaften halten; man muss sich nur entscheiden, wo man aussteigen will. **Avigliana** bietet sich für einen Spaziergang und ein Essen an einem seiner beiden Seen, dem Lago Grande bzw. dem Lago Piccolo, an, vor allem aber auch zu einem Besuch von Piemonts Wahrzeichen – der Sacra di San Michele. Die auf einem Hügel oberhalb von Avigliana thronende Abtei aus dem 13. Jh. gewährt einen herrlichen Ausblick auf die umliegenden Täler. Man erreicht sie mit dem Auto, über Wanderwege und Kletterpfade.

Weiter im Tal liegt das kleine, aber historisch bedeutsame **Susa,** nach dem das gesamte Tal benannt ist. Durch seine Lage in der Nähe der durch die Alpen geschaffenen natürlichen Grenze ist der Ort ein Treffpunkt von Reisenden seit römischen Zeiten. Man findet hier diverse römische Zeugnisse, darunter das Amphitheater, den Augustusbogen und die alte römische Stadtmauer mit ihren Eingangstoren, von denen die Porta Savoia am besten erhalten ist.

Wer während der kalten Jahreszeit zum Wintersport anreist, sollte die Hänge von **Bardonecchia** in Angriff nehmen. Bei einer Höhe von 2035 m über dem Meeresspiegel hat **Sestriere** den Titel der „höchstgelegenen Ortschaft Italiens" inne und eignet sich ausgezeichnet zum Skifahren und Snowboarden: Das Via-Lattea-Areal ist bei Amateuren und Profis gleichermaßen beliebt, und an den Hängen finden häufig alpine Ski-Events statt. Einst war es auch Austragungsort für Weltcups des Slaloms, Riesenslaloms und der Abfahrt.

KÜCHE DER BERGE

Es ist eine altbekannte Wahrheit, dass man eine Region am besten durch ihr Essen kennenlernt. Wer die kulinarischen Traditionen und örtlichen Lebensmittel des Val di Susa erkunden möchte, sollte sich das Programm des **GustoValSusa** anschauen. Dieses Programm, das von Mai bis Dezember läuft, umfasst eine Vielzahl von Events und Festen in diversen Dörfern und Ortschaften im ganzen Tal, bei denen das Beste der hiesigen Küche vorgestellt wird. Für wann immer man seine Reise plant, die Chancen, etwas Leckeres zu essen zu bekommen, stehen gut.

WALLFAHRTSKIRCHEN IN DEN BERGEN

Die Gipfel in Piemont sind mit jahrhundertealten Wallfahrtskirchen besetzt. Zu diesen zählen das **Sacro Monte di Varallo** (S. 184) und das Santuario di Oropa (S. 188).

ESSEN IM VAL DI SUSA

Ristorante 'L Fouie
Gleich außerhalb des Ortskerns von Bardonecchia, in einem eleganten, restaurierten Chalet. **€€**

Ristorante Della Torre
Direkt im Stadtzentrum von Susa; ein idealer Ort, um örtliche piemontesische Gerichte zu probieren. **€€**

I.GLOO Sky Bar and Food
Am Fuß der Hänge von Sestriere, mit unterschiedlichen Angeboten für den Sommer und Winter. **€€**

LANGHE & MONTFERRAT

Die Hügel von Montferrat und der Langhe bilden eine der markantesten Landschaften der gesamten Region Piemont und eine, die besonders beliebt ist – in allererster Linie bei den örtlichen *piemontesi* selbst. Daher ist es in dieser Gegend stets munter und belebt, vor allem in den wärmeren Monaten.

Diese prachtvollen, mit Reben bepflanzten Piemonter Hügel bieten alles, was man von einem Italienurlaub nur wünschen kann. Mittelalterliche Städtchen, köstliche traditionelle Gerichte, hervorragende örtliche Weine, atemberaubende Aussichtspunkte, die Atmosphäre eines geruhsamen, friedlichen Lebens – all das ist in den Hügeln des Montferrat und der Langhe zu finden. Aus diesem Grund wurden sie 2014 als „Weinbaugebiete im Piemont" zu einer UNESCO-Welterbestätte erhoben.

TOP TIPP

Montferrat bietet Fotomotive wie aus dem Märchenbuch: Angesichts der Torre dei Contini, die zum Dorf Canelli gehört, aber mitten in den Weinbergen steht, kann man sich wie Rapunzel fühlen. Bei den riesigen Bänken denkt man unwillkürlich an *Alice im Wunderland*.

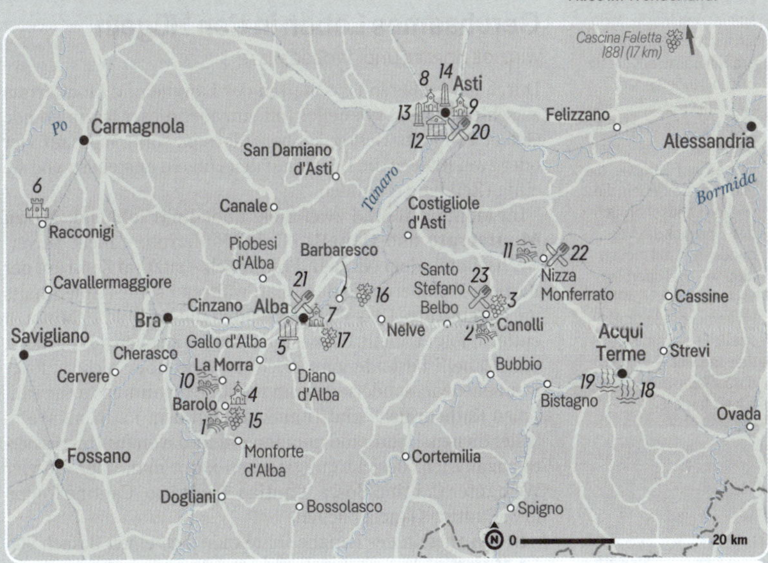

HIGHLIGHTS
1 Barolo
2 Canelli
3 Cantine Bosca
4 Cappella delle Brunate
5 Casa Marro
6 Castello di Racconigi
7 Cattedrale di San Lorenzo
8 Cattedrale di Santa Maria Assunta
9 Chiesa Collegiata di San Secondo
10 La Morra
11 Nizza Monferrato
12 Palazzo Mazzetti
(siehe 12) Palazzo Ottolenghi
13 Torre Rossa
14 Torre Troyana
15 WiMu

KURSE & TOUREN
16 Cantina del Glicine
17 Cascina Barac
18 Spa Lago delle Sorgenti
19 Stabilimento Nuove Terme

ESSEN
20 Il Cavolo a Merenda
21 La Piola
22 La Signora in Rosso
23 Osteria dei Meravigliati
(siehe 21) Osteria dell'Arco
(siehe 22) Terzo Tempo

WARUM ICH MONTFERRAT LIEBE

Benedetta Geddo, Autorin

In den Hügeln von Montferrat fühle ich mich wie durch Magie immer entspannt und friedlich, ob ich mich auf einer der großen Bänke auf einem *bricco* (Hügelspitze) ausruhe oder mitten im Trubel des Festival delle Sagre bin. Ich liebe die Farben und Gerüche, die mich hier umgeben, die wellige Landschaft und den Eindruck der Verbundenheit mit meiner Region – und überdies verspricht das Montferrat immer große, traditionelle Essen mit Freunden und viel Wein, und darauf kann man sich immer freuen.

ESSEVU/SHUTTERSTOCK ©

Weinberge, La Morra

Geruhsames Leben in den Hügeln

WINZIGE DÖRFER UND GROSSE FESTE

Durch die größeren Ortschaften der Langhe und Montferrats zu schlendern, ist zweifellos toll, um aber dieses faszinierende Gebiet Piemonts richtig kennenzulernen, sollte man auf vier oder zwei Rädern die Dörfer auf den Hügeln ansteuern und sie einige Zeit lang erkunden.

Im Montferrat sind zwei Ziele unbedingt lohnend: **Nizza Monferrato** und **Canelli**. Nizza Monferrato – nicht zu verwechseln mit dem Nizza in Frankreich – sitzt im Zentrum der Barbera-Weinberge, so dass man während seines Aufenthalts nie auf ein gutes Glas Wein verzichten muss. Rund 15 Minuten entfernt folgt Canelli, ein weiterer Ort im Zeichen des Barbera. Was Canelli besonders auszeichnet, liegt aber nicht auf der Straßenebene, sondern darunter: Die sogenannten „unterirdischen Kathedralen" sind Tunnel, die seit dem 15. Jh. als Weinkeller dienen. Heute sind nur einige Teile davon für Interessierte zugänglich. Besichtigungstouren kann man über die vier Weingüter Cantine Bosca, Cantina Contratto, Cantine Coppo bzw. Cantina Gancia buchen.

In den Hügeln der Langhe sollte man sich einen Besuch von **La Morra** nicht entgehen lassen. Das Dorf liegt mitten in der Weinbauregion Barolo – und besitzt sogar eine farbenfrohe Ka-

ESSEN IN DER LANGHE & IN MONTFERRAT

Il Cavolo a Merenda
Ein Restaurant mit rustikal-schickem Innenraum und einer Karte voll neu interpretierter mediterraner Gerichte. **€€**

Osteria dei Meravigliati
Dieses Lokal in Canelli hat eine schöne, mit Fresken bemalte Decke und ist ideal, um wundervolle piemontesische Gerichte zu genießen. **€€€**

La Signora in Rosso
Das Restaurant im Zentrum von Nizza Monferrato serviert leicht abgewandelte traditionelle Gerichte. **€€**

pelle, die diesem besonderen Wein gewidmet ist. Und wenn vom **Barolo** die Rede ist, so muss man natürlich auch in dem Dorf Halt machen, nach dem dieser Wein benannt ist. Dort ist das **WiMu** (Barolo Weinmuseum) ein unverzichtbares Muss; das Museum residiert in einem mittelalterlichen Kastell.

Trubel & Betrieb

FESTE FÜR JEDEN GESCHMACK

Irgendetwas Besonderes findet immer in den Tälern und auf den Hügeln statt, von Festen, die örtlichen Spezialitäten gewidmet sind, bis hin zu traditionellen Events mit viel Geschichte, die die ganze Stadt oder das ganze Dorf zusammenbringen. Natürlich ist entscheidend, wann man anreist: Die Zeit mit den meisten Events reicht vom Frühling bis hin zum Ende der *vendemmia* (Weinlese) im Herbst. Am zweiten Juniwochenende lockt beispielsweise das Festival **Monferrato in Tavola** mit örtlichen Spezialitäten Besucher:innen nach Nizza Monferrato. Und wer im September nach Asti kommt, hat einige ausgefüllte Tage vor sich: Das erste Wochenende des Monats bringt den **Palio**, dem noch einige Ereignisse vorausgehen – wie eine Flaggenparade am Donnerstag vor dem Rennen. Und gleich am zweiten Septemberwochenende folgt das **Festival delle Sagre**, bei dem sich Delegationen aus den umliegenden Dörfern und Ortschaften in Asti versammeln, um ihre traditionellen Gerichte anzubieten. Das Festival delle Sagre ist Bestandteil der **Douja D'Or**, eines der wichtigsten Weinfestivals im ganzen Land: Weingüter rund um die Stadt sind geöffnet und bieten ihren Wein zu Verkostungen und zum Verkauf an, und es herrscht eine einzigartige Atmosphäre, mit der der Sommer auf perfekte Weise verabschiedet wird. Im Oktober wiederum steht Alba ganz im Zeichen der Weißen Trüffel. Die **Fiera Internazionale del Tartufo Bianco d'Alba** erstreckt sich vom Oktober bis in den Dezember und viele Events rund um diese herbstliche Delikatesse.

LOCAL TIPP: EIN EINZIGARTIGES RENNEN

Francesca Pero, ein Mitglied der Kulturvereinigung L'Erca in Nizza Monferrato, beschreibt das unverzichtbare Event ihrer Stadt.

Mein Lieblingsevent findet Anfang Juni statt und ist eine Mischung aus Tradition und kulinarischem Fest: die **Corsa delle botti**! Die örtlichen Weingüter treten in einem Staffellauf gegeneinander an, bei dem die sogenannten *spingitori* Fässer durch das Stadtzentrum von Nizza Monferrato rollen. Am Ende feiern alle auf der Piazza Garibaldi, wo Delegationen aus den umliegenden Dörfern ihre örtlichen Gerichte zubereiten – wozu es dann natürlich ein gutes Glas Nizza DOCG gibt.

Stadtspaziergang: Im Herzen des Montferrat

ZU FUSS DURCH ASTI

Denkt man an eine Stadt, die bis in die Römerzeit zurückreicht und inmitten der italienischen Weinberge liegt, denkt man sofort an Asti. Die Stadt, die leicht mit dem Zug oder dem Auto erreichbar ist, eignet sich prima als Standquartier, um die umliegende Gegend zu erkunden. Zunächst aber sollte man einen Rundgang durchs Stadtzentrum unternehmen. Los geht's an der **1 Piazza San Secondo,** an der das Rathaus und die dem Schutzheiligen der Stadt geweihte **Collegiata di San Secondo**

Terzo Tempo
Diese moderne osteria (Schenke) in Nizza Monferrato bietet gute piemontesische Alltagskost. **€€**

La Piola
Die Pasta mit Weißen Trüffeln ist das Prunkstück der Speisekarte dieses Lokals in Alba. **€€€**

Osteria dell'Arco
Ausgezeichnete regionale Kost serviert dieses historische Restaurant in einem Innenhof in Alba. **€€**

PALIO DI ASTI

Wer Ende August oder in den ersten Septemberwochen Asti besucht, wird unweigerlich die bunten Fahnen bemerken, die die Straßen der Stadt schmücken. Sie sind ein Vorgeschmack auf den Palio di Asti, ein **Pferderennen**, das bis ins Mittelalter zurückreicht und dem berühmteren in Siena ähnlich ist. Bei diesem Rennen konkurrieren verschiedene Viertel der Stadt – sowie Vertreter aus umliegenden Gemeinden – um den Sieg. Asti ist in sechs *rioni* (innerhalb des ältesten Mauerrings) und acht *borghi* (neuere Stadtviertel) unterteilt. Rund um den Dom erblickt man beispielsweise Fahnen mit einem bekrönten schwarzen Adler auf einem weißblauen Wappenfeld – das Wappen des Rione Cattedrale.

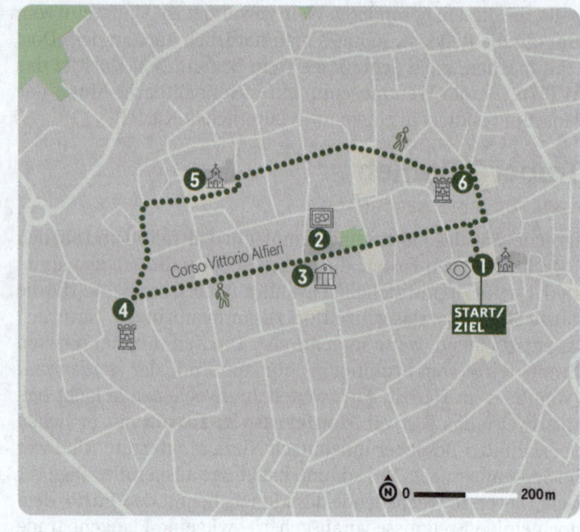

stehen. Anschließend folgt man Astis Hauptstraße, dem **Corso Alfieri,** zum **2 Palazzo Mazzetti** mit seiner Kunstgalerie und zum ebenfalls am Corso Alfieri gelegenen **3 Palazzo Ottolenghi,** in dem das Museo del Risorgimento untergebracht ist.

Keine Stadt und kein Städtchen in Italien wäre komplett ohne ein paar Türme aus römischer Zeit und vor allem aus dem Mittelalter. Asti bildet mit seinen zwei Türmen darin keine Ausnahme. Der erste ist die am Rand des Stadtzentrums gelegene **4 Torre Rossa**. Auf einem Schlenker gelangt man zur Piazza Cattedrale, an der Astis Dom, die **5 Cattedrale di Santa Maria Assunta**, eines der besterhaltenen gotischen Bauwerke in der Gegend, steht. Als nächstes folgt der zweite Turm von Asti, die **6 Torre Troyana** oder Torre dell'Orologio. Es ist zwar nicht besonders angenehm, die fast 200 Stufen zur Spitze zu erklimmen, aber die Aussicht von dort lohnt wahrlich die Anstrengung. Von November bis März bleibt der Turm geschlossen. Hinauf kommt man auch mit dem *Musei di Asti Smarticket* – eine praktische Option, wenn man mehr als nur eines der Museen der Stadt besichtigen will.

LIVING IT UP IN THE HILLS

Wer Zeit zu einem ausgiebigen Besuch der Langhe und Montferrats hat, wird angesichts der Feste (S. 175), Umzüge und Verkostungen vergessen, was Langeweile heißt.

Stadtspaziergang: Albas Türme

DIE INOFFIZIELLE HAUPTSTADT DER LANGHE

Von Asti aus lässt sich Alba leichter mit dem Auto erreichen; von Turin aus erreicht man den Ort per Zug in etwas mehr als einer Stunde. Angekommen wird man sicher zustimmen, dass

WEINE VERKOSTEN IN DER LANGHE & IN MONTFERRAT

Cascina Faletta
Alles an einem Ort: Dieser Hof im Gebiet von Casale Monferrato bietet einen Weinkeller und ein Restaurant.

Cantina del Glicine
Dieses Weingut im Dorf Neive in der Langhe besteht schon seit dem 16. Jh.

Tenuta Baràc
Die Weinführung auf diesem Weingut in Alba ist gleichermaßen ansprechend für Neulinge wie für Weinkenner:innen.

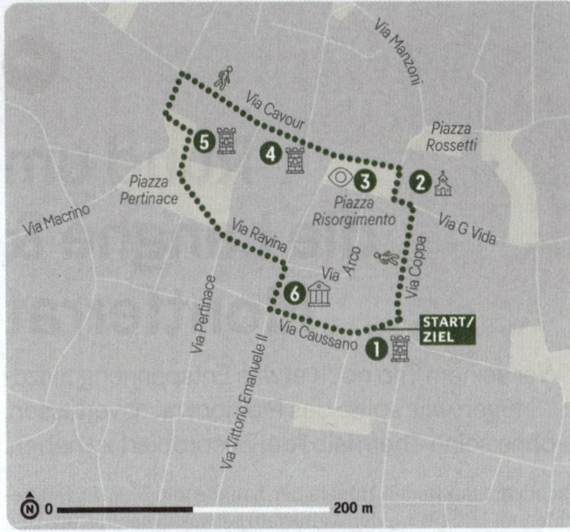

sich die Anfahrt gelohnt hat. Das Stadtzentrum wurde einst von mittelalterlichen Türmen so stark dominiert, dass die Stadt als Città delle cento torri, „Stadt der hundert Türme" bezeichnet wurde. Viel sind davon nicht geblieben, aber einige fallen durchaus ins Auge. Los geht's an der **1 Torre di Casa Chiarlone** in der Via Calissano, die bis auf die Höhe der umliegenden Dächer abgetragen wurde. Nun schlendert man weiter zum Duomo di Alba, der **2 Kathedrale**, die dem Hl. Laurentius, dem Schutzpatron der Stadt, geweiht ist. Der Weg führt weiter zur **3 Piazza Risorgimento** über der alten römischen Siedlung und zur eindrucksvollen **4 Casa Marro** – die trotz der Bezeichnung zu den Türmen gezählt wird – an der **Piazza Pertinace**. Nun verliert man sich zwischen Albas beiden Hauptstraßen, der **Via Cavour** und der **Via Vittorio Emanuele**, die unter ihrem Spitznamen „Via Maestra" besser bekannt ist. Auf der Via Cavour sollte man sich unbedingt die Arkaden der **5 Loggia dei Mercanti** anschauen und an der Via Vittorio Emanuele die Hausnummer 11 bewundern: die **6 Casa Fontana** oder Casa Do, ein mittelalterliches Gebäude mit einer Fassade, deren reiche Dekoration einen stundenlang fesseln kann.

FENOGLIOS ALBA

Die meisten Menschen in Italien kennen Alba auch deshalb, weil die Stadt Schauplatz eines der berühmtesten Werke des aus Alba stammenden italienischen Schriftstellers Giuseppe „Beppe" Fenoglio ist. *Die 23 Tage der Stadt Alba* ist eine Sammlung von Kurzgeschichten über Alba und seine Menschen im und nach dem antifaschistischen Partisanenkampf am Ende des Zweiten Weltkriegs. Fenoglio selbst war an dem Kampf als Partisan beteiligt. Besucher:innen können Fenoglios Schritte im Ort verfolgen, angefangen in seinem damaligen Wohnhaus, das heute die Zentrale eines ihm gewidmeten Kulturvereins ist, das Centro Studi Beppe Fenoglio – das Haus kann besichtigt werden. Mehrere thematische Routen führen sodann zu Fenoglios Schauplätzen in der Stadt Alba und in den umliegenden Hügeln – das Team des Centro Studi gibt gern weitere Erläuterungen.

UNTERWEGS VOR ORT

Ein eigenes Auto ist definitiv das beste Mittel, um alle Hügeldörfer nach Herzenslust zu erkunden, weil viele über keinen Bahnhof verfügen. Allerdings ist es nicht immer leicht, einen Parkplatz zu finden. Wegen der abschüssigen Straßen und des Kopfsteinpflasters in den Dörfern sollte man bei einem Rundgang auf hohe Absätze verzichten.

Rund um die Langhe & Montferrat

Wer seinem Trip noch etwas Entspannung hinzufügen will, sollte das Piemont nicht verlassen, ohne seine Thermalbäder ausprobiert zu haben.

Nachdem man in den Hügeln der Langhe und Montferrats geschlemmt hat, tut vor der Weiterfahrt etwas Erholung gut. Und dafür ist man hier auch genau richtig: In der an Asti grenzenden Provinz Alessandria gibt's eines der berühmtesten Thermalbäder in ganz Piemont – das beste Ziel für eine ganze Reihe von Spa-Anwendungen. Die Region Acquese liegt direkt an der Grenze des Piemont zu Ligurien und ist seit der Jungsteinzeit eine Wegscheide der Völker und Kulturen. Die Thermalbäder von Acqui Terme, dem Hauptort der Region, sind seit der Römerzeit beliebt.

TOP TIPP

Von Asti aus brauchst du mit dem Auto weniger als eine Stunde nach Acqui Terme. Die Anfahrt mit dem Zug dauert länger und erfordert einen Umstieg in Alessandria.

Thermalbäder, Acqui Terme

SAVOI974/SHUTTERSTOCK ©

STEFY MORELLI/SHUTTERSTOCK ©

Piazza della Bollente, Acqui Terme

Acqui und seine Quellen

SPA-TAGE EINST & JETZT

Die Stadt **Acqui Terme** ist in ganz Piemont ein Synonym für ein Wellness-Wochenende – da hier die Vorteile natürlicher Thermalquellen mit einem malerischen Stadtzentrum und traditioneller örtlicher Kost zusammenkommen.

Wer zunächst einen Spaziergang durch das Städtchen machen will, beginnt im Zentrum von Acqui Terme an der **Piazza della Bollente**. Der Platz verdankt seinen Namen der achteckigen Konstruktion in der Mitte, die rund um eine natürliche Thermalquelle gebaut ist: La Bollente, „die kochende", spendet 75° C heißes, dampfendes Wasser. Als nächstes widmet man sich den Überresten der **alten römischen Stadt**, wozu die erhaltenen Bögen des alten Aquädukts über den Fluss Bormida und die Ruinen eines antiken öffentlichen Badehauses am Corso Bagni gehören. Rund um die Via Scatilazzi sieht man das Amphitheater – wie viele griechische und römische Theater nutzt es einen natürlichen Hügelhang, um Sitzplätze für das Publikum zu schaffen. Das gesamte Bagni-Viertel gehört zu den besten Gebieten in Acqui Terme, um nach Thermalquellen zu suchen: Deswegen wurden in diesen Straßen seit der Renaissance kontinuierlich Spas errichtet, niedergerissen und neu gebaut.

SICH RICHTIG VERWÖHNEN

Man kann sich in Acqui Terme auf verschiedene Art verwöhnen – zunächst einmal muss man jedoch checken, ob die diversen Spas und Bäder auch geöffnet sind. Dazu geht man auf die Website von Terme di Acqui *(termediacqui.it)*, der Gruppe, die alle Thermalbäder in der Stadt verwaltet. Nachdem man sich informiert hat, muss man sich nur noch entscheiden, worauf man den Schwerpunkt legen möchte. Man kann für sich allein das wohltuende Wasser von Acqui Terme in den Badehäusern auf sich wirken lassen. Man kann sich aber auch eine entspannende Massage oder die Sauna in einem der Spas gönnen, zum Beispiel dem Lago delle Sorgenti.

UNTERWEGS VOR ORT

Hier befindet man sich immer noch im Gebiet der Langhe und von Montferrat, so dass ein Auto immer noch die beste Option ist, um herumzukommen. Wer die Bahn nutzen möchte, muss berücksichtigen, dass eine Fahrt von Turin oder Asti nach Acqui Terme ein Umsteigen in Alessandria erfordert.

CUNEO

Die Provinz Cuneo ist in ganz Piemont als „la Granda", „die Große", bekannt. Tatsächlich ist sie eine der größten Provinzen nicht nur Piemonts, sondern des gesamten Landes. Sie grenzt an Frankreich und an Ligurien, liegt also dem Mittelmeer viel näher als man vielleicht glaubt – es liegt praktisch gleich hinter den Bergen. Aus diesem Grund bietet die Provinz auffällig unterschiedliche Landschaften und Erlebnisse. Auf der einen Seite sind da die Alpen mit ihrer frischen Bergluft, herzhafter Kost und Wanderwegen, die man erkunden kann, wenn das Abenteuer lockt. Auf der anderen Seite ist da die UNESCO-Welterbestätte Hügel der Langhe mit ihren Weinbergen, malerischen Kleinstädten und einem genügsamen Lebensstil. So hat man bei einem Aufenthalt in la Granda immer die Qual der Wahl.

Cuneo
Rom

TOP TIPP

Man darf nie vergessen, dass man hier überwiegend durch Berge reist. Selbst im Hochsommer, wenn der Rest der Region über schweißtreibende Hitze stöhnt, solltest du immer einen Schutz gegen Regen und einen Pulli dabeihaben. Wie italienische Mütter sagen: „Du weißt nie, wann du es brauchen wirst."

SEHENSWERTES
1 Cattedrale di Santa Maria del Bosco e San Michele
2 Giardini del Belvedere
3 Museo Casa Galimberti
4 Narbona
5 Rocca la Meja
6 Sale San Giovanni
7 San Francesco Saverio (Chiesa della Missione)
8 Santuario di Vicoforte
9 Torre Civica
(siehe 2) Torre del Belvedere

ESSEN
10 Caffe Bertaina Osteria
11 Osteria da Gemma
12 Osteria della Chiocciola
13 Osteria Fuorimano
14 Ristorante Il Nazionale di Vernante
(siehe 14) Ristorante Pizzeria Cavallino

Chiesa di San Francesco Saverio

Ausflug ins Umland

BELVEDERE & 3D-KIRCHEN

Wer bei seinem Aufenthalt in Cuneo auch Zeit außerhalb der Stadt verbringen will, braucht nicht lange zu suchen, denn **Mondovì** ist per Zug weniger als eine Stunde entfernt und eignet sich perfekt für einen Tagesausflug. Die Tour beginnt im Viertel **Mondovì Breo**; nicht vergessen, aufzuschauen und die Fassaden der Häuser zu betrachten – Mondovì ist für seine Sonnenuhren berühmt, und man erblickt viele bei dem Spaziergang. Mit der Standseilbahn fährt man anschließend hinauf ins Viertel **Mondovì Piazza**. Hier findet man sich auf der **Piazza Maggiore**, deren bezaubernde Gebäude mit Fresken und Zinnen verziert sind. Auf der einen Seite des Platzes erhebt sich die **Chiesa di San Francesco Saverio**, besser bekannt als Chiesa della Missione, deren Inneres wahrlich einen Besuch lohnt. Hier erblickt man nicht nur ein Musterbeispiel der *trompe l'oeil*-Malerei (die Fresken machen einen glauben, dass dort eine Kuppel wäre, wo gar keine ist), sondern kann dank der 3D-Technologie der **Infinitum Tour** auch erleben, wie die Kirche zum Leben erwacht. Bevor man wieder in tiefere Gefilde hinuntergeht, genießt man in den **Giardini del Belvedere** die

DIE KUPPEL ERKLETTERN

Unweit von Mondovì – und von dort aus leicht mit dem Auto und einigermaßen gut per Zug mit anschließender Busfahrt zu erreichen – lohnt das **Santuario di Vicoforte** einen Besuch. Das beherrschende Merkmal der Wallfahrtskirche ist die elliptische Kuppel, die weltweit größte ihrer Art. Bei einer Tour geht's, mit Helm und Geschirr geschützt, 60 m hinauf, so dass man die Wände der Kuppel aus nächster Nähe sieht. Die Tour lohnt sich zweifellos, wenn man schwindelfrei ist – sollte aber unbedingt vorab gebucht werden, weil die Besteigung nur während einiger Monate des Jahres möglich ist und sich die Termine je nach Saison ändern.

ESSEN IN & RUND UM CUNEO

Osteria della Chiocciola
Typische piemontesische Küche fast an der Spitze von Cuneos „Keil“. €€

Osteria Fuorimano
Das Restaurant liegt im Dorf Busca rund 20 Minuten außerhalb von Cuneo. €€

Osteria da Gemma
In diesem, gern von Promis besuchten Lokal in dem winzigen Dorf Roddino ist ohne Reservierung nichts zu wollen. €€

BELLA CIAO

Cuneo ist Inhaberin einer Goldmedaille für militärische Verdienste, die ihr die Republik Italien nach dem Zweiten Weltkrieg, für die Anstrengungen der Stadt und ihrer Bewohner:innen in der Widerstandsbewegung verliehen hat. Das Erbe der *partigiani* (Partisanen) ist tief in Cuneo und der gesamten Provinz verwurzelt, denn ihre Täler und Hügel haben einige der brutalsten Kämpfe um die Freiheit gesehen. Man kann den Spuren der Resistenza in Ortschaften und Dörfern wie Boves, Dronero, San Damiano Macra, Garessio, Castellino Tanaro und Mondovì nachspüren. Mehrere Wanderwege bringen Traveller auf die Pfade, die die antifaschistischen *partigiani* nutzten, darunter die **Sentieri della Libertà**.

ALESSANDRO GIAMELLO/SHUTTERSTOCK ©

Rocca la Meja

atemberaubende Aussicht auf die umliegenden Hügel. Wer gut zu Fuß ist, kann noch höher gelangen und die 87 Stufen der **Torre del Belvedere** erklimmen.

Elegantes Cuneo

UNTER ARKADEN & AUF DEM TURM

Cuneo steht an der Kreuzung der beiden Flüsse Stura Gesso und hat von oben betrachtet das Aussehen eines Keils – wie schon der Name vermuten lässt, der auf Italienisch eben „Keil" bedeutet. Die ruhige Kleinstadt voller Turiner Eleganz ist ein toller Ausgangspunkt zur Erkundung der umliegenden Provinz, aber auch das Stadtzentrum verdient einen ausgedehnten Spaziergang. Los geht's an der riesigen **Piazza Galimberti**, die nach einem Widerstandshelden des Zweiten Weltkriegs benannt ist, dessen Leben in dem am Platz befindlichen **Museo Casa Galimberti** gewürdigt wird. Wenn das Wetter schön und der Himmel klar ist, hat man eine hinreißende Sicht über den **Corso Nizza** bis zu den Bergen im Hintergrund; bei Regen schlendert man einfach in den Arkaden, die den Platz praktischerweise umgeben. Der Weg führt nun die **Via Roma** hinunter. Unterwegs warten einige weitere Sehenswürdigkeiten, darunter die **Cattedrale di Santa Maria del Bosco**. Ist der

ESSEN IN & RUND UM CUNEO

Ristorante Il Nazionale di Vernante
Dieses Restaurant in Vernante rühmt sich eines Michelin-Sterns. **€€€**

Ristorante Pizzeria Cavallino
Ein Lokal in Vernante mit Kneipenatmosphäre und ausgezeichneten Burgern. **€**

Caffè Bertaina Osteria
Das Café in Mondovì hat eine erstklassige Lage unter den Arkaden an der Piazza Maggiore. **€€**

Largo Auffredi erreicht, sollte man aufblicken und die **Torre Civica** in Augenschein nehmen – an sonnigen Tagen lohnt sich der Aufstieg, um den Blick auf die Stadt von oben zu genießen; der Turm ist jedoch nur an den Sommerwochenenden geöffnet. Die kleinen Straßen und Gassen gleich abseits der Via Roma bilden die **Contrada Mondovì**, eines der besonderen Teile des Stadtzentrum und genau der richtige Ort, um ein Restaurant zu finden oder einen *aperitivo* zu schlürfen.

Die Wanderschuhe geschnürt!

WANDERN DURCH LA GRANDA

Die Provinz Cuneo ist zum Wandern wie gemacht; die Täler, die die Stadt umgeben, sind von vielen Wanderwegen durchzogen, die für jeden Geschmack und für Geübte und weniger Geübte das Richtige bieten. Als entspannter Anfang bietet sich die **Rocca la Meja** im Valle Stura an, man kann aber auch die Route einschlagen, die einen bis zu den **Laghi della Brignola** im Tal des Maudagna führt. Wer Kinder im Schlepptau hat, dürfte die ruhige **Via delle Meridiane** in Borgo San Dalmazzo als erholsam empfinden. Wer Lust auf mehr Anstrengungen verspürt, kann durch den Ring des **Monte Grosso** ins Valle Ellero wandern oder das aufgegebene Dorf **Narbona** im Valle Grana erkunden. Und wer sich im Winter lieber auf Schneeschuhen als auf Skiern oder Snowboard bewegt, wird die Wanderung auf den Berg **Bisalta**, einen er markantesten in der Gegend, oder auf den **Friolànd** lieben. Zudem bietet die Provinz Cuneo auch einige erstklassige, UNESCO-würdige Hügel. Die sind zwar nicht so herausfordernd wie eine Bergwanderung, können aber auch einen hinreißenden Anblick bieten. So versprechen die Lavendelfelder bei **Sale San Giovanni** in den Sommermonaten eine herrliche Wanderung.

Weitere Infos zu jedem Trail – Länge, Höhendifferenz und beste Zeit zum Wandern – sowie Vorschläge, welcher Trail für einen am geeignetsten ist, finden sich auf den Webseiten **Cuneotrekking** und **AlpiCuneesi**.

MOUNTAIN SPIRIT

Juri Chiotti, Inhaber des *agriturismo* (Ferienhofs) Reis Cibo Libero di Montagna, erinnert sich an die Berge seiner Kindheit und äußert seine Wünsche.

Ich bin mit der Erinnerung an saubere, gepflegte Berge aufgewachsen – und heute träume ich davon, in dieser paradiesischen Ecke so nachhaltig wie möglich zu leben. Im Schatten des Monviso, dessen Wanderwege ich allen nur empfehlen kann, gibt es ein großes Verlangen nach einer Wende und einer Rückkehr zu den wahren, authentischen Dingen.

UNTERWEGS VOR ORT

Wer hier einige Zeit wandern möchte, erreicht die Startpunkte eines Wanderwegs, besonders wenn der etwas abgelegener ist, am besten mit dem Auto. Das Zentrum von Cuneo ist von Turin aus gut mit dem Zug zu erreichen – ein Tagesausflug in die Stadt ist eine ausgezeichnete Option.

VERCELLI & VALSESIA

Vercelli &
Valsesia
Rom

Vercelli und die gleichnamige Provinz haben gewissermaßen eine doppelte Seele. Das hat seinen Grund im Zuschnitt der Provinz, die bis in die Alpen reicht und zwei sehr unterschiedliche Landschaften vereint. Auf der einen Seite ist da die Pianura Padana, die Po-Ebene, Italiens größte Tiefebene, die sich durch ganz Norditalien dem Po folgend bis zur Adria erstreckt. Die Stadt Vercelli liegt mitten drin und ist von Feldern umgeben, auf denen vorwiegend Reis angebaut wird, das bekannteste örtliche Erzeugnis. Und dann ist da die Valsesia – ein Alpental, das vom Monte Rosa, dem zweithöchsten Bergmassiv der Alpen, ausgeht. So zeigt die Provinz, die etwas abseits der ausgetretenen Tourismuspfade liegt, zwei Seiten einer Medaille: Im Sommer locken das „abgesteckte Meer" der Reisfelder und im Winter die verschneiten Hänge des Monte Rosa.

TOP TIPP

Du solltest das Gebiet von Vercelli nicht verlassen, ohne dass örtliche Gericht *panissa* probiert zu haben: ein Reisgericht mit Bohnen, einer ortstypischen Salami und einer großzügigen Portion Rotwein. Geeignete Lokale dafür sind die Bislakko Cioccoristoreria oder die Trattoria Paolino in Vercelli.

SOMMERABENDE

Wer Anfang Juli in Varallo ist, sollte die **Alpàa** besuchen: ein 10-tägiges Event, zu dessen Highlights Märkte gehören, auf denen alles von örtlichen Delikatessen bis zu handgefertigten Artikeln angeboten wird. Außerdem gibt es Konzerte auf der Piazza Vittorio Emanuele II, dem Hauptplatz der Stadt, bei denen in den letzten Jahren viele italienische Stars auf der Bühne standen. Die Alpàa ist auch eine tolle Gelegenheit, typische Gerichte aus der Valsesia zu probieren, da fast alle Kleinstädte und Dörfer des Tals mit Köstlichkeiten aus den Bergen vertreten sind.

Ein Berg auf einem Berggipfel

EINZIGARTIGE SEHENSWÜRDIGKEITEN IN VARALLO

Auf halber Strecke in der Valsesia liegt **Varallo**, eines der beiden wichtigsten Zentren im Tal. Die Fahrt von Vercelli nach Varallo dauert rund eine Stunde – per Bus anderthalb –, lohnt sich aber wegen einer einmaligen Sehenswürdigkeit, dem **Sacro Monte di Varallo**. Ein Sacro Monte („Heiliger Berg") ist eine Wallfahrtsstätte mit bestimmten Wegstationen, die mit Kapellen, Kirchen, Altären und dergleichen markiert sind und den natürlichen Hängen eines Hügels oder Bergs folgen. Neun dieser Heiligen Berge, die in Piemont und der Lombardei liegen – Varallo ist der älteste davon –, wurden 2003 zur UNESCO-Welterbestätte erklärt.

Der Sacro Monte di Varallo umfasst 44 Kapellen mit mehr als 800 Holzskulpturen, die Jesu Leben vom Garten Eden bis zu seiner Kreuzigung nacherzählen. Selbst schon den Sacro Monte von Varallos Stadtzentrum aus zu erreichen, ist ein Erlebnis: Von der Seilbahn, die beide Orte verbindet, bietet sich ein hinreißender Blick auf Varallo und das umliegende Tal. Wieder unten im Tal, sollte man auch dem **Santuario della Madonna delle Grazie** einen Besuch abstatten. Diese unweit der Seilbahnstation gelegene Kirche birgt eines der Meisterwerke der Renaissancekunst: Der aus der Gegend von Varallo stammende Maler Gaudenzio Ferrari, der auch viele Werke am Sacro Monte schuf, hat hier eine große Wand mit Fresken bedeckt, die Szenen aus dem Leben Christi darstellen.

SEHENSWERTES
1 Alagna Valsesia
2 Basilica di Sant'Andrea
3 Chiesa Santa Maria delle Grazie
4 Duomo di Sant'Eusebio
5 Museo del Tesoro del Duomo di Vercelli
6 Passo dei Salati
7 Sacro Monte di Varallo

AKTIVITÄTEN, KURSE & TOUREN
8 Monte Rosa ski area
9 Rifugio Pastore
10 Val Vogna

SCHLAFEN
11 Al Vicolo del Gallo
12 Alagna Mountain Resort
13 Capanna Osservatorio Regina Margherita
14 Hotel Ristorante Il Giardinetto

ESSEN
15 Albergo Montagna di Luce
16 Osteria Cascina dei Fiori
17 Piane Belle

Am Ende des Tals

ALAGNA VALSESIA & SEINE BERGE

Alagna Valsesia liegt am Fuß des Monte Rosa, also am natürlichen Ende des gesamten Tals. Es handelt sich um einen kleinen Ort mit einem winzigen Zentrum, in dem man auf einem Spaziergang in wenigen Stunden alles gesehen hat – allerdings sind Alagnas eigentliche Highlights dort gar nicht zu finden. Das gesamte Areal des **Monte Rosa** ist das richtige Traumziel für alle, die Outdoor-Aktivitäten lieben – von Wandern und Radfahren in der warmen Jahreszeit bis zum Skifahren und Snowboarden in den Wintermonaten.

ESSEN IN VERCELLI & VALSESIA

Osteria Cascina dei Fiori
Traditionelle Küche im Dorf Borgo Vercelli, gleich außerhalb von Vercelli. **€€€**

Piane Belle
Gleich außerhalb des Ortskerns von Varallo gibt's hier Menüs und Gerichte à la carte. **€€**

Albergo Montagna di Luce
Auf der Speisekarte stehen viele örtliche Gerichte. Das Lokal hat eine einzigartige Lage im zu Alagna Valsesia gehörenden Weiler Pedemonte. **€€**

AUF DEN SPUREN DER PILGER:INNEN

Tiziana Grigoletto, die Präsidentin der Kulturvereinigung Amici della Via Francigena, empfiehlt einige Sehenswürdigkeiten an diesem mittelalterlichen, aber auch heute noch begangenen Weg.

Die Hauptaktivität an der **Via Francigena** besteht in Tageswanderungen durch die Gegend, die von Reisfeldern geprägt ist, die je nach der Reife der Pflanzen ihre Farbe verändern. Lohnende Ziele sind die historische **Tenuta Colombara** oder die **Abbazia di Lucedio**, die beide auf dem Weg Richtung Turin liegen.

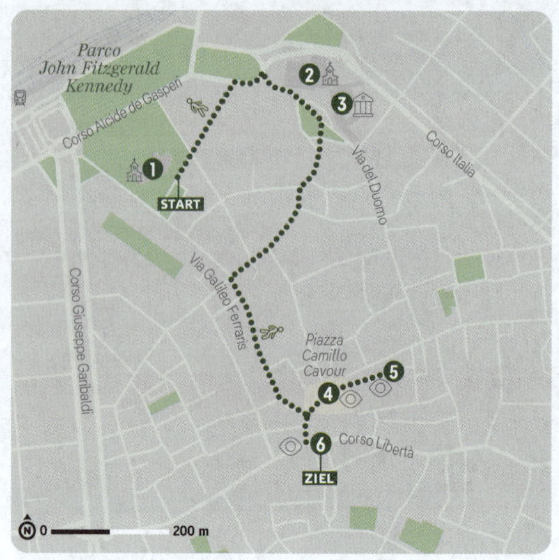

Das **Skigebiet Monterosa** (*visitmonterosa.com/monterosa-ski*), das sich über Piemont und das Aostatal erstreckt, ist vor allem in der kalten Jahreszeit angesagt, aber auch im Sommer offen und bietet viele Aktivitäten, z. B. eine Seilbahnfahrt hinauf zum **Passo dei Salati**, der die beiden Regionen verbindet. Als leichte Wanderungen, die auch mit Kindern unternommen werden können, bieten sich die Route zum **Rifugio Pastore** in Alpe Pile gleich außerhalb von Alagna oder die Erkundung des mit dem Auto erreichbaren **Val Vogna** an. Erfahrene Bergsteiger lockt hingegen die höchste Schutzhütte Europas, die **Capanna Regina Margherita**, die in mehr als 4000 m Höhe auf der Signalkuppe des Moonte-Rosa-Massivs thront. Mehrere Routen führen hinauf; für alle ist eine gründliche Vorbereitung erforderlich.

Stadtspaziergang: Kathedralen & Bücher

DIE VERBORGENEN SCHÄTZE VERCELLIS

Im Mittelalter standen die Chancen gut, dass Pilger, die von Frankreich kommend die Alpen überquerten, in **Vercelli** Halt machten. Die Stadt war damals ein wichtiges Zentrum an der

ÜBERNACHTEN IN VERCELLI & VALSESIA

Il Giardinetto
Das winzige Hotel liegt nur einige Schritte vom Bahnhof entfernt direkt im Zentrum von Vercelli. **€€**

Al Vicolo del Gallo
Ein paar Zimmer in einem ruhigen historischen Viertel von Varallo. **€€**

MIRA Alagna Mountain Resort & SPA
Die Anlage verspricht einen luxuriösen Aufenthalt mit allem, was die Berge nur bieten können. **€€€**

Via Francigena, die Canterbury mit Apulien verband. Das heutige Vercelli zeigt immer noch viele Spuren jener Vergangenheit. Gleich vor dem Bahnhof erhebt sich die im 13. Jh. erbaute **1 Basilica di Sant'Andrea,** eines der ersten Beispiele der gotischen Architektur, die über die Alpen nach Italien vordrang. Fast unmittelbar daneben steht der **2 Duomo**, der dem Hl. Eusebius, dem Schutzpatron der Stadt, geweiht ist. Der Dom und sein **3 Museum** bergen eine ganze Menge kostbarer Artefakte, darunter als unbestrittene Höhepunkte der gesamten Sammlung den im Dom hängenden mächtigen **Kruzifix** aus dem 10. Jh. und das ungefähr in der gleichen Zeit entstandene **Vercelli Book,** eine der wenigen erhaltenen Handschriften in altenglischer Sprache und einer von nur vier Codices, die den Corpus der altenglischen Dichtung überliefern.

Nun geht's die **Via Galileo Ferraris** hinunter zu Vercellis Hauptplatz, der **4 Piazza Cavour**, wo jeweils dienstags und freitags der städtische Markt abgehalten wird. Man sollte sich auch den kleinen Platz gleich abseits der Piazza Cavour anschauen, die Piazza Palazzo Vecchio – die die Einheimischen **5 Piazza dei Pesci** nennen – und einige Zeit auf dem **6 Corso Libertà**, Vercellis Hauptstraße, herumspazieren.

EINE KULTUR DER BERGE

Im 12. und 13. Jh. drang das germanische Volk namens Walser in das Gebiet des Monte Rosa vor und ließen sich hier nieder. Ihre Kultur und ihre Sprache prägten diese Gebirgsregion tief. Das traditionelle Walserhaus mit seiner Holzfassade und seinen Stützen ist in tausenden Beispielen in der ganzen Valsesia verbreitet; man findet sie in jeder Stadt und jedem Dorf der Gegend. Mehr über die Walser erfährt man im Walser Museum in Alagna. Mehrere Stätten in Alagna und dem umliegenden Tal gehören zu einem „größeren" Museum: Schautafeln erläutern, welche Bedeutung diese einzelnen Stätten – z.B. eine Mühle, ein Ofen oder eine Sägemühle – im Alltagsleben der Walser hatten.

UNTERWEGS VOR ORT

Die beste Anreisemöglichkeit für eine Tagestour in Vercelli ist der Zug – nur ein paar Minuten vom Stadtzentrum entfernt hält jede Stunde einer. Die Stadt lässt sich bequem zu Fuß erkunden, wenn man auf das Kopfsteinpflaster auf der Piazza Cavour und in den umliegenden mittelalterlichen Straßen eingestellt ist. In die Valsesia hinein gelangt man mit dem eigenen Auto oder dem einen Bus, der täglich von Vercelli nach Alagna Valsesia fährt und unterwegs in den meisten Ortschaften und Dörfern anhält.

Oropa
Biella
Vercelli

Rund um Vercelli & Valsesia

Um noch mehr Szenen aus dem piemontesischen Bergleben kennenzulernen, braucht man nur ins nächste Tal zu fahren, statt in die Valsesia nach Biella.

Biella ist ein Musterbeispiel für eine kleine, aber einflussreiche Stadt. Der vergleichsweise ruhige Ort wurde durch seine Wollspinnereien im 19. Jh. zu einem Motor der Wirtschaft – dieses Erbe gehört heute zwar weitgehend der Vergangenheit an, ist aber noch nicht völlig vergessen. Das elegante Stadtzentrum ist ideal für einen geruhsamen Tagesausflug – aber kein Besuch wäre wirklich vollständig ohne das, was oberhalb von Biella liegt: das Santuario di Oropa. Das Heiligtum mit seinen beiden, der Schwarzen Madonna von Oropa geweihten Kirchen ist in diesem Teil Piemonts ungeheuer beliebt als Ziel eines Familienausflugs am Sonntag – bei dem die obligatorische Polenta-Pause in der Mittagszeit in einem der historischen Restaurants von Oropa nicht fehlen darf.

TOP TIPP

Von Vercelli aus kommst du am leichtesten mit dem Auto nach Biella – die Straße führt ziemlich geradeaus hinein in die Berge.

Santuario di Oropa

Ein Tagesausflug nach Biella und Oropa

WOLLE, BANKEN & MADONNEN

Das historische Ortszentrum von Biella teilt sich in zwei separate Bereiche – einen oberen und einen unteren. Los geht's in der *città bassa* (Unterstadt) mit der dem Schutzpatron Biellas geweihten **Cattedrale di Santo Stefano**; anschließend schaut man sich in den umliegenden Straßen wie der **Via Italia** und der **Via Duomo** um, die von Läden, Arkaden und Kopfsteinpflaster geprägt sind. Wer sich für Mode interessiert, sollte dem **Fondazione FILA Museum** einen Besuch abstatten – die Marke wurde in Biella geboren, und die Stadt beherbergt eine Ausstellung zu ihrer Geschichte und ihren berühmtesten Kreationen von den 1980er Jahren bis heute. Hält man es für an der Zeit, die auch als **il Piazzo** bekannte *città alta* (Oberstadt) aufzusuchen, hat man mehrere Optionen. Die lustigste und einmaligste davon ist die Standseilbahn. Sie bringt einen wenigen Minuten nach oben. Im Piazzo angekommen, sollte man einige Zeit durch die mit Läden und Cafés gesäumten krummen mittelalterlichen Straßen schlendern.

Weniger als 15 km von Biella entfernt findet sich das der Schwarzen Madonna von Oropa geweihte **Santuario di Oropa**. Die heilige Stätte umfasst zwei Kirchen und einen Sacro Monte mit insgesamt 19 Kapellen. Wie der Sacro Monte in Varallo gehört auch dieser zur UNESCO-Welterbestätte. Bevor man die Stätte verlässt, sollte man in einem der örtlichen Restaurants, z. B. dem **Ristorante Croce Bianca** die *polenta concia* probieren, eine mit verschiedenen Käsesorten und mehr Butter als bei anderen piemontesischen Varianten belegte Polenta.

VEGETATION & AUSSICHT

Über die Berge rund um Biella erstreckt sich die Oasi Zegna. Das Naturschutzgebiet ist ein ideales Ziel – vor allem, wenn man über ein Auto verfügt –, um Zeit in der Natur zu verbringen und die aufeinander folgenden Alpenlandschaften zu genießen. Am besten geht dies bei einer Fahrt auf der Panoramica Zegna, der Straße, die Villanova Biellese mit Bocchetto di Sessera verbindet und mitten durch die Oasi führt – im Herbst ist es besonders schön, weil das Laub der Bäume in den prächtigsten Farben leuchtet. Wenn der Name vertraut klingt, dann weil die Oasi Zegna von Ermenegildo Zegna angelegt wurde, dem Gründer des Luxusmodelabels. Die Firma entstand in diesen Tälern und ist auch heute noch im Gebiet von Biella tätig.

Die Berge um Biella

UNTERWEGS VOR ORT

Es gibt zwar Züge, die Vercelli und Biella – mit einem Umstieg auf halber Strecke – verbinden, am leichtesten lassen sich die Stadt, das Santuario di Oropa und die Oasi Zegna aber mit dem Auto erreichen.

Die Fahrt ist besonders an klaren Tagen sehr schön, wenn man sieht, wie die Berge sich bei der Annäherung immer höher auftürmen.

ITALIENISCHE RIVIERA

DIE MELODIE DES MEERES

Die Italienische Riviera ist einzigartig – abrupt ins Meer abfallende Berge und unzählige farbenfrohe Städte und Orte.

Die Region Ligurien präsentiert sich selbst als Halbmond, der an der einen Seite von Bergen begrenzt ist, die sie von Piemont trennen, und an der anderen vom Mittelmeer. Diese einzigartige Mischung aus Naturelementen hat die Landschaft der Italienischen Riviera geprägt und sie auf den ersten Blick identifizierbar gemacht.

Ihre Strände mit Sandabschnitten und steil abfallenden Felswänden sind der Grund dafür, dass die Region eines der berühmtesten Ferienziele des Landes ist – auch die pittoresken Dörfer mit farbenfrohen Häusern und einer köstlichen traditionellen Küche haben dazu beigetragen. Familien, die seit Jahren nach Ligurien kommen, bleiben ihren Lieblingsorten treu. Es lohnt sich aber, die gesamte Region von Ost nach West und von Norden nach Süden zu erkunden, um seinen Lieblingsort zu finden. Wie wär's mit den Städten und Dörfern im Westen, die Ruhe und Entspannung bieten? Oder soll es vielleicht doch lieber die schicke Eleganz von Portofino sein? Der Anblick der Cinque Terre? Geschichtsträchtige Städte wie La Spezia und Savona?

Das Zentrum der Region bildet Genua, eine der ehemaligen Seerepubliken und bis heute einer der bedeutendsten Mittelmeerhäfen. Es ist ein bezaubernder Ort, angefangen bei den *caruggi* (schmale Gassen), die kreuz und quer durch den Porto Antico führen, bis hin zu den Aussichtspunkten mit Blick über die ganze Stadt.

DAVESAYIT/SHUTTERSTOCK ©

DIE WICHTIGSTEN ZIELE

GENUA Geschichtsträchtige Hauptstadt und bedeutender Hafen. **S. 196**

LA SPEZIA & LEVANTE Die östlichste der ligurischen Städte und Italienischen Riviera. **S. 206**

CINQUE TERRE Weltberühmte, zum UNESCO-Weltkulturerbe gehörende Dörfer. **S. 212**

SAVONA & PONENTE Historische Stadt und ihre Küste. **S. 218**

RIVIERA DEI FIORI Der letzte Abschnitt der Italienischen Riviera vor Frankreich. **S. 221**

OLENA ZNAK/SHUTTERSTOCK ©

Cattedrale di San Lorenzo, Genua (S. 196)

Erste Orientierung

Schaut man auf der Landkarte genauer hin, erscheint Ligurien eher klein. Neben dem hier Beschriebenen gibt es aber noch eine ganze Schatzkiste voller Sehenswertem.

Savona & Ponente, S. 218

Nach der Ankunft in Savona, dieser Stadt der Türme, Festungen und Kirchen, sucht man sich an dem sandigen Abschnitt der Riviera seinen Lieblingsstrand.

Riviera dei Fiori, S. 221

In diesem letzten Teil der Italienischen Riviera – einem der Zentren der italienischen Popkultur – eine Atempause einlegen, bevor man Frankreich erreicht.

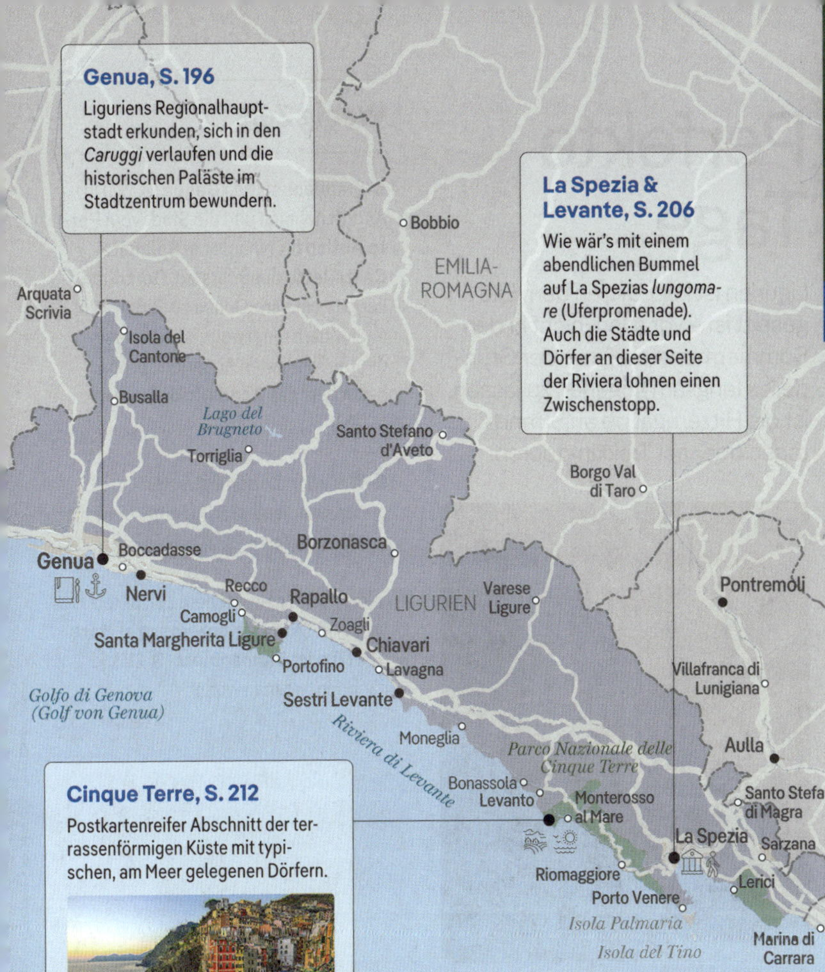

Genua, S. 196

Liguriens Regionalhauptstadt erkunden, sich in den *Caruggi* verlaufen und die historischen Paläste im Stadtzentrum bewundern.

La Spezia & Levante, S. 206

Wie wär's mit einem abendlichen Bummel auf La Spezias *lungomare* (Uferpromenade). Auch die Städte und Dörfer an dieser Seite der Riviera lohnen einen Zwischenstopp.

Arquata Scrivia
Bobbio
EMILIA-ROMAGNA
Isola del Cantone
Busalla
Lago del Brugneto
Torriglia
Santo Stefano d'Aveto
Borgo Val di Taro
Borzonasca
Genua
Boccadasse
Nervi
Recco
Camogli
Rapallo
Zoagli
Santa Margherita Ligure
Portofino
Chiavari
Lavagna
LIGURIEN
Varese Ligure
Pontremoli
Villafranca di Lunigiana
Golfo di Genova (Golf von Genua)
Sestri Levante
Riviera di Levante
Moneglia
Parco Nazionale delle Cinque Terre
Aulla
Bonassola
Levanto
Monterosso al Mare
Santo Stefano di Magra
La Spezia
Sarzana
Riomaggiore
Lerici
Porto Venere
Isola Palmaria
Isola del Tino
Marina di Carrara

Cinque Terre, S. 212

Postkartenreifer Abschnitt der terrassenförmigen Küste mit typischen, am Meer gelegenen Dörfern.

AUTO

Wer einen fahrbaren Untersatz zur Verfügung hat, kann die ganze Region erkunden, vor allem wenn man die Städte und Dörfer im Hinterland kennenlernen möchte und nicht nur die Küste. Verkehr und Parken können aber zum Alptraum werden, besonders in der Hauptsaison.

SCHIFF

Ligurien vom Meer her kennenzulernen, hinterlässt wahrhaft unvergessliche Eindrücke. In fast jeder Stadt werden Bootstouren angeboten, um einen bestimmten Abschnitt der Riviera kennenzulernen. Die beste Tour führt von La Spezia zu den Cinque Terre.

ZUG

Züge sind eine gute Option für alle, die an der Küste bleiben wollen. Die *Regionale*-Strecken führen durch alle größeren Städte Liguriens. Ein Nachteil ist allerdings, dass sie vor allem in der wärmeren Jahreszeit recht voll sein können. Auch sind Verspätungen an der Tagesordnung.

Perfekte Tage

Ligurien ist kein Ort, an dem Eile angesagt ist – vor allem nicht in den Sommermonaten. Einer der Gründe, es langsam angehen zu lassen, ist die Hitze, egal ob an Strandtagen oder auf Trekkingtouren.

MAREN WINTER/SHUTTERSTOCK ©

La Spezia (S. 206)

Wenig Zeit

● Stadtfans sollten **Genua** (S. 196) in Angriff nehmen und die Stadt vom **Porto Antico** bis hinauf zum **Spianata Castelletto** durchforsten. Dort oben liegt einem ganz Genua zu Füßen. Wer mit Kindern unterwegs ist, kann eins der berühmtesten Aquarien Europas besuchen, das **Acquario di Genova** (S. 199).

● Wer aber die berühmtesten Orte Liguriens kennenlernen möchte, besucht die **Cinque Terre** (S. 212). Man kann alle fünf Orte an einem Tag besichtigen, vor allem, wenn man mit dem Zug unterwegs ist. Start ist **Monterosso al Mare** (S. 212) oder **Riomaggiore** (S. 216), je nachdem wo man wohnt.

Beste Reisezeit

Im Sommer bietet die Italienische Riviera viele Sonnenstunden und hat so viele Gäste wie zu keiner anderen Zeit. Im restlichen Jahr herrscht milderes Wetter und in den Straßen geht es ruhiger zu, auch dann lohnt sich der Besuch!

FEBRUAR

Italien kommt zum Erliegen, wenn an fünf Abenden das **Festival di San Remo** im Teatro Ariston stattfindet.

MAI

Wer im Mai in Genua ist, kann einige der privaten **Rolli-Paläste** besuchen, die sonst für die Öffentlichkeit nicht zugänglich sind.

JUNI

Anlässlich des Events **Andersen Premio + Festival** finden in den Straßen von Sestri Levante unzählige Musik- und Theaterperformances statt.

ANTONELLO MARANGI/SHUTTERSTOCK ©, SAIKO3P/SHUTTERSTOCK ©, SIMONA SIRIO/SHUTTERSTOCK ©

Fünf Tage zum Erkunden

● Wer Genua und die Cinque Terre besuchen möchte, sollte für Letztere vielleicht mehrere Tage einplanen, sodass man wirklich genügend Zeit hat, jeden einzelnen Ort zu genießen. Ein kurzer Sprung ins kühle Nass wäre dann zwischendurch auch noch möglich. Und wenn man nun schon am östlichsten Zipfel der Region ist, sollte man einen Zwischenstopp in **Santa Margherita Ligure** und **Portofino** (S. 209) mit seinen schicken Boutiquen und grandiosen Rundumblicken in Betracht ziehen.

● Wer mag, fährt am Ende seines Aufenthalts noch bis an die toskanische Grenze und schlendert mit einer Focaccia gegen den Hunger in der Hand durch die Straßen von **La Spezia** (S. 206).

Länger Zeit

● Da man nun vom Osten der Region schon den größten Teil besucht hat, fährt man zurück nach Genua und weiter in die andere Richtung. Der erste Stopp ist **Savona** (S. 218) mit der unglaublichen **Fortezza del Priamàr**. Von dort geht es entlang der Küste weiter mit Zwischenstopps in Städten wie **Varazze**, **Alassio** oder **Laigueglia** (S. 218), wo man sich im Meer abkühlen kann. In **Imperia** (S. 222) erfährt man dann alles über die Olivenölherstellung. Von dort geht's entweder zurück in Richtung Genua oder für ein paar Tage nach **San Remo** (S. 223) und **Ventimiglia** (S. 223) an der Grenze zu Frankreich.

JULI

In Sestri Levante steht die **Barcarolata** auf dem Programm, ein Volksfest auf dem Wasser in der Baia del Silenzio.

AUGUST

La Spezias Stadtviertel und die umliegenden Dörfer treten zu dem Ruderwettbewerb **Palio del Golfo** an.

SEPTEMBER

Monterosso al Mare feiert das Ende der Anchovis-Saison mit der **Sagra dell'Acciuga Salata**.

DEZEMBER

Der Hügel neben Manarola leuchtet mit seiner alljährlichen **Weihnachtskrippe,** ein wahrhaft grandioses Spektakel.

GENUA

Der Gelehrte und Dichter Francesco Petrarca beschrieb im 14. Jh. Genua als *La Superba*, „Die Stolze", ein Spitzname, der einschlug und sich verbreitete. Das moderne Genua – eine der größten Städte Italiens und der bedeutendste Hafen des Landes – trägt diesen Beinamen auch heute noch gern und denkt dabei melancholisch an vergangene Zeiten. Es ist ja schließlich auch nicht leicht, fast acht Jahrhunderte als unabhängige, über das Mittelmeer herrschende Republik zu vergessen. Genua – wie die meisten Hafenstädte – ist wunderbar vielschichtig und unglaublich faszinierend. Die Stadt erinnert stets an ihre Verbindung mit dem Meer, was man vielleicht nicht immer sieht, es aber tief verankert in den Steinen von Genuas eleganten Palazzi (Herrenhäuser) und engen Gassen spürt.

TOP TIPP

Es gibt mehrere Apps des Touribüros, die man herunterladen kann, um sich zurechtzufinden. Visitgenoa bietet auf Italienisch und Englisch kurze Beschreibungen der Hauptsehenswürdigkeiten der Stadt. Palazzi dei Rolli Genova ist den Rolli-Palästen gewidmet.

DIE SCHÖNHEIT GENUAS

Giorgia Losi, Mitbesitzerin der Trattoria dell'Acciughetta & Quelli dell'Acciughetta

Jeder Gast sollte vom **Porto Antico** beobachten, wie Genua bei Sonnenaufgang mit dem Duft des Meeres erwacht und bei Sonnenuntergang mit dem Gewusel im Hafen wieder zur Ruhe kommt. In Genua kann man sich vormittags in den Wäldern verlaufen, nachmittags baden und abends einen *Aperitivo* genießen. Am besten wenig planen und einfach im Hier und Jetzt leben.

Ein Spaziergang hinunter zum Meer

SPRINGBRUNNEN, KIRCHEN & KOPFSTEINPFLASTERSTRASSEN

Obwohl Genua eine der größten Städte im modernen Italien ist, kann man das Stadtzentrum problemlos zu Fuß erkunden – vor allem, wenn man mit dem Zug an einem der beiden großen Bahnhöfe, Piazza Principe oder Brignole, ankommt.

Den Anfang bildet die **Piazza De Ferrari** mit dem monumentalen Bronzespringbrunnen. Nachdem man den Platz mit seinen prachtvollen Gebäuden bewundert hat, geht's weiter zur **Piazza Matteotti** mit der **Chiesa dei Santi Ambrogio e Andrea** und dem **Palazzo Ducale.** Der Palazzo, der einstige Regierungssitz der alten Republik, ist heute ein grandioser Ort für Ausstellungen und Events. Von der Piazza Matteotti geht es über die **Via San Lorenzo** quasi immer geradeaus hinunter zum Meer. Unterwegs legt man einen Zwischenstopp an Genuas **Cattedrale di San Lorenzo** ein. Aufgrund ihrer schwarz-weiß gestreiften Fassade kann man sie gar nicht übersehen, es sei denn, sie ist gerade eingerüstet. Abseits der Via San Lorenzo sieht man die für Genua typischen *caruggi*, kurvenreiche Gassen mit wenig Sonnenlicht, aber Unmengen Charakter. Sie zu erkunden ist ein unvergleichliches Abenteuer, aber Achtung, digitale Karten sind hier nicht so zuverlässig wie auf großen Straßen. Wenn die Gassen dann breiter werden, weiß man, dass man das Meer erreicht hat. Man sieht die Hochschnellstraße Via Aurelia, die der ganzen ligurischen Küste von Rom bis nach Monaco folgt. Unter ihr stehen die Häuser des **Porto Antico**.

HIGHLIGHT
1 Palazzo Reale

SEHENSWERTES
2 Acquario
3 Bigo
4 Biosfera
5 Cattedrale di San Lorenzo
6 Chiesa del Gesù
7 Galata Museo del Mare
8 Galleria Nazionale di Palazzo Spinola
9 Il Galeone Neptune
10 Palazzo Bianco
11 Palazzo Doria-Tursi
12 Palazzo Ducale
13 Palazzo Durazzo Pallavicini
14 Palazzo Rosso
15 Piazza de Ferrari
16 Piazza Giacomo Matteotti
17 Porta Soprana
18 Porto Antico
19 Spianata Castelletto
20 Via Dol Campo 29 Rosso
21 Via San Lorenzo

SCHLAFEN
22 Le Nuvole
23 Ostello Bello
24 Palazzo Grillo

ESSEN
25 Antico Forno della Casana
26 Cavour modo 21
27 Focaccia e Dintorni
28 Panificio E Grissineria Claretta Snc
29 Pizzeria Focacceria E Kebab Canneto
30 Trattoria delle Grazie

ESSEN IN GENUA

Cavour 21
In diesem Restaurant in unmittelbarer Nähe von Genuas Porto Antico kann man wunderbar die hiesige traditionelle Küche probieren. €

Trattoria dell Grazie
Die kleine, quirlige Trattoria versteckt sich in einer von Genuas *Caruggi*, die zum Porto Antico hinunterführen. €

MOG Genova
Dieses Lokal befindet sich im Herzen des Mercato Orientale, Genuas Markthalle. €€

AHOI!

Wer an der Uferpromenade des **Porto Antico** entlang bummelt, entdeckt wahrscheinlich etwas, das einem Piratenschiff ähnelt. Und in mancher Hinsicht ist es auch eins. Es wurde in den 1980er-Jahren als Reproduktion eines Schiffs aus dem 17. Jh. gebaut. Die **Neptune** wurde eine Zeit lang für Film- und Fernsehshows benutzt, u. a. auch für Roman Polanskis Film *Piraten* aus dem Jahr 1986. Das Schiff fuhr unter Segeln nach Cannes, um dort den Film auf den internationalen Filmfestspielen anzukündigen. Jetzt liegt es in Genuas Porto Antico als Tourismusattraktion vor Anker und ist besonders bei Kindern beliebt, vor allem wenn sie in einem Alter sind, in dem sie davon träumen, „Kapitän:innen eines Piratenschiffs" zu sein!

LAPAS77/SHUTTERSTOCK ©

Acquario di Genova

RUNDUMBLICKE

Von vielen Orten – z. B. **Spianata Castelletto** und **Lanterna** (S. 200) – kann man Genua von oben bewundern.

An und aus dem Meer

SEHENSWERTES VON OBEN & UNTEN

Zu Genuas Glanzzeiten als maritime Republik, war die Gegend, die wir heute als **Porto Antico** kennen, einfach nur der Hafen. Nachdem er einige Zeit nicht benutzt wurde, bietet er jetzt nach dem Umbau in den 1990er-Jahren unzählige Aktivitäten. Als Erstes fällt einem der **Bigo** auf – eine weiße von dem Architekten Renzo Piano errichtete Struktur ähnlich einem Kran, wie er früher für das Ent- und Beladen der Frachtschiffe benutzt wurde. Einer der Bigo-„Arme" ist ein Panoramaaufzug, der 40 m hoch fährt und einen atemberaubenden Blick über die Stadt bietet. Wer will, kommt auch mit dem Fahrstuhl im Eataly-Gebäude nach oben bis übers Straßenniveau.

DIE BESTE FOCACCIA ESSEN IN GENUA

Focaccia e Dintorni
Eine der beliebtesten *focaccerie* in Genua, unweit des Porto Antico. **€**

Focacceria Pasticceria Il Focaccino
Der perfekte Focaccia-Stopp in Genuas Stadtzentrum. **€**

Panificio Mario
Hervorragende Focaccia in der Nähe des Bahnhofs Genova Brignole. **€**

Ein weiteres Highlight des Porto Antico ist die **Biosfera**, ein kugelförmiges Bauwerk auf dem Wasser mit der für Amazonien typischen Flora und Fauna. Gleich nebenan befindet sich das **Acquario di Genova**, das sich mit der Biosfera den Eingang und das Ticket teilt. Das Aquarium gehört zu den größten Europas und ist allseits beliebt, vor allem bei Familien mit Kindern. Nach einem kurzen Spaziergang entlang der Uferstraße kommt man zur **Galata Museo del Mare**, einem Museum, das dem Mittelmeer, seiner Geschichte und der Seefahrt gewidmet ist.

Szenen des genueser Lebens

EINKAUFSSTRASSEN, MUSEEN & MUSIKER

Wer in Genua Lust auf Shoppen hat, geht in die **Via XX Settembre** – eine der Hauptstraßen, die von der Piazza De Ferrari abgeht. An Regentagen sind die Kolonnaden ideal. Auch ist die Straße von wunderschönen Gebäuden gesäumt, sodass man nicht nur in die Geschäfte, sondern auch nach oben blicken sollte! Über die Straße führt der beeindruckende **Ponte Monumentale**, der wiederum zu der relativ kleinen **Chiesa di Santo Stefano** führt. Auf der anderen Seite der Brücke kann man von der Via XX Settembre in die ruhigere **Via San Vincenzo** abbiegen. An der kleinen Ecke zwischen der Via San Vincenzo und der Via Colombo sollte man eine Pause einlegen. Ja, genau der Colombo, Christoph Kolumbus, ist in Genua geboren. Mehrere Straßen sind nach ihm benannt – wer will, kann auch das Haus, in dem er lebte, besichtigen, das heute natürlich ein Museum ist. Es befindet sich an der **Piazza Dante**, die wiederum unweit der Piazza De Ferrari liegt, und erweckt den Eindruck eines kleinen Alkoven, der den ganzen Weg aus dem Mittelalter zu uns geschafft hat und die vielen Wellen urbaner Neuplanungen überleben konnte, die Genuas Gesicht über die Jahrhunderte verändert haben. Rund um das Haus des Kolumbus sieht man die Reste der **Porta Soprana**. Es ist eine von den Genuesern errichtete Befestigungsanlage, die sie vor einem Angriff von Friedrich I., genannt Babarossa, schützen sollte der aber nie stattgefunden hat.

Der Stolz von La Superba

DIE ROLLI-PALÄSTE

Die **Rolli-Paläste** sind zweifelsohne das Highlight eines jeden Genua-Besuchs. Adlige und andere bedeutende Leute benutzten sie in der Republik als Residenzen. Sie wurden in die unter dem

ACHTUNG, FENSTER!

Wer sich die verschiedenen Fassaden von Genuas Wohnhäusern genauer anschaut, stellt vielleicht fest, dass einige Fenster zwar echt aussehen, in der Tat aber wunderbar gemalte *Trompe-l'œil* sind. Der Grund dafür ist einfach – es ist eine Frage von Steuern. Im 18. Jh. wurde in der Republik Genua eine neue Steuer auf Fenster eingeführt, um so die Kassen zu füllen. Man musste also umso mehr Steuern zahlen, je mehr Fenster man hatte. Also beschlossen manche, ihre Fenster zuzumauern, um diese Extra-Steuern zu vermeiden. Ähnliches findet man auch in anderen Orten in Ligurien in der Gegend um Genua.

Antico Forno della Casana
Wer im Gewirr von Genuas *caruggi* unterwegs ist, sollte sich hier eine Focaccia gönnen. €

Panificio Claretta
Eine Focaccia mit Überraschung bekommt man auf dem Weg runter zum Porto Antico. €

Focacceria Via San Lorenzo
Gut für einen kleinen Snack unweit des Duomo. €

Namen „*Rolli*" bekannten Listen aufgenommen. Diese Paläste überlebten alles, was ihnen die folgenden Jahrhunderte bescherten und gehören seit 2006 zusammen mit den **Strade Nuove,** dem Straßensystem, in dem sich die meisten Paläste befinden, zum UNESCO-Welterbe. Nicht alle Rolli-Paläste können besichtigt werden. Drei der für die Öffentlichkeit zugänglichen Paläste sollte man aber unbedingt besuchen.

Los geht's mit dem **Palazzo Rosso** und dem **Palazzo Bianco**. Sie stehen sich auf der Via Garibaldi gegenüber und sind leicht an den jeweiligen Fassadenfarben – rot und weiß – zu erkennen. Beide beherbergen einen Bereich der **Musei di Strada Nuova**. Auch der dritte Palast, der **Palazzo Doria-Tursi**, befindet sich in der Via Garibaldi. In diesem Palast sollte man sich die **Sala Paganiniana** anschauen, die dem angesehenen, in Genua geborenen Violinisten Niccolò Paganini gewidmet ist. Eine seiner Geigen – wegen ihres kräftigen Klangs „Il Cannone", „die Kanone", genannt – kann im Palazzo Doria-Tursi bewundert werden. Der Palast dient auch als Rathaus der Stadt, sodass man wochentags dort viele Leute rumlaufen sieht. Ebenfalls für die Öffentlichkeit zugänglich sind der **Palazzo Reale** und der **Palazzo Spinola di Pellicceria**, in deren unglaublichen Innenräumen Kunstgalerien untergebracht sind.

TAG DER OFFENEN TÜR!

Viele Rolli-Paläste sind noch immer in Privathand und werden für die verschiedensten Aktivitäten genutzt, was bedeutet, dass sie in der Regel für die Öffentlichkeit geschlossen sind. Das heißt aber nicht, dass Besichtigungen absolut unmöglich sind – und genau dafür gibt's die **Rolli Days**. Zweimal im Jahr – etwa Mitte Mai und Mitte Oktober – organisiert die Stadt Genua ein Wochenende, an dem viele Rolli-Paläste ihre Pforten öffnen und Führungen anbieten. An den Rolli Days finden sowohl digitale Events statt als auch solche, an denen Interessierte teilnehmen können.

Blick aus der Vogelperspektive

GENUA VON OBEN

In einer Stadt wie Genua ist es die natürlichste Sache der Welt, hinunter ans Wasser zu gehen, denn an jeder Straßenecke scheint das Meer zu rufen. Aber man sollte auch in die entgegengesetzte Richtung gehen – je höher man kommt, desto atemberaubender ist der Blick. Und genau das ist der Grund, warum die **Spianata Castelletto** bei Einheimischen und Besucher:innen gleichermaßen beliebt ist. Wie sich die Stadt von dort oben zeigt, ist wahrhaft das Beste vom Besten. Hinauf kommt man entweder zu Fuß über die sich vom Stadtzentrum nach oben windenden Straßen oder mit dem Aufzug, den man mit einem normalen Ticket der öffentlichen Verkehrsmittel benutzen kann. Wer der Sirene, dem Ruf der See, nicht widerstehen kann, geht zur **Lanterna** – Genuas berühmtem Leuchtturm. Obwohl das Kultsymbol schon mitten

LIGURIEN UND DIE MUSIK

Zu Ehren von Luigi Tenco findet in San Remo alljährlich der **Premio Tenco** statt. Ein weiteres Musikevent nach dem **Festival di San Remo** (S. 223).

ÜBERNACHTEN IN GENUA

Palazzo Grillo
In direkter Nähe des Porto Antico kann man in einem von Genuas berühmten Rolli-Palästen relaxen und übernachten. **€€€**

Hotel Le Nuvole
Kleines, gemütliches Hotel in einem historischen Gebäude. **€€**

Ostello Bello
In der genuesischen Hauptniederlassung dieser Hostelkette herrscht stets eine tolle Stimmung. **€**

KAVALENKAVA/SHUTTERSTOCK ©

Spianata Castelletto

in der Renaissance errichtet wurde, ist es noch voll funktionsfähig. Da die Öffnungszeiten sich nach Saison und Wetterbedingungen richten, ist es ratsam, sich vorab zu informieren. Die fast 200 Stufen sind die Anstrengung unbedingt wert, denn man kann von dort oben sowohl den Blick auf die Stadt als auch aufs offene Meer genießen.

DIE SCUOLA GENOVESE

In den 1960er-Jahren kam in den Straßen Genuas eine neue Musikwelle auf – die sogenannte *Scuola Genovese*, die aus Singer-Songwriter:innen bestand, die heute Ikonen der italienischen Musik sind, darunter Fabrizio De André, Gino Paoli und Luigi Tenco. Alles über ihre Geschichte und ihr Vermächtnis erfährt man im Museum **Via del Campo 29 rosso** – ein Name, den alle Fabrizio-De-Andrè-Fans wiedererkennen, da er von ihm in seinem Song „Via del Campo" verewigt wurde.

UNTERWEGS VOR ORT

Genuas Stadtzentrum kannst du gut zu Fuß erkunden. Du solltest aber bequeme Schuhe tragen, denn die Straßen führen bergauf bzw. bergab, je nachdem, ob man in Richtung Meer geht oder nicht. Auch darfst du nicht vergessen, dass einige der schmalen *caruggi* nachts manchmal nicht gut beleuchtet sind.

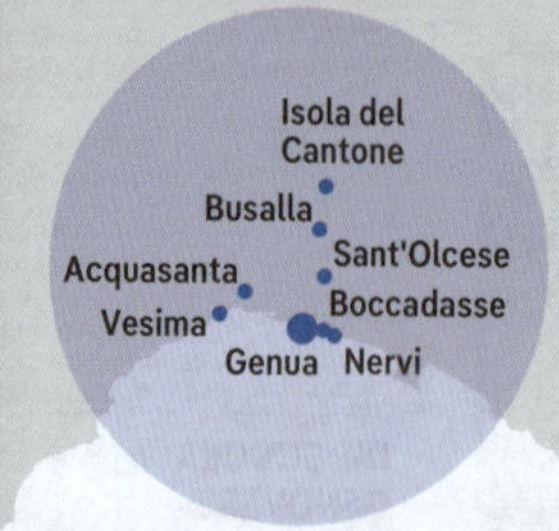

Isola del Cantone
Busalla
Sant'Olcese
Acquasanta
Boccadasse
Vesima
Genua
Nervi

Rund um Genua

Egal ob an der Küste oder in den Bergen, Tagesausflüge ins Umland von Genua sind unbedingt lohnenswert.

Die Gegend rund um Genua bietet zahlreiche Aktivitäten, die für alles stehen, was einzigartig ist in Ligurien – diesem sehr schmalen Streifen Land, wo Berge und Meer unglaublich dicht beieinander liegen. Für den Besuch der *Borghi Marinari*, die Liguriens Regionalhauptstadt umgeben, sollte man einen Tag veranschlagen. In den Küstenorten stehen bunte, übereinander gestapelte Häuser, gegen deren Fenster der Seewind schlägt. Im Hinterland kann man Täler zwischen Ligurien und Piemont erkunden. Und natürlich sollte man jeden Tag mit einem typisch ligurischen Frühstück beginnen – also mit einer Tasse Cappuccino und frisch gebackener Focaccia. Das weicht von der italienischen Frühstückstradition ab, denn eigentlich gibt's ja ausschließlich Süßes.

TOP TIPP

Für das Hinterland von Genua ist ein Auto keine schlechte Idee; die *borghi marinari* kannst du zu Fuß oder mit öffentlichen Verkehrsmitteln erreichen.

Boccadasse

YULIA GRIGORYEVA/SHUTTERSTOCK ©

Passeggiata Anita Garibaldi, Nervi

Genuas kleine Schwestern

DIE BORGHI MARINARI

Mehrere Dörfchen verteilen sich rund um Genua. Obwohl sie Teil der Stadt sind, hat jedes seinen eigenen Charakter und eignet sich für einen perfekten Tagesausflug. Wer sich mit dem Bus oder zu Fuß am *lungomare* (Uferpromenade) gen Osten bewegt, erreicht zunächst das bei allen *genovesi* äußerst beliebte **Boccadasse**. Der Ort ist fast 4 km vom Stadtzentrum entfernt, man sollte also bequeme Schuhe tragen und ordentlich Sonnencreme auftragen. Wenn man dort angekommen ist, spaziert man zunächst durch die engen Gassen und breitet dann sein Handtuch an dem winzigen Strand aus. Eine Alternative ist einer der vielen Strandclubs, die sich an der Strecke nach Genua angesiedelt haben.

Weiter im Osten kommt man **Nervi**. Diesen Ort kann man leicht mit der Bahn von der Piazza Principe oder Brignole erreichen. Die größte Attraktion ist hier die **Passeggiata Anita Garibaldi**, ein langer Weg, auf dem man nur vom Meer und dem ohrenbetäubenden Zirpen der Zikaden umgeben ist. Hier gibt es keinen Strand, man kann aber auf den Felsen liegen und sich im kühlen Nass abkühlen. Dafür sucht man entweder eines der

BESTES LIGURISCHES ESSEN

Focaccia
Die berühmte ligurische Focaccia lässt sich unglaublich einfach herstellen – man braucht nur Mehl, Wasser, Salz und Hefe. Man sollte mindestens eine der vielen verschiedenen Varianten probieren, z. B. *Focaccia di Recco*, mit einer Schicht Schmelzkäse zwischen zwei Focaccia-Scheiben.

Farinata
Farinata wird aus Kichererbsenmehl hergestellt, sie ist flacher und knuspriger als die Focaccia, eignet sich aber dennoch ausgezeichnet zum Mittagessen oder als Snack am Nachmittag.

Pesto (mit Trofie)
Für die Herstellung von Pesto werden Basilikumblätter, Pinienkerne, Olivenöl und etwas Knoblauch miteinander zermahlen. Es schmeckt für alle Arten von Pasta – meist wird es aber mit spiralförmigen *trofie* serviert.

ESSEN RUND UM GENUAY

Trattoria La Ruota
Ein paar Minuten vom Bahnhof in Nervi entfernt. Hier gibt's eine große Auswahl an Weinen. **€€**

Matamà
Wer während des Aufenthalts in Nervi gerne mal in Fleisch schwelgen möchte, ist hier genau richtig. **€€**

Trattoria Osvaldo
Ausgezeichnetes Meeresfrüchterestaurant nur wenige Schritte vom Strand in Boccadasse entfernt. **€€**

DAS WALSCHUTZGEBIET

Das Gebiet des Mittelmeeres, das sich vor Ligurien erstreckt und bis zur Französischen Riviera auf der einen Seite und zur Toskana auf der anderen reicht, gehört zum **Walschutzgebiet** – einem Gebiet zum Schutz der in dieser Gegend besonders lebendigen Meeresfauna. Am Porto Antico in Genua werden – vor allem im Sommer – mehrere Wal- und Delfinbeobachtungstouren angeboten, die hinaus aufs offene Meer führen, wo man möglicherweise eine Flosse aus dem Wasser herausschnellen sieht. Die Touren dauern in der Regel um die vier Stunden und vielleicht hat man ja Glück, ein paar dieser grandiosen Tiere in ihrer natürlichen Umgebung zu sehen.

FABIO LOTTI/SHUTTERSTOCK ©

Castello della Pietra

Resorts mit Zugang zum Meer auf oder klettert vorsichtig die Felsen hinunter.

Auf der anderen Seite Genuas, d.h. westlich der Stadt, liegt **Vesima** – ein weiterer bei Einheimischen besonders beliebter Strand, den man in den Sommermonaten mit dem Zug erreichen kann. In der weitläufigen Villa Nave in Vesima befindet sich auch die Hauptniederlassung der **Fondazione Renzo Piano**.

Ausflug ins Hinterland

HOCH & RUNTER IM VALLE SCRIVIA

Wenn die *genovesi* raus aus der Stadt wollen und ein ruhiges, relaxtes Wochenende verbringen möchten, fahren die meisten ins Valle Scrivia. Durch dieses Tal fließt der gleichnamige Fluss von Asti und Alessandria in Piemont in Richtung Mittelmeer. Wenn man die Stadt – am besten mit dem Auto – hinter sich gelassen hat, erreicht man unzählige kleine Städte und Dörfer, von deren Existenz man während des Aufenthalts in einem der bekannten Küstenorte nichts ahnt. Wie wär's mit **Sant'Olcese** mit der berühmten **Villa Serra** aus dem 18. Jh. und ihrem großen öffentlichen Park. Oder mit **Isola del Cantone**. Dort kann man mit festem Schuhwerk zu dem malerischen **Castel-**

ESSEN RUND UM GENUA

La Gabbianella e il Matto
Kleines Lokal in der Nähe der kultigen Bucht von Boccadasse. €€

Antica Trattoria Semino
Einheimische Küche direkt in der Hauptstraße von Busalla. €€

La Morona
Ein typisches *agriturismo* (Unterkunft auf einem Bauernhof) in den Bergen von Sant'Olcese. €€

lo della Pietra aus dem 13. Jh. wandern, das zwischen zwei Felsvorsprüngen eingeklemmt ist und einem Fantasy-Buch entsprungen scheint. Die Wanderung von Isola del Cantone ist zwar nicht besonders lang oder schwierig, man sollte aber dennoch über geeignetes Equipment verfügen. Wer es mit dem Aufstieg zur Burg langsamer und idyllischer angehen lassen möchte, sollte in dem Weiler **Torre** starten, wo der 4 km lange **Sentiero dei Castellani** durch den Wald beginnt. Als Letztes lohnt der Besuch von **Busalla** mit den vielen Kirchen und eleganten Villen.

DAS TAL DER ROSEN

Das Valle Scrivia und insbesondere auch der Ort **Busalla** sind für ihre Rosen bekannt. Und hier handelt es sich nicht nur um dekorative Blumen – sie sind vielmehr Teil der hiesigen kulinarischen Traditionen. Rosen werden zu Rosensirup verarbeitet – einer Flüssigkeit, die auf 1001 verschiedene Art verwendet werden kann, vom Süßungsmittel für Tee bis hin zu einem mit Wasser verdünnten frischen Sommer-Aperitif. Der Verein **Le Rose della Valle Scrivia** kümmert sich um dieses traditionelle Vergnügen und veranstaltet in Busalla alljährlich im Juni die **Festa delle Rose**.

Heiligtümer & Schriften

DIE SCHÄTZE VON ACQUASANTA

Auf den ersten Blick mag **Acquasanta** wie eines der vielen Dörfer an den Hängen hinunter in Richtung Genua und zum Meer erscheinen. Der Ort beherbergt aber zwei besondere Sehenswürdigkeiten, die zu besichtigen es im Rahmen eines Tagesausflugs unbedingt lohnt. Erstens sind das die Überbleibsel alter Handwerkstraditionen. Eine Ausstellung im **Museo della Carta di Mele** ist voll und ganz der Kunst der Papiermacherei gewidmet. Die Ausstellung beschreibt jeden Schritt des Prozesses, wie man alte Zeitungen und Naturfasern in glänzendes neues Papier verwandelt. Wer will, kann nach der Besichtigung auch noch an einem Kurs zur Papierherstellung teilnehmen. Die Besichtigung sollte man vorab buchen. Nachdem man nun die Geheimnisse der Papierherstellung kennt, besucht man das **Santuario di Nostra Signora dell'Acquasanta** – eine barocke Kapelle, in der man die überall herrschende Ruhe dieses kleinen Dorfs genießen kann.

Am einfachsten erreicht man das Museo della Carta und das Santuario di Nostra Signora dell'Acquasanta natürlich mit dem Auto. Die Fahrt dauert nur eine knappe halbe Stunde. Aber auch die öffentlichen Verkehrsmittel brauchen nicht länger. Man fährt mit dem Zug von einem der Hauptbahnhöfe Genuas zur Haltestelle Genova Acquasanta. Von dort sind sowohl das Santuario als auch das Museum fußläufig zu erreichen.

SCHIFFSABENTEUER

Wer etwas mehr Zeit auf dem Meer zubringen will, kann die **Cinque Terre** (S. 212) mit der Fähre erreichen oder von Portovenere mit dem Schiff zur Insel **Palmaria** (S. 211) fahren.

UNTERWEGS VOR ORT

Je weiter man sich von Genua entfernt, desto sinnvoller ist es, mit dem Auto zu fahren. Für den Besuch der Dörfer im Valle Scrivia ist ein Auto schon fast ein Muss. Wer jedoch in der Nähe von Genuas Stadtzentrum bleibt, ist auch gut beraten, Züge und Busse zu nutzen. Einige Orte, beispielsweise Boccadasse, kann man auch zu Fuß erreichen.

LA SPEZIA & LEVANTE

La Spezia & Levante

Rom

Der Begriff „Italienische Riviera“ steht für die Küsten der Region Ligurien. Ihr Teilstück Riviera di Levante erstreckt sich von Genua bis an die Grenze zur Toskana. Mit traumhaften Orten wie Portofino, Porto Venere und den zum UNESCO-Welterbe gehörenden Cinque Terre hat es im Vergleich zu seinem Gegenpart, der Riviera di Ponente (die sich bis zur französischen Grenze erstreckt) einen Touch mondäner Eleganz vorzuweisen. Wer die Städte und Dörfer der Riviera di Levante besucht oder einfach nur von einem Strand zum nächsten spaziert, erlebt die Charakteristika Liguriens: ins Meer abfallende Berge, bunte Häuser und köstliches Essen.

TOP TIPP

Auf dem Meeresgrund zwischen Camogli und Portofino ruht in einer Tiefe von 17 m der *Cristo degli Abissi*, eine Christus-Statue. Es ist ein beliebter Ort zum Sporttauchen, allerdings nur in Begleitung eines anerkannten Guides der Regione Liguria.

SEHENSWERTES

1 Baia del Silenzio
2 Baia delle Favole
3 Basilica Santa Maria di Nazareth
4 Biblioteca Comunale Fascie-Rossi
5 Castello Brown
6 Castello di San Giorgio
7 Chiesa del Divo Martino
8 Chiesa di San Nicolò dell'Isola
9 Giardini Pubblici
10 Museo Tecnico Navale della Spezia
11 Nostra Signora della Rosa
12 Villa Durazzo

BORIS STROUJKO/SHUTTERSTOCK ©

Baia del Silenzio

Zwischen zwei Meeren

EIN STOPP IN SESTRI LEVANTE

Auf halber Strecke zwischen Santa Margherita Ligure und La Spezia liegt das Städtchen **Sestri Levante** auf einer kleinen Landenge. Durch sie werden zwei getrennte Buchten oder „zwei Meere", wie die Einheimischen sagen, gebildet. Auf der Seite in Richtung La Spezia befindet sich die kleinere, malerische **Baia del Silenzio**, die „Bucht der Stille". Auf der anderen Seite in Richtung Santa Margherita Ligure liegt die **Baia delle Favole**, die „Märchenbucht" – sie erhielt diesen Namen zu Ehren des dänischen Schriftstellers Hans Christian Andersen, der in Sestri Levante weilte. An beiden Buchten gibt es sowohl freie Strände als auch Strände mit Einrichtungen und Resorts – aber man darf nicht vergessen, dass sie in der Hauptsaison sehr beliebt sind, sodass früh vor Ort sein muss, wer ein Plätzchen ergattern möchte. Wer des Sonnenbadens müde ist, kann am *lungomare* einen schönen Spaziergang unternehmen, ins kühle Nass springen oder die Fassaden der Häuser am Ufer bewundern. Auch ein Besuch des Zentrums von Sestri Levante mit dem **Palazzo Durazzo-Pallavicini** – dem Rathaus –, dem **Palazzo Fascie**

TAGE IN SESTRI LEVANTE VERBRINGEN

Sommertage sind in Ligurien lang, sodass man allerlei unternehmen kann – und da macht **Sestri Levante** keine Ausnahme. Hier also zwei Events, die du besuchen solltest, wenn du zufällig in der Stadt bist.

Andersen Premio + Festival
Das Anfang Juni stattfindende **Andersen Festival** mit Straßentheater und Livemusik ist dem Gedenken von Hans Christian Andersen gewidmet.

Barcarolata
Am letzten Sonntag im Juli ergreifen aufwendig mit Pappmaché-Figuren dekorierte Boote Besitz von der Baia del Silenzio. Am Ende der **Barcarolata** wird ein Preis für die kreativste Deko verliehen.

ESSEN IN LA SPEZIA & LEVANTE

All'Inferno dal 1905
Einfache traditionelle Gerichte ganz in der Nähe von La Spezias *lungomare*. **€€**

Da I Gemelli
Am Hauptplatz von Portofino wird Leckeres aus der Region serviert. **€€€**

Balin
Wie wär's mit einem intimen Luxusabendessen in dem kleinen Restaurant am *lungomare* von Sestri Levante. **€€€**

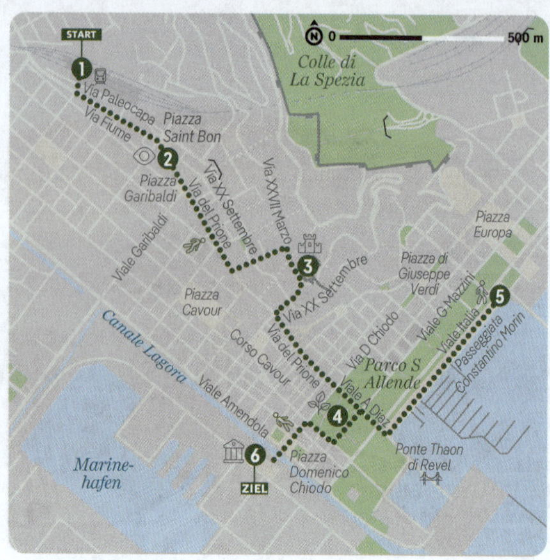

ALLES VORWÄRTS – LOS!

Wer Anfang August in La Spezia ist, sollte sich am ersten Sonntag des Monats einen Platz am *lungomare* sichern und die Boote anfeuern, die am **Palio del Golfo** teilnehmen. Das ist eine Ruderregatta, an der 13 *borgate* von La Spezia und Delegationen aus umliegenden Städten und Dörfern teilnehmen. Der Palio-Zeitplan ist vollgepackt mit Events, darunter eine nächtliche Parade aller *borgate*, die sich auf die Regatta vorbereiten, ein Feuerwerk nach der Regatta und eine Siegerfeier am darauffolgenden Tag.

Rossi, in dem das archäologische Museum der Stadt untergebracht ist, der **Basilica di Santa Maria di Nazareth** und der **Chiesa di San Nicolò nell'Isola**, der ältesten Kirche in ganz Sestri Levante, lohnt sich.

Stadtspaziergang: Burgen & Marinestützpunkt

ZU FUSS DURCH LA SPEZIA

La Spezia ist die zweitgrößte Stadt Liguriens, das Hauptzentrum der Riviera di Levante und somit eine tolle Ausgangsbasis für den Besuch der vielen umliegenden Städte und Dörfer, angefangen bei Porto Venere bis hin zu den Cinque Terre. Das Stadtzentrum von La Spezia ist zwar relativ klein, lohnt aber dennoch einen Besuch, für den man einen ganzen Tag oder aber mindestens einen Nachmittag einplanen sollte.

Vom Hauptbahnhof **1 La Spezia Centrale** geht's zur **2 Via Fiume** – einer fast 100%igen Fußgängerstraße, die hinunter zum Meer führt. Unterwegs macht man einen kleinen Umweg bergauf und besucht das **3 Castello di San Giorgio** mit seinem archäologischen Museum. Außerdem genießt man den atemberaubenden Blick über die Stadt und auf's Meer mit den vielen

ÜBERNACHTEN IN LA SPEZIA & LEVANTE

Albergo delle Spezie
Das Hotel in der Nähe des Hafens von La Spezia achtet sehr auf Nachhaltigkeit. **€€**

La Collina degli Ulivi
Nur ein paar Schritte außerhalb des Stadtzentrums von La Spezia schläft man in aller Ruhe im Grünen. **€€**

Hotel Cenobio dei Dogi
Eines der berühmtesten Hotels in Camogli – Entspannung pur. **€€€**

Schiffen. Die **4 Giardini Pubblici** bilden den letzten Stopp, bevor man das Meer, die weißen Spitzen der Thaon-Di-Revel-Brücke und den Hafen erblickt. Die **5 Passeggiata Miorin** – an deren Beginn die Kleine Meerjungfrau steht – ist besonders abends ein netter Ort. An der Uferpromenade befindet sich ferner das **6 Museo Tecnico Navale**, das der Schifffahrt und der italienischen Marine gewidmet ist. Vor dem Museum liegen Kriegsschiffe – neben Augusta auf Sizilien und Taranto in Apulien ist La Spezia einer von den drei Orten in Italien mit einem aktiven Flottenstützpunkt.

Die schicke Seite der Riviera di Levante

SANTA MARGHERITA LIGURE & PORTOFINO

Wenn man an der Küste der Riviera di Levante entlangfährt – egal ob mit der Bahn oder im Auto –, sollte man in **Santa Margherita Ligure**, einem Sommerhotspot an der Riviera mit Blick auf den Golf von Tigullio, einen Stopp einlegen. Der sonnige *lungomare* eignet sich perfekt für einen romantischen Spaziergang. Aber auch dem Stadtzentrum sollte man einen Besuch abstatten und dort nach oben schauen, um die dekorierten Fassaden der am Straßenrand stehenden Häuser zu bewundern. Aber Vorsicht, ein falscher Schritt wird von den Kopfsteinpflasterstraßen nicht verziehen. Auch Besuche der Hauptkirche **Basilica di Santa Margherita e Santuario di Nostra Signora della Rosa** und der **Villa Durazzo** mit ihren schönen Gärten hoch oben über dem Meer lohnen sich.

Von Santa Margherita Ligure ist es nur eine kurze Bus- oder Bootsfahrt und schon ist man in **Portofino**, einem der berühmtesten und elegantesten Orte Liguriens – mit seiner kleinen, malerischen **Piazzetta Portofino** am Wasser und großen, vor Anker liegenden Yachten in der Bucht.

Es gibt keine feste Route für die Erkundung Portofinos, egal wohin man geht, man stößt überall auf Ecken, die einen umhauen – von glänzenden Schaufenstern der Edelboutiquen bis hin zu jahrhundertealten Sehenswürdigkeiten. Auf keinen Fall verpassen sollte man die **Chiesa Parrocchiale del Divo Martino** und das **Castello Brown** oberhalb des Hafens. Der Aufstieg ist vor allem bei warmem Wetter recht anstrengend, aber der Blick hinunter ist die Mühe unbedingt wert.

ZWISCHEN SANTA MARGHERITA LIGURE & PORTOFINO

Wer mit dem Bus nach Portofino fährt – Tickets gibt's am Fahrkartenschalter in Santa Margherita oder direkt im Bus mit Kreditkarte –, kommt an mehreren kleinen, idyllischen Stränden vorbei. Der berühmteste an der sogenannten „Delfinküste" ist **Paraggi**. Wer einen Platz in der Sonne ergattern möchte, sollte früh am Vormittag hier sein. Paraggi liegt auf halber Strecke der Wanderwege von Santa Margherita nach Portofino, darunter auch die berühmte *passeggiata dei baci*.

ZAUBERHAFTE KÜSTE

Portofino und Santa Margherita sind Orte mit Starbesetzung, aber auch **Alassio** (S. 218) ist absolut in der Lage, sich gegenüber dem berühmten Muretto zu behaupten, wo Promis ihre Urlaube verbringen.

UNTERWEGS VOR ORT

La Spezia ist von Genua unglaublich einfach zu erreichen. Wer mit dem Zug fährt, muss nur einmal in Sestri Levante umsteigen. Es kann aber ein Geduldsspiel werden, wenn die regionalen Züge Verspätung haben.

Camogli
Rapallo
Zoagli
Chiavari
La Spezia
Lerici
Portovenere
Palmaria
Tellaro

Rund um La Spezia

Wer die Qual der Wahl hat und sich für keinen Ort an der Riviera di Levante entscheiden kann, dem sei gesagt: Egal, hier ist alles perfekt für einen Traumurlaub.

Es geht nicht ohne die Riviera di Levante, vor allem wenn man auf der Suche nach Meer und Sonne ist. Es gibt keinen Ort an der Bahnstrecke Genua–La Spezia, der nicht beides zu bieten hätte. Man kann sich jeden Tag an einem anderen Strand räkeln und einen typischen Urlaub am Meer genießen – unter dem Sonnenschirm liegen, geruhsam zu Mittag essen und noch geruhsamer einen *aperitivo* schlürfen und schließlich den Sonnenuntergang über dem Meer genießen. Nicht zu vergessen, die kleinen Stadtzentren mit ihren malerischen Details, die hinter jeder Ecke darauf warten, entdeckt zu werden.

TOP TIPP

Wer mit dem Auto unterwegs ist, muss mit den einschlägigen Problemen rechnen. Vor allem in der Hauptsaison ist es vielerorts fast unmöglich, einen Parkplatz zu finden.

Lerici

ARKANTO/SHUTTERSTOCK ©

Castello della Dragonara, Camogli

Die Riviera di Levante erkunden

VON CAMOGLI NACH LERICI

Von Genua kommend ist der erste Stopp vielleicht **Camogli** – mit seinen bunten Häusern und dem Blick übers Meer unter dem wachsamen Auge des **Castello della Dragonara**. Wer Mitte Mai hier ist, kann sich anlässlich der **Sagra del Pesce** unter die Einheimischen mischen. Auf diesem Fest wird Fisch in einer gewaltigen Pfanne mit einem Durchmesser von über drei Metern gebraten. Am Abend vor der Sagra werden zur **Festa di San Fortunato** zwei große Freudenfeuer am Strand entfacht.

Fährt man an der Küste weiter, erreicht man **Rapallo**, **Zoagli** und **Chiavari**. Rapallos Stadtzentrum hat schöne Haustüren, Zoagli Wachtürme und Chiavari etwas oberhalb des Orts das Castello di Chivari zu bieten. Unweit der toskanischen Grenze ist **Lerici**, die Sommerresidenz mehrerer Generationen englischer Schriftsteller:innen – Lord Byron, die Shelleys, Charles Dickens und Virginia Woolf, um nur einige zu nennen. Sie alle waren in Lerici – Percy Shelley ist hier ertrunken, als er von Livorno nach Lerici zurückkehren wollte. Die Stadt ist übersät mit Tafeln, auf denen ihre Gedanken und Gedichte stehen, die sie mit Blick auf den **Golfo dei Poeti**, den „Golf der Poeten" niedergeschrieben haben. Wenn man in Lerici ist, sollte man sich auch den Weiler **Tellaro** anschauen, ein weiteres perfektes Beispiel eines *borgo marinaro*.

EIN HAFEN & SEINE INSELN

Südlich von La Spezia liegt die Stadt **Portovenere**, die man sowohl mit der Fähre als auch mit dem Bus erreichen kann. Der kleinste Ort in der ganzen Provinz La Spezia ist ein herrlicher *borgo marinaro* mit schmalen, bunt gestrichenen Häusern und einem umwerfenden Meer. Von dort aus kann man mit dem Schiff die Cinque Terre erreichen oder eine der Inseln besuchen, die zusammen mit Portovenere selbst seit 1997 zum UNESCO-Welterbe gehören. Die Inseln sind **Palmaria**, **Tino** und **Tinetto**, wobei Palmaria am dichtesten an der Küste liegt und zudem die einzige ist, die besucht werden darf – Tino und Tinetto unterstehen der direkten Kontrolle der italienischen Marine.

UNTERWEGS VOR ORT

Eine Bootstour ist eine gute Art, die verschiedenen Städte und Dörfer an der Küste der Provinz La Spezia zu erkunden. Bevor es losgeht, sollte man sich am Hafen nach den Abfahrtszeiten erkundigen und vor allem immer das Wetter im Auge behalten, denn bei schlechtem Wetter könnte die normalerweise traumhafte Tour gestrichen werden.

Cinque Terre
Rom

CINQUE TERRE

Dieser Küstenstreifen mit seinen malerischen Buchten, kurvenreichen Straßen und leuchtend bunten Häusern an der zerklüfteten Riviera de Levante – nicht allzu weit entfernt von La Spezia – erfreut sich seit einigen Jahrzehnten größter Beliebtheit. Seit 1997 zählt er mit den zugehörigen fünf Dörfern Monterosso al Mare, Vernazza, Corniglia, Manarola und Riomaggiore, die den typisch ligurischen Charme verströmen, zum UNESCO-Welterbe. Von Sonne und salziger Seeluft ausgedörrt waren sie Inspiration für Künstler jeder Couleur, z. B. spielt Pixars Animationsfilm *Luca* unverkennbar in einer fiktiven Version der Cinque Terre.

TOP TIPP

Die Cinque Terre Card gibt's in zwei Versionen – die Trekking Card für alle, die von einem Dorf zum anderen wandern möchten, und die Treno MS Card für alle, die mit der Bahn fahren wollen. Die Card ist ein, zwei oder drei Tage gültig und nicht übertragbar.

Strände & Meeresgottheiten

MONTEROSSO AL MARE ERKUNDEN

Monterosso al Mare – oder auch einfach nur **Monterosso** – ist die einwohnerreichste und westlichste Siedlung der Cinque Terre und somit der erste Ort, wenn man von Genua kommt. Wer Lust auf Sonnenbaden hat, sollte es in Monterosso tun. Der Strand ist weitläufiger als die Strände der Nachbarn, es gibt sowohl freie als auch mit Einrichtungen versehene Abschnitte. Es ist also kein Problem, etwas Sand für sich allein zu finden, ohne über die Füße anderer zu stolpern. Aber dennoch sollte man in der Hauptsaison nicht vergessen, dass der frühe Vogel den Wurm pickt – oder hier ein Fleckchen Strand erobert. Nachdem man Sonne und Wellen genossen hat, sollte man eine Pause einlegen und über den *lungomare* spazieren, der in beiden Richtungen Sehenswertes bereithält. Gen Genua erreicht man die berühmte **Statua del Gigante**, die aus einem Felsvorsprung herausragt und aus dem frühen 20. Jh. stammt. Auf der Seite in Richtung La Spezia befindet sich das eigentliche Stadtzentrum von Monterosso. Hier sollte man durch die Straßen bummeln und sich die schwarz-weiß gestreifte **Chiesa di San Giovanni Battista** anschauen. Wer mag, kann auch hinauf zum **Convento dei Cappuccini** laufen und den Blick übers Meer genießen – manchmal werden auch geführte Touren angeboten.

WEINE AUS DER REGION

Egal, wo man sich in Italien aufhält, überall kann man regionale Weine zum Essen bestellen. Und da bilden die Cinque Terre keine Ausnahme. Auf den Terrassen rund um die fünf Dörfer wachsen Trauben, aus denen die Weißweine *Cinque Terre DOC* hergestellt werden, darunter auch der berühmte *Sciacchetrà*. Ohne diesen süßen *Passito*-Wein probiert zu haben, der perfekt zu Käse und Desserts passt, sollte man die Cinque Terre nicht verlassen.

SEHENSWERTES
1 Castello di Riomaggiore
2 Castello Doria
3 Chiesa di San Giovanni Battista
4 Chiesa di San Lorenzo
5 Chiesa di San Pietro
6 Chiesa di Santa Margherita d'Antiochia
7 Convento dei Cappuccini
8 Parrocchia di San Giovanni Battista
9 Santuario di Nostra Signora di Reggio
10 Scalinata della Valle
11 Statua del Gigante
12 Aussichtspunkt

ESSEN IN CINQUE TERRE

Kepris Pizzeria
In dieser Pizzeria in einer winzigen Gasse in Riomaggiore gibt's eine riesige Auswahl an Pizzas. **€**

Da Aristide
Viele verschiedene Fischgerichte in sehr zentraler Lage in Manarola. **€€**

Cappun Magru
Der perfekte Ort in Manarola, um *cappun magru* – ein traditionelles Gericht mit Fisch und Gemüse – zu probieren. **€€**

DUDAREV MIKHAIL/SHUTTERSTOCK ©

Vernazza

WANDERSCHUHE AN UND LOS GEHT'S!

Die zwischen Meer und Bergen eingebetteten Cinque Terre sind ein beliebter Hotspot für Wanderer. Der ganze **Parco Nazionale delle Cinque Terre** ist kreuz und quer durchzogen von Wegen, die entweder in einem Dorf anfangen und enden oder alle fünf miteinander verbinden und sich für eine mehrtägige Rucksacktour anbieten. Details über jeden einzelnen Weg – mit Angabe der erforderlichen Erfahrung – bietet die Website des Nationalparks. Hier gibt's auch Wetterberichte mit wichtigen Hinweisen, welche Wege an bestimmten Tagen geöffnet oder gesperrt sind.

Blick aufs Meer

DER BLICK VON OBEN – EIN MUSS IN VERNAZZA

Auf dem Weg von Monterosso entlang der Küste in Richtung La Spezia ist der nächste Stopp **Vernazza**. In diesem Dorf gibt es nur eine Straße, sodass man sich entscheiden muss, ob man lieber rauf zu den Bergen und runter zum Hafen geht – das ist übrigens in allen Cinque-Terre-Orten so, aber in Vernazza fällt die Entscheidung leichter, denn alles Sehenswerte ist unten auf Meereshöhe. Wenn man Vernazzas kleine Bucht erreicht hat, geht man entweder an den freien Sandstrand und springt in die Wellen oder erkundet den Ort. Die Hauptkirche **Chiesa di Santa Margherita d'Antiochia** im romanischen Backsteinstil steht an einer Seite des Hafens. Ihre Fenster öffnen sich zum Meer hin und bieten tolle Ausblicke.

ESSEN IN CINQUE TERRE

La Posada Ristorante
Schöner, ruhiger *belvedere* (Aussichtspunkt) über dem Meer und ein guter Ort, um sich in Corniglia auszuruhen und Kräfte zu sammeln. **€€**

Belforte
Von den Terrassen auf dem Felsvorsprung in Vernazza hat man einen tollen Blick über das Meer. **€€**

La Cantina di Miky
Frisches Seafood in Monterosso mit *belvedere* aufs Meer. **€€**

Auf der der Kirche gegenüberliegenden Seite der Bucht steht das **Castello Doria** mit einem Aussichtsturm, dessen Form dem Felsvorsprung, auf dem er errichtet wurde, angepasst ist und so dem Ganzen ein eigenartiges Aussehen verleiht. Wenn die Sonne brennt, mag der Aufstieg zur Burg nicht besonders verlockend sein, aber der Blick übers Meer lässt die Anstrengung sofort vergessen. Wer Lust auf eine kleine Wanderung hat, kann den 2 km langen Weg in Angriff nehmen, der vom Bahnhof zum **Santuario di Nostra Signora di Reggio** führt, wo das Meer zwischen den Bäumen hindurchlugt.

Auf halber Strecke

HOCH OBEN IN CORNIGLIA

Corniglia ist auf mehr als eine Art anders. Wenn man den Ort erreicht, bedeutet das, dass man die Hälfte der Strecke seines Trips durch die Cinque Terre zurückgelegt hat. Und dann natürlich, weil es der einzige der fünf Cinque-Terre-Orte ist, der nicht unten auf Meeresniveau, sondern hoch oben auf einer Klippe liegt. Unten genießt man beim Baden die dramatische Szenerie, oben bietet sich ein atemberaubender Blick aufs Meer. Aufgrund seiner Lage ist Corniglia natürlich der einzige der fünf Orte, den man nicht mit der Fähre erreichen kann. Nachdem man am Bahnhof angekommen ist, kann man entweder ins Zentrum laufen oder auf einen Shuttlebus warten. Die Cinque Terre Treno MS Card gilt auch für den Shuttlebus, man muss aber etwas Zeit fürs Anstehen einplanen.

Nach der Ankunft in Corniglia bummelt man kreuz und quer durch die engen Gassen, immer der Nase und dem Geruch des Meeres nach bis zur **Panorama-Terrasse** von Santa Maria – Eis und Bratfisch einfach links liegen lassen. Von dort sieht man auf beiden Seiten die anderen Dörfer und vorbeischippernde Boote. Corniglias **Kirche** ist Sankt Peter gewidmet, sie steht auf der gegenüberliegenden Seite des *belvedere* – nicht allzu weit von der Shuttlebus-Haltestelle entfernt.

ZITRONEN & ANCHOVIS

Unglaubliche Naturschönheiten, malerische Dörfer und anspruchsvolle Wanderwege – das alles und mehr hat Monterosso zu bieten. Zudem gibt es zahlreiche Feste, die die Tage und Abende – und dabei die Mägen – füllen.

Sagra del Limone
Ende Mai feiert ganz Monterosso die Zitrone, die für Kuchen, Säfte und Marmeladen verwendet wird und die man im ganzen Ort an Ständen probieren kann.

Sagra dell'Acciuga Fritta e Sagra dell' Acciuga Salata
In Monterosso gibt's zwei Anchovi-Feste. Die Sagra dell'Acciuga Fritta im Juni feiert die frisch gefangenen und gebratenen Anchovis, die Sagra dell'Acciuga Salata im September die gesalzenen Anchovis, die für die kalten Monate eingelagert werden.

ÜBERNACHTEN IN CINQUE TERRE

Hotel Marina Piccola
Das winzige Hotel in Manarola hat mehrere Zimmer mit Blick aufs Meer, einige auch mit Balkon. **€€€**

Hotel Gianni Franzi
Winziges Hotel mit romantischem Blick über die Vernazza-Bucht. **€€**

Albergo Hotel Porto Roca
Luxushotel auf einer Aussichtsplattform oberhalb von Monterosso mit Pool, an dem man wunderbar die Seele baumeln lassen kann. **€€€**

Cinque Terre – ein Bilderbuch

DIE FARBEN VON MANAROLA

Übers Meer nach **Manarola** zu reisen bietet den grandiosesten und meistfotografierten Blick auf die Cinque Terre – schmale, farbenfrohe Häuser schmiegen sich am Ufer und auf Felsvorsprüngen aneinander, man könnte meinen, dass sie gleich ins Wasser fallen. Hinzu kommt der Blick auf die terrassenförmige Bewirtschaftung des gesamten Hangs mit Rebstöcken für den berühmten Sciacchetrà-Wein.

Egal, ob man mit dem Schiff oder dem Zug anreist, an der Erkundung des Dorfs ändert sich nichts. Zunächst erklimmt man Manarolas höchsten Punkt und erreicht die **Chiesa di San Lorenzo** mit ihrem Glockenturm. Dann bummelt man vorbei an Geschäften und Restaurants langsam wieder runter zum Hafen. Man sollte sich aber Zeit nehmen, den Blick aufs Meer genießen und das Straßen- und Gassengewirr erkunden – hinter jeder Ecke kann sich ein malerischer Ausblick bieten. Von den Panoramastraßen hoch über dem Dorf genießt man spektakuläre Blicke auf Manarola.

WEIHNACHTS-BELEUCHTUNG

Es stimmt, dass die Cinque Terre in den wärmeren Monaten am hellsten leuchten und die perfekte Location für einen Traumurlaub sind, aber auch die Nebensaison hat ein paar Trümpfe zu bieten, die eine Reise dorthin noch spezieller gestalten. Eines dieser Highlights ist die **Weihnachtskrippe**, zu deren Eröffnung am 7. oder 8. Dezember ein Feuerwerk stattfindet. Alles, von den Gebäuden bis hin zu den Personen, die die Weihnachtskrippe bevölkern, besteht aus tausenden Lichtern, die in selbstgebauten Rahmen baumeln. Es ist die größte Krippe dieser Art weltweit, ihre Lichter sind vom Meer aus deutlich zu sehen.

Der östlichste Zipfel

ZUGUTERLETZT RIOMAGGIORE

Von den Cinque-Terre-Dörfern liegt **Riomaggiore** am dichtesten an La Spezia und der Grenze zur Toskana. Achtung: Wer mit dem Zug ankommt, muss durch einen unterirdischen Tunnel laufen, um das eigentliche Stadtzentrum von Riomaggiore zu erreichen. Ist man dort angekommen, wird man feststellen, dass dessen Grundriss dem von Manarola ähnelt. Und das macht auch Sinn, wenn man bedenkt, dass der Ort technisch gesehen ein Teil von Riomaggiore ist.

Die Hauptstraße des Orts führt hinunter zum Hafen, wo man spontan einen Bootsausflug buchen oder von der Panoramastraße aus einfach nur Sonne und Wellen genießen kann.

Wer lieber hoch hinaus will – was in jedem Ort der Cinque Terre auf der Tagesordnung steht – sollte feste Schuhe tragen,

EIN SNACK ESSEN IN CINQUE TERRE

Alberto Gelateria
In Corniglias Hauptstraße, die zum *belvedere* mit schönem Blick aufs Meer führt. **€**

MIVÀ
Perfekt für eine schnelle Pizza oder Gebratenes in Riomaggiore. **€**

Gelateria Il Porticciolo
Leckeres Eis direkt an der Uferpromenade von Vernazza. **€**

AVANT VISUAL/SHUTTERSTOCK ©

Manarola

selbst wenn man nicht wirklich wandern oder trekken will. Zunächst nimmt man die **Scalinata della Valle** und schlendert durch die engen Gassen, die zu der kleinen romanisch-gotischen **Chiesa di San Giovanni Battista** führen. Von dort geht's weiter in Richtung **Castello di Riomaggiore**, das man leicht an der die Fassade schmückenden Uhr erkennt. Hier bietet sich ein ausgezeichneter Rundumblick über ganz Riomaggiore und die anderen Dörfer.

AUF DEN PARK IST VERLASS

Die ganze Gegend um die Cinque Terre ist Teil des Parco Nazionale delle Cinque Terre. Der Nationalpark umfasst die verschiedenen Wanderwege rund um die fünf Dörfer und das davor liegende Meer, das zu einem geschützten Meerespark gehört. Es gibt eine für die Planung nützliche Website (Italienisch, Englisch und Französisch). Zudem gibt es zahlreiche Info-Punkte im Gebiet der Cinque Terre. Auf einen dieser Punkte trifft man sofort, wenn man in Riomaggiore aus dem Zug steigt. Dort sind auch Cinque-Terre-Karten und Pläne erhältlich.

UNTERWEGS VOR ORT

Wer ein Auto hat, sollte es am besten zuhause lassen, denn in den Cinque Terre einen Parkplatz zu finden, ist besonders in der Hauptsaison so gut wie unmöglich. Alle fünf Orte sind an ein Netz aus Zug-, Shuttlebus- und Fährverbindungen angeschlossen.

SAVONA & PONENTE

Savona & Ponente

Rom

Die Riviera di Ponente erstreckt sich vom westlichsten Bezirk Genuas bis zur französischen Grenze und vervollständigt somit die Italienische Riviera und den Halbmond Ligurien. Ponente und Levante sind sich in ihrem ligurischen Geist sehr ähnlich, in ihren individuellen Besonderheiten unterscheiden sie sich jedoch enorm. Beispielsweise sind die Strände in Ponente breiter, was bedeutet, dass alle Orte an der Küste von Genua bis zur Grenzstadt Ventimiglia perfekt für Familien sind, die ihren Urlaub in der Sonne verbringen wollen. Leute, die ihr halbes Leben in Ligurien Urlaub gemacht haben, verteidigen ihre jeweilige Riviera leidenschaftlich. Man sollte sich aber nicht beirren lassen – jeder sollte seine eigenen Ligurien-Erfahrungen machen.

TOP TIPP

Die entspannteste Art, die Riviera di Ponente zu besuchen, ist mit dem Zug. Du kannst aber auch mit deinem eigenen fahrbaren Untersatz die Aurelia-Autobahn entlangfahren, die durch die ganze Region führt – das Problem ist dann aber oft der Parkplatz.

DIE RIVIERA DELLE PALME

Die Küste rund um Savona ist unter dem Namen Riviera delle Palme bekannt. Sie bietet viele tolle Orte, die perfekt sind für einen Zwischenstopp und für Sonnenbaden am Strand. Einer der Hauptorte in dieser Gegend ist **Loano**, ein besonders faszinierendes Ziel. Hier gibt's nicht nur die typisch ligurischen bunten Häuser im Stadtzentrum und einen langen Strand zum Faulenzen, sondern 20 Autominuten in Richtung Hinterland auch noch die **Grotte di Toirano,** ein Höhlensystem, dessen Erkundung eine ideale Unterbrechung des Strandlebens ist. Wanderschuhe und rechtzeitiges Buchen sind unerlässlich.

Finale Ligure, Alassio & alles dazwischen

DIE PONENTE RAUF & RUNTER

Wer auf der Suche nach dem perfekten Ort ist, um sein Strandhandtuch auszubreiten, hat an der Riviera di Ponente wahrhaft die Qual der Wahl. Ausgangspunkt könnte das nur ein paar Bahnhaltestellen von Genua entfernte **Varazze** sein, von wo aus die **Passeggiata Europa** über 4 km am Meer entlang führt. Danach kommt **Albissola Marina**, das zusammen mit dem Nachbarort Albisola Superiore unter dem Namen „Albisole" bekannt ist. Dort spaziert man über den **Lungomare degli Artisti**, der ganz nach der Tradition von Albissola mit Mosaiken gepflastert ist. In **Finale Ligure** sollte man keinesfalls den Weiler **Varigotti** mit seinem farbenfrohen historischen Zentrum und dem langen, gebührenfreien Strand verpassen.

Weiter geht's in Richtung Frankreich nach **Alassio**, einem der berühmtesten Orte der Ponente. Hier sollte man unbedingt einen Zwischenstopp an der kultigen **Muretto di Alassio** einlegen, einer mit Keramikfliesen bedeckten Mauer mit Autogrammen von Promis und früheren Berühmtheiten. Die Muretto entstand in den 1950er-Jahren nach einer Idee von Mario Berrino, dem Betreiber des Cafés auf der gegenüberliegenden Seite, und von Ernest Hemingway, seinem guten Freund und Stammgast.

Der letzte Stopp ist dann **Laigueglia**, wo Ende Juli und Anfang August der **Sbarco dei Saraceni** stattfindet, eine histo-

SEHENSWERTES
1 Fortezza del Priamàr
2 Grotte di Toirano
3 Muretto di Alassio
4 Pinacoteca Civica
5 Santa Maria Assunta

AKTIVITÄTEN
6 Passeggiata Lungomare Europa

rische Nachstellung des Angriffs auf die Stadt durch den osmanischen Piraten Dragut im 16. Jh. – ein Fest mit viel Musik und einem Feuerwerk.

Stadtspaziergang: Von Päpsten zu Kreuzfahrtschiffen

EINE TOUR DURCH SAVONA

Savona, dieser Ort von großer historischer Bedeutung und noch größerem maritimem Einfluss, ist die erste bedeutende Stadt auf dem Weg von Genua gen Westen. Los geht's an der barocken **1 Cattedrale di Nostra Signora Assunta** im Stadtzentrum. An der einen Seite befindet sich die **2 Cappella Sistina** – und ja, sie wurde absichtlich nach der in Rom genannt, da der Papst den Bau beider Kapellen in Auftrag gab. Der als Francesco della Rovere geborene Papst Sixtus IV. war der Sohn einer mächtigen savoneser Familie, aus der etwa 30 Jahre später ein weiterer Papst hervorging. Sixtus IV. und Julius II. sind der Grund dafür, dass Savona manchmal auch „Stadt der zwei Päpste" genannt wird. Nach der Besichtigung des *Duomo* und

ESSEN IN SAVONA & PONENTE

Osteria La Farinata
Die etwas von Savonas Zentrum entfernt gelegene Osteria ist der Ort, an dem man *farinata* (Fladen aus Kichererbsenmehl) probieren sollte. **€**

Nove
Restaurant mit Michelin-Stern in wunderschöner Lage etwas oberhalb der Muretto in Alassio. **€€€**

Garbassu
Eins der berühmtesten Lokale in Varazze, wenn es um gebratenen Fisch geht. **€€**

WARUM ICH DIE RIVIERA PONENTE LIEBE

Benedetta Geddo, Schriftstellerin

Schon als ich klein war, war die Riviera di Ponente ein beliebter Urlaubsort meiner Familie. Es gibt Babyfotos von mir am *lungomare* in Varazze, auf denen ich übers ganze Gesicht strahle. Deshalb liebe ich sie wahrscheinlich auch heute noch. Für mich bedeutet die Riviera di Ponente endlose, sorgenfreie Sommertage am Meer und Dösen unterm Sonnenschirm am Strand. Selbst jetzt, wenn ich als Erwachsene dorthin komme, habe ich immer das Gefühl, dass mein Leben in dem Moment unbeschwert wird, in dem ich aus dem Zug steige.

der Cappella Sistina spaziert man durch das historische Zentrum Savonas und auf der **3 Via Pia** vorbei an dem **4 Palazzo Gavotti** mit seiner Kunstgalerie und dem Keramikmuseum und schließlich durch die **5 Via Paleocapa**. Weiter geht's zum Meer und zurück in Richtung Stadt, wo der Blick auf die Überreste der mittelalterlichen Türme fällt – die **6 Torre del Brandale** und die **7 Torre Pancaldo**, die verlassen an den Hafenanlagen stehen. Der letzte Stopp ist die eindrucksvolle **8 Fortezza Priamar** oberhalb der Stadt. Sie bietet eine grandiose Aussicht und beherbergt mehrere Museen, u. a. das archäologische Museum von Savona.

UNTERWEGS VOR ORT

Wie die meisten größeren ligurischen Städte kann man auch Savona perfekt zu Fuß erkunden. Alles, was man sehen sollte, befindet sich in zumutbarer Entfernung. Wer beabsichtigt, die Küste zu bereisen, benötigt kein Auto. Man steigt einfach in einen der Züge, die zwischen Savona und Ventimiglia verkehren, und steigt aus, wo immer man möchte.

RIVIERA DEI FIORI

Der letzte an Frankreich grenzende Abschnitt der Riviera di Ponente ist als Riviera dei Fiori, „Blumenriviera", bekannt. Und wie man also vermuten darf, spielen Blumen hier alljährlich bei zahlreichen Events und Feiern eine wichtige Rolle. Das liegt nicht zuletzt an San Remo, ein Name, bei dessen Nennung man sofort an italienische Musikfestivals, jahrzehntealte Traditionen und die Blumen denkt, die in den diversen Gewächshäusern der Stadt gedeihen. Cervo, das Dorf, das als der eigentliche Beginn der Riviera dei Fiori gilt, ist ebenfalls übersät von Blumen – ein Detail, das die beiden Enden dieses letzten Abschnitts der italienischen Riviera perfekt verbindet.

TOP TIPP

Du solltest dir etwas Zeit nehmen und das Hinterland mit dem Auto oder Motorroller erkunden. Wie wär's mit der Stadt Bussana Vecchia, die nach einem schrecklichen Erdbeben im 19. Jh. verlassen wurde und jetzt ein Künstlertreff ist? Oder mit Triora, dem Schauplatz einiger Hexenprozesse im 16. Jh.?

SEHENSWERTES
1 Basilica di San Giovanni Battista
2 Borgo Paraiso
3 Casinò di Sanremo
4 Castello Clavesana – Museo Etnografico
5 Chiesa Russa Ortodossa
6 Giardini Botanici Hanbury
7 Museo dell'Olivo
8 Museo Preistorico dei Balzi Rossi e Zona Archeologica
9 San Giovanni Battista
10 Villa Glock – Museo del Clown

UNTERHALTUNG
11 Teatro Ariston

SHOPPEN
(siehe 7) Emporio Fratelli Carli

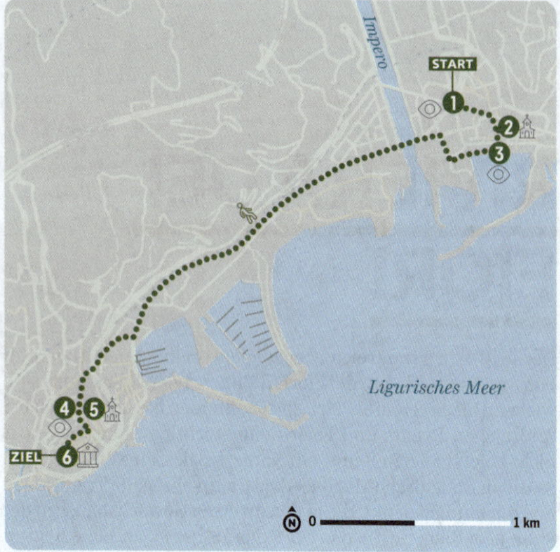

ÖLE & KURIOSES

Olivenöl und Clowns sind die Angebote, die Imperia all jenen bietet, die etwas mehr Zeit für die Stadt haben. Im Stadtzentrum von Oneglia befindet sich der Hauptsitz der Firma **Fratelli Carli**. Hier lohnt sich der Besuch des **Museo dell'Olivo**, das der Kunst der Olivenölherstellung gewidmet ist. Im hiesigen Warenhaus befindet sich ein Restaurant mit Festpreis-Menü. Wer keine Angst vor Clowns hat, besucht die **Villa Grock**. Sie wurde von dem in der Schweiz geborenen Künstler Adrien Wettach gebaut, der in der ersten Hälfte des 20. Jhs. als Zauberer und Clown berühmt wurde. Seine seltsame Residenz ist jetzt ein Museum – Öffnungszeiten vorab checken.

Stadtspaziergang: Zwei Orte in einer Stadt

ZU FUSS DURCH IMPERIA

Imperia ist die letzte Provinz an der Italienischen Riviera vor der französischen Grenze. Sie entstand in den 1920er-Jahren durch den Zusammenschluss der je auf einer Seite des Flüsschens Impero gelegenen Orte Oneglia und Porto Maurizio. Diese beiden Viertel des modernen Imperia konnten sich ihren ganz eigenen städtischen Charakter mit ganz unterschiedlichen Sehenswürdigkeiten bewahren.

Los geht's an der **1 Piazza Dante**, dem Hauptplatz im Zentrum von **Oneglia**. Man sollte sich etwas Zeit nehmen und durch das Stadtzentrum zur **2 Basilica di San Giovanni Battista** gehen. Nachdem man den mehrfarbigen Innenraum bewundert hat, geht's weiter zum Hafen an der **3 Calata Cuneo**, wo man an der Uferpromenade oder – wenn das Wetter nicht mitspielt – unter den Kolonnaden entlang bummelt.

Nun ist es an der Zeit, die andere Seite Imperias zu besuchen. Der Spaziergang von Oneglia zum **Porto Maurizio** dauert etwa 30 Minuten, je nachdem wie gut man zu Fuß ist. Man kann aber

ESSEN AN DER RIVIERA DEI FIORI

Osteria dell'Olio Grosso
Das winzige Lokal in Imperias Stadtviertel Parasio ist *der* Ort für leckeres Seafood. **€€**

Ristorante Balzi Rossi
Ein Kultlokal in Ventimiglia mit Blick aufs Meer. **€€€**

Cafè Ariel
Eine tolle Location für einen *aperitivo* nach einem langen Tag am Strand. Gratis dazu gibt's einen tollen Bick. **€€**

auch mit den öffentlichen Verkehrsmitteln der Stadt fahren. Ist man in Porto Maurizio angekommen, schlendert man durch die Straßen und Gassen von **4 Parasio**, die in dem mittelalterlichen Stadtzentrum wie eine Wendeltreppe nach oben führen. Die **5 Basilica di San Maurizio** kann man gar nicht verpassen – sie ist schließlich die größte Kirche ganz Liguriens. Einen Zwischenstopp sollte man an der **6 Logge di Santa Chiara**, einem langen Säulengang mit Öffnungen zum Meer, einlegen.

Immer den Blumen nach

VON CERVO NACH VENTIMIGLIA

Der traditionelle Ausgangspunkt an der Riviera dei Fiori ist **Cervo**, eine wunderschöne pittoreske Stadt, die von ihrem höchsten Punkt mit der **Chiesa di San Giovanni Battista** und dem **Castello dei Clavesana** zum Meer abfällt. Das historische Zentrum von Cervo ist ein Labyrinth aus Gassen. Hinter jeder Ecke gibt's etwas Neues, eine bunte Bank, einen Ausblick aufs Meer oder im Sommer Blumen an Mauern und Häuserwänden.

Ein weiteres Muss an der Riviera dei Fiori ist **San Remo** – der Grund, warum dieser Küstenabschnitt diesen besonderen Namen verdient. Man sollte sich die Hauptsehenswürdigkeiten anschauen, von der **Fontana dello Zampillo** über das **Casino di Sanremo** bis hin zur **Chiesa di Cristo Salvatore**, die von russischen Adligen errichtet wurde und folglich einer orthodoxen Kirche ähnelt.

Die Riviera endet in **Ventimiglia**, dem letzten Ort vor der französischen Grenze. Nach dem Bummel durch das Stadtzentrum darf man auf keinen Fall vergessen, auch die Sehenswürdigkeiten außerhalb der Stadt zu besuchen. Die **Giardini Botanici Hanbury** oben auf einem Felsvorsprung sind 15 Autominuten von Ventimiglia entfernt. Die archäologische Stätte **Balzi Rossi** besteht aus einer Reihe von Höhlen, in der sich mehrere Gräber und Gemälde befanden. Eine der Höhlen, die **Grotta del Caviglione**, ist je nach Witterung für Besucher:innen geöffnet.

FESTIVAL DI SAN REMO

Der Name San Remo ist für Italiener:innen vor allem mit einem verbunden – dem **Festival della Canzone Italiana,** allgemein bekannt als Festival di San Remo. Das Festival ist der größte Musikwettbewerb des Landes und wahrscheinlich das bedeutendste Medienevent des Jahres, das an allen fünf Abenden in Fernsehen und Radio übertragen wird. Es findet jedes Jahr im Februar in San Remos **Teatro Ariston** statt. Einen Sitzplatz in dem relativ kleinen Theater zu bekommen ist kein leichtes Unterfangen. Aber während des Festivals in San Remo zu sein bedeutet, dass man den unverwechselbaren Klang italienischer Popkultur in sich aufsaugen kann.

UNTERWEGS VOR ORT

Imperia liegt direkt an der Eisenbahnstrecke Savona–Ventimiglia. Da die Stadt aus zwei zusammengewachsenen Orten besteht, kann man sie nicht so gut zu Fuß erkunden wie Savona oder La Spezia. Unmöglich ist es aber auch nicht. Mit dem Auto die Stadt zu besichtigen, lohnt die Mühe nicht, vor allem wegen der meist schwierigen Parkplatz-Situation. Wenn man aber die archäologische Stätte Balzi Rossi außerhalb von Ventimiglia besuchen möchte, ist ein eigener fahrbarer Untersatz keine schlechte Wahl.

R.NAGY/SHUTTERSTOCK ©

Statuen, Duomo di Milano (S. 235)

DIE WICHTIGSTEN ZIELE

MAILAND
Mode-, Finanz- und Designmetropole. S. 230

COMER SEE
Prachtvillen, Gärten und Wanderwege. S. 249

LAGO MAGGIORE
Palastinseln und Borromeo-Geschichte. S. 254

MAILAND & DIE SEEN

REICHTUM, KULTUR UND DIE SCHÖNHEIT DER NATUR

Handel, traumhafte Seen, mittelalterliche Städte und dynamischer Erfindergeist bestimmen Italiens industriellen Norden.

Die arbeitsame Region zwischen den Alpen und dem Fluss Po im Norden Italiens ist schon lange die reichste des Landes. Sie erwirtschaftet ganze 22 % des Bruttoinlandsprodukts und beheimatet ein Sechstel der Gesamtbevölkerung, da viele hier Arbeit finden.

Nirgends ist dies so offensichtlich wie in Mailand, Italiens Finanzzentrum, wo man eher selten einen *vero* (echten) *milanese* trifft. Hier hastet die oftmals gut betuchte Stadtbevölkerung von Event zu Event – zur nächsten Modenschau, zu Design- oder Tech-Präsentationen sowie zu Meetings mit dem unabdingbaren *commercialista* (Steuerberater), während an der Bocconi-Universität das Rüstzeug für künftige Startups vermittelt wird.

Außerhalb der Stadt geht es weniger hektisch zu, wobei auch dort die Textil-, Möbel-, Eisen- und Stahlindustrie den Takt angibt. Reisfelder prägen die Landschaft; das Bewässerungssystem geht zum Teil auf da Vinci zurück. Die wichtigste Zutat für das in Norditalien so beliebte Risotto wächst genau hier. Ruhige Ortschaften bergen Schätze des Mittelalters und der Renaissance. Wer Erholung sucht, steuert die Gletscherseen am Fuß der Alpen an, denn tatsächlich ist die industriell geprägte Region auch mit einer wunderschönen Natur gesegnet. Reisende können sich auf einen Mix aus dramatischen Seen, hügeligen Gebirgsausläufern, der Geschichte mächtiger Dynastien und einer (für italienische Verhältnisse) schnelllebigen Stadt als Herzstück freuen.

GARDASEE
Römische Ruinen und Dichterresidenz. S. 258

BERGAMO
Mittelalterlicher Stadtkern und venezianische Mauern. S. 262

MANTUA
Paläste und die Familie Gonzaga. S. 265

Comer See, S. 249

Der beliebte See bietet dramatische Bergkulissen, Villen aus dem 18. Jh. und kunstvolle Gärten.

Lago Maggiore, S. 254

Von Borromeo-Palästen dominierte Inseln sind die Hauptattraktionen, zudem lockt ein kaum bekanntes Kloster in eindrucksvoller Lage.

Mailand, S. 230

Italiens modernste Stadt ist ein Mode- und Designzentrum mit einem weltbekannten Opernhaus und künstlerischen Highlights wie *Das letzte Abendmahl*

AUTO

Wer keine Lust auf lange Fährschlangen und unregelmäßige Busverbindungen hat, sollte die Seen mit dem Auto erkunden. Das gilt vor allem für den Comer See. Unterwegs locken wunderbare Ausblicke sowie abgeschiedene Bergdörfer.

BUS

Busse brauchen generell länger und sind die Ersparnis meist nicht wert. Allerdings wird in der Regel ein klimatisierter Sitzplatz garantiert, was in Zügen nicht immer der Fall ist. Zudem fahren sie Orte an den Seen an, die nicht an Schienen angebunden sind.

ZUG

Regelmäßig verkehren Züge von der Stazione Centrale in Mailand zu nahe gelegenen Städten wie Bergamo und Mantua. An den Seen gibt es immer mindestens einen Hauptort, der gut mit dem Zug an Mailand angebunden ist, im Sommer sind die Verbindungen allerdings sehr gefragt.

Bergamo, S. 262

Die von venezianischen Mauern aus dem 16. Jh. gesäumte mittelalterliche Città Alta (Obere Stadt) lädt zu einem Streifzug in die Vergangenheit der Stadt ein.

Gardasee, S. 258

Hier warten die Ruinen einer römischen Villa, ein von der Unesco geschützter Park und die bizarre Residenz des Dichters und Präfaschisten Gabriele D'Annunzio.

Mantua, S. 265

Das oft übersehene Renaissance-Juwel ist von drei Seen umgeben und wurde einst von den Gonzagas beherrscht, einer der mächtigsten Dynastien Norditaliens.

Erste Orientierung

Dieser bedeutende Teil Norditaliens besticht mit wunderschönen Seen, Geschichte und Kultur. Ausgehend vom Herzstück Mailand haben wir Orte gewählt, die den Charakter am besten aufzeigen.

Perfekte Tage

Mailands Weltklassemuseen und Mode-Hotspots sorgen für kosmopolitische Highlights. Ein Kontrastprogramm bieten die Renaissance-Kultur im Süden und die Seen mit Bergkulisse.

MARCOVARRO/SHUTTERSTOCK ©

Via della Spiga (S. 235)

Wenig Zeit

Wer nur Zeit für eine Station hat, sollte **Mailand** (S. 230) wählen. Die Stadt mag nicht über Renaissance-Schätze wie Florenz oder über die schillernde Geschichte Roms verfügen, sie macht das jedoch mit ihrem einzigartigen Stil und einer Vision von Italiens Zukunft wett. Neben dem Haute-Couture-Viertel **Quadrilatero d'Oro** (S. 234) locken der **Duomo** (S. 235) mit seiner unnachahmlichen Extravaganz und Da Vincis ultimatives Meisterwerk, **Das letzte Abendmahl** (S. 231). Die Farben und Details des Wandgemäldes mögen verblasst sein, es jedoch in der Stille der Basilika Santa Maria delle Grazie zu erleben, ist noch immer ein Erlebnis.

Beste Reisezeit

Im Sommer schwitzt Mailand, Einheimische fliehen und Stechmücken haben Hochkonjunktur. Die Seen sorgen aber für Abkühlung. Im Frühling sind die Gärten an den Seen am eindrucksvollsten.

JANUAR

Gegen die Kälte helfen **Wintergerichte** wie dampfende *cassoeula* (Fleischeintopf) und buttrige Polenta mit Schmorbraten.

MÄRZ

Ostern steht für *chiacchiere* (Fettgebäck), *tortelli* (Krapfen) und *colomba* (Kuchen in Form einer Taube).

APRIL

Mit hunderten Ausstellungen und Partys sorgt die Mailänder **Designwoche** für einen spannenden Aufenthalt.

FANFO/SHUTTERSTOCK ©, OLGABOMBOLOGNA/SHUTTERSTOCK ©, PAOLO BONA/SHUTTERSTOCK ©

Eine Woche

- Wer fünf bis sieben Tage zur Verfügung hat, kann Mailand intensiver erleben. Vielleicht reicht die Zeit für einen Abend in **der Oper** (S. 236) oder für ein paar alte Meister in der **Pinacoteca** (S. 236). Zudem kann man wie einst Prinzessinnen und Poeten ein paar Tage an den Seen entspannen.

- Der **Comer See** (S. 249) ist oft überlaufen, mit seinen dramatischen Ausblicken und opulenten Villen lohnt er dennoch einen Besuch. Alternativ bieten die Inseln des **Lago Maggiore** (S. 254) ähnlich prachtvolle Paläste und sind weniger gut besucht; die Seeblicke sind allerdings auch nicht ganz so eindrucksvoll.

Länger Zeit

- Neben Mailand und den beiden Seen bleibt noch Zeit für einige andere Städte. **Bergamo** (S. 262) liegt nah genug für einen Kurztrip und begeistert mit der charmanten mittelalterlichen **Città Alta** (S. 262), umgeben von **venezianischen Mauern** (S. 262) aus dem 16. Jh. **Mantua** (S. 265) punktet mit weitläufigen **Palästen** (S. 265), die die Geschichte der lange herrschenden Familie Gonzaga erzählen.

- Zudem lohnt ein Besuch des **Gardasees** (S. 258). Ein Streifzug durch das **Haus von Gabriele D'Annunzio** (S. 258), dem Dichter und faschistischen Ideengeber Mussolinis, ist eine aufrüttelnde Erfahrung.

MAI

Im Frühling erstrahlen die **Villengärten** in den bunten Farben blühender Kamelien, Rhododendren und Azaleen.

SEPTEMBER

Für Formel-1-Fans ist der **Große Preis von Italien** in Monza, bekannt für seine Rennstrecke, ein Highlight.

OKTOBER

Im Herbst findet rund um die Seen die **Maroni-Ernte** statt. Die Früchte werden in unterschiedlichster Form gegessen, von Gnocchi bis hin zu Aufstrich.

DEZEMBER

In der Mailänder Scala beginnt die **Saison** mit dem Namenstag des Heiligen Ambrosius. Opernfans fiebern diesem Tag entgegen.

ELITRAVO/SHUTTERSTOCK ©, CRISTIANO BARNI/SHUTTERSTOCK ©, RAFFMASTER/SHUTTERSTOCK ©, KIEVVICTOR/SHUTTERSTOCK ©

MAILAND

Mailand begeistert als italienische Version einer schnelllebigen, modernen Stadt. Die Finanz-, Mode- und Designmetropole rückte mit der Expo 2015 ins Rampenlicht und strebt danach, sich zu einem kosmopolitischen Schmelztiegel nach Londoner oder Pariser Vorbild zu entwickeln.

Im letzten Jahrzehnt veränderten zwei neue Viertel – Porta Nuova und CityLife – das Stadtbild grundlegend. Startups sprießen aus dem Boden, sodass die *Financial Times* Mailand zu „Italiens größtem Startup-Zentrum" erklärte. Zu traditionellen Trattorien gesellen sich innovative Restaurants, die italienische und internationale Einflüsse kombinieren. Sogar der jahrzehntelange Bevölkerungsrückgang der Stadt scheint gestoppt, da viele von deren neuer Energie angezogen werden.

Dabei hat Mailand seine Vergangenheit nicht vergessen und bleibt bis heute die hart arbeitende Handelsstadt, die es seit der Renaissance ist. Und die *milanese*? So versnobt, aber auch (wenn man sie einmal kennt) bedingungslos loyal wie eh und je.

TOP TIPP

Die Innenstadt lässt sich gut zu Fuß erkunden, ansonsten bieten sich Metro, Bus und Straßenbahn an. Fahrräder und Mopeds sind gute Optionen, doch Vorsicht auf den gepflasterten Straßen! Vom Auto ist abzuraten: Es gelten Zufahrtsbeschränkungen (Area C) und die Parkplatzsuche ist ein Alptraum.

BESTE ADRESSEN FÜR DESIGN

Triennale di Milano
Mailands erste Adresse für italienisches Design mit Sottsass-Klassikern, internationaler Fotografie, Mode und mehr.

Studio Museo Achille Castiglioni
Das Atelier, in dem der Künstler bis zu seinem Tod im Jahr 2002 arbeitete, gibt Einblicke in dessen unkonventionelle Gedankenwelt. Die Führungen leitet seine Tochter.

ADI Design Museum
Einst waren die mit dem Designpreis Compasso d'Oro ausgezeichneten Objekte der Industrie vorbehalten, heute sind sie in einem ehemaligen Straßenbahndepot für die Öffentlichkeit zugänglich.

Im Design-Delirium

STADTWEITES DESIGN-FESTIVAL

Jedes Jahr aufs Neue erfasst das Design-Week-Fieber die ganze Stadt: Verlassene Fabriken, Architekturstudios und Bars verwandeln sich in Locations für rauschende Partys oder Design-Events. Das war nicht immer so – die Design Week hat ihre Ursprünge in den 1980er-Jahren. Damals begleiteten ein paar Nebenveranstaltungen den offiziellen kostenpflichtigen Salone del Mobile, eine internationale Messe für Möbel und Design. Schließlich stellten diese „Fuorisalone" (wörtlich „außerhalb des Salone") genannten Events die eigentliche Messe in den Schatten und die Designwoche erfreute sich immer größerer Beliebtheit. Heute werden Airbnbs von Kreativköpfen, Designfans und Partyfreudigen aus der ganzen Welt geradezu überrannt und längst sind auch große Marken vertreten.

Teil des Reizes ist die Tatsache, dass der Fuorisalone kostenlos und jeder willkommen ist. Dieses inklusive Konzept macht das Event einzigartig. Die Bandbreite reicht von großen Hermès-Installationen über Exponate von ECAL-Studenten bis hin zu improvisierten Ausstellungen, z. B. von Getränkehaltern in einem privaten Schlafzimmer. Dazu gehören natürlich auch jede Menge Partys. Bei den begehrtesten handelt es sich um exklusive Events von Designermarken wie Dimoremilano, es gibt jedoch auch viele Veranstaltungen mit Gast-DJs an (gar nicht mehr so) geheimen Locations für die breite Masse.

Die Design Week findet meist im April oder Mai statt, das genaue Datum variiert jedoch von Jahr zu Jahr, ebenso wie die teilnehmenden Marken und Designer:innen.

POSZTOS/SHUTTERSTOCK ©

Das letzte Abendmahl, **Basilica di Santa Maria delle Grazie**

Der ewige Zauber des Abendmahls

DA VINCIS MEISTERWERK

Wer vor da Vincis 40 m² großem Meisterwerk steht, hält fast unwillkürlich den Atem an – sei es aus Ehrfurcht oder weil man Angst hat, das empfindliche Werk mit seiner Atemluft weiter zu beschädigen. Es hat da Vincis experimentelle Technik (aufgrund derer das Bild bereits 20 Jahre nach seiner Erstellung Schäden aufwies) überlebt, ebenso Bombenangriffe im Zweiten Weltkrieg sowie unsachgemäße Restaurierungsversuche. Dass das Werk überhaupt noch existiert, grenzt an ein Wunder. Da heute die Besucher:innen selbst eine der größten Bedrohungen sind, ist die Besuchszeit auf 15 Minuten begrenzt, zudem muss man zuvor eine Schleuse mit gereinigter Luft passieren.

Das letzte Abendmahl prangt an einer Wand des Refektoriums neben der **Basilica di Santa Maria delle Grazie** und beeindruckt bis heute, auch wenn es sich in vielerlei Hinsicht um eine gespenstische Version des Originals handelt. Der Moment, in dem Jesus die „Bombe" des bevorstehenden Verrats platzen

LEONARDOS KAUM BEKANNTES WEINGUT

Wer hätte gedacht, dass sich der Meister der Renaissance auch für Weinbau interessierte? 1498 schenkte Ludovico „Il Moro", Herzog von Mailand, seinem Schützling Leonardo Da Vinci, ein leidenschaftlicher Winzer, ein Weingut. Es befindet sich direkt gegenüber der Basilica di Santa Maria delle Grazie, wo Leonardo an *Das letzte Abendmahl* arbeitete. Das ursprüngliche Gut wurde im Zweiten Weltkrieg zerstört, danach jedoch detailgetreu und mit derselben Rebsorte neu angelegt. Heute kann man auf **La Vigna di Leonardo** zwischen Reben spazieren und – wie einst Leonardo – die edlen Tropfen genießen.

EINE NACHT AUF DA VINCIS WEINGUT

Die **Casa degli Atellani** (S. 236) und der von Piero Portaluppi restaurierte *palazzo* (Palais) aus dem 15. Jh. wissen zu beeindrucken. Die mit Möbeln von Mailänder Edelmarken eingerichteten Wohnungen bieten teils Blicke auf die Basilica di Santa Maria delle Grazie.

DAS BESTE STREETFOOD

Mercato Centrale
Die Markthalle überzeugt Herz und Magen mit Gourmetsnacks wie Grillfleisch oder Empanadas. **€€**

De Santis
Dekoriert mit Autogrammfotos von Prominenten und Fußballstars und bekannt für köstliche *panini*. **€**

La Ravioleria Sarpi
Chinesisches Knowhow und eine historische Metzgerei prägen diesen winzigen Imbiss, dessen Ravioli zu den besten Mailands gehören. **€**

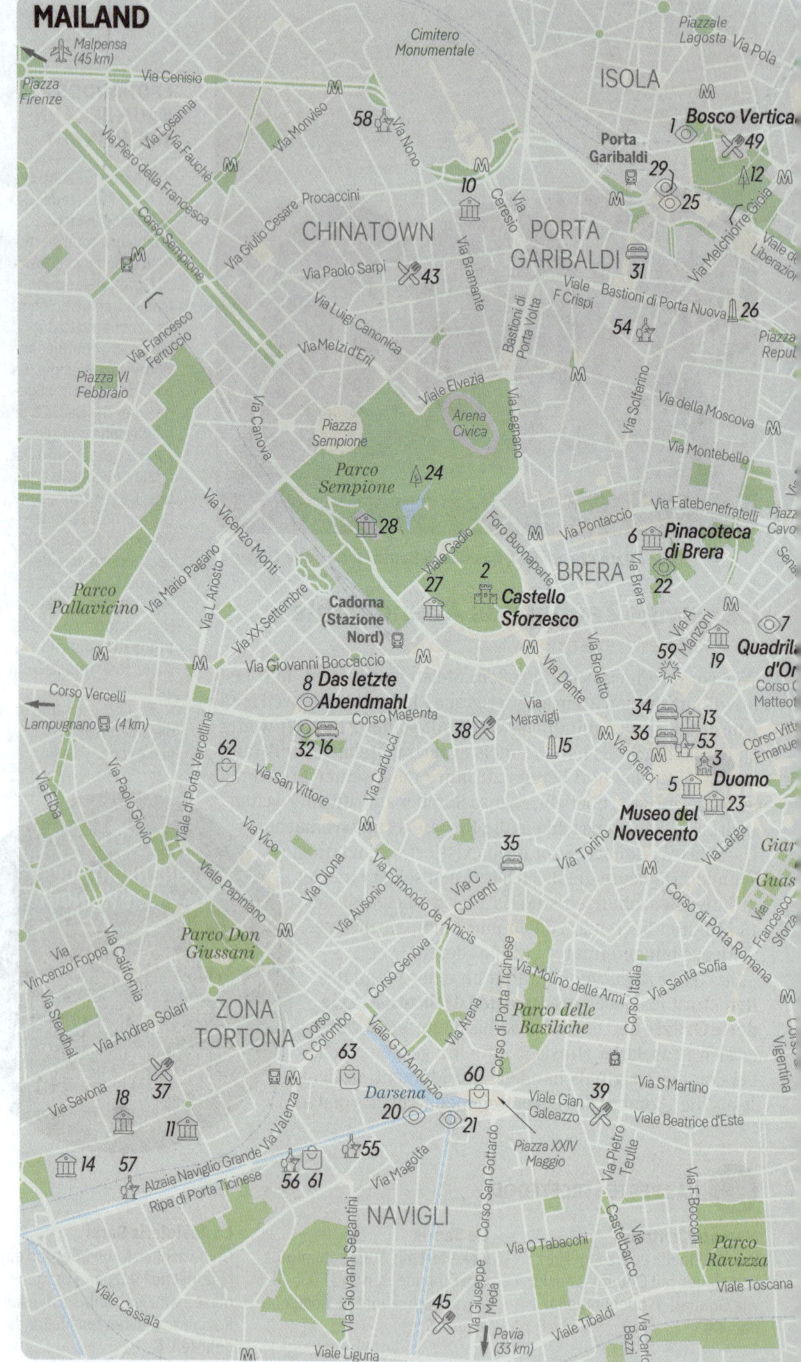
MAILAND
Malpensa (45 km)
Piazza Firenze
Via Cenisio
Cimitero Monumentale
Piazzale Lagosta
Via Pola
ISOLA
1 Bosco Verticale
49
12
Porta Garibaldi
29
25
10
CHINATOWN
PORTA GARIBALDI
31
Via Paolo Sarpi
43
Via Bramante
58
Via Nono
Via Monviso
Via Losanna
Via Fauché
Via Piero della Francesca
Corso Sempione
Via Giulio Cesare Procaccini
Via Ceresio
Via Melchiorre Gioia
Viale della Liberazione
Viale F Crispi
Bastioni di Porta Nuova
26
54
Bastioni di Porta Volta
Via Luigi Canonica
Via Melzi d'Eril
Via Francesco Ferruccio
Piazza VI Febbraio
Piazza Repubblica
Viale Elvezia
Arena Civica
Via Legnano
Via Solferino
Via della Moscova
Via Montebello
Via Canova
Piazza Sempione
Parco Sempione
24
28
Via Vicenzo Monti
Via Fatebenefratelli
Via Pontaccio
Foro Buonaparte
6 Pinacoteca di Brera
22
BRERA
Via Brera
Viale Gadio
2 Castello Sforzesco
27
Cadorna (Stazione Nord)
Parco Pallavicino
Via Mario Pagano
Via L Ariosto
Via XX Settembre
Via Giovanni Boccaccio
Via A Manzoni
7 Quadrilatero d'Oro
19
59
Via Broletto
Via Dante
Corso Vercelli
Lampugnano (4 km)
8 Das letzte Abendmahl
32
16
Corso Magenta
38
Via Meravigli
15
34
13
36
53
3
Via Orefici
5 Duomo
23
Museo del Novecento
62
Via Elba
Via Paolo Giovio
Viale di Porta Vercellina
Via San Vittore
Via Carducci
Via Vico
Via Olona
Via Edmondo de Amicis
Via Ausonio
Via C Correnti
35
Via Torino
Via Larga
Corso di Porta Romana
Viale Papiniano
Parco Don Giussani
Via Vincenzo Foppa
Via California
Via Stendhal
Via Andrea Solari
ZONA TORTONA
Corso C Colombo
Corso Genova
Corso di Porta Ticinese
Via Molino delle Armi
Via Santa Sofia
Corso Italia
Parco delle Basiliche
Via Arena
Viale G D'Annunzio
63
Darsena
60
37
18
11
Via Savona
20
21
Viale Gian Galeazzo
39
Via S Martino
Viale Beatrice d'Este
Corso Vigentina
14
57
Alzaia Naviglio Grande
Ripa di Porta Ticinese
Via Valenza
56
61
55
Via Magolfa
Piazza XXIV Maggio
Via Pietro Teulie
Via F Bocconi
NAVIGLI
Corso San Gottardo
Via Giovanni Segantini
Via O Tabacchi
Via Castelbarco
Parco Ravizza
Viale Toscana
Viale Cassala
45
Via Giuseppe Meda
Pavia (33 km)
Viale Tibaldi
Via Carlo Bazzi
Viale Liguria

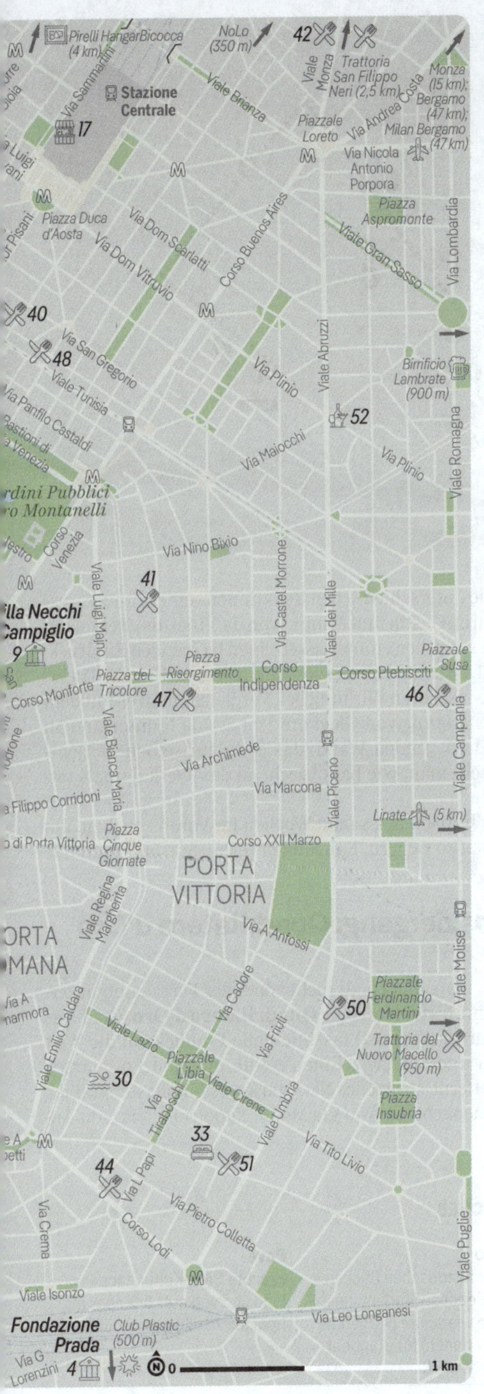

HIGHLIGHTS
1 Bosco Verticale
2 Castello Sforzesco
3 Duomo
4 Fondazione Prada
5 Museo del Novecento
6 Pinacoteca di Brera
7 Quadrilatero d'Oro
8 The Last Supper
9 Villa Necchi Campiglio

SEHENSWERTES
10 ADI Design Museum
11 Armani Silos
(siehe 8) Basilica di Santa Maria delle Grazie
12 Biblioteca degli Alberi
13 Galleria Vittorio Emanuele II
14 Gianfranco Ferré Foundation
15 L.O.V.E
16 La Vigna di Leonardo
17 Mercato Centrale
18 Museo delle Culture
19 Museo Poldi Pezzoli
20 Naviglio Grande
21 Naviglio Pavese
22 Orto Botanico di Brera
23 Palazzo Reale
24 Parco Sempione
25 Piazza Gae Aulenti
26 Porta Nuova
27 Studio Museo Achille Castiglioni
28 Triennale di Milano
29 UniCredit Tower

AKTIVITÄTEN, KURSE & TOUREN
30 I Bagni Misteriosi

SCHLAFEN
31 3Rooms
32 Atellani Apartments
33 Foresteria Un Posto a Milano
34 Galleria Vik
35 Ostello Bello
36 Room Mate Giulia

ESSEN
37 Cocciuto
38 De Santis
39 Gattullo
40 Gelsomina
41 Giolina
42 Kung Fu Bao
43 La Ravioleria Sarpi
44 Marlà
45 Nebbia
46 Onest
47 Pasticceria Sissi
48 Pavé
49 Ratanà
50 Trattoria Masuelli San Marco
51 Un Posto a Milano

AUSGEHEN & NACHTLEBEN
52 Bar Basso
53 Camparino in Galleria
54 Dry
55 Mag Cafè
56 Pinch
57 Rocket
58 Tempio del Futuro Perduto

UNTERHALTUNG
59 Teatro alla Scala

SHOPPEN
(siehe 31) 10 Corso Como
60 Mercato Comunale
61 Mercatone dell'Antiquariato
62 Spazio Rossana Orlandi
63 Tenoha

PRAKTISCHES
(siehe 59) Teatro alla Scala Box Office

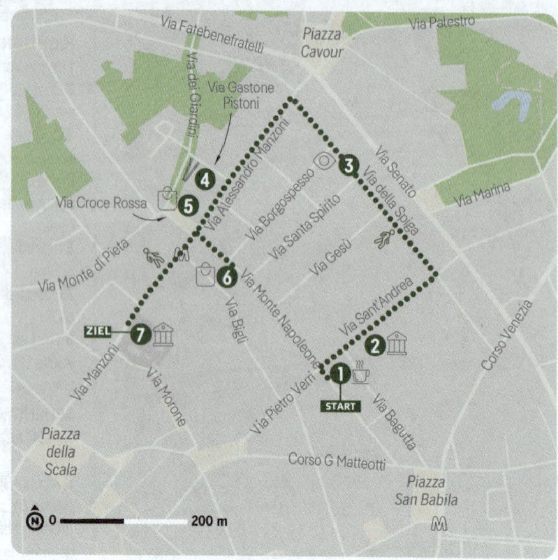

DER GEHÄUTETE

Fast jeder hält im **Duomo** beim gruseligen Anblick des Heiligen Bartholomäus, der seine Haut wie einen Umhang trägt, kurz inne. Die Statue wurde 1562 von dem lombardischen Bildhauer Marco d'Agrate gefertigt und zeigt Bartholomäus, einen Jünger Jesu. Sein Drang, andere zum christlichen Glauben zu bekehren (vor allem König Polymius von Armenien und dessen Familie), wurde ihm zum Verhängnis. Bartholomäus wurde lebendig gehäutet und enthauptet, seitdem ist er ein Märtyrer. Die Statue zeigt auch d'Agrates eindrucksvolles Wissen über die menschliche Anatomie.

lässt, und die unterschiedlichen Reaktionen seiner Jünger, ausgedrückt durch Gestik und Mimik (von da Vinci als „Regungen der Seele" beschrieben), hinterlassen einen bleibenden Eindruck. Der illusionäre 3 D-Effekt, ausgelöst durch perspektivische Tricks, trägt zur lebensechten Wirkung bei. Vergleicht man es mit dem Bild *Die Kreuzigung* von Giovanni Donato da Montorfano an der gegenüberliegenden Wand, das etwa zur selben Zeit entstand, versteht man, wie bahnbrechend das Werk damals tatsächlich war.

In der Hochsaison muss man Wochen im Voraus buchen, um sich ein Ticket zu sichern. Führungen vermitteln faszinierende Details.

Stadtspaziergang: Quadrilatero d'Oro

DAS HAUTE-COUTURE-VIERTEL

Selbst wenn man eine Fendi nicht von einer Ferragamo unterscheiden kann, bietet Mailands **Quadrilatero d'Oro** (Goldenes Viereck – der Name passt) faszinierende Einblicke in die Welt der Reichen und Schönen. Einen zehnminütigen Fußmarsch vom Dom entfernt, strotzt das Netz von Kopfsteinpflasterstraßen, lose zusammengehalten von Via Monte Napoleone, Via Sant'An-

DIE BESTEN FRÜHSTÜCKS-BRIOCHES

Onest
Das Café steht in Sachen Kaffee und Essen für Nachhaltigkeit und serviert wunderbar buttrige Backwaren. **€**

Gattullo
In dieser historischen Bäckerei stehen Bocconi-Student:innen genauso wie *sciure* (vornehme Mailänderinnen) für Blaubeer-Croissants an. **€**

Pavé
Brachte Café-Kultur nach Mailand und verkauft *brioches* mit üppiger Vanillecremefüllung. **€**

drea, Via Senato und Via Manzoni, von modischen Schwergewichten, und lohnt mindestens einen morgendlichen Spaziergang. Marmorfassaden, Bodyguards in schwarzen Anzügen und extravagante Outfits verbinden sich hier zu einem schillernden Parallelkosmos.

Ausgangspunkt ist die historische 1 **Pasticceria Cova**, die 1817 eröffnet wurde und mittlerweile zu LVMH gehört. Die tintenblauen Polsterbänke locken zu Kaffee und *brioche*. Nun geht's die Straße hinunter zum 2 **Palazzo Morando** an der Via Sant'Andrea, wo man sich die neueste Modeausstellung ansehen kann. Anschließend gibt ein Spaziergang entlang der 3 **Via della Spiga** Einblicke in exklusive Schaufenster von Dolce & Gabbana und Co. In Armanis 4 **Nobu** bei der Via Monte Napoleone lassen sich Gutbetuchte mittags Sushi schmecken, während das 5 **Emporio Armani** um die Ecke die markentypische subtile Eleganz versprüht. Ein Umweg über die Via Monte Napoleone führt zu 6 **Berluti**, einem italienischen Schuhmacher, der seit über 100 Jahren Maßanfertigungen herstellt. Abschluss des Nachmittags ist die Renaissance-Sammlung eines italienischen Grafen im nach ihm benannten 7 **Museo Poldi Pezzoli**.

Ambitionierter Dom

600 JAHRE BAUZEIT

Der **Duomo** ist mehr als ein extravaganter Dom in Mailands Innenstadt, vielmehr steht er für die Vorstellungskraft, den Einfallsreichtum und die Kühnheit einer Stadt, die das Unmögliche möglich machte. Tatsächlich waren die Baupläne, die Giangaleazzo Visconti 1386 vorlegte, überaus ambitioniert. Um die riesigen Mengen an Candoglia-Marmor hierher zu transportieren, mussten Kanäle gebaut werden, und wegen der enormen Größe des Doms waren neue Technologien vonnöten. Die Bauzeit betrug ganze 600 Jahre (dagegen ist die Sagrada Família ein Waisenkind!) und tatsächlich bezieht sich ein Mailänder Sprichwort über eine nicht enden wollende Aufgabe auf den Dom („*lungh 'me la fabrica del Domm*" bedeutet „so lange wie die Arbeit am Dom").

Für einen Besuch sollte man ein paar Stunden einplanen. Ganze 135 Spitzen und 3400 Statuen, darunter die mit Blattgold überzogene Madonnina, zieren die Fassade und die kunstvollen Türen. Drinnen verbergen sich Schätze wie der 5 m hohe Trivulzio-Kronleuchter und Besonderheiten wie eine Sonnenuhr mit Tierkreiszeichen und die Statue des gehäuteten Hl. Bartholomäus. In der Apsis zeigen drei riesige Fenster Szenen aus der Bibel, während die Krypta darunter die mit Edelsteinen ge-

INSIDERTIPPS: MODE

Stefano Sorci, ein Mode- und Produktberater, der am Istituto Marangoni Milano lehrt, über seine Topadressen für Mode. *(@stefanomilano62)*

Armani Silos
Erste Anlaufstelle ist zweifellos dieses Museum von und für Giorgio Armani, das dessen immensem Werk gewidmet ist.

Gianfranco Ferré Foundation
Dieser wunderschöne Ort widmet sich den kreativsten Jahren eines der produktivsten Designer Italiens und gibt Einblicke in sein gesamtes Werk inklusive der Zeit, als Gianfranco Kreativdirektor bei Christian Dior war. Nur mit Anmeldung.

Fondazione Prada
Kein spezieller Fokus auf Mode, jedoch eng damit verbunden. Auch das Prada Osservatorio über der Galleria Vittorio Emanuele II lohnt einen Besuch.

Marlà
Die luftigen *maritozzi* (Hefebrötchen mit Cremefüllung) zaubern einen Sahnebart ins Gesicht. €

Pasticceria Sissi
Die hiesige stilbewusste Kundschaft lässt sich *brioches* mit Honig im von Weinreben bewachsenen Hof schmecken. €

Gelsomina
Die Glastheke birgt *cannoli siciliani* (Teigrollen mit Ricotta-Füllung) und andere süße Leckereien. €

schmückten Überreste des Kardinals San Carlo, der im 16. Jh. lebte, birgt.

Wer die Stadt von oben und die Turmspitzen aus der Nähe bewundern möchte, erklimmt die 150 Stufen zu den **Dachterrassen**; es gibt auch einen kostenpflichtigen Aufzug. Wer noch etwas Zeit hat, kann den archäologischen Bereich erkunden, der Erkenntnisgewinn ist jedoch recht gering. Der Audioguide ist deutlich teurer als die identische App, die man herunterladen kann.

GESCHICHTE, HAUTE COUTURE & STIERHODEN

Mit ihrem triumphalen bogenförmigen Glasdach sprengt die **Galleria Vittorio Emanuele II** den Rahmen einer gewöhnlichen Mall. 1867 erbaut und nach dem König, der Italien vereinte, benannt, wurde sie bald zum Treffpunkt Einheimischer, was ihr den Spitznamen *Salotto di Milano* (Wohnzimmer Mailands) einbrachte.

Im Inneren dominiert ein Mix aus vornehmen Cafés und Haute Couture. Geschichtsträchtige Adressen sind das Restaurant Biffi, das es seit der Eröffnung der Galleria gibt, und das erste Prada-Geschäft mit dem Originalschild „Fratelli Prada“ (Prada-Brüder). Laut einer kuriosen Tradition bringt es Glück, wenn man seinen Absatz auf dem Hoden des Mosaikstiers (mittlerweile ein Loch) dreht.

La Scala wie die Einheimischen

EIN GÜNSTIGER OPERNABEND

Hier gab Maria Callas ihr Debüt, hier triumphierte Verdi, hier begründete Toscanini seinen Ruf als virtuoser Dirigent – einen Abend in den vergoldeten Samtlogen des **Teatro alla Scala** neben elegant gekleideten *milanese* wird man nicht so schnell vergessen. Tickets schlagen gewöhnlich mit rund 200 € zu Buche, es gibt jedoch eine fast nur Einheimischen bekannte Strategie, Karten für unter 15 € zu ergattern, dafür benötigt man allerdings Geduld.

Am Vorstellungstag registriert man sich vor 13 Uhr mit einem Ausweisdokument beim **Kartenschalter des Teatro alla Scala**, fünf Gehminuten vom Duomo entfernt. Dann läuft man zur angrenzenden Via Filodrammatici zu der Person in einem Plastikstuhl. Dort hinterlässt man seinen Namen und kommt dann erneut um 17.30 Uhr, um sein Ticket zu bezahlen und abzuholen (pro Person ist nur ein Ticket erlaubt).

Natürlich handelt es sich nicht um die besten Plätze im Haus, sondern um die obersten Ränge. Dort muss man entweder stehen (in der zweiten Reihe) oder den Hals recken (in der ersten Reihe), um zu erkennen, wer da so engelsgleich singt. Zudem betritt man das Haus über einen unauffälligen Nebeneingang, nicht über den opulenten Haupteingang. Dennoch ist das aufregende Flair einer Scala-Vorführung zu spüren, und das zu einem unschlagbaren Preis.

LIEBER WAS MODERNERES?

Die **Fondazione Prada** (S. 240) steht für Kunst, die zum Nachdenken anregt, z.B. von Damien Hirst. Das zugehörige lohnende **Prada Osservatorio** (S. 235) ist neuer und kleiner, dafür jedoch zentral gelegen.

Die Alten Meister

MEISTERWERKE IN DER PINACOTECA DI BRERA

Napoléon ist diese Galerie mit ihrer eindrucksvollen Sammlung zu verdanken. Von der renommierten Kunstschule der Stadt aus erstrecken sich die 38 Räume der **Pinacoteca di Brera** über das erste Geschoss des Palazzo Brera. Die Bandbreite reicht von langobardischen Fresken aus dem Mittelalter bis hin zu italienischen Klassikern

ÜBERNACHTEN IN MAILAND

Galleria Vik
Dank luftiger Blicke auf die Galleria und 89 künstlerisch gestalteter Suiten eine begehrte Adresse. **€€€**

Room Mate Giulia
Von der Spitzendesignerin Patricia Urquiola konzipiert, ist dieses Hotel in Sachen Optik und Lage nicht zu schlagen. **€€€**

Atellani Apartments
Der *palazzo* aus dem 15. Jh. auf dem Gelände von da Vincis Weingut beherbergt Apartments, die vom Mailänder Portaluppi höchstpersönlich restauriert wurden. **€€€**

Pinacoteca di Brera

DER GEHEIME GARTEN IM PALAZZO BRERA

Eine von studentischen Gesprächen erfüllte Halle führt zum Eingang eines weitläufigen Geheimgartens, der Kindheitsträume wahr werden lässt. Im 14. Jh. meditierten im **Orto Botanico di Brera** Humiliaten-Mönche, 1774 wurde er offiziell von Maria Theresia von Österreich zu einem botanischen Garten erklärt. Mit heilenden und seltenen Pflanzen sowie zwei Gingko-Bäumen, die rund 250 Jahre alt sind, ist der Garten wie früher, als das Palais als Jesuitenschule diente, ein Ort des Lernens.

des 19. Jhs. Religiöse Motive spielen eine große Rolle, da viele Werke während der Zeit des Königreichs Italien von Kirchen konfisziert wurden.

Die Sammlung ist zwar nicht riesig (knapp zwei Stunden einplanen), weist jedoch zahlreiche Meisterwerke auf, darunter viele Bilder von Caravaggio, Tintoretto und den Bellini-Brüdern. Zu den Highlights gehören Mantegnas *Beweinung Christi*, das den Tod Jesu sehr realistisch zeigt und als Lehrstunde der perspektivischen Malerei gilt. *Der Kuss* von Francesco Hayez ist das wohl bekannteste Werk des Künstlers und steht bis heute sinnbildlich für Romantik und Patriotismus. Einige Werke von Picasso und Braque machen Appetit auf die moderne Sammlung der Pinacoteca, die in dem sehnsüchtig erwarteten Palazzo Citterio untergebracht werden soll.

Das Standardticket wurde durch die BreraCARD ersetzt, die für drei aufeinanderfolgende Monate unbegrenzten Einlass gewährt. Am dritten Donnerstag im Monat gibt's ab 18 Uhr für nur 3 € alle Kunstwerke zu sehen, musikalisch untermalt von Quartettformationen, Klavierdarbietungen und Ähnlichem.

LUST AUF MAILÄNDER KÜCHE?

Unbedingt entdecken: die Highlights der Mailänder Küche (S. 242), von *risotto alla milanese* (Risotto mit Safran und Brühe) bis hin zu *cotoletta* (Kalbsschnitzel) sowie die besten Adressen dafür.

Ostello Bello
Dank günstiger fröhlicher Zimmer, *aperitivi* und Karaoke-Sessions das attraktivste Hostel der Stadt. **€**

3Rooms
Im stilbewussten Corso Como 10 kann man es sich auf einer Chaiselongue von Marcel Breuer inmitten von Designermöbeln gemütlich machen. **€€€**

Foresteria Un Posto a Milano
Das Bauernhaus von 1695 in der Innenstadt bietet vier einfach eingerichtete Zimmer vor idyllischer Kulisse. **€€**

INSIDERTIPPS: INSPIRATION

Ilaz, eine Künstlerin, die in Mailand und New York lebt, über ihre Inspirationsquellen. *(@ilazzz___)*

In Mailand prägten große Namen die Geschichte der Stadt und schufen etwas Zeitloses. Die Dauerausstellung der **Triennale di Milano** (S. 230) mit ihren vielen ikonischen Werken ist ein Museum der Superlative. Seit Romeo Castellucci hier Direktor ist, hat sich die Triennale zudem zu einem Zentrum des experimentellen Theaters entwickelt. Ich liebe die Stücke von Castellucci, die über die eigentliche Definition von Theater hinausgehen. Ich gehe außerdem gerne ins **Teatro alla Scala** (S. 236) und, wenn ich die Gelegenheit habe, zu Modenschauen wegen der teils fantastischen Szenografie.

Bar Basso

Die Wiege des Aperitivo

MAILÄNDER FEIERABENDDRINKS

Italiens Antwort auf die Happy Hour ist so beliebt, dass sie im ganzen Land verbreitet ist. Die populäre Art, wie diese heute praktiziert wird, hat jedoch ihre Wurzeln in Mailand: Der einfache *aperitivo* (Getränk vor dem Abendessen) erlangte durch die historische Camparino-Bar in der Galleria Vittorio Emanuele II Bekanntheit, soll auf die 1920er-Jahre zurückgehen und ist nicht nur ein geselliger Zeitvertreib, sondern eine Mailänder Tradition.

Zwischen 18 und 21 Uhr werden dabei zum jeweiligen Getränk verschiedene (kostenfreie) Snacks gereicht. Traditionelle Aperitifs enthalten Aperol, Campari oder Wermut, mittlerweile werden jedoch auch andere Mischgetränke serviert. Die Bandbreite der Snacks reicht von Oliven und Pommes Frites über kleine Feinkostteller bis hin zu ganzen Büffets. So wird der *aperitivo* oftmals zur *apericena*, einer deftigen Mahlzeit, die im Grunde das Abendessen ersetzt.

Fast jede Bar hat ihre eigene Version des *aperitivo*, in der **Bar Basso** wird dieser jedoch mit etwas Stadtgeschichte verbunden.

KUNST IN MAILAND

Pirelli HangarBicocca
Die frühere Lokomotivfabrik beherbergt Anselm Kiefers Betontürme und provokative zeitgenössische Ausstellungen.

Fondazione Prada
Die stilvolle frühere Brennerei wurde nach Prada-Art neu gestaltet und zeigt Werke von Damien Hirst und Carsten Höller.

Museo del Novecento
Von Futurismus bis Arte Povera: Dieses Museum beweist, dass Italiens Kunsteinfluss weit über die Renaissance hinausgeht.

Hier wurde der Negroni Sbagliato erfunden, bei dem Prosecco den Gin ersetzt. Seit den 1970er-Jahren wird er in einem kelchartigen Glas mit Eis serviert. Weitere exzellente Optionen sind z. B. das **Bagni Misteriosi** mit Bäderkulisse, **Un Posto a Milano** auf dem urbanen Farmhausgelände Cascina Cuccagna, das **Camparino** mit Jugendstilflair und das **Tenoha** mit japanisch-italienischen Elementen. Ein Klassiker sind außerdem *aperitivos* am Kanal im Navigli-Viertel.

Mailands modernes Gesicht

EINE GRÜNERE ZUKUNFT

Mit dem Zug gelangt man in nur sechs Minuten vom Zentrum nach **Porta Nuova**, doch scheint es der restlichen Stadt (wenn nicht dem ganzen Land) um Lichtjahre voraus. Anstatt klassischer *case di ringhiera* (traditionelle Mailänder Häuser) warten hier funkelnde Wolkenkratzer, gesäumt von modernen Grünflächen. Das Viertel ist das Ergebnis eines der umfassendsten Stadtsanierungsprojekte der italienischen Geschichte. Industriebrachen mit einer Größe von 290 000 m² wurden dabei von großen Namen der internationalen Architekturszene neu gestaltet und sind heute ein Symbol für eine grünere Zukunft.

Herzstück des Viertels ist die **Piazza Gae Aulenti** des argentinischen Architekten César Pelli. Die progressive Interpretation einer Piazza, 6 m über Straßenniveau, weist Solarpaneele auf sowie ein Becken, dessen Wasser sich über zwei Ebenen nach unten ergießt. Es dämpft den Verkehrslärm und sorgt für natürliche Belüftung und natürliches Licht. Den Platz säumen verschiedene Bauten; am eindrucksvollsten ist der **UniCredit Tower** mit nadelförmiger Spitze, Italiens höchstes Gebäude und für sein nachhaltiges Design ausgezeichnet. Von hieraus führt ein zweiminütiger Fußmarsch zu dem modernen Park **Biblioteca degli Alberi** und zu Stefano Boeris **Bosco Verticale** (Vertikaler Wald), zwei hohen Wohngebäuden. Diese verschwinden fast hinter 700 Bäumen und 20 000 Pflanzen, die pro Jahr 30 t Kohlenstoffdioxid binden.

UMSTRITTENER FINGER

Die 11 m große Marmorhand mit abgetrennten Fingern, die der Mailänder Börse den Mittelfinger zu zeigen scheint, ist einfach nicht zu übersehen. Das kontroverse Kunstwerk mit dem Titel **L.O.V.E.** – Akronym für *Libertà, Odio, Vendetta, Eternità* (Freiheit, Hass, Rache, Ewigkeit) – wird meist nur *Il Dito* (*Der Finger*) genannt und stammt von dem Mailänder Künstler Maurizio Cattelan, der für seine provokanten Werke bekannt ist. Es wurde 2010 während der Finanzkrise enthüllt und vor dem Börsengebäude, das aus der Zeit des Faschismus stammt, platziert. Sowohl Zeitpunkt als auch Standort sprechen für sich: Viele sehen in dem Werk eine Kritik an Finanzinstitutionen, die für eine neue Art des Faschismus stehen. Der Künstler selbst äußert sich allerdings nicht dazu.

Zeitgenössische Kunst trifft auf Prada

PRADAS KUNST- UND KULTURKOMPLEX

Der 19 000 m² große Komplex im Süden Mailands wurde für über 100 Jahre als Ginbrennerei genutzt und versprüht heute Prada-Flair. Neben dem mit funkelndem 24-Karat-Blattgold überzogenem „Haunted House“ und jeder Menge Aluminiumschaum gibt es hier einen 60 m hohen weißen Betonturm und

Palazzo Reale
In der luftigen ehemaligen Residenz von Napoleon und König Ferdinand I. gastieren oft populäre Ausstellungen.

Museo delle Culture
Die renovierte Industrieanlage beherbergt eine eindrucksvolle ethnografische Sammlung und publikumswirksame Ausstellungen.

Museo Poldi Pezzoli
Gian Giacomo Poldi Pezzolis Villa ist heute ein Museum mit Meisterwerken der Renaissance und einem von Dante inspirierten Raum.

eine Bar im 1950er-Jahre-Stil, entworfen von dem Filmemacher Wes Anderson. Die Idee zur **Fondazione Prada** stammt von Miuccia Prada und ihrem Gatten Patrizio Bertelli und wurde von dem Architekten und Pritzker-Preisträger Rem Koolhaas umgesetzt. In schickem Industriestil-Ambiente dreht sich hier alles um zeitgenössische Kunst, Filme und interdisziplinäre Projekte, die oftmals das heutige Verständnis von modernem Leben hinterfragen.

Hier lässt sich leicht ein ganzer Nachmittag verbringen. Neben der Prada-Dauerausstellung mit Damien Hirsts von Fliegen inspirierten Werken, Carsten Höllers riesigen rotierenden Pilzen und einer unterirdischen Grotte gibt es regelmäßige Wechselausstellungen, die schockieren, mitreißen und manchmal auch verstören. Das Restaurant **Torre** im sechsten Stock (natürlich mit Kunstfokus) bietet Blicke auf die Stadt und die stillgelegten Bahngleise in der Nähe. Die Wände zieren Werke von Jeff Koons & Co. sowie Teller von etablierten Künstler:innen. Die edle italienische Speisekarte unterstreicht die Liebe zum Detail.

WES ANDERSONS BAR

Die Jukebox spuckt italienische Popsongs der 1960er-Jahre aus und Kellner mit Fliege wuseln zwischen pistazienfarbenen Formica-Tischen umher: Hier fühlt man sich wie in einem der wundersamen Filme von Wes Anderson. Tatsächlich wollte der amerikanische Filmemacher mit der **Bar Luce** in der Fondazione Prada einen Ort schaffen, an dem er gerne seine Nachmittage verbringen würde. Dabei ließ er sich von italienischen Cafés der Vergangenheit und von der Stadt selbst inspirieren. Wer genau hinsieht, erkennt auf der gemusterten Tapete die Rundbalkone und die gewölbte Decke der Galleria Vittorio Emanuele II. An dem charmant kitschigen Café findet man auch dann Gefallen, wenn man kein Anderson-Fan ist, allerdings bekommt man in der Hochsaison nur schwer einen Tisch.

Traumvilla der 1930er-Jahre

RATIONALER GLAMOUR

Die gut betuchten Industriellen Nedda und Gigina Necchi sowie Giginas Mann Angelo Campiglio stellten dem Mailänder Stararchitekten Piero Portaluppi bei der Gestaltung ihres Traumhauses einen Blankoscheck aus. Das Ergebnis war eine grundsolide und doch glamouröse Villa, die die Mailänder Oberschicht so noch nicht gesehen hatte. Neben einem Pool, einem Tennisplatz und topmoderner Technologie war das eigentlich Besondere der für Portaluppi typische rationale Stil.

Die vielen Räume der **Villa Necchi Campiglio** geben Einblicke in die High Society der 1930er-Jahre – so hält Neddas Garderobe einen maßgeschneiderten Dior-Schal bereit. Portaluppis ausgeprägte Detailbesessenheit spiegelt sich in den geometrischen Heizungsabdeckungen und sogar im Geschirr wider. Eingefleischte Fans des Architekten könnten die Renovierungsarbeiten von Tomaso Buzzi missbilligen, die nur ein paar Jahre nach Fertigstellung durchgeführt wurden und den Portaluppi-Stil etwas verwässerten. Neben architektonischen Details beeindrucken auch Kunstwerke von Adolfo Wildt und italienischen Futuristen wie Giorgio de Chirico, die sich harmonisch ins Gesamtbild einfügen.

Die Villa Necchi Campiglio steht in einer von prachtvollen Villen gesäumten Straße, nur einen zehnminütigen Spaziergang von San Babila entfernt. Die lohnende Führung vermittelt allerhand Wissenswertes zu dem prominenten Trio, dessen royalen

DIE BESTE PIZZA IN MAILAND

Cocciuto
Das Cocciuto steht für dicke neapolitanische Pizza, belegt mit jeder Menge frischer, hochwertiger Zutaten. **€€**

Dry
Die Mischung aus Gourmetpizza und kunstvollen Cocktails in dieser schicken Bar zieht Mailands Reiche und Schöne magisch an. **€€**

Giolina
Alte Bücher, Messingkronleuchter und traditionelle Fliesen schaffen ein gemütliches Ambiente für Pizzas nach neapolitanischer Art. **€€**

MIHAI-BOGDAN LAZAR/SHUTTERSTOCK ©

Naviglio Grande

Gästen und natürlich der Arbeit des akribischen Mailänder Architekten.

Die letzten Kanäle der Stadt

UNTERWEGS AM NAVIGLI

Tatsächlich hätte Mailand ein zweites Venedig sein können. Einst durchzogen Wasserwege die Stadt, die da Vinci im Mittelalter mitentwickelte. Leider beschloss das faschistische Regime in den 1930er-Jahren ihre Schließung (auch das ist Mussolini anzulasten) wegen hygienischer Gründe und um Platz für die wachsende Zahl an Autos zu schaffen. Heute kann man am **Naviglio Grande** und **Naviglio Pavese**, der malerischsten Ecke der Stadt, bei einem Drink darüber sinnieren, wie Mailand hätte aussehen können.

Beide Kanäle säumen Bars, Cafés und Restaurants, in denen Tag wie Nacht (und teils bis in die Morgenstunden) große Betriebsamkeit herrscht. Der Naviglio Grande hat sich zum *aperitivo*-Zentrum entwickelt und zieht samstagabends die ganze Stadt plus Touristen und Teenager aus dem Umland an. Die besten Cocktails gibt's im **Mag Cafe** und im **Pinch**. Im Sommer

WARUM ICH MAILAND LIEBE

Stephanie Ong, Autorin

Mailand bringt mich einfach zum Schwärmen. Die Stadt ist wunderbar international, zugleich jedoch klein genug, um ständig Bekannte zu treffen. Nichts ist weiter als eine 20-minütige Fahrt mit dem Rad entfernt. Manche verehren die Renaissance, mir hat es jedoch die rationale Mailänder Architektur mit ihren klaren geometrischen Linien angetan. Ich liebe *aperitivos* am Kanal, ich liebe das Faible der *milanese* für schicke Mode, ich liebe es, dass Schwarz immer elegant wirkt. Ich liebe es, dass ein Abendessen um 20 Uhr als früh gilt. Und ich liebe die Loyalität und die verlässliche Großzügigkeit der *milanese*.

FÜR ARCHITEKTUR-BEGEISTERTE

Mailands moderne Wolkenkratzer und nachhaltige neue Bauten, darunter ein von Pflanzen bewachsenes Hochhaus, sind im Viertel Porta Nuova (S. 239) zu finden. Welch ein Kontrast zur rationalen Architektur und den *case di ringhiera* (traditionelle Mailänder Häuser)!

DIE BESTEN CLUBS IN MAILAND

Tempio del Futuro Perduto
Desillusionierte Jugendliche gründeten dieses Kulturzentrum, das mit dystopischen Vibes zu Electronica-Nächten einlädt.

Plastic
Die Clubgeschichte prägen große Namen, so war Keith Haring in der früheren Location Stammkunde.

Rocket
Junge Clubfans leben in diesem verlässlichen Laden in Navigli ihre Techno-Leidenschaft.

MAILANDS SOHO

Das etwas düstere multikulturelle **NoLo (North of Loreto)** gilt als das neue LGBTIQ+-Viertel, präsentiert sich als Gegenpol zu Mailands herausgeputzter Fassade und erstreckt sich in etwa von Loreto nordwärts zur Martesana. Hier treffen chinesische Imbisse und Kebabläden mit Neonlicht auf hippe Bars wie **GhePensiMI** und **NoLoSo**, eine LGBTIQ+-freundliche Bar mit 1980er-Flair. Samstagabends steuern Feier- und Trinkfreudige die Piazza Morbegno an, genehmigen sich Drinks in Bars wie **Caffineria** (nur für Frauen) oder spielen Pingpong an den öffentlichen Platten. Neben dem spannenden Nachtleben locken internationale Restaurants wie das **Kungfu Bao**, ein bodenständiges Essen im **Mercato Comunale** und Gebäck bei **Fòla**.

REDA &CO SRL/ALAMY STOCK PHOTO ©

***Cotoletta*, Trattoria del Nuovo Macello**

ist Insektenschutzmittel ein Muss. Am letzten Sonntag im Monat findet am Naviglio Grande der **Mercatone dell'Antiquariato** statt. Auf dem Antiquitätenmarkt lassen sich kleine Schätze wie Alvar-Aalto-Stühle oder antike Lampen erstehen. Eine andere Perspektive auf die Kanäle bietet sich bei einer malerischen Tour mit dem Leihrad vorbei an kleinen Dörfern und alten *cascine* (Bauernhäusern).

Kulinarisches Schwergewicht

UNDERDOG DER ITALIENISCHEN KÜCHE

In einem Land, das für seine Gastronomie berühmt ist, wird Mailand angesichts massentauglicher Favoriten wie der neapolitanischen Pizza oft übersehen – dabei hat die Stadt echte Highlights der italienischen Küche zu bieten. Die wunderbar buttrigen und fleischlastigen Gerichte sind nichts für empfindliche Mägen, doch gerade in der kühleren Jahreszeit sind sie genau das Richtige.

Bekannt ist die Stadt für ihr goldenes *risotto alla milanese*. Es verbindet delikaten Safrangeschmack mit Brühe, Arborio-Reis und einer ordentlichen Portion Butter und Parmesan; **Ratanà** serviert mit das beste Mailands. Dazu

LUST AUF EINEN APERITIVO?

Mehr über die Ursprünge des *aperitivo* (S. 238) und erstklassige Adressen, darunter eine mit Pool, ein urbanes Bauernhaus und eine Bar, die den Negroni Sbagliato, das Mailänder Kultgetränk, erfand.

DIE BESTEN CONCEPT STORES

Tenoha
In dem Concept Store aus Tokio kann man Ramen schlürfen, eine schicke Bento-Box erstehen und manchmal sogar Kunst bewundern.

10 Corso Como
Ein Mikrokosmos hochwertiger Marken mit Modeboutique, Galerie, Design-Buchladen und Gastronomie.

Spazio Rossana Orlandi
Über diesen Designer-Showroom mit Geschäft und Galerie wachen die scharfen (sonnenbebrillten) Augen von Rossana Orlandi.

passt *osso bucco* (wörtlich: „Knochen mit Loch"), geschmorte Kalbshaxen. Das Knochenmark gilt als Highlight des Gerichts.

Schnitzelfans aufgepasst: Die panierte Leckerei könnte hier als *cotoletta* ihren Ursprung haben. In der Stadt gibt es viele Varianten, von platt bis hin zu dick und saftig, wobei Butter beim Anbraten für den authentischen Geschmack sorgt. Die Trattoria del Nuovo Macello serviert ein exzellentes dickes, knuspriges Schnitzel mit hellrosa Kern. Immer eine gute Wahl ist außerdem die Trattoria Masuelli San Marco, die seit 1921 von derselben Familie betrieben wird und Gäste in die Geheimnisse der Mailänder Küche einführt. Frittiertes Hirn ist allerdings nicht jedermanns Sache.

Einstiges Machtzentrum

DIE RENAISSANCE-BURG DER SFORZAS

Im Castello Sforzesco, der Burg aus verblichenem Backstein im Nordwesten der Stadt, hatten einst mächtige Dynastien des Mittelalters und der Renaissance das Sagen. Zunächst waren die Viscontis an der Reihe, die die Originalfestung erbauten, dann die Sforzas, die sie in eine königswürdige Residenz verwandelten. Da Vinci, Bramante und Bramantino steuerten zierende Fresken bei, wobei da Vinci auch bei dem Verteidigungssystem der Burg mitmischte. Heute sind hier mehrere Museen untergebracht, in denen man den Nachmittag verbringen kann.

Wer keine Zeit für alle hat, entscheidet sich für das interessanteste: das Museo d'Arte Antica (Museum für Antike Kunst) mit seinen von Fresken verzierten herzoglichen Räumen; leider ist die Sala delle Asse, wo Leonardo sich verewigte, auf unbestimmte Zeit wegen Restaurierungsarbeiten geschlossen. Die unvollendete *Pietà Rondanini* von Michelangelo lohnt einen Stopp im Museo Pietà Rondanini. Das faszinierende letzte Werk des Künstlers schuf dieser im hohen Alter von 88 Jahren. Die Pinacoteca beherbergt das düstere Meisterwerk Mantegnas, *Trivulzio Madonna*. Die Möbelausstellung im **Museo dei Mobile** reicht von einer Aussteuertruhe aus dem 15. Jh. bis hin zu einem skulpturenhaften Schrank von Ettore Sottsass.

Zum Abschluss lockt ein Spaziergang durch den nahen **Parco Sempione**. Das frühere herzogliche Jagdrevier ist heute die wichtigste grüne Lunge der Stadt.

INSIDERTIPPS: ESSEN & AUSGEHEN

Luca Scanni, Miteigentümer des Pavé S. 234) und eingefleischter *milanese*, über die Gastronomieszene der Stadt und seine liebsten Restaurants und Ausgehadressen. *(@noozieman)*

Mailand steht für ständigen Wandel. Für mich ist es spannend, wie viele junge Menschen neue Locations eröffnen und Altes über Bord werfen – und genau das taten meine Freunde und ich 2014 mit dem Pavé. Zu meinen Favoriten gehören das **Nebbia**, das von jungen Leuten mit Leidenschaft fürs Essen eröffnet wurde, das **Birrificio Lambrate**, eine der ersten Brauereikneipen Mailands und ein grandioser Treffpunkt, und die **Trattoria San Filippo Neri**, ein *circolo* (Social Club) mit einfacher Mailänder Küche zu erschwinglichen Preisen.

UNTERWEGS VOR ORT

Ein praktisches Beförderungsmittel ist die Metro. Straßenbahnen und Busse sind langsamer, bedienen jedoch Strecken, die nicht an das U-Bahnnetz angeschlossen sind. Die Buslinien 90, 91 und 92 genießen keinen guten Ruf; wer dort nachts allein unterwegs ist, sollte Vorsicht walten lassen. Tickets kann man sich problemlos aufs Telefon schicken lassen – einfach die Nachricht „ATM" an die Nummer 48444 senden. Ansonsten werden sie an Haltestellen, in Tabakgeschäften und an Zeitungsständen verkauft.

Mit dem Fahrrad oder Moped kann man die vielen Staus umfahren. Für beides gibt es öffentliche Verleihsysteme wie BikeMi und Cityscoot. Vom Auto ist wegen des vielen Verkehrs, der schwierigen Parkplatzsituation und der Area C, die die Zufahrt zum Zentrum einschränkt, abzuraten. Wer sich dennoch traut, sollte wissen, dass für öffentliche Parkplätze ein Farbsystem gilt: Gelb für Anwohner, Blau für kostenpflichtige und Weiß (sie sind wohl ein Mythos!) für kostenfreie Parkplätze.

Taxis sind der Nachfrage nicht gewachsen, insbesondere während Veranstaltungen wie der Fashion Week. An einem Taxistand oder telefonisch hat man deutlich bessere Chancen als durch Heranwinken auf der Straße.

Rund um Mailand

Unweit von Mailand locken Renaissance-Schätze, Reisfelder und entspannte Atmosphäre.

Vor den Toren Mailands erstreckt sich weites Grün. Monza zieht königliches Blut an, seit die Frau eines lombardischen Königs es im 6. Jh. zur Sommerresidenz erkor. In der Villa Reale lebten illustre Persönlichkeiten, von Napoleons Stiefsohn bis hin zum König von Savoyen. Richtung Po liegt die Studentenstadt Pavia. Von 1365 bis 1413 diente sie der reichen Visconti-Familie als Sitz, woran viele Prachtbauten erinnern. Das entlegenere Brescia blickt auf die längste Geschichte (3200 Jahre) zurück. Die Ruinen der römischen Stadt Brixia sind erstaunlich gut erhalten.

TOP TIPP

Von der Stazione Centrale in Mailand verkehren regelmäßig Züge in die größeren Städte der Region. Die meisten Ziele erreicht man in weniger als einer Stunde.

Villa Reale

POSZTOS/SHUTTERSTOCK ©

Formel-1-Rennen, Autodromo Nazionale Monza

VOLLGAS IN MONZA

Die 5,8 km lange Rennstrecke von Monza, der **Autodromo Nazionale Monza**, ist jedem Motorsportfan ein Begriff. Sie gehört zu den ältesten Europas, wurde 1922 angelegt und ist für besonders hohe Geschwindigkeiten, lange Geraden, schnelle Kurven und die Waldkulisse in Monzas riesigem Park bekannt. Viele kommen zum glamourösen Formel-1-Wochenende, man kann jedoch auch eine Runde in einem Sportwagen oder in einem Formel-1- oder Formel-3-Einsitzer drehen. Zudem gibt es Renntage, bei denen man im eigenen Auto richtig Gas geben kann, und einen Gokart-Bereich für motorsportgegeisterte Kinder ab sechs Jahren und Erwachsene.

Königlicher Sommerpalast

SITZ DER HABSBURGER UND SAVOYEN

Eine 35-minütige Zugfahrt von Mailand entfernt, thront diese kolossale U-förmige Villa stolz am südlichen Ende von Monzas 295 ha großem ummauerten Park. Die zwischen 1777 und 1780 erbaute neoklassische **Villa Reale** wurde von Maria Theresia von Österreich als Sommerresidenz für ihr 14. Kind, den Erzherzog Ferdinand von Österreich, in Auftrag gegeben. Als Vorbild diente das Schloss Schönbrunn in Wien (ihre andere königliche Residenz) und die Fassade ist überraschend dezent – die Habsburger wollten ihren Reichtum in einem österreichisch besetzten Land nicht zur Schau stellen.

Bei den Innenräumen ist das allerdings anders: Im 19. Jh. wurde der Palast unter der Feder von Napoléons Stiefsohn sowie dem König und der Königin von Savoyen mit glitzernden Kronleuchtern, goldenen Vertäfelungen, Wandteppichen, lackierten Holzmöbeln und Marmorböden versehen. Doch nach der Ermordung seines Vaters, des Königs von Savoyen, bei einem Sportereignis in Monza schloss Viktor Emanuel III. das prächtige Anwesen und überließ es sich selbst. Später wurde der

ESSEN IN MONZA

L'Albero dei Gelati
Eine der besten Eisdielen Italiens mit fluffiger Eiscreme aus natürlichen Zutaten von handverlesenen Erzeugern. **€**

Osteria del Cavolo
Die mintgrünen Tischdecken und künstlichen Blumen sind etwas kitschig, die lombardischen Gerichten jedoch exzellent. **€€**

Forno del Mastro
Unter der Leitung eines Bäckers, der bei Davide Longoni in Mailand arbeitete, entsteht hier grandiose knusprige Pizza. **€**

DAS ALTE BRIXIA

Von Santa Giulia die Straße hinab liegt der **Brixia Parco Archeologico** mit einigen der besterhaltenen römischen Ruinen in Italien. Er stammt aus einer Zeit, als Brescia die römische Stadt Brixia war, und besteht aus drei Teilen, die man in einer knappen Stunde besichtigen kann. Das **Santuario Repubblicano** entstand im 1. Jh. n. Chr. und beeindruckt mit seinen farbenfrohen Fresken. Im **Templo Capitolino** aus dem Jahr 73 n. Chr. ehrten Gläubige Jupiter, Juno und Minerva. Er birgt Original-Marmorböden und eine Bronzestatue der Siegesgöttin Nike, die hier 1826 gefunden wurde. Zudem gibt es ein römisches **Theater**, leider ist dieses jedoch in weniger gutem Zustand als die restliche Anlage.

Museum Santa Giulia

Palast restauriert und ist seit dem Jahr 2014 für die Öffentlichkeit zugänglich.

Ein bis zwei Stunden sollte man für die 28 Räume, darunter die **königlichen Gemächer** von König Umberto I. und seiner Frau Margherita, ein Theater mit 100 Plätzen und eine kunstvoll verzierte Kapelle, und den im strengen englischen Stil angelegten **Garten** mit über 4000 Rosenarten einplanen.

Die vergessene Unesco-Stätte

RÖMISCHE RUINEN, KIRCHEN UND RELIKTE

Nur in Italien, dem Land mit der höchsten Zahl an Unesco-Stätten, kann ein Ort wie das Museum **Santa Giulia** zur touristischen Randnotiz werden, was andererseits auch durchaus einige Vorteile hat. Eine 35-minütige Zugfahrt von Mailand entfernt, kann man Stunden auf dem riesigen ehemaligen Klosterkomplex mit 12 000 Ausstellungsstücken, die die Geschichte Brescias vom 3. Jahrtausend v. Chr. bis zur Renaissance dokumentieren, verbringen. Die vielen Gebäude mit römischen Statuen, Mosaikfragmenten, Grabsteinen, Sarkophagen und korinthischen Säulen können manch einen allerdings mit ihrer

DIE ALTEN RÖMER

In der Grotte di Catullo (S. 260) am Gardasee kann man tief in die römische Geschichte eintauchen. Die Ruinen einer luxuriösen römischen Villa aus dem 1. Jh. n. Chr. geben Einblicke in das damalige Leben am See.

ESSEN IN BRESCIA

La Vineria
Das Restaurant mit Weinbar serviert fantastische regionale Küche, darunter *casoncelli*-Pasta mit Schmorfleisch. **€€**

Belvedere 030
In den Sommermonaten strömen Einheimische scharenweise zu den Foodtrucks unter freiem Himmel bei der Burg. **€**

Vivace
Erdwärmeheizung, ein Wein-„Theater" und kreative Küche gehören zu diesem modernen Spitzenrestaurant. **€€€**

Fülle überfordern. In diesem Fall hält man sich einfach an die Hauptattraktionen.

Dabei handelt es sich um zwei **römische Stadthäuser**, das Domus di Dioniso, benannt nach einem Mosaik von Dionysos, dem Gott des Weines, und das Domus delle Fontane, benannt nach einem (inzwischen allerdings nicht mehr vorhandenen) Brunnen. Von erhöhten Fußwegen aus kann man die auch heute immer noch schönen farbigen Mosaike und Freskenfragmente betrachten.

Auch die romanische Kirche **Santa Maria in Solario** mit zahlreichen Fresken ist eindrucksvoll, das eigentliche Schmuckstück ist jedoch das von Glas geschützte Kreuz des Desiderius mit 212 Edelsteinen in gehämmertem Metall. In der unteren Kammer der Kirche ist die kostbare Lipsanothek zu sehen, eine kunstvoll verzierte Elfenbeinbox mit heiligen Reliquien. Die höhlenartige Kirche von **San Salvatore** birgt einige der besterhaltenen Fresken aus dem frühen Mittelalter, während der Coro delle Monache (Nonnenchor) mit dem kunstvollen Martinengo-Mausoleum aufwartet.

Die amerikanische Sammlung der Villa Panza

ZEITGENÖSSISCHE KUNST TRIFFT AUFS 18. JH.

Eine Fahrtstunde nordwestlich von Mailand überrascht diese Villa aus dem 18. Jh. mit einer hochwertigen Sammlung zeitgenössischer amerikanischer Kunst. Ein Blick den gewölbten Gang mit altem Parkettboden hinab, erleuchtet von Dan Flavins Neonlichtern, beweist: Das Kontrastprogramm funktioniert!

Die auf dem Biumio-Hügel in Varese errichtete **Villa Panza** wurde 1755 zur Sommerresidenz für Marquis Paolo Antonio Menafoglio. Zwei Jahrhunderte später, nach verschiedenen Besitzerwechseln und Renovierungsarbeiten durch Luigi Canonica und Piero Portaluppi, trat Graf Giuseppe Panza auf den Plan. Er begann mit seiner Sammlung 1956 und lud Künstler dazu ein, die Stallungen der Villa umzugestalten.

Heute dienen die prachtvollen Räume mit Renaissance-Mobiliar sowie afrikanischen und präkolumbischen Artefakten als harmonische Kulisse für minimalistische Werke, die mit Licht, Farbe und Raum spielen. Zu sehen sind beispielsweise monochrome Gemälde von Phil Sims, ein rahmenloses Fenster in einem weißen Zimmer von Robert Irwin und zahlreiche Lichtinstallationen von Dan Flavin. Auch den italienischen Garten schmückt Kunst, zudem bietet er eine hübsche Aussicht auf Varese.

SPIRITUELLER SPAZIERGANG

Auf einem Hügel nördlich von Varese thront der Sacro Monte di Varese. Trotz seines Status als Unesco-Weltkulturerbe wird er nur wenig besucht. Er gehört zu den neun Sacri Monti (Heilige Berge) im Piemont und in der Lombardei und stammt aus dem 17. Jh.

Ein 2 km langer Kopfsteinpflasterweg führt bergauf an 14 Kapellen vorbei, die für die Geheimnisse des Rosenkranzes stehen, und bietet malerische Ausblicke. Letzte Station ist das Santuario di Santa Maria del Monte. Die Route ist in unter zwei Stunden zu bewältigen. Ganz oben lädt das Dorf Santa Maria del Monte mit verschlungenen Gassen und Steinmauern zu einem Drink mit Aussicht ein.

ESSEN IN VARESE

Buosi
In Denis Buosis Café gibt es Schokolade in allen Formen sowie unwiderstehlich leckere Backwaren. €

Ristorante Pinocchio 1826
Unter der Leitung des ehemaligen MasterChef-Teilnehmers Davide Aviano entsteht hier gehobene italienische Küche. **€€€**

La Piedigrotta
Die Pizzeria mit Kultstaus im Stadtzentrum soll auch schon Liam Gallagher begeistert haben. €

Für einen Besuch sollte man ein paar Stunden einplanen. Bei einem hungrigen Magen hilft das schicke Restaurant **Luce** mit Gartenblick. Montags ist die Villa geschlossen.

PAVIAS KULINARISCHE HIGHLIGHTS

Amare
Keine fünf Minuten von der Certosa kommen hier frische Garnelen und sizilianische Scampi vom Mailänder Fischmarkt auf den Tisch. €€

Alvolo Cibi di Strada
Gourmet-*panini* mit köstlichem Belag wie toskanischem Speck, Anchovis und gerösteter Paprika. €

Osteria della Madonna
Das rustikale *locale* serviert einen Steinwurf von der Kathedrale entfernt herzhafte stadttypische Gerichte wie Pasta mit Bohnen. €€

Des Herzogs letzte Ruhe

DAS VISCONTI-KLOSTER

10 km nördlich von Pavia, eine einstündige Zugfahrt von Mailand entfernt, steht das wenig bescheidene Kloster **Certosa di Pavia**. Die Kirchenfassade zieren Reliefs, die das Leben Christi und die glanzvolle Karriere von Gian Galeazzo Visconti, des ersten Herzogs von Mailand, zeigen, sowie Marmorintarsien, Statuen und Turmspitzen. Der Hang zu Extravaganz ist wenig überraschend, schließlich waren hier dieselben Architekten am Werk wie beim Mailänder Dom. Außerdem passt er perfekt zu Gian Galeazzo Visconti, der das Kloster als letzte Ruhestätte für sich und seine Familie in Auftrag gab. Die Bauarbeiten starteten 1396 und wurden fast 100 Jahre später beendet. Das Ergebnis ist ein ungewöhnlicher Mix aus gotischen und Renaissance-Elementen.

In der alles andere als schlichten stufenförmigen Grabstätte im südlichen Querschiff kann man dem Herzog die letzte Ehre erweisen. Gegenüber, im nördlichen Querschiff, liegen Ludovico il Moro Sforza und seine junge Frau Beatrice D'Este. Sie lebten im Mittelalter und ihr Grabmal zieren ihnen nachempfundene schlafende Statuen. Ein Highlight ist das kunstvolle Triptychon in der Sakristei, geschnitzt aus Holz, Flusspferdzähnen und Schildkrötenknochen. Bemerkenswert sind auch die gemalten Mönche auf den illusionistischen Fenstern beim zentralen Kirchenschiff. Um sich alles anzusehen, sollte man mehrere Stunden einplanen.

Das Certosa-Kloster ist montags sowie zwischen 11.30 und 14.30 Uhr geschlossen. Der Eintritt erfolgt gegen eine Spende und es gibt italienischsprachige Führungen unter der Leitung von Mönchen.

ARCHITEKTONISCHE EXZESSE

Ein Besuch des Mailänder Doms (S. 235) zeigt, was zum exzessiven Stil der Certosa di Pavia inspirierte. Teils arbeiteten dieselben Architekten an beiden Bauten.

UNTERWEGS VOR ORT

Mit dem Zug gelangt man am einfachsten von Mailand in kleinere Städte und regionale Zentren. Es gibt regelmäßige Verbindungen ab der Stazione Centrale in Mailand. Die erste Klasse bietet manchmal Klimaanlage und mehr Komfort, garantiert ist das jedoch nicht. Busse sind deutlich langsamer, oft kaum günstiger und verkehren weniger häufig. Mit dem Auto muss man im August mit großem Verkehrsaufkommen rechnen, da dann viele Einheimische Mailand den Rücken kehren. Zudem sind die Innenstädte einiger Orte für Autos gesperrt, da sie als Bereiche mit eingeschränktem Verkehr ausgewiesen sind (auf die Schilder achten). Die Parkplatzsuche ist im Sommer schwieriger, dennoch wird man meist fündig. Bei öffentlichen Parkplätzen gilt wie immer: Gelb für Anwohner, Blau für kostenpflichtige und Weiß für kostenfreie Parkplätze.

COMER SEE

Der gabelbeinförmige Lago di Como im Schatten der schneebedeckten Alpen begeistert die Welt schon lange. Virgils Lobpreis wurde ihm zuteil, und Shelley schrieb: „Dieser See übertrifft alles, was ich je an Schönheit erblickt habe." Seit römischen Zeiten, als er ein wohlhabendes Handelszentrum war, dient der See Gutbetuchten als Sommerresidenz. Diese Tradition lebt bis heute fort (schöne Grüße an Mr. Clooney!).

Im 18. und 19. Jh. blühte hier die Seidenindustrie (die hiesige Textilindustrie ist bis heute gut im Geschäft) und am Seeufer entstanden viele hübsche Villen. Die Beliebtheit des Comer Sees erlebte einen kleinen Rückschlag, als Mussolini hier 1945 verhaftet und erschossen wurde.

Heute ist der See im Sommer ein gefragtes Urlaubsziel mit vielen schicken Hotels und Restaurants. Der malerischste Ort ist Bellagio mit seinen Steintreppen und Gärten voller Rhododendren, dicht gefolgt vom ruhigeren Varenna.

TOP TIPP

Im Sommer steht man an den Fährhäfen in Hauptorten wie Como bis zu einer Stunde an, deswegen empfiehlt sich trotz einiger enger Kurven und schmaler Uferstraßen das Auto. An beliebten Zielen sind Parkplätze jedoch Mangelware.

Prachthäuser der Oberschicht

VILLEN UND GÄRTEN DER BELLE ÉPOQUE

Ein Besuch der illustren ehemaligen Landsitze verschiedener Adliger, Kardinäle, Politiker und eines passionierten Forschers gehört zum Reiz eines Urlaubs am Comer See. Die extravaganten Villen zieren Marmortreppen und Kristallleuchter, während die kreativen Gärten seltene Flora und Fauna aus der ganzen Welt aufweisen. Für jede Villa sollte man ein paar Stunden bzw. einen ganzen Nachmittag einplanen, gerade wenn man sich im Garten entspannen und den Seeblick genießen möchte.

Wie ein abgeschiedenes Paradies ragt die **Villa del Balbianello** von dem Dörfchen Lenno in den See hinein und legt einen wahrlich filmreifen Auftritt hin, schließlich diente sie für *Casino Royale* und *Angriff der Klonkrieger (Star Wars: Episode II)* als Kulisse. Eine Führung durch die Villa aus dem 18. Jh. zählt zu den beliebtesten Aktivitäten am See (am besten eine Woche im Voraus buchen) und gibt Einblicke in das Leben von Guido Monzino, ihrem letzten Besitzer. Der Forscher und Bergsteiger hinterließ viele Erinnerungsstücke seiner Reisen, darunter einen Schlitten von einer Expedition an den Nordpol. Vom Hauptplatz am Seeufer führt ein 1 km langer Weg zur Villa. Alternativ verkehren Taxiboote ab Lenno.

Die **Villa Carlotta** thront auf einem Terrassengarten am Ufer in Tremezzo. Sie ist nach einer preußischen Prinzessin benannt und für ihre reiche Kunstsammlung bekannt. Hinterlassen hat diese ihr zweiter Besitzer Giovanni Battista Sommariva, dessen Leidenschaft für Kunst lediglich von seinen politischen Ambi-

UNTERWEGS AUF DEM WASSER

Vom Wasser aus ist der See am schönsten; dabei sind Fährfahrten von einer Stadt zur anderen aber längst nichts alles. Zum Angebot gehören Luxus-Bootstouren, alternativ verspricht ein eigenes Leihboot maximale Flexibilität und Freiheit. Praktischerweise ist für Boote mit kleineren Motoren (40 PS) kein Bootsführerschein vonnöten, meist werden nur ein Ausweis und eine Kaution verlangt.

Wer Lust auf Bewegung hat, wählt aus der Fülle an Wasseraktivitäten. Das Angebot reicht vom Stand-Up-Paddling und Wakeboarding über Kajakfahrten bis hin zu Wasser- und Jetskis. Es gibt auch Kajaktouren zu allen Hauptattraktionen.

HIGHLIGHTS
1 Villa del Balbianello
2 Villa Carlotta

SIGHTS
3 Faro Voltiano
4 Punta Spartivento
(siehe 8) Salita Serbelloni
5 Villa del Grumello
6 Villa Melzi d'Eril
7 Villa Olmo
8 Villa Serbelloni
(siehe 5) Villa Sucota

AKTIVITÄTEN, KURSE & TOUREN
9 Funicolare Como–Brunate

SCHLAFEN
(siehe 10) Ostello Bello
10 Posta Design Hotel
11 Rifugio Brioschi
12 Villa d'Este

ESSEN
(siehe 10) Beretta il Fornaio
13 Da Luciano Bottega e Caffè
(siehe 10) Osteria del Gallo
14 Ristorante Materia
(siehe 8) Trattoria San Giacomo

AUSGEHEN & NACHTLEBEN
(siehe 8) Enoteca Cava Turacciolo
(siehe 10) Fresco Cocktail Shop
(siehe 10) Hemingway

tionen übertroffen wurde. Zu sehen sind Werke von Francesco Hayez, Antonio Canova und Bertel Thorvaldsen. Allein für die riesige Gartenanlage samt Bambuswald mit 25 Arten sowie üppigen Farnen und Palmen aus Australien sollte man eine knappe Stunde einplanen. Im Frühling blühen hier farbenfrohe Rhododendren, Azaleen und Kamelien.

Gegenüber der Villa Carlotta am Ufer von Bellagio lockt die neoklassizistische **Villa Melzi** mit einem Garten im englischen Stil samt Statuen, darunter ägyptisch inspirierte Löwen, und die Skulptur Dante und Beatrice; letztere soll Liszt musikalisch

ESSEN AM COMER SEE

Beretta il Fornaio
Luftige *nuvole* („Wolken"), eine Art brotähnlicher Kuchen, ist die Spezialität dieser Bäckerei in Como. **€**

Ristorante Materia
Sterneküche in Cernobbio mit innovativen Gerichten wie Kürbis-Safran-Dessert. **€€€**

Da Luciano Bottega e Caffè
Das familiengeführte Café mit Metzgerei in Laglio bietet Seeblicke und hochwertige Fleischgerichte. **€€**

BEN PETCHARAPIRACHT/SHUTTERSTOCK ©

Villa del Balbianello (S. 249)

inspiriert haben. Ein Spaziergang durch den Garten führt zu einer Grotte, zu einem von Marmor gesäumten japanischen Teich und zu einem Bereich mit über 250 Kamelien (früher gab es unter den reichen Uferbewohnern einen regelrechten Kamelien-Wettstreit). Ganz in der Nähe bietet die **Villa Serbelloni** an der Spitze der Landzunge von Bellagio 18 km lange Wege, gesäumt von gepflegten Hecken, Olivenbäumen und geometrisch angelegten Blumenbeeten, garniert mit Panoramablicken auf das Ufer von Como und Lecco.

Die unumstrittene Perle des Sees

BELLAGIOS NATÜRLICHE SCHÖNHEIT

An der Spitze in der Gabelung des Sees liegt das hinreißende **Bellagio**. An beiden Seiten von schimmerndem Wasser flankiert und von Villen, dunklen Zypressenhainen, Oleander und Limettenbäumen bestanden, ist der Ort zu Recht als Perle des Sees bekannt. Treffender als Flaubert bei seinem Besuch 1845 kann man es kaum formulieren: „Hier möchte man leben und sterben." Seitdem hat sich einiges verändert (von den Touristenmassen

SEILBAHNFAHRT IN DIE VERGANGENHEIT

Der verwitterte Holz- und Backsteineingang gibt einen Vorgeschmack auf die Fahrt mit der Drahtseilbahn von 1893. Sie verbindet Como in wenigen Minuten mit dem ruhigen Dorf Brunate, das in 715 m Höhe auf einem Hügel liegt. Unterwegs bieten sich Panoramablicke auf den See und die Berge.

Von oben führt ein 25-minütiger Spaziergang bergab zum Faro Voltiano (Leuchtturm in San Maurizio), der an den in Como geborenen wegweisenden Wissenschaftler Alessandro Volta erinnert. Wer die 143 Stufen der Wendeltreppe bis zur Spitze des 29 m hohen Turms meistert, kann bei klarer Sicht sogar die goldene Madonnina des Mailänder Doms erkennen.

AUSGEHEN AM COMER SEE

Fresco Cocktail Shop
In seiner Bar in Como mixt Andrea Attanasio persönlich seine Cocktails mit frischen Aromen.

Cava Turacciolo
In dem verwinkelten Keller in Bellagio gibt es 300 verschiedene Weine sowie großzügig bestückte Wurstplatten.

Hemingway
Im Stil eines kubanischen Herrenclubs kann man sich hier Hemingways Lieblingscocktails schmecken lassen; in Como.

KILOMETER DER KENNTNIS

In einem Touristenmagneten wie Como bleibt der 1 km lange Fußgängerweg **Chilometro della Conoscenza** (Kilometer der Kenntnis) trotz allem angenehm unter dem Radar. Der entspannte 45-minütige Spaziergang verbindet drei Villen am Westufer Comos miteinander, beginnt an der **Villa Olmo**, passiert die **Villa del Grumello** und endet bei der **Villa Sucota**. Unterwegs warten bewaldete Abschnitte, Gewächshäuser aus dem 19. Jh., die idyllische Celesia-Kapelle und malerische Seeblicke. Der Eintritt ist frei und der Weg von April bis Oktober sonntags bis freitags von 9 bis 17 Uhr geöffnet.

ARKANTO/SHUTTERSTOCK ©

Bellagio

wäre Flaubert wohl auch nicht begeistert), dennoch gehört ein Nachmittag am Ufer der Stadt zum Pflichtprogramm.

Vom Hafen geht's die Steintreppen der Salita Serbelloni hinauf mit Stopps bei Wein- und Seidenläden. Läuft man bei der Via Garibaldi nach rechts, trifft man nach zehn Minuten auf die Punta Spartivento, die nördlichste Spitze des Orts mit viel Grün und hübscher Aussicht. Unterwegs lohnt die romanische Backsteinkirche mit ihrer eindrucksvollen Schlichtheit einen kurzen Besuch. Eigentliches Highlight von Bellagio sind jedoch die **Villengärten** (die Villen selbst sind nicht öffentlich zugänglich), in denen man sich vom Touristentrubel erholen kann. Der Park der Villa Serbelloni (S. 251) mitten auf der Landzunge bietet weite Ausblicke, während im Ufergarten der Villa Melzi (S. 250) exotische Pflanzen, riesige Rhododendren und Azaleen wachsen.

MEHR ZU DEN VILLEN AM COMER SEE

Wissenswertes über die Villa Melzi, die Villa Serbelloni und die vielen anderen Prachtvillen (S. 249) am Seeufer. Die Villa Balbianello ist dabei der Kinoleinwandstar.

ÜBERNACHTEN AM COMER SEE

Posta Design Hotel
Das Boutique-Hotel in der Innenstadt Comos bietet schicke Zimmer in dezenten Tönen sowie ein belebtes Straßenbistro. **€€**

Villa D'Este
Das Fünf-Sterne-Hotel in einer Villa in Cernobbio aus dem 16. Jh. versprüht die aristokratische Extravaganz längst vergangener Zeiten.
€€€

Ostello Bello
Helle Zimmer, freundliches Personal, eine Gartenlaube und jede Menge Aktivitäten machen das Hostel in Como zu einer wirklich erstklassigen Budgetunterkunft. **€**

Hoch hinaus

WANDERWEGE UND TRAUMBLICKE

Die traumhafte Berglandschaft des Comer Sees ist nicht nur zum Angucken da – denn die vielen Täler und Gipfel laden zu mehrtägigen Exkursionen ein. Ein dichtes Netzwerk an viel genutzten Routen verbindet Dörfer mit felsigen Gipfeln und *rifugi* (Berghütten), die eine herzhafte warme Mahlzeit und einen Schlafplatz mit rustikaler Ausstattung bereithalten. Als i-Tüpfelchen sorgen das aquamarinblaue Wasser unten und die schneebedeckten Berge in weiter Ferne für eindrucksvolle Ausblicke.

Die bekanntesten Berge der Gegend gehören zum Grigna-Massiv und liegen an der Uferseite von Lecco. Die **Grigna Settentrionale** (alias Grignone) ist mit 2410 m der höchste, während die kleinere **Grigna Meridionale** (alias Grignetta) im Südwesten von Felsnadeln und Steintürmen dominiert wird, die zum Klettern verlocken. Auf einer Route kann man eine Glocke läuten, wenn man oben angelangt ist. Beide Berge bieten Wanderwege unterschiedlichster Schwierigkeitsgrade. Um zum Gipfel des Grignone zu gelangen, benötigt man pro Strecke rund 3½ Stunden. Sein Auto parkt man beim Rifugio Cainallo. Oben angelangt, kann man sich im **Rifugio Brioschi** ausruhen. Für die recht einfache Unterkunft entschädigen die weiten Panoramablicke.

INSIDERTIPPS: EIN DENKWÜRDIGER MOMENT

Alberto Trombetta, Bergführer aus Como und Gründer des Outdoor-Unternehmens Lake Como Adventures (*@lakecomoadventures*), über seinen denkwürdigsten Moment am See.

Der Sonnenuntergang beim **Rifugio Brioschi** auf einem der höchsten Gipfel des Comer Sees, dem Grignone, ist unvergesslich. Der Weg dorthin ist lang und die Gegend ursprünglich. Manchmal nehme ich Kunden mit, die hier übernachten. Das Einzigartige ist, dass man den gesamten See überblickt. Der Ort ist wirklich spektakulär. Und es gibt kaum Touristen, weil die Tour nicht an einem Tag zu bewältigen ist. Perfekt für alle, die den See in seiner ganzen Schönheit erleben möchten.

UNTERWEGS VOR ORT

Das Fährsystem ist gut ausgebaut, wegen der vielen Verbindungen jedoch auch etwas verwirrend. Langsame Fähren mit mehreren Stopps bedienen zwei Routen, Como–Colico und Lecco–Bellagio (nur im Sommer). Schnelle Tragflächenboote und große Fähren, die auch Autos transportieren, verbinden die Hauptorte wie Como, Bellagio, Varenna und Menaggio. Fähren sind zweifellos ein reizvolles Transportmittel, allerdings steht man in größeren Städten wie Como für ein Ticket bis zu einer Stunde an. Busse sind weniger gefragt und klimatisiert, verkehren jedoch auch seltener (je nach Ziel rund fünfmal am Tag).

Das Auto ist eine gute Alternative, wenn man sich nicht von engen Kurven und schmalen, von wuchtigen Bussen verstopften Straßen abschrecken lässt. Wer dem Verkehr aus dem Weg gehen möchte, kommt am besten früh und fährt erst nach dem Abendessen wieder, wenn die Tagesausflügler verschwunden sind.

LAGO MAGGIORE

Der Lago Maggiore schlängelt sich durch sanfte Berge bis zum Fuß der Schweizer Alpen und ist der längste See Italiens. Churchill verbrachte an seinem Ufer die Flitterwochen, Hemingway erholte sich hier von seinen Verletzungen und beide schwärmten danach von der Schönheit dieses Sees. Seit dem Mittelalter kämpften hier zudem Adelsfamilien wie die Viscontis, Sforzas, Borromeos und Habsburger um die Vorherrschaft und hinterließen Villen und Burgen, die bis heute beeindrucken.

Ein schwarzes Kapitel in der Geschichte des Lago Maggiore sind die Massaker im Zweiten Weltkrieg, als jüdische Familien von den Nazis hingerichtet und in den See geworfen wurden. 2021 erschütterte zudem ein tragisches Seilbahnunglück das ganze Land.

Stresa versprüht das dekadente Flair vergangener Zeiten und ist eine kurze Bootsfahrt von den zauberhaften Borromeo-Inseln entfernt. Das lebendige Verbania, die größte Stadt am See, ist eine gute Ausgangsbasis, während sich das märchenhafte Cannobio an der Schweizer Grenze für einen ruhigeren Urlaub anbietet.

TOP TIPP

Hier ist weniger los als am Comer See, deswegen ist ein eigenes Auto nicht unbedingt notwendig. Fähren verkehren regelmäßig zwischen den meisten Uferorten und man muss nicht lange für ein Ticket anstehen. Ein Auto ist vonnöten, wenn man das Landesinnere und die Berge erkunden möchte.

Von Felsen zu Adelssitzen

DIE BORROMÄISCHEN INSELN

Die Borromeo-Familie ist wirklich zu beneiden: wegen ihres Reichtums (durch Bankgeschäfte), ihrer Macht (durch hochrangige Kardinäle) und weil sie im 16. Jh. im Lago Maggiore ihr eigenes kleines Paradies erschuf. Die winzigen Inseln sind nur eine kurze Bootsfahrt von Stresa entfernt.

Die **Isola Madre** ist die größte Insel und wird von einem Palast dominiert, der Einblicke in das Privatleben der Borromeos gewährt. Die Treppen säumen Porträts bedeutender Familienmitglieder und die Räume zieren edle Möbel aus ihren verschiedenen Residenzen. Für erstaunte Gesichter sorgen Bilder von Mannequins in Dienstbotenkleidung. Der sonnige Venezianische Raum, der wie eine begrünte Pergola gestaltet ist, und ein Raum mit einem Puppentheater vermitteln Eindrücke eines reizvollen Alltaglebens. Eigentliches Highlight ist jedoch der 8 ha große Garten. Prachtvolle Fasane und Pfaue stolzieren über die Anlage mit Palmen, Kakteen, Kamelien und einer 160 Jahre alten Zypresse.

Die **Isola Bella** steht für die großen Ambitionen der Familie. Bevor Carlo III. Borromeo die Insel umgestaltete und nach seiner *bella* (schönen) Frau benannte, bestand sie aus einem zerklüfteten Felsen, auf dem ein paar Fischer lebten. Die barocke Vision von Opulenz, die heute zu bewundern ist, ist Vitaliano VI. zu verdanken.

MEHR VON DEN BORROMEOS

1449 kauften die Borromeos die schroffe, hoch aufragende Rocca di Angera von den Viscontis zurück. Neben Fresken aus dem 13. Jh. beherbergt sie in den zwölf Räumen des Museo della Bambola die drollige (und gruselige) Puppensammlung der Familie. In Arona verkehren Fähren hierher, danach muss man 1,5 km laufen. Der Parco Pallavicino wurde 2017 von Prinz Vitaliano Borromeo (ja, die Familie ist noch gut im Geschäft) gekauft. Die neoklassizistische Villa ist für die Öffentlichkeit gesperrt, dafür sind die weitläufige Gartenanlage und ein Zoo mit über 50 Arten gegen Eintritt zugänglich.

SEHENSWERTES
1 Isola Bella
2 Isola Madre
3 Isola Pescatori
4 Isola San Giulio
5 Museo del Paesaggio
6 Parco della Villa Pallavicino
7 Rocca di Angera
8 Sacro Monte di Orta
9 Sacro Monte di San Carlo
10 Santa Caterina del Sasso
11 Villa Taranto

ESSEN
12 AC Picchia Bar
13 Fiore di Latte Pizzeria
14 Il Rapanello
15 La Casera
16 Ristorante Il Vicoletto

AUSGEHEN & NACHTLEBEN
(siehe 16) Sky Bar

In dem Palast gibt es über 20 Räume zu besichtigen. Zu den Hauptattraktionen gehört neben der kunstvollen Sala del Trono (Thronsaal) und der Sala delle Regine (Königinnensaal) die Galleria Berthier, deren Wände goldgerahmte Gemälde von Größen wie Raphael und Tizian zieren. Die größte Überraschung ist die **Grotto** im unteren Stock: In den höhlenartigen Kammern mit schroffen Steinen und Stuckverzierungen mit Nymphen und Meerjungfrauen würde sich Neptun wohlfühlen.

Der zehnstufige Garten weist zahlreiche exotische Blumen und Pflanzen auf, darunter ein jahrhundertealter Kampferbaum und riesige Rhabarberpflanzen mit tellergroßen Blättern. Das

ESSEN RUND UM DEN LAGO MAGGIORE

Ristorante Il Vicoletto
Das unauffällige Restaurant in Stresa punktet mit Seefisch in cremiger Sauce, Ravioli mit Ricotta-Füllung und Klassikern aus dem Piemont. **€€**

Il Rapanello
Zum Tisch mit Seeblick in Lesa gibt's Fischsuppe, gefolgt von in Brühe gekochter Pasta. **€€**

Fiore di Latte Pizzeria
In der Pizzeria in Feriolo unter Leitung eines Ehepaars gibt's authentische neapolitanische Pizza, großzügig belegt mit frischen hochwertigen Zutaten. **€**

DURCH DIE AUGEN EINES 35 M GROSSEN HEILIGEN

Die 35 m große Statue auf dem **Sacro Monte di San Carlo** versetzt den Betrachter in eine gewisse Unruhe. Sie steht in dem ruhigen Seeort Arona, dem Geburtsort des Kardinals und Erzbischofs von Mailand Karl Borromäus (1538–84), der zum Heiligen erklärt wurde. Sein Cousin Kardinal Federico Borromeo ließ das Denkmal zu seinem Andenken errichten. Zu dem Komplex gehören eine Kirche und drei Kapellen, wobei ursprünglich 15 Kapellen geplant waren. Das Denkmal wurde 1698 fertiggestellt und soll zur Freiheitsstaue in New York inspiriert haben. Wer ins Innere klettert, hat durch die Augen des Heiligen eine hübsche Aussicht.

FRANCESCO BONINO/SHUTTERSTOCK ©

Teatro Massimo, Isola Bella

Herzstück ist das dreistöckige **Teatro Massimo** mit Statuen von Göttern und Göttinnen, Springbrunnen und Obelisken, flankiert von Treppen und gekrönt von einem Einhorn, dem Wappentier der Borromeos.

Für einen entspannten Besuch der Inseln sollte man jeweils zwei bis drei Stunden einplanen. Ein Ausflug auf die **Isola dei Pescatori** (alias Isola Superiore) ist ebenfalls möglich; hier erlebt man den Charme eines authentischen Fischerdorfs und kann fangfrische Leckereien genießen.

Der exotische Garten eines schottischen Kapitäns

DER ENGLISCHE GARTEN DER VILLA TARANTO

Die im normannischen Stil gestaltete **Villa Taranto** ist für Besucher geschlossen, dafür entschädigt jedoch der weitläufige 16 ha große Garten. Er ist das Werk des schottischen Kapitäns Neil McEacharn, der sich mit einer Anlage im englischen Stil (ergänzt mit exotischen Pflanzen) an seine Heimat erinnern wollte. Er erwarb das Anwesen 1931 aufgrund einer Anzeige in der *Times* der Marquise Sant'Elia und machte sich an die (insgesamt 30-jährige) Arbeit. Es entstand ein 8 km langes Pumpen-

AUSGEHEN AM LAGO MAGGIORE

La Casera
Das Feinkostbistro in Verbania ist auf Käse, der im hauseigenen Keller reift, und Weine aus dem Piemont spezialisiert.

AC Picchia Bar
Die Bar versteckt sich in der Villa Giulia in Verbania und lädt mit ihrem grünen Garten und dem Seeblick zu einem malerischen Drink ein.

Sky Bar
Im schicken siebten Stock des Hotel La Palma in Stresa gibt's zu den Martinis Ausblicke auf die Borromeo-Inseln.

netz, um Wasser aus dem See zu pumpen, zudem wurde ein künstliches Tal ausgehoben. Hinzu kamen 20 000 Pflanzenarten, die den Komplex zu einem der schönsten botanischen Gärten Europas machten. Im Frühling ist die Anlage am reizvollsten, wenn fuchsienfarbige und scharlachrote Rhododendren, Azaleen und Tulpen in voller Pracht erstrahlen. Außerdem gibt es hier einige der größten südamerikanischen Seerosen.

Der Garten ist von März bis November geöffnet. Die Villa hat einen eigenen Anlegesteg, was die Anreise per Fähre vereinfacht. Alternativ führt ein 20-minütiger Spaziergang vom Zentrum Pallanzas hierher. In Pallanza lohnt außerdem ein Besuch des **Museo del Paesaggio**. Der *palazzo* aus dem 17. Jh. beherbergt die charakteristischen impressionistischen Skulpturen des Prinzen und Künstlers Paolo Troubetzkoy.

Felsenkloster

EIN EINSIEDLER, FRESKEN UND AUSBLICKE

Die jahrhundertealte Einsiedelei **Santa Caterina del Sasso** an einer Felswand am Südostufer des Lago Maggiore ist ein eindrucksvoller Anblick und wirkt wie eine Reise in die Vergangenheit. Der Legende nach begann alles mit dem schiffbrüchigen Kaufmann Alberto Besozzi. Nach seiner „Rettung" durch die heilige Märtyrerin Katharina von Alexandrien (in Ägypten) tauschte dieser sein wohlhabendes Leben gegen das eines Eremiten und Höhlenbewohners. Der erste Bau, eine kleine Kapelle zu Ehren der Heiligen Katharina, entstand im 13. Jh. auf Besozzis Initiative hin. Seine sterblichen Überreste sind (das Ganze wirkt etwas unheimlich) hinter Glas ausgestellt; hier kann auch eine Spende hinterlassen werden.

Über die Jahrhunderte entstanden Ergänzungen um Besozzis Kapelle sowie Verzierungen. Heute lockt die Anlage (eine Stunde einplanen) mit ruhigen Säulengängen, einem Altarraum, Kapellen und einer Laube mit Ausblick. Zu bestaunen gibt es außerdem zahlreiche Fresken; eine bizarre Serie aus dem 16. Jh. mit dem Danse Macabre (Totentanz) zeigt beispielsweise ein heiteres Skelett (der Tod), einen betrügenden Kaufmann und ein lüsternes Pärchen.

Die schönste Perspektive bietet eine Anfahrt mit der Fähre; vom Anleger führen 80 Stufen hinauf zum Eingang. Vom Parkplatz wiederum läuft man auf malerischem Weg 268 Stufen abwärts oder zahlt 1 € für den in den Felsen gebauten Aufzug.

ABSTECHER ZUM ORTASEE

Das bewaldete Ufer und die mittelalterlichen Städte des Ortasees, der schüchternen Schwester des Lago Maggiore, bleiben von Besuchermassen verschont. Eine nur 35-minütige Fahrt von Stresa entfernt, gilt das Dorf Orta San Giulio als das hübscheste vor Ort. Neben den charmanten verwinkelten Gassen lockt ein Hügel mit 20 Kapellen, der Sacro Monte di Orta. Ein Spaziergang mit Seeblick von einer Kapelle zur anderen garantiert einen entspannten Nachmittag. Gegenüber des Hauptplatzes von Orta San Giulio am anderen Ufer lockt die winzige Insel San Giulio mit einer Handvoll Straßen und geruhsamem Flair.

UNTERWEGS VOR ORT

Dank regelmäßig verkehrender Auto- und Passagierfähren sowie Express-Tragflächenboote kommt man recht schnell von A nach B.
Zu den Verbindungen zählen Arona–Stresa und Verbania–Pallanza.

Wer Lust auf eine ganztägige Tour von Insel zu Insel hat, für den eignet sich das Ticket Libera Circolazione (das volle Bewegungsfreiheit bietet). Es gilt an einem Tag für beliebig viele Fahrten und verliert erst mit der Rückkehr zur Ausgangsinsel seine Gültigkeit.

Das Westufer bis Stresa ist gut ans Zugnetz angebunden, am Ostufer muss man hingegen Busse und Züge miteinander kombinieren, um ans Ziel zu gelangen. Auch das Auto ist am Lago Maggiore eine gute Option, zudem bietet es sich für einen Abstecher zum Ortasee an. Es gibt eine regelmäßige Fährverbindung zwischen Intra und Laveno.

GARDASEE

Der langgezogene Lago di Garda blickt auf eine Literaturgeschichte zurück, die ihresgleichen sucht. Goethe wählte ihn als Wohnsitz,
D. H. Lawrence beendete hier seinen Roman *Söhne und Liebhaber* und Ezra Pound drängte James Joyce zu einem Besuch. Sensible Schöngeister schätzen das milde mediterrane Klima an Italiens größtem See sowie das Uferland voller Olivenhaine und Zitronenbäume. Und nicht nur sie.

Die römische Oberschicht baute hier ihre Sommervillen, die Adelsfamilien der Renaissance taten es ihnen gleich und Mussolini wählte das Westufer als Standort für den Hauptsitz seiner dem Untergang geweihten Italienischen Sozialrepublik. Tatsächlich erhoben schon viele Anspruch auf den See. Im 13. Jh. war er das Zentrum der Machtkämpfe zwischen den Familien Della Scala und Visconti sowie der Republik Venedig.

Sirmione auf einer kleinen malerischen Halbinsel ist der Hauptanziehungspunkt und im Sommer gut besucht. Gardone Riviera wiederum überzeugt mit Belle-Époque-Charme.

TOP TIPP

Den sporadisch verkehrenden Bussen und langsamen Fähren ist ein (Miet-)Auto vorzuziehen, vor allem wenn man mehrere Orte besuchen möchte. An beliebten Zielen sind Parkplätze aber Mangelware und in manchen Innenstädten haben Autos nur begrenzten Zugang.

(NICHT) WIE BOND FAHREN

Wer die Verfolgungsjagd in der Eröffnungsszene von *Ein Quantum Trost* gesehen hat, dem kommt die **Strada della Forra** bekannt vor. Die Straße windet sich vom See bis zum 414 m hohen Tremosine sul Garda hinauf. Die sechs nervenaufreibenden Kilometer sind mit Haarnadelkurven, engen Tunneln und Zickzackkehren durch Felswände gespickt. Churchill bezeichnete die Straße als Weltwunder. Am See folgt man der Umgehungsstraße SP38 die Via Benaco hinauf. In der Hauptsaison ist die Strada nur bergauf befahrbar. Sie ist nur für Geübte geeignet – keinesfalls sollte man Bonds Beispiel folgen.

Die seltsame Welt des Gabriele D'Annunzio

WOHNSITZ EINES PRÄFASCHISTISCHEN POETEN

Dem Dichter, Kriegs- und Frauenhelden Gabriele D'Annunzio gebührt die zweifelhafte Ehre, Mussolini zu seinem italienischen Faschismus inspiriert zu haben. **Il Vittoriale degli Italiani** ist der Ort, an dem er lebte und starb und wurde auch dafür gemacht, um an seinen Kriegseinsatz zu erinnern. Mussolinis Regierung kam für die Kosten auf – D'Annunzio sollte sich lieber mit Umbauarbeiten als mit Politik beschäftigen. Das Angebot nahm D'Annunzio augenscheinlich gerne an. Bei einem Rundgang hat man allerdings schnell das Gefühl, das er genauso exzessiv und bizarr wie sein Anwesen war.

Sein Wohnsitz beherbergt ein Amphitheater nach römischem Vorbild, ein Museum, das seinen militärischen Erfolgen gewidmet ist, ein echtes Kriegsschiff und sein prachtvolles Mausoleum. Das Priorat genannte Wohngebäude verrät viel über D'Annunzio. Aufgrund seiner empfindlichen Augen ist es nur schwach beleuchtet und weist zudem zahlreiche ledergebundene Bücher, Büsten und Tierstatuen auf. Details wie ein niedriger Balken, der einen vor dem Betreten seines Arbeitszimmers in die Knie zwingt, sind bezeichnend, ebenso wie die Wandinschrift „So wie eine Hand fünf Finger hat, gibt es nur fünf Todsünden". Wollust und Geiz zählten für D'Annunzio offensichtlich nicht dazu. Besonders bizarr ist das „Zimmer des Aussätzigen" mit einem Bett, dass sowohl einem Sarg als auch einer Wiege ähnelt. Hier wollte er nach seinem Tod aufgebahrt werden.

HIGHLIGHTS
1 Grotte di Catullo
2 Il Vittoriale degli Italiani

SEHENSWERTES
3 Parco Archeologico Rocca di Manerba
4 Strada della Forra

AKTIVITÄTEN, KURSE & TOUREN
(siehe 1) Aquaria Thermal SPA
5 La Strada del Ponale

SCHLAFEN
6 Meet Garda Lake Hostel
7 Restel de Fer
8 Villa Arcadio

ESSEN
9 Bruschetteria Nose
10 Lido **84**
(siehe 2) Osteria Antico Brolo
11 Osteria dell'Orologio
12 Ristorante Capriccio
13 Trattoria Il Riolet

AUSGEHEN & NACHTLEBEN
14 Ponale Alto Belvedere

Allein im **Priorat** könnte man Ewigkeiten verbringen, zwei Stunden in der seltsamen Welt von D'Annunzio sind den meisten jedoch genug. Das Anwesen liegt eine 20-minütige Busfahrt östlich von Salò.

Ruinen einer römischen Villa

ADELSSITZ AUS DEM 1. JH.

Man kann sich leicht vorstellen, dass die schwankenden Bögen, zerfallenden Wände (teils über 13 m hoch) und zusammengestürzten Gänge auf der Spitze der Halbinsel Sirmione mit Seeblick auf drei Seiten einst zu einer riesigen

FÜR BERGFANS

Der Gardasee bietet tolle Bedingungen fürs Wandern und Klettern (S. 260). Vor allem im Grigna-Gebirge gibt es zahlreiche Routen mit Seeblicken für jeden Schwierigkeitsgrad.

ÜBERNACHTEN AM GARDASEE

Villa Arcadio
Das frühere Kloster über Salò inmitten von Olivenhainen lädt zu einem erholsamen, stilvollen Aufenthalt ein. **€€€**

Restel de Fer
Gäste dieses familienbetriebenen *locale* in Riva del Garda erwarten eine herzliche Begrüßung, geschmackvolle Zimmer und hausgemachte Küche. **€€**

Meet Garda Lake Hostel
Die freundliche Atmosphäre und die Aufenthaltsbereiche machen die recht kargen Zimmer wieder wett. In Peschiera del Garda. **€**

INSIDERTIPPS: RESTAURANTS

Riccardo Camanini, Küchenchef und Miteigentümer des Sternerestaurants Lido 84 (*@ristorantelido84*) in Gardone Riviera, über seine Lieblingsrestaurants rund um den Gardasee.

Osteria dell'Orologio, Salò
Hausgemachte Pasta gepaart mit dem Stil und der Herzlichkeit eines urtypischen Italieners, dem Besitzer Alberto.

Trattoria Il Riolet, Gardone Riviera
Traumblicke auf den See und göttliche Küche ohne Tamtam, aber mit viel Substanz und Geschmack.

Ristorante Capriccio, Manerba del Garda
Leckeres Essen und das Gefühl, willkommen zu sein.

GORILLAIMAGES/SHUTTERSTOCK ©

Unterwegs mit dem Mountainbike, Gardasee

römischen Villa gehörten. Die **Grotte di Catullo** soll einer Adelsfamilie aus Verona gehört haben und geht auf das 1. Jh. n. Chr. zurück. Das zeigt einmal mehr, wie lange der Gardasee die Reichen und Schönen bereits anzieht.

Der Komplex ist 2 ha groß. Für die Besichtigung des „Swimmingpools" und der verschiedenen Räume wie der „Halle der Riesen" können Archäologieinteressierte eine gute Stunde einplanen und sich dabei ausmalen, wie es hier früher aussah. Ein Museum zeigt Mosaikfragmente und Haushaltsgeräte, die während der Ausgrabungen zum Vorschein kamen und Einblicke in den Alltag in einer römischen Villa vermitteln. Badesachen nicht vergessen, denn das Eintrittsticket beinhaltet Zugang zu einem abgeschiedenen Felsstrand im Nordwesten; einfach der Musik aus der Strandbar folgen.

Wer sich über den unpassenden Namen wundert: Er geht auf das 15. Jh. zurück, als frühe Entdecker die Ruinen für natürliche Grotten hielten.

ESSEN AM GARDASEE

Lido 84
Ein Besuch dieses Restaurants in Gardone Riviera ist ein exklusives Vergnügen – es ist sternedekoriert und gehört zu den zehn besten der Welt. **€€€**

Osteria Antico Brolo
Klassische italienische Küche mit kreativem Touch in einer *osteria* (Gasthaus) in Gardone Riviera voll altmodischem Charme. **€€€**

Bruschetteria Nose
Der Bruschetta-Tempel bietet 13 leckere Beläge wie Ricotta und Wurst. In Desenzano del Garda. **€**

Rund um die Rocca di Manerba wandern

NATUR UND FESTUNGSRUINEN

Dieser wenig bekannte **Felsvorsprung** hat es in sich. Er ragt an der Südwestküste des Gardasees hervor und war einst Standort des Tempels der Minerva. Angesichts des Naturparadieses ist das auch kein Wunder: Haarfedergras, Hunds-Zahnlilien, wilde Orchideen, Schmetterlinge und Turmfalken brachten dem Park den Unesco-Status ein.

Auf 17 **Wegen** lässt sich die Flora und Fauna in zwei- bis dreistündigen Wanderungen erkunden. Wer nicht so viel Zeit hat, kann in 15 Minuten den steilen Weg vom Parkplatz bis zur mittelalterlichen Festung auf dem Gipfel laufen. Hier hat man nicht nur Panoramablicke auf den See, sondern auch seine Ruhe vor Besuchermassen.

Einblicke in die Geschichte der Gegend gibt ein **Archäologiemuseum** mittels alter Artefakte von der Mittelsteinzeit bis ins Mittelalter. Nach einer Wanderung laden verschiedene abgeschiedene (bei FKK-Fans beliebte) Strände zum Erfrischen ein.

Die atemberaubende Strada del Ponale

HISTORISCHER WANDERWEG

Die 10 km lange **Strada del Ponale** windet sich durch Klippenwände und in den Fels geschlagene Tunnel. Wegen der traumhaften Seeblicke lädt sie zu wunderschönen, nicht allzu anstrengenden Rad- und Wandertouren ein. Die Straße entstand im 19. Jh. und war einst die einzige Verbindungsroute zwischen Riva del Garda und dem Valle di Ledro. In den 1990er-Jahren wurde sie gesperrt, 2004 jedoch aufgrund öffentlichen Drucks wieder eröffnet. Autos sind seitdem aber nicht mehr zugelassen.

Die Straße ist nicht asphaltiert, mit ihren sanften Anstiegen jedoch trotzdem gut zu bewältigen. Los geht's in Riva del Garda in der Nähe des Hafens und des Wasserkraftwerks, wo man der Beschilderung zur Via del Ponale folgt. Wer keine Lust auf die gesamte Route hat oder eine Pause benötigt, kann sich auf der Außenterrasse des **Ponale Alto Belvedere** ein Getränk mit Traumaussicht genehmigen. Wer die ganze Tour plant, sollte Badesachen einpacken, denn am Schluss lockt eine Abkühlung im Ledrosee.

IN THERMALQUELLEN BADEN

Seit den 1890er-Jahren kommen die Bewohner von **Sirmione** in den Genuss dieser schwefelhaltigen heißen Quellen, die alles Mögliche heilen sollen, von Haut- bis Hörproblemen. Dank des **Aquaria Thermal SPA** mit seinem großen Wellnessangebot können es Auswärtige ihnen heute gleichtun. Bei Verspannungen also auf zu den Thermalbecken und den von Wasserstrahlen flankierten „Wegen". Schlammbäder sorgen für rosige, babyzarte Haut und ein Süßwasser-Infinitypool garantiert Entspannung und Panoramablicke.

UNTERWEGS VOR ORT

Der Gardasee ist der größte See Italiens und die Entfernungen sind beträchtlich. Das umfangreiche Fährsystem ist nicht das schnellste Transportmittel. Der Wasserweg bietet sich für kürzere Distanzen an, z.B. von Salò nach Sirmione oder von Toscolano nach Maderno. Die etwas schnelleren Busse verkehren regelmäßig, am schnellsten und praktischsten ist jedoch das Auto. Im Sommer sind die Straßen allerdings oft stark befahren, zudem sind einige Innenstädte zu bestimmten Uhrzeiten für Fahrzeuge gesperrt und im beliebten Sirmione sind Parkplätze Mangelware. Die engen Straßen hinauf in die Berge bieten eindrucksvolle Aussichten, erfordern jedoch eine gewisse Erfahrung. Zwischen Toscolano und Maderno sowie Torri del Benaco und zwischen Limone sul Garda und Malcesine verkehren (saisonabhängig) Autofähren.

BERGAMO

2020 wurde gerade Bergamo hart vom Coronavirus getroffen, bemüht sich aber, diese Tragödie hinter sich zu lassen. Die Textilfabriken, Zement- und Elektrohersteller sind damit beschäftigt, verlorene Zeit wieder aufzuholen, ebenso die resoluten Einheimischen. Und mit ihrem Bergpanorama und der mittelalterlichen Architektur ist Bergamo noch immer die Stadt, die Frank Lloyd Wright einst so beeindruckte.

In den Ausläufern der Bergamasker Alpen gelegen, war Bergamo einst Sitz eines lombardischen Herzogtums, bevor hier die Mailänder Familie Visconti das Sagen hatte und sie schließlich der Republik von Venedig einverleibt wurde. Die venezianische Stadtmauer aus dem 16. Jh. stammt aus einer Zeit, als Machtkämpfe zwischen den nördlichen Staaten nach besserer Befestigung verlangten.

Bergamo teilt sich in zwei Bereiche: Die Città Alta (Obere Stadt) steht für die Vergangenheit, die Città Bassa (Untere Stadt) für die Zukunft. Der untere moderne Teil ist industriell geprägt, während der obere den Charme vergangener Zeiten versprüht.

TOP TIPP

Die Città Alta lässt sich gut zu Fuß erkunden. Von der Città Bassa gelangt man mit der Standseilbahn oder per Bus hierher, alternativ führen Stufen und ein steiler Fußweg (10 Min.) hoch. Im Sommer bilden sich vor der Seilbahn lange Schlangen – deshalb früh kommen.

DIE BESTEN RESTAURANTS MIT BLICK AUF DIE CITTÀ ALTA

Roof Garden
Panoramafenster bieten tolle Ausblicke auf die Citta Altà und auch die moderne italienische Küche überzeugt. €€€

Antica Trattoria La Colombina
Hier gibt's hervorragende lokale Gerichte zu erschwinglichen Preisen, darunter mit Speck gefüllte *casoncelli alla bergamasca*. €€

Baretto di San Vigilio
„Beppe del Baretto" führt dieses Restaurant mit Aussichtsterrasse und romantischer Beleuchtung. €€

Gräfliche Kunstschätze

ITALIENISCHE MEISTER IN DER ACCADEMIA CARRARA

Als die Kunstsammlung des Grafen Giacomo Carrara zu groß für sein Zuhause wurde, ließ er östlich der Stadtmauern eine neoklassizistsche Villa erbauen – die **Accademia Carrara** (Geburtsjahr 1794) war geboren. Seitdem haben verschiedene Persönlichkeiten, von Senatoren bis hin zu Kunsthistorikern, zu der Sammlung italienischer Kunst vom 15. bis zum 19. Jh. beigetragen, zu der große Werke von Mantegna, Pisanello, Hayez, Rubens, Raphael, Tizian and Canaletto gehören.

Für das zweistöckige Museum sollte man ein bis zwei Stunden einplanen. Zu den Highlights gehören Mantegnas düstere Madonna mit Kind vor dunklem Hintergrund und Raphaels tagträumerischer Hl. Sebastian, den der Künstler noch vor seinem 20. Geburtstag malte. Berührend ist auch *Ricordo di un dolore (Erinnerung an einen Schmerz)* von Giuseppe Pellizza da Volpedo, die er malte, nachdem seine jüngere Schwester an Tuberkulose gestorben war. Zu den skurrileren Exponaten gehören Tarotkarten in Bronzetönen aus dem 15. Jh. Die Galerie ist 15 Gehminuten von der Città Alta entfernt.

Stadtspaziergang: die mittelalterliche Altstadt

VENEZIANISCHE MAUERN UND DIE CITTÀ ALTA

Ausgangspunkt ist die **1 Porta San Giacomo**, ein eindrucksvolles Tor der zum Unesco-Welterbe gehörenden venezianischen Mauern mit toller Aussicht auf die Città Bassa und die 6 km

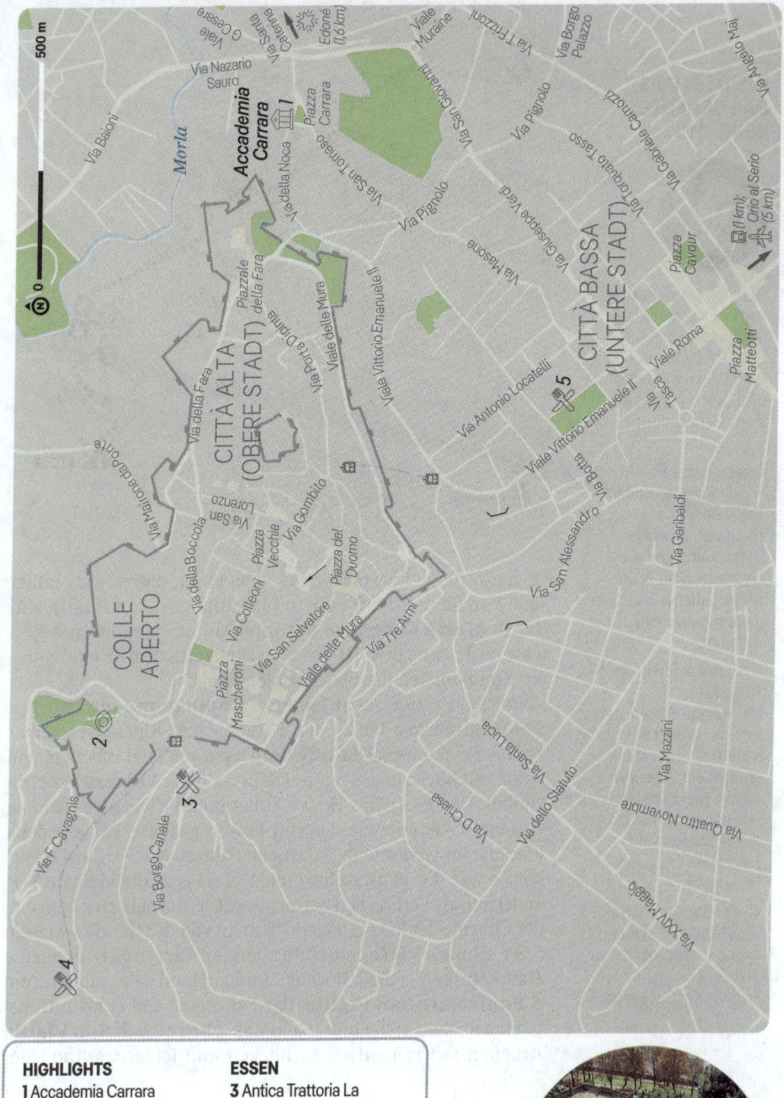

HIGHLIGHTS
1 Accademia Carrara

SEHENSWERTES
2 Orto Botanico

ESSEN
3 Antica Trattoria La Colombina
6 Baretto di San Vigilio
5 Ristorante Roof Garden

Seilbahn in der Città Alta (S. 264)

INSIDERTIPPS: DAS GEHEIME BERGAMO

Gianni Danesi, Besitzer von La Fiaschetteria *(@la_fiaschetteria)*, einem Bar-Bistro , das die Bergamasker Alpen in die Stadt bringt, über seine Geheimtipps.

Edoné
Das Kulturzentrum in Friedhofsnähe vor den Toren Bergamos bietet das ganze Jahr über Veranstaltungen wie Livemusik oder Buchpräsentationen inklusive gastronomischem Angebot.

Orto Botanico in der Città Alta
Nur wenige wissen, dass sich direkt über den geschäftigen Touristenstraßen ein Garten versteckt. Hier kann man vor idyllischer Kulisse einige Stunden mit Lesen und Entspannen verbringen.

Unter der Città Alta
Eine Höhlenforschungsgruppe leitet Touren zum unterirdischen Tunnelnetz der Città Alta.

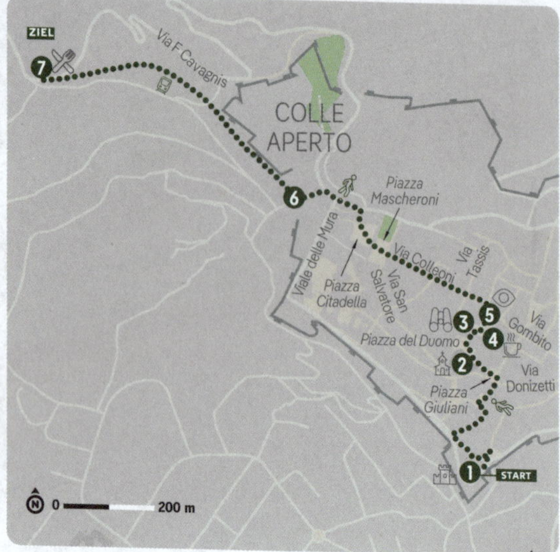

langen Verteidigungsmauern aus dem 16. Jh., die bis heute intakt sind. Von hieraus läuft man in fünf Minuten zur **2 Basilica di Santa Maria Maggiore** mit ihren unterschiedlichen Architekturstilen und erweist Gaetano Donizetti, dem prominentesten Komponisten der Stadt, seinen Respekt.

Nun geht's zum 52 m hohen **3 Campanone** mit luftigen 360-Grad-Blicken bis zu den Bergamasker Alpen. Gegenüber wartet das ikonische **4 Caffè del Tasso** von 1476, das zu einem Drink mit Blick auf das bunte Treiben auf der **5 Piazza Vecchia** einlädt. Den Platz, das Herz von Bergamos Città Alta, säumen elegante Gebäude wie der von Löwen gezierte Palazzo della Ragione und der elfenbeinfarbene Palazzo Nuovo. Für Le Corbusier war der Platz so harmonisch, dass er die kleinste Veränderung als Verbrechen betrachtete. Das mag übertrieben sein, der Charme der Piazza ist jedoch nicht von der Hand zu weisen.

Die schmale Via Gomito führt bergaufwärts und trifft auf die Hauptstraße Via della Boccola. Linker Hand gelangt man zum **6 Funicolare San Vigilio**, der Fahrgäste 459 m hoch transportiert. Oben angelangt, lockt das **7 Baretto di San Vigilio** nebenan mit romantischen Blicken und feiner traditioneller Küche.

UNTERWEGS VOR ORT

Die meisten Sehenswürdigkeiten in Bergamo erreicht man, indem man Bus und Seilbahn kombiniert und läuft. Buslinie 1 verbindet den Bahnhof mit der Seilbahn in die Città Alta und dem Colle Aperto, wo die Seilbahn nach San Vigilio abfährt. Tickets kosten 1,30 €, sind 75 Minuten gültig und an Zeitungsständen, in Tabakgeschäften sowie an Zug- und Seilbahnstationen erhältlich. Ein Auto ist nicht notwendig, da regelmäßig Züge von Mailand in einer Stunde nach Bergamo fahren. Wer dennoch fahren möchte, muss auf die ZTL-Schilder (Zona a Traffico Limitato) achten. Diese weisen auf Gebiete hin, die teils für Fahrzeuge gesperrt sind, etwa das Zentrum der Città Alta.

MANTUA

Mantua, 2016 italienische Kulturhauptstadt und 2017 Teil der Europäischen Region der Gastronomie, ist reich an Attraktionen. In der Besucherzahl spiegelt sich das nicht wider, was allerdings durchaus von Vorteil ist.

Zunächst hatte in der Stadt die Familie Bonacolsi das Sagen. Das wird oft vergessen, da die Gonzagas während ihrer fast 400-jährigen Herrschaft Mantua nachhaltig prägten. Doch ob üble Despoten, pferdeverliebte Herzöge oder ein Heiliger – glücklicherweise hatten viele von ihnen einen Sinn für die schönen Künste. Sie verzierten die Stadt mit Palästen und Kunstwerken, die Mantua in ein Renaissance-Juwel verwandelten. Seit damals hat sich erstaunlich wenig verändert und die Stadt trägt nicht umsonst den Spitznamen La Bella Addormentata (Dornröschen). Selbst die Einwohnerzahl (ca. 48 000) ist seit dem 16. Jh. fast unverändert. Etwas frischen Wind gibt es trotzdem, beispielsweise durch das Stadterneuerungsprojekt Mantova Hub.

TOP TIPP

Die vielen Radwege machen Mantua zu einer fahrradfreundlichen Stadt. Es gibt eine malerische, von Bäumen gesäumte Uferroute sowie eine Strecke bis nach Peschiera am Gardasee. Die recht kompakte Innenstadt lässt sich gut zu Fuß erkunden.

Der kolossale Palast der Gonzagas

FRESKEN UND FAMILIENGESCHICHTE

Die Gonzagas waren eine geschäftstüchtige Familie. Sie stiegen von Landbesitzern zu Herzogen, Bischöfen und Kardinälen auf, zudem hatten sie fast 400 Jahre lang die Kontrolle über Mantua. Ihr Sitz war der 35 000 m² große Stadtpalast **Palazzo Ducale**. Er besteht aus drei Teilen, dem Corte Vecchia, dem Corte Nuova und dem Castello di San Giorgio mit einem Hofgarten (Giardino dei Semplici). In den kunstvollen Räumen mit Fresken und Goldtäfelungen kann man einen ganzen Nachmittag verbringen.

Die **Camera degli Sposi** (Brautzimmer), 1474 von Andrea Mantegna fertiggestellt, ist das Prunkstück des Palastes. Hier beeindruckte Ludovico II. Adlige und Botschafter, die ihn besuchten. Die Wände gelten als Meisterwerk illusionistischer Kunst: Sie sind mit Säulen und Brokatvorhängen bemalt, die den Blick auf eine Bühne freigeben, auf der drei Generationen der Gonzagas als fürstliche Protagonisten höfische Szenen nachstellen. Wer genauer hinsieht, entdeckt außerdem Mantegnas verschmitztes Gesicht in der Girlande rechts von der Tür. Vom Loch in der Decke blitzt der Himmel mit stämmigen Cherubim hervor, die aus wenig schmeichelhafter Perspektive dargestellt sind.

Weitere Highlights sind z. B. die Sala di Troia mit turbulenten Szenen des Trojanischen Krieges als passende Kulisse für die Ratskammer von Federico II., die Sala dello Zodiaco mit Sternbildern an der Decke und die Sala del Pisanello mit Freskenfragmenten, die aufopfernde Ritter zeigen.

UNTERWEGS AUF DEM MINCIO

Mantuas Verteidigungsstrategie des 12. Jhs. umfasste das Anlegen künstlicher, vom Fluss Mincio gespeister Seen rund um die Stadt. Einer trocknete im 18. Jh. aus, die drei übrigen – Lago Superiore, Lago di Mezzo und Lago Inferiore – laden zu einer idyllischen Entdeckungsreise mit dem Boot ein. Dabei erlebt man die Anwesen der Gonzaga aus einer anderen Perspektive und lernt den **Parco del Mincio** kennen. In dem sumpfigen Naturschutzgebiet gibt es schwimmende Wasserrosen, rosa Lotusblüten, Reiher und Prachttaucher.

HIGHLIGHTS
1 Palazzo Ducale

SEHENSWERTES
2 Parco del Mincio

SCHLAFEN
3 Casa dei Gonzaga
4 Palazzo Valenti Gonzaga
5 Scaravelli:Residenza

ESSEN
6 Fragoletta
7 Il Cigno dei Martini
8 Osteria delle Quattro Tette
9 Panificio Pavesi
10 Salumeria Giovanni Bacchi

ESSEN IN MANTUA

Il Cigno
Das elegante familiengeführte Restaurant überzeugt mit *tortelli di zucca* (Pasta mit Kürbisfüllung). €€€

Osteria delle Quattro Tette
In der einfachen *osteria* lassen sich Einheimische Seite an Seite leckere Innereien oder Pasta schmecken. €

Fragoletta Antica Osteria
Das gemütliche Restaurant wurde von Casanova geschätzt und serviert seit 250 Jahren klassische Gerichte aus Mantua. €€

Lustschloss

DER PALAZZO TE DER GONZAGAS

Federico II. Gonzaga gab dem Maler und Architekten Giulio Romano bei der Gestaltung des Lustschlosses seiner Träume für Treffen mit seiner Mätresse Isabella Boschetti freie Hand. Und Romano lieferte: Der **Palazzo Te** gilt als größtes Werk des Architekten und steht für seinen verspielten manieristischen Stil, bei denen „schwindende" Triglyphen unter dem Dach als humoristische Einfälle gelten.

Der freche Stil setzt sich auch in den ebenfalls von Romano gestalteten Innenräumen fort, insbesondere in der **Camera dei Giganti** (Raum der Riesen). Dort zeigt eine fast cartoon-ähnliche Szene, wie Jupiter Blitze auf grotesk wirkende Riesen schleudert, die sich an den Aufstieg in den Olymp wagen. Sie ist als durchgängiges Bild an Wände und Decke gemalt, sodass der Betrachter in der Mitte von dem Chaos schier überwältigt wird.

Sinnbildlich für den Palast steht die **Camera di Amore e Psiche** (Raum des Amor und der Psyche). Dort ist ein Hochzeitsbankett dargestellt, besucht von spärlich bekleideten Göttern, Satyrn, Nymphen und sogar einem Elefanten. Eine golde-

ÜBERNACHTEN IN MANTUA

Scaravelli: Residenza
Vertretung des Scaravelli-Imperiums mit schicken zentral gelegenen Zimmern und Apartments in leuchtendem Weiß. €€

Casa dei Gonzaga
Etwas in die Jahre gekommene, aber ruhige und saubere Zimmer mit Klimaanlage in Bahnhofsnähe. €

Palazzo Valenti Gonzaga
Der *palazzo* aus dem 16. Jh. mit Fresken und weißen Marmorstatuen versprüht aristokratisches Flair. €€

PAOLO PERINA/ALAMY STOCK PHOTO ©

Camera dei Giganti, Palazzo Te

ne Inschrift an der Wand bezeichnet das Schloss als Ort der „redlichen Freizeit", wohl um staatliche Steuervorgaben zu erfüllen. Als Abschluss erinnert die **Sala dei Cavalli** mit lebensgroßen Bildern von Pferden an die Leidenschaft der Gonzagas für diese Tiere. Für all diese optische Pracht sollte man mindestens zwei Stunden einplanen.

TOP-ADRESSEN FÜR LOKALE SPEZIALITÄTEN

Panificio Pavesi
Die unauffällige Bäckerei in der Innenstadt verkauft wunderbar mürbe *sbrisolona* (nussiger, keksähnlicher Kuchen).

Salumeria Giovanni Bacchi
Neben einer großen Auswahl an Käse und Wurst aus der Region führt der Feinkostladen *mostarde mantovana* (pikante eingemachte Früchte).

UNTERWEGS VOR ORT

Das kompakte Mantua lässt sich gut zu Fuß erkunden. Wegen der vielen ausgewiesenen Wege ist auch das Fahrrad eine gute Option. Neben Fahrradverleihen gibt es ein auch öffentliches Verleihsystem.

APAM-Busse fahren alle 15 Minuten durch die Innenstadt und bieten sich für entlegenere Ziele ans. Das Zentrum ist für Autos gesperrt, Parken sollte jedoch kein großes Problem sein. Am See gibt es viele öffentliche Parkplätze.

VENEDIG

DIE SERENISSIMA DER KUNST

Die Warnungen vor dem Untergang Venedigs sind sicherlich übertrieben. Doch es liegt auch an uns, dass es nicht soweit kommt.

Zuerst die gute Nachricht: Venedig ist nicht tot. Es ist auch noch nicht hoffnungslos überfüllt, auch wenn dies oft behauptet wird. Das gilt zumindest für die Stadt Venedig selbst, wenn auch nicht für die Tourismusattraktionen. Diese bestehen ja nur aus der Piazza San Marco und der Rialtobrücke – und hier drängen sich tatsächlich schon mal 100 000 Menschen.

Auch wenn sie sehr spektakulär sind, so sind sie doch nicht das echte Venedig. Dieses Venedig findet man in dem Labyrinth enger Straßen auf den 118 Inseln: Die Kirchen der Stadt sind mit den weltweit größten Meisterwerken der Kunst geschmückt. Die allgegenwärtigen Bars bieten leckere *cicheti* (Fingerfood) zu einem Glas Wein an (S. 276). Die atemberauben Palazzi spiegeln sich im Wasser der Kanäle, in dem sich wieder Fische tummeln.

Venedig war schon immer ein komplexes Gebilde. In der 1100 Jahre langen Geschichte der Serenissima („Die höchst ehrenwerte" Republik Venedig) wurden hier Weltklassewerke der Kunst geschaffen und Handel mit der ganzen Welt getrieben. Die Kunst wiederum diente der Selbstdarstellung als „Reich von Gottes Gnaden". Tatsächlich eroberte Venedig andere Städte mit Gewalt und raubte ihre Kunstschätze (so wurden z. B. die Knochen des Hl. Markus in Alexandria gestohlen). Fremde, insbesondere Jüdinnen, Juden und Araber:innen, durften sich nur in klar definierten Vierteln ansiedeln. Als der Stadtstaat im 18. Jh. seine politische Macht einbüßte, wurde das Kriegsbeil begraben und man konzentrierte sich auf den Tourismus. 300 Jahre später hat sich daran nichts geändert.

Die bemerkenswerte Stadt verfügt über eine immense Widerstandskraft. 1200 Jahre lang kämpfte sie mit dem Hochwasser, bis 2020 endlich mit dem Bau von MOSE-Schutzdämmen begonnen wurde. 1100 Jahre lang behauptete sie sich gegen alle Invasoren, bis es Napoleon 1797 gelang, die Republik abzuschaffen. Und Venedig gibt nicht auf – noch nicht. In den letzten 70 Jahren ging die Bevölkerung um 70 % zurück, 2022 fiel die Einwohnerzahl auf unter 50 000. Viele Bewohner verlassen die Stadt, weil sie keine bezahlbare Wohnung finden. Wer die Stadt unterstützen will, sollte in einem Hotel oder einer Pension übernachten anstatt eine Wohnung zu mieten. Ein anderer Grund sind fehlende Jobs, die nichts mit dem Tourismus zu tun haben. Hier kann es helfen, direkt bei Kunsthandwerker:innen statt in Souvenirläden einzukaufen. Venedig ist stark gefährdet, aber noch nicht tot. Wir können dazu beitragen, dass es der Stadt gut geht.

DIE WICHTIGSTEN STADTVIERTEL

SAN MARCO
Gigantisch und atemberaubend.
S. 274

SAN POLO & SANTA CROCE
Ein 1000 Jahre alter Markt. **S. 280**

DORSODURO
Kunst und Promenaden.
S. 286

CANNAREGIO
Nachtleben und jüdische Geschichte.
S. 292

ALXPIN/GETTY IMAGES ©

Blick von der Piazzetta di San Marco auf San Giorgio Maggiore (S. 307)

0 500 m

Lagune von Venedig

Cannaregio
S. 292

Jüdisches Ghetto

Stazione di Santa Lucia (Ferrovia)

Canal Grande

Ca d'Oro

San Polo & Santa Croce
S. 280

Campo Santi Giovanni e Pao

Rialto Mercato

Ponte di Rialto

Canale di Santa Chiara

I Frari

Canale Scomenzera

Canal Grande

Basilica di San Marco

San Marco
S. 274

Teatro La Fenice

Palazzo Ducale

Dorsoduro
S. 286

Peggy Guggenheim Sammlung

Sacca Fisola

Canale della Giudecca

Canale di San Giorg

Giudecca

Giudecca, Lido & die südlichen Inseln
S. 305

Sacca Serenella
Canale Serenella
MURANO
Museo del Vetro
Canal di Murano

Murano, Burano & die nördlichen Inseln
S. 309

Cimitero di San Michele
Isola di San Michele

Castello
S. 299

Darsena Grande
Bacino di San Marco
Sant'Elena
Darsena di Sant'Elena

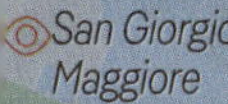

Lagune von Venedig

VOM FLUGHAFEN

Am schönsten fährt man vom Flughafen Marco Polo mit der Fähre Alilaguna in die Stadt. Sie fährt in 20 Minuten durch die nördliche Lagune und rund um die Stadt bis zur Piazzale Roma, wo sich der Busbahnhof befindet. Von dort kann man dann mit einem Vaporetto weiterfahren.

ZU FUSS

Die einfachste und zumeist auch schnellste Art, die Stadt zu erkunden, ist zu Fuß. Die meisten Sehenswürdigkeiten sind rund 20 Minuten von der Rialtobrücke entfernt. In der Regel gibt's in jedem Sestiere (Stadtviertel), eine Hauptstraße, die entweder zur Piazza San Marco oder zur Rialtobrücke führt.

VAPORETTO

Die Wasserbusse sind das einzige öffentliche Verkehrsmittel in Venedig (nur auf den Inseln Lido und Pellestrina verkehren auch Busse). Sie sind auch die schönste Art, sich fortzubewegen, denn sie fahren direkt auf dem Canal Grande und rund um das Stadtzentrum.

TRAGHETTO

Wer von der einen Seite des Canal Grande auf die andere Seite will, fährt damit. Die Fähren sind umgebaute Gondeln und geben einen Vorgeschmack auf die richtige Gondelfahrt.

Erste Orientierung

Venedig hat die Form eines Fisches, der am Aal der Giudecca vorbei auf das Festland zuschwimmt. Durch das Festland schlängelt sich der Canal Grande in Form eines umgekehrten S bis zum Hafen von San Marco. Die Innenstadt besteht aus sechs Sestieri (Stadtviertel): Cannaregio, Santa Croce, San Polo, Dorsoduro, San Marco und Castello.

REISEZIELE

VENEDIG

Perfekte Tage

Gemütlich auf dem Canal Grande schippern, auf dem Zattere am Wasser entlang spazieren, in die Lagune hinausfahren und die weltberühmten Sehenswürdigkeiten besichtigen.

MATTEO COLOMBO/GETTY IMAGES ©

Vaporetto auf dem Canal Grande (S. 294)

Tag 1

Morgens

- Mit Vaporetto 1 geht's durch den **Canal Grande** (S. 294) zum Rialto Mercato. Nach dem Besuch des uralten **Marktes** (S. 284) läuft man in Richtung Westen zur riesigen **Frari-Kirche** (S. 282) und besucht die **Scuola Grande di San Rocco** (S. 282), Tintorettos Version der Sixtinischen Kapelle.

Nachmittags

- Gemütlich spaziert man auf dem **Zattere** (S. 288) und blickt übers Wasser auf San Marco. Mit dem *taghetto* fährt man von Punta della Dogana zur **Piazza San Marco** (S. 276). Nach der Besichtigung der berühmten **Basilika** (S. 278) besucht man noch den **Palazzo Ducale** (S. 277).

Abends

- Zurück auf der Piazza San Marco genießt man das Abendessen im Sternerestaurant **Quadri** (S. 279).

...nicht verpassen

Kunstschätze bewundern, die Inseln der Lagune besuchen und Venedig aus der weniger bekannten Perspektive (von Einwander:innen und Vertriebenen) kennenlernen.

KUNSTGENUSS

Die **Gallerie dell'Accademia** zeigt die Werke der größten Renaissance-Kunstschaffenden aus Venedig von Tizian bis Tintoretto.

DURCH DAS ARSENALE SPAZIEREN

Die ehemalige **Schiffswerft** in Castello ist heute ein Veranstaltungszentrum, vermittelt aber noch einen guten Eindruck von der der einstigen Seemacht.

BADEN UND MEHR

Die 12 km lange Sandbank von **Lido** bietet schöne Adriastrände und das zeitlose Dorf **Malamocco**.

LUCAMATO/SHUTTERSTOCK ©, ANDERSPHOTO/SHUTTERSTOCK ©, INGUS KRUKLITIS/SHUTTERSTOCK ©

Tag 2

Morgens

● Moderne Kunst von Weltklasseniveau bewundert man in der **Peggy Guggenheim- Sammlung** (S. 288), und spaziert dann durch Dorsoduro zu dem von Longhena entworfenen **Ca' Rezzonico** (S. 286), dem opulenten Wohnhaus einer der herrschenden Familien, und besucht den Kunsthandwerker **Paolo Olbi** (S. 290) nebenan.

Nachmittags

● Mit dem Vaporetto geht's nach Cannaregio zum großartigen **Ca' d'Oro** (S. 294), in dem das ergreifendste Museum Venedigs untergebracht ist. Nördlich liegt das **Jüdische Ghetto** (S. 295), wo man bei einer Führung alles über die erschütternde Geschichte der jüdischen Menschen in Venedig erfährt.

Abends

● Statt Abendessen probiert man die *cicheti* der Barsin der **Fondamenta degli Ormesini** (S. 295).

Tag 3

Morgens

● Im fantastischen **Fondazione Querini Stampalia** (S. 301) kann man sich ausführlich über das Leben in Venedig informieren. Dann geht man zum Fondamente Nove, fährt mit dem Vaporetto nach Murano und erfährt im **Museo del Vetro** (S. 312) alles über die Kunst der Glasbläserei.

Nachmittags

● Mit dem Vaporetto geht's zurück nach Torcello, wo man den Ursprüngen von Venedig nachspürt. Nachdem man die glitzernden Mosaiken in der **Basilica di Santa Maria Assunta** (S. 311) bewundert hat, fährt man ins benachbarte Burano und lässt sich von dem Fischer **Andrea Rossi** (S. 313) durch die Lagune schippern.

Abends

● In der **Trattoria al Gatto Nero** (S. 313) isst man Fisch aus der Lagune. Danach lässt man den Abend im dann menschenleeren Burano ausklingen.

LEGENDÄRE FLEISCHBÄLLCHEN

Die historische *bacaro* (Taverne) **Alla Vedova** in Cannaregio ist berühmt für ihre riesigen Fleischbällchen, die man tatsächlich einzeln bestellt.

ZU BESUCH AUF EINER PRIVATINSEL

Die Insel **San Giorgio Maggiore** bietet eine atemberaubende Kirche und Kunst in einem weitläufigen Park.

MULTIKULTURELLES VENEDIG

Die **Scuola di San Giorgio degli Schiavoni** erzählt die Geschichte einer der vielen Einwanderungsgemeinschaften in Venedig.

DIE QUARANTÄNE-INSEL

Auf der **Lazzaretto Nuovo** wurden einst die Neuankömmlinge 40 Tage lang isoliert – die erste Quarantäne der Welt.

SAN MARCO

DAS ZENTRUM DER MACHT

Für viele ist Venedig gleichbedeutend mit San Marco. Der Sestiere (Stadtteil Venedigs) ist auch einer der schönsten: direkt am San Marco Hafen gelegen, in dem die lange Riva degli Schiavoni bis ins benachbarte Castello verläuft – eine der schönsten Promenaden der Welt! San Marco, eines der ältesten Viertel der Stadt, besteht aus einem Gewirr enger Gassen rund um die Piazza San Marco. Zu Zeiten der Stadtrepublik, als die meisten Besucher:innen auf dem Wasser ankamen, bot der Platz einen beeindruckenden Empfang: der Palazzo Ducale (Dogenpalast) erhob sich über der Lagune, die Basilica di San Marco mit dem hohen Campanile (Glockenturm) stand direkt am Eingang zum Platz. Doch San Marco hat mehr zu bieten als diesen Platz. Weitere Campi sind ebenso von Kirchen und Glockentürmen gesäumt, extravagante Palazzi reihen sich am Canal Grande aneinander. Rund um die Rialtobrücke ganz im Norden von San Marco ist die touristische Hochburg der Stadt. Doch auch hier ist man ein oder zwei Straßen abseits der Hauptstraße schon weitab des Rummels.

TOP TIPP

Der Canal Grande windet sich in einer langgezogenen Kurve um San Marco. Der östliche Stadtrand reicht von der Rialtobrücke im Norden bis zur Piazza San Marco im Süden. Die Hauptdurchgangsstraße führt quer durch das Viertel am Canal Grande entlang von der Rialtobrücke zum Campo Santo Stefano und dann nach Osten zur Piazza. Die Vaporetti verkehren auf der gleichen Strecke.

Teatro La Fenice

Teatro La Fenice

AUFERSTANDEN AUS DER ASCHE

1996 wurde die berühmte **Oper** von Venedig bei einem Brand zerstört, doch getreu ihrem Namen („Phönix"), wurde sie acht Jahre später wieder aufgebaut. Die Oper kann mit einem Audioguide besichtigt werden, wesentlich schöner ist der Besuch einer Vorstellung. Die Spielzeiten sind Januar bis Juni und September/Oktober.

Museo Correr

DIE GESCHICHTE DER SERENISSIMA

Das Museum dokumentiert sehr ausführlich die Procuratie Nuove und die Napoleonische Zeit (dauert rund zwei Stunden). Glanzstücke der Ausstellung sind die fast 50 cm hohen Plateauschuhe, die die Frauen im 15. und 16. Jh. trugen, und das *Venetie MD* von Jacopo de' Barbari, eine Luftaufnahme der Stadt von 1500, die zeigt, dass sich seitdem nicht viel verändert hat. In dem Gebäude sind auch das Museo Archeologico und die Biblioteca Marciana von Sansovino untergebracht. Außerdem gibt's noch die Sale Reali, königliche Räume, die nach dem Ende der Republik gestaltet wurden. 2022 wurden elf der von den Familien Bonaparte, Habsburg und Savoyen genutzten Räume eröffnet, sodass jetzt insgesamt 20 zu besichtigen sind.

ENDE EINER EHE

Napoleon zerstörte das letzte *bucintoro*, das extravagante Schiff, mit dem der Doge sich jedes Jahr mit dem Meer „vermählte". Die Überreste verteilen sich auf das Museo Correr und das **Museo Storico Navale** (S. 299).

SAN POLO
CASTELLO
DORSODURO
Canal Grande
Canale di San Marco
Rialtobrücke
Rialto
San Silvestro
Sant'Angelo
San Tomà
Campo San Polo
Campo San Bartolomeo
Campo San Salvador
Campo Santa Maria Formosa
Rio di San Polo
Rio della Madoneta
Rio di San Salvador
Rio della Fava
Rio del Vin
Rio di Palazzo della Paglia
Rio di San Luca
Rio dei Scoacamini
Rio Orseolo
Rio Fuseri
Rio dei Barcaroli
Rio de la Verona
Rio de la Veste
Rio del Duca
Rio di San Vidal
Rio del Santissimo
Rio di San Maurizio
Rio dei Giardinetti
Saliz San Lio
C S Antonio
C d Bande
C dei Specchieri
C Larga San Marco
Marzaria dell'Orologio
C Fiubera
C dei Fabbri
Fond Orseolo
C Goldoni
C dei Fuseri
Campo San Luca
Campo Manin
Rio Terà Paternian
C de le Locande
Rio Terà dei Assassini
Riva del Carbon
C del Carbon
C dei Avvocati
Rio Terà de la Mandola
C de Caffettier
Campo San Anzolo
C del Cristo
C de la Fenice
C del Frutarol
C Mocenigo Ca' Vecchia
Saliz S Samuele
C del Pestrin
C dei Frati
C de le Botteghe
C dei Orbi
C de le Carrozze
Campo San Samuele
San Samuele
Campo Santo Stefano
C del Spezier
Campo San Maurizio
C de le Ostreghe
Campo Traghetto
Campo di San Vidal
Ponte dell' Accademia
Santa Maria del Giglio
Campo de la Salute
C Veste
C Larga XXII Marzo
C del Traghetto
Campo di San Moisè
C dei 13 Martiri
C Frezzaria
C Vallaresso
Fond del Fontegheto
Piazzetta dei Leoni
Piazzetta San Marco
1 Basilica di San Marco
2 Campanile
3 Museo Correr
4 Museo Fortuny
5 Negozio Olivetti
6 Palazzo Ducale
7 Piazza San Marco
8 Teatro La Fenice
9
10
11
12
13 Giardini Ex Reali
14
15
16
17
18
19
20
21
22
0
200 m

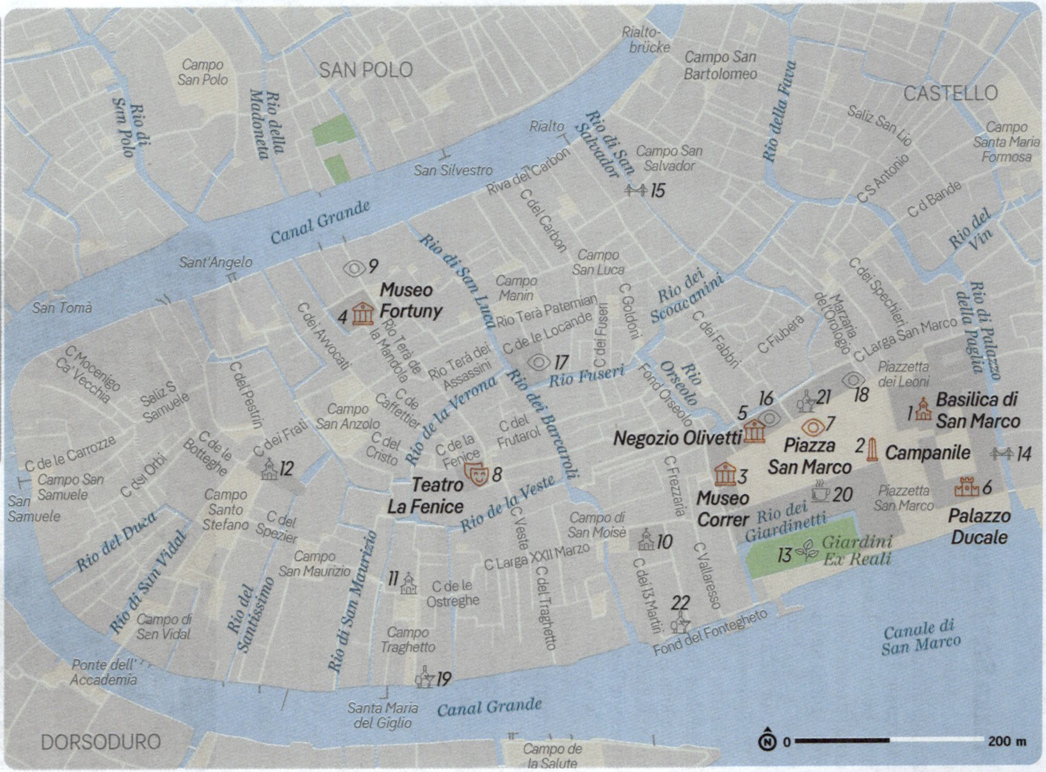

HIGHLIGHTS
1 Basilica di San Marco
2 Campanile
3 Museo Correr
4 Museo Fortuny
5 Negozio Olivetti
6 Palazzo Ducale
7 Piazza San Marco
8 Teatro La Fenice

SEHENSWERTES
9 Calle Traghetto Vecchio
10 Chiesa di San Moisè
11 Chiesa di Santa Maria del Giglio
12 Chiesa di Santo Stefano
13 Giardini Reali
14 Ponte dei Sospiri
15 Ponte del Lovo
16 Procuratie Vecchie
17 Scala Contarini del Bovolo
18 Torre dell'Orologio

AUSGEHEN & FEIERN
19 Bar Longhi
20 Caffè Florian
21 Grancaffè Quadri
22 Ombra del Leoni

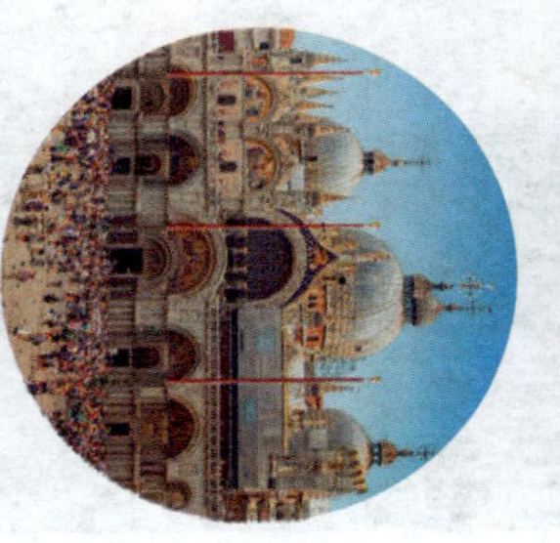

Basilica di San Marco (S. 278)

Piazza San Marco

ITALIENS BERÜHMTESTER PLATZ

Napoleon traf den Nagel auf den Kopf, als er die **Piazza San Marco** am San Marco Hafen als „Zeichensaal Europas" bezeichnete. Doch auch das ist noch untertrieben: seit dem 12. Jh., als der Platz angelegt wurde, trafen sich hier Menschen aus aller Welt – zuerst um Handel zu treiben und dann um sich das Schicksal vorhersagen zu lassen. Später kamen dann die Touris, die bis heute vor allem die historischen Cafés besuchen wollen.

Die Symmetrie des Platzes ist überwältigend. Der Basilica di San Marco (S. 278) mit ihren vielen Kuppeln stehen an den anderen drei Seiten Gebäude mit regelmäßigen Säulengängen gegenüber. An den beiden Längsseiten stehen die Procuratie Vecchie und Procuratie Nuove, die für die „Prokuratoren", so etwas wie Regierungsbeamte, von San Marco im 16. und 17. Jh. errichtet wurden. Mit dem Gebäude an der kurzen Seite verband Napoleon die beiden „Flügel" miteinander. Heute befinden sich im Procuratie Nuove und in der Ala Napoleonica das Museo Correr und das Archäologische Museum. Seit 2022 ist auch das Obergeschoss der Procuratie Vecchie für die Öffentlichkeit zugänglich.

Der 99 m hohe **Campanile**, (Glockenturm) ist das höchste Gebäude der Stadt und bietet einen tollen Ausblick. Die fünf Stockwerke hohe **Torre dell'Orologio** (Uhrenturm) kann im Rahmen einer Führung besichtigt werden. Auf dem Platz kann man locker einen Tag mit Besichtigungen verbringen. Für eine kleine Pause bieten sich die historischen Cafés an. Das **Florian** ist das bekannteste, das **Quadri** wird von den preisgekrönten Brüdern Alajmo geführt.

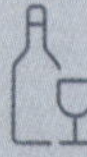

EINE ZWIELICHTIGE ANGELEGENHEIT

Zu den *cicheti,* Venedigs berühmtes Fingerfood, sollte man unbedingt ein *ombra*, ein Glas des Hausweins trinken. Eigentlich bedeutet das Wort „Schatten" oder „Zwielicht". Das rührt daher, dass zu Zeiten der Repbulik der Platz voller Stände war, die den begehrten Alkohol an Arbeiter:innen und Besucher:innen verkauften. Die Weinverkäufer:innen standen besonders gerne unterhalb des Campanile in dessen *ombra* (Schatten), damit der Wein nicht zu warm wurde, und folgten mit ihren Ständen im Laufe des Tages immer diesem Schatten.

Piazza San Marco

SUTTIPONG SUTIRATANACHAI/GETTY IMAGES ©

Palazzo Ducale

KUNSTVOLLER SITZ DER REGIERUNG

Kein Gebäude symbolisiert Venedig besser als der **Dogenpalast** – und das nicht nur wegen der einzigartigen Lage am Wasser oder der politischen Bedeutung (immerhin war er 900 Jahre lang der Regierungssitz der Republik), sondern wegen des Gebäudes an sich. Der heutige Palast wurde um 1300 im Stil der venetianischen Hochgotik errichtet, weist aber auch byzantinische und islamische Elemente auf. Dazu kommen die hellen Farben und Details wie die rosa-weiße Fassade im konzentrischen Rautenmuster.

Im Inneren befinden sich eine verwirrende Anzahl von Räumen der Politiker, spektakuläre Kunstwerke und natürlich die berühmte **Ponte dei Sospiri**, die „Seufzerbrücke", über die die Gefangenen in ihre unterirdischen Kerker gehen mussten. (Tipp: Von außen ist die Brücke besser zu sehen.) Angesichts der ungeheuren Größe sollte man sich auf einen Aspekt konzentrieren: das politische System der Republik, die vielen Kunstwerke aus Verona, von Tizian, Tintoretto und anderen oder die prachtvolle Ausstattung der Räume.

Auf jeden Fall besuchen sollte man die riesige **Sala del Maggior Consiglio** (Große Ratshalle). Sie wird heute dominiert von Tintorettos *Paradiso*, dem vermutlich größten Gemälde der Welt. Auf dem rund 25 m langen Bild tummeln sich 500 Figuren. Das 1577 in Auftrag gegebene Werk war die letzte Arbeit von Tintoretto. Unterstützung bekam er dabei von seinem Sohn Domenico.

Dogenpalast

FRANCESCO BONINO/SHUTTERSTOCK ©

HINTER DEN KULISSEN

Wer den zumeist überfüllten Dogenpalast alleine und in aller Ruhe besuchen will, bucht eine **Itinerario Segreto** – , eine Führung in die „geheimen" Räume des Palastes, wie die verwinkelten Büros der Schreiberlinge, das Archiv, die Folterkammer, Gefängniszellen unter dem Dach und der Dachboden über der Sala del Maggior Consiglio, wo die komplexe Konstruktion aus Balken und Gerüsten zu sehen ist, die die mit Gemälden verkleidete Decke hält. Die restlichen Räume kann man dann auf eigene Faust besichtigen.

Negozio Olivetti

MODERNITÄT – SCHLICHT UND EINFACH

Inmitten der prunkvollen Pracht der Piazza übersieht man leicht ein kleines Stück Modernität. Das war wohl auch die Absicht des venetianischen Architekten Carlo Scarpa, der 1957 einen winzigen Raum des Procuratie Vecchie in einen **Ausstellungsraum** von Olivetti verwandelte, indem er ein großes Schaufenster zum Platz hinaus einbaute. Der luftige Raum hat einen Mosaikfußboden in den Farben der Lagune und eine „freischwebende" Treppe, die zur Galerie mit den Schreibmaschinen hinaufführte. Eine wahre Erholung vom bombastischen Prunk des Platzes.

SKOVALSKY/SHUTTERSTOCK ©

Basilica di San Marco

Basilica di San Marco

ALLES WAS GLÄNZT IST AUCH GOLD

Mitten auf der Piazza San Marco steht der spektakuläre **Markusdom** aus dem 11. Jh. Venedig wollte schon immer etwas Besonderes sein. Und so wurde die Basilika im Stil und mit den Materialien des alten Konstantinopel gebaut. Mit der üppigen byzantinischen Kirche sollte Venedig zur glanzvollsten Stadt der Erde werden. Außen wie innen ist sie reich verziert und ausgeschmückt. Der knapp 3000 m² große Fußboden besteht aus kostbaren Mosaiken aus Serpentinstein und Porphyr, die aus Griechenland, der Türkei und Ägypten herbeigeschafft wurden. Wände und Kuppeln wurden vom 13. bis 18. Jh. mit Goldmosaiken verkleidet. Hinter dem Altar hängt das **Pala d'Oro**, ein byzantinisches Altarbild aus reinem Gold, das mit mehr als 2000 Edelsteinen geschmückt ist, die Venedig Anfang des 14. und 15. Jhs. in aller Welt raubte. Außerdem ist es bedeckt von unzähligen Heiligen- und Engelsfiguren. Im Obergeschoss befindet sich die **Loggia dei Cavalli**, ein Balkon hoch über der Piazza. Die vier Pferdestatuen sind Nachbildungen – die Originale aus Bronze wurden 1204 in Konstantinopel gestohlen und befinden sich heute im benachbarten Museum.

Museo Fortuny

DER MODEZAR

Der spanische Designer Mariano Fortuny beherrschte Anfang des 20. Jhs. die Modewelt mit seinem legendären Delphos-Kleid aus sehr fein plissierter Seide, die sich an den Körper anschmiegte. Er war aber auch Künstler und Architekt und revolutionierte die Beleuchtung von Theatern. Ein verfallender Palazzo aus dem 15. Jh. westlich der Rialtobrücke waren Wohnhaus und Atelier von Mariano und seiner Frau, der Schneiderin Henriette Negrin. Nach dem Hochwasser 2019 wurde der stark zerstörte Palast geschlossen und 2022 wieder eröffnet. Aus dem schwach beleuchteten, ziemlich chaotischen Wohnhaus war jetzt ein **Museum** geworden, das zwar nicht mehr den alten Charme hat, aber dennoch einen Besuch wert ist.

CHRISTOPHE BOISVIEUX/SHUTTERSTOCK ©

Pala d'Oro, Basilica di San Marco

IACOMINO FRIMAGES/SHUTTERSTOCK ©

Scala Contarini del Bovolo

NOCH MEHR IN SAN MARCO

Jenseits der Piazza

EIN STILLER GARTEN UND EIN MODERNISTISCHES GEBÄUDE

Auf der Piazza San Marco gibt es keine Sitzbänke, dafür aber im **Giardini Reali**, der von Napoleon unterhalb des Procuratie Nuove angelegt wurde. Im Obergeschoss des **Procuratie Vecchie** direkt am Platz ist heute die Verwaltung einer Flüchtlingsorganisation untergebracht, deren Ausstellung *A World of Potential* man besuchen und dabei den von David Chipperfield umgebauten Palast bewundern kann.

Die Hauptstraße im Westen von San Marco führt an mehreren Kirchen vorbei. Die **Chiesa di San Moisè** hat eine opulente Barockfassade, die in krassem Gegensatz zum brutalistischen Bauer Hotel von 1949 daneben steht (eines der wenigen modernistischen Gebäude der Stadt). Die **Chiesa di Santa Maria del Giglio** verfügt über das einzige Werk von Rubens in Venedig – die vollbusige *Madonna mit Kind*. In der Fassade sind Landkarten aus dem 17. Jh. eingraviert, die Städte wie Zadar, Split und Korfu zeigen, die Venedig erobert hatte. Etwas weiter befindet sich die scheunenartige **Chiesa di Santo Stefano** mit einem kleinen Museum für religiöse Kunst, das Werke von Vivarini, Tintoretto, Pietro Lombardo und Canova zeigt.

Auf dem Weg zur Rialtobrücke beginnt abseits der Hauptstraße die **Scala Contarini del Bovolo**, eine märchenhafte Wendeltreppe der Gotik.

DIE BESTEN FOTOS VON SAN MARCO

Stefano Mazzola von Venice Photo Tour *(@veniceoriginalphotowalk)*

Die einzige Stelle, von der man den Glockenturm von San Marco gut von unten fotografieren kann, ist die **Ponte del Lovo**, und zwar am besten bei Sonnenuntergang.

Sehr fotogen ist auch der Blick vom oberen Ende der **Scala Contarini del Bovolo**. Durch die Säulengewölbe ergeben sich herrliche Fotomotive.

Beim Palazzo Fortuny sollte man in die kleine Seitenstraße **Calle del Traghetto Vecchio** abbiegen. Sie führt direkt zum Canal Grande und bietet einen tollen Blick auf die Rialtobrücke.

BARS MIT AUSSICHT IN SAN MARCO

Quadri
Historisches Café mit Sternerestaurant hoch über der Piazza.

Ombra del Leone
Die Bar im Haus der Biennale Venedig am Kanal ist gegenüber der Kunstgalerie Punta della Dogana.

Bar Longhi
Die Bar des Gritti Palace Hotels hat eine Terrasse über dem Canal Grande und ist mit Bildern von Pietro Longhi geschmückt.

SAN POLO & SANTA CROCE

WO GESCHICHTE ZUM LEBEN ERWACHT

Nach der Piazza San Marco möchten die meisten Besucher:innen die Rialtobrücke sehen. Die weiße Brücke über den Canal Grande trägt den Namen des Stadtviertels, das sich rund um den 1000 Jahre alten Markt am Ufer von San Polo erstreckt. Am *Rivo alto* (hohes Ufer) befanden sich tatsächlich die ersten Siedlungen der Lagune. Es besteht aus einem Labyrinth enger Gässchen mit baufälligen Häusern und Übergängen zwischen den ersten Stockwerken der Palazzi, unzähligen Sackgassen und Verzweigungen – eine Zeitreise in die Wirren der Geschichte mit witzigen Entdeckungen. So bezeichnete die Ponte delle Tette oder „Tittenbrücke" einst den Eingang zum Rotlichtviertel.

Rialto umfasst den Sestiere San Polo, der zusammen mit Santa Croce im Nordwesten den Kern des Stadtzentrums bildet. Im vornehmeren Santa Croce befinden sich jede Menge Museen, während San Polo überwältigende Kirchen, Palazzi und Kunstschätze bietet. In den beiden Sestieri kann man sich leicht verirren und dabei herrliche Villen mit üppigen Gärten entdecken.

TOP TIPP

Hier ist man schnell abseits der üblichen Pfade unterwegs, doch die Hauptstraßen führen alle zu den wichtigsten Sehenswürdigkeiten. Santa Croce ist auch gut an die Stadt angebunden: an der Piazzale Roma ist der Busbahnhof, und die Ponte degli Scalzi führt direkt zum Bahnhof des Viertels. Die Vaporetti 1 und 2 fahren von der Piazzale Roma nach Rialto.

MISTERVLAD/SHUTTERSTOCK ©

Rialtobrücke

Ponte di Rialto

ITALIENS IKONISCHE BRÜCKE

Die ikonische **Rialtobrücke** gehört eigentlich zu keinem bestimmten Sestiere, denn das eine Ende ist in San Marco, das andere in San Polo. Sie war einmal der wichtigste Übergang über den Canal Grande zwischen dem Geschäftszentrum von Rialto und dem politischen Zentrum in San Marco. Und bis 1854 war sie sogar die einzige Brücke über dem Canal Grande. Als 1524 die alte Holzbrücke ersetzt werden sollte, wollte die Stadt eine dem Ort angemessene Brücke bauen. So errichtete Antonio da Ponte von 1588 bis 1591 die Brücke im Zuckerbäckerstil aus weißem istrischen Stein. Die meisten Läden auf der Brücke sind typische Tourismusfallen. Man sollte Souvenirs lieber bei den Kunsthandwerker:innen der Gegend kaufen.

Campiello dei Meloni

ALTES UND NEUES KUNSTHANDWERK

Die Hauptstraße von Rialto nach San Polo ist voller Tourismusfallen, doch es gibt auch zwei hervorragende Kunstgewerbeläden an dem winzigen Platz. Paolo Pelosin aus Il Pavone stellt herrliches Marmorpapier (oder Ebru, wie es auf türkisch heißt) her und verarbeitet es zu Briefpapier, Fotoalben, Bleistiften und sogar Ohrringen. Bei Dila direkt daneben bieten Laura Bollato und ihr Neffe Sebastaiano Souvenirs der anderen Art an. Alle Becher, T-Shirts und Federmäppchen sind von Hand mit Katzenmotiven bemalt, für die ihnen ihre vielen Katzen Modell standen.

HIGHLIGHTS
1 Ca' Pesaro
2 Campiello dei Meloni
3 Chiesa di San Giacomo dall'Orio
4 Chiesa di San Giacomo di Rialto
5 I Frari
6 Il Pavone di Paolo Pelosin
7 Palazzo Mocenigo
8 Ponte di Rialto
9 Rialtomarkt
10 Scuola Grande di San Rocco

SEHENSWERTES
11 Calle de la Donzella
12 Calle del Megio
13 Campo Erbaria
14 Campo Rialto Novo
15 Campo San Polo
16 Chiesa di San Polo
17 Chiesa di San Stae
(siehe 18) Fondaco dei Turchi
18 Museo di Storia Naturale di Venezia

SCHLAFEN
19 Albergo Casa Peron
20 Cima Rosa
21 Hotel San Cassiano

EATING
22 Pasticceria Rizzardini

AUSGEHEN & FEIERN
23 All'Arco
24 Banco Giro
25 Cantina Do Spade
26 Da Lollo

SHOPPING
27 Dila
28 Process Collettivo

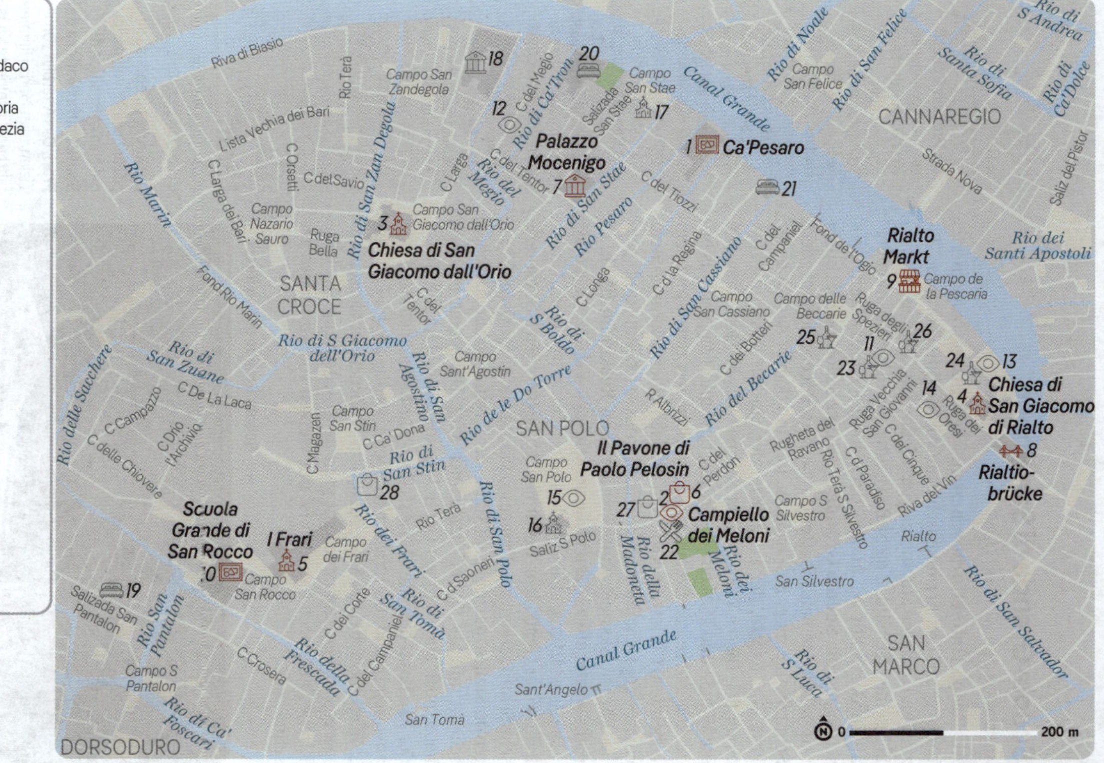

Scuola Grande di San Rocco

AUSDRUCK DER WIDERSTANDSKRAFT VENEDIGS

Als Jacopo Tintoretto die venezianische Kunst revolutionierte, baute er auf den Errungenschaften von Bellini, Giorgione, Tizian und anderen auf, intensivierte jedoch die Farben und verlieh seinen Gemälden mehr Bewegung. Seine Werke sind überall in der Stadt zu finden, doch hinter I Frari steht sein schönstes, die **Scuola Grande** (Venedigs Scuole oder Schulen waren Laiengemeinschaften), die er San Rocco widmete, dem Schutzheiligen der Pestkranken, und mit dem er das Ende der Pest 1576 feierte, der ein Drittel der Stadtbevölkerung zum Opfer fiel. Dieses Werk besteht aus mehr als 60 Gemälden, die die Wände und Decken von Erdgeschoss und Treppenhaus bedecken. Sie zeigen Szenen aus dem Alten Testament und dem Leben Jesu Christi. Im kleineren Sala dell'Albergo hängt zudem ein riesiges Gemälde der Kreuzigung, das so lebendig und spektakulär ist, dass der Kunstkritiker John Ruskin im 19. Jh. es nicht wagte, etwas dazu zu bemerken.

Die Ausstattung ist aber nicht alleine Tintorettos Werk. Unterhalb seiner Gemälde in der großen Halle befinden sich esoterische Schnitzereien von Francesco Pianta, die allegorische Figuren darstellen, darunter ein Mann, der an einer Straße zu stehen scheint und als „Spion" bezeichnet wird. Die Scuola ist auch heute noch ein wichtiger Ort in Venedig: einmal im Jahr feiert der Patriarch hier die Messe (früher war dabei auch der Doge anwesend), und die Tafel im Treppenhaus, die an die Pest von 1576 erinnert, hat seit März 2020, dem Ausbruch der viel schlimmeren Corona-Pandemie, eine ganz neue Bedeutung. Auch die Kirche San Rocco daneben ist mit Werken von Tintoretto geschmückt.

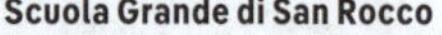

Scuola Grande di San Rocco

ETWAS GUTES TUN

Der **Process Collettivo**, direkt gegenüber von I Frari ist der Laden einer Initiative, die die Strafgefangenen in Venedig während ihrer Haftzeit ausbildet und (teilweise auch später noch) beschäftigt. Der vom US-Künstler Mark Bradford unterstützte Laden verkauft Toilettenartikel, schicke Taschen und Accessoires aus recyceltem PVC. Das **Banco Lotto n.10**, ein anderes Projekt bei der Scuola di San Giorgio in Castello, stellt exquisite Damenmode im Vintage-Stil her und verwendet dafür zumeist kostbare Seide und andere Stoffe der Firmen Rubelli, Fortuny und Bevilacqua in Venedig. Alle Erlöse kommen den jeweiligen Projekten zugute.

I Frari

EINE GRANDIOSE GOTISCHE KIRCHE

Die Kirche ist ebenso imposant wie ihr vollständiger Name: **Basilica di Santa Maria Gloriosa dei Frari**. Das Altarbild von Tizian zeigt Mariä Himmelfahrt und inspirierte Kunstschaffende von Raffael bis ins 21. Jh. Außerdem befinden sich hier Werke von Bellini bis Donatello und auch das grandiose Grabmal von Canova. Der Meister hat es selbst entworfen, seine Lehrlinge haben es geschaffen und es enthält das Herz von Canova.

Chiesa di San Giacomo dall'Orio

DIE PATCHWORK-KIRCHE

Die romanische Kirche **San Giacomo dall'Orio** müsste eigentlich ein einziges Chaos sein. (Gebaut wurde sie um 800 und wurde danach ständig verändert.) Stattdessen ist sie ein stimmungsvoller Mix der Stile unterschiedlicher Epochen. Die Holzdecke sieht aus wie ein Schiffskiel, es gibt vergoldete Bogen, ein dunkelgrüne Marmorsäule und mittelalterliche Schnitzereien verschiedener Heiliger. Nicht zu vergessen die Gemälde von Veronese und Palma il Giovane sowie das wunderbare Kruzifix von Paolo Veneziano aus dem 14. Jh.

Inneneinrichtung, Palazzo Mocenigo

Palazzo Mocenigo

WIE DIE OBEREN ZEHNTAUSEND LEBTEN

Allein die Portego (die Eingangshalle im 1. Stock) des großartigen **Mehrzweckmuseums** lohnt den Eintrittspreis. In erster Linie ist es das prachtvolle Wohnhaus der Patrizierfamilie Mocenigo aus dem 17. Jh. Es ist aber auch Teil des Centro Studi di Storia del Tessuto e del Costume, eines Mode- und Textilmuseums, und so hängen an den mit Damast bespannten Wänden die Protäts von Dogen und bedeutenden Familienmitgliedern. Die Tischdecken sind mit Burano-Spitze verziert, die Kronleuchter bestehen aus Muranoglas. Ein Fußboden ist mit dem Mosaik des Familienwappens bedeckt. Es gibt auch eine kleine, sehr interessante Ausstellung über Parfums.

Westen im Centro Studi di Storia del Tessuto e del Costume

Ca' Pesaro

EINE GABE FÜR BEDÜRFTIGE KÜNSTLER:INNEN

Als Gräfin Felicita Bevilacqua La Masa 1899 eine der schönsten Villen am Canal Grande der Stadt vermachte, sollten dort junge Künstler:innen arbeiten und ausstellen dürfen. 1902 wurde das Haus zur städtischen **Galerie für moderne Kunst**. Als der futuristische Künstler Umberto Boccioni 1910 eine Einzelausstellung erhielt, waren die „Sommercamps" in Ca' Pesaro schon die Gegenveranstaltung zur Biennale. So besteht die erstaunlich kleine Sammlung vor allem aus italienischen Werken, enthält aber auch Werke von Bonnard, Chagall, Klimt und Rodin sowie einige Überraschungen wie die Werke von Umberto Moggioli, die an Van Gogh erinnern und zur postimpressionistischen Burano-Schule zählen. Auf das eher unbehagliche Museum der Orientalischen Kunst sollte man verzichten und lieber in eine Bar am Kanal gehen.

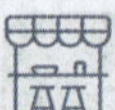

Rialto Mercato

EIN 1000 JAHRE ALTER MARKT

„Was gibt's Neues auf dem Rialto?" lautet eine Frage in Shakespeares *Kaufmann von Venedig*. Die Antwort würde heute deutlich anders lauten, denn das ehemalige Geschäftszentrum der Republik ist zu einer touristischen Sehenswürdigkeit geworden. Der **Markt** selber existiert natürlich noch und die *bacari* (Tavernen) in den engen Gassen bieten den Menschen aus aller Welt immer noch *cicheti* und *ombre*. Doch statt üppiger Stoffe, Gewürze und Edelsteine gibt es auf dem immer kleiner werdenden Mercato, der schon seit dem 11. Jh. besteht, heute nur noch Fisch, Obst und Gemüse. Und die Besucher:innen sind nicht mehr ausländische Händler:innen, sondern Touris. Zudem sorgt der Bevölkerungsschwund der Stadt dafür, dass sich viele Stände nicht mehr rechnen. Um die Händler:innen zu unterstützen, sollte man also unbedingt etwas kaufen, wie z. B. Gemüse von der Insel Sant'Erasmo oder winzige Shrimps aus der Lagune.

Am Ende der Brücke steht die **Chiesa di San Giacomo di Rialto** oder auch nur San Giacometto. Nach der Überlieferung wurde die Kirche 421 zur Zeit der Stadtgründung gebaut. Auch wenn dies nachweislich nicht zutrifft und nur ein Mythos ist, wurde die Kirche tatsächlich im 11. Jh. umgestaltet. Zur gleichen Zeit wurde auch der Markt begründet. Neben der Kirche befand sich einst die Bancogiro, die 1524 gegründet wurde. Den Namen trägt nun eine Bar im nahegelegenen **Campo Erberia**, wo einst ein Obst- und Gemüsemarkt stattfand. Heute ist der Campo eine Barmeile direkt am Kanal. Dies ist der älteste Teil von Venedig, was an den engen Gassen gut zu erkennen ist.

ANDAR PAR BACARI

So heißt eine „Kneipentour" in Venedig. Hier die besten Kneipen in Rialto.

Do Spade
Hier gibt es schon seit 148 eine Taverne. Heute ist das Lokal bekannt für seine würzigen Fleischbällchen. €

All'Arco
Seit mehr als 100 Jahren werden hier *cicheti* serviert, die sich ständig ändern. €

Bancogiro
Direkt am Canal Grande werden hochwertige kreative *cicheti* serviert. Am besten sind die Meeresfrüchte frisch vom Markt. €€

Da Lollo
Das Lokal hinter dem Markt bietet superdicke *tramezzini* (Sandwiches). €

Fischstand auf dem Rialtomarkt

Die ehemalige Stierkampfarena in San Polo

EIN PARK IM VENEZIANISCHEN STIL

Der **Campo San Polo** ist nach dem Markusplatz der zweitgrößte Platz Venedigs. Er ist kreisrund, denn während der Republik war er eine Stierkampfarena. Auf den roten Bänken unter den Bäumen kann man herrlich sitzen und den Kuchen der historischen **Pasticceria Rizzardini** um die Ecke genießen. Die **Chiesa di San Polo** aus dem 9. Jh. ist nicht wirklich schön, verfügt aber über ein fantastisches Kunstwerk von Giandomenico Tiepolo,dem Sohn des berühmten Giambattista: den Zyklus Stationen des Kreuzwegs.

Am Kanal in Santa Croce

DIE SCHÄTZE AM CANAL GRANDE

Der Canal Grande im eleganten Santa Croce ist gesäumt von tollen Sehenswürdigkeiten. Die barocke Kirche **Chiesa di San Stae** ist mit kuriosen Kunstwerken geschmückt, darunter Heilige, die von Jesus' Licht geblendet werden, und der Hirsch, den der Hl. Eustachius (San Stae) gerade jagt, als er bekehrt wird. Etwas weiter nördlich befindet sich – in einer Straße weitab vom Kanal – der zauberhafte **Fondaco dei Turchi**, der ehemalige Handelshof der türkischen und arabischen Kaufleute. Die doppelten Säulengängen sind im italienisch-byzantinischen Stil. Das Gebäude wurde um 1800 komplett wieder aufgebaut. Heute ist es voller ausgestopfter Tiere, denn es beherbergt das skurille **Museo di Storia Naturale** (Naturkundemuseum).

DIE GEHEIMNISSE VON RIALTO

Giovanna di Cataldo von Go Guide (@goguidevenice) bietet historische Führungen durch den ältesten Teil der Stadt an. Hier sind ihre Lieblingsorte in Rialto:

In der **Calle de l'Arco** (offizielle Adresse: San Polo 456) wurde eine Türschwelle verbreitert und abgerundet, damit Fässer besser in das Lagerhaus hinein und hinaus gerollt werden konnten. In der **Calle della Donzella** (San Polo 963a) befindet sich die Porta Storta, eine Tür, die schief in den Angeln hängt. Hinter dem **Campo Rialto Novo** zeigt ein Balken die Mindestbreite der Gasse an.

In Santa Croce gefällt mir die **Calle del Megio**. Sie führt direkt zum Canal Grande und bietet einen tollen Blick auf das Ca' Vendramin Calergi, das Kasino der Stadt.

ÜBERNACHTEN IN SAN POLO UND SANTA CROCE

Hotel San Cassiano
Das hübsche kleine Hotel am Canal Grande in Ca' Favretto war im 19. Jh. das Wohnhaus des Malers Giacomo Favretto. **€€**

Cima Rosa
Das B&B eines italienisch-amerikanischen Paars hat fünf ruhige moderne Zimmer und einen schönen Innenhof. **€€€**

Albergo Casa Pero
Die sehr einfache Pension an der Grenze zu Dorsoduro und San Pantalon ist nur wenige Schritte von der Piazzale Roma entfernt. **€**

DORSODURO

DAS „HARTE HINTERLAND" MIT WELTKLASSE-KUNST

Dorsoduro hat gleich zwei Ikonen von Venedig: die Holzbrücke Ponte dell'Accademia und (die wesentlich bedeutendere) Kirche Santa Maria della Salute. Dorsoduro bedeutet „hartes Hinterland" – und früher war nur dieser Teil der Stadt stabil genug, um darauf bauen zu können. Bis heute ist es das Rückgrat der Stadt, während der Zattere am Wasser den weichen Bauch des „Fischs" von Venedig bildet. Das Viertel endet in einer kleinen Landspitze, wo der Kanal in die Lagune mündet.

Die Gegend zwischen den beiden weiteren Highlights Gallerie dell'Accademia und der Peggy Guggenheim-Sammlung ist recht extravagant. Es gibt jedoch auch eine andere Seite: der Norden von Dorsoduro ist dank der Universität Ca' Foscari sehr lebhaft. Im Westen ist es deutlich ruhiger und man hört nur die Kanäle, die an der Chiesa di San Nicolò dei Mendicoli vorbeifließen. Auf dem Zattere schließlich trifft sich ganz Dorsoduro wieder, um spazieren zu gehen, zu joggen oder einfach nur auf den Steinbänken zu sitzen.

TOP TIPP

Dorsoduro ist sehr einfach zu erkunden. Der ziemlich gerade Zattere und eine große Straße am Canal Grande verbinden die Universität Ca' Foscari mit der Punta della Dogana. Vaporetto 1 hält beim Ca' Rezzonico und Santa Maria della Salute; die anderen Linien fahren am Zattere entlang nach San Marco.

Basilica di Santa Maria della Salute

Basilica di Santa Maria della Salute

EINE IKONE DER STADT

Diese **Kirche** ist auf Hunderten von Fotos verewigt: der große weiße Kuppelbau direkt an der Mündung des Canal Grande. Baldassare Longhena errichtete sie zum Dank an die Jungfrau Maria, die Venedig 1630 von der Pest befreite (oder heilte = salute). Die üppig verzierte Kirche ist aber auch ein Symbol der Mutterschaft und sollte die Frauen dazu bewegen, den Verlust von einem Drittel der Bevölkerung wieder gutzumachen. Im Inneren befinden sich die *Erscheinung des Heiligen Geists* von Tizian und eine kostbare Ikone (aus Kreta) über dem barocken Altar. Seit 2022 ist auch die Kuppel wieder zugänglich (über 150 Stufen!).

Ca' Rezzonico

DAS PROTZIGE 18. JH.

Eine riesige Marmortreppe führt ins **Museo del Settecento Veneziano**, dem Museum des 18. Jhs. in Venedig. Der Palazzo, den Baldassare Longhena einst für den Dichter Robert Browning errichtete, beherbergt heute eine wertvolle Sammlung extravaganter Möbel und Kunstwerke: Stühle, die menschliche Wesen darstellen, deckenhohe Gemälde, auf denen vergoldete Menschen mit Schwertern kämpfen, und jede Menge andere Gemälde von Tiepolos Deckengemälde im Thronsaal bis zu Canalettos berühmten *Canal Grande*. Die Wände des Longhi-Raums sind über und über bedeckt mit Gemälden von Pietro Longhi, die das alltägliche Leben darstellen: von einer Tasse heißer Schokolade bis zu dem Nashorn, das beim Karneval 1751 zu bestaunen war.

HIGHLIGHTS
1 Basilica di Santa Maria della Salute
2 Ca' Rezzonico
3 Chiesa di San Sebastiano
4 Gallerie dell'Accademia
5 Peggy Guggenheim Collection
6 Punta della Dogana
7 Santa Maria del Carmelo
8 Scuola Grande dei Carmini
9 Zattere

SEHENSWERTES
10 Chiesa di Santa Maria della Visitazione
11 Gesuati
12 Magazzini del Sale

SCHLAFEN
13 Ca' Maria Adele
14 Palazzo Stern
15 Pensione La Calcina

ESSEN
16 Gelateria Nico

SHOPPEN
17 Cornici Trevisanello
18 Olbi Paolo

Zattere

VENEDIG IM MINIATURFORMAT

Die Riva degli Schiavoni ist zwar die bekannteste Promenade von Venedig, kann jedoch nicht mit dem immer sonnigen **Zattere** nicht mithalten. Der 1,5 km lange Weg im Süden von Dorsoduro verläuft direkt am Wasser entlang. Von San Basilio im Westen führt er bis zur Punta della Dogana und bietet atemberaubende Blicke auf die Insel Giudecca, die Euganeischen Hügel auf dem Festland und am Ende sogar auf San Marco. Gleichzeitig kann man die Boote im Giudecca-Kanal und die darüber fliegenden Möwen beobachten. Der Weg ist auch gesäumt von Kirchen, Galerien und der besten Eisdiele in Venedig, der **Gelateria Nico**. Spezialität des Hauses ist *gianduiotto* – Schokolade-Haselnuss-Eis mit Schlagsahne. Auf der Terrasse kann man herrlich sitzen und das Treiben auf der Straße beobachten.

Unterwegs sollte man unbedingt folgende Stopps einlegen: die **Gesuati-Kirche** auf halber Strecke ist mit Werken von Tiepolo und Tintoretto geschmückt. In der ehemaligen **Chiesa di Santa Maria della Visitazione** direkt daneben finden heute manchmal Ausstellungen statt (auf jeden Fall kann man die Spiegelung des Wassers im Dach bewundern). Und das kleine Salzlagerhaus beherbergt heute Ausstellungen der **Fondazione Vedova**. Das Haus wurde einst von Renzo Piano für seinen Freund, den venezianischen Künstler Emilio Vedova, umgebaut. Bei der Punta della Dogana am Ende blickt man auf der einen Seite auf San Marco und auf der anderen Seite auf die Insel San Giorgio Maggiore.

Gesuati

MODERNE KUNST IN ALTEN HÄUSERN

Gegenüber der Punta della Dogana befindet sich die **Galerie Punta della Dogana** im ehemaligen Zollhaus des 17. Jhs., die zur Pinault-Sammlung gehört. Dem Eigentümer François Pinault gehört auch der **Palazzo Grassi** in San Marco, der letzte Palast, der vor dem Ende der Republik hier gebaut wurde. Auch das alte Ca' Corner della Regina in Santa Croce wurde zur **Fondazione Prada**. Sie alle sind nun Museen für moderne Kunst, sind aber auch wegen ihrer Architektur sehenswert.

Die Peggy Guggenheim-Sammlung

MODERNE KUNST IM HAUS VON MS G

Der unvollendete Palazzo Venier dei Leoni aus dem 18. Jh. besteht nur aus einem Stockwerk, weil der Familie Venier damals das Geld ausging. Als die Kunstmäzenin Guggenheim 1949 hier einzog, brachte sie ihre erstklassige **Sammlung moderner Kunst** mit. Diese umfasste bis zu 200 Werke von Künstlern wie Picasso, Chagall und Max Ernst, die noch heute in den Originalräumen zu sehen sind. Außerdem befinden sich mehrere Hundegräber im Garten.

Scuola Grande dei Carmini

CHERUBINE UND MEERJUNGFRAUEN AUS STUCK

Am westlichen Rand des Campo Santa Margherita stehen die kleine vergoldete **Scuola** (religiöse Gemeinschaft) und die Kirche **Santa Maria del Carmelo**. Die gotische Kirche ist eine vergrößerte Version der Mendicoli-Kirche. Vergoldete Holzstatuen von Heiligen stehen zu beiden Seiten des riesigen Gewölbes. Auf dem Altarbild von Lorenzo Lotto stehen die Heiligen jedoch nicht im Vordergrund, sondern die Landschaft. Die kleine Scuola ist jedoch ebenso prachtvoll ausgestattet wie ihre größeren Schwestern (z.B. San Rocco). Das Treppenhaus ist voller Cherubine und Meerjungfrauen aus Stuck, das herrliche Deckengemälde stammt von Tiepolo.

Marienstatue in der Chiesa di Santa Maria del Carmelo

Chiesa di San Nicolò dei Mendicoli

EINE MAGISCH LEUCHTENDE KIRCHE

Die wunderbare **Kirche** ganz im Westen von Dorsoduro wurde angeblich im 7. Jh. begründet – das heutige Gebäude stammt aber aus dem 12. Jh. – und nach den *mendicoli* (Bettler:innen) benannt, die hier einst Schutz fanden. Die einfache Backsteinfassade täuscht über das prachtvolle Innere hinweg: Säulen mit Goldspitzen tragen die vergoldeten Holzbögen und sind mit lebensgroßen Schnitzereien von Heiligen verziert. Die Deckengemälde stammen von Veroneses Schülern, ein hoher Lettner trennt den Altar von der Gemeinde, über dem Altar befindet sich eine geschnitzte Darstellung der Kreuzigung. Das sanfte Licht lässt das viele Gold magisch leuchten.

Chiesa di San Sebastiano

Chiesa di San Sebastiano

VERONESES SIXTINISCHE KAPELLE

San Sebastiano ist für die Fans von Veronese so etwas wie San Rocco für Tintoretto. Die ganze **Kirche** im Westen von Dorsoduro wurde von dem Maler ausgestattet. 1542 sammelten die Mönche Geld für den Bau von sechs Kapellen, die Veronese ausmalen sollte. Es wurde seine Sixtinische Kapelle: die Wände sind mit Fresken von Propheten und Seherinnen bedeckt, das Deckengemälde erzählt die Geschichte von Esther, jede Kapelle ist mit einem anderen Gemälde geschmückt, von der düster grauen *Kreuzigung* bis zum farbenfrohen *Martyrium des Hl. Sebastian.* Veronese ist hier auch begraben. Rechts neben der Orgel steht seine Büste.

Gallerie dell'Accademia

WELTKLASSE-KUNST AUS VENEDIG

Angesichts der vielen Kirchen, die es heute in Venedig gibt, ist es schwer vorstellbar, dass es zur Zeit der Serenissima noch wesentlich mehr waren. Doch Napoleon schloss einige, zerstörte andere und raubte ihre kostbarsten Kunstwerke. Viele konnten wieder zurückgeholt werden und sind nun in dieser **Galerie** zu sehen. In ihren Anfängen konzentrierte sich die Galerie vor allem auf venezianische Kunstschaffende von Paolo Veneziano über Carpaccio, Mantegna bis zu Bellini. Es folgten die Werke von Veronese, Tizian und Tintoretto, und schließlich sogar Canova. Mittlerweile finden sich hier auch die Werke von weniger bekannten Künstler:innen wie z. B. Giorgione. Er starb bereits mit 36 Jahren an der Pest, konnte jedoch noch *La Vecchia* – das wie ein Foto wirkende Porträt einer alten Frau (vermutlich seiner Mutter) – und den mysteriösen *Sturm* vollenden. Das Bild zeigt eine stillende Frau im Freien, die während eines heftigen Gewitters von einem Mann beobachtet wird. Selbst nach 500 Jahren ist die Bedeutung des Gemäldes immer noch rätselhaft.

Doch nicht alle hier gezeigten Werke entstanden in Venedig. Es gibt auch ein Vierer-Gemälde – *Visionen aus dem Jenseits* von Hieronymous Bosch – die unter anderem zeigen, wie Seelen durch einen dunklen Tunnel ins Licht fliegen. Diese erscheinen so modern, dass sie eigentlich nicht in die Galerie passen. Weitere „Auswärtige" sind Tizian letztes Werk *Pietà* and Tintorettos *Erschaffung der Tiere*, wo sich in der aufgewühlten See die Meerestiere tummeln und Vögel den Himmel bevölkern.

KUNSTHANDWERK VON DORSODURO

Kunst und Kunsthandwerk arbeiten Seite an Seite in Venedig. In Dorsoduro leben mit Paolo Olbi und der Familie Tresivanello zwei der besten Kunsthandwerker:innen der Stadt. Letztere hat ihre Werkstatt an der **Cornici Trevisanello** in der Nähe der Accademia. Dort fertigen die Kinder Filippo und Silvia in zweiter Generation wundervolle Bilder- und Fotorahmen von einfachen bis zu maßgefertigten Modellen mit Holzintarsien und Spiegelglas. Auch Picasso ließ sich hier seine Rahmen fertigen. Im Palazzo der armenischen Gemeinde ganz in der Nähe verziert der über 80-jährige **Paolo Olbi** seine hübschen Tagebücher, Ordner und Alben mit venezianischen und byzantinischen Drucken.

NOCH MEHR IN DORSODURO

Stadtspaziergang: Durch die San Pantalon zum Salute

BRÜCKEN FÜR KÄMPFE UND LECKERES GEBÄCK

Wer von San Rocco nach Dorsoduro geht, trifft direkt auf die lebehafte Calle San Pantalon. Hier lockt das Gebäck von **1 Tonolo**, bevor es in Richtung Süden zum **2 Acqua Marea** geht. Das Geschäft begann mit dem Verkauf von Gummistiefeln, hat sich aber schon lange auf schicke Schuhe spezialisiert. Ein paar Häuser weiter befindet sich **3 Mamafè**. Die Bäckerei aus Puglia bietet *pasticiotto* (Gebäck) und *pucce* (getoastete und belegte Brötchen). Es folgt die **4 Chiesa di San Pantalon**. Das Deckengemälde von Gianantonio Fiumani ist bestehend aus 40 einzelnen Gemälden das weltweit größte Gemälde dieser Art. An einer Mauer rechts vor der Brücke ist Banskys Flüchtlingskind mit Signalfeuer (2019) zu sehen. Über die Brücke gelangt man zum **5 Campo Santa Margherita**. Von Bars gesäumt ist der Platz Mittelpunkt des studentischen Nachtlebens.

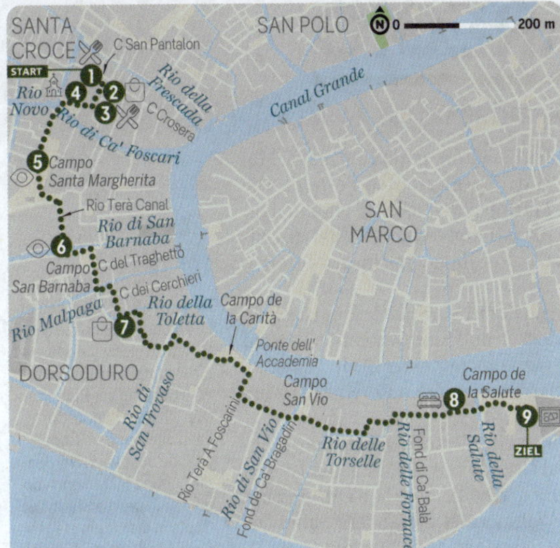

Von hier führt der Weg zur Santa Maria della Salute über die **6 Ponte dei Pugni** (Brücke der Fäuste), die extra für das Austragen von Faustkämpfen gebaut worden war. Hinter dem Campo San Barnaba befindet sich die **7 Libreria La Toletta**, der älteste Buchladen der Stadt mit einer großen Auswahl an englischen Büchern über Venedig. Im Fünf-Sterne-Hotel **8 Centurion Palace**, trinkt man kurz etwas an einem der Tische direkt am Kanal, bevor es weiter zum Salute geht. Dort befindet sich die **9 Pinacoteca Manfrediana**. Das diözesanische Museum des Patriarchen von Venedig ist sehr klein und ohne großartige Kunst, doch die Inschriften aus zerstörten Kirchen, die im Hof ausgestellt sind, lohnen sich umso mehr.

KÜNSTLERISCHES DORSODURO

Giovanni Pelizzato führt die Libreria La Toletta, die sein Großvater 1933 gründete. Er ist unweit der Campo San Barnaba geboren und lässt sich gerne von Dorsoduro inspirieren.

Es ist der Sestiere der Künstler:innen, Dichter:innen und Schriftsteller:innen. Nehmen wir z. B. den Zattere: Die **Pensione La Calcina**, beherbergte einst John Ruskin, Autor der *Steine von Venedig*. Auf der Terrasse vor dem Haus befand sich die legendäre Gelateria Al Cucciolo. Als Kind habe ich dort oft den alten Alberto Moravia gesehen, der einen Kaffee trank und dazu ein Buch oder die Zeitung las. Jenseits der Brücke befindet sich die **Fondamenta degli Incurabili**, die Vorlage für das Buch *Watermark* – eine einzige Huldigung von Venedig – des russischen Autors Joseph Brodsky.

ÜBERNACHTEN IN DORSODURO

Ca' Maria Adele
Das kleine, aber perfekt gestaltete Hotel ist jenseits eines kleinen Kanals bei der Kirche Santa Maria della Salute. €€€

La Calcina
In der Pension am Zattere mit Blick auf Giudecca schrieb Ruskin große Teile der *Steine von Venedig*. €€

Palazzo Stern
Das ehemalige Wohnhaus neben dem Ca' Rezzonico am Canal Grande ist heute ein Vier-Sterne-Hotel mit malerischem Garten. €€

CANNAREGIO

STATTLICHE HÄUSER & GROSSARTIGE KANÄLE

Wer mit dem Zug kommt, betritt in Cannaregio zum ersten Mal den Boden von Venedig und den zweitgrößten Sestiere. Die Straße vom Bahnhof zum Markusplatz scheint ein einziger Souvenirladen zu sein. Doch diese Hauptverbindung hat wesentlich mehr zu bieten, was sich allerdings erst in den Straßen abseits davon zeigt.

Cannaregio ist der bevölkerungsreichste Stadtteil und deshalb voller Bäckereien, Zeitungskiosken und Eisenwarenhändlereien – sowie Bars, wo man *cicheti* zu einem *ombra* Wein genießen kann. Zudem sorgen die vielen Studierenden für eine ganz besondere Atmosphäre hier.

Dennoch ist Cannaregio auch ein Viertel der Extreme. Während die eine Seite des Canal Grande mit elegantesten Palazzi wie dem Ca' Vendramin Calergi und opulenten Ca' d'Oro gesäumt ist, prägen stille, einfache Wohnviertel die andere Seite. Die ruhige Heiterkeit hier ist einzigartig in ganz Venedig.

TOP TIPP

Cannaregio ist sehr einfach zu erkunden, denn die Straßen sind relativ gerade, und die Hauptstraße führt direkt vom Bahnhof zur Rialtobrücke. Mit dem Vaporetto, kann man auf dem Canal Grande oder nach Norden in die Lagune fahren und von dort rund um die Stadt. Die Boote in die Lagune legen beim Fondamente Nove ab.

RENATA SEDMAKOVA/SHUTTERSTOCK ©

Deckenfresko, Chiesa di Sant'Alvise

Chiesa di Sant'Alvise

ABSEITS DES WEGES MIT DEM KOPF IN DEN WOLKEN

In der winzigen Kirche mit der unscheinbaren Backsteinfassade von 1388 fühlt man sich wie im Himmel. Die außergewöhnliche Illusionsmalerei aus dem 17. Jh. täuscht grandiose Balustraden und geriffelte Säulen vor, die bis in den strahlend blauen Himmel reichen, an dem pausbäckige Putten auf kleinen Wölkchen schweben. Die Wände sind mit drei bedrückend realistischen Gemälden von Tiepolo geschmückt: *Die Geißelung*, *Die Dornenkrone* und *Der Weg nach Golgatha*. Die Kirche im abgelegenen Norden von Cannaregio ist wirklich eine Oase der Ruhe und des Friedens.

Chiesa di Santa Maria dei Miracoli

DIE SCHÖNSTE VERBINDUNG VON FLORENZ UND VENEDIG

Die zwischen einem Campo (Platz) und einem Kanal gezwängte **Kirche** ist innen und außen komplett mit kostbarem Marmor verkleidet. Trotz ihrer Schlichtheit gilt sie als Höhepunkt der Renaissance in Venedig. In der 1489 von Pietro und Tullio Lombardo vollendeten Kirche verbindet sich die klare Geometrie von Florenz mit der Farbenpracht von Venedig. Das Deckengemälde von Pier Maria Pennacchi zeigt Heilige und Propheten in der Kleidung von Venedig.

HIGHLIGHTS
1 Ca d'Oro
2 Ca' Sagredo
3 Casinò Di Venezia
4 Chiesa della Madonna dell'Orto
5 Chiesa di San Geremia e Lucia
6 Chiesa di San Marcuola
7 Chiesa di Santa Maria dei Miracoli
8 Chiesa di Sant'Alvise
9 Fondamenta degli Ormesini
10 Grand Canal
11 I Gesuiti
12 Museo Ebraico
13 Schola Levantina
14 Schola Spagnola
15 The Jewish Ghetto

SEHENSWERTES
16 Baia del Re
17 Chiesa dei Scalzi
18 Chiesa di San Felice
19 Chiesa di San Giobbe
20 Corte Prima del Milion
21 Corte Seconda del Milion
22 Giardino Mistico
23 Ponte dei Scalzi
24 Ponte della Costituzione
25 Ponte delle Guglie
26 San Giovanni Crisostomo

KURSE & TOUREN
27 Atelier Leonardo
28 Il Forcolaio Matto
29 Marina De Grandis
30 Plum Plum Creations

SCHLAFEN
31 NH Palazzo del Dogi

ESSEN
32 Gam Gam
33 Ital India
34 Orient Experience
35 Panificio Volpe Giovanni

AUSGEHEN & FEIERN
36 Ae Bricoe
37 Al Timon
38 Bar Cupido
39 Ca' D'Oro alla Vedova
40 Paradiso Perduto
41 Taverna al Remer
42 Vino Vero

Der Canal Grande

DER SCHÖNSTE KANAL DER WELT

Der **Canal Grande**, der sich durch das ganze Stadtzentrum windet, ist fast schon ein eigener Sestiere , obwohl er eigentlich in Cannaregio beginnt. Die prachtvollen Palazzi am Ufer wurden so gebaut, dass sie vom Wasser aus gut zu sehen sind. Deshalb bewundert man sie am besten auch von einem Vaporetto aus. Die Fahrt auf dem gesamten Kanal dauert 45 Minuten.

Von Cannaregio bis zur Rialtobrücke führt er an großen Kirchen wie **San Geremia** und **San Marcuola** vorbei. Weitere herrliche Gebäude sind das Ca' Vendramin Calergi, heute das schicke **Casinò di Venezia**, und das opulente **Ca' Sagredo**, ein Hotel in einer Villa aus dem 15. Jh., sowie etwas versteckte Schätze wie die Bar **Taverna al Remer** direkt am Wasser, die man unbedingt einmal besuchen sollte.

Das prachtvollste Gebäude ist aber der wunderbare **Ca' d'Oro** (S. 296), der wie ein kleiner Dogenpalast aussieht. Die Fassade aus rosa, grauem und gelbem Stein und die mehrfarbigen Säulen scheinen ständig die Farbe zu wechseln.

Am anderen Ufer dieses Abschnitts liegen Santa Croce und San Polo mit dem **Fondaco dei Turchi** (S. 285). Das italienische Wort *fontego* oder *fondaco* stammt ursprünglich aus dem Arabischen und bezeichnete den Handelshof der muslimischen Kaufleute aus Europa und dem Nahen Osten. In der Kirche **San Stae** (S. 285) spielt die letzte Szene des Horrorfilms *Wenn die Gondeln Trauer* tragen. Dann ist auch schon der pompöse **Ca' Pesaro** (S. 283) zu sehen und gleich danach der Markt in Rialto und die Rialtobrücke.

Blick vom Ca' d'Oro (S. 296) auf den Canal Grande

DEN KANAL ÜBERQUEREN

Obwohl Venedig knapp 4 km lang ist, gibt es nur vier Brücken: **Ponte della Costituzione** beim Piazzale Roma, **Ponte degli Scalzi** beim Bahnhof, die **Rialtobrücke** und die **Ponte dell'Accademia** zwischen San Marco und Dorsoduro. Wenn gerade keine in der Nähe ist, kann man auch mit dem Vaporetto 1 oder einem Traghetto (große Gondeln, die als Fähren dienen) ans andere Ufer gelangen. Es gibt fünf Anlegestellen zwischen Santa Sofia (beim Ca' d'Oro) im Norden und Punta della Dogana an der Mündung des Kanals.

Chiesa della Madonna dell'Orto

MEISTERHAFTE KUNST

Die riesige gotische **Kirche** war früher vor allem für ihre „wundertätige" Statue der Jungfrau Maria bekannt, wird heute aber eher als berühmteste Kirche von Tintoretto geschätzt. Der Renaissance-Künstler schmückte die Kirche mit zehn riesigen Gemälden, darunter *Verkündigung* und *Das jüngste Gericht*. Er und seine Kinder Domenico und Marietta sind hier auch begraben. Außerdem finden sich hier auch Werke von Cima da Conegliano, Tizian und Palma il Giovane, die zusammen zu den schönsten Kunstwerken in einer Kirche der Stadt zählen.

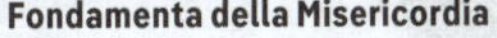

Fondamenta della Misericordia

Fondamenta degli Ormesini

CICHETI AM KANAL

An den breiten Kanälen in Cannaregio reihen sich die Tische und Stühle unzähliger Bars aneinander. So ist der Absschnitt zwischen dem Fondamenta degli Ormesini und Fondamenta della Misericordia nördlich des Ghetto heute die Ausgehmeile von Venedig. Unsere Empfehlungen: **Ae Bricoe** hat leckere *cicheti*, **Al Timon** ist auf einem Boot, **Paradiso Perduto** bietet eine tolle Weinkarte.

Das Jüdische Ghetto

DIE GESCHICHTE DER AUSSENSEITER:INNEN

Das Wort „Ghetto" kommt vom venezianischen *ghèto* oder Gießerei – und genau das war die Gegend unweit des Kanals in Cannaregio bis zum Mittelalter. Nach der Schließung der Gießerei wollte dort niemand mehr wohnen, und so wurde die Gegend 1516 den Jüdinnen und Juden überlassen. Damals durften sie sich erstmals in Venedig niederlassen, anstatt immer vom Festland in ihre Geldverleihgeschäfte (das einzige Gewerbe, das sie ausüben durften) kommen zu müssen. Ursprünglich bestand die Gegend nur aus einer winzigen Insel, wurde aber 1541 und 1633 erweitert, allerdings weiterhin in engen Grenzen. So entstanden die bis zu acht Stockwerke hohen „Wolkenkratzer" und die Menschen dort durften das Ghetto abends nicht mehr verlassen. Bis auf eine kurze Unterbrechung zur Zeit der Franzosen 1797 blieb diese Bestimmung bis zur Vereinigung Italiens 1866 in Kraft.

Von 1528 bis 1575 wurden im Ghetto fünf Synagogen für die unterschiedlichen Glaubensrichtungen gebaut. Drei sind derzeit wegen Renovierung geschlossen. Ebenso ist das kleine Museo Ebraico geschlossen, doch man kann die großartigen **Schola Levantina** und **Schola Spagnola**, im Rahmen einer Führung besichtigen. Beide wurden im 17. Jh. von Baldassare Longhena mit herrlichen Schnitzereien und viel Marmor geschmückt. Der Besuch lohnt sich wirklich.

DER RETTER DER JÜDINNEN UND JUDEN

Bei Ausbruch des Zweiten Weltkriegs lebten mehr als 1000 Jüdinnen und Juden in Venedig. Dass davon nur 246 Menschen in Konzentrationslager kamen, war dem Arzt **Giuseppe Jona** zu verdanken. Als die deutschen Besatzer eine Liste der jüdisch-Gläubigen von ihm verlangten, vernichtete er alle Ausweisdokumente und tötete sich dann selbst, um sie unter der Folter nicht zu verraten. Ein Flügel des Krankenhauses von Venedig, seiner Arbeitsstätte, trägt seinen Namen und eine Tafel im Boden des Campo del Ghetto Novo erinnert an ihn.

Ca' d'Oro

REISE IN DIE VERGANGENHEIT

Der Mosaikboden im Hof von Ca' d'Oro wurde in vielen der ersten Kirchen Venedigs nachgebildet, darunter in den Kathedralen von **Torcello** (S. 311) und **Murano** (S. 309) und in der **Basilica di San Marco** (S. 278).

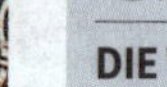

Ca' d'Oro

EIN LIEBESBEWEIS

Ein herrlicher Liebesbrief an Venedig: Der wunderbare Palazzo aus dem 15. Jh. wurde von Baron Giorgio Franchetti vor der Zerstörung bewahrt und in eine Galerie umgewandelt. Franchetti, der das opulente gotische **Goldene Haus** am Canal Grande 1894 kaufte, erwies sich als praktischer Besitzer, der einzelne Marmorstücke zum Mosaikboden im Hof zusammenfügte und den Palast mit Kunstwerken ausstattete, die er zumeist aus den von Napoleon geschlossenen Kirchen bezog.

Zu den Glanzstücken gehören Mantegnas Hl. Sebastian und fünf verblasste Fresken von Tizian, die einst die Fassade des Fondaco dei Tedeschi (der deutsche Handelshof in Rialto) schmückten. Doch Franchetti sammelte auch weniger bekannte Werke wie Gian Cristoforo Romanos Büste eines Jungen aus dem 15. Jh. Mindestens ebenso spektakulär ist der Blick von den beiden Balkonen auf den Rialtomarkt am Canal Grande. Franchetti nahm sich 1922 das Leben. Vier Jahre später wurde das Haus als Museum eröffnet, und seine Urne unter einer alten Porphyrsäule im Hof beigesetzt. So wacht er für immer über „sein" Ca' d'Oro. Für die Besichtigung sollte man sich einige Stunden Zeit nehmen.

I Gesuiti

MARMOR VON OBEN BIS UNTEN

Auf den ersten Blick scheint die **Kirche** beim Fondamente Nove von oben bis unten mit venezianischem Damast verkleidet zu sein. Die Wahrheit ist aber noch viel kostbarer: Die Rokokokirche aus dem 18. Jh. ist komplett mit Marmor verkleidet. Die „Wandbehänge" sind im kunstvollen Paisley-Muster, ein „Teppich" bedeckt die Stufen zum Altar und mit Quasten verzierte, zusammengefasste „Vorhänge" umrahmen die Kanzel.

DIE WELT AUF DEM TELLER

Obwohl Venedig einst eine der kosmopolitischsten Städte Europas war, gibt es kaum nicht-italienische Restaurants in der Stadt. Nur in Cannaregio gibt es drei Ausnahmen. Das **Ital India** am Fondamenta degli Ormesini serviert indisches Halal-Essen, das israelische Restaurant **Gam Gam** eim Ghetto bietet ausgezeichnete vegetarische Gerichte (die Platte mit neun Vorspeisen ist hervorragend), und das sehr preiswerte **Orient Experience**, serviert Gerichte aus Syrien, dem Irak, Bangladesh und Afghanistan. Das Restaurant gehört dem afghanischen Filmregisseur Hamed Ahmadi, der damit die Geschichte seiner geflüchteten Landsleute erzählen (und ihnen auch Arbeit geben) will.

SERGIEIEV/SHUTTERSTOCK ©

Ponte delle Guglie

NOCH MEHR IN CANNAREGIO

Ein Spaziergang am Kanal von Cannaregio

DIE VIELEN DÖRFER IN CANNAREGIO

Cannaregio ist so vielfältig, dass es aus mehreren Dörfern zu bestehen scheint. Diese kann man gut zu Fuß erkunden. Los geht's etwas abseits der Hauptstraße bei der Ponte delle Guglie. Die breite mit Wasserspeiern verzierte Brücke, die über den Cannaregio-Kanal führt, dürfte die zweitwichtigste Verbindung im Stadtzentrum sein. An der Kanalseite steht ein Fischstand. Auf der anderen Seite liegt das **Gam Gam** (S. 296) am Eingang zum Ghetto. Hier kann man noch das Tor sehen, das bis 1866 jeden Abend geschlossen wurde. Direkt dahinter verkauft die **Panificio Volpe** traditionelles jüdisches Gebäck. Dann geht es am Kanal entlang weiter an den großartigen Palazzi vorbei.

Jenseits der nächsten Brücke, Tre Archi, befindet sich die **Chiesa di San Giobbe**. Sie ist im faszinierenden Stil der Toskana und wurde von dem Renaissance-Künstler Pietro Lombardo erbaut. Die Decke einer Kapelle ist mit Keramiken der Brüder Della Robbia geschmückt. Wieder zurück über die

GRÜNE LUNGEN

Sind San Marco und San Polo wirre Labyrinthe, ist Cannaregio von breiten Kanälen und Wegen durchzogen. Die Palazzi hier sind zumeist freistehend statt dicht aneinander gebaut. So gibt es auch genügend Platz für große Gärten. Einen besonders schönen Garten hat das Hotel **NH Palazzo dei Dogi.** Man muss an der Bar fragen, ob man ihn besichtigen darf. Ebenso schön ist der **Giardino Mistico** („Mystischer Garten") hinter der Chiesa dei Scalzi beim Bahnhof. Der Wigwam Club Giardini Storici Venezia bietet Führungen in diesem und anderen öffentlich nicht zugänglichen Gärten an.

AUSGEHEN IN CANNAREGIO

Ae Bricoe
Die winzige Bar von drei Geschwistern bietet ausgezeichnete *cicheti* und ist bei den Einheimischen sehr beliebt.

Vino Vero
Auf der Karte dieser etwas gehobenen Bar stehen nur Naturweine.

Bar Cupido
Freundliches Personal und preiswerte offene Weine zeichnen die Bar auf dem Fondamente Nove direkt am Wasser aus. Es gibt auch gutes Mittagessen.

DIE BESTEN KUNSTHANDWERKER:INNEN IN CANNAREGIO

Valeria Duflot, Mitbegründerin von Venezia Autentica (*@venezia autentica*) und Overtourism Solution, weist darauf hin, dass Kunsthandwerker:innen nicht nur jahrhundertealte Traditionen bewahren, sondern auch die Stadt lebendig machen. Hier ihre Empfehlungen:

Marina De Grandis
Der Buchbinderin Marina stellt hochwertige Notizbücher, Taschen und Brieftaschen aus Leder her und restauriert auch alte Bücher.

Plum Plum Creations
Arianna Sautariello fertigt Kunstdrucke nach traditioneller Art, die eine einzigartige Erinnerung an Venedig sind.

Il Forcolaio Matto
Piero Dri stellt die traditionellen Ruder und Halterungen aus Holz her, die nicht nur die Ruderboote in der Stadt voranbringen, sondern auch schöne Dekoelemente sind.

Atelier Leonardo
Die Brüder Stefano und Ferruccio Leonardo verarbeiten alte und neue Perlen aus Muranoglas zu Schmuck.

Brücke geht es weiter zu dem modernen Gebäude an der Lagune. Das in den 1930er-Jahren als Gemeinschaftshaus gebaute **Baia del Re** ist eines der wenigen modernen Gebäude in Venedig. Von den Bänken unter den Pinien hat man einen tollen Blick auf die Lagune. Es geht weiter in Richtung Osten am San Girolamo-Kanal entlang zum **Fondamenta degli Ormesini** (S. 295). Hier kann man sich in einer der vielen Bars ausruhen und etwas trinken.

Die Straße zur Rialtobrücke

SELBST DIE SUPERMÄRKTE SIND HIER MAGISCH

Die Hauptstraße vom Bahnhof zur Rialtobrücke ist immer verstopft, doch unter all den Souvenirläden und Touribars sind doch einige Juwelen zu entdecken. Gleich beim Bahnhof wartet die barocke **Chiesa dei Scalzi** mit einer völlig überladenen Innenausstattung auf. Wer Probleme mit den Augen hat, sollte unbedingt die **Chiesa dei San Geremia e Lucia** besuchen, denn die Hl. Lucia, die Schutzpatronin für gesunde Augen, ist hier begraben. In der **Chiesa di San Marcuola** befindet sich ein frühes Werk von Tintoretto. Es ist faszinierend, wie gut sein Stil schon zu erkennen ist, auch wenn er lange nicht so ausgeprägt ist wie in seinen späteren Werken.

Das **Teatro Italia**, direkt daneben war zuerst ein neugotisches Theater, dann ein Kino und schließlich ein Supermarkt. Über den Gängen sind noch die wunderbaren Fresken zu sehen, und die Delikatessentheke steht auf der ehemaligen Bühne. Um den Supermarkt wieder verlassen zu können, muss man etwas kaufen wie z. B. einen Snack. Sehr sehenswert ist auch die Bar **Ca' d'Oro alla Vedova**. Die historische Taverne serviert offenen Wein und die besten Fleischbällchen der Stadt. Ganz in der Nähe ist wieder ein Tintoretto zu bewundern. In der **Chiesa di San Felice** direkt am Kanal hängt das Gemälde des Hl. Demetrius in leuchtend roten Leggings.

Die enger werdende Straße und zunehmenden Menschenmassen weisen darauf hin, dass es nicht mehr weit bis zur Rialtobrücke ist. Zuvor sollte man bei der Kirche San Giovanni Cristosomo aber noch kurz links abbiegen und einen Blick in den **Corte Prima del Milion** und **Corte Seconda del Milion**. werfen. In den miteinander verbundenen Höfen soll einst Marco Polo gelebt haben.

AUSGEHEN IN CANNAREGIO

Il Santo Bevitore
Neben gut 20 Craft-Bieren vom Fass gibt's auch hausgemachten Gin aus der Destille an der Lagune.

Cantina Aziende Agricole
Die riesige Freiluftbar ist eine freundliche Alternative zu den Bars der Fondamenta degli Ormesini.

Torrefazione Cannaregio
Wer braucht schon Alkohol, wenn es selbst gerösteten Kaffee gibt? Im Sommer wird er auch als *granita* (zerstoßenes Eis mit Kaffee) angeboten.

CASTELLO

FREIE FLÄCHEN UND LEBENDIGE VERGANGENHEIT

Der größte Sestiere Venedigs bildet den „Schwanz des Fisches". Besucher:innen verirren sich nur selten dorthin, obwohl es direkt an Cannaregio und San Marco anschließt. Wenn man vom Markusplatz in Richtung Osten am Dogenpalast vorbeigeht, ist man schon in Castello. Cannaregio und Castello teilen sich auch den Fondamente Nove. Castello hat einiges zu bieten, allen voran die erstklassigen Museen in der Nähe der Piazza. Die Riva degli Schiavoni ist eine der schönsten Uferpromenaden der Welt. Am Nordufer ist alles riesengroß: Gotteshäuser in der Größe eines Hangars, ein spektakuläres Krankenhaus mit vergoldeter Scuola und das Arsenale, das die Gebäude in seiner Nähe wie Spielzeughäuser aussehen lässt.

In den Bars und Geschäften kommt man mit Einheimischen ins Gespräch. Die Via Garibaldi ist so etwas wie die Hauptstraße. Östlich davon befinden sich der Giardini Pubblici, der Hauptschauplatz der Biennale, und etwas weiter dann Sant'Elena.

TOP TIPP

Castello ist groß, und die beste (und schönste) Art, es zu erkunden, ist ein Spaziergang auf den *rive* (Wege am Ufer entlang), die in Richtung Osten nach San Marco führen, und dann nach Norden zu den Sehenswürdigkeiten abbiegen. Auch die Vaporetti 4.1 und 4.2 fahren an den *rive* entlang, rund um die Insel San Pietro di Castello und zum Fondamente Nove im Westen.

Museo Storico Navale

Museo Storico Navale

IM EINKLANG MIT DEM MEER

Ein **Museum der Schifffahrtsgeschichte** ist vielleicht nicht gerade der Brüller, doch dieses Museum Im Arsenale ist wirklich hervorragend! In fünf Stockwerken finden sich Ausstellungsstücke wie massive Schiffslaternen aus dem 16. Jh., furchterregende Waffen, volkstümliche Malereien von Matrosen aus dem 16. und 17. Jh., die überzeugt waren, dass nur die Jungfrau Maria sie vor dem Ertrinken gerettet habe, und kolossale Galionsfiguren und Statuen, die einen guten Eindruck vermitteln, wie riesig diese Schiffe einst waren. Im 4. Stock ist Peggy Guggenheims vergoldete Gondel zu sehen.

Palazzo Grimani

DIE GEISTERDER VERGANGENHEIT

Fans von Horrorfilmen erkennen den Palast als Schauplatz der entscheidenden Schlussszene von *Wenn die Gondeln Trauer tragen*. Es ist aber auch ein **Museum** der anderen Art. Der Renaissance-Palast wurde nach dem Niedergang der Familie Grimani aufgegeben und dem Verfall überlassen, bis Donald Sutherland 1973 hier seinen Film drehte. Heute ist er wieder ein leehrstehendes Geisterhaus – und doch irgendwie heimelig. In den leeren Räumen sind noch Reste der Fresken an den Wänden oder ein Tintoretto ohne Rahmen zu sehen. Die Galerie ist voller römischer Skulpturen, und das Deckengemälde des Sala a Fogliami zeigt Vögel, die über Pflanzen aus der Neuen Welt fliegen.

HIGHLIGHTS
1 Arsenale
2 Bartolomeo Colleoni Statue
3 Basilica dei Santi Giovanni e Paolo
4 Campo Santi Giovanni e Paolo
5 Chiesa di San Francesco della Vigna
6 Chiesa di San Giorgio dei Greci
7 Chiesa di San Zaccaria
8 Fondazione Querini Stampalia
9 Giardini Pubblici
10 Museo delle Icone
11 Museo Storico Navale
12 Palazzo Grimani
13 Scuola Dalmata di San Giorgio degli Schiavoni
14 Scuola Grande di San Marco

SEHENSWERTES
15 Basilica di San Pietro di Castello
16 Campo de la Bragora
17 Chiesa di San Giovanni in Bragora
18 Chiesa di San Lazzaro dei Mendicanti
19 Chiesa di Santa Maria Formosa
20 Riva degli Schiavoni

ESSEN
21 Ristorante Local
22 Trattoria da Remigio

AUSGEHEN & FEIERN
23 El Rèfolo

Fondazione Querini Stampalia

EIN KÜNSTLERISCHES JUWEL FÜR DIE ALLGEMEINHEIT

Zehn Minuten von der Piazza San Marco entfernt befindet sich einer der spannendsten Orte in Venedig: ein Museum, eine Galerie, eine Bibliothek, ein Archiv und ein modernistischer Garten – alles in einem einzigen Palazzo aus dem 16. Jh., den der Graf Giovanni Querini Stampalia 1868 der Stadt vermachte mit der Auflage, ihn für alle zugänglich zu machen. Studierende sitzen auf der kitschigen Brücke, die zum Campo Santa Maria Formosa führt, oder im Gartencafé, das Carlo Scarpa als Erweiterung des überwältigenden Erdgeschosses gestaltete. Für den Palast und das Café sollte man sich einige Stunden Zeit nehmen.

Seit 2018 ist im 3. Stock die Kunstsammlung einer örtlichen Bank untergebracht. Sie umfasst Werke von Tintoretto, Tiepolo und Canaletto, die jedoch im Schatten von acht Bronzereliefs von Arturo Martini stehen, die die Schrecken des Ersten Weltkriegs zeigen. Im Stockwerk darunter befindet sich das eigentliche **Museum**. 2022 wurden die Informationstafeln überarbeitet und setzten die Weltklasse-Kunst in einen neuen Zusammenhang. So ist das Museum heute einer der faszinierendsten Orte in Venedig. Zum Bild eines Paares von Palma il Vecchio wird die lange Geschichte arrangierter Ehen in Venedig erzählt. In dem Raum mit homoerotischer Kunst informiert eine Tafel über einen schwulen Mann der Familie Querini Stampalia, der deswegen sieben Jahre im Gefängnis saß. Ein Werk das keine Erläuterung benötigt, ist Bellinis *Darbringung Christi im Tempel*, das Scarpa auf eine einfache Staffelei stellte. Er schuf den gesamten Flügel und Garten des Palastes im modernistischen Stil mit japanischen Elementen zum Kanal hin geöffnet, so dass eine mit Wasser bedeckte Fläche entsteht.

VENEDIGS ARCHITEKT DER MODERNE

Der in Venedig geborene Architekt **Carlo Scarpa** (1906–78) fügte seine Bauten in die historische Architektur der Stadt ein, anstatt mit ihr zu konkurrieren. Statt die Gebäude mit Türen und Geländern zum Wasser hin abzugrenzen, schuf er freie Flächen, auf denen sich das Wasser ausbreiten kann. Er war auch künstlerischer Direktor der Glasbläserei **Venini** (S. 312), wo seine Arbeiten bis heute verkauft werden. Sein wichtigstes Werk ist jedoch das **Negozio Olivetti** (S. 277).

Tesa 105

MATTHIAS SCHOLZ/ALAMY STOCK PHOTO ©

Arsenale

DIE WUNDERBARE WERFT

Vergiss den Dogenpalast. Die eigentliche Macht der Serenissima beruhte auf dem gigantischen **Schiffsbau**. Angeblich wurde eine Galeone in nur drei Tagen fertiggestellt. Damals war der Betrieb im Arsenale so chaotisch, dass ihn Dante mit der Hölle verglich. Heute ist das Gelände eine Oase der Ruhe und Veranstaltungsort der Biennale. Durch ein Tor aus dem 15. Jh. kann man einen Blick hinein werfen, der Zugang erfolgt an der nördlichen Mauer. Von dort kommt man an den zumeist geöffneten Lagerhallen vorbei zum Café Tesa 105 oder zum inneren Ufer, sofern keine Veranstaltung stattfindet.

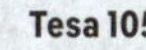

Chiesa di San Giorgio del Greci

Chiesa di San Zaccaria

DIE ÜBERFLUTETE KRYPTA

San Zaccaria östlich des Dogenpalastes ist eher eine Galerie als eine Kirche. Die Wände sind über und über mit Gemälden bedeckt, deren Rahmen dicht an dicht hängen. Trotz so überwältigender Werke wie *Sacra Conversazione* von Bellini und einem frühen Tintoretto verbirgt sich der wahre Schatz der Kirche hinter der Tür im rechten Seitenschiff: ein unvollständiger Mosaikfußboden aus dem 9. Jh., Überreste von Fresken aus dem 15. Jh. und die (zumeist teilweise überflutete) Krypta, in der acht Dogen begraben sind.

OBEN LINKS: JORGE SANCHEZ/SHUTTERSTOCK © UNTEN RECHTS: BARABANSCHIKOW ALEXANDER/SHUTTERSTOCK ©

Chiesa di San Giorgio dei Greci

EINE KIRCHE SEIT 600 JAHREN

Nach dem Fall von Konstantinopel und dem Ende des byzantinischen Reiches 1453 wuchs die griechische Gemeinde in Venedig stark an. 1561 wurde östlich von San Zaccaria ihre Kirche **Sankt Georg der Griechen** geweiht. Sie ist mit byzantinischen Ikonen und Ikonen der Renaissance geschmückt, die noch heute im alten Glanz strahlen. Direkt daneben befindet sich das **Museo delle Icone**, mit einer herrlichen Sammlung von knapp 100 Ikonen, von einer mandeläugigen byzantinischen Madonna bis zur Arche Noah mit Kamelen und Einhörnern aus dem 18. Jh. Ebenfalls zu sehen sind die Erlaubnis des Dogen zum Bau der Kirche von 1514 und ein griechisch-arabisches Manuskript aus dem 14. Jh., das die Geschichte von Alexander dem Großen erzählt.

Chiesa di San Zaccaria

Scuola Dalmata di San Giorgio degli Schiavoni

CARPACCIOS MEISTERWERK

Die **Scuola Dalmata** wurde von der Gemeinde 1451 gegründet. Die kleine Schule sollte mindestens ebenso prachtvoll ausgeschmückt werden wie San Rocco. Vittore Carpaccio wurde damit beauftragt. Die neun Gemälde seines Zyklus zeigen die Leben des hl. Georg, hl. Tryphon und des Jeremias. Sie sind unglaublich detailgetreu, von dem Papagei, der an einer Blüte pickt, bis zum halbmondförmigen Schiff des Hl. Augustinus (dieses Gemälde ist nur eine Kopie, das Orignal hängt in einer Vitrine). Auch von seinem berühmtesten Werk, *der hl. Georg mit dem Drachen*, war zur Zeit der Recherche nur eine Kopie zu sehen, da das Original restauriert wurde.

OBEN LINKS: ALEXANDER REUTER/SHUTTERSTOCK © UNTEN LINKS: CANADASTOCK/SHUTTERSTOCK ©

Campo Santi Giovanni e Paolo

Campo Santi Giovanni e Paolo

CASTELLOS ANTWORT AUF DEN MARKUSPLATZ

Castellos Hauptplatz ist wesentlich ruhiger als der Markusplatz, obwohl es auch hier Cafés, den Kanal und imposante Gebäude gibt. Allen voran die strahlend weiße **Scuola Grande di San Marco**, heute das Krankenhaus der Stadt. Die Fassade mit Löwenreliefs stammt von Pietro Lombardo. Über die großartige Treppe des Renaissance-Architekten Codussi gelangt man in den Sala Capitolare (den Hauptraum der Scuola). Die überwältigende Kassettendecke ist vergoldet, die Gemälde von Domenico Tintoretto (dem Sohn des großen Jacopo) erzählen die Geschichte des heiligen Markus. Am Kanal direkt daneben steht die **Chiesa di San Lazzaro dei Mendicanti** mit Tintorettos Heiliger Ursula und der verstörenden Kreuzigung von Veronese. Direkt am Platz steht auch die gotische **Basilica dei Santi Giovanni e Paolo**. In ihr befinden sich eine Vielzahl kunstvoll verzierter Gräber und Denkmäler. Die Kapellen und Altäre sind mit Werken der großen Künstler Veronese, Bellini, Lorenzo Lotto und Cima da Conegliano geschmückt. Vor der Kirche steht Andrea Verroccios Reiterstatue des Bartolomeo Colleoni.

Chiesa di San Francesco della Vigna

EIN MYSTISCHER ORT

Auch wenn sie heute etwas abseits liegt, war die **Franziskanerkirche** früher einer der bedeutendsten Orte in Venedig. Angeblich soll der heilige Markus hier während eines Sturms an Land gegangen sein und erfahren haben, dass sein Leichnam einmal nach Venedig gebracht werden würde. (Auch das einer der Mythen zur Gründung von Venedig). Die großartige Kirche wurde von Jacopo Sansovino mit der Fassade von Palladio gebaut, und hat auch einen Kreuzgang. Die Kapellen sind mit außerordentlichen Schnitzereien verziert. Außerdem gibt es zwei herrliche Darstellungen der *Madonna mit Kind* – eine von Bellini, die andere auf einem blumenumrankten Thron von Antonio da Negroponte (1455).

Kreuzgang der Chiesa di San Francesco della Vigna

CASTELLOS VERBORGENE SCHÄTZE

Der aus dem Senegal stammende **Moulaye Niang** war der erste nicht-venezianische Meister der Glasbläserei in Murano. Für seinen Perlenschmuck *(@collection muranero)* verband er venezianische mit afrikanischen Traditionen.

Ich kam nach Venedig, als ich in Paris lebte, und empfand diesen Ort als Mittelding zwischen Stadt und Land. Die Geräusche sind hier ganz anders – ohne den Verkehrslärm hört man die Glocken, die Schritte auf dem Pflaster, die verschiedenen Sprachen.

Ich stamme aus dem südlichen Senegal und vermisse das Grün meiner Heimat. Deshalb gehe ich gerne in den **Sant'Elena** Park. **San Pietro di Castello** ist für mich das echte Venedig, überhaupt nicht touristisch. Und dann ist da noch der **Campo della Bràgora**, der wie ein Dorfplatz ist. Die Leute winken mir aus den Fenstern zu und grüßen mich auf der Straße.

NOCH MEHR IN CASTELLO

Am Wasser entlang nach Sant'Elena

TOLLE BLICKE AUF DIE LAGUNE

Der Spaziergang vom Markusplatz zur Landspitze Sant'Elena ist ein Klassiker in Venedig. Vom Dogenpalast geht es nach Osten zur **Riva degli Schiavoni**. Die Promenade führt immer am Wasser entlang in den äußersten Osten von Venedig. Von hier hat man den schönste Blick auf den Hafen von San Marco. Für eine kurze Pause bietet sich die Bar **El Rèfolo** in der geschäftigen Via Garibaldi an, die gleich hinter dem Arsenale ins „Landesinnere" abbiegt. Außerdem kommt man am **Giardini Pubblici** vorbei. Er wurde 1812 von Napoleon als einer der ersten öffentlichen Parks in Europa eröffnet und ist heute Veranstaltungsort der Biennale. Etwas weiter liegt schon der Park **Sant'Elena** im Schatten alter Pinien.

Kirchentour in Castello

ANBETUNGSWÜRDIGE INNENAUSSTATTUNGEN

Castellos Kirchen stehen weitab vom Wasser. Den Anfang macht die spätgotische **Chiesa di San Giovanni in Bràgora**, wo der Komponist Antonio Vivaldi getauft wurde. Hinter dem Altar ist die Taufe Christi von Cima da Conegliano vor dem Hintergrund der zerklüfteten Dolomiten, über denen Engel in den Wolken schweben. Weiter im „Landesinneren" ist die **Chiesa di Santa Maria Formosa**, ein Paradebeispiel für die geradlinige Renaissance-Architektur von Codussi in Venedig. Sie ist geschmückt mit dem sehr wahrscheinlich einzigen Altarbild einer Künstlerin (Giulia Lama) in der Stadt. Die Insel **San Pietro di Castello** schließlich wird beherrscht von der gleichnamigen Kirche. Hier befand sich einst das religiöse Zentrum von Venedig, was die großartige Fassade von Palladio beweist. Unbedingt sehenswert ist der „Thron des heiligen Petrus", der Bischofssitz aus einem arabischen Grabstein, auf dem der Vers aus dem Koran noch zu erkennen ist.

Büste von Vivaldi in der Chiesa di San Giovanni in Bràgora

ESSEN IN CASTELLO

Osteria da Pampo
Das freundliche Restaurant in Sant'Elena serviert Meeresfrüchte aus der Lagune nach Genueser Art. **€**

Trattoria da Remigio
Die Einheimischen lieben das Lokal für seine Gerichte mit Meeresfrüchten, von Shrimps aus der Lagune bis zu Gnocchi mit Seespinnen. **€€**

Ristorante Local
Das Sterne-Restaurant bei der Kirche San Zaccaria verarbeitet traditionelle Zutaten aus der Lagune zu einem leckeren Verkostungsmenü. **€€€**

GIUDECCA, LIDO & DIE SÜDLICHEN INSELN

EINE ZEITREISE

Die langgestreckte Insel Giudecca unter dem „Fisch" ist ideal, um von einer der Bars am Wasser den Sonnenuntergang zu beobachten. Der Star der südlichen Inseln ist jedoch Lido. Die 11 km lange Sandbank bildet zusammen mit der Nachbarinsel Pellestrina eine natürliche Barriere zwischen dem Meer und der Lagune. Dazwischen befinden sich unzählige kleine Inseln, auf denen die Zeit stehen geblieben ist. Die Blumen blühen jedes Jahr aufs neue, die winzigen Siedlungen erinnern an die Zeit, als Venedig noch keine Großmacht war.

Lido ist das Strandbad von Venedig. Mit dem Häusern aus dem frühen 20. Jh. ist es wie eine Reise in die Vergangenheit (trotz der modernen Autos und Busse). Die Abgeschiedenheit der Insel zeigt sich in Richtung der Stadt. Die Lagune zwischen Lido und Giudecca ist geprägtvon Klöstern, Ehrfurcht gebietender Kunst und schmerzlicher Geschichte. Man kann einen ganzen Tag damit verbringen, die Inselchen San Giorgio Maggiore, San Lazzaro und San Servolo zu besuchen.

TOP TIPP

Für den Besuch der Inseln lohnt sich ein Vaporetto-Pass, schon allein weil es günstiger ist, immer wieder nach San Zaccaria zurück zu fahren statt von Insel zu Insel zu fahren. Giudecca ist zwar 3,7 km lang, aber durchaus zu Fuß zu erkunden. Man kann dort einzelne Etappen aber auch mit dem Vaporetto zurücklegen.

HIGHLIGHTS
1 Giudecca
2 Lido di Venezia
3 San Giorgio Maggiore
4 San Lazzaro degli Armeni
5 San Servolo

SEHENSWERTES
6 Chiesa del Santissimo Redentore
7 Hotel Excelsior
8 Lazzaretto Vecchio
9 San Clemente
10 Tre Oci
11 Vatican Chapels

AUSGEHEN & FEIERN
12 San Giorgio Cafe

Shopping
13 Artigiani del Chiostro

TRAVELSCAPES/ALAMY STOCK PHOTO ©

San Servolo

San Servolo

VOM IRRENHAUS ZUM KUNSTMUSEUM

Die grünen Gärten voller Skulpturen auf San Servolo sind eine herrliche Oase der Ruhe. Die Skulpturen sind jedoch auch Ausdruck der bedrückenden Atmosphäre, die hier einst herrschte, denn hier befand sich einst ein Irrenhaus. Ein kleines **Museum** erzählt die Geschichte, doch ein Rundgang vermittelt einen wesentlich besseren Eindruck. Die Gärten sind bewusst mit hohen Mauern umgeben, und in den langen Fluren des ehemaligen Irrenhauses finden jetzt oft Ausstellungen statt. Heute ist die Insel ein Veranstaltungsort und Sitz einer internationalen Universität.

Giudecca

KUNSTHANDWERKER UND MÖNCHE

Bei einem Spaziergang über die Insel Giudecca wird die Vergangenheit lebendig. Die grandiosen Klöster der Renaissance stehen direkt neben den Werkstätten erstklassiger Kunsthandwerker:innen. Die großen Sehenswürdigkeiten sind hier Pallladios Kirche **Redentore** und Fotogalerie **Tre Oci**. Dennoch ist es ein herrlich unkonventioneller Ort mit leeren Lagerhäusern, kleinen Werften mit Blick auf Lido und die alten Gärten, die einst die grüne Lunge Venedigs waren. Mönche eilen zur Messe, alte Damen wollen donnerstagvormittags die ersten auf dem Biogemüsemarkt beim Frauengefängnis sein. Rund um Palanca reihen sich Bars und Restaurants am Zattere aneinander. Das Schmuckstück Giudeccas ist jedoch die **Artigiani del Chiostro**, ein Kloster aus dem 15. Jh., in dem sich heute die Werkstätten von 12 Kunsthandwerker:innen befinden. Mistero Buffo stellt Masken her, Stefano Morasso fertigt moderne Gläser, Vasen und Schmuck aus Murano-Glas und lässt sich bei der Arbeit zuschauen.

EINSAME INSELN

Auf den kleineren Inseln erscheint Venedig zum Greifen nah, als ob man kurz hinüber schwimmen könnte. Wer jedoch in San Lazzaro eine Stunde auf das Vaporetto wartet, findet sich heute im dichten Gedränge wieder. Die völlige Abgeschiedenheit wurde einst zur Absonderung genutzt: **Lazzaretto Vecchio**, die erste Quarantäne-Insel der Welt, entstand im 14. Jh. zum Schutz vor der Pest. **San Clemente**, heute ein Luxushotel war mal eine Anstalt, in der Einwandernde mit ansteckenden Krankheiten und Geisteskranke weggesperrt wurden. Das letzte Irrenhaus der Lagune wurde 1992 geschlossen.

PAOLO GALLO/SHUTTERSTOCK ©

San Giorgio Maggiore

San Giorgio Maggiore

EINE OASE VOLLER KUNST

Direkt gegenüber dem Markusplatz befindet sich eine Miniaturausgabe von Venedig. Die überwältigende **Basilika** mit Glockenturm von Palladio sieht genauso aus wie der Markusdom. Die Republik schenkte die Insel 982 dem Benediktinerorden, der die Kirche und das Kloster errichteten und sie mit Kunstwerken ausstatteten, darunter fünf Tintorettos. Spontane Führungen zu nicht zugänglichen Bereichen sind zu meist möglich. Auskünfte erteilt die Kasse des Glockenturms. Zuvor solltest du jedoch mit dem Aufzug zum 60 m hohen Turm hinauffahren und den Blick über die Lagune genießen.

Heute gehört die Insel der Kulturstiftung Fondazione Giorgio Cini. Sie besteht zum größten Teil aus einem Park mit künstlerischen und architektonischen Installationen, der mit einem Audioguide besichtigt werden kann. Sehr sehenswert sind auch die **Vatikanischen Kapellen**, elf Meditationsorte in einem Pinienwäldchen am Wasser, die von Terunobu Fujimori und anderen gestaltet wurden. Bei den Klosterführungen werden der Kreuzgang und die Manica Lunga – früher Schlafsaal der Mönche, heute eine Bibliothek – besucht. Danach kannst du im **Café San Giorgio** Fisch aus der Lagune essen.

San Lazzaro degli Armeni

LERN DICH SELBST DURCH ANDERE KENNEN

Die armenische Aufschrift auf dem Vaporetto – die einzige in einer fremden Sprache in ganz Venedig – ist der erste Hinweis darauf, dass man in einer besonderen Gegend gelandet ist. Auf der Insel, die der armenische Mönch Mekhitar 1717 erhielt, lebt heute eine der letzten ausländischen Gemeinden der einst so kosmopolitischen Stadtrepublik. „Du kennst dich selbst erst, wenn du andere Kulturen kennenlernst" war das Motto des Mönchs. Und so sammelte das auf der Insel errichtete **Kloster** im Laufe der folgenden 300 Jahre Gegenstände aus aller Welt, von einer bestens erhaltenen Mumie aus dem alten Ägypten bis zum ältesten Kupferdolch der Welt. Außerdem bewahrt es das wertvolle Erbe Armeniens in Form von uralten Manuskripten.

BUCHBINDEREI!

Auf San Lazzaro degli Armeni stand früher auch eine Druckerpresse. Heute betreibt der Buchbinder **Paolo Olbi** (S. 290) eine Druckerei im Palazzo der armenischen Gemeinde in Dorsoduro.

Pellestrina

NATURERLEBNISSE

Die beiden langen Sandbänke Lido und Pellestrina schließen die Lagune gegen das Adriatische Meer ab. Die Inseln sind jedoch sehr unterschiedlich. Lido ist die Spaßinsel, Pellestrina ist immer noch eine malerische Fischereiinsel, wo das **Ristorante da Celeste** den besten Fisch der Lagune serviert. In dem von Dünen durchzogenen Naturschutzgebiet **Ca' Roman** auf der Südspitze leben unzählige Stand- und Zugvögel. Von hier bis zum winzigen Dorf Pellestrina besteht die Insel nur aus dem schmalen Hochwasserdamm Murazzi.

Pellestrina

Chioggia

KLEIN-VENEDIG – MIT AUTOS

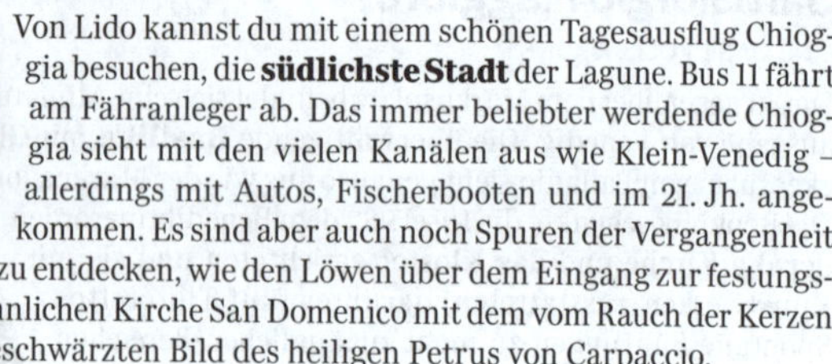

Von Lido kannst du mit einem schönen Tagesausflug Chioggia besuchen, die **südlichste Stadt** der Lagune. Bus 11 fährt am Fähranleger ab. Das immer beliebter werdende Chioggia sieht mit den vielen Kanälen aus wie Klein-Venedig – allerdings mit Autos, Fischerbooten und im 21. Jh. angekommen. Es sind aber auch noch Spuren der Vergangenheit zu entdecken, wie den Löwen über dem Eingang zur festungsähnlichen Kirche San Domenico mit dem vom Rauch der Kerzen geschwärzten Bild des heiligen Petrus von Carpaccio.

Chioggia

Lido di Venezia

STRANDLEBEN UND EIN PALAST

Lido muss man einfach lieben. Die Insel ist Vergnügen pur: schöne Strände – am besten sind die privaten, doch auch die kleinen öffentlichen im Westen sind ok –, herrliche Strandpromenaden und natürlich das glamouröse Filmfestival im September. Das nette Art-déco-Restaurant Nicelli befindet sich im ältesten Hafengebäude Italiens, das uralte Dorf Malamocco sieht heute noch so aus wie Venedig früher, an der Südspitze liegt der schöne Naturstrand Alberoni. Von dort kannst du über den **Murazzi**, den strahlend weißen Hochwasserdamm aus dem 18. Jh. über dem Wasser der Adria zum Hotel Excelsior (Zentrale des Filmfestivals) gehen.

MURANO, BURANO & DIE NÖRDLICHEN INSELN

WO NATUR UND GESCHICHTE AUFEINANDER TREFFEN

Während die südliche Lagune sehr gepflegt ist, ist der nördliche Teil wilde Natur und auch der älteste der Lagune. Entgegen dem Mythos, der venetische Stamm sei im 5. Jh. vor den Barbaren in die Stadt geflohen, waren die nördlichen Inseln auch in der Antike besiedelt. Im 5. und 6. Jh. war Torcello bereits ein wichtiger Seehafen und Burano ein Fischereidorf. Im 7. Jh. verlegte der Bischof von Altinum auf dem Festland seinen Sitz nach Torcello, und 1291 wurden die Glasbläsereien von Venedig nach Murano ausgelagert, um einen Stadtbrand zu verhindern.

Heute ist die nördliche Lagune eines der beliebtesten Ziele in Venedig. Die Inseln Burano und Murano sind zumeist völlig überlaufen, und bei den Vaporetti bilden sich lange Schlangen. Dabei ist die Lagune selbst ein überirdisch schöner Ort mit ruhigem Wasser und Sumpfland voller seltener Vögel sowie einer langen Geschichte.

TOP TIPP

Vom Fondamente Nove in Cannaregio fahren regelmäßig Vaporetti zu den nördlichen Inseln. Vaporetto 12 fährt nach Murano, Mazzorbo, Burano und (je nach Tageszeit) Torcello. Die Boote sind jedoch oft schon in Murano voll besetzt. Von Cannaregio nach Murano sind es weniger als 10 Minuten, nach Burano 45 Minuten.

Weinberg auf Mazzorbo

Cimitero di San Michele

EIN SCHWIMMENDER FRIEDHOF

Der Friedhof von **San Michele** hat eine einzigartige Lage. San Michele zwischen Cannaregio und Murano bietet einen tollen Blick auf die Stadt, die Lagune und bis zu den Dolomiten. Ursprünglich befand sich hier ein Kloster, doch nach der Eroberung der Serenissima verwandelte Napoleon die Insel in einen Friedhof. Ein verblüffend moderner Teil wurde von David Chipperfield gestaltet, der auch für die kürzliche Restaurierung der Procuratie Vecchie (S. 276) verantwortlich war. Am interessantesten ist der protestanische Teil des Friedhofs, denn hier ruhen unter anderem Igor Strawinsky, Sergej Djagilew und Ezra Pound neben Tourist:innen, die hier ums Leben kamen, wie Sarah Drake und ihre Tochter Janet, die bei einem Bootsunglück vor Lido 1914 ertranken.

IN VINO VERITAS

Die Lagune war schon immer autark, auch was den Wein betrifft. Die bereits bei den Dogen beliebte goldgelbe Dorona-Traube wurde von der einheimischen Familie Bisol gerade noch vor dem Verschwinden gerettet. Heute betreiben sie auf ihrem Weingut in **Mazzorbo**, der Nachbarinsel von Burano, auch das Sterne-Restaurant **Venissa**. Sant'Erasmo, die Nachbarinsel von Lazzaretto Nuovo, ist immer noch voller Bauernhöfe, **Orto di Venezia** bietet Verkostungen des Malvasia-Weins an, von dem auch Starkoch Alain Ducasse begeistert ist.

HIGHLIGHTS
1 Basilica dei Santi Maria e Donato
2 Burano
3 Cimitero di San Michele
4 Lazzaretto Nuovo
5 Museo del Vetro
6 Torcello

SEHENSWERTES
7 Basilica di Santa Maria Assunta
8 Mazzorbo
9 Museo del Merletto
10 Museo di Torcello
11 Orto di Venezia
12 Sant'Erasmo

KURSE & TOUREN
13 De Biasi
14 Lucevetro
15 Pesca Burano
16 Wave Murano Glass

ESSEN
17 Taverna Tipica Veneziana
18 Trattoria al Gatto Nero
19 Venissa

SHOPPEN
20 Venini

Lazzaretto Nuovo

DIE QUARANTÄNE-INSEL

Die **Insel** östlich von Murano wurde 1468 zur zweiten Quarantäne-Insel von Venedig. Während die „alte" Insel Lazzaretto Vecchio bei San Lazzaro für Menschen war, die schon an der Pest litten, wurden auf der neuen Insel Kaufleute und Matrosen, die aus Pestgebieten kamen, für 40 Tage interniert. Ihre Waren wurden im **Tezon Grande** geräuchert und mit Essig desinfiziert. In dem riesigen offenen Lagerhaus mitten auf der Insel sind noch Schiffszeichnungen und Inschriften an den Wänden zu sehen. Es kann von Mai bis Oktober im Rahmen einer Führung besichtigt werden.

Lazzaretto Nuovo

Torcello

WO ALLES BEGANN

Mit sauberen Feldern, naturbelassenen Wegen und weniger als 20 Einwohner:innen ist **Torcello** heute eines der malerischsten Fleckchen der gesamten Lagune. Vor 1500 Jahren war das noch ganz anders: Damals befand sich hier Venedig. Sie war als erste Insel der Lagune besiedelt, und die Menschen, die hier vom Meer lebten, bewiesen, dass dies nicht nur möglich, sondern auch einträglich war.

Als der Hafen schließlich versandete, zogen die Menschen in Richtung Süden und gründeten Venedig. Im Mittelalter wurde Torcello zu einer Insel der Klöster und Kirchen, von denen aber nur zwei Kirchen noch erhalten sind. Der Campanile der **Basilica di Santa Maria Assunta** überragt die nördliche Lagune. Das Innere ist mit wundervoll glitzernden Mosaiken im byzantinischen Stil geschmückt: eine Madonna mit Kind und Heiligen aus dem 11. Jh. über dem Altar und das Jüngste Gericht an der Rückwand, das die sechs Ebenen vom Himmel bis zur Hölle zeigt. Der Fußboden ist die Vorlage für den Markusdom und Santi Maria e Donato auf Murano (S. 312). Für die geometrischen Mosaiken wurde kostbarer Marmor aus aller Welt verwendet.

Im Außenbereich zeigt das **Museo di Torcello** römische, etruskische, griechische und ägyptische Fundstücke aus der Lagune. Hinter der Kirche führt ein Weg durch die Wiesen mit Überresten der alten Stadtmauer zur **Taverna Tipica Veneziana**, die ein preiswertes Buffet mit Gerichten aus der Lagune in einem friedlichen Garten bietet.

Museo di Torcello

WARUM ICH DIE NÖRDLICHE LAGUNE LIEBE

Julia Buckley, Autorin

Venedig bietet manchmal zu viele Reize, und dann fahre ich mit dem Vaporetto nach Burano, um mich bei einem gemütlichen Mittagessen im **Gatto Nero** (S. 313) und einem langen Spaziergang auf der Insel zu entspannen. Am südlichen Ufer ist das Wasser spiegelglatt und ich kann bis nach Venedig und Castello, wo ich wohne, blicken. Von den Ufern der nördlichen Lagune geht eine einzigartige Ruhe aus, und wenn ich in einem Boot an einer Kolonie rosa Flamingos vorbei fahre, fühle ich mich wie in Tansania und nicht in Italien.

XSMIRNOVX/SHUTTERSTOCK ©

„Marmorteppich" der Basilica dei Santi Maria e Donato

Basilica dei Santi Maria e Donato

DER KLEINE MARKUSDOM

Beim Blick auf den Boden glaubt man, im Markusdom zu stehen. Die **Kathedrale** von Murano hat einen wunderbaren „Marmorteppich" aus dem 12. Jh. Das Mosaik zeigt verschlungenen geometrische Motive, Pfaue, Greife, Schnecken und – unser Lieblingsmotiv – zwei „verliebte" Grillen an einer Blume. Die Apsis ziert ein goldenes Mosaik der Madonna im Stil von Torcello. Zur Zeit der Recherche wurde es gerade restauriert, sollte 2023 aber wieder zu sehen sein.

Museo del Vetro

DIE GESCHICHTE DES GLASES

Heute ist **Murano** ein Synonym für Glas. Der mit Fresken geschmückte **Palazzo Giustinian** zeigt jedoch, dass die Herstellung von Glas im Nahen Osten erfunden und perfektioniert wurde, und erst mit syrischen Kaufleuten im Mittelalter nach Venedig kam. Die Glasbläsereien von Murano beherrschten ihr Handwerk bald so meisterhaft, dass die Islamischen bald nicht mehr mithalten konnten. So zeigt das faszinierende **Museum** zunächst antike Stücke aus Palästina, Syrien, Griechenland und dem Balkan und danach die Weiterentwicklung und Erfindung von transparentem Glas durch die Glasbläsereien von Murano im 15. Jh. In der Renaissance konnten die Muraner:innen Farben miteinander verbinden und mehrere Schichten übereinander legen. Diese komplizierten Techniken waren in den 1800er-Jahren wieder verschwunden, doch dann zwang ein finanzieller Einbruch die Glasbläsereien, sich an die alten Techniken zu erinnern, um weitermachen zu können. Neben der Dauerausstellung in acht Räumen finden auch Wechselausstellungen statt.

GLAS EINKAUFEN IN VENEDIG

Wave Murano Glass
Zehn junge Kunsthandwerker:innen stellen modernes Glas nach alter Tradition her. Sie bieten auch Werksführungen und Glasbläserkurse an.

Lucevetro
Cecilia Cenedese lässt die Glaswaren von den Meister:innen der Insel nach ihren Entwürfen herstellen.

Venini
Die erste Firma, die die Glasbläserei zur edlen Kunst erhob, fertigt nach Entwürfen von Carlo Scarpa, Ron Arad und anderen.

De Biasi
Hier werden Schmuck, Bilderrahmen und sogar Essstäbchen in schickem Design hergestellt.

Burano

DAS TOR ZUR WILDNIS

Die hübsche Insel **Burano** ist mit ihren mehrfarbigen Hütten eines der beliebtesten Fotomotive. Doch die Insel hat wesentlich mehr zu bieten. Es ist die älteste Siedlung der Lagune. Die Buranelli lebten hier schon zu Zeiten der Römer und versorgten das blühende Torcello mit ihren Fischen. Als Torcello längst verlassen war, gab es Burano immer noch, und dank der weiten Entfernung zu Venedig – heute 45 Minuten mit dem Vaporetto, damals vier Tage mit dem Ruderboot – konnte die Insel ihre eigene Kultur bewahren.

Heute kommen die Besucher:innen nur zu einer kurzen Rundfahrt, doch um Burano wirklich zu entdecken, solltest du dir mindestens einen Tag Zeit nehmen. Zuerst lässt du dich von Andrea Rossi – Fischer in fünfter Generation – durch die glasklare Lagune schippern. Er und sein Partner Michele Vitturi von **Torcello Birdwatching** fahren durch die Barene – die Sumpfgebiete und Salzmarschen, auf denen Venedig gebaut ist – und schmale seichte Kanäle, wo seltene Vögel wie der Ibis und die eleganten Flamingos leben. Hier ist die Lagune noch in ihrem ursprünglichen Zustand.

Danach gehst du in die **Trattoria al Gatto Nero**, ein hervorragendes Restaurant, in dem die Familie Bovo seit 1965 nur den Fang von Andrea, Michele und anderen einheimischen Fischer:innen serviert. Besonders empfehlenswert ist das *risotto di gò*, also mit Grundeln (Fisch).

Satt und zufrieden geht's ins **Museo del Merletto**, das die Geschichte der traditionellen Spitzenherstellung erzählt. Das kunstvolle Handwerk wurde einst aus der Not geboren. Die feinen Kunstwerke stammen teilweise aus dem 16. Jh., und mit etwas Glück kannst du im letzten Saal der letzten *merlettaie* von Burano bei der Arbeit zusehen.

Burano

DIE LETZTEN MOECANTI DER LAGUNE

Zu den beliebtesten Nahrungsmitteln der Lagune zählen *moeche* oder Krabben, die gerade ihre Schalen verlassen haben. Es ist eine hohe Kunst, die Tiere genau in einem Zeitfenster von 10 Stunden zu fangen. Ein *moecanti* erkennt sofort, ob die Krabbe im richtigen Zustand ist. Allerdings geht diese Kunstfertigkeit allmählich verloren. Domenico Rossi von **Pesca Burano** ist einer der letzten 30 *moecanti* in der Lagune. Seine Familie betreibt das Gewerbe schon seit den Zeiten der Serenissima. Mit den Touren auf seinem *bragozzo*-Boot bewahrt er dieses Erbe.

Oben: Lago di Carezza (S. 325). Rechts: Castello di Miramare (S. 340)

DIE WICHTIGSTEN ZIELE

BOZEN (BOLZANO)
Südtiroler Kultur, Tor zu den Bergen. S. 320

TRIENT (TRENTO)
Spritzige Getränke, Paläste voller Fresken. S. 327

BRIXEN (BRESSANONE)
Märchenhafte Architektur, trendige Cafés. S. 335

TRIEST (TRIESTE)
Kreuzung der Kulturen, klassizistische Meerespromenade. S. 340

DOLOMITEN & DER NORDOSTEN

MAJESTÄTISCHE BERGE, ALPINE KULTUR, BERÜHMTE WEINGÜTER

Die norditalienischen Regionen Südtirol (Trentino-Alto Adige), Friaul-Julisch Venetien (Friuli Venezia Giulia) und Venetien (Veneto) bieten das ganze Jahr über eine Traumlandschaft, umrahmt von den imposanten Gipfeln der Dolomiten.

Diese drei Regionen, zusammen von den Italienern auch „Triveneto" genannt und die lange zu Österreich-Ungarn gehörten, sind eine Welt für sich und haben wenig mit dem gemein, was die meisten Besucher für typisch italienisch halten. Die Züge sind so pünktlich wie ein Schweizer Uhrwerk, und Pizza, Pasta und die Spuren des Römischen Reiches spielen hier keine große Rolle mehr. Die Gipfel der Dolomiten erstrecken sich über die halbautonomen Regionen Trient (Trentino) und Südtirol (Alto Adige), wo die Muttersprache der meisten Menschen Deutsch ist, und bis ins benachbarte Venetien. Auf den Tisch kommen herzhafte, von der österreichischen Küche beeinflusste Gerichte. Die Olivenhaine machen Apfelplantagen Platz, und die Minderheit der Ladiner bereichert die ohnehin schon so vielfältige Gegend um eine weitere, ganz eigene kulturelle Perspektive. Im Winter strömen Reisende aus ganz Europa in die gastfreundlichen Wintersportorte, angezogen von der tollen Lage und den großen, gut geplanten Pistennetzen. Im Sommer werden die Skier gegen Wanderstiefel eingetauscht.

Die kleinere, wenig besuchte Region Friaul-Julisch Venetien (Friuli Venezia Giulia), an der Grenze zu Österreich und Slowenien wartet mit einer komplexen Kultur auf. Die Highlights des Veneto, der direkt im Südwesten daran anschließt, sind Padua (Padova), Vicenza und Verona, die einst unter der Herrschaft Venedigs standen; Padua und Verona als eigene Stadtstaaten. Das i-Tüpfelchen des Ganzen sind die Bilderbuch-Weingüter, die einige der besten italienischen Weine produzieren, darunter die regionalen Weine Amarone (den Valpolicella Venetiens), Lagrein (Südtirol) und Trento DOC (Trentino) sowie Prosecco (Venetien). *Willkommen in Italia!*

VERONA
Römisches Amphitheater und malerische Plätze. S. 352

PADUA
Fresken von Weltrang, Pilgerorte. S. 347

TREVISO
Reizvolle Kanäle, authentisches, lebendiges Venetien. S. 358

Brixen (Bressanone), S. 335

Die drittgrößte Stadt Südtirols lockt mit ihrer märchenhaften österreichischen Barockarchitektur, einem faszinierenden kirchlichen Palast und vielen trendigen Bars, Restaurants und Cafés.

Bozen (Bolzano), S. 320

Die Hauptstadt von Südtirol ist eine weinliebende Stadt mit einem stark von Österreich beeinflussten *centro storico* (historisches Zentrum), umringt von den unglaublich majestätischen Dolomiten.

Trient (Trento), S. 327

Die himmelhohen Brenta-Dolomiten erheben sich unweit der vielschichtigen Hauptstadt des Trentino, die mit mittelalterlichen Fresken, Renaissancebrunnen, Burgen aus dem 13. Jh. und dem besten italienischen Schaumwein aufwartet.

Verona, S. 352

In der Stadt, die als Schauplatz von *Romeo und Julia* berühmt ist, gibt es auch eines der am besten erhaltenen römischen Amphitheater und zahlreiche romantische Straßen und Gassen.

Padua, S. 347

Das progressive Padua, einst ein Stadtstaat, der im 15. Jh. unter der Herrschaft Venedigs stand, ist eine Schatztruhe voller Fresken aus der Zeit der Frührenaissance und religiöser Stätten, die von Pilgern besucht werden.

Erste Orientierung

Die Dolomiten und der Nordosten umfassen die Regionen Trentino-Südtirol (Trentino-Alto Adige), Friaul-Julisch Venetien (Friuli Venezia Giulia) und Venetien (Veneto) und nehmen einen Großteil von Norditalien ein. Die Ziele in diesem Kapitel spiegeln die klassischen Highlights der Region (ohne die Stadt Venedig) wider.

AUTO

Um möglichst viel zu erleben, ist ein Auto in den Dolomiten so vorteilhaft wie nirgendwo sonst in Italien, denn viele Städte, Dörfer und Täler erreicht man damit am besten.

BUS

Die Busse der Verkehrsunternehmen SAD Trasporto Locale und Trentino Trasporti fahren von Bozen und Trient in die größeren Ortschaften in den Bergen. Auch in Triest, Grado, Udine und Gorizia (in Friaul-Julisch Venetien) und in Padua, Verona und Vicenza (in Venetien) gibt es viele Busverbindungen.

ZUG

Die geographischen Barrieren verhindern ein weitverzweigtes Schienennetz in den Dolomiten, doch Brixen, Bozen (mit Anschluss nach Meran), Trient und Rovereto liegen an der Hauptstrecke nach Verona. Auch in die großen Städte in Friaul und in Venetien fahren viele Züge.

Treviso, S. 358

Treviso wird viel zu selten besucht und hat mehr Beachtung verdient. Seine hübschen Kanäle, die engen gepflasterten Straßen und die mit Fresken geschmückten Kirchen haben ihm dem Spitznamen „Kleinvenedig" eingebracht.

Triest, S. 340

Die Hauptstadt von Friaul-Julisch Venetien liegt am Meer und ist von einem Aufeinandertreffen von Kulturen geprägt. Literatur, Kaffee und die sichtbare Diversität sind hier tief verwurzelt.

Perfekte Tage

Die Dolomiten und der Nordosten bieten majestätische Alpengipfel, Architektur, die zum UNESCO-Welterbe gehört und eine von Österreich beeinflusste Küche sowie Weine, die zu den besten Italiens gehören.

SAIKO3P/SHUTTERSTOCK ©

Bozen (S. 320)

Nur ein paar Tage

● Der Nordosten Italiens ist kein Ziel für einen Kurztrip, doch diese viertägige Rundtour führt vor der Kulisse einer Gebirgslandschaft, in der man Monate verbringen könnte, zu Highlights des UNESCO-Welterbes. Los geht's in **Bozen** (S. 320). Nach einem Tag in der Hauptstadt Südtirols und einer Fahrt mit der spektakulären **Rittner Seilbahn (Funivia del Renon)** (S. 321) legt man einen Zwischenstopp ein, um die ebenso unglaublich reizvolle Seilbahnfahrt zur Seiser Alm **(Alpe di Siusi)** (S. 333) zu machen. Zum Mittagessen geht's ins **Ristorante Durnwald** (S. 338). Danach fährt man weiter nach **Padua** (S. 347), um am nächsten Tag Giottos weltberühmte Fresken in der **Cappella degli Scrovegni** (S. 347) zu bewundern.

● Der vierte Tag gehört **Verona** (S. 352) – das römische Amphitheater aus dem 1. Jh. ist genauso gut erhalten wie das Kolosseum in Rom –, ehe es zurück nach Bozen geht.

Beste Reisezeit

In den Dolomiten gibt es eine Sommersaison und eine Wintersaison und viele Einrichtungen, auch Skilifte, schließen im Oktober bzw. im Mai. In den tieferen Lagen lohnt sich ein Besuch das ganze Jahr über.

JANUAR

Mit dem Festival **Sommelier in Pista** im Skigebiet Alta Badia und dem **Dolomiti Balloonfestival** bei Toblach (Dobbiaco) beginnt die winterliche Festivalsaison in den Dolomiten.

FEBRUAR

Jetzt ist **Hochsaison** auf den weltberühmten Hängen des Skigebiet Sellaronda. In den Karnischen und den Julischen Alpen sind die Pisten nicht überlaufen.

JUNI

Die **Feste Vigiliane** bringen Leben und Trubel nach Trient (Trento); das spektakuläre **Arena di Verona Festival** begeistert Opernfreunde bis September.

MATTEO FES/SHUTTERSTOCK ©, EVA BOCEK/SHUTTERSTOCK ©, NICK_NICK/SHUTTERSTOCK ©

Eine zweiwöchige Tour

● Ein selbst gewählter Ort in einem der Südtiroler Täler dient als Basis für Tagesausflüge: Im **Südtiroler Archäologiemuseum (Museo Archeologico dell'Alto Adige)** in **Bozen (Bolzano; S. 320)** kann man Ötzi, den Mann aus dem Eis, bewundern, in **Meran (Merano)** (S. 323) in heilsamem Thermalwasser baden, im **Pustertal (Val Pusteria)** (S. 334) Schnitzel und Strudel schlemmen und die **Seiser Alm (Alpe di Siusi)** (S. 333) mit den majestätischen Bergen des **Naturparks Schlern-Rosengarten (Parco Naturale Sciliar-Catinaccio)** (S. 324) erkunden, wo man bei der Gelegenheit unbedingt die Alpenküche im **Gostner Schwaige** (S. 325) probieren sollte!

● Die zweite Woche gehört den schönsten Städten Venetiens: **Verona** (S. 352), **Padua** (S. 347), **Vicenza** (S. 356) und **Treviso** (S. 358), außerdem locken in **Valpolicella** (S. 355) und in den **Prosecco-Hügeln** (S. 361), einer UNESCO-Welterbestätte, Weine von Weltniveau.

Ein Monat in den Bergen

● Es lohnt, sich für die Dolomiten Zeit zu nehmen: Auf Skiern kann man die **Sellaronda** (S. 333) angehen, eine 40 km lange Umrundung der Sellagruppe (Gruppo di Sella) mit vielen Seilbahn- und Skilift-Verbindungen. Im **Fassatal (Val di Fassa)** (S. 333) kann man die ladinische Kultur und Küche erkunden. Das **Grödnertal (Val Gardena)** (S. 334) und das Gadertal **(Val Badia)** (S. 339) locken mit erstklassigen Restaurants und atemberaubenden Pisten in den Brenta-Dolomiten rund um **Madonna di Campiglio** (S. 331). In **Trient (Trento)** (S. 327) gibt's den besten Schaumwein Italiens. Weiter im Südost in Venetien sind die UNESCO-Welterbestätten in **Verona** (S. 352), **Vicenza** (S. 356) und **Padua** (S. 347) ein Muss. Nach einem Besuch der großartigen Mosaiken und viel zu wenig beachteten römischen Ruinen in **Aquileia** (S. 344) endet die Tour im vielseitigen **Triest** (S. 340).

JULI
Jetzt ist eine gute Zeit für die hoch gelegenen **Wanderwege** und Berghütten in den Brenta-Dolomiten und rund um Cortina d'Ampezzo.

AUGUST
Im Juli und August ist in Venetien **Radsaison** und alle Züge haben Fahrradabteile.

SEPTEMBER
Die jährliche **Weinlese** lockt Weinliebhaber in die traumhaften Weingüter Valpolicellas, Il Collios und der Prosecco-Hügel.

DEZEMBER
Die Südtiroler **Weihnachtsmärkte** in Bozen, Meran und Brixen sind wahre Wintermärchen, und in den Dolomiten beginnt die Skisaison.

BOZEN

Bozen (Bolzano), die Hauptstadt der Autonomen Provinz Bozen-Südtirol, ist alles andere als provinziell. Einst eine Postkutschenstation auf der Route zwischen Italien und dem florierenden Österreich-Ungarn, präsentiert sich die kleine Stadt, die schon lang zwischen den Kulturen vermittelt, weltoffen und engagiert. Neuerdings ist sie der Sitz der ersten dreisprachigen Universität Europas. Vor der Kulisse runder grüner Hügel erstrecken sich Reihen pastellfarbener Stadthäuser, entlang der Flussufer verlaufen Radwege, und hölzerne Marktstände bieten Alpenkäse, Speck und dunkle Körnerbrote an. Zwar ist Deutsch für 95% der Menschen in der Region die Muttersprache, doch Bozen macht da eine Ausnahme. Die mehrheitlich italienisch sprechende Bevölkerung – eine Folge von Mussolinis brutalem Italienisierungsprogramm in den 1920er-Jahren sowie in jüngerer Zeit der guten Bildungs- und Arbeitsmöglichkeiten – lässt sich sowohl vom Norden als auch vom Süden inspirieren. Wer *bolzanino* ist, beherrscht auf jeden Fall auch die deutsche Sprache, genießt aber gern das Dolce Vita, wenn es Zeit für den Aperitif ist.

TOP TIPP

Deutsches Bier ist leicht zu finden, doch Bozen ist eigentlich eine Weinstadt. Die berühmten Weine der Region wie Lagrein, Schiava und Gewürztraminer erfreuen sich großer Beliebtheit. Zum Wohl!

HIGHLIGHTS
1 Südtiroler Archäologiemuseum

SEHENSWERTES
2 Museion

AKTIVITÄTEN, KURSE & TOUREN
3 Rittner Seilbahn

ESSEN
4 Campo Franz
5 Franziskaner Stuben
6 Löwengrube
7 Restaurant 37
8 Vögele

AUSGEHEN & FEIERN
9 Batzen Häusl
10 Lisa Wine Boutique

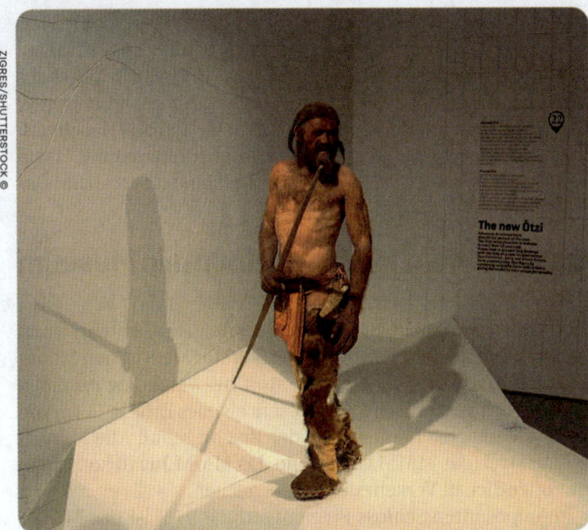

Ötzi, Südtiroler Archäologiemuseum

Der Mann aus dem Eis

IN BOZEN ÜBER EINEN MORD IN DER STEINZEIT NACHDENKEN

Wer in anderen Teilen Italiens archäologische Museen besucht hat, dürfte für sein Leben genug etruskische Statuen und römische Büsten gesehen haben – doch Bozen präsentiert ein ganz anderes und äußerst spannendes Erlebnis. Der Star des **Südtiroler Archäologiemuseums** (**Museo Archeologico dell'Alto Adige**) ist Ötzi, der Mann aus dem Eis. Der 5000 Jahre alten Mumie aus der Kupfersteinzeit, die einem Mord zum Opfer fiel, ist fast das gesamte Museum gewidmet. Der Name Ötzi bezieht sich auf den Fundort der Mumie in den Ötztaler Alpen.

Ötzi ist nicht nur die älteste Feuchtmumie (d. h. sein Körpergewebe ist elastisch genug für viele Untersuchungen) der Welt, die bisher gefunden wurde, sein Tod ist auch einer der ältesten ungelösten Mordfälle – die Pfeilspitze, die ihn tötete, ist auf dem Röntgenbild sichtbar. Seine bemerkenswert gut erhaltenen Überreste werden in einem temperaturkontrollieren Raum aufbewahrt und können durch ein Sichtfenster bestaunt werden. Sieht man genau hin, kann man verblichene Tätowierungen an seinen Beinen erkennen. Doch man sollte sich auch eine Stunde Zeit nehmen, um Ötzis prähistorischen Kleidung und Waffen unter die Lupe zu nehmen (was ein wenig an die TV-Serie *CSI* und an den Film *2001: Odysee im Weltraum* erinnert).

LOCAL TIPP BOZEN

Michael Widmann, Gründungsmitglied und Geschäftsführer von Airpaq, einem Bozener Start-up, das Airbags und Sicherheitsgurte in Rucksäcke und andere Accessoires upcycelt *(@muchelewidi)*

Das perfekte Ende eines stressigen Tages in Bozen ist für mich ein *aperitivo* im Weingarten von **Freiraum Mumi**. Hier werden nicht nur die besten regionalen Spezialitäten serviert, hier hat man auch einen herrlichen Blick auf die Stadt. Außerdem gibt es abends manchmal Livemusik, dann ist die Atmosphäre noch schöner. Da nur im Sommer geöffnet ist, sollte man vorher die Öffnungszeiten checken.

SEHENSWERTES UND AKTIVITÄTEN IN BOZEN

Rittner Seilbahn (Funivia del Renon)
Die zwölfminütige Fahrt nach Oberbozen (Soprabolzano) auf dem Plateau Ritten (Renon) ist einfach spektakulär.

Museion
Bozens vierstöckiges Museum für moderne und zeitgenössische Kunst befindet sich in einem riesigen, facettenreichen Glaskubus.

Salewa Cube
Die größte Indoor-Kletterhalle Italiens bietet über 2000 m² Kletterfläche und 180 verschiedene Kletterrouten.

Ötzi trug bei seinem Tod eine Bärenfellmütze, die mit Tiersehnen und Bändern verziert war, sowie Schuhe aus Hirschfell mit einem Innengeflecht aus Lindenbast. In einem Behälter aus Birkenrinde bewahrte er Glut auf, die durch Ahornblätter isoliert war. Er trug einen Rucksack mit einem Gestell aus Haselnussholz und eine einzigartige trapezförmige Kupferaxt mit einem Kupfergehalt von 99,7%. Und das Verblüffendste von allem: Das Kupfer stammt aus der Toskana.

Das Reinhold Messner Mountain Museum

DRAMATISCHE ARCHITEKTUR, UNORTHODOXE MUSEEN

Der unkonventionelle Südtiroler Bergsteiger, Abenteurer und Autor Reinhold Messner, der 1978 als erster Mensch den Mount Everest ohne künstlichen Sauerstoff bezwang, bewies einen Hang zum Theatralischen, als er sein eigenes Erbe in Form von sechs einzigartigen Museen in der Region schuf. Alle Museen bis auf zwei (das MMM Ortles und das MMM Juval) kann man mit öffentlichen Verkehrsmitteln erreichen.

Im imposanten Schloss Firmian (erbaut 945) ist das **MMM Firmian** (**MMM Firmiano**), das Herzstück des Messner Mountain Museums, untergebracht. Die Architektur, inspiriert vom Verhältnis von Menschen und Bergen in allen Kulturen, reflektiert das Erlebnis unterschiedlicher Höhenlagen, denn beim Besuch müssen Hunderte Stufen und luftige Steige bezwungen werden – zwei Stunden Zeit sollte man einplanen. Das **MMM Ortles** in Sulden (Solda), 91 km westlich von Bozen, ist im wahrsten Sinne des Wortes in einem Berg auf 1900 m Höhe untergebracht und widmet sich dem Thema „Eis" mit kunstvoll präsentierten Ausstellungen über Gletscher, Eisklettern und Expeditionen zum Nord- und Südpol. Im mittelalterlichen Schloss Juval (dem privaten Wohnsitz Messners), 44 km nordwestlich von Bozen im Vinschgau, befindet sich das **MMM Juval**, das Ausstellungsstücke und künstlerische Darstellungen zum Thema „Mythos Berg" zeigt. Im Osten, 85 km von Bozen entfernt, dokumentiert das **MMM Ripa** im Schloss Bruneck oberhalb der Stadt Bruneck (Brunico) die Kulturen verschiedener Bergvölker auf vier Kontinenten. Das **MMM Corones**, das architektonisch aufregendste und am spektakulärsten gelegene Museum, ragt über das Gipfelplateau des Kronplatzes hoch über dem Pustertal (Val Pusteria) hinaus. Das **MMM Dolomites** schließlich bietet auf 2181 m Höhe auf dem Monte Rite in Cadore (Venetien) einen Panoramablick auf die Dolomiten.

DIE BESTEN STUBEN

Die Bozener Stuben sind traditionelle, holzgetäfelte, gesellige Wirtshäuser.

Wirtshaus Vögele
Herausragende *canederli* (Tiroler Knödel) und Erdäpfel (gebratene Kartoffeltaschen), fachkundig gepaart mit regionalen Weinen. **€€**

Restaurant 37
Trendige Stube mit einer Dachterrasse mit toller Aussicht und grandioser Alpen-Fusionsküche. **€€**

Franziskanerstuben
Tiroler Spezialitäten wie Rostbraten vom Alpenrind-Ochsen auf Lagreinsauce oder Wild-Carpaccio über einem mittelalterlichen Keller. **€€**

Löwengrube
Bozens älteste Stube hat einen neogotischen Weinkeller und Fundamente aus dem 13. Jh. **€€€**

Wirtshaus Vögele

UNTERWEGS VOR ORT

Bozens Zentrum (*centro storico*) ist klein und lässt sich gut zu Fuß oder per Fahrrad erkunden. Zwei Seilbahnen, die Rittnerseilbahn und die Kohlerer Bahn, fahren zu Dörfern in größerer Höhe. Öffentliche Verkehrsmittel fahren auch zu entfernteren Zielen wie dem MMM Firmiano und dem Salewa Cube.

Rund um Bozen

Merans Bäder aus der Zeit der Habsburger und die historischen Promenadenwege locken Urlauber an, die Ruhe suchen, zugleich sind die unglaublich prächtigen Dolomiten ein Magnet für aktive Naturfreunde.

Auf der Ostseite des Etschtals (Valle dell'Adige) zwischen Bozen und Meran bilden die zerklüfteten Dolomitengipfel die Kulisse der malerischen Täler, Bilderbuch-Weingärten, Restaurants mit herzhafter Alpenküche und der nahezu unerschöpflichen Aktivitäten in der Natur (Wandern, Radfahren, Skifahren …).

Diese traumhafte Gegend ist fast konkurrenzlos schön. Meran (Merano), die Kurstadt aus der Ära der Habsburger (und einstige Hauptstadt) scheint Welten entfernt von Bozen, obwohl es nur 34 km nordöstlich liegt. Grüne Boulevards, Vogelgezwitscher, Oleander und Kakteen prägen die Stadt, die einst Sommersitz und Kurort des österreichischen Adels war. Rund um das intakte mittelalterliche Zentrum und entlang des Flusses Passer erstrecken sich baumbestandene Promenaden und botanische Gärten.

TOP TIPP

Bei den meisten Unterkünften in Südtirol ist eine Touristenkarte (*mobilcard*) inklusive, die die kostenlose Benutzung der Nahverkehrsmittel des Südtiroler Verkehrsverbundes beinhaltet.

Kastelruth (Castelrotto; S. 324)

WARUM ICH SÜDTIROL (ALTO ADIGE) LIEBE

Kevin Raub, Schriftsteller

Keine italienische Region unterscheidet sich so extrem vom Rest des Landes wie Südtirol. Angesichts der Tatsache, dass die halbautonome Region noch bis 1919 zur Österreichisch-Ungarischen Monarchie gehörte, sind die Eigenarten dieser idyllischen Gegend keine wirkliche Überraschung, dennoch lockt sie mit vielen Wundern. Bilderbuchschlösser, mit Wein bewachsene Berghänge, spektakuläre Alpengipfel, herzhafte, von der österreichischen Küche beeinflusste Speisen – der Charakter Südtirols dürfte von den Vorstellungen der meisten Menschen über Italien meilenweit entfernt sein. Hier werden Entdecker auf ihre Kosten kommen.

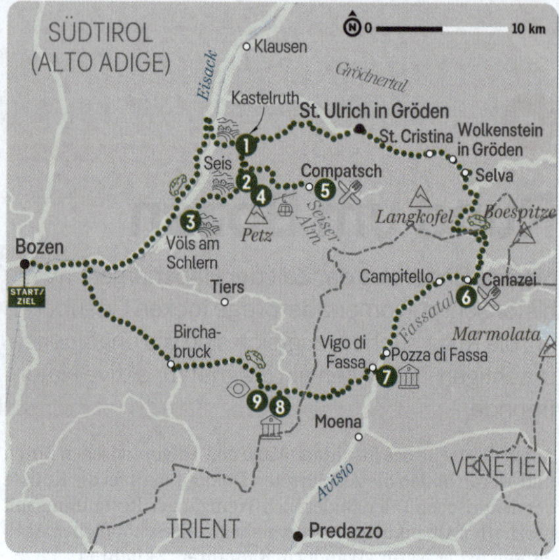

Hohe Berge, tiefe Täler

EINE AUTOTOUR IN DEN DOLOMITEN

Die 120 km lange Tour führt von Bozen aus im Uhrzeigersinn zum Naturpark Schlern-Rosengarten (Parco Naturale Sciliar-Catinaccio), zur Seiser Alm (Alpe di Siusi), ins Grödnertal (Val Gardena), über das Sellajoch (Passo Sella) ins Fassatal (Val di Fassa) und zurück nach Bozen. Die reine Fahrzeit beträgt drei Stunden, doch natürlich will man sich lieber viel Zeit nehmen, um anzuhalten und die Bergluft zu genießen. Unterwegs locken fantastische Aussichten auf die Dolomiten, herzhafte Alpenküche, ladinische Kultur und Naturerlebnisse im Überfluss.

Man verlässt Bozen auf der SS12 Richtung Osten und fährt Richtung Seiser Alm (Alpe die Siusi). Unterwegs laden die Dörfer in den Tälern zum Besuch ein, darunter 1 **Kastelruth** (Castelrotto), 2 **Seis am Schlern** (Siusi allo Sciliar) und 3 **Völs am Schlern** (Fiè allo Sciliar). Mit der 4 **Seiser Alm Bahn** (die Straße ist den größten Teil des Jahres für Kraftfahrzeuge gesperrt) geht es hinauf zur größten Hochalm Europas, um den Blick auf das hohe Massiv des Schlern und die zartgrünen Almwiesen, die zu fantastischen Wander-, Rad- und Skitouren einladen, zu genießen. Ein Mittagessen unter dem Motto „Vom Hof

ÜBERNACHTEN IN DEN DOLOMITEN

Hotel Heubad
Eine großartige Aussicht und typische Tiroler Heubäder bietet dieses charmante Hotel in Völs am Schlern. **€€**

Hotel Waldrast
Stilvolles Boutiquehotel auf der Seiser Alm. Über dem Spa, dem Whirlpool im Freien und der Sauna ragt hoch der Schlern auf. **€€**

Agritur Weiss
Urlaub auf dem Bauernhof bei diesem sehr empfohlenen Milchbauernhof auf einem Berg oberhalb von Vigo di Fassa mit 360°-Panorama. **€€**

frisch auf den Tisch" im **5 Gostner Schwaige**, 20 Gehminuten von Compatsch (Compaccio) gelegen, ist ein Muss.

Vorbei an malerischen Holzscheunen geht es nun ins schöne Grödnertal (Val Gardena) mit tollen Aussichten auf den Langkofel (Sasso Lungo; 3181 m) und die Sellagruppe (Gruppo del Sella), dann nach Süden über das 2218 m hoch gelegene Sellajoch, wo der Langkofel zum Berühren nah scheint. Auf der anderen Seite des Passes beginnt Trient (Trentino). Am Ende der Fahrt hinunter nach Canazei lädt an der Straße neben einem Wildbach in der Nähe des Busbahnhofs der **6 Wurstelstand Pippotto** zu einer ladinischen Currywurst ein. Mit den Würsten, die in Canazei berühmt sind, stärken sich im Winter ausgepowerte Skifahrer und im Sommer hungrige Wanderer.

Bei der Fahrt auf der SS48 Richtung Westen ins Fassatal (Val di Fassa), das einzige Tal im Trentino, in dem Ladinisch gesprochen wird, ist man von majestätischen Bergen umgeben: Die Gipfeln der Sellagruppe im Norden, der Catinaccio im Westen und die Marmolada (3343 m) im Südwesten bilden ein fast komplettes 360°-Panorama. Ladinische Kultur präsentiert das **7 Museum Ladin de Fascia** (Museo Ladin de Fascia) im Dorf Vigo di Fassa, das mit tollen Schnitzarbeiten, Alltagsgegenständen, Möbeln und Exponaten aus dem Familienleben sowie der Brot- und Käseherstellung gefüllt ist.

Hier geht es auf der SS241 weiter nach Westen. Bald ist man wieder in Südtirol und kommt an einem imposanten Relikt aus der Vergangenheit vorbei, dem **8 Residence Grand Hotel Carezza**, das bei seinem Bau 1894 das erste Gebäude oberhalb von 1630 m Höhe mit elektrischem Strom war. Kaiserin Elisabeth von Österreich-Ungarn hielt sich hier 1897 kurz zur Erholung auf. Am kleinen, tiefblauen **9 Karersee** (Lago di Carezza) dominiert der Gebirgsstock Latemar (2842 m) den Blick und lässt den Horizont winzig erscheinen. Alpine Kiefernwälder prägen den Südteil der Tour. Bei der Fahrt hinunter geht es durch mehrere Tunnel. Dahinter bietet sich ein perfekt gerahmter Blick auf die Hügel mit ihren Weinbergen. Ehe man sich versieht, ist man wieder in Bozen – Zeit für ein Glas Wein!

Refugium der Habsburger

GEPFLEGTE GÄRTEN, HEILSAMES WASSER

Die moderne Kurstadt **Meran** (Merano), mit dem Zug nur 40 Minuten von Bozen entfernt, erinnert mit ihrer farbenfrohen Architektur aus der Zeit der Habsburger, der grünen Umgebung und dem wilden Fluss mehr an Salzburg als an Siena. Sissi – Kaiserin Elisabeth von Öster-

MONUMENTALE BERGMASSIVE

Zu den spektakulärsten Landschaften der Dolomiten gehört der 7291 ha große Naturpark Schlern-Rosengarten (Parco Naturale Sciliar-Catinaccio). Das Massiv des Schlern zwischen der Seiser Alm, Tiers und Völs am Schlern ist einer der berühmtesten Berge der Region. Von den Almwiesen der Seiser Alm aus betrachtet, sieht er aus wie ein Granittsunami, der sich über die größte Hochalm Europas ergießt. Die nahe Rosengartengruppe (Catinaccio) heißt so, weil sie in der Abendsonne rötlich leuchtet (wegen des Minerals Dolomit). Wanderungen und Radtouren durch die Kiefernwälder des Rosengarten und zu den Almen und Seen sind sehr beliebt.

WO IST LADINIEN?

In fünf Tälern in den Dolomiten, **Ladinien** (S. 339) genannt, spricht die Bevölkerung mehrheitlich Ladinisch. Hier bieten sich Einblicke in diese ethnische Minderheit, deren Kultur, Küche und Sprache einen kleinen, aber wichtigen Teil der Kultur Südtirols bilden.

Gasthof zu Tschotsch
Familiengeführter Gasthof an einem viel begangenen Weg zwischen Völs am Schlern und Kastelruth – der Besuch lohnt! €

Chalet Gerard
Das spektakulär gelegene Hotel zwischen dem Grödnertal und dem Grödner Joch wurde von dem Skisportler und Olympioniken Gerard Mussner gegründet. €€€

Alpina Dolomites
Erlesenes Luxushotel, das sich perfekt an die Hochgebirgslage anpasst: Das Gebäude aus Holz, Stein und Glas ist ein sehr gutes Beispiel für den Contemporary-Cool-Stil. €€€

WEIHNACHTEN IN SÜDTIROL

Im Winter kommen scharenweise Traveller nach Südtirol, und das nicht nur wegen der schneebedeckten Berge. Dies ist auch eine Hochburg der **Weihnachtsmärkte**! Italien kann zwar mit dem Weihnachtszauber in Ländern wie Deutschland und Österreich nicht mithalten, doch Merans jährlicher Weihnachtsmarkt unternimmt da schon einen ernstzunehmenden Versuch. Von Ende November bis zum Dreikönigstag (6. Januar) fließt der Glühwein in Strömen und der Duft von gerösteten Esskastanien erfüllt die Stadt. Es gibt fünf echte Südtiroler Weihnachtsmärkte: in Meran sowie in Bozen, Brixen, Bruneck und Sterzing. Auch die Mercatini di Natale in Trient und Rango sind einen Besuch wert.

Gärten von Schloss Trauttmansdorff

reich – und viele berühmte Kunstschaffende und Forschende kamen gern zur Sommerfrische her. In der Stadt gibt es 80 ha Parks und Gärten und 30 km Promenadenwege.

Der Promenadenbummel oder die *passeggiata* (Spaziergang) ist seit Langem eine Institution der Stadt. Die Winterpromenade (700 m) und die Sommerpromenade (900 m) führen auf zentrumsnah gelegenen Wanderwegen zu beiden Seiten des hübschen Flusses Passer entlang, beide kann man in einer halben Stunde gehen.

Der 3 km lange Sissiweg folgt dem Weg, den Kaiserin Elisabeth einst vom Zentrum Merans zu ihrem Sommerhaus, dem **Schloss Trauttmansdorff**, ging. Auf dem etwa 45 Minuten langen Spaziergang bietet sich ein Blick auf die elegantesten Stadtviertel Merans, es geht vorbei an Villen, Schlössern in Privatbesitz, Parks und Gärten bis zur Hauptattraktion Merans, den 12 ha großen Gärten von Schloss Trauttmansdorff. Exotische Kakteen und Palmen, Obstbäume und Weinreben, Blumenbeete mit Lilien, Irispflanzen und Tulpen ziehen sich die Terrassen hinunter und erstrecken sich rund um das Schloss, in dem Sissi mehrmals den Sommer verbrachte. Manche Menschen verbringen den ganzen Tag in diesem zauberhaften botanischen Garten, doch ein paar Stunden sollten genügen. Danach kann man sich in der **Therme Meran**, Merans Vorzeigethermalbad, in dreizehn Innenbecken und im Sommer in zwölf Außenbecken erholen. Pssst ... ein eigenes Handtuch mitbringen!

UNTERWEGS VOR ORT

Es versteht sich von selbst, dass ein Auto in den Dolomiten fast unerlässlich sind, doch in den Städten, Dörfern und Skiorten gibt es auch gute Busverbindungen der Südtiroler Busunternehmen SAD und Silbernagl sowie von Trentino Trasporti in Trient. Meran dagegen ist pefekt für Fußgänger.

TRIENT

Im Gegensatz zu den meisten italienischen Städten lässt sich Trient (Trento), die unterschätzte Hauptstadt der Provinz Trient (Trentino), schwer festnageln. In vielerlei Hinsicht ist die Stadt ganz und gar italienisch, und das seit Langem, doch sie ist nicht sichtbar auf eine Epoche festgelegt. Gegründet wurde die Stadt als Tridentum von den Römern, woran der Neptunbrunnen auf dem Domplatz erinnert. Doch davon abgesehen präsentiert sie sich architektonisch als furiose Collage von Bauwerken aus unterschiedlichen Zeiten, die scheinbar nahtlos verschmelzen: steinerne Schlösser, schattige Laubengänge und berühmte mittelalterliche Fresken. Diese historische Mischung lässt keinen Zweifel daran, dass man in Italien ist, und doch zeigt sich auch allenthalben der österreichische Charakter Trients: Überall gibt es Apfelstrudel und hier und da Beispiele der österreichischen Barockarchitektur. Trient ist in gewisser Weise schon seit Jahrhunderten ein vollendeter Gastgeber: Hier fand im 16. Jh., in den turbulenten Jahren der Gegenreformation, das Konzil von Trient statt, das weitreichende Empfehlungen zum Umgang mit der Reformation und dem Protestantismus erließ.

TOP TIPP

Wer Trient und die Berge der Umgebung aus der Vogelperspektive erleben will, nimmt die Seilbahn Funivia Sardagna auf den Monte Sardagna (600 m) und genießt den Panoramablick auf die Stadt am besten bei einem *aperitivo* im Trento Alta Bistrot.

Trients großartige Museen

KUNST, WISSENSCHAFT UND MARKANTE ARCHITEKTUR

In und bei Trient sind zwei der in ihrer Sparte führenden italienischen Museen beheimatet, und beide befinden sich in Bauwerken von Weltrang, die zugleich ein faszinierendes Kompliment an ihre Umgebung, aber auch ein markanter Kontrast dazu sind.

Im Stadtteil Quartiere delle Albere steht Renzo Pianos atemberaubendes **Museo delle Scienze** (MUSE), das geschickt die gebirgige Umgebung reflektiert und das Zentrum des innovativsten und nachhaltigsten (LEED-Zertifizierung: Gold) Viertels der Stadt bildet. Highlights des sehr familienfreundlichen Museums sind eine Sammlung von Tierpräparaten, das fabelhafte Maxi Ooh!, ein Experimentierbereich für Kinder, und ein interaktiver Globus der Erde, der unter Mitwirkung der amerikanischen National Oceanic and Atmospheric Administration (NOAA) entstand. Der Besuch ist auf drei Stunden begrenzt.

In der von Venedig beeinflussten Stadt Rovereto, 25 km südlich von Trient, schuf der Schweizer Architekt Mario Botta einen vierstöckigen, 12 000 m² großen Koloss aus Stahl, Glas und Marmor, in dem das **Museo di Arte Moderna e Contemporanea Rovereto** (MART) einige der wichtigsten Werke der modernen Kunst Italiens präsentiert. Das Museum hat eine tolle Sammlung und präsentiert in einer ausgezeichnet kuratierten ständigen Ausstellung Avantgarde- und futuristische geprägte italienische Kunst des 20. Jhs., darunter Werke von Umberto Boccioni, Giorgio de Chirico, Fortunato Depero und Carlo Carrà – so das grandiose Gemälde *Le figlie di Loth (Die Töchter Lots)*. Man sollte sich zwei Stunden Zeit nehmen und

RAUS AUS TRIENT

Alessandra Stelzer, Miteigentümerin des Weinguts Maso Martis in zweiter Generation *(@masomartis)*

Es ist toll, in Trient zu leben. Wir können zu jeder Jahreszeit viele Sportarten im Freien ausüben und dabei die Landschaft genießen. Ich liebe es, am Wochenende Radtouren zu Bergseen zu machen. Meine Lieblingsseen sind die **Laghi di Lamar**, wo ich mich beim Schwimmen erfrische. Ich wandere auch gern zu Berghütten wie dem **Rifugio Maranza**, wo ich regionale Speisen esse und dazu ein Glas Wein trinke.

HIGHLIGHTS	**ESSEN**	
1 MUSE	**2** Il Cappello	**3** Il Libertino
		5 Pizzeria da Albert

LUST AUF WEINGÄRTEN?

In der Weinregion Valpolicella (S. 355) in Venetien, 145 km südlich von Bozen, liegen einige der gefragtesten norditalienischen Weingüter. Der teure Amarone ist einer der begehrtesten Rotweine der Welt.

zum Schluss das mit einem Michelin-Stern ausgezeichnete Alfio Ghezzi Bistrot besuchen, dessen Einrichtung quasi ein eigenständiges italienisches Designmuseum bildet.

Trient zu Fuß

PALÄSTE VOLLER FRESKEN, URBANE LEGENDEN

Ein zweistündiger Stadtspaziergang in Trients *centro storico* ähnelt einer Liste italienischer Superlative: eine alte Burg, mittelalterliche Paläste mit verblichenen Fresken, eine romanische Kathedrale, und dazu etwas faschistischer Monumentalis-

ESSEN IN TRIENT

Il Cappello
Kleine, aber außergewöhnliche Karte mit tollen Speisen aus der Region Trentino-Südtirol, darunter fantastisches *ragù* vom Kaninchen. Unsere erste Wahl. **€€**

Pizzeria da Albert
Gourmetpizza mit vielen regionalen Zutaten (Speck, Mozzarella aus dem Südtirol), 400 m östlich der Kathedrale. **€**

Il Libertino
Holzgetäfeltes Restaurant direkt östlich der Etsch mit Wildbret, Esskastanien, Radicchio, Wildschweinwurst und Flussforelle. **€€**

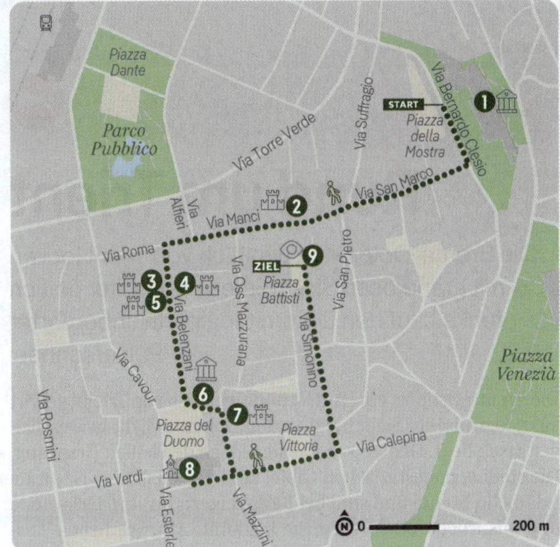

mus und ein mythischer Mord, sodass es bis zum Schluss spannend bleibt. Los geht's beim **1 Castello del Buonconsiglio**. Dessen Highlight, die Torre Aquila, ist mit einem Freskenzyklus aus dem 14. Jh. geschmückt, der den Monaten des Jahres gewidmet ist, mit Motiven vom Gartenfest im Mai bis zur mittelalterlichen Schneeballschlacht.

Viele schenken den beiden kontroversen steinernen Medaillons des Bildhauers Francesco Oradini an der Fassade des im Renaissancestil errichteten **2 Palazzo Salvadori** in der Via Manci keine Beachtung. Doch wer genauer hinschaut, sieht links die grausame Darstellung des Ritualmordes an einem Kind, die ihren Antisemitismus nicht verbirgt. Weiter geht es die Via Belenzani entlang, deren mit Fresken verzierte Paläste – **3 Palazzo Geremia**, **4 Palazzo Thun** und **5 Palazzo Quetta Alberti-Colico** – einst Gäste des Konzils von Trient beherbergten. Auf der Piazza del Duomo deren Herzstück der Neptunbrunnen ist, geben die Renaissancefresken der **6 Case Cazuffi-Rella** moralische Führung. Der **7 Palazzo Pretorio**, in dem die Trienter Prinzen und Bischöfe lebten, bis sie in die Burg zogen, grenzt an die **8 Cattedrale di San Vigilio**, die auf den Überresten eines Tempels aus dem 4. Jh. errichtet wurde. Der Spaziergang endet an der deplatzierten, von den Faschisten erbauten **9 Galleria Legionari Trentini**, einem Stadtportal. Mussolinis Name wurde aus der Inschrift „Das italienische Volk schuf das Reich mit seinem Blut und wird es mit seiner Arbeit fruchtbar machen und mit seinen Waffen gegen jeden verteidigen" entfernt.

DIE SCHAUMWEINE DES TRENTINO

Die geoklimatischen Bedingungen in den Gebirgsausläufern auf 200 bis 900 m Höhe rings um Trient schufen den fruchtbaren Boden für den vielfach ausgezeichneten Spumante (Schaumwein) Trento DOC – die erste italienische Ursprungsbezeichnung, die exklusiv für einen Schaumwein reserviert wurde. Er wird traditionell in der Flasche vergoren, beim Sekt auch bekannt als *Méthode traditionnelle*. Die 64 Trento-DOC-Weingüter produzieren Weiß- und Roséschaumweine und nutzen nur Trauben aus der Provinz Trient; am beliebtesten sind Chardonnay und Pinot Noir, seltener werden Pinot Blanc und Pinot Meunier benutzt. Die weitverbreiteten Sektflöten, aus denen die strohgelben und rosa Schaumweine getrunken werden, sorgen für noch mehr Blubbern in der *aperitivo*-Szene der Stadt; im Umland laden viele Weingüter zu Weinverkostungen und Führungen ein.

UNTERWEGS VOR ORT

Die Highlights im *centro storico* der Stadt erreicht man problemlos zu Fuß. Für die DOC-Weingüter und andere Sehenswürdigkeiten außerhalb der Stadt ist ein Auto empfehlenswert.

Pustertal
Grödnertal
Alta Badia
Madonna di Campiglio
Fassatal
Pinzolo
Trient

Rund um Trient

Die Brenta-Dolomiten westlich von Trient locken mit grandiosen Skigebieten und weiter östlich funkelt auf den Dolomitengipfeln unberührter Pulverschnee.

Die Brenta-Gruppe, eine Autostunde westlich von Trient, gehört aus geografischer Sicht nicht zu den Dolomiten, da sie westlich der Etsch liegt. Geologisch hat sie jedoch denselben Ursprung. Die steilen, majestätischen Gipfel sind Teil des Parco Naturale Adamello Brenta und sind bei Bergsteigern für ihre Felswände und anspruchsvollen Aufstiege bekannt. Am westlichen Ausläufer liegt der noble Skiort Madonna di Campiglio und näher Richtung Trient das Hochplateau Altopiano della Paganella. Das Fassatal (Val di Fassa) im Nordosten der Stadt bietet 120 km Abfahrts- und Langlaufpisten; die hier beginnende Skiregion erstreckt sich bis nach Cortina d'Ampezzo in Venetien.

TOP TIPP

In vielen Hotels bekommt man die Trentino Guest Card, eine digitale Touristenkarte für die gesamte Region, die die kostenlose Nutzung des öffentlichen Nahverkehrs und andere Vorteil bietet.

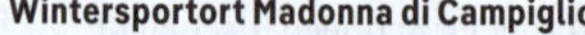

Wintersportort Madonna di Campiglio

Wandern, Via Ferrata delle Bocchette

Hochgebirgserlebnisse in den Brenta-Dolomiten

ABENTEUER IN DER NATUR, GOURMETKÜCHE

Die dramatischen Gipfel der Brenta-Dolomiten wirken wie eine Armee von in den Himmel ragenden felsigen Wächtern. Die malerische, 40 km lange und 12 km breite Bergkette, die nur eine Fahrstunde von Trient entfernt ist, wird im Osten vom Altopiano della Paganella verdeckt, einem Hochplateau mit einem tiefblauen See (Lago di Molveno). Im Norden und im dicht bewaldeten Westen hüten die malerischen Täler Val di Non, Val di Sole und Val di Pejo ihre eigenen Geheimnisse. Die kurvenreichen Straßen S421, S237, S239 und S42, die sie verbinden, sind landschaftlich sehr reizvoll, doch erst im beliebten Ferienort **Madonna di Campiglio** – der perfekte, wenn auch teure Ausgangspunkt für die Brenta-Dolomiten – zeigen sich die acht Dreitausender der Brenta-Gruppe. Das Gebiet ist eine der führenden europäischen Outdoor-Regionen und bietet im Sommer erstklassige Kletter-, Wander- und Mountainbiketouren und im Winter Weltklasse-Ski- und Snowboardmöglichkeiten.

Der Heilige Gral des typischen Outdoorfans ist die **Via Ferrata delle Bocchette**, ein weltberühmter Klettersteig (italienisch

AUS DER SICHT EINES OLYPIONIKEN

Alberto Maffei *(@alberto_maffei)* ist ein Profi-Snowboarder aus Madonna di Campiglio und nahm 2018 an den Olympischen Winterspielen teil. So sieht sein perfekter Tag in den Brenta-Dolomiten aus:

Ich lebe an einem der schönsten und magischsten Orte der Welt. Immer, wenn ich nach einer Reise nach Hause komme, kann ich es gar nicht erwarten, morgens aufzuwachen und auf die verschneiten Hänge zu gehen. Ich nehme um 8.30 Uhr die erste Gondel der Seilbahn Spinale, die zum höchsten Teil Campiglios, **Grostè**, fährt, und verbringe den ganzen Tag mit Sprüngen und Twists auf den Hängen des **Ursula Snowpark**! Danach ruhe ich mich zu Hause etwas aus und mache mich dann auf nach Campiglio, um in der **Pizzeria al Pappagallo** eine gute Pizza zu essen und in der **Home Stube** mit Freunden ein Bier zu trinken.

ÜBERNACHTEN IN DEN BRENTA-DOLOMITEN

Agriturismo Florandonole
Moderne Unterkunft auf dem Bauernhof in Fai della Paganella mit vielen Möbeln aus regionalem Holz und frischen Daunenbetten. **€€**

Chalet Fogajard
Die sechs Zimmer dieses nachhaltig ausgerichteten Chalets außerhalb von Campiglio zeigen das Handwerker-Ethos der Vergangenheit. **€€€**

Pimont Alpine Chalet
Das Chalet im alpinen Stil liegt einsam zwischen Pinzolo und Campiglio und verströmt das idyllische Flair eines Refugiums in den Bergen. **€€€**

GIACOMO BONA/SHUTTERSTOCK ©

Rifugio Alimonta

PARCO NAZIONALE DELLO STELVIO

Der höchstgelegene **Nationalpark** Italiens (und der Alpen überhaupt), der Nationalpark Stilfser Joch (Parco Nazionale dello Stelvio), ist 1346 km² groß und erstreckt sich über 24 Gemeinden. Er reicht hinüber in die benachbarte Region Lombardei und grenzt an den Schweizerischen Nationalpark (Parco Nazionale Svizzero). Der Nationalpark ist in drei eigenständig verwaltete Bereiche unterteilt: das Trentino im Süden, den Sektor Südtirol im Norden und die Lombardei im Westen. Mit seinem großen Netz gut organisierter Wanderhütten (insgesamt 14) und markierter Wege ist er ein echtes Wanderparadies.

AUF DER SUCHE NACH PULVERSCHNEE?

In den **Dolomiten**, östlich von Trient und Bozen, gibt es einige der größten Skigebiete der Welt, die sich auf mehr als zwölf Wintersportorte verteilen und 1200 km Pisten bieten.

via ferrata – „Eisenstraße“, d.h. mit dauerhaften Seilen und Leitern gesicherter Klettersteig), die Legionen von Profikletterern wie Amateuren anzieht. Die Wanderung von Campiglio bis zur nächsten Berghütte in Richtung Bocchette Centrali, dem **Rifugio Alimonta**, dauert etwa 4½ Stunden. Man nimmt den Bus zum **Wasserfall Vallesinella**, wandert durch den Fichtenwald bergauf und isst mittags im **Rifugio Brentei**. Dann folgt der letzte Aufstieg zum Rifugio Alimonta, wo man übernachtet. Zum Sonnenuntergang kann man dort die *enrosadira* (Alpenglühen) erleben, ein Naturphänomen in den Dolomiten, bei dem die Felsen in warmen Rottönen leuchten.

Am nächsten Morgen geht's früh los, so hat man bessere Chancen auf eine gute Sicht. Vom Rifugio Alimonta ist es nur eine halbe Stunde durch eine Rinne, für die man eventuell Steigeisen braucht. Fünf Leitern führen zu den schmalen Felsabsätzen, am malerischsten ist der zweite von ihnen, ein hufeisenförmiger Pfad mit Blick auf den **Campanile Basso** (2883 m), den bekanntesten Berg der Brenta-Dolomiten. Für eine *via ferrate* ist die Route einfach – es gibt aber einige ausgesetzte Abschnitte über tiefen Abgründen. Die Bezwingung des Klettersteigs dauert drei bis vier Stunden, eine weitere Stunde braucht man für die Wande-

AUSGEHEN IN DEN BRENTA-DOLOMITEN

Home Stube
Gemütliche Bar und Restaurant mit vielen jüngeren, sportlichen Gästen; Campiglios Wintersportler lassen sich hier Burger, Bier und Cocktails schmecken.

1550 Birrificio Alpino
Campiglios einzige Craftbierbrauerei hat nur Getränke zum Mitnehmen, doch die regional geprägten Biere gehen weg wie warme Semmeln.

Bar Suisse
Das traditionelle Restaurant ist Campiglios angesagtester Ort zum *aperitivo*, hier ist das Motto „Sehen und Gesehen werden“.

rung zum Rifugio Brentei, wo man sich ausruhen kann, ehe man zurück nach Campiglio wandert.

Eine nicht ganz so aufregende Tour bietet der Rundwanderweg **Giro dei Rifugi** (mittlerer Schwierigkeitsgrad), der zu einigen der bekanntesten *rifugi* (Berghütten) führt: **Casinei**, **Tuckett** und Brentei. Für die insgesamt 15,5 km sollte man ungefähr sechs Stunden veranschlagen. Der Blick auf den **Crozzon di Brenta** (3135 m) ist einfach grandios. Mountainbikes dabei? Die mittelschwere Mountainbiketour **Malga Fevri** führt vom **Monte Spinale** (2100 m) in etwa 45 Minuten hinunter nach Campiglio. Der Rundblick von Spinale (mit der Seilbahn von Campiglio zu erreichen) umfasst die schönsten Gipfel der Brenta-Gruppe sowie die Adamello-Presanella-Gruppe und die Ortler-Cevedale-Gruppe.

Sogar Feinschmecker kommen rund um Campiglio und **Pinzolo** zwischen den Abenteuern auf ihre Kosten. Obwohl beide Orte zusammen gerade einmal 4000 Einwohner verzeichnen, gibt es hier gleich zwei Sternerestaurants, das **Stube Hermitage** und das **Gallo Cedrone**, sowie vier weitere (das **Semola Fina**, das **Grual**, das **Due Pini** und das **Mildas**) die diese Auszeichnung ebenfalls verdient hätten Also reinhauen, Kalorienzählen ist hier kein Thema!

Auf die Piste!

HOHE GIPFEL, HEILIGE HÄNGE

Europäische Reisende strömen im Winter scharenweise zu den zerklüfteten Dolomitengipfeln – die großen, gut koordinierten Pistennetze, die sehr gastfreundlichen Urlaubsorte und die großartige Natur bieten Wintersportfans Skiabfahrten und Langlauf- und Snowboard-Touren, die zu den besten der Welt gehören. Diese mehrtägige Tour in den Nordosten führt zu einigen der besten Hänge und Abfahrten in Trentino-Südtirol.

Das **Fassatal** (Val di Fassa) bietet viel Abwechslung: sowohl 120 km Abfahrten und Langlaufpisten als auch anspruchsvolle Hochgebirgstouren und die weltbekannte Skiroute **Sellarunde** (Sella Ronda). Der Hauptort ist **Canazei**, 102 km nordöstlich von Trient. Die Sellagruppe (Gruppo del Sella) erreicht man vom **Passo Pordoi**, wo eine Seilbahn auf fast 3000 m Höhe fährt. Zur Rosengartengruppe (Catinaccio) kommt man am besten über **Vigo di Fassa**, das 11 km südwestlich von Canazei liegt; eine Seilbahn fährt bis auf 2000 m Höhe, die Bergstation liegt nahe der geselligen Berghütte **Baita Checco**. Fassa ist auch das Zentrum der italienischen Skilanglaufszene. **Moena** ist Gastgeber eines der bekanntesten Massenskirennen, des jährlichen Skilanglauf-Marathons **Marcialonga**.

DER ULTIMATIVE SKIPASS

Der **Dolomiti Superski Pass** ist auf den norditalienischen Pisten das Nonplusultra für alle Wintersportler. Er wurde 1974 als gemeinsamer Skipass für alle teilnehmenden Urlaubsorte ins Leben gerufen. Heute bietet dieser Skipass, den es als Tagespass, Mehrtagespass und Saisonpass gibt, freie Fahrt mit 450 Liften und auf 1200 km Skipisten in 146 Skigebieten und in zwölf Wintersportorten in den Dolomiten, darunter Kronplatz (Plan de Corones), die Region Alta Badia, Cortina d'Ampezzo, das Fassatal (Val di Fassa), das Fleimstal (Val di Femme) und die Seiser Alm (Alpe di Siusi); auch Schneeparks und Nachtskifahren sind inbegriffen.

APRÈS-SKI IN DEN DOLOMITEN

K1
Pizzeria und Nachtclub am Kronplatz bei der Talstation der Seilbahn in Reischach; das größte Après Ski in Südtirol.

Chalet Tofane
Der Socrepes-Lift endet praktisch auf der Terrasse dieses modernen Treffpunkts oberhalb des fabelhaften Cortina d'Ampezzo.

L'Murin
Der beliebteste Treffpunkt der Alta Badia ist eine umgebaute Scheune in Kurfar (Corvara), die sich im Sommer in eine Craftbierbrauerei verwandelt.

Die Sellarunde verbindet das Fassatal mit dem **Grödnertal** (Val Gardena) und der **Seiser Alm** (Alpe di Siusi), wo die längste Skipiste der Welt lockt. Die 10 km lange Abfahrt, passend **La Longia** benannt, führt vom Berg Seceda nach **St. Ulrich** (Ortisei), überwindet 1273 Höhenmeter und durchquert unterschiedlichste Landschaften, von breiten Hängen über schmale Schluchten bis zu gefrorenen Wasserfällen. Andernorts sind die sanften Hänge der Seiser Alm das perfekte Übungsgelände für Anfänger und Familien mit kleinen Kindern. Die Sellarunde erreicht man direkt von **Wolkenstein in Gröden** (Selva).

Hoch über dem **Pustertal** (Val Pusteria), auf dem kürzesten Weg 90 km nordöstlich vom Grödnertal, lockt die Region **Kronplatz** (Plan de Corones), ein Skiresort von Weltrang, mit einem 476 ha großen Skigebiet und 119 km Pisten. Los geht's auf dem Hochplateau des 2275 m hohen Kronplatzes, von wo sich ein sagenhafter Rundblick auf die Dolomiten bietet. Erfahrene Skifahrer erwartet hier ein besonderer Kick, denn die Region Kronplatz bietet fünf Schwarze Pisten, die sogenannten **Black Five**.

Der Skibus-Shuttle fährt alle 20 Minuten von der Seilbahnstation **Pikulein** (Piculin) nach **Sompunt** (Spontata) und verbindet das Skigebiet **Alta Badia** – ein weiteres Dolomiten-Wintermärchen – und Teile der Sellarunde mit dem Kronplatz. Movimënt betreibt etliche Freizeitparks entlang der 130 km Pisten der Alta Badia, darunter den **Alta Badia Snowpark** sowie die legendäre Piste Gran Risa, auf der seit 1985 der Riesenslalom des Ski-Weltcups stattfindet.

Auf Skiern gelangt man in der Region Alta Badia Richtung Osten bis nach **Armentarola**; von hier fährt ein Minibus zum **Falzarego-Pass (Passo di Falazarego)**, wo Inhaber des Dolomiti Superski Pass wieder die Ski anschnallen und zu den **Cinque Torri** (Bai de Dones) aufbrechen können. Unbedingt empfehlenswert ist die **Gebirgsjägertour**, eine 80 km lange Skiroute, die zu den berühmtesten Gipfeln der Region sowie zu Geschützstellungen, Schützengräben, Unterständen und Befestigungsanlagen aus dem 1. Weltkrieg führt – ein Freiluftmuseum der besonderen Art. Von den Cinque Torri geht es auf Skiern weiter bis **Son dei Prade**, das durch die neue Seilbahn **Cortina Skyline** (Fahrzeit 15 Min.) an **Cortina d'Ampezzo** angeschlossen ist. Das fabelhafte Cortina, der Tummelplatz der Supermodels, Schneehäschen und diverser italienischer Wintersportfans, wird 2026 die Olympischen Winterspiele und die Winter-Paralympics ausrichten. Es verfügt über unglaubliche 13 schwarze Pisten, darunter die legendäre, extrem schwere Piste **Staunies**, die auf 3000 m Höhe beginnt. *Buona fortuna!*

EIN TAG AUF DER PISTE

Die **Sellarunde**, eine 40 km lange Umrundung der Sellagruppe (höchster Punkt: Boespitze, 3151 m) mit mehreren Seilbahnen und Sesselliften, ist eine der berühmtesten Skitouren der Alpen. Die Tour führt über vier Pässe und zu den Tälern in ihrer Umgebung, dem Grödnertal, dem Gadertal, dem Fodomtal (in Venetien) und dem Fassatal, die alle tief im einzigartigen ladinischen Erbe der Region verwurzelt sind. Sie beginnt im Wintersportort Wolkenstein in Gröden. Erfahrene Skifahrer schaffen die Umrundung im Uhrzeigersinn (orange Route) oder gegen den Uhrzeigersinn (graue Route) an einem Tag. Im Sommer werden die Wege von Mountainbikern und Wanderern genutzt und es fährt ein Wanderbus.

AUF DER SUCHE NACH DEM WINTERLICHEN MÄRCHENLAND?

Cortina d'Ampezzo ist nicht der einzige Nobel-Wintersportort in den Dolomiten. Westlich von Trient in den Brenta-Dolomiten liegt **Madonna di Campiglio** (S. 331) mit der Skiarea Campiglio – 156 km an tollen Pisten.

UNTERWEGS VOR ORT

In den Wintersportorten kann man oft gut zu Fuß gehen, doch mit einem Auto kann man sich frei zwischen den Orten bewegen. Zwischen einigen kann man auch mit Skiern fahren. In den Brenta-Dolomiten bietet Trentino Trasporti zwar gute Busverbindungen, doch auch hier ist ein Auto hilfreich.

BRIXEN

Brixen (Bressanone) liegt malerisch am Zusammenfluss der Eisack (Isarco) und der Rienz (Rienza). Es ist die älteste Stadt Südtirols und die drittgrößte nach Bozen und Meran. Die auf das Jahr 901 zurückgehende Altstadt, die aussieht wie aus dem Bilderbuch, ist authentisch, grenzt aber schon ans Kitschige. Es ist zwar eine ruhige Kleinstadt, doch Brixen hat auch die prächtige kirchliche Hofburg und eine lebendige Kulturszene zu bieten. Seine Barockarchitektur wird von einem betörenden Alpenpanorama eingerahmt, eine stattliche Piazza führt zu den schmalen Gassen des mittelalterlichen Stadtkerns und entlang der schnell fließenden Eisack gibt es schöne Wege.

Die Brixener (*bressanonesi*), von denen über 70 % Deutsch sprechen, füllen die schicken Cafés der Stadt, in denen das bekannteste Getränk der Region, Hugo (ein Spritz aus Prosecco, Holundersaft, Zitrone und Minze), aber auch die hervorragenden regionalen Weine und oft moderne Variationen der traditionellen Tiroler Küche auf den Tisch kommen.

Im Sommer kann man großartig wandern, im Winter bietet die Plose schneebedeckte Landschaften und fantastische Aussichten, und das ganze Jahr über ist es hier recht kühl.

TOP TIPP

Brixens Trinkwasser ist berühmt und wird auch „Blaues Gold" genannt. Es stammt direkt aus Bergquellen der Umgebung. Die Stadt hat ein System zum Nachfüllen leerer Trinkflaschen ins Leben gerufen, zu erkennen sind die Brunnen in der Stadt am Schild mit der Aufschrift „Refill Your Bottle".

Brixens Bruch mit der Tradition

TRENDIGE RESTAURANTS, MALERISCHE ARCHITEKTUR

Brixens trendige Cafés, Restaurants und Weinbars sind das perfekte Gegenmittel für alle, die den Gedanken an einen weiteren Teller Tiroler Speckknödel in einem Restaurant im kitschigen Alpenstil nicht ertragen können. Die lebendige, fortschrittliche Stadt ist nicht bereit, Alpenkitsch zum alles dominierenden Architekturprinzip zu erheben.

Natürlich ist Brixen voller Kultur, Kunst, Geschichte und Tradition – den Hauptplatz prägt der barocke **Dom** mit seinen beiden hohen Türmen und die fantastisch restaurierte **Hofburg**, die einstige Bischofsresidenz, ist eines der schönsten Beispiele der Südtiroler Renaissancearchitektur. Praktisch die gesamte Altstadt sowie das benachbarte Stufels bestehen aus Arkaden aus dem 15. Jh. und bunten mittelalterlichen Häusern, unter die sich Barock- und Renaissanceelemente mischen. Doch hinter dieser idyllischen Fassade verbirgt Brixen eine ganz andere, trendbewusste Seite.

In der *enoteca* (Weinbar) **Vitis** bilden Eichenholz- und Stahlelemente eine clevere Reminiszenz an Weinfässer, die Weingärten ringsum prägen Stein und Metall. Im Weingeschäft, im Restaurant mit Bar, auf der verglasten Terrasse und im minimalistischen Verkostungsraum kann man wunderbar die Produkte der nördlichsten Weinregion Italiens genießen. Das **Decantei** befindet sich in einem vom Architekurbüro Pedevilla modernisierten wundervollen Gebäude aus dem 13. Jh. und serviert

TEURE FOTOS

Die **Kirche St. Johann in Ranui** (Chiesetta di San Giovanni in Ranui) steht östlich des Dorfes St. Magdalena (Santa Maddalena di Funes) im **Villnösstal** (Val di Funes), 21 km südöstlich von Brixen. Leider kostet das Fotografieren der malerischen Kirche mit ihrem Zwiebelturm, die auf einer Wiese vor den Gipfeln der Geislergruppe (Odlegruppa) steht, 4 € – eine direkte Folge des Instagram-Effekts. Seit 2019 sorgen Elektrozäune, ein rund um die Uhr gebührenpflichtiger Parkplatz (einmalig im ländlichen Italien), strategisch platzierte Landwirtschaftsgeräte und ein Drehkreuz dafür, dass sich keiner durchmogeln kann.

SEHENSWERTES
1 Dom
2 Hofburg

ESSEN
3 Alter Schlachthof
4 Decantei
5 Vitis

Dom (S. 335)

zeitgenössische südtiroler Küche. Das großzügig verwendete Birkenholz und die Pinien im Innenhof sorgen für ein modernes Hochgebirgsambiente. Der **Alte Schlachthof** (ein Schlachthof aus den 1850er-Jahren) am Rand der Altstadt ist heute ein stilvoller Brauerei-Pub, der auch gut nach Manhattan passen würde. Die hippen, kulturinteressierten Brixener lassen sich hier Wild-Burger, fantastische Pommes und dazu köstliche Weizenbiere, helle Biere und Pale Ales schmecken.

UNTERWEGS VOR ORT

Brixens Altstadt kann man perfekt zu Fuß erkunden, viele Einwohner fahren aber auch Fahrrad.

Rund um Brixen

Das typisch tirolerische Bruneck ist das Tor zum traditionellen Pustertal und zu den berühmten Dolomitengipfeln Drei Zinnen.

Das enge, grüne Pustertal (Val Pusteria) erstreckt sich vom Zusammenfluss der Eisack und der Rienz in Brixen bis nach Innichen (San Candido) im Osten. Mit dem Auto sind es von Brixen aus 45 Minuten. Das Tal ist durch und durch tirolerisch und es wird fast nur Deutsch gesprochen. Das Zentrum der Region ist das 35 km östlich von Brixen liegende Bruneck (Brunico). Brunecks historische Hauptstraße, die Stadtgasse, ist eine der schönsten Straßen der Region und lädt zu einem gemütlichen Bummel ein. Toblach (Dobaccio), wo Gustav Mahler viele Sommer verbrachte und seine schwermütige, letztendlich aber lebensbejahende 9. Sinfonie schrieb, ist der Ausgangspunkt für den fantastischen Naturpark Drei Zinnen (Parco Naturale delle Dolomiti di Sesto) mit den viel fotografierten Drei Zinnen (Tre Cime di Lavaredo), die in den gesamten Alpen berühmt sind.

TOP TIPP

Wer in die Berge rund um Brixen aufbricht, sollte auf Einwegplastik verzichten, denn die Plose ist plastikfrei.

Schloss Thurn (S. 339)

GOURMET-TIPP

Wenn es *ein* Restaurant in den Dolomiten gibt, das alle großartigen Aspekte der regionalen Küche verkörpert, dann ist es das **Ristorante Durnwald.** Dieses familiengeführte Restaurant steht bescheiden im idyllischen Gsiesertal (Valle di Casies) neben einer kleinen Kapelle und an einem Fahrrad- und Skilanglaufweg. Doch es ist ein echtes Juwel und die unglaublich frische, regionale und saisonale Südtiroler Küche lohnt von überall einen Abstecher. Der Wildgulasch mit Polenta, die Schweinmedaillons mit Pfifferlingen und Steinpilzen, die Spinatknödel, die Schlutzkrapfen (mit Spinat und Ricotta gefüllte Teigtaschen) und der hausgemachte warme Apfelkuchen werden von der energischen Restaurantchefin Barbara Mayr mit vollendeter Finesse serviert.

© SHAITH/SHUTTERSTOCK

Die Drei Zinnen

Auf der Suche nach den Drei Zinnen

DREI GIPFEL, HERAUSRAGENDES ESSEN

Ikonische Fotomotive sind in den Alpen praktisch allgegenwärtig. Aber nach ein paar Tagen stellt man fest, dass man nicht einfach überall anhalten und von allem ein Foto schießen kann. Aber die majestätischen **Drei Zinnen** (Tre Cime di Lavaredo)? Dieses Foto ist ein Muss!

Eine Aufnahme von den Drei Zinnen ist das Nonplusultra! Die drei dramatischen Gipfel, die **Große Zinne** (Cima Grande; 2999 m), die **Westliche Zinne** (Cima Occidentale; 2973 m) und die **Kleine Zinne** (Cima Piccola; 2857 m) berauschen mit einem kaleidoskopischen Wechselspiel der Farben und spiegeln sich je nach Tageszeit und Wetter in dem kleinen See in der Nähe der Berghütte **Malga Langalm** wider: ein garantierter Instagram-Hit!

Um diese Gipfel im **Naturpark Drei Zinnen** (Parco Naturale delle Dolomiti di Sesto) zu erreichen, fährt man im Sommer und Frühherbst auf der Mautstraße (PKW 30 €) oder im Sommer mit dem Shuttlebus ab Toblach (vorherige Buchung möglich)

ÜBERNACHTEN UND ESSEN IM PUSTERTAL

Niedermairhof
Ein wunderbares familiengeführtes B&B mit dem Charakter eines Boutiquehotels in einem großen Bauernhaus aus dem 13. Jh. direkt außerhalb von Bruneck. **€€**

Acherer Patisserie.Blumen
Das Ergebnis einer Lehrzeit in Wien sind die vielleicht besten Apfelstrudel und Sachertorten der Region, zu genießen in dieser berühmten *pasticceria* in Bruneck. **€**

AlpINN
Nicht nur, dass der Koch schon mit drei Michelinsternen ausgezeichnet wurde, auch die Aussicht von diesem gläsernen Restaurant über den Kronplatz ist unvergesslich. **€€€**

bis zum **Rifugio Auronzo** (2320 m), 7,5 km nordöstlich vom Misurinasee. Hier beginnt die Wanderung rund um die Drei Zinnen – eine der schönsten Wanderungen in den Dolomiten. Für den 9,7 km langen Rundweg (ideal zwischen Ende Juni und Mitte Okt.) sollte man ungefähr vier Stunden einplanen. Der Wanderweg 105 führt zum **Rifugio Locatelli** mit herrlicher Aussicht.

Wer so viel Anstrengung scheut, kann auch zum **Vista Panoramica Tre Cime Lavaredo** zwischen Toblach und dem Dürrensee fahren, um aus etwas größerer Entfernung einen wunderbaren Blick auf die gigantischen Gipfel zu werfen.

La Vita Ladina!

LADINISCHE KÜCHE, TÄLER MIT EINER EINZIGARTIGEN KULTUR

In den Dolomiten gibt es fünf Täler, die gemeinsam **Ladinien** genannt werden: das **Fassatal** in der Provinz Trient (Trentino), das **Grödnertal** und das **Gadertal** in Südtirol sowie **Cortina d'Ampezzo** und **Fodom** in Venetien. Einwohnern des Grödnertals zufolge ist die ladinische Identität eine Frage des Gefühls. Die Ladiner sprechen eine eigene Sprache, die kein Dialekt des Italienischen ist, sondern direkt vom Vulgärlatein abstammt und aufgrund der isolierten Hochgebirgslage über Jahrhunderte erhalten blieb. Daher empfinden sich die Menschen nicht als Italiener oder Südtiroler, sondern als Ladiner.

In drei Heimat- und Volkskundemuseen der Gegend kann man mehr über die ladinische Geschichte und Kultur erfahren. Das beste ist das ladinische Landesmuseum **Museum Ladin**, das die komplette Bandbreite der ladinischen Kultur abdeckt. Es befindet sich im malerischen Schloss Thurn (Ćiastel de Tor) in St. Martin in Thurn. Die Highlights im **Museum de Gherdëina** in St. Ulrich in Gröden und im **Museo Ladin de Fascia** in Fassa im Fassatal sind Holzspielzeug und Holzschnitzarbeiten.

Doch das wahre Highlight der ladinischen Kultur ist die Küche mit ihrer besonderen Betonung von Wild, wildem Gemüse und Wildkräutern. Im **Fana Ladina** in St. Vigil werden die kulinarischen ladinischen Traditionen seit einem halben Jahrhundert in einem umgebauten Bauernhaus aus dem 17. Jh. bewahrt. Ein Hochgenuss sind auch die Speisen im **Prè de Costa**, einem von der Familie Crazzolara geführten Restaurant im Gadertal, in dem das Essen direkt vom Hof auf den Tisch kommt, sowie im gemütlichen, stark regional geprägten **Restaurant Ladinia**, ebenfalls im Gadertal, das traditionelle ladinische Alpenküche neu erfindet. *Bun apetit!*

DIE HÖCHSTGELEGENE KLEINBRAUEREI EUROPAS

Hoch über der ladinischen Hochburg St. Vigil im Gadertal lockt auf 2050 m Höhe ein besonderes Highlight: Europas höchstgelegene Kleinbrauerei. In der Nähe des Bergasthauses Pederü in St. Vigil beginnt der Wanderweg zum Rifugio Lavarella; die Wanderung im Naturpark Fanes-Sennes-Prags dauet etwa 2 Stunden. Der ungarische Sommelier und Braumeister Gábor Sogorka braut hier vier Biere: ein naturtrübes Lager, ein dunkles Lager, ein Weizenbier und ein IPA – und natürlich hält er sich streng an das deutsche Reinheitsgebot von 1516. Was könnte nach einer großartigen Wanderungen in einer der atemberaubendsten Regionen Europas erfrischender sein als diese kalten Biere?

UNTERWEGS VOR ORT

Die fünf ladinischen Täler liegen in der Provinz Trient, in Südtirol und in Venetien. Wie so oft in den italienischen Alpen erleichtert ein eigenes Fahrzeug die Erkundung der Region beträchtlich.

TRIEST

Spricht man mit einem *triestino*, dann beschreibt er seine Heimatstadt als Alles und Nichts: einerseits eine historische Wegkreuzung und ein wichtiger Hafen des Habsburger Kaiserreichs, anderseits ein Durchgangsort, an dem sich mitten im Nirgendwo drei Kulturen – Österreich-Ungarn, Italien und der Balkan – begegneten, wozu sich auch noch jüdische, griechische und deutsche Einflüsse gesellten. Daher hat sich Triest die einzigartige Grenzstadt-Kultur und -Atmosphäre erhalten, die sich auch im Triestiner Dialekt widerspiegelt, einer Mischung aus Italienisch, österreichischem Deutsch, Kroatisch und Griechisch.

Triests hübsches Meeresufer wird von stattlichen neoklassizistischen Gebäuden gesäumt, die es durchaus mit denen Londons aufnehmen können – doch natürlich ist der Blick auf die strahlend blaue Bucht um vieles schöner. Es ist dieser Meerblick, der zusammen mit den eleganten weißen Jachten im Jachthafen, den städtischen Lidos, den langen Sandstränden und dem mit Weinbergen lockenden Karstplateau im Hinterland, die eigentliche Magie Triests ausmacht.

TOP TIPP

Wer gut und preiswert essen will, sollte ein Triestiner Büfett besuchen. Sie sind ein Erbe Österreich-Ungarns und keine klassischen Büfetts, bei denen man soviel essen kann, wie man möchte, sondern eher Feinkostgeschäfte mit hausgemachten Speisen für weniger als 10 €. Das Highlight ist Schweinefleisch – in allen Varianten.

MAXIMILIANS MIRAMARE

Auf einer Halbinsel, 7 km außerhalb der Stadt, steht das **Castello di Miramare**, das neogotische Haus des glücklosen Erzherzogs Maximilian von Österreich. Die Dekoration zeugt von Maximilians Wanderlust und den Moden der österreichischen Kaiserzeit: Als Vorbild für ein Schlafzimmer diente Maximilians Kabine auf der *SMS Novara*. Manche Salons sind im fernöstlichen Stil eingerichtet und viele Wände und Decken zieren Holzpaneele. Im oberen Stock ist eine Zimmerflucht im Stil des italienischen Rationalismus erhalten, die in den 1930er-Jahren vom 3. Herzog von Aosta, einem Kriegshelden, bewohnt wurde.

Das freie Territorium Triest

VERSCHIEDENE GESICHTER, MULTIKULTURELLER SCHMELZTIEGEL

James Joyce schrieb einst die berühmten Worte: „Wenn die Seele eines Menschen in diesem Land geboren wird, dann werden Netze nach ihr ausgeworfen, um sie daran zu hindern, zu entfliegen. Du, Davin, erzählst mir was von Nationalität, Sprache, Religion. Ich werde versuchen, an diesen Netzen vorbeizufliegen." Sein Ziel war Triest.

Aufgrund ihrer freigeistigen Geschichte hat die Stadt mehre Gesichter. Schon auf Triests zentralem Platz, der **Piazza dell'Unità d'Italia**, fragt man sich, wo der *duomo* (Dom) ist. Es gibt keinen, dabei ist ein Platz ohne Kirche in Italien eigentlich undenkbar – und schon gar kein Hauptplatz! Doch das heißt nicht, dass Religion hier keine Rolle gespielt hätte, das beweisen die serbisch-orthodoxe **Chiesa di Santo Spiridione** im byzantinischen Stil und ihr Gegenstück, die 1842 erbaute neoklassizistische katholische **Chiesa di Sant'Antonio Taumaturgo**, die beide am **Canal Grande** um die Vorherrschaft zu ringen scheinen. Zudem gibt es eine imposante, üppig dekorierte neoklassizistische **Synagoge**, die zu den schönsten Italiens gehört. Stärken kann man sich im **Rustiko** mit würzigen serbischen Sandwiches, in großartigen Restaurants wie der **L'Osteria Salvagente** mit Meeresfrüchten nach Art Venetiens oder bei Büfetts, einem Überbleibsel der österreichisch-ungarischen Zeit, wie dem **Da Siora Rosa**, mit frischem geriebenen *kren* (Meerrettich), *capuzi* (Sauerkraut) und *senape* (Senf).

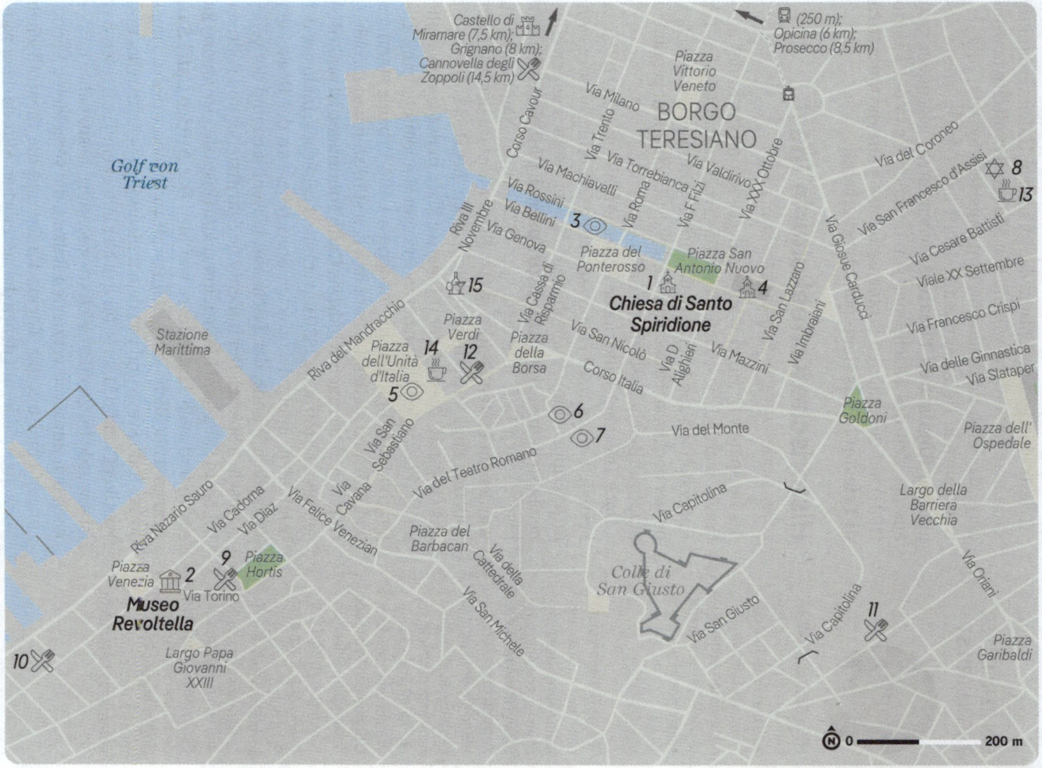
Castello di Miramare (7,5 km); Grignano (8 km); Cannovella degli Zoppoli (14,5 km)
(250 m); Opicina (6 km); Prosecco (8,5 km)
Piazza Vittorio Veneto
BORGO TERESIANO
Golf von Triest
Via Milano
Corso Cavour
Via Trento
Via Machiavelli
Via Torrebianca
Via Valdirivo
Via XXX Ottobre
Via del Coroneo
Via San Francesco d'Assisi
8
13
Via Rossini
Via Bellini
Via Roma
Via F Filzi
3
Via Giosue Carducci
Via Cesare Battisti
Viale XX Settembre
Riva III Novembre
Via Genova
Piazza del Ponterosso
Piazza San Antonio Nuovo
1
4
15
Via Cassa di Risparmio
Chiesa di Santo Spiridione
Via San Lazzaro
Via Imbriani
Via Francesco Crispi
Stazione Marittima
Riva del Mandracchio
Piazza Verdi
Piazza dell'Unità d'Italia
14
12
Piazza della Borsa
Via San Nicolò
Via D Alighieri
Via Mazzini
Via delle Ginnastica
Via Slataper
5
Corso Italia
6
7
Piazza Goldoni
Via del Monte
Piazza dell' Ospedale
Via San Sebastiano
Via del Teatro Romano
Riva Nazario Sauro
Via Cadorna
Via Diaz
Via Felice Venezian
Via Cavana
Via Capitolina
Largo della Barriera Vecchia
Piazza del Barbacan
Via della Cattedrale
9
Piazza Hortis
Piazza Venezia
2
Via Torino
Colle di San Giusto
Via Oriani
Museo Revoltella
Via San Michele
Via San Giusto
Via Capitolina
11
Piazza Garibaldi
10
Largo Papa Giovanni XXIII
0
200 m

HIGHLIGHTS
1 Chiesa di Santo Spiridione
2 Museo Revoltella

SEHENSWERTES
3 Canal Grande di Trieste
4 Chiesa di Sant'Antonio Taumaturgo
5 Piazza dell'Unità d'Italia
6 Questura di Trieste (Casa del Fascio)
7 Römisches Theater
8 Synagoge

ESSEN
9 Da Siora Rosa
10 L'Osteria Salvagente
11 Rustiko
12 Urbanis

AUSGEHEN & FEIERN
19 Antico Caffè San Marco
20 Caffè degli Specchi
21 Caffè Tommaseo

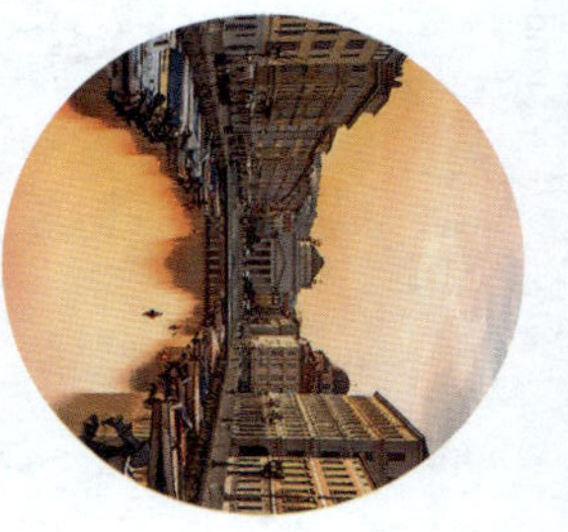

Canal Grande

EIN PERFEKTER TAG IN TRIEST

Mitja Gialuz, ein Weltcup-Jachtsportler, Anwalt und Präsident der Triestiner Barcalona, der größten Segelregatta der Welt, beschreibt seinen perfekten Tag in Triest.
(@mitjagialuz)

Triests Geheimnis ist das Meer. Im Sommer kann man es beim Tauchen am kostenlosen Strand **Canovella degli Zoppoli** genießen. Wenn die Bora weht (orkanartiger Landwind), kann man das Meer von der napoleonischen Promenade zwischen **Opicina** und **Prosecco** bewundern. Oder man wandert vom Dorf Contovello auf einem alten Pfad durch die Weinberge bis zum Bahnhof Miramare aus dem 19. Jh. und von dort durch den Schlosspark zum kleinen Hafen von **Grignano**. Unterwegs kann man herrliche Sonnenuntergänge bewundern.

Triests einstigen Reichtum, den es seinem Hafen verdankte, kann man im außergewöhnlichen **Museo Revoltella** bewundern, das eine unglaubliche Kunstausstellung zeigt, die der wohlhabende Holzmagnat angehäuft hat. Die Überreste des antiken **Römischen Theaters** stehen direkt gegenüber vom aus der Zeit des Faschismus stammenden **Casa del Fascio** (1934) auf der anderen Straßenseite, das heute die **Questura di Trieste** (Triests Hauptpolizei) beherbergt.

Historische Kaffeekultur in Triest

KÖNIGLICHE CAFÉS, DICHTERTREFFPUNKTE

Als im späten 17. Jh. in Wien die Begeisterung für Kaffee ausbrach, wurde Triest Österreich-Ungarns Ankunftshafen für Kaffeebohnen aus Afrika. Heute gibt es in der von eklektischer, bunter neoklassizistischer und Jugendstilarchitektur geprägten Stadt zahlreiche historische Cafés.

Doch Triest hat seine eigene Kaffeeterminologie. Die *triestini* bestellen einen *nero* (Espresso), *capo* (Macchiato) oder *caffe latte* (Cappuccino). Ausprobieren kann man seine neu erworbenen Bestellkünste im **Caffè degli Specchi**. Die Spiegel, die dem historischen Café aus dem Jahr 1839 seinen Namen gaben, wurden im Ersten Weltkrieg fast alle zerstört (in der Nähe der Toiletten sind noch drei erhalten), doch das Deckenfresko ist das Original. Dies ist der ultimative Platz in der ersten Reihe an der Piazza dell'Unità, besonders zum Sonnenuntergang. Die Originalmosaikböden im modernen Caffè Urbanis stammen von 1832 und stellen La Bora dar, den stärksten und turbulentesten mediterranen Wind. Das **Caffè Tommaseo** ist praktisch seit seiner Eröffnung 1830 unverändert geblieben, inklusive der originalen, üppig dekorierten Stuckreliefs an der Decke, der zartgelben Wände, der Tische mit Löwenfüßen und der venezianischen Spiegel. Der italienische Schriftsteller und Politiker Umberto Saba kam hierher, um *gelato* (Pistazie, *per favore*) zu essen; und auch James Joyce war hier. Das **Antico Caffè San Marco** schließlich – ein Lieblingscafé von Umberto Saba, James Joyce, Italo Svevo und von dem italienischen Schriftsteller und Politiker Claudio Magris, für den hier immer ein Tisch reserviert ist – wurde im Zweiten Weltkrieg zerstört, besitzt aber immer noch den kunstvoll verzierten Balkon, die vergoldeten Verzierungen rund um das Thema Kaffee und die theatralischen Maskengemälde, mit denen die männlichen Akte darüber während des Faschismus verdeckt wurden.

UNTERWEGS VOR ORT

Triests historisches Zentrum kann man gut zu Fuß erkunden.

Dolegna del Collio
San Floriano del Collio
Cormòns
Aquileia
Triest

Rund um Triest

Zur wunderbaren Weinbauregion Il Collio an der Grenze zu Slowenien und zu den faszinierenden römischen Ruinen von Aquileia ist es von Triest nur ein Katzensprung.

Die von Marschen und Lagunen geprägte Adriaküste von Friaul-Julisch Venetien rund um den historischen Badeort Grado mit den nördlichsten Sandstränden des Mittelmeers und die Costiera Triestina – die 20 km lange Strada Costiera (Küstenstraße), die von Triest nach Norden führt und von zwei Schlössern aus der Habsburgerzeit begrenzt wird – sind schnell erreichbare Ausflugsziele mit Sonnenscheingarantie. Doch nur etwas weiter warten erstaunlich unterschätzte Entdeckungen. Einige der besten Weine stammen aus der Weinregion Il Collio DOC, einem perfekten italienisch-slowenischen Bilderbuchparadies mit Weingärten, die keine Landesgrenze kennen, und einer multikulturellen Küche, die voller Überraschungen steckt – und das nur 60 km nördlich von Triest. Und in Aquileia, nur 50 Fahrminuten nordwestlich von Triest, liegen, völlig ungestört vom Massentourismus, einige der bedeutendsten römischen Ruinen Europas.

TOP TIPP

Mit der FVG Card erhält man freien Eintritt in die städtischen Museen und Ermäßigungen bei Verkehrsunternehmen, in Geschäften, Spas, Strandbädern und Parks der Region.

Basilica di Santa Maria Assunta, Aquileia **(S. 344)**

PERFEKTE KOMBINATIONEN

Winzerin **Ilaria Felluga** arbeitet in den Weinkellern des Familienunternehmens Marco Felluga in Gradisca d'Isonzo und bei Russiz Superiore in Capriva del Friuli. *(@ilariafelluga)*

Ich lebe in Capriva del Friuli. Auf unseren sanften Hügeln wird seit über 2600 Jahren Wein angebaut, darum werde ich von meinen Lieblingsorten erzählen, an denen man erstklassigen Wein mit gutem Essen kombinieren kann. Die **Osteria La Preda** (Cormòns) liegt im Grünen, kocht neu interpretierte regionale Gerichte und serviert hervorragend Aperitifs; außerdem kann man hier typische Produkte direkt vom Erzeuger kaufen. Auch die **Trattoria Alla Luna** (Gorizia) nimmt einen besonderen Platz in meinem Herzen ein, denn hier kann man bei jedem Gang, vor allem aber bei jedem Getränk, die friaulische Tradition genießen.

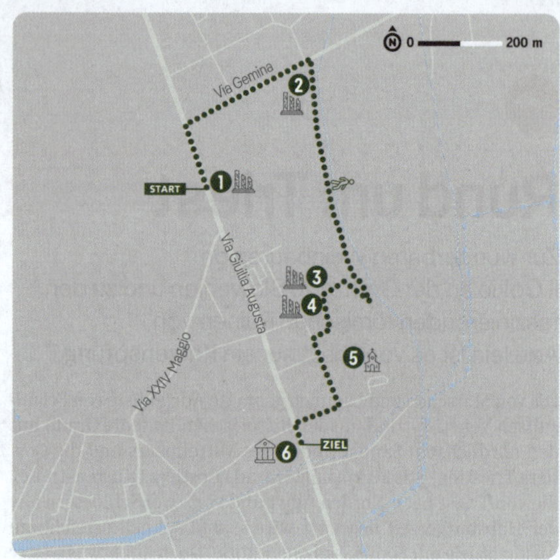

Abenteuer in Aquileia

RÖMISCHE RUINEN, AUSSERGEWÖHNLICHE MOSAIKEN

Selbst an einem schlechten Tag ist Italien überwältigend, doch an den besten Tagen ist es überirdisch schön. So fühlt sich auch der Moment an, wenn man die viel zu selten besuchte **Basilica di Santa Maria Assunta** in Aquileia betritt. Die charmante ländliche Stadt, mit dem Bus in 1¼ Stunde von Triest zu erreichen, wurde 1998 zur UNESCO-Welterbestätte erklärt, denn hier befindet sich eine der am besten erhaltenen, noch nicht ausgegrabenen römischen Stätten Europas.

Zwischen dem grandiosen Bodenmosaik (4. Jh.) der Basilika (mit 760 m^2 eines der weltgrößten intakten Mosaike mit christlichen Themen) und der Holzdecke aus dem 14. Jh. liegen 1000 Jahre. Dieses spektakuläre Beispiel der Handwerkskunst der Antike – die Tiere, der Symbolismus, die Farben – ist überwältigend. Das Mosaik zeigt erstaunlich lebendige Szenen aus der Geschichte von Jonas und dem Wal sowie exakte Darstellungen der Tierwelt der Lagune und christliche Symbole – und das alles schon, ehe man die beiden Krypten der Basilika erreicht hat. Die Cripta degli Affreschi (Fresken-Krypta) aus dem 9. Jh. ist mit verblichenen Fresken aus dem 12. Jh. bemalt, die die Prüfungen und Leiden der Heiligen zeigen, und in der Cripta degli Scavi (Krypta der Ausgrabungen) gibt es noch weitere Bodenmosaiken.

ÜBERNACHTEN UND ESSEN IN IL COLLIO

Venica & Venica Wine Resort
Sechs schicke Zimmer und zwei Apartment über Weinkellern, aus denen ein berühmter Sauvignon Blanc stammt. **€€**

L'Argine a Vencò
Antonia Klugmanns Sternerestaurant in einer abgelegenen Mühle im ländlichen Friaul. **€€€**

La Subida
Familiengeführtes Gasthaus und Restaurant (sowie eine preiswertere *osteria*) mit italienisch-slowenischen Gerichten. **€€€**

Doch die Basilika ist bei dieser Halbtagestour in Aquileila nicht der einzige überwältigende Ort. Los geht's am **1 Foro Romano** an der Via Giulia Augusta – dies war die in Nord-Süd-Richtung angelegte römische Hauptachse Cardo Maximus, die Norico (heute Österreich) mit dem römischen Hafen in Grado verband, als die Stadt 181 v. Chr. gegründet wurde, um das Römische Reich vor der Invasion der Barbaren zu schützen. Mussolini wollte den römischen Ursprung des Gebiets, das bis 1918 zu Österreich-Ungarn gehörte, betonen, darum ließ er viele Säulen mit roten Ziegeln restaurieren. Man geht die Via Gemina zuerst nach Norden, dann nach Osten bis zum Eingang zum **2 Porto Fluviale**, wo ein Fußweg namens Via Sacra am einstigen Flussufer des römischen Hafens Richtung Basilika führt. Kleine Ruinen säumen diesen Weg, besonders schön ist die erste links, eine funktionierende römische Sonnenuhr.

Vor der Basilika kommt man noch an einer einstigen *insula* (römischer Häuserblock) mit zwei erstaunlichen Wohnhäusern vorbei. Das **3 Domus di Tito Macro** ist eines der größten römischen Häuser, die in Norditalien gefunden wurden (Reservierung empfohlen). Es ist mit 1800 m^2 nicht nur bemerkenswert groß, seine Räume sind auch ein Musterbeispiel für die eines typischen römischen Hauses. Das Haus einschließlich des Daches wurde aufwendig restauriert. Das Areal **4 Domus e Palazzo Episcopale**, das Bischofshaus aus dem 5. Jh., vermittelt einen lebhaften Eindruck von archäologischen Schichten, die hier im Verlauf der Jahrhunderte entstanden. Den unteren Boden aus dem 1. Jh. kann man genau so deutlich sehen wie die detailreichen Mosaiken des mittleren Bodens aus dem 4. Jh., die hervorragend restauriert wurden und Weinreben, Obstkörbe, Fische, Vögel und mehr zeigen. Übertroffen wird das Haus nur noch vom nächsten Bauwerk, der **5 Basilika**.

Wer die bei den Ausgrabungen hier gefundenen Schätze sehen will, sollte zum Schluss das **6 Museo Archeologico Nazionale Aquileia** besuchen, eines der ältesten seiner Art in Italien. Es zeigt monumentale Skulpturen und Exponate sowie Schätze aus dem Alltag und dem kirchlichen Leben der Zeit.

ABSEITS AUSGETRETENER PFADE

Friaul-Julisch Venetien liegt im Ranking der 20 italienischen Regionen nach Gästeankünften nur auf Platz 15, daher sind manche seiner Schätze, etwa Aquileila relativ unbekannt. So auch Cividale del Friuli, 15 km von der kulinarischen Hauptstadt der Region, Udine, entfernt. In der gut erhaltenen Kapelle Tempietto Longobardo kann man einen einzigartigen Teil des lombardischen Architektur- und Kunsterbe Europas bestaunen: Eine Sammlung seltener Fresken sowie ungewöhnlich realistische Stuckwerke, deren leuchtendes Weiß durch das dunkle Holz des Chores noch betont wird.

Il Collio ruft

GRENZENÜBERGREIFENDE WEINBERGE, FRIAULISCHE KÜCHE

Wer in der **Osteria La Subida** nach einem regionalen Wein fragt, der bekommt vielleicht einen italienischen Ronco del Tasssi Malvasia von 2012 oder aber einen slowenischen Burja Zelen von 2018. *Benvenuti a Il Collio!* Diese grenzübergreifende Weinregion ist von den österreichischen Alpen genauso weit entfernt wie von der Adria. Hier herrscht ein sonniges, windiges

ÜBERNACHTEN RUND UM AQUILEIA

Belvedere Pineta Camping Village
Riesiger Campingplatz mit Bungalows und Apartments in einem duftenden Kiefernwald in der Nähe von Grado. €

Albergo Alla Spiaggia
Die Unterkunft ist in einem modernistischen Gebäude in Grado zwischen der Fußgängerzone, dem historischen Zentrum und dem Strand. €€

Ostello Domus Augusta
Blitzsauberes, institutionelles Hostel mit 92 Stockbetten und 28 Privatzimmern. Bei Radfahrern beliebt, die zwischen Salzburg und Grado unterwegs sind. €

DIE WILDEN KARNISCHEN ALPEN

Karnien reicht von den Dolomiten in Venetien bis zur österreichischen Grenze und ist durch und durch friaulisch. Statt Italienisch wird hier oft Friaulisch gesprochen. Das Wort „Karnisch" leitet sich von den ursprünglichen keltischen Bewohnern, den Carni, ab. Die Region umfasst den westlichen und zentralen Teil der Karnischen Alpen und bietet bodenständige Skigebiete, wilde und schöne Wandergebiete und interessante, unberührte rustikale Dörfer. **Sappada** (Plodn im örtlichen Dialekt), das zu einem der schönsten Dörfer Italiens gewählt wurde und 2019 einen Nachhaltigkeitspreis gewann, ist ein malerisches Bergdorf auf einem sonnigen Hang, umgeben von dramatischen Dolomitengipfeln. Es bietet sich als Basis für die Erkundung der Region an.

LUCIANO MORTULA - LGM/SHUTTERSTOCK ©

Weinberge, Il Collio

Mikroklima, das dank des Mergelbodens Trauben mit einem erstaunlichen Duft und besonderen Mineralstoffen hervorbringt. Das Ergebnis sind einige der besten DOC-Weine Italiens. Mit seinem idyllischen weinbewachsenen Hügeln, den großartigen Restaurants und den eleganten Unterkünften auf Höfen ist die vom Massentourismus noch weitgehend unberührte Region ein tolles Reiseziel, an dem man sich prima erholen kann.

Den Mittelpunkt des italienischen Teils dieser Grenzregion bilden die malerischen Orte **San Floriano del Collio**, **Cormòns** und **Dolegna del Collio**. Nach dem „Studium" der 300 offenen Weine der **Enoteca di Cormòns** in dem kleinen, von der Habsburgerzeit geprägten Städtchen geht es hinauf in die Berge. Ilaria Felluga, erfolgreiche Winzerin in der 6. Generation, produziert im Weingut **Russiz Superiore** den preisgekrönten Collio Bianco; allein der außergewöhnliche Weinkeller, der mit jahrzehntealten, mit dickem Staub bedeckten Flaschen gefüllt ist, lohnt den Besuch. **Gradis'ciutta**, das älteste und größte Weingut im Il Collio, produziert einen tollen Metodo Classico Spumante mit Trauben, die jeweils zur Hälfte aus italienischen und slowenischen Weinbergen stammen. Beide Weingüter bieten großartige Übernachtungsmöglichkeiten: Im Russiz gibt's sieben klassisch gestaltete Zimmer mit Blick auf Slowenien und das Gradis'ciutta vermietet zwölf moderne Zimmer mit den Original-Deckenbalken und mit Schränken, die aus einem modernisierten Landhaus aus dem 16. Jh. gerettet wurden.

NOCH MEHR MOSAIKEN GEFÄLLIG?

In **Ravenna** (S. 396) in der Emilia-Romagna, einer UNESCO-Welterbestätte, findet man zahlreiche frühchristliche Mosaiken.

UNTERWEGS VOR ORT

Wie in den meisten Weinregionen benötigt man ein Auto, um den Il Collio zu erkunden. Im kompakten Grado sind Autos dagegen eine Belastung, hier kann man prima Fahrradfahren. Aquileia erreicht man von der Insel aus in zehn Minuten mit dem Bus.

PADUA

Padua liegt zwar gerade einmal eine Stunde von Venedig entfernt, doch mit seinen mittelalterlichen Plätzen, den Fassaden aus der Zeit des Faschismus und den vielen hippen Studenten scheinen Welten dazwischen zu liegen. Als mittelalterlicher Stadtstaat und Heimat der zweitältesten Universität Italiens konkurrierte Padua mit Venedig und Verona um die regionale Vorherrschaft. Ein Reihe von Freskenzyklen aus dem 14. Jh. erinnern an jene goldene Zeit, darunter Giottos weltberühmte Cappella degli Scrovegni (Teil des UNESCO-Weltkulturerbes Padova Urbs Picta), Menabuois himmlische Schar im Baptisterium und Tizians *Hl. Antonius* in der Scoletta del Santo. Padua und Verona kämpften jahrhundertelang um die Dominanz über das venezianische Tiefland, doch schließlich annektierte Venedig Padua im Jahr 1405 dauerhaft.

Als strategisch bedeutendes militärisch-industrielles Zentrum wurde Padua zum Paradeplatz für Mussolinis Reden, zum Bombenziel der Alliierten und zu einemheimlichen Treffpunkt des italienischen Widerstands (an der Universität). Noch heute ist Padua eine wichtige Industriestadt, in dessen Industriegebiet etwa 5000 Menschen arbeiten, eine dynamische Universitätsstadt und ein wichtiges Pilgerziel.

TOP TIPP

Von April bis November sowie ganzjährig an ausgewählten Tagen kann man in der Cappella degli Scrovegni in Padua zwischen 19 und 22 Uhr im Rahmen des Abendbesuchsprogramms der UNESCO-Welterbestätte ein doppelt so langes Zeitfenster wie normalerweise buchen.

Götter mit menschlichen Zügen

MEISTERLICHE FRESKEN, GÖTTLICHE OFFENBARUNGEN

Die Sixtinische Kapelle im Vatikan steht immer im Rampenlicht, doch Paduas Gegenstück, der einzigartige, 200 Jahre ältere Freskenzyklus von Giotto in der **Cappella degli Scrovegni**, war Geburtshelfer des Renaissance genannten Zeitalters. Bevor Giotto seinen lebendigen Fresken schuf, waren mittelalterliche Kirchenbesucher an auf dem Thron sitzende Heilige mit starrem Blick gewöhnt. Giotto führte biblische Figuren mit menschlichem Charakter in vertrauten Umgebungen ein und änderte so nicht nur, wie die Menschen sich selbst sahen – nämlich nicht länger als niedrige Vasallen, sondern als Gefäße für das Göttliche –, er leitete auch eine Revolution in der Kunst ein.

Besichtigen kann man die bahnbrechenden Werke, die sich in einer unauffälligen, schlichten Kapelle befinden, die man leicht übersehen könnte, nur nach vorheriger Buchung. Es ist ratsam, mindesten 15 bis 20 Minuten vor Beginn der Tour dort zu sein; wer vorher noch das **Musei Civici agli Eremitani** besuchen will, sollte eine Stunde eher kommen.

Giottos bewegender, moderner Ansatz ist heute ebenso überwältigend wie bei der Enthüllung seiner Fresken im Jahr 1305. Die Fresken erzählen die Geschichte Jesu von der Verkündigung bis zur Auferstehung in beeindruckend großen und detailreichen Bildern, die durch die kräftigen Farben sehr lebendig wirken.

DER HEILIGE ANTONIUS VON PADUA

Paduas Basilica di Sant'Antonio zieht als letzte Ruhestätte des hl. Antonius von Padua (1193–1231), eines portugiesischen Priesters und Franziskanerbruders, der bereits elf Monate nach seinem Tod heiliggesprochen wurde, Pilger aus aller Welt an. Die Kirche, ein gotischer Backsteinbau, ist mit Renaissanceschätzen gefüllt und wird von einer Kuppel gekrönt. Hinter dem Hochaltar führt ein von neun Kapellen gesäumter Wandelgang zur Cappella delle Reliquie (Reliquienkapelle), wo die Relikte des hl. Antonius aufbewahrt werden.

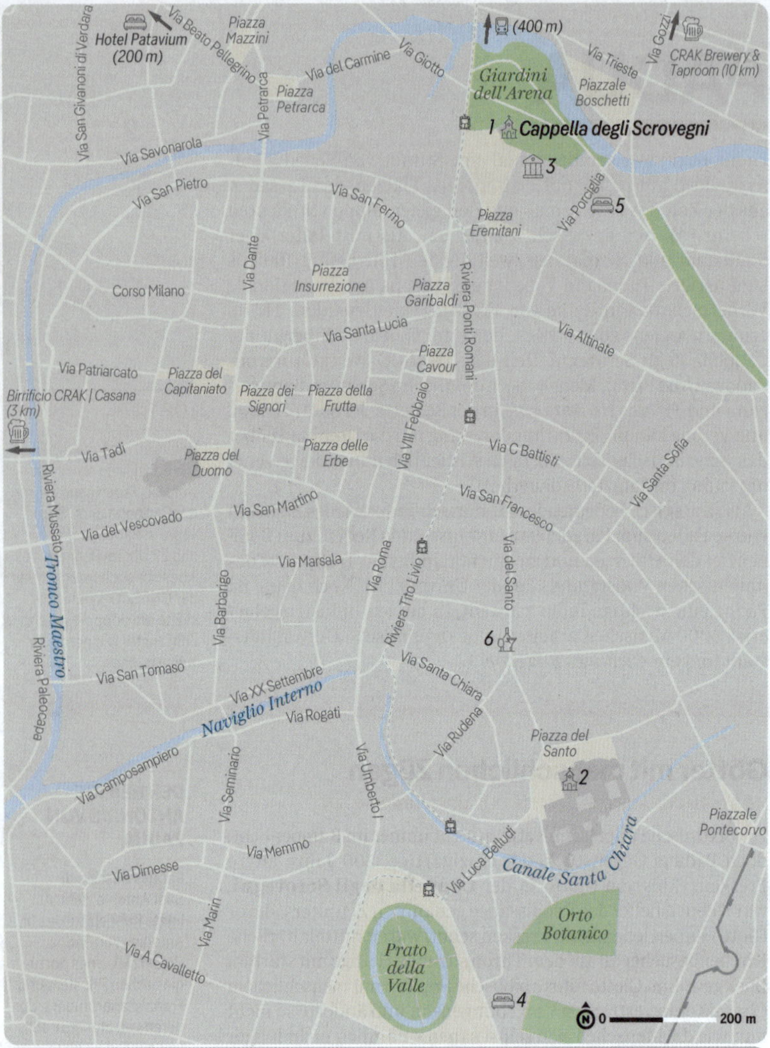

HIGHLIGHTS	SEHENSWERTES	SCHLAFEN	AUSGEHEN & FEIERN
1 Cappella degli Scrovegni	**2** Basilica di Sant'Antonio **3** Musei Civici agli Eremitani	**4** Hotel al Prato **5** Scrovegni Room & Breakfast	**6** Enoteca da Severino

ÜBERNACHTEN IN PADUA

Scrovegni Room & Breakfast
Dieses B&B ganz in der Nähe der Scrovegni-Kappelle hat Zimmer mit modernen Möbeln und Deckenbalken oder -fresken. €

Hotel al Prato
Modernes Hotel gleich um die Ecke vom größten Platz Italiens, dem Prato della Valle. Ruhig und komfortabel. €

Hotel Patavium
Klassisch eingerichtetes Boutiquehotel mit großen Betten, Flachbild-TVs, modernen Bädern und eigenem Garten. €€

Giotto nutzte ungewöhnliche Techniken wie das Impasto, das durch einen dicken Farbauftrag den Bildern eine dreidimensionale Wirkung verleiht. Besucher können 15 bis 20 Minuten in der Kapelle verweilen. Das ist zwar viel zu kurz, reicht aber immerhin aus, um zu erleben, wie eines der wichtigsten Meisterwerke der westlichen Kunst unter Giotto Sternenhimmel zum Leben erwacht.

Die Kunst des CRAK

CRAFT-BIER, TOLLE SCHANKRÄUME

Italiens Position als führende europäische Weinnation ist sicher unantastbar, doch das Land hat auch in der Braukunst einiges zu bieten. Da wäre zum einen ein typisch italienisches Bier: italienisches Pils, vom deutschen Pils inspiriert, mit europäischen Hopfensorten und Kalthopfung hergestellt. Zum anderen gilt Italien als führend bei den Grape Ales – obergärige Biere, denen Traubenmost hinzugefügt wird. Craftbierkenner, in Italien *nerds della birra* genannt, werden sich freuen, dass die führende Craftbierbrauerei, **Birrificio CRAK**, in Padua ansässig ist.

Im ländlichen Campodarsego, 15 km nördlich von Paduas Platz Prato della Valle, befindet sich der **CRAK TapRoom** in einem Lagerhaus aus den 1950er-Jahren, das in eine Brauerei im amerikanischen Westküstenstil verwandelt wurde. Es gibt auch einen riesigen Biergarten mit Cornhole-Spiel, Lichterketten und Vintage-Gartenmöbeln. Aus 24 Hähnen kommen die besten italienischen IPAS, Double IPAS, im Fass gereiften Stouts und Grape Ales. Nur 3 km westlich vom Zentrum Paduas lädt die fantastische CRAK-Bar **Casana** in einem modernisierten Bauernhaus aus den 1900er-Jahren und einem Biergarten mit großartigen Gartenmöbeln zu 30 Fassbieren ein. An beiden Orten tauchen die Gäste tief in das führende Craft-Biererlebnis des Landes ein, während sie die oft hopfenlastige Braukunst des Braumeisters Marco Ruffa genießen, dessen Mantra Frische ist. Übrigens sollte man sich nicht wundern, wenn mal ein Bier in der Büchse serviert wird – CRAK glaubt, dass manche Biere ohne Gläser am frischsten sind. Widerstand ist zwecklos, denn Hopfen lügt nicht!

PERFEKTES PADUA

Der in Padua geborene und aufgewachsene Straßenkünstler **Joys** hat weltweit gemalt. Hier erzählt er von seinem perfekten Abend in Padua. *(@joys_ead)*

Für alle, die beruflich viel reisen, wird „Zuhause" zu etwas Zeitweiligem. Immer, wenn ich in Padua bin, besuche ich darum Orte, wo ich relaxen kann und mich wie daheim fühle, nachdem ich mein Atelier verlassen habe. Der erste und wichtigste Ort ist für mich die **Enoteca da Severino**, die älteste der Stadt, ganz in der Nähe der Via del Santo und dem Palazzo Bo. Die riesige Auswahl an Weinen und die intime, gemütliche Umgebung ermöglichen es, mal alles zu vergessen und sich mit Freunden oder völlig Fremden zu unterhalten.

NOCH MEHR WELTERBE?

Wer will, kann die neuesten UNESCO-Welterbestätten des Landes besuchen. Ein Ensemble aus 12 mittelalterlichen Arkadengängen (S. 368) in Bologna, der Hauptstadt der Emilia-Romagna, wurde 2021 ebenso wie Paduas Freskenzyklen aus dem 14. Jh. in die Liste des UNESCO-Welterbes aufgenommen.

UNTERWEGS VOR ORT

Die *padovani* fahren in der Stadt am liebsten Fahrrad. GoodBike Padua ist ein Fahrradverleihsystem mit 25 Stationen in Padua .

Padua

Colli Euganei

Rund um Padua

Mittelalterliche Festungsmauern, Burgen und Thermalquellen – die Abenteuer in den Colli Euganei (Euganeischen Hügeln) beginnen gleich hinter Paduas Stadtgrenzen.

Nur wenige Autominuten südwestlich von Padua beginnt eine grüne Landschaft mit sanften kegelförmigen Bergen, die im Lauf von 40 Mio. Jahren durch vulkanische Aktivität geformt wurden. Der höchste der Hügel, die sichtbar aus der ansonsten charakteristisch flachen Po-Ebene herausragen, der 601 m hohe Monte Venda, befindet sich 30 km südwestlich von Pauda. 18 694 ha des Gebiets gehören zum Parco Regionale dei Colli Euganei, der sich in der Nähe der schon seit römischen Zeiten geschätzten Kurstädte Abano Terme, Montegrotto Terme, Galzignano Terme und Battaglia Terme befindet. Neben den heilsamen Thermalquellen gibt es in den Hügeln malerische mittelalterliche steinerne Dörfer, nebelverhangene Weingüter, die Fior d'Arancio DOCG Moscato produzieren, und mehrere von erstaunlich gut erhaltenen Festungsmauern aus dem Mittelalter umschlossene Städte.

TOP TIPP

In der Villa dei Vescovi, einer der am besten erhalten präpalladianischen Renaissance-Villen Venetiens, gibt es zwei Gästeapartments mit Blick auf die Colli Euganei.

Verteidigungsmauern, Montagnana

FEDELE FERRARA/SHUTTERSTOCK ©

Burgen in den Colli Euganei

MITTELALTERLICHE MAUERN, HÜGELFESTUNGEN

In den **Colli Euganei** verbergen sich Kurorte aus römischen Zeiten, nebelverhangene Weingüter, mittelalterliche Hügelfestungen und, am beeindruckendsten von allem, außerordentlich gut erhaltene, von Mauern umgebene Städte. Sie sind ein beliebtes Ziel von Mountainbike- und Radtouren, z. B. der 63 km langen Radroute Anello dei Colli Euganei von Monselice nach Lozzo Atestino – aber auch mit dem Auto kann man einen wunderbaren Tag in den Hügeln verbringen.

Die aus der Römerzeit stammende Stadt Abano Terme liegt Padua am nächsten. Die modernen Pools und Moorbäder im **Hotel Mioni Pezzato & SPA** sind perfekt, um sich einen Tag in den Euganeischen Hügeln zu erholen und zu erfrischen. Auf der Fahrt in den winzigen Ort Monselice auf einem Hügel bleibt die bemerkenswerte mittelalterliche Burg in der Stadt noch weitgehend verborgen. Das **Castello di Monselice** hat sich im Lauf der Jahrhunderte immer wieder verändert: Seine ältesten Teile stammen aus dem 11. Jh., als es ein stattliches Landhaus war, später wurde es in einen Verteidigungsturm verwandelt und im 16. Jh. als venezianische Villa genutzt.

In **Este** ist vom einst imposanten Castello Carrarese di Este (1050) nur noch die mit Zinnen versehen 1 km lange Festungsmauer erhalten, die heute einen wunderschönen öffentlichen Park und das **Museo Nazionale Atestino** umschließt. Estes bedeutendes archäologisches Museum beherbergt etwa 65 000 Ausstellungsstücke, darunter prärömische und romanische Objekte aus der Region. **Montagnana** schließlich beeindruckt mit einer prächtigen, 2 km langen mittelalterlichen Verteidigungsmauer. Mit seiner von *palazzi* gesäumten Piazza ist dies der schönste Ort der Region für einen Spaziergang. Ein Slow-Food-Essen in der Hostaria San Benedetto, einem der besten Restaurants der Region, bildet den passenden Abschluss des Tages.

RENAISSANCE-REFUGIUM

Italiens großer Renaissance-Poet Francesco Petrarca verbrachte seine letzten fünf Lebensjahre in den 1370er-Jahren im charmanten steinernen Dorf Arquà Petrarca in einer wunderbar erhaltenen Villa. Seine einbalsamierte Katze in einer von einem Barockrahmen gerahmten Nische in der Wand im Erdgeschoss ist das Highlight des kleinen Museums. Petrarca selbst lebte im ersten Stock, von wo aus sich nicht nur ein großartiger Blick auf die Euganeischen Hügel bietet, sondern wo auch noch Spuren der Originaldekoration aus dem 14. Jh. erhalten sind, darunter ein an die Wand geschriebenes Sonett, einige der Originalmöbel Petrarcas und Fresken aus dem 16. Jh., die von Petrarcas Werken *Il Canzoniere* und *Africa* inspiriert wurden.

SCHÖNE MITTELALTERLICHE STADTMAUERN

Die Stadt Ferrara (S. 384) in Emilia-Romagna hat eine der imposantesten Stadtbefestigungen Italiens. Nur Lucca (Toskana) und Bergamo (Lombardei) können vollständiger erhaltene (aber kürzere) Stadtmauern als Ferrara aufweisen.

UNTERWEGS VOR ORT

Von Padua fahren Busse in die Region, und auch Züge bedienen alle Städte außer Arquà Petrarca, doch um wirklich alles sehen zu können, benötigt man ein Mietauto.

VERONA

Verona, vor allem durch Shakespeares *Romeo und Julia* bekannt, lockt Traveler aus aller Welt an, die die schönen Plätze und das Gewirr der Gassen bevölkern, meist auf den Spuren der beiden Verliebten. Doch hinter all dem Hype um die Renaissance-Romanze verbirgt sich eine lebendige Stadt, deren Kern vom riesigen, erstaunliche gut erhaltene Amphitheater aus dem 1. Jh. dominiert wird, in dem jährlich Veronas Opernfestspiele stattfinden. Hinzu kommen unzählige Kirchen, mehrere architektonisch reizvolle Brücken über die Etsch (Adige), regionale Weine und Produkte aus dem Hinterland sowie einige beeindruckende Kunstwerke – all das macht Verona zu einer der attraktivsten Städte Norditaliens. Die Bauwerke und Denkmäler im Zentrum, das zum UNESCO-Weltkulturerbe gehört, ermöglichen eine faszinierende Reise in die Vergangenheit, zu den Römern, ins Mittelalter und in die Renaissance. Doch gleichzeitig fehlt es nicht an modernen Erlebnissen, von futuristischen Cocktailbars bis zu außergewöhnlicher moderner Kunst. Am besten vergisst man die Klischees von tragischer Liebe und öffnet sich dem echten Verona, einer historischen Schönheit, die keiner shakespeareschen Einführung bedarf.

TOP TIPP

Die für 24 oder 48 Stunden gültige VeronaCard bietet Rabatte und Vorteile aller Art, und das schon am Ticketschalter für die Arena di Verona, denn damit geht man einfach an der Schlange vorbei.

VERONA VERITÀ

Alice Roncali besitzt den besten Craftbier-Pub Veronas, Maratonda, in Veronetta. *(@alice_beerland)*

Ich schlage vor, den Morgen mit einem *risino* (ein mit Reis und Pudding gefülltes Küchlein) in der **Pasticceria Flego** und einem Spaziergang zum **Castel San Pietro** zu beginnen, denn von dort hat man den besten Blick auf die Stadt. In der Nähe liegt das archäologische Museum des **Teatro Romano**. Der Tag endet mit einem *aperitivo* Americano im **Archivio** und einem Teller *bigoli* mit Esels-*ragù* in der **Osteria al Duca**.

Ein Abend in der Oper

ERSTKLASSIGE OPER, RÖMISCHE RUINEN

Die **Römische Arena** wurde im 1. Jh. n. Chr. aus rosa getöntem Marmor erbaut und überstand im 12. Jh. sogar ein Erdbeben. Heute ist sie Veronas legendäres Open-Air-Opernhaus mit 30 000 Sitzplätzen. Das Amphitheater dominiert die Piazza Bra und löst beim ersten Anblick hörbare Begeisterung aus. Es ist eines der erstaunlichsten Bauwerke Italiens und eines der besterhaltenen antiken Bauwerke der Welt. Dabei ist das unglaubliche Innere des Amphitheaters von außen gar nicht sichtbar. Erst geht es durch düstere antike Korridore, die breit genug für die Kampfwagen waren, dann findet man sich plötzlich in der riesigen, von Sonnenlicht durchfluteten steinernen Arena wieder, von deren gigantischem ovalen Zentrum über 50 terrassierte Sitzreihen aufsteigen. Die Arena ist übrigens nach oben offen, bei Regen verschiebt man den Besuch also besser.

Eigentlich kann man das achtgrößte Amphitheater des Römischen Reiches, das älter ist als das Kolosseum in Rom, nicht als Ruine bezeichnen, denn es wird ja noch benutzt. Besuche sind zwar ganzjährig möglich, doch am schönsten ist die Arena bei den **Arena di Verona Festival** im Sommer. Etwa 14 000 Musikfreunde füllen das Theater beim größten Klassik-Open-Air-Event der Welt, bei dem internationale Stars auftreten. Die Vorstellungen beginnen meist um 21 Uhr. Es ist nicht nötig, viel Geld für teure Karten auszugeben, die Plätze auf den nummerierten Stufen sind gut: Man kann Kissen ausleihen und dann einen unvergesslichen Abend mit Verdi-Opern wie *Aida*, *Nabucco* und *La Traviata* oder Puccinis *Turandot* erleben.

HIGHLIGHTS
1 Galleria d'Arte Moderna Achille Forti
2 Museo di Castelvecchio
3 Römische Arena

SEHENSWERTES
4 Casa di Giulietta
5 Castel San Pietro
6 Giardino Giusti
7 Museo Archeologico Nazionale di Verona
8 Palazzo Maffei
9 Ponte Pietra
10 Teatro Romano
11 Torre dei Lamberti
12 Veronetta

SCHLAFEN
13 Corte delle Pigne
14 Due Torri Hotel

ESSEN
15 Café Carducci
16 Hostaria La Vecchia Fontanina
17 Locanda 4 Cuochi
18 Osteria al Duca
19 Osteria da Ugo
20 Pasticceria Flego

AUSGEHEN & FEIERN
21 Archivio

SEHENSWERTES IN VERONA

Torre dei Lamberti
Von dem 84 m hohen Wachturm aus dem 12. Jh. bietet sich ein Panoramablick; man erreicht ihn über die spätgotische Treppe Scala della Ragione.

Museo di Castelvecchio
Die massive Festung von Cangrande II. wurde in den 1350er-Jahren erbaut und von Carlo Scarpa restauriert. Das Museum zeigt Kunst des Mittelalters, der Renaissance und der Moderne.

Ponte Pietra
Zwei Bögen dieser alten Brücke stammen aus der Zeit der Römischen Republik. Postkartenansichten der Stadt und des Flusses.

DIE BESTEN RESTAURANTS IN VERONA

Pasticceria Flego
Die beste Bäckerei Veronas hat jeden Morgen mindestens zehn verschiedene Croissants im Angebot. €

Hostaria la Vecchia Fontanina
An den Tischen dieses historischen Restaurants sitzen vor allem Italiener – ein gutes Zeichen. Hervorragendes Essen zu bekömmlichen Preisen. €

Osteria da Ugo
Osteria in einer Seitenstraße mit einem schönen Innenhof. Die Veroneser Spezialitäten werden mit kreativem Flair und elegantem Service aufgetischt. €€

Locanda 4 Cuochi
Die leidenschaftlichen Köche des modernen Restaurants in der Nähe der Arena rücken von der traditionellen Küche ab. Lang im Voraus reservieren! €€€

Café Carducci
Charmantes Bistro im Stil der 1920er-Jahre in Veronetta mit reichlich verblichenem Glanz; ein stimmungsvolles Café für einen Kaffee oder kleine Delikatessen. €

Verona jenseits von Romeo & Julia

FASZINIERENDE MUSEEN, RENAISSANCE-GÄRTEN

Es gibt zwar keinen Beweis dafür, dass Shakespeare je in Verona war oder dass seine jungen Liebenden Romeo und Julia wirklich hier lebten, dennoch hat sein berühmtes Drama einen anhaltenden romantischen Kult rund um die Stadt geschaffen. Wer hinter die klischeehafte Fassade blicken und den Menschenmassen entfliehen will, die liebesschwangere Zeilen an der **Casa di Giulietta** hinterlassen – über die manche sagen, sie seien „Viel Lärm um Nichts" –, kann diesen Tipps folgen und die echte Romantik dieses Mini-Roms entdecken.

Verona hat mehr zu bieten als malerische Ruinen und verliebte Pärchen. Eine neue Perspektive auf die Stadt bietet die großartige **Galleria d'Arte Moderna Achille Forti**, ein Vermächtnis des jüdischen Gelehrten Achille Forti. Danach kann man im Archivio von talentierten Barkeepern gemixte Cocktails trinken und im Sternerestaurant **Casa Perbellini** dinieren. Mit **Adige Rafting** ist sogar eine aufregendes Raftingtour auf der Etsch möglich. Wer wissen will, wo die verliebten Paare der Stadt wirklich hingehen, der besucht die Terrassen des **Castel San Pietro** hoch oben auf einem Hügel und genießt den spektakulären Sonnenuntergang.

Auf dem rechten Etschufer liegt **Veronetta**, das „andere Verona". Dies ist ein sehr authentischer Stadtteil, und dennoch gibt es viel zu sehen: die schönen Renaissance-Gärten **Giardino Giusti**; das tolle Teatro Romano und das archäologische Museum **Teatro Romano e Museo Archeologico**; sowie zwei neue Highlights: das eklektische Hausmuseum des Veroneser Industriellen Luigi Carlon, den **Palazzo Maffei** mit einer herausragenden Kunstsammlung, die von der Antike bis zur Gegenwart reicht, und das **Museo Archeologico Nazionale di Verona**, das die prärömische Geschichte Veronas erzählt.

FÜR KULTURKENNER

Kunst-, Architektur- und Literaturfans sollten einen 108 km langen Abstecher von Verona Richtung Süden nach Ferrara (S. 384) machen, das in der Renaissance eine der bedeutendsten italienischen Städte war. Hier trafen sich damals einige der wichtigsten Künstler und Intellektuellen jener Ära.

UNTERWEGS VOR ORT

Die meisten Sehenswürdigkeiten Veronas erreicht man leicht zu Fuß, auch die auf der anderen Seite des Flusses wie die Giardini Giusti und das Castel San Pietro (zu dem auch eine Standseilbahn hinauffährt).

Valpolicella
Vicenza
Verona

Rund um Verona

In der Umgebung Veronas locken prärömische Weingüter, in denen gehaltvolle Amarona-Rotweine produziert werden.

Im „Tal der vielen Weinkeller", nach dem Valpolicella benannt wurde, wird schon Wein angebaut, seit die Griechen ihre *passito*-Technik (die Verwendung teils getrockneter Weintrauben) einführten und die berühmten Aromen schufen, die man immer noch im Amarone und Recioto aus dieser Region genießt. Das Tal liegt an den Ausläufern des Monte Lessini, etwa 20 Autominuten nördlich und nordwestlich von Verona, und profitiert von einem guten Mikroklima, das durch den riesigen Gardasee im Westen und die kühlen Winde von den Alpen im Norden entsteht. Vicenza liegt 75 km Richtung Osten und besticht mit einer Reihe von Villen und Bauwerken des legendären Renaissance-Architekten Palladio, die heute zum UNESCO-Welterbe gehören.

TOP TIPP

Der September ist der perfekte Monat, um die Weingüter Valpolicellas zu besuchen, denn dann beginnt die Weinlese.

Die Weine Valpolicellas

BILDERBUCHWEINGÜTER, SPITZENWEINE

Die Weine, die in Venetiens berühmter Weinregion Valpolicella wachsen, gehen bis in die Zeit vor dem Römischen Reich zurück. Und nicht nur das: Der Amarone ist nicht der erste legendäre Wein aus der Region – römische Dichter und Historiker verehrten den Vino Retico mit ähnlicher Hingabe. Anders gesagt: Dies sind wirklich edle Tropfen.

Die 57 km lange Rundfahrt führt von Verona aus gegen den Uhrzeigersinn zu einigen der exquisitesten Valpolicella-Weine. Da wären der süße, vollmundige Recioto, der leichtere Valpolicella Classico Superiore sowie der Superiore Ripasso, der als der Amarone der Armen gilt. Weinverkostungen/Führungen kosten meist 20 bis 80 €; am besten bucht man sie vorher. Die **1 Villa Mosconi Bertani** steht auf einem von Mauern umgebenen, 22 ha großen historischen Grundbesitz mit Gärten, Seen, Obstgärten und Guyot-Weinbergen. **2 Giuseppe Quintarelli** sorgte dafür, dass Valpolicella-Weine international bekannt wurden. Der außergewöhnliche, in begrenzten Mengen produzierte Amarone des Weinguts ist für echte Weinkenner der Heilige Gral.

Wein von Giuseppe Quintarelli

SUSAN WRIGHT/ALAMY STOCK PHOTO ©

Das familiengeführte **3 Damoli** ist da deutlich bodenständiger. Die freundliche Lara Damoli schenkt den preiswerten Che-

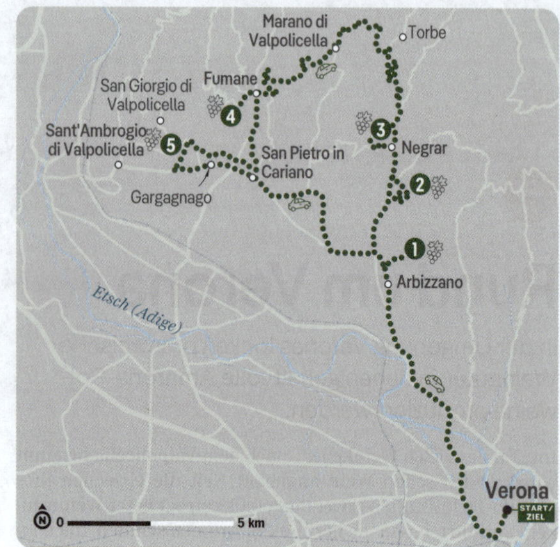

PALLADIOS MEISTERWERK

Egal wie man es betrachtet: Alle Wege führen zur Villa **La Rotunda**, die 2,5 km südöstlich der Piazza dei Signori in Vizenca steht und einfach überwältigend ist. Die Kuppel, die ihr den Namen gab, überdacht ein quadratisches Fundament und auf allen vier Seiten stehen identische Säulenhallen. Dies ist die meistbewunderte Schöpfung Palladios, und sie inspirierte Nachahmungen in ganz Europa und den USA, darunter Thomas Jeffersons Landgut Monticello. Der kreisrunde Saal im Inneren ist von den Wänden bis zur Kuppel mit Trompe-l'œil-Fresken ausgeschmückt. Die Villa ist von Weideland umgeben, das im Sommer mit malerischen Heuhaufen gesprenkelt ist und zur Idylle des harmonischen Anblicks noch zusätzlich beiträgt.

co Amarone (38 €) ein und erklärt dabei die Familientradition der Weinkultivierung in Negrar seit 1623. Das Weingut 4 **Allegrini** ist einfach grandios und veranstaltet in der Villa della Torre aus dem 16. Jh. in Fumane Weinverkostungen. Das 5 **Serego Alighieri** schließlich ist sehr geschichtsträchtig: Pietro Alighieri, der Sohn des großen italienischen Poeten des Mittelalters, Dante Alighieri, erwarb die prächtige Villa Casal dei Ronchi 1353, und seitdem haben hier 21 Generationen der Nachkommen des Dichters gelebt. Die Führungen lohnen allein schon wegen dieser faszinierenden Geschichte.

Eine Stadt mit palladianischen Proportionen

PALLADIANISCHE ARCHITEKTUR, ATEMBERAUBENDES THEATER

Als der Paduaner Renaissance-Architekt Andrea Palladio nach einem Aufenthalt in Rom, wo er die antiken Ruinen studierte, in den 1540er-Jahren zurück in seine Wahlheimat **Vicenza** kehrte, begann der Autodidakt, dort außergewöhnliche Bauwerke zu bauen und veränderte so die europäische Architekturgeschichte. Seine Tour de Force der Eleganz und rustikalen Schlichtheit, gepaart mit Referenzen an die Antike und mutigen Innovationen verwandelten Vizenca (mit der Bahn 25 Min. von Verona entfernt) in eine grandiose UNESCO-Welterbestätte.

ÜBERNACHTEN UND ESSEN IN VALPOLICELLA

Porta delle Torre
Zwei Zimmer im modernen Landhausstil im charmanten steinernen Dorf San Giorgio mit tollem Preis-Leistungs-Verhältnis. €

La Caminella
Hübsches B&B in San Pietro in Cariano in einem alten Steinhaus, in dem früher Tabak getrocknet wurde. €€

Enoteca della Valpolicella
Dieses alte Bauernhaus ist das gastronomische Zentrum Fumanes und serviert tolle regionale Weine und erlesene Speisen. €€

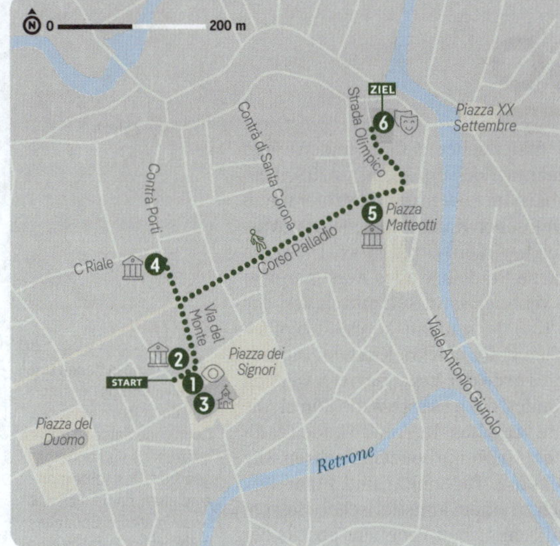

Bei der städtischen Tourismusinformation IAT Vicenza neben dem Teatro Olimpico bekommt man einen Plan der kompletten „Route auf den Spuren Palladios" der UNESCO. Dieser Spaziergang zu seinen großartigsten Bauwerken beginnt an der 1 **Piazza dei Signori,** wo sich zwei erstaunliche palladianische Bauten gegenüberstehen: die lachsfarbene 2 **Loggia del Capitaniato** aus der Mitte des 16. Jhs. (nicht öffentlich zugänglich) und die prächtige 3 **Basilica Palladiana** mit ihren triumphalen zweistöckigen Loggienreihen, die Palladio an den bereits existierenden Palast aus dem 15. Jh. anfügte, und dem riesigen Kupferdach, das einem Schiffsrumpf ähnelt. In den mit Fresken bemalten Sälen des 4 **Palladio Museum** erfährt man mehr über den Kontext der Bauwerke, ehe man den 5 **Palazzo Chiericati** (1550) besucht, eines der schönsten Bauwerke Palladios, das seit 1855 das lohnende städtische Kunstmuseum beherbergt.

Das passende Ende der Tour bildet das 6 **Teatro Olimpico**. Dieses Renaissance-Juwel war Palladios letzter Triumpf vor seinem Tod im Jahr 1580. Vincenzo Scamozzi vollendete das ovale Theater nach Palladios Tod und ergänzte eine Kulissenstadt nach dem Vorbild der antiken griechischen Stadt Theben mit perspektivisch verzerrten Straßen, die den Eindruck erwecken, dass sie bis zu einem fernen Horizont führen.

UNTERWEGS VOR ORT

Die eigenen vier Räder sind in Veronas Weinregion ein Vorteil, alternativ kann man bei Pagus Wine Tours eine Tour buchen. Vicenza lässt sich gut zu Fuß erkunden, Palladios Villen liegen allerdings in der Landschaft verteilt.

ABENTEUER IN VALPOLICELLA

Carlo Meroni, Besitzer/Winzer des Weinguts Meroni in Sant'Ambrogio di Valpolicella. *(@meroni.carlo)*

Ich würde die kurze Strecke in die Stadt **San Giorgio** fahren, dort die Pieve di San Giorgio besuchen, danach noch bleiben und mir einen *aperitivo* im **Bistro del Borgo** genehmigen – denn von der Terrasse hat man einen umwerfenden Blick auf den Gardasee und Valpolicella. Mittags würde ich im **Dalla Rosa Alda** essen. Mein Lieblingsgericht? Die von der Großmutter des Besitzer selbstgemachten Tagliatelle… die sollte man sich nicht entgehen lassen! Wenn es wolkig ist, würde ich in die die Weinboutique Spirito gehen, wo ich einkehre, wenn ich ein gutes Glas Wein trinken möchte.

NOCH DURSTIG?

In den Dolomiten und in Nordostitalien gibt es eine außergewöhnliche Fülle an Weinregionen. Für Weinkenner lohnt sich auch ein Besuch der **Prosecco Hills** (S. 361) 184 km nordöstlich von Valpolicella.

TREVISO

Treviso wird wegen seiner malerischen Kanäle und Wasserwege oft „Klein-Venedig“ genannt, doch im Gegensatz zu seinem weitaus berühmteren Nachbarn im Süden kommt es hier nie zu Überschwemmungen – die hübschen Kanäle, in denen der Wasserspiegel nur langsam ansteigt, wirken sehr friedlich. Die 41 km nördlich von Venedig gelegene Stadt hat alles, was man von einer mittelgroßen Stadt in Venetien erwartet: mittelalterliche Stadtmauern, viele schöne Kanäle, schmale kopfsteingepflasterte Straßen und mit Fresken geschmückte Kirchen. Die entspannte, authentische Stadt wurde der Legende nach von den keltischen Tauriskern gegründet, doch es waren die Römer, die Treviso 49 v. Chr. Stadtrechte verliehen. In Treviso haben zahlreiche namhafte italienische Markenproduzenten ihren Sitz (Benetton, Sisley, Geox, Diadora, De'Longhi und Pinarello), zudem hat es sich unmerklich zu einem künstlerischen Hotspot entwickelt. Wer das authentische Leben Venetiens abseits der Touristenmassen kennenlernen möchte, ist hier goldrichtig. Oh, und hier würde übrigens das Tiramisu erfunden!

TOP TIPP

Museen sind in Italien traditionell montags geschlossen, doch Trevisos Museo Collezione Salce ist immer nur freitags bis sonntags geöffnet. Das sollte man einplanen, damit man die fasziniierende Sammlung italienischer Retro-Werbeposter nicht verpasst.

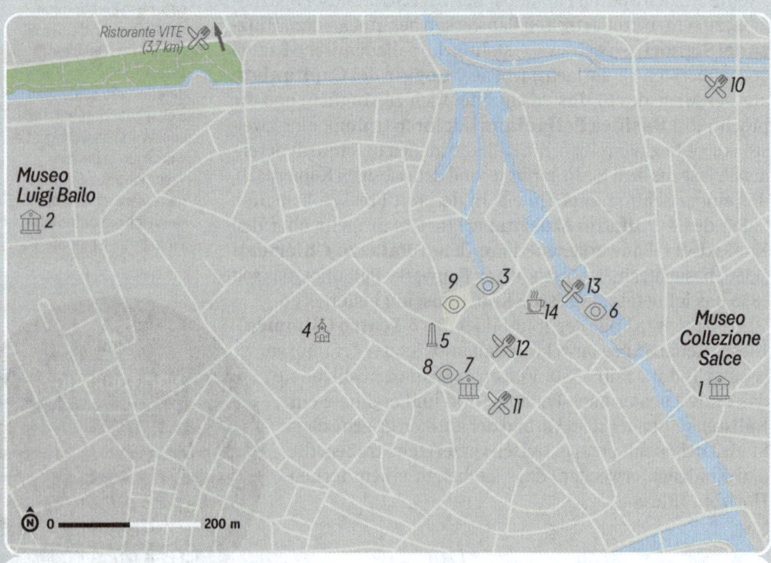

HIGHLIGHTS
1 Museo Collezione Salce
2 Museo Luigi Bailo

SEHENSWERTES
3 Canale dei Buranelli
4 Duomo
5 Fontana delle Tette
6 Isola della Pescheria
7 Palazzo dei Trecento
8 Piazza dei Signori
9 Piazza San Vito

ESSEN
10 Antica Osteria Al Botegon
11 Hostaria dai Naneti
12 Le Beccherie
13 Osteria Muscoli

AUSGEHEN & FEIERN
14 Camelia Bakery

Die Stadt der Kunst & des Wassers

MALERISCHE KANÄLE, KUNST VON WELTRANG

Im mittelalterlichen, von einer Stadtmauer umschlossenen Stadtzentrum kreuzen malerische Kanäle von Arkaden gesäumte Straßen, deren *palazzi* mit Fresken bemalt sind, und bieten reizvolle Blicke aufs Wasser, ausladende Weiden und Wasserräder. Die meisten Wasserwege verlaufen östlich des Hauptplatzes von Treviso, der **Piazza dei Signori**. Hinter dem Platz steht der **Palazzo dei Trecento** mit der kuriosen **Fontana delle Tette**. Aus den Brüsten des nackten weiblichen Torso kommt heute wahrscheinlich Wasser (es gibt sogar Leute, die es trinken!), doch früher floss daraus Wein. Der romantische **Canale dei Buranelli** wurde bis zum Beginn des Zweiten Weltkriegs von Frauen zum Wäschewaschen genutzt. Die kleine Brücke abseits der **Piazza San Vito** ist ein obligatorischer Fotostopp. Trevisos Fischmarkt liegt malerisch umgeben von Wasser auf der **Isola della Pesceria**, von der eine Eisenbrücke zum Festland führt – ein charmanter Ort für einen *aperitivo* und *cicchetti* (venezianische Tapas) in der **Osteria Muscoli**.

Kunstfreunde finden entlang der Wasserwege viele Schätze. Das **Museo Collezione Salce** ist eine wahre Schatztruhe bedeutender italienischer Werbeposter von Weltrang, die der Staat 1962 als Schenkung erhielt. Das **Museo Luigi Bailo** beherbergt eine großartige Sammlung von Kunst aus dem 20. Jh. Anschließend sollte man sich eine Portion originales Tiramisu genehmigen, das laut notarieller Beurkundung bei der Accademia Italiana della Cucina erstmals 1972 auf der Karte des Restaurants **Le Beccherie** auftauchte.

WOCHENENDEN IN TREVISO

Federico Sbrissa, Marketingchef des in Treviso ansässigen Fahrradherstellers Pinarello. **(*@federicosbrissa*)**

Am Wochenende gibt es in Treviso nichts Schöneres als einen Morgenspaziergang auf der Il Calmaggiore vom **Duomo** zur Piazza dei Signori, danach hinunter zum Fischmarkt – mit einer Pause unterwegs, um in der **Camelia Bakery** zu frühstücken. Abends laden die **Antica Osteria Al Botegon** oder **Hostaria dai Naneti**, die für ihre *ombra de vin* (Wein und frische Sandwiches) bekannt sind, zu einem Spritz ein. Ein neues Restaurant, in dem man abends gut essen kann, hat nur ein paar Minuten außerhalb Trevios direkt neben unserem Büro eröffnet: das **Ristorante VITE** in Villorba.

Calmaggiore

UNTERWEGS VOR ORT

Es gibt nichts Schöneres, als ziellos durch die Stadt zu schlendern und auf eigene Faust die idyllischen Kanäle zu erkunden, die zwischen den jahrhundertealten Villen und venezianischen Bauwerken verlaufen.

Valdobbiadene Conegliano

Treviso

Rund um Treviso

Die unglaublich malerischen Prosecco Hills rund um Conegliano und Valdobbiadene, eine UNESCO-Welterbestätte, liegen keine 40 km nördlich von Treviso.

Unkomplizierte Ausflüge in die Region nördlich von Treviso führen z. B. zum herrlichen Panorama der auf einem Hügel gelegenen Stadt Asolo (33 km nordöstlich) oder zum monumentalen Museum Sacrario Militare auf dem Monte Grappa (73 km nordöstlich), doch das Sahnehäubchen Venetiens ist die wunderschöne Weinregion Prosecco Hills rund um Conegliano und Valdobbiadene, 40 Autominuten nördlich von Treviso an den Ausläufern der Alpen. Hier überziehen sehr steile Weinterrassen die Hügel, die schon seit dem 17. Jh. so angelegt wurden, dass sie ein Schachbrettmuster bilden. Drei Jahrhunderte später (2019) wurden die Colline del Prosecco (Prosecco Hills) eine der drei neuesten italienischen UNESCO-Welterbestätten und versprechen drei großartige Reiseerlebnisse: Bilderbuchweingüter, edler Wein und die hervorragende Küche Venetiens.

TOP TIPP

Export-Prosecco ist meist „Extra trocken" oder „Brut". Wenn man hier ist, sollte man aber auch unbedingt Col Fondo (ungefiltert), Tranquillo (still) und den erstklassigen Cartizze probieren.

Weinberge, Valdobbiadene

FRANCESCO RICCARDO IACOMINO/GETTY IMAGES ©

Prosecco, per Favore!

WEINBERGE UND SCHAUMWEINE

Wo die Alpen rund um die Städte Conegliano und Valdobbiadene den Vorbergen weichen, kündigt sich eine der schönsten Weinregionen Italiens mit überraschenden Bildern an: Wellenförmige steile Hänge (*ciglioni*), die mit grünen Weinbergen bedeckt sind, erstrecken sich bis in die Ferne. Willkommen in den Colline del Prosecco (Prosecco Hills).

La Strada del Prosecco (Prosecco-Straße) ist Italiens älteste Weinstraße und verbindet 120 Winzer zwischen Conegliano und Valdobbiadene. Der Servo Suo ist der preisgekrönte Prosecco der Familie Faganello im Wein gut **Colsaliz** in Refrontolo. Weinproben sind kostenlos und zu einem Glas des intensiv schmeckenden Weines kann man auf der Terrasse die Aussicht genießen. Im nahen **Toffoli's** sind 16 der Weinsorten Proseccos; mit ihrer modernen Technik produziert das Weingut Proseccos mit intensiver Apfel-, Birnen- und Zitronennote (Verkostungen ab 15 €). Im **Bisol1542** in den Hügeln um Valdobbiadene streben seit 1542 schon 21 Generation der Familie Bisol danach, den besten Prosecco der Welt zu produzieren. Ihre berühmten Hausmarken sind die preisgekrönte Proseccos Cartizze Dry und Jeio Brut. Mit etwas Glück darf man die Weine im stimmungsvollen Weinkeller probieren.

Unbedingt besuchen sollte man die **Antica Osteria Al Forno** in Refrontolo, wo einfache Leute aus der Stadt ein edles Glas DOCG-Prosecco für nur 3 € genießen, ehe sie im herausragenden Restaurant, das großartige Gerichte aus Venetien anbietet, etwas essen.

PROSECCO

Prosecco ist ein trockener, frischer Weißwein, den es in den Varianten *spumante* (Schaumwein), *frizzante* (Perlwein) sowie still gibt, mit einem Anteil an Glera-Trauben von mindestens 85 %. Die übrigen 15 % stammen von Sorten wie Verdiso, Bianchetta Trevigiana, Perera, Chardonnay, Pinot Blanc, Pinot Gris und Pinot Noir. 2009 erhielt der Prosecco aus Conegliano die staatlich kontrollierte Herkunftsbezeichnung DOCG, das höchste italienische Qualitätssiegen für Weine. 2019 wurde die gesamte Region in die Liste des UNESCO-Welterbes aufgenommen, und ist neben Pantelleria (Sizilien) sowie Langhe-Roero und Monferrato (Piemont) eine von drei italienischen Weinregionen, der diese Ehre zuteil wurde.

NOCH EINE RUNDE?

Weine mit der italienischen Herkunftsbezeichnung Trento DOC, der ersten derartigen Bezeichnung Italiens, die exklusiv für einen Schaumwein aus Flaschengärung vergeben wurde, wachsen in den Gebirgsausläufern rund um Trient (S. 327), 134 km östlich der Prosecco Hills.

UNTERWEGS VOR ORT

Für den Besuch der Weingüter der Prosecco Hills ist ein eigenes Auto unverzichtbar.

BOLOGNA & EMILIA-ROMAGNA

GASTRONOMISCHE FREUDEN, HISTORISCHE SCHÄTZE

Emilia-Romagna ist nicht nur Italiens kulinarisches Herz mit aromatischen Pastas: Diese Region der Kontraste floriert auch dank jahrhundertealter Kunst bzw. Architektur und moderner Supersportwagen.

Emilia-Romagna prunkt mit ein paar der nettesten Einheimischen, fruchtbarsten Agrarflächen und schnellsten Vehikeln Italiens. Seit der Antike hat die Po-Ebene genug landwirtschaftlichen Reichtum erzeugt, um das Land zu ernähren und Luxuriöses zu finanzieren – darunter Nobelkarossen, Palazzi und Kirchen. Typisch sind auch wohlhabende Städte und ein riesiges Opernerbe (an der Spitze: Verdi und Pavarotti). Bis heute ist Emilia-Romagna ein Magnet für große Geister: Intellektuelle zieht es zur Universität Bologna, die als weltweit älteste Hochschule mit durchgängigem Betrieb bereits 1088 gegründet wurde. Das Motor Valley setzt mit Luxus-Sportwagen neue Standards in puncto Geschwindigkeit und Design. Und die Agrarwissenschaftler:innen konzentrieren sich auf innovative regionale Anbaumethoden.

Doch im Gegensatz zu seinen Nachbarprovinzen hat Emilia-Romagna keine prägenden Tourismushochburgen. Vielmehr warten hier zahlreiche Ziele, die oft links liegen gelassen werden: das belebte Bologna mit malerischen Säulengängen, Ravenna mit herrlichen Mosaiken, das vornehme Parma und Rimini – einst römische Grenzstadt, heute Strandort. Und überall dominiert ein Thema: Essen! Emilia-Romagna steht für ein paar von Italiens größten Gastro-Triumphen. Ob authentisches *ragù* in Bologna, *parmigiano reggiano* in Parma oder Modena mit einem der berühmtesten Restaurants der Welt – dies ist ein Gourmet-Paradies.

DIE WICHTIGSTEN ZIELE

BOLOGNA	PARMA	FERRARA	RAVENNA	RIMINI
Gourmet-Zentrum und mittelalterliches Wunder. **S. 368**	Parmesan, Prosciutto und Prosperität. **S. 377**	Renaissance-Paläste und uralte Stadtmauern. **S. 384**	Frühchristliche Mosaike und Dantes letztes Ziel. **S. 396**	Sonnenverwöhnte Strände und römische Ruinen. **S. 390**

Portico, Bologna (S. 372)

Parma, S. 377

Kultige Restaurants, spektakuläre Sakralstätten und große, alte Opern-Leidenschaft: In seinem *centro storico* (historischen Zentrum) kombiniert das vornehme Parma drei italienische Highlights.

Ferrara, S. 384

Einer von Emilia-Romagnas besten Geheimtipps: Das kleine, übersichtliche und fahrradverrückte Ferrara ist ein lebendiges Museum in Sachen Mittelalter und Renaissance.

AUTO

Ein eigenes Fahrzeug ist die beste Option, um alle Ecken von Emilia-Romagna mit maximaler Freiheit zu erkunden. Die regionalen Straßen und Autobahnen sind generell gut in Schuss. Für italienische Verhältnisse geht's im Straßenverkehr erträglich zu.

BUS

Im Apennin rund um den Parco Nazionale dell' Appennino Tosco-Emiliano sind Busse besonders praktisch – ebenso rund um Castelnovo ne' Monti (und teils auch Brisighella). In der übrigen Region rangieren sie aber überall hinter der Bahn.

ZUG

Auch in Emilia-Romagna sind Züge das beliebteste öffentliche Verkehrsmittel der Italiener:innen. Bologna, Ferrara, Modena, Parma, Ravenna, Rimini und Reggio Emilia werden jeweils von Hochgeschwindigkeits- und Regionalzügen bedient.

Erste Orientierung

Emilia-Romagna ist flächenmäßig die sechstgrößte Region Italiens und erstreckt sich zwischen drei Naturwundern: dem Po-Delta, dem Apennin und der Adria. Diese Auswahl hier steht für die größten Highlights der Region.

Ravenna, S. 396

Ein weiteres stark ignoriertes Ziel in der Region: Neben ein paar der schönsten frühchristlichen Mosaiken der Welt wartet in Ravenna auch ein wundervoller, weniger überlaufener Küstenstreifen.

Bologna, S. 368

Emilia-Romagnas dynamische Hauptstadt mit mittelalterlicher Architektur und schmucken Säulengängen (UNESCO-Welterbe) zählt zu Italiens besten Pflastern für Restaurantbesuche. Zudem ist sie ein intellektuelles und politisches Kraftzentrum.

Rimini, S. 390

Ein äußerst beliebter Ferienort an der Adria: Mit seinem faszinierenden antiken Kern ist Rimini zugleich sonniges Urlaubsziel und Kulturvertreter des Römischen Reichs.

Perfekte Tage

Ob Apennin, Adria, berühmte Gastronomie, gefeierte Supersportwagen oder Welterbestätten: Emilia-Romagna animiert überall zum Anhalten.

VISUAL INTERMEZZO/SHUTTERSTOCK ©

Basilica di San Vitale, Ravenna (S. 396)

Wenig Zeit

● Zuerst bestaunt man in **Ravenna** (S. 396) die komplexe Schönheit von Italiens herrlichsten Mosaiken: Am Morgen lässt sanftes Sonnenlicht die Exemplare in der **Basilica di San Vitale** (S. 396) in intensiven Grün-, glänzenden Gold- und tiefen Blautönen erstrahlen. Die Mosaike des **Mausoleo di Galla Placidia** (S. 398) sind die ältesten der Stadt. Und das Innere der **Basilica di Sant'Apollinare Nuovo** (S. 398) ziert ein großartiges Mosaik-Ensemble aus 26 Märtyrern in weißen Gewändern (entstanden 560 n. Chr.).

● Mittags probiert man die berühmte Regionalküche im **Cucina del Condominio** und verbringt den Nachmittag am Strand. Alternativ empfiehlt sich ein Besuch des **Museo Arcivescovile** (S. 398) und des **Battistero Neoniano** (S. 399). Abends gibt's dann Craft-Bier im **Darsenale** (S. 396).

Beste Reisezeit

Im Frühling und Herbst sind die Temperaturen ideal für Freiluft-Restaurantbesuche, für Bergwanderungen oder zum Relaxen am Strand. Im August haben viele Bars, Restaurants und Läden geschlossen (Ausnahme: Rimini).

MÄRZ

Bologna erwacht aus seinem mit Tortellini gefüllten Winterschlaf und wird langsam lebendig. Sonnenaufgänge und -untergänge tauchen das **Po-Delta** in Frühlingsfarben.

APRIL

Im Motor Valley tummeln sich die Formel-1-Fans: Meist findet nun der **Emilia-Romagna Grand Prix** im nahegelegenen Imola statt.

MAI

Die kurze, aber großartige Artischocken-Saison lockt Gourmets nach Brisighella. Die einzigartige lokale Delikatesse wird mit der **Sagra del Carciofo Moretto** gefeiert.

ERMESS/SHUTTERSTOCK ©, CRISTIANO BARNI/SHUTTERSTOCK ©, SUSAN WRIGHT/LONELY PLANET ©

Ein paar Tage Zeit

● In **Bologna** (S. 368) heißt's durchstarten: Hier locken viele von Italiens berühmtesten Gerichten. Zwischen den Restaurantbesuchen schaut man sich das mittelalterliche Zentrum mit seinen Säulengängen (UNESCO-Welterbe) an. Faszinierend sind auch die **Casa di Lucio Dalla** (S. 372), die labyrinthische **Basilica di Santo Stefano** (S. 368) und das Musikinstrumenten-Museum **San Colombano – Collezione Tagliavini** (S. 372). Eine lässige Zugfahrt führt nach **Modena** (S. 375) mit einem von Italiens am besten erhaltenen Domen im romanischen Stil. Nächste Station und Pflicht für Autofans ist das **Motor Valley** (S. 376): In der Stadt warten neben dem **Museo Enzo Ferrari** (S. 376) auch die Werksführungen und Museen im Hause **Maserati** (S. 376). Das benachbarte Maranello beheimatet das **Museo Ferrari** (S. 376). Zum Schluss bewundert man die interessanten frühchristlichen Mosaike in **Ravenna** (S. 396).

Eine ganze Woche

● Los geht's in **Bologna** (S. 368): Hier spaziert man unter den erhabenen Säulengängen entlang, besucht die sagenhaften Restaurants und unternimmt zwischendurch kurze Zugfahrten durchs Umland. Mit den kultigsten Supersportwagen des Planeten weckt dann das **Motor Valley** (S. 376) rund um Bologna und **Modena** (S. 375) die Lust aufs Gasgeben. In **Parma** (S. 377) locken weltbekannter Schinken und Käse sowie ein frühabendlicher Aperitif inmitten spektakulärer Sakralstätten. Die dicken mittelalterlichen Mauern der Renaissance-Perle **Ferrara** (S. 384) laden zur Umrundung per Fahrrad ein. In **Ravenna** (S. 396) lassen sich hinreißende Mosaike bewundern. Von dort aus geht's per Abstecher zu Burgen auf Bergspitzen, um auf das perfekt erhaltene Dorf **Brisighella** (S. 401) aus dem Mittelalter hinabzuschauen. **Rimini** (S. 390) rundet den Trip schließlich mit Strandspaß und römischen Schätzen ab.

JUNI
Das **Sotto le Stelle del Cinema** (Abendfilme auf Europas größter Kinoleinwand) füllt die Piazza Maggiore in Bologna für 50 Nächte.

JULI
Perfekt warmes **Strandwetter** in Ravenna und Rimini, bevor der August mit seinen hohen Preisen und überfüllten Sandstränden kommt.

SEPTEMBER
Parma feiert das **Festival del Prosciutto di Parma**. Wander-Fans besuchen den Parco Nazionale dell'Appennino Tosco-Emiliano.

OKTOBER
Beim Festival **Tour-tlen** interpretieren zwei Dutzend lokale Küchenchefs die Tortellini ganz neu. In Savigno startet die Saison für **Weiße Trüffeln**.

BOLOGNA

Bologna mixt hochmütige Eleganz mit rustikaler Bodenständigkeit, mittelalterlichen Straßen und wunderschönen Säulengängen. Sie hat zwei faszinierende Seiten: Eine davon ist die hart arbeitende Hightech-City im superreichen Po-Tal. Hier kommen weltmännische Opern-Fans aus prachtvollen Theatern und besuchen Italiens beste Restaurants. Die andere ist eine linksgerichtete, politisch umtriebige Stadt mit der weltweit ältesten Uni – berühmt für Piazze voller Graffiti und leicht beschwipster Studierenden, die Gothic-Modetipps austauschen.

Kein Wunder, dass Bologna so viele historische Spitznamen hat: *La Grassa* (die Dicke) bezieht sich auf das reiche kulinarische Erbe (das *ragù* bzw. die *bolognese*-Sauce wurde hier erfunden). *La Dotta* (die Gelehrte) ehrt die örtliche Universität (gegr. 1088). Und *La Rossa* (die Rote) ist eine Anspielung auf die zahllosen mittelalterlichen Ziegelbauten mit endlosen Säulengängen sowie auf das lokale Faible für linksgerichtete Politik.

TOP TIPP

Der neu eröffnete Uhrenturm des Palazzo Comunale aus dem 13. Jh. empfiehlt sich anstelle der Torre degli Asinelli: Sie ist weniger stark besucht, leichter zu erklimmen und hat eine bessere Aussicht. Zudem beinhaltet das Ticket den Zugang zur Collezioni Comunali d'Arte.

Eine mittelalterliche Sensation

SCHIEFE TÜRME, MITTELALTERLICHE PALAZZI

Im Mittelalter entstand die Basis für Bolognas zukunftsorientierte Einstellung, kulturelle Größe und linksgerichtete Politikszene: Seit 1088 gibt es hier die älteste durchgängig betriebene Universität der Welt. So zog die Stadt schon damals große Geister aus nah und fern an (darunter Dante, Kopernikus, Petrarca) – und blühte auf.

Bei diesem Tagesausflug führen alle Wege zur zentralen **Piazza Maggiore** aus dem 13. Jh., die von der **Basilica di San Petronio** (Europas sechsgrößter Kirche) dominiert wird. Im **Palazzo Comunale** (Palazzo d'Accursio) am westlichen Platzrand residiert Bolognas Stadtrat seit 1336. Dort zeigt auch die **Collezioni Comunali d'Arte** ihre Sammlung von Gemälden, Skulpturen und Möbeln (13.–19. Jh.). Der dazugehörige Uhrenturm aus dem 13. Jh. bietet einen Panoramablick auf die Stadt. Dieser fällt auch auf deren Wahrzeichen: die schiefe **Torre degli Asinelli** (97,2 m) und deren niedrigere Nachbarin namens **Torre Garisenda** (für Besucher:innen gesperrt). Rund 450 m östlich vom Hauptplatz stehen die beiden Türme nebeneinander an der Via Rizzoli. Im Mittelalter ragten innerhalb der Stadtmauern über 100 Türme empor. Davon sind heute nur noch 22 übrig. Das Erklimmen der Torre degli Asinelli (Buchung über die Tourismusinformation Bologna Welcome) ist nichts für Angsthasen. Und schließlich wäre da mit der **Basilica di Santo Stefano** noch Bolognas außergewöhnlichste Sakralstätte: Dieses Labyrinth aus miteinander verbundenen Kirchenbauten aus dem 11. Jh. umfasst romanische, langobardische und sogar antike römische Architekturelemente.

WARUM ICH BOLOGNA LIEBE

Kevin Raub, Autor

2007 war Bologna die erste italienische Stadt, die ich jemals besucht habe. Heute lebe ich hier. Ob Restaurantszene, Musikgeschichte, mittelalterliche Architektur oder zukunftsorientierter Vibe dank der ältesten durchgängig betriebenen Universität der Welt: Auf Bologna lassen sich sehr leicht Loblieder singen. Ich liebe sie aber aus schlichteren Gründen: Die Stadt ist groß genug, aber nicht zu groß. Touristisch, aber nicht zu überlaufen. Ihre Gastro-, Nightlife- und Kulturszenen bieten viel, aber nicht zu viel. Somit: Bologna ist genau richtig.

HIGHLIGHTS
1 Basilica di San Petronio
2 Basilica di Santo Stefano
3 Casa di Lucio Dalla
4 Museo Internazionale e Biblioteca della Musica di Bologna
5 San Colombano – Collezione Tagliavini

SEHENSWERTES
6 Collezioni Comunali d'Arte
7 Giardini Margherita
8 Palazzo Bolognini
9 Palazzo Comunale
10 Piazza Maggiore
11 Portici di Piazza Cavour e Via Farini
12 Portico del Pavaglione
13 Quadrilatero
14 Torre degli Asinelli
15 Torre Garisenda

SCHLAFEN
16 Casa Isolani
17 Grand Hotel Majestic
18 Hotel Metropolitan

ESSEN
22 Ahimè
23 Macelleria Agnoletto & Bignami
24 Oltre
25 Osteria al 15
26 Ruggine

AUSGEHEN & FEIERN
27 Caffè Rubik
28 Osteria del Sole

KULINARISCHE VIELFALT IN EMILIA-ROMAGNA

Bei der besten und beliebtesten Gastro-Tour der Region stehen drei von deren begehrtesten Köstlichkeiten einen Tag lang im Mittelpunkt: *Parmigiano reggiano* (Parmesan), *prosciutto di Parma* (Parma-Rohschinken) und *aceto balsamico* (Balsamessig). Die faszinierenden und appetitanregenden Trips besuchen in der Regel einen *caseificio* (Käserei), einen *prosciuttificio* (Prosciutto-Hersteller) und eine *acetaia*, wo Balsamico produziert wird (inkl. Reifung). Alle Zwischenstopps umfassen jeweils eine Betriebsführung und eine üppige Verkostung. Dennoch ist oft auch noch ein großartiges Mittagessen im Preis enthalten. Los geht's meist ab Bologna, Modena oder Parma.

VIVIDA PHOTO PC/SHUTTERSTOCK ©

Quadrilatero

Fürs Relaxen mit einem Glas Tageswein empfiehlt sich die schäbige **Osteria del Sole** im mittelalterlichen Marktviertel: Die berüchtigte Weinbar ist seit 1465 in Betrieb.

Spaghetti Bolognese gibt es nicht

HANDGEMACHTE NUDELN, BERGEWEISE SCHWEINEFLEISCH

Wer in Emilia-Romagna nach „authentischen" *spaghetti bolognese* sucht, hat Pech: Der Name ist eine Fehlbezeichnung. Denn das Gericht hat so viel mit Bologna zu tun wie Roastbeef oder Yorkshire Pudding. Somit wird es von den vehement traditionellen Trattorias der Stadt auch nicht serviert. Stattdessen rühmt sich Bologna seines großartigen *ragù*: Diese stundenlang geköchelte Sauce kombiniert Schweine- und Rinderhack mit *soffritto* (sautierte Zwiebel-, Sellerie- und Karottenstücke) sowie einem kräftigen Schuss Rotwein. Diese lokaltypische Spezialität als *bolognese*-Sauce zu bezeichnen, ist in etwa so, als würde man zu Champagner „Sprudelwein" sagen.

IMMER NOCH HUNGRIG?

Dann auf zu einem weiteren kulinarischen Topziel der Region: Aus **Parma** (S. 377) kommen *parmigiano reggiano* (Parmesan) und *prosciutto di Parma* mit geschützter Herkunftsbezeichnung (DOP). Beide Spezialitäten sind weltweit berühmt.

AUSGEHEN IN BOLOGNA

Ruggine
Regionale Mixkunst nahe der Piazza Maggiore: selbstgemachte Zitronenliköre, venezianische Aperitifs, Branntweine á la Romagna.

Caffè Rubik
Unkonventionelle Café-Bar mit Pop-Art und Bolognas bester Amaro-Auswahl.

Le Serre dei Giardini Margherita
Eine von Bolognas besten Freiluftbars in den früheren kommunalen Gewächshäusern.

Ragù ist eventuell die bekannteste der vielen aromatischen und berühmten Spezialitäten, die in Emilia-Romagna erfunden wurden. Die Region gilt oft als das kulinarische Zentrum Italiens: Dieses vielfältige Schlemmerparadies hat die Landesküche mit einigen elementaren Beiträgen bereichert. Darunter sind z. B. Lasagne, Tortellini, *mortadella*, *gramigna con salsiccia* (Pasta mit Wurst-*ragù*), *passatelli* (Nudeln aus Brotkrumen, Eiern und Parmesan) oder *cotoletta alla bolognese* (gebratenes Kalbsschnitzel, mit Prosciutto und Parmesan garniert). So ist Bologna natürlich auch ein tolles Pflaster für Gourmets.

Zum Recherchezeitpunkt beeindruckte das Stadtzentrum mit über 700 Restaurants (fast alle davon besuchenswert). Und gleich außerhalb der historischen Stadttore wartet ein bislang eher unbekanntes Gastro-Erlebnis: Die **Trattoria Bertozzi** verwöhnt Einheimische mit Durchblick, Gourmets aus der ganzen Gegend und fanatische Fans des Bologna FC mit authentischen Lokalspezialitäten. Die Mätzchen der lauten, forschen Betreiber Alessandro (Küche) und Fabio (Wein, Gästebetreuung) machen das Ganze umso attraktiver. So empfiehlt sich der Laden als Restaurant-Premiere in Bologna.

Am nächsten Morgen reduziert man die angefutterten Kalorien bei einem Bummel durch den alten Lebensmittelmarkt der Stadt: Als quadratisches Raster aus schmalen Sträßchen beginnt der **Quadrilatero** direkt an der südöstlichen Ecke der Piazza Maggiore. Die eigenen Sinne leiten einen hier u. a. zu frisch gemachten Tortelloni mit Ricotta-Füllung, Bergen von dünnen *mortadella*-Scheiben und Töpfen mit langsam gekochtem *ragù*. Für intensivere Ausflüge in die Lokalküche empfehlen sich die Kochkurse von **Cesarine**. Das landesweite Netzwerk von privaten Kochschulen wurde in Bologna gegründet. Vor Ort bietet es tolle Gelegenheiten, die Zubereitung typischer Gerichte in den Wohnhäusern von einheimischen Gourmets zu erlernen.

Noch authentischer wird's dann bei einem lohnenswerten Mietwagen-Trip durch das hügelige Umland alias die *colli bolognesi*. Denn dort gibt's viele traditionelle Trattorias – oft mit Blick auf ländliche Idylle und das ferne Bologna. Besuchenswert sind dabei z. B. das **Nuova Roma**, die **Osteria dal Nonno** oder die **Trattoria Gilberto**. Die einheimischen Gäste dieser Lokale vertilgen *mortadella*, *prosciutto di Parma* mit geschützter Herkunftsbezeichnung und regionales *salume*. Oder Sandwiches mit Bauernkäse in *crescentine* (frittiertes, quadratisches Fladenbrot) und *tigelle* (gebratene, runde Teigfladen). Wobei jeweils kaum Reisende anwesend sind.

EIN FREIER TAG IN BOLOGNA

Daniele Bendanti (*@d.bendanti*) ist Küchenchef im Oltre, das zu Bolognas besten modernen Trattorias zählt. Einen freien Tag in der Stadt verbringt er so:

Zunächst ist ein tolles Frühstück im **Gino Fabbri Pasticcere** in La Caramella Pflicht – es ist etwas außerhalb gelegen, aber den Besuch vollauf wert. Darauf folgt ein netter Spaziergang durch den Stadtpark **Giardini Margherita**, den ich schon in meiner Jugend gern besucht habe. Danach esse ich etwas bei meinem Fleischlieferanten Alessandro in der **Macelleria Agnoletto & Bignami** und trinke zwei Gläser Wein in der **Osteria del Sole**, wo die Zeit scheinbar stillsteht. Gegen Abend vertilge ich dann leckere *tagliatelle* in der **All'Osteria Bottega**: Dort war ich früher fünf Jahre lang Küchenchef und ich fühle mich dem Lokal nach wie vor sehr verbunden.

MODERNE KÜCHE IN BOLOGNA

Oltre
Das Oltre (Jenseits) paart Tradition mit kreativen Abendgerichten (tgl. wechselnd). Klassiker im tollen modernen Gewand gibt's hier aber auch. **€€€**

Bottega di Franco
Das höchst empfehlenswerte Lokal in einem Bauernhaus voller Nippes serviert Traditionsgerichte in modernen Varianten. Weit im Voraus reservieren! **€€€**

Ahimè
Michelinsterne-Restaurant mit täglich wechselnden Häppchen. Tipp: das umwerfende Pesto mit Senf à la Japan. **€€**

MUSIKALISCHES KURIOSITÄTEN-KABINETT

Die **Casa di Lucio Dalla** in der Casa Fontana poi Gamberini aus dem 15. Jh. zählt zu Bolognas interessantesten Geheimtipps: Bis zu seinem Tod 2012 lebte hier Lucio Dalla, einer von Italiens beliebtesten und exzentrischsten Musikschaffenden. Die *casa* (Haus) wurde seitdem fast nicht verändert und ist nun ein spektakuläres Museum. Neben der außergewöhnlichen Kunstsammlung und Antiquitäten aus aller Welt gibt's hier auch viele Besitztümer von Dalla (Preise, Zigarettenetuis, Taschenuhren, Musikinstrumente) zu sehen. Es wartet eine Reise durch die skurrile Gedankenwelt eines musikalischen Genies, dessen langem, fantastischem Leben das Museum ein Denkmal setzt.

Musikalische Klänge

VERGESSENE INSTRUMENTE, ÜBERRASCHENDE ARTEFAKTE

Bologna ist weltweit als Gourmet-Ziel berühmt. Vergleichsweise weniger bekannt ist das außergewöhnliche musikalische Potenzial der Stadt – sowohl früher als auch heute. Zur großartigen zeitgenössischen Musikszene gehör(t)en Stars wie der legendäre Liedermacher Lucio Dalla, die bahnbrechenden Italo-Hip-Hopper Sangue Misto oder der aktuelle Chart-Stürmer Cesare Cremonini. Seit 2006 ist Bologna auch offiziell eine UNESCO-Musikstadt.

Zwischen ihren Restaurantbesuchen besichtigenMusikfans am besten einen halben Tag lang zwei tolle Museen: Das **Museo Internazionale e Biblioteca della Musica di Bologna** im Palazzo Sanguinetti beeindruckt mit einer der interessantesten Instrumenten- und Musikaliensammlungen der Welt. Diese umfasst neben vergessenen Tonerzeugern (z. B. Blashörner, chromatisch gestimmte Harfen, Lauten, Trumscheite) auch Schriftliches (etwa Gebrauchsanleitungen, Notenblätter, Notizen, ganze Partituren). Die Basis hierfür war die lebenslange Sammelleidenschaft von Giambattista Martini, der heute als eine Art menschliches Wikipedia der Musikgeschichte gilt. Mitte des 18. Jhs. erstellte der bescheidene Mönch die weltweit erste Enzyklopädie alten musikalischen Wissens – ohne eigenes Geld oder Förderung. Heute gilt er als „Vater der Maestros". Danach geht's hinüber zur **San Colombano – Collezione Tagliavini**. Die Chilenin Catalina Vicens (Expertin für alte Musikgeschichte) verwaltet dort eine wunderbare Sammlung von über 80 Musikinstrumenten, die von dem verstorbenen Organisten Luigi Tagliavini zusammengetragen wurde. Viele der ausgestellten Cembali, Klaviere und Oboen stammen aus den 1500er-Jahren. Überraschenderweise funktionieren sie bis heute – auf Wunsch spielt Catalina etwas darauf.

MUSIKFANS AUFGEPASST!

In Emilia-Romagna ist Bologna nicht die einzige Stadt mit einem Ohr für schöne Klänge: Rund 130 km gen Nordwesten ist das Städtchen Busseto (S. 382) als Heimat und Geburtsort der Opernlegende Giuseppe Verdi berühmt.

Bolognas Bogengänge

INNOVATIVE ARCHITEKTUR, MITTELALTERLICHE SÄULENREIHEN

Bolognas typische Bogengänge gehören seit 2021 zum UNESCO-Welterbe. Ab dem 12. bzw. 13. Jh. dienten sie zur Förderung der kommerziellen und künstlerischen Aktivitäten vor Ort. Zudem begegnete die Stadt so dem Bevölkerungswachstum durch die zunehmende Studierendenzahl an der Universität Bologna: Durch das Überdachen der Bürgersteige konnten die darüber befindlichen Gebäude erweitert werden – ohne komplett Neues zu bauen.

TRADITIONELLE KÜCHE IN BOLOGNA

Trattoria da Amerigo
Das beste Restaurant der Region: Die zwanglos-rustikale Trattoria mit Michelinstern liegt 30 km westlich von Bologna in Savigno. **€€€**

Trattoria di Via Serra
In Bologna betreiben Flavio und Tommaso diese unscheinbare Trattoria. Hier mixen sie regionale Klassiker clever mit Einflüssen aus den Bergen. **€€**

Osteria al 15
Die rustikale und recht unbekannte *osteria* (Taverne) hat sich eine gewisse Authentizität à la Bologna bewahrt. **€€**

Portico Via Farini

Bolognas Bogengänge (insgesamt 62 km) haben verschiedene Gesichter. Darunter sind mittelalterliche Holzkonstruktionen über Gebäuden und integrierte Varianten im Stil der Gotik bzw. Renaissance. Hinzu kommen *beccadelli* (Bogendächer ohne Säulen) aus dem 14. Jh. und Beispiele für höfische Architektur aus dem 19. Jh. Die Maximalhöhe beträgt fast 10 m; das schmalste Exemplar ist nur 97 cm breit. Und der Portico di San Luca (etwa 4 km, ca. 664 Bogen) ist weltweit der längste seiner Art.

Bei einem mehrstündigen Spaziergang lassen sich einige Highlights entdecken: Wunderschöne Fossilien zieren den roten Veroneser Granit des **Portico del Pavaglione** (ein Wahrzeichen von Bologna) an der Piazza Maggiore. Im 19. Jh. schuf Gaetano Lodi die detaillierten Fresken am **Portico Via Farini**. Entlang des **Portico Palazzo Bolognini** an der Piazza Santo Stefano starren Terrakotta-Büsten auf die Vorübergehenden hinunter. Und der gewundene **Il Treno** (600 m) im Wohnviertel Barca besteht aus Stahlbeton: Diese Ikone des Nachkriegs-Urbanismus ist der einzige moderne Bogengang der Stadt.

Die **All'Osteria Bottega** (Reservierung empfohlen) unter dem **Portico Santa Caterina** serviert Slow-Food-Köstlichkeiten. Darunter sind z.B. Bolognas beste Kalbsschnitzel im Petroniana-Stil (garniert mit *prosciutto di Parma* und *parmigiano reggiano*).

UNTERWEGS VOR ORT

Im übersichtlichen Bologna liegen fast alle wichtigen Sehenswürdigkeiten in Laufentfernung zueinander. Alternativ betreibt TPER ein effizientes Stadtbusnetz.

BOLOGNAS BESTE BOUTIQUE-HOTELS

Casa Isolani
Besteht aus zwei historischen Wohnhäusern (sorgsam renoviert) mit Traumblick auf Bologna. Viele originale Details (z.B. Terracotta-Decken, zeitgenössische Möbel) zieren die Zimmer mit gutem Preis-Leistungs-Verhältnis. **€**

Hotel Metropolitan
Super für Designfans: Rund um einen kleinen Innenhof mit Olivenbäumen warten hier 42 Zimmer, darunter auch Superior-Varianten im Obergeschoss. Die Quartiere kombinieren Zweckmäßigkeit mit schicker, moderner Einrichtung. **€€**

Grand Hotel Majestic
Bolognas einziges Fünf-Sterne-Hotel befindet sich in einem früheren erzbischöflichen Priesterseminar aus dem 18. Jh. Seit 1912 wurde sein klassischer Luxus u.a. schon von Frank Sinatra oder Prinzessin Diana geschätzt. **€€€**

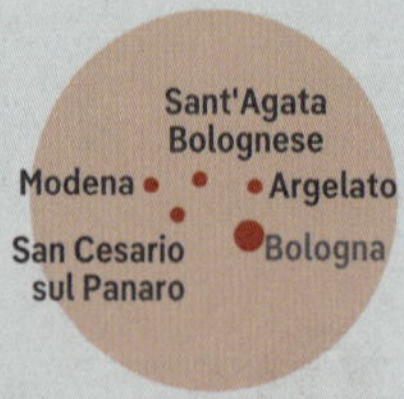

Rund um Bologna

Weltbekannte Luxus-Sportwagen werden rund um Bologna und Modena produziert. Letztere ist auch Heimat legendärer Küchen und Opernsänger:innen.

Nur 43 km westlich von Bologna beheimatet die Po-Ebene eins von Italiens großen Gastro-Zentren: Modena ist die kreative Kraft hinter echtem Balsamessig, prickelndem Lambrusco und riesigen Tortellini mit leckeren Füllungen. An den hiesigen Seitenstraßen drängen sich ein paar der besten kulinarischen Geheimtipps des Planeten. Eins der Lokale ist wiederum allseits bekannt: Die Osteria Francescana schaffte es einst als erste italienische Adresse auf Platz 1 der „50 weltbesten Restaurants". Mit Bologna teilt sich Modena ein weiteres weltberühmtes Erbe: Kraftfahrzeuge. Neben einigen der schnellsten Supersportwagen (Ferrari, Maserati, Pagani, Lamborghini) entstehen hier auch Motorräder (Ducati).

TOP TIPP

Werksführungen im Motor Valley erfordern immer eine Reservierung und finden meist nur unter der Woche statt (plane dementsprechend deine Zeit ein).

Mercato Albinelli, Modena

IMAGEBROKER/MARTIN JUNG/GETTY IMAGES ©

Torre Ghirlandina, Modena (S. 376)

Made in Modena

KULINARISCHE TRIUMPHE, ROMANISCHE ARCHITEKTUR

Wer bei der Ankunft in Modena (eine 30-minütige Zugfahrt ab Bologna) noch keine Reservierung für die **Osteria Francescana** hat, guckt höchstwahrscheinlich in die Röhre: Das berühmte Restaurant von Massimo Bottura hat nur zwölf Tische. Es sei denn, man wohnt 7 km östlich der Stadt in der wundervollen Landvilla des Starkochs: Nur Gäste der **Casa Maria Luigia** genießen Reservierungs-Garantie. Botturas innovative Regionalküche hat quasi im Alleingang Modena einen Aufstieg in Italiens allseits bekannter Gastro-Landschaft beschert. Ansonsten ist diese mittelalterliche Perle ein Paradebeispiel für langsamen Tourismus: Hier heißt's vom Gas gehen, den Gürtel lockern und sich einen Tag lang faszinieren lassen.

Am besten beginnt man den Tag wie Bottura – mit einem Bummel durch den **Mercato Albinelli**. Die beste Markthalle der Region liegt 200 m südlich der **Piazza Grande**, die zum Welterbe zählt. An dem Platz ragt Italiens schönste romanische Kirche empor: Modenas berühmter **Duomo** kombiniert mittelalterliche Nüchternheit mit römischen Anleihen. Zur Welterbe-

PAVAROTTIS MODENA

Der legendäre Tenor Luciano Pavarotti stammte aus Modena. Rund 8,5 km weiter südöstlich verbrachte er seine letzten Lebensjahre in einem recht schlichten Wohnhaus in hübscher Umgebung. Die **Casa Museo Luciano Pavarotti** ist seit 2015 ein Museum. Beim selbstgeführten Besichtigen per Audio-Guide (40 Min., neun Sprachen) warten einige Highlights. Darunter sind z.B. Pavarottis buttergelbe Küche oder sein Schlafzimmer und Bad. Ausgestellt sind hier auch persönliche Briefe von Frank Sinatra, Bono und Prinzessin Diana. Vor dem **Teatro Comunale Luciano Pavarotti** (Ecke Via Carlo Goldoni & Corso Canal Grande) in der Stadt steht seit 2017 eine lebensgroße Bronzestatue des Opernsängers.

ESSEN IN MODENA

Gelateria Bloom
Die beste Eisdiele der Region kooperiert u.a. direkt mit Bauernhöfen, die auf alte Obstsorten spezialisiert sind. **€**

Ristorante da Danilo
Kredenzt eine perfekte Version von Modenas Top-Gericht (Tortelloni mit Spinatfüllung und Bauchspeck-Sahnesauce). **€**

Trattoria Ermes
Obwohl Ermes seit 2022 nicht mehr lebt, wird in seiner legendären Trattoria weiterhin großartige Regionalküche serviert. **€**

FORMEL 1 IN IMOLA

Rund 40 km südöstlich von Bologna liegt **Imola** mit dem **Autodromo Enzo e Dino Ferrari**. Die regionale F1-Rennstrecke mit Kurs gegen den Uhrzeigersinn ist vor allem für eine Tragödie bekannt: Der legendäre Ayrton Senna verlor hier 1994 sein Leben. Der frühere Austragungsort des San Marino Grand Prix (1981–2006) kehrte 2020 mit dem Emilia-Romagna Grand Prix in den F1-Rennzirkus zurück. Besucher:innen können die Strecke per Shuttle-Tour ablaufen und sogar selbst einen Ferrari oder Lamborghini steuern. Vielleicht lässt sich auch die „Streckenkatze" **Formulino** (*@Formulinotheking*) blicken.

Formel-1-Rennstrecke, Imola

stätte gehört auch der 87 m hohe **Torre Ghirlandina** (frühes 13. Jh.) hinter dem Dom. Der **Palazzo Ducale** ist ein barockes Meisterwerk. Er dominiert das nordöstliche Ende des historischen Zentrums und beherbergt heute Italiens elitärste Militärakademie. Dennoch gibt's lohnenswerte Führungen durch den Palast (buchbar über die Tourismusinformation Modenatur).

Zwecks Kalorienverbrennung empfiehlt sich Stöbern in ein paar der besten regionalen Läden. Darunter sind z. B. **La Vacchetta Grassa** mit handgemachten Lederwaren oder **La Consorteria 1966** mit traditionellem Modena-Balsamessig (DOP bzw. ursprungsgeschützt) – teuer, aber sein Geld vollauf wert.

Ein Autoparadies

LUXURIÖSE SUPERSPORTWAGEN, ITALIENISCHES DESIGN

Mit ihren atemberaubenden Ausstellungen über Automobilgeschichte, Hochleistung und großartiges Design aus Italien fesseln die Museen des Motor Valley wohl so gut wie alle. Wer jedes einzelne Museum davon besichtigen will, braucht ein paar Tage – es sind keine Enttäuschungen dabei. Das Motor Valley erstreckt sich zwischen Bologna und Modena und ist jeweils maximal 45 Fahrtminuten von den beiden Städten entfernt.

In Bologna erzählt das **Museo Ducati** die Geschichte der Nobel-Motorradmarke. Diese reicht vom ursprünglichen Firmenstart als Hersteller von Radio-Bauteilen bis hin zu den aktuellen Superbikes. Ferrari bietet gleich zwei automobile Wallfahrtsstätten: Als Teil der Unternehmenszentrale in Maranello zeigt das erstklassige **Museo Ferrari** die größte Ferrari-Sammlung der Welt. Das **Museo Enzo Ferrari** in Modena ehrt den Firmengründer mit Erinnerungsstücken. Lamborghini betreibt ebenfalls zwei Museen: Das **Mudetec** in Sant'Agata Bolognese konzentriert sich auf die Geschichte und Innovationen der Marke. Das faszinierende **Museo Ferrucio Lamborghini** in Argelato zeigt Familienerbstücke (u. a. Hubschrauber, Traktoren, legendäre Autos) auf 9000 m².

Für Supercar-Fans sind die regionalen Werksführungen vermutlich der Heilige Gral: Bei **Automobili Lamborghini** in Sant'Agata Bolognese schaut man hinter den Kulissen auf perfekt laufende, geradezu hypnotische Produktionsprozesse. **Maserati** in Modena beeindruckt Neugierige mit der Produktion des neuen MC20 und intensivem Eintauchen in die Welt handgebauter Motoren. Ultimative Motorsport-Träume erfüllt aber wohl das **Museo Horacio Pagani** in San Cesario sul Panaro: Pagani stellt pro Jahr nur 40 Supersportwagen (Stückpreis 1,3–2,5 Mio. €) her, die jeweils komplett von Hand zusammengebaut werden. Für Leute, die sich mit Autos auskennen, gibt es wohl nichts Besseres, als die Entstehung dieser motorisierten Kunstwerke selbst aus nächster Nähe zu beobachten.

UNTERWEGS VOR ORT

In Modena geht's prima zu Fuß und per Fahrrad voran. Fürs intensive Erkunden des Motor Valley braucht man aber ein eigenes Fahrzeug.

PARMA

Wer an Wiedergeburt glaubt, betet am besten für ein Comeback als *parmense*: Wo sonst auf der Welt kann man über praktisch autofreie Straßen zur Arbeit radeln? Sich mittags mit frisch abgehängtem Parmaschinken und gereiftem *parmigiano reggiano* stärken? Spritzigen Lambrusco in Jugendstil-Cafés schlürfen? Und klassische Musik an schwülen Sommerabenden in Opernhäusern mit spektakulärer Architektur genießen?

Parma gehört zu Italiens reichsten Städten und ist zu Recht sehr stolz auf sich: Von hier stammen der weltberühmte Komponist Verdi und der einflussreiche Dirigent Toscanini – ebenso genug Schinken und Käse für eine ganze neue Feinkost-Kette. Die historischen Attraktionen in Stadt und Umland gelten oft als Archetypen der italienischen Architektur. Dies gilt vor allem für das grandiose Baptisterium von 1196 und das eindrucksvolle Castello di Torrechiara von Pier Maria II. de' Rossi.

Parma ist zwar die zweitgrößte Stadt der Region, lokalen Witzbolden zufolge aber nicht viel mehr als ein größeres Dorf – zugleich königlich und rustikal.

TOP TIPP

Fans des *parmigiano reggiano* (Parmesan) sind in Parma goldrichtig: Die traditionelle Variante aus der Milch von Holsteiner Kühen gibt's hier überall. Besonders empfehlenswert ist aber die seltenere Version *vacche rosse* aus der Milch von Reggios roten Kühen.

Parmas Seele

SPEKTAKULÄRE KUNST, MÄRCHENHAFTE ARCHITEKTUR

Ob historischer Stadtkern oder Umland: Parma bietet vielerlei Möglichkeiten für eine typisch italienische Erfahrung über einen Tag oder zwei. Los geht's mit der prachtvollen **Piazza del Duomo**: Die hiesige **Cattedrale di Santa Maria Assunta** hat eine lombardisch-romanische Fassade und ein barockes Inneres. Ihren *duomo* ziert Antonio da Correggios *Assunzione della Vergine* (*Mariä Himmelfahrt*) – ein kaleidoskopischer Wirbel aus Putten und fliegenden Engeln. Auf der Spitze des dazugehörigen Uhrenturms (63 m) thront die Replik eines vergoldeten Engels. Das Original wurde 2009 von einem Blitz getroffen und ist nun im **Museo Diocesano** an der Piazza ausgestellt. Das achteckige **Battistero** aus rosafarbenem Marmor zählt in Italien zu den bedeutendsten seiner Art und ist üppig mit bunten byzantinischen Fresken aus dem 13. Jh. ausgeschmückt. Es beherbergt auch ein faszinierendes Figuren-Ensemble, das die Monate, Jahreszeiten und Tierkreiszeichen repräsentiert. Rund 500 m östlich der Piazza del Duomo steht der monumentale **Palazzo della Pilotta** mit der **Galleria Nazionale**, dem **Museo Archeologico Nazionale** und dem **Teatro Farnese** als Highlight. Das Theater ist die Replik eines Renaissancebaus und besteht fast ganz aus Holz.

Das **Castello di Torrechiara** (erb. 1448–60) gehört zu den märchenhaftesten Burgen in Emilia-Romagna. Seine fünf mächtigen, außergewöhnlich gut erhaltenen Türme in Quadratform ragen 20 km südlich der Piazza del Duomo aus der Landschaft empor. Das Bollwerk ist eins der bedeutendsten Beispiele für

ESSEN IN PARMA

Maria Anedda aus Parma ist Küchenchefin, kulinarische Beraterin und frühere Teilnehmerin bei *Top Chef Italia. (@maria.anedda)*

Parma … die UNESCO-Gastronomiestadt. Von Regionalprodukten bis hin zu kulinarischer Kunst dreht sich hier alles ums Essen. **Ó Bistrot** empfiehlt sich für ein Nobelfrühstück im eleganten Ambiente. Ein schnelles Mittagessen genießt man am besten wie alle Einheimischen im **Pepén**. Ein Eis in **La Gelateria** ist auch Pflicht. Weiter unten wartet die lebhafte **Via Farini** mit Drinks und Streetfood auf. Und außerhalb der Stadt lockt das leicht erreichbare **Ristorante Romani** mit einem Abendessen in ländlicher Umgebung.

HIGHLIGHTS
1 Battistero
2 Cattedrale di Santa Maria Assunta
3 Galleria Nazionale

SEHENSWERTES
4 Camera di San Paolo e Cella di Santa Caterina
5 Museo Archeologico Nazionale
6 Museo Diocesano
7 Palazzo della Pilotta
8 Piazza del Duomo
9 Teatro Farnese
10 Via Farini

SCHLAFEN
11 Al Ducale
12 B&B Pio
13 Palazzo dalla Rosa Prati

ESSEN
14 Borgo 20
15 Ó Bistrot
16 Pepèn

AUSGEHEN & FEIERN
17 Bastian Contrario
18 Enoteca Fontana
19 Osteria Oltrevino
20 Tabarro

UNTERHALTUNG
21 Teatro Regio

SHOPPEN
22 La Prosciutteria
23 Salumeria Garibaldi

ÜBERNACHTEN IN PARMA

B&B Pio
Komfort und Gastfreundlichkeit in prima Lage. Der Inhaber pflegt eine Leidenschaft für regionale Lebensmittel und Weine. **€**

Al Ducale
In Oltretorrente erweist sich Giovanni hier als perfekter Gastgeber. Das schätzen auch Komponierende, Schauspielende und Sänger:innen. **€**

Palazzo dalla Rosa Prati
Königliches Relaxen wie Marie Antoinette direkt neben Parmas Dom. **€€€**

Teatro Regio

italienische Festungsarchitektur. Sein Inneres ziert ein großartiges Fresko: Benedetto Bembos *Camera d'Oro* ist landesweit das einzige mittelalterliche Gemälde, das die höfische Liebe eines Königspaars verherrlicht und komplett erhalten ist.

Auf der Suche nach Prosciutto

LEGENDÄRER SCHINKEN, SPITZENMÄSSIGE WEINE

Zusammen mit Bologna und Modena bildet Parma ein kulinarisches Triumvirat in der Region, dem die globale Gastro-Welt ein paar der legendärsten italienischen Beiträge verdankt. Dabei ist Parma jedoch die einzige offizielle UNESCO-Gastronomiestadt. In seinem Zentrum gibt's diverse *salumerias*: An den Deckenbalken dieser spezialisierten Feinkostläden hängen Schinkenkeulen, die maximal 36 Monate lang reifen (Minimum 400 Tage). Das ist der begehrte *prosciutto di Parma* (Parmaschinken) und ein örtliches Wahrzeichen.

Probieren kann man die Spezialität z. B. bei der **Salumeria Garibaldi** in direkter Bahnhofsnähe: Der gut

OPER IN PARMA

Parma zählt zu Italiens legendären Pflastern für Opern-Erlebnisse. Sein **Teatro Regio** ist zwar architektonisch nicht ganz so unverkennbar wie La Scala (Mailand) oder La Fenice (Venedig), aber dennoch eine Bühne für Vorstellungen von Weltrang. Der neoklassizistische Bau wurde 1829 auf Wunsch von Herzogin Marie-Louise von Österreich (der Ehefrau Napoleons I.) eröffnet. Sein Inneres zieren vergoldeter Stuck sowie eine bemalte Decke und ein Vorhang von Giovan Battista Borghesi. Am besten besucht man das Theater während des international bekannten **Festival Verdi** (jedes Jahr Ende Sept./ Anfang Okt.).

RENAISSANCE-DRAMEN

Die Inspiration für das Teatro Farnese war das grandiose **Teatro Olimpico** (S. 357; Architekt: Andrea Palladio) in Vicenza (Venetien). Zusammen mit dem Teatro all'Antica in Sabbioneta (Lombardei) sind dies Italiens einzige erhaltene Renaissance-Theater. Das Teatro Farnese wurde aber im Zweiten Weltkrieg größtenteils zerstört.

ESSEN IN PARMA

Pepèn
Zahllose Einheimische stehen hier für Parmas berühmteste *panini* an. **€**

Borgo 20
Das stetig innovative Bistro hebt Regionalprodukte mit geschützter Herkunftsbezeichnung (DOC) auf ein neues Level. Besonders lecker ist das Risotto mit Parmesan. **€€**

Ristorante Cocchi
Der kulinarische Tourismus hat das traditionelle Restaurant à la Parma bislang nicht beeinflusst. **€€**

CORREGGIOS ERSTER AUFTRAG

Während der Renaissance war die **Camera di San Paolo** im gleichnamigen früheren Kloster der erste Auftrag von Antonio da Correggio in Parma. Das Fresko des Meistermalers ziert die Privatgemächer der Äbtin, die die nun renovierte Abtei im Jahr 1520 leitete. Die Räume mit Gewölbedecke waren 200 Jahre lang nicht öffentlich zugänglich, können aber heute besichtigt werden. Correggios illusionistisches Bild simuliert eine Laube, die sich gen Himmel öffnet. Es gilt als Meisterwerk der italienischen Hochrenaissance und besteht aus 16 Segmenten. In jedem davon zeigt ein ovales *trompe l'œil* verspielt wirkende *putti* (Putten) mit Hunden, Jagdausrüstung (inkl. Pfeil und Bogen) und erlegtem Wild.

sortierte Feinkostladen (gegr. 1829) empfängt seine Kundschaft mit baumelnden Würsten, Regalen voller Lambrusco-Flaschen, dicken Parmaschinken-Scheiben und zahllosen *parmigiano-reggiano*-Rädern. Alternativ empfiehlt sich die Filiale der **Salumeria Rastelli** an der Strada della Repubblica. Die Fleischwaren beider Geschäfte spült man am besten mit Regionalweinen aus den Colli di Parma hinunter. In Sachen Picknick-Proviant ist **La Prosciutteria** eine prima Wahl: Silvano Romanis Tempel des Schweinefleisches gehört zu Parmas ultimativen Quellen für Gepökeltes bzw. Geräuchertes. Etwas traditionellere Bar-Atmosphäre bietet die tolle **Enoteca Fontana**: Zusammen mit Einheimischen kann man sich hier an erlesenen Weinen und *taglieri di salumi* (Fleischwaren-Platten) laben.

Viele Prosciutto-Produktionen geben Besucher:innen tiefere Einblicke in ihre Herstellungskünste. Unter den diesbezüglich besten Optionen im Umland sind **Salumificio Conti** und **Fratelli Galloni** (28 bzw. 21 km südlich von Parma). Galloni kombiniert Prosciutto mit schöner Aussicht auf ländliches Terrain.

Vergnügliches Verirren

AUSSERGEWÖHNLICHE KUNST, LABYRINTHISCHES VERMÄCHTNIS

Mit der Eröffnung des weltgrößten Irrgartens erfüllte sich Franco Maria Ricci im Jahr 2015 einen Lebenstraum. Der Verleger und Kunstsammler gab von 1982 bis 2004 im Vierteljahrestakt das Kunstmagazin *FMR* heraus. Dieses Printprodukt mit Softcover galt unter vielen Sachkundigen als weltweit attraktivstes seiner Art und war mehr oder weniger der Prototyp des modernen Coffee Table Book – was wiederum den Weg für den Verlag Taschen und andere ebnete. 2020 starb Ricci ein Jahr vor der ersten Neuauflage von *FMR*. Sein **Labirinto della Masone** (7 ha) aus Bambus liegt 17 km westlich von Parma in Fontanellato. Der Park in ländlicher Umgebung ist vielleicht Emilia-Romagnas schrägstes Pflichtziel. Leider ist er nicht mit öffentlichen Verkehrsmitteln erreichbar (Taxi ab Parmas Zentrum ca. 20 €). Kinder und Erwachsene lieben gleichsam den Orientierungsverlust auf dem Weg zum Innenhof (ca. 1 Std.) mit zwei luxuriösen Suiten (500 €/Übernachtung).

Die zweite lokale Hauptattraktion ist die außergewöhnliche Kunstsammlung, die Ricci persönlich über 50 Jahre zusammentrug. Sie umfasst z. B. zahllose napoleonische Büsten, Gemälde vom 16. bis zum 19. Jh. (inkl. manieristischer Werke) und Original-Illustrationen des *Codex Seraphinianus* von Luigi Serafini. Zu sehen gibt's auch ein Holzmodell des Mailänder Doms, viele *FMR*-Magazincover und einen höchst faszinierenden Raum, der morbiden Vanitas-Stillleben aus dem 17. Jh. gewidmet ist.

APPETIT?

Dann ist Emilia-Romagna das richtige Ziel: Die Region ist Italiens gastronomischer Ehrgeizling. Für ihre berühmten Spezialitäten empfiehlt sich vor allem die Hauptstadt Bologna (S. 368): Dort warten bergeweise Lasagne und Tortellini.

UNTERWEGS VOR ORT

Die bedeutendsten Sehenswürdigkeiten in Parmas *centro storico* lassen sich ohne ein Auto abklappern. Trotz TEP-Bussen zu bestimmten Zielen können allerdings Selbstfahrer:innen die ländliche Umgebung vergleichsweise viel besser erkunden.

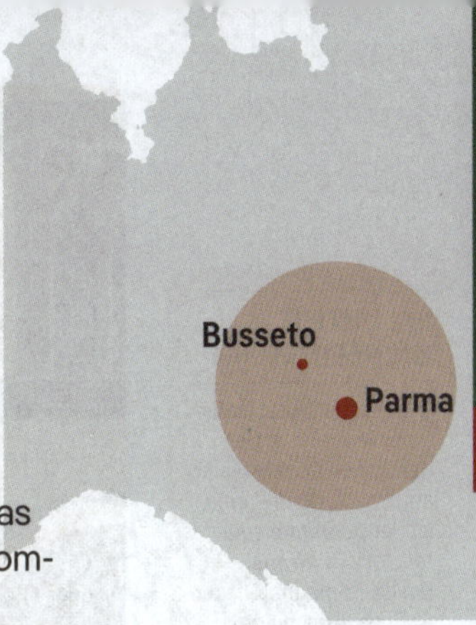

Rund um Parma

In Parmas Nähe locken der Appenin und das Verdi-Land – die Heimat des berühmten Komponisten Guiseppe Verdi.

Während der „goldenen Opernzeit" in der zweiten Hälfte des 19. Jhs. erreichte nur Wagner ein ähnlich hohes Niveau wie Giuseppe Verdi. 1813 wurde Italiens Opern-Genie ca. 38 km nordwestlich von Parma im winzigen Nest Roncole Verdi geboren. Wer sein außergewöhnliches Erbe heute entdecken will, startet am besten 35 km nordwestlich von Parma in Busseto. Dieses nette und geschichtsträchtige Städtchen hat auch einige gute Cafés und Restaurants.

Parma ist auch eine super Ausgangsbasis für Trips zum Parco Nazionale dell'Appennino Tosco-Emiliano. Tor zu diesem Nationalpark (einer von Italiens neueren) ist das Dorf Castelnovo ne' Monti, das sich 58 km südöstlich von Parma in der Provinz Reggio Emilia befindet.

TOP TIPP

Ab Castelnovo ne' Monti ist die surreale Pietra di Bismantova im Parco Nazionale dell'Appennino Tosco-Emiliano zu Fuß oder per Taxi erreichbar (einfache Strecke 3 km).

Pietra di Bismantova (S. 383)

GIORGIO MORARA/SHUTTERSTOCK ©

GIMAS/SHUTTERSTOCK ©

Teatro Verdi

SALUMI MIT MICHELINSTERN

Die einzige Wurst (*salume*), die in dieser Gegend noch begehrter ist als *prosciutto di Parma*, ist der berühmte *culatello di Zibello* aus Emilia-Romagna. Dieser Rohschinken mit geschützter Herkunftsbezeichnung stammt aus der Umgebung von Busseto. Rund 7,5 km südwestlich der Stadt dominiert die regionale Delikatesse im besuchenswerten **Antica Corte Pallavicina** mit einem Michelinstern: Hier hängen 5000 der weltbesten *salumi* neben den Namenskarten ihrer jeweiligen Eigentümer:innen (z.B. König Charles III. von England, Albert II. von Monaco). Das Hotel/Restaurant befindet sich in einer Burg aus dem 14. Jh., die oft filmreif vom Po-Nebel eingehüllt wird. Tipp: Am besten den erstklassigen *culatello di suico nero di Parma* aus dem Fleisch schwarzer Freiland-Schweine probieren.

Musik & Meisterwerke

EINDRUCKSVOLLE VILLEN UND OPERN

In der Opernwelt gibt es wohl kaum einen größeren Namen als den von Guiseppe Verdi. In mehr als 50 Jahren komponierte der Italiener über 25 Opern. Bis heute zählen weltweit viele davon (z.B. *Rigoletto, La Traviata, Aida, Otello*) zu den am häufigsten inszenierten Musikdramen. Ein Tagestrip zum Verdi-Land (40-minütige Zugfahrt ab Parma) ist für Opernfans absolut Pflicht. Verdis Bedeutung und Einfluss sind aber gleichsam für Musik-, Geschichts- und Italienfans interessant.

Los geht's mit dem **Teatro Verdi** im Zentrum von Busseto. Das winzige, aber prachtvolle Theater entstand 1868 an der passend benannten Piazza Verdi – obwohl Verdi selbst den Bau ursprünglich ablehnte. Premiere wurde dann mit seinem Meisterwerk *Rigoletto* gefeiert. Wer während des alljährlichen **Festival Verdi** (Okt.) in Busseto verweilt, sollte sich hier unbedingt eine Verdi-Oper anschauen. Ebenfalls in der Stadt beherbergt eine schmucke Landvilla das **Museo Nazionale Giuseppe Verdi**. Dieses Museum porträtiert das Leben des Meisters intelligent mit Gemälden, Musik und Audioguides.

ÜBERNACHTEN UND ESSEN IN BUSSETO

I Due Foscari
Neben 20 altmodischen Zimmern mit schlichten Holzakzenten gibt's hier auch ein Restaurant und eine *cantina* (Weingut). **€**

Salsamenteria Storica e Verdiana Baratta
Legendäre Lokaladresse für Wurst- oder Käseteller mit Regionalweinen. **€**

Trattoria Vernizzi
Die altmodische Trattoria mit deftigen regionalen Spezialitäten (mündlich angeboten) liegt ein paar Kilometer östlich von Busseto. **€**

Doch seine eigentliche Magie praktizierte Italiens größter Komponist ein paar Kilometer nordwestlich von Busseto: Ab 1851 lebte und arbeitete er dort in der **Villa Verdi** mit 56 Zimmern. Gemäß seinem Testament blieb das Haus nach Verdis Tod unverändert erhalten. So sieht die faszinierende Einrichtung mit Möbeln, persönlichen Besitztümern und Kunstwerken immer noch so aus wie an seinem Todestag im Jahr 1901.

Abenteuer im Apennin

TOLLE BERGTOUREN, DRAMATISCHE INSELBERGE

Ende der 1980er-Jahre hatte Italien nur sechs Nationalparks – heute sind es 25. Unter den jüngeren ist der **Parco Nazionale dell'Appennino Tosco-Emiliano** (260 km²; seit 2015 ein Biosphärenreservat). An der Grenze zwischen Toskana und Emilia-Romagna erstreckt sich dieser Park entlang des Apennin-Grats. Bekannt ist er für seine Wandermöglichkeiten, weitläufige Buchenwälder und eine kleine Wolfspopulation.

Tor zum Park ist das Dorf **Castelnovo ne' Monti**, das häufiger mit Reggio Emilia als mit Parma assoziiert wird. Ab Parma gelangen Outdoorfans in nur 75 Fahrtminuten hierher, was auch Tagestrips zu einer recht stressfreien Option macht. Unter den vielen Wander- und Kletterrouten des Parks sind auch mindestens sieben Optionen unter der Verwaltung des Club Alpino Italiano. Mit der imposanten **Pietra di Bismantova** (1047 m) können Tages-Trekker das Highlight der Region erklimmen: Das Kalksteinplateau mit freiliegenden Felswänden ist aus vielen Kilometern Entfernung sichtbar und zum Klettern sowie Wandern am Wochenende beliebt. Rund 4 km südlich von Castelnovo ne' Monti beginnt an der Piazzale Dante (Parkplatz vor der Foresteria San Benedetto) ein in den Fels geschlagener Gipfel-Rundweg des Club Alpino Italiano. Die eindrucksvolle Pietra inspirierte Dante Alighieri eventuell zu seinem Läuterungsberg in der *Divina Commedia*.

WANDERN IM APPENIN

Der **Monte Cusna** (2121 m) ist der höchste Berg unter den vielen majestätischen Gipfeln des Parco Nazionale dell'Appennino Tosco-Emiliano. Dank dem *sentiero* Nr. 605 lässt er sich leicht erklimmen: Der Pfad ab dem Dorf Civago nahe der Grenze zur Toskana passiert auch die beste regionale Berghütte namens **Rifugio Cesare Battisti**. Diese liegt auch an einer von Italiens großen Fernwanderrouten: der **Grande Escursione Appennenica (GEA)** mit fünf Etappen (insgesamt 375 km, drei Wochen). Zwischen Passo della Forbici (nahe dem *rifugio*) und ihrem Endpunkt in Montelungo (gleich außerhalb des nordwestlichen Parkrands) zerteilt die GEA den Park in zwei Hälften. Einzelne Abschnitte lassen sich auch als Tagestreks absolvieren.

UNTERWEGS VOR ORT

Ab Parma fahren Busse und Züge (in Fidenza umsteigen) nach Busseto. Zum Erkunden des Apennin brauchst du aber ein eigenes Fahrzeug.

FERRARA

Ferrara mit den intakten mittelalterlichen Mauern strotzt vor Renaissance-Kunst und gewaltigen Palästen. Auf der Route Bologna–Venedig springt die Stadt wie der flüchtige Casanova (der sich einst hier aufhielt) aus der Landschaft hervor. Doch trotz ihres Welterbe-Status wird sie meist links liegen gelassen – wie alle Städte nahe der früheren Republik Venedig (alias *La Serenissima* bzw. „Die Allerdurchlauchtigste"). Das Ergebnis: Wer Venedig vermeidet, wird Ferraras fahrradfreundliche Straßen und Palazzi als relativ unerforscht und ruhig empfinden.

Früher war Ferrara die Domäne der mächtigen Este-Dynastie (Rivalen der Florentiner Medici), die das örtliche Wahrzeichen errichtete: eine große Burg mit Grabenanlage mitten im historischen Zentrum. Dieses blieb im Zweiten Weltkrieg intakt, während die übrige Stadt unter Bombenschäden litt. Besonders interessant ist das ehemalige jüdische Ghetto (bewohnt 1627–1859), das in der Region das größte und älteste seiner Art ist.

TOP TIPP

Einen alternativen Ausblick auf die Piazza Trento Trieste (Ferraras Hauptplatz) bietet der Buchladen Libraccio im 1. Stock des Palazzo di San Crispino: Von hier aus schaut man wunderbar auf die Südfassaden des Duomo und des Palazzo Municipale.

VIELSEITIGE STADT

Ferrara ist als Treffpunkt von Intellektuellen und Kunstschaffenden während der Renaissance bekannt. Aber auch die gut erhaltene Altstadt aus dem Mittelalter ist eine Attraktion. Die **Loggia dei Merciai** an der Piazza Trento Trieste ist unübersehbar. Weiter drinnen im Viertel finden sich viele andere mittelalterliche Zeugnisse, z.B. die **Via delle Volte** mit zahlreichen Gebäudebrücken (*volte* bzw. Gewölben). Sie verbinden die früheren Kaufmannshäuser auf der Südseite mit den Lagerhäusern auf der Nordseite.

Die Schätze des Corso Ercole I d'Este

PALAZZI AUS DER RENAISSANCE, GEWALTIGE BOLLWERKE

Ferraras historische Bedeutung ist untrennbar mit der Renaissance verbunden: Im 15. und 16. Jh. strömten Intellektuelle und Kunstschaffende hierher. Werke von Kreativen wie Piero della Francesca, Jacopo Bellini und Andrea Mantegna zieren die lokalen Paläste der Este-Dynastie, die Ferrara zu internationalem Ansehen verhalf. Biagio Rossetti entwarf mit dem **Corso Ercole I d'Este** die Hauptader der Addizione Erculea. Die Straße gilt heute als Meisterwerk der Renaissance-Stadtplanung und ist Teil des historischen Zentrums, einer Welterbestätte.

Der Corso beginnt am imposanten **Castello Estense**. 1385 gab Nicolò II. d'Este den Bau der mächtigen Burg mit Grabenanlage und Zugbrücke in Auftrag. Ab 2023 wird das Castello restauriert und ist dann voraussichtlich mehrere Jahre geschlossen. Rund 500 m weiter nördlich trifft der Corso auf den **Quadrivio degli Angeli** mit einigen Prachtbauten aus der Renaissance: dem **Palazzo Turchi di Bagno**, dem **Palazzo Prosperi-Sacrati**, dem **Palazzo Strozzi Bevilacqua** und dem **Palazzo dei Diamanti**. Letzterer beherbergt die **Pinacoteca Nazionale** mit Renaissance-Schätzen wie dem Großgemälde *Costabili Polyptych* von Garofalo und Dosso Dossi.

ÜBERNACHTEN IN FERRARA

Le Stanze di Torcicoda
Vier Zimmer in einem *cassero* aus dem späten 14. Jh. Das mittelalterliche Haus steht am Ende einer schmalen Gasse im alten jüdischen Viertel. **€**

Alchimia B&B
Nobles B&B in einem restaurierten Wohnhaus aus dem 15. Jh.: Sechs Zimmer und drei Apartments rund um einen großen Innenhof. **€€**

Albergo Annunziata
Spitzenmäßige Vier-Sterne-Option mit 27 attraktiven, modernistischen Zimmern. Sechs davon bieten direkte Aussicht auf das Castello Estense. **€€**

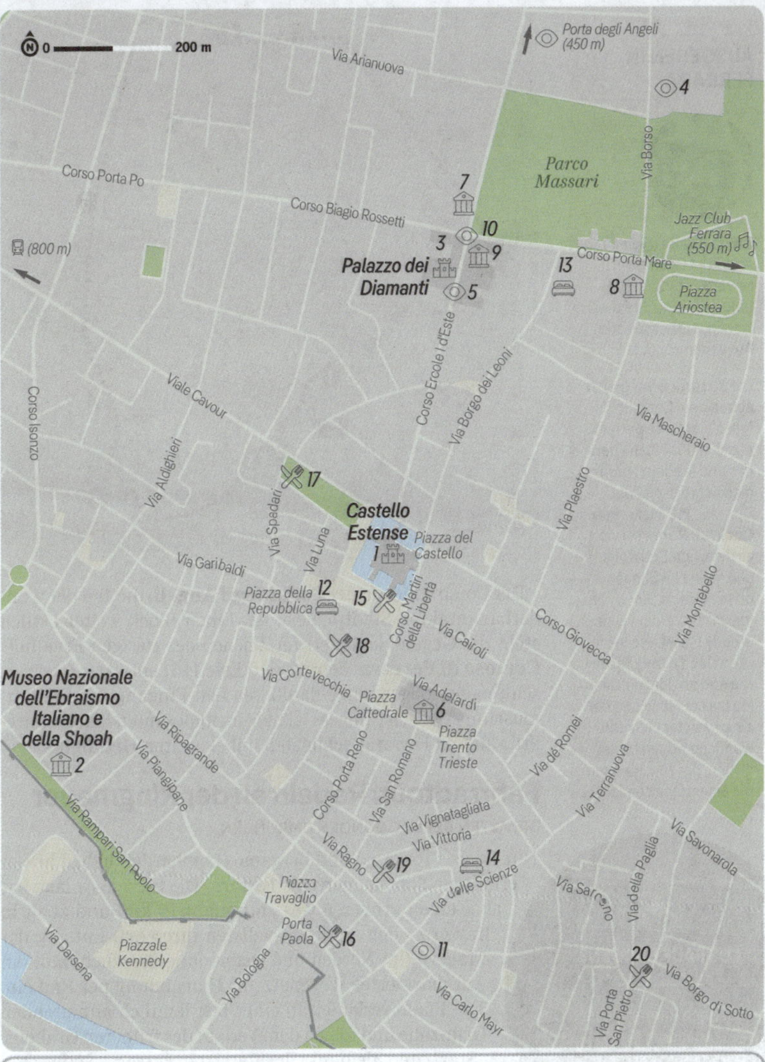

HIGHLIGHTS
1 Castello Estense
2 Museo Nazionale dell'Ebraismo Italiano e della Shoah
3 Palazzo dei Diamanti

SEHENSWERTES
4 Certosa di Ferrara
5 Corso Ercole I d'Este
6 Loggia dei Merciai
7 Palazzo Prosperi-Sacrati
8 Palazzo Strozzi Bevilacqua
9 Palazzo Turchi di Bagno
(siehe 3) Pinacoteca Nazionale
10 Quadrivio degli Angeli
11 Via delle Volte

SCHLAFEN
12 Albergo Annunziata
13 Alchimia B&B
14 Le Stanze di Torcicoda

ESSEN
15 Birraria Giori
16 Me Pizzeria & Cocktail Room
17 Take Eat Easy
18 Tiffany Ristorantino
19 Trattoria da Noemi
20 Trattoria le Nuvole

AUSGEHEN IN FERRARA

Giulia Scalia (*@giulia scalia)* ist Beamtin in Ferraras Stadtverwaltung. Hier sind ihre drei Lieblingsadressen zum Ausgehen vor Ort:

Die **Birraria Giori** gleich neben dem Castello Estense bietet die perfekte Aussicht für einen *aperitivo* und kredenzt grandiose Kürbis-*piadina*. Die neue **ME Pizzeria & Cocktail Room** serviert einzigartige Cocktails und meine Lieblingspizza namens *Bloody Me* (die Pizza-Version einer Bloody Mary) – so lecker! Das **Tiffany Ristorantino** an der zentralen Piazza del Municipio hat einen versteckten und wunderschönen Hintergarten, der zum Relaxen bei einem Drink einlädt.

Der Corso endet an der **Porta degli Angeli**, die Teil der wunderbar intakten Stadtmauern ist. Einen Block weiter östlich steht die Gegend komplett im Zeichen des riesigen Friedhofs **Certosa di Ferrara**, den Borso d'Este 1461 entwarf. Zwei verschlungene Bogengänge flankieren den Eingang des Freiluftmuseums. Dessen ruhiges Gelände im imposanten Renaissance-Stil zählt zu Ferraras schönsten unbekannten Highlights.

Fahrradtour: Radeln an der Ringmauer

DIE ALTEN BEFESTIGUNGEN UMRUNDEN

Nur Lucca (Toskana) und Bergamo (Lombardei) haben besser erhaltene Stadtmauern als Ferrara. Die hiesige Anlage hat aber einen größeren Gesamtumfang (9 km) und zählt in Italien zu den eindrucksvollsten ihrer Art. Entlang der Mauern (im Norden und Osten ohne Breschen) lädt ein gut markiertes Wegenetz zur Umrundung per Rad ein. Die Pfade verlaufen in einer fast ländlich anmutenden Grünzone und folgen dem Verlauf des früheren Grabens.

Start- und Zielpunkt der Tour ist in Ferraras Südwesten die **1 Porta Paola** mit einem kleinen Museum über die Geschichte der Mauern. Der **2 Baluardo di San Pietro** mit Pik-förmigem Grundriss galt einst als Europas innovativste Wehranlage. Die **3 Porta di San Pietro** markiert den Eingang

LUST AUF BURGEN?

Dann auf nach Parma: Dessen Castello di Torrechiara (S. 377) gilt oft als Paradebeispiel für italienische Festungsarchitektur.

ESSEN IN FERRARA

Take Eat Easy
Großartiger Streetfood-Stand mit leckerer Traditionsküche (teils etwas aufgepeppt), Wein und Craft-Bier. Vorab reservieren! **€**

Trattoria da Noemi
Zählt zu Ferraras besten Adressen für *cappellacci di zucca* (Pasta mit Kürbisfüllung), Grillfleisch und überbackene Makkaroni. Reservieren. **€€**

Trattoria le Nuvole
Super Seafood bei Kerzenlicht im Shabby-Chic-Ambiente. Das Lokal versteckt sich im mittelalterlichen Viertel. **€€€**

zum ältesten Stadtteil. Hier begann Ferraras Geschichte mit einem byzantinischen Feldlager zu Abwehr der Langobarden. Nördlich des **4 Baluardo della Montagna** durchquert der Weg eine parkähnliche Gegend mit Sitzbänken und führt dabei auch über zwei *doccili* (Abwasserkanäle) aus der Renaissance. Nördlich des **5 Torrione di San Giovanni** rollt man nun westlich der Mauern unter Bäumen entlang – genauer auf der Krone des Erdwalls, der als zweite Verteidigungslinie aufgeschüttet wurde. Halte an der **6 Porta degli Angeli** an: Das Tor ist seit dem Auszug der Este-Familie aus Ferrara (1598) geschlossen. Die fünfeckige Cittadella di Paolo V. dominierte einst die südwestliche Ecke der Stadt, wurde jedoch 1859 zerstört. Übrig sind nun ein paar Außenmauern und eine **7 Statue von Papst Paul V**.

Ein Besuch im MEIS

ERGREIFENDE JÜDISCHE GESCHICHTE IN ITALIEN

Wie das Berliner Denkmal für die ermordeten Juden Europas oder das National Center for Civil and Human Rights in Atlanta wirkt Ferraras **Museo Nazionale dell'Ebraismo Italiano e della Shoah** (MEIS; Nationalmuseum des italienischen Judentums und der Shoah) sehr ergreifend. Das MEIS ist das Ergebnis eines italienischen Parlamentsbeschlusses zur Schaffung eines nationalen Holocaust-Museums. 2017 wurde es in Ferraras renoviertem Gefängnis aus den 1900er-Jahren eröffnet. Nach dem geplanten Abschluss des Umbaus (2025) werden fünf Brise-Soleil-Fassadenauskragungen alle Gebäude miteinander verbinden. Inschriften aus den fünf Büchern der Tora erstrahlen dann im diffusen Licht, das durch die Sonnenschutz-Elemente fällt. Dieses moderne Konzept setzt einen bemerkenswerten Kontrast zur ansonsten historischen Architektur des Komplexes.

Das Museum beleuchtet 2200 Jahre der jüdischen Landesgeschichte: Italien war einst die Wiege der jüdischen Kultur in Europa. Seine aktive jüdische Gemeinde ist bis heute die älteste der westlichen Welt. Die großartigen, audiovisuellen Ausstellungen informieren aus der Perspektive des jüdisch-römischen Geschichtsschreibers Josephus Flavius. Unter den Highlights der Dauerausstellung sind ein **Toraschrein** von 1472, eine detailreiche **Titus-Statue** (1. Jh. n. Chr.) aus Pompeij und **Renaissance-Gemälde** von Andrea Mantegna. Der englischsprachige Film *Through the Eyes of Italian Jews* (24 Min.) setzt alles in einen faszinierenden Kontext. Die eindringliche neue Ausstellung *1938: Humanity Denied* betrachtet die Gesetze im faschistischen Italien durch die Augen zweier Familien (eine jüdisch, die andere nicht). Dieser 45-minütige Multimedia-Pfad durch sechs Räume ist erschütternd und sehr aussagekräftig.

JAZZ IN EINEM TURM

Der **Jazz Club Ferrara** (Saison Ende Sept.–Ende April) zählt weltweit zu den kultigsten seiner Art: Der außergewöhnliche Laden mit lauschigem Ambiente befindet sich in San Giovannis restauriertem Wehrturm aus der Renaissance (erb. 1493). In einem von Europas führenden Jazzschuppen treten hier Talente aus aller Welt (vor allem aus den USA und Brasilien) auf. Ein Konzertbesuch ist da ein echtes Privileg. Sonntags gibt's ein Abendbuffet mit Livejazz vom Feinsten (Eintritt frei, Wein 5 €/Glas). Die Kapazität von nur 150 Gästen erfordert stets eine Reservierung.

MAUER-WANDERN

Italiens befestigte Städte ermöglichen spektakuläre Wandertouren. Weitere Beispiele warten nur ca. 75 km nördlich von Ferrara in den Euganeischen Hügeln (Venetien; S. 350) rund um Padua.

UNTERWEGS VOR ORT

Ferraras Zentrum lässt sich leicht zu Fuß erkunden. Alternativ kann man es den zahllosen Einheimischen gleichtun und in den Sattel steigen: Dies ist eine der fahrradfreundlichsten Städte Italiens. Die Tourismusinfo im Castello Estense liefert Details zum gut ausgebauten Radwegenetz der Region.

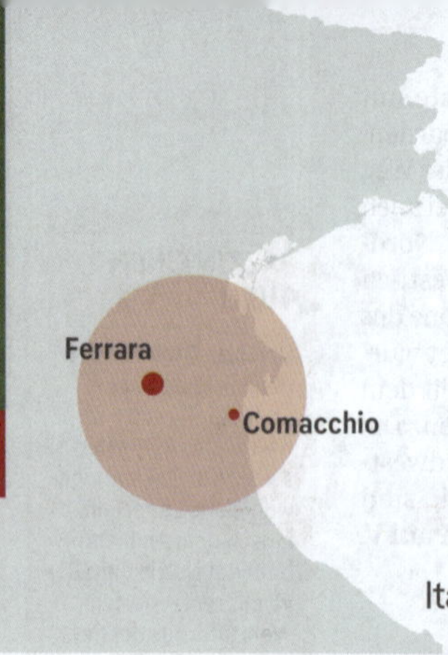

Rund um Ferrara

Ungefähr 50 km östlich von Ferrara mündet Italiens größter Fluss im artenreichen Po-Delta in die Adria.

Das Po-Delta zählt zu Europas größten Feuchtgebieten und steht unter dem Schutz des Parco del Delta del Po, der zum Weltnaturerbe gehört. Es wird oft von gruseligem Nebel verhüllt (vor allem im Winter) und ist für seine Vogelwelt bekannt: Hier wurden bislang über 300 Vogelarten registriert. Das flache Terrain lockt neben Vogelbeobachter:innen auch andere Naturfans an. Ebenso wie Radfahrer:innen: Das örtliche Wegenetz ermöglicht Tagestrips und Langstreckentouren. Comacchio ist die größte Ortschaft im Delta. Das malerische Fischereidorf hat Kanäle, Backsteinbrücken, viele Seafood-Restaurants und ein faszinierendes Museum. Die einzigartige Delta-Landschaft zählte früher zu Italiens beliebtesten Drehorten für Filme.

TOP TIPP

Für Fans wilder Strände empfehlen sich die Sandstreifen der Riserva Statale Sacca di Bellocchio III (13 km südlich von Comacchio).

Abbazia di Pomposa

ANDREW MAYOVSKYY/SHUTTERSTOCK ©

Das riesige Po-Delta

GESCHÜTZTE FEUCHTGEBIETE, ANTIKE SCHIFFSWRACKS

Im Po-Delta wird Italiens längster Fluss zum verzweigten Labyrinth aus Nebenarmen und Zuflüssen. Die vielen Wasserwege laden Naturfans zu Tagestrips ein. Der **Parco del Delta del Po** (gehört zum UNESCO-Weltnaturerbe) schützt eins von Europas größten Feuchtgebieten sowie zwei reizvolle Lagunen: die Valli di Comacchio und die Valle Bertuzzi. Über 300 brütende oder rastende Vogelarten machen das Po-Delta zum Ornithologie-Paradies. Alle zwei Jahre findet in **Comacchio** (45 Automin. ab Ferrara) das größte Vogelbeobachtungsevent Europas statt: die **International Po Delta Birdwatching Fair** (Ende April/Anfang Mai).

Das flache Terrain macht das Radeln im Delta besonders beliebt. So gibt's hier nun auch ein Netz aus Radwegen (viele davon auf Fahrdämmen). Ein Highlight ist dabei die 46 km lange Route zwischen den Süßwasser-Lagunen in Argenta und der Salzwasser-Lagune in Comacchio. Über Letztere führen Bootstouren (fast 2 Std., 2-mal tgl.), die 4 km südlich des Dorfs an der Stazione Foce starten. Die Trips sind Pflicht für Vogelbeobachter:innen und Interessierte in puncto Delta-Leben (es wird u. a. ein lokaltypisches Fischereihaus besucht).

Als führende Firma von Regionaltouren veranstaltet **Po Delta Tourism** z. B. Sonnenuntergangs-Wanderungen zur **Saline di Comacchio**. Dabei besucht man den richtigen Ort zur richtigen Zeit: Die Saline mit beschränktem Zugang beheimatet Europas nördlichste Flamingo-Kolonie, die auch die zweitgrößte Italiens ist (nach der auf Sardinien). Diese Kolonie bietet in der Abenddämmerung eine spektakuläre Show aus Rosatönen, Geflatter und Gekrächze.

PO-DELTA: TOP-SEHENSWÜRDIGKEITEN

Museo Delta Antico
Die Hauptattraktion des schön gestalteten Museums in Comacchio ist die interessante Fracht eines römischen Handelsschiffs, das zwischen 19 und 12 v. Chr. gesunken ist.

Manifattura dei Marinati
Ehrt Comacchios traditionelle Aalfischerei: Aal- und Sardellenspieße reifen hier von September bis Dezember in herkömmlichen Bottichen voller salziger Essig-Lake.

Abbazia di Pomposa
Liegt ca. 20 km nördlich von Comacchio und zählt zu Italiens ältesten Benediktiner-Abteien. Im 11. Jh. war dies eins der führenden Kulturzentren des Landes. Angeblich wurde hier auch die Tonleiter erfunden.

UNTERWEGS VOR ORT

Das winzige Comacchio kannst du leicht zu Fuß erkunden. Die meisten Traveller reisen mit dem Auto an und entdecken das Delta dann per Fahrrad und/oder Boot.

RIMINI

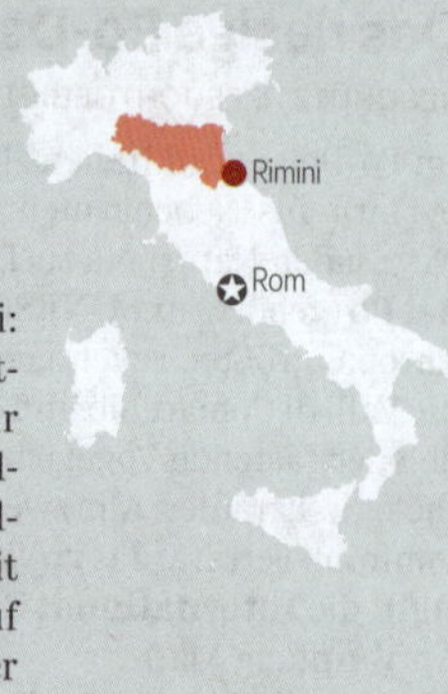

Eine mitunter seltsam anmutende Kombination prägt Rimini: römische Überreste, rappelvolle Strände, hedonistische Nachtclubs und das Gedenken an Federico Fellini (der Regisseur wurde in dem Küstenort geboren). Trotz 2000-jähriger Siedlungsgeschichte gab es an der regionalen Küste einst nur Sanddünen. Doch dann eröffneten hier 1843 die ersten Seebäder mit Strandhütten an der verebbenden Adria. Daraus wurde im Lauf der Zeit ein Mega-Resort, das seit den 1990er-Jahren von einer riesigen Nachtclub-Szene dominiert wird.

Rimini punktet mit interessanter Geschichte, faszinierenden römischen Ruinen, anständigen Restaurants und der Erinnerung an Fellini bzw. dessen Filme. Dennoch kommen 95 % aller Traveller nur wegen der langen, lärmigen und teils kitschigen Strandzone hierher. Diese wurde über das letzte Jahrzehnt aber auch stark aufgewertet – z. B. mit einer neuen Designer-Promenade (Parco del Mare) und einem neuen Radwegenetz (mindestens 30 km). Das neue S-Bahn-System für 92 Mio. € verbindet Riminis Bahnhof mit Stränden bis hinüber nach Riccione (Metromare).

TOP TIPP

Wer sich den Eintritt für einen komfortablen *bagno* (Strandclub) in Rimini sparen will, sucht sich eine *spiaggia libera* (Gratis-Strand) am kleinen Lido San Giuliano nahe dem Jachthafen Darsena. Eine weitere Option ist der Bereich vor dem Riesenrad neben dem alten Hafen.

EINE KULTIGE BLEIBE

In Marina Centro, neben dem Parco Federico Fellini, steht das **Grand Hotel** gleich hinter dem Strand. Der imposante Jugendstil-Bau von 1908 ist nicht zu übersehen und versprüht *La Dolce Vita*. Im Kindesalter war Fellini davon fasziniert. Als Erwachsener wurde er dann Stammgast dieses adriatischen Symbols für Opulenz. Wie er in seinem Buch *Fare un film* (Einen Film machen) sagt: „Mord, Entführung, verrückte Liebesnächte, Erpressung, Selbstmord, der Foltergarten, die Göttin Kali: All dies gab es im Grand Hotel." Heute ist das Grand gleichsam Bleibe und Denkmal.

Kino an der Adria

AUF FELLINIS SPUREN WANDELN

Der italienische Meisterregisseur Federico Fellini entwickelte seine neorealistischen Film-Traumlandschaften in Rom. Dennoch beeinflusste Fellinis Heimat Rimini die Entwicklung seiner eigentümlichen Geschichten am stärksten. Deren typischer Stil wurde schließlich als „felliniesk" bekannt. Seine Liebe zu Rimini demonstrierte Fellini 1973 mit seinem halb autobiografischen Meisterwerk *Amarcord*, das den Alltag in Borgo San Giuliano im faschistischen Italien der 1930er-Jahre porträtiert.

Nur ein paar Hundert Meter vom **Grand Hotel** entfernt wurde der berühmte Regisseur und Drehbuchautor 1920 an der Via Dardanelli in Marina Centro geboren. Heute erinnert der **Parco Federico Fellini** an die Tummelplätze seiner Kindheit. Unter den lokalen Sehenswürdigkeiten mit Fellini-Bezug sind z. B. die **Fontana della Pigna** (Piazza Cavour) und die **Piazza Tre Martiri** – jeweils in *Amarcord* verewigt. Wandgemälde von seinen Filmen und Figuren zieren ganz Borgo San Giuliano. Zwei Highlights stechen jedoch besonders hervor:

In seiner Jugend besuchte Fellini das **Cinema Fulgor** im *centro storico*. Das großartige Art-déco-Kino mit rotem Samt und kunstvollen Blattgold-Elementen wurde nach Originalskizzen des Oscar-Preisträgers Dante Ferretti (Filmarchitekt und Fellini-Schützling) renoviert. Im Januar 2018 nahm es dann an Fellinis Geburtstag wieder den Lichtspielbetrieb auf. Das neue **Museo Fellini** (eröffnet 2021) ist größtenteils im Castel

HIGHLIGHTS
1 Museo della Città
2 Ponte di Tiberio

SEHENSWERTES
3 Arco di Augusto
4 Borgo San Giuliano
(siehe 10) Cinema Fulgor
5 Domus del Chirurgo
6 Fontana della Pigna
7 Le Milton Beach
8 Lido San Giuliano
9 Museo Fellini
10 Palazzo del Fulgor
11 Parco Federico Fellini
12 Piazza Malatesta
13 Piazza Tre Martiri

SCHLAFEN
14 Grand Hotel

ESSEN
15 Avamposto
16 Il Pescatore del Canevone
17 Io e Simone
18 La Petite Langoustine
19 Osteria De Borg
20 Strampalato

AUSGEHEN & FEIERN
21 Darsena Sunset Bar

AUSGEHEN IN RIMINI

Luca Zamagni ist die gute Seele hinter Riminis moderner Kunstgalerie Galleria Zamagni (*@zamagni_arte*). So sieht sein perfekter Abend in der Stadt aus:

Zuerst entdeckt man das römische Rimini zu Fuß entlang des *decumanus* (alte Römerstraße) zwischen **Ponte di Tiberio** (Osten) und **Arco di Augusto** (Westen). Beim Abendessen im **La Petite Langoustine** treffen sich die Aromen des Meeres und des Landes, wobei der Blick auf den Jachthafen Darsena fällt. Dann folgt am besten eine Übernachtung im faszinierenden **Grand Hotel**, das *La Dolce Vita* und Fellinis Fantasie symbolisiert.

ALEX_UGALEK/SHUTTERSTOCK ©

Ponte di Tiberio

Sismondo aus der Renaissance untergebracht. Dazu gehören aber auch der restaurierte **Palazzo del Fulgor** aus dem 18. Jh. und spektakuläre neue Freiluftbereiche auf der **Piazza Malatesta**. Das faszinierende Museum führt Besucher:innen in Fellinis Filme ein. Deren Erhabenheit wird dabei durch innovative audiovisuelle Effekte und Repliken von Requisiten vermittelt. Wie in einem Traum – Fellinis Traum.

Das antike Ariminum

RÖMISCHE BOGEN, BRÜCKEN UND ARTEFAKTE

An der Mündung des Flusses Ariminus (heute der Marecchia) gründeten die Römer im Jahr 268 v. Chr. eine *colonia* namens Ariminum. Als wichtiges Kommunikations- und Verkehrszentrum markierte die Stadt den Anfang der **Via Emilia**. Diese bedeutende Hauptstraße zwischen Adria (Rimini) und Po-Tal (Piacenza) mündete einst in die Via Flaminia aus Richtung Rom.

Ein halbtägiges Römer-Abenteuer in Rimini startet am besten mit der eindrucksvollen **Ponte di Tiberio** aus dem Jahr 21 n. Chr. An der Brücke mit fünf Bogen begann in der Römerzeit die Via Emilia. Das Bauwerk ver-

RÖMISCHE SCHÄTZE

Das **Museo Delta Antico** in Comacchio (S. 389) gehört zu den spannendsten antiken Attraktionen der Region: Es zeigt u. a. die Fracht eines gesunkenen römischen Handelsschiffs.

AUSGEHEN IN RIMINI

Avamposto
Hipper und beliebter Sundowner-Spot direkt neben dem Riesenrad. Italiens Faschisten errichteten den Bau in den 1930er-Jahren als Marine-Hauptquartier.

Rockisland
Alteingesessenes Bar-Restaurant am Ende des Piers. Aufregender Blick auf den Sonnenuntergang.

Darsena Sunset Bar
Versteckte, trendige Cocktailbar an Riminis Jachthafen (Darsena). Um die besten Plätze zu ergattern, musst du vorab reservieren.

bindet Riminis Zentrum bis heute mit dem alten Fischereiviertel **Borgo San Giuliano** – und steht weiterhin auf seinen genialen Original-Fundamenten mit hölzernen Stützpfählen. Die Brücke wurde noch bis 2020 (!) von Autos befahren und wirkt nachts besonders stimmungsvoll. Weiter drinnen im *centro storico* wartet das **Museo della Città** mit vielen römischen Artefakten. Darunter sind z. B. herrliche Mosaike und eine so seltene wie exquisite Fischdarstellung aus Buntglas. Zu sehen gibt's hier auch die weltgrößte Sammlung von römischen Operationsinstrumenten. Diese stammt aus dem benachbarten **Domus del Chirurgo** (Haus des Chirurgen), das eins von drei freigelegten Wohnhäusern aus der Römerzeit ist. Die Tour endet dann mit dem **Arco di Augusto**: Norditaliens ältester Ehrenbogen wurde 27 v. Chr. von Kaiser Augustus in Auftrag gegeben und war der Endpunkt der antiken Via Flaminia.

RIMINI: TOP-RESTAURANTS

Il Pescatore del Canevone
Modernes, familiengeführtes Seafood-Lokal. Die fangfrischen Optionen auf der Kreidetafel (ca. ein Dutzend) wechseln täglich. **€€**

Io e Simone
Superfreundliches, familiengeführtes Restaurant im *centro storico*. Mixt Tradition mitunter mit Experimenten und hat einen tollen Innenhof. **€€**

Osteria de Borg
Top-Option in Borgo San Giuliano: Hier gibt's schlichte und authentische Traditionsküche aus regionalen Zutaten (besonders beliebt: die riesigen Steaks). **€€**

Strampalato
Familienfreundliche, nicht-touristische Quelle für anständige Burger, Pizzen und gebratenes Seafood. Nahe der Ponte di Tiberio und am Strand in Marina Centro vertreten. **€**

Die Riviera Romagnola

SONNIGE STRÄNDE VOR KIEFERNWÄLDERN

Italiens legendärste Strände liegen zweifellos weiter südlich (in Sardinien, Apulien und Kampanien). Doch die Riviera Romagnola bzw. die Küste von Romagna hat auch ihren Reiz und bietet ein sandiges Plätzchen für jeden Geschmack. Ab dem Nordende der Provinz Ravenna (Casalborsetti) erstreckt sie sich über 110 km bis an Riminis Südende (Cattolica).

Wer Strandresorts, urbane Infrastruktur und intensivere Party-Atmosphäre sucht, ist in Rimini richtig: Dessen Strände (15 km) wirken wie ein Stück Kalifornien in Italien. Diese sind zwecks Orientierung nummeriert (gen Süden 1–150, nordwärts 1–75). Das Zentrum bilden dabei die fünf Strände des riesigen **Lido San Giuliano** zwischen Porto Canale und dem Marecchia. In einem ausgewiesenen Bereich warten hier eintrittspflichtige *bagni* bzw. Strandclubs mit Einrichtungen, Services und Leihausrüstung auf (z. B. Liegestühle, Sonnenschirme, Umkleiden).

Ein kurzer Überblick: Nr. 5 und 14 sind sportlich geprägt (Footvolley und Volleyball). Surf-Fans bevölkern Nr. 8. Das **Milton Beach Cafe** an Nr. 5 ist vergleichsweise nobler. Nr. 26 ist der Partystrand. Und an den Stränden von Nr. 1 bis 50 hängen die Einheimischen ab. Die meisten *bagni* haben zwischen Ostern und Ende September von 7 bis 19 Uhr geöffnet.

Ravennas Strände sind vergleichsweise ruhiger und schwächer erschlossen. Hier gibt's auch *bagni*, aber in kleinerem Umfang. Schöne Kiefernwälder grenzen an die nördlichen Strände wie **Punta Marina**, **Lido di Dante** und **Casalborsetti.** Verglichen mit Riminis betriebsamen Hotels ist dies eine einzigartige und idyllische Hintergrundkulisse.

UNTERWEGS VOR ORT

Die römischen Ruinen und Fellini-Stätten lassen sich zu Fuß erkunden. Fürs Strand-Hopping empfiehlt sich allerdings ein Drahtesel: Die Stadt hat ein 150 km langes Radwegenetz. Der Bike Park Rimini ist eine praktische Bezugsquelle für (E-)Leihfahrräder.

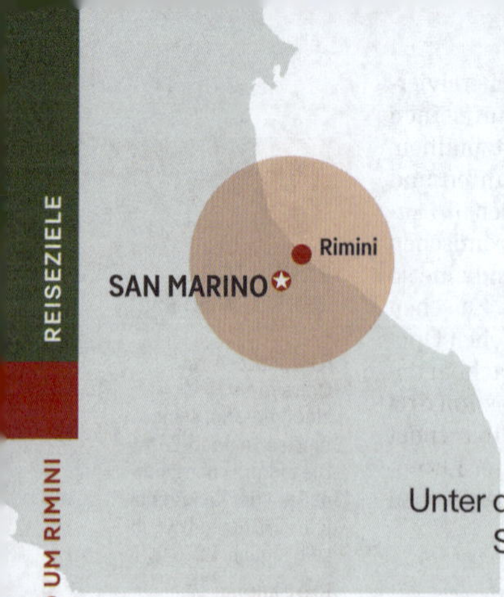

Rimini
SAN MARINO

Rund um Rimini

Unter den 195 unabhängigen Ländern der Welt ist San Marino die fünftkleinste und wohl auch merkwürdigste Nation.

Die Existenz von San Marino ist ein gewisses Rätsel: Das Winzland ohne Zugang zum Meer ist der einzige Überrest des einst mächtigen Netzwerks italienischer Stadtstaaten. Lange nach dem Ende der Königreiche Genua und Venedig ist es noch heute die älteste unabhängige Nation und Republik der Welt (seit 301 n. Chr.). San Marino ist größer als eventuell gedacht (61 km²) und besteht aus neun Gemeindebezirken mit eigenen Hauptsiedlungen. Seine größte „Stadt" namens Dogana liegt an der Busroute nach/ab Italien und wird fast komplett ignoriert: 99,9 % der 2 Mio. Jahresbesucher:innen fahren direkt zur Hauptstadt Città di San Marino (eine UNESCO-Welterbestätte).

TOP TIPP

Für den direkten Zugang zur *funivia* (Seilbahn) der Città di San Marino parkt man am besten auf dem Parcheggio 11 in Borgo Maggiore.

Torre Guaita, Città di San Marino

DUCHY/SHUTTERSTOCK ©

San Marinos Aussicht

STADTSTAAT MIT TRAUMBLICK

Der felsige Monte Titano (739 m) im Apennin ist schon aus weiter Ferne erkennbar. Das Erreichen der **Città di San Marino** (eine UNESCO-Welterbestätte) auf seinem Gipfel ist bereits der halbe Spaß: Hinauf zu San Marinos Hauptstadt geht's entweder zu Fuß oder entspannt und mit Panoramablick per Seilbahn. Diese startet in Borgo Maggiore (1 Busstd. ab Rimini). Oben wird einem dann sofort klar, warum sich dieser Abstecher gen Südosten entlang der Küste lohnt: Die Città di San Marino bietet sensationelle Ausblicke und ist auch ansonsten äußerst attraktiv.

Bürger:innen aus der EU und der Schweiz können visumfrei nach San Marino einreisen (ein gültiger Personalausweis genügt). Nach der Ankunft geht's am besten zuerst zum **Ufficio del Turismo** (Tourismusinformation). Die Erkundung startet dann an der Piazza della Libertà, wo der stündliche **Wachwechsel** eine beliebte Sommerattraktion ist. An der Piazza steht auch San Marinos offizieller Regierungssitz: der neugotische **Palazzo Pubblico** aus dem späten 19. Jh. mit Zinnen, Kragsteinen und einem schmucken Uhrenturm. Sehenswert sind auch die Bastionen an den beiden Stadtenden: Die **Torre Cesta** aus dem 13. Jh. dominiert das Stadtbild. Die ältere und größere **Torre Guaita** aus dem 11. Jh. diente bis 1975 als Gefängnis. Besichtigen sollte man zudem San Marinos bestes Museum: das **Museo di Stato** mit Kunstwerken, Möbeln, Kulturgegenständen und geschichtlichen Artefakten. Zum Schluss gibt's noch üppige Lokalküche im **Giuletti Km0**. Dabei kann man dann auch gleich auf den erfolgten Besuch eines weiteren Landes anstoßen.

SANT'ARCANGELOS UNTERIRDISCHE WELT

Auf den ersten Blick ist das idyllische Sant'Arcangelo in Romagna einfach ein sehr schmuckes mittelalterliches Dorf mit allem, was dazu gehört: Neben einer uralten Burg und fotogenen Gassen gibt's hier auch tolle Restaurants mit Spezialisierung auf die berühmte Regionalküche. Doch unter dem *borgo* versteckt sich eine geheimnisvolle Parallelwelt, die im Sandstein- und Lehmboden angelegt wurde. Dieses uralte Netz aus Gängen und Galerien umfasst geheime Fluchtrouten, alte Kornspeicher und mindestens 150 künstliche Höhlen. Zweck und Entstehungszeitpunkt sind nach wie vor unbekannt (es gibt aber diverse Erklärungstheorien). Das Labyrinth ist nur im Rahmen einer Führung zugänglich; Infos dazu liefert Pro Loco Santarcangelo *(iatsantarcangelo.com)*.

STADTSTAATEN

San Marino ist nicht der einzige Zwergstaat in Italien: Mit dem Vatikan (S. 93) innerhalb Roms liegt hier auch das kleinste Land der Welt.

UNTERWEGS VOR ORT

Das *centro storico* der Città di San Marino kannst du zu Fuß auskundschaften. Von den zahlreichen Parkplätzen in Borgo Maggiore geht's per pedes oder Seilbahn dorthin.

RAVENNA

Für Mosaik-Fans ist Ravenna der Himmel auf Erden: Diverse Kirchen und Baptisterien berherbergen hier eine der weltweit beeindruckendsten Sammlungen von frühchristlichen Mosaiken. Diese Kunstwerke gehören seit 1996 zum UNESCO-Welterbe. Bei einem heutigen Bummel durch das schlichte Zentrum kann man sich kaum vorstellen, dass Ravenna ab 402 n. Chr. für 300 Jahre die Hauptstadt des Weströmischen Reiches war. Danach war es die Hauptstadt des ostgotischen Königreiches Italien und eines mächtigen byzantinischen Exarchats.

Während das übrige Italien mit den Folgen mehrerer barbarischer Invasionen kämpfte, genoss Ravenna seine recht lange Blütezeit – und wurde zum Magneten für viele talentierte Kunsthandwerker:innen. Diese verzierten die lokalen Backsteinkirchen mit schönen Mosaiken. Die Stadt war auch eine wichtige Inspiration für Dante Alighieris größtes Werk: die *Divina Commedia* (*Die Göttliche Komödie*). Der romantisch veranlagte Dandy Lord Byron verhalf Ravenna zu weiteren literarischen Ehren, als er im frühen 19. Jh. zwei Jahre lang vor Ort lebte.

TOP TIPP

Am ersten Sonntag des Monats lassen sich Ravennas staatliche Monumente kostenlos besuchen. Bei entsprechender Planung kannst du daher drei örtliche Welterbestätten (Battistero degli Ariani, Mausoleo di Teodorico und die Basilica di Sant'Apollinare in Classe) gratis besichtigen.

BIER AN DEN DOCKS

Die Brauereikneipe **Darsenale** (1200 m²) mit Biergarten ist Emilia-Romagnas ehrgeizigstes Craft-Bier-Projekt: 2019 verwandelte die Brauerei Birra Bizantina das aufgegebene Lagerhaus an Ravennas marodem Hafen in ein Bier-Paradies. Dieses wurde dann zum Zentrum des neu belebten Darsena-Viertels. Aus 18 Zapfhähnen laufen hier immer erhältliche und wechselnde Biersorten – ebenso Sonderabfüllungen und Fremdbiere. Dazu gibt's z.B. Burger und *pala*-Pizzen. Ebenfalls am Hafen: Der **S Club** serviert Cocktails auf einer Terrasse. Und das **DarsenaPopUp** bietet Optionen in puncto Sport, Kultur und Freizeit.

Stadtspaziergang: Ravennas großartige Mosaike

HERRLICHE BASILIKEN UND TAUFKIRCHEN

Als Dante Alighieri im frühen 14. Jh. nach Ravenna kam, war er von dessen berühmten Mosaiken schwer beeindruckt und beschrieb sie als „Sinfonie aus Farben". Die meisterhaften Kunstwerke (4.–6. Jh. n. Chr.) erstrahlen in Gold-, Smaragd- und Saphirtönen. Man braucht zwei Tage, um sie zu besichtigen – und wird dabei in der Tat nach passenden Adjektiven suchen.

Ravennas Sehenswürdigkeiten mit Mosaiken zählen zum UNESCO-Weltkulturerbe. Sechs davon bilden ein Dreieck im Zentrum und sind leicht bei einem 2 km langen Stadtspaziergang zu besuchen. Außerhalb der Innenstadt liegen die beiden übrigen Mosaik-Highlights: das **Mausoleo di Teodorico** (1,5 km weiter östlich) und die **Basilica di Sant'Apollinare in Classe** (5,7 km gen Süden). Die Besichtigung erfordert eine Reservierung – entweder online unter *ravennamosaici.it* oder beim Ticketbüro der L'Opera di Religione della Diocesi di Ravenna nahe der Basilica die San Vitale. Ein Kombiticket für alle acht Attraktionen kostet 23,50 €.

Ein Spaziergang geht mit der uralten **1 Basilica di San Vitale** los, die 547 n. Chr. von Erzbischof Massimiano geweiht wurde. Schon die leuchtenden Altar-Mosaike beeindrucken hier die meisten Besucher:innen zutiefst. Die Pendants an den Seitenmauern und der Stirnwand bilden Szenen aus dem Alten Testa-

SEHENSWERTES
1 Basilica di San Francesco
2 Casa Alighieri
(siehe 5) Chiostri Francescani (Altes Franziskanerkloster)
3 Dante-Wandgemälde
4 Giardini Pubblici
5 Museo Dante
6 Museo TAMO
7 Quadrarco di Braccioforte
8 Tomba di Dante
9 Zona del Silenzio

SCHLAFEN
10 Ai Giardini di San Vitale
11 Albergo Cappello
12 M Club Deluxe

ESSEN
13 Chalet Ravenna
14 Darsena PopUp
15 Mercato Coperto

AKTIVITÄTEN & KURSE
16 Koko Mosaico

Basilica di San Vitale

RELAXEN IN RAVENNA

Der moderne Mosaikkünstler **Luca Barberini** (*@lucabarberini*) betreibt in Ravenna das Atelier **Koko Mosaico** mit angeschlossener Kunsthandwerksschule. Hier teilt er ein paar seiner Lieblingsorte:

Als Künstler lebe und arbeite ich im Herzen von Ravenna. Einer meiner Favoriten ist das leicht zu Fuß erreichbare **DarsenaPopUp**: Diese tolle Einrichtung bringt das Meer in die Stadt. Zudem kann man hier entspannt in alten Frachtcontainern speisen und Aperitifs schlürfen. Die **Giardini Pubblici** laden zum Relaxen auf dem Rasen ein. In dem Park können Kinder herumtollen, während Eltern einen Drink im **Chalet** genießen.

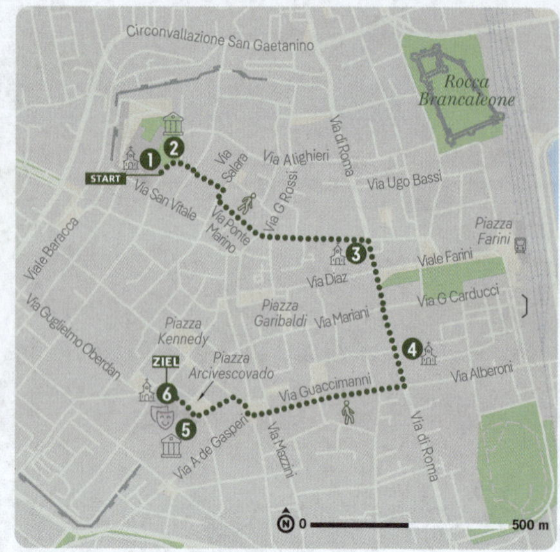

ment ab: Links schickt sich Abraham an, Isaak unter den Augen dreier Engel zu opfern. Rechts ist neben Abels Tod auch Melchisedeks Darreichung (Brot und Wein) zu sehen. Die beiden herrlichen Mosaike im Chorraum zeigen den byzantinischen Kaiser Justinian mit San Massimiano sowie eine besonders pathetische und ausdrucksstarke Kaiserin Theodora (Justinians Gemahlin).

Das kleine, aber ebenso eindrucksvolle **2 Mausoleo di Galla Placidia** nebenan wurde für Galla Placidia errichtet. Diese war die Halbschwester von Kaiser Honorius, der viele von Ravennas prachtvollsten Bauten in Auftrag gab. Die hiesigen Mosaike sind die ältesten der Stadt (Entstehung ca. 430 n. Chr.).

Danach bewundert man das Mosaik an der Innenkuppel des **3 Battistero degli Ariani**: Die atemberaubende Darstellung der Taufe Christi im Kreis der zwölf Apostel entstand im 5. Jh. über mehrere Jahre. Die nahegelegene **4 Basilica di Sant'Apollinare Nuovo** fasziniert mit ihrer Südmauer: Hier streben 26 Mosaik-Märtyrer in weißen Gewändern auf Christus und dessen Apostel zu.

Nächste Station ist das **5 Museo Arcivescovile** im 2. Stock des erzbischöflichen Palastes. Hier wartet u. a. ein außerordentlicher Elfenbein-Thron, den byzantinische Kunstschaffende im 6. Jh. für Erzbischof Maximian schnitzten. Besonders erstaun-

ÜBERNACHTEN IN RAVENNA

Ai Giardini di San Vitale
Familiengeführtes B&B mit einfachen Zimmern und wildem Hintergarten nahe der Basilica di San Vitale. **€**

M Club Deluxe
Umgebautes Wohnhaus mit alten Balkendecken, historischem Nippes und luxuriöser Einrichtung. **€**

Albergo Cappello
Lauschiges Boutiquehotel in zentraler Lage. Murano-Glaslüster, Kassettendecken und Originalfresken aus dem 15. Jh. **€€**

lich sind die eingravierten Details der 27 Tafeln. Das zweite Highlight sind die grandiosen Mosaike in der erzbischöflichen Kapelle San Andrea aus dem 5. Jh., die intelligent in das schicke und moderne Museumsinnere integriert wurde.

Die Tour endet mit Ravennas ältestem intakten Gebäude: dem benachbarten **6 Battistero Neoniano**, das im späten 4. Jh. am früheren Standort einer römischen Therme entstand. Dessen Mosaike aus dem späten 5. Jh. zeigen die Taufe Christi durch Johannes den Täufer im Jordan.

Leben & Tod im Exil

IN DANTES ERBE EINTAUCHEN

Dante Alighieri wurde 1302 aus Florenz vertrieben: Im Konflikt zwischen den schwarzen (pro-päpstlichen) und weißen (anti-päpstlichen) Guelfen hatte er auf der falschen Seite gestanden. Nach ein paar Jahren auf Wanderschaft wurde Italiens größter Poet aller Zeiten schließlich 1316 von Prinz Guido Novello da Polenta nach Ravenna eingeladen. Bis zu seinem Tod 1321 lebte er hier fünf Jahre lang im Hause Polenta und vollendete dabei seine *Divina Commedia* (*Göttliche Komödie*).

Ravenna bietet den heutigen Fans des Dichters einen Tag lang jede Menge Abwechslung. Die **Zona del Silenzio** (Zone der Stille) im Stadtzentrum bündelt viele Highlights mit Dante-Bezug: Als Sühneleistung trägt die Stadt Florenz immer noch einen Teil der Erhaltungskosten für die **Tomba di Dante** (Dantes Grab; erb. 1780–82). Auf dem beschaulichen **Quadrarco di Braccioforte** (Braccioforte-Hof) dahinter markiert ein Erdhügel den Ort, an den Dantes Sarg im Zweiten Weltkrieg aus Sicherheitsgründen umgebettet wurde. Nebenan beleuchtet das interaktive **Museo Dante** das Leben und Werk des Poeten im zauberhaften **Alten Fransziskanerkloster**. In nächster Nähe stehen zudem Dantes Wohnhaus namens **Casa Alighieri** (für Besucher:innen gesperrt) und die **Basilica di San Francesco**, in der einst die Messe zu seinem Begräbnis stattfand.

Dante hat auch moderne Kreative inspiriert: Das **Museo TAMO** zeigt 21 entsprechende Themenwerke, die bedeutende italienische Kunstschaffende in den 1960er-Jahren kreierten. Und an der Via Pasolini gibt's ein **Dante-Wandgemälde** des brasilianischen Street-Artist Kobra zu sehen.

DER MERCATO COPERTO

Ravennas tolle **Markthalle** von 1922 wartet mit Feinkost und diversen Lokalen auf. 2019 wurde sie nach jahrelanger Restaurierung wiedereröffnet. Bereits im 9. Jh. befand sich hier ein Markt. Heute ist dies eine echt coole Bastion der kulinarischen Kunst: Das Innere beherbergt u.a. viele Restaurants, Bars, Cafés und Bäckereien mit regionaler Prägung. Gestaltet wurde es von dem italienischen Stararchitekten Paolo Lucchetta – zusammen mit Beatrice Bassi und Leonardo Spadoni, die für das Innendesign verantwortlich sind. Fürs Ambiente sorgen z.B. ein Glasaufzug und hölzerne Vogelkäfig-Lampen mit Glühbirnen. Alte Kunstwerke und Antiquitäten runden die Zeitreise im schicken Industriestil ab. Die Tische im Freien entlang der Außenfassade gehören zu Ravennas besten Orten fürs Leutebeobachten bei ein paar Drinks.

UNTERWEGS VOR ORT

Ravenna ist nicht nur wunderbar fahrradfreundlich, sondern eignet sich auch dafür, zu Fuß besichtigt zu werden (die weiß markierten Fußwege an den Straßenrändern dienen auch als inoffizielle Radwege). Leute, die zu Fuß unterwegs sind, halten sich dabei meist an eine Straßenseite. Nur eine der lokalen Welterbestätten (die Basilica di Sant'Apollinare in Classe) ist nicht per pedes erreichbar.

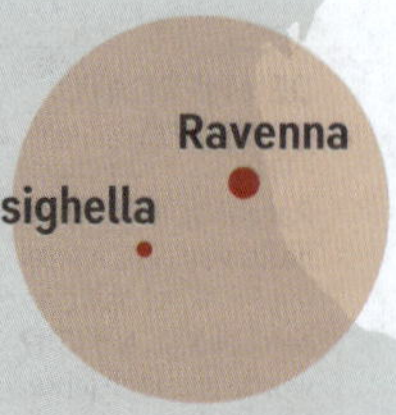

Ravenna

Brisighella

Rund um Ravenna

Die Region Ravenna lockt mit einem tollen mittelalterlichen Dorf und einer 35 km langen, zauberhaften Küstenlinie vor herrlichen Kiefernwäldern.

Wenn die *ravennati* aus der Stadt flüchten wollen, haben sie es nur 8 km bis zum nächsten Strand: Die Punta Marina markiert den Mittelpunkt der hübschen Regionalküste. Etwa 25 km weiter südlich liegt Cervia mit seinem zauberhaften Hafenkanal und Wurzeln in einem historischen Salz-Imperium. Rund 54 km westlich von Ravenna findet man Romagnas Märchendorf aus dem Mittelalter: An den Hängen des toskanisch-romagnischen Apennin ist Brisighella von grünen Hügeln mit vielen Weingärten und Olivenhainen umgeben. An deren Spitzen dominieren drei markante Bauwerke die ländliche Idylle: La Rocca (Der Felsen), La Torre (Der Turm) und Il Monticino. Unter diesen leuchten die Dächer von einem der malerischsten *borghi* (Dörfer) Italiens im Sonnenuntergang.

TOP TIPP

Die Saison für Moretto-Artischocken geht nur von Mitte April bis Mitte Mai. Brisighella besucht man daher am besten zu dieser Zeit.

Torre dell'Orologio, Brisighella

ERMESS/SHUTTERSTOCK ©

Il Borgo Bello

MITTELALTERLICHES MÄRCHENDORF

Nicht verraten: Das wunderschöne **Brisighella** (55 Fahrtmin. ab Ravenna) ist Emilia-Romagnas märchenhaftes Geheimnis. Nur 14 km nordöstlich der Grenze zur Toskana versteckt sich das Dorf im malerischen **Valle del Lamone.** Mit Burgen an Hügelflanken, sanft gewellten Olivenhainen und toller Architektur aus dem Mittelalter ist diese Gegend so schön wie ihre südliche Nachbarregion – aber ohne den ganzen Trubel.

Eine eintägige Erkundung beginnt am besten mit einem Bummel entlang der mittelalterlichen **Via degli Asini** von 1290: Mitten im *borgo* versteckt sich die erhöhte, herrlich holprige und hölzern überdachte Transportstraße hinter einem bunten Gewirr aus schiefen Wohnhäusern.

Von hier aus führen 400 Stufen hinauf zu Brisighellas Wahrzeichen auf den umliegenden Hügeln: Oberhalb des Dorfs verbindet ein 800 m langer Fußweg die **Torre dell'Orologio** (Uhrenturm; Architekt: Maghinardo Pagani) von 1850 mit dem **Rocca di Brisighella**. 1310 errichteten die adeligen Manfredi (Herrschenden über Faenza) diese mittelalterliche Burg, die später von den Venezianern erweitert wurde (1503–06). Die Aussicht von dem Bollwerk ist heute der Hauptgrund für einen Brisighella-Besuch. Als drittes lokales Highlight thront die einsame Kapelle des **Santuario del Monticino** (erb. 1758) zwischen Zypressen auf einer benachbarten Hügelspitze.

Brisighella ist zudem landesweit für sein exquisites DOP-Olivenöl berühmt – ebenso für seine winzigen und dornigen Moretto-Artischocken. Dieses einzigartige und sehr leckere Gemüse wächst nur im Valle del Lamone. Unbedingt beide Spezialitäten probieren!

CERVIA & DIE PORTI CANALE ROMAGNOLI

Der zauberhafte Küstenort Cervia resultiert aus einem einstigen Salzimperium: Papst Innozenz XII. gründete hier 1697 eine Wohnsiedlung für die Salinenarbeiterschaft. Cervias berühmtes süßes Salz ist bis heute eine gefragte Spezialität. Seine historischen Salzlager beherbergen nun Bars, Restaurants und Museen. Darunter sind z.B. das faszinierende Salzmuseum **MUSA** und das trendige **Darsena del Sale**. Stimmungsvolle Lokale säumen auch den hübschen Hafenkanal. Dessen Pendant in **Cesenatico** (Cervias südlicher Nachbar) wurde 1502 von Italiens Universalgenie Leonardo da Vinci entworfen.

UNTERWEGS VOR ORT

Die Küstenlinie und das Hinterland der Region Ravenna erfreuen sich guter öffentlicher Verkehrsverbindungen. Für ein besonders intensives Erlebnis empfiehlt sich trotzdem ein Mietwagen.

FLORENZ

MANNIGFALTIGE INSPIRATION

Mittelalterliche Türme und Paläste voller Kunst locken Millionen, doch die „Wiege der Renaissance" hat auch eine kosmopolitische Seite, die es lohnt, entdeckt zu werden.

Zwischen dem 14. und 17. Jh. zog das neu erwachte Interesse der Herrschenden an klassischer Kunst und Philosophie Maler, Bildhauer und Architekten im Zenit ihrer Schaffenskraft nach Florenz. Die Stadt wurde zum prachtvollen Epizentrum einer kulturellen Wiedergeburt, geprägt von einer humanistischen Bewegung in weiten Teilen Europas. Die Fülle an Meisterwerken, die in der Renaissance, dem goldenen Zeitalter der Kunst, entstanden, beeindruckt selbst den routiniertesten Reisenden – fragt man allerdings die Bewohner der Stadt, worauf sie besonders stolz sind, sind die Antworten vielfältig.

Für die einen ist es die Rolle von Florenz bei der Entwicklung der italienischen Sprache und einer gemeinsamen Kultur. Neben dem Werk des Florentiners und göttlichen Dichters Dante Alighieri spielten dabei einflussreiche Institutionen wie die Accademia della Crusca, eine im 16. Jh. gegründete öffentliche Organisation zum Studium der Sprache, ebenso eine Rolle wie der Gabinetto Vieusseux, eine Bibliothek mit europäischer Literatur, die im 19. Jh. den Austausch progressiver Ideen förderte und zudem Persönlichkeiten wie Stendhal, Fjodor Dostojewski, Mark Twain und Aldous Huxley anzog.

Für die anderen ist es die erste Modenschau der Welt, organisiert am 12. Februar 1951 von dem Unternehmer Giovanni Battista Giorgini in Oltrarnos Villa Torrigiani. Sie verwandelte lokale Schneiderateliers in international bekannte Marken und legte den Grundstein für Haute-Couture-Events wie die gefeierte Pitti Immagine.

Und dann ist da die noch immer heiß geführte Debatte um den Ursprung des *gelato*, um dessen Erfindung der Alchimist Cosimo Ruggeri und der Architekt Bernardo Buontalenti konkurrieren.

Und dabei kratzt man gerade einmal an der Oberfläche. Sämtliche Schichten der Stadt zu entblättern, ist schier unmöglich. Manchmal scheint der globale Ruhm die recht kleine Stadt mit weniger als 400 000 Einwohnern fast zu erdrücken. Vielleicht sollte man ihr Erbe nicht einfach nur bestaunen, sondern dessen Botschaft anhören und sich immer wieder aufs Neue davon inspirieren lassen.

GABRIELE MALTINTI/SHUTTERSTOCK ©

DIE WICHTIGSTEN STADTVIERTEL

PIAZZA DEL DUOMO & PIAZZA DELLA SIGNORIA
Hier thront Brunelleschis ikonische Kuppel. S. 408

SANTA MARIA NOVELLA
Mehr als nur ein Verkehrsknotenpunkt. S. 418

SAN LORENZO & SAN MARCO
Shoppen und Essen in lebhafter Marktatmosphäre. S. 423

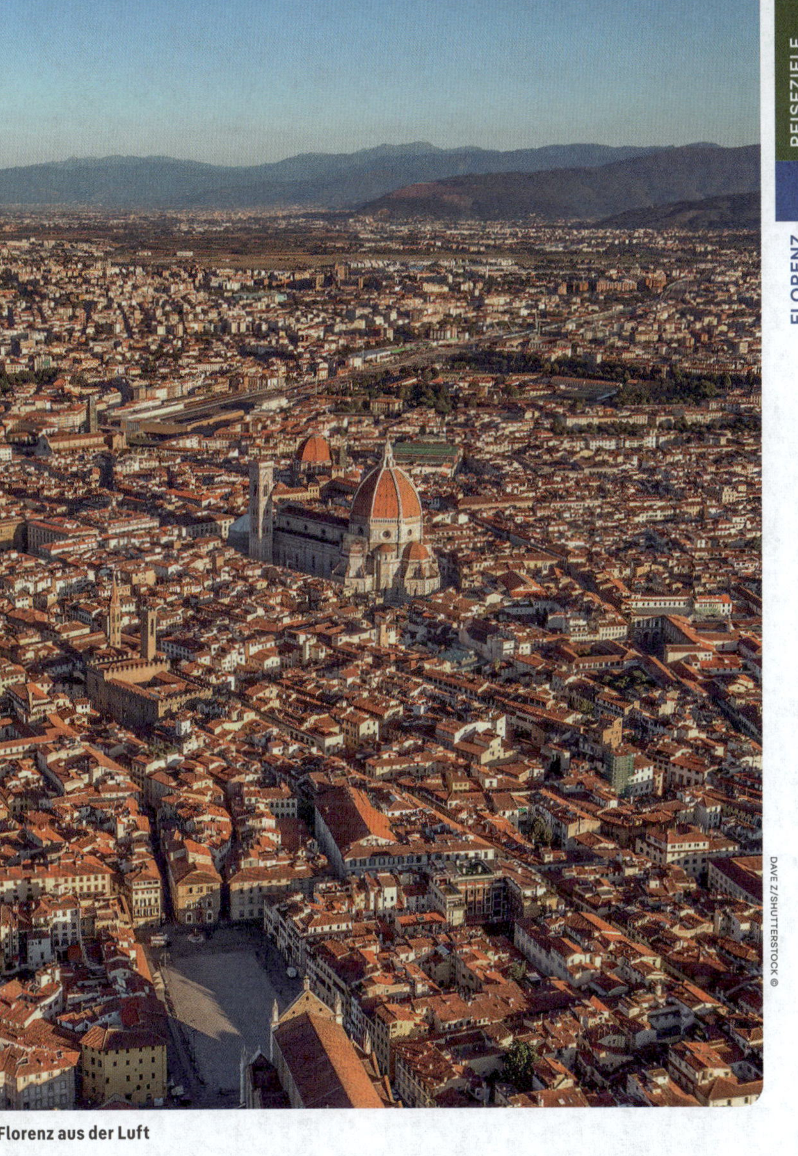

DAVE Z/SHUTTERSTOCK ©

Florenz aus der Luft

SANTA CROCE & SANT'AMBROGIO
Museen, Kirchen und Nachtleben. **S. 429**

SAN FREDIANO & SANTO SPIRITO
Kreative Viertel mit großem *aperitivo*-Angebot. **S. 435**

SAN NICCOLÒ, BOBOLI & PIAZZA PITTI
Elegante Gärten und tolle Ausblicke. **S. 442**

VOM/ZUM FLUGHAFEN

Vom Flughafen Florenz in Peretola fährt die Straßenbahn T2 (auf der linken Seite in der Ankunftshalle) alle paar Minuten direkt zum Bahnhof Maria Novella (SMN) im Zentrum (1,50 €).

ZU FUSS

Florenz lässt sich am besten zu Fuß erkunden. Die größtenteils flache Innenstadt ist für den Autoverkehr gesperrt und lädt mit ihren engen Gassen zu einem hübschen Spaziergang ein.

ZUG

Der Bahnhof Santa Maria Novella, zehn Gehminuten von der Piazza del Duomo entfernt, ist der Hauptverkehrsknotenpunkt der Stadt. Es gibt Regionalzüge zu den meisten Zielen in der Toskana, während die Hochgeschwindigkeitszüge Le Frecce und Italo große italienische Städte wie Mailand, Bologna, Rom und Neapel bedienen.

STRASSENBAHN

Die zwei neueren Straßenbahnlinien T1 und T2 fahren zum Flughafen und zum Busbahnhof Villa Costanza. Tickets kosten 1,50 €; Fahrkartenautomaten stehen an jeder Haltestelle.

Erste Orientierung

Trotz der Fülle an künstlerischen und architektonischen Attraktionen ist Florenz verhältnismäßig klein. Das historische Zentrum lässt sich am besten zu Fuß erkunden. Ein Spaziergang durch die Stadt dauert eine knappe Stunde, danach geht's hinauf auf einen der umliegenden Hügel mit Traumblicken auf die roten Dächer.

S. 418
Basilica di Santa Maria Novella
Cappelle Medicee
Cattedrale di Santa Maria del Fiore
SANT'AMBROGIO
PIGNONE
MONTICELLI
Arno

Piazza del Duomo & Piazza della Signoria
S. 408

Santa Croce & Sant'Ambrogio
S. 429

Ponte Santa Trinità
Ponte Vecchio
Palazzo Vecchio
Galleria degli Uffizi
SANTA CROCE
SAN FREDIANO

San Frediano & Santo Spirito
S. 435

SANTO SPIRITO
OLTRARNO
SAN NICCOLÒ
BELLOSGUARDO

San Niccolò, Boboli & Piazza Pitti
S. 442

MONTE ALLE CROCI

Perfekte Tage

Zeitgenössische Kunst, Renaissance-Architektur, traditionelle Straßenküche und malerische Ausblicke: All dies gibt es in der Hauptstadt der Toskana. Ob man nun minutiös plant oder sich einfach nur treiben lässt – Überraschungen sind garantiert!

Piazza del Duomo (S. 408)

Tag 1

Morgens

● Um Schlangen und Besuchermassen aus dem Weg zu gehen, startet man mit der **Cattedrale di Santa Maria del Fiore (Duomo)** (S. 408). Nach den schweißtreibenden 414 Stufen hinauf zum Glockenturm gibt das **Museo dell'Opera del Duomo** (S. 410) Einblicke in die Geschichte des Gebäudes.

Mittags

● Nach dem Genuss lokaler Leckereien auf dem lebendigen **Mercato Centrale** (S. 423) geht's zum **Palazzo Vecchio** (S. 413). Dort gibt die „Geheimgänge"-Tour Einblicke in die Geheimnisse des Machtzentrums der Stadt, bevor einen der Salone dei Cinquecento zum Staunen bringt.

Abends

● Für ein Abendessen unter freiem Himmel überquert man die Ponte Vecchio ins charmante **Santo Spirito** (S. 435).

...nicht verpassen

Nach einem Tag mit Kunst, Märkten und Kunsthandwerksläden gibt's vor dem Abendessen noch einen Negroni oder Chianti.

EINE SCHIACCIATA ESSEN

Das Florentiner Sandwich schlechthin, die ***schiacciata***, gibt's an der Via de' Neri und an vielen anderen Ecken der Stadt.

MICHELANGELOS ERBE ENTDECKEN

Vom imposanten **David** bis zur **Cappelle Medicee**: Einer der meistverehrten Künstler von Florenz hinterließ ein großes Erbe.

EXPERIMENTELLEM JAZZ LAUSCHEN

In der Konzerthalle **Sala Vanni**, die sich in der Basilica di Santa Maria del Carmine versteckt, wird Livemusik gespielt.

Tag 2

Morgens

- Der Tag startet mit leckerem rohveganen Feingebäck im **Cortese Café 900** (S. 419). Vor Ort lohnt ein Besuch der Werke aus dem 20. Jh. im **Museo Novecento** (S. 419). Noch mehr zeitgenössische Kunst gibt's dann bei einer Ausstellungen im **Palazzo Strozzi** (S. 412).

Mittags

- Nach einem wohlverdienten Mittagessen im **Cibreo** (S. 432) lockt die **Street Levels Gallery** (S. 420) mit großen Namen der urbanen Kunstszene von Florenz.

Abends

- Letzte Station der Post-Renaissance-Kunst-Tour ist die **Collezione Roberto Casamonti** (S. 410). Danach bietet die **Ponte Santa Trinità** (S. 435) Blicke auf die von der Sonne rot gefärbte **Ponte Vecchio** (S. 413).

Tag 3

Morgens

- Nach einem schnellen Espresso geht's zu den majestätischen **Museen im Palazzo Pitti** (S. 445) – vor 9 Uhr kosten Tickets die Hälfte! Spielt das Wetter mit, verbringt man den restlichen Morgen mit einem Spaziergang durch den monumentalen **Giardino di Boboli** (S. 444) und dem Aufstieg zum **Forte di Belvedere** (S. 444) mit Blick auf die Stadt.

Mittags

- Im **Giardino Bardini** (S. 444) gönnt man sich im **La Loggetta di Villa Bardini** (S. 444) mit Blick auf den Dom ein spätes Mittagessen im Freien.

Abends

- Vom Park geht's nach San Niccolò mit verschiedenen Kunstateliers, z. B. von **Alessandro Dari** und dem **CLET Studio**, bevor das **Rifrullo** (S. 447) mit einem *aperitivo* lockt.

NOCH MEHR KIRCHEN BESUCHEN

Kirchen wie die **Basilica di Santa Maria Novella** und die **Basilica di Santa Croce** bergen unschätzbare Kunstwerke.

DEN ARNO ENTLANGSCHIPPERN

Eine einzigartige Perspektive auf die Stadt bietet sich bei einer Tour mit dem Holzboot, gesteuert von den legendären ***renaioli***-Bootsführern.

AN EINEM NEGRONI NIPPEN

Der starke, bittere **Negroni-Cocktail** wurde vor 100 Jahren in Florenz erfunden und lässt sich am besten in historischen Cafés wie dem Rivoire genießen.

IN KUNSTHANDWERKS-BOTTEGAS SHOPPEN

Rahmen, Mosaike, Keramik, Lederwaren und Schmuck, von Hand gefertigt: In **Santo Spirito** geht's auf Schatzsuche!

PIAZZA DEL DUOMO & PIAZZA DELLA SIGNORIA

BRUNELLESCHIS IKONISCHE KUPPEL

Die belebte Via dei Calzaiuoli, die Hauptverkehrsader der Stadt, verbindet die Piazza del Duomo mit der Piazza della Signoria und führt durch das Herz von Florenz. Hier findet man einige der imposantesten Symbole der Renaissance: die Cattedrale di Santa Maria del Fiore, den Palazzo Vecchio – das Machtzentrum der Stadt für 700 Jahre – und die Uffizien mit einer riesigen Sammlung an Kunstwerken von den Größten ihres Fachs.

Die Dichte an Kunst, Geschichte und Architektur auf so kleinem Raum ist überwältigend. Selbst mehrere Tage in den Palästen, Museumshallen und religiösen Bauwerken können diesem Teil der Stadt und seinen Geheimnissen nicht gerecht werden. Anstatt herumzuhetzen, sieht man sich lieber in Ruhe um und sammelt so Gründe für einen erneuten Besuch.

TOP TIPP

Vom Bahnhof Santa Maria Novella kann man in rund zehn Minuten zur Piazza del Duomo laufen. Von dort führt die Via dei Calzaiuoli zur Piazza della Signoria mit dem Palazzo Vecchio und den Uffizien.

Battistero di San Giovanni & Cattedrale di Santa Maria del Fiore

Cattedrale di Santa Maria del Fiore

IMPOSANTE KATHEDRALE MIT BRUNELLESCHIS KUPPEL

Die **Kathedrale Santa Maria del Fiore (Duomo)** ist das unumstrittene Florentiner Wahrzeichen im Herzen der Stadt. Mit einer Bauzeit von ca. 140 Jahren entstand sie auf den Überresten der alten Santa-Reparata-Kirche, die wohl errichtet wurde, um den Sieg der römischen und florentinischen Armee über die Ostgoten im frühen 5. Jh. zu feiern. Die mit Terrakottafliesen verkleidete Kuppel von Filippo Brunelleschi beeindruckt von außen und von innen, wo Giorgio Vasaris und Federico Zuccaris *Jüngstes Gericht* (1572–1579) auf dem Weg die 463 Stufen hinauf bis zum Dach zu bewundern ist.

Battistero di San Giovanni

ARCHITEKTUR IM FLORENTINISCHEN ROMANIKSTIL

Die **Taufkirche** zu Ehren von Johannes dem Täufer im Schatten der Kathedrale wird von Reisenden auf dem Weg zum optisch eindrucksvolleren Nachbarn oft übersehen. Zu Unrecht, denn die achteckige Struktur gehört zu den besten Beispielen für den florentinischen Romanikstil. Hinter drei monumentalen Türen, entworfen von Andrea Pisano und Lorenzo Ghiberti (heute ersetzen Kopien die Originale, die zu ihrem Schutz im nahen Museo dell'Opera del Duomo ausgestellt sind), birgt die Kirche von Byzanz inspirierte Mosaike aus dem 13. Jh. von Cimabue, Coppo di Marcovaldo und Meliore.

HIGHLIGHTS
1 Battistero di San Giovanni
2 Campanile
3 Cattedrale di Santa Maria del Fiore
4 Chiesa & Museo di Orsanmichele
5 Chiesa di Santa Margherita de'Cerchi
6 Collezione Roberto Casamonti
7 Gucci Garden
8 Loggia dei Lanzi
9 Museo Casa di Dante
10 Museo dell'Opera del Duomo
11 Museo Galileo
12 Palazzo Davanzati
13 Palazzo Strozzi
14 Palazzo Vecchio
15 Piazza della Repubblica
16 Ponte Vecchio
17 Galleria degli Uffizi
18 Via de' Tornabuoni

ESSEN
20 I Due Fratellini
21 Il Trippaio del Porcellino
22 'Ino
23 Ora d'Aria
24 Trattoria Marione

SHOPPEN
29 Dr. Alessandro Bizzarri
30 Riccardo Luci

Giottos Glockenturm

Giottos Glockenturm

GLOCKENTURM MIT TRAUMBLICK

Mit dem Bau des 84,7 m hohen **Glockenturms** der Kathedrale Santa Maria del Fiore begann Giotto 1334. Fertiggestellt wurde er 1337 nach seinem Tod von Andrea Pisano und Francesco Talenti. Der Turm nimmt den gotischen Stil und die Farbpalette der Kathedrale auf und birgt eine schmale Treppe, die zu der 1359 von Talenti hinzugefügten Plattform führt. Wer die 414 Stufen erklimmt, wird mit einem unglaublichen Blick auf Brunelleschis Kuppel und die umliegenden roten Dächer belohnt.

Museo de' Medici

AUF DEN SPUREN DER MEDICI

Das Museo de' Medici eröffnete 2019 im eleganten Palazzo di Sforza Almeni. Dieser gehörte einst den Medici, wovon bis heute das Medici-Toledo-Wappen an der Wand zeugt. Mithilfe historischer Artefakte aus Privatsammlungen und virtueller Installationen zeichnet das Museum den Stammbaum der mächtigen Medici-Familie nach, die mehr als drei Jahrhunderte über die Stadt herrschte. Neben eindringlichen audiovisuellen Exponaten gehören Roben aus der Renaissance, Dokumente und die weltweit originalgetreueste Nachbildung der verlorenen Herzogskrone zum Programm.

Porta del Paradiso (vergoldete Tür), Museo dell'Opera del Duomo

Museo dell'Opera del Duomo

AUSSERGEWÖHNLICHE SKULPTURENSAMMLUNG & HISTORISCHE ARTEFAKTE

Die neugotische Fassade der Kathedrale Santa Maria del Fiore ist relativ neu – der Architekt Emilio de Fabris entwarf sie im späten 19. Jh., nachdem sie über Jahrhunderte unvollendet geblieben war. Eine Nachbildung von Arnolfo di Cambios Originalentwurf der Fassade von 1296 ist im **Museum** ausgestellt. Zu sehen sind auch die drei massiven vergoldeten Türen, die einst zur Taufkirche führten, sowie 750 weitere Kunstwerke in 28 Räumen, u. a. von Donatello und Michelangelo. Museumspädagogische Angebote zeigen, wie man Blattgoldverzierungen fertigt, Keramik glasiert und Mosaike herstellt (Infos zu Workshops unter *stazioneutopia.com*).

Museo dell'Opera del Duomo

Collezione Roberto Casamonti

PRIVATSAMMLUNG ZEITGENÖSSISCHER KUNST

Abwechslung von der Renaissancekunst bietet die Roberto-Casamonti-Sammlung im Palazzo Bartolini Salimbeni. Die **Galerie** gilt als eine der vielfältigsten Sammlungen für moderne und zeitgenössische Kunst in Italien und deckt mit Werken von Maurizio Cattelan, Le Corbusier und Joan Mirò einen Großteil des 20. Jhs. ab. Das Gebäude selbst blickt auf eine interessante Geschichte zurück. Über dem Eingang ziert ein Mohnblumenband die Fassade. Es heißt, dass ein Mitglied der Familie Bartolini seinen Reichtum vergrößerte, indem es seine Konkurrenten im Textilhandel vor einer Wollauktion mit Opium betäubte. Zur Erinnerung an diese Gerissenheit und wegen des durchschlagenden Erfolgs wurden Mohnblumen zum Familienwappen.

Galleria degli Uffizi (Uffizien)

GALERIE FÜR MITTELALTERLICHE UND RENAISSANCE-KUNST

Die Uffizien wurden vom ersten Großherzog der Toskana, Cosimo I. de' Medici, in Auftrag gegeben, um Büroräume für das Florentiner Gerichtswesen zu schaffen. Der legendäre Hofarchitekt Giorgio Vasari übernahm das Projekt und ersetzte die gängige mittelalterliche Architektur durch einen modernen, klassisch inspirierten symmetrischen Bau zwischen der Piazza della Signoria und dem Arno. Die allmähliche Verwandlung von einem funktionellen Komplex in eine der kostbarsten Kunstsammlungen der Welt geht vor allem auf Cosimos introvertierten Sohn Francesco I. zurück, der 1581 beschloss, das obere Stockwerk der Uffizien in eine **Galerie** mit Gemälden, Statuen und wertvollen Gegenständen umzuwandeln. Die Zahl der Werke wuchs, bis die Räume 1769 für die Öffentlichkeit geöffnet wurden. Heute widmet sich die Galerie der Entwicklung von Kunst im Mittelalter und in der Renaissance. Mit Bildern von Giotto, Botticelli, Leonardo, Lippi, Raffaello, Caravaggio usw. fällt es schwer, eine Hauptattraktion zu benennen. Der erste Korridor fasziniert mit grotesken Figuren, während jeder Raum eine visuelle Reise bietet, die kaum eindrucksvoller sein könnte. Zu den neu eröffneten Bereichen gehören ein Raum mit bisher ungesehenen Werken aus dem 16. Jh. von florentinischen und venezianischen Künstlern wie Tiziano, Rosso Fiorentino und Andrea del Sarto, und der **Terrazzo delle Carte Geografiche**; er zeigt Karten aus dem 16. Jh. und ist nach 20-jährigen Renovierungsarbeiten wieder zugänglich.

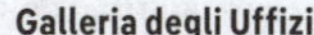

Galleria degli Uffizi

CORRIDOIO VASARIANO

Die Florentiner Kunstwelt wartet schon lang auf die Wiedereröffnung von Giorgio Vasaris Vasarikorridor. Der 760 m lange erhöhte Gang verbindet den Palazzo Vecchio mit dem Palazzo Pitti, wurde 1566 von Großherzog Cosimo I. in Auftrag gegeben und ist seit 2016 wegen Renovierungsarbeiten geschlossen. Ab Ende 2023, so zumindest die Planungen zum Zeitpunkt der Recherche, soll der (nicht mehr sehr geheime) Tunnel, der den Herrschaftssitz mit den Regierungsbüros verband, wieder geöffnet sein. Das 45 € teure Ticket soll einen einzigartigen Besuch mit Panoramablicken, historischen Dokumenten und erstklassiger Kunst bieten. Aktuelle Informationen gibt's unter *www.uffizi.it/en/corridoio-vasariano*.

Palazzo Strozzi

ZEITGENÖSSISCHE KUNST

Die imposante Steinfestung wurde im 15. Jh. von dem mächtigen Bankier Filippo Strozzi in Auftrag gegeben. Sie steht zwischen der schicken Via de' Tornabuoni und der Piazza Strozzi, die ein eleganter, von Benedetto da Maiano entworfener Innenhof miteinander verbindet. In dem **Palast** werden Wechselausstellungen zeitgenössischer Kunst gezeigt. Abhängig davon, wann man kommt, gibt es z.B. Jeff Koons' Stahlballons, NFT-Kunst oder Performances von Marina Abramović zu sehen.

Loggia dei Lanzi

Hof, Palazzo Strozzi

Loggia dei Lanzi

SKULPTURENGALERIE UNTER FREIEM HIMMEL

Eine der wenigen kostenlosen Ausstellungen für Renaissancekunst in Florenz befindet sich gegenüber dem Eingang zum Palazzo Vecchio im **Freiluft-Skulpturenmuseum** Loggia dei Lanzi. Die überdachte Terrasse wurde im 14. Jh. für öffentliche Versammlungen auf der Piazza della Signoria erbaut. Die bekanntesten der elf Statuen, die den Platz überblicken, sind Benvenuto Cellinis grimmiger *Perseus* (1554) – der griechische Halbgott hält den Kopf der frisch enthaupteten Medusa in der Hand –, und Giambolognas *Raub der Sabinerinnen* (1583); dem Mythos nach sollen Römer Frauen aus dem Umland Roms entführt haben, um das Wachsen der Stadtbevölkerung zu sichern.

Palazzo Davanzati

WOHNPALAST DES RENAISSANCEADELS

Der Palast wurde im September 2022 nach monatelangen Renovierungsarbeiten wiedereröffnet. Der einstige Wohnsitz der Davizzi, einer der reichsten Familien im Florenz des 14. Jhs., gibt Einblicke in den Lebensstil der Oberschicht im Spätmittelalter und in der Renaissance. Das Gebäude ist auch als **Museo della Casa Fiorentina Antica** (Museum des alten Florentiner Hauses) bekannt und wurde 1578 von der Davanzati-Familie gekauft. Zu sehen sind Studierzimmer, mit Wandteppichen verzierte Schlafzimmer, Küchen und Bäder, in denen die Zeit stehen geblieben zu sein scheint. Die Sala dei Pappagalli im ersten Stock und die Camera delle Impannate im dritten gehören zu den besterhaltenen Beispielen für die Innenarchitektur der Renaissance.

Palazzo Vecchio & Salone dei Cinquecento

RATHAUS MIT KUNST VON GIORGIO VASARI

Seit über 700 Jahren dient der **„alte Palast"** als Sitz der Regionalregierung und ist bis heute das Rathaus der Stadt. Die Befestigungsanlage entstand auf den Resten eines alten römischen Theaters. Sie wurde 1299 von Arnolfo di Cambio entworfen und im Lauf der Zeit nach dem Geschmack und den Ideen der wechselnden Herrschenden erweitert. Begrüßt wird man von dem großartigen Hof, 1453 von dem Architekten Michelozzo angelegt und 1553 anlässlich der Hochzeit von Johanna von Österreich und Francesco I. de' Medici von Giorgio Vasari in Szene gesetzt. *Das* Highlight ist aber der 1250 m² große **Salone dei Cinquecento**. Ursprünglich gab ihn der Prediger Giacomo Savonarola für die 500 Mitglieder des bürgerlichen Regierungsrats in Auftrag, den er nach der kurzzeitigen Absetzung der Medici einsetzte.

1504 wurde Michelangelos *David* vor dem Haupttor des Palastes aufgestellt (heute steht dort eine Replik aus dem 20. Jh.) und 1540 bezog der erste Großherzog der Toskana, Cosimo I., mit seinem Hof die Räumlichkeiten. In dieser Zeit wurde der Salone mit den Bildern von Giorgio Vasari verziert, die man bis heute bewundern kann. Herzstück der Kassettendecke ist *L'Apoteosi di Cosimo I* (1565), ein gottgleiches Porträt des Großherzogs, während die Wände Szenen aus zwei wichtigen Kriegen, die die florentinische Armee für sich entschied, schmücken: Auf der Westseite ist die Schlacht gegen die Pisaner (1495–1509) dargestellt, auf der Ostseite die Eroberung von Siena (1553–55).

PONTE VECCHIO

Die dreibogige „alte Brücke" gehört seit 1345 zu den Wahrzeichen von Florenz. Sie überstand einen Bombenangriff der Nationalsozialisten 1945 und die Hochwasserkatastrophe, die die Stadt 1966 traf. Auf beiden Seiten wird die Brücke von 48 Schmuckläden flankiert. Großherzog Ferdinando I. verfügte 1593, dass die *beccai* (Metzger), die hier arbeiteten, die Brücke räumen mussten, um Platz für Goldschmiede zu machen, da er den Geruch von faulendem Fleisch nicht ertragen konnte. Trotz des exklusiven Charakters der Geschäfte auf der Ponte Vecchio seit der Vertreibung der Fleischer herrscht auf dem Kopfsteinpflaster immer reger Betrieb. Abends gibt der Florentiner Straßenmusiker Claudio Spadi beim Denkmal für den Bildhauer Benvenuto Cellini seine Kunst zum Besten.

Salone del Cinquecento

Geheimgänge

Viele Bereiche des Palazzo Vecchio bleiben einem verborgen, wenn man den Palast durch den Haupteingang betritt. Einblicke in dessen geheime Highlights bietet eine **„Geheimgänge"-Tour** (S. 416).

Gucci Garden

GEHOBENES RESTAURANT UND MODEMUSEUM

Der Tribunale della Mercanzia aus dem 14. Jh. beherbergt den farbenfrohen Gucci Garden, ein Multifunktionskomplex unter Leitung des Florentiner Modeimperiums. Auf drei Etagen bietet er eine einladende **Boutique**, die **Cocktailbar** Gucci Giardino und die **Osteria** unter Leitung des Spitzenkochs Massimo Bottura. Ein Museum erzählt die Geschichte der von Guccio Gucci 1921 gegründeten Marke und zeigt anhand hunderter seltener historischer Stücke die Entwicklung des Stils des Unternehmens.

Restaurant im Gucci Garden

Museo Galileo

MODERNES WISSENSCHAFTSMUSEUM

An der Piazza dei Giudici am Ufer des Arno zeigt eine gewaltige Sonnenuhr die Uhrzeit mittels des Schattens an, der auf den Boden fällt. Neben der Sonnenuhr befindet sich der Eingang zu einem modernen **Museum**, das mit einer interaktiven Ausstellung wissenschaftlicher Instrumente Kinder und Erwachsene gleichermaßen unterhält. Zu sehen sind über 1000 Objekte, die seit der Zeit der Medici zusammengetragen wurden, darunter die Teleskope, mit denen Galileo Galilei die Jupitermonde entdeckte, und ein makaberer Schrein, der den intakten Mittelfinger des Forschers birgt.

Sonnenuhr, Piazza dei Giudici

Chiesa e Museo di Orsanmichele

EINE KIRCHE VOLLER KUNSTWERKE

Die **Chiesa di Orsanmichele** tanzt im Vergleich mit den anderen religiösen Bauten der Stadt aus der Reihe. Die kubische Form und der unauffällige Eingang sorgen nicht gerade für spirituelle Gefühle, doch gerade wegen der ungewöhnlichen Architektur und Geschichte lohnt sich ein Besuch. Das einstige Getreidelager geht auf das Jahr 1337 zurück und entwickelte sich im 15. Jh. zu einem Gotteshaus, in dem die Florentiner Gilden um Schutz ersuchten. Wollhändler, Banker, Seidenweber, Abdecker und Richter dekorierten die Kirche mit Statuen ihrer Schutzheiligen. Diese befinden sich in den 14 Tabernakeln im Außenbereich und sind das Werk renommierter Künstler wie Donatello, Ghiberti und Giambologna. Das Innere zieren der Tabernakel von Andrea Orcagna (1349–1359) sowie biblische Fresken, gedrehte Säulen und Buntglasfenster.

Chiesa di Santa Margherita de' Cerchi

DANTES KIRCHE

In dieser unauffälligen Kirche an der Via Santa Margherita soll Dante das erste Mal Beatrice Portinari begegnet sein. Die Frau von Simone de' Bardi inspirierte ihn angeblich zu einer der zentralen Figuren in der *Göttlichen Komödie*. Eine Tafel weist auf ihr Grab hin, wahrscheinlich wurde Beatrice jedoch in Santa Croce neben ihrem Mann beigesetzt. Liebeskummergeplagte hinterlassen bei dem Symbol für unerwiderte Liebe Zettel mit ihren Wünschen.

Piazza della Repubblica

Piazza della Repubblica

HISTORISCHER PLATZ MIT ELEGANTEN CAFÉS

Das historische Herz von Florenz schlägt auf dieser lebendigen **Piazza**, dem einstigen Standort des zentralen römischen Forums der Stadt. Im Mittelalter entwickelte es sich zum Hauptmarktplatz, später ließ Cosimo I. hier das Ghetto für die jüdische Gemeinde ansiedeln. Heute gibt es kaum noch Spuren der früheren Geschichte des Platzes, da die Stadt die Gegend umgestalten ließ, nachdem Florenz im späten 19. Jh. zur Hauptstadt eines frisch vereinten Italiens erklärt worden war. Um die neu gestaltete Piazza entstanden prachtvolle Herrenhäuser, Luxushotels und elegante Cafés wie das Caffè Le Giubbe Rosse, das Caffè Paszkowski und das Caffè Gilli, die Kunstschaffende und Intellektuelle anzogen.

Dante-Büste im Museo Casa di Dante

Museo Casa di Dante

MUSEUM FÜR MITTELALTERLICHE GESCHICHTE

Nur wenige Viertel der Stadt bewahrten ihren mittelalterlichen Charakter so gut wie die Gegend zwischen Borgo degli Albizi und Via della Condotta. Hier wuchs Dante Alighieri, der bekannteste Autor aus Florenz, auf, entwickelte seine Kunst und prägte die moderne italienische Sprache nachhaltig. Das nach ihm benannte **Museum** gibt Einblicke in das Stadtleben in der Zeit vor der Renaissance. Neben verschiedenen Objekten und Kleidungsstücken aus dem 14. Jh. zeugen Dokumente von den Schlüsselmomenten jener Zeit, darunter die Schlacht von Campaldino, an der Dante teilnahm. Trotz des Namens wuchs Dante nicht hier auf, vielmehr zollt das Museum dem großen Poeten Tribut und hilft, sein Werk einzuordnen.

MICHELANGELOS GRAFFITI

Das grob in den Stein gehauene Porträt *L'Importuno* ziert die Fassade des Palazzo Vecchio. Verantwortlich für diese Form des Vandalismus ist wohl kein geringerer als Michelangelo. Das mysteriöse Kunstwerk sieht man von der **Piazza della Signoria** (S. 408) aus.

TAMASV/SHUTTERSTOCK ©

L'Importuno, Palazzo Vecchio

DIE BESTEN KUNSTHANDWERKSLÄDEN

Riccardo Luci
Schreibwarenfans werden dieses Geschäft in der Via del Parione lieben. Hier fertigt Riccardo Luci Notizbücher und Kunsthandwerk aus marmoriertem Papier.

Dr. Alessandro Bizzarri
In einer Art Vintage-Alchimistenlabor kann man sich hier seinen eigenen Duft aus seltenen Kräutern und ätherischen Ölen zusammenstellen.

MEHR RUND UM DIE PIAZZA DEL DUOMO & DIE PIAZZA DELLA SIGNORIA

Palastgeheimnisse

DIE GEHEIMGÄNGE IM PALAST

In seiner 700-jährigen Geschichte hat der **Palazzo Vecchio** einige Geheimnisse angehäuft – wenn diese Wände doch sprechen könnten ... Vom sagenumwobenen Aufeinandertreffen der Renaissance-Meister Leonardo da Vinci und Michelangelo Buonarroti, die zwei große Fresken für den Salone dei Cinquecento erschaffen sollten, das Projekt jedoch nie abschlossen, zu den öffentlich an den Palastfenstern gehängten Jacopo und Francesco Pazzi, die durch die Ermordung von Giuliano und Lorenzo die Medici stürzen wollten: Endlos sind die Geschichten rund um den Palazzo Vecchio, die Florenz prägten.

Die exzellenten Führungen von **Mus.e** zu den geheimen Räumen und Gängen geben Aufschluss über den Charakter der Menschen, die in dem Palast lebten. Von einer fast nicht erkennbaren Tür an der Via della Ninna führt eine schmale, in die mittelalterliche Mauer geschlagene Steintreppe – in Auftrag gegeben von Walter VI. von Brienne, Herzog von Athen und Herrscher von Florenz (1342–1343) –, zu einem der faszinierendsten Bereiche des Palazzo Vecchio, dem ***studiolo*** von Francesco I.

Großherzog Francesco I. de' Medici interessierte sich mehr für Alchemie als für Politik. Er liebte es, sich zurückzuziehen und mit Kunst und Chemie zu experimentieren, und um genau

ESSEN RUND UM DIE PIAZZA DEL DUOMO & DIE PIAZZA DELLA SIGNORIA

I Due Fratellini
Die winzige Sandwichbar serviert Wein zu ihren dutzenden leckeren panini. €

Il Trippaio del Porcellino
Der kultige Straßenstand auf der Piazza del Mercato Nuovo hat *trippa* und *lampredotto* im Angebot. €

'Ino
Kurz für *panino*. Den Belag wählt man selbst oder lässt sich etwas von Alessandro empfehlen. €

das tun zu können, ließ er sein fensterloses *studiolo* erbauen. Entworfen von Giorgio Vasari, birgt die Geheimkammer Gemälde, die die vier Elemente repräsentieren. Hinter einer Leinwand führt eine Tür zum *studiolo* von Cosimo I., Francescos Vater. Der Raum ist ebenso eindrucksvoll, wurde aber unter der Lothringer Herrschaft vergessen und erst 1908 wiederentdeckt.

Die *studioli* der Medici führen direkt zum majestätischen **Salone dei Cinquecento**, den man sich bei dieser Tour von oben und nicht von unten anschaut. Nach Betreten eines dunklen Raums erhält man Einblicke in die Funktionsweise von Vasaris Holzträgersystem, das das 1200 m² große Dach und die vielen riesigen Gemälde, die von einem der elegantesten Säle der Stadt aus zu sehen sind, stützt.

Die Kunst des Aperitivo

DIE ERFINDUNG DES NEGRONI

In jeder seriösen Cocktailbar der Welt erhält man ein bauchiges Glas, gefüllt mit Eiswürfeln und zu gleichen Teilen mit Gin, Campari und süßem Wermut, wenn man einen Negroni bestellt. Das Rezept für das kräftige rote Getränk hat sich in den letzten 100 Jahren kaum verändert. Dass der Negroni zu einem weiteren italienischen Exportschlager wurde, ist dem abenteuerlustigen Florentiner Grafen Camillo Negroni zu verdanken. 1919 betrat er seine Stammkneipe – das mittlerweile geschlossene Caffè Casoni – und beschloss sein *aperitivo*-Ritual abzuändern: Er bat den Barkeeper das Sodawasser seines üblichen Americano-Cocktails durch Gin zu ersetzen. Nach ein paar Schlucken erklärte Graf Negroni die bittere Mischung zum Triumph der Cocktailkunst.

Es heißt, dass der Graf seine Erfindung mit Argusaugen hütete, da er jedoch bis zu 20 davon am Tag trank, war das Geheimnis bald keines mehr. Negronis „modifizierter Americano" wurde zum Trend-Getränk der Florentiner Oberschicht. Er ist nicht jedermanns Geschmack, erwies sich jedoch als zeitloser Klassiker, der bis heute zu modernen Variationen inspiriert.

Einen guten Einstieg in die Welt der *aperitivos* bieten die historischen Bars der Stadt wie das **Caffè Rivoire** an der Piazza della Signoria oder das **Caffè Gilli**, in dem Barkeeper Luca Picchi, Autor mehrere Bücher zur Geschichte des Negroni, seit Jahrzehnten Drinks mischt. Traditionell geht's im neu eröffneten **Manifattura** nahe dem Palazzo Strozzi zu: Jedes Getränk auf der Karte wird aus italienischen Spirituosen gemixt. Wer es gern bitter mag, steuert nach dem Abendessen die von den 1920er-Jahren inspirierte **Bitter Bar** an; vor dem 20. Negroni sollte man jedoch besser aufhören ...

DIE ENTKOLONIALISIERUNG DER RENAISSANCE

Edson Manuel, ein angolanischer Museumsmediator, der für das Amir Project arbeitet, über drei Orte, die Spuren versklavter Afrikaner:innen im Florenz der Renaissance aufweisen.

Cappella Sassetti, Chiesa di Santa Trinità
Die zentrale Szene von Ghirlandaios Fresko zeigt ein versklavtes afrikanisches Mädchen, das hinter Francescos Töchtern steht.

Cappella dei Magi, Palazzo Medici Riccardi
Auf Benozzo Gozzolis *Cavalcata dei Magi* hält ein junger Mann afrikanischer Abstammung einen Bogen in der Hand. Dabei könnte es sich um einen Sklaven aus Äthiopien handeln.

Istituto degli Innocenti
In dem Institut sind die ältesten Dokumente (von 1461) archiviert, die den Kauf versklavter Afrikaner:innen in Lissabon für die Toskana beschreiben.

Amblé
Vintage-Möbel, spezielle Inneneinrichtung, Säfte und leichte Snacks laden beim Sightseeing zu einer Mittagspause ein. €€

Trattoria Marione
Eine große Auswahl an toskanischen Klassikern und rustikales Ambiente – hier kann man nicht viel falsch machen. €€

Ora d'Aria
Die kreative Speiseauswahl direkt hinter den Uffizien begeistert auch anspruchsvolle Gaumen. €€€

SANTA MARIA NOVELLA

MEHR ALS EIN VERKEHRSKNOTENPUNKT

Das Viertel Santa Maria Novella wird oft nur als Erweiterung des gleichnamigen Bahnhofs wahrgenommen. Von dem von Giovanni Michelucci in der Zeit des Faschismus entworfenen Bahnknotenpunkt fahren Züge in jede Ecke Italiens und auf den ersten Blick scheinen anonyme Hotels und Fastfood-Imbisse ganz auf die Bedürfnisse Durchreisender zugeschnitten.

Außerhalb der direkten Umgebung des Bahnhofs entwickelte sich jedoch ein vielschichtiges Viertel, das seinen facettenreichen Bewohner:innen Rechnung trägt und von Alteingesessenen, Eingewanderten und Studierenden der Polimoda-Modeschule geprägt ist. Auch die vielen Veranstaltungen in der Fortezza da Basso, einem riesigen Ausstellungsbereich und Austragungsort der Mostra Internazionale dell'Artigianato (Internationale Handwerksmesse) jedes Jahr im April, locken viele an.

Die Hauptattraktionen liegen rund um die schöne Basilica di Santa Maria Novella, das Herzstück des Viertels. Daneben erreicht man fußläufig von der Piazza historische Bäckereien, die ihre Familienrezepte seit Jahrzehnten bewahren, Gewürzläden, Kunstgalerien und Buchgeschäfte mit mehrsprachiger Literatur.

TOP TIPP

Von Santa Maria Novella aus sind die meisten Sehenswürdigkeiten der Stadt gut zu erreichen. Der Mercato Centrale in San Lorenzo, die Piazza del Duomo und der Arno sind nur wenige Gehminuten entfernt. Für größere Distanzen stehen Straßenbahnen und Züge bereit.

HIGHLIGHTS
1 Basilica di Santa Maria Novella
2 Officina Profumo Farmaceutica di Santa Maria Novella
3 Street Levels Gallery
4 Todo Modo

SEHENSWERTES
5 Museo Novecento

SCHLAFEN
6 Garibaldi Blu
7 New Generation Hostel

ESSEN
8 Bar Pasticceria Piccioli
9 Café Pasticceria Gamberini
10 Cioccolateria Ballerini
11 Cortese Café **900**
12 Osteria dei Centopoveri
13 Trattoria **13** Gobbi

AUSGEHEN
14 La Boite

Basilica di Santa Maria Novella

MAJESTÄTISCHE KIRCHE VOLLER RENAISSANCEKUNST

Die vom Dominikanerorden im 13. Jh. gegründete **Santa Maria Novella** gehört zu den bedeutendsten religiösen Bauwerken der Stadt und steht direkt gegenüber dem betriebsamen Hauptbahnhof. Die symmetrische grünweiße Marmorfassade der Basilika geht auf den Wollhändler Giovanni Rucellai zurück, dessen Name noch immer in einer Inschrift über dem Rundfenster zu erkennen ist. In den 1450er-Jahren beauftragte Rucellai den jungen Architekten Leon Battista Alberti mit der Fertigstellung der Kirche, deren Vorderseite kahl geblieben war. Albertis eindrucksvoller Entwurf interpretierte den gotischen Stil neu und brachte florentinisch-romanische Elemente sowie kunstvolle geometrische Muster mit ein. Den Innenraum setzten einige der großen Renaissancemeister in Szene – und so machten Giotto, Masaccio, Brunelleschi und Ghirlandaio die Basilika zu einer zeitlosen Galerie von unschätzbarem Wert. Sollte man ein Highlight benennen, wäre es wohl Filippino Lippis eindrucksvolle **Cappella di Filippo Strozzi**, deren Fresken verschiedene Ereignisse aus dem Leben von Philippus und dem Evangelisten Johannes zeigen.

Basilica di Santa Maria Novella

MUSEO NOVECENTO & CORTESE CAFÉ 900

Das 2014 eröffnete **Museum** gegenüber der Basilica di Santa Maria Novella beherbergt auf drei Stockwerken, die einst zum San-Paolo-Krankenhaus gehörten, eine große Sammlung von Kunstwerken aus dem 20. Jh. In der Dauerausstellung sind Giorgio Morandi, Lucio Fontana, Marino Marini, Carlo Levi sowie der Florentiner Maler Ottone Rosai mit einer besonders großen Auswahl vertreten. Das angeschlossene **Café** lohnt ebenfalls einen Besuch: Das **Cortese Café 900** ist die erste roh-vegane Konditorei von Florenz und stellt Kuchen, Kekse, Pralinen und Eis ohne Mehl, Milch, Eier, Hefe und Zucker her.

Street Levels Gallery

GALERIE FÜR URBANE KUNST

Die Street Levels Gallery eröffnete 2016 und ist die erste Galerie in Florenz für **Urban Art**. Der Pionier in der Via Palazzuolo zeigt Werke der schwer fassbaren hiesigen Straßenkunstgemeinde, darunter Clets ironisch verfremdete Straßenschilder, Magnetporträts von Ache77 und die witzigen Poster mit politischer Botschaft von Guerrilla Spa. Die Galerie ist passenderweise nicht auf die Ausstellungsräume begrenzt und oft an Kunstinstallationen und Events beteiligt, die die vielen Facetten zeitgenössischer urbaner Kunst zeigen. Infos gibt's auf: *www.streetlevelsgallery.com*.

Parco delle Cascine

Todo Modo

EINLADENDER BUCHLADEN MIT CAFÉ

Eine kleine Fahne markiert den unauffälligen Eingang des beliebten Buchladens Todo Modo. Von der Vordertür fällt der Blick zunächst auf einen kleinen Raum, doch gleich um die Ecke lädt ein reizendes **Café** mit Holzmöbeln zu Weltliteratur gepaart mit einem Glas Wein oder einem Teller *testaroli al pesto* ein, bevor die Entdeckungstour durch Florenz weitergeht. Todo Modo veranstaltet gelegentlich englischsprachige Erzählkunstabende, bei denen Gäste im kleinen Theater des Ladens ihr Redetalent unter Beweis stellen können.

Flaschen, Officina Profumo Farmaceutica di Santa Maria Novella

Officina Profumo Farmaceutica di Santa Maria Novella

DIE WOHL ÄLTESTE APOTHEKE DER WELT

Die Officina Profumo Farmaceutica di Santa Maria Novella, teils Museum, teils (teure) **Apotheke**, ist eine der ältesten, ohne Unterbrechung geöffneten Apotheken in Europa. Ihre Ursprünge gehen auf das Jahr 1221 zurück, als die Dominikanermönche aus der nahen Basilica di Santa Maria Novella mit dem Anbau von Kräutern begannen, um Heil- und Wundsalben herzustellen. In ihrer heutigen Form empfängt die Apotheke seit 1612 Kundschaft, wobei sie auf Düfte und Parfüme für die Florentiner Oberschicht und für durchreisende Adelige spezialisiert war. Die mit Blumen verzierte Eingangstür führt in den duftenden Innenraum, der mit seinen Walnussmöbeln und kunstvollen Duftwassern viele Sinne anspricht.

MEHR IN SANTA MARIA NOVELLA

Die Umwandlung der grünen Lunge von Florenz

NEUE TÖNE IM PARCO DELLE CASCINE

Viele Jahre lang galt der berüchtigte **Parco delle Cascine** als das sündige Zentrum des Nachtlebens in Florenz. Abseits der Innenstadt und fernab von Wohngebieten, erwachte der 160 ha große Park am Ufer des Arno nach Einbruch der Dunkelheit zum Leben, wenn Tausende hier zu House- und Technoklängen tanzten. Regelmäßig legten internationale DJs in den glamourösen, neonbeleuchteten Hallen legendärer Clubs wie dem Central Park und dem Meccanò auf, doch bald dominierten statt der großen Elektromusik-Events Prostitution, Drogen und Unfälle unter Alkoholeinfluss die lokalen Schlagzeilen.

2011 genehmigte der Stadtrat die Neugestaltung des Parks, die ihm neues Leben einhauchen sollte. Die Clubs wurden dauerhaft geschlossen und kurz darauf abgerissen – die Geschichte der Florentiner Nachtlebenkultur war damit beendet. Der größte Park der Stadt zieht heute ein anderes Publikum an und obwohl Musik noch immer eine zentrale Rolle spielt, hat sich vieles verändert.

Teatro del Maggio Musicale

2014 öffnete das Teatro del Maggio Musicale seine Pforten und ersetzte das frühere **Stadttheater** im mittlerweile abgerissenen Teatro Comunale an der Corso Italia. Das ganze Jahr über stehen Opern und klassische Musik auf dem Programm (Infos gibt's unter *atmaggiofiorentino.com*). Das große Bauwerk beherbergt einen Opernsaal mit 1890 Sitzplätzen, eine Aula für Orchesterkonzerte mit 1000 Sitzplätzen und eine Akademie für junge Talente. Der Name geht auf das Maggio Musicale Fiorentino zurück; das bedeutende Musikfestival findet von April bis Juni statt, wird seit 1933 ausgetragen und hat seine Wurzeln in alten Frühjahrsbräuchen.

Manifattura Tabacchi

Der Komplex Manifattura Tabacchi liegt 500 m von der Grünfläche des Parks entfernt. Der rationale Bau aus den 1930er-Jahren entstand, weil der Staat, der das Monopol der Tabakherstellung innehatte, eine neue Produktionsstätte benötigte. Die von Pier Luigi Nervi gestaltete Anlage, in der einst 1400 Beschäftigte Zigarren und Zigaretten herstellten,

DIE BESTEN CAFÉS & BÄCKEREIEN IN SANTA MARIA NOVELLA

Cioccolateria Ballerini
Die Institution an der Borgo Ognissanti verkauft frische, knusprige *schiacciata* (mit Olivenöl zubereitetes Fladenbrot) sowie unwiderstehliche Süßwaren.

Café Pasticceria Gamberini
Das kürzlich eröffnete Café lässt sich von der Vergangenheit inspirieren und bietet leckeren Kaffee, Backwaren und altmodisches Flair.

Bar Pasticceria Piccioli
Das beliebte Frühstückscafé überzeugt seine einheimische Stammklientel mit *cornetti* (Croissants) mit Pistazien- und Schokoladenfüllung sowie Cappuccino.

Manifattura Tabacchi

ESSEN IN SANTA MARIA NOVELLA

Ostaria dei Centopoveri
Die *osteria* alter Schule serviert ein täglich wechselndes Zweigänge-Menü mit Wein für 11 € und ist zur Mittagszeit gut besucht. **€**

La Boite
Die kleine holzgetäfelte Weinbar an der Piazza San Paolino serviert leckere Wurst- und Käseplatten sowie *schiacciata*. **€**

Trattoria 13 Gobbi
Die legendären Rigatoni mit Tomate und Büffel-Mozzarella vergisst man nicht so schnell. **€€**

wurde in einen **Multifunktionskomplex** mit Co-Working-Spaces, provisorischen Shops, Cafés, Ausstellungsbereichen und einer Brauerei verwandelt.

Le Pavoniere
Das **öffentliche Schwimmbad** versteckt sich hinter der üppigen Parkvegetation vor neugierigen Blicken. Die exklusive Anlage ist im Sommer gut besucht und beherbergt ein elegantes Restaurant und eine Cocktailbar.

Ultravox und das Amphitheater
Unweit des westlichen Parkrands, einen Steinwurf von der Fjodor-Dostojewski-Statue entfernt, die die russische Botschaft anlässlich des 200. Geburtstages des Schriftstellers spendete, liegt mitten im Grünen ein Amphitheater, das im Sommer zu einer **Freiluftkonzertbühne** wird. Während des Essens- und Musikfestivals Ultravox (*ultravoxfirenze.it*) sorgen in der versteckten Oase von Juni bis August fast täglich lokale und internationale Bands für Stimmung.

Visarno Arena & Firenze Rocks
Seit dem Sommer 2015 trägt das **Visarno Hippodrome** die größten Musikevents der Stadt aus, bei denen Stars wie David Gilmour, Sting und Guns N' Roses auftreten. Seit 2017 findet auf der Rennstrecke Firenze Rocks statt. Bei dem viertägigen Festival standen in der Vergangenheit u. a. Ed Sheeran, Metallica, Green Day und die Red Hot Chili Peppers auf dem Programm.

DIENSTAGSMARKT

Der größte und am wenigsten touristische Markt der Stadt findet jeden Dienstagmorgen von etwa 8 bis 14 Uhr am Ufer des Arno statt und erstreckt sich über 1 km zwischen den zwei Fußgängerbücken des Cascine. Hierher kommen Einheimische, wenn sie Secondhand-Kleider, Dinge des täglichen Bedarfs, frisches Obst und Gemüse, Blumen oder Feinkost benötigen.

Dostojewski in Florenz

Warum steht mitten im Cascine-Park eine Statue von Fjodor Dostojewski? Der Autor lebte zwischen 1868 und 1869 in Florenz, nachzulesen auf der Tafel an seinem früheren Wohnsitz an der **Piazza Pitti** (S. 442).

ÜBERNACHTEN IN SANTA MARIA NOVELLA

New Generation Hostel
Gute Lage an der Borgo Ognissanti, gemütliche Betten, große Schließfächer, kostenloses WLAN und ein hübscher Hof. **€**

Garibaldi Blu
Designerhotel gegenüber der Piazza Santa Maria Novella mit geräumigen Zimmern und freundlichem Service. **€€**

Palazzo Montebello
Das luxuriöse Anwesen versteckt sich an einer ruhigen Straße, einen Steinwurf vom Fluss entfernt. **€€**

SAN LORENZO & SAN MARCO

SHOPPEN & ESSEN IN LEBENDIGER MARKTATMOSPHÄRE

Die lebendige Gegend rund um den größten Markt der Innenstadt ist ein Mix aus Düften, Sprachen und hinter dicken Palastmauern aufbewahrten Kunstschätzen. Im Palazzo Medici Riccardi starteten die Medici die Eroberung der städtischen Institutionen, die zu ihrer 300-jährigen Herrschaft führte. San Lorenzo bleibt eng mit der Vergangenheit verbunden: Die Familienkirche der Medici dominiert die Gegend bis heute.

Doch auch San Lorenzo und San Marco verändern sich. Die Gentrifizierung treibt Einheimische zunehmend an den Stadtrand und Obst- und Gemüsehändler wurden häufig von Ständen mit hübsch verpacktem Kunsthandwerk und massengefertigten Souvenirs verdrängt. Authentisches zu finden, ist schwieriger geworden, dennoch lohnt es sich, an der Oberfläche zu kratzen.

TOP TIPP

San Lorenzo ist nur Minuten von Santa Maria Novella und der Piazza del Duomo entfernt. Geht man vom Markt nordwärts die Via Cavour entlang, gelangt man zur Piazza San Marco, dem Herzstück des Viertels San Marco.

Mercato Centrale

Mercato Centrale

MODERNER LEBENSMITTELMARKT MIT FEINKOST

Der **Zentrale Markt** vereint zwei Seelen in einem Gebäude: Die Stände im Erdgeschoss verkaufen seit 1874 Obst, Gemüse, Fleisch und Fisch, während in der modernen 3000 m² großen Halle oben lokale und internationale Restaurants, *enotecas* (Weinbars) und Feinkosthändler auf Gemeinschaftstischen rund um eine Barinsel Spezialitäten servieren. Die Auswahl umfasst Feinkostplatten, Pizzas, Teigtaschen und vegane Burger – einfach an einem der Stände bestellen und sich einen Platz suchen. Wer sich fürs gastronomische Handwerk interessiert und seine eigene Pasta herstellen möchte, kann an einem Kochkurs der Scoula di Cucina Lorenzo de' Medici (cucinaldm.com) teilnehmen.

Mercato di San Lorenzo

FREILUFTMARKT

Der Außenbereich des zentralen Marktes umgibt den Mercato Centrale fast vollständig und wird von **Bekleidung und Accessoires** dominiert. Über Jahrhunderte nutzten Florenz und andere am Arno gelegene Städte in der Toskana den direkten Zugang zum Wasser, um Leder zu gerben. Bis heute ist das Material der Verkaufsschlager der Marktstände. Die große Auswahl an Gürteln, Handtaschen, Notizbüchern und Jacken machen San Lorenzo (trotz schwankender Qualität) zum idealen Revier für Souvenirjäger. Es lohnt sich zu handeln.

HIGHLIGHTS
1 Basilica della Santissima Annunziata
2 Basilica di San Lorenzo
3 Biblioteca Medicea Laurenziana
4 Museo delle Cappelle Medicee
5 Galleria dell'Accademia
6 Mercato Centrale
7 Museo de' Medici
8 Museo di San Marco
9 Palazzo Medici Riccardi

ESSEN
10 All'Antico Vinaio
11 Konnubio
12 La Ménagère

AUSGEHEN
13 Alibi
14 Mostodolce
15 PanicAle

SHOPPEN
16 Red Light Rock Shop
17 Scarpelli Mosaici
18 Street Doing

Museo di San Marco

NATIONALMUSEUM MIT WERKEN VON FRA' ANGELICO

Das an die San Marco Basilica angeschlossene Museo di San Marco kann mit den Besucherzahlen anderer Museen in Florenz nicht mithalten, doch die Sammlung an **Renaissance-Kunstwerken** ist in Sachen Eleganz und Wertigkeit bekannteren Galerien zweifellos ebenbürtig. Unbestrittener Protagonist ist hier Fra' Angelico. Der religiöse Maler war vorher als Il Beato Angelico bekannt und wurde 1984 von Papst Johannes Paul II. heiliggesprochen. Hinter Michelozzos Kreuzgang Chiostro di Sant'Antonio zieren die Sala dell'Ospizio dei Pellegrini Fra' Angelicos leuchtende *Deposizione dalla Croce* (1432), die laut Giorgio Vasari aussieht, als wäre sie von einem Heiligen oder Engel gemalt, und der *Giudizio Universale* (1431).

Museo di San Marco

Biblioteca Medicea Laurenziana

EINE DER BEDEUTENDSTEN MANUSKRIPTSAMMLUNGEN DER WELT

Die Basilica di San Lorenzo beherbergt noch ein weiteres Werk Michelangelos, die Biblioteca Medicea Laurenziana. Die Bibliothek umfasst über 11 000 Manuskripte, 1681 Originalbücher aus dem 16. Jh. und die größte Sammlung von ägyptischen Papyri in Italien. Sie zeugt von der kulturellen Bewegung hin zum Humanismus, die Cosimo der Ältere initiierte. Als erster Herrscher verstand er die Bedeutung von klassischer Bildung für den Erfolg einer Gesellschaft.

Basilica di San Lorenzo

Basilica di San Lorenzo

DIE VON BRUNELLESCHI ENTWORFENE FAMILIENKIRCHE DER MEDICI

Die harmonische **Basilica di San Lorenzo** wurde auf dem Fundament einer Kirche aus dem 4. Jh. errichtet. Im 15. Jh. änderte sich ihr Erscheinungsbild grundlegend, als die Medici sie zur Familienkirche und zu ihrem Mausoleum erklärten, und den umfassenden Ausbau finanzierten. 1425 fertigte Brunelleschi für Cosimo den Älteren, der in der Krypta begraben liegt, einen Entwurf an, doch mit der Renovierung der Fassade wurde 1515 Michelangelo von Papst Leo X. beauftragt. Michelangelos Carrara-Marmorprojekt wurde aber nie verwirklicht und die schmucklose Fassade der Basilika ist bis heute geblieben. Im Hauptschiff gibt es einige außergewöhnliche Kunstwerke wie Filippo Lippis *Annunciazione Martelli* (1440) und Donatellos *Pulpito della Resurrezion*e (1460).

Grab von Giuliano de Medici, Cappelle Medicee

Cappelle Medicee

MICHELANGELOS ARCHITEKTONISCHES MEISTERWERK

Während Michelangelo die Fassade der Basilika nie vollendete, kann man seine architektonischen Fähigkeiten in der Sagrestia Nuova in San Lorenzo bewundern. Sie gehört heute zum **Museo delle Cappelle Medicee**, in der prominente Mitglieder der Medici wie Lorenzo der Prächtige und sein Bruder Giuliano begraben liegen. Die neue Sakristei wurde von 1520 bis 1534 erbaut und ist dank symmetrischer Marmorbögen, Säulen, Balustraden und Rahmen ein Wunder der Bildhauerkunst. Sie zieren monumentale Skulpturen, deren Details zwei natürliche Lichtquellen in Szene setzen, ein zentrales Designelement Michelangelos. Es gibt zwei separate Eingänge (und Tickets) für die Basilica di San Lorenzo und das Museum.

Palazzo Medici Riccardi

DER ERSTE WOHNSITZ DER MEDICI

Eine von den Medici inspirierte Tour durch Florenz sollte am Palazzo Medici Riccardi beginnen, ihrem ersten offiziellen Wohnsitz. An der Via Cavour, nur Schritte vom Dom entfernt, liegt der Eingang zum **Palast**, der elegante, nach dem Architekten des Gebäudes benannte Cortile di Michelozzo. Eine Treppe im Hof führt zum Herzstück, der Cappella dei Magi. Die faszinierende Familienkapelle zieren lebendige Fresken von Benozzo Gozzoli (1459). Geht man weiter, kann man in der Galerie Luca Giordano, einer Halle voller barocker Spiegel, die *Apoteosi dei Medici* (1685) bestaunen.

Apoteosi dei Medici, Luca Giordano, Palazzo Medici Riccardi

Basilica della Santissima Annunziata

MARIANISCHE BAROCKKIRCHE

Die marianische **Santissima Annunziata Basilica** geht auf das 11. Jh. zurück, ihre heutige barocke Erscheinung ist jedoch jahrhundertelangen Umbauten zu verdanken. Hinter der bogenförmigen Fassade, entworfen von Michelozzo, dem Hofarchitekten der Medici, verbirgt sich das Vestibül (Chiostrino dei Voti) mit Fresken biblischer Szenen von manieristischen Größen wie Pontormo und Andrea del Sarto. Die Meisterwerke in den zwölf Kapellen der dunklen Kirche zu entdecken, ist nicht einfach, ein genauer Blick lohnt sich jedoch vor allem wegen des legendären Gemäldes *Wunderbare Jungfrau während der Verkündigung* aus dem 13. Jh. von Fra Bartolomeo. Es soll von Engeln vollendet worden sein, während der Künstler schlief.

Basilica della Santissima Annunziata

Galleria dell'Accademia

SKULPTURENGALERIE MIT MICHELANGELOS DAVID

Als Heimat der ikonischsten Statue der Stadt, Michelangelos *David*, den er mit nur 26 Jahren aus einem einzelnen Marmorblock fertigte, lohnt diese **Galerie** das Schlangestehen. Neben dem eindrucksvollen 5,17 m großen Meisterwerk gibt es noch eine sehenswerte Sammlung von unvollendeten, in massiven weißen Marmorblöcken gefangenen Figuren, die das bekannteste Kunstwerk von Florenz flankieren.

Den Eingang an der Sala del Colosso markiert das Gipsmodell von Giambolognas *Raub der Sabinerinnen* (1580), umgeben von Bildern von Uccello, Lippi, Ghirlandaio und Botticelli. Außerdem ist ein Raum kunstvollen Musikinstrumenten aus dem 17. und 18. Jh. gewidmet.

Grüne Oasen

DIE UNBEKANNNTEREN PARKS VON FLORENZ

In der Gegend nördlich von San Marco sind die Touristenströme deutlich geringer als in den Vierteln im Zentrum und genau das macht den Reiz aus. Einige der unbekannteren Stadtparks klettern die Hügel rund um die Innenstadt hinauf und bieten Erholung vom Trubel sowie tolle Blicke auf die roten Dächer rund um den Dom.

Vom Tepidarium Giacomo Roster *(societatoscanaorticultura.it)* aus dem 19. Jh. erstreckt sich der **Giardino dell'Orticoltura**. Er wurde 1859 von der Toskanischen Gesellschaft für Gartenbau als experimenteller Garten für seltene und exotische Pflanzen angelegt. Der Verband veranstaltet in dem Park in der letzten Aprilwoche einen der größten Blumenmärkte der Stadt und im Tepidarium finden regelmäßig Kunstausstellungen und Kulturevents statt.

Vom Giardino dell'Orticoltura führt ein Weg hinauf zum künstlerisch gestalteten **Orti del Parnaso**, wo eine riesige, farbenfrohe Schlangenskulptur (oder ist es ein Drache?) eine Treppe hinunterkriecht. Hier warten traumhafte Blicke auf die Stadt, auch wenn kaum einer davon weiß. Weiter oben an der Straße umgeben üppige, von Zypressen bewachsene Gärten die Villa Fabbricotti. Zu den illustren Gästen der luxuriösen Residenz von 1894 gehörten Königin Victoria und Elisa Bonaparte, die Schwester von Napoleon.

Wer nach all der Kletterei und dem Erkunden durstig ist, gönnt sich auf dem Weg zurück ins Zentrum im **Caffè Lietta** in der Nähe der Piazza della Libertà einen frischen Saft und eine süße Leckerei.

Villa der Wunder

FREDERICK STIBBERTS ERSTAUNLICHE KUNSTSAMMLUNG

Die eleganten Hallen der wunderschönen Villa di Montughi wären auch ohne Inhalt einen Besuch wert. Die sonderbare und überraschende Sammlung an Objekten, die der anglo-italienische Sammler und Unternehmer Frederick Stibbert im 19. Jh. zusammentrug, weckt die Neugierde, auch wenn man schon einige Museen der Stadt besucht hat.

Kunst steht hier nicht im Fokus, dafür beherbergt das **Museo Stibbert** über 50 000 Artefakte aus verschiedenen Epochen. Herzstück der Sammlung ist ein riesiges Arsenal an Waffen aus

DAS BESTE CRAFTBIER IN SAN LORENZO & SAN MARCO

Mostodolce
Gute Auswahl von international inspirierten Bieren; wie wär's mit einem Martellina nach belgischer Art und einer Holzofenpizza?

PanicAle
Die kleine Bar direkt am Mercato Centrale serviert Craftbier und Cocktails.

Braumeister
An der Via Madonna della Tosse – tolle Kneipenatmosphäre, leckeres Essen und eine ständig wechselnde Auswahl an Fassbieren.

Alibi
Kleine Kneipe an der Via Faenza mit lokalen und internationalen Bieren vom Fass.

Museo Stibbert

ESSEN IN SAN LORENZO & SAN MARCO.

All'Antico Vinaio
Florenz' bekanntester Sandwichladen hat nun eine Filiale an der Piazza San Marco. Hier gibt's *schiacciata* ohne dass man Schlangestehen muss! €

La Ménagère
Das Restaurant ist den ganzen Tag vom Brunch bis zum Abendessen geöffnet und legt großen Wert auf Ästhetik. €€

Konnubio
Gedämpftes Licht, romantische Atmosphäre und eine kreative Speisekarte mit experimentellen Kombinationen. €€€

Orti Dipinti

der ganzen Welt mit italienischen, deutschen, türkischen und indischen Exemplaren aus dem 16. und 17. Jh. sowie der größten Sammlung an alten japanischen Waffen außerhalb Japans mit Katana-Schwertern, die den letzten Samurai gehörten.

Waffen bilden aber nur einen Teil dessen, was hier zu sehen ist. Im Lauf seines Lebens sammelte der wohlhabende Stibbert auch Gemälde von Sandro Botticelli, Luca Giordano, Alessandro Allori, Pieter Brueghel dem Jüngeren und anderen großen Meistern, die in den eindrucksvollen Räumen seines opulenten früheren Wohnsitzes ausgestellt sind.

LOCAL TIPP: VERSTECKTE GÄRTEN

Lorenzo Dal Piaz, in Florenz geboren und aufgewachsen, ist seit vielen Jahren in der Tourismusindustrie in Italien und im Ausland tätig.

Überraschend viele Gärten verstecken sich in der Nähe der Via Cavour. Sie versorgen das Viertel mit frischer Luft und sorgen für eine gewisse Ruhe. Etwas Besonderes ist der **Orti Dipinti**, ein urbaner Garten, der mitten in der Stadt dazu einlädt, sich mit der Natur zu verbinden. Ich bin immer wieder über die vielen Projekte, die hier stattfinden und die Fantasie anregen, überrascht. Gegen eine Spende kann man an Gemeinschafts-Events teilnehmen oder Kräuter pflücken und diese zu Hause verwenden.

SHOPPEN IN SAN LORENZO & SAN MARCO

Scarpelli Mosaici
Eine der wenigen Familien, die die Kunst der Mosaikherstellung in ihrem wunderschönen Atelier an der Via Ricasoli noch am Leben erhält.

Red Light Rock Shop
Eine Treppe führt hinab in das Geschäft für T-Shirts und Accessoires mit Gothic-Flair.

Street Doing
Einzigartige, sorgsam ausgewählte Vintage-Stücke aus dem vergangenen Jahrhundert.

SANTA CROCE & SANT'AMBROGIO

MUSEEN, KIRCHEN UND NACHTLEBEN

Das historische Viertel Santa Croce hat je nach Tageszeit zwei Gesichter. Bis zum Abendessen kann man sich hier mit dem künstlerischen Erbe der Renaissance-Pioniere beschäftigen, danach vergnügen sich Studierende in Karaokebars oder stickigen Kneipen. Santa Croce möchte lokale Traditionen lebendig halten, davon zeugen die vielen Straßenimbisse, gehobene Restaurants und sorgsam restaurierte historische Architektur.

Sant'Ambrogio wird von Reisenden oft übersehen, gerade wenn sie nur kurz in der Stadt sind. Dabei lohnt das Viertel zwischen der prachtvollen Synagoge, der Piazza Beccaria und Santa Croce einen Besuch – und sei es auch nur, um sich an einem langen, feuchtfröhlichen Sommerabend in den Bars auf den Piazzas unter die vielen Einheimischen zu mischen.

TOP TIPP

Via dei Benci und Via Ghibellina, die Hauptverkehrsstraßen von Santa Croce, verbinden die Ponte alle Grazie und die Innenstadt miteinander. Sant'Ambrogio beginnt am Ostende der Via Pietrapiana. Beide Viertel sind vom Dom und von der Piazza della Signoria gut zu Fuß zu erreichen.

ANNA PAKUTINA/SHUTTERSTOCK ©

Michelangelos Grab, Basilica di Santa Croce

Basilica di Santa Croce

IMPOSANTE KIRCHE MIT TAUSENDEN KUNSTWERKEN

In der franziskanischen **Basilica di Santa Croce**, einem der bedeutendsten religiösen Gebäude der Stadt, kontrastieren das Innere und das Äußere stark. Bei einem Blick auf die neugotische Fassade, fällt ein Davidsstern im Tympanon über dem Rundfenster ins Auge. Das Symbol hinterließ der jüdische Architekt Niccolò Matas, der die Marmorfassade 1863 vollendete. Der spärlich beleuchtete Innenraum zeichnet sich durch verschiedene Gräber aus: Hier fanden Michelangelo, Galileo, Ghiberti und Machiavelli ihre letzte Ruhe. Prominente Verstorbene sind jedoch nicht das einzige Highlight – Agnolo Gaddis großartiges Fresko *Leggenda della Croce* flankieren fast 4000 Werke von Künstlern wie Giotto, Brunelleschi und Donatello.

Casa Buonarroti

MUSEUM IN MICHELANGELOS WOHNUNG

Das oft menschenleere **Museum** an der Via Ghibellina in einer Wohnung, die Michelangelo Buonarroti im frühen 16. Jh. kaufte, wurde von seinen Erben im darauffolgenden Jahrhundert erweitert und umgebaut. Michelangelo und seiner Familie gehörten viele Immobilien in Florenz und er wohnte hier nur kurz, bevor er 1534 dauerhaft nach Rom übersiedelte. Ausgestellt sind zwei Basreliefs aus den Jugendjahren des unangefochtenen Renaissancemeisters, die *Madonna della Scala* (1491) und die *Battaglia dei Centauri* (1492), sowie eine Kunstsammlung von Michelangelo Buonarroti dem Jüngeren (1568–1647), dem Großneffen des Künstlers.

HIGHLIGHTS
1 Basilica di Santa Croce
2 Casa Buonarroti
3 Cibrèo Ristorante
4 Cibrèo Trattoria
5 Contempo Records
6 Le Murate
7 Locale
8 Mercato di Sant'Ambrogio
9 Museo del Bargello
10 Synagoge & Jüdisches Museum von Florenz

SEHENSWERTES
11 Piazza di Santa Croce

ESSEN
12 All'Antico Vinaio
(siehe 17) Budellino
13 Drogheria
14 Enoteca Pinchiorri
15 Gelateria dei Neri
(siehe 12) La Fettunta
16 La Giostra
17 La Prosciutteria
(siehe 12) La Schiacciata
18 Le Vespe Café
19 L'Ortone
20 Melaleuca

AUSGEHEN & FEIERN
21 Base V Juicery
22 Bitter Bar
23 Ditta Artigianale
24 Eby's
25 Rex Café

Museo del Bargello

DIE WELTWEIT GRÖSSTE SAMMLUNG VON SKULPTUREN AUS DER RENAISSANCE

Die hoch aufragende Befestigungsanlage von 1255 an der Via del Proconsolo entstand ursprünglich als Residenz des *podestà*, des höchsten Juristen der Stadt. Im 15. Jh. wurde sie in ein Gefängnis verwandelt, 1865 dann in Italiens erstes **Nationalmuseum**. Heute beherbergt das Museo del Bargello die weltweit größte Sammlung von Renaissance-Skulpturen. Donatellos bronzener *David* (ca. 1440) steht auf Goliaths Kopf unter der Gewölbedecke in der Donatello-Halle neben einer früheren Marmorversion der Bibelfigur (1408) und der Statue *San Giorgio* (1415–1418). Zudem gibt es die Sala Michelangelo mit Buonarrotis *Bacco* (1497), dem unvollendeten *David-Apollo* (1530) und Benvenuto Cellinis *Narciso* (1548–1565).

Große Synagoge von Florenz

MONUMENTALES GOTTESHAUS UND JÜDISCHES MUSEUM

Von jedem erhöhten Ort in der Stadt ist die türkisfarbene Kupferkuppel der Synagoge zu sehen, der Heimat der hiesigen israelischen Gemeinde nahe des Viertels Sant'Ambrogio. Der Bau im maurischen Stil, **Tempio Maggiore** genannt, wurde im späten 19. Jh. von den Architekten Mariano Falcini, Marco Treves und Vincenzo Micheli nach der Vereinigung Italiens und dem danach folgenden Abriss des Ghettos nahe der Piazza della Repubblica entworfen. Den schwach beleuchteten Innenraum zieren mehrfarbige Buntglasfenster, Marmorböden und kunstvolle Kronleuchter. Am Ende des Innenraums lohnt der mit Mosaiken besetzte, von einem Baldachin umrahmte Aron einen genaueren Blick, bevor es ins **Museum** zur Geschichte der jüdischen Gemeinde in Florenz in den oberen Etagen geht.

Locale

KREATIVE COCKTAILBAR UND RESTAURANT

Das Locale steht in der Liste der 50 besten Bars der Welt und hat die Cocktailszene der Stadt nach seiner Eröffnung 2015 schnell erobert. Die im historischen Palazzo Concini versteckte **Cocktailbar** überblickt einen üppigen vertikalen Garten, der tropisches Flair versprüht. Die experimentelle Auswahl richtet sich nach der Saison und das elegante Ambiente zieht eine modebewusste, internationale Kundschaft an.

Le Murate

Le Murate

LITERARISCHES CAFÉ IN EINEM EINSTIGEN GEFÄNGNIS

Heute ist Le Murate ein **kreativer Ort**, der zeitgenössische Kultur mit Lesungen, Ausstellungen, Filmvorführungen und Livemusik feiert – der riesige Komplex war jedoch nicht immer ein Ort des Vergnügens. Über 150 Jahre lang beherbergte Le Murate ein Gefängnis, in dem bekannte Persönlichkeiten wie der anarchistische Philosoph Errico Malatesta, der antifaschistische Autor Carlo Levi und der politische Aktivist Alcide de Gasperi einsaßen. Nach der Schließung 1984 war die Anlage verlassen, bis 2001 der Start umfassender Umbauarbeiten unter Leitung des Stararchitekten Renzo Piano Le Murate neues Leben einhauchte.

Contempo Records

SCHALLPLATTENLADEN

Rockfans werden diesen dunklen Shop voller Schallplatten aller möglichen Genres zwischen Eisdielen und Sandwichläden an der belebten Via de' Neri lieben. Contempo Records hat sich sein 1970er-Jahre Flair bewahrt und bietet seiner Kundschaft ein reiches Sortiment an seltenen italienischen und internationalen **Vinyl-Alben** und CDs. Hier kann man stundenlang stöbern und dazu laute Metal-Musik hören.

Mercato di Sant'Ambrogio

Mercato di Sant'Ambrogio

LEBENDIGER MARKT UND STRASSENIMBISSE

Wem der Markt in San Lorenzo zu touristisch ist, der findet in Sant'Ambrogio auf dem ältesten **Markt** der Stadt authentische Atmosphäre. Die Florentiner Institution ist seit 1873 im Geschäft und ideal, um das bunte Treiben zu beobachten, lokales Obst und Gemüse einzukaufen oder zur Mittagszeit frisch gebackene *schiacciata*, *lampredotto* und dampfende Pasta zu genießen. Der Mercato di Sant'Ambrogio ist außer sonntags täglich von 7 bis 14 Uhr geöffnet.

Aperitivo, Cibrèo Trattoria

Cibrèo Trattoria

TRADITIONELLE KÜCHE MIT KÜNSTLERISCHEM TOUCH

Das Cibrèo ist mehr als nur ein Restaurant. Fabio Picchi, der verstorbene Gastwirt, der zum Fernsehstar wurde, eröffnete Sant'Ambrogios Kultlokal 1979. Seitdem hat sich das Cibrèo von einer traditionellen Trattoria zu einer facettenreichen kulturellen Erfahrung entwickelt.

Die einladende **Cibrèo Trattoria**, auch Il Cibreino genannt, zieht mit großzügigen Portionen und unprätentiösem Flair einheimische Stammkunden an, während das formellere **Cibrèo Ristorante** raffinierte toskanische Küche serviert. Daneben gibt es auch noch das „toskanisch-östliche" Fusion-Restaurant Ciblèo mit gerade einmal 16 Sitzplätzen, das mit einer Mischung aus lokalen und asiatischen Elementen überrascht, das Cibrèo Caffè mit süßen Köstlichkeiten und das Teatro del Sale mit toskanischem Büfett und Livetheater.

MEHR IN SANTA CROCE & SANT'AMBROGIO

Leckere Straßenküche

ÜBERRASCHENDE AROMEN

Fast das ganze Jahr über steht Kundschaft an der Via de' Neri kreuz und quer auf der Straße Schlange. Grund dafür sind die berühmten belegten *schiacciata* von **All'Antico Vinaio**, dem bekanntesten Straßenimbiss der Stadt und Pflichtstopp für viele. Hier gibt's das traditionelle toskanische Fladenbrot – der Name bedeutet wörtlich „plattgedrückt" und bezieht sich darauf, dass der Teig vor dem Backen mit den Fingern platt zusammengedrückt wird – mit verschiedenen leckeren Belägen, von *prosciutto crudo* (roher Schinken) bis zu *pecorino*-Creme und sonnengetrockneten Tomaten. All'Antico Vinaio ist mittlerweile ein regelrechtes Straßenimbiss-Imperium mit einem halben Dutzend Filialen in Italien sowie Verkaufsständen in New York und Los Angeles. Ob es sich wirklich lohnt, eine halbe Stunde für ein Sandwich anzustehen? Nun ja, tatsächlich gibt's an der Via de' Neri viele Alternativen mit genauso köstlichen traditionell toskanischen Snacks.

Bei **La Schiacciata** – der Name ist Programm – kommen herzhafte Sandwiches mit Wurst, Käse, Gemüse und hausgemachten Saucen auf den Tisch, während **La Fettunta** nebenan Sitzplätze, Pasta, Platten mit geräuchertem Fleisch, Steaks und mehr bietet. Die Straße hinunter gibt's bei **La Prosciutteria** und **Budellino** warme und kalte Leckereien zum Mitnehmen, eine ordentliche Portion Rotwein inklusive. **Ditta Artigianale** ist in Florenz der Pionier für Gourmetkaffee und die perfekte Adresse für einen Koffeinkick nach den vielen Kohlenhydraten. Noch Lust auf Nachtisch? Die **Gelateria dei Neri** verkauft hausgemachtes Eis, während die **Base V Juicery** mit ihren nahrhaften Smoothies eine gesunde Alternative serviert.

Fußball für Hartgesottene

DAS CALCIO-STORICO-TURNIER

Wer am 24. Juni die **Piazza di Santa Croce** ansteuert, findet nicht wie sonst den verlassenen Vorplatz einer neogotischen Basilika vor. An diesem Datum feiert Florenz den Stadtpatron Johannes den Täufer, doch der Grund, warum hier 4000 Menschen auf den Tribünen einer improvisierten Sandarena jubeln, ist keineswegs religiöser Natur.

Das Finale des *calcio-storico*-Turniers zählt alljährlich zu den beliebtesten Veranstaltungen der Stadt. Es geht auf das Jahr 1530 zurück, als Florentiner Stadtviertel ein Fußballspiel orga-

DIE BESTEN BARS IN SANTA CROCE & SANT'AMBROGIO

Eby's
Die Florentiner Institution serviert schon seit Jahrzehnten auf engstem Raum kreative Cocktails.

Rex
Hinter schweren schwarzen Vorhängen lockt diese gesellige, schicke Cocktailbar bis spät in die Nacht eine gemischte Kundschaft an.

Bitter Bar
Kneipenflair und aufeinander abgestimmte Aromen machen diese Bar in der Via di Mezzo zu einer tollen Ausgehadresse.

KEINE LUST AUF SCHLANGESTEHEN?

Die berühmte *schiacciata* von All'Antico Vinaio ohne Schlangestehen gibt's bei der kürzlich eröffneten **Filiale an der Piazza San Marco** (S. 427).

ESSEN IN SANTA CROCE & SANT'AMBROGIO

Melaleuca
Hier gibt's Frühstück, Brunch, Mittagessen, frische Backwaren und Kaffee mit australischem Touch. **€€**

Le Vespe Café
Das freundliche Brunch-Lokal an der Via Ghibellina lädt zu einer gesunden Pause beim Sightseeing ein. **€€**

Drogheria
Wer eine Alternative zu Pasta, Pizza und Steaks sucht, den werden die riesigen Burger nicht enttäuschen. **€€**

Zeremonie beim *calcio storico*, Piazza di Santa Croce (S. 433)

nisierten, um ihre Furchtlosigkeit angesichts der angreifenden Truppen von Karl V. (der Verbündete der Medici wollte die Kontrolle über die Stadt zurückgewinnen) unter Beweis zu stellen. Seit 1930 findet der Wettbewerb in Erinnerung an das ruhmreiche Renaissance-Turnier statt.

Auf den ersten Blick schockiert die Brutalität des *calcio storico*. Schläge mit der bloßen Hand, Tritte und Stöße sind allesamt erlaubt, um eine *caccia* (Jagd) erfolgreich abzuschließen, d. h. den Ball ins Netz des Gegners am Ende des Spielfelds zu befördern. Das von Rugby-, Wrestling- und Fußballelementen geprägte Spiel wird auf einem 100 x 50 m großen *sabbione* (Sandplatz) ausgetragen. Die konkurrierenden Mannschaften mit jeweils 27 Spielern – Santa Maria Novellas Rossi (die Roten), Santa Croces Azzurri (die Blauen), Santo Spiritos Bianchi (die Weißen) und San Giovannis Verdi (die Grünen) – stehen für die vier historischen Viertel von Florenz.

Obwohl Jahr für Jahr Krankenwagen anrücken müssen, ist das legendäre Turnier mit zwei Halbfinals und einem Finale immer ausverkauft und das Publikum feuert die *calcianti* ihres jeweiligen Viertels während der 50-minütigen Spielzeit in sengender Sommerhitze an. Für die Gewinner des historischen florentinischen Turniers gibt es keinen Preis – die Ehre, eine florentinische Tradition am Leben zu erhalten, ist die Strapazen wohl wert!

WARUM ICH SANTA CROCE LIEBE

Angelo Zinna, Autor

Das Zentrum von Florenz wirkt manchmal etwas zu aufgeräumt, Santa Croce ist da anders. Das Viertel offenbart mit Einbruch der Dunkelheit ein zweites Gesicht. Während tagsüber die prachtvolle Piazza im Mittelpunkt steht, werden abends die einfachen Bars in den Gassen lebendig, durchbrechen die übliche Sightseeing-Routine und stehen für überraschende Events und Begegnungen. Außerdem bekommt man nur hier mitten in der Nacht ein Stück Pizza.

ESSEN IN SANTA CROCE & SANT'AMBROGIO

L'Ortone
Wunderschönes Design und traditionelle Küche mit dem gewissen Etwas. **€€**

La Giostra
Dank des rustikal-schicken Dekors, der exzellenten Küche und der riesigen Weinauswahl bei der Prominenz beliebt. **€€€**

Enoteca Pinchiorri
Das Drei-Sterne-Lokal gehört zu den renommiertesten Italiens und serviert kleine Kunstwerke. **€€€**

SAN FREDIANO & SANTO SPIRITO

KREATIVZENTRUM MIT APERITIVO-BARS

Bis in die frühen 2000er-Jahre siedelten sich viele Handwerksunternehmen in Oltrarno an, angezogen von der Nähe zur Innenstadt und der günstigen Miete. Seit den 2010er-Jahren hat sich das einstige Arbeiterrevier, das San Frediano und Santo Spirito umfasst, jedoch radikal verändert und den Bedürfnissen der wachsenden Zahl an internationalen Ortsansässigen und Reisenden angepasst. In den Vierteln locken zeitgenössische Kunstgalerien, hippe Cocktailbars und unkonventionelle Restaurants scharenweise Traveller an, die eine andere Facette der Stadt erleben möchten.

Trotz der offensichtlichen Widersprüche gehören San Frediano und Santo Spirito heute zu den spannendsten Stadtvierteln von Florenz. Mit ihren Ecken und Kanten inspirieren sie zu neuen Ideen, die die urbane Landschaft verändern.

TOP TIPP

Die beiden benachbarten Viertel San Frediano und Santo Spirito mit der Via dei Serragli als Trennungslinie erstrecken sich über etwa 1 km entlang des Arno. Vom Zentrum führen die Ponte Santa Trinità, die Ponte alla Carraia und die Ponte Amerigo Vespucci hierher.

Michelangelos Kreuz, Basilica di Santo Spirito

Santo Spiritos Geheimnis

MICHELANGELO UND EINE KUNSTENTDECKUNG

Herzstück der Basilica di Santo Spirito ist ein wenig bekanntes hölzernes **Kreuz**. Das Werk wird Michelangelo zugeschrieben, der mit 17 Jahren in der Kirche lebte und Anatomie studierte. Es wurde durch die Schriften von Giorgio Vasari bekannt und galt im 18. Jh. nach der französischen Besatzung als verschollen. 1964 gelangte das Kreuz wieder in den Fokus, als die deutsche Historikerin Margrit Lisner herausfand, dass es seinen Originalstandort nie verlassen hatte. Laut Lisner war das frühe Meisterwerk Michelangelos unsachgemäß übermalt worden und daher nicht als solches zu erkennen. Manche zweifelten an der Theorie, sie wurde jedoch 1999 durch weitere Untersuchungen gestützt.

Basilica di Santo Spirito

KUNST UND ARCHITEKTUR DER RENAISSANCE

Mit dem Bau der prachtvollen **Basilica di Santo Spirito** wurde 1444 begonnen. Sie war das letzte Projekt, an dem der Florentiner Meisterarchitekt Filippo Brunelleschi vor seinem Tod 1446 arbeitete. Von einem Straßentisch einer der vielen Bars an der Piazza betrachtet, mag die minimalistische, cremefarbene Fassade nicht genug beeindrucken, um sich vom seinem *spritz* loszureißen, doch der Innenraum der Kirche birgt außergewöhnliche Fresken wie Filippino Lippis *Pala Nerli* (1485–1488) und Alessandro Alloris *Cristo e l'Adultera* (1577) inmitten von *pietra-serena*-Säulen, die korinthische Kapitelle zieren.

HIGHLIGHTS
1 Babae
2 Basilica di Santa Maria del Carmine
3 Basilica di Santo Spirito
4 Cappella Brancacci
5 FAF – Female Arts in Florence
6 Fondazione Salvatore Romano
7 Giardino Torrigiani
8 'l Trippaio di San Frediano
9 Serre Torrigiani

AKTIVITÄTEN, KURSE & TOUREN
10 Galleria Romanelli

ESSEN
11 #RAW
12 Cuculia
13 Gelateria della Passera
14 Hostaria da Fulvio
15 La Cité
16 La Sorbettiera
17 Sbrino

AUSGEHEN
18 Il Conventino
19 Il Santino
20 MAD Souls & Spirits

Fondazione Salvatore Romano

WENIG BEKANNTES SKULPTURENMUSEUM

Die Fondazione Salvatore Romano führt angesichts der bekannten Museen am anderen Arnoufer ein Schattendasein. Die **Kunstsammlung** im Augustinerkomplex der Santo Spirito ist ein echtes Highlight, wird von Reisenden mit wenig Zeit aber oft nicht beachtet. Das Museum ist im früheren Refektorium der Kirche aus dem 14. Jh. mit Andrea Orcagnas gotischem Meisterwerk *La Crocifissione e l'Ultima Cena* (1365) untergebracht und birgt Skulpturen von unschätzbarem Wert. Dazu gehören Jacopo della Quercias *Madonna con Bambino* (1400–1438) und ein Fragment von Donatellos Basrelief *San Massimo* (1443–1453). Die Sammlung trug der neapolitanische Antiquar Salvatore Romano (1875–1955) im Lauf seines Lebens zusammen.

MICHELANGELOS JUGEND

Einblicke in die frühen Jahre Michelangelos gibt das **Casa-Buonarroti-Museum** (S. 429) in Santa Croce.

Cappella Brancacci

RENAISSANCE-FRESKEN

1771 zerstörte ein Brand große Teile der **Basilica di Santa Maria del Carmine** in San Frediano – ein bedeutendes religiöses Bauwerk aus dem 13. Jh. Wie durch ein Wunder blieb eine der wertvollsten Kunstsammlungen der Stadt dabei verschont. Der Renaissanceschatz nennt sich Cappella Brancacci, wurde 1424 von dem wohlhabenden Kaufmann Felice Brancacci in Auftrag gegeben und beinhaltet verschiedene Fresken der revolutionären Künstler Masaccio und Masolino da Panicale (Filippino Lippi vollendete sie ein halbes Jahrhundert später). Sie zieren das Innere der Kapelle und flankieren das seltene Tafelbild *Madonna del Popolo* von 1268. Der Zyklus mit 14 Gemälden wurde erst kürzlich restauriert und schildert das Leben des hl. Petrus. Aufgrund der ausgefeilten Perspektiven und der Chiaroscuro-Technik, der Masaccio und Masolino da Panicale den Weg bereiteten, steht das Werk für einen Wandel in der Renaissancekunst hin zum Realismus. Die **Kapelle**, deren Eingang sich rechts der Kirchentür befindet, ist Dienstag bis Donnerstag geschlossen. Sie darf jeweils nur von 30 Personen gleichzeitig besucht werden.

Cappella Brancacci

ANNA PAKUTINA/SHUTTERSTOCK ©

SALA VANNI

Ein Bereich der Basilica di Santa Maria del Carmine ist aktuell einer modernen Kunstform gewidmet, dem **experimentellen Jazz**. Die Sala Vanni, die das Fresko *Cena di Cristo in casa del Fariseo* (1645) von Giovanni Battista Vanni ziert, wird von dem Verein Musicus Concentus verwaltet, der in der Halle mit 195 Sitzplätzen regelmäßig Konzerte lokaler und internationaler Künstler:innen organisiert. In der Vergangenheit traten der Gitarrist von Sonic Youth Lee Ranaldo und der Drummer von Radiohead Philip Selway auf. Den Veranstaltungskalender gibt's unter *musicusconcentus.com*.

Babaes Weinfenster

HISTORISCHE TRINKTRADITION

Im 17. Jh. begannen viele Weinhändler damit, ihren Wein durch Löcher in der Wand zu verkaufen. Sie wollten den direkten Kundenkontakt vermeiden, da sich die Pest in der Stadt ausbreitete. Das **Café Babae** direkt an der Via Santo Spirito, die für Geschäfte mit einzigartigen, ungewöhnlichen Einrichtungsgegenständen bekannt ist, bietet eines der wenigen verbliebenen *buchette del vino* (Weinfenster) in Florenz, das noch in Betrieb ist. Einfach auf die blattförmige Klingel drücken und die Bestellung aufgeben, die dann durch die Öffnung gereicht wird.

Babaes Weinfenster

FAF – Female Arts in Florence

GALERIE FÜR ZEITGENÖSSISCHE KUNST

Nahe dem westlichen Ende der Borgo San Frediano stößt man auf ein einladendes, sich ständig veränderndes Ladenfenster. Female Arts in Florence, ein neues **Kunstprojekt** von Frauen für Frauen, wird seit Ende 2019 mit viel Enthusiasmus von der Kuratorin Giulia Castagnoli geleitet. Die Galerie für zeitgenössische Kunst mit Kunsthandwerkatelier und Coworking-Space richtet kulturelle Veranstaltungen aus, die die Arbeiten von Frauen aus der ganzen Welt feiern. Die Bandbreite reicht von Schmuck über Gemälde und Drucke bis hin zu Keramik, wobei Künstlerinnen und Kunsthandwerkerinnen dazu eingeladen sind, ihre eigenen Ideen einzubringen. Das ganze Jahr über werden Workshops angeboten, an denen man teilnehmen kann. Der Veranstaltungskalender ist über Instagram *(@femaleartsinflorence)* verlinkt.

Lampredotto

'l Trippaio di San Frediano

GÜNSTIGE STRASSENKÜCHE

Nur wenige traditionelle Gerichte sorgen bei Travellern für solch perplexe Reaktionen wie das berüchtigte ***lampredotto***. Bei dieser florentinischen Spezialität wird einer der vier Rindermagen, der Labmagen, in Brühe gekocht und mit grüner Knoblauch-Petersiliensauce gegessen. 'l Trippaio di San Frediano serviert an einem festen Straßenstand an der Piazza dei Nerli jeden Tag zur Mittagszeit saftige *lampredotto*-Sandwiches und viele andere lokale Klassiker (u. a. Kutteln, Zunge und *peposo*-Rindereintopf). Wer wie die vielen Einheimischen, die hier ihre Mittagspause verbringen, Lust auf toskanische Klassiker hat, wählt von der sich stets verändernden Karte oder lässt sich etwas empfehlen.

Giardino Torrigiani & Serre Torrigiani

GRÜNE RUHEOASEN UND ROMANTISCHE GÄRTEN

Zwischen der Basilica di Santa Maria del Carmine und dem Stadttor Porta Romana aus dem 14. Jh. versteckt sich Europas größter, in einem urbanen historischen Zentrum angelegter privater Garten. Der riesige **Giardino Torrigiani** wurde in der Blütezeit der Romantik im frühen 18. Jh. von den Landschaftsgärtnern Luigi de Cambray Digny und Gaetano Baccani gestaltet, erstreckt sich über fast 7 ha und beherbergt eine große Auswahl an Sukkulenten, Zitrusbäumen und exotischen Kräutern aus der ganzen Welt. Das wunderschön angelegte Anwesen der Familien Torrigiani Malaspina und Torrigiani di Santa Cristina kann nur im Rahmen von privaten Führungen besichtigt werden (E-Mail an *info@giardinotorrigiani.it*). Diese werden auf Italienisch und Englisch angeboten (ab 25 €/Pers.) und vom herzlichen Tommaso Torrigiani geleitet, der voller Enthusiasmus die Freimaurersymbole rund um den dreistöckigen Turm im Herzen des Parks von 1824 erläutert. Der Abschnitt **Serre Torrigiani** *(serretorrigiani.it)* beherbergt mittlerweile eine malerische Cocktailbar und romantische Freiluftrestaurants, die eine große Auswahl raffinierter Gerichte mit Kräutern aus dem hauseigenen Gewächshaus servieren.

Ruine, Giardino Torrigiani

IL CONVENTINO

Das kürzlich eröffnete beliebte Il Conventino in Oltrarno verbindet Kultur und Natur miteinander. Seit 2019 veranstaltet der **Komplex** in der Via Giano della Bella 20 öffentliche Lesungen, Livemusik und Yogakurse, und ist Teil eines Regenerationsprojekts, das das historische Chiostro Del Vecchio Conventino, ein lange vernachlässigtes 100 Jahre altes Kloster, in ein Kunstzentrum verwandelte. Café und Buchladen heißen Studierende und Remote Workers mit ihren Laptops willkommen und bieten neben gutem Kaffee und Craftbier entspannte Atmosphäre mit rustikalem Touch, während der idyllische Hof zu einer erholsamen Pause vom Stadttrubel einlädt.

DAS BESTE EIS IN OLTRARNO

Sbrino
Eine der besten Eisdielen der Stadt nahe der Piazza Santo Spirito mit veganen Optionen. Im Sommer gibt's auch alkoholhaltige Granita.

Gelateria della Passera
Die Kugeln sind recht klein, das Eis jedoch gut und die Geschmacksrichtungen einzigartig.

La Sorbettiera
Die etwas abgelegene Eisdiele an der Piazza Tasso lohnt den Fußmarsch. Besonders lecker ist *cioccolato fondente* (Zartbitterschokolade).

Ponte Vecchio

MEHR IN SAN FREDIANO & SANTO SPIRITO

Eine andere Perspektive

MIT DEM BARCHETTO AUF DEM ARNO

Die Geschichte von Florenz ist eng mit dem **Arno** verbunden, der als Italiens viertlängster Fluss über 241 km vom Monte Falterona bis zum Tyrrhenischen Meer fließt. Um Zugang zu diesem Wasserlauf zu erlangen, gründeten die Legionen von Julius Cäsar 59 v. Chr. Florentia, die letzte römische Kolonie im Arno-Tal, und erbauten eine hölzerne Brücke, den Vorläufer der **Ponte Vecchio**. Dank der großen Wassermengen des Flusses wurde die Stadt im Mittelalter trotz ihrer ungünstigen Lage eine der reichsten der Region. Textilhändler und -fabrikanten errichteten Textilmühlen und Infrastruktur, um Stoffe in großer Menge zu färben, zu verfilzen und zu trocknen.

Der Arno war außerdem maßgeblich für die urbane Entwicklung von Florenz verantwortlich, da er essentielle Baumaterialien für die berühmte Architektur der Stadt lieferte. Über Jahrhunderte pflügten *renaioli*-Schiffer auf kleinen Booten namens *barchetti* durchs Wasser, förderten Sand und Kies aus dem

ESSEN & AUSGEHEN IN SAN FREDIANO & SANTO SPIRITO

#RAW
Spezialisiert auf Gerichte aus (größtenteils) ungekochten Zutaten wie vegane und glutenfreie Burger, Ramen und Pizzas. **€€**

La Cité
Der beliebte Klassiker an der Borgo San Frediano mit bunt zusammengestellten Vintage-Möbeln lädt zum Lernen, Arbeiten, Essen oder Trinken ein. **€**

MAD Souls & Spirits
Fachkundig zubereitete Cocktails und einladende Atmosphäre machen das MAD zu einer verlässlichen Adresse am späten Abend. **€€**

Flussbett und verkauften diese an Steinmetze, die die Gebäude errichteten, die heute noch das Stadtbild prägen. Von Pferden gezogene *barrocci* (Wagen), beladen mit dem wertvollen Aushub aus dem Arno, fuhren bis in die erste Hälfte des 20. Jhs. vom Ufer zu den Baustellen der Stadt. Danach ersetzten moderne Technologien die langen Schaufeln der *renaioli* und das Sandfördern wurde zum aussterbenden Beruf.

Ihre ursprüngliche Funktion erfüllen die *renaioli* nicht mehr, ihre Geschichte lebt jedoch dank dreier Florentiner Freunde weiter. Diese beschlossen 1995, einige alte *barchetti* zu restaurieren und wieder flusstauglich zu machen. Heute organisiert die **Renaioli Association** *(renaioli.it)* von Mai bis Oktober Bootstouren in den traditionellen langen Frachtkähnen. Sie führen unter der Ponte Vecchio und dem Corridoio Vasariano durch und ermöglichen eine andere Perspektive auf die Stadt.

Den eigenen David formen

TONSKULPTUREN-WORKSHOPS

Museen wie das Bargello, die Galleria dell'Accademia, die Uffizien und der Palazzo Pitti beherbergen viele ikonische Skulpturen, die das Herz des künstlerischen Erbe von Florenz darstellen. Es gibt aber nur wenige Ateliers, die die Kunst, Stein und Ton in lebensechte Figuren zu verwandeln, am Leben erhalten.

Dazu gehört die **Galleria Romanelli** in der Nähe des westlichen Endes der Borgo San Frediano, einen Steinwurf vom Stadttor aus dem 14. Jh. entfernt. Hinter einer Glastür verbirgt sich ein Ausstellungsraum voller weißer monumentaler klassisch inspirierter Figuren in Form von Pferdestatuen, Büsten römischer Kaiser und Nachbildungen berühmter Kampfszenen.

Lorenzo Bartolini verwandelte 1829 eine frühere kleine Kirche in ein Kunstatelier. Der einstige Bildhauer der Bonaparte-Familie schuf neoklassische Meisterwerke, die heute in den Uffizien, in der Galleria dell'Accademia und in der Basilica di Santa Croce ausgestellt sind. Nach dessen Tod übernahm sein Schüler Pasquale Romanelli das Atelier. Seitdem verarbeiteten sechs Generationen der Romanelli-Familie Marmor und Ton zu Kunstwerken.

Die Galleria Romanelli übernimmt nicht nur internationale Aufträge, sondern bietet auch die Gelegenheit, die eigenen Kunstfertigkeiten unter Beweis zu stellen. Bei dreistündigen Anfänger-Workshops (ab 99 €) vermittelt Raffaello Grundlagen mit dem Ziel einen Teil (meist die Nase oder ein Auge) von Michelangelos berühmten David zu formen. Wer ambitionierter ist, kann auch längere Kurse buchen.

DAS ANDERE GESICHT VON FLORENZ

Lilith lebt schon lang in San Frediano und führt L'Ornitorinco, eine Mischung aus unabhängigem Buchladen und kulturellem Begegnungszentrum im Viertel.

Warum ich San Frediano liebe? Weil es der erste Ort war, an dem ich mich zu Hause fühlte. Florenz gehört zu den schönsten Städten der Welt, kann Außenstehende jedoch auch schnell überfordern. San Frediano heißt dich jederzeit willkommen. Alle kennen und grüßen sich, der Gemüsehändler die Straße hinunter kennt deinen Namen und deine Vorlieben. Hier gibt's das Komplettpaket: die Wunder von Florenz und die Wärme einer kleinen Stadt. Ich hatte keinen besseren Ort für mich und meinen Buchladen finden können.

Il Santino
Ein paar Tische, leckere Snacks, eine riesige Weinauswahl und eine kleine Stammkundschaft drinnen und draußen. **€€**

Hostaria da Fulvio
Im da Fulvio gibt's Straßentische, elegantes Dekor sowie leckere Pasta, Meeresfrüchte und Desserts. **€€**

Cuculia
Charmantes Künstlerflair und eine gute Kombination aus typisch italienischen Aromen und internationalen Zutaten. **€€**

SAN NICCOLÒ, BOBOLI & PIAZZA PITTI

ELEGANTE GÄRTEN UND TOLLE AUSBLICKE

Es gibt einen Grund, warum San Niccolò und Umgebung sich von der restlichen Stadt unterscheiden. Bis zur Mitte des 19. Jhs. bewahrte Florenz einen Großteil seiner mittelalterlichen Architektur, obwohl die hohen Steinmauern, die die Stadt vom Umland trennten, nicht mehr für Verteidigungszwecke gebraucht wurden. 1865 wurde Florenz dann zur Hauptstadt des neu vereinten Italiens erklärt und man beschloss, ihr einen moderneren Anstrich zu verleihen.

Mit der Neugestaltung des Gebiets wurde der Architekt Giuseppe Poggi beauftragt, der die alten Mauern abreißen und *viali* (breite Ringstraßen) bauen ließ. Das Prunkstück ist die Piazzale Michelangelo, ein Aussichtsplatz an einem der höchsten Punkte der Stadt mit einem perfekten Florenz-Panorama.

TOP TIPP

Ein kurzer Fußmarsch über die Ponte Vecchio führt zur Piazza Pitti. Um von dort hinauf zur Piazzale Michelangelo und zur San Miniato al Monte zu laufen, geht's nach San Niccolò und in rund 15 Minuten die Rampe del Poggi hinauf. Alternativ fährt die Buslinie 12 ab Lungarno Soderini oder die Buslinie 13 ab Santa Maria Novella.

Blick auf Florenz von der Piazzale Michelangelo

ALEX_MASTRO/SHUTTERSTOCK ©

Michelangelos Panoramaterrasse

STADTSPAZIERGANG UND MALERISCHE SONNENUNTERGÄNGE

Es heißt, dass 18 Ochsen notwendig waren, um die Bronzereplik des *David* 1873 zur **Piazzale Michelangelo** zu transportieren. Seitdem bestaunt die ikonischste Skulptur von Florenz das Stadtpanorama, durch das sich der Arno schlängelt. Höchstwahrscheinlich wird man es ihm gleichtun, denn die Aussichtsterrasse ist nur einen 10-minütigen Spaziergang bergaufwärts von der Porta San Niccolò entfernt und eröffnet traumhafte Blicke auf den Sonnenuntergang und die roten Dächer der Stadt. Die Treppen der Rampe del Poggi führen zu einem künstlichen Wasserfall, der sich über verschiedene Grotten in den Brunnen von San Niccolò ergießt.

Basilica di San Miniato al Monte

FLORENTINISCH-ROMANISCHE ARCHITEKTUR

In der Nähe der Piazzale Michelangelo steht die **Basilica di San Miniato al Monte**, die vom römisch-deutschen Kaiser Heinrich II. im frühen 11. Jh. in Auftrag gegeben wurde. Die Fassade aus weißem Carrara-Marmor und grünem Pisa-Marmor gehört zu den bekanntesten Beispielen für florentinisch-romanische Architektur, die die urbane Landschaft in den Jahrhunderten danach prägte. Das Innere beherbergt die Cappella del Crocefisso von 1448. Das kunstvoll gemeißelte Ziborium wurde von dem Medici-Architekten Michelozzo und seinen Assistenten Agnolo Gaddi und Luca della Robbia entworfen.

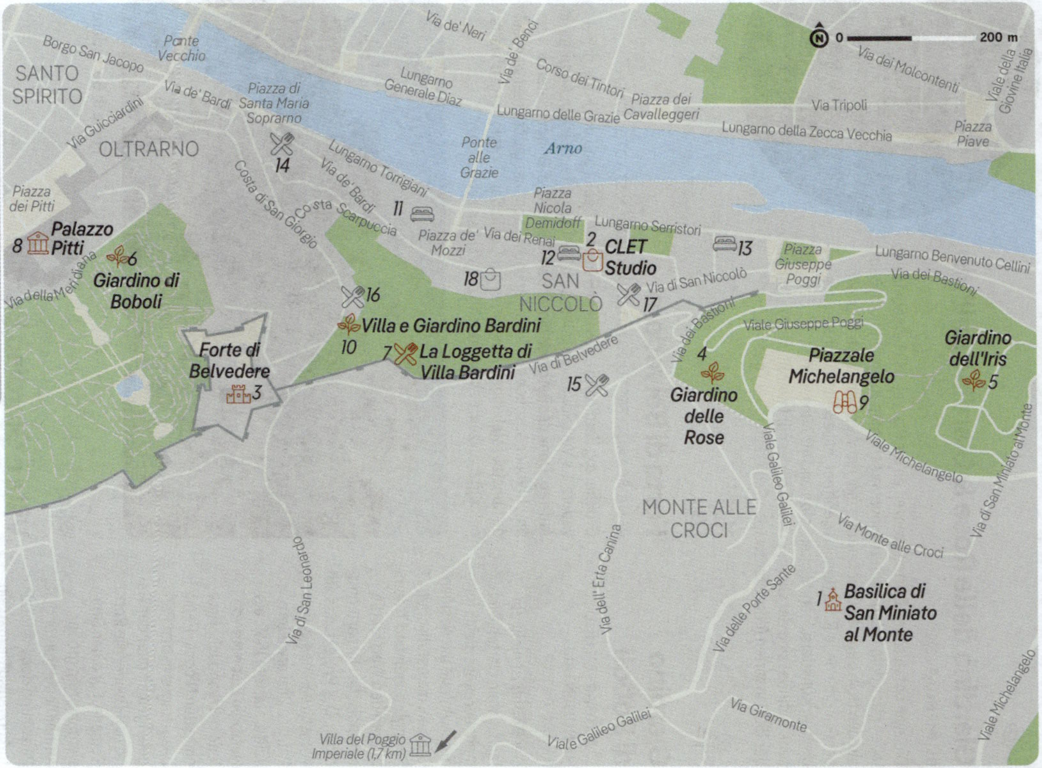

SANTO SPIRITO
OLTRARNO
SAN NICCOLÒ
MONTE ALLE CROCI
Arno
0 200 m
Borgo San Jacopo
Ponte Vecchio
Via de' Bardi
Via Guicciardini
Piazza di Santa Maria Soprarno
Lungarno Generale Diaz
Via de' Neri
Via de' Benci
Corso dei Tintori
Piazza dei Cavalleggeri
Lungarno delle Grazie
Ponte alle Grazie
Lungarno Torrigiani
Costa di San Giorgio
Costa Scarpuccia
Piazza de' Mozzi
Via dei Renai
Piazza Nicola Demidoff
Lungarno Serristori
Via Tripoli
Via dei Molcontenti
Viale della Giovine Italia
Lungarno della Zecca Vecchia
Piazza Piave
Piazza Giuseppe Poggi
Lungarno Benvenuto Cellini
Via dei Bastioni
Via di San Niccolò
Viale Giuseppe Poggi
Via di Belvedere
Piazza dei Pitti
Via della Meridiana
Viale Michelangelo
Via di San Miniato al Monte
Viale Galileo Galilei
Via Monte alle Croci
Via delle Porte Sante
Via dell' Erta Canina
Via di San Leonardo
Via Giramonte
Villa del Poggio Imperiale (1,7 km)
8 Palazzo Pitti
6 Giardino di Boboli
3 Forte di Belvedere
10 Villa e Giardino Bardini
7 La Loggetta di Villa Bardini
4 Giardino delle Rose
9 Piazzale Michelangelo
5 Giardino dell'Iris
1 Basilica di San Miniato al Monte
2 CLET Studio
11
12
13
14
15
16
17
18

HIGHLIGHTS
1 Basilica di San Miniato al Monte
2 CLET Studio
3 Forte di Belvedere
4 Giardino delle Rose
5 Giardino dell'Iris
6 Giardino di Boboli
7 La Loggetta di Villa Bardini
8 Palazzo Pitti
9 Piazzale Michelangelo
10 Villa e Giardino Bardini

SCHLAFEN
11 Fuor d'Arno
12 Hotel Silla
13 Serristori Palace

ESSEN
14 De'Bardi
15 La Beppa Fioraia
16 La Leggenda dei Frati
17 Rifrullo

SHOPPEN
18 Alessandro Dari

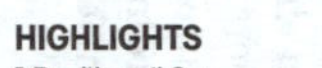
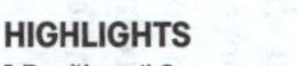

Basilica di San Miniato al Monte

Giardino delle Rose & Giardino dell'Iris

BLUMENGÄRTEN

Die zwei botanischen Gärten grenzen an die Piazzale Michelangelo und laden nach dem Fußmarsch zu einer Verschnaufpause mit tollem Blick auf den Dom und den Glockenturm ein. Am Westhang erstreckt sich der Giardino delle Rose (täglich geöffnet) mit zwölf Skulpturen des belgischen Künstlers Jean-Michel Folon und 400 Rosenarten. An der Ostseite befindet sich der Giardino dell'Iris, der nur im April und Mai zur Blüte der 1500 Irisarten (dem Stadtwappen seit dem 13. Jh.) geöffnet ist.

Unbekanntere Parks

Auf der Suche nach einer Alternative zu den berühmten Parks? Der wenig bekannte Orti del Parnaso (S. 427) am Nordrand der Stadt bietet ebenfalls spektakuläre Ausblicke.

Giardino di Boboli

STADTGARTEN UND MONUMENTALE ARCHITEKTUR

Der **Boboli** ist nicht einfach nur ein Garten, vielmehr bereitete die 45 ha große Anlage mit riesigen Grotten, majestätischen Springbrunnen und Traumblicken den Weg für die europäische Hofgartentradition. Das Projekt, das auf Wunsch der Medici den Palazzo Pitti erweitern sollte, startete 1549, als Herzogin Eleonora von Toledo den Landschaftsarchitekten Niccolò Pericoli beauftragte. In den Park gelangt man über den Palazzo Pitti oder die Porta Romana. Für einen Spaziergang zum großen Amphitheater hinter dem Palast und den Hauptattraktionen sollte man ein paar Stunden einplanen. Dazu gehören Bernardo Buontalentis kunstvolle Grotte und das Museo delle Porcellane in der neoklassischen Palazzina del Cavaliere im oberen Teil des Gartens. Ein Kombiticket für den Palazzo Pitti und den Giardino di Boboli kostet 22 €.

Forte di Belvedere

RENAISSANCE-FESTUNG MIT GRANDIOSEN STADTBLICKEN

Großherzog Ferdinand I. aus dem Haus der Medici gab das Forte di Belvedere als Verteidigungssystem zum Schutz vor feindlichen Angriffen in Auftrag. Dank der Berglage hinter dem Giardino di Boboli bietet sich ein prachtvoller Ausblick auf die Stadt und im Sommer gibt es hier wechselnde Kunstausstellungen. Folgt man der Costa San Giorgio bergaufwärts, gelangt man zum Festungstor an der Via San Leonardo.

Forte di Belvedere

Villa e Giardino Bardini

STADTGÄRTEN, HISTORISCHE VILLA UND AUSBLICKE

Das 4 ha große Anwesen rund um die **Villa Bardini**, dem einstigen Wohnsitz des Antiquitätensammlers Stefano Bardini, beherbergt einen Garten im italienischen Stil, einen englischen Garten und einen Landwirtschaftspark. Der **Bardini-Garten** gehört zu den charmantesten Ecken der Stadt und ist im Frühling, wenn die vielen verschiedenen Blumen blühen, am eindrucksvollsten. Über den Parkeingang an der Costa San Giorgio gelangt man über labyrinthartige Wege zwischen Zitrusbäumen, Springbrunnen und Skulpturen zur **La Loggetta di Villa Bardini**, die zu Kaltgetränken mit wunderbaren Domblicken einlädt. Auch das Innere der Villa mit Werken des Malers Pietro Annigoni (1910–1988) lohnt einen Besuch.

Palazzo Pitti

GRANDIOSE ARCHITEKTUR UND KUNSTMUSEEN

Der Florentiner Bankier Luca Pitti beauftragte um 1440 den Architekten Filippo Brunelleschi mit dem Bau des Palazzo Pitti – das imposanteste Gebäude in Oltrarno. Mitte des 16. Jhs. beschloss die Frau von Cosimo I. de' Medici, Eleonora von Toledo, vom Palazzo Vecchio hierher zu ziehen, weil sie hoffte, dass sich ihr Gesundheitszustand fernab des Trubels in der Innenstadt bessern würde. Seitdem diente der Palast den Herrschenden als Residenz. Nachdem die Medici den Palast zu ihrem neuen offiziellen Sitz erklärt hatten, wurde er erweitert und zu dem prachtvollen hufeisenförmigen Gebäude, das heute zu bestaunen ist. Nach dem Niedergang der Medici 1737 zog das Haus Habsburg-Lothringen ein und heute sind hier unschätzbar wertvolle Gemälde, Skulpturen und historische Artefakte ausgestellt.

Bei den **Museen** im Palast handelt es sich um die Galleria Palatina und die kaiserlichen und königlichen Wohnungen, die Schatzkammer der Großherzoge (das frühere Museo degli Argenti), das Kostüm- und Modemuseum, die Galerie für Moderne Kunst und das neue Museum russischer Ikonen, der größten Sammlung russischer Ikonen außerhalb der historischen Region Ruthenien. Die eindrucksvollen „Planetenräume" gehören zu den Highlights der Galleria Palatina – zusammen mit der größten Sammlung von Portraits von Raphael. Bei der Fülle an Kunstwerken verliert man leicht die Übersicht, nicht entgehen lassen sollte man sich aber die Schatzkammer der Großherzoge. Die früheren Sommerwohnungen der Medici zieren großartige illusionistische Fresken von Giovanni da San Giovanni.

LITERATURTAFELN RUND UM DIE PIAZZA PITTI

Viele große Schriftsteller:innen nannten die Piazza Pitti und ihre Umgebung im Laufe der Jahrhunderte ihr Zuhause – daran erinnern unauffällige Marmortafeln auf dem Platz. Wer genauer hinsieht, erfährt, dass Carlo Levi von 1943 bis 1945 *Christus kam nur bis Eboli* in Annamaria Ichinos Wohnung in der Piazza Pitti 14 schrieb. Fjodor Dostojewski soll 1868 und 1869 nur einen Steinwurf entfernt *Der Idiot* vollendet haben. An der Piazza San Felice in der Nähe erinnert eine weitere Tafel an die britische Dichterin Elizabeth Barrett Browning, die von 1847 bis 1861 in Florenz lebte.

Palazzo Pitti

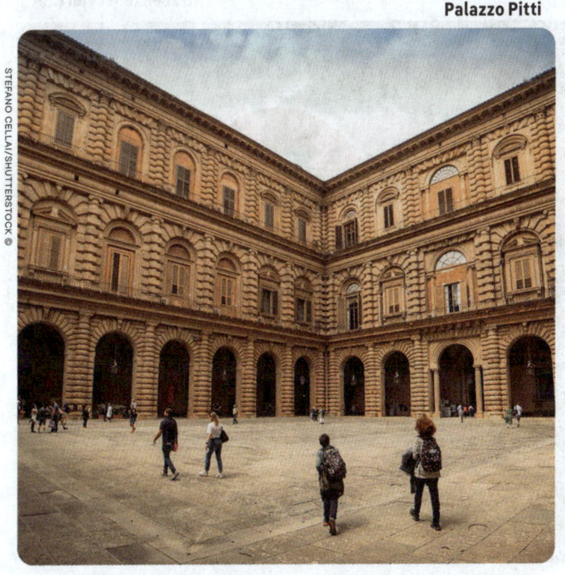

STEFANO CELLAI/SHUTTERSTOCK ©

CLET Studio

GALERIE FÜR URBANE KUNST

Bei einem Spaziergang durch die Straßen von Florenz entdeckt man eventuell Verkehrsschilder der etwas anderen Art. Der weiße Strich auf dem roten „Keine Durchfahrt"-Schild wird z. B. von einem verliebten Polizisten umarmt oder Einbahnstraßenschilder zeigen Amors Pfeile, die ein Herz durchbohren. Diese Verzierungen sind nicht etwa auf den Humor der städtischen Behörden zurückzuführen, sondern auf den Straßenkünstler Clet Abrahams, besser bekannt als **Clet**. In den letzten zwei Jahrzehnten veränderte er in Florenz und vielen anderen Städten auf der ganzen Welt Straßenschilder.

Clet wurde in der Bretagne geboren, zog 2005 in die toskanische Hauptstadt und widmet sich seitdem der Aufgabe, öffentliche Schilder mit Aufklebern zu versehen und deren oft für selbstverständlich genommene Bedeutung in Frage zu stellen. Die mittlerweile ikonischen Werke verbinden Ironie mit politischen Botschaften und während der französische Künstler Kontroversen um sein Schaffen gewohnt ist, schätzen die meisten Einheimischen Clets verspielten Umgang mit der urbanen Landschaft. Abgesehen von ein paar Ausnahmen werden seine Werke regelmäßig von den Behörden entfernt und wegen seines *L'Uomo Comune*, der Eisenstatue eines Mannes, der von der Ponte alle Grazie ins Nichts läuft, musste er wegen der fehlenden Genehmigung 10 000 € Strafe zahlen. Nachbildungen seiner Werke sind in Clets Atelier in San Niccolò in der Via dell'Olmo 8r ausgestellt, wo auch Aufkleber, T-Shirts und Straßenschilder mit begrenzter Stückzahl verkauft werden.

ALESSANDRO DARI GIOIELLI

Während Clet für die Veränderung urbaner Landschaft bekannt ist, findet man nur einen Steinwurf von seinem Studio entfernt ein Atelier mit Kunstwerken deutlichen kleineren Maßstabs. Der Goldschmiedemeister Alessandro Dari stellt seine winzigen, zum Tragen bestimmten Skulpturen in seiner geradezu gespenstischen persönlichen **Galerie** in San Niccolò aus. In der magischen Atmosphäre des schwach beleuchteten Raums sind faszinierende handgefertigte Ringe, Armreifen, Ohrringe und Ketten zu bewundern, die von mittelalterlicher Symbolik und Fantasiewelten inspiriert sind.

Straßenkunst von Clet

MEHR IN SAN NICCOLÒ, BOBOLI & PIAZZA PITTI

Die Medici jenseits von Florenz

DIE UNESCO-STÄTTE VILLE MEDICEE

Der Immobilienbesitz der Medici beschränkte sich nicht nur auf ihren imposanten Wohnsitz in Florenz, den 32 000 m² großen Palazzo Pitti. Zwischen dem 15. und 17. Jh. entstanden im ländlichen Umland zwölf Villen und zwei Ziergärten, die der Familie als Freizeitresidenzen dienten. Als innovative Beispiele für die Verbindung von Architektur und Natur gehören sie seit 2013 zum UNESCO-Welterbe.

Im Gegensatz zu den Festungsbauten aus dem Mittelalter sollten die **Ville Medicee** *(villegiardinimedicei.it)* nicht die Macht der Herrschenden symbolisieren, sondern der Entspannung dienen. In diesen „Villen des Müßiggangs" ließ man die Politik hinter sich und widmete sich ganze Tage der Literatur, der Kunst und der Erholung. Florenz am nächsten liegen die **Villa di Castello** mit eleganten, auch nach Jahrhunderten noch intakten italienischen Gärten – Botticellis *Die Geburt der Venus* sollte die Villa ursprünglich zieren – und die **Villa del Poggio Imperiale**, eine zehnminütige Fahrt von der Piazzale Michelangelo entfernt.

Die Medicis verbrachten ihre freie Zeit auch abseits von Florenz. Zwei eindrucksvolle Bauten, die einst der Familie gehörten, sind die symmetrische, von Giuliano da Sangallo für Lorenzo den Prächtigen entworfene **Villa Medici di Poggio a Caiano** mit verschiedenen Fresken von Pontormo, Andrea del Sarto, Franciabigio und Alessandro Allori sowie die **Villa Medicea di Artimino La Ferdinanda**, die Bernardo Buontalenti 1596 für Ferdinando I. errichtete.

DIE BESTEN RESTAURANTS & CAFÉS IN SAN NICCOLÒ, BOBOLI & AN DER PIAZZA PITTI

Rifrullo
Eine gute Adresse mitten in San Niccolò für Frühstück, *aperitivi* und Abendessen. **€€**

La Beppa Fioraia
Mit einladender Gartenatmosphäre und entspanntem Ambiente die perfekte Wahl im Frühling und Sommer. **€€**

La Leggenda dei Frati
Das preisgekrönte Restaurant im Bardini-Garten serviert kreative, moderne toskanische Gerichte. **€€€**

De'Bardi
Das Edelrestaurant mit Cocktailbar ist in einem wunderschön umgestalteten Renaissancegebäude untergebracht. **€€€**

La Beppa Fioraia

ÜBERNACHTEN IN SAN NICCOLÒ, BOBOLI & PIAZZA PITTI

Fuor d'Arno
Die Zimmer in dem gemütlichen B&B sind von verschiedenen Städten der ganzen Welt inspiriert. **€€**

Hotel Silla
Herzliches Personal, große Zimmer und großzügiges Frühstück in der Nähe des Zentrums und der Piazzale Michelangelo. **€€**

Serristori Palace
Ruhige Einzimmer-Apartments und eine kleine Terrasse mit tollem Blick auf den Dom und die Nationalbibliothek. **€€**

TOSKANA

LEGENDÄRE STÄDTE UND WEINBAU-GEBIETE ZWISCHEN BERGEN UND MEER

Von Reben bedeckte Hügel, Sandstrände und üppige Wälder umspielen Städte, die zum UNESCO-Welterbe gehören und in denen jahrhundertealte Traditionen weiterleben.

Schlösser, Burgen und *case-torri*, die von wohlhabenden Familien aus der Zeit vor der Renaissance errichteten Geschlechtertürme – eine Art Turmhäuser – prägen die Silhouette von Städten wie Siena, San Gimignano und Volterra ebenso wie die Glockentürme gotischer und romanischer Kirchen, die seit fast einem Jahrtausend von Pilger:innen aus aller Welt besucht werden. Doch die bezaubernden Städte sind nur ein Teil des ganzen Bildes, das keine Kamera vollständig einfangen kann. Hügel mit exakt aneinandergereihten Zypressen, Weinberge und Olivenhaine in Gebieten wie dem Weltnaturerbe Val d'Orcia und dem geschützten Chianti-Classico-Gebiet zeugen von jahrhundertelangen Bemühungen des Menschen, die Natur zu formen und von ihren kostbaren Früchten zu leben. Wer die Städte über die kurvenreichen Straßen verlässt, die sich sanft durch die Landschaft schlängeln, kann aber mehr als nur spektakuläre Orte entdecken. Egal, ob man die entspannende mediterrane Atmosphäre entlang der Etruskerküste genießt, auf der legendären Via Francigena wandert oder in die Bergregionen des Casentino und der Garfagnana hinaufsteigt – je tiefer man eintaucht, desto vielfältiger zeigt sich die Toskana.

SOFIA GARAVANO/SHUTTERSTOCK ©

DIE WICHTIGSTEN ZIELE

SIENA
Meisterwerke der Kunst und Architektur. S. 454

PISA
Die Stadt mit dem schiefen Turm. S. 468

LUCCA
Mittelalterlicher Charme und wilde Natur. S. 474

RASTO SK/SHUTTERSTOCK ©

Siena (S. 454)

PISTOIA	AREZZO	LIVORNO	GROSSETO
Kunst jenseits des Offensichtlichen. S. 480	Filmreife Straßen und historische Sehenswürdigkeiten. S. 486	Historischer Hafen. S. 499	Hauptstadt der Maremma und Basis für Entdeckungen. S. 492

0 50 km

EMILIA-ROMAGNA

LIGURIEN

Pontremoli
Monte Cusna
Aulla
Fivizzano
Parco Nazionale dell'Appennino Tosco-Emiliano
Apuanische Al...
Castelnuovo di Garfagnana
La Spezia
Carrara
Massa
Barga
San Marcel Pistoiese
Pietrasanta
Pescia
Pistoia
Ligurisches Meer
Viareggio
Lago di Massaciuccoli
Lucca
Montecatir Terme
Pisa
Fucecchio
Arno
Pontedera
Empo
Livorno
Castelfiorentin
Gorgona
Casciana Terme
Castiglioncello
Volterra
Vada
Cecina
Pomarance
Castagneto Carducci
San Vincenzo
Suvereto
Capraia
Capraia
Venturina Terme
Massa Marittima
Piombino
Follonica
KORSIKA (FRANKREICH)
Marciana Marina
Portoferraio
Golfo di Follonica
Elba
Porto Azzurro
Punta Ala
Bastia
Marina di Campo
Castiglione della Pescaia
Marina di Grosseto
Pianosa

Pisa, S. 468

Pisa – einst mächtige Seemacht, heute lebendige Unistadt. Sie hat noch viel mehr zu bieten als nur den Schiefen Turm.

Lucca, S. 474

Das faszinierende historische Zentrum von Lucca, umrahmt von vollständig erhaltenen Renaissance-Mauern, erlaubt eine Reise durch die Jahrhunderte.

Livorno, S. 499

Feinste Meeresfrüchte, Kanäle im venezianischen Stil und der Kulturenmix, den nur ein historischer Freihafen bietet, heben Livorno aus den sonst eher gleichförmigen toskanischen Städten heraus.

AUTO

Ein Auto ist die beste Option, um sich in der Toskana fortzubewegen, vor allem, wenn man nicht nur Städte erkunden will. Autovermietungen sind in allen größeren Städten vertreten, vor allem in Pisa und Florenz.

BUS

Lokale Busse fahren in kleinere Ortschaften, die nicht an das Schienennetz angeschlossen sind; Verbindungen sind aber eher dünn gesät. Busfahren ist machbar, aber langsam und erfordert eine gewisse Planung.

ZUG

Die meisten Städte wie Pisa, Lucca, Pistoia, Siena, Grosseto und Arezzo sind gut an das Eisenbahnnetz angebunden und können von Florenz aus leicht mit dem Regionalzug erreicht werden. Es ist nicht nötig, Tickets im Voraus zu buchen.

Montecristo

Giglio
Campese
Gig... Por...
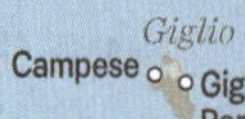

Tyrrhenisches Meer

Erste Orientierung

Alle größeren Städte der Toskana sind durch ein gutes Straßen- und Schienennetz verbunden; entlegenere Winkel sind jedoch mitunter schwer mit öffentlichen Verkehrsmitteln zu erreichen. Beim Autofahren ist auf engen Bergstraßen besondere Vorsicht geboten.

Pistoia, S. 480

Das bezaubernde Pistoia hat nicht so viele Besucher:innen, wie es verdient, aber seine Geschichte und Architektur lohnen den Ausflug definitiv.

Arezzo, S. 486

Arezzo war Schauplatz von Roberto Benignis Film *Das Leben ist schön* und bietet Kunst und Architektur von Weltrang, aber ohne Tourismusmassen.

Siena, S. 454

Als bedeutender Stadtstaat erlebte Siena seine Blütezeit im 13. Jh. und bewahrt den mittelalterlichen Charakter durch prächtige Architektur und historische Events.

Grosseto, S. 492

Die Hauptstadt der Maremma hat keine lange Highlight-Liste, ist aber eine gute Basis für die Erkundung des Parco Regionale della Maremma und der etruskischen Stätten Roselle und Vetulonia.

Perfekte Tage

Lass dir Zeit und genieße die Toskana Stück für Stück – ob familiengeführte Bauernhöfe, dramatische Festungen, Reblandschaften oder beschauliche Städte am Meer.

EDDY GALEOTTI/SHUTTERSTOCK ©

Piazza del Campo, Siena (S. 454)

Wenig Zeit

● Am besten geht es direkt nach **Siena** (S. 454), um die Kunst und Architektur der mittelalterlichen Republik zu entdecken. Ausgangspunkt für die Stadttour ist einer der bekanntesten Plätze der Toskana – die halbrunde **Piazza del Campo** (S. 454), die aus neun Segmenten besteht, in Erinnerung an die Zeit, als die Stadt unter der Regierung der Neun stand. Im **Palazzo Pubblico** (S. 454) kann man durch die Säle des mit Schätzen gefüllten Museo Civico streifen, bevor man auf der Piazza del Duomo den imposanten **Duomo** (S. 457) bewundert, auf den sogar Florenz neidisch ist. Anschließend lässt sich zwischen den Kunstwerken im ehemaligen Krankenhaus **Santa Maria della Scala** (S. 458) wunderbar die Zeit vergessen.

Beste Reisezeit

Für eine gelungene Reise empfiehlt es sich, den Winter zu meiden und mit der Entdeckungstour bis zum Frühling zu warten, wenn die Tage lang und sonnig sind. Das dürfte nicht schwer sein – die kalte, nasse Jahreszeit ist in der Regel kurz.

MAI

Wenn die Tage wärmer werden und das Wetter besser wird, bietet das Casentino unzählige Möglichkeiten zum **Wandern**.

JUNI

Die **Giostra del Saracino** in Arezzo findet zum ertsen Mal im Jahr am vorletzten Samstag des Monats statt und bringt das Mittelalter zurück in die Stadt.

JULI

Das **Lucca Summer Festival** lockt mit mehreren Live-Konzerten die Massen auf den Hauptplatz der Stadt.

MNSTUDIO/SHUTTERSTOCK ©, WJAREK/SHUTTERSTOCK ©, STEDALLE/ SHUTTERSTOCK ©

Drei Tage Zeit

● Nach ein paar Stunden in Livorno kann man der antiken Via Aurelia in Richtung Süden bis nach Piombino folgen und dort die Fähre nach **Elba** (1 Std., S. 502) nehmen. Hier scheint die Zeit langsamer zu vergehen und die Insel bietet über hundert Strände zum Abhängen sowie reichlich Sonne von April bis Oktober.

● Es bietet sich an, mit einem Mietwagen ein paar Tage lang die steilen Bergstraßen zu erkunden und dabei den Panoramablick auf das benachbarte Korsika zu genießen. Auf 224 km² hat Elba für jeden Geschmack etwas zu bieten: wilde, windgepeitschte Klippen, sandige Buchten, azurblaues Wasser und zauberhafte Häfen im Überfluss, gespickt mit einer Portion napoleonischer Geschichte in der großen Hafenstadt **Portoferraio** (S. 502).

Länger Zeit

● Man nimmt in Pisa einen Mietwagen und folgt der Straße nördlich von Lucca, um die Dörfchen des **Serchio-Tals** (S. 477) auf dem Weg in die Bergregion Garfagnana zu erkunden.

● Am Lago di Vagli kannst du einen der vielen Wanderwege in den **Apuanischen Alpen** (S. 478) in Angriff nehmen. Auf dem Rückweg nach unten lohnt sich ein Abstecher nach **Pistoia** (S. 480), eine der meistunterschätzten Kunststädte der Toskana. Dann geht es zurück Richtung Pisa, wobei sich bei einem Zwischenstopp in der bezaubernden Stadt **Lucca** (S. 474) die mittelalterliche Architektur von der Höhe der gut erhaltenen Stadtmauern aus bestaunen lässt.

AUGUST

Das **Palio**-Pferderennen (auch im Juli) wird stets mit Spannung erwartet – die ganze Stadt steht still, um die Wettkämpfe der verschiedenen Stadtteile zu erleben.

SEPTEMBER

Livorno richtet jedes Jahr im September das Festival **Cacciucco Pride** zu Ehren der berühmten Fischsuppe aus; mit Straßenfesten, Live-Musik und kulinarischen Veranstaltungen.

OKTOBER

Am ersten Sonntag im Oktober um 4.30 Uhr beginnt das Radrennen **Eroica**, an dem mehr als 7000 Fahrradbegeisterte in historischen Kostümen teilnehmen.

NOVEMBER

Wenn die Saison der weißen Trüffel zu Ende geht, findet in San Miniato die bedeutende **Mostra Mercato Nazionale del Tartufo Bianco** statt.

SIENA

Viele der mächtigsten italienischen Stadtstaaten, die aus dem Mittelalter hervorgingen, schöpften ihren Wohlstand aus dem Wasser. Republiken wie Pisa oder Venedig verdankten ihren Reichtum den kühnen Flotten, die das Mittelmeer auf der Suche nach wertvollen Handelsgütern und zu erobernden Gebieten durchstreiften, während das schnelle Wachstum von Florenz auf der Textilindustrie beruhte, die sowohl für die Produktion als auch für den Transport der Wolle vom Fluss Arno abhängig war. Siena hingegen – auf drei Hügeln zwischen den Crete Senesi und dem Val d'Elsa gelegen – besaß diese Vorzüge nicht. Im Gegensatz zu anderen bedeutenden mittelalterlichen Mächten konnte es sich nicht auf den Zugang zum Wasser stützen. Dennoch blühte es im 13. Jh. auf und entwickelte ein politisches System, das eine ausreichend lange Friedensperiode garantierte, um die Entwicklung einer der einflussreichsten Universitäten Italiens und einer der reichsten Kunstsammlungen Europas zu ermöglichen, die bis heute Bestand hat.

TOP TIPP

Die Stadt ist in drei *terzi* unterteilt – die historischen Stadtteile auf den drei Hügeln, auf denen Siena erbaut wurde: Città, San Martino und Camollia, die wiederum in 17 *contrade* unterteilt sind, das sind Bezirke, die auch heute noch eine wichtige Rolle für die Identität der in Siena geborenen Menschen spielen.

DER PALIO

Das **Pferderennen** Palio findet am 2. Juli und am 16. August auf der Piazza del Campo statt, aber schon die vier Tage davor sind bestimmt von jahrhundertealten Ritualen wie der Dekoration der Viertel mit den Farben der jeweiligen Mannschaft, der feierlichen Auslosung der Pferde und deren Segnung in den Kirchen. Am Tag des Rennens zieht ein historischer Umzug durch die Stadt, bevor die *fantini* (Jockeys), die die *contrade* (Bezirke) repräsentieren, mit sardischen Anglo-Araber-Pferden auf der Piazza einlaufen. Um zu gewinnen, müssen die Jockeys dreimal um die Piazza del Campo reiten. Abends wird in der *contrada* des Siegers ausgelassen gefeiert.

Die Piazza del Campo

DER HAUPTPLATZ VON SIENA

Das beeindruckende Amphitheater der **Piazza del Campo** – oft einfach als **il Campo** bezeichnet – ist der Ausgangspunkt für jeden Besuch hier. Der muschelförmige, abfallende, rot gepflasterte zentrale Platz von Siena, der für seine einzigartige Geometrie und die gut erhaltene mittelalterliche Architektur bewundert wird, ist seit über sieben Jahrhunderten das Zentrum der Politik und des gesellschaftlichen Lebens. Die Piazza, die in ihrer frühesten Form seit dem späten 12. Jh. existiert, entwickelte sich mit dem Bau des **Palazzo Pubblico** vom Marktplatz zum Dreh- und Angelpunkt der Stadt. Der grandiose gotische Palast nimmt den größten Teil der Südseite des Platzes ein und wurde gebaut, um die Macht der unabhängigen, von der Regierung der Neun geführten Republik Siena zu symbolisieren.

Mit Ausnahme einiger Renovierungsarbeiten, die zwischen dem 17. und 19. Jh. durchgeführt wurden – darunter am prächtigen **Palazzo Sansedoni** und am **Palazzo d'Elci** – stammt die Kernstruktur des Platzes aus dem goldenen Zeitalter Sienas, in dem Kunst und Architektur während einer in der Stadtgeschichte seltenen Periode relativen Friedens zur Blüte gelangten, und zwar von den 1260er-Jahren bis zum Einzug des Schwarzen Todes im Jahr 1348. In dieser Zeit erließ die Regierung eine Reihe von Richtlinien, an die sich die Architekten bei der Bebauung der Piazza halten mussten, um eine kohärente städtische Ästhetik zu erhalten. So waren beispielsweise keine Balkone erlaubt, und alle Fenster mussten entweder doppelte oder dreifache Bögen haben, ganz im Sinne des gotischen Geschmacks

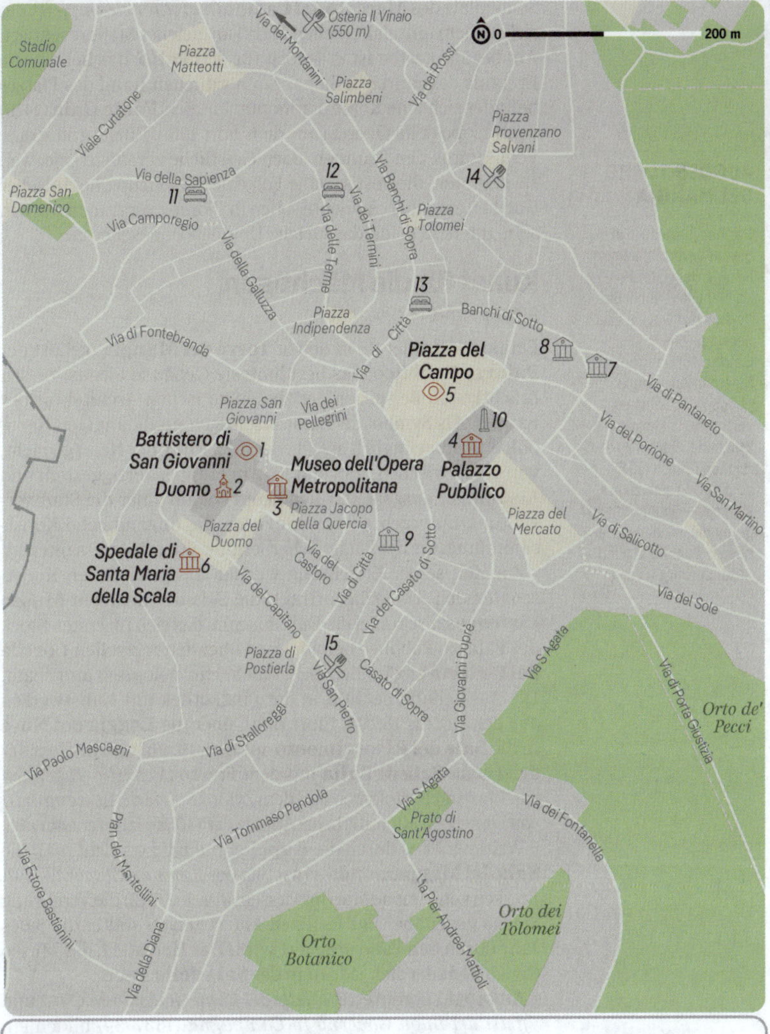

HIGHLIGHTS
1 Battistero di San Giovanni
2 Duomo
(siehe 4) Museo Civico
3 Museo dell'Opera Metropolitana
4 Palazzo Pubblico
5 Piazza del Campo
6 Pinacoteca Nazionale
7 Spedale di Santa Maria della Scala

SEHENSWERTES
8 Logge del Papa
9 Museo delle Tavolette di Biccherne
10 Palazzo Chigi Saracini
11 Torre del Mangia

SCHLAFEN
12 Albergo Bernini
13 Antica Residenza Cicogna
14 B&B Il Corso

EATING
15 Il Cavaliere Errante
16 Osteria Boccon del Prete

der Zeit. Und tatsächlich konnte der Campo sein harmonisches Erscheinungsbild über die Zeiten hinweg weitgehend erhalten.

Mit seinem Umfang von 333 m und der Aufteilung in neun Segmente – in Anlehnung an die neun Mitglieder der herrschenden Klasse der Republik – ist der Platz jedes Jahr im Dezember

Schauplatz des **Mercato del Campo** *(mercatonelcampo.it)*, der sich an dem mittelalterlichen Markt an gleicher Stelle orientiert. Am berühmtesten ist er jedoch für den **Palio**, das beliebteste Ereignis des Jahres in Siena. Am nördlichen Rand des Platzes befindet sich eine Kopie der monumentalen **Fonte Gaia** (1419) von Jacopo della Quercia aus dem Jahr 1869. Einst krönte eine Venusstatue den Brunnen, doch Geistliche zerstörten sie, weil sie glaubten, die Pest sei eine Folge der Verehrung heidnischer Gottheiten – die Fragmente sollen in Florenz vergraben worden sein, um dem Feind das gleiche Unglück zu bescheren.

AUF DER TORRE DEL MANGIA

Der berühmteste **Turm** Sienas verdankt seinen Namen dem Glockenspieler Giovanni di Balduccio, der wegen seiner unguten Geldgewohnheiten den Spitznamen *mangia guadagni* („Geldfresser") erhielt. Um die Spitze des Turms zu erreichen (Eintritt 10 €), sind 400 Stufen zu erklimmen – eine Anstrengung, die mit einem der besten Ausblicke auf die Stadt belohnt wird.

Kunst für die Mächtigen

HISTORISCHE PROPAGANDA

Flankiert von der 88 m hohen **Torre del Mangia**, gehört der **Palazzo Pubblico**, das berühmteste Gebäude Sienas, zu den prächtigsten Beispielen der zivilen gotischen Architektur des Landes. Als Symbol der einst mächtigen unabhängigen Republik und ursprünglich als Sitz der Regierung der Neun gedacht, wurde er zwischen 1288 und 1342 in Etappen fertiggestellt und 1680 weiter ausgebaut. Auch heute noch ist hier die Stadtverwaltung untergebracht, wenngleich die unglaubliche Kunstsammlung, die der Palast beherbergt, weitaus interessanter ist.

Zur Zeit seiner Errichtung wurden die gefeiertsten Kunstschaffenden Sienas beauftragt, die Säle des heutigen **Museo Civico** auszuschmücken. Das Museum, das sich im ersten Stock des Palazzo Pubblico befindet und über den reizvollen **Cortile del Podestà** zugänglich ist, ist nicht chronologisch aufgebaut. Die Ausstellung beginnt in der Pinakothek mit Kunstwerken aus dem 16. bis 18. Jh., führt dann über die **Loggia dei Nove** in die **Sala del Risorgimento** aus dem 19. Jh. und in die wunderschöne **Sala di Balìa** mit dem Fresko *Sechzehn Tugenden* von Martino Bartolomeo und dem Zyklus *Storie di Alessandro III* von Spinello Aretino, die beide Anfang der 1400er Jahre entstanden.

Weiter geht es durch die **Kapelle** und bald erreicht man die **Sala del Mappamondo**, einst Sitz des Rates der Republik, mit Fresken von Simone Martini, dessen *Maestà* (1312) die Verehrung Sienas gegenüber der Heiligen Maria zeigen sollte, die jedes Jahr durch den Palio erneuert wird. Das Herzstück des Museo Civico befindet sich jedoch in der **Sala della Pace**.

Ambrogio Lorenzettis *Effetti del Buon Governo in Città* und *Effetti del Buon Governo in Campagna* (1337–39) bilden ein einzigartiges politisches Manifest, das sich stark von den sakralen Kunstwerken unterscheidet, die anderswo zu finden sind. Sie sollten Einfluss auf die Herrschenden der Republik nehmen, indem sie die Ergebnisse einer guten Regierung sowohl in der Stadt als auch auf dem Land aufzeigten – eine blühende Gesell-

ÜBERNACHTEN IN SIENA

Albergo Bernini
Das gemütliche familiengeführte Hotel mit zehn Zimmern am Nordrand des Zentrums hat eine Terrasse mit toller Aussicht. **€€**

B&B Il Corso
Freundliche Atmosphäre mit rustikalem Touch, nur wenige Minuten von der Piazza del Campo und den Highlights. **€€**

Antica Residenza Cicogna
Wie der Name andeutet, hat das Hotel eine lange Geschichte, doch die Ausstattung wurde stilvoll modernisiert. **€**

schaft mit fröhlichen Tänzer:innen, Handwerker:innen, die mit Waren handeln, und Menschen, die jagen und Feldfrüchte sammeln. Und als ob die Botschaft nicht schon deutlich genug wäre, sind gegenüber dem Fresko die *Effetti del Cattivo Governo* zu sehen, die Auswirkungen einer schlechten Regierung.

Ehrfurcht einflößender Duomo

DAS ERBE DER KATHEDRALE VON SIENA

Die komplexe Fassade der **Kathedrale** von Siena, die Elemente der Romanik und der Gotik vereint, dominiert die Piazza, die seit dem Mittelalter das Zentrum des religiösen Lebens der Stadt ist. Die 1179 errichtete Kathedrale, die der Himmelfahrt Mariens gewidmet ist, wurde im Laufe der Jahrhunderte verändert und erweitert und ist zu einer Sehenswürdigkeit geworden, die einfach alle in Erstaunen versetzt, egal wie viele andere toskanische Kirchen man schon gesehen hat.
Die Fertigstellung der Fassade dauerte fast 600 Jahre. Über ein Jahrzehnt lang arbeitete Giovanni Pisano ab 1287 an dem unteren Teil, der aus drei monumentalen, von gotischen Tympana gekrönten Türen besteht, doch er stellte sein polychromes Marmorwerk nie fertig und verließ die Stadt 1296 in Richtung Pisa. Die Propheten- und Apostelstatuen aus der Zeit Pisanos sind heute im nahe gelegenen **Museo dell'Opera del Duomo** untergebracht und hier durch Kopien ersetzt. Die Fensterrosette wurde 1288 hinzugefügt, aber mit dem Bau des oberen Teils wurde erst 1376 begonnen, als Giovanni di Cecco, inspiriert von der Kathedrale von Orvieto, die Arbeit übernahm. Die Mosaike von Augusto Castellani kamen Ende des 19. Jhs. hinzu.

Die Fassade ist jedoch nur ein Teil des Meisterwerks – beim Betreten der Kirche fallen sofort die markanten schwarz-weißen Säulen ins Auge, auf denen die sternenbedeckten Gewölbe der Decke ruhen. Beim Blick nach unten fällt der außergewöhnliche **Fußboden** auf, der aus 56 Platten besteht, die ein kunstvolles, großflächiges Mosaik bilden. Die Kompositionen aus Marmor, die Szenen aus dem Alten Testament darstellen, wurden zwischen dem 14. und dem 19. Jh. von bis zu 40 Künstlern geschaffen, die (außer Pinturicchio) alle aus Siena stammen.

Zu den weiteren Kunstwerken, die die Kirche schmücken, gehören die Skulpturen *Santi Girolamo* und *Maria Maddalena* (1661–63) von Gian Lorenzo Bernini in der barocken **Cappella della Madonna del Voto** und die achteckige **Kanzel** aus Carrara-Marmor, die zwischen 1266 und 1268 von Nicola Pisano mit Unterstützung seines Sohnes Giovanni und Arnolfo di Cambio geschaffen wurde.

Die Kathedrale beherbergt auch die **Piccolomini-Bibliothek**, die um 1495 zur Aufbewahrung der umfangreichen Handschrif-

UNTER DEM DUOMO

Was gemeinhin als „Krypta" bezeichnet wird, war tatsächlich ein Empfangszentrum für alle, die auf der Via Francigena reisten und die Räume im Untergeschoss der Kathedrale betraten, um den Zyklus biblischer Fresken aus dem 13. Jahrhundert zu bewundern. Die verborgenen Räume wurden erst 1999 wiederentdeckt – die leuchtenden Farben der Kunstwerke hatten sich dank des fehlenden Sonnenlichts gut erhalten und sind heute ein wichtiger Teil des mittelalterlichen Erbes von Siena.

Duomo di Siena

ESSEN IN SIENA

Osteria Il Vinaio
Das zwanglose Il Vinaio an der Porta Camollia bietet eine Auswahl an lokalem Käse, Schinken und frischen Speisen. **€**

Il Cavaliere Errante
Sienas Adresse für Hausmannskost mit Pizza, Pasta, Antipasti und Hauswein. **€**

Boccon del Prete
Backsteinwände und Gewölbedecken sorgen für ein rustikales Ambiente, aber die handgemachte Pasta übertrifft alles. **€€**

PICCOLOMINIS ERBE

Der in der Region Pienza geborene Enea Silvio Bartolomeo Piccolomini – besser bekannt als Papst Pius II. – war eine der einflussreichsten Persönlichkeiten der sienesischen Renaissance. Im Jahr 1462 gab er die **Logge del Papa** in der Nähe der Chiesa di San Martino in Auftrag und residierte im **Palazzo Chigi Saracini**, der heute von der Accademia Musicale Chigiana als Kunstmuseum betrieben wird. Nach seinem Tod errichtet wurde der imposante Palazzo Piccolomini, der heute das beeindruckende **Museo delle Tavolette di Biccherne** beherbergt, eine Sammlung von 105 bemalten Tafeln, die vom 13. bis zum 17. Jh. als Deckblätter für die Kontobücher des Magistrats der Stadt verwendet wurden.

PIENZA

Das größte Meisterwerk von Enea Silvio Bartolomeo Piccolomini war wohl die „ideale Stadt" Pienza (S. 465) im Val d'Orcia.

tensammlung von Enea Silvio Bartolomeo Piccolomini (Papst Pius II.) errichtet wurde. Im linken Kirchenschiff befinden sich Fresken, die Pinturicchio zugeschrieben werden und Szenen aus dem Leben von Papst Pius II. darstellen, sowie der kostbare *Altare Piccolomini* von Andrea Bregno (1481-85) mit vier Nischenstatuen, die Michelangelo zwischen 1501 und 1504 schuf.

Schätze rund um die Kathedrale

DIE MUSEEN AN DER PIAZZA DEL DUOMO UND IN DER UMGEBUNG

Die atemberaubende Schönheit der Kathedrale von Siena führt oft dazu, dass ihre Umgebung unbeachtet bleibt. Das sollte nicht sein, denn rundherum warten Schätze aus dem Mittelalter und der Renaissance: Gegenüber dem Eingang des Duomo befindet sich das **Spedale di Santa Maria della Scala**, ein Kranken- und Waisenhaus aus dem 10. Jh., das bis zum Jahr 1980, als es von einer Poliklinik in ein Museum umgewandelt wurde, Bedürftige versorgte. Santa Maria della Scala sammelte Spenden seit mindestens 1090 – wie aus frühesten Dokumenten hervorgeht – und wurde zu einer unglaublich wohlhabenden Organisation, die ein großes künstlerisches Erbe ansammelte.

Zu dem monumentalen Bauwerk gehören die **Chiesa della Santissima Annunziata** aus dem 13. Jh., das **Pellegrinaio** (der Mitte des 15. Jhs. von sienesischen Kunstschaffenden wie Il Vecchietta und Domenico di Bartolo mit Fresken versehene Pilgersaal), die echte **Fonte Gaia** und das **Museo Archeologico Nazionale**, das Sienas archäologische Funde darstellt.

Östlich des Duomo, auf der Piazza Jacopo della Quercia, befindet sich das **Museo dell'Opera Metropolitana** an einer Stelle, die ursprünglich für die Erweiterung der Kathedrale vorgesehen war (der unvollendete Duomo Nuovo). Das Museum beherbergt Kunstwerke aus dem 13. Jh., die früher zum Duomo gehörten, etwa die feinen Marmorfiguren von Giovanni Pisano, die einst die Fassade der Kirche schmückten, das Hochaltar-Meisterwerk *Maestà* von Duccio di Buoninsegna sowie Werke von Donatello, Ambrogio Lorenzetti und Domenico Beccafumi.

Wenn man die 130 Stufen zum **Facciatone** des Museums hinaufsteigt, hat man einen wundervollen Blick auf Siena. Wieder auf den Boden zurückgekehrt, kann man hinter dem Dom das **Battistero di San Giovanni** besichtigen. Diese Kirche aus dem 14. Jh. verbirgt hinter ihrer Marmorfassade einige der bedeutendsten Fresken der sienesischen Renaissance, darunter Gemälde von Il Vecchietta und ein kunstvoll gestaltetes Taufbecken, das von Jacopo della Quercia, Donatello und Lorenzo Ghiberti geschaffen wurde.

UNTERWEGS VOR ORT

Siena ist von Florenz aus mit öffentlichen Verkehrsmitteln gut zu erreichen. Busse sind ein bisschen schneller als Züge und brauchen etwas über eine Stunde vom Bahnhof Santa Maria Novella in Florenz. Das Zentrum von Siena ist für den Individualverkehr gesperrt. Minibusse, Pollicino, fahren regelmäßig durch die engen Gassen, aber der Stadtkern ist so klein, dass man sich am besten zu Fuß fortbewegt. Selbst mit dem Rad kann es wegen der steilen Anstiege schwierig werden. Der Bahnhof liegt im Norden und ist über die Rolltreppen bei der Porta Camollia zugänglich.

Rund um Siena

San Gimignano
Monteriggioni
Siena
Asciano
Buonconvento
Pienza
Montalcino

Um die Stadt herum offenbaren sich paradiesische Landschaften, mittelalterliche Wehranlagen und sagenumwobene Abteien.

Wenige Orte gelten als so typisch toskanisch wie die von Zypressen gesäumten Straßen, die die hügelige Landschaft des Val d'Orcia durchziehen. Verträumte Bauernhäuser und kleine Dörfer, umgeben von Heuballen, Sonnenblumen und Weinbergen, sind Teil dieser reizvollen Komposition, die zahlreichen Hollywood-Filmen als Kulisse diente, darunter Anthony Minghellas *Der englische Patient* (1996) und Ridley Scotts *Gladiator* (2000). 2004 wurde das Gebiet in die Liste des UNESCO-Welterbes aufgenommen. Doch die Umgebung von Siena hat mehr zu bieten als wundervolle Landschaft – einst uneinnehmbare Festungsanlagen erinnern an die lange Geschichte der Konflikte zwischen Siena und Florenz, während die Regionen Chianti, Montalcino und Montepulciano endlose Möglichkeiten zum Genießen bereithalten.

TOP TIPP

Die Umgebung von Siena lässt sich am besten mit dem Auto erkunden – obwohl Monteriggioni in einem Tag auch zu Fuß zu erreichen ist, wenn man 20 km auf der Pilgerroute Via Francigena wandert.

Val d'Orcia

MARCO SARACCO/SHUTTERSTOCK ©

Abbazia di San Galgano

MUSEO CIVICO E DIOCESANO D'ARTE SACRA DI SAN GALGANO

Wer mehr über die Geschichte von San Galgano erfahren möchte, sollte das Museo Civico e Diocesano d'Arte Sacra di San Galgano im nahe gelegenen Chiusdino besuchen. Das Museum im historischen **Palazzo Taddei** zeigt eine kleine Sammlung von Werken, die San Galgano darstellen und aus den Kapellen und Kirchen der Umgebung stammen. Der Eintritt in das Museum ist im Eintrittspreis für die Abtei (5 €) enthalten.

Ein Wunder der Gotik

DIE LEGENDÄRE DACHLOSE ABTEI UND DIE EINSIEDELEI

Nach 35 Minuten Fahrt von Siena aus gelangt man zu einem der beeindruckendsten sakralen Bauwerke der Zentraltoskana, das sich deutlich aus der Hügellandschaft heraushebt. Man muss übrigens nicht unbedingt spirituell veranlagt sein, um sich von der **Abbazia di San Galgano** beeindrucken zu lassen, einer der frühesten gotischen Kirchen der Toskana, die vor rund 800 Jahren von Zisterziensermönchen erbaut wurde.

Die Abtei liegt unterhalb jenes Hügels, auf dem sich die **Eremo di Montesiepi** befindet, eine runde romanische Kapelle aus dem 12. Jh., die zu Ehren des Ritters Galgano Guidotti (1148–81) errichtet wurde. Dieser beschloss nach einer Erscheinung des Erzengels Michael, seinen weltlichen Besitztümern und seiner gewalttätigen Vergangenheit zu entsagen, um sich in dieser abgelegenen Ecke der Region in die Einsamkeit zurückzuziehen. Die mit Fresken des sienesischen Malers Ambrogio Lorenzetti aus dem 14. Jh. geschmückte Kapelle ist um ein Schwert herum gebaut, das einen Felsen durchbohrt – es soll sich dabei um Galganos eigene Waffe handeln, die er symbolisch dort zurückließ, um die Bereitschaft des Kriegers zu beweisen, das Kämpfen aufzugeben. Das toskanische Excalibur befindet sich vor dem Altar und wird von einem Schrein geschützt.

ESSEN IN DER NÄHE VON SAN GALGANO

Ristorante Antico Tempio
Eine freundliche, rustikale Atmosphäre und hervorragende toskanische Küche gegenüber der Abtei (die Preise sind allerdings dementsprechend hoch). **€€**

Salendo Wine Bar
Weine aus der Region, *aperitivi* und leichte Snacks, umgeben von der üppigen Vegetation von Montesiepi. Zu finden gleich hinter der Wallfahrtskapelle. **€€**

Trattoria sull'Albero
Das luxuriöse Restaurant des Resorts Borgo San Pietro bietet eine herrliche Aussicht und perfekt zubereitete Gerichte mit Zutaten lokaler Erzeuger. **€€€**

Von der Kapelle ist es nur ein kurzer Fußmarsch zur Abbazia di San Galgano. Es handelt sich um ein 1500 m² großes Bauwerk, mit dessen Errichtung 1218 begonnen wurde, um den wachsenden Pilgerstrom in die Region zu bewältigen, der durch den Mythos von Galgano angezogen wurde. Die Bauarbeiten sollten ganze siebzig Jahre dauern, doch die Mönche beschlossen im 15. Jh., die Abtei aufzugeben. 1786 schlug ein Blitz in den Glockenturm der Abtei ein, der auf das Dach stürzte und es zerstörte. Wenn man heute die dachlose Kirche betritt, bietet sich ein unvergleichlicher Anblick: Das Innere besteht aus drei Schiffen mit spitzbogigen Arkaden, die an den Seiten zwei Emporen bilden, und einer großen, zwölfblättrigen Mittelrosette an der Fassade – und darüber ist nichts als der Himmel.

ALLES RETRO

Fans von Retro-Radsportausrüstung werden bei La Bottega *(bottegagaiole.it)* in Gaiole in Chianti fündig. Jedes Detail dieses Ladens atmet das Flair von damals – hier findest du Kleidung, Accessoires und Fahrradteile, um dich für deine nächste sportliche Unternehmung fit zu machen.

Eine außergewöhnliche Radtour

DIE EROICA-ROUTE AUF ZWEI RÄDERN

Lass den Asphalt hinter dir und erkunde die Straßen der Region Chianti auf zwei Rädern – und zwar auf der legendären Eroica-Strecke. Das erste **Eroica-Rennen** *(eroica.cc)* fand 1997 statt. Damals nahmen nur 92 Teilnehmende die Herausforderung an, auf Retro-Rädern mehr als 3700 Höhenmeter auf den unbefestigten Straßen der Region Chianti zu überwinden. Inzwischen treffen sich am ersten Sonntag im Oktober über 7000 Fahrradbegeisterte, um an einem der spannendsten Amateurrennen der Welt teilzunehmen. Die 209 km lange Rundstrecke beginnt und endet in **Gaiole in Chianti**. Jeder, der sich traut, kann sich anmelden, muss aber in Retro-Kleidung auf einem Retro-Rennrad mit Stahlrahmen fahren.

Das offizielle Rennen dauert im Durchschnitt 15 Stunden, aber man kann die Eroica das ganze Jahr über im eigenen Tempo fahren, ohne an einem Wettbewerb teilzunehmen oder eine schräge Retro-Kluft tragen zu müssen. Die gesamte Strecke führt auf öffentlichen Straßen durch das malerische Gebiet der Crete Senesi und das UNESCO-gelistete Val d'Orcia, über Siena, Montalcino, Buonconvento und Asciano, bevor es zurück nach Chianti geht. Alternativ gibt es auch kürzere Strecken zwischen 46 km und 135 km. In Gaiole in Chianti kann man sowohl traditionelle Fahrräder als auch E-Bikes mieten; bei **Tuscany Bicycle** *(tuscanybicycle.com)* oder **Biciclettaio** *(bicyclesinchianti.com)*.

Der Geschmack von Chianti

DIE GEBURTSSTÄTTE DES MODERNEN CHIANTI

Wie man sich denken kann, besteht in der Toskana kein Mangel an Burgen. Aber das **Castello di Brolio**, südlich von Gaiole in

ESSEN IN GAIOLE IN CHIANTI

Lo Sfizio
Familiengeführtes Restaurant, das die Einfachheit zelebriert – etwa mit großartiger Pizza zur Stärkung vor einer langen Radstrecke. **€**

Taverna Le Cose Buone
Der Name dieser traditionellen Trattoria, die klassische toskanische Köstlichkeiten zubereitet, könnte nicht passender sein: „Die guten Dinge". **€€**

La Gorgia Vino & Cucina
Traditionelle Geschmacksnoten werden kreativ kombiniert, um exquisite, saisonale Gerichte zu kreieren, die immer mit einem Lächeln serviert werden. **€€**

Chianti, ist eine besondere Erwähnung wert – denn hier wurde die Herstellung des Chianti Classico begründet.

Das neugotische Bauwerk aus rotem Backstein geht auf eine 1835 durchgeführte Renovierung des Gebäudes zurück, das sich ab 1141 im Besitz der Familie Ricasoli befand und ursprünglich als Verteidigungsposten von Florenz an der Grenze zum sienesischen Territorium errichtet wurde. Hier entwickelte Baron Bettino Ricasoli (1809–80) nach jahrelangen Experimenten mit verschiedenen Rebsorten die Grundlage des heutigen Chianti. Bis zum Ende des 19. Jhs. wurden die Weine der Region ausschließlich aus Sangiovese-Trauben gekeltert. Baron Ricasoli begann, verschiedene Rebsorten zu mischen, bis er die perfekte Formel fand: 70 % Sangiovese, 20 % Canaiolo, 10 % Malvasia. Der „Vino di Brolio“ wurde 1867 auf der Weltausstellung in Paris mit der ersten Goldmedaille ausgezeichnet und setzte damit den Maßstab für die Chianti-Produktion, die ein Jahrhundert später streng reglementiert werden sollte.

Die Besichtigung des Schlosses (ab 30 €; Anmeldung nötig) umfasst einen Besuch der Cappella di San Jacopo, in der die Mitglieder der Familie Ricasoli bestattet sind, das kleine Waffenmuseum und eine Verkostung der Produktion von Ricasoli.

ANTINORI NEL CHIANTI CLASSICO

Eines der bekanntesten **Weingüter** in der Region Chianti ist das futuristische Antinori nel Chianti Classico, 6 km südlich von San Casciano. Die Familie Antinori ist seit über 600 Jahren im Weinbau tätig, seit Giovanni di Piero Antinori im Jahr 1385 der Arte Fiorentina dei Vinattieri (Florentiner Winzerzunft) beitrat. Das sieht man der hochmodernen Architektur des 2012 von Archea Associati entwickelten Firmensitzes jedoch nicht an. Das aus der Ferne fast unsichtbare Gebäude taucht aus zwei horizontalen Schnitten in den Weinbergen auf und liegt zudem teilweise unter der Erde, damit der Wein das ganze Jahr über bei natürlich konstanten Temperaturen ruhen kann.

Mittelalterliches San Gimignano

ENTDECKUNGSREISE DURCH DAS MANHATTAN DES MITTELALTERS

Mit ihrer tausendjährigen Geschichte ist die UNESCO-Welterbestadt San Gimignano ein eindrucksvolles Zeugnis mittelalterlichen Lebens. Sie ist so gut erhalten, dass sie zugleich ein idealer Magnet für den Massentourismus sowie ein leichtes Opfer für die Klischees von Reiseschriftsteller:innen ist. Dennoch beweist San Gimignano allen, die sonst eher wenig Sinn für den Reiz mittelalterlicher Städte auf Hügeln haben, dass das Erlebnis die Erwartungen weit übertreffen kann.

Zwei konzentrische Ringe von Befestigungsmauern, die aus dem 10. und 13. Jh. stammen, umschließen den Stadtkern, der aus alten herrschaftlichen Palästen, romanischen Kirchen und bis zu 54 m hohen *case-torri* (Turmhäusern) besteht. Der Rundgang durch die mittelalterliche Stadt beginnt mit dem Eintreten durch die **Porta San Giovanni**, die 1262 fertiggestellt wurde, und führt vorbei an den Kunsthandwerkläden in der **Via San Giovanni** zur dreieckigen **Piazza della Cisterna**, benannt nach der Zisterne, die im 13. Jh. in ihrer Mitte gefunden wurde. Von hier aus kann man zwei Zwillingstürme bewundern, die über die Dächer ragen, die **Torri dei Salvucci** und die **Torri degli Ardinghelli**, deren Namen von den konkurrierenden

ÜBERNACHTEN (IN SCHLÖSSERN) IN DER REGION CHIANTI

Castello di Cafaggio
Traumhaftes Anwesen in der Nähe von Florenz – mit individuell eingerichteten Zimmern, einem Pool und einer beneidenswert schönen Umgebung. **€€**

Castello di Gabbiano
Verträumte Festung mit vier runden Türmen nördlich von Greve. Die Atmosphäre und die Weine des Anwesens machen den Aufenthalt zu einem unvergesslichen Erlebnis. **€€€**

COMO Castello Del Nero
Das Schloss aus dem 12. Jh., das in ein Luxushotel umgewandelt wurde, verfügt über 300 Hektar von Weinbergen bedeckte Hügel und ein Spa. **€€€**

CANADASTOCK/SHUTTERSTOCK ©

Piazza della Cisterna, San Gimignano

Guelfen und Ghibellinen stammen. Diese bauten die Türme bis zu einer Höhe von 52 Metern, wurden aber später für ihre Hybris bestraft und gezwungen, sie zu stutzen. Ganz in der Nähe befindet sich die **Chiesa di San Lorenzo in Ponte**, eine Kirche aus dem 13. Jh., in der die *Madonna col Bambino in Gloria* als Fresko zu sehen ist.

Im 13. Jh. – dem goldenen Zeitalter der Stadt – wies die Skyline von San Gimignano 72 Türme auf, die von einflussreichen Familien aus Politik, Handel und Bankgewerbe errichtet wurden. Nur 14 dieser Türme sind bis heute erhalten geblieben, der höchste ist die **Torre Grossa**, die auf der **Piazza del Duomo**, dem Hauptplatz der Stadt, steht. Unterhalb der Torre Grossa befindet sich der **Palazzo Comunale**, der Stadtpalast, den Dante 1299 als Botschafter der Guelfen besuchte und der heute einige der wertvollsten mittelalterlichen Kunstwerke der Stadt beherbergt. Hier kann man den Freskenzyklus von Lippo Memmi und Azzo di Masetto bewundern.

SAN GIMIGNANO 1300

Zwar hat die Stadt über die Jahrhunderte viel von ihrem mittelalterlichen Charakter bewahrt, aber es wäre falsch zu behaupten, dass sich nichts verändert hat. Wie San Gimignano in seinem goldenen Zeitalter aussah, kann man im Museum San Gimignano 1300 erfahren. Es zeigt eine handgefertigte keramische Nachbildung der Stadt im Maßstab 1:100 aus dem 14. Jh., anhand derer man sich vorstellen kann, was die Reisenden auf der Via Francigena erblickten, als sie San Gimignano nach wochenlanger Tour erreichten.

Drei Tage auf Pilgertour

IN LANGSAMEM TEMPO DURCH DIE ZENTRALE TOSKANA

Eine großartige Möglichkeit, die Umgebung von San Gimignano zu erkunden, ist eine Wanderung auf einem Abschnitt der **Via Francigena**, dem alten Pilgerweg, der von Canterbury nach Rom und schließlich nach Jerusalem führt. Eine ideale

ESSEN IN SAN GIMIGNANO

Gelateria Dondoli
Dondoli ist auch ein Grund, warum so viele nach San Gimignano strömen. Wenn du die einzigartige Crema di Santa Fina probiert hast, weißt du warum. **€**

Echoes Bruschetteria
Wie der Name schon sagt, hat sich Echoes auf *bruschette* spezialisiert, die groß, lecker und reichlich mit den verschiedensten Toppings belegt sind. **€€**

Perucà
Gewölbte Decken, Ziegel, Möbel aus dunklem Holz ... Das Perucà, das sich an alte toskanische Rezepte hält, ist eine sichere Bank. **€€**

VIA FRANCIGENA MIT DEM RAD

Der größte Teil der Via Francigena kann mit dem Mountainbike befahren werden; einige Abschnitte sind jedoch aufgrund von Bodenunebenheiten und steilen Anstiegen unter Umständen schwierig, besonders wenn du mit schwerem Gepäck unterwegs bist. Die blauweißen Markierungen zeigen alternative Routen zum Radfahren an. Karten und GPS-Tracks gibt es unter *viafranci gena.bike*.

STEVANZZ/SHUTTERSTOCK ©

Festung auf dem Gipfel, Monteriggioni

dreitägige Route durch die Zentraltoskana beginnt in San Miniato, das mit dem Zug von Florenz oder Pisa aus leicht zu erreichen ist, und führt etwa sechs Stunden später zu einem ersten Halt in **Gambassi Terme**, vorbei an der Kirche **Pieve di Santa Maria Assunta a Chianni**.

Nach einer Erholungspause in den **Terme di Gambassi** *(ter medigambassi.com)* führt eine leichte dreistündige Wanderung durch Weinberge und Olivenhaine zum hoch gelegenen San Gimignano. Von hier aus beginnt einer der malerischsten Abschnitte der Via Francigena: Die 31 km lange Strecke nach **Monteriggioni** passiert die bezaubernde **Abbazia di Santa Maria Assunta a Conèo** und die **Chiesa di San Martino**, bevor sie die Tore der auf einem Hügel gelegenen Festung erreicht. Wer genug Zeit hat, kann den Weg bis nach Siena fortsetzen (oder gleich nach Rom, Bari oder bis ins Heilige Land...?).

Übrigens: Die beste Zeit zum Wandern auf der Via Francigena ist im späten Frühjahr, wenn die Sonne scheint und die Temperaturen noch erträglich sind. Übernachtungsmöglichkeiten entlang des Weges sind Gästehäuser, *agriturismi* (Unterkünfte auf Bauernhöfen), Campingplätze und Hotels, deren Preise bei etwa 30 € pro Nacht beginnen. Außerdem gibt es Pilgerherbergen, Kirchen und Gasthäuser, die gegen eine Spende Unterkunft bieten. Karten und ausführliche Streckenbeschreibungen siehe unter *regione.toscana.it/via-francigena* und *viefrancigene.org*.

ÜBERNACHTEN AN DER VIA FRANCIGENA

Le Finestre del Seminario
Eine beliebte Adresse an der Via Francigena mit geräumigen Privatzimmern im Seminario Vescovile di San Miniato aus dem 17. Jh. **€**

Ostello Sigerico
Freundliches Hostel in Gambassi Terme neben einer Kirche; ideal, um sich nach einer langen Wanderung von San Miniato aus zu erholen. **€**

B&B Il Cipresso
Sehr kleines, familiengeführtes B&B, 3,5 km von der historischen Festung Monteriggioni entfernt. **€**

Pienzas utopische Architektur

EINBLICK IN DIE VISION VON PICCOLOMINI

Eingebettet in die mit Zypressen übersäte Landschaft des UNESCO-Weltnaturerbes Val d'Orcia ist Pienza kein gewöhnliches *borgo* (mittelalterliches Dorf) auf dem toskanischen Land. Im späten 15. Jh. nach der utopischen Vision von Enea Silvio Bartolomeo Piccolomini, einem Humanisten, der 1458 zu Papst Pius II. wurde, von Grund auf neu erbaut, sollte Pienza die „ideale Stadt" der Renaissance werden.

Die in nur drei Jahren zwischen 1459 und 1462 von Bernardo Rossellino fertiggestellten, fein gearbeiteten Travertinfassaden, ionischen Steinsäulen und opulenten Paläste, die das historische Herz von Pienza ausmachen, sind auf das kleine Gebiet rund um die **Piazza Pio II**. konzentriert, nur wenige Schritte vom Stadttor an der **Porta al Murello** entfernt. Die markante **Cattedrale dell'Assunta** mit ihrem schlanken weißen Glockenturm dominiert den Platz. Ein Blick nach oben zeigt das in das Tympanon eingelassene Wappen der Familie Piccolomini, ein Blick nach unten das Raster aus Travertinstreifen auf dem Platz – zweimal im Jahr füllt der Schatten der Kirche die neun Rechtecke des Platzes exakt aus und markiert so die Frühlings- und Herbst-Tagundnachtgleiche. Das erhabene Innere beherbergt einen Teil der Kunstsammlung von Piccolomini, darunter Werke von Sieneser Größen wie Il Vecchietta und Giovanni di Paolo. Weitere Kunstwerke befinden sich in den elf Sälen des **Museo Diocesano**, das im Palazzo Borgia (oder Palazzo Vescovile) untergebracht ist, jenem Palast, den Papst Pius II. dem Kardinal Borgia schenkte und der heute eine Sammlung von sienesischen Gemälden aus dem 14. Jh. sowie wertvolle Wandteppiche, Goldschmiedearbeiten und sakrale Gewänder aus dem Mittelalter enthält. Gegenüber der Kathedrale befindet sich der **Palazzo Piccolomini**, die frühere Residenz des Papstes, in dem sich ein eleganter italienischer Garten verbirgt, von dem aus man einen wunderschönen Blick auf den Monte Amiata hat.

Traumhafte Landschaftsfotografie

MALERISCHE STRASSEN UND ZYPRESSENBESTANDENE HÜGEL

Je nachdem, wann man das **Val d'Orcia** besucht, wird man ganz unterschiedliche Landschaften vorfinden. Die leuchtend grünen Hügel färben sich golden, wenn sich der Frühling zurückzieht, um dem heißen Sommer Platz zu machen; die Farben werden mit dem Herbst wärmer, und an manchen Wintertagen ist das Val d'Orcia sogar mit Schnee bedeckt – ein überwältigendes Erlebnis.

VERKOSTUNG DES BERÜHMTEN PECORINO VON PIENZA

Der *pecorino* aus Pienza, der mindestens 90 Tage in Eichenfässern reift, in denen zuvor Wein gelagert wurde, muss unbedingt probiert werden, vor allem nach einer langen Tour auf den kurvenreichen Straßen des Val d'Orcia. Das aus Schafsmilch hergestellte Erzeugnis, Pienzas ganzer Stolz, gibt es in vielen Varianten und wird am besten mit einer Portion *pici* genossen – den ausschließlich handgerollten Nudeln, die (zumindest von den Einheimischen) als Vorläufer der Spaghetti angesehen werden. *Pici* und *pecorino* bekommt man in den meisten Restaurants der Stadt, aber der Genuss des im Barrique gereiften Käses wird am besten zelebriert auf der Fiera del Cacio – dem Käsefest von Pienza, das Anfang September stattfindet. Während dieser Veranstaltung versammelt sich die ganze Stadt auf der Piazza Pio II, um die historischen Bezirke beim Palio del Cacio Fuso anzufeuern, einem Spiel, bei dem die Teilnehmenden Käseräder um eine in der Mitte des Platzes platzierte Holzspindel rollen.

ESSEN IN PIENZA

La Taverna del Pecorino
Um alle Sorten des *pecorino* von Pienza zu probieren, sollte man in diesem kleinen Lokal eine reichhaltige und schmackhafte Platte bestellen. **€€**

Marusco e Maria
Die verschiedenen Käsesorten von Pienza werden in der reich bestückten Vinothek mit Weinen aus der Region serviert. **€€**

Trattoria Latte di Luna
In romantischer Atmosphäre im Herzen des historischen Zentrums kann man hier die authentische Küche des Val d'Orcia probieren. **€€**

Auch wenn Frühling und Frühsommer meist die bevorzugten Jahreszeiten sind, eignet sich jede Jahreszeit für eine Tour durch die legendären Landschaften der Region, vor allem, wenn man auf schöne Erinnerungsfotos aus ist. Um das beste Licht einzufangen, empfiehlt es sich, früh aufzustehen und sich auf eine der meistfotografierten Straßen der Toskana zu begeben, welche man auf dem Weg nach **Monticchiello** passiert, einem der besterhaltenen mittelalterlichen Dörfer des Val d'Orcia. In der Nähe von Pienza, unweit der antiken **Pieve di Corsignano**, liegen auch die Weizenfelder, durch die Russell Crowe in den Schlussszenen des Films *Gladiator* geht.

Unterwegs zum reizvollen San Quirico d'Orcia, lohnt sich ein Abstecher zur malerischen **Cappella della Madonna di Vitaleta**, einer winzigen, von Zypressen umgebenen Kapelle, die für Hochzeitsfotos sehr beliebt ist. Wer noch mehr Zypressen fotografieren möchte, fährt etwa 5 km hinter San Quirico d'Orcia auf der Straße SR2 weiter und stößt bald auf die wahrscheinlich meistfotografierte Baumgruppe Italiens. Die als **Cipressi di San Quirico d'Orcia** bekannten Bäume wurden so gepflanzt, dass sie in der Mitte eines abgelegenen Hügels einen geordneten Kreis bilden, woraus sich eine visuell beeindruckende Komposition aus Formen und Schatten ergibt. Wenn die goldene Stunde schlägt, sollte man an der Straße (die treffend Zypressenallee genannt wird) parken, die zum **Agriturismo Poggio Covili** führt, um die perfekte Perspektive auf die doppelte Reihe von kegelförmigen Bäumen einzufangen.

EDLER WEIN AUS MONTEPULCIANO

Montepulciano liegt auf 600 m Höhe und bietet eine beeindruckende Ansammlung von Renaissance-Architektur. Das Highlight des Orts ist allerdings nicht aus Stein gemacht – denn die Stadt ist vor allem für ihren **Vino Nobile** bekannt, dessen Produktion bereits auf das Jahr 789 zurückgeht. Der „edle Wein" aus Montepulciano wird hauptsächlich aus Sangiovese-Trauben hergestellt und reift mindestens zwei Jahre lang (davon mindestens ein Jahr in Holzfässern).

Die **Cantina Ercolani** ist ein hervorragender Platz, um die Weinkultur Montepulcianos kennenzulernen – sie verfügt außerdem über ein Museum der „Unterirdischen Stadt", in dem antike, mit Fässern gefüllte Weinkeller unter den historischen Stadtpalästen präsentiert werden. Außerhalb der Stadtmauern bietet das Weingut **Avignonesi** ein ausgezeichnetes Weinproben-Erlebnis.

Montalcino & der Brunello

VERKOSTUNG VON SPITZENWEINEN

Eine Festung aus dem Jahr 1361 taucht aus der Ferne auf, wenn man den Hügel zum historischen Zentrum von Montalcino hinaufsteigt. Die Verteidigungsanlage mit ihren eckigen Türmen, die das Wappen der Medici – den berühmten Schild mit sechs Kugeln – trägt, ist eine der imposantesten in der zentralen Toskana. Die meisten Reisenden kommen jedoch nicht wegen der mittelalterlichen Architektur in die kleine Stadt mit 5000 Einwohnern. Montalcino ist wielmehr für seinen Brunello bekannt, einen der begehrtesten Weine der Welt, dessen seltenste Jahrgänge für Tausende von Euro gehandelt werden.

Im Vergleich zu anderen italienischen Weinen ist die Geschichte des **Brunello di Montalcino** relativ jung, wie man bei einem Besuch des neu eröffneten interaktiven Museums **Tempio del Brunello** im Komplex Sant'Agostino im Herzen der Stadt erfahren kann. Der Ruhm dieses Weins ist vor allem der Familie Biondi Santi zu verdanken, die Ende des 19. Jhs. begann, die Weinproduktion zu diversifizieren, indem sie mit verschiedenen

ESSEN RUND UM DAS VAL D'ORCIA

Dopolavoro La Foce
Auf der einladenden Terrasse des Dopolavoro La Foce, einem Gourmet-Lokal, hat man die Qual der Wahl. **€€**

Osteria di Porta al Cassero
Dieses familiengeführte Restaurant in Montalcino bewahrt seine Tradition und serviert Klassiker des Val d'Orcia. **€€**

Trattoria Toscana al Vecchio Forno
Gemütliche Küche in freundlich-grünem, raffinierten Rahmen in San Quirico d'Orcia. **€€**

PETER ZELEI IMAGES/GETTY IMAGES ©

Cappella della Madonna di Vitaleta

JAZZ & WEIN

Jedes Jahr Mitte Juli verwandelt sich die Festung von Montalcino in eine Konzertbühne unter freiem Himmel. Das Jazz & Wine Festival *(jazzandwinemontalcino.it)* ist eine mit Spannung erwartete einwöchige Musikveranstaltung, bei der die berauschenden Klänge italienischer und internationaler Jazz-Acts zusammen mit einigen der besten Weine Italiens genossen werden.

Reifungsprozessen und ausgewählten Trauben experimentierte. Heute ist die Produktion des Brunello streng reglementiert: Es dürfen nur lokale Sangiovese-Trauben verwendet werden, und der Wein, der erst fünf Jahre nach der Ernte auf den Markt kommen darf, muss mindestens zwei Jahre in Eichenholz reifen.

Sowohl innerhalb als auch außerhalb der Festung gibt es zahlreiche Verkostungsmöglichkeiten. In der Burg von Montalcino befindet sich die **Enoteca la Fortezza di Montalcino**, ein großartiger Ort, um die Brunello-Reise zu beginnen und alles über die lokalen Weinsorten zu erfahren. In den Weinbergen rund um die Stadt gibt es Dutzende von Weingütern, von kleinen Familienbetrieben bis hin zu etablierten Marken von Weltruf. Im kleinen **NostraVita** wird großartiger Wein in begrenzten Mengen produziert und von wechselnden Kunstausstellungen flankiert. Außerdem kann man die historische Weinkellerei **Ciacci Piccolomini D'Aragona** besuchen, die in ihrem Schloss in Castelnuovo dell'Abate seit dem 17. Jh. einen außergewöhnlichen Wein herstellt. Wer seine Weingelüste noch weiter ausleben will, sollte an einer vertikalen Verkostung von sechs Brunello di Montalcino-Jahrgängen im **Casato Prime Donne** teilnehmen, dem ersten ausschließlich von Frauen geführten italienischen Weingut, das von der lokalen Unternehmerin Donatella Cinelli Colombini gegründet wurde.

UNTERWEGS VOR ORT

Mit dem Auto lässt sich die hügelige Region um Siena gut erkunden, vor allem, wenn man unterwegs die vielen Möglichkeiten für Landschaftsfotos im Val d'Orcia nutzen möchte. Züge fahren häufig nach Florenz (über die Region Chianti und nach Buonconvento) während Busse die Stadt mit den kleineren Ortschaften verbinden. Wer die Region auf aktivere Weise erkunden möchte, kann sich in Siena ein Fahrrad mieten und durch die Landschaft radeln. Es gibt mehrere Radwege, die durch die Hügel und Täler rund um das Stadtzentrum führen.

PISA

Die Anziehungskraft des Schiefen Turms (*Torre Pendente*) ist so stark, dass Durchreisende Pisa oft nur auf seinen weltberühmten architektonischen Fehler reduzieren und die Stadt nach einem kurzen Halt am Fuße des Wahrzeichens hinter sich lassen. Es lässt sich nicht leugnen, dass die von der UNESCO gelistete Piazza dei Miracoli eine Sehenswürdigkeit ist, aber abgesehen von den Wunderwerken aus Marmor, die nach wie vor zur Herstellung von Souvenirs von zweifelhaftem Geschmack inspirieren, ist Pisa vor allem ein Ort, an dem Ideen ausgetauscht werden und Kultur entsteht. Obwohl während des Zweiten Weltkriegs bis zu 50 % der Stadt bombardiert und zerstört wurden, sind die Spuren von Pisas bedeutendem Beitrag zum Kunst- und Wissenschaftserbe der Toskana immer noch sichtbar und lohnen eine Erkundung. Einst war Pisa eine Seemacht, die sich immens bereicherte und Einfluss auf die Handelsrouten über das Mittelmeer hatte. Heute ist Pisa ein angesehenes Forschungszentrum, das viele Studierende an seine Universitäten lockt, wie die lebendige Atmosphäre im Zentrum zeigt.

TOP TIPP

Um die Stadt und ihre wichtigsten Monumente aus der Vogelperspektive zu sehen, kann man auf die 11 m hohen Stadtmauern klettern, die zwischen 1154 und 1161 erbaut wurden. Von der Torre Nuova an der Piazza dei Miracoli bis zur Torre di Legno in der Nähe des Lungarno erstreckt sich der Fußweg Mura di Pisa (Eintritt 5 €) über etwa 3 km.

STABILE SCHIEFLAGE

Nach seiner Fertigstellung im Jahr 1370 neigte sich der berühmte **Glockenturm** von Pisa über sechs Jahrhunderte lang zwar langsam, aber stetig. Erst in den 1990er-Jahren fanden Ingenieur:innen eine Lösung zur Stabilisierung des Fundaments durch eine Technik, die man als „kontrollierte Untergrabung" beschreiben könnte und bei der geringe Mengen Erde unter der Nordseite des Bauwerks abgetragen wurden. Im Laufe der letzten drei Jahrzehnte hat sich der Turm um bis zu 4 cm aufgerichtet und ist jetzt „nur" noch um 3,97 Grad geneigt. Er gilt derzeit als so stabil wie nie zuvor.

Piazza der Wunder

DER SCHIEFE TURM UND SEINE UMGEBUNG

Entlang einer der ältesten **Stadtmauern** Italiens erstrecken sich ein grüner Rasenteppich und einer der berühmtesten Plätze der Toskana, die spektakuläre **Piazza dei Miracoli**. Die meisten besuchen dieses monumentale Freilichtmuseum (Eintritt 27 €), um das bekannteste architektonische Missgeschick der Welt zu sehen, aber es lohnt sich, länger als nur für das übliche Selfie mit Turm zu bleiben, um die Meisterwerke dieses UNESCO-Weltkulturerbes aus weißem Marmor zu entdecken.

Die romanische **Cattedrale di Santa Maria Assunta** (Duomo) bildet das Herzstück des Platzes. Mit ihrem Bau wurde 1063 begonnen, nachdem das pisanische Heer mit sechs Schiffen voller Güter siegreich aus Sizilien zurückgekehrt war. Der 56 m hohe **Schiefe Turm** wurde 1173 als Ergänzung der Kathedrale entworfen, doch nach fünf Jahren Bauzeit (und vier Stockwerken) stellten die Architekten fest, dass sich der Turm nach Norden neigte, und brachen das Projekt ab. Es dauerte zwei Jahrhunderte, um herauszufinden, wie man den weichen Boden unter dem Fundament in den Griff bekommen und das 14,5 t schwere Bauwerk fertigstellen konnte; die Versuche führten aber dazu, dass sich der Turm nach Süden neigte. Heute kann man die 251 Stufen zwischen Säulen und Bögen zur achten Etage hinaufsteigen, um den Panoramablick zu genießen.

Von dort bietet sich auch ein Blick auf das runde, gotisch-romanische **Battistero di San Giovanni**, das größte Baptisterium der Welt, mit raffinierter Marmorkanzel. Beim Eintritt

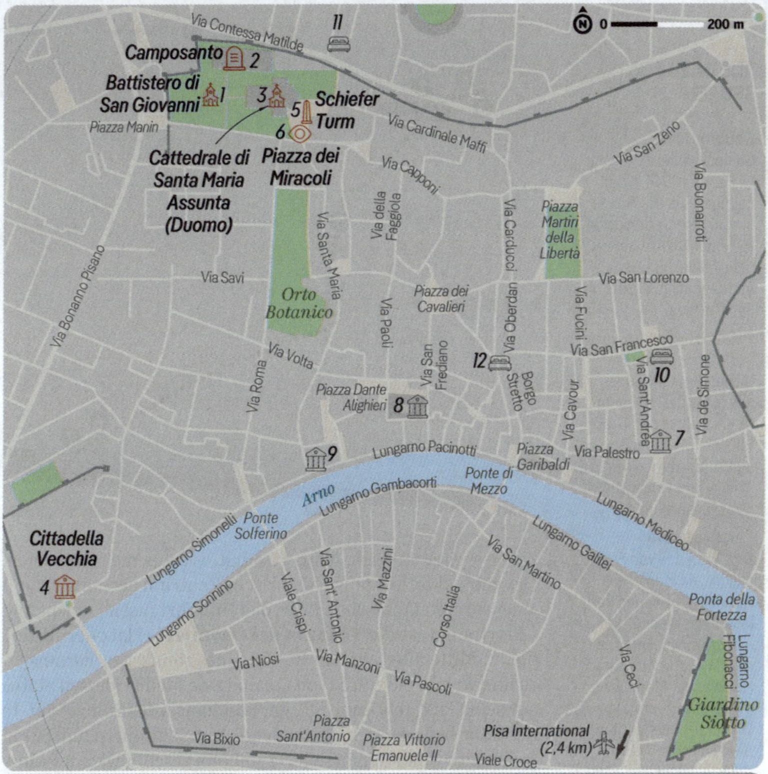

HIGHLIGHTS
1 Battistero di San Ciovanni
2 Camposanto
3 Cattedrale di Santa Maria Assunta
4 Stadtmauern
5 Schiefer Turm
6 Piazza dei Miracoli

SEHENSWERTES
7 Galileos Haus
8 Palazzo della Sapienza
9 Palazzo Reale

SCHLAFEN
10 B&B Camilla
11 Hostel Pisa Tower
12 Rinascimento B&B

kann man die akustischen Effekte der Doppelkuppel erleben (Vorführungen alle 30 Min.), dann geht es zum monumentalen **Camposanto**, dem wichtigsten Friedhof Pisas, mit Fresken von Buonamico Buffalmacco, Taddeo Gaddi und Benozzo Gozzoli.

Stadtspaziergang: Abseits des Turms

EIN SPAZIERGANG ABSEITS AUSGETRETENER PFADE

Es ist ein weit verbreiteter Fehler, nur einen kurzen Halt unter dem Schiefen Turm einzulegen und dann gleich zu anderen

ÜBERNACHTEN IN PISA

Hostel Pisa Tower
Günstige Unterkunft nah am Turm. Saubere Schlafsäle; Vorhängeschloss mitbringen. **€**

B&B Camilla
Wenige Minuten vom Borgo Stretto; in dem hübschen B & B wird auf Details geachtet. **€€**

Rinascimento B&B
Modernes Ambiente versteckt in einem mittelalterlichen Turmhaus. **€€€**

AUF GALILEOS SPUREN

Galileos Haus
Galileo Galilei wurde am 15. Februar 1564 in der heutigen Via Giusti geboren. Eine Gedenktafel zu seiner Geburt befindet sich an der Casa Ammannati im Viertel Sant'Andrea.

Palazzo della Sapienza
In diesem eleganten Universitätsgebäude lehrte Galilei Mathematik und führte den Großteil der Forschungen durch, aus denen seine Abhandlung *Sidereus Nuncius* hervorging.

Palazzo Reale
Den Turm des von Francesco I. de'Medici in Auftrag gegebenen Palastes aus dem 16. Jh. – heute ein Museum, in dem Wandteppiche und Mobiliar der Medici ausgestellt sind – nutzte Galilei zur Beobachtung des Nachthimmels mit dem Teleskop.

MUSEO GALILEO

Mehr über Leben und Werk von Galileo Galilei gibt es im Museo Galileo (S. 414) in Florenz zu sehen.

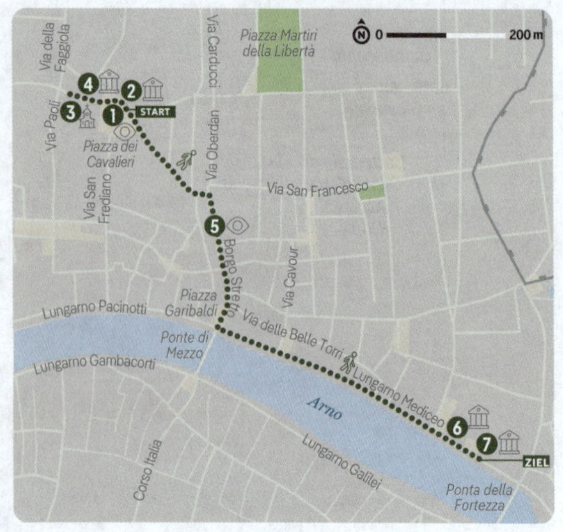

Zielen weiterzureisen, denn Pisa hat weitaus mehr zu bieten. Das kompakte, lebendige historische Zentrum beeindruckt mit einem architektonischen Erbe, das ein Jahrtausend umspannt.

Startpunkt ist die 1 **Piazza dei Cavalieri** (Platz der Ritter), die im Mittelalter auf den Resten eines römischen Forums errichtet wurde. Sie wurde von Cosimo I. de'Medici (dessen Statue auf dem Platz steht) zum Sitz des Stephansordens umgebaut. In der Nähe befindet sich der opulente, mit Skulpturen und Sgraffitobildern voller Renaissance-Symbolik geschmückte 2 **Palazzo della Carovana** von Giorgio Vasari. Wenige Schritte weiter liegendie 900 Jahre alte 3 **Chiesa di San Sisto**, ein klassisches Beispiel pisanischer Romanik mit sandfarbenem, kahlem Äußeren und islamischen Majoliken, sowie der ebenfalls nach Vasaris Entwurf errichtete 4 **Palazzo dell'Orologio** aus dem 17. Jh.

In südlicher Richtung geht es durch den hübschen 5 **Borgo Stretto** zum romantischen Lungarno Mediceo, der sich entlang des Arno erstreckt. In wenigen Minuten erreicht man den mit Kunstwerken angefüllten 6 **Palazzo Medici** (Eintritt 5 €), einem zum Palast umgebauten *casa-torre* (Turmhaus) aus dem 11. Jh., das 1441 von den Medici erworben wurde und Berühmtheiten wie Lorenzo den Prächtigen oder Karl VIII. von Frankreich beherbergte. In der Nähe ist das 7 **Museo di San Matteo**, Pisas wichtigste Kunstinstitution mit Werken aus Mittelalter und Frührenaissance, darunter Gemälde von Taddeo Gaddi, Ghirlandaio, Masaccio und Fra' Angelico.

UNTERWEGS VOR ORT

Der Flughafen Galileo Galilei wird von Billig-Airlines angeflogen. Der PisaMover bringt einen in wenigen Minuten ins Zentrum. Vom Hauptbahnhof in Pisa fahren etwa drei Regionalzüge pro Stunde nach Florenz und ein Zug nach Lucca. Wer per Zug aus Florenz kommt, sollte bei Pisa San Rossore (nicht Pisa Centrale) aussteigen, um die Piazza dei Miracoli zu Fuß zu erreichen.

Rund um Pisa

Meer, Berge, zeitgenössische Kunst und Spitzengastronomie – in der Umgebung von Pisa werden Natur und Kultur eins, und wer langsam reist, wird mit einem Erlebnis ohne Warteschlangen belohnt.

Das Gebiet um die Mündung des Arno ist für seine üppige Vegetation bekannt, die gleichermaßen als Ressource und Oase betrachtet wird. Im 16. Jh. errichteten die Medici ein großes Landgut an der Küste, das noch heute eine lebendige Tierwelt beherbergt und den Kern eines 230 km² großen Naturschutzgebiets bildet, das zu Fuß oder auf zwei Rädern erkundet werden kann. Aber nur wer die kleinen, über die Provinz verstreuten Bergstädtchen ansteuert, gelangt zu einer perfekt ausgewogenen Kombination aus idyllischen Landschaften, antiker Geschichte, unvergesslichen Geschmackserlebnissen und erstaunlicher – historischer wie zeitgenössischer – Kunst. Egal, wofür du dich entscheidest, sei bereit, dich überraschen zu lassen.

TOP TIPP

Züge nach San Miniato, Lucca und Viareggio fahren am Hauptbahnhof von Pisa ab. Um die Städte zu verlassen und das Umland zu erkunden, braucht man allerdings ein Auto.

Volterra (S. 472)

KIRK FISHER/SHUTTERSTOCK ©

Das weiße Gold der Toskana

AUF DER SUCHE NACH TRÜFFELN

Genau zwischen Pisa und Florenz liegt die mittelalterliche Bergstadt **San Miniato** – ein Ort der kulinarischen Genüsse, dessen Wahrzeichen die **Torre Federico II** ist, die schon bei der Anreise mit dem Zug oder dem Auto ins Auge fällt. San Miniato ist vor allem wegen der wertvollen weißen Trüffel (*tuber magnatum pico*) ein beliebtes Reiseziel, insbesonere von September bis Dezember, aber auch in den übrigen Monaten des Jahres gibt es hier eine Menge interessanter Leckereien.

Weiße Trüffel wachsen zwar im Herbst, aber an den kalkhaltigen Hängen rund um San Miniato gibt es das ganze Jahr über verschiedene Sorten der kostbaren Knolle. Nur erfahrene, zertifizierte *tartufai* (Trüffelsucher:innen) dürfen mit ihren Hunden die Wälder nach Trüffeln absuchen, die gewöhnlich in der Nähe von Eichen, Pappeln und Haselsträuchern zu finden sind. Die größte jemals dokumentierte Trüffel – eine 2,5 kg schwere Knolle, die der amerikanische Präsidenten Dwight D. Eisenhower als Geschenk erhielt – wurde 1954 in San Miniato gefunden, wie die Statue des Tartufaio Arturo Gallerini mit seinem Hund Parigi in der Viale XXIV Maggio bezeugt.

An den letzten drei Wochenenden im November findet im hübschen San Miniato die **Mostra Mercato Nazionale del Tartufo Bianco** statt, eine allseits beliebte Veranstaltung, bei der frisch gesammelte Trüffel aller Arten und Größen gekocht, beschnuppert, gekostet oder an Gäste, Kaufleute, Gastronom:innen und Fans versteigert werden. Und wer will, kann auch eine Trüffelsuche mit einem der örtlichen *tartufai* buchen, bei der man ausgebildeten Hunden und ihren Besitzer:innen bei der Suche nach den Schätzen der Natur durch die Wälder folgen kann. Während der Trüffelsaison bieten **Truffle in Tuscany**, das von dem langjährigen Trüffelsucher Massimo Cucchiara geleitet wird, und der biodynamische Bauernhof **Barbialla Nuova** (*barbialla.it*) im nahe gelegenen Montaione regelmäßig Führungen mit anschließender Verkostung an.

DIE BESTEN RESTAURANTS IN SAN MINIATO

Pepenero
Chefkoch Gilberto Rossi leitet dieses bekannte Restaurant in San Miniato, das zu den schönen Ausblicken auf das Tal saisonale Gerichte serviert. €€

Piccola Osteria del Tartufo
Hier kann es gar nicht zu viel Trüffel geben, schließlich verfeinert die schmackhafte Knolle nahezu alles. €€

Le Colombaie
Ein typisch toskanisches Restaurant, in dem jedes traditionelle Gericht auf der Speisekarte mit sorgfältig ausgewählten, frischen Zutaten aus der Region hergestellt wird. €€

Papaveri e Papere
Ein kreatives, saisonal geprägtes Fine-Dining-Erlebnis, bei dem das Aroma der lokalen Produkte durch experimentelle Kochtechniken ergänzt wird. €€€

Volterra im Wandel der Zeiten

EIN BUMMEL DURCH DIE GESCHICHTE DER STADT

Etruskische, römische, mittelalterliche und Renaissance-Elemente bilden den Stadtkern des antiken **Volterra**, einer faszinierenden Stadt, deren frühe Entwicklung auf den Reichtum an Bodenschätzen in ihrer Umgebung zurückzuführen ist. Die Etrusker bauten im 5. Jh. v. Chr. Silber, Kupfer und Blei in den

ÜBERNACHTEN IN SAN MINIATO

Le Mammole
Hübsches, familiengeführtes B&B inmitten der Natur. €€

Agriturismo Marrucola
Diese idyllische Unterkunft besitzt einen Swimmingpool und bietet großzügige Portionen. €€

Relais Sassa al Sole
Luxuriöses Resort inmitten von Weinbergen, 6 km vom Stadtzentrum von San Miniato entfernt. €€€

nahe gelegenen **Colline Metallifere** ab, aber es war das in den Becken von Volterra gewonnene Salz (das in vorindustriellen Kulturen für die Konservierung von Lebensmitteln unerlässlich war), das die Stadt zu einer dominierenden Handelsmacht in der Region machte.

Ein chronologisch organisierter Rundgang durch die historischen Stätten von Volterra beginnt am Rande des Stadtzentrums. Die etruskischen Wurzeln von Volterra sind oberirdisch im **Parco Archeologico Enrico Fiumi** zu sehen, wo noch Überreste von zwei Tempeln aus dem 3. und 2. Jh. v. Chr. erhalten sind. Ein noch besserer Ort, um mehr über die Anfänge der Stadt zu erfahren, ist das **Museo Etrusco Mario Guarnacci**, eine der wichtigsten Sammlungen etruskischer Artefakte in Italien. Die archäologischen Funde – darunter die beeindruckende Sammlung von über 600 Urnen – sind im**Palazzo Desideri Tanbassi** auf drei Etagen verteilt. Ein Schritt vorwärts in der Zeit führt zum römischen Amphitheater, das vermutlich Ende des 1. Jhs. n. Chr. erbaut wurde. Das in den 1950er-Jahren von dem einheimischen Archäologen Enrico Fiumi wiederentdeckte Bauwerk bot einst Platz für fast 2000 Menschen. Von der **Mura del Mandorlo** eröffnet sich ein Panoramablick auf die Anlage.

Es fällt auf, dass das Stadtbild eindeutig mittelalterlich geprägt ist. Die **Piazza dei Priori** ist das Herz von Volterra und liegt im Schatten des imposanten Palazzo dei Priori, des ältesten Stadtpalastes der Toskana, der zwischen 1208 und 1254 erbaut wurde. Nur wenige Schritte weiter stößt man auf den allgegenwärtigen **Duomo**: Die 1120 erbaute Hauptkirche von Volterra macht von außen vielleicht nicht viel her, aber in ihrem Inneren verbergen sich 15 Kapellen, die mit Fresken und Werken von Künstlern wie Giovanni della Robbia, Benozzo Gozzoli und Pieter de Witte ausgeschmückt sind. Die Skyline wird von der **Fortezza Medicea** dominiert, dem beeindruckendsten Überbleibsel der Renaissance. Sie besteht aus zwei Teilen: der Rocca Vecchia von 1343 und der Rocca Nuova, die 1475 fertiggestellt wurde. Letztere wurde auf Befehl von Lorenzo dem Prächtigen erbaut, nachdem Volterra unter florentinische Herrschaft gefallen war, und wird seitdem als Gefängnis genutzt. Leider ist die Festung nicht für die Öffentlichkeit zugänglich.

MEISTER DES ALABASTERS

Neben den archäologischen Wundern ist Volterra auch für das kunsthandwerkliche Erbe bekannt. Seit der Zeit der Etrusker hat die Alabasterschnitzerei den Charakter der Stadt entscheidend geprägt und tut dies auch heute noch, wie das **Ecomuseo dell'Alabastro** zeigt. Zahlreiche Werkstätten im Zentrum halten die Tradition lebendig und machen Volterra zu einem idealen Ziel für alle, die auf der Suche nach ausgefallenem Kunsthandwerk sind. Einzigartige Kunstwerke sind bei Alab'Arte und Romano Bianchi zu finden, und wer nach außergewöhnlichen Musikinstrumenten sucht, wird bei Alabastri Pecchioni fündig.

Alabasterschnitzerei, Volterra

UNTERWEGS VOR ORT

Mit einem Mietwagen ab dem Flughafen Pisa kann man nicht nur die berühmtesten Sehenswürdigkeiten der nordwestlichen Toskana besichtigen, sondern auch viele weniger bekannte Ecken dieser Region – von Küstenstädten bis hin zu Bergdörfern. San Miniato, Pontedera und Florenz sind durch eine direkte Bahnlinie miteinander verbunden und von der Stazione Centrale in Pisa aus leicht zu erreichen.

LUCCA

Als eine der toskanischen Städte, die ihren historischen Charakter bewahrt hat, ist das bezaubernde Lucca ein Erlebnis, das sich Stück für Stück erschließt. Hinter monumentalen Mauern aus der Renaissance verbirgt sich eine Stadt mit römischen Wurzeln und aristokratischem Charakter, mit herrschaftlichen Plätzen, prächtigen Villen und Marmorkirchen entlang kopfsteingepflasterter Gassen.

Lucca, das während des größten Teils des vergangenen Jahrtausends von mächtigen Handels- und Bankiersfamilien regiert wurde, erlebte seine Blütezeit zwischen dem 11. und 14. Jh., als der Seidenhandel und die privilegierte Lage an der Via Francigena großen Reichtum bescherten. Dies führte zum Bau von Turmhäusern und Festungsanlagen, die noch heute das Stadtbild prägen. Im Gegensatz zu anderen großen Städten der Toskana konnte Lucca seine Unabhängigkeit bis zur Wende zum 19. Jh. weitgehend bewahren und geriet nie unter florentinische Herrschaft. Heute stellt die Erkundung des Erbes dieses Stadtstaates eine Entdeckungsreise durch vergangene Epochen dar.

TOP TIPP

Lucca ist bekannt als die „Stadt der hundert Kirchen". Die Zahl stimmt nicht ganz, aber die vielen Kirchen innerhalb der historischen Stadtmauern erzählen die Geschichte jener Adelsfamilien, die für den Bau der jeweiligen Kirche und die darin befindlichen Kunstschätze sorgten.

Monumentale Mauern & mittelalterliche Türme

DIE STADT VON OBEN

Die 12 m hohen Mauern Luccas sind zugleich die grüne Lunge der Stadt und umgeben den Stadtkern mit Linden, Platanen, Eichen und anderen üppigen Pflanzen. Die **Mura di Lucca** gehören zu den besterhaltenen Festungsanlagen Europas. Sie sind seit ihrem Bau zwischen 1513 und 1650 unversehrt geblieben. Ein 4 km langer Weg, der die elf Bastionen verbindet, die zur Verteidigung der Stadt im Falle eines Angriffs errichtet wurden, bietet die Möglichkeit zu einer angenehmen *passeggiata* mit Panoramablick auf die mittelalterlichen Dächer und Türme der Stadt. Wer zu viel *tordelli lucchesi* (die lokale Pastaspezialität) oder Colline-Lucchesi-Wein genossen hat, kann die Kalorien am Samstagvormittag wieder abtrainieren, wenn der kostenlose 5 km lange Mura di Lucca Parkrun (*parkrun.it/mura dilucca*) stattfindet, der um 9 Uhr auf der Piazzale Vittorio Emanuele startet.

Für eine noch bessere Aussicht kann man die **Torre Guinigi** erklimmen, einen der letzten noch erhaltenen mittelalterlichen Türme der Stadt, der einst der mächtigsten Familie Luccas gehörte. 230 Stufen führen bis zur Spitze des 45 m hohen Backsteinturms, der von fünf jahrhundertealten Eichen gekrönt wird. Wer Lust auf eine 360-Grad-Aussicht hat, begibt sich zum höchsten Bauwerk der Stadt, dem 50 m hohen **Torre del'Ore**. Direkt unter dem Dach, das nach 207 Stufen zu erreichen ist, befindet sich eine Uhr aus dem Jahr 1390 (die 1754 restauriert wurde).

COMICS & GAMING IN LUCCA

Jedes Jahr im Oktober findet im historischen Zentrum das Festival **Lucca Comics & Games** statt (es ist das größte seiner Art in Europa). Cosplayer und Comic-Fans kommen aus dem ganzen Land hierher und besuchen eine Vielzahl von Ausstellungen, Veranstaltungen und Märkten. Das Programm gibt es unter *luccacomicsand games.com*.

HIGHLIGHTS
1 Mura di Lucca (Stadtmauer)
2 Torre del'Ore
3 Torre Guinigi

ESSEN
4 Buca di Sant'Antonio
5 Gli Orti di Via Elisa
6 Il Giglio
7 Nanda's

Mura di Lucca (Stadtmauern)
Torre del'Ore
Torre Guinigi
Porta Santa Maria
Piazza Santa Maria
Via della Cavallerizza
Via Santa Gemma Galgani
Via del Fosso
Viale Carlo del Prete
Passeggiata della Mura
Baluardo San Croce
Via delle Conce
Via Fillungo
Via degli Angeli
Piazza Anfiteatro
Piazza San Francesco
Via della Quarquonia
Via della Fratta
Via San Giorgio
Via degli Asili
Via Battisti
Via del Moro
Via Mordini
Piazza del Carmine
Porta San Donato
Piazza e San Donato
Via Santa Giustina
Via Galli Tassi
Via Caldería
Via Buia
Via Sant'Andrea
Via Guinigi
Via dell'Angelo Custode
Via San Nicolao
Via Santa Chiara
Via Paoli
Baluardo San Donato
Piazza e Verdi
Via di Poggio
Via Santa Lucia
Via San Paolino
Piazza San Michele
Via Roma
Porta San Gervasio
Via Elisa
Porta Sant'Anna
Piazza Bernardini
Via Santa Croce
Via San Micheletto
Piazzale Boccherini
Via Vittorio Emanuele II
Piazza XX Settembre
Via del Battistero
Via Vallisneri
Via della Rosa
Via del Giardino Botanico
Piazza Napoleone
Via Duomo
Piazza Antelminelli
Piazza del Giglio
Piazza San Martino
Baluardo San Regolo
Corso Garibaldi
Via Veneto
Baluardo San Colombano
Moat
Via F Carrara
Viale Giuseppe Giusti
Viale Giosue Carducci
Porta San Pietro
Baluardo Santa Maria
Piazza Risorgimento
Viale Regina Margherita
Piazza Ricasoli
(100 m)
0 200 m

Torre Guinigi

DIE BESTEN RESTAURANTS IN LUCCA

Nanda's
Ein beliebtes Bistro in der Nähe der Piazza Napoleone, das hervorragende vegane Burger, Sandwiches, Pasta und Kuchen im Angebot hat. €

Buca di Sant'Antonio
Dieses Lokal ist ebenso einladend wie traditionell – unbedingt die frische, handgemachte Pasta und ein Glas Wein der Colline Lucchesi genießen! €€

Gli Orti di Via Elisa
Saisonale Karte mit Gerichten aus regionalen Zutaten (einschließlich großartiger Gourmet-Pizzen) in einem gemütlichen Ambiente. €€

Il Giglio
Mit einem Michelin-Stern ausgezeichnetes Restaurant in einem eleganten Palast aus dem 18. Jh., das ein sechsgängiges vegetarisches Degustationsmenü anbietet. €€€

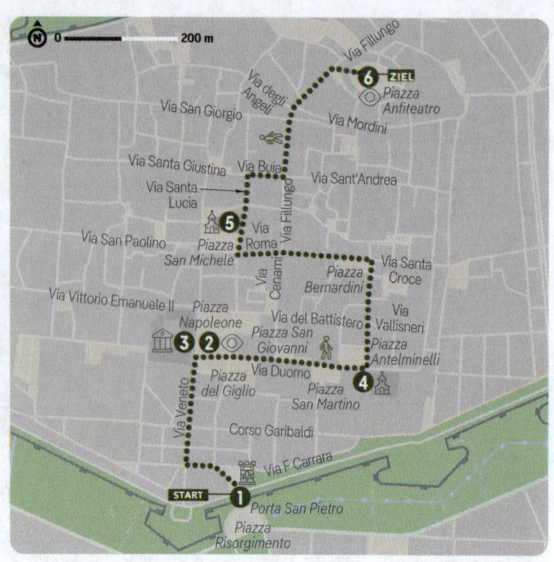

Stadtspaziergang: 2000 Jahre zurück

EINDRÜCKE SAMMELN

Die Zeitreise beginnt an der **1 Porta San Pietro** und führt zur **2 Piazza Napoleone** (Piazza Grande) und zum **3 Palazzo Ducale** (16. Jh.). Im Inneren sind die Scala Regia von Lorenzo Nottolini, den Cortile degli Svizzeri und die Säle zu sehen, in denen die Geschicke der Stadt entschieden wurden. Dann geht's gen Osten und zurück ins 11. Jh., zum **4 Duomo**.

Die Fassade mit drei Rundbögen und gotischen wie romanischen Elementen ist mit Flachreliefs zum Heiligen Martin geschmückt. Drinnen wartet, neben Werken von Tintoretto, Fra' Bartolomeo und Jacopo della Quercia, Luccas wertvollstes Artefakt: das Kruzifix Volto Santo. Lange hieß es, es sei eine Kopie aus dem 12. Jh., doch 2020 ergab eine Radiokarbondatierung, dass es aus der Zeit zwischen dem 7. und 9. Jh. stammt und damit die älteste bekannte Holzskulptur Italiens ist.

Doch es geht noch älter: Weiter Richtung Norden, vorbei an der beeindruckenden **5 Chiesa di San Michele in Foro**, die die glasierte Terrakotta-Skulptur *Madonna col Bambino* von Andrea della Robbia und die Tafel *Pala Magrini* von Filippino Lippi beherbergt, geht es über die Via Fillungo zur einzigartigen **6 Piazza dell'Anfiteatro** mit Überresten des römischen Amphitheaters aus dem 2. Jh. Und dann locken die Terrassencafés!

UNTERWEGS VOR ORT

Luccas Bahnhof befindet sich auf der Piazza Ricasoli, wenige Schritte von der Porta San Pietro entfernt. Es gibt Verbindungen nach Florenz, Viareggio und Pisa – perfekt für Tagesausflüge. Das historische Zentrum von Lucca ist für Autos gesperrt (außer für Einwohner:innen. Lucca hat Anschluss an die Autobahn A11 und man kann außerhalb der Stadtmauern parken (Parken 2 €/Std.).

Carrara
Parco Naturale delle Alpi Apuane
Pietrasanta
Viareggio
Lucca

Rund um Lucca

Trendig und entspannt oder ländlich und wild: Wer die Umgebung von Lucca erkunden will, sollte die Richtung mit Bedacht wählen – denn da draußen warten zwei völlig unterschiedliche Welten.

Die Provinz Lucca erstreckt sich nordwestlich der Stadt und umfasst sowohl malerische mittelalterliche Dörfer als auch mondäne Badeorte, in denen überteuerte Hotels und schicke Nachtclubs im Sommer VIP-Gäste anziehen. Auf der Fahrt über die kurvenreichen Straßen lassen sich die Dörfer und Landschaften des Serchio-Tals entdecken: Steinbauten, tiefe Schluchten und üppige Wälder erstrecken sich bis hin zu den majestätischen Apuanischen Alpen, in denen seit der Römerzeit Carrara-Marmor abgebaut wird. Und nach einer Dosis Wildnis geht es weiter Richtung Osten nach Pistoia, wo einige der faszinierendsten mittelalterlichen Bauwerke der Region abseits der Tourismusmassen zu bewundern sind. Sei bereit, die Toskana aus einer unerwarteten Perspektive zu erleben!

TOP TIPP

Lucca ist per Bahn mit Viareggio und Pietrasanta verbunden. Zwischen Lucca und Aulla verkehrt auch ein historischer Bummelzug, aber am besten erkundet man die Gegend mit dem Auto.

Isola Santa (S. 478)

WANDERRN IN DEN APUANISCHEN ALPEN

Alberto Pellegrinetti von Garfagnana Dream empfiehlt drei seiner Lieblings-Touren. (*@garfagnanadream.it*)

Puntato–Col di Favilla
Die Route für Anfänger:innen beginnt in Tre Fiumi und verläuft zwischen wunderschönen Gipfeln wie dem Monte Sumbra und dem Pizzo delle Saetta. Außerdem kann man die Nordwand des Corchia und den Kamm des Freddone sehen.

Sentiero della Libertà
Am Fuß des Panie-Komplexes bietet dieser Rundweg entlang historischer Sehenswürdigkeiten Ausblicke auf die Formation des Uomo Morto (Toter Mann). Er beginnt in Piglionico und führt hinunter zum Colle a Panestra mit Schützengräben aus dem Zweiten Weltkrieg.

Rifugio Orto di Donna
Die höchstgelegene Hütte im Val Serenaia ist das Basislager für die Besteigung des Pisanino, des höchsten Gipfels der Kette. Alle Routen hier sind nur für Erfahrene mit Profi-Ausrüstung geeignet.

ESSEVU/GETTY IMAGES ©

Castelnuovo di Garfagnana

Wandern in den Apuanischen Alpen

DIE SCHROFFEN KÄMME DER GARFAGNANA

Der **Parco Naturale delle Alpi Apuane** ist von einem schier endlosen Netz von Wanderwegen durchzogen, die sich durch ursprüngliche Berglandschaften schlängeln. Für die Aussicht muss man nicht unbedingt schwitzen – auf der idyllischen **Isola Santa** kann man eine märchenhafte Landschaft erleben oder ein Tretboot auf dem Lago di Gramolazzo mieten und die Berge genießen, ohne die Wanderstiefel schnüren zu müssen. Doch wenn Wandern dein Ding ist, hast du die Qual der Wahl.

Von **Castelnuovo di Garfagnana** aus geht es zum künstlich angelegten **Lago di Vagli**, der das versunkene Dorf Fabbriche di Careggine (eine Art toskanisches Atlantis, das 1947 verlassen wurde) bedeckt. Dann erreicht man **Oasi di Campocatino**, wo eine leichte, 30-minütige Wanderung zum **Eremo di San Viviano** führt, einer faszinierenden Einsiedelei auf 1090 m Höhe, die in die Wand des **Monte Roccandagia** hineingebaut ist.

Wer eine anspruchsvollere Wanderung machen möchte, sollte den Gipfel des **Pania della Croce** ansteuern. Von Piglionico aus erreicht man auf den Wanderwegen Nr. 7 und 126 (die vom italienischen Alpenverein CAI gepflegt werden) in etwa einer Stunde das **Rifugio Rossi** unterhalb des **Uomo Morto**, einer Felsformation, die vage an das Profil eines Toten erinnert. Von

ÜBERNACHTEN IN GARFAGNANA

Il Pradicciolo
Gemütlicher *agriturismo*, in dem die gastfreundliche Silvia dich mit hausgemachtem Kastanienbrot, Marmeladen und Wein verwöhnt. **€€**

Agriturismo Ai Frati
Dieser Bauernhof befindet sich im Convento di San Francesco aus dem 15. Jh. und ist nur wenige Autominuten von Castelnuovo entfernt. **€€**

Agriturismo La Palazzina
Das etwas außerhalb von Castelnuovo gelegene Bauernhaus ist zwar etwas in die Jahre gekommen, aber dennoch eine gute Wahl für ein erholsames Wochenende. **€€**

hier aus führt ein steiler Aufstieg zum 1859 m hohen Gipfel mit Gipfelkreuz, von dem aus man die gesamte Region der Apuanischen Alpen und die Küste bewundern kann, bevor man auf der anderen Seite wieder hinabsteigt, um im **Rifugio del Freo** ein gemütliches verspätetes Mittagessen einzunehmen und die Runde zurück nach Piglionico zu vollenden.

Und wem Wandern nicht genug ist, dem bieten die Apuanischen Alpen großartige Klettermöglichkeiten auch für erfahrene Bergsteiger:innen. Die Oppio-Colnaghi-Route am **Monte Pizzo d'Uccello** (1781 m) ist mit einer 800 m hohen senkrechten Wand eine der bekanntesten in der Gegend, während die **Le Rocchette** in der Nähe von Molazzana eher für Neulinge geeignet ist.

WANDERN RUND UM DIE MARMORSTEINBRÜCHE

Startpunkt der Wanderung ist **Colonnata**, ein kleines Dorf am Rande von Carrara, das für den traditionellen *lardo* (Marmorspeck) bekannt ist. Von dort aus geht es entlang der rot-weißen Markierungen der Route 195 bis nach Cima d'Uomo und Foce Luccica. Der Weg führt über eine jahrhundertealte *via di lizza*, einen Weg, auf dem einst die Arbeitenden aus den Steinbrüchen die Marmorblöcke auf Holzbalken ins Tal beförderten. Er verläuft dann weiter durch **Vergheto**, bevor er über die Route 196 wieder zur **Cima Gioia** hinaufführt. Hier wartet ein besonderes Highlight, seit der brasilianische Straßenkünstler Eduardo Kobra im Jahr 2017 ein mehrfarbiges, 10 m hohes Gemälde von Michelangelos *David* anfertigte, das die Cava Gualtiero Corsi überblickt.

Die Kunst der Marmorbildhauerei

CARRARAS MARMOR-ERBE

Hier ist alles aus Marmor. Von der schwarz-weißen Fläche der **Piazza Alberica**, die in hartem Kontrast zu den farbenfrohen Fassaden der umliegenden Gebäude steht, über das romanische Äußere der **Cattedrale di Sant'Andrea** bis hin zum neoklassizistischen Teatro degli Animosi und der Skulptur „Floating Stone“ von Kenneth Davis auf der **Piazza D'Armi** - die Geschichte Carraras wurde durch das Vorkommen des wertvollen Materials in den nahen Bergen tief geprägt.

Um die lange - aber keineswegs unproblematische - Beziehung zwischen Carrara und seinem Marmor zu verstehen, sollte man das Zentrum verlassen und die **Cava Museo Fantiscritti** besichtigen (März bis Nov.), wo man in die Mondlandschaft eines Marmorsteinbruchs eintauchen und etwas über die harte Lebensrealität der Arbeiter:innen erfahren kann, die die massiven Blöcke des weißen Goldes in den Bergen abbauten.

Während Marmor heute vor allem für architektonische Zwecke und die Kosmetikindustrie genutzt wird, verwendeten ihn Bildhauer:innen schon seit der Römerzeit für ihre Kunstwerke. In der Villa Fabbricotti erzählt das **CARMI Museum** vom Leben und Werk eines der bekanntesten Marmor-Kenner der Geschichte - Michelangelo Buonarroti. Anhand von physischen und digitalen Reproduktionen seiner Werke sowie historischen Dokumenten zeichnen die sechs Themensäle des Museums die Verbindung des Renaissance-Künstlers mit Carrara nach.

Die Stadt ist auch Sitz einer der bedeutendsten Kunstakademien Italiens, der **Accademia di Belle Arti**, die 1769 von Fürstin Maria Teresa Cybo-Malaspina gegründet wurde und noch heute in ihrer ehemaligen Residenz, dem **Palazzo Cybo-Malaspina**, untergebracht ist. Dort befindet sich eine der bedeutendsten Gipsabguss-Sammlungen der Welt mit über 300 Werken von Künstler:innen wie Antonio Canova und Lorenzo Bartolini.

UNTERWEGS VOR ORT

Die meisten Küstenstädte der Versilia sind von Lucca aus leicht mit dem Zug zu erreichen, auch wenn man manchmal in Viareggio, dem wichtigsten Verkehrsknotenpunkt an diesem Küstenabschnitt, umsteigen muss. Das Serchio-Tal, nördlich der Stadt, eignet sich hervorragend für einen Abstecher in die gebirgige Garfagnana - am besten geht das mit dem Auto.

PISTOIA

Pistoia, 2017 zur Kulturhauptstadt Italiens erklärt, präsentiert sich jenen, die ihr historisches Zentrum besuchen, bescheidener als andere toskanische Kunststädte. Vom Bahnhof bis zur Altstadt ist es nur ein kurzer Spaziergang. Deren Charme wird vom Massentourismus noch immer übersehen, wodurch das Umherstreifen in den ruhigen Straßen zu einem noch angenehmeren Erlebnis wird.

Die im 2. Jh. v. Chr. gegründete Stadt war zunächst ein militärischer Außenposten für römische Truppen, die gegen die Ligurer kämpften. Im Laufe der Jahrhunderte wuchs Pistoia zu einer unabhängigen Gemeinde heran, bevor es 1401 unter florentinische Herrschaft geriet. Mit abnehmender politischer Bedeutung wurde die Stadt zu einem einflussreichen Zentrum der Künste – Musik, Poesie, Theater und Malerei, die von Adelsfamilien finanziert wurden, prägten die Kultur Pistoias und sind bis heute Kernelemente des Charakters dieser Stadt.

TOP TIPP

Etwa 7 km östlich von Pistoia liegt die Fattoria di Celle, ein Bauernhof, in dem die Dauerausstellung der Gori Collection (*goricoll.it*) zu sehen ist – eine Kunstausstellung im Stil des Environment rund um eine grandiose Villa aus dem 15. Jh. Sie ist von Mai bis September geöffnet (Anmeldung erforderlich).

PISTOIA BLUES FESTIVAL

Jedes Jahr im Juli verwandelt sich die Piazza del Duomo in Pistoia eine Woche lang in eine der wichtigsten Musikbühnen der Toskana, auf der italienische und internationale Künstler:innen auftreten. Bei vergangenen Ausgaben des Pistoia Blues Festivals, das seit 1980 stattfindet, waren dort unter anderem Santana, Frank Zappa oder Miles Davis zu hören. Das vollständige Festival-Programm gibt es unter *pistoiablues.com*.

Pistoias Untergrund

ANTIKE TUNNEL UNTER DER OBERFLÄCHE DER STADT

In der Mitte des 14. Jhs. spielte das frühere Krankenhaus von Pistoia, das Spedale del Ceppo, eine wichtige Rolle bei der Eindämmung der Schwarzen Pest, die die Stadt und ihre Umgebung heimsuchte. Die 1277 gegründete Einrichtung fungierte über sieben Jahrhunderte lang als Krankenhaus.

Mit dem Bau eines neuen Krankenhauses im Jahr 2013 wurde das Spedale del Ceppo – erkennbar an seiner eleganten Loggia, die mit fünf Giovanni della Robbia zugeschriebenen Keramikmedaillons verziert ist – in das **Museo dello Spedale del Ceppo** umgewandelt, das die Geschichte des Gebäudes anhand von Dokumenten und einer Sammlung alter chirurgischer Instrumente darstellt. Zum Museum gehört auch das Teatrino Anatomico aus dem 17. Jh., ein winziges „Theater", in dem einst Studierende durch das Sezieren von Leichen Anatomie lernten.

Viel von der Geschichte Pistoias lässt sich auch unterhalb des ehemaligen Krankenhauses nachvollziehen. **Pistoia Sotterranea** *(irsapt.it/it/pistoia-sotterranea)* besteht aus einem 650 m langen Tunnelnetz, das ursprünglich vom (nun ausgetrockneten) Fluss Brana stammte. Bei einer Führung des Instituts für historische und archäologische Forschungen (IRSA) erfährt man etwas über das Stadtgefüge von Pistoia, betrachtet Überreste, die bei einer Restaurierung der Tunnel gefunden wurden, und erfährt, dass das Krankenhaus den Fluss, der unter seiner Oberfläche floss, einst zur Müllentsorgung nutzte – und wenn man bedenkt, dass dieses Wasser zu den öffentlichen Waschhäusern floss, wird man für moderne Hygienestandars dankbar sein.

HIGHLIGHTS
1 Museo dello Spedale del Ceppo
2 Pistoia Sotteranea

SCHLAFEN
3 Casa Rowe B&B
4 Palazzo 42
5 Palazzo Puccini

ESSEN
6 Locanda del Capitano del Popolo
7 Osteria dell'Abbondanza
8 Vitium

Stadtspaziergang: Pistoias Highlights entdecken

KUNST & ARCHITEKTUR ABSEITS DER MASSEN

Das Gros des mittelalterlichen Stadtkerns von Pistoia ist durch romanische Architektur geprägt – wie die im 13. Jh. fertiggestellte gestreifte **1 Chiesa di San Giovanni Fuorcivitas** beweist, auf die man stößt, wenn man vom südlichen Rand her in die Stadt kommt. Die markante Fassade steht im Kontrast zu dem düsteren Innenraum, in dem das kostbare *Polittico* (1355) von Taddeo Gaddi zu sehen ist. Gleich um die Ecke befindet sich die kleine **2 Piazza della Sala**, der Marktplatz von Pistoia, der um den Brunnen von Cecchino di Giorgio aus dem Jahr 1453 herum angelegt wurde.

Die Piazza della Sala erwacht jeden Morgen zu neuem Leben, wenn die Obst- und Gemüsestände den Platz einnehmen. Ein größerer Markt findet mittwochs und samstags auf dem Hauptplatz von Pistoia, der **3 Piazza del Duomo**, statt, wo sich auch die wichtigsten Sehenswürdigkeiten der Stadt befinden. Darunter die erhabene **4 Cattedrale di San Zeno** mit dem meisterhaften *Altare d'Argento di San Giacomo* (einer Silberskulptur, die zwischen dem 13. und 15. Jh. von einigen der größten Gold-

ÜBERNACHTEN IN PISTOIA

Casa Rowe B&B
In diesem B&B in der Via Antonio Gramsci herrscht eine gemütliche, ruhige und herzliche Atmosphäre. **€€**

Palazzo Puccini
Ein Aufenthalt in diesem historischen Palazzo mit hohen Decken und Fresken an den Wänden entführt in die Vergangenheit. **€€**

Palazzo 42
Diese Residenz aus dem frühen 20. Jh. im Herzen von Pistoia bietet Boutiquehotel-Atmosphäre und freundlichen Service. **€€**

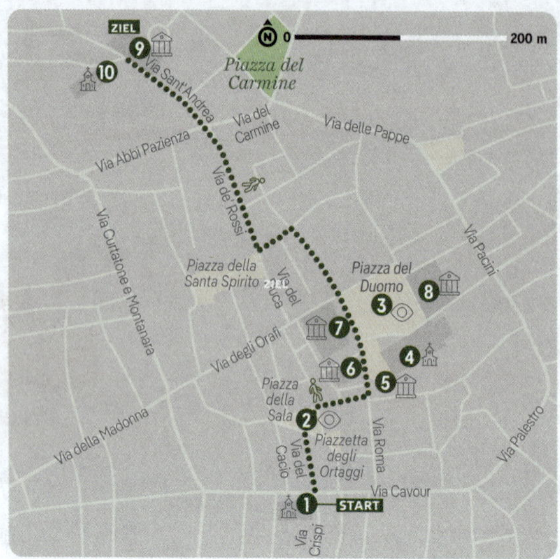

DIE BESTEN RESTAURANTS IN PISTOIA

Vitium
Dank der lokalen Küche und der großen Auswahl an Weinen ist das Vitium der perfekte Ort für einen *aperitivo* nahe der Piazza del Duomo. €

Locanda del Capitano del Popolo
Das Dekor in dieser authentischen Trattoria in der Via di Stracceria lenkt nicht von den köstlichen Gerichten ab. €€

Osteria dell'Abbondanza
Ein Lokal, das hält, was es verspricht: üppige Portionen toskanischer Klassiker mit Gerichten, die von der „armen" Küche der Vergangenheit inspiriert sind. €€

schmiede der damaligen Zeit angefertigt wurde), das Museum **5 Antico Palazzo dei Vescovi** mit dem 7,9 auf 2,7 m großen Wandteppich *Arazzo Millefiori* und das gotische **6 Battistero di San Giovanni**, das von Andrea Pisano entworfen und zwischen 1303 und 1361 aus einer Kombination von weißem Carrara-Marmor und Serpentin, grünem Prato-Marmor, erbaut wurde.

Neben den reich verzierten Sakralbauten stehen auf gegenüberliegenden Seiten des Platzes zwei imposante Paläste: der **7 Palazzo Pretorio** aus dem Jahr 1367, in dem das Stadtgericht untergebracht ist, und der **8 Palazzo del Comune**, in dem sich die Stadtverwaltung und die Skulptur Miracolo von Marino Marini befinden. Von der Piazza del Duomo aus weiter in nördlicher Richtung ist vor dem Museum für zeitgenössische Kunst im **9 Palazzo Fabroni**, versteckt hinter der unscheinbaren romanischen Fassade der **10 Chiesa di Sant'Andrea**, eines der meistbewunderten Kunstwerke Pistoias zu sehen. Die kunstvoll gearbeitete Kanzel von Giovanni Pisano (1298–1301) ist eines der Meisterwerke der mittelalterlichen Bildhauerei und erzählt auf fünf Tafeln, die auf sieben Porphyrsäulen stehen, Geschichten aus dem Leben Christi.

UNTERWEGS VOR ORT

Pistoia ist einer der am einfachsten zu planenden Tagesausflüge ab Florenz. Vom Bahnhof Santa Maria Novella in Florenz fahren täglich mehrere Züge ab, die nach etwa 50 Minuten in Pistoia ankommen. Der Bahnhof von Pistoia ist nur 10 Gehminuten vom Zentrum entfernt, wo man die Sehenswürdigkeiten auf eigene Faust erkunden kann. Wer mit dem Auto anreist, nimmt die Ausfahrt Pistoia auf der A11 und folgt der Beschilderung Pistoia Centro. Für Ausflüge in die Natur erreicht man von Pistoia aus leicht den Apennin auf der SS66 in Richtung Norden – allerdings sollte man sich im Winter vorab über die Wetterbedingungen informieren.

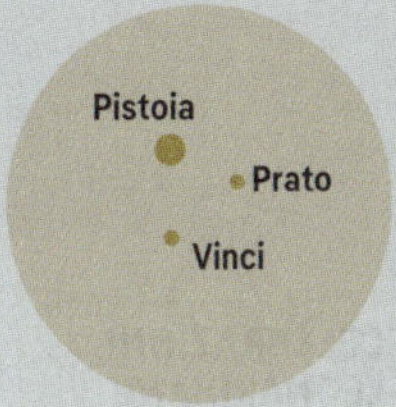

Pistoia
Prato
Vinci

Rund um Pistoia

Die Umgebung von Pistoia ist vielfältig und faszinierend und hat viel mehr zu bieten, als man erwarten würde.

Außerhalb von Pistoia gibt es kleine, entlegene Apennin-Städte, reizvolle Dörfer inmitten weinbedeckter Hügel oder historische Städte zu entdecken. In nördlicher Richtung liegt die Montagna Pistoiese, und Abetone ist ein beliebtes Skigebiet. Im Westen, auf dem Weg nach Lucca, befindet sich das exklusive Montecatini Terme, das mit seinen Thermalbädern und Luxushotels betuchte Gäste anlockt, sowie Collodi mit dem Pinocchio-Park. Östlich von Pistoia liegt das arbeitsame Prato – die Stadt mit der drittgrößten chinesischen Community in Europa (nach London und Paris) und einem künstlerischen Erbe, das trotz seiner Bedeutung nur wenige Menschen besuchen. Schließlich geht es weiter in Richtung Süden, um wieder in die Provinz Florenz zu gelangen und am Geburtsort einer der am meisten verehrten historischen Persönlichkeiten der Toskana Halt zu machen: Leonardo da Vinci.

TOP TIPP

Prato ist von Pistoia aus leicht mit dem Zug zu erreichen (12 Min.). Es verkehren zudem regelmäßig Busse zu den kleineren Orten in der Umgebung, aber mit dem Auto ist es wesentlich einfacher.

Cattedrale di Santo Stefano, Prato (S. 485)

MATTEO BRACALI/SHUTTERSTOCK ©

CELEBRAZIONI LEONARDIANE

Am Jahrestag der Geburt von Leonardo da Vinci, dem 15. April 1452, findet in der Stadt Vinci eine der wichtigsten Veranstaltungen des Jahres statt: Am **Leonardo-Tag** werden Theateraufführungen, Filmvorführungen, Märkte, Workshops und Sonderausstellungen zu Ehren des berühmtesten Bürgers von Vinci aufgeboten.

STEVANZZ/SHUTTERSTOCK ©

Vinci

Einblick in den Kopf eines Genies

DER GEBURTSORT LEONARDO DA VINCIS

In der kleinen Stadt **Vinci**, 24 km südlich von Pistoia, wurde der große Leonardo da Vinci geboren. Als Maler, Wissenschaftler, Konstrukteur und Erfinder erwarb sich Leonardo durch seine Leistungen in ganz unterschiedlichen Disziplinen den oft überstrapazierten Titel einer „Ikone der Renaissance". Das **Museo Leonardiano** ist ein auf drei Gebäude verteiltes Museum, das aus dem Geburtshaus von Leonardo da Vinci aus dem Jahr 1452 (mit einer lebensechten holografischen Darstellung des großen Mannes), einem der Malerkarriere Leonardos gewidmeten Raum in der Villa del Ferrale und dem Museum der Erfindungen besteht. In diesem ist eine umfangreiche Sammlung von Maschinen ausgestellt, die nach Leonardos Entwürfen gebaut wurden. Der letzte Ausstellungsraum, der sich im Castello dei Conti Guidi befindet, ist auch der größte und zeigt Leonardos Innovationen in den Bereichen Bauwesen, Textilproduktion, militärische Ausrüstung und Luftfahrt. Zum Abschluss der Besichtigung lohnt sich ein Aufstieg auf die Schlossterrasse, von der aus man einen atemberaubenden Rundumblick über die sanften Hügel von Vinci hat.

ESSEN IN VINCI

La Bottega di Nonno Mario
Vor kurzem eröffnete familiengeführte Pizzeria im Herzen von Vinci. Ideal für Mittag- und Abendessen. **€**

La Beccheria
Diese freundliche und einladende traditionelle Trattoria bietet eine große Auswahl an Aufschnittplatten an, die am besten von lokalen Weinen begleitet werden. **€€**

Caffè del Castello
Bekannt für die legendären *bruschette*, ist dies ein idealer Ort für ein schnelles Mittagessen auf dem Weg zu Leonardos Museum. **€€**

Alte & neue Kunst

KONTRASTE IN DER ZWEITGRÖSSTEN STADT DER TOSKANA

Prato, die nach der Bevölkerungszahl zweitgrößte Stadt der Toskana, ist nur 15 Autominuten von Pistoia und weniger als 30 Minuten von Florenz entfernt, wird aber nur von wenigen Reisenden besucht. Die Stadt, die seit Mitte des 18. Jhs. dank ihrer Textilindustrie unaufhaltsam wächst (es gibt hier über 7000 Fabriken), ist auch ein wichtiges kulturelles Zentrum, in dem sich das Alte mit dem Neuen mischt.

Das **Castello dell'Imperatore**, das einzige Beispiel staufischer Baukunst in Mittelitalien, das auf das Jahr 1240 zurückgeht, erhebt sich im Herzen des historischen Kerns von Prato, obwohl die Piazza del Comune das mittelalterliche Stadtzentrum darstellt. Hier befindet sich der hoch aufragende **Palazzo Pretorio** aus dem 12. Jh., ehemaliges Zentrum der politischen Macht und heute das wichtigste Museum der Stadt. Er beherbergt über 3000 Kunstwerke, darunter herrausragende Stücke wie die *Madonna col Bambino* von Agnolo Gaddi (1392-95), die *Incoronazione della Vergine e i Santi Mattia e Matteo* von Pietro di Miniato (1412) und das *Miracolo del Grano* von Alessandro Allori (1603).

Die nahe gelegene **Cattedrale di Santo Stefano** aus dem 13. Jh., die im romanischen Stil an der Stelle einer früheren Kirche errichtet wurde, ist der wichtigste Sakralbau der Stadt. In der rechten Ecke der Fassade befindet sich der berühmte *Pergamo del Sacro Cingolo* (1434–1438), eine halbrunde Kanzel, die von Michelozzo und Donatello geschaffen wurde. Im Inneren der Kirche sind Werke von Agnolo Gaddi, Paolo Uccello und Giovanni Pisano sowie der Freskenzyklus von Fra' Filippo Lippi aus der Frührenaissance hinter dem Altar zu bewundern, der sowohl von Michelangelo als auch von Vasari hoch geschätzt wurde.

Einen Gegensatz zu den erhaltenen Kunstwerken vergangener Jahrhunderte bilden die Ausstellungen im genialen **Centro Pecci**, Pratos futuristischem Zentrum für zeitgenössische Kunst, das unter seinem charakteristischen goldenen Dach wechselnde Ausstellungen mit international anerkannten bildenden und darstellenden Künstler:innen zeigt. Es liegt 3 km vom Stadtzentrum entfernt (Informationen zu den Veranstaltungen unter *www.centropecci.it*).

DIE BESTEN RESTAURANTS IN PRATO

Tonio
In diesem unscheinbaren, familiengeführten Restaurant werden seit den 1950er-Jahren erstklassige Meeresfrüchtegerichte serviert. €€

Osteria su Santa Trinita
Hausmannskost, serviert unter eleganten, bemalten Gewölben, mit einem breiten Angebot an lokalen Weinen als Begleitung. €€

Pepe Nero
Küchenchef Mirko Giannoni bereitet in seinem preisgekrönten Restaurant in der Via Adriano Zarini raffinierte Neuinterpretationen klassischer toskanischer Gerichte zu. €€€

UNTERWEGS VOR ORT

Prato ist von Pistoia aus in weniger als 15 Minuten mit dem Zug zu erreichen und eignet sich hervorragend für einen Tagesausflug in eine der weniger besuchten historischen Städte der Toskana. Florenz ist ebenfalls leicht mit öffentlichen Verkehrsmitteln zu erreichen, aber um kleinere Zentren und den Apennin im Norden zu erkunden, braucht man ein Auto.

AREZZO

Eingebettet zwischen vier Tälern – Valtiberina, Valdarno, Valdichiana und Casentino – hat sich die nach Einwohnerzahl viertgrößte Stadt der Toskana im Lauf der Jahrhunderte von einem etruskischen Handelsposten zum einflussreichen politischen und künstlerischen Zentrum entwickelt, das in seinem filmreifen historischen Zentrum die Spuren mehrerer Epochen zeigt. Im 11. Jh. etablierte sich Arezzo als blühende unabhängige Republik, ein Stadtstaat, dessen Engagement für die Ghibellinen zu Auseinandersetzungen mit dem guelfischen Florenz führen sollte. Am 11. Juni 1289 erlitt Arezzo eine schwere Niederlage in der Schlacht von Campaldino – ein Konflikt mit mehr als 10 000 Soldaten auf jeder Seite, darunter kein Geringerer als der junge Dante Alighieri. Ein Jahrhundert später, im Jahr 1384, wurde die Stadt von Florenz unterworfen. Die dauerhaftesten Symbole der florentinischen Ära stammen aus dem 16. Jh. – die Werke von Piero della Francesca und dem legendären Architekten Giorgio Vasari haben die Bomben des Zweiten Weltkriegs überstanden und gehören zu den wertvollsten Schätzen Arezzos.

TOP TIPP

Arezzo ist vom Bahnhof Santa Maria Novella in Florenz in etwa einer Stunde mit dem Zug zu erreichen. Ein Zug, der Arezzo mit den wichtigsten Orten des Casentino verbindet, verkehrt regelmäßig, aber um die entlegenen Winkel des Berggebiets zu erreichen, braucht man ein Auto.

WARUM ICH AREZZO LIEBE

Angelo Zinna, Autor

Arezzo ist einer meiner Lieblingsorte, die man von Florenz aus besuchen kann. Ein oft halbleerer Zug fährt direkt in die Stadt, die sich trotz ihrer historischen Architektur ihre kleinstädtische Atmosphäre bewahrt hat und eine Freude am Entdecken vermittelt, die andere überfotografierte Zentren verloren zu haben scheinen. Ein Besuch der **Fiera Antiquaria** ist besonders cool – man weiß nie, mit welchem kuriosen Objekt man nach Hause zurückkehren wird.

Das Leben ist schön in Arezzo

DIE DREHORTE VON LA VITA È BELLA

Der Film *La Vita è Bella (Das Leben ist schön)* von Roberto Benigni aus dem Jahr 1997 ist einer der renommiertesten Filme der zeitgenössischen italienischen Filmszene und wurde mit drei Academy Awards und neun David di Donatello-Preisen ausgezeichnet. Er erzählt die Geschichte von Guido Orefice, einem jüdischen Mann, gespielt von Benigni selbst, der während des Faschismus auf der Suche nach Arbeit in die Stadt zieht und später mit seinem Sohn Giosuè in ein Konzentrationslager gebracht wird. *La Vita è Bella* hat sich durch die legendären Szenen, die in Arezzo gedreht wurden, in das kollektive Gedächtnis Italiens gebrannt, und hier kann man die Drehorte besichtigen.

Im Film fährt Guido mit dem Fahrrad über die **Piazza della Badia** und trifft dabei auf Dora, die Lehrerin, die er liebt (gespielt von Nicoletta Braschi). Die Via Cavour und der Corso Italia verbinden die Piazza della Badia mit der **Piazza Grande**, einem weiteren Schauplatz des Films. In der Via Cavour befindet sich das geschlossene **Caffè dei Costanti**; ein Café, das im Film jüdischen Menschen den Zutritt verweigert. Der Corso Italia führt zur imposanten **Cattedrale dei Santi Pietro e Donato** (mit Buntglasfenstern von Guillaume de Marcillat und Terrakotta-Skulpturen von Andrea della Robbia), vor der Guido den Fiat 508 Balilla Torpedo von 1934 fuhr, um Dora zu beeindrucken, bevor er einen roten Teppich über die Treppe der Kathedrale legte, damit sie nicht in Pfützen treten musste.

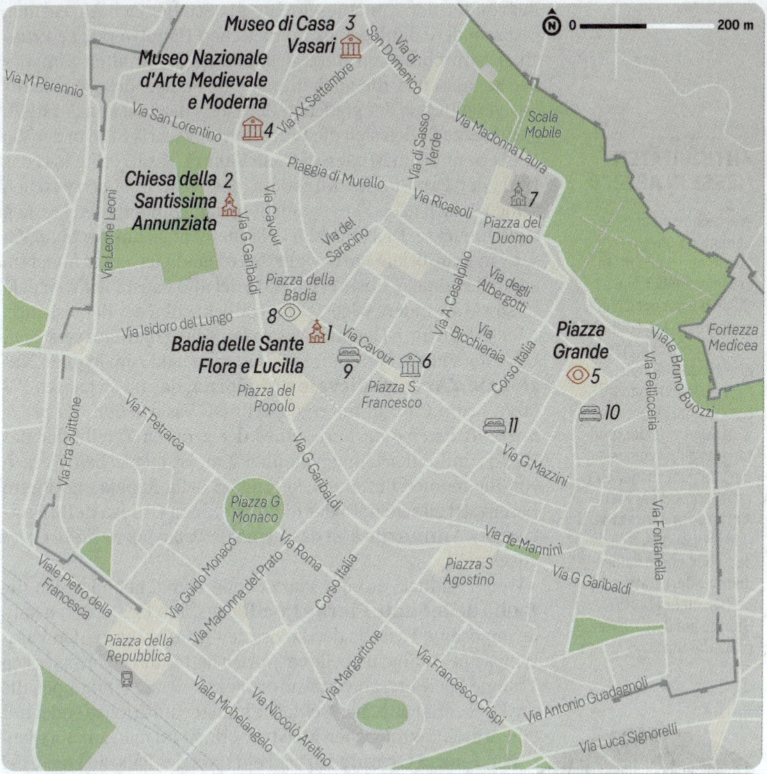

HIGHLIGHTS
1 Badia delle Sante Flora e Lucilla
2 Chiesa della Santissima Annunziata
3 Museo di Casa Vasari
4 Museo Nazionale d'Arte Medioevale e Moderna
5 Piazza Grande

SEHENSWERTES
6 Caffè dei Costanti
7 Cattedrale dei Santi Pietro e Donato
8 Piazza della Badia

SCHLAFEN
9 B&B Ghibellino
10 La Corte Del Re
11 Palazzo dei Bostoli

Auf den Spuren von Giorgio Vasari

DAS LEBEN EINES GROSSEN DER RENAISSANCE

Der Maler, Architekt, Bildhauer und Schriftsteller Giorgio Vasari wurde 1511 in Arezzo geboren. Er ist eine der prägenden Figuren des künstlerischen Erbes der Toskana und wird oft als

ÜBERNACHTEN IN AREZZO

Palazzo dei Bostoli
Ein paar einfache Zimmer in einem (renovierten) Gebäude aus dem 13. Jh. in idealer Lage, um die Stadt zu erkunden. **€€**

La Corte del Re
Im Herzen der Stadt gelegen, sorgen diese Apartments mit historischem Charme, hohen Decken und Möbeln aus dunklem Holz dafür, dass man sich wie zu Hause fühlt. **€€**

B&B Ghibellino
Diese zentral gelegene Unterkunft bietet eine farbenfrohe, einladende und helle Atmosphäre und verfügt über einen nahe gelegenen eigenen Parkplatz. **€€**

Begründer der Kunstgeschichte als Studienfach angesehen, insbesondere dank seines literarischen Hauptwerks, *Le Vite* – einer Sammlung von Biografien einiger der größten Künstler der Renaissance, die noch immer eine maßgebliche Quelle für das Verständnis des goldenen Zeitalters der Toskana darstellt.

In Arezzo finden sich die Wurzeln von Vasaris Erbe in der Via XX Settembre im **Museo di Casa Vasari**. Vasari erbte 1541 das Haus der Familie des Künstlers, dessen Räume er zwischen seinen Reisen nach Florenz und Rom mit wunderbaren Fresken ausschmückte. Das Museum beherbergt auch das Archivio Vasari, in dem Briefe aufbewahrt werden, die er unter anderem an Michelangelo, Cosimo I. de' Medici und Papst Pius V. schickte, sowie an andere wichtige Persönlichkeiten der Renaissance.

Viele der frühen Gemälde Vasaris sind über die Stadt verstreut. Über die Via XX Settembre gelangt man bald zum **Museo Nazionale d'Arte Medievale e Moderna**, das im eleganten Palazzo Bruni Ciocchi untergebracht ist. Vasaris *Convito per le nozze di Ester e Assuero*, eines der größten Tafelbilder des 16. Jhs. mit einer Länge von über 7 m, ist hier neben Werken von Buonamico Buffalmacco, Andrea della Robbia und Pietro Lorenzetti zu sehen. In der nahe gelegenen **Chiesa della Santissima Annunziata** ist das Gemälde *Deposizione dalla Croce* ausgestellt.

Weiter südlich, auf der Piazza della Badia, befindet sich die **Badia delle Sante Flora e Lucilla** aus dem 13. Jh., deren kahle, imposante Fassade den kolossalen Altar verbirgt, den Vasari für seine Familienkapelle entworfen hatte, unter dem barocken Trompe-l'oeil-Fresko von Andrea Pozzo, der Scheinkuppel, die die Deckenfläche beherrscht. Die kunsterfüllte Reise endet mit einem architektonischen Meisterwerk, wenn man zur abfallenden **Piazza Grande** zurückkehrt, wo der Palazzo Logge del Vasari, der 1572 von Cosimo I. de' Medici in Auftrag gegeben wurde, die Nordseite des Platzes einnimmt.

ANTIQUITÄTENMESSE IN AREZZO

Wer seine persönliche Sammlung um einen Kunstschatz erweitern möchte, ähnlich wie es Cosimo I. mit der Chimera di Arezzo tat, sollte am ersten Wochenende eines jeden Monats nach Arezzo kommen. Auf der Piazza Grande wird dann eine der größten Antiquitätenmessen der Toskana ausgerichtet. Während der **Fiera Antiquaria di Arezzo** *(fieraantiquaria.org)*, die seit über einem halben Jahrhundert stattfindet, stehen mehr als 400 Stände auf dem Hauptplatz der Stadt.

VASARI IN FLORENZ

Giorgio Vasari ist vor allem für seine florentinischen Werke bekannt – den Corridoio Vasariano (S. 411), der sich über der Ponte Vecchio erstreckt, die Loggia der Uffizien (S. 411) und die Fresken im Salone dei Cinquecento des Palazzo Vecchio (S. 413).

UNTERWEGS VOR ORT

Am Bahnhof von Arezzo halten täglich zahlreiche Züge aus Florenz, die bis nach Rom weiterfahren. Die schnelleren Intercity-Züge brauchen nur 40 Minuten ab Florenz, während die langsameren (aber häufiger verkehrenden) Regionalzüge etwa eineinhalb Stunden benötigen. Der Hauptbahnhof liegt einen Kilometer vom Zentrum entfernt, in der Nähe des archäologischen Museums und des römischen Amphitheaters. Eine weitere Bahnlinie, die von der TFT (Trasporto Ferroviario Toscano) betrieben wird, führt von Arezzo über die kleinen Orte des Casentino nach Stia und bietet gute Optionen für Tagesausflüge bei einem etwas längeren Aufenthalt in Arezzo.

Rund um Arezzo

Abschalten in den Wäldern des Casentino oder neue Inspirationen in Cortona – du hast die Wahl.

Umgeben von den Tälern Casentino, Valdichiana und Valdarno, ist die Provinz Arezzo mit ihrer Kombination aus malerischen Landschaften, antiken Siedlungen und einer ruhigen Atmosphäre inmitten der ungezähmten Natur des Apennins seit langem bei internationalen Filmemacher:innen beliebt. Neben dem typisch toskanischen Charakter verbirgt sich in diesem Winkel der Region jedoch auch eine dynamische künstlerische Energie, die internationale, zeitgenössische Einflüsse mit den Spuren legendärer Renaissancemeister wie Michelangelo und Piero della Francesca, die in der Region geboren wurden, verknüpft. Lass dich von der Kunst und Architektur in den kleinen Städten der Region inspirieren, bevor du dir auf den Waldwegen, die abgelegene Schutzgebiete und Einsiedeleien miteinander verbinden, Zeit nimmst, die vielen Eindrücke zu verarbeiten.

TOP TIPP

Achtung: Der Bahnhof von Cortona befindet sich in Camucia, 3 km vom Stadtzentrum entfernt. Die Buslinie 4 verkehrt den ganzen Tag in die Altstadt.

Parco Nazionale delle Foreste Casentinesi (S. 491)

TRAVELVOLO/SHUTTERSTOCK ©

FESTIVAL DER FOTOGRAFIE

Eines der bedeutendsten Festivals für zeitgenössische Fotografie in der Toskana findet zwischen Juli und Oktober in Cortona statt. Cortona on the Move versammelt konzeptionelle Arbeiten italienischer und internationaler Fotograf:innen auf der Fortezza del Girifalco und an anderen Orten der Stadt, was eine wunderbare Ergänzung zur Kunst der Renaissance in Cortona ist. Mehr dazu unter *www.cortonaonthemove.com.*

JUSTIN FOULKES/LONELY PLANET ©

Piazza della Repubblica, Cortona

Bilderbuchstadt auf dem Hügel

VISUELLE REISEN IN CORTONA

Das auf einem 500 m hohen Hügel gelegene historische **Cortona** zieht mehr internationales Publikum an, seit die Regisseurin Audrey Wells die Stadt 2003 als Kulisse für ihren Film *Unter der Sonne der Toskana* wählte. Und tatsächlich: wenn es um malerische Landschaften geht, ist Cortona kaum zu übertreffen.

Die Stadt, deren Ursprünge trotz der eindeutig mittelalterlichen Stadtanlage bis in die Zeit der Etrusker zurückreichen, dehnt sich von der zentralen **Piazza della Repubblica** aus, wo das romanische Rathaus aus dem 12. Jh. am Ende einer breiten Treppe imposant über Cafés und Restaurants mit Freisitzen thront. Nur wenige Schritte entfernt liegt die **Piazza Signorelli** mit dem neoklassizistischen **Teatro Signorelli**, dem Herzstück der Kulturszene von Cortona, das im 19. Jh. erbaut wurde und über eine Loggia mit sieben Bögen zugänglich ist. Hier befindet sich auch das wichtigste Museum der Stadt, das **Museo dell'Accademia Etrusca di Cortona (MAEC)**, das im Palazzo Casali aus dem 13. Jh. untergebracht ist.

In den ersten beiden Stockwerken des MAEC sind die Funde der 1727 von einer Gruppe von Gelehrten und Historikern gegründeten Akademie ausgestellt, die im Laufe der letzten drei

ESSEN IN CORTONA

La Bucaccia
Gewölbe, Steinwände und dunkles Holz ergänzen die regionale Küche in dem rustikalen Restaurant. Die *pici pasta* kosten! **€€**

Osteria del Teatro
Eine blumengeschmückte Treppe führt in den Saal des Renaissancepalastes, der die traditionelle Küche feiert. **€€**

Birrificio Cortonese
In dieser Bar werden regionale Biere und Klassiker wie Wildschwein-*pappardelle* serviert. Es gibt sogar Bier-Gelato. **€€**

Jahrhunderte zusammengetragen wurden, darunter ein wertvoller Kronleuchter aus Bronze aus dem 4. Jh. v. Chr., der 1840 gefunden wurde. Das MAEC ist zudem Informationszentrum für die Spuren der etruskischen Kultur in der Umgebung von Cortona, wie die **Tomba Etrusca di Mezzavia**, den **Tumulo di Camucia** und die **Tanella di Pitagora**.

Rund um den Stadtkern gibt es großartige Aussichtspunkte. Von der romanischen **Cattedrale di Santa Maria**, die wunderschöne Gemälde von Pietro da Cortona und Luca Signorelli beherbergt, kann man das Valdichiana von oben bewundern. Und von der **Fortezza del Girifalco** aus, die im 16. Jh. von den Medici auf den Fundamenten einer früheren Verteidigungsanlage errichtet wurde, schweift der Blick über Stadt und Hügel.

Grünes Grenzland

URALTE WÄLDER UND STILLE RÜCKZUGSORTE

Zwischen Toskana und Emilia-Romagna erstrecken sich die üppigen Wälder des Apennins, die den **Parco Nazionale delle Foreste Casentinesi** bilden, ein gebirgiges Naturschutzgebiet mit Klöstern und Einsiedeleien, das schon zu Dantes Zeiten für seine Schönheit gerühmt wurde. Der größte Teil des Nationalparks liegt auf der Seite der Emilia-Romagna, wo sich die **Riserva Naturale Sasso Fratino** befindet – die urzeitlichen Buchenwälder, die 2017 zum Weltnaturerbe erklärt wurden – aber auch von der Toskana aus erreicht man die Wander- und Radwege.

Von Florenz oder Arezzo aus kann man nach **Stia** fahren, dem Dörfchen am Fuße des Monte Falterona, wo der Fluss Arno entspringt. Hier bietet sich ein Besuch des **Museo dell'Arte della Lana** an, das die Geschichte der Textilindustrie in der Region nachzeichnet, sowie des kleinen **Museo del Bosco e della Montagna** (nur sonntags) mit über 500 ausgestopften Vögeln, die einst einem Bürgermeister von Stia, Carlo Beni, gehörten. Dann geht es weiter nach **Camaldoli**, wo eine drei- bis fünfstündige Rundwanderung zum **Eremo di Camaldoli** und zurück durch die unberührten Wälder des Casentino führt. Die im 11. Jh. von Benediktinern gegründete Einsiedelei Camaldoli ist ein beschauliches Kloster auf einer Höhe von 1100 m.

Wer auf anspruchsvollere Wanderungen aus ist, kann längere Strecken in Angriff nehmen, z. B. den siebentägigen **Sentiero delle Foreste Sacre**, der vom Lago di Ponte bis zum Schutzgebiet La Verna hin und her über die Grenze zwischen der Toskana und der Emilia-Romagna führt (GPS-Track unter *parcoforestecasentinesi.it*), oder die 27-tägige **Alta Via dei Parchi** (*altaviadeiparchi.eu*), die durch die Emilia-Romagna, die Toskana und die Marche und acht Naturschutzgebiete führt, darunter den Parco Nazionale delle Foreste Casentinesi.

AUF DEN SPUREN DES HEILIGEN FRANZ VON ASSISI

Giovanni di Pietro di Bernardone – besser bekannt als der heilige Franz von Assisi –, eine der bedeutendsten religiösen Persönlichkeiten Italiens, verbrachte den Großteil seines Lebens damit, die östliche Toskana zu durchwandern, um das Evangelium zu verkünden und nach spirituell anprechenden, abgelegenen Zufluchtsorten zu suchen. Seine Wanderschaft führte ihn 1224 in die Einsiedelei La Verna, wo Franziskus die Stigmata empfangen haben soll. Seitdem ist das **Santuario della Verna**, das in einem einsamen Winkel des Parco Nazionale delle Foreste Casentinesi oberhalb einer Felsformation zwischen Buchen liegt, zu einem Pilgerziel geworden, das man von Florenz aus in sechs Tagen zu Fuß (oder in wenigen Stunden mit dem Auto) erreichen kann. Der historische Komplex umfasst den mit Fresken ausgeschmückten Corridoio delle Stimmate und die Cappella delle Stimmate, die 1263 erbaut wurde und mit der prachtvollen *Kreuzigung* von Andrea della Robbia (1481) geschmückt ist.

UNTERWEGS VOR ORT

Arezzo liegt verkehrsgünstig an der Autobahn A1/E35, so dass die Region Chianti und das Valdichiana-Tal leicht mit dem Auto zu erkunden sind. Die Stadt ist auch mit der Bahn gut an Großstädte wie Florenz und Rom angebunden. Eine weitere Bahnlinie führt nach Stia in der Region Casentino. Außerdem verkehren täglich Busse in die Städte und Dörfer der südlichen und östlichen Toskana.

GROSSETO

Obwohl die Stadt Grosseto das Herz der Maremma und der wichtigste Verkehrsknotenpunkt der südlichen Toskana ist, findet man sie kaum auf touristischen Landkarten. Grosseto begann seine Expansion als Folge des Untergangs der etruskischen und später römischen Stadt Roselle und geriet dann unter die Herrschaft sowohl von Siena als auch von Florenz. Sie sahen die Stadt als wichtig an, um die in den nahe gelegenen Colline Metallifere gefundenen Mineralien und landwirtschaftliche Produkte aus dem Ombrone-Tal zu gewinnen, vernachlässigten aber ihren Wert als soziales und kulturelles Zentrum und behinderten damit die Entwicklung der Stadt. Und dann war da noch die Malaria, eine Krankheit, von der die Küstenregion der Maremma stark betroffen war und die jene Einwohner:innen von Grosseto, die es sich leisten konnten, dazu bewog, in den Sommermonaten in höher gelegene Gebiete umzuziehen, um einer Ansteckung zu entgehen. Die vollständige Lösung des Malariaproblem gelang erst nach dem Zweiten Weltkrieg, in dem Grosseto stark bombardiert wurde, sodass das heutige Aussehen der Stadt das Ergebnis von Baumaßnahmen ist, die ab den 1950er Jahren durchgeführt wurden.

TOP TIPP

Direkte Zugverbindungen von Pisa und Siena nach Grosseto dauern etwa anderthalb Stunden, allerdings ist es schwierig, die Sehenswürdigkeiten in der Umgebung von Grosseto ohne eigenes Fahrzeug zu besuchen.

DIE BESTEN RESTAURANTS IN GROSSETO

Trattoria Il Giogo
Die familiengeführte Trattoria ist in den Traditionen der Maremma verwurzelt, wie die Gemüsesuppe *acquacotta* beweist. €

Osteria Canapino
In der edlen *enoteca* findet sich zu jedem Gericht der passende Wein – im Weinkeller lagern 400 Sorten. €€

Gabbiano 3.0
Das mit einem Michelin-Stern gekrönte Restaurant im Hafen (Marina di Grosseto) verwöhnt mit Fischmenüs mit balinesischem Touch. €€€

Die Hauptstadt der Maremma

IDEALER AUSGANGSPUNKT ZUM ERKUNDEN DER REGION

Auf den ersten Blick scheint Grosseto im Vergleich zu anderen toskanischen Städten nicht allzu viel aufzubieten, aber ein Blick auf den Stadtplan zeigt schnell, dass einem ohne Besuch hier einiges entgehen würde. Grosseto ist die flächenmäßig größte toskanische Provinz, und was ihr an Kunst und Architektur fehlt, macht die wilde Landschaft in ihrer Umgebung wieder wett. Auf der Fahrt über die leeren, zweispurigen Straßen der Maremma trifft man auf vergessene Ruinen, wenig bekannte Weingüter und spektakuläre Landschaften – und das alles ganz nah beieinander.

Vom Massentourismus unberührt und umgeben von Naturschönheiten, ist Grosseto ein idealer Ausgangspunkt, um etruskische Ruinen, Naturschutzgebiete und abgelegene Dörfer zu erkunden. Die Stadt ist sowohl mit der Alta Maremma im Norden als auch mit der Bassa Maremma im Süden verbunden. Das historische Zentrum liegt innerhalb der im 16. Jh. von den Medici errichteten Stadtmauern, einer Verteidigungsanlage, die trotz der wechselvollen Geschichte der Stadt bis heute intakt geblieben ist.

Die wichtigsten Sehenswürdigkeiten von Grosseto befinden sich auf den benachbarten Plätzen Piazza del Duomo und Piazza Dante, wo sich die rosafarbene **Cattedrale di San Lorenzo** aus dem Jahr 1302 und der wesentlich jüngere **Palazzo Aldo-**

HIGHLIGHTS
1 Cattedrale di San Lorenzo
2 Museo Archeologico e d'Arte della Maremma
3 Palazzo Aldobrandeschi

ESSEN
4 Osteria Canapino
5 Trattoria Il Giogo

brandeschi befinden, der, anders als seine gotischen Einflüsse vielleicht vermuten lassen würden, Anfang des 20. Jhs. errichtet wurde.

Neben einem Spaziergang mit Blick auf die verschiedenen architektonischen Stile lohnt sich ein Besuch des **Museo Archeologico e d'Arte della Maremma (MAAM)** in Grosseto, um mehr über die frühe Geschichte der Region zu erfahren, bevor man sich aufmacht, die archäologischen Stätten der Maremma zu erkunden. Das MAAM verfügt über eine umfangreiche Sammlung von Artefakten, die bei der Ausgrabung einstiger etruskischer Städte gefunden wurden und teilweise bis ins sechste vorchristliche Jahrhundert zurückreichen.

UNTERWEGS VOR ORT

Das historische Zentrum von Grosseto, das innerhalb der Stadtmauern liegt, ist für den Autoverkehr gesperrt, kann aber leicht zu Fuß erkundet werden. Mit dem eigenen Fahrzeug erreicht man Grosseto über die E80 von Rom oder die SS223 von Siena aus. Das Auto kann außerhalb der Stadtmauern geparkt werden (Parkgebühren ca. 0,70 €/Stunde). Die wichtigste Bahnlinie, die durch Grosseto führt, ist die Strecke Rom-Genua. Von Florenz aus muss man wahrscheinlich in Pisa oder Livorno umsteigen. Der Bahnhof liegt 15 Gehminuten nördlich des Stadtzentrums.

Massa Marittima
Seggiano
Vetulonia
Arcidosso
Santa Fiora
Grosseto
Rocchette di Fazio
Alberese
Scansano

Rund um Grosseto

Die Maremma ist weitläufig und vielfältig und belohnt all jene, die bekannte Routen hinter sich lassen, um eine Mischung aus alter Geschichte und Naturwundern zu erleben.

Nur wenige Reisende nehmen sich die Zeit, die Maremma zu erkunden, ein Gebiet, über das im Vergleich zu den bekannteren Zielen der Toskana kaum berichtet wird. Vielleicht ist es aber gerade die fehlende Publicity, die diesen Teil der Region so faszinierend macht. Lange, zweispurige Straßen schlängeln sich durch eine scheinbar unendliche Landschaft, die zum Mittelmeer hin abfällt. Das bedeutet jedoch nicht, dass man sich hier einfach nur durch fotogene Landschaften treiben lässt – es gibt viele Gründe, die Fahrt zu unterbrechen: zum Beispiel jahrtausendealte etruskische Relikte, die berauschende Weinkultur oder die zahlreichen, in die Küstenlinie eingekerbten Badebuchten. Sei bereit für das Unerwartete!

TOP TIPP

Von Grosseto aus verkehren Busse zu den größeren Küstenstädten, aber wer die Stadtzentren besichtigen will, braucht ein Auto, vor allem, wenn die Zeit knapp ist.

Pitigliano

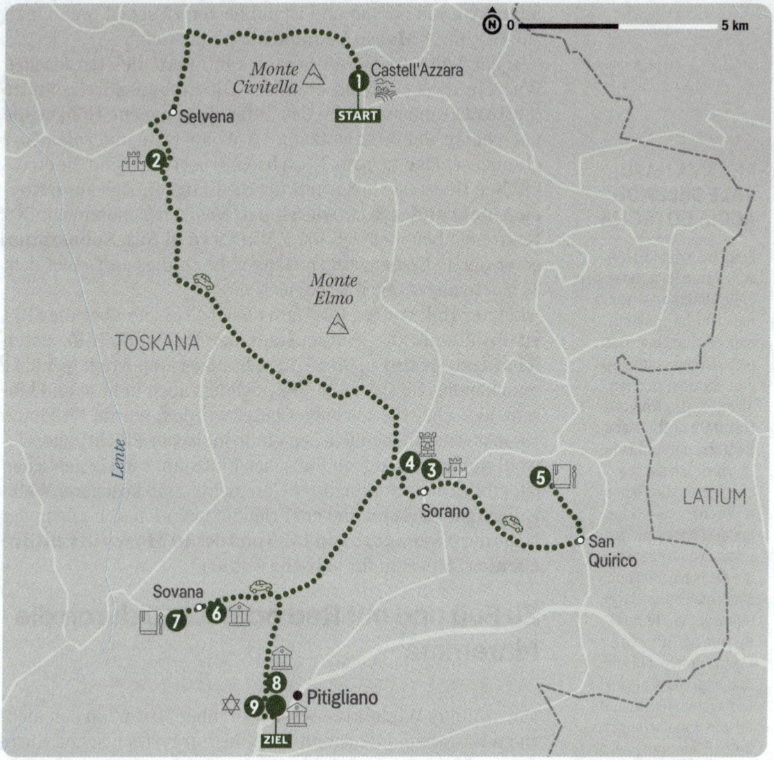

Autotour: Città del Tufo

ETRUSKISCHE HÖHLEN & JÜDISCHE KULTUR

Ein Dreieck im tiefen Süden der Toskana bildet das Gebiet, das als Città del Tufo bekannt ist, ein Netz von Siedlungen, die während der Etruskerzeit entstanden. Die drei wichtigsten (und eindrucksvollsten) Städte der Città del Tufo sind **Pitigliano**, **Sovana** und **Sorano**, um die sich der 60 ha große **Parco Archeologico Città del Tufo** erstreckt. Eine Rundtour ab Grosseto führt über eine kurvenreiche Landstraße zunächst nach **1 Castell'Azzara** und dann südlich nach Sorano mit einem kurzen Halt an der verlassenen Burg aus dem 9. Jh. **2 Rocca Silvana**. Das **3 Castello Orsini** aus dem 12. Jh. dominiert die

DIE HEISSEN QUELLEN VON SATURNIA

Auf dem Rückweg von Città del Tufo nach Grosseto empfiehlt sich ein Abstecher zu den öffentlichen Bädern Cascate del Mulino in Saturnia, wo sich schwefelhaltiges Wasser mit einer konstanten Temperatur von 37°C in die Becken ergießt (Eintritt kostenlos).

ESSEN RUND UM DEN PARCO REGIONALE DELLA MAREMMA

Ristorante da Remo
Im Zentrum von Rispescia, in der Nähe von Alberese, befindet sich dieses beliebte Fischrestaurant, das Frische zu seinem Markenzeichen gemacht hat. **€€**

L'Ambientino del Pescatore
Das am Hafen von Marina di Grosseto gelegene L'Ambientino ist bekannt für seine Gastfreundschaft alter Schule sowie herzhafte Meeresfrüchtegerichte. **€€**

Altro?
Das Altro? in Alberese ist fast schon klischeehaft toskanisch und bietet großzügige Portionen von Maremma-Klassikern. **€**

Silhouette von Sorano und ist am besten zu sehen, wenn man zur Festung 4 **Masso Leopoldino** hinaufsteigt.

In der Nähe des Dorfes Sorano kann man die etruskischen Wurzeln dieser Region erahnen: Die archäologische Stätte 5 **Vitozza** umfasst 200 in den Tuffstein gehauene Höhlen, die noch heute von ihrer Nutzung als Wohnstätte und *colombari* (Taubenschläge) zeugen. Noch beeindruckender sind die etruskischen Überreste in Sovana, der Siedlung, die sich aus 6 **Rocca Aldobrandesca** entwickelt hat. Neben der monumentalen Nekropole befindet sich die 7 **Via Cava di San Sebastiano**, einer der 15 grabenartigen Gänge, die in diesem Gebiet dem Tuffstein abgerungen wurden.

Letzter Halt vor der Rückfahrt nach Grosseto über die SR74 ist Pitigliano, die größte Stadt der Città del Tufo, deren 8 **Palazzo Orsini** auf dem Tuffsteinhügel emporragt, je näher man kommt. Im späten 16. Jh., nachdem auch in Rom und Florenz jüdische Ghettos eingerichtet wurden, wurde Pitigliano Heimat einer blühenden Gemeinde jüdischer Flüchtlinge. Obwohl nur eine Handvoll jüdischer Einwohner übrig geblieben ist, gibt es noch Spuren ihrer Geschichte – ein koscherer Weinkeller, eine Bäckerei und ein Friedhof befinden sich alle in der Nähe der 9 **Synagoge von 1598** und des 10 **Museo di Cultura ebraica** (Museum für jüdische Kultur).

RISERVA NATURALE DELLA DIACCIA BOTRONA

Folgt man der Küste vom Parco Regionale della Maremma in Richtung Norden, gelangt man bald zu einem weiteren Naturschutzgebiet mit einer reichen Tierwelt. Das **Riserva Naturale della Diaccia Botrona** entstand im 18. Jh. durch die Trockenlegung des einst riesigen Preglio-Sees, um die Malaria auszurotten – eine Krankheit, die die Maremma noch bis in die 1940er-Jahre heimsuchte. Heute bedecken die Sümpfe eine Fläche von fast 13 km² und bilden das perfekte Ökosystem für Dutzende von Vogelarten, darunter Flamingos, Wildgänse, Silberreiher und Kraniche.

Flamingos, Riserva Naturale della Diaccia Botrona

Zu Fuß und mit Rad oder Kanu durch die Maremma

DAS GRÖSSTE NATURSCHUTZGEBIET DER SÜDTOSKANA

Ungezähmte Wildnis breitet sich auf über 90 km² an den niedrigen Hängen der Uccellina-Berge bis zur tyrrhenischen Küste aus und bildet das erste Naturschutzgebiet der Toskana. Der 1975 gegründete **Parco Regionale della Maremma** ist von einem Netz von Wegen und Wasserstraßen durchzogen, die nur darauf zu warten scheinen, zu Fuß, mit dem Fahrrad oder mit dem Kanu erkundet zu werden. Sie verbinden die Überreste alter Wachtürme mit verlassenen Abteien und Sandstränden, die sich zum Mittelmeer hin öffnen.

Der Haupteingang zum Park befindet sich in der Stadt **Alberese**, südlich von Grosseto, wo das Tourismuszentrum Eintrittskarten, Karten und Informationen bereithält. Acht Fahrradrouten und zwölf Wanderwege bieten die Möglichkeit, die Natur und die Tierwelt der Maremma zu erleben, beispielsweise auf dem relativ ebenen, 10 km langen Höhlen-Route A3 oder dem Rundweg C1, der über mehr als 600 Höhenmeter zum Strand **Salto del Cervo** führt.

ESSEN IN PITIGLIANO

Forno del Ghetto
Unbedingt probieren: *lo sfratto*, eine gerollte Teigtasche, gefüllt mit Honig, gehackten Walnüssen, Muskatnuss und Anis. €

Trattoria Il Grillo
Trattoria mit karierten Tischdecken, die handgemachte *pici*-Pasta, Wildschwein, lokalen Käse und viele saisonale Gerichte anbietet. €€

Il Tufo Allegro
Küchenchef Pichini Domenico bringt hier Geschichte mit außergewöhnlichen Aromen auf den Tisch, die den lokalen Traditionen Tribut zollen. €€€

Das Herz des Parks bilden die geheimnisvollen Ruinen der **Abbazia di San Rabano**, einer monumentalen Benediktinerabtei, die zwischen dem 11. und 12. Jh. erbaut und im 16. Jh. aufgegeben wurde. Der 16 km lange Rundweg A1, der durch die dichten Wälder nach San Rabano verläuft, dauert etwa sieben Stunden und führt am Wachturm Uccellina aus dem 14. Jh. vorbei, bevor er zum Ausgangspunkt bei der Casetta dei Pinottolai zurückkehrt. Bei der Wanderung durch den Park solltest du dein Teleobjektiv bereithalten – denn über 270 Vogelarten, darunter Fischadler und Wanderfalken, bevölkern das bewaldete Gelände, und zudem gibt es Rehe, Wildschweine und Füchse. Wer gerne Vögel beobachtet, kann bei Sonnenaufgang an einer Kanutour auf dem Fluss Ombrone teilnehmen (Anmeldung über *parco-maremma.it*).

Nicht alles im Park ist der Tierwelt vorbehalten. Menschliche Siedlungen in diesem Gebiet lassen sich bis in die Altsteinzeit zurückverfolgen, und auch das jüngere landwirtschaftliche Erbe ist in den Grenzen des Parks noch immer präsent. Die **Tenuta di Alberese**, einer der größten Bio-Bauernhöfe Europas, erstreckt sich über 40 Quadratkilometer – hier kann man vielleicht einige der letzten verbliebenen *butteri* sehen, die berittenen Cowboys, die die Langhornrinder der Maremmana hüten und durch die geschützten Gebiete des Parks streifen. Touren unter Führung der *butteri* können über *alberese.com* gebucht werden.

Achtung: In der Sommerzeit vom 15. Juni bis 15. September sind Wanderungen aufgrund der Waldbrandgefahr nur mit zertifizierten Guides erlaubt.

RUDERREGATTA

Jedes Jahr am 15. August findet in Monte Argentario eine eigene Version des Palio statt. Beim **Palio Marinaro dell'Argentario** treten vier Mannschaften in traditionellen Kostümen, die die vier historischen Stadtteile repräsentieren, in einer 4 km langen Ruderregatta vor Porto Santo Stefano gegeneinander an.

Kleine Fluchten am Mittelmeer auf Monte Argentario

AUSBLICKE, BUCHTEN UND DAS GEHEIMNIS VON CARAVAGGIO

Monte Argentario kann eigentlich – trotz seiner entsprechenden Atmosphäre – nicht als Insel bezeichnet werden, da es über drei schmale Landstreifen, die zwei Lagunen bilden, mit dem Rest der Toskana verbunden ist. Im Winter verschlafen und im Sommer lebendig, hat Monte Argentario eine einzigartige Geografie und zieht Erholungssuchende an, die über Land und Wasser kommen, um die mehr als 20 Buchten und Strände zu genießen. Die Via Panoramica verbindet die beiden wichtigsten Städte an der Küste, Porto Santo Stefano und Porto Ercole, und bietet dazwischen atemberaubende Ausblicke. Allerdings sind viele der attraktivsten Strände nicht mit dem Auto zu erreichen.

Cala del Gesso zum Beispiel liegt am Ende eines steilen, 700 m langen Wanderwegs an der Westküste – ideal zum Schnorcheln im Schatten des an den Klippen klebenden Wachturms

ESSEN IN MONTE ARGENTARIO

Ristorante La Sirena
Dieses belebte Lokal in Porto Ercole serviert fangfrischen Fisch in klassischer Trattoria-Atmosphäre. **€€**

Cala Piatti
Dieses Restaurant an der Westküste ist alles andere als leicht zu erreichen, aber die Aussicht ist einfach fantastisch. **€€€**

Il Pellicano
Hier kann man dem Rauschen der Wellen lauschen und sich von den kreativen Geschmackskreationen des Sternekochs Michelino Gioia verwöhnen lassen. **€€€**

DIE BESTEN RESTAURANTS IN ORBETELLO

L'Asino d'Oro
Das kleine Lokal von Lucio Sforza ist ideal, um die vielfältige Küche der unteren Maremma zu probieren. Die Speisekarte ist reichhaltig und bietet saisonal wechselnde Gerichte. Unbedingt reservieren. €€

La Mi Casa
Ganz ohne Schnickschnack – La Mi Casa steht für frische Zutaten, die nach traditioneller Art und Weise zubereitet werden, und das in einer familiären Atmosphäre (wie der Name schon sagt). €€

Trattoria Rugantino
Viele römische Klassiker, darunter *cacio e pepe* und *carbonara*, stehen für alle zur Auswahl, die eine Abwechslung zur toskanischen Küche suchen. €€

aus dem 15. Jh. Auch die Kieselstrände **Cala Grande** und **Cala Piccola** erfordern Fußmärsche durch die Natur – wenn man nicht gerade eine Jacht hat. Zwischendurch lohnt es sich, **Porto Santo Stefano** zu besuchen und in der **Chiesa della Santissima Trinità** die modernen Mosaike (aus den 2000er-Jahren) zu bewundern – einzigartige, überraschende Kunst, die mit der traditionellen sakralen Wandkunst nicht zu vergleichen ist.

In **Porto Ercole**, dem Hauptort von Monte Argentario, wo ein Teil des Films *Der talentierte Mr. Ripley* (1999) von Anthony Minghella mit Matt Damon in der Hauptrolle gedreht wurde, befindet sich das Grab des Renaissance-Künstlers Michelangelo Merisi, besser bekannt als **Caravaggio**. Caravaggio starb hier 1610, kurz nachdem er angereist war, um eine Reihe von Gemälden zurückzuholen, die irrtümlich nach Monte Argentario geschickt worden waren. Die Zuornung seiner sterblichen Überreste war lange Zeit umstritten, aber ein DNA-Test von 2010 ergab, dass sie mit 85-prozentiger Wahrscheinlichkeit echt sind, und so wurde ein Grabdenkmal im Zentrum aufgestellt. Im Jahr 2019 wurde das Grab auf den Friedhof verlegt.

Zwischen Natur und Geschichte

WUNDERBARE LANDSCHAFT UND SPANISCHES ERBE

Das ewige Symbol von **Orbetello** befindet sich an der Spitze der Halbinsel: die kleine, runde Getreidemühle **Mulino Spagnolo**. Der aus der Zeit der Sieneser stammende und von den Spaniern restaurierte Turm erhebt sich aus der Lagune auf der Westseite des Damms. Es ist nicht das einzige architektonische Bauwerk, das an den spanischen Staat der Presidi erinnert: Die Polveriera Guzman aus dem Jahr 1692, in der einst Tonnen von Sprengstoff gelagert wurden, ist heute das **Archäologische Museum von Orbetello**, und der **Palazzo del Podestà**, einst Residenz der spanischen Vizekönige, erhebt sich mit seinem markanten Uhrenturm von der Piazza Eroe dei Due Mondi.

Beim Verlassen des Zentrums tritt die urbane Landschaft von Orbetello zurück und öffnet sich zu langen Sandstränden und einer vom WWF geschützten Oase. Die beiden Strände, die in den Sommermonaten die meisten Sonnenhungrigen anziehen, liegen am äußeren Rand der beiden Sandtomboli, die den Monte Argentario mit dem toskanischen Festland verbinden: **Giannella** und **Feniglia**. Der 6 km lange, von Bäumen gesäumte Giannella-Strand ist ein großartiger Ort, um den Sonnenuntergang über dem Mittelmeer zu bewundern, während Feniglia ein geschützter Park ist, der als **Riserva Naturale Duna Feniglia** bezeichnet wird und in dem sich Rehe, Wildschweine, Füchse und andere Tiere zwischen der Lagune und dem offenen Meer tummeln.

UNTERWEGS VOR ORT

Der Parco Regionale della Maremma verfügt über ein ausgedehntes Netz von Wanderwegen, die von der Stadt Alberese an der Autobahn E80 aus erreichbar sind. Ein Regionalzug verbindet Grosseto mit Ortebello. Vom Bahnhof in Ortebello fahren Busse zum Monte Argentario, allerdings lassen sich die Aussichtspunkte und versteckten Strände mit dem Auto viel leichter erreichen.

LIVORNO

Die etwas heruntergekommene Hafenstadt Livorno steht zwar bei wenigen Reisenden oben auf der Liste, hat aber ihren ganz eigenen Charme. Sie dient als Zwischenstopp oder als guter Ort, um abseits der Massen in den malerischeren toskanischen Städten eine Auszeit zu nehmen. Als der Hafen von Pisa versandete, gründeten die Medici 1606 Livorno als „Freihafen". Bald entstand eine multikulturelle Bevölkerung – insbesondere mit jüdischer, armenischer, niederländischer, englischer, spanischer und griechischer Herkunft. Venezianische Arbeitskräfte wurden angeworben, um Häuser, Kirchen und Kanäle zu bauen, und die Stadt florierte als sicherer Hafen für verfolgte Minderheiten und begnadigte Straffällige. Mit der Vereinigung Italiens vor mehr als 150 Jahren verlor sie ihren Status als Freihafen und wurde im Zweiten Weltkrieg massiv bombardiert. Dennoch lebt das kosmopolitische Erbe weiter – in pulsierenden Märkten, vielfältiger Architektur und in den Livorneser:innen selbst. Und obendrein gibt es hierhier mit die besten Meeresfrüchte der tyrrhenischen Küste.

TOP TIPP

Livorno ist leicht zu Fuß zu erkunden, aber die Fahrradverleih-App Bicincitta (*bicincitta.com*) bietet eine ansprechende Möglichkeit, sich fortzubewegen. Die Station ist 30 Minuten zu Fuß vom Stadtzentrum entfernt, immer die Viale Giosuè Carducci entlang.

Stadtspaziergang: Historische Altstadt

DAS PULSIERENDE HERZ VON LIVORNO

Wer ein paar Stunden Zeit hat, kann bei einem Spaziergang durch Livornos historisches **Venetia Nuova** – das Kanalviertel im venezianischen Stil – die Renaissance-Stadt in vollen Zügen genießen. Der Rundgang beginnt auf der großartigen **1 Piazza della Repubblica**, an deren beiden Enden Statuen der Medici stehen. Von hier aus geht es entlang des historischen Wassergrabens zur **2 Fortezza Nuova**, einer riesigen fünfeckigen Festung, die Charme und Anordnung so bewahrt hat, wie sie von Bernardo Buontalenti im 16. und 17. Jh. gestaltet wurde. Das nächste Highlight ist die riesige achteckige **3 Chiesa di Santa Caterina**. Im Inneren kann man ein leuchtendes Altarbild von Giorgio Vasari bewundern, das die Krönung der Jungfrau Maria darstellt. Der hintere Teil der Kirche ist etwas düsterer, denn hier befand sich das zum Gefängnis umfunktionierte Kloster, in dem der sozialistische Politiker Sandro Pertini während des Faschismus inhaftiert war. Ein paar Meter weiter erweckt das **4 Museo della Città di Livorno** ein prächtiges Olivenöllager und eine Barockkirche aus dem 18. Jh. zu neuem Leben. Ein Blick vom Museum die Viale Caprera hinunter zeigt die **5 Fortezza Vecchia**, eine mittelalterliche Festung mit Turm aus dem 11. Jh., die heute fast nur noch von Fährterminals umgeben ist. Anstatt dorthin zu gehen, sollte man sich aber durch die mit Graffiti übersäten Straßen und über die Kanalbrücken zum **6 Duomo**, schlängeln, der auch als Kathedrale des Heiligen Franz von Assisi, der Jungfrau Maria und der Julia von Korsika (Schutzpatronin von Livorno) bekannt ist. Die

AUSGEHEN IN LIVORNO

Fortezza Elettrica
Innerhalb der Mauern der historischen Fortezza Nuova ist diese ausgefallene Bar aut Tequila-Cocktails und leichte Abendsnacks spezialisiert.

Cantina Nardi
In dieser historischen *enoteca* steht eine große Auswahl an Weinen zur Verfügung, zu denen eine Portion *stuzzichini* (Snacks) serviert wird.

Alphonse
Das trendige *aperitivo*-Lokal am Kanal verwandelt sich bis spät in die Nacht in eine regelrechte Kneipe mit Live-Musik und ausgefallenen Cocktails.

DIE BESTEN RESTAURANTS FÜR MEERESFRÜCHTE IN LIVORNO

La Barrocciaia
Dieses lebhafte Restaurant, das nur abends geöffnet hat, ist ein Dauerbrenner und serviert köstlichen Fisch vom nahe gelegenen Mercato delle Vettovaglie. €

Melafumo
Die riesigen Platten mit Meeresfrüchten in dieser Trattoria sind bei Einheimischen und Tourist:innen gleichermaßen beliebt.

L'Antica Venezia
Versteckt an den Kanälen, hat sich dieses familiengeführte Lokal seit Jahrzehnten nicht großartig verändert. Die Gäste sind Einheimische, und der *Baccalà alla Livornese* (Kabeljau) ist ein Muss. €€

Azzighe
Hier gibt's erstklassige, von Barcelona inspirierte Meeresfrüchte-Tapas mit einer frischen livornesischen Seele. €€

Il Sottomarino
Täglich werden hier traditionelle Spezialitäten serviert, darunter der beste *cacciucco* (Meeresfrüchteeintopf) der Stadt, wie Gourmets meinen. €

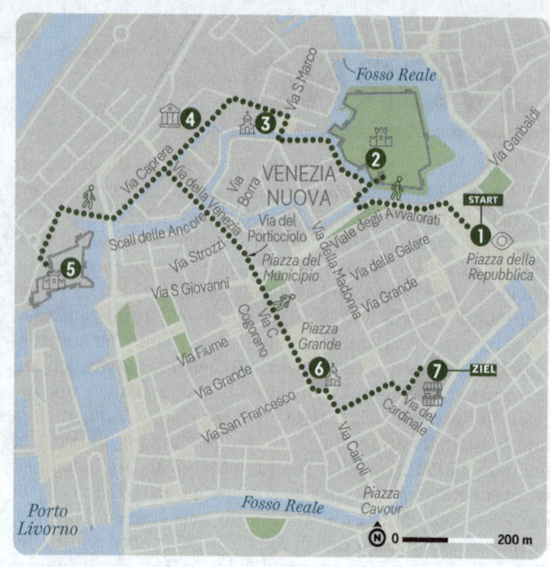

Kathedrale, im Zweiten Weltkrieg bombardiert, wurde 1952 restauriert und neu geweiht. Im Inneren kann man in der Eucharistiekapelle das Fresko *Christus mit der Dornenkrone* von Fra Angelico aus der Frührenaissance bewundern. Der Dom liegt auf der Rückseite der Via Grande, einer beeindruckenden Einkaufsmeile mit Arkaden auf beiden Seiten. Hier kann man entweder unter den Bögen zurück zum Ausgangspunkt schlendern oder nach rechts abbiegen, um im 7 **Mercato delle Vettovaglie** einen kleinen Imbiss zu sich zu nehmen, bevor es weitergeht zur spektakulären **Terrazza Mascagni** für eine abendliche *passeggiata* – die italienische Tradition eines gemütlichen Spaziergangs, bei dem man die Leute beobachtet. Die Promenade aus den 1920er-Jahren ist mit 34000 schwarzweißen Kacheln der größte Schachbrettboden der Welt und bietet an klaren Tagen einen Blick auf die weit entfernten Inseln Gorgona und Capraia.

UNTERWEGS VOR ORT

Als einer der bedeutendsten Häfen der Toskana ist Livorno für viele der Ausgangspunkt für Fähren nach Sardinien, Korsika, Sizilien und in den Toskanischen Archipel. Die öffentlichen Busse vom Bahnhof (30 Minuten Fußweg vom Stadtzentrum entfernt) und aus dem Zentrum von Livorno sind bestenfalls unzuverlässig, sodass es ratsam ist, mit dem Taxi durch das Labyrinth von Autobahnausfahrten und Fährterminals zu fahren – und viel Zeit einzuplanen. Die Fahrt entlang der Etruskerküste von Livorno aus ist dagegen ein Kinderspiel. Regelmäßige Regionalzüge halten unter anderem in Castiglioncello, Cecina, Bolgheri, San Vincenzo und Piombino. Die Via Aurelia, die entlang der Küste bis hinunter nach Rom führt, ist ebenfalls angenehm.

Livorno
Castiglioncello
Cecina
Bolgheri
Elba

Rund um Livorno

Auf der Fahrt ab Livorno entlang der Küste wechseln sich triste Küstenorte mit Slow-Food-Restaurants, hervorragenden toskanischen Weinbergen und weißen Sandstränden ab.

Die Etruskerküste hat ihren Namen von der vorrömischen Zivilisation, die hier im 9. Jh. v. Chr. heimisch war. Mit dem Zug südlich von Livorno erreicht man innerhalb von 30 Minuten die Strände von Castiglioncello oder Cecina, wo man mit den Füßen im Sand *fritti di mare* (frittierte Meeresfrüchte) essen und dabei den Sonnenuntergang genießen kann. Im Landesinneren bietet ein Auto die Möglichkeit, sich durch Weinberge und Olivenhaine zu schlängeln und nach Lust und Laune mittelalterliche Bergdörfer wie Bolgheri zu erkunden. Und dann ist da noch Elba, die nach Sizilien und Sardinien drittgrößte italienische Insel. Im August sind die Strände und Straßen von Elba überfüllt, aber den Rest des Sommers ist die Insel paradiesisch und bietet 147 km herrliche Küstenlinie, die es zu entdecken gilt. Die zerklüfteten Hügel und Kastanienwälder sind ebenso reizvoll wie die Strände und bei Wander-, Radel- und Slow-Food-Fans sehr beliebt.

TOP TIPP

Mit dem Zug geht es von Florenz oder Pisa zum Fährhafen Piombino Marittima. Die Fähren von Piombino nach Portoferraio (Elbas größtem Hafen) werden von Toremar, Moby Lines, Blu Navy und Corsica Ferries betrieben. Alle sind in Bezug auf Qualität und Kosten ähnlich, aber Corsica Ferries sind etwas schneller.

Bolgheri (S. 503)

Spiagga di Sorgente, Elba

EINZIGARTIGE KULINARIK

Marina Cacciapuoti, die Gründerin von Italy Segreta, war schon als Kind im Sommer zum Segeln auf der Insel. *(@italysegreta)*

Agriturismo Montefabbrello
Im Landesinneren befindet sich dieses Weingut mit Gemüsegärten und lauschigem Innenhof. Es gibt *antipasto dell'orto*, gefolgt von einem traditionellen Steak *alla fiorentina*, begossen mit lokalem Biowein.

Calanova
In der friedlichen, mit Kieseln bedeckten Oase zwischen den Stränden von Malpasso und Istia lässt es sich gut schwimmen und zu Mittag essen. Im Schatten alter Korkeichen kannst du das Meeresfrüchte-Menü von Simona und Cristophe genießen und danach unter Sonnenschirmen relaxen.

Capo Nord
Ein absolutes Muss für ein Abendessen im malerischen Marciana Marina. Vor dem Besuch des Restaurants am Wasser im Bleep neben den regenbogenfarbenen Hütten der Bagni Capo Nord einen Sundowner nehmen!

Strand-Vibes auf Elba

SCHWIMMEN, SCHNORCHELN UND SONNENBADEN AUF DER GRÖSSTEN INSEL DES ARCHIPELS

Lange Buchten, Mondlandschaften, windgepeitschte Landzungen, abgeschiedene Höhlen und Halbinseln mit Kieselsteinen ... Nur: Wie soll man sich bei 126 Stränden entscheiden? Zum Glück gibt es dafür eine App: **Elba Spiagge** („Strände auf Elba") bietet aktuelle Informationen über die Wetterbedingungen auf der ganzen Insel, bis hin zur Windrichtung an jedem Strand.

Die **Spiaggia di Capo Bianco** liegt am nächsten zu Portoferraio und besticht durch weiße Felsen und Klippen – eine (wenn auch manchmal überfüllte) Option für alle, die nur einige Stunden Zeit haben. Nicht weit entfernt liegt das **Capo d'Enfola**, wo das kristallklare Meer und die starke Brise zum Wassersport einladen. Die Küstenstadt **Procchio** und das angrenzende Resort **Biodola** liegen 10 km westlich von Portoferraio und bieten schöne Strände und klares Wasser. Westlich von Procchio führt die Straße entlang der Klippen oberhalb von **Spartaia** und **Paolina** – wunderschöne kleine Strände, zu denen es steil bergab geht.

Etwas weiter entfernt liegen die drei hübschen Buchten **Morcone**, **Pareti** und **Cala dell'Innamorata**, umrahmt von duftenden Pinien. Am nördlichen Ende von Elba lohnt es sich, **Cavo** einzuplanen, wenn man mit der Fähre direkt dorthin übersetzen

ÜBERNACHTEN IN HOTELS & AUF CAMPINGPLÄTZEN AUF ELBA

Villa Ottone
Palastartige Villa aus dem 19. Jh. mit Blick auf einen Privatstrand, wo Fünf-Sterne-Ausstattung auf Vintage-Interieur trifft. **€€€**

Hotel Ilio
Bei dem einfachen, aber gemütlichen Boutique-Hotel in Sant'Andrea ist die Lage am Strand das A und O. **€€**

Tenuta delle Ripalte
Wein-Resort im nördlichen Teil von Capoliveri, mit Glamping, Villen, ländlichen Apartments und großem altem Hotel. **€€**

möchte. Die nur einen Spaziergang entfernte **Spiaggia di Frugoso** ist ein traumhafter Ort mit Blick auf die winzige Isola dei Topi. Aktivere sollten sich in der Nähe von **Porto Azzurro** und **Narengo** aufhalten, denn hier gibt's tolle Möglichkeiten zum Windsurfen, Kanufahren und Jollensegeln. Das nette **Marina del Campo** bietet auch eine Segelschule, den Club del Mare, mit kleinen Booten für jedes Niveau. Die weißen Kiesstrände **Sansone** und **Sorgente** begeistern mit türkisfarbenem Wasser.

Weinstraße

DER AUFSTIEG DER SUPERTOSKANER

Bis in die 1980er-Jahre war Chianti Classico der einzige toskanische Wein, der auf dem internationalen Markt einen Namen hatte. Dann kamen die Supertoskaner: Eine Handvoll mutiger und experimentierfreudiger Weingüter aus der Region **Bolgheri** beschlossen, auf dem lehmhaltigen Boden französische Trauben anzubauen. Sie pflanzten Merlot, Syrah und Cabernet Sauvignon und Franc auf dem fruchtbaren Boden an und begründeten mit dem *Supertuscan* eine neue Ära toskanischen Weinbaus. Heute hat ein Hektar Land in Bolgheri DOC den höchsten Wert in Italien, und der Wein kostet oft das 20-fache eines Chianti.

Zur Erkundung der von Zypressen gesäumten Straßen und der auf den Hügeln gelegenen Städte des Weinbaugebiets Bolgheri empfiehlt sich ein Besuch bei **Michele Satta**, einem der Gründer der Weingüter in Bolgheri, außerhalb des Dorfes **Castagneto Carducci**. Danach geht es zu **I Greppi**, einem der innovativsten Winzer der Region, der dank Solaranlagen und Wärmepumpen einen klimaneutralen Betrieb führt. Der nagelneue, gläserne Verkostungsraum mit hängendem Kamin, zu finden an der Straße nach Bolgheri, erinnert eher an Kalifornien als an das ländliche Italien. Für eine private Verkostung oder eine Führung sollte man sich vorher anmelden, oder aber man kommt einfach für eine Weinprobe und ein paar Snacks für etwa 20 € vorbei. Auf der anderen Straßenseite hat auch das renommierte Chianti-Weingut **Antinori** ein Wörtchen mitzureden, und die Tenuta Guado al Tasso ist ein herrlicher Ort für einen *aperitivo* bei Sonnenuntergang.

Bolgheri selbst ist ein winziges, aber malerisches Dörfchen auf einem Hügel; es gibt nur eine Straße, die hinein- und eine, die hinausführt. Man kann den ganzen Ort in wenigen Minuten zu Fuß durchstreifen – zumal die historische Hauptattraktion, das Schloss, nicht für die Öffentlichkeit zugänglich ist –, aber der wahre Zauber liegt natürlich in der Verkostung der Weine mit Blick auf die Ländereien, auf denen sie wachsen.

ÜBERNACHTEN RUND UM BOLGHERI

Villa Caprareccia
Gemütliche Kochkurse, Weinberge und Obstgärten machen diesen traditionellen *agriturismo* und Campingplatz zu einem Paradies für Foodies mit kleinem Budget. €

Il Chiassetto
Dieses malerische B&B bietet die seltene Gelegenheit, direkt im mittelalterlichen Dorf Bolgheri zu übernachten. €€

Relais Sant'Elena
Märchenhaftes Hotel auf dem Landgut Tenuta Gardini mit exquisiter Farm-to-table-Gastronomie und einer prächtigen Einrichtung im Landhausstil. €€€

UNTERWEGS VOR ORT

Die Etruskerküste ist bekannt für malerische Straßen, vor allem die Via Aurelia, eine herrlich gerade, von Bäumen gesäumte Straße, die bis nach Rom führt. Außerdem gibt es die touristische Strada del Vino (*lastradadelvino.com*), die sich zwischen Livorno und Piombino über 150 km durch Weinberge und Olivenölplantagen schlängelt. Achtung: Der Bahnhof von Bolgheri befindet sich nicht in der Stadt selbst, sondern am Rande von Marina di Bibbona, von wo aus man mit dem Taxi in die auf einem Hügel gelegene Stadt fahren kann (Busse gibt es nur vereinzelt).

VENAKR/GETTY IMAGES ©

Straße in Urbino mit Blick auf den Palazzo Ducale (S. 521)

UMBRIEN & MARKEN

DAS GRÜNE HERZ ITALIENS

Das häufig vernachlässigte Zentrum des Landes hat für alle etwas zu bieten, ob man sich für interessante Kultur, Natur oder für süße Verlockungen wie Schokolade begeistert.

Kaum eine Metapher beschreibt die Region Umbrien besser als die des Dichters Giosuè Carducci: das „grüne Herz" Italiens. Das Herz – lebenswichtiges Organ und Motor des Körpers. Und tatsächlich spürt man bei einem Streifzug durch die Gassen Perugias oder Assisis sofort ein vertrautes, gleichmäßiges Pulsieren.

Natürlich hat jedes Herz geheime Kammern, die es nur den treuesten Liebhaber:innen offenbart. Die Fans Umbriens werden belohnt mit den imposanten Gebirgszügen der Marken, die Städte wie Ascoli Piceno und Urbino umschließen. Selbst quirlige Hafenstädte sind oft nicht das, was sie zu sein scheinen, wenn sie so eng mit dem Herzen verbunden sind. Ancona mag eine triste Schwelle zwischen Land und Meer sein, doch hier öffnet sich auch das verletzliche Herz für die übrige Welt.

Aber jedes Herz ist zerbrechlich. Der mächtige Bergrücken zwischen Umbrien und den Marken wurde von Erdbeben heimgesucht, die Städte durch schreckliche Erschütterungen zerstörten. Doch gebrochene Herzen heilen: Risse werden zu widerstandsfähigen Narben, die die stärksten Gefühle entfachen. Das grüne Herz Italiens wird immer widerstandsfähiger, immer lebendiger. Also schlichtweg die Menschenmassen ignorieren, die woanders hinziehen, und keine Scheu haben, sich auf dem Weg zu verlieben. Schließlich ist das Herz genau dafür gemacht.

DIE WICHTIGSTEN ZIELE

PERUGIA
Die Hauptstadt baut auf Küsse. S. 510

URBINO
Perfekt erhaltene Renaissance-Mystik. S. 521

ANCONA
Die Adria zum Greifen nah. S. 526

ASCOLI PICENO
Die strahlend weiße Stadt. S. 534

ORVIETO
Nördliche Schönheit, südlicher Charme. S. 539

Urbino, S. 521

Die von uralten Mauern umgebene, sagenumwobene Stadt sieht aus wie aus dem Märchen und bietet spektakuläre Ausblicke und eine der leckersten Küchen des Landes.

Perugia, S. 510

Kunst, Jazz, Schokolade und vieles mehr hat die Hauptstadt Umbriens zu bieten, nur einen Katzensprung von verträumten kleinen Bergdörfern entfernt.

Orvieto, S. 539

Von etruskischen Katakomben bis zu den Türmen der gotischen Kathedrale – diese antike Stadt verschlägt einem den Atem.

Erste Orientierung

Aufgrund ihrer zentralen Lage bilden Umbrien und die Marken eine Verbindung zwischen Nord- und Süditalien. Das Reisen – vor allem an entlegenere Orte – ist hier allerdings manchmal einfacher gesagt als getan, vor allem wenn man vorrangig auf öffentliche Verkehrsmittel angewiesen ist.

Ancona, S. 526

Die Hafenstadt – Hauptstadt der Marken – ist einen zweiten Blick wert: Jenseits des Hafens gibt es schöne Ecken, traumhafte Strände und eine hervorragende regionale Küche.

Ascoli Piceno, S. 534

Die elegante Renaissancestadt ist ein verborgenes, geheimes Juwel in den Marken und einen Besuch unbedingt wert.

AUTO

Am besten lässt sich die Gegend mit dem Auto erkunden. Die Straßen sind gut ausgebaut und beschildert, und auch wenn man gelegentlich auf eine *strada bianca* stößt, entgeht man dem für andere Regionen typischen starken Verkehr.

BUS

Umbrien und die Marken sind zwar durch Buslinien mit den wichtigsten Drehkreuzen verbunden, aber der Service ist lückenhaft und die Reisezeit oft sehr langwierig. Bus fahren ist kompliziert, wenn man kein Italienisch spricht (oder selbst, wenn man es kann).

ZUG

Perugia ist sowohl von Rom als auch von Florenz aus in etwa zwei Stunden mit dem Zug zu erreichen, liegt aber an keiner Hochgeschwindigkeitsstrecke – also entspannt zurücklehnen und die Landschaft genießen.

Perfekte Tage

Ob man Kultur, Gastronomie oder herrliche Natur sucht – man findet alles, ganz gleich, zu welcher Jahreszeit man anreist.

Duomo di Orvieto (S. 540)

BLUEJAYPHOTO/GETTY IMAGES ©

Ein Wochenende in Umbrien

● Die südlichste Ecke Umbriens liegt am Schnittpunkt zwischen den Nachbarregionen Toskana und Latium und ist nur einen Katzensprung von Rom entfernt, was die Region zu einem perfekten Wochenendziel macht. In Orvieto sollte man den imposanten **Dom** (S. 540) besuchen und die **unterirdische Etruskerstadt** (S. 540) erkunden. Kulinarische Highlights vor Ort sind der berühmte Orvieto-Classico-Wein und köstliche typisch regionale Gerichte wie Wildschweinragout und vieles mehr. Einen Besuch wert sind auf jeden Fall die nahen Märchenstädte **Narni** und **Todi** (S. 542) – und wenn man schon mal dabei ist, lohnt sich auch noch ein Abstecher zu den Wasserfällen in **Marmore** (S. 541), den Thermalbädern in **Amerino** und zum Corbara-See, in dessen Umgebung man viel Überraschendes entdecken kann, wie das **Museum der bemalten Eier**.

Highlights im Jahreslauf

Umbrien und die Marken sind Regionen für alle Jahreszeiten, mit Festen zu jeder Saison und zahlreichen Stellen zum Sonnenbaden.

JUNI

Auf dem Blumenfestival **Infiorate** in Spello erblüht der Sommer.

JULI

Umbria Jazz in Perugia ist die größte Party des Jahres, bei der die Stadt zum Leben erwacht.

AUGUST

Lanze einpacken und auf nach Ascoli zum Turnierfestival **Quintana**.

SPIRINS/SHUTTERSTOCK ©, DANIELE PIETROBELLI/SHUTTERSTOCK ©, MAURICE JOSEPH/ALAMY STOCK PHOTO ©

Eine Woche in Perugia

- Die Hauptstadt Umbriens bietet eine optimale Basis, um alle entlegenen Ecken und Winkel (über und unter der Erde) zu erkunden und die grandiosen Spezialitäten zu genießen, für die die Region bekannt ist. Oh, und auf keinen Fall den Besuch der **Perugina-Fabrik** (S. 515) versäumen, um die köstliche Schokolade zu probieren.

- Als weitere Höhepunkte locken eine Wanderung auf dem Pilgerweg in **Assisi** (S. 512) und eine Verkostung des berühmten **Sagrantino di Montefalco** (S. 519) in seiner namensgebenden Stadt. In **Solomeo** (S. 518) kann man die faszinierenden kulturellen Facetten des historischen Ortes entdecken, einschließlich seiner langen Kaschmirtradition. Und zum Schluss laden die **Terme Francescane** (S. 539) bei Spello oder die verwunschenen Uferbereiche des **Trasimener Sees (Lago Trasimeno)** (S. 517) zum Entspannen ein.

Drei Tage in den Marken

- Wer sich für edle Dinge begeistert, kommt bei einem Urlaub in den Marken voll auf seine Kosten. **Urbino** (S. 521) besticht mit prachtvoller Renaissance sowie Prosciutto und Trüffeln, die die Stadt zu einem Paradies für Gourmets machen. Danach geht es weiter in den Süden nach **Ascoli Piceno** (S. 534), um in einer der elegantesten Städte des Landes die berühmten Oliven zu kosten.

- Die Küste der Marken und die **Riviera del Conero** (S. 528) sind wie geschaffen zum Sonnenanbeten. Wem der Sinn nach Adrenalin steht, begibt sich ins Landesinnere, um am **Monte Vettore** (S. 537), dem höchsten Berg des Nationalparks Monti Sibillini und der Region Marken, in den Wolken zu stehen.

SEPTEMBER

In **Jesi** die Weinlese erleben und die besten Weine der Welt probieren.

OKTOBER

Sich wie Charlie in der Schokoladenfabrik fühlen beim **Eurochocolate-Festival** in Perugia.

NOVEMBER

Beim **Weiße-Trüffel-Festival** in Acqualagna Unmengen dieser Delikatesse genießen.

DEZEMBER

Das Neue Jahr begrüßen bei **Umbria Jazz** in Orvieto.

PERUGIA

Nicht jede Stadt kann so bedeutende Titel wie Kunstparadies, Jazz-Epizentrum und Königreich der Schokolade für sich beanspruchen. Perugia schon! Aber Perugia ist auch nicht irgendeine Stadt. Die umbrische Hauptstadt, eingebettet zwischen Rom und Florenz, hat sich seit der Herrschaft der Etrusker zu einer der wichtigsten Zentren der damals noch als Tuscia bekannten Region entwickelt. Einer der berühmtesten Söhne der Stadt, der Maler Pietro Vanucci, wurde im 15. Jh. zum Meister Perugino und machte Perugia weltberühmt. Fast fünf Jahrhunderte später, im Jahr 1973, brachte diese Anziehungskraft ein spontanes Festival namens Umbria Jazz hervor.

Aber in Perugia tragen nicht alle Held:innen Malerhüte oder spielen Oboe. Einige von ihnen, wie Luisa Spagnoli, sind einfach brillante Frauen, die wissen, dass gehackte Haselnüsse und Schokolade niemals verschwendet werden dürfen – und so entstanden im Jahr 1922 die berühmten Baci Perugina

TOP TIPP

Perugia ist eine Bergstadt par excellence, was das Fahren und Parken zum Alptraum werden lässt. Am besten stellt man sein Auto in einem der vielen Parkhäuser am Fuße der Stadt ab und fährt mit dem Aufzug nach oben. Dabei empfiehlt sich leichtes Gepäck.

INTERNATIONAL JOURNALISM FESTIVAL

Seit 2007 bietet das Internationale Journalismusfestival Journalist:innen aus aller Welt die Möglichkeit, ihre Arbeit zu präsentieren. Die mehrtägige Veranstaltung ist kostenlos und für jeden offen. Wo sonst begegnet man Al Gore, Seymour Hersh oder Edward Snowden bei hausgemachter *torta al testo* und einem Glas Rotwein? Das Festival findet regelmäßig im Frühjahr statt, und die Veranstaltungen werden sowohl auf Italienisch als auch auf Englisch abgehalten. Auf *www.journalismfestival.com* gibt's mehr Informationen darüber, wie man teilnehmen und das Projekt unterstützen kann.

Outdoor-Leben im Historischen Zentrum

MITTELALTERLICHEN CHARME ERLEBEN

Trotz des launischen Klimas ist Perugia eine Stadt, die man draußen erleben muss. Es ist schwer zu sagen, ob die große Zahl an Studierenden dieses Gefühl hervorruft oder ob die Studierenden gerade deswegen hierher kommen – das Ergebnis ist jedenfalls ein beständiges, vom Stimmengewirr hervorgerufenes Raunen in der Luft, das im Sommer, an den Wochenenden und bei den zahlreichen Festivals der Stadt seinen Höhepunkt erreicht. Perugia wirkt überschaubar und gleichermaßen weitläufig, aufgeschlossen und doch auch ein wenig geheimnisvoll. Es ist ein stimmungsvoller Ort, der sich von der hochgelegenen Altstadt bis zu den unterirdischen Katakomben erstreckt.

Wäre Leute zu beobachten ein Sport, dann wäre Perugia Meister. Es gibt keinen besseren Ort dafür, als die Stufen der **Cattedrale di San Lorenzo** an der Piazza IV Novembre. Alle Wege führen irgendwann zur Piazza hin und wieder von ihr weg, und die beeindruckende **Fontana Maggiore** ist Treffpunkt und Anlaufstelle für alle, die eine Pause von Wein, Schokolade oder der geballten Geschichte brauchten. Die Piazza liegt an einem Ende des **Corso Vannucci**, der Hauptverkehrsader des *centro storico* (historisches Zentrum), das von den **Giardini Carducci** umrahmt wird, einer grünen Oase hoch über der Stadt, von der aus man eine perfekte Aussicht hat. An lauen Sommeraben-

HIGHLIGHTS
1 Cattedrale di San Lorenzo
2 Galleria Nazionale dell'Umbria

SEHENSWERTES
3 Museo del Capitolo di San Lorenzo
4 Corso Vannucci
5 Fontana Maggiore
6 Giardini Carducci
(siehe 2) Palazzo dei Priori
7 Rocca Paolina
8 Via dell'Acquedotto

SCHLAFEN
9 Bio B&B Della Mandoria
10 Hotel Locanda della Posta
11 Priori Secret Garden
12 Sina Brufani

ESSEN
13 Il Cantinone
14 Osteria ai Priori

AUSGEHEN & FEIERN
15 Caffè Dal Perugino
16 Dempsey's Perugia
17 Kundera Caffè Bistrot
18 Mercato Vianova
19 Punto di Vista

den sitzen hier Familien auf Bänken, und junge Verliebte versuchen sich an ihrem ersten Kuss. Aber wahrscheinlich passiert dasselbe auch an kalten Winterabenden.

Unterwegs kommt man am **Palazzo dei Priori** vorbei, einem besonders guten Beispiel dafür, dass Architektur immer auch Sinnbildcharakter hat. Dieses kolossale Bauwerk wurde im Lauf von mehr als einem Jahrhundert errichtet, und die zeitlichen Veränderungen im Hinblick auf die Ästhetik, das politische Geschehen und die Gesellschaft sind an den verschiedenen Baustilen deutlich zu erkennen. In unmittelbarer Nähe befindet sich auch die **Galleria Nazionale dell'Umbria** mit der weltweit größten Sammlung der Umbrischen Schule, die Werke aus der Zeit vom 13. bis 19. Jh. umfasst. Viele der Kunstwerke zeigen krankhaft fettleibige Männer mit Gesichtsausdrücken, die geradezu danach schreien, zu Memes verarbeitet zu werden. Das ist natürlich nur ein Gedanke.

Mit Sicherheit einer der schönsten Straßenabschnitte der Stadt ist die **Via dell'Acquedotto**, die ursprünglich ein antikes Bauprojekt war, um Wasser zur Fontana Maggiore zu leiten. Doch nach einiger Zeit (und nach Entnahme einiger Ziegelsteine) wurde entschieden, die Straße lieber wieder ausschließlich als solche zu nutzen. Und auch ohne Erfüllung ihres eigentlichen Zwecks – oder vielleicht gerade deshalb – versprüht die Via dell'Acquedotto einen einzigartigen Charme. Das außergewöhnliche kleine Sträßchen verbindet das *centro storico* mit dem Viertel Porta Sant'Angelo und ist von hübschen Häusern und versteckten Gärten gesäumt. Nicht selten muss man sich an Pärchen vorbeimanövrieren, die vor dieser romantischen Kulisse verweilen, aber keine Sorge, daran ist man hier gewöhnt.

DAS TAU-KREUZ

In den Schaufenstern in Assisi sieht man überall das Tau-Kreuz, das charakteristische Symbol des Heiligen Franziskus. *Tau* ist der letzte Buchstabe des Hebräischen Alphabets und wurde sowohl im Alten Testament als auch vom Heiligen Antonius von Ägypten verwendet. Franziskus machte es zu seinem persönlichen Zeichen, und später benutzten es seine Anhänger als Ausdruck ihrer Verehrung. Es symbolisiert Schutz und Vergebung und ist in den Souvenirläden in Assisi erhältlich. **Tomassetti Arte Sacra** bietet eine große Auswahl an Artikeln aus Olivenholz, die der lokale Kunsthandwerker Marcello Tomassetti alle per Hand anfertigt.

Die heilige Stadt Assisi

WO TOURISMUS ZUM PILGERTUM WERDEN

Weniger als eine halbe Autostunde von Perugia entfernt liegt Assisi, die Geburts- und Ruhestätte des Heiligen Franziskus, eines der Schutzheiligen Italiens. Ob es die Stadt war, die den Heiligen berühmt machte, oder umgekehrt, lässt sich nicht sagen. Sicher ist jedoch, dass Assisi in vielerlei Hinsicht faszinierend ist. Die **Basilica di San Francesco** und das dazugehörige **Sacro Convento** sind einfach monumental, die Größe des Bauwerks ist sowohl von außen als auch innen überwältigend. Allein das würde schon reichen für den wohlverdienten UNESCO-Status, und doch ist es nur eine von vielen beeindruckenden Sehenswürdigkeiten der Stadt. Von der **Rocca Maggiore** aus

ÜBERNACHTEN IN PERUGIA

Sina Brufani
Fünf-Sterne-Unterkunft mit allem Drum und Dran, darunter Spa und Panoramablick. **€€€**

Bio B&B Della Mandorla
Gemütliche, preisgünstige Zimmer mit Bio-Produkten im Herzen der Stadt. **€**

Castello di Monterone
Nur 3 km vom Stadtzentrum entfernt, wirkt dieses Schloss wie aus einer anderen Welt. **€€€**

Via dell'Acquedotto

BESTE DRINKS IN PERUGIA

Punto di Vista
Die Cocktails sind die perfekte Ergänzung zum Panoramablick.

Kundera Bistrot
Eigentlich keine Cocktailbar, aber die Wein- und Bierkarte macht das mehr als wett.

Mercato Vianova
Die Küche ist schick, die Einrichtung elegant, und das Erlebnis beides.

Dempsey's
Klar, es ist eine studentische Kneipe, aber mit besseren Getränken, als man erwarten würde.

Dal Perugino
Nichts Ausgefallenes, aber noch um 6 Uhr offen, wenn eigentlich nur noch die Straßenreiniger wach sind.

dem 14. Jh. hat man einen spektakulären Blick auf Assisi und Umgebung – der beschwerliche Aufstieg lohnt sich.

Assisi zieht so viele Reisende an, wie kaum ein anderer Ort in Umbrien. An Restaurants, Hotels und Geschäften mangelt es nicht. Der Ort ist nach wie vor von großer Bedeutung für die katholische Kirche und wird von Pilger:innen und Mitgliedern des Franziskanerordens besucht. Es ist also nichts Ungewöhnliches, dass man überall auf Mönche in braunen Gewändern aus Gemeinschaften aus der ganzen Welt trifft, und an kirchlichen Feiertagen stößt man überall in der Stadt auf religiöse Symbole und Zeremonien.

Der Geist von Umbria Jazz

DIE GRÖSSTE PARTY IN DER STADT

Franz von Assisi soll gebetet haben, dass Gott durch ihn Wunder vollbringen möge, und es dauerte nur 750 Jahre, bis Gott Miles Davis nach Perugia brachte.

Priori Secret Garden
Öko-schicke Suiten im Herzen des Zentrums mit einer fantastischen Terrasse für Cocktails. €€

Hotel Locanda della Posta
Klassisch mit moderner Ausstattung – eine Oase mitten im Geschehen. €€€

Chocohotel
Nicht mehr ganz in der Stadt und nicht ganz von dieser Welt – ein süßes Bett für Naschkatzen. €€

PERUGIA UNTER DER ERDE

So attraktiv das Stadtzentrum auch sein mag, so gibt es auch unter der Erde eine ganze Welt, die es mit allem, was darüber liegt, aufnehmen kann. Die Festung **Rocca Paolina** wurde erbaut, um die Aufstände gegen das Papsttum während des Salzkrieges von 1540 einzudämmen und irgendwann danach zerstört. Die Überreste der Burg und des 36 m tiefen etruskischen Brunnens sind noch immer unter der heutigen oberirdischen Stadt erhalten und bieten einen beeindruckenden Einblick in das mittelalterliche Leben.

Die Führungen durch das unterirdische Perugia beginnen am **Museo del Capitolo di San Lorenzo** neben der Kathedrale und müssen im Voraus gebucht werden. Auf *www.cattedrale.perugia.it/museo-e-percorso-archeologico* findet man Informationen und Öffnungszeiten, aktuelle Infos gibt's direkt an der Cattedrale di San Lorenzo an der Piazza IV Novembre.

Straßenmusikanten beim Umbria Jazz (S. 513)

Die Jazzmusik hat einige spirituelle Mutterländer, und seit fast einem halben Jahrhundert ist Umbrien eines davon. Was 1973 mit einer Reihe kostenloser Freiluftkonzerte in verschiedenen Städten der Region begann, ist inzwischen zu einer echten Institution geworden. **Umbria Jazz** verkörpert durch seine bloße Existenz und die Möglichkeiten und Chancen, die es den zahlreichen Interpreten im Lauf der Jahre eröffnet hat, den Geist der Musik selbst. Der Beweis dafür ist das großartige Line-up der prominenten Künstler, von Charles Mingus über Lady Gaga bis zu Dee Dee Bridgewater, die 1973 hier zum ersten Mal auftrat und 2022 zurückkehrte.

Umbria Jazz findet das ganze Jahr über statt, aber der unangefochtene Höhepunkt ist die Veranstaltung im Juli in Perugia. Dann nämlich tummelt sich ein internationales Publikum in den Gassen, und die Gäste genießen neben den Konzerten die guten lokalen Weine. Nicht nur die Tische in den Restaurants und Bars, auch die Zimmer sind in dieser Zeit knapp. Die Stadt ist erfüllt vom Geist des Jazz: New Orleans auf dem Hügel oder Montreux auf dem Berg – was auch immer, man sollte es einfach genießen. Schließlich war dafür ein Wunder nötig.

ESSEN IN PERUGIA

Osteria ai Priori
Lokale Spezialitäten in einem malerischen Speisesaal mit zugehörigem Laden. **€**

L'Officina – Ristorante Culturale
Innovative Degustationsmenüs mit lokalen Zutaten und umfangreicher Weinkarte. **€€**

Cantinone
Authentischer und köstlicher als in diesem alteingesessenen Traditionslokal geht's nicht. **€€**

Informationen zu Tickets, Programm und Anreise gibt's auf der Website von Umbria Jazz *(umbriajazz.it)* oder auf Instagram *(@umbriajazzofficial)*. Während des Festivals ist das Parken in der Stadt fast unmöglich, aber es gibt zahlreiche Busse, die ins Zentrum pendeln, sowie das bewährte Aufzugssystem.

Ein Kuss macht Träume wahr

PERUGIAS SCHOKOLADE ENTDECKEN

Perugia hat viele Geschichten zu erzählen – die allerbesten handeln von Liebe und Schokolade. Die selbstbewusste Unternehmerin Luisa Spagnoli stammte aus einer ursprünglich armen Familie und heiratete jung. Sie hätte sich auch einfach zurücklehnen können, entschied sich aber dafür, ihr Leben dem *bacio* zu widmen, einer köstlichen Verbindung aus Schokolade und Haselnuss, die Perugina zu einer Weltmarke und Perugia zu ihrer kulinarischen Heimat machte. Obwohl ihr Leben nur kurz war, feierte Spagnoli sowohl in der Lebensmittelbranche als auch in der Modewelt große Erfolge. Ihr Engagement für Perugina verdankt sie nicht zuletzt ihrem Geschäfts- und Lebenspartner, Giovanni Buitoni. Ihr gegenseitiger Respekt, die gegenseitige Bewunderung und Liebe füreinander machten ihre Heimatstadt weltweit bekannt – eine der vielen Geschichten, auf die Perugia stolz ist.

Man kann die Perugina-Fabrik **Casa del Cioccolato Perugina** (*perugina.com/it/casa-del-cioccolato/la-cas*) das ganze Jahr hindurch besichtigen, und in der Stadt gibt es zahlreiche Geschäfte, die die köstlichen Schokoladenspezialitäten anbieten. Echte Fans müssen aber unbedingt die **Eurochocolate** (*eurochocolate.com*) besuchen, ein zehntägiges Festival in und um Perugia, bei dem faszinierende Schokoladenkunstwerke sowie thematisch von Schokolade inspirierte Straßenaufführungen und gigantische Schokoladenskulpturen gezeigt werden. Perugina ist dabei neben zahlreichen anderen Herstellern – sowohl aus Italien als auch aus dem Ausland – vertreten, die im historischen Zentrum der Stadt Schokoladenverkostungen anbieten. Das Hauptevent findet auf dem Gelände der **Umbria-Fiere** statt, einem 14 000 m² großen Messegelände mit Erlebnispavillons.

OH, TANNENBAUM!

Jedes Jahr erstrahlt an den Hängen des Monte Ingino vor den Toren Gubbios der laut Guinness-Buch der Rekorde größte Weihnachtsbaum der Welt. Mit einer Höhe von 650 m und einer Breite von 350 m ist der Baum von Gubbio noch aus einer Entfernung von 50 km zu sehen, was ihn zu einer der ungewöhnlichsten und zugleich beliebtesten Urlaubsattraktionen Umbriens macht.

Etwas zierlicher kommt der Weihnachtsbaum von Deruta daher, der vollständig aus der Keramik gefertigt ist, für die die Stadt weltberühmt ist.

Beide Bäume sind von Anfang Dezember bis nach Neujahr zu bewundern, man hat also genügend Zeit, sich auf die Weihnachtszeit einzustimmen, unabhängig davon, welchen Ort man besucht.

UNTERWEGS VOR ORT

Perugia ist eine große, auf einem Berg gelegene Stadt – man muss also viel bergauf gehen. Wer mit dem Auto anreist, nutzt am besten einen der Parkplätze direkt vor der Stadt (online reservieren auf *sabait.it/en/parking-perugia*) und nimmt einen Aufzug ins Stadtzentrum. Viele Hotels bieten private Parkplätze, die gewöhnlich 20 € am Tag kosten, man sollte ich vorher erkundigen.

Perugia ist mit dem Zug gut an andere italienische Städte angebunden, verfügt aber nicht über Hochgeschwindigkeitsverbindungen. Von Roma Termini dauert die Zugreise etwa zweieinhalb Stunden, von Florenz aus zwei Stunden. Der Bahnhof von Perugia liegt am Fuß des Berges. Von dort bietet die Mini-Metro einen Shuttleservice ins Zentrum.

Lago Trasimeno
Perugia
Solomeo
Spello
Montefalco
Trevi

Rund um Perugia

Man braucht sich nicht weit von der Hauptstadt zu entfernen, um in den Genuss des Besten zu kommen, was Umbrien zu bieten hat.

Wer noch nicht genug vom üppigen Essen, den guten Weinen und den malerischen Landschaften hat, kommt im Umland von Perugia voll auf seine Kosten. In Richtung Osten, an der Grenze zu den Marken, liegen einige der schönsten Städte der Region. Auch wenn Umbrien nicht am Meer liegt, so gibt es doch einige ausgezeichnete Badestellen. Der Lago Trasimeno, der nur eine kurze Autofahrt westlich von Perugia liegt, ist eines der unberührtesten und bestgehüteten Geheimnisse Italiens. Auf dem Weg dorthin unbedingt einen Halt in Solomeo einlegen, um das vielleicht „heiligste" Einkaufserlebnis mitzunehmen, das man haben kann. Zum Schluss lohnt sich ein Blick auf die Fonte di Clitunno und das Insta-berühmte Dörfchen Rasiglia.

TOP TIPP

Bergstädte können steil sein, daher ist gutes Schuhwerk zu empfehlen!

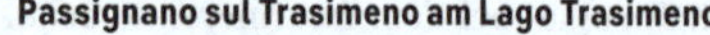

Passignano sul Trasimeno am Lago Trasimeno

ESSEVU/SHUTTERSTOCK ©

Panicale

WARUM SIND KERAMIKWAREN AUS DERUTA SO BESONDERS?

Seit dem Mittelalter ist diese kleine Stadt vor den Toren Perugias für ihre Majolika-Keramik berühmt. Bei dieser Technik wird Steingut mit einer lichtundurchlässigen Zinnglasur überzogen und vor dem Brennen bemalt, sodass die komplexen Muster und Familienwappen ihre Farben über die Jahrhunderte hinweg bewahren. Die Keramikfliesen von Deruta waren so begehrt, dass sie zur Ausschmückung der Kirchen San Francesco in Deruta, Santa Maria Maggiore in Spello und San Pietro in Perugia verwendet wurden. Am berühmtesten ist die Stadt jedoch für ihr Geschirr, man findet die charakteristischen Schalen, Krüge und Tassen aus Deruta in Städten in ganz Umbrien.

Sich treiben lassen auf dem Lago Trasimeno

UMBRIENS GEHEIMER RÜCKZUGSORT AM WASSER

Der Lago Trasimeno ist der viertgrößte See Italiens, und trotzdem fühlt man sich wie an seiner ganz privaten Badestelle, wo auch immer man sein Handtuch ablegt. Das liegt vielleicht an den erstaunlich gut erhaltenen, verwunschenen alten Städten, die sich um den See verteilen und den Eindruck erwecken, als würde die Zeit hier stillstehen. Paddleboarden und Windsurfen trifft hier auf Vogelbeobachtungen und Fischerei. Das Leben am See verläuft langsam und entschleunigend, und wer die Seele baumeln lassen will, wird weltweit kaum einen besseren Ort dafür finden.

Oberhalb des Sees liegen die malerischen Städte **Panicale** und **Paciano** mit ihren charakteristischen Geschäften und Bars, die alle von dem atemberaubenden Panoramablick profitieren. Die Städte **Castiglione del Lago** und **Passignano sul Trasi-**

ÜBERNACHTEN

Torre di Moravola
Schlafen wie im Märchen in einem mittelalterlichen Turm bei Gubbio. **€€€**

Vicolo Fabbri
Luxusappartements in den mittelalterlichen Mauern von Montefalco. **€€**

NUN Relais & Spa
Verwöhnen lassen in den umgewandelten antiken römischen Ruinen in Assisi. **€€€€**

VALERIOMEI/SHUTTERSTOCK ©

Malerisches Rasiglia

STRADA DEL VINO COLLE DI TRASIMENO

Obwohl die Tradition bis in die Zeit der Etrusker zurückreicht, sind die Weine aus der Gegend um den Lago Trasimeno außerhalb Italiens (und sogar innerhalb, um ehrlich zu sein) nur wenig bekannt. Das ist eigentlich schade, denn das Mikroklima des Sees und seiner Umgebung bringt eine Reihe hervorragender Weiß-, Rot- und Roséweine hervor, die denen ihrer berühmteren Nachbarn aus Montepulciano nicht nur ähneln, sondern diese häufig sogar noch übertreffen. Ein Besuch in einigen der seit Generationen bestehenden Weinkellereien ist über die Strada del Vino Colle di Trasimeno möglich, einem Zusammenschluss lokaler Erzeuger, die Touren planen, Weinproben anbieten und Gäste in ihren *agriturismi* (Unterbringung auf dem Bauernhof) beherbergen. Informationen dazu gibt es auf *trasimenodoc.it* oder *stradadelvinotrasimeno.it*.

meno bieten von ihren mittelalterlichen Türmen aus majestätische Ausblicke, und im Sommer brummt der Verkehr, ohne jedoch allzu sehr auf die Nerven zu gehen.

Für mehr Ruhe empfiehlt es sich, die Fähre von Passignano zur **Isola Maggiore** zu nehmen, eine der drei Inseln im See und die einzige, die noch bewohnt ist – mit einer konstanten Bevölkerungszahl von 35. Wem das immer noch zu viel Trubel ist, der kann auf die beiden anderen Inseln **Minore** und **Polvese** ausweichen, die unbewohnt sind.

Der wahr gewordene Traum eines Designers

EIN DORF AUS KASCHMIR & HARMONIE

Etwas außerhalb von Perugia, an der Straße nach Trasimeno, liegt das Dorf **Solomeo** – würde sich die Platonische Akademie um Mode drehen, das wäre das Ergebnis. Designer Brunello Cucinelli, der in Solomeo geboren und aufgewachsen ist, hat die Stadt in ein lebendes Denkmal der Philosophie und der

ÜBERNACHTEN RUND UM PERUGIA

Antico Sipario
Thematisch gestaltete Zimmer in Paciano mit Blick auf den schönen Hof, hoch über dem Lago Trasimeno. **€€**

Rastrello
Ein Boutique-Hotel mit edlen Zimmern und noch edlerem Olivenöl, oben in den Hügeln von Panicale. **€€-€€€**

Hotel Castello di Reschio
Wohnen wie die Adligen an der Grenze zwischen Umbrien und der Toskana. **€€€€**

Kunst des guten Lebens verwandelt, das die Grundsätze seines Kaschmirimperiums widerspiegelt. Wer das nötige Kleingeld hat, kann eine private Führung durch die Stadt, den Flagshipstore, die Fabrik und den nahe gelegenen Park mit dem 22 m hohen Denkmal „Tribut an die Menschenwürde" buchen. Aber Solomeo ist kein Einkaufszentrum, und eine Reservierung ist nicht erforderlich. Vielmehr ist es ein wunderschön erhaltenes, leicht surreales und seltsam fesselndes Freilichtmuseum, das seinem Namen als „Dorf des Kaschmirs und der Harmonie" alle Ehre macht.

Auf *solomeo.it* gibt es mehr Informationen über die Geschichte des Ortes und zur Buchung von Führungen.

Montefalco, Trevi & Spello

DAS PERFEKTE DREIECK

Wer hat nicht schon einmal von diesen klassischen italienischen Bergdörfern geträumt, die einem durch die Kombination aus Lage und Atmosphäre das beschwingte Gefühl geben, dass man im Leben nur gute Entscheidungen getroffen hat. Allzu oft stellt man bei Ankunft jedoch ernüchtert fest, dass schon alle vor einem da waren und der ganze Zauber durch überfüllte Plätze und überlastete Kellner verloren gegangen ist. Und dann entdeckt man Umbrien.

Selbst Pythagoras hätte kein perfekteres Dreieck erfinden können als das, das die Städte Montefalco, Trevi und Spello bilden. Die Fahrt ist landschaftlich reizvoll und unkompliziert, und die drei Orte sind nur jeweils eine Stunde voneinander entfernt. Natürlich sollte man sich in jedem Ort Zeit nehmen, denn es gibt viel zu entdecken.

Benannt vermutlich zu Ehren Kaiser Friedrichs II. der sich hier gerne zur Falkenjagd aufhielt, versprüht Montefalco all die Dramatik und Größe, die der imposante Name impliziert. Die Zufahrt zur von Mauern umgebenen Stadt ist gesäumt von nostalgischen Gemüseständen, an denen Cannara-Zwiebeln verkauft werden, und alten Frauen, die vor ihren Häusern auf dem Bürgersteig sitzen. Hinter den Toren, im Innern der Stadt warten wunderschön erhaltene Kopfsteinpflasterstraßen mit gemütlichen Restaurants und einladenden Geschäften, von denen die meisten **Montefalco di Sagrantino DOC**, einen kräftigen Rotwein, für den die Stadt weltberühmt ist, ausschenken oder verkaufen. Man kann ihn fast überall genießen, am besten schmeckt er aber auf der lebhaften Piazza del Comune an einem Tisch der **Enoteca L'Alchemista**, einem der besten Restaurants in Umbrien.

FONTE DI CLITUNNO & RASIGLIA

Das Dorf Rasiglia wurde schlagartig berühmt, als seine von Kanälen durchzogenen Straßen in den sozialen Medien als „Venedig von Umbrien" angepriesen wurden. Und die Ähnlichkeit ist da! Jedes Wochenende strömen Menschenmassen zu dieser winzigen Attraktion. Es ist ein hübscher Ort, aber die vielen Gäste, Souvenirläden und Restaurants, die hier aus dem Boden schießen, machen das perfekte Foto vor dem Wasserfall zur Challenge. Stattdessen sollte man sich lieber für einen Besuch der Fonte di Clitunno entscheiden, dem Park und den natürlichen Quellen, die Dichter:innen dazu inspirierten, diese Region als „grünes Herz Italiens" zu betiteln. Der Park erhebt eine symbolische Eintrittsgebühr, die für den Erhalt des UNESCO-Tempels auf dem Gelände verwendet wird.

ESSEN RUND UM PERUGIA

Enoteca L'Alchemista
Originelle Gerichte mit lokalen Zutaten und eine beeindruckende Weinkarte in der gemütlichen mittelalterlichen Stadt Montefalco. **€€**

Osteria Piazzetta dell'Erba
Wer würde eine japanisch-italienische Fusion im Herzen des heiligen Assisi erwarten? Aber es funktioniert. **€€**

Taverna del Sette
Dieses elegante, unaufdringliche Lokal ist einer der Höhepunkte der malerischen Olivenölroute, die durch Trevi führt. **€€€**

Auf der anderen Seite des Tals schmiegt sich eine Stadt an die Hänge eines gegenüberliegenden Hügels – das ist Trevi, ein Ort, der in keiner Weise mit dem römischen Brunnen verwandt ist, abgesehen davon, dass es als Reservoir für eine kostbare Flüssigkeit dient: In der Hauptstadt ist es Wasser, in dieser Stadt ist es Olivenöl. Wer das Glück hat, Ende Oktober in Trevi zu sein, kann mit den Einheimischen die neue Olivenernte feiern. Ganzjährig zugänglich ist der **Olivenweg**, der durch die Olivenhaine außerhalb der Stadtmauern bis zum **Olivenölmuseum** führt. Und natürlich kommt man nicht drum herum, das gute Öl und den berühmten schwarzen Sellerie, für den Trevi bekannt ist, zu verkosten – beispielsweise in **La Taverna del Sette**.

Um den neunten Sonntag nach Ostern herum lohnt sich ein Besuch in Spello für die **Infiorate**, ein Fest zu Ehren des Corpus Domini, bei dem die verwinkelten mittelalterlichen Gassen dieser ohnehin schon prächtigen Bergstadt mit handgefertigten Blumenskulpturen geschmückt werden. Falls man es nicht zur Infiorate schafft, bietet das winzige **Museo delle Infiorate** in der Stadt eine schöne Sammlung von Fotos und Zeichnungen aus vergangenen Jahren. Wer eine Erinnerung an die hübschen Blumen mitnehmen möchte, geht zu **Acqua ai Fiori di Spello**, einer handwerklichen Parfümerie, die aus heimischen Blumen wunderbare individuelle Düfte kreiert. Das Unternehmen versendet auch international und hat eine fantastische Online-Präsenz. Wenn die Taschen also schon prall gefüllt sind, kommt die Ware direkt nach Hause.

BESTE UMBRISCHE WEINE

Montefalco di Sagrantino
Der tanninreiche Rotwein passt gut zu den herzhaften Gerichten der Region.

Trebbiano di Spoletino
Der intensive, fruchtige Weißwein wächst nur in dieser Region.

Cannara Rosso Passito
Der süße Rotwein schließt jede Mahlzeit perfekt ab.

Rosato di Trasimeno
Der Rosé ist das vielleicht bestgehütete Geheimnis außerhalb der Provence.

Grechetto
Ein heller, ausgewogener Weißwein – quasi Umbrien im Glas.

UNTERWEGS VOR ORT

Einige der größeren Bergstädte sind zwar per Zug erreichbar, aber die Verbindungen sind mitunter unregelmäßig und die Anschlüsse von den im Tal gelegenen Bahnhöfen zu den Stadtzentren unzuverlässig (oder gar nicht vorhanden). Am besten reist man mit dem eigenen Auto: Außerhalb der Stadtzentren gibt es in der Regel gut ausgeschilderte und preisgünstige Parkplätze. Mietwagen gibt's am Flughafen von Perugia, wo alle großen Unternehmen vertreten sind.

Urbino
Rom

URBINO

Die Stadt Urbino liegt so weit oben, dass einem schon beim Näherkommen schwindlig werden kann. Aber damit ist man nicht allein: Viele der Straßen im mittelalterlichen Zentrum sind so steil, dass Stahlgeländer an den Steinmauern angebracht wurden, die den Menschen seit Jahrhunderten helfen, die Stadt zu erklimmen. Der mächtige Herzog Federico da Montefeltro liebte Urbino und war für die Renaissance so bedeutend, dass er als „Licht Italiens" betitelt wurde. Die Stadt, die er erbaut hat, scheint ein wenig in der Vergangenheit zu verharren, vermutlich ihm zu Ehren. Auch heute noch ist Urbino ein majestätisches Städtchen, schon allein wegen seiner schwindelerregenden Lage. Es gibt viele Gründe, diese einzigartige Stadt, die für viele die schönste Italiens ist, einen Besuch abzustatten – und wer sie noch nicht kennt, sollte dies unbedingt ändern!

TOP TIPP

Unabhängig davon, wieviel Zeit man in und um Urbino eingeplant hat, sollte man mindestens noch einen Tag dranhängen, vor allem, wenn gerade eines der tollen Feste in der Region stattfindet.

Den Palazzo Ducale auskundschaften

DIE SCHÄTZE DES HERZOGS ENTDECKEN

Die Ausmaße des Palazzo Ducale sind so imposant, dass sie fast surreal erscheinen. Es ist, als wäre die gesamte Anlage den Seiten eines Comics entnommen und mit Stein und Mörtel zum Leben erweckt worden. Den Palazzo als Festung zu bezeichnen, würde ihm nicht gerecht werden, und auch der Begriff Burg reicht nicht aus. Er ist so massiv, dass die Hügel, auf denen er steht, nachzugeben drohen, weil sie die gigantischen Ausmaße seiner Türme und Türmchen nicht tragen können. Und doch ist er fast unversehrt geblieben, wie Urbino selbst – ein architektonisches Wunderwerk, das unter anderen Bauwerken der italienischen Renaissance seinesgleichen sucht.

Ähnlich wie Federico da Montefeltro, verbirgt auch der Palazzo Ducale hinter seinem strengen Äußeren eine Fülle von Schätzen. Die Passionen des Herzogs sowie seine militärischen Leistungen finden sich in Fresken und Skulpturen in der gesamten Anlage wider. Eines der eindrucksvollsten Details des Palastes ist das **Studiolo**, ein kleiner Raum, der als Besinnungsort konzipiert wurde und von der Stadt abgewandt liegt. Es ist überall mit wertvollen Intarsienarbeiten verziert und birgt wissenschaftliche und musikalische Instrumente sowie Waffen und Rüstungen. Es scheint, als ob Federico hier von den Dingen umgeben sein wollte, die er am meisten auf der Welt liebte, hervorgehoben durch die prächtigen Intarsien. Im Gegensatz zu den gigantischen Ausmaßen des Palastes erzählt dieser Raum die Geschichte von Urbino, in kleinsten Details und mit viel versteckter Ironie – denn in einer Stadt, in der sich Größen der

FESTA DEL DUCA & FESTA DELL'AQUILONE

In den letzten Wochen des Sommers, während der Rest Italiens die letzten Strandtage nutzt, finden in Urbino zwei ganz besondere Feste statt. Die **Festa del Duca** füllt die Stadt eine ganze Woche lang mit Musik, Theater und Darbietungen zu Ehren des größten Actionhelden aller Zeiten, Federico da Montefeltro. Dann, am ersten Sonntag im September, füllt die **Festa dell'Aquilone** den Himmel über Urbino mit Tausenden von Drachen bei einem Wettbewerb, der seit 1955 stattfindet. Die beiden Veranstaltungen könnten nicht unterschiedlicher sein, aber zusammen verkörpern sie genau den Spirit dieser nahezu perfekten Stadt.

HIGHLIGHTS
1 Palazzo Ducale – Galleria Nazionale delle Marche

SEHENSWERTES
2 Casa Natale di Raffaello

SCHLAFEN
3 Hotel Boncorte
4 Hotel Raffaello
5 Hotel San Domenico

ESSEN
6 Antica Osteria da la Stella
7 Piadineria L'Aquilone
8 Portanova Ristorante in Urbino
9 Tartufi Antiche Bontà

Kunst, Dichtung und Philosophie tummelten, ist Sinn für Humor besser als jede Rüstung.

Die Kunst spielte in Urbino schon immer eine bedeutende Rolle, und die Unterbringung der **Galleria Nazionale delle Marche** im Palazzo Ducale zeigt, wie wichtig sie für die Identität der Stadt war und ist. Die Galerie beherbergt eine der bedeutendsten Renaissance-Kunstsammlungen weltweit. Da sie weniger besucht ist als ihre Pendants in Florenz, Rom oder London, kann man hier stundenlang in aller Ruhe Werke von Tizian, Piero della Francesca oder Paolo Uccello bestaunen. Außerdem hängt hier ein Gemälde unbekannter Herkunft mit dem Titel *Die ideale Stadt* – weltweit existieren nur drei dieser Bilder. Die Ähnlichkeit ist zwar gering, aber es ist nicht schwer zu erraten, warum es in Urbino hängt.

UNESCO-STATUS

Der Palazzo Ducale wurde 1998, zwei Jahre vor Assisi, von der UNESCO zum Weltkulturerbe erklärt (S. 510).

Schlemmen in Urbino

GROSSE AROMEN & GEWAGTE GERICHTE

Zwar hat jede Region Italiens ihr eigenes kulinarisches Repertoire, aber die Küche der Marken ist wohl eine der vielfältigsten des Landes. In Urbino werden die Zutaten wertgeschätzt, und die Gerichte bleiben ihren Wurzeln aus der Renaissance treu.

ÜBERNACHTEN IN URBINO

Hotel San Domenico
Ein modernes, gepflegtes Hotel direkt gegenüber dem Palazzo Ducale. **€€**

Hotel Raffaello
Die Kunst an den Wänden würdigt den Namensgeber des Hotels, aber die Aussicht auf die Stadt ist noch besser. **€€**

Hotel Bonconte
Eine restaurierte Villa mit Charme und Sinn für Humor. **€€€**

Palazzo Ducale (S. 521)

Wer in die Stadt kommt, sollte einen gesunden Appatit und einen großen Extrakoffer mitbringen

An vielen Orten auf der Welt gibt es den berühmten Schinken aus Parma oder San Daniele zu kaufen. Aber man muss schon nach Urbino kommen, um *prosciutto di Carpagna* zu probieren, eine geschätzte und geschützte Handelsmarke, die man anderswo kaum findet. Die Kombination aus Urbinos Mikroklima, der sorgfältigen Zubereitung und der geheimen Gewürzmischung machen diese Spezialität zu einem der bekanntesten und zugleich bestgehüteten Produkte der Region. Konkurrenz gibt es höchstens in Form von Käse, genauer gesagt *Casciotta di Urbino*, der aus Schafs- und Kuhmilch hergestellt wird und angeblich der Lieblingskäse Michelangelos war. Als geschützte Marke ist er oft auf internationalen Festivals vertreten, wo er als exklusive Spezialität gehandelt wird. Probieren kann man beides – Schinken und Käse – im **Tartufi Antiche Bontà**, in der Nähe der **Casa Raffaello** (Raphaels Geburtsort).

Selbst einige der erfahrensten Pasta-Fans werden *passatelli* nicht kennen – eine Spezialität aus Urbino und Pesaro, die aus Paniermehl, Eiern, Salz und *parmigiano reggiano* (Parmesan) hergestellt wird. Die *passatelli* werden durch ein spezielles Locheisen gedrückt, in Brühe gekocht und anschließend in der

IM LA TAVOLA MARCHE GEHT'S UM DIE WURST

Die New Yorker Ashley und Jason Bartner zogen 2007 nach Italien und gründeten die Kochschule La Tavola Marche auf ihrem Bauernhof in der Nähe von Urbino. Es handelt sich aber nicht um eine gewöhnliche Kochschule: Der klassisch ausgebildete Koch Jason zeigt den Schüler:innen, wie man ein Schwein schlachtet und Wurst herstellt, während Ashley für die Hühner zuständig ist und den Gästen erklärt, wie man nach Italien auswandert, und dabei vollkommen entspannt aussieht. Die Kurse finden das ganze Jahr über statt, und auf Anfrage kann das Haus für Veranstaltungen oder für einen längeren Aufenthalt gemietet werden. Auf *www.latavolamarche.com* gibt's mehr Informationen zu allem, was sie anbieten.

ÜBERNACHTEN AUSSERHALB VON URBINO

Tenuta Santi Giacomo e Filippo
Gleich außerhalb von Urbino liegt diese weitläufige Oase. **€€€**

Locanda della Valle Nuova
Ein nachhaltiger, familiengeführter Bauernhof in Fermignano, der ebenso komfortabel wie gut geführt ist. **€€**

Ca' Balsomino
Ein luxuriöses Landhaus, aufgeteilt in schicke Apartments mit künstlerischem Flair, nur einen Steinwurf vom Zentrum Urbino entfernt. **€€**

DER TRÜFFEL-KALENDER

In Acqualagna gibt es vier Arten von Trüffeln, die zu unterschiedlichen Zeitpunkten im Jahr geerntet werden. Bekommt man außerhalb dieser Zeiten welche angeboten, ist die Wahrscheinlichkeit groß, dass es keine echten Trüffeln sind. Am besten wartet man auf das nächste Festival.

Marzuolo
(ockerweiße Trüffel)
Mitte Januar bis Ende April.

Perigord
(schwarzer Trüffel)
Dezember bis März.

Scorsone
(Sommertrüffel)
Juni bis August und dann wieder von Oktober bis Ende Dezember.

Magnatum Pico
(weißer Trüffel)
Nur vom letzten Sonntag im September bis Ende Dezember zu finden.

PAOLO TROVO/SHUTTERSTOCK ©

Trüffeln im Museo del Tartufo di Acqualagna

Brühe mit Käse serviert. Wem das immer noch zu leicht ist, der sollte sich an *crescia* wagen. Dieses Fladenbrot – entfernt verwandt mit der bekannteren *piadina* – wird besonders knusprig, weil es kurz vor dem Frittieren mit Schmalz bestrichen wird. Die *crescia* wird dann mit allen möglichen Fleisch- und Käsesorten und gelegentlich auch mit Gemüse gefüllt. Für *passatelli* empfiehlt sich die **Antica Osteria della Stella,** *crescia* probiert man am besten in der **Piadineria L'Aquilone**.

Das Trüffel-Festival in Acqualagna

EIN WAHRES GOURMET-ABENTEUER

Wer auch immer die seltsame Knolle als erster aus dem Boden gegraben und zur Speise der Gottheiten erklärt hat – der Trüffel ist seitdem der Inbegriff von kulinarischem Luxus. Es gibt Leute, die den ganzen Wirbel nicht verstehen und nicht einmal den Unterschied zwischen Perigord und Philadelphia erkennen. Andere hingegen sind so leidenschaftlich, dass sie die Preisschwankungen an der seit 1890 bestehenden Börse in Echtzeit verfolgen. Diese Börse hat übrigens ihren Ursprung in einem kleinen Ort im Hinterland der Marken, der zu einem wahrhaften

DOPPELTER GENUSS

Echte Gourmets verbinden das Weiße-Trüffel-Festival in Acqualagna mit der Eurochocolate in Perugia (S. 515). Keine Sorge, das alles trainiert man beim Erklimmen der Straßen von Urbino wieder ab.

ESSEN IN URBINO

Portanova Ristorante in Urbino
Die hohen Decken und die originellen Gerichte sind eine perfekte Hommage an die legendäre Küche der Stadt. **€€**

Tartufi Antiche Bontà
Dieses versteckte Juwel und seine magischen Knollen auszulassen, wäre eine Beleidigung für Federico da Montefeltro höchstpersönlich. **€€€**

Antica Osteria da la Stella
Der neue Lieblingsort in der neuen Lieblingsstadt. **€€€**

Wallfahrtsort für diejenigen geworden ist, die sich zur Gemeinde der Gourmets zählen. Willkommen in Acqualagna!

Diese 4000 Seelen zählende Stadt vor den Toren Urbinos sieht auf den ersten Blick aus wie viele andere Städte auch. Aber bei näherem Hinsehen fällt auf, dass schier alles auf Trüffeln ausgerichtet ist. Weltweit ist diese Stadt als Trüffelzentrum bekannt und einer von nur zwei Orten in Italien, an denen der geschätzte weiße Trüffel ein geschütztes Lebensmittel ist. Das ganze Jahr über werden in Acqualagna zu den verschiedenen Erntezeiten Trüffelfeste gefeiert. Die wichtigste dieser Veranstaltungen findet Ende Oktober statt, wenn der weiße Trüffel drei Wochenenden lang als Ikone verehrt wird. Auf *acqualagna.com/en/fiere-tartufo* findet man alle wichtigen Informationen zu sämtlichen Festivals und die verschiedenen Möglichkeiten, wie und wo man an den Wochenenden Trüffeln essen kann.

Aber auch außerhalb der Festivals lohnt es sich, die Stadt zu besuchen und die Köstlichkeiten in den Geschäften und Restaurants zu probieren. Wer noch tiefer in die Materie eintauchen möchte, sollte das **Museo del Tartufo di Acqualagna** besuchen, das Ausstellungen, interaktive Erlebnisse und Verkostungskurse für alle anbietet, die ihren Gaumen verwöhnen möchten.

Furlo Gorge & Marmite dei Giganti

MIT DEM KANU DURCH URALTE SCHLUCHTEN

Hat man sich an den Trüffeln satt geschlemmt, geht es weiter auf der alten Römerstraße Via Flaminia durch den **Furlo Gorge**, die tiefe Schlucht, die dem umliegenden Naturschutzgebiet seinen Namen gegeben hat und der Grund dafür ist, warum diese Gegend den Beinamen „Grand Canyon Italiens" trägt. Im Anschluss lohnt sich ein Besuch der **Marmitte dei Giganti**, einer Reihe von zylindrischen Höhlen, die wie Kessel in die massiven Felsformationen gehauen sind. Der Legende nach sollen Riesen in den Kesseln Suppe gekocht haben – und angesichts des kulinarischen Erbes der Region ist man durchaus geneigt, das zu glauben. Aber weg mit den Topflappen und rein in die Badesachen, denn die beste Art, diese Gegend zu erkunden, ist eine Kanufahrt durch die Schlucht. **Happy River** (*marmittedeigigantiincanoa.it*) bietet 90-minütige, preisgünstige Kanutouren an, die einem die Sprache verschlagen und ordentlich Appetit auf eine wohlverdiente gefüllte *crescia* machen.

DIE HÄSSLICHSTE STADT DER WELT

Seit 1879 ist das kleine, malerische Städtchen Piobbico die Heimat des Club dei Brutti, das bedeutet Club der Hässlichen. Der Slogan des Clubs lautet: „Hässlichkeit ist eine Tugend, Schönheit ist Sklaverei" und basiert auf der Überzeugung, dass Schönheit im Auge des Betrachters liegt. Die Vereinigung, die im Scherz gegründet wurde, hat inzwischen Tausende von Mitgliedern aus der ganzen Welt. Viele kommen am ersten Sonntag im September zur **Festa dei Brutti** in Piobbico zusammen, bei der ein Präsident wird gewählt und neue Mitglieder vereidigt werden. All das natürlich begleitet von Essen, Trinken und Musik – ein wahres Fest.

UNTERWEGS VOR ORT

Obwohl Urbino weder über einen Flughafen noch über einen Bahnhof verfügt, ist es mit öffentlichen Verkehrsmitteln leicht zu erreichen. Die Züge fahren bis Pesaro, von dort aus fährt ein Bus in die Stadt, was normalerweise etwa eine Stunde dauert. In der Regel verkehren die Busse tagsüber alle halbe Stunde, an Sonntagen dürfte diese Taktung jedoch geringer und in der Hauptsaison möglicherweise höher sein. Tabakläden und Bars im Bahnhof verfügen über aktuelle Fahrpläne und verkaufen Fahrkarten. Das Zentrum von Urbino ist eine ZTL (*zona a traffico limitato* oder verkehrsbeschränkte Zone), sodass die meisten Autos nicht hineinfahren dürfen. Die Stadt bietet eine praktische Karte der verfügbaren Parkplätze mit Zeiten und Preisen (*urbinoservizi.it/gestione-parcheggi*).

ANCONA

Manche Häfen haben einfach Glück. Sie werden zu Reisezielen, die ihre eigentliche Funktion als Durchgangs- oder Transitort in den Hintergrund treten lassen und eine Jahrmarktsatmosphäre annehmen. Ancona ist nicht so ein Hafen. Der Aufstieg der Stadt als Handelszentrum für die italienische Wirtschaft geht auf Kosten ihres touristischen Rufs, sodass sie auf der Agenda der meisten Reisenden nur auf den hinteren Plätzen zu finden ist – wenn sie überhaupt noch auftaucht. Aber jede Hafenstadt hat eine Geschichte, und Ancona hat mehr zu erzählen, als man vielleicht denkt. Wie überall, wo Land auf Meer trifft, verbergen sich auch hier Ecken, die von den unschönen Raffinerien an der Küste verunstaltet werden. Wer sich aber trotzdem auf Ancona einlässt, wird von der Stadt überrascht sein. Und wagt man sich noch ein bisschen weiter vor, entdeckt man einige der bestgehüteten Geheimnisse Italiens.

TOP TIPP

Wie viele der schönsten Strände Italiens ist auch die berühmte Spiaggia delle Due Sorelle in der Hauptsaison nur für eine begrenzte Anzahl von Personen zugänglich. Man bucht über die App *spiaggia.it* oder riskiert ein Bußgeld in Höhe von mehreren hundert Euro!

DER BESTE WEISSWEIN DER WELT

Der Titel des besten Weißweins der Welt ging an den Verdicchio dei Castelli di Jesi Classico Superiore von 2019 von Villa Bucci, einem Familienbetrieb in Ostra Vetere. Das Weingut wird von dem berühmten Ampelio Bucci geleitet, der in Weinkreisen als „der Professor" bekannt ist. Der Wein ist sehr schwer zu finden, und das Weingut derzeit nicht für öffentliche Verkostungen oder Besichtigungen geöffnet. Bis dahin müssen sich begeisterte Fans mit Auszügen aus dem Buch des Professors begnügen, *Infinite Infancy.*

Sonnenaufgang in Ancona

EIN UNVERGESSLICHER SPAZIERGANG

Die beste Zeit, um eine Hafenstadt wirklich zu erleben, ist der frühe Morgen, wenn man nur das Kreischen der Möwen hört. Obwohl Ancona eine lange und ebene Küstenlinie hat, fällt die Stadt doch ganz sanft ab wie eine seichte Welle. Im Gegensatz zu den dramatischen Hängen im Landesinneren mag sie eher flach erscheinen, was die Hauptstadt der Region – verbunden mit der starken industriellen Entwicklung des Hafens – auf den ersten Blick eher langweilig und unscheinbar wirken lässt. Dabei gibt es so manche spannenden Kontraste, die den Charakter Anconas prägen: Etwa das Wetter mit einer relativ seltenen Kombination aus mediterranem und kontinentalem Klima, bekannt auch als „Adria-Effekt", ist eine solche Besonderheit. Schnee fällt im Winter häufiger mal, Winde können das ganze Jahr über peitschen, und ein dichter Nebel senkt sich manchmal völlig überraschend und unerwartet über die Stadt. Aber bei Sonnenaufgang, wenn die Möwen über die schaukelnden Masten der **Marina Dorica** gleiten und ihre Schreie über das Meer hallen, dann muss man einfach auf Entdeckungstour gehen.

Wie schon seit der Ankunft der ersten griechischen Siedler:innen im 6. Jh. v. Chr. leben die meisten der 100 000 Einwohner:innen Anconas auf der Landzunge zwischen dem nahe gelegenen Monte Conero, dem Monte Astagno und dem Monte Guasco, dem „Ellenbogen", der der Stadt ihren Namen gab. Die antike Geschichte Anconas, das im Lauf der Jahrtausende zahllose Veränderungen erfahren hat, vermischt sich mit der modernen

HIGHLIGHTS
1 Arco di Traiano

SEHENSWERTES
2 Arco Clementino
3 Loggia dei Mercanti
4 Mole Vanvitelliana
5 Piazza Camillo Benso di Cavour
6 Piazza del Plebiscito
7 Viale della Vittoria

SCHLAFEN
8 B&B Arts And Music
9 Grand Hotel Palace
10 Metropolitan Suites
11 NH Ancona
12 SeePort Hotel

ESSEN
13 Bontà delle Marche
14 La Degosteria
15 Trattoria La Moretta

Industrie vielleicht nirgendwo mehr als am großen Hafen. Der **Arco di Traiano** stammt aus dem Jahr 115 n. Chr. und ist eine Hommage an den Kaiser Trajan, der die Stadt erbauen ließ. Mehr als ein Jahrtausend später wurden der **Arco Clementino** und die fünfeckige **Mole Vanvitelliana** von Papst Clemens in Auftrag gegeben, um die Bedeutung Anconas als Tor zur Adria zu symbolisieren. Diese Bauwerke mögen heute beim geschäftigen Hafen fehl am Platz wirken, aber sie in dem Gewirr aus Stahl zu entdecken, ist fast so, als würde man ein vertrautes Gesicht auf einem lange vergessenen Familienfoto wiederfinden.

Das Zentrum von Ancona ist erfrischend elegant, mit verwinkelten Gassen und zahlreichen Geschäften, Bars und Restaurants, die es mit jedem klassischen italienischen Stadtbild aufnehmen können. Von der reich verzierten **Loggia dei Mercanti** geht es weiter zur **Piazza del Plebiscito**, deren außergewöhnliche Gestaltung in Italien ihresgleichen sucht. Nach der **Piazza Cavour** verbindet die grüne **Viale della Vittoria** den alten und den neuen Teil der Stadt durch eine breite Promenade, die am **Kriegsdenkmal,** einem der Wahrzeichen Anconas, endet. Mit dem richtigen Timing erreicht man jetzt die Enklave **Passetto**, die wie eine andere Welt anmutet, mit einem idyllischen Strand, der von „Höhlen" umgeben ist, die

BOMBETTI IN PORCHETTA

Anconas typisches Street Food hat nichts mit dem traditionellen Spanferkel, *porchetta*, zu tun, und ebenso wenig mit dem toskanischen Donut *bombolone. Bombetti in porchetta* sind Meeresschnecken, die vor der Küste der Stadt zu finden sind und *in porchetta* zubereitet werden, sodass sie das klassische Spanferkelaroma erhalten. Das Gericht ist in Ancona so bekannt, dass ihm jedes Jahr im Juni ein Fest gewidmet wird, bei dem es mit dem berühmtesten Weißwein der Marken, Verdicchio dei Castelli di Jesi, serviert wird.

ÜBERNACHTEN IN ANCONA

Grand Hotel Palace
Nach einer umfassenden Renovierung kombiniert dieses Hotel klassische Opulenz mit unverzichtbarem modernen Komfort. **€€**

SeePort Hotel
Das SeePort macht seinem Namen alle Ehre: großartige Zimmer, tolle Bar und traumhafte Aussicht. **€€€**

Arts & Music B&B
Zentral, familiär, charaktervoll und jeder Auszeichnung würdig, die es erhalten hat. **€€**

UNTERIRDISCHE STÄDTE: OSIMO & CAMERANO

Die antike Stadt Osimo liegt nicht weit von Ancona entfernt, und wie in vielen Teilen der Region sind auch hier überall Überreste griechischer und römischer Siedlungen zu sehen. Osimos wahrer Schatz liegt jedoch unter der Erde. Dort befinden sich eine Reihe von Tunneln, die über Hunderte Meter unter der Stadt verlaufen und mit unzähligen Symbolen und Mustern verziert sind, die über die Jahrhunderte hinterlassen wurden. Auf dem Rückweg lohnt sich ein kleiner Abstecher nach Camerano, einer weiteren Stadt mit ausgedehnten Tunnelanlagen. Einst glaubte man, sie seien als Keller gebaut worden, doch tatsächlich stammen sie aus der Zeit der Römer und dienten im Mittelalter als Zufluchtsort vor maurischen Invasionen.

PIO3/SHUTTERSTOCK ©

Kriegsdenkmal (S. 527)

ursprünglich als Fischereihütten in die Felsen gehauen wurden und heute eine bunte Ansammlung unkonventioneller Behausungen darstellen.

Inzwischen steht die Sonne bereits hoch am Himmel, die Stadt ist von quirligem Leben erfüllt, und der Tag wird noch viel Spannendes bereithalten.

Riviera del Conero

PARADIES AN DER ADRIA

Eine typische Situation an den bekannten Hotspots zur Hauptsaison: Menschenmassen tummeln sich an den berühmten, aber winzigen Stränden entlang der Amalfiküste oder in Portofino und streiten sich um freie Plätze für ihre Handtücher und Sonnenschirme. Oder es entstehen endlose Staus in Richtung Meer, wenn Sonnenhungrige verzweifelt versuchen, noch ein freies Stückchen Sand für sich zu ergattern. Aber das ist in Ancona völlig egal – denn man fährt an die Strände vom Conero.

ÜBERNACHTEN IN ANCONA

Albergo Cantiani
Frisch renoviert, zentral gelegen und vor allem tierfreundlich. €€

NH Ancona
Alle wichtigen Sehenswürdigkeiten fußläufig erreichbar und alle erdenklichen Annehmlichkeiten inklusive. €€

Metropolitan Suites
Ein Hightech-Refugium mit Sinn für Humor mitten in der Stadt. €€€

Natürlich sind in der Hauptsaison auch hier, in dem schönen **Naturschutzgebiet** südlich von Ancona, nicht wenige Menschen unterwegs. Aber an den insgesamt 20 km langen Sandstränden scheint immer genügend Platz für alle zu sein, und die 16 Gemeinden, aus denen sich das Gebiet zusammensetzt, haben in jeder Hinsicht ein Auge auf Nachhaltigkeit. Sie sind sich ganz genau bewusst, was bei der Öffnung des Parks für die Allgemeinheit auf dem Spiel steht, und deshalb achtet die Riviera del Conero e Colli dell'Infinito Association seit fast 50 Jahren auf die Einhaltung strenger Schutzmaßnahmen. So findet man hier einige der unberührtesten Küsten Italiens mit einem breiten Angebot an Freizeitaktivitäten und einer enormen Vielfalt an geschützten Tierarten.

Ganz in der Nähe von Ancona, nur eine kurze Busfahrt entfernt, verzeichnet **Portonovo** in der Hauptsaison den größten Tourismus-Zustrom in dieser Region. Und das hat einen bestimmten Grund, denn auf dieser unbewohnten Landzunge gibt es traumhafte Badestellen. Während die Bucht von Portonovo über zahlreiche Beachclubs und Einrichtungen verfügt, sind die eher „wilden" Strände nur über einen ausgedehnten Spaziergang durch den **Parco regionale del Conero** zu erreichen. Hier gibt es nur wenige Einrichtungen, und von den Gästen wird erwartet, dass sie den Sand liegenlassen und ihren Müll mitnehmen. Bei Missachtung werden strenge Bußgelder verhängt, denn die Einheimischen schützen das Gebiet mit aller Kraft. Wer einmal dort war, wird sofort verstehen, warum.

Nur ein Stück weiter die Küste hinunter liegt **Sirolo**, das Dorf, das zu Recht „Perle der Adria" genannt wird. Diese äußerst charmante, mittelalterliche Stadt orientiert sich am Meer, ohne von ihm abhängig zu sein – auch in der Nebensaison ist es hier wunderschön. In den winzigen, gepflegten Straßen gibt es malerische Restaurants, Geschäfte und Unterkünfte, und in den Theatern der Stadt wird ein breites Kulturprogramm geboten. Sirolo verfügt aber auch über einige der schönsten Strände des Küstenstreifens, die seit 1994 mit der begehrten Blauen Flagge ausgezeichnet sind. Die **Spiaggia delle Due Sorelle**, benannt nach den Felsformationen, die zwei Nonnen ähneln, gilt als einer der schönsten Strände Italiens. Das Sandfleckchen ist nur über das Meer erreichbar, was es noch romantischer macht.

Wenn man das Auto stehen lässt und die Turnschuhe anzieht, erreicht man nach einem kurzen Spaziergang von Sirolo aus **Numana**, das am südlichen Ende der Riviera del Paolo liegt

CASTELFIDARDO, HEIMAT DES AKKORDEONS

Fans wohlklingender Akkordeonmusik sollten sich einen Ausflug in die kleine Stadt Castelfidardo südlich von Ancona nicht entgehen lassen. Dazu gehört natürlich auch ein Besuch im Akkordeonmuseum **Museo della Fisarmonica**. Auch wer kein Akkordeonfan ist, wird die aufwändige Handwerkskunst der ausgestellten Instrumente bewundern. Ende September findet in der Region das **Internationale Akkordeonfestival** statt, das den Begriff Esoterik neu definiert und noch wochenlang im Ohr bleibt. Auf *pifcastelfidardo.it* gibt es Informationen zum Festival. Öffnungszeiten und Tickets für das Museums findet man auf *museodellafisarmonica.it/en.*

ESSEN IN ANCONA

La Degosteria
Hervorragende Köche, die die traditionellen Gerichte und Produkte der Region neu interpretieren. €€

Trattoria La Moretta
In diesem Speisesaal werden seit über einem Jahrhundert klassische Gerichte serviert. €€

Bontà delle Marche
Hervorragende Produkte, die am Tisch serviert werden und an der Feinkosttheke zum Mitnehmen erhältlich sind. €€

DIE BESTEN STRÄNDE AN DER RIVIERA DEL CONERO

Spiaggia delle Due Sorelle
Einer der bekanntesten Strände an der Riviera del Conero, aber es gibt noch viele weitere.

Mezzavalle
Nur zu Fuß erreichbar, aber die Wanderung lohnt sich.

Il Trave
Muss man gesehen haben, um es zu glauben.

Spiaggia San Michele
Nicht im Himmel, sondern in Sirolo.

Spiaggia dei Frati
Schnorchelspaß in Numana.

und eine der größten Städte an der Küste ist. Aber Numana bietet nicht nur wunderschöne Natur und eine mittelalterliche Kulisse, die jeden in ihren Bann zieht, sondern ist auch die Heimat einer geschützten Schildkrötenart, um die sich die Stadt das ganze Jahr hindurch kümmert. Gerne werden auch die Besucher:innen mit einbezogen. In den Sommermonaten organisiert die Stadt zusammen mit der Riccione Turtle Association eine Reihe von Auswilderungstagen, die sogenannten **Tartadays**, bei denen man auf einer Bootsfahrt zum Strand Due Sorelle, wo die Schildkröten ins Meer ausgesetzt werden, etwas über die Unechte Karettschildkröte erfahren kann. Tickets und Information gibt's auf *traghettatoridelconero.it/en/tartaday*.

Verdicchio-Tasting in Castelli di Jesi

GOLD IM GLAS

In Italien gibt es mehr als 500 einzigartige Rebsorten, von denen viele so stark vom Mikroklima ihres Ursprungsgebiets abhängig sind, dass man sie außerhalb dieser Region nicht finden kann. Aber wer in Ancona Urlaub macht, hat das große Glück, nur einen Steinwurf von den Castelli di Jesi entfernt zu sein, der Heimat des besten Weißweins der Welt.

Wer noch nie von Verdicchio di Jesi gehört hat, muss sich nicht schämen. Selbst bei den Italiener:innen ist die Rebsorte weniger bekannt als viele andere im Land. Der Verdicchio wird seit Tausenden von Jahren in den Dörfern um Jesi angebaut, und Dank des glücklichen Zusammentreffens von Meeres- und Gebirgslandschaft ist das Ergebnis ein Weißwein, der alle Geheimnisse und Besonderheiten der Marken widerspiegelt. Je mehr Zeit man hier verbringt, desto dringender braucht man ein weiteres Glas des spritzigen Weißweins, der nach allen guten Dingen schmeckt, die man je kennengelernt hat.

Überall in den Marken gibt es zahlreiche Gelegenheiten, den Verdicchio di Jesi zu probieren, aber besonders gut passt er zu den klassischen Gerichten der Region, wie dem *stoccafisso*, einem Fischeintopf, oder den lasagneartigen *vincisgrassi*. Besonders Wissbegierige, die so viel wie möglich kennenlernen wollen, bevor sie wieder nach Hause fahren, sollten ein paar Nächte im **Filodivino** buchen. In diesem Wein-Resort und Spa in den Castelli di Jesi bekommt man eine fundierte Ausbildung – es ist ein harter Job, aber einer muss ihn ja machen.

UNTERWEGS VOR ORT

Der internationale Flughafen Ancona ist etwa 19 km vom Stadtzentrum entfernt und wird von Bussen, Bahnen und Mietwagenunternehmen versorgt. Von Rom aus erreicht man Ancona mit dem Auto oder dem Zug in etwa drei Stunden. Von Mailand aus dauert die 400 km lange Fahrt ungefähr vier bis fünf Stunden.

Die Stadt selbst lässt sich am besten zu Fuß erkunden, da sie relativ kompakt und überschaubar ist. Die Buslinien sind zudem sehr gut ausgebaut, leicht zugänglich und decken den Großraum Ancona ab. Conerobus findet man überall in der Stadt oder über Apps wie Moovit, die in Echtzeit und mehreren Sprachen über Routen und Abfahrtszeiten informieren.

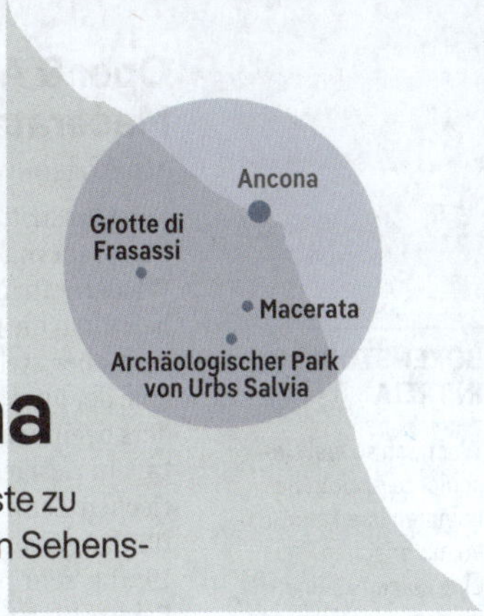

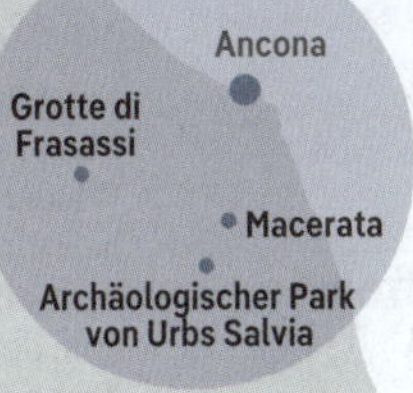

Rund um Ancona

Man braucht sich nicht weit von der Küste zu entfernen, um einige der bedeutendsten Sehenswürdigkeiten der Marken zu entdecken.

Je mehr Zeit man in den Marken verbringt, desto mehr erkennt man, dass diese Region nicht nur wunderschöne Landschaften bietet, sondern auch historisch und kulturell von großer Bedeutung ist. Oftmals treffen diese drei Elemente an einem Ort aufeinander. Während die Küste vor allem von traumhaften Stränden und malerischen Städten geprägt ist, bietet ein Ausflug von Ancona ins Landesinnere die Möglichkeit, die herrlichen Nationalparks zu erkunden, die das Herz Mittelitaliens bilden. Das Zentrum der Marken, das sich den oberen Apennin entlang erstreckt, ist ein wahr gewordener Traum für Naturfans, der sowohl für Hobbyarchäolog:innen als auch für erfahrene Entdecker:innen viele Highlights bereithält.

TOP TIPP

Warme Kleidung sollte stets im Gepäck sein, wenn man in Frasassi in die Höhlen hinabsteigen möchte, denn hier herrscht das ganze Jahr über eine konstante, kühle Temperatur.

Sferisterio di Macerata (S. 532)

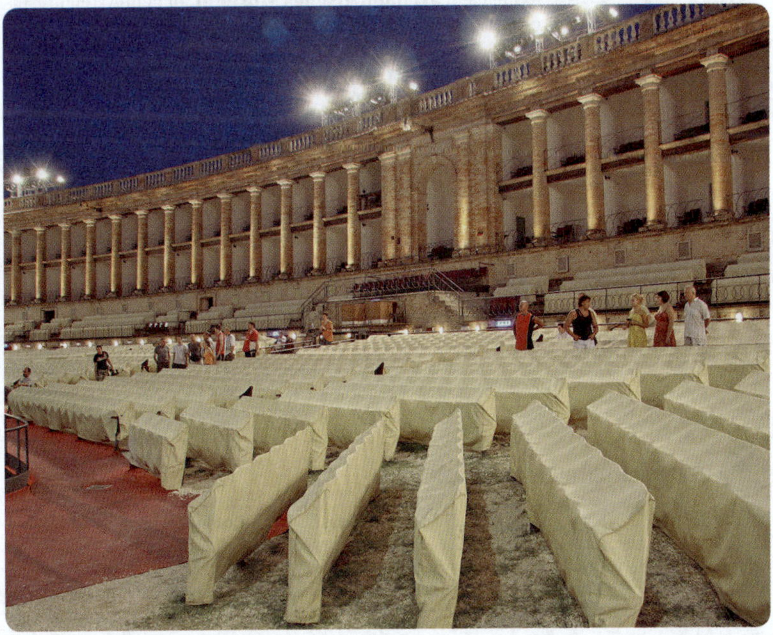

PROFIMEDIA.CZ A.S./ALAMY STOCK PHOTO ©

Oper & Archäologie in Macerata & Urbs Salvia

IN DIE GESCHICHTE EINTAUCHEN

Es ist umstritten, ob der Name der mittelalterlichen Provinzstadt Macerata von den verschiedenen Plünderungen, Zerstörungen, Wiederaufbauten und Neugründungen während der Römerzeit herrührt, die glücklicherweise im 12. Jh. ein Ende hatten. Seitdem aber steht Macerata fest an seinem Ort und beherbergt eine der ältesten noch aktiven Universitäten in Europa. Besonders beeindruckend ist das imposante **Sferisterio di Macerata**, ein riesiges Freiluftstadion, das den Mittelpunkt des historischen Zentrums bildet. Ursprünglich erbaut als Sportstätte für das *gioco del pallone* (eine Art Ballspiel, das in der Mitte des 19. Jhs. sehr populär gewesen sein muss), ist dieses großartige Bauwerk heute Austragungsort des **Macerata Opera Festivals**, einer der berühmtesten Opernveranstaltungen der Welt. Das alljährlich über einen Monat stattfindende Sommerfestival existiert bereits seit 100 Jahren und hat seine ganz eigene, unglaubliche Geschichte.

Wer sich für die römische Geschichte interessiert, wird im **Archäologischen Park von Urbs Salvia**, der nicht weit von Macerata entfernt in Urbisaglia liegt, voll auf seine Kosten kommen. Der über 40 ha große Park ist eine der am besten erhaltenen archäologischen Stätten Italiens mit Überresten eines Reservoirs, das mit der unteren Siedlung verbunden war und diese mit Wasser versorgte, sowie mit kunstvoll verzierten Gräbern und Tempeln und einem außergewöhnlichen Tunnelsystem, das die gesamte Anlage durchzieht. In der Stadt Urbisaglia gibt es auch ein **archäologisches Museum,** in dem Artefakte aus der Ausgrabungsstätte ausgestellt sind.

BOXENSTOPP IN TREIA

Wer nach so viel Geschichte Appetit bekommen hat, kann sich im malerischen Treia eine *calcione,* einen leckeren, ravioliähnlichen Snack gönnen, für den die Stadt bekannt ist. Geschmacklich schwankt er zwischen herzhaft und süß, ist aber einfach nur köstlich. Einfach ein paar einpacken lassen, zusammen mit anderen frisch gebackenen Leckereien, etwa im Le Delizie del Forno am Corso Italia.

Die Grotten von Frasassi

TIEF IN DIE MARKEN EINTAUCHEN

Es gibt Orte auf der Welt, deren Entdeckung absolut überwältigend gewesen sein muss, und die **Grotte di Frasassi** sind ein perfektes Beispiel dafür. Dieser Karstkomplex ist eines der größten öffentlichen Höhlensysteme der Welt und einfach atemberaubend. Die Frasassi-Grotten sind seit 1974 für die Öffentlichkeit zugänglich und können nur im Rahmen von Führungen besichtigt werden, bei denen man entweder eine einfache Rou-

ÜBERNACHTEN RUND UM ANCONA

Il Gallo Senone
Ein idyllischer Ferienort außerhalb von Senigallia mit familiärer Atmosphäre und Fünf-Sterne-Service. **€€€**

Hotel Terme di Frasassi
Nur einen Steinwurf von den Genga-Höhlen entfernt ist dieses Thermalbad eine Oase der Ruhe. **€€**

Coroncina Country Relais
Ein veganer Öko-Retreat mit exquisiten Spas und sanften Hügeln ein wenig außerhalb von Macerata. **€€**

Tempio del Valadier

te auf bequemen Pfaden oder eine anspruchsvollere Wanderung in versteckte Winkel wählen kann. Innerhalb des Komplexes befinden sich unter anderem folgende Kammern: die **Grotta delle Nottole**, benannt nach den hier lebenden Fledermäusen (keine Sorge, sie belästigen niemanden), die 13 km lange **Grotta Grande del Vento** („Große Höhle des Windes"), die **Abisso Ancona**, die fast 200 m hoch ist, und die **Sala delle Candeline**, benannt nach den vielen Stalagmiten, die wie Kerzen emporragen.

Die Temperatur im Innern der Höhlen beträgt konstant 14 °C, weshalb ein Besuch das ganze Jahr über möglich ist. Für Hundehalter:innen interessant: Kleine und mittelgroße Hunde sind auf der Tour willkommen (sie müssen getragen werden), und es gibt unbeaufsichtigte Gehege, in denen größere Hunde während der Besichtigung sicher untergebracht werden können.

GENGA & DER TEMPEL VON VALADIER

Das Örtchen **Genga** liegt oberhalb der Grotte di Frasassi. Die Häuser sind aus Kalkstein gehauen und märchenhafte Brücken überspannen das klare Wasser, das aus dem Untergrund quillt. Die **Abbazia di San Vittore delle Chiuse** aus dem 11. Jh. dominiert die Skyline über Genga und führt zum berühmtesten Wahrzeichen der Stadt, dem **Tempio del Valadier**. Der 1828 erbaute Tempel mit seinem perfekt symmetrischen neoklassizistischen Design könnte nicht gegensätzlicher zu seinem Standort sein, aber eben dieser auffällige Kontrast machte ihn zu einem Zufluchtsort für Sünder:innen, die Absolution suchen. Darüber hinaus dient er als Kulisse für eines der bekanntesten Krippenspiele, das an den Weihnachtsfeiertagen aufgeführt wird.

UNTERWEGS VOR ORT

Mit dem Auto ist es zwar am einfachsten, die Region zu erkunden, aber im Großraum Ancona gibt es auch gute Busverbindungen, vor allem entlang der Küste. Vom Stadtzentrum aus fahren regelmäßig Busse zu den Stränden der Riviera del Conero, und innerhalb der kleineren Orte verkehren den ganzen Tag über kostenlose Shuttlebusse.

Wer sich für einen Mietwagen entscheidet, sollte bedenken, dass das Autofahren im historischen Zentrum vieler Städte verboten ist. Am besten parkt man außerhalb des Stadtzentrums, um hohe Bußgeldstrafzettel zu vermeiden, die einem nach Hause geschickt werden.

ASCOLI PICENO

Manche Städte vibrieren oder summen. Einige wenige funkeln oder glitzern vielleicht. Aber selten glüht eine Stadt – wie das faszinierende Ascoli Piceno!

Mehrere Quellen sollen für das Glühen verantwortlich sein. So besteht das Zentrum von Ascoli z. B. größtenteils aus Travertin, dem gleichen leuchtenden Stein, der das Echo der Gladiatoren im Kolosseum einfing und die Becken des Trevi-Brunnens formt. Es könnte auch vom Caffè Meletti ausgehen, dessen Auswahl an Spirituosen schon Hemingway und Sartre in glühende Zustände versetzte – wenn man genug *anisette* getrunken hat, glüht schließlich alles. Eine weitere Quelle ist der nahe gelegene Nationalpark Monte Sibillini, dessen phosphoreszierende Seen und Höhlen angeblich direkt aus der Unterwelt stammen.

Ascoli Piceno war schon vor den Römern da und hat sie überdauert; es hat die großen Erschütterungen des Landes um sich herum überstanden, gebeugt, aber nie gebrochen. In Wahrheit strahlt die Stadt einfach von innen heraus, erleuchtet von ihrer eigenen Widerstandskraft.

TOP TIPP

Empfehlenswert ist eine Nachtwanderung auf den Monte Vettore mit einem erfahrenen Guide der Gegend. Achtung vor den Geisterbeschwörer:innen!

DER STEIN, AUS DEM ITALIEN GEBAUT WURDE

Äußerlich dem Marmor ähnlich, ist Travertin jedoch eine Art Kalkstein und seit Jahrtausenden das wichtigste Baumaterial Italiens. Das hatte auch praktische Gründe: Travertin bildet sich in der Nähe von Mineralquellen, und in Mittelitalien, wo das Thermalwasser fast so reichlich fließt wie der Wein, ist dieser Stein sehr verbreitet. Travertin ist formbar und beständig, was ihn zum idealen Material für Häuser und Skulpturen macht. Ascoli Piceno erstrahlt durch den Schein seines Travertins. Und wenn man sieht, wie er die Mauern des Kolosseums und die Konturen des Trevi-Brunnens erhalten hat, weiß man diesen Stein zu schätzen.

Die Geschichte zweier Plätze

DAS WOHNZIMMER ITALIENS

Der erste Eindruck von Ascoli Piceno ist unweigerlich bestimmt von der monumentalen **Piazza Arringo**. Der älteste Platz der Stadt wird von der **Cattedrale di Sant'Emidio** und dem **Palazzo Vescovile** dominiert, in dem sich das noch im Umbau befindliche Diözesanmuseum befindet. Einen angemessenen Ersatz dafür bietet der Palazzo Comunale – oder Palazzo dell'Arengo – mit der **Pinacoteca**, einem atemberaubend schönen städtischen Museum. Direkt gegenüber, im Palazzo Panichi, ist das **Archäologische Museum** untergebracht, in dem einige vorrömische Artefakte zeigen, wie lange die Region schon Quelle oder vielleicht auch Produkt der Alchemie ist.

Die **Piazza del Popolo** wird gemeinhin als *salotto*, das Wohnzimmer, von Ascoli bezeichnet – ein Zeichen der innigen Zuneigung, die die *ascolani* für das bedeutendste Merkmal ihrer ungewöhnlichen Stadt hegen. Die Bezeichnung ist treffend, denn der Platz ist der Mittelpunkt, um den sich alles in Ascoli dreht, der Knotenpunkt für sämtliche Straßen und Wege. Auf der Piazza del Popolo findet ein wichtiger Teil des sozialen Lebens statt, hier trifft man sich zur *passeggiata*, dem abendlichen Spaziergang, den die Einheimischen auch *fare le vasche* („Runden drehen") nennen, denn jeder Spaziergang durch das Stadtzentrum führt immer wieder hierher zurück.

Obwohl die Piazza fester Bestandteil des Alltagslebens in Ascoli ist, wird sie von den Einwohnern stets als etwas ganz Besonderes, nicht Selbstverständliches, angesehen. Wie alles in

HIGHLIGHTS
1 Caffè Meletti
2 Palazzo dei Capitani del Popolo
3 Piazza del Popolo
4 Pinacoteca

SEHENSWERTES
5 Cattedrale di Sant'Emidio
6 Museo Archeologico
7 Palazzo Vescoville
8 Piazza Arringo

SCHLAFEN
9 Migliore Olive Ascolane B&B
10 Palazzo dei Mercanti
11 Residenza dei Capitani

ESSEN
12 La Nicchia
13 Siamo Fritti

der Stadt hat auch sie etwas Geheimnisvolles, fast Magisches an sich, und strahlt trotz der vielen Menschen eine entschleunigende Ruhe aus. Pärchen schlendern Arm in Arm über das geometrische Pflaster, Gespräche verschwimmen zu einem beruhigenden Raunen, und die Jugendlichen, die sich unter den Arkaden treffen, gehen ihren eigenen, altbewährten Ritualen nach. Immerhin halten sie eine jahrtausendealte Tradition aufrecht …

Die großen Steinplatten auf der Piazza, die nach einer Restaurierung in den 1960er-Jahren verlegt wurden, spiegeln die sanften Farben der Gebäude wider, die sie umgeben. Es gibt noch viele weitere Ecken und Orte in Ascoli, die man erkunden kann, aber nichts strahlt eine so bezaubernde Atmosphäre aus wie die Piazza del Popolo, auf der Jung und Alt zusammenkommt, um die bernsteinfarbenen Strahlen der untergehenden Sonne zu genießen.

Einer der markantesten Punkte auf der Piazza ist der **Palazzo dei Capitani**, der im 13. Jh. erbaut und in den folgenden 300 Jahren erweitert wurde. Heute ist es eine archäologische Fundstätte im Herzen der Stadt und Sitz des städtischen Kulturamtes. Der archäologische Bereich ist während der Öffnungszeiten zugänglich, aktuelle Informationen findet man auf *visitascoli.it/de*.

OLIVE ASCOLANE ESSEN IN ASCOLI

Migliori Olive
Dieser winzige Außenposten macht seinem Namen („die besten Oliven") seit Generationen alle Ehre. **€**

Siamo Fritti
Dieses Lokal bietet mehr als nur Oliven, aber es ehrt die großartige grüne Frucht wie kein anderes. **€€**

Eccellenze Ascolane
Nimmt sein Produkt sehr ernst und macht die Welt damit zu einem besseren Ort. **€**

OLIVE ASCOLANE & CREMINI

Die Küche der Marken ist reich an köstlichen Gerichten, aber keines davon ist so bekannt und beliebt wie *olive ascolane*, benannt nach der Stadt Ascoli Piceno. Die grünen, besonders zarten Oliven, die seit der Antike in der Region angebaut werden, dienen als Grundlage für die *olive ascolane*, die mit einer Mischung aus Schweinefleisch, Rindfleisch, Gemüse und Parmesan gefüllt, paniert und schließlich frittiert werden.

Olive ascolane werden häufig als Teil eines *fritto misto all'ascolana* serviert, das eine frittierte Teigcreme enthält, bekannt als *cremini fritti all'ascolani*. Und wie rechtfertigt man den Verzehr von gebratenen Salbeiblättern, Lammkoteletts, Artischocken und der obligatorischen Zucchini am besten? Natürlich mit einer *anisetta* nach dem Essen und ein paar Runden um die Piazza del Popolo.

Blick vom Caffè Meletti auf die Piazza del Popolo

Wer Lust hat, länger zu bleiben (und wer hat die nicht), sollte noch den **Palazzo dei Mercanti** besuchen, der nur wenige Schritte von der Piazza del Popolo entfernt liegt und zu den schönsten historischen Palästen Italiens zählt. Heute ist es ein Luxushotel, das einen Besuch wert ist, um diesen unverwechselbaren Glanz zu erleben.

Historisches Caffè Meletti

MIT DEN GEISTERN ANSTOSSEN

Eines der heutigen Wahrzeichen der ohnehin schon berühmten Piazza del Popolo gehörte nicht immer dazu: Das bonbonfarbene Gebäude war ursprünglich das Zollamt und später das Postamt, bevor es schließlich 1905 von Silvio Meletti ersteigert wurde. Nach einer umfassenden Renovierung im Art-déco-Stil öffnete das **Caffè Meletti** im Mai 1907 seine Türen. Abgesehen von einigen Ausnahmen und einem Restaurierungsprojekt, das den größten Teil der 1990er-Jahre in Anspruch nahm, blieb das Café immer geöffnet. Sein Status wurde 1981 bekräftigt, als das italienische Kulturministerium das Caffè Meletti als eines von elf italienischen Cafés von besonderem historischem und künstlerischem Interesse benannte.

ÜBERNACHTEN IN ASCOLI PICENO

Palazzo dei Mercanti
Die luxuriösen Zimmer in dieser historischen Residenz sind zwar etwas teurer, aber es lohnt sich auf jeden Fall. **€€€**

Residenza dei Capitani
Es gibt kaum ein komfortableres (und preiswerteres) Hotel, in dem man die Piazza del Popolo vom Bett aus bewundern kann. **€€**

Migliore Olive Ascolane B&B
Die besten Oliven der Stadt essen und sich direkt darüber in das bequemste Bett an der Piazza Arringo legen – zwei Fliegen mit einer Klappe! **€€**

Was dieses Café so besonders macht? Das Ambiente ist so lebendig, dass es völlig unabhängig von der Anwesenheit der Gäste zu existieren scheint. Es steckt in den Säulengängen und Fresken, in den Marmortischen drinnen und in der rosafarbenen Travertinfassade draußen, im Licht, das von den Muranokronleuchtern ausstrahlt und in den Art-déco-Spiegeln hinter der Bar schimmert. Natürlich könnte auch der *anisetta meletti,* das Markenzeichen des Cafés, das sein, was es von anderen unterscheidet. Der spritzige, grüne Likör ist in Ascoli obligatorischer Bestandteil jeder Mahlzeit und wird traditionell mit einer gerösteten Kaffeebohne serviert, die so berühmt ist, dass sie einen eigenen Spitznamen hat: *la mosca*, „die Fliege". Ein Abendessen in Ascoli gilt erst dann als beendet, wenn man einen *anisetta meletti* getrunken hat, egal ob im Caffè Meletti oder irgendwo anders in der Stadt.

Das sind zweifellos wichtige Aspekte. Doch was das Caffè Meletti so außergewöhnlich macht, ist dasselbe, was auch seine Heimatstadt so einzigartig macht. Wenn man an einem der Tische sitzt, fühlt man sich nicht einfach in die Vergangenheit zurückversetzt, sondern in eine komplett andere Dimension, in der sich die Geister von Dichter:innen, Schriftsteller:innen und Philosoph:innen gegenseitig herausfordern, die letzte Flasche *anisette* zu trinken, während im Hintergrund die Gläser klirren. Der Schriftsteller Carlo Alberto Salustri, besser bekannt als Trilussa, schrieb einmal: „So viele meiner Geschichten und Sonette wurden von *anisetta meletti* inspiriert", und es ist nicht schwer zu verstehen, warum. Es gibt tausende Cafés in Paris, und viele Dichter:innen haben verzweifelt versucht, ihre Spuren zu hinterlassen. Aber hier, in Ascoli, in diesem Café, sind die Geister von Hemingway, de Beauvoir, Sartre, Guttuso und zahlreichen anderen lebendig und spürbar. Man kann sie immer noch lachen hören und sich vorstellen, wie sie nach den perfekten Worten suchen und sich dann zufrieden zurücklehnen, wenn sie ihr Tagwerk verrichtet haben. Und wie sie genüsslich an einem Glas mit einer grünen, nach Anis schmeckenden Flüssigkeit nippen, auf deren Oberfläche eine geröstete Kaffeebohne schwimmt ...

DAS LAND DER DÄMONEN & FEEN

Im Mittelalter waren die Sibillinischen Berge als Reich der Dämonen, Geisterbeschwörer:innen und Feen bekannt. Mit dieser Information im Hinterkopf begibt man sich auf die Suche nach der **Grotta della Sibillia**, die der Legende nach der Zugang zum unterirdischen Reich der Königin Sibylle, einer mächtigen Zauberin, ist. In dieser Gegend liegt auch der **Lago di Pilato**, wo der Leichnam des römischen Präfekten, der Christus zum Tode verurteilt hat, von einer Büffelherde in das rote Wasser des „teuflischen" Sees in der Nähe des Monte Vettore geschleift worden sein soll. Wegen der seismischen Aktivität in der Region wird von Wanderungen ohne Begleitung abgeraten – auf der Website des Parks gibt es eine Liste mit qualifizierten Guides.

Grande Anello dei Sibillini

DIE MAGISCHE BERGKETTE

Nur wenige Orte in Italien sind so unverhohlen mystisch wie die Monti Sibillini, was für ein Land, das an Wolfskönige und Dreikönigshexen glaubt, schon ziemlich viel aussagt. Dieses Gebirge, das einst ein beliebter Ort für Geisterbeschwörer:innen war, ist Teil des Apennins und

MITTELALTERLICHE MARKEN

Ebenso wie Urbino (S. 521) feiert auch Ascoli seinen mittelalterlichen Charme jedes Jahr im August mit der wilden Quintana. Am besten nimmt man gleich beides mit!

ÜBERNACHTEN AUF DEM BAUERNHOF IN MONTE SIBILLINI

B&B Il Rifugio di Marsi
In diesem einzigartigen Landhaus in Roccafluvione wurden riesige Weinfässer zu Schlafkabinen umgebaut. **€€€**

La Cascina di Opaco
Prächtige Zimmer, atemberaubende Aussichten und herzhaftes Frühstück in Norcia. Was braucht man mehr? **€€**

Terra di Magie
Magische Atmosphäre, leckeres vegetarisches Essen und ein traumhaftes Schwimmbad in Amandola. **€€**

WARUM ICH ASCOLI PICENO LIEBE

Virginia DiGaetano, Autorin

Es gibt nur wenige Orte auf der Welt, die sich anfühlen, als seien sie speziell für Schriftsteller:innen geschaffen worden, aber Ascoli Piceno ist einer davon. Ob es die Strahlkraft der Stadt selbst ist, die Liebe, die sie im Lauf der Geschichte für kreative Ausdrucksformen gezeigt hat oder das überreiche Angebot an Fingerfood – Ascoli inspiriert mich. Im Caffè Meletti zu sitzen und auf denselben Platz zu blicken, der schon Simone de Beauvoir in seinen Bann zog, durch den mystischen Bogen der Ponte Cecco zu schlendern oder einfach nur meinen eigenen Schritten auf dem Travertinpflaster zu lauschen, ist ein Elixier, über das ich ewig schreiben könnte.

seit 1993 ein geschützter Nationalpark. Der **Monte Vettore**, mit 2476 m der höchste Gipfel des Nationalparks, bietet bei klarem Wetter einen weiten Blick über die Marken, Umbrien und die Abruzzen. Eine besonders lohnende Herausforderung ist der viel besuchte Grande Anello dei Sibillini (Großer Ring), eine 120 km lange Wanderroute in neun Etappen, die die gesamte Bergkette umrundet. Diese Tour ist definitiv eines der spektakulärsten Naturerlebnisse Italiens. Der Weg ist komplett ausgeschildert, sodass man sich voll und ganz auf die atemberaubende Vielfalt der Landschaft und die überaus artenreiche Tierwelt konzentrieren kann, vor allem als Vogelbeobachter:in. Einzigartig sind jedoch die renovierten Berghütten für Wanderer:innen, von denen viele schon seit dem Mittelalter bestehen und in denen man während einer mehrtägigen Tour übernachten kann. Nicht alle Stationen sind in Betrieb, aber auf der offiziellen Website des Parks (sibillini.net/en) stehen aktuelle Informationen (auf Englisch) über den Zustand der Anlagen sowie Kontaktdaten für Buchungen zur Verfügung.

Für weniger Unerschrockene gibt es zahlreiche geführte Wanderungen in allen Schwierigkeitsgraden, darunter auch solche, die für Kinder und Tiere geeignet sind. Auf der Website des Parks findet man eine Liste der zertifizierten Guides, der angebotenen Sprachen und der verschiedenen Touren. Ferner werden Nachtwanderungen angeboten, die außergewöhnliche Erlebnisse im Parks und in seiner Umgebung versprechen.

UNTERWEGS VOR ORT

Die Anreise nach Ascoli aus anderen Teilen Italiens erfordert ein wenig Kreativität, wenn man mit öffentlichen Verkehrsmitteln unterwegs ist. Busverbindungen bestehen zu den größeren Städten, meistens muss man entweder in Ancona oder San Benedetta del Tronto umsteigen. Die Zugfahrt ist landschaftlich etwas reizvoller und dauert von fast jedem Punkt des Landes aus ein wenig länger, aber wer genügend Zeit hat und gerne gemütlich reist, kommt dabei voll auf seine Kosten. Wer mit dem eigenen Auto kommt, findet außerhalb der Stadt Parkplätze, die über Saba (*sabait.it/en*) gebucht werden können. Mit dem Auto ist es am einfachsten, die Stadt und ihre Umgebung zu erreichen. Man folgt einem Mix aus Bundesstraßen und kleineren Landstraßen, die durch einige der beeindruckendsten Landschaften Italiens führen.

ORVIETO

Stolz auf einem spektakulären, fast senkrechten Felsen thronend, ist Orvieto schon seit der Zeit der Etrusker ein wichtiges Ziel. Selbst die Annexion durch Rom konnte die Bürger:innen kaum beunruhigen, denn sie nutzten einfach die unterirdischen Strukturen, die Jahrhunderte zuvor angelegt worden waren. Der unfassbar große Dom im Zentrum der Stadt hält seit fast 1000 Jahren dem Vergleich mit anderen Kathedralen in stärker besuchten Städten stand, aber es wirkt, als interessiere das hier niemanden. Vielleicht ist Orvieto zu sehr mit den zahlreichen Thermalbädern beschäftigt, die überall in der Gegend in unmittelbarer Nähe der Stadt entstehen. Vielleicht liegt es aber auch an den vielen ebenso reizvollen Hügelstädten der Region, die mit anderen Orten in Mittelitalien locker mithalten können und sie oft sogar übertreffen. Wahrscheinlich ist es ganz einfach die Gewissheit, dass überall in der Stadt ein kühles Glas des köstlichen Orvieto Classico wartet, am besten zu genießen mit reichlich Umbria Jazz.

TOP TIPP

Reist man mit dem Auto in die Stadt, parkt man am besten in einer der Tiefgaragen, die bei der Anreise ausgeschildert sind. Auf dem Weg ins Zentrum bekommt man einen freien Blick auf die unterirdischen Gänge und Höhlen, für die Orvieto berühmt ist.

HIGHLIGHTS
1 Duomo

SEHENSWERTES
2 Orvieto Underground

KURSE & TOUREN
3 Fravolini Giacomo
4 La Bottega del Pozzo
5 La Corte dei Miracoli
6 Rosarja

SCHLAFEN
7 Grand Hotel Italia
8 Hotel Palazzo Piccolomini

ESSEN
9 Al Mercato
10 BARTOLOMEI Ristorante & Oleoteca
11 La Pergola Orvieto
12 L'Oste del Rè
13 Trattoria dell' Orso

UNTERHALTUNG
14 Teatro Mancinelli

DIE BESTEN BARS FÜR ORVIETO CLASSICO

Al Mercato
Ein Shabby-Chic-Lokal an der Via del Duomo mit der perfekten Terrasse zum Leute-Beobachten.

L'Oste del Re
Traditionelles Ambiente und großzügiger Ausschank des lokalen Rebensaftes.

Oleoteca Bartolomei
Eine große Auswahl an Orvieto Classico, kombiniert mit hauseigenem Olivenöl und lokalen Snacks.

Trattoria dell'Orso
Ein verstecktes Juwel für eine oder mehrere Flaschen mit hausgemachter Pasta.

Terrazza Farnese Belvedere
Der Blick auf Orvieto passt perfekt zur üppigen Auswahl.

Orvieto über & unter der Erde

ETRUSKISCHE TUNNEL & GOTISCHE WOLKENKRATZER

Der **Duomo di Orvieto**, offiziell bekannt als Cattedrale di Santa Maria Assunta in Cielo, ist das Herzstück des antiken Stadtzentrums. Sobald man ihn gesehen hat, versteht man sofort, warum. Je nachdem, von wo aus man sich der Stadt nähert, kann man seine herausragende Präsenz zunächst an den gestreiften Mauern aus weißem Travertin und blaugrauem Basaltstein erahnen, die durch die Gassen lugen. Sobald man auf die Piazza einbiegt und die goldene gotische Fassade zum Vorschein kommt, wird einem klar, dass man das Wort „Meisterwerk" all die Jahre viel zu leichtfertig verwendet hat. Die goldene Fassade, Ergebnis von fast drei Jahrhunderten Handwerkskunst, reflektiert heute das gleiche Sonnenlicht wie zu der Zeit, in der sie vor 700 Jahren erschaffen wurde.

Im Inneren verzieren Fresken das Fachwerkdach aus dem Jahr 1320, das Ende des 19. Jhs. verstärkt wurde. Dieser Mix aus robusten Balken und filigranen Figuren könnte einen komplett in den Bann ziehen, wenn der Rest des Innenraums nicht so überwältigend gestaltet wäre. Die beiden Hauptkapellen, die **Cappella del Corporale** und die **Cappella di San Brizio**, ergänzen das Bauwerk und sind übersät mit wundervollen Fresken aus dem 13. und 14. Jh.

Doch Orvietos Schätze bestehen nicht nur aus Gold. Tatsächlich maßen die reichsten Familien der Antike ihren Status nicht an dem, was sie in ihren Häusern zur Schau stellten, sondern an dem, was darunter verborgen war. Das ist die Geschichte von **Orvieto Underground**, einem riesigen System von mehr als 1200 Tunneln und Höhlen, die über 2500 Jahre lang gegraben wurden und die Einheimischen vor den Turbulenzen der Geschichte schützen. Bei einer Führung durch die unterirdische Stadt werden einige der Tunnel, Galerien, Treppen, Steinbrüche, Keller und Taubenschläge erkundet, die zum Schutz vor Invasionen gebaut wurden. Die Befestigungsanlagen waren so effektiv, dass Papst Clemens VII. während der Plünderung Roms im Jahr 1527 durch den römischen Kaiser Karl V. in Orvieto Zuflucht suchte und beschloss, die Anlage durch einen Brunnen zu ergänzen, um eine ständige Wasserversorgung zu gewährleisten. **Il Pozzo di San Patrizio,** oder St. Patrick's Well, wurde 1537 fertiggestellt. Dank der gegenläufigen Doppelwendeltreppen konnten Maultiere leere und volle Wasserbehälter in entgegengesetzter Richtung ungehindert in 53,15 m Tiefe hinunter und wieder hinauf tragen.

Ein spezieller Pass für den Besuch des Doms, für Orvieto Underground, St. Patrick's Well und andere Sehenswürdigkeiten kann auf der Carta-Unica-Website (*cartaunica.it/en*)

DOME IM DUELL

Obwohl der Duomo di Orvieto oft mit dem von Florenz verglichen wird, ist er enger mit dem Duomo di Siena (S. 457) verwandt – man sollte beide besuchen, um sich selbst ein Bild zu machen.

ÜBERNACHTEN IN ORVIETO

La Badia di Orvieto
Eine sorgfältig restaurierte Zisterzienserabtei im Tal mit fabelhaften Zimmern und einer noch besseren Aussicht. €€€

Grand Hotel Italia Orvieto
Zentraler und historischer geht's nicht. €€

Palazzo Piccolomini
Zentral gelegen, mit allen Vorzügen einer Landvilla, die das Beste aus beiden Welten bietet. €€€

FRANCESCO BONINO/SHUTTERSTOCK ©

Cascata delle Marmore

erworben werden, die auch attraktive Ermäßigungen für Züge, Hotels und Restaurants anbietet.

Cascata delle Marmore

WASSER, WASSER, (FAST) ÜBERALL WASSER

Die alten Römer haben wirklich an alles gedacht. Um 271 v. Chr. litten die Bewohner:innen der Stadt Rieti an einer mysteriösen Krankheit, die vermutlich durch ein Feuchtgebiet im benachbarten Tal verursacht wurde. Der damalige römische Konsul ordnete den Bau eines Kanals an, der das stehende Wasser von den Klippen im nahe gelegenen Marmore ableiten sollte. Die Ingenieure jener Zeit wussten vermutlich nicht, dass sie es mit einem möglichen Malariaausbruch zu tun hatten und dass die von ihnen entwickelte Lösung der größte künstliche Wasserfall der Welt werden würde.

Die **Cascata delle Marmore**, die Marmore-Wasserfälle, existieren tatsächlich seit mehr als 2000 Jahren in der Nähe der Provinzhauptstadt Terni. Im Lauf der Jahrhunderte wurden sie immer wieder angepasst und ausgebessert, um Überschwemmungen in den Nachbarstädten zu

UMBRIA JAZZ ORVIETO

Obwohl das Umbria Jazz Festival seinen Hauptsitz in Perugia hat, findet der **Umbria Jazz Winter** in Orvieto statt und ist eine der besten Gelegenheiten für einen Besuch der Stadt, die zwischen Weihnachten und Neujahr in festlichem Glanz erstrahlt. Die Konzerte finden rund um das historische Zentrum statt, unter anderem im Palazzo del Popolo, im Palazzo dei Sette, im Palazzo Soliano und im eleganten **Teatro Mancinelli**. Dazu kommen die vielen spontanen Aufführungen auf Plätzen und an Straßenecken in der Stadt, und schon hat man das perfekte Programm für ein einmaliges Festival.

STREIT UM DEN MITTELPUNKT

Narni, nahe Marmore, beansprucht für sich, der geografische Mittelpunkt Italiens zu sein, wird aber von Rieti in Latium (S. 130), bekannt als „Nabel" des Landes, angefochten.

ESSEN IN ORVIETO

Trattoria dell'Orso
In diesem gemütlichen Lokal, unweit des Corso, werden traditionelle, lokale Rezepte perfekt zubereitet. **€€**

Al Mercato
Bei einem Glas Orvieto Classico und leckeren Knabbereien die Leute auf der Via del Duomo beobachten. **€€**

La Pergola Orvieto
Versteckt in den Gassen in der Nähe des Doms, bietet dieses kleine Bistro kreative Gerichte und einen lauschigen Garten. **€€**

KERAMIK KAUFEN IN ORVIETO

Rosarja
Traditionelle Keramik mit Pfiff und einem Angebot an Kursen.

La Bottega del Pozzo
Verkauft traditionelle Orvieto-Muster und betreibt eine tolle Weinbar.

La Corte dei Miracoli
Dieser Ort im Herzen Orvietos bietet Kunsthandwerk pur.

Ceramiche Fusari
Die Hüter der Tradition in Orvieto, die seit mehr als 50 Jahren die typischen Muster der Stadt anbieten.

Fravolini Ceramiche
Seit mehr als 20 Jahren ein Familienbetrieb, neuerdings mit einer großen Auswahl an lokal hergestellten Lederwaren und Schmuck.

Todi

vermeiden. Heute gelten sie als besonders beeindruckende Ingenieursleistung und sind Zeugnis für die Beständigkeit antiker Bauwerke. Ein Teil des Wassers, das die 165 m lange Rutsche hinunterfließt, wird inzwischen zur Stromerzeugung genutzt, was an sich schon beeindruckend genug wäre. Was Marmore jedoch so besonders sehenswert macht, sind die speziellen Zeiten am Tag, in denen sich der Wasserstrom verstärkt, und die Besucher erleben können, wie der Wasserfall zum Leben erwacht und in die Tiefe hinabstürzt. Es werden auch geführte Touren durch den Wald rund um die Wasserfälle angeboten. Spektakulär ist eine Tour bei Nacht, wenn das Gelände um die Wasserfälle beleuchtet ist.

Eine Fahrt am See entlang

RUNTER MIT DEM CABRIOVERDECK

Italien ist der Traum aller Autofahrernden, denn hier wird die Fahrt zum Erlebnis. Wer die Gegend um Orvieto erkundet, wird mit einem tollen Ausflug ins nahe gelegene **Todi** belohnt, einer idyllischen Hügelstadt etwa 40 km westlich.

ÜBERNACHTEN RUND UM ORVIETO

Castello di Titignano
Dieses wirklich besondere Anwesen außerhalb von Orvieto ist die kurze Reise entlang des Lago di Corbara auf jeden Fall wert.
€€€

Altarocca Wine Resort
Für einen Urlaub nur für Erwachsene ist dieser schicke Ort in Terni wie geschaffen.
€€€

Palazzo degli Stemmi
Einfach die Straße hinauf in Todi erwartet die Gäste hier der ultimative, märchenhafte Luxus.
€€€

Es gibt viele schöne Landstraßen und hügelige Landschaften zur Auswahl, aber man sollte sich Zeit nehmen und die kurvenreichen Strecken und die wunderbare Natur entlang des **Lago di Corbara** genießen. Der See wurde in den 1960er-Jahren künstlich angelegt, nachdem der Tiber in der Nähe des Örtchens Corbara – daher der Name – aufgestaut wurde und das Tal unterhalb der antiken Forello-Schluchten füllte. Der See gehört heute zum **Tiber River Park** und ist ein bekanntes Gebiet für Vogelbeobachtung und Karpfenangeln.

Für diejenigen, die einfach nur die Fenster herunterkurbeln und einen unvergesslichen Roadtrip erleben möchten, ist die Straße um den See zu einem der bestgehüteten Geheimnisse der Gegend geworden. Tatsächlich sieht man oft Sportwagen aus fernen Ländern an den kleinen Bars entlang der Straße halten oder in die kleinen Gassen von Todi einbiegen. Am besten folgt man ihrem Beispiel, vor allem, wenn es darum geht, diese schöne Stadt im Herzen Umbriens zu besuchen. Und wenn man schon mal in der Nähe ist: Die **Osteria Basico** serviert die frischesten Stücke saftigen italienischen Rindfleischs, die man in ganz Mittelitalien finden kann. Alles wird vor den Augen der Gäste im Holzofen zubereitet und kochend heiß serviert. Ein echtes kulinarisches Highlight, das man sich keinesfalls entgehen lassen sollte!

EINE STILLE WANDERUNG DURCH UMBRIEN

Für alle, die lieber zu Fuß als mit dem Auto unterwegs sind: Der **Cammino dei Borghi Silenti** ist eine fünftägige Tour durch einige der historischen Städte rund um die Amerini-Berge im Süden Umbriens. Die Wanderung ist so angelegt, dass sie eher zum Nachdenken als zum Konsumieren anregt, und ein Großteil des Weges wird in Stille verbracht. Die 90 km lange Strecke verläuft größtenteils auf unbefestigten Straßen und Waldwegen, sodass etwas Vorbereitung nötig ist. Die Organisation hat sich aber mit örtlichen B&Bs und Restaurants zusammengetan, um einen sorglosen Trip zu garantieren. Wer auf der Suche nach einer echten Auszeit ist, könnte hier fündig werden.

UNVERGESSLICHE SPAZIERGÄNGE

Wer die Via Francigena (S. 463) durch Italien wandern will, für den ist der Cammino dei Borghi Silenti eine gute Übung!

UNTERWEGS VOR ORT

Orvieto ist sehr gut an viele andere Städten in Mittelitalien angebunden, was es zu einem idealen Zwischenstopp macht, ob man mit dem Zug, Bus oder Auto unterwegs ist. Durch die Lage an der A1 braucht man von Rom aus etwas mehr als eine Stunde und von Florenz aus etwas weniger als zwei Stunden hierher. Parkmöglichkeiten gibt es in den Parkhäusern unter der Stadt. Die Aufzüge ins historische Zentrum führen an einigen der etruskischen Ruinen vorbei, für die Orvieto so bekannt ist. Es fahren auch regelmäßig Züge nach Orvieto Scalo, einem eher gewerblichen Gebiet am Fuße der Stadt. Vom Bahnhof aus gelangt man mit der Standseilbahn hinauf in die Stadt.

NEAPEL & KAMPANIEN

DAS ITALIEN DER TRÄUME

Von der Wiege des Hades bis zur Erfindung der Pizza – diese Region ist beides zugleich: wohltuend wie eine echte *nonna* und explosiv wie ein Vulkan.

Willkommen in Neapel und Kampanien, einer Region, deren Schönheit so unwiderstehlich ist, dass sie bereits Schauplatz homerischer Mythen war und Invasionen aus ganz Europa auf den Plan gerufen hat. Allerorten finden sich die Spuren jener, die vor uns hierherkamen – ob von den alten Griechen oder der Camorra. Dennoch ist die Region in erster Linie für ihre gegenwärtigen Vorzüge bekannt: ihre mit Mozzarella veredelten Gerichte, ihre Vulkane und die mit Bougainvillea drapierte Traumküste.

Um diese (im wahrsten Sinne des Wortes) explosive Region wirklich zu verstehen, beginnt man seine Zeitreise am besten vor 3000 Jahren in Griechenland und besucht das antike Rom, mit Zwischenstopps in der Normandie, Spanien und bei den Bourbonen. Dann widme man sich den entlegensten Winkeln: Salerno, am südlichsten Ende der Amalfiküste, ist die Heimat der ersten medizinischen Fakultät der westlichen Welt sowie der ursprünglichen Mittelmeerküche, und in den Campi Flegrei (Phlegräische Felder), am nördlichen Ende der Amalfiküste, befindet sich einer der gefährlichsten Supervulkane der Welt (nein, nicht der Vesuv!). Bevor die Amalfiküste als Höhepunkt des italienischen Glamours galt, war sie geprägt von der Fischerei und bescheidenen Dörfern. Landschaft und Kultur wurden in der Literatur in den Rang größter Berühmtheit erhoben. Und noch immer bezaubern auch die drei Inseln im Golf von Neapel mit weiß getünchten Zentren und aufregender Natur, die von rauen Klippen bis hin zu schimmernden Höhlen reicht. Und dann wäre da noch Neapel selbst, wo lasagneartige Schichten antiker Architektur und die beste Pizza der Welt warten. Los geht's!

DIE WICHTIGSTEN ZIELE

IACOMINO FRIMAGES/SHUTTERSTOCK ©

Procida (S. 566)

Neapel, Pompeji & Umgebung, S. 550

Neapel und seine Umgebung mögen eine raue Schale haben, aber unter der mit Graffiti übersäten Oberfläche wartet ein Kern voller Schätze, die jede Erwartung übertreffen.

AUTO

Wegen des starken Verkehrsaufkommens und der bitteren Parksituation wird davon abgeraten, die Amalfiküste, Capri, Salerno und Neapel mit dem Auto zu erkunden (es sei denn, man ist in einer Gruppe unterwegs). Ein Auto ist allerdings nützlich, um die Campi Flegrei, den Cilento und die Dörfer der sorrentinischen Halbinsel zu erreichen.

ÖFFENTLICHE VERKEHRSMITTEL

Zwischen Neapel, Positano, Amalfi, Sorrent, Salerno und den kleineren Städten an der östlichen Amalfiküste verkehren regelmäßig Fähren, wobei die Verbindungen in der Nebensaison deutlich reduziert sind. Das öffentliche Verkehrsnetz in Neapel ist ausgezeichnet, und an der Amalfiküste und auf den Inseln gibt's ein umfangreiches Busnetz.

ZU FUSS

Die Innenstädte von Neapel, Sorrent, Salerno und die kleinen Ortschaften der Amalfiküste kann man wunderbar zu Fuß erkunden. Wem das zu anstrengend wird, kann auf den Inseln, den Campi Flegrei und zwischen den Städtchen der Amalfiküste auch auf das Rad umsteigen.

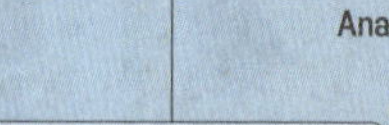

Die Inseln, S. 566

Inseleinsamkeit? Fehlanzeige! Procida war Italiens Kulturhauptstadt 2022, Capri bietet Jetset-Glamour und das Wasser von Ischia hat (so heißt es) heilende Kräfte.

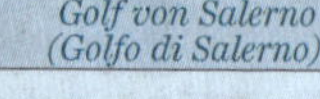

Die Amalfiküste, S. 577

Der 50 km lange Abschnitt mit seinen Klippen, der zerklüfteten Küste, den Fischerdörfern und Zitronenhainen ist der wahr gewordene Traum von Italien.

Erste Orientierung

Neapel allein ist riesig und die umliegenden Highlights liegen teils recht verstreut. Hier gibt's Vorschläge, wie man sich in dem weitläufigen Gebiet zurechtfinden und das Beste aus seiner Reise herausholen kann – von den griechischen Ruinen bis hin zu abgelegenen Stränden.

Salerno & der Cilento, S. 587

In Salerno gibt's makellos erhaltene griechische Ruinen. Und: Die Einwohnerschaft des Cilento hat eine Lebenserwartung, die im Schnitt zehn Jahre höher liegt als im Rest Italiens.

REISEZIELE

NEAPEL & KAMPANIEN

Perfekte Tage

Die besten Ideen für einen wundervollen Aufenthalt in Neapel, auf den Inseln, an der Amalfiküste oder in Salerno – in kleiner, mittlerer und großer Ausführung.

LEOKS/SHUTTERSTOCK ©

Castello Aragonese, Ischia (S. 569)

Fünf Tage an der Küste

● Die ersten beiden Tage verbringt man auf der üppigen Vulkaninsel **Ischia** (S. 568): Hier gibt's eine mittelalterliche Burg und römische Unterwasserruinen; für Wellness begibt man sich in die berühmten Thermen der Insel. Kleine Dörfer und spektakuläre Strände laden zum Wandern ein. Am dritten Tag geht's per Fähre auf die glamouröse Insel **Capri** (S. 569) zur Besichtigung historischer Villen, der verwinkelten Altstadt und der besonders bei Prominenten beliebten *piazzetta*.

● Am vierten Tag steht ein Spaziergang durch das historische Zentrum von **Sorrent** (S. 582) an. Zudem der Besuch eine Zitronenplantage, wo man Bio-*limoncello* (Likör) probieren kann. Am Hafen gibt's frische Meeresfrüchte. Am fünften Tag bringt die Fähre Traveller ins romantische **Positano** (S. 578), wo man bei grandioser Aussicht schier endlose Treppen erklimmen und in Handarbeit hergestellte Strandkleidung kaufen kann.

PASQUALE SENATORE/SHUTTERSTOCK ©, FRANCESCA SCIARRA/SHUTTERSTOCK ©, ASIATRAVEL/SHUTTERSTOCK ©

Beste Reisezeit

In dieser zutiefst katholischen Region Italiens gibt es unzählige religiöse Festtage und *sagre* (Gastro-Feste) zur Feier der Ernte. In der Nebensaison ist es kühl und regnerisch, im Spätsommer glühend heiß und überfüllt.

FEBRUAR

Es regnet oft, aber es ist **Carnevale** und der Feiertag des **Sant' Antonio** steht an – heißt: Süßigkeiten und Feierlaune im Überfluss.

MÄRZ

Die Settimana Santa (Karwoche) bildet den Auftakt zu einer Reihe von Feierlichkeiten. Das Wetter ist notorisch launisch – ein Regenschirm ist ein Muss.

MAI

Die Sonne scheint, die ersten **Strandclubs** öffnen und die Preise sind noch nicht in den Himmel geschossen. Perfekt!

Eine ganze Woche

Los geht's mit zwei Tagen in **Neapel** (S. 550) zur Erkundung kultureller Schätze, der lebhaften Seitenstraßen und der Strandpromenaden. Eine Pizza in der Stadt ihrer Geburt ist ein Muss!

Der dritte Tag ist **Pompeji** (S. 560) gewidmet. Dort warten herrliche Mosaike und Fresken – und die Besteigung jenes Vulkans, der einst alles zerstört hat. Ein Drink auf **Capris** (S. 569) berühmter *piazzetta* bringt Entspannung, bevor es am vierten Tag in den großartigen Boutiquen zum Shoppen geht.

Anschließend gilt es die unzähligen Stufen des romantischen **Positano** (S. 578) zu erklimmen – die magische Aussicht auf die Küste ist die Belohnung. Am sechsten Tag lernt man die Traditionen der Papierherstellung in **Amalfi** (S. 577) kennen und erfährt außerdem, wie die berühmten Zitronen angebaut werden. Am letzten Tag sollte man noch die spektakulären 800 Jahre alten Villen von **Ravello** (S. 580) besuchen.

Zehn Tage für die große Tour

Die ersten beiden Tage gelten der Erkundung **Neapels** (S. 550), den nächsten Tag verbringt man inmitten der dramatischen Ruinen von **Pompeji** (S. 560). An den Tagen vier und fünf warten Wanderungen über die vulkanische Insel **Ischia** (S. 568); mögliche Muskelbeschwerden kuriert man in den berühmten Thermalbädern.

Am sechsten Tag verführen die schönen Boutiquen und weiß getünchten Straßen von **Capri** (S. 569), bevor am siebten Tag das zauberhafte **Positano** (S. 578) und das italienische Küstenpanorama Träume erfüllen.

Am achten Tag warten die alten Villen von **Ravello** (S. 580) mit üppigen Gärten und atemberaubendem Blick auf die Küste. An den letzten beiden Tagen kann man die Steilküste von **Salerno** (S. 587) und den **Parco Nazionale del Cilento, Vallo di Diano e Alburni** (S. 593) erkunden.

JULI

Hochsommer. Bedeutende Musikfestivals in **Neapel, Sorrent und Ravello.**

AUGUST

Der **Spätsommer** ist die heißeste Zeit des Jahres an der Küste – und die mit dem meisten Betrieb. Viele Gotteshäuser und Attraktionen sind geschlossen.

SEPTEMBER

Beginn der **Weinlese**. Ideal, um die Weinberge zu besuchen. In Neapel wird **San Gennaro** gefeiert.

DEZEMBER

Weihnachtszeit. In Salerno gibt's wunderschöne Lichtinstallationen, in Neapel die magische Atmosphäre der Via San Gregorio Armeno.

NEAPEL

Ein italienischer Scherz lautet: „Es gibt Italien. Und es gibt Neapel" – und so einzigartig der Charakter dieser Stadt ist, so bedeutsam ist ihr historisches Erbe. Und doch rechnen nur wenige Traveller mit den Überraschungen, die Neapel bereithält.

Die Geschichte Neapels beginnt mit der griechischen Kolonie Neapolis, die im Jahr 474 v. Chr. gegründet wurde. Zeiten normannischer, spanischer und bourbonischer Herrschaft machten Neapel wohlhabend und hinterließen architektonische Prachtbauten wie das imposante Castel Sant'Elmo und den Palazzo Reale. Doch der Ruf Neapels verschlechterte sich nach der Einigung Italiens 1861 zunehmend; ein Schicksal, das durch den Aufstieg der Camorra besiegelt wurde. In der Tat kann es einem heute gelegentlich Gänsehaut bereiten, wenn man durch einige mit Graffiti übersäte Viertel spaziert. Und doch… alle paar Schritte finden die Blicke einen neuen Anziehungspunkt, und faszinierende Wandmalereien und moderne Kunst in der Metro erinnern die Welt an die künstlerische Exzellenz der Stadt. Neapel entspricht sicher in vielem dem, was man erwartet hatte – ist aber gleichzeitig das absolute Gegenteil davon.

TOP TIPP

Unbedingt auch jenseits des *centro storico* auf Entdeckungstour gehen – bis an den Rand Neapels (und darüber hinaus); und auch Posillipo, die Strände der Mergellina und die Campi Flegrei werden chronisch vernachlässigt. So oder so … ohne Espresso ist es kein echtes neapolitanisches Erlebnis.

SAN GENNAROS VERMÄCHTNIS

305 wurde Gennaro, Bischof von Benevento, wegen seines Glaubens geköpft. Doch bald geschah etwas Seltsames: Blut von ihm, aufgefangen in zwei Ampullen, verflüssigte sich bisweilen. Gennaro wurde in den Katakomben von Capodimonte begraben, doch Schädel und Blut wurden Jahrhunderte später in den Dom von Neapel gebracht. Und aus Dankbarkeit für seinen Schutz beim Ausbruch des Vesuvs 1631 errichtete man in Neapel einen Turm.

Das Blut soll sich dreimal im Jahr verflüssigen: an seinem Festtag (19. Sept.), im Dezember und im Mai. Tausende strömen dann herbei. Verflüssigt es sich nicht, gilt das als schlechtes Omen für die Stadt.

Die Schätze des Centro Storico

UNBEZAHLBARE KIRCHENKUNST

Der **Dom** (Duomo) von Neapel, eine opulente Kathedrale aus dem 13. Jh., beherbergt mehr als dreißig beeindruckende kirchliche Kunstwerke. Durch das prächtige Kirchenschiff gelangt man zum Altar von Francesco Solimena. Auf der linken Seite befinden sich die **Basilica di Santa Restituta** sowie der **Battistero di San Giovanni in Fonte** mit Mosaiken aus dem vierten Jahrhundert.

Hier befindet sich auch die **Cappella di San Gennaro**, die dem beliebtesten Schutzheiligen Neapels gewidmet ist. Dort warten (weitere) Fresken von Luca Giordano und die Silberbüste von San Gennaro aus dem 14. Jh., die seinen Schädel und zwei Fläschchen seines Blutes enthält, das sich dreimal im Jahr verflüssigen soll – ein für die Stadt sehr wichtiges Ereignis. Im Museo del Tesoro di San Gennaro nebenan sind kostbare Juwelen und Zeremonialgegenstände zu sehen.

Die **Cappella Sansevero** – eine Kapelle in der Via Francesco de Sanctis, deren Fundamente aus dem 17. Jh. stammen – beherbergt zahlreiche Beispiele barocker Kunst, etwa das lebhafte Deckenfresko *Gloria del Paradiso* von Francesco Maria Russo. Das berühmteste Kunstwerk der Kapelle ist jedoch zweifellos Giuseppe Sanmartinos Marmorskulptur *Cristo velato* aus dem Jahr 1753, die den verstorbenen und verhüllten Christus darstellt. Der unfassbare Realismus des scheinbar hauchdünnen, in Marmor gemeißelten Tuchs verblüfft Bewunderer seit Jahrhunderten. Unter der Kapelle befinden sich auch

HIGHLIGHTS
1 Bottega Michele Buonincontro
2 Cappella Sansevero
3 Castel dell'Ovo
4 Castel Sant'Elmo
5 Certosa e Museo di San Martino
6 Duomo
7 Galleria Borbonica
8 Lungomare Francesco Caracciolo
9 Palazzo Reale

SEHENSWERTES
(siehe 4) Museo del Novocento
10 Pedamentina di San Martino
11 Petraio Stairs
12 Piazza del Gesù Nuovo
13 Via San Gregorio Armeno

AUSGEHEN
14 Caffè Gambrinus

SHOPPEN
15 Via Pignasecca
16 Via Toledo

UNTERIRDISCH

Gianmarco Pagotto, Exportmanager und Gastgeber des Le Petit Palais Neapel, erzählt uns von seinem Lieblingserlebnis im *centro storico*.

„Am besten ist es, sich in den Gassen, den Kirchen oder den historischen Gebäuden zu verirren, um versteckte Schätze zu entdecken, umgeben vom Duft frisch gebackener *taralli* (ringförmige Kekse) oder Süßigkeiten, die die Auslagen der Bäckereien füllen. Um das wahre Neapel zu verstehen, muss man jedoch in den Untergrund gehen, hinunter nach Neapolis. Es ist faszinierend, die Reste der ursprünglichen griechischen Stadt zu sehen; die Gehwege mit Geschäften aus der Römerzeit oder das Theater, in dem Nero zu Ehren der griechischen Stadt Parthenope auftrat, die Rom so respektierte. Das ist das „unterirdische Neapel“: ein Memento dieser schichtweise aufgebauten Stadt, eine Schatztruhe und ein Zeugnis Jahrtausende alter Geschichte.“

LAZYLLAMA/SHUTTERSTOCK

***Presepi*, Via Gregoria Armeno**

zwei konservierte menschliche Arteriensysteme, die angeblich von ermordeten Dienern stammen.

Kunst im Centro Storico

JAHRHUNDERTE GROSSARTIGSTEN KUNSTHANDWERKS

Auf der **Piazza del Gesù Nuovo**, am Rande des *centro storico*, befinden sich das **Complesso Monumentale di Santa Chiara** und die **Chiesa del Gesù Nuovo**. Man wird sich einmal im Kreis drehen müssen, um die ganze Pracht der riesigen Chiesa del Gesù Nuovo bewundern zu können, die 1470 als Palast für den Fürsten von Salerno erbaut wurde. Im hinteren Teil des Komplexes befindet sich das von Robert von Anjou in Auftrag gegebene Kloster mit seinem angevinischen Säulengang und dem beeindruckenden Kreuzgang, der mit Fresken aus dem 17. Jh. und hellen Majolika-Säulen aus dem 18. Jh. gestaltet wurde. Ein kleines Museum

HINAB IN DIE TIEFEN DER STADT

In den Katakomben in Neapels Rione Sanità (S. 558) erfährt man mehr über den Kult des San Gennaro.

ESSEN IM CENTRO STORICO

La Campagnola
Gemütliches, stilvolles Lokal in der Nähe der Piazzetta Nilo, bietet große Portionen neapolitanischer Spezialitäten. **€€**

Tandem
Hier gibt's Pasta mit *ragú*- oder *genovese*-Fleischsaucen sowie das berühmte *cuzzetiello*-Sandwich mit *ragú*-Füllung. **€**

Da Michele
Tolle, beliebte historische Pizzeria. Vielleicht ist die Schlange ja nicht allzu lang (es besteht allerdings nur wenig Hoffnung). **€**

zeigt die Überreste einer Therme aus dem 1. Jh. Den Mittelpunkt der Piazza bildet der **Guglia dell'Immacolata**, einer der drei barocken Marmortürme Neapels.

Die detailreich und liebevoll gestalteten *presepi* (Weihnachtskrippen) sind in ganz Kampanien und besonders in Neapel sehr beliebt. Die *presepi*, deren Ursprünge im 13. Jh. liegen, werden traditionell zur Weihnachtszeit aufgestellt und stellen Elemente des einst typischen süditalienischen Lebens dar, mit Fischhandel über Schafe bis hin zu Bäumen voller Zitronen. Bei einem Spaziergang über das Kopfsteinpflaster der **Via Gregorio Armeno** lässt sich das ganze Jahr über der Krippenbau beobachten. Manchmal sieht man Krippen aus Massenproduktion, aber es gibt auch noch Kunsthandwerk wie bei **Bottega Michele Buonincontro**, wo die traditionellen Techniken der Krippenherstellung der Familie weitergeführt werden. Es ist zu jeder Jahreszeit ein angenehmer Spaziergang, doch in der Weihnachtszeit wird die Atmosphäre geradezu magisch.

200 Jahre spanische Herrschaft

DIE SPANISCHE PHASE NEAPELS

Die **Via Toledo**, die von der herrlichen Piazza del Plebiscito nach Norden führt, ist die Hauptverkehrsader des historischen spanischen Viertels Neapels. Auf der linken Seite befinden sich die düsteren Quartieri Spagnoli, die ursprünglich zur Unterbringung spanischer Truppen errichtet wurden. Auf der rechten Seite warten beliebte Ladenketten, Boutiquen und Kunstmuseen. Der **Palazzo Reale** (Königspalast), der im 16. Jh. erbaut wurde, war Sitz der spanischen Königsfamilie. Heute beherbergt der riesige Komplex die **Romantischen Gärten** und das Kunstmuseum **MeMas** sowie die **Nationalbibliothek von Neapel** mit ihrem versteckten Juwel, der **Biblioteca Lucchesi Palli** aus dem 19. Jh. Bei einer Führung durch das Historische Appartement des Palastes beeindrucken die opulente Marmortreppe *scalone d'onore*, die vergoldete, marmorne **Königskapelle** und das **Teatrino di Corte**, das 1768 von Ferdinando Fuga in Auftrag gegebene Privattheater. Ebenfalls sehenswert ist das prachtvolle **Teatro San Carlo**, das älteste durchgehend in Betrieb befindliche Opernhaus Europas. Nicht verpassen sollte man das prächtige **Caffè Gambrinus** aus dem Jahr 1860. Dieses Belle-Epoque-Café mit seinen üppigen Fresken und Wandteppichen ist bekannt für den *caffè sospeso* (aufgeschobener Kaffee) – eine Tradition, bei der man neben der eigenen Tasse Kaffee eine weitere bezahlt, die bei nächster Gelegenheit Bedürftigen ausgeschenkt wird.

NEAPELS METRO-KUNST

Stazione
Pendler:innen im Siebdruckverfahren auf einem Spiegel (Station Garibaldi).

Dante e Beatrice
Farbenfrohe Bilder des Liebespaares aus der Renaissance (Station Università).

Spulcinellando, Sguazzando, Scugnizzando
Komplexes Mosaik, das neapolitanische Straßenkinder darstellt, die mit Pulcinella und mythischen Ungeheuern im Meer herumtollen (Station Materdei).

Universo Senza Bombe, Regno dei Fiori, 7 Angeli Rossi
Ein leuchtend blauer Hintergrund, der mit bunten geometrischen Formen übersät ist (Station Dante).

Crater de Luz/Olas/Relative Light
Eine Reise unter das Meer inmitten von Mosaiken, Wellen und Licht (Station Toledo).

AUSGEHEN IM CENTRO STORICO

Intra Moenia
Weitläufiges historisches Literaturcafé auf der Piazza Bellini, in dem Cocktails, Wein und *aperitivi* serviert werden.

Shanti Art Musik Bar
Tiki-Bar an der Piazzetta Nilo; Cocktails, kleine Snacks und bequeme Sofas.

Libreria Berisio
In dieser alten Buchhandlung beziehungsweise Weinbar in der Nähe von Port'Alba lässt sich der Genuss eines Gläschens Wein mit Stöbern verbinden.

Neapels leckerstes Fastfood

STREETFOOD-MARKT

Auf der Via Toledo in Richtung Norden stößt man bald auf eine Abzweigung, die zur **Via Pignasecca** führt, dem ältesten Straßenmarkt Neapels – **La Pignasecca**, dessen Ursprünge auf die 1500er-Jahre zurückgehen. Der Markt erstreckt sich von der Piazza Carità bis zur Montesanto-Seilbahnstation. Hier gibt's nahezu alles, von Obst über Brot bis hin zu Bio-Fleisch, das an Haken hinter Glas baumelt, doch die größte Attraktion von La Pignasecca ist zweifellos die Vielzahl von Straßenimbissen.

Am besten kommt man frühmorgens, dann ist die Ware am frischesten und der Trubel am größten. Zur Auswahl stehen frittierte Snacks wie *frittatine di pasta* (Kroketten mit Nudeln und Bechamel) oder *montanara* (frittierter Teig mit Tomatensauce, Basilikum und Käse). Mit etwas Glück ist man genau dann vor Ort, wenn man sich noch einen *cuopp'* vom Fischmarkt sichern kann – eine mit Fett verschmierte Papiertüte, die mit frittierten Tintenfischen, Oktopus, Garnelen und Sardinen gefüllt ist. Für den Verzehr eines *cuzzetiello* – ein mit Ragout belegtes Baguette-Sandwich – braucht man beide Hände. Calzone kennt man ... aber schon mal eine frittiert und mit Ricotta, schwarzem Pfeffer und Schweinefleisch gefüllt probiert? Falls nicht, einfach eine *pizza fritta* bestellen, und zwar pronto. Lecker ist auch *pizza al portafoglio*: Mini-Pizzen, die man zusammenklappt und unterwegs essen kann. Wer etwas Leichteres bevorzugt, sollte *taralli n'zogna e pepe* probieren – ein knuspriges, ringförmiges Stückchen Teig, das mit Pfeffer und Mandeln gewürzt ist. Unwiderstehlich! Auch alles Gebratene mit Schweinefleisch ist lecker.

BESTES STREET FOOD IN TOLEDO & IM QUARTIERI SPAGNOLI

Passione di Sofi
Moderne Street-Food-Interpretationen und Snacks wie *pizza fritta* oder *frittatine di pasta* aus Gnocchi. €

Pescheria Azzurra
Die Menschenmassen? Egal! Auf diesem Markt gönnt man sich einen *cuopp'* mit Sardinen und Calamari oder einen Teller *spaghetti alle vongole* (Spaghetti mit Venusmuscheln). €

Antica Pizzeria e Trattoria al 22
Klassische Pizzeria mit ausgezeichneter *pizza al portafoglio*. €

Friggitoria Fiorenzano
Unscheinbarer Stand – mit sehr leckeren frittierten Kalorienbomben. Noch eine *montanara*, bitte! €

Imposante Bauwerke

EINE NORMANNENBURG & EIN BUNKERLABYRINTH

Castel dell'Ovo, das älteste der sieben Schlösser Neapels, wurde als Kloster, Festung, Gefängnis und königliche Residenz genutzt. Das imposante normannische Bauwerk aus dem 12. Jh. verdankt seinen Namen (Burg des Eies) dem Humor des römischen Dichters Virgil, der der Legende nach an der Stelle, an der die Burg heute steht, ein Ei vergrub. Virgil behauptete, wenn das Ei zerbreche, würde die Burg einstürzen. Nun denn. Das Schloss steht immer noch, und man kann seine eleganten Säle besichtigen und auf seine Terrasse hinaufsteigen, von der aus

ESSEN IN TOLEDO & IM QUARTIERI SPAGNOLI

Trattoria da Nennella
Ebenso berühmt für seine wilde Kellnerschaft wie für leckere neapolitanische Hausmannskost. Hier wird man anstehen müssen. €

Ristorante Pizzeria Al Cucciolo Bohemien dal 1963
Klassische italienische Küche mit hausgemachten *primi piatti* (Pasta) und *fritti* (frittierte Vorspeisen). €€

Osteria della Mattonella
Neapolitanische Lieblingsgerichte alter Schule, umgeben von Majolika-Kacheln aus dem 18. Jh. €€

TOMASZ WOZNIAK/SHUTTERSTOCK ©

Castel dell'Ovo

man einen Rundumblick auf den Golf von Neapel und die Promenaden Santa Lucia und Mergellina hat.

Neapels historische Schichten scheinen unzählig, aber wer (zumindest) in die jüngere Vergangenheit eintauchen möchte, sollte die **Galleria Borbonica** besuchen, einen wiederverwendeten bourbonischen Tunnel, der unter dem Monte Echia verläuft und 1853 von Ferdinand II. in Auftrag gegeben wurde, um den Palazzo Reale mit der Kaserne zu verbinden. Der Tunnel wurde in das Bolla-Aquäduktsystem aus dem 17. Jh. gegraben und während des Zweiten Weltkriegs von schätzungsweise 5000 bis 10 000 Neapolitaner:innen bewohnt, die vor den Schrecken der Bombenangriffe flohen. Eine Führung führt durch die Tunnel, die die Flüchtlingskolonie bildeten, vorbei an den gespenstischen Spielplätzen, den beengten Latrinen und der Krankenstation, in der die Bewohner mit DDT besprüht wurden, um Seuchen vorzubeugen. In der Galleria Borbonica finden heutzutage auch Theateraufführungen und Konzerte statt.

INTERMEZZO MIT MEERJUNGFRAU

Bei einem Besuch des Castel dell'Ovo auf der Insel Megaride sollte man Zeit für ein Mittagessen in **Borgo Marinaro** einplanen, einem von Felsen gesäumten, von der Fischerei geprägten Dorf am Fuße der Burg. Die ehemalige griechische Kolonie Megaris aus dem 7. Jh. hat eine traurige Entstehungsgeschichte: Der Legende nach war Megaride der Ort, an dem die Meerjungfrau Partenope aus Kummer über Odysseus an Land gespült wurde. Die Erinnerung an sie lebt weiter: Die Region Neapel wird oft als Partenopea bezeichnet, und auf der Piazza Sannazaro im nahe gelegenen Mergellina steht ein Brunnen mit ihrem Bildnis. Bei einem köstlichen Mittagessen im La Scialuppa (vielleicht *spaghetti alle vongole*?) sollte man unbedingt ein Glas *vino bianco* auf Partenope erheben.

AM MEER

Weitere schöne Dörfer und idyllische Spaziergänge am Meer warten entlang der **Amalfiküste** (S. 577).

ÜBERNACHTEN IN TOLEDO & IM QUARTIERI SPAGNOLI

Hotel il Convento
Wunderschönes, renoviertes Boutique-Hotel in einem ehemaligen Kloster aus dem 16. Jh. **€€**

Real Toledo
Boutique-B&B mit schicken, gemütlichen Zimmern mit Balkonen und modernen TV-Bildschirmen. **€€**

Art Resort Galleria Umberto
Aufwendig eingerichtetes Hotel in der Galleria Umberto I. Marmorbäder, an den Wänden moderne Kunst. **€€**

FUNICULÌ FUNICULÀ

Das beliebte neapolitanische Lied Funiculi Funiculà hat jeder schon einmal gehört – falls nicht, ab zu YouTube! Klasse, oder? Doch was bedeutet der Titel? Obwohl das Stück im Ausland als „italienische“ Musik gilt, ist es zu 100 Prozent neapolitanisch. Es wurde 1880 vom Journalisten Giuseppe Turco geschrieben und von Luigi Denza komponiert und feierte die Einweihung der Standseilbahn, die Herkulaneum und Neapel verbindet. Der Lied-Titel bezieht sich auf die Standseilbahn (funicolare), während der Text des unverkennbaren und international beliebten Refrains *jamme, jamme* im neapolitanischen Dialekt „los, los“ bedeutet. Ja, so ist das.

Certosa e Museo di San Martino

Die Höhen des Vomero

VON OBEN HERAB

Das **Castel Sant'Elmo** aus dem 14. Jh. liegt 250 m über dem Meeresspiegel auf dem Hügel San Martino und ist eines der berühmtesten und imposantesten Wahrzeichen der Stadt. Das massive sternförmige Bauwerk ist das größte der sieben Schlösser Neapels und heute vor allem für seinen atemberaubenden Rundum-Blick auf Neapel und den Golf bekannt. Ursprünglich war es eine dem Heiligen Erasmus geweihte Kirche, die auch mit dem nahe gelegenen **Museo del Novecento** verbunden ist, einem Museum mit Exponaten der neapolitanischen Kunst des 20. Jhs. Mit der Standseilbahn und der Metro kommt man in die Nähe, man sollte sich allerdings anschließend auf einen gemütlichen Spaziergang einstellen – Burg und Museum sind nur zu Fuß erreichbar.

Die **Certosa e Museo di San Martino,** zwischen 1325 und 1368 als Kartäuserkloster erbaut, beherbergt heute unschätzbare Fresken und Gemälde von neapolitanischen Barockmeistern

ESSEN IN SANTA LUCIA & CHIAIA

Muu Muuzzarella Lounge
Modernes Restaurant bei dem sich alles um frischen *mozzarella di bufala* aus Kampanien dreht. **€**

L'Ebbrezza di Noè
Die Weinhandlung „Noahs Nervenkitzel“ verwandelt sich nachts in ein trendiges Restaurant. **€€**

Antica Trattoria da Ettore
Gemütliche Trattoria, beliebt bei italienischen Berühmtheiten, mit klassischer neapolitanischer Hausmannskost. **€€**

wie Jusepe di Ribera und Cosimo Fanzago. Zunächst schlendert man durch die prächtige Sakristei und den großen Kreuzgang, dann geht es nach draußen zu den hängenden Gärten und dem Aussichtspunkt mit Blick auf das *centro storico* von Neapel und den Golf. Die *certosa* (Kartause) ist nur zu Fuß erreichbar. Beim Verlassen der Stadt sollte man in den historischen, familiengeführten Cameo-Boutiquen Halt machen, die seit über einem Jahrhundert ihre wunderschönen Muschel-, Perlmutt- und Achatwaren verkaufen. Es lohnt sich, den Rückweg über die Pedamentina-Treppe anzutreten, die hinter der Steinmauer direkt gegenüber den Geschäften versteckt ist und hinunter zu den Quartieri Spagnoli führt.

Vomeros schönstes Geheimnis

EINZIGARTIGE AUSBLICKE

Die Standseilbahn mag die schnellste Art sein, den Hügel San Martino zu erreichen, ist aber nicht die schönste: Der Vomero ist nämlich auch über zwei (nicht ganz so geheime) alte Steintreppen erreichbar: die **Pedamentina di San Martino**, die vom Corso Via Emanuele hinaufführt und an der Certosa e Museo di San Martino endet, und den **Petraio-Weg**, der in Chiaia beginnt und an der Seilbahnstation Morghen endet. Die Treppen mögen zwar steil sein – sie haben 414 bzw. 530 Stufen –, aber die Aussicht und die Ruhe, die sie bieten, sind sensationell. Vorbei an den typischen Häusern der Region und etwas Grün blickt man auf die belebte Stadt … sie scheint Welten entfernt.

Die **Lungomare Francesco Caracciolo**, die sich an den Golf von Neapel schmiegt, ist ein 2,5 km langer felsiger Küstenstreifen, der sehr reizvoll ist. Man kann an Chalets vorbeischlendern, an kleinen Ufer-Bars, die Snacks und Granitas verkaufen, oft umweht von Blütenduft. Vielleicht verweilt man an einem Kiosk, der Muscheln und Kunsthandwerk verkauft, beobachtet die Boote, die im Wasser schaukeln, und genießt die Schönheit, die einen umgibt. Typisch für Neapel ist auch, sich hier an einem Stand eine heiße *taralli* zu kaufen und diese unterwegs zu schlemmen. Wem eher nach Süßem zumute ist, sollte im Chalet Ciro 1952 einkehren – die Süßigkeiten werden auf Bestellung frittiert und sind so weich und zart, dass sie auf der Zunge zergehen.

DIE BESTEN RESTAURANTS IN VOMERO

Osteria Donna Teresa
Kleine, familiär geführte Osteria mit hochwertigen Gerichten alter Schule, etwa *pasta e patate*. €

Gorizia 1916
Trendige Gourmet-Pizzeria. Die *fritti* – besonders *mozzarella in carrozza* – sind einfach köstlich. €€

Godot Restaurant
Sorgfältig zubereiteter *crudo* (roher Fisch) und Meeresfrüchtegerichte mit modernem Touch, serviert in einem kleinen, hippen Lokal. €€€

Trattoria Vanvitelli
Beliebtes Pizzeria-Restaurant im Vintage-Stil mit leichter, leckerer Pizza. Auch auf Vollkornbasis. €€

ÜBERNACHTEN IN VOMERO

Le Petit Palais Naples
B&B in einem renovierten Gebäude aus dem 16. Jh. an der Pedamentina-Treppe. Wunderschöne Dachterrasse mit atemberaubender Aussicht. €€€

Vanvitelli Domus
Gutes B&B mit minimalistischem, farbenfrohen Interieur. Zimmer mit eigenem Bad und Flachbild-TV. €

La Chambre
Komfortables, gut ausgestattetes B&B mit luftigem blau-weißem Interieur. Die King-Zimmer haben einen Balkon. €€

GUT ESSEN IN RIONE SANITÀ

Concettina ai Tre Santi
Teure, aber leckere und sehr einfallsreiche neapolitanische Pizza. Tolle Cocktails. **€€€**

Pasticceria Poppella
Berühmte, 100 Jahre alten Konditorei. Empfehlenswert: *fiocco di neve*, ein mit Ricotta und Sahne gefülltes süßes Briochegebäck. **€**

La Campagnola
Perfekte, bodenständige neapolitanische Küche. Die *fritti* und die *pasta e patate* sind ausgezeichnet. **€€**

Wunderwerke abseits ausgetretener Pfade

JUWELEN, DIE MAN SICH NICHT ENTGEHEN LASSEN SOLLTE

Im **Parco Archeologico del Pausilypon** lassen sich die Überreste einer luxuriösen römischen Villa am Meer erkunden: Sie gehörte einst Publius Vedius Pollo, einem Mann, der so bedeutend war, dass er ein eigenes Amphitheater besaß, und der so fies war, dass er seine eigenen Aale züchtete.

Der Zugang zur Villa erfolgt über die imposante **Grotta di Seiano**, einen mehr als 770 m langen Tunnel aus der Römerzeit, der die Bagnoli-Ebene mit dem friedlichen Gaiola-Tal verbindet. Der Park bietet auch Aktivitäten für Kinder an, darunter Workshops zum Thema Archäologie. Im Amphitheater der Villa finden im Sommer Veranstaltungen zum Sonnenuntergang statt, man nennt sie „Pausilypon: Suggestioni all'Imbrunire". Die Ruinen stehen in Verbindung mit dem nahe gelegenen Meerespark **Area Marina Protetta di Gaiola**, wo man schnorcheln und Glasbodenbootstouren unternehmen kann.

Die **Katakomben von San Gennaro** in Rione Sanità sind eines der größten Katakombennetze Süditaliens und beherbergen einige der ältesten paläochristlichen Fresken. In dem beeindruckenden Gewölbe befindet sich auch das erste Grab von San Gennaro, bevor seine Gebeine in den Dom überführt wurden. Die Fresken zeigen einen künstlerischen Wechsel von der antiken römischen Mythologie zur frühchristlichen Symbolik. Die Katakomben sind mit der Basilica di San Gennaro fuori le mura (außerhalb der Mauern) verbunden, die, obwohl sie nach dem Zweiten Weltkrieg fast vollständig wiederaufgebaut wurde, für die Neapolitaner eine enorme Bedeutung hat, da sie als Verbindung zwischen Vergangenheit, Gegenwart und Zukunft gilt.

UNTERWEGS VOR ORT

Neapels öffentliches Verkehrsnetz ist super und umfasst Busse, Standseilbahnen und ein U-Bahn-System mit spektakulären modernen Kunstinstallationen. Für 5,10 € gibt's eine Tageskarte (*biglietto giornaliero)* für alle öffentlichen Verkehrsmittel der Stadt. Trotz der Größe Neapels sind die vielen Viertel recht klein, so dass die Stadt gut zu Fuß zu erkunden ist. An belebten Orten und in der Nacht empfiehlt sich allerdings Achtsamkeit.

Und sofern man nicht in einer großen Gruppe unterwegs ist, wird vom Autofahren in Neapel aufgrund des irrsinnigen Verkehrsaufkommen und der Parkplatzknappheit abgeraten.

Caserta
Cuma
Neapel
Herculaneum
Parco Sommerso di Baia
Pompeji

Rund um Neapel

Da wären die griechisch-römischen Ruinen, der Barockpalast und der Vulkan... man sollte es dennoch nicht versäumen, zu den Unterwasserruinen zu tauchen oder traditionelle Weine zu kosten.

Nur wenige Naturkatastrophen in der Geschichte fesseln die Fantasie der Menschen so sehr wie der Ausbruch des Vesuvs am 24. August 79 n. Chr. Das Ereignis kündigte sich mit einer Rauchwolke in Form einer Pinie an; in den folgenden 24 Stunden zerstörten tödliche pyroklastische Ströme das große Pompeji und Schlammlawinen erstickten das nahe gelegene Herculaneum. Ausgrabungen im 18. Jh. förderten prächtige Häuser, Paläste, Bäder, Tempel und Geschäfte zutage, die mit ihren atemberaubenden Fresken und Mosaiken begeistern.

Weiter im Landesinneren liegt der prächtige Palast Reggia di Caserta, der von dem legendären neapolitanischen Barockarchitekten Luigi Vanvitelli erbaut wurde. Und westlich von Neapel liegen die Campi Flegrei (Phlegräische Felder), Ort der ersten griechischen Siedlung auf dem italienischen Festland und einer der gefährlichsten Supervulkane der Welt.

TOP TIPP

Das Multiticket (15 €) für den Circuito Flegreo in den Campi Flegrei beinhaltet den Eintritt in den Parco Archeologico di Baia, das Castello di Baia, den Parco Archeologico di Cuma und das Anfiteatro Flaviano.

Pompeji (S. 560)

DIE BESTEN POMPEJI-TIPPS

Auch die andere Seite von Pompeji erkunden – die ist weit weniger überlaufen.

Unbedingt die MyPompeji-App nutzen oder an einer offiziellen Tour teilnehmen.

Yellowsudmarine Food Art & Tours bietet geführte Touren durch Pompeji an.

Für Pompeji einen halben Tag einplanen (2–3 St. für Herculaneum), so sieht man alles ohne zu hetzen.

Nicht alle Gebäude und Ausstellungen sind jeden Tag geöffnet; Website checken.

Festes Schuhwerk ist nötig. Sandalen und hochhackige Keilabsätze sind den Pfaden und Kopfsteinpflasterstraßen nicht gewachsen.

Der kostenlose Pompeji-ARTE-Shuttle fährt von Pompeji zu den anderen archäologischen Stätten des Parks, einschließlich Oplontis und Stabiae.

AVRIL MORGAN/SHUTTERSTOCK ©

Casa di Nettuno e Anfrite, Herculaneum

Die Pracht von Pompeji

DER BERÜHMTESTE VULKANAUSBRUCH ALLER ZEITEN

Auf dem Weg zum **Foro** (Forum) kam es einst zu tragischen Ereignissen – man kann es heute trotzdem besuchen. Hier befindet sich der **Tempio di Giove**, ein Jupiter, Minerva und Juno geweihter Tempel, der so konzipiert wurde, dass er genau auf den Vesuv ausgerichtet ist. Außerdem gibt es den **Tempio di Apollo**, den *macellum* (Markt) und den *granai* (ehemaliger Getreidespeicher), der heute mehr als 9000 wiedergefundene Haushaltsgegenstände beherbergt.

Unbedingt sehenswert ist das **Anfiteatro** (Amphitheater), ein gewaltiges Ungetüm mit 20 000 Plätzen, eines der ältesten bekannten römischen Theater. An der Brüstung sind Fresken von Gladiatorenkämpfen zu sehen, und im oberen Geschoss finden sich die Inschriften mit Namen von Richtern.

Während der Ausgrabungen entwickelte der italienische Archäologe Giuseppe Fiorelli die Technik, Gips in die Hohlräume zu gießen, die die Körper der Opfer in der Erde hinterlassen

ESSEN IN DEN CAMPI FLEGREI

Angelina
Die Sterneköchin Marianna Vitale bietet in dieser modernen *tavola calda* (Cafeteria) in Pozzuoli hochwertige Street-Food-Gerichte. **€**

Caracol
Kleines, mit einem Michelin-Stern ausgezeichnetes Fischrestaurant in Bacoli, das auf einer Terrasse mit Blick aufs Meer moderne italienische Küche serviert. **€€€**

Coevo
Winziges Restaurant in Bacoli in schöner Lage mit Blick auf den Golf; bietet kreative italienische Meeresfrüchtegerichte. **€€€**

hatten, um so einen perfekten Abdruck im Moment ihres Todes zu erhalten. Der **Orto dei Fuggiaschi** beherbergt die größte Sammlung solcher Abgüsse in Pompeji. Hier findet man 13 auf dem Bauch liegende Figuren, die auf der Suche nach Zuflucht in verschiedenen Positionen der Schutzsuche oder der Verzweiflung festgehalten sind.

Die **Terme Stabiane** (Stabianischen Thermen) aus dem 2. Jh. v. Chr. verfügten über *tepidarien* (lauwarme Bäder), *frigidarien* (kalte Bäder) und *caldarien* (heiße Bäder) sowie über einen riesigen Innenhof und ein großes Becken. Ein wunderschönes Gewölbe im Umkleideraum für Männer hat eine kunstvolle Stuckdecke, auf der *putti* (die geflügelten Babys) und freche Nymphen abgebildet sind.

Holz – konserviert in vulkanischem Schlamm

HERCULANEUMS GESPENSTISCHES ERBE

Die vulkanische Schlammlawine, die **Herculaneum** begrub, mumifizierte alles organische Material wie Stoffe oder Holz. Die **Casa del Tramezzo di Legno** (Haus der hölzernen Trennwand) birgt die spektakulären, wenn auch verkohlten Schätze eines großen, faltbaren hölzernen Sichtschutzes sowie die Überreste eines hölzernen Bettgestells. Die Trennwand war mit profilierten Paneelen und Halterungen für Öllampen ausgestattet und trennte einen der Vorhöfe vom Gemeinschaftsraum, in dem der Besitzer wahrscheinlich mit der Kundschaft verkehrte. Ebenfalls erhalten sind die Marmorverkleidung der Impluvium-Wanne, die Wandmalereien und ein geometrisches Mosaik in der Nähe des Eingangs.

Die Räume, die sich zum Strand von Herculaneum, **L'Antica Spiaggia**, hin öffnen, wurden wahrscheinlich als Hafen- und Lagerräume genutzt. Während des Ausbruchs wurden sie zu einem Zufluchtsort für jene, die versuchten, der Explosion zu entkommen. Im Jahr 1980 wurden dort etwa 300 menschliche Skelette gefunden (mit Halsketten und Münzen). Später machten Archäologenteams eine weitere Entdeckung: Unter Schichten vulkanischen Schlamms befand sich der Kiel eines Holzbootes, mit dem die Opfer wohl vergeblich versucht hatten zu fliehen. Das Boot ist über 9 m lang und erinnert an ein modernes Beiboot (*gozzo*). Dieses antike Wunderwerk des Schiffsbaus ist im Pavillon neben den Ruinen zu sehen.

UNGLAUBLICHE FRESKEN & MOSAIKE IN POMPEJI & HERCULANEUM

Casa del Fauno (Pompeji)
Gekachelter Eingang mit Willkommensgruß *have* (in oskischer Sprache; lat. *ave*); Mosaike mit Tierdarstellungen und Schlachten.

Casa della Venere in Conchiglia (Pompeji)
Haus der Venus. Großartige Fresken.

Casa del Frutteto (Pompeji)
Fresko eines Obstgartens mit ägyptischen Motiven, vor dramatischem, dunkelgrünen Hintergrund.

Casa dello Scheletro (Herculaneum)
Spektakulärer Schrein (lat. *lararium*), der mit winzigen Mosaikfliesen ausgelegt ist.

Casa di Nettuno e Anfrite (Herculaneum)
Wunderbares Mosaik mit der Darstellung von Neptun und Aphrodite.

Collegio degli Augustali (Herculaneum)
Fresken eines kämpfenden Herkules.

Villa dei Misteri (Pompeji)
Großes dionysisches Fries, das Dionysos und Ariadne darstellt, die ein junges Mädchen durch rituelle Geißelung in den Kult aufnehmen.

ESSEN IN POMPEJI

Melius (Pompeji)
Gourmet-Restaurant mit Gerichten aus regionalen Zutaten wie Pasta aus Gragnano oder Anchovis aus Cetara. €€

Zi'Caterina (Pompeji)
Geräumiges Restaurant alter Schule. Wirkt touristisch, serviert aber köstliche traditionelle süditalienische Gerichte. €€

La Bettola del Gusto (Pompeji)
Moderne italienische Gerichte wie Couscous mit gebratenem Oktopus, zubereitet mit feinsten Zutaten. €€

Vesuvio, der Glorreiche

DER VULKAN LEBT!

Viele wissen: Im Jahr 79 n. Chr. brach der Vulkan Vesuv aus. Viele wissen wahrscheinlich nicht: Der Vesuv ist immer noch aktiv und Expert:innen sagen, dass er wieder ausbrechen wird.

Der doppelspitzige Berg bricht seit Tausenden von Jahren aus. Im Jahr 79 n. Chr. erholten sich die Menschen hier noch immer von einem Erdbeben, das nur 17 Jahre zuvor stattgefunden hatte. Plinius der Jüngere schrieb, dass die Einheimischen die warnenden Erschütterungen weitgehend ignorierten, „da sie in Kampanien häufig vorkommen". Er beobachtete den Ausbruch von der anderen Seite des Golfs von Neapel aus und verglich die erste Rauchwolke des Vulkans mit einer Pinie – allerdings einer, die schließlich Tausende von Menschenleben forderte.

Irgendwann ging das Leben weiter: Feste, Hungersnöte, Kriege. Im Jahr 1944 brach der Vesuv erneut aus. Heute leben fast drei Millionen Menschen in einem Umkreis von 32 km um den Vulkan. Viele Einheimische weigern sich jedoch, in Angst zu leben – sie machen Witze über den Vulkan, machen Selfies mit ihm, erklimmen ihn. Viele ignorieren seine Existenz gänzlich.

Der **Parco Nazionale del Vesuvio** mit einer Fläche von 85 km² wurde 1995 eingerichtet. Jedes Jahr wandern Millionen von Menschen zu dem klaffenden Krater und bestaunen seinen Durchmesser von 450 m.

Die Leute, die einem dort überteuerte Touren aufschwatzen wollen, darf man getrost ignorieren. Man kann auch ohne Führung durch das Gelände wandern – oder reiten (oder den Vesuvius-Active-Shuttle nehmen, der vom Bahnhof Herculaneum abfährt). Man kann gut drei bis vier Stunden damit verbringen, die Gegend zu erkunden und die tolle Aussicht auf den Golf von Neapel genießen. Anschließend gönnt man sich ein kühles Bier im Café am Rand des Kraters.

Sollte allerdings Rauch aus dem Krater aufsteigen, Füße in die Hand nehmen und abhauen!

Jenseits der Ruinen

WO LOCALS HINGEHEN

Oplontis war ein idyllischer Vorort von Pompeji und liegt unter der heutigen **Torre Annunziata** begraben. Heute ist nur noch eines der Gebäude, die **Villa Poppaea**, öffentlich zugänglich. Sie verfügt über prächtige Fresken und elegant gestaltete Gärten sowie über private Thermen.

Nur 11 km südlich liegen die Ruinen von **Stabiae** auf dem Varano-Hügel mit Blick auf das heutige Castellammare di Sta-

BESUCH IN DER VERGANGENHEIT

Die Blütezeit von Pompeji und Herculaneum liegt zwar Ewigkeiten zurück, trotzdem ist es erstaunlich einfach, sich vorzustellen, wie das Leben hier vor 2000 Jahren ausgesehen haben muss. Die weitläufigen Straßen sind sofort als Stadtviertel zu erkennen; man findet Weinläden mit Preisangaben an der Fassade und Bäckereien mit Öfen und Schrotmühlen. Es gab hübsch dekorierte *palestra* (Turnhallen), und Pompejis berühmtes *lupanare* (Bordell) ist für seine anrüchigen Fresken sehenswert.

Da es üblich war, zum Mittagessen auszugehen, wurden in beiden Städten *thermopolia* (Imbissstuben, in denen Getränke und warme Speisen serviert wurden) gefunden, darunter auch eines in Pompejis Regio V, dessen Theke ein Gemälde einer Nereide zu Pferde zeigt. Das Große Thermopolium in Herculaneum weist sogar zynische Graffiti im Hinterzimmer auf. Die Römer waren also auch nicht so viel anders als wir.

ESSEN IN POMPEJI & HERCULANEUM

Ro.Vi Pizzeria (Herculaneum)
Klassische sowie innovative Pizzen aus ausgewählten lokalen Zutaten. Modernes Interieur; sensationelle *pizza fritta*. **€€**

Pappamonte (Herculaneum)
Traditionelle neapolitanische Gerichte mit innovativer Note in schickem Ambiente. Vegetarische Gerichte. Sitzplätze im Freien. **€€–€€€**

Ristorante President (Pompeji)
Elegantes, mit einem Michelin-Stern ausgezeichnetes Restaurant mit großartigen Gerichten. **€€€€**

PIO3/SHUTTERSTOCK ©

Reggia di Caserta

bia. Von den einst zahlreichen luxuriösen Villen können zwei besichtigt werden: die 11 000 m² große Villa San Marco und die Villa Arianna, die ihren Namen dem Fresko der von Theseus auf Naxos verlassenen Ariadne verdankt. Beide Stätten sind von Neapel aus leicht zu erreichen, doch ist es schwierig, ohne Auto von der einen zur anderen zu gelangen.

Nach der Ruinenbesichtigung könnte man einfach nach Neapel zurückfahren, doch dann würde man die schönen nichtarchäologischen Sehenswürdigkeiten der Gegend verpassen. **Cantina del Vesuvio**, ein traditionsreiches Weingut an den Hängen des Vesuvs, liegt nur eine kurze Autofahrt von Pompeji und Herculaneum entfernt. Das beliebte Weingut ist vor allem für seinen Lacryma Christi (Tränen Christi) bekannt, einen alten Wein, der nur in der Nähe des Vulkans angebaut wird und von dem es heißt, er sei dem Wein der Römer ähnlich. Das Weingut bietet sowohl Kochkurse als auch Verkostungen an.

Man kann auch **Castellammare di Stabia** besuchen, um dort direct am Meer zu Mittag zu essen. Anschließend bietet sich ein Trip mit der Seilbahn auf den Berg **Faito** an, mit einer unglaublichen Aussicht als Sahnehäubchen.

MODERNES HERCULANEUM & POMPEJI

So seltsam es auch sein mag, sich Pompeji und Herculaneum in einem modernen Licht vorzustellen, den Versuch sollte man unternehmen. Die **Via Sacra**, die idyllische Hauptstraße des modernen Pompeji, ist von Cafés, Restaurants und Geschäften gesäumt, und auf der Hauptpiazza steht eine wunderschöne Basilika aus dem 19. Jh. Bevor man sich auf den Weg zu den Ruinen von Herculaneum macht, sollte man einen kurzen Stopp auf dem morgendlichen **Mercato di Resina** machen. Das **Museo Archeologico Virtuale** (MAV), nur 300 m von den Ruinen Herculaneums, beeindruckt mit mehr als 70 Multimedia-Installationen mit Nachbildungen der verschiedenen Gebäude der Städte und einem Film über den schicksalhaften Tag des Ausbruchs.

AUSGEHEN IN POMPEJI & HERCULANEUM

Sofi' (Pompeji)
Schickes Ambiente, in dem Cocktails, *aperitivi* und Pizza serviert werden, verwandelt sich abends in eine Bar mit DJ-Musik.

La Vineria – Ambulatorio Alcolico (Herculaneum)
Großartig zum Beobachten von Menschen. Super für einen leckeren *aperitivo* mit *salumi* (Räucherwurst).

The Roof/Habita79 (Pompeji)
Tolle Hotel-Dachbar, mit der man in Pompeji wohl kaum gerechnet hätte. Aber es gibt sie.

VANVITELLIS GRÖSSTE HITS

Der Palast von Caserta (Reggia di Caserta) ist nur ein Beispiel für die schöpferische Kraft des architektonischen Genies von Luigi Vanvitelli. Neben der Mitarbeit am Palazzo Reale in Neapel entwarf Vanvitelli auch den Lazzaretto di Ancona – eine riesige fünfeckige militärische Quarantänestation –, den prächtigen Palazzo Colonna in Rom und die Villa Comunale in Neapel. Eines seiner interessantesten Werke in Kampanien ist die Casina Vanvitelliana in Bacoli, ein eigenartiges, pfirsichfarbenes, zweistöckiges Haus, das im Golf von Neapel zu schweben scheint und durch eine hölzerne Bogenbrücke mit dem Festland verbunden ist. Es diente natürlich als bourbonisches Jagdschloss.

BIOSPHOTO/ALAMY STOCK PHOTO ©

Römische Statue, Parco Sommerso di Baia

Ein barockes Meisterwerk

DER GLANZ VIELER ARCHITEKTONISCHER GENIES

1752 hatten die Spanier ihre Anker vor Neapel gelichtet, dann übernahmen die Bourbonen die Herrschaft. Für Karl II. der perfekte Zeitpunkt, um eine königliche Residenz in Auftrag zu geben, die so gewaltig, so opulent und so unverschämt barock war, dass sie jedem, der sie sah, den Atem raubte.

Rund 300 Jahre später hat sich daran nichts geändert – auch heutigen Travellern verschlägt es zuweilen die Sprache, angesichts dessen, was Karl II. hier wahr werden ließ: Der **Reggia di Caserta**, ein riesiger, 6100 m² großer Palast mit vier Höfen, 1200 Zimmern, 34 Treppenhäusern, einem eigenen Theater und einer Bibliothek sowie einem der beeindruckendsten Landschaftsgärten Europas. Der Meisterarchitekt der Anlage, die auch als Verwaltungszentrum des gesamten Königreichs fungierte, war Luigi Vanvitelli, dessen opulente Schöpfungen den italienischen Barock prägten. Als Standort wurde Caserta gewählt, eine kleine Stadt etwa 25 km außerhalb Neapels – nahe der Stadt und doch weit genug entfernt, um vor Piratenangriffen sicher zu

WAS KAM VOR CUMA? ISCHIA!

Cuma war zwar die erste griechische Kolonie auf dem italienischen Festland, doch zuvor wurde die Insel Ischia besiedelt (S. 568).

APERITIVO IN CAMPI FLEGREI

Beach Brothers (Miseno)
Restaurant-Bar direkt am Strand mit tollem *aperitivo* und Live-Musik mit neapolitanischen Künstler:innen.

Il Gozzetto (Pozzuoli)
Schicke, lockere Cocktailbar am Hafen von Pozzuoli – für einen entspannten *aperitivo* direkt am Meer.

Royal Capo Miseno (Bacoli)
Stilvoller Beach Club mit DJ-Sets und großer Auswahl an Cocktails, Wein und Bier.

sein. Mit seinen marmornen Innenräumen und den weitläufigen Gärten wird das kunstvolle Bauwerk oft mit dem Schloss in Versailles verglichen. Der Eingang wird von einer gewaltigen Treppe mit 117 Stufen dominiert, welche zu den königlichen Gemächern hinaufführt, die wie der Rest des Palastes mit unschätzbaren Kunstwerken und Fresken geschmückt sind. Der riesige Palast und die Gärten mit ihren zahlreichen Statuen, Brunnen, Wasserfällen und Becken können besichtigt werden. Ausreichend Zeit mitbringen! Es lohnt sich.

Aktive Vulkane & griechische Mythen

BESUCH DER GEHEIMNISVOLLEN CAMPI FLEGREI

Nachdem sie die Kolonie Pithecusae (das heutige Ischia) besiedelt hatten, erreichten die kumäischen Griechen 750 v. Chr. auch das italienische Festland. Sie nannten ihre neue Kolonie Cuma, und sie wurde zu einer der wichtigsten Festungen der Magna Graecia. Ihre Ruinen können heute im **Parco Archeologico di Cuma** besichtigt werden, darunter die Akropolis und zwei Tempel: der Tempio di Giove (Jupiter-Tempel) und der Tempio di Apollo (Apollo-Tempel). Cuma war auch Schauplatz vieler griechischer Mythen. So glaubte man, dass Apollon durch eine der Höhlen zu den Menschen sprach, und Dädalus' unglückselige Reise im Apollontempel ihren Anfang nahm.

Im Jahr 1538 wurde die Küste von Baia, Pozzuoli und Lucrino durch eine bradyseismische Vulkankatastrophe unter Wasser gesetzt, wobei die römischen Ruinen völlig verschlungen wurden. So entstand eine zauberhafte Unterwasserwelt mit römischen Mosaiken und Säulen 10 m unter dem Meeresspiegel. Sie können im **Parco Sommerso di Baia** (Unterwasserpark von Baia) besichtigt werden. Im Tauchzentrum des Parks in Lucrino werden Bootstouren sowie Tauch- und Schnorchelausflüge angeboten, um die antiken versunkenen Säulen, Statuen und spektakulären Mosaike zu besichtigen, die in türkisfarbenes Wasser getaucht und von Fischen, Felsen und Riffen umgeben sind.

WAS IST BRADYSEISMOS?

Abgesehen von ihrer nahezu übernatürlichen Schönheit und ihrer griechisch-römischen Vergangenheit sind die Campi Flegrei (Phlegräische Felder) auch für ihre hohe bradyseismische Aktivität bekannt.

Bradyseismos ist ein Phänomen, bei dem das Füllen oder Entleeren unterirdischer Magmakammern ein Heben oder Senken der Erdoberfläche bewirkt. Die Campi Flegrei werden ständig von diesen Verschiebungen umgestaltet, was sich in der kontinuierlichen Veränderung der Küstenlinie und des Meeresspiegels zeigt. Die drei verbliebenen Marmorsäulen im Macellum von Pozzuoli tragen in 7 m Höhe Molluskenbohrungen, die zeigen, wie das Land unterhalb des Meeresspiegels sank, um schließlich wieder aufzutauchen. Das verschwindende und wiederauftauchende antike Viertel Rione Terra in Pozzuoli ist ein weiteres Opfer des Bradyseismos. Und vielleicht werden auch die majestätischen römischen Ruinen im Parco Sommerso di Baia, die derzeit 10 m unter dem Meeresspiegel liegen, eines Tages wieder auftauchen ...

UNTERWEGS VOR ORT

Pompeji und Herculaneum sind von Napoli Centrale aus leicht mit der Circumvesuviana oder der U-Bahn L1 zu erreichen. Züge und Busse fahren regelmäßig nach Caserta. Der Cumana-Zug verbindet Neapel mit den einzelnen Städten der Campi Flegrei. Am besten erkundet man die Region allerdings mit dem eigenen Auto.

DIE INSELN

Noch vor einem Jahrhundert waren die Inseln im Golf von Neapel kaum von touristischem Interesse. Doch dank der Filmemacher und Künstler, die ihrer wilden Schönheit erlegen sind, wurden die ehemaligen Fischerinseln Capri und Ischia (und inzwischen auch das winzige Procida, das 2022 zur Kulturhauptstadt Italiens ernannt wurde) zu beliebten italienischen Urlaubsparadiesen.

Seltsam ist nur, dass es so lang gedauert hat, bis die Inseln auch in der Moderne den Platz einnahmen, der ihnen zusteht. Schon die alten Griechen und Römer ließen sich hier nieder und schufen Villen – und Legenden für die Ewigkeit. Es gibt von Glyzinien umrankte Palazzi zu entdecken, Dörfer zum Verlieben und extreme Landschaften zum Wandern. Ischia und Procida liegen an der Phlegräischen Caldera und verdanken ihre dramatische Topografie der ständigen Aktivität unterhalb des Meeresspiegels.

Jede Insel hat ihren eigenen Charakter – die raue und doch kunstvolle Insel Procida, das hübsche und doch aufregende Eiland Ischia, das glamouröse, sportliche Capri … jede dieser Inseln verdient einen Besuch.

TOP TIPP

Ischia und Procida sind das ganze Jahr über angenehm, doch Capri ist eher in der Nebensaison empfehlenswert, da die Menschenmassen (und Preise) in der Hochsaison extrem steigen. Viele Restaurants und Hotels auf den Inseln schließen in der Nebensaison, doch B&Bs freuen sich das ganze Jahr über auf Gäste.

AM ALTEN HAFEN

Eines der schönsten Motive von Procida ist die bonbonfarbene **Marina Corricella**, der historische Fischereihafen und das Dorf. Tagsüber ist der Hafen überfüllt – und im Sommer wegen des fehlenden Schattens oft äußerst heiß. Der Sonnenuntergang ist der perfekte Zeitpunkt für einen Spaziergang entlang der abfallenden Steinstraße von der **Piazza dei Martiri** bis zum Ufer, das von Booten und Restaurants gesäumt wird. Man kann auch mit einem (gemieteten) Boot die Szenerie vom Wasser aus genießen. Die Legende besagt, dass die Häuser in Pastelltönen gestrichen wurden, damit sie vom Meer aus gut zu sehen waren.

Vom Paradies in den Abgrund

PROCIDAS HISTORISCHE ARCHITEKTUR

Procida verfügt zwar nicht über die griechisch-römischen Ruinen der Nachbarinseln Ischia und Capri, dafür aber über ein faszinierendes mittelalterliches Viertel, die **Terra Murata** (ummauerte Stadt), die einst als Zufluchtsort vor Sarazenenangriffen diente. Durch die gewölbte *porta* (Tor) der Terra Murata gelangt man zur **Abbazia di San Michele Arcangelo**, einer prächtigen Abtei aus dem 11. Jh., die San Michele (St. Michael; Procidas Schutzpatron) gewidmet ist. Die Abtei ist reich mit Silber und Gold verziert und beherbergt kirchliche Kunstwerke, doch die faszinierendsten Schätze befinden sich in den Kellern: eine Holz- und Terrakotta-*presepe* (Weihnachtskrippe) aus dem 18. Jh. und eine Beinhaus-Nekropole.

Gleich außerhalb der Terra Murata steht der **Palazzo d'Avalos**, ein faszinierendes Bauwerk aus dem 17. Jh. – ursprünglich eine Villa., in der die Adelsfamilie Avalos lebte. Im 19. Jh. wurde der Palazzo in ein Gefängnis umgewandelt, das bis in die 1980er-Jahre in Betrieb blieb. Das Gefängnis war bekannt dafür, Gefangene zu rehabilitieren, indem sie im Weben von Leinen unterrichtet wurden. Heute werden im Palazzo d'Avalos Führungen mit Besichtigung der erhaltenen Gefängniszellen angeboten und kulturelle Veranstaltungen wie die surrealen Kunstinstallation Sprigionarti von 2022 durgeführt. Um **Casale Vascello** zu erreichen, Procidas ältestes Viertel mit seinen vielfarbigen, zweistöckigen Häusern und steilen Treppen, geht's vom Palazzo d'Avalos hinunter in Richtung Piazza dei Martiri.

HIGHLIGHTS
1 Aenaria
2 Capri (Stadt)
3 Castello Aragonese
4 Ischia Ponte
5 Terra Murata

SEHENSWERTES
6 Abbazia di San Michele Arcangelo
7 Spiaggia dei Pescatori
8 Torre di Guevara
9 Villa Jovis
10 Villa Lysis

Neapel
Campi Flegrei
Lago d'Averno
Lago d'Fusaro
Pozzuoli
Bagnoli
Portici
Ercolano
Torre del Greco
Golf von Gaeta (Golfo di Gaeta)
Torregaveta
Baia
Bacoli
Monte di Procida
Miseno
Procida
Procida
6 5
Lacco Ameno
Ischia Porto
7
Casamicciola
Forio
Ischia
3
4 Castello Aragonese
Monte Epomeo
Ischia
8 1 Aenaria
Serrara Fontana
Sant'Angelo
Golf von Neapel (Golfo di Napoli)
Tyrrhenisches Meer
Sorrento
Massa Lubrense
Sant'Agata sui Due Golfi
Termini
Monte San Costanzo
Marina del Cantone
Capri
Marina Grande
10
9
Anacapri
Monte Solaro
2 Capri (Stadt)
Golf von Salerno (Golfo di Salerno)
0 10 km

Capri (S. 569)

DIE BESTEN FESTE & EVENTS AUF ISCHIA

La Festa del Porto
Nachstellung der Geschichte des Hafens mit Feuerwerk und Inselbewohnern in historischen Kostümen; am 17. September.

Ischia Film Festival
Sommerliches Filmfestival mit Vorführungen, Workshops, Wettbewerben und Veranstaltungen, mit Teilnehmern aus aller Welt.

La Festa di Sant'Anna
Am 26. Juli wird das Fest der Heiligen Anna mit einer Prozession und der symbolischen „Verbrennung" des Castello Aragonese gefeiert.

Natale ad Ischia: Il Bosco Incantato
Eine Fülle von Weihnachtskonzerten und -veranstaltungen, darunter einer Weihnachtstombola und spezieller Beleuchtung.

MICHELE PONZIO/SHUTTERSTOCK ©

Ischia Ponte

Ischia – Highlights

ANKER SETZEN – UND SICH DANN TREIBEN LASSEN

Gestartet wird in Ischia Porto in der bekannten **Bar Calise** mit einem *cornetto* (Croissant) nach Inselart. Anschließend geht's nach links in die Via Roma mit einem Abstecher zum **Corso Vittoria Colonna**, der hübschen Hauptstraße der Stadt, die von weiß getünchten Häusern gesäumt ist und in der Geschäfte und Stände mit Street Food wie Ischias berühmtem gegrillten *panino*, dem *zingara*, locken. An der nahegelegenen **Spiaggia dei Pescatori** kann man ein erfrischendes Bad und dann ein Mittagessen am Meer im **Pazziella** genießen – ein schickes Strandrestaurant mit romantischer Aussicht und frischen Meeresfrüchten.

Geht man vom Hafen aus nach Süden, erreicht man die idyllische Gemeinde **Ischia Ponte**, die ihren Namen der schmalen Brücke verdankt, die sie mit dem Castello Aragonese verbindet. Hier reihen sich schicke Boutiquen, Kunstgalerien und Fischrestaurants aneinander, die zum Pier hinunterführen, von dem aus man einen herrlichen Blick auf

HEILBADEN

In Ischia Ponte und Ischia Porto bieten schöne Bäder in den Hotels und die Terme Comunali tolle Spa-Erlebnisse. Die besten Thermalquellen Ischias findet man aber in anderen Orten der Insel, z.B. in **Forio** (S. 573).

ÜBERNACHTEN AUF ISCHIA

Albergo Il Monastero
Gästehaus des Castello Aragonese. Spartanisches, aber hübsches Klosterdekor in Kombination mit blauen mediterranen Fliesen. **€€€**

Hotel Mare Blu Terme
Weitläufiges Hotel mit luftigem Küstendekor. Pool, Spa und Blick auf das Castello Aragonese. **€€€**

B&B Marcantonio
Renoviertes Landhaus mit Außenterrasse. Geräumige, sonnige Zimmer mit Blick auf Hügellandschaft. **€€**

das Schloss und die schöne **Baia di Cartaromana** hat. Hoch oben auf den Klippen über dem Strand steht die **Torre di Guevara** aus dem 15. Jh. und einst Sitz der Adelsfamilie Guevara.

Der Tag endet in Ischia Ponte mit einem *aperitivo* bei Sonnenuntergang und anschließendem Abendessen mit Blick auf das Meer in einem der schicken Fischrestaurants an der Mole.

Die Schätze der Baia di Cartaromana

ISCHIAS TRAUMHAFTE BUCHT

Am Ende von Ischia Ponte erhebt sich das **Castello Aragonese**. Die imposante Festungsstadt, die auf einer kleinen Insel liegt und über eine Brücke mit Ischia verbunden ist, wurde im 5. Jh. v. Chr. von den Syrakusanern gegründet und diente als Zufluchtsort bei Angriffen der Sarazenen. Die Festung wurde um 1400 von König Alfonso von Aragon vollständig neu gestaltet und seitdem ständig erweitert.

Die Geschichte der Burg lässt sich bei einem Spaziergang im wahrsten Sinne des Wortes erleben: man startet im 18. Jh., dann folgen die mittelalterlichen Gärten, die Krypta aus dem 11. Jh., die mit von Giotto inspirierten Fresken aus dem 14. Jh. verziert ist und der Friedhof für den Frauenorden der Klarissen aus dem 16. Jh. Von der Terrasse der Unbefleckten Empfängnis hat man einen herrlichen Blick auf Ischia Ponte, den Strand Spiaggia dei Pescatori und den Monte Epomeo.

Direkt vor der **Spiaggia di Cartaromana** liegen die Unterwasserruinen der antiken römischen Stadt **Aenaria**. Aenaria existierte seit dem 4. Jh. v. Chr. an der Küste von Cartaromana und löste die griechische Kolonie Pithecusae als Hauptsiedlung Ischias ab – bis sie zwischen 130 und 150 v. Chr. infolge eines vulkanischen Ereignisses vom Meer verschlungen wurde. Archäologiebegeisterte können die Ruinen auf kinderfreundlichen, von Archäologen geführten Touren mit Glasbodenbooten besichtigen. Wer noch näher an die antike Geschichte herankommen möchte, kann im Rahmen einer Expedition mit autorisierten Führern schnorcheln oder tauchen. Mit nur 9 m unter dem Meeresspiegel liegt die römische Antike verlockend nah.

Traumhaftes Capri

JETSET, WILLKOMMEN!

Wie die anderen Inseln im Golf von Neapel erlangte auch **Capri** erst in den vergangenen 100 Jahren touristische Aufmerksamkeit. Ganz besonders gilt das für das Städtchen Capri, dessen Schönheit so berühmt ist, dass diese inzwischen für die

DIE BESTEN STRÄNDE AUF ISCHIA

Auf Ischia gibt's viele tolle Badeplätze. Lucia La Monica, Sommelier im Pignattello, teilt ihre Geheimtipps:

Spiaggia dei Maronti
Längster Strand der Insel mit vielen guten Restaurants und Live-Musik.

Spiaggia di San Montano
„Insider"-Strand in einer der schönsten Buchten Ischias.

Baia di Sorgeto
Besonderer Strand mit heißen natürlichen Quellen.

Spiaggia di Cartaromana
Schlicht und ergreifend wunderschön! Mit tollem Blick auf das Castello Aragonese.

UNTERWASSERRUINEN

Aenaria ist nicht die einzige vulkanische Unterwasserruine in Kampanien; der Parco Sommerso di Baia (S. 565) in den Campi Flegrei beherbergt Ruinen römischer Villen und Mosaike, die 1538 versanken.

APERITIVO AUF ISCHIA

Ischia Salumi
Einst ein Labor, heute ein Gourmet-Sandwich-Laden. Aperitivi am Meer, begleitet von einer Auswahl an Delikatessen.

Garden Fruit Ischia
Tagsüber Gemüsehändler, abends *aperitivo*-Lokal. In einer Seitenstraße unweit des Castello Aragonese.

Caffetteria del Monastero
Super exklusive Cafeteria des Albergo il Monastero; köstliche Cocktails.

gesamte Insel steht. Die labyrinthischen Straßen, die weiß getünchten Häuser mit ihren gefliesten Innenhöfen, und die handgemalten Straßenschilder aus Keramik, die von violetten Blüten beschattet werden, bilden das ultimative italienische Inseltraumbild.

Los geht's natürlich auf der **Piazza Umberto I.**, die von den Einheimischen *la piazzetta* genannt wird und ideal zum Beobachten von Menschen und Prominenten ist. Beim Schlendern durch die Seitenstraßen des Zentrums, z. B. über die Via Le Botteghe, findet man modische Boutiquen, Restaurants und ab und zu auch einen Obst- und Gemüsehändler. Weiter geht es zu den **Giardini di Augusto** und dem Kartäuserkloster **Certosa di San Giacomo** (auf dem Weg dorthin kommt man am Shop von **Carthusia** vorbei, einem der ältesten Parfümhersteller Italiens). Auf Capri lässt sich wunderbar wandern, beispielsweise auf dem **Passeggiata del Pizzolungo**, eine Wanderroute, die zum **Arco Naturale** führt, vorbei an Aussichtspunkten und Grotten. Auf dem Weg zur **Punta Tragara** kommt man an Villen aus dem frühen 20. Jh. und beeindruckenden Palasthotels vorbei und erreicht schließlich eine Aussichtsterrasse mit traumhaftem Blick auf die Faraglioni-Felsen Capris. Zurück zur *piazzetta* für den obligatorischen *aperitivo* geht's über die Via Camerelle, Capris Haute-Couture-Straße.

MEERESUNGEHEUER & MEERJUNGFRAUEN

Capris berühmteste natürliche Sehenswürdigkeit sind zweifellos die **Faraglioni** – drei Felsen direkt vor der Küste der Insel: der 109 m hohe Stella, der Mezzo mit seiner 60 m langen zentralen Höhle und der Scopolo, Heimat der blauen Eidechse, die nur auf Capri zu finden ist. Hier tummeln sich unzählige Insta-Fotografen um neue Profilbilder zu knipsen. Schwimmer sind begeistert, Verliebte küssen sich, während sie durch Mezzos Höhle gleiten – wohl ohne zu wissen, wovon sie hier der Legende nach umgeben sind.

Die Faraglioni sind, wie viele Naturphänomene Kampaniens, fest verbunden mit der griechischen Mythologie. Homer glaubte, es handele sich um Felsbrocken, die der Zyklop Polyphem auf Odysseus schleuderte. Virgil hielt sie für die legendäre Heimat mörderischer Meerjungfrauen, die darauf warten, Seeleute in den Tod zu locken. Daher: Instagram (und Küsse) auf eigene Gefahr.

Villen zum Verlieben

INSELPALÄSTE

Die bekanntesten Bauwerke von Capri (Stadt) sind zweifellos die beiden historischen Villen hoch oben in den Hügeln: Villa Jovis und Villa Lysis – zwei Villen mit zwei völlig unterschiedlichen Geschichten.

Die **Villa Jovis** ist eine riesige römische Villa, die im 1. Jh. v. Chr. von Kaiser Tiberius in Auftrag gegeben wurde. Zu den Ruinen, die heute von Ziegen bevölkert werden, gehören die kaiserlichen Gemächer, die Badegärten und der **Salto di Tiberio** (Sprung des Tiberius), wo der örtlichen Legende zufolge aufmüpfige Diener und unerwünschte Gäste des Kaisers ins Meer geworfen wurden, je nachdem, wie ihm der Sinn stand.

Bei der **Villa Lysis** handelt es sich dagegen um ein Klippendomizil aus dem frühen 20. Jh. mit Jugendstileinflüssen. Der französische Dichter Graf Jacques d'Adelswärd-Fersen verbannte sich selbst 1904 nach einem Skandal wegen päderastischen Beziehungen hierher und verbarrikadierte sich in drei Etagen voller großer Salons (und sogar einer Opiumhöhle im Keller). Ein Spaziergang durch die Gärten bietet einen atemberaubenden Blick auf die Küste von Capri.

ÜBERNACHTEN AUF CAPRI

Hotel Gatto Bianco
Geschichtsträchtigstes Hotel der Insel, bekannt für seine erstaunlichen Fliesenböden. Mit Zugang zu einem nahegelegenen Spa-Bereich. **€€€**

Villa Marina Capri Hotel & Spa
Ultra-luxuriöses Hotel mit weitläufigen Gärten, Thermalbädern und Pool direkt am Meer. **€€€**

La Minerva
Klassischer Capri-Glamour: weiß getünchte Wände, blühende Weinreben und Fliesenböden in Poolfarben. **€€€**

ROMAN BABAKIN/SHUTTERSTOCK ©

Piazza Umberto I

DIE BESTEN RESTAURANTS IN CAPRI (STADT)

Pescheria Le Botteghe
Tagsüber Fischmarkt, abends Bar mit fantastischen Meeresfrüchten. Geht ins Geld, für Capri aber trotzdem günstig. €€€

Gelateria Buonocuore
Historische Gelateria, bekannt für ihre Eistüten, die vor den Augen der Gäste hergestellt werden. €

Donna Rachele
Beliebte Trattoria mit hübschen Kacheln und mit Flaschen bestückten Wänden. Vegetarische Gerichte. €€€

Die Villen sind nur zu Fuß erreichbar, und obwohl die Straße asphaltiert ist, darf man sich auf einen 40-minütigen Fußmarsch bergauf einstellen. Die Besichtigung beider Villen lässt sich problemlos an einem Vormittag absolvieren. Kurz vor der Villa Jovis liegt der **Parco Astarita**. Auf den ersten Blick wirkt er vernachlässigt und unscheinbar, aber wagt man sich tiefer hinein, wird man mit einem grandiosen Blick auf den Golf belohnt.

UNTERWEGS VOR ORT

Von Marina Grande nach Capri (Stadt) kommt man mit dem Bus, dem Motorroller oder der Standseilbahn. Tickets gibt's am Hafen. In der Hochsaison sind die Warteschlangen lang, und die Standseilbahn ist von Januar bis März geschlossen. Ein Auto braucht man nicht. Capris Straßen sind verwinkelt und es gibt kaum Parkplätze. Taxis sind (natürlich) teuer. Capri (Stadt) selbst ist eine Fußgängerzone.

Rund um Ischia und Capri

An Möglichkeiten für Erlebnisse mangelt es auf Ischia und Capri wahrlich nicht – es gibt alles, von herausforderndern Wanderwegen bis zu heißen Quellen, die einen wieder zum Leben erwecken...

TOP TIPP

Bestimmte Spa-Parks auf Ischia, wie Negombo, sind nur mit vorheriger Reservierung zugänglich und unterliegen bestimmten Vorschriften. Gute Übernachtungsmöglichkeiten auf Capri findet man in Anacapri, das weit weniger touristisch und etwas preiswerter ist und in dem es von hübschen, ländlichen B&Bs nur so wimmelt.

Die abenteuerlichsten und unvergesslichsten Erlebnisse auf Ischia findet man in den fünf abgelegenen *frazioni* (Ortschaften), in denen die beliebtesten Thermalbäder der Insel und unverfälschte Natur warten. Außerdem gibt es hier herrliche Strände, darunter die Spiaggia dei Maronti, die in Elena Ferrantes Roman *Meine geniale Freundin* erwähnt wird.

Bei Capri denkt man sofort an glamouröse Villen, aber das ist nur die Hälfte der Geschichte. Die zerklüftete Insel ist (buchstäblich) in zwei Städte geteilt: Capri (Stadt), die Prinzessin, und Anacapri, ihre sportliche Schwester. Hier gibt es das blau phosphoreszierende Wasser der Grotta Azzurra, fantastische Wandermöglichkeiten und, ja, auch Villen. Ruhige.

Giardini Poseidon, Ischia

AWP76/SHUTTERSTOCK ©

Giardini la Mortella (S. 574)

Üppige Natur

ISCHIA: MEHR ALS STRÄNDE

Geologen haben versucht, das Phänomen des heilenden Thermalwassers von Ischia zu erklären, aber die Kurgäste interessieren sich weniger für die Wissenschaft als für den Genuss. Die einem Country Club ähnelnden **Giardini Poseidon** in Ischias *franzione* Forio bilden zweifellos den beliebtesten Thermalpark Ischias. Hier gibt's Außenpools, großzügige Spa-Behandlungen und Zugang zum Strand Spiaggia di Citara. Für ein ganzheitliches Erlebnis bietet sich der von Blumen und Heilkräutern umgebene **Parco Negombo** in Lacco Ameno an. Hier kann man sich in 13 Thermalbecken entspannen oder das Hammam, den japanischen Labyrinth-Pool, den Spa-Service und den Privatstrand genießen.

Baia di Sorgeto bietet ein ganz besonderes Thermalabenteuer: Das Wasser aus der Quelle ist kochend heiß – tatsächlich können hier sogar Kartoffeln und Maiskolben gegart werden. Etwas weiter entfernt sind die Wassertemperaturen aber durchaus erträglich.

Ischia bietet erstklassige Wandermöglichkeiten. Der Wanderweg **Pizzi Bianchi** in Serrara Fontana führt Hunderte von

BELEBENDE DUSCHE

Die glamourösen Spa-Bäder von Negombo und Poseidon sind eine hervorragende Möglichkeit, sich um sich selbst zu kümmern – aber in einem Thermalwasserpark sollte es eigentlich weniger um die Becken als um das Wasser gehen. Die Thermalwasserquelle **Fonte delle Ninfe di Nitrodi** in Barano wurde schon von den Griechen genutzt, und ihr Wasser ist so berühmt, dass die Menschen Krüge füllen und mit nach Hause nehmen. Hier gibt es keine Schwimmbecken, sondern nur einige erfrischende Duschen (und einen atemberaubenden Blick auf das Hunderte von Metern tiefer liegende Tal). Für den Grundeintrittspreis erhält man ein Getränketicket für das Gesundheitscafé sowie ein Ticket für eine Gesichtsmaske mit Produkten aus der Nitrodi-Produktlinie (die alle mit Thermalwasser angereichert sind). Ein echtes Insider-Erlebnis.

LECKER ESSEN RUND UM ISCHIA

Sarace'
Restaurant in Forio mit tollen, originellen Fischgerichten in charmantem Ambiente. €€€

Pignatello
Mit einem Michelin-Stern ausgezeichnetes Fischrestaurant in Lacco Ameno das sich auf frische Crudo-Fischgerichte spezialisiert hat. €€€

Bella Napoli
Leckere Pizza und Gourmet-Spezialitäten in Forio mit gemütlicher Einrichtung. €€€

MEIN LIEBSTES NATURERLEBNIS AUF ISCHIA

Data Scientist **Eduardo Buono** erzählt von seinem liebsten Naturerlebnis auf Ischia.

Ich liebe es, den **Berg Epomeo** hinauf zu wandern, weil man dort vollständig von Natur umgeben ist. In dieser unglaublichen Stille fühle ich mich von meiner Insel umarmt, und das vor einer Kulisse, die mir den Atem raubt. Um zum Gipfel zu gelangen, startet man in Fontana und folgt einem Weg von etwa 1 km Länge mit einem Höhenunterschied von ca. 200 m. Es ist ein mittelschwerer Weg, aber oben angekommen bietet sich ein atemberaubendes 360°-Panorama mit Blick auf Capri, Procida, die Amalfiküste und die parthenopäischen Küsten. Außerdem gibt es dort **La Grotta da Fiore**, ein Restaurant, in dem traditioneller Kanincheneintopf nach Ischia-Art serviert wird. Bei Sonnenaufgang oder -untergang kann man die Schönheit dieser Landschaft am besten genießen.

ADAM EASTLAND ART + ARCHITECTURE/ALAMY STOCK PHOTO ©

Nestorbecher, Museo Archeologico di Pithescusae

Metern hinauf in eine verwirrende Landschaft aus weißen Tuffsteinspitzen mit einer atemberaubenden Aussicht auf Sant'Angelo und die Spiaggia dei Maronti. Ein weiterer klassischer Ischia-Ausflug ist eine Wanderung zum **Monte Epomeo** in Barano. Der 789 m hohe Aufstieg ist relativ leicht zu bewältigen und die Höhlen, die Kapelle aus dem 15. Jh. und die Aussicht sind jeden Meter wert.

Eine weit weniger sportliche Unternehmung im Grünen bieten die **Giardini la Mortella** in Forio. In diesem Paradies gibt es ein griechisches Theater, eine Voliere und einen thailändischen Pavillon. Ganz in der Nähe befinden sich die **Giardini Ravino**, ein 6000 m² großer Garten mit Sukkulenten, der von dem örtlichen Botaniker Giuseppe D'Ambra angelegt wurde.

Ein Pilz & Brathähnchen

ÜBERRASCHUNGEN IN ISCHIAS AUSSENBEZIRKEN

Lacco Ameno bietet nicht nur einen prachtvollen Stadtplatz, eine idyllische Strandpromenade und hochpreisige Boutiquen, sondern war wahrscheinlich auch jener Ort, an dem sich einst Pithecusae befand, die erste griechische Kolonie. Die griechischen

ÜBERNACHTEN RUND UM ISCHIA

Umberto a Mare
Atemberaubende Unterkunft am Strand von Forio mit mediterranem Dekor. **€€**

Terme Manzi
Historisches Anwesen in Casamicciola mit großartiger, türkisch inspirierter Einrichtung, einem tollen Spa und einem Pool. **€€€**

Hotel Terme Principe
In der Nähe des Strandes von Lacco Ameno mit preisgünstigem Spa, schönem Swimmingpool und Zugang zu Thermalbädern. **€€**

Wurzeln von Lacco Ameno lassen sich im **Museo Archeologico di Pithecusae** (befindet sich in der **Villa Arbusto** am Hang) weiter erkunden. Die Villa aus dem 18. Jh. wurde von der Gemeinde Lacco Ameno speziell für die zahlreichen griechischen Artefakte gekauft, die bei der jahrzehntelangen Erforschung der Gegend gefunden wurden – insbesondere für die Keramik mit den roten Figuren und den Nestorbecher. Später erstand der Filmregisseur Angelo Rizzoli die Villa und verwandelte das Gelände in einen der schönsten Parks der Insel.

In Lacco Ameno findet man zudem das Thermalbad **Parco Negombo** und die frühchristliche **Basilica di Santa Restituta**. Der unberührte, betriebsame Strand von Lacco Ameno verdankt sein besonderes Panorama **Il Fungo** – dem „Pilz", einer gedrungenen (pilzförmigen) Felsformation, die aus dem Meer ragt.

Vom alten Dorf **Sant'Angelo** aus kann man zu Fuß zum Strand **Le Fumarole dei Maronti** wandern, der seinen Namen dem dampfend heißen Sand (wegen aus der Erde austretender vulkanischer Gase) verdankt. Fun Fact: Geschickte Inselbewohner nutzen den Sand, um Hähnchen zu braten (die Vögel werden hierzu eingegraben). Auf dem Weg nach Le Fumarole bietet sich ein sensationelles Panorama aus karamellfarbenem Sand, türkisfarbenem Meer und aus dem Boden aufsteigendem Dampf.

Über die Insel wandern

IMMER DEN KLEINEN FESTUNGEN NACH

„Unbedingt Wasser mitnehmen!", ist das Erste, was man hört, wenn man erzählt, dass man auf dem **Sentiero dei Fortini** wandern will, „denn dort gibt es keines".

„Dort" gibt es nur einen selbst, Wälder, steile Felsen, Klippen und das dunkle Meer, das Hunderte von Metern unter einem liegt. Bekannt als der Pfad der kleinen Festungen, eine 6 km lange Wanderung, die an einer Reihe britischer Militärposten aus dem frühen 19. Jh. entlang führt, die einst das Verteidigungsnetz der Insel bildeten, verläuft der *sentiero* (Weg) auf der Westseite von **Anacapri** zwischen der **Grotta Azzurra** im Norden und dem Leuchtturm **Faro di Punta Carena** an der Südspitze. Entlang des Weges beschreiben handgemalte Keramikschilder die lokale Flora und Fauna, darunter die Seelöwen und kletternde Kraken.

Aufgrund des steilen, zerklüfteten Geländes zwischen **Forte Pepino** und **Forte Mesola** gilt der Pfad als Wanderung mittleren Schwierigkeitsgrads. Das mit dem Trinkwasser ist wirklich ein Problem: In der Nähe von Fort Mesola befindet sich ein Brunnen, aber ansonsten gibt es keine Geschäfte und man trifft

ENTSPANNTES LANDLEBEN & KULTURELLE SCHÄTZE

Anacapris Zentrum liegt nur eine kurze Busfahrt von Capri (Stadt) und der vornehmen Eleganz der Piazza Umberto I. entfernt und bezaubert mit einem Gewirr ruhiger Straßen mit Restaurants, Boutiquen, Kultur und architektonischen Sehenswürdigkeiten wie **La Casa Rossa** (das rote Haus), mit seiner Mischung aus verschiedenen architektonischen Stilen und seiner leuchtend roten Farbe. Einen Besuch wert ist auch die **Villa di San Michele** – das ehemalige Haus des schwedischen Arztes und Schriftstellers Axel Munthe – mit ihren prächtigen Salons und neoklassischen Gärten, die auf römischen Ruinen errichtet wurden. Der eigentliche Hingucker des Viertels ist aber die opulente **Chiesa di San Michele**, ein kleines Barockjuwel mit auffälligem, handbemalten Fliesenboden, der eine Szene aus dem Garten Eden darstellt.

SCHÖNE STRÄNDE RUND UM ISCHIA

Spiaggia dei Maronti
Beliebtester Strand Ischias, weitläufig und goldfarben, mit vielen tollen Strandrestaurants und Geschäften.

Spiaggia di San Montano
Kleiner Insider-Strand zwischen den grünen Inselchen Monte Vico und Zaro.

Spiaggia di San Francesco
Langer Strand in Forio mit vielen Restaurants, Geschäften und altehrwürdigen Hotels.

nur auf wenige andere Menschen. Man sollte möglichst früh aufbrechen, denn unterwegs gibt es kaum Schatten. Man kann die Route vom Faro di Punta Carena bis zur Grotta Azzurra gehen, doch die meisten nehmen den umgekehrten Weg, um sich mit einem Tauchgang am Felsenstrand **Spiaggia di Faro** abzukühlen – besonders toll bei Sonnenuntergang. Bitte beachten, dass der Wegteil zum Leuchtturm schwieriges Terrain ist. Wanderschuhe anziehen, nicht die neuen Capri-Sandalen.

DIE BESTEN UNTERKÜNFTE IN ANACAPRI

Capri Palace
Unverschämter Luxus, wie man ihn nur auf Capri findet. €€€

Giardino dell'Arte
Entzückendes B&B etwas außerhalb des Zentrums von Anacapri mit schönen Zimmern und weitläufigem Garten mit Blick auf die Insel. €€

Boutique B&B Bettola Del Re
Charmantes, geschmackvolles B&B, mit großer Terrasse, tolle Speisen und *aperitivi*. €€

Ein Blick auf die Schöpfung

BERGE & NATURPHÄNOMENE

In der Nähe des Zentrums von Anacapri, an der Piazza Vittoria, liegt der Eingang zum Sessellift auf den **Monte Solaro**, den höchsten Berg Capris. Die 13-minütige Fahrt auf 589 m Höhe bietet einen unvergesslichen Blick auf terrassenförmig angelegte Weinberge, weiße Häuser und Zitronenhaine, während in der Ferne der Golf und die Amalfiküste schimmern.

Nicht schwindelfrei? Man kann den Gipfel auch zu Fuß erreichen, indem man der Via Axel Munthe bis zur Via Salita per il Solaro folgt. Dann rechts abbiegen und nach dem Eisenkreuz Ausschau halten, das den La Crocetta-Pass markiert. Hält man sich links, gelangt man zur Einsiedelei **Santa Maria a Cetrella** mit Blick auf Marina Piccola; rechts geht's zum Gipfel.

Die Wanderung dauert etwa eine Stunde eine Strecke. Je nach Fitness kann man hinauffahren und hinuntergehen oder beide Wege gehen. Vielleicht trifft man unterwegs Bergziegen.

Die weltberühmte **Grotta Azzurra** (Blaue Grotte) ist ein Naturphänomen, dessen Schönheit den großen Andrang rechtfertigt (auch wenn der durchaus die Begeisterung trüben kann). Die Grotte öffnet um 9 Uhr morgens, man sollte trotzdem versuchen, früher da zu sein, um die Wartezeit (etwas) zu verkürzen. Das Ticket für die Grotte kostet 14 € für eine fünfminütige Tour. Man muss sich ducken, wenn der Gondoliere das Boot hineinsteuert, um sich nicht den Kopf am Felsen anzuschlagen. Drinnen leuchtet das Wasser in einem Blau, das mit Worten kaum beschreibbar ist, und die Gondoliere singen neapolitanische Klassiker.

UNTERWEGS VOR ORT

Von Ischia Ponte und Ischia Porto aus sind die einzelnen Orte auf Ischia mit den Rundbuslinien CD und CS leicht erreichbar, aber für Fahrten zwischen den *frazioni* ist ein eigenes Auto bequemer.

Anacapris Highlights werden von Bussen angefahren, wobei darauf zu achten ist, dass die Busse von Anacapri und Capri von verschiedenen Unternehmen betrieben werden.

DIE AMALFIKÜSTE

Tiefblaues Meer säumt traumhafte Strandabschnitte, pastellfarbene Häuser klammern sich an Klippen. Der Duft von wildem Rosmarin und von Zitronen weht durch die Luft. Jedes Mal, wenn man nach oben schaut, erhebt sich eine weitere bunte gekachelte Kuppel Richtung Himmel – jedes Mal, wenn der Blick nach unten wandert, sind weitere Steintreppen zu sehen. Die Amalfiküste ist ein wahr gewordener Traum.

Was für ein Glück! Viele Menschen warten ein Leben lang, um diesen magischen Küstenstreifen zu erleben. Amalfi, die mittelalterliche Handelsstadt und Namensgeberin der Region, war die erste Seerepublik Italiens und ist noch immer das wichtigste Zentrum der Region. Richard Wagner flüchtete in das auf einem Hügel gelegene Ravello, das heute Schauplatz des international gefeierten Ravello-Festivals ist. Nur wenige Momente sind so aufregend wie der Anblick des kegelförmigen Panoramas von Positano, das sich von der Fähre aus in den Fokus schiebt. Aber das ist nicht alles. Auch die kleineren Küstendörfer, die römischen Ruinen und die raue Schönheit der Natur tragen ihren Teil zum Zauber der Region bei. Und dann ist dies ja auch noch die Heimat der legendären Meerjungfrauen des Odysseus.

TOP TIPP

Amalfi liegt auf halbem Weg zwischen Sorrent und Salerno und ist der wichtigste Knotenpunkt für Fähren und Busse in der Region – und somit ideal, um sie zu erkunden. Wer (etwas) weniger ausgeben will, sollte einen Aufenthalt in Salerno oder den anderen Fischerdörfern entlang der Küste in Betracht ziehen.

HIGHLIGHTS
1 Cattedrale di Sant'Andrea
2 Chiesa di Santa Maria Assunta
3 Spiaggia Grande
4 Villa Cimbrone
5 Villa Rufolo

SEHENSWERTES
6 Museo della Carta
(siehe 1) Museo Diocesano di Amalfi
7 Riserva Statale Valle delle Ferriere
8 Spiaggia Arienzo
9 Spiaggia del Fornillo
10 Spiaggia Laurito

MONTEPERTUSO

Manchmal ist Positano ein bisschen *zu sehr* Positano. Sollte das der Fall sein, nimmt man den Shuttlebus von der Piazza dei Mulini nach Montepertuso in den Lattari-Bergen – hier wartet ein völlig anderes und dennoch klassisches „Jenseits von Positano"-Erlebnis. Hier oben gibt's eine Reihe von Restaurants und historische Tavernen, perfekt für eine Pause um die Mittagszeit. Empfehlenswert ist das **Il Ritrovo**, ein ruhiges Bistro, das originelle Landküche aus regionalen Zutaten serviert, z.B. gebratene *fiori di zucca* (Zucchiniblüten), gefüllt mit Provola di Agerola, dem berühmten Käse von Agerola. Das Il Ritrovo hat zahlreiche Sitzgelegenheiten im Freien und bietet einen Blick auf die Wälder und den Golf.

SEAN PAVONE/SHUTTERSTOCK ©

Positano

Eine Stadt in Pyramidenform

EIN TRAUM NAMENS POSITANO

Die vulkanförmige Silhouette von **Positano** mit ihren pastellfarbenen Gebäuden sticht inmitten der Dörfer der Amalfiküste sofort hervor. Allerdings gibt es nur eine Möglichkeit, es zu erkunden ... bergauf, über Hunderte von Stufen.

Die Stufen mögen beschwerlich sein – vor allem in der Hitze oder wenn man einen Koffer zu seinem B & B schleppt –, immerhin kommt man an hübschen Boutiquen mit handgefertigten *pezze* (Strandbekleidung) aus Leinen und an Kunstgalerien vorbei; und muss (darf) unter Holzpergolen hindurch, die mit Girlanden aus lila Blüten behängt sind. Oben angekommen, wird man mit einem atemberaubenden Panorama über Meer und Himmel belohnt.

Die mit gelben Vietri-Kacheln gedeckte Kuppel der **Chiesa di Santa Maria Assunta** ist Positanos zweitwichtigstes Wahrzeichen. Unter den mittelalterlichen Krypten der Kirche befindet sich eine kürzlich für die Öffentlichkeit geöffnete römische

ESSEN IN POSITANO

Covo dei Saraceni
Eine Mischung aus Pizzas und gehobener Küche – beides lecker. Schicke Räumlichkeiten nur wenige Schritte vom Hafen entfernt. **€€€**

La Zagara
Historisches Restaurant mit Bar und blau-orangefarbenen Vietri-Fußboden, Pergola im Freien und traditionellem Gebäck. **€€€**

Casa e Bottega
Tolles Bio-Bistro mit Boutique, in der Arbeiten lokaler Kunsthandwerker verkauft werden (Keramik, Textilien und Kunstgegenstände). **€€€**

Villa. Man nimmt an, dass die mit Fresken verzierte Villa ein weiteres Opfer des katastrophalen Ausbruchs des Vesuvs im Jahr 79 n. Chr. war.

Positano ist vor allem für seine spektakuläre Küste bekannt, wartet aber auch mit tollen Stränden auf. An der **Spiaggia Grande** am Hafen wimmelt es von schönen Menschen, und er flankiert Positanos beliebte *locali* (Bars) und Restaurants. Die **Spiaggia del Fornillo** hingegen ist ein abgelegener, aber doch belebter Kieselstrand. Wem das zu viel Action ist kann die 1 km östlich von Positano gelegene **Spiaggia Arienzo** oder die 3 km entfernte **Spiaggia Laurito** ausprobieren. Diese winzigen Kieselstrände sind von gestreiften Klippen umgeben.

Mittelalterliches Zentrum & Papier

KUNSTHANDWERK IN AMALFI

Vom Hafen **Amalfis** aus sind es nur ein paar Schritte bis zur **Piazza Duomo**, die von historischen Cafés und dem Brunnen Sant'Andrea Apostolo gesäumt ist. Die arabisch-normannische **Cattedrale di Sant'Andrea** dominiert die Piazza mit ihrer massiven Treppe mit 62 Stufen. In der Kathedrale lassen sich die Fresken im idyllischen Kreuzgang des Paradieses und die Basilika des Kruzifixes (6. Jh.) bewundern. Das angrenzende **Museo Diocesano di Amalfi** beherbergt kirchliche Kunst und in seiner Krypta die Reliquien von Sant'Andrea, dem Schutzpatron der Stadt. Entlang der **Via Lorenzo D'Amalfi** – der Hauptstraße der Stadt – liegen romantische Gassen und Restaurants sowie Boutiquen mit edler Kleidung und kunsthandwerklicher Keramik.

Amalfi ist nicht nur eine ehemalige Seemacht, sondern seit dem 13. Jh. auch Zentrum von kunsthandwerklich hergestelltem Papier. Das Gebiet, das sich vom Valle dei Mulini am Ende der Stadt durch das bewaldete **Valle delle Ferriere** erstreckt, war einst voller Papiermühlen, die von den plätschernden Wasserfällen des Waldes angetrieben wurden. Im **Museo della Carta** (Papiermuseum), das in einer der ursprünglichen Papierpressen der Stadt aus dem 13. Jh. untergebracht ist, erfährt man mehr zu diesem Thema.

Das Museum bietet Führungen auf Italienisch, Spanisch und Englisch an. Besucher können die historischen Geräte besichtigen und sich sogar selbst an der Herstellung von Papier versuchen. Im Museumsshop werden u. a. schöne Notizbücher abgeboten.

AMALFIS WICHTIGSTE WÄHRUNG

Zitronen sind Kampaniens wichtigste Währung. Doch es gibt nur einen Ort, an dem man Amalfi-Zitronen bekommt, und das ist Amalfi. Wer mehr über die wichtigste Zitrusfrucht der Stadt erfahren möchte, sollte die **Amalfi Lemon Experience** besuchen, einen Bio-Zitronengarten, der seit 1825 von der Familie Aceto betrieben wird. Hier erfährt man u.a., wie Zitronenbäume nachhaltig veredelt werden, um sie widerstandsfähiger gegen Krankheiten zu machen. Im geräumigen Café mit Blick auf das Tal gibt's hausgemachte Zitronenbonbons und den hier hergestellten 100% Bio-*limoncello*. *Limoncello* gilt nur dann als echter *limoncello*, wenn er über 30% Alkoholgehalt hat. In diesem Sinne ... zum Wohl!

NOCH MEHR ZITRONEN

Der Zitronenhain Giardini di Cataldo (S. 583) in Sorrent betreibt neben dem Obstanbau auch eine Bar, einen Spezialitätenladen und eine Gelateria. Natürlich wird alles mit echter Bio-*limone di sorrento* hergestellt.

SHOPPEN IN AMALFI

Dalla Carta alla Cartolina
Magischer Papierladen mit Kunstausstellung.

Angela Romano
Kunsthandwerkliche Boutique mit luxuriöser Kleidung für Männer und Frauen.

L'Altra Costiera
Geschäft mit einer großen Auswahl an traditionellem und modernem kunsthandwerklichen Keramikgeschirr.

800 Jahre alte Villen

DER ZAUBER RAVELLOS

Die weitläufige **Villa Rufolo** in Ravello, direkt an der Piazza Duomo, ist nach der Adelsfamilie benannt, die sie im 13. Jh. erbaute. In den 800 Jahren ihres Bestehens diente sie auch als Residenz von König Robert von Anjou und mehrerer Päpste. Der Eingangsturm aus dem 14. Jh., das gotische Tor, der geschwungene maurische Innenhof, die kaskadenförmigen Gärten und die prächtigen Salons aus dem 19. Jh. sind schlicht bezaubernd. Übrigens: hier fand Wagner die Inspiration für den zweiten Akt seiner Oper *Parsifal*.

Die **Villa Cimbrone** liegt nur 10 Minuten entfernt. Wie die Villa Rufolo ist auch sie ein mittelalterliches Bauwerk, das mit Einflüssen aus späteren Epochen gespickt ist, doch die Hauptattraktion der Villa Cimbrone ist ihr wunderschöner Garten mit Rosensträuchern und schattigen Pergola mit üppigen lila Blüten. Von der **Terrazza dell'Infinito**, der Terrasse der Unendlichkeit (ca. 350 m über dem Meeresspiegel), mit ihrem Garten aus Mamorbüsten bietet sich ein atemberaubender Ausblick.

Beide Villen fungieren auch als Hotels. Selbst wenn sich eine Übernachtung unter Freskendecken und mit Vietri-Fliesenböden nicht leisten kann, einen Drink in der Gartenbar **Grotto di Eva** auf dem Hügel der Villa Cimbrone sollte man sich gönnen.

DIE BESTEN UNTERKÜNFTE IN RAVELLO

Hotel Parsifal – Antico Convento del 1288
Ein atemberaubendes Luxushotel in einem Kloster aus dem 13. Jh. Originale antike Fliesenböden, opulente Salons im Obergeschoss. €€€

Le Perle d'Italia
Äußerst gut ausgestattetes B&B am Rand der Stadt. Mediterranes Dekor; Frühstück auf der Terrasse mit Bergblick. €€

Palazzo Avino
Stattlicher (und doch luftiger) Palast aus dem 12. Jh. mit fantasievollen maurischen Akzenten. €€€

UNTERWEGS VOR ORT

Der berüchtigte SITA-Bus, der auf der gefährlichen SS163 verkehrt, ist das wichtigste öffentliche Verkehrsmittel zwischen den Städten an der Amalfiküste. So nervenaufreibend eine Fahrt mit dem SITA auch sein kann, ist der Bus in dieser verkehrsreichen Region dem Autofahren unbedingt vorzuziehen. Fähren verkehren regelmäßig zwischen den größeren Städten (und den kleineren Städten am östlichen Küstenabschnitt). Achtung: In der Hochsaison fährt die letzte Fähre von Positano früh ab und in der Nebensaison werden deutlich weniger Verbindungen angeboten (man sollte also planen, mit dem SITA-Bus zu fahren, sofern man hier nicht übernachten möchte).

Rund um die Amalfiküste

Meerjungfrauen, geheimnisvolle Buchten, römische Ruinen und eine Wanderung, bei der man sich den Göttern nahe wähnt.

Von abgelegenen Stränden bis zu charmanten Dörfern – die Gegend um Positano, Amalfi und Ravello ist beinahe eine eigene Reise wert. Es warten epische Wanderungen wie z. B. die berühmten Routen Sentiero degli Dei und Sentiero di Ieranto, Pfade, die nach Zitronen und wildem Rosmarin duften. Die zahllosen Klippen und Grotten der Küste laden zu Wassersport und Segelabenteuern ein.

Auch die Weine der Amalfiküste wissen zu überzeugen – ein Besuch in Furore oder dem auf einem Hügel gelegenen Weinbaugebiet Tramonti sind entsprechend empfehlenswert. Auf dem Weg dorthin kann man die älteste Stadt der Amalfiküste kennenlernen, in einem Fischerdorf essen und in Vietri sul Mare, dem Geburtsort der Vietri-Fliesen, alle Farben des Regenbogens bestaunen.

TOP TIPP

Wer kein Fan von Motorrollern ist, kann die Küste auch mit der Fähre erkunden. Die sind zwar teurer als der Bus, aber selbst in der Hochsaison weit weniger überfüllt und oft schneller (Amalfi nach Salerno in 35 Min., Cetara nach Vietri sul Mare in 5 Min.).

Sentiero degli Dei (S. 583)

AUSGEHEN IN SORRENTO

Giuseppe Morvillo, Journalist, Reiseplaner und Inhaber von *sorrentovibes.com*, weiß was Sorrent an Nachtleben zu bieten hat.

Peter's Beach ist super. Trinken kann man hier bis Mitternacht, außerdem gibt's zweimal die Woche Musik und Themenpartys zu Indie-, klassischer, manchmal auch zeitgenössischer Musik. Das **Grand Hotel Excelsior Vittoria** mit seiner herrlichen Terrasse ist perfekt für einen *aperitivo* oder Cocktails. Das **Hotel Mediterraneo** in Sant'Agnello ist berühmt für seine Bar auf der Dachterrasse, von der aus man eine unglaubliche Aussicht hat. Und dann wäre da noch die **Bar Ercolano** mit Livemusik an der Piazza Tasso oder das stilvolle **Vrasa** mit Garten in einzigartiger Lage.

Chiostro di San Francesco

Eine Stadt zum Verlieben

DIE VIELEN SCHÄTZE SORRENTS

Sorrent gehört für viele zur Amalfiküste, dabei ist diese Küstenstadt ganz eindeutig ein Teil der Sorrentinischen Halbinsel. Hinter der touristischen Oberfläche mit Fast Food und Souvenir-Kitsch entdeckt man in der Altstadt schnell Meisterwerke mittelalterlicher, Renaissance- und Barockarchitektur. Zu den exquisiten religiösen Zentren gehören die **Basilica di Sant'Antonino** (11. Jh.) und das **Chiostro di San Francesco** mit seinem begrünten Innenhof (und modernen Kunstausstellungen). Wer noch tiefer einsteigt, findet römische Ruinen – die Stadt war einst Urlaubsort für Kaiser und davor eine griechische Kolonie. In Sorrent gibt es zudem ein reichhaltiges Angebot kultureller Veranstaltungen an großartigen Orten wie im wunderschönen **Parco di Villa Fiorentino**, in dem tolle, wechselnde Ausstellungen moderner Kunst und Fotografie zu sehen sind. Einige der prächtigen Villen dienen heute als Palasthotels, z. B. das Grand Hotel Excelsior Vittoria an der Piazza Torquato Tasso. Empfehlenswert ist das **Museo della Tarsia Lignea**, das dem Handwerk der Holzeinlegearbeit gewidmet ist, das im 15. Jh. in Sorrent entstand.

ESSEN RUND UM RAVELLO

La Cianciola
Lokal zwischen Gemütlichkeit und Schick auf der Piazza Cantone in Cetara. Bietet klassische Fisch- und Meeresfrüchtegerichte mit Pfiff. **€€**

Pizzerie Da Giufè
Hervorragendes Restaurant in Vietri sul Mare mit fantastischen *fritti* und überraschend leichter Pizza nach neapolitanischer Art. **€€**

Pasticceria Sandra
Konditorei alter Schule auf dem Corso Umberto I in Vietri sul Mare mit Kreationen, die es nur hier gibt. **€**

Nach einem *caffè* auf der **Piazza Tasso** kann man in der Altstadt durch Boutiquen bummeln und bei der Arbeit mit Holz zusehen. Bei einem Spaziergang durch die Gärten der **Villa Comunale** trifft man nicht selten auf eine Hochzeitsgesellschaft. An der **Marina Piccola** gibt's tolle Fischrestaurants für ein Abendessen – in der Altstadt kann man sogar unter Zitronenhainen speisen. Nicht verpassen sollte man einen *limoncello* im **Giardini di Cataldo**.

Zwischen Himmel & Erde

MIT DEN GÖTTERN WANDELN

Jeder Traveller, auf den man hier trifft, wird einen fragen, ob man schon „den Weg der Götter gegangen ist", so berühmt ist jener Gebirgspfad, von dem es heißt, er bereite die göttliche Erfahrung, zwischen Himmel und Erde zu schweben.

Der **Sentiero degli Dei** ist etwa 6 km lang (eine Strecke!), beginnt in **Agerola** (Bomerano) und endet im Weiler **Nocelle**. Während man den Berghang erklimmt – immer begleitet von den griechischen Göttern und den Geistern der Schriftsteller:innen und Künstler:innen, die diesen Weg vor einem gegangen sind –, kann man Olivenhaine und die blau-weiße Kuppel von **Praiano** sehen. Inspiriert von griechischen Legenden, die sich um die Sorrentinische Halbinsel ranken, beschrieb Italo Calvino einst diesen Weg als „Straße, die über dem magischen Golf der Sirenen schwebt".

Anstatt in Agerola zu starten und in Nocelle zu enden, kann man nur die Hälfte der Strecke gehen und an der Gabelung zwischen dem oberen und dem unteren Weg nach Agerola zurückkehren. Der Weg ist gut ausgeschildert, unterwegs wird man viele Pilger treffen.

Auf jene, die ihre Wanderung in Nocelle beenden, wartet ein Stand mit Zitronenlimonade (mit einem Spritzer Orangensaft mischen!). Hier gibt's gibt auch Toiletten, in denen man sich frisch machen kann – bevor man dann den Abstieg hinunter nach Positano in Angriff nimmt.

Weine & Fjorde

EIN, ZWEI SCHLÜCKCHEN & EIN EINSAMER STRAND

Fährt man Richtung Osten, stößt man auf **Furore**, auch bekannt als *la citta' che non c'e'* – die Stadt, die nicht wirklich existiert. Furore hat kein Ortszentrum, vielmehr

ABENTEUERLICHE STRÄNDE

Wer mutig (und in Topform) ist, sollte die abenteuerlichen Strände der Sorrentinischen Halbinsel besuchen. Die **Bagni di Regina Giovanna** – die Ruinen der römischen Villa von Pollio Felix – dienen heute trotz der Gefahrenschilder, die den Kopfsteinpflasterweg absperren, als natürliche Badestelle. Der Abstieg dauert (ebenso der Weg wieder hinauf), doch die Aussicht, ergänzt von römischen Bögen und Menschen, die von den Ruinen ins Meer springen, ist einzigartig.

Auch die **Baia di Ieranto** ist wunderbar. Sie ist die legendäre Heimat jener Meerjungfrauen, die versuchten, Odysseus zu verführen. Der 45-minütige, mittelschwere Wanderweg beginnt im Ort Nerano und führt zu einem abgelegenen, aber belebten Felsenstrand mit Blick auf die Faraglioni-Felsen Capris. Das kieselige Ufer eignet sich gut zum Schwimmen und Beobachten von Mitbadenden (oder Meerjungfrauen).

KLIPPENWANDERUNGEN

Klippen-Fan? Auf zum Sentiero dei Fortini (S. 575) auf Capri!

ESSEN RUND UM AMALFI

Euroconca
Es wirkt zwar wie ein Straßenstand ist aber ein elegantes Restaurant in Conca dei Marini mit fantastischen *spaghetti alle vongole*. **€€€**

Le Arcate
Am Ende des Tunnels zwischen Amalfi und Atrani mit herrlichem Blick aufs Meer; gute Pizzas und Meeresfrüchte. **€€€**

Sal de Riso
Berühmte *pasticceria* (Konditorei) und *gelateria* in Minori mit perfekten Süßigkeiten aller Art. **€**

RUHIGE STRAND-PARADIESE

Das Postkartenpanorama des winzigen **Atrani** zog 1923 den Künstler M.C. Escher an, der sich von den Gassen zu einigen seiner labyrinthischen Werke inspirieren ließ. Weiter östlich liegen **Minori** und **Maiori** mit ihren Uferpromenaden. Für Gelegenheitswanderer gibt's den 3 km langen Weg zwischen den beiden Städtchen namens **Sentiero dei Limoni** durch Zitronenhaine. Minori ist auch für seine Pasta bekannt, zu der *scialatielli* (dicke Bandnudeln) und *'ndunderi*, Ricotta- und Kartoffelgnocchi, gehören. Maiori und Minori sind ein guter Ausgangspunkt für Küstenerkundungen. Die Orte sind durch eine Fähre mit den wichtigsten Städten verbunden (nach Amalfi sind es nur 10–20 Min.). Oft gibt es hier günstige (na ja, vertretbare) Übernachtungsangebote.

besteht es aus einigen unscheinbaren Gebäuden, die mit flippigen Wandmalereien verziert sind und eine Art offenes Kunstmuseum bilden. Um alles zu sehen, braucht man ein Auto. Ansonsten sollte man das **Cantine Marisa Cuomo** besuchen, ein von einer Frau geführtes Weingut, in dem der mehrfach preisgekrönte Fiorduva-Wein entsteht. Man kann den auf einem Hügel gelegenen Weinberg mit Blick auf das Meer und die Klippen besichtigen oder sich für eine Weinprobe entscheiden. Doch Vorsicht! Nicht zu tief ins Glas blicken. Für den **Fiordo di Furore**, einen abgelegenen Kiesel- und Felsenstrand, der von einer malerischen Bogenbrücke gekrönt wird, braucht man wirklich all seine Sinne, denn dorthin führt nur ein Weg – über Hunderte von Steinstufen.

Der SITA-Bus 5070 aus Amalfi setzt einen an der Überführung ab, von wo aus der Abstieg beginnt. Durchhalten lohnt sich! Das kristallklare Wasser und die tolle Atmosphäre sind es wert. Der Besuch des Strands ist kostenlos und laut Luigi, dem Seewolf, der hier seit 15 Jahren Liegestühle vermietet, außer sonntags und in der Ferragosto-Woche im August nahezu leer.

Gleich hinter Furore, in Conca dei Marini, befindet sich **La Grotta dello Smeraldo**, eine phosphoreszierende Höhle, deren Wasser hellgrün lechtet, mit einer wunderschönen Unterwasser-Vietri-Keramik *presepe*. Nur geführte Touren.

Ab in die Berge

WUNDERBARE WASSERFÄLLE

Auf alle, die Lust haben, mittelalterliche Romantik gegen die Bergwelt einzutauschen, warten zwei tolle Wanderungen, die gleich außerhalb von Ravello beginnen. Auf dem Weg zu den Ruinen der **Basilica di Sant'Eustachio** (12. Jh.) durchquert man das antike **Scala** – die älteste Stadt der Amalfiküste – und die Dörfer **Minuta** und **Pontone**, die das Valle di Dragone überblicken. Am Ende wartet die Basilika mit ihrer beeindruckenden, mit Mosaikeinlagen verzierten Dreifachfassade. Man kann auch direkt den **Sentiero delle Ferriere** in Angriff nehmen, der zwischen Amalfi und Scala durch das bewaldete Tal mit Wasserfällen führt, in dem einst die Papiermühlen von Amalfi arbeiteten.

Rotweine aus der Toskana sind wunderbar, doch wie verhält es sich mit Weinen aus Trauben, die Salzwasser und Bergnebel atmen? Die Antwort findet man in **Tramonti**, einer Gruppe von Bergdörfern, die durch ihre alten Weinberge auf den Klippen verbunden sind. Auf den vulkanischen Böden der kampanischen Weinberge werden kräftige rote Rebsorten wie Tintore und Piedirosso sowie leckere

PHOSPHORESZIERENDE WUNDER

Dem Phänomen der Phosphoreszenz kann man hier nicht entgehen. Die **Grotta Azzurra** (Blaue Grotte; S. 576) in Anacapri ist am dramatischsten – ihr Wasser leuchtet wie Neon.

ÜBERNACHTEN RUND UM AMALFI

Amalfi Coast Agriturismo Serafina
Ein B&B auf einem Bauernhof in Furore, mit Annehmlichkeiten und Charme auf Hotelniveau. Meerblick. **€€€**

Casa Amorino
B&B am Meer in Minori mit luftigem Dekor und schönem Garten für Gäste. Romantisch! **€€**

Casa Clotilde
Gut ausgestattetes B&B in Maiori mit charmant-rustikalem Dekor. Schöne Aussicht auf die Küste. Hausgemachte süße Leckereien. **€€**

TANIALERRO.ART/SHUTTERSTOCK ©

Vietri sul Mare

Weißweine wie der leicht schwefelhaltige Biancolella angebaut. **Tenuta San Francesco** bietet Weinbergsbesichtigung und Gourmet-Erlebnisse. Auch Kochkurse sind im Angebot, sowie mehrgängige Menüs mit tollen Weinen. Wem der Sinn nach etwas Intimerem steht, sollte die familiengeführte **Monte di Grazia Azienda Agricola Biologica** besuchen, wo man im Garten auf dem Berg eine Reihe kühner Weine probieren kann.

Küstenjuwelen

KERAMIK & ANCHOVIS

Vietri sul Mare ist der Geburtsort jener farbenprächtigen, handbemalten Vietri-Keramik, mit der die Villen der Amalfiküste und die majestätischen Kuppeln, die das Stadtbild bestimmen, geschmückt sind. Das Zentrum ist ein Freilichtmuseum, in dem die Keramik in den Treppen, Schaufenstern und Gassen in allen Farben leuchtet. Selbst ein einfacher Wasserbrunnen kann ein Kunstwerk von unschätzbarem Wert sein, wie die türkisblaue *ciucciarello*-Eselstatue auf der **Piazza Matteotti**. In den Keramikwerkstätten, die die Straßen säumen, kann man den Kunsthandwerkern bei der Arbeit an Vasen, Dekorationen und Geschirr zusehen. Anschließend sollte man

WASSERABENTEUER AN DER AMALFIKÜSTE

Giovanni Fasano, Inhaber der Multiservice-Agentur Vietri Rent, teilt seine Empfehlungen für die besten Abenteuer an der Amalfiküste.

Ein Besuch der Landzunge von **Capo d'Orso** bietet großartige Ausblicke auf den *maquis* (Küstenbuschwald). Unterwegs kann man in den klaren Gewässern der **Grotte der Pandora** (Grotta di Pandora) wunderbar baden. Traumhaft sind auch die **Marmorata-Wasserfälle**, zu denen man nur per Boot gelangt. An den kleinen Stränden der Gegend lässt sich sehr gut zu Mittag essen, z.B. in **Santa Croce** oder in der Bucht von **Conca dei Marini**. Das Wasser vor dem Strand **Fiordo di Furore** ist kristallklar. Hier kann man sich auch in im Seilrutschen oder Klippenspringen versuchen (bzw. anderen dabei zusehen).

ESSEN RUND UM POSITANO

Ristorante Eughenes
Preisgünstiges Restaurant alter Schule in Massa Lubrense, an der Abzweigung zum Punta-Campanella-Wanderweg. **€€**

O'Parrucchiano
In Sorrent. Bot schon vor Italiens Gründung hochwertige traditionelle italienische Küche! Mit Zitronenhain. **€€€**

La Cantinaccia del Popolo
Betriebsame Trattoria in Sorrent mit üppigen Portionen traditioneller kampanischer Gerichte. **€€**

RAITO

Das hübsche Bergdorf Raito liegt nur eine kurze Fahrt mit der Buslinie 01 von der Piazza von Vietri entfernt. In Raito ist das **Museo della ceramica a Raito** – das Keramikmuseum von Raito –, in dem man mehr über die Tradition der Keramikherstellung erfahren und einige der frühesten Beispiele dieser Kunstform sehen kann, die bis ins 17. Jh. zurückreichen. Weiter oben auf dem Hügel liegt **Le Vigne di Raito**, eine von Frauen geführte *cantina* (Weinkellerei). Hier gibt's nicht nur Degustationsmenüs, sondern auch schöne Picknicks, bei denen man nach einem Rundgang durch das ruhige Gelände und dem Genießen der Aussicht den preisgekrönten und überraschend kräftigen Rosé des Weinguts probieren kann.

Cetara

die **Villa Comunale** besuchen, einen städtischen Garten, der für seine regenbogenfarbene, zum Meer hinabführende Kacheltreppe bekannt ist.

Als nächstes steht **Cetara** an, ein kleines, charmantes Fischereidorf. Nach dem Anlegen kann man die imposante **Torre di Cetara**, einen angevinischen Wachturm aus dem 14. Jh., besteigen – allein des grandiosen Ausblicks wegen. Links davon führen Stufen zur **Spiaggia di Lannio** hinunter, einem winzigen Strand mit schwarzem Sand, der von Felsen geschützt und ein echter Geheimtipp ist. Nach einem Bad im Meer ist es an der Zeit, die kulinarische Spezialität von Cetara zu probieren: *colatura di alici*, ein schmackhaftes Öl aus gesalzenen Sardellen. Lecker sind auch die großen Portionen *spaghetti con colatura di alici* im La Cianciola auf der Piazza Cantone. Im Sommer finden hier auch Konzerte statt.

UNTERWEGS VOR ORT

Während Sorrent und Positano gut an die umliegenden Dörfer angebunden sind, ist es um die Verbindungen zwischen den Dörfern schlecht bestellt. Im Allgemeinen ist ein Motorroller die beste Wahl, um die verstreut liegenden Attraktionen der Gegend zu erkunden – aber nur, wenn man mit dem Umgang eines solchen Gefährts erfahren ist. Dies ist nicht der Ort, um das zu lernen!

SALERNO & DER CILENTO

Salerno, das sich von der Küste bis zu einem 900 m hohen Berg erstreckt, ist nach Neapel die zweitgrößte Stadt Kampaniens (127000 Einwohner im Vergleich zu Neapels 1 Mio.) und wird oft als „kleines Neapel" bezeichnet.

Salerno wurde mindestens seit dem 6. Jh. v. Chr. von Etruskern besiedelt. Im 2. Jh. v. Chr. machten die Römer Salerno dann zu einer bedeutenden Küstenkolonie und bauten einen Hafen. Im Mittelalter wurde Salerno zu einem Fürstentum und zu einem blühenden Schmelztiegel der Kulturen der byzantinischen und der islamischen Welt. Aus diesem Schmelztiegel ist auch die Schola Medica Salernitana hervorgegangen. In den 1800er-Jahren wurden zahlreiche Fabriken gebaut – Salerno wurde sogar als „Manchester der beiden Sizilien" bekannt. Als Italien 1861 geeint wurde, war die Provinz Salerno die drittreichste des Landes.

TOP TIPP

Salerno ist irgendetwas zwischen einem Dorf und einer Stadt. Wer einkaufen will, sollte sich über die Öffnungszeiten der Geschäfte informieren – im Sommer legen die nach dem Mittagessen oft eine ziemlich lange Pause ein.

Die Highlights von Salerno

ATEMBERAUBENDE AUSBLICKE & URALTE TRADITIONEN

Das **Castello di Arechi** thront 300 m über Salerno, nur 10 Autominuten vom Zentrum entfernt. Die Burg wurde von Fürst Arechi II. im 8. Jh. auf den Überresten eines römischen Kastells erbaut. Der Clou: Sie wurde nie erobert. Besucher können auf ihren Zinnen und Türmen spazieren gehen, umgeben von einen einzigartigen Panorama Salernos und des gesamten Golfs, und anschließend das angrenzende **Museo Medievale** erkunden. In der Burg werden häufig kulturelle Veranstaltungen wie die **Rock-alla-Rocca-Konzerte** organisiert.

Wer gern ein paar Stunden an einem magischen Ort verbringen möchte, sollte unbedingt den **Giardino della Minerva** (Garten der Minerva) besuchen. Zu Beginn des 13. Jhs. legte Matteo Silvatico – ein adliger Arzt an der **Schola Medica Salernitana** – den botanischen Garten an, um Naturheilmittel zu kultivieren und seine Schüler zu unterrichten. Heute kann man durch den terrassenförmig angelegten Obstgarten spazieren und über 300 Pflanzenarten bewundern sowie einen spektakulären Blick auf die Stadt und das Meer genießen.

Die untere Terrasse ist nach wie vor Heilkräutern gewidmet und nach dem alten System der Pflanzenklassifizierung gemäß der Theorie der vier Körpersäfte (Blut, gelbe Galle, schwarze Galle und Schleim) unterteilt. Außerdem gibt es ein Café im Apothekenstil, in dem Naturtees angeboten werden, eine Bibliothek und ein Multimedia-Angebot.

SCHOLA MEDICA SALERNITANA

Die Legende von der Gründung der ältesten Medizinschule Europas, der Schola Medica Salernitana, lautet so: In einer stürmischen Nacht im 9. Jh. flüchteten ein Latiner, ein Grieche, ein Jude und ein Araber unter einen Bogen des Aquädukts von Salerno. Sie sprachen über die Wunden des Latiners und stellten fest, dass sie alle Ärzte waren. Sie beschlossen, eine Schule zu gründen, die sich auf die Traditionen aller Kulturen stützen sollte. Die Schule war stolz darauf, dass auch Frauen Medizin studieren, praktizieren und lehren durften. Die Frauen gingen als *mulieres salernitanae* (Frauen von Salerno) in die Geschichte ein.

HIGHLIGHTS
1 Castello di Arechi
2 Cattedrale di Santa Maria degli Angeli, San Matteo e San Gregorio VII
3 Giardino della Minerva

SEHENSWERTES
4 Lungomare Trieste
(siehe 1) Museo Medievale
5 Museo Virtuale della Scuola Medica Salernitana
6 Via Roma
7 Villa Comunale

Duomo & Strandpromenade

DIE SCHÄTZE DER STADT

Der *doumo* von Salerno, die **Cattedrale di Santa Maria degli Angeli, San Matteo e San Gregorio VII**, wurde im 11. Jh. von den Normannen erbaut. Bei einem Rundgang durch das Innere werden die Einflüsse der Jahrhunderte deutlich: Fresken aus der Renaissance, byzantinische Säulen, Intarsienarbeiten, bunter Marmor und drei farbenfrohe Mosaike hinter der Apsis, die in den 1950er-Jahren entstanden sind. Das Bronzetor wird von zwei Löwen eingerahmt, die die Stadt vor einem Angriff der Sarazenen gerettet haben sollen.

Die barocke Krypta der Kathedrale beherbergt die sterblichen Überreste von San Matteo (St. Matthäus), dem beliebten Schutzheiligen der Stadt. Das Gewölbe ist mit spätmanieristischen Fresken bedeckt, die Szenen aus dem Leben des Heiligen darstellen und von dem italienisch-griechischen Künstler Belisario Coerenzio stammen.

Die Strandpromenade von Salerno, **Lungomare Trieste**, gilt als eine der schönsten Italiens. Im Sommer herrscht hier ein reges Treiben mit Musik, Sport und Spiel.

ESSEN IM HISTORISCHEN ZENTRUMS VON SALERNO

Al Civico 90
Das schlichte, aber geschmackvolle Restaurant ist für sein *noccioraviolo* (mit Käse gefüllte Knödel) bekannt. **€€**

La Botte Pazza
Gemütliches Restaurant, das regionale Zutaten verwendet. Sein Weinglas kann man an den Zapfhähnen selbst nachfüllen. **€€**

Da Michele
Renommierte, günstige Pizzeria. Die Margherita oder die *pizza fritta* sind besonders lecker. **€**

GEZA KURKA PHOTO VIDEO/SHUTTERSTOCK ©

Krypta von San Matteo

Nach einem Spaziergang durch den Garten der **Villa Comunale** überquert man die **Via Roma**, die mit Restaurants und Bars gespickte Hauptstraße, um dann in das Labyrinth der Gassen einzutauchen, die das historische Zentrum von Salerno bilden. Hier gibt es Geschäfte aller Art, darunter auch alte Werkstätten, in denen noch immer traditionelles Kunsthandwerk betrieben wird, von der Herstellung farbenfroher Keramik bis zu Intarsienarbeiten.

Von November bis Januar zieht Salerno dank der **Luci d'Artista** (Lichtinstallationen in ganz Salerno) zahlreiche Touristen an. Jedes Jahr wählt die Stadt ein anderes Thema, von Märchen und Mythen bis zu Denkmälern und Lebensmitteln. Es gibt auch einen riesigen Weihnachtsbaum – und vom Riesenrad aus einen wunderbaren Blick über den Golf.

SALERNOS SCHÖNSTE KIRCHEN

Neben dem *duomo* sind auch diese beiden Kirchen einen Besuch wert:

San Pietro a Corte
Anhand dieser Kirche kann man die verschiedenen Etappen der Geschichte Salernos nachvollziehen: ein römisches Thermalbad (1. Jh.), ein frühchristliches Grabmal (5. Jh.), ein Fürstenpalast (8. Jh.; das einzige erhaltene Beispiel langobardischer Palastarchitektur in Italien) und schließlich die heutige Kirche.

Chiesa di San Giorgio
Die unzähligen farbenfrohen Fresken in dieser Kirche machen San Giorgio mit Sicherheit zur hübschesten und barocksten Kirche Salernos.

UNTERWEGS VOR ORT

Alles, was es in Salerno zu sehen gibt (abgesehen vom Castello di Arechi) ist zu Fuß erreichbar. Wer mit dem Auto nach Salerno kommt, kann es auf dem riesigen, neu angelegten Parkplatz unter der Piazza della Libertà abstellen (nur einen Steinwurf von der Villa Comunale entfernt). Salerno ist Teil der Fährverbindungen zwischen Neapel, Sorrent und (im Sommer) den Badeorten und Inseln der Amalfiküste. Außerdem liegt die Stadt an der wichtigen Zugstrecke zwischen Neapel und Reggio Calabria.

Rund um Salerno

Eine andere, aufregende Seite des Cilento.

Das Vallo di Diano, eine Hochebene auf der Ostseite des Cilento, ist wenig touristisch erschlossen, obwohl das gesamte Gebiet zum UNESCO-Weltkulturerbe gehört. Die malerischen Dörfer halten an alten Traditionen fest und bieten eine ganz eigene Art des langsamen Lebens. Nicht weit entfernt befinden sich in den Höhlen von Pertosa die Überreste eines Pfahlbaudorfes aus dem 2. Jahrtausend v. Chr.

Hinter dem Vallo di Diano erstreckt sich die Cilentoküste, ein 100 km langer Küstenstreifen mit Dörfern, die zwischen dem Golf von Salerno und dem Golf von Policastro auf smaragdgrünes Wasser blicken. Das Schmuckstück ist zweifellos Paestum mit seinen gut erhaltenen antiken griechischen Tempeln. Andere Schönheiten sind bezaubernde Strandorte wie Marina di Camerota, Ascea und Palinuro.

TOP TIPP

Die Lebenserwartung der Einheimischen liegt im Schnitt 10 Jahre höher ist als im Rest Italiens. Ihr Geheimnis? Die Menschen in diesen abgelegenen Dörfern gehen die Dinge langsam an. Man eilt also mit Weile.

Certosa di San Lorenzo di Padula

MASSIMO BORCHI/ATLANTIDE PHOTOTRAVEL/GETTY IMAGES ©

Battistero di San Giovanni in Fonte

Padula erkunden

VON KLÖSTERN BIS ZU BAPTISTERIEN

In der Stadt Padula kann man mit der **Certosa di San Lorenzo di Padula** die größte Kartause der Welt (51,5 m²) besuchen. Sie wurde 1306 erbaut und bis ins 17. Jh. immer wieder verschönert – von den kargen Mönchszellen bis zum Chiostro Grande, dem gewaltigen Kreuzgang (104 m auf 149 m), dessen Fertigstellung fast zwei Jahrhunderte dauerte.

Die berühmte *scalone*, die elliptische Treppe, die zum Symbol der Certosa wurde, kann leider nicht mehr besichtigt werden. Das Kloster beherbergt auch ein ausgezeichnetes Museum mit archäologischen Funden aus dem Vallo di Diano, die auf das 10. bis 6. Jh. v. Chr. datiert werden.

Zwischen Padula und dem Nachbarort **Sala Consilina** weisen braune Straßenschilder den Weg zum einzigartigen **Battistero di San Giovanni in Fonte** aus dem 4. Jh. – eine der ältesten Taufkapellen der westlichen Welt und die einzige, die über einem Gewässer gebaut wurde.

Der Lauf der Zeit und die Witterungseinflüsse haben den Fresken stark zugesetzt, doch noch immer kann man die Gesichter der Apostel an den Wänden sehen und auch den aus-

STOLZE KÄSEREIEN

Milch wird hier manchmal als *oro bianco* (weißes Gold) bezeichnet. Die Käseherstellung ist wesentlicher Teil der Geschichte dieser Region, und man behält dabei die alten Traditionen bei. In den Städten Capaccio, Paestum, Battipaglia und Eboli befinden sich einige der besten Käsereien (*caseifici*). Der Star aller Käsesorten hier ist zweifellos der reinweiße, runde *mozzarella di bufala* (Büffelmozzarella), doch es gibt noch viele weitere Produkte, wie z.B. seine Mini-Variante (*bocconcini*), eine geräucherte und dunklere Version (*provola*), eine abgeflachte und geflochtene Version (*treccia*) oder den zarten, weichen Ricotta. Ganz zu schweigen vom harten *caciocavallo* aus Kuh- und Schafsmilch.

BESUCH EINER *CASEIFICI* (KÄSEREI)

La Perla del Mediterraneo
Diese *caseificio* ist spezialisiert auf *mozzarella di bufala*, weitere Milchprodukte und laktosefreien Mozzarella.

Da Vannulo
In dieser Käserei mit einem Museum des Landlebens behandelt man die 600 Büffel homöopathisch.

Caseificio Barlotti
Die Caseificio Barlotti organisiert Verkostungen ihrer zahlreichen Spezialitäten: Milchprodukte, Fleisch, Gemüse, Joghurt, Kuchen und Gebäck.

Parco Archeologico di Paestum

STERNE IN DER UNTERWELT

Die Grotte di Pertosa-Auletta birgt noch ein weiteres Geheimnis: Schriftzüge an der Wand. Es handelt sich um sechszackige Sterne, Namen und die Zahlen 1944 und 1945. Die Davidsterne bezeugen, dass die Urheber der Graffiti Juden gewesen sein müssen, und die Zahlen erklären sich leider von selbst. In jenen Jahren versteckten die Einheimischen die neapolitanischen Juden in den Höhlen, um sie vor der Deportation in die Konzentrationslager zu schützen. Es ist nicht bekannt, ob die Graffiti von versteckten Juden oder von jüdischen Soldaten stammen, die als Teil der alliierten Truppen in dieser Gegend landeten. Die Dunkelheit der Höhle verbirgt auch eine noch eine Inschrift auf Hebräisch: „Dieses Tal ist schön, aber jenes, das uns erwartet, ist noch schöner".

geprägten byzantinischen Stil erkennen. Dies ist der ideale Ort für ein Picknick im Schatten hoher Bäume, die dieser malerischen Szenerie einen perfekten Rahmen geben.

Tempel & Höhlen

ZEUGNISSE DER ANTIKE

Der **Parco Archeologico di Paestum** beherbergt die einzige in ihrer Gesamtheit bewahrte Kolonie Magna Graecias mit Ruinen, die zu den am besten erhaltenen der Welt gehören. Die Highlights sind die drei der Hera geweihten Tempel, die im 5. Jh. v. Chr. errichtet wurden. Hinzu kommen die Ruinen eines römischen Amphitheaters, Geschäfte, Häuser, Thermen und alles andere, was zu einer Stadt gehört, die bei reichen Kaufleuten und Adligen beliebt war. Ein Besuch wert ist das **Museum**, in dem sich weltberühmte Bilder wie das „Grab des Tauchers" bewundern lassen (die Paestum-App bietet eine geführte Tour; also runterladen!).

Die **Grotte di Pertosa-Auletta** existiert seit 35 Mio. Jahren und es gibt Anzeichen dafür, dass sie bereits in der Bronzezeit bewohnt war. Bei einer Führung kann man Tausende von Stalaktiten und Stalagmiten sehen, darunter den berühmten „Kuss",

ESSEN IN PADULA

Locanda dei Trecento
Großzügige Portionen, freundliche Mitarbeiter und authentische Rezepte und Zutaten. Eines der besten Restaurants. **€**

Agriturismo L'Aia Antica
Klassisch cilentanische Küche mit Zutaten aus eigenem Anbau. Beim Abendessen regiert die Pizza. **€**

Porticum Herculis
In einer alten Villa mit Fresken. Köstliche, preisgünstige regionale Küche. **€**

bei dem ein Stalaktit und ein Stalagmit zwei Gesichtern ähneln, die sich küssen. Der eigentliche Höhepunkt eines Besuchs ist jedoch die Fahrt auf einem Floß auf dem **Fiume Negro** – dem einzigen Ort in Italien, an dem man auf einem unterirdischen Fluss fahren kann. Das Erlebnis ist magisch, denn die künstliche Beleuchtung lässt die Grotte wie die Kulisse eines Horrorfilms aussehen. Alle paar Jahre wird dieser Ort zum Schauplatz besonderer Aufführungen von Dantes *Inferno*, ein aufregendes Erlebnis, das man sich nicht entgehen lassen sollte.

Trekking, Wandern & Ausreiten

DIE WILDE SEITE DES CILENTO

Der **Parco Nazionale del Cilento, Vallo di Diano e Alburni** ist der zweitgrößte Nationalpark Italiens, mit über 360 km² unberührter Natur, die sich vom Meer bis zum Apennin erstreckt. Er gehört in seiner Gesamtheit zum UNESCO-Welterbe. Der Park beherbergt 1800 einheimische Pflanzenarten, darunter 10 % seltene. Außerdem gibt es Hunderte von Vogel-, Säugetier-, Reptilien- und Fischarten. Hier wandert man auf vielen hübschen Wegen vorbei an Bächen, Wasserfällen und durch Wiesen und Wälder.

Die Schätze der Cilentoküste reichen von Stränden über Dörfer bis hin zu archäologischen Stätten. An der Küste zwischen den Städten **Agropoli** und **Marina di Ascea** liegt ein idyllischer Sandstrand, in Eboli gibt es auch einen schwulenfreundlichen Strand. Fährt man von Agropoli aus nach Süden, erreicht man **Castellabate**, ein mittelalterliches Dorf auf einem Hügel, das als eines der schönsten Italiens gilt. Das Küstenörtchen **Punta Licosa** mit seinem kristallklaren Wasser soll von Sirenen bewohnt sein. Weiter unten liegt **Acciaroli** – jenes bezaubernde Dorf, das Ernest Hemingway zu seinem Roman *Der alte Mann und das Meer* inspirierte. Nicht verpassen sollte man **Velia**, (einst die griechische Stadt Elea), deren Bürger die antiken Traditionen mit einem Theaterfestival in einem jahrtausendealten Amphitheater am Leben erhalten. Von Palinuro geht's nach **Marina di Camerota**, wo man Schluchten und Höhlen erkunden kann, in denen Forscher prähistorische Hominidenreste gefunden haben.

WARUM ICH PAESTUM LIEBE

Federica Bocco,
Autorin

Paestum ist eine einzigartige, ruhige, archäologische Stätte; oft wandere ich minutenlang, ohne jemandem zu begegnen. An manchen Tagen sind die einzigen Besucher die schleichenden Eidechsen am Boden und die Schwalben, die im Tiefflug grüßen. Wären da nicht die Gärtner, die das Gras rund um die Tempel sorgfältig pflegen, könnte man fast meinen, man hätte die Ruinen soeben selbst entdeckt. Ich liebe Pompeji, aber in Paestum spazieren zu gehen, ohne von schreienden Kindern oder lauten Führern abgelenkt zu werden? Wunderbar! Hier fühle ich mich der Geschichte des Ortes wirklich nahe. Ich kann fast hören, wie meine Vorfahren ihrem geschäftigen Leben in dieser idyllischen Geisterstadt nachgehen.

UNTERWEGS VOR ORT

Im Vallo di Diano und im Hinterland des Cilento gibt's kaum öffentliche Verkehrsmittel. Derzeit fahren keine Züge – die Bahnhöfe existieren zwar, sind aber seit Jahren geschlossen –, gleichwohl bietet die staatliche Eisenbahngesellschaft (Rete Ferroviaria Italiana) täglich ein paar Busverbindungen von und nach Neapel, Battipaglia (dem nächsten Bahnhof) und zu anderen Städten an. Das öffentliche Busunternehmen SITA Sud verkehrt dreimal täglich zwischen Salerno und Pertosa (Mo–Sa). Allerdings können die Busse unzuverlässig sein. Die beste Möglichkeit? Ein eigenes Auto. So ist man völlig autonom. Die Straßen sind gut, auch die Ausschilderung ist o.k. und in gutem Zustand.

Vieste (S. 615)

(S. 615)

APULIEN

TARALLI & WEIN

Hier trifft olivgrünes Wasser auf Meere voll grüner Olivenhaine, und das Seafood ist ein Fest für Magen und Augen.

Die Menschen hier sind von gutem Essen und hervorragendem Wein geradezu besessen – was Apulien zu einem der wichtigsten Ziele für Gourmets in Italien macht. Da ist es nur folgerichtig, dass der italienische Ausdruck „*finire a taralli e vino*", was wörtlich übersetzt „mit *taralli* und Wein enden" bedeutet, hier geprägt wurde. Im übertragenen Sinn ist damit ein hitziger Streit gemeint, der schließlich in einer freundlichen, ruhigen Atmosphäre endet, genau wie der Wein und die *taralli* – eine Art Snack, von der Textur den Grissini ähnlich –, die den Gästen in Apulien einst angeboten wurden.

Diese sonnenverwöhnte Region galt lange Zeit als warmherziges und gastfreundliches, aber armes Land, das zwar Traveller wegen des guten Essens und für ein paar Tauchgänge in den klaren Gewässern anlockte, das allerdings die eigenen Kinder zur Auswanderung veranlasste.

Nach der Pandemie wird Apulien jedoch endlich für seinen wahren Reichtum gewürdigt. Viele seiner Bürger:innen, die einst abgewandert waren, sind inzwischen in ihre Heimat zurückgekehrt, um sich und Apulien eine neue Chance zu geben. Inmitten der griechisch anmutenden Dörfer und mittelalterlichen Orte sowie in den größeren Städten wie Bari (Italiens Hauptstadt des Seafood) und dem barocken Lecce kann man eine Jugend beobachten, die versucht, Apulien nicht nur im Sommer zu beleben.

DIE WICHTIGSTEN ZIELE

ALBEROBELLO
Entspannung auf dem Land.
S. 600

LECCE
Volkstänze und Nachtleben.
S. 607

VIESTE
Wanderwege mit Meerblick.
S. 615

Vieste, S. 615

Apuliens „grüne Lunge“, der Gargano, steht ganz im Zeichen der Natur und der Wanderwege mit Blick auf das kristallklare Wasser der Adria.

FLUGZEUG

Apulien erreicht man am besten mit dem Flugzeug. Es gibt vier große Flughäfen – der größte ist der internationale Flughafen Karol Wojtyla in Bari, der jährlich über 3 Mio. Reisende abfertigt.

ZUG

Befindet man sich bereits in Italien, bietet sich die fünfstündige Zugfahrt von Rom nach Bari an. Die Belohnung sind romantische Ausblicke auf die ländlichen Regionen Italiens.

AUTO

Mit dem Auto kann man ein eigenes Tempo wählen – und in den Weinkellereien und Bauernhöfen eine Mittagspause einlegen, um die authentische apulische Küche kennenzulernen.

Erste Orientierung

Apulien liegt am Absatz des italienischen Stiefels. Seine Küsten, die eine große ökologische Vielfalt und ein abwechslungsreiches Nachtleben bieten, erstrecken sich über fast 900 km. Es folgt eine Auswahl all jener Schätze, die eine Reise in diese Region unvergesslich machen.

Lecce, S. 607
Die opulente Architektur der Stadt mit ihrer bedeutenden griechischen Vergangenheit brachte Lecce den Spitznamen „Florenz des Südens“ ein.

Alberobello, S. 600
Ein Tal inmitten der südlichen Landschaft mit kegelförmigen Steinhäusern und tollen Restaurants.

Perfekte Tage

Die Einheimischen sagen, Apulien sei ein „Geisteszustand“. Hier kann man auf Naturpfaden radeln oder wandern, an der Küste ein gegrilltes Tintenfischsandwich essen und bis zum Morgengrauen zum Rhythmus der Volkstänze tanzen.

ARKANTO/SHUTTERSTOCK ©

Baia delle Zagare (S. 620)

Ein paar Tage Zeit

● Geschichtsfans sollten mit einem Roadtrip zu einigen der 12 griechischen Dörfer des **Salento** (S. 607) beginnen – einem Stück Griechenland in Süditalien. Wer unter Zeitdruck steht, kann die Tour in **Lecce** (S. 607) beenden, einer malerischen Barockstadt. Am besten fährt man aber weiter Richtung Norden durch die apulische Landschaft und besucht **Alberobello** (S. 600) und das „disneyesque“ **Valle d'Itria** (S. 604), um italienische Geschichte zu entdecken, die (ausnahmsweise) nichts mit griechischen oder römischen Ruinen zu tun hat: die *trulli*, primitive Wohnkomplexe, die spätestens aus dem 14. Jh. stammen.

Beste Reisezeit

Der Sommer in Apulien kann ziemlich heiß sein, doch die Strände bieten Abkühlung. Der milde Winter und der frühe Frühling machen Apulien das ganze Jahr über zu einem idealen Reiseziel.

JANUAR

In kleinen mittelalterlichen Dörfern werden wunderschöne „lebende“ **Krippenszenen** nachgestellt.

APRIL

Die milden Temperaturen laden zu einem **Spaziergang am Meer** ein – und zu einem gegrillten Tintenfischsandwich.

MAI

Eine dreitägige **religiöse Prozession** zu Ehren des Heiligen Nikolaus, des Schutzpatrons von Bari, präsentiert ein Apulien zwischen Heiligem und Profanem.

POINTBREAK/SHUTTERSTOCK ©, HAMID KHAN/EYEEM/GETTY IMAGES ©, PAVEL SKOPETS/SHUTTERSTOCK ©

Wenn man nur einige Tage Zeit hat

● Apulien ist ein Gourmet-Paradies. Selbst eine kurze Einkehr in einem kleinen Restaurant führt zu Gaumenfreuden, vor allem, wenn man an der Ostküste Apuliens beginnt, wo es das beste Seafood gibt, frisch von den kleinen Booten direkt auf den Tisch. Ein Muss ist auch ein kurzer Halt an der Strandpromenade von **Bari** (S. 604), um das dort einzigartige gegrillte Tintenfischsandwich zu probieren. Für das landesweit berühmte Nudelgericht der Region – *orecchiette con le cime di rapa* (kleine, ohrförmige Pasta mit Stängelkohl) – hält man in **Alberobello** (S. 600), nur wenige Kilometer von Bari entfernt, wo sich dieses traditionelle Gericht in einem kegelförmigen Restaurant genießen lässt.

Wenn man eine Woche Zeit hat (oder mehr)

● Bei einem einwöchigen Aufenthalt bietet sich ein Abstecher zu den weniger bekannten Natur- und Wandergebieten Apuliens an. Der **Parco Nazionale del Gargano** (S. 619) ist der ideale Ausgangspunkt: Mit seiner Artenvielfalt ist der Park ein erfrischender Gegenpol zum städtischen Chaos, das man selbst in kleinen Dörfern in Italien findet. Das Vorgebirge des Gargano mit seinem herrlichen Meerblick liegt weniger als 45 Autominuten vom Park entfernt. Das türkisfarbene Wasser der **Baia delle Zagare** (S. 620) verlangt nach einem Zwischenstopp, und wer Lust auf eine Herausforderung hat, kann von dort aus eine zweistündige Fahrradtour nach **Vieste** unternehmen (S. 615).

JULI
Das traditionelle apulische Streetfood bei der **Festa te la Uliata** zieht jedes Jahr Tausende von Gourmets an.

AUGUST
Für die **Notte della Taranta**, ein Volksmusikfestival, bei dem traditionelle Tänze aus dem Salento aufgeführt werden, sind bequeme Schuhe ratsam.

SEPTEMBER
Während der **Weinlese** öffnen die hiesigen Weingüter an den Wochenenden ihre Tore für Besuche und bieten einen Blick auf das Traubentreten – und eine Weinprobe.

DEZEMBER
Jetzt ist die perfekte Zeit für die Teilnahme an einem ***tarallo*-Kochkurs**, der von den Großmüttern der Region geleitet wird, die das Gebäck für die Weihnachtszeit zubereiten.

ALBEROBELLO

Märchengleich erheben sich inmitten einer Landschaft aus sanft geschwungenen grünen Feldern und Weinbergen in dem Dorf Alberobello in der Provinz Bari kegelförmige Steinhäuser mit weißer Spitze. Der melodische italienische Name „Alberobello“ stammt vom lateinischen „*arboris belli*“ (schöne Bäume), da die Gegend einst von einem Eichenwald umgeben war. Heute ist Alberobello das Wahrzeichen Apuliens, eine UNESCO-Welterbestätte, die Jahr für Jahr Tausende Traveller anlockt. Die Stadt beherbergt etwa 2000 *trulli*, kegelförmige Trockenmauerbauten aus lokalem Kalkstein, die dem Ort seinen Ruhm eingebracht haben. Viele wurden inzwischen von Privathäusern zu Luxushotels, erschwinglichen Restaurants und Nudelwerkstätten umgestaltet.

Der Blick über Alberobello wird von der Kirche Santi Medici Cosma e Damiano beherrscht, einem Beispiel für neoklassizistische Architektur und ein katholischer Wallfahrtsort.

TOP TIPP

Statt zu Fuß erkundet man die staubigen Gassen von Alberobello lieber mit dem Fahrrad. So kann man die einzigartigen Aussichten über die gewundenen Landstraßen am besten genießen – und außerdem einen Happen in den örtlichen Bauernhöfen abseits der Hauptstraßen essen.

EINZIGARTIGE *TRULLI*

Alberobello, die „Hauptstadt“ der umliegenden *trulli*-Dörfer, ist ein Wahrzeichen, auf das Italien sehr stolz ist. Man fühlt sich wie bei einem Spaziergang durch eine Zwergenstadt, einem Themenpark für Geschichts- und Kultur-Fans, den es so nirgendwo auf der Welt gibt. Die Menschen hier, vor allem die älteren, sind äußerst gastfreundlich und stolz auf die Einzigartigkeit ihres Ortes, obwohl ihre Heimat sogar von Einheimischen manchmal übersehen wird. Alberobello ist etwas Besonderes, es offenbart die Schönheit des Landlebens und zeigt auf, wie selbst kleine Orte trotz Globalisierung ihren Charme bewahren können.

Pasta in Öhrchenform

APULIENS WUNDERBARE KÜCHE

Wer zwei Stunden seiner Zeit in Alberobello dem Erlernen traditioneller apulischer Rezepte widmet, die das Ergebnis kultureller Vermischungen und jahrhundertealter kulinarischer Erfahrungen sind, wird mehr als nur ein materielles Souvenir mit nach Hause nehmen. Dieses Wissen fürs Leben lässt sich an einem entspannten Vormittag bei Nonna Maria aneignen, der Stütze der **Trulli del Bosco**, einem Trulli-Komplex, in dem man schlafen, essen und sich für Koch-Workshops anmelden kann. Der Kurs findet inmitten von Hügeln mit uralten Oliven- und Obstbäumen statt, und man hat die Gelegenheit, die Zutaten für das berühmteste Gericht Apuliens, *orecchiette con le cime di rapa*, selbst zu pflücken.

Wenn man Marias faltigen Händen beim Kneten des Teigs zusieht, lernt man die exakten Bewegungen, die für die Herstellung dieser anspruchsvollen ohrförmigen Nudeln erforderlich sind (*orecchiette* bedeutet auf Italienisch „kleine Ohren“). Sie werden traditionell in kochendem Wasser zusammen mit *cime di rapa* (Stängelkohl) gekocht, damit sie die Aromen besser aufnehmen. Die Tradition besagt, dass die Pasta von Hand gemacht werden muss, und die fachkundige Lehrerin wird zwischen einem Lachen und selbsterklärenden Handgesten nicht vergessen zu betonen, wie wichtig es ist, dieses Handwerk am Leben zu erhalten. Indem sie ihre Tipps teilt, lässt sie einen an einem jahrhundertealten Geheimnis teilhaben und vermittelt das Gefühl, eines ihrer eigenen Kinder zu sein.

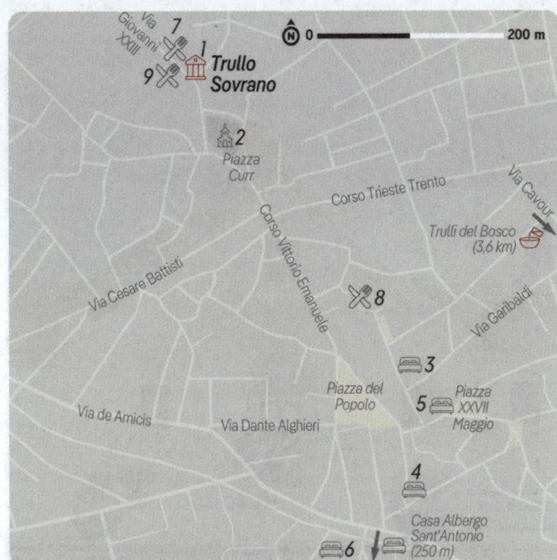

HIGHLIGHTS
1 Trullo Sovrano

SEHENSWERTES
2 Basilica di Santi Medici Cosma e Damiano

SCHLAFEN
3 Le Alcove Luxury Hotel
4 Tipico Resort
5 Trulli Holiday
6 Trullidea

ESSEN
7 Ristorante EVO
8 Ristorante Trullo d'Oro
9 Trattoria Terra Madre

Die *orecchiette* sind zudem der beste Einstieg in die apulische *cucina povera* (die einfache Küche der Armen). Die traditionelle Küche Apuliens ist in ganz Italien bekannt für ihre Bescheidenheit, aber auch für ihren Reichtum an Nährstoffen und Aromen, die die Vielfalt der Zivilisationen widerspiegeln, die dieses Land durchzogen und unauslöschliche Spuren in seinem kulinarischen Erbe hinterlassen haben. In den nationalen Kochbüchern werden fünf Sachen genannt, die man sich in Alberobello nicht entgehen lassen sollte: die apulische Focaccia, den apulische Mozzarella (gemeinhin als Burrata bekannt), den Wein, das regionale Seafood und natürlich die *orecchiette con le cime di rapa.*

STRANDVERLIEBT?

Strände, um die sich **Liebesgeschichten** ranken (S. 617), beleben den Geist und sorgen für einen Nachmittag voller Entspannung.

Spaziergang durch die Geschichte

EIN MUSEUM JENSEITS ALLER MÄRCHEN

Der **Trullo Sovrano** befindet sich im nördlichen Teil von Alberobello, hinter der **Basilica di Santi Medici Cosma e Damiano**. Er ist der einzige *trullo* mit einer zweiten Ebene, erreichbar von innen über eine gemauerte Treppe, und einer der ersten, die mit Mörtel gebaut wurden. Der Trullo Sovrano gilt als „Haupt-*trullo*" der Stadt und ist heute das

ÜBERNACHTEN IN ALBEROBELLO

Trullidea
Mehrere restaurierte und gemütliche *trulli* inmitten des Zentrums von Alberobello. **€€**

Casa Albergo Sant'Antonio
Schlichte Zimmer für Anspruchslose in einem ehemaligen Kloster neben einer Kirche. **€€**

Trulli del Bosco
Kleines „Dorf" aus vier *trulli* (und einem Swimmingpool) tief im Wald. **€€€**

ALBEROBELLOS BESTGEHÜTETE GEHEIMNISSE

Guido Convertino, Kartenzeichner mit einer Leidenschaft für regionale Geschichte, teilt seine Tipps:

Abbazia di Santa Maria di Barsento
Wenige Kilometer von Alberobello entfernt befindet sich dieser geheimnisvolle Ort, um den sich viele Legenden ranken und in dem bei jüngsten archäologischen Ausgrabungen interessante Funde gemacht wurden.

Radweg entlang des apulischen Aquädukts
Panoramastrecke, die den Canale delle Pile aus nächster Nähe überblickt. Im Frühling ist hier alles voller wilder Orchideen – in einem Jahr zählte ich 15 der etwa 60 verschiedenen Arten, die in Apulien wachsen.

Fornello Pronto
Mehr als ein Ort – es ist eine Tradition der Region. An bestimmten Tagen kann man zum Metzger gehen, das gewünschte Fleisch auswählen und der Metzger grillt es dann für einen.

TAKASHI IMAGES/SHUTTERSTOCK ©

Trullo Sovrano (S. 601)

wichtigste örtliche Museum. Es bietet einen Einblick in das Leben in einem *trullo* im 17. Jh. und ist ein Muss für alle, die nach Alberobello reisen.

Die 14 m hohe konische Kuppel steht imposant inmitten einer Gruppe von 12 Kegeln. Dieser *trullo* stellt ein Übergangsbauwerk dar, das den allgemeinen Wandel in der Bautechnik der *trulli* einläutet. Der (unbekannte) Baumeister wendete einzigartige Baumethoden an, die dieses Gebäude zur fortschrittlichsten Interpretation der *trulli*-Architektur machen.

Der derzeitige linke Flügel bildet den ursprünglichen Kern des Gebäudes, der auf den Beginn des 16. Jh. zurückgeht, während der restliche Teil in der ersten Hälfte des 17. Jh. im Auftrag einer wohlhabenden Familie errichtet wurde. Im Lauf der Zeit wurde das Gebäude unterschiedlich genutzt: als Hof, Kapelle, Apotheke, Kloster, ländliches Oratorium und Wohnhaus. Zu Beginn des 19. Jhs. wurden hier die Reliquien der Heiligen Cosma und Damiano – Schutzpatrone von Alberobello – aufbewahrt, und ab 1826 war es Sitz der Bruderschaft vom Heiligen Sakrament. Ende des 19. Jhs. ging es in den Besitz der Familie Sumerano über, die den *trullo* zu ihrem Wohnsitz machte und auch

ÜBERNACHTEN IN ALBEROBELLO

Trulli Holiday
Angenehm ruhiges Hotel mit mehreren Gebäuden, das Tradition und Moderne verbindet. **€€**

Tipico Resort
Die Apartments und Zimmer sind elegant eingerichtet und haben ein eigenes Bad sowie Steinwände und -böden. **€€€**

Le Alcove Luxury Hotel
Ungewöhnliche Mischung aus modernem Komfort und alten Gebäuden. **€€€**

heute noch Eigentümer ist. Das Mobiliar und die ausgestellten Exponate sind allesamt authentische Erinnerungsstücke. Am 19. September 1923 wurde der Trullo Sovrano zum Nationaldenkmal erklärt.

Die Geburt der Burrata

DER STAR UNTER APULIENS KÄSESORTEN

In Italien gibt es fast 500 offiziell anerkannte Käsesorten, aber Burrata – Apuliens berühmteste Käsespezialität – schafft es mit Leichtigkeit unter die Top 5. Burrata wird aus roher oder pasteurisierter Kuhmilch hergestellt und besteht aus einer „Haut" aus fester Mozzarella-Paste, die mit frischer Sahne oder Butter gefüllt ist. Sie hat eine weichere Konsistenz als Mozzarella selbst.

Der Legende nach entstand die Burrata in der ersten Hälfte des 20. Jhs. in der Umgebung von Alberobello, als ein Bauernhof durch starken Schneefall abgeschnitten wurde. Um die Milch vor dem Verderben zu bewahren, sammelte ein örtlicher Landwirt den Rahm, der auf natürliche Weise entstand, und verpackte ihn, wie bei der Konservierung von Butter, in eine Hülle aus Mozzarella-Paste, um das frische Produkt zu schützen.

TOP-RESTAURANTS

Trattoria Terra Madre
Eine der wenigen vegetarischen Optionen in der Stadt. Das Gemüse kommt aus dem Bio-Garten des Besitzers. **€€**

Trullo d'Oro
Die Speisekarte richtet sich nach dem saisonalen Zyklus regionaler Zutaten und wechselt daher das ganze Jahr über. **€€**

Ristorante Evo
Jahrhundertealte Rezepte mit moderner Note in einem typischen *trullo*. **€€€**

UNTERWEGS VOR ORT

Alberobello ist leicht mit dem Zug oder dem Bus zu erreichen. Die Züge fahren stündlich (Fahrtdauer ca. 1 Std.) für den Preis von zwei Cappuccinos. Vom Bahnhof aus gelangt man nach etwa 500 m über die Via Mazzini zur Piazza del Popolo, dem Herz der Stadt mit Blick auf unzählige *trulli*: Dort hat man den ganzen Platz für sich allein (mit ein paar Hundert weiteren Travellern). Das Dorf ist klein genug, um es zu Fuß oder mit dem Fahrrad zu durchqueren, öffentliche Verkehrsmittel braucht man also nicht. Die engen Straßen von Alberobello sind manchmal staubig, vor allem im Sommer, und es ist am besten, bequeme Laufschuhe zu tragen (das Kopfsteinpflaster kann rutschig sein).

Rund um Alberobello

Alberobello liegt in einem breiten Tal, das sich so weit erstreckt, wie das Auge sehen kann. Los geht die Erkundung!

Dort, wo die ionische und die adriatische Küste ineinander übergehen, erhebt sich die Hochebene der Murgia über das zentrale Apulien und dem idyllischen Valle d'Itria. Das Gebiet erstreckt sich von Bari, der größten Stadt der Region, bis hin zu den Provinzen Brindisi und Tarent.

Die *trulli* wurden zum Symbol dieses verwunschenen Tals, und Alberobello wurde zu seiner inoffiziellen (und unangemessenen) Hauptstadt erklärt. Denn es gibt nicht nur Alberobello, sondern viele weitere Dörfer mit ebenso schönen Kalksteinbauten und weißen Trockenmauern. Zu ihnen gehören das Dörfchen Ostuni und der Barockort Martina Franca. Beide werden oft von Travellern übersehen, doch beide verdienen einen Besuch.

TOP TIPP

Die Dörfer des Valle d'Itria lassen sich am besten mit einem umweltfreundlichen Fortbewegungsmittel wie dem Fahrrad entdecken.

Locorotondo

RRRAINBOW/GETTY IMAGES ©

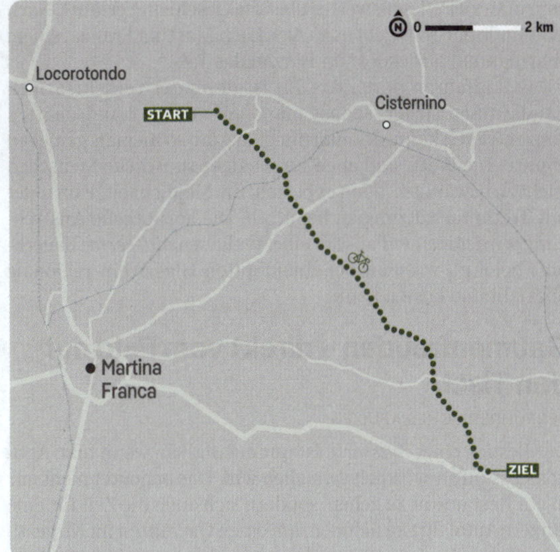

WAS IST EINE „*MASSERIA*"?

Im Italienischen sind mit „*masserizie*" Möbel und landwirtschaftliche Geräte gemeint, aber auch Lagerstätten und Getreidespeicher. Daher kommt der Begriff *masseria*, der sich historisch auf eine Gruppe von Häusern und Steinbauten bezog, die für landwirtschaftliche Zwecke genutzt wurden. Im 16. Jh. in Süditalien eingeführt, werden sie heute von wohlhabenderen Familien in Ferienanlagen und ruhige Rückzugsorte umgewandelt. Man kann hier den Blick auf Weinberge und Olivenhaine genießen, übernachten oder auch einfach nur zu einem besonderen Abendessen vorbeikommen, das mit frischen, authentischen Zutaten der Region zubereitet wird.

Mit dem Fahrrad durchs Tal

TROCKENMAUERN, WEINBERGE & OLIVENHAINE

Die Einheimischen wissen, dass man die städtischen und ländlichen Aussichten ihres Tals am besten auf zwei Rädern erleben kann. Deshalb sind viele von ihnen geübte Radfahrer:innen, und einige haben beschlossen, ihr Wissen mit Travellern zu teilen. So wie Damiano, der nach jahrelangem Sitzen am Schreibtisch hinter dem Laptop beschloss, ein Tourismusunternehmen zu gründen, das seiner Region wirtschaftlich helfen und ihm ein aktiveres Leben ermöglichen sollte. Man kann ihn per E-Mail kontaktieren, aber am besten (und schnellsten) geht's über WhatsApp unter +393203526423, anschließend gibt's ein Treffen in seinem Hauptquartier im Dorf **Martina Franca**. Auf seinen sorgfältig ausgearbeiteten vierstündigen E-Bike-Touren gibt er sein wertvolles Insiderwissen über die Orte weiter, in denen er aufgewachsen ist.

Das malerische Radabenteuer beginnt in der Nähe von **Locorotondo** und führt weiter nach **Cisternino**, das oft zu den schönsten Dörfern Italiens gezählt wird. Anschließend wird an einem römischen Aquädukt ein kurzer Fotostopp eingelegt, bei

ÜBERNACHTEN IM VALLE D'ITRIA

Truddhi
Ruhige Unterkunft in Locorotondo, umgeben von Weinbergen. Bietet auch Kochkurse. **€€€**

Masseria San Paolo Grande
Masseria in Ostuni mit Restaurant, Swimmingpool und Fitnessstudio. **€€€**

Lama di Luna
„Öko-*masseria*" in Andria mit Bio-Produkten für einen gesunden und nachhaltigen Aufenthalt. **€€€**

dem man viel Wissenswertes über die Geschichte erfährt. Nach dem Ende der Tour geht es zurück nach Martina Franca, einem charmanten Barockdorf im Herzen des Tals.

Das Radfahren durch das Tal ist dank der verkehrsarmen Landstraßen sicher, sodass man sich auf die Landschaften konzentrieren kann, die man mit dem Auto so niemals genießen könnte. Die Wege sind auch für weniger sportliche Menschen leicht zu bewältigen, denn es besteht die Möglichkeit, Fahrräder mit Tretunterstützung zu benutzen. Die körperliche Anstrengung wird mit einer Pause in einer örtlichen *masseria* (Bauernhof) belohnt, wo man bei einem guten Glas Wein regionale Spezialitäten kosten kann.

Gaumenfreuden – direkt vom Feld auf den Tisch

VERFÜHRERISCHES APULIEN

Der Besuch einer *masseria* ist unumgänglich, wenn man Apuliens Esskultur wirklich verstehen will. Das bedeutet nicht nur in ein Restaurant zu gehen, sondern sich auch die Zeit für eine längere Autofahrt zu nehmen, um einen Ort mitten im Nirgendwo aufzusuchen, wo es paradoxerweise aber an nichts fehlt.

Man sollte Apulien nicht verlassen, ohne das hiesige Olivenöl zu probieren. Besonders hochwertiges Olivenöl aus einer *masseria* gibt's im Dorf Ostuni bei **Il Frantoio**. Die Besitzer:innen bewirtschaften noch immer diesen weiß getünchten Bauernhof und stellen eines der besten kaltgepressten Öle her, das als Vorspeise auf frisch gebackenem Brot serviert wird. Moderne Varianten apulischer *cucina povera* (einfaches Essen der Armen) bekommt man im nur wenig bekannten Dorf Manduria bei einer apulischen Familie, die aus dem Norden Italiens ins Tal zurückgekehrt ist. Während des Abendessens – wenn man sich durch die köstlichen Gerichte probiert – wird sie sich darüber unterhalten, warum es sich gelohnt hat.

DIE RÜCKKEHR VON WISSEN

Selten war es besser um Apuliens aufstrebende Gastronomieszene bestellt als jetzt. In Folge der Pandemie kehrten Tausende ausgewanderte Personen zurück, um den regionalen Tourismussektor und die traditionelle Küche neu zu beleben. Einige Köchinnen und Köche führen nun die abgelegenen Dörfer der Region in die Zukunft und sorgen für ein kosmopolitisches Flair. So wie der international renommierte Chefkoch Domingo, der in seinem Restaurant **I Due Camini di Borgo Egnazia** in dem kleinen Dorf Savelletri zeitgenössische mediterrane Küche in luxuriösem Ambiente anbietet. Am schönsten ist es im Sommer, wenn er im Garten an seine „geselligen Tische" bittet, an denen die Gäste einander kennenlernen können (wenn sie möchten).

Borgo Egnazia

UNTERWEGS VOR ORT

Busse und Züge verbinden die Dörfer des Valle d'Itria miteinander (ca. 1 Std. von Bari aus; wenige Minuten von Alberobello aus). Die Aussicht während der Fahrt ist landschaftlich reizvoll. Die historischen Zentren der wichtigsten Ortschaften, Cisternino und Locorotondo, sind reine verkehrsfreien Bereiche, das Zentrum von Martina Franca ist eine verkehrsberuhigte Zone, die mit dem Akronym ZTL gekennzeichnet ist. Die meisten Parkplätze im Tal sind gebührenfrei.

LECCE

Die südlichste Region Apuliens, der Salento, ist vor allem für ihren griechischen Charme bekannt, ein Erbe aus jener Zeit, als Apulien im 8. Jh. eine griechische Kolonie war. In einem Dutzend Dörfer sprechen die Einheimischen noch immer eine Variante des Neugriechischen. Doch es sind die mehr als 40 Kirchen und Barockbauten aus dem 17. und 18. Jh., die Lecce zu einem Juwel des südlichen Apuliens machen. Tatsächlich hat Lecces Stadtarchitektur eine eigene Bezeichnung geprägt – *barocco Leccese* (Lecceser Barock), ein Stil, der sich durch die detaillierten Verzierungen der Fassaden der Palazzi auszeichnet. Die Piazza Duomo ist der Mittelpunkt der Stadt, eine Augenweide für Architekturfans (zumal bei Sonnenaufgang oder -untergang) und einer der Gründe, weshalb dieser Ort „Florenz des Südens" genannt wird.

TOP TIPP

Es lohnt sich, einen Tag länger in Lecce zu bleiben. Diesen nutzt man für einen Roadtrip durch den Salento zu den abgelegenen 12 griechischen Dörfern.

Auf der Tanzfläche

EIN JAHRHUNDERTEALTER VOLKSTANZ

Die *pizzica*, der traditionelle Volkstanz des Salento, geht offenbar bis in die Zeit der griechischen Herrschaft zurück. Er entstand mit der Absicht, Frauen, die sich obszön, rücksichtslos oder hysterisch verhielten, zu heilen. Man glaubte, diese Frauen könnten sich durch den Tanz und durch bestimmte Akkorde einiger Instrumente von einem giftigen Zauber befreien. Heute ist die *pizzica* einer der berühmtesten italienischen Volkstänze und gehört zur größeren Familie der *taranta*-Tänze, die im Süden Italiens, insbesondere in Neapel, verbreitet sind. Jedes Jahr im August findet ein internationales Festival statt, bei dem ihre Rhythmen gefeiert werden.

Lecce, die Hauptstadt der Region, ist der ideale Ort, um die komplexen Bewegungen des Tanzes, die auch die Kulturgeschichte des Salento widerspiegeln, in der Praxis zu erleben. Im zweistöckigen **ICOS-Gebäude** im Stadtzentrum von Lecce bietet Serena D'Amato, eine erfahrene Salento-Volkstanzlehrerin, in ihrem gemütlichen Tanzstudio einen einstündigen *pizzica*-Kurs an. Sie beginnt mit ein paar einfachen Schritten aus der volkstümlichen Tradition, die sich langsam zu neuen Ausdrucksformen entwickeln, die diesem jahrhundertealten Tanz eine neue Note verleihen. Ihr einzigartiger Stil verbindet alte Bewegungen mit einer persönlichen Interpretation, die die Schönheit, Eleganz und befreiende Kraft dieses alten Tanzes hervorhebt. Normalerweise ist die *pizzica* ein Paartanz, aber auch Alleinreisende können die Grundbewegungen erlernen. Serena sagt, dass ihr Kurs eine Therapie für die Seele sei – und

WARUM ICH LECCE LIEBE

Stefania D'Ignoti, Autorin

Die meisten Traveller zieht es nach Bari, wohl weil es die Hauptstadt Apuliens ist, doch diese charmante Stadt zeigt, dass nicht alle *capoluoghi* (Regionalhauptstädte) die repräsentativsten Orte einer Region sind. Lecce ist das Herz des Salento, vielleicht sogar von ganz Apulien. Die Denkmäler, die von der Römerzeit bis zum 17. Jh. reichen und am schönsten sind, wenn sie bei Sonnenuntergang schimmern, machen Lecce zum romantischen, malerischen Ziel.

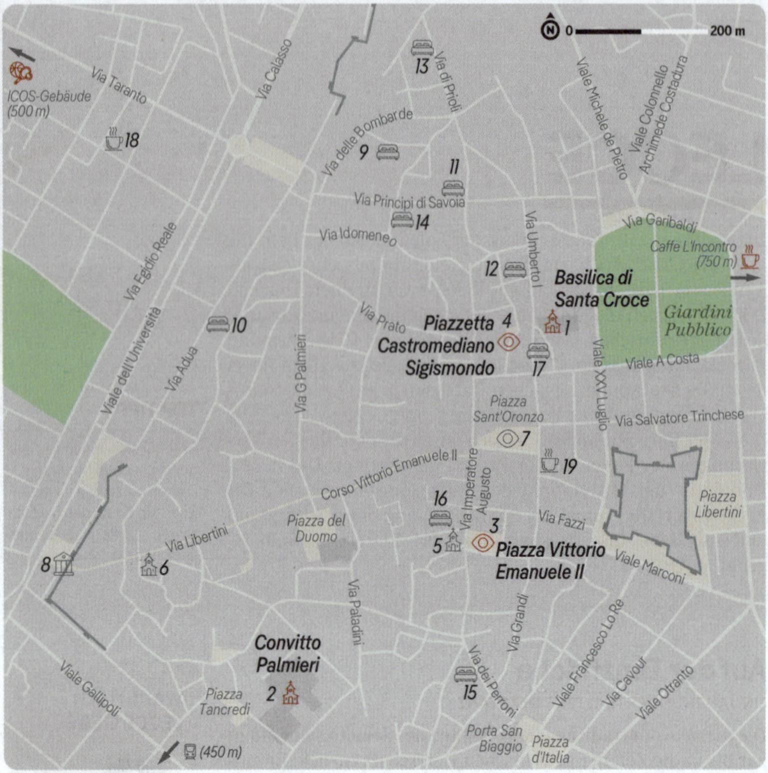

HIGHLIGHTS
1 Basilica di Santa Croce
2 Convitto Palmieri
3 Piazza Vittorio Emanuele II
4 Piazzetta Castromediano Sigismondo

SEHENSWERTES
5 Chiesa di Santa Chiara
6 Chiesa di Sant'Anna
7 Piazza Sant'Oronzo
8 Porta Rudiae

SCHLAFEN
9 Amatè Suite
10 Arryvo
11 B&B Palazzo Paladini
12 La Dimora dei Celestini
13 Mantateluré
14 Palazzo Guido
15 Pollicastro Boutique Hotel
16 Suite Hotel Santa Chiara
17 Vico dei Bolognesi per Palazzo Personè

ESSEN
18 Pasticceria La Fornarina

AUSGEHEN
19 Caffè Alvino

nicht nur für den Körper! Sie führt Interessierte auch in die Kunst des *pizzica*-Fechtens ein, einem Tanz zwischen sich duellierenden Gegner:innen, ähnlich dem Konzept des Hip-Hops. Wer tiefer eintauchen will, kann sich die traditionelle Salentini-

ÜBERNACHTEN IN LECCE

Pollicastro Boutique Hotel
Historisches Herrenhaus aus dem 16. Jh. mit großer Terrasse und Blick auf die Stadt. **€€€**

La Dimora dei Celestini
Mitten im Herzen von Lecce. Alles ist in Laufnähe. **€€€**

Mantateluré
Der Empfang hier ist so herzlich, wie der Name verspricht – der wird aus dem lokalen Dialekt mit „Umhang des Königs" übersetzt. **€€€**

GODONG/ALAMY STOCK PHOTO ©

Pizzica-Tänzerin, Salento

Kleidung anziehen; eine dunkle Weste und ein weißes, langärmeliges Hemd für die Männer und ein langer, weiter Rock für die Frauen sind allerdings völlig ausreichend. Den Ladys gibt Serena ein ganz besonderes Accessoire – ein rotes Tuch, das im Rhythmus der Musik um den Körper gewirbelt wird und das die Frauen schon in alter Zeit nutzten, um einen Auserwählten zu umwerben.

Die Kurse finden das ganze Jahr über statt, und im Sommer lädt die talentierte *pizzica*-Lehrerin zu Freiluftkursen in ihrem Garten ein. Die Kurse können sowohl online als auch persönlich als einmalige Veranstaltung für Besucher:innen gebucht werden – eine umfassende kulturelle Erfahrung, die Travellern die Lebensweise der *leccesi* näherbringt.

SALENTOS MUSIKALISCHER HERZSCHLAG

Der Salento hat in den letzten Jahren dank der Wiederentdeckung der Volksmusik und der lokalen Traditionen große internationale Aufmerksamkeit erlangt. Die Wissenschaft ist von dieser Region fasziniert und hat versucht, das besondere Phänomen der ständigen Feste und Festivals zu analysieren. Doch nur die Einheimischen selbst kennen den neuesten Trend, der der Region den Spitznamen „Jamaika Italiens" eingebracht hat. Die Reggae-Kultur im Salento entstand Ende der 1990er-Jahre in der Gegend um Lecce, von wo aus sie sich bald in ganz Italien verbreitete, auch dank des wachsenden Ruhms der Gruppe Sud Sound System. Am besten erlebt man die Rhythmen des *reggae Pugliese* in Melendugno, ca. 30 km von Lecce entfernt und seit 20 Jahren das Zentrum für Fans dieses Genres.

Pudding & Teig

EINE TOUR DURCH LECCES BESTE CAFÉS

Der *pasticciotto* (auch *bocconotto* genannt) ist *das* Gebäck des Salento. Er besteht in der Regel aus einem knusprigen Mürbeteig und einer Füllung aus Vanillepudding, wobei die gängigste Variante zudem mit köstlichen schwarzen Kirschen aufwartet. Der beste Ort, um *pasticciotto* zu probieren, ist das **Caffè L'In-**

Vico dei Bolognesi per Palazzo Personè
Der Besitzer Francesco zog von Bologna nach Lecce, eröffnete erst ein Bistro, dann einen Laden und schließlich ein B&B. **€€€**

Amatè Suite & Rooms
B&B in altem salentinischen Gebäude mit vier Zimmern inkl. modernen Annehmlichkeiten in Lecces historischem Zentrum. **€€€**

Palazzo Guido
Historischer Palazzo aus dem 16. Jh., der seit jeher der Familie Geltrude gehört. **€€€**

BELIEBTE TREFFPUNKTE

Alessandra Ripa, Geschäftsführerin eines Mailänder Unternehmens, beschloss, in ihre Heimatstadt Lecce zurückzukehren. Sie erzählt von drei Orten, die sie am meisten vermisst hat, als sie im Norden lebte.

Das Viertel Giravolte
Eines der am wenigsten gentrifizierten Viertel des historischen Zentrums. Dieses Labyrinth aus engen Gassen und Plätzen, das mit einem riesigen Feigenbaum im Kreuzgang der **Chiesa di Sant'Anna** endet, ist ein Meisterwerk der Natur.

Der überdachte Markt von Porta Rudiae
Hier gibt's regionale Produkte zu entdecken – und Möglichkeiten, mit Verkäufer:innen und Leuten dieses Viertels ins Gespräch zu kommen.

Chiesa di San Niccolò dei Greci
Die einzige Kirche der Stadt, in der die Messe noch nach byzantinisch-orthodoxem Ritus abgehalten wird. Ein Erbe aus einer nicht allzu fernen Vergangenheit.

SABINO PARENTE/SHUTTERSTOCK ©

Pasticciotto leccese

contro. Das kleine Bistro liegt zwar abseits des historischen Stadtzentrums, ist jedoch wegen seiner preiswerten, aber schmackhaften *pasticciotto* einen Besuch wert. Der ebenso leckere Cappuccino passt besonders gut dazu (aber nie außerhalb der Frühstückszeit, denn das gilt hier als Sünde). Im **Caffè Alvino**, nicht weit von Lecces opulenter **Basilica di Santa Croce** entfernt, stellt der Besitzer, Herr Peluso, wunderbare, mit süßem Ricotta gefüllte *pasticciotti* her. Trotz des Preisanstiegs nach COVID sind Frühstück und *merenda* (Nachmittagssnack) hier immer noch erschwinglich (ca. 5 € im Durchschnitt für zwei Personen) – und das obwohl die meisten Zutaten biologisch angebaut oder von lokalen Produktionen gekauft wurden.

Zu guter Letzt sollte man bei einer *pasticciotto-leccese*-Tour die **Pasticceria La Fornarina** aufsuchen, ein seit 1979 bestehendes Familienunternehmen mit Café und Bäckerei. Als Orientierungspunkt in Lecce erinnert es die Einheimischen an das sonntägliche Mittagessen mit der Familie oder an ein schnelles Frühstück an der Theke, bevor die Schulglocke läutete. Die Einrichtung und das Ambiente des Cafés versetzt einen zurück in die 1970er-Jahre.

ÜBERNACHTEN IN LECCE

Arryvo
Weniger als 1 km von der Piazza Sant'Oronzo entfernt, im Herzen des historischen Stadtzentrums. €€

Suite Hotel Santa Chiara
Fürstlicher Palast aus dem 18. Jh. mit Blick auf die prächtige Piazza Vittorio Emanuele II. €€€

B&B Palazzo Paladini
Wunderschönes historisches Gebäude aus Lecce-Stein; komplett renoviert. €€

Lecce nach Sonnenuntergang

NACHTLEBEN IN DER STADT

Wer sich in Lecce amüsieren will, findet das Herz der *movida* (Abendvergnügen) auf der **Piazza Vittorio Emanuele II**. Unter den Einheimischen ist sie als Piazzetta Santa Chiara bekannt (benannt nach der **Chiesa di Santa Chiara**, die eine Seite des Platzes dominiert). Hier gibt's viele Kneipen, in denen man einen typischen *aperitivo* trinken kann.

Auf der anderen Seite der **Piazza Sant'Oronzo** befindet sich die **Piazzetta Castromediano Sigismondo**, ein schlichter kleiner Platz, auf dem man durch Fenster im Boden historische Zeugnisse des Römischen Reiches sowie ein Ölgeschäft aus der Renaissance sehen kann. Abends ist es ein perfekter Platz, um mit anderen in der Nähe eines der bedeutendsten Barockschätze von Lecce zu verweilen, der **Basilica di Santa Croce**.

In Richtung eines der Stadttore, der **Porta Rudiae**, liegt die **Convitto Palmieri**, wo der Regisseur Ferzan Özpetek Szenen für einen seiner berühmtesten Filme, *Männer al dente* (*Mine vaganti*), drehte. Das Gebäude, ein Kloster aus dem Jahr 1273, wurde im Lauf der Jahre mehrmals restauriert. Heute nimmt man hier in einer der umliegenden Bars einen Drink und hängt auf den Stufen des Klosters ab, genau wie die Figuren im Film.

EIN DIALEKT AUS TIEFSTER VERGANGENHEIT

Salentos Griko-Dialekt ist eine der beiden neugriechischen Varianten, die in Italien gesprochen werden (die andere ist das in Kalabrien gesprochene Grekische). Griko wurde fast ausschließlich mündlich überliefert und wird auch heute noch in den 12 Gemeinden des griechischen Salento gesprochen. Inzwischen ist dieser griechisch-kallabrische Dialekt auch schriftlich festgehalten worden. In Lecce warten ungewöhnliche Klänge und die Möglichkeit, in eine einzigartige Sprachgeschichte und Kultur einzutauchen.

SPASSIGES NACHTLEBEN

Eher Nachteule als kulturbegeistert? **Gallipoli** (S. 612), weniger als 40 km von Lecce entfernt, bietet genau die Art Urlaubsstimmung, nach der Feierfreudige sich sehnen!

UNTERWEGS VOR ORT

Da das Zentrum von Lecce recht klein ist, kann man es leicht zu Fuß erkunden. Öffentliche Verkehrsmittel bringen einen in die weiter entfernten Vororte, doch die beste Art, sich in Apuliens kleineren Städten fortzubewegen, ist das Fahrrad. Dank des Projekts „Lecce – sicherer mit dem Fahrrad und zu Fuß" verfügt die Stadt über einen neuen Bike-Sharing-Service. Um sofort loszulegen, einfach die BicinCittà-App der Gemeinde herunterladen, mit der man Saisonabonnements oder Tagesdienste kaufen, hinzufügen oder verlängern und die Fahrräder ohne Karte abkoppeln kann.

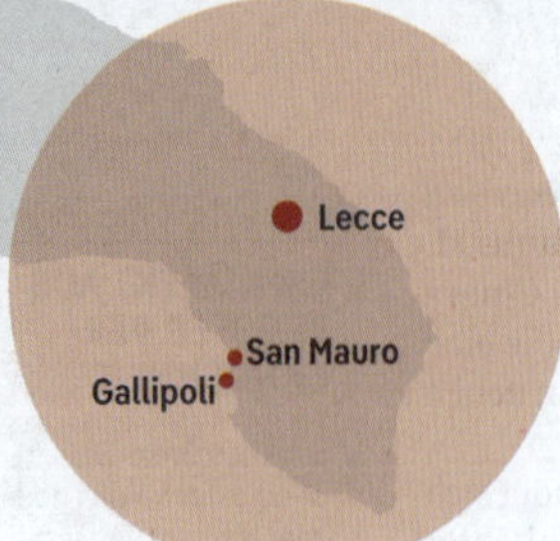

Rund um Lecce

Salento ist nicht nur Geschichte und Kultur. Hier gibt's auch ein pulsierendes Nachtleben und tolle Strände.

Der Salento gilt als die „Perle des Ionischen Meeres" und ist dank seiner herrlichen Strände auch für sein dekadentes Nachtleben bekannt – vor allem für das im mittelalterlichen Küstendorf Gallipoli. Die Gassen seines historischen Zentrums sind den ganzen Sommer über voller Menschen, die auf dem Weg in die vielen Bars sind, in denen gebratenes Seafood und Negronis serviert werden. Die typische Routine der Einheimischen besteht darin, ein Mittagsschläfchen zu halten, um sich für die Nacht zu stärken, und dann zur Strandpromenade aufzubrechen, um einen *aperitivo* an einem Tisch mit Blick auf die 2 km vor der Küste gelegene Insel Sant'Andrea zu genießen. Gallipoli ist ein trendiger Urlaubsort für alle mit jugendlichem Herz – und mit allem, was man von einem Badeort erwartet.

TOP TIPP

Bei Sonnenuntergang kann man auch auf dem Fischmarkt einen *aperitivo* genießen – eine weitaus günstigere Option als *aperitivi* in den Bars an der Hauptstraße.

Gallipoli

PIOT/SHUTTERSTOCK ©

MARTIJN SENDERS/EYEEM/GETTY IMAGES ©

Fischmarkt, Gallipoli

GALLIPOLI – GERUHSAMES LEBEN AM MEER

Gallipoli liegt am Meer und lebt von ihm – tatsächlich ist das ganze Städtchen durchtränkt vom Duft und intensiven Geschmack des Meeres. Vom Fischmarkt, der von dem bunten Schillern der fangfrischen Fische an den Ständen dominiert wird, über die Fischereiboote am Hafen bis hin zu den Muscheln, die die Schaufenster der Geschäfte schmücken – alles ist ein Echo des Wassers, das Gallipoli umgibt.

Ab ins *movida salentina*

STRANDSPASS RUND UM DIE UHR

„*Movida salentina*" bedeutet „salentinisches Nachtleben", und so verstehen junge Italiener:innen unter „*movida*" das abendliche Vergnügen: vom *aperitivo* bis zum Clubbing. Gallipoli ist berühmt dafür, dass seine Strände sich nach Sonnenuntergang in Diskotheken verwandeln, die Tausende von jungen Leuten aus dem In- und Ausland anlocken. Um Gallipoli wie die Einheimischen zu erleben, gönnt man sich nach einem faulen Tag am Strand ein wohlverdientes Nickerchen (Sonne und Meer können ermüdend sein!). Anschließend geht's ins **Riobo** – seit fast zwei Jahrzehnten einer der berühmtesten Clubs Italiens. Das Riobo liegt in den Hügeln von San Mauro, an einer Provinzstraße 8 km vom Stadtzentrum von Gallipoli entfernt. Der Abend beginnt mit Seafood und einem Glas Weißwein, denn das Riobo dient auch als anständiges (wenn auch überteuertes) Restaurant. Gegen 23 Uhr ertönt der Sound international bekannter DJs, der die Gäste auf die mit Neonröhren beleuchtete Tanzfläche zieht. Es ist üblich, sich anschließend zum nahe gelegenen **Lido delle Conchiglie** zu begeben, um dort ein paar improvisierte

WILDE PFADE

Kein Fan vom Nachtleben? Eher an ruhigeren Plätzen interessiert, an Stränden und Seafood? Dann sind die Dörfer **Vieste** (S. 615) und **Peschici** (S. 619) im Gargano genau richtig.

ESSEN IN GALLIPOLI

La Puritate
Der Fisch – egal, ob gebraten oder gegrillt – ist super lecker! Und die Aussicht ist herrlich. **€€**

Baguetteria de Pace
Tolle italienische Fischsandwiches. **€**

Osteria Enoteca 15 Gradi
Lockere Atmosphäre und gute Preise in einem neuen Stadtteil, aber dennoch in der Nähe des Stadtzentrums. **€€**

pizzica-Tanzschritte am Strand zu machen und bis zum Sonnenaufgang mit den Füßen auf dem weißen Sand zu stampfen. Der **Parco Gondar** organisiert jedes Jahr ein abendliches Programm mit Konzerten in seiner weitläufigen Grünanlage, mit Imbiss- und Cocktail-Ständen. Während des Sommers ist es in Gallipoli schlichtweg unmöglich, sich zu langweilen.

TOLLE COCKTAIL-BARS

Buena Vista
Perfekt, um bei einem kühlen Bier und Seafood den Sonnenuntergang am Meer zu genießen.

Sciarock – Birra Artigianale Gallipolina
Der Name leitet sich von dem lokalen Wort für *scirocco* ab. Hier wird kultiges, hausgebrautes Bier serviert.

Blue Café
Eine der wenigen Bars entlang der Strandpromenade. Gute Cocktails und leckeres Fingerfood.

Gallipolis verborgene Geschichte

EINER VON ITALIENS ÄLTESTEN BRUNNEN

In Gallipoli gibt es nicht nur Meer und Wind, sondern auch historische und architektonische Besonderheiten, die leider allzu oft übersehen werden. An der Brücke, die den neuen mit dem alten Teil der Stadt verbindet, steht der griechische Brunnen von Gallipoli. Er ist vielleicht einer der ältesten Brunnen in Italien und soll um das 3. Jh. v. Chr. erbaut worden sein (andere Quellen behaupten jedoch, er stamme aus der Renaissance). Fachkundige sind sich aber seit Kurzem einig, dass das faszinierende Werk das Ergebnis mehrerer Eingriffe ist, die sein ursprüngliches Aussehen verändert haben. So wurde im 18. Jh. der ältesten, nach Süden ausgerichteten Front eine Gegenfassade hinzugefügt. Auf der einen Front sind drei Szenen aus der griechischen Mythologie sowie das Wappen des spanischen Königs Philipp II. mit dem Symbol der Stadt dargestellt. Auf der anderen Front aus dem Jahr 1765 sind das Wappen von Gallipoli, eine lateinische Inschrift und die Insignien von Karl III. von Bourbon, dem früheren Herrscher der Region, eingraviert. Heute ist der Fontana Greca eines der berühmtesten Denkmäler von Gallipoli, das man sich nicht entgehen lassen sollte, selbst wenn man eigentlich aus weniger „kulturellen" Gründen in der Stadt ist.

UNTERWEGS VOR ORT

Am besten erkundet man das historische Zentrum von Gallipoli zu Fuß. Wer nicht auf den Nervenkitzel eines Motors verzichten will, kann sich eine Vespa mieten und sich wie die Einheimischen fühlen. Auf jeden Fall daran denken, dass das Stadtzentrum die üblichen verkehrsberuhigten Bereiche kleiner Dörfer aufweist, sodass der Zugang für Fahrzeuge auf bestimmte Benutzer:innen und Zeiten beschränkt ist.

Die wohl unterhaltsamste Möglichkeit, sich fortzubewegen und das italienische Lebensgefühl zu genießen, ist die Fahrt mit einer Ape-Rikscha, einem motorisierten Kleinbus, der am Eingang der Altstadt geparkt steht. Diese Fahrzeuge eignen sich perfekt für den hiesigen Stadtverkehr, zudem sind damit auch die entferntesten Strände erreichbar – z. B. der nur wenige Kilometer entfernte Punta della Suina.

VIESTE

Eingebettet zwischen zwei Sandstränden und steilen, weißen Klippen schmiegt sich Vieste an das Promontorio del Gargano, eine der landschaftlich reizvollsten Gegenden im Nordosten Apuliens. Mit ihren engen Gassen, in denen Wäsche von Leinen hängt, und dem Blick aus der Vogelperspektive auf das Mittelmeer ist die Altstadt ein unverzichtbarer Halt abseits des hektischen Nachtlebens und eine Gelegenheit, das apulische Meer in geruhsamem Tempo zu genießen. Vieste und seine Umgebung sind ein Paradies für Sport- und Naturfans: Der düstere Hafen der Stadt bietet Wassersportmöglichkeiten jeden Schwierigkeitsgrades, und der umliegende Parco Nazionale del Gargano mit seinen malerischen Wegen inkl. Blick auf die weißen Klippen und das olivgrüne Wasser ist ein Muss für einen Fahrrad- oder Wanderausflug.

TOP TIPP

Den Sonnenuntergang zu beobachten, während man mit einer kleinen Gruppe von Fremden am berühmten Pizzomunno-Strand von Vieste surft, ist ein einzigartiges Erlebnis.

Lokale Legenden & die Liebe zum Meer

EINE DEMONSTRATION DES FISCHFANGS

Wer das echte, traditionelle Vieste kennenlernen will, sollte sich den Hafen der Stadt ansehen. Die Fischer:innen von Vieste kennen geheime Meereslegenden und lustige historische Fakten. So wie die Brüder Gianni und Michele, die einem in gebrochenem Englisch, aber mit vielen Gesten die Legende des Pizzomunno erzählen, einem imposanten, 25 m hohen Kalksteinmonolithen am Strand und das Wahrzeichen von Vieste. Und das alles, während sie ihrem Publikum zeigen, wie man mit der jahrhundertealten Fischereimaschine, dem *trabucco*, fischt.

Die Einheimischen sagen, dass die *trabucchi* nicht nur die Arbeit der Fischer:innen betreffen, sondern auch ein Symbol der Einheit und Nostalgie der gesamten Gargano-Gemeinschaft sind. Jeden Dienstag und Donnerstag zwischen Mai und Oktober organisiert ein lokaler Verein, der sich um die historische Erhaltung und Pflege der *trabucchi* kümmert – die mit dem technischen Fortschritt langsam verschwinden –, diese Begegnungen zwischen Neugierigen und lokalen Fischer:innen. Interessierte entrichten hierfür einen kleinen Beitrag zur Unterstützung ihrer Arbeit. Neben Informationen über den Fischfang erhält man auch eine Lektion in Ingenieurwesen, denn früher waren die Fischer auch autodidaktische Schreiner und Ingenieure – nur so konnten sie ihre eigenen Fischereimaschinen bauen. Ihre technischen Fertigkeiten wurden mündlich und praktisch weitergegeben, sodass die heutigen Baufachleute auf

DIE LEGENDE VON PIZZOMUNNO

Vieste schafft es, selbst bei zynisch geneigten Mitmenschen die Liebe zur Romantik zu erwecken. Die Legende vom Pizzomunno, dem berühmten weißen Strand von Vieste, war sogar Teil eines Liebeslieds beim Sanremo-Festival, dem nationalen Gesangswettbewerb. Es wird kaum süditalienischer, als den Einheimischen bei der Erzählung dieser Legende zuzuhören (auch wenn sich deren Details mit jeder Person, die sie erzählt, ändern). An diesem Ort spürt man besonders die Magie des Meeres.

HIGHLIGHTS
1 Baia dei Porci
2 Pizzomunno
3 Pugnochiuso

SEHENSWERTES
4 Torre del Porticello

SCHLAFEN
5 Albergo La Botte
6 B&B Rocca sul Mare
7 Hotel La Caravella
8 Le Ginestre Family & Wellness
9 Relais Parallelo 41
10 Sciali

ESSEN
11 Masseria Sgarrazza

ihre Lehren zurückgreifen müssen, um etwas über die *trabucchi* zu lernen. Bei dieser einzigartigen Lehrstunde kommt man ganz einfach dem Alltag hier ein Stückchen näher. Mit etwas Glück gibt's sogar frischen Fisch auf den Tisch, den man sich mit den Einheimischen teilt.

AUF DER SUCHE NACH TRUBEL?

Am Meer kann man entspannen. Man kann dort aber auch ausgiebig feiern. Etwa in Gallipoli. Oder mit dem einen oder anderen *aperitivo* im **Salento** (S. 607).

Eine Tour zu Viestes Stränden

DIE KRISTALLKLAREN WASSER DES GARGANO

Mit seiner 800 km langen Küste, die vom Ionischen Meer und der Adria umspült wird, ist Apulien ein beliebtes Ziel von Strandfans. Im Jahr 2022 wurden die Strände der Re-

ÜBERNACHTEN IN VIESTE

Albergo La Botte
Die Besitzer:innen sind ausgesprochen freundlich und helfen gern, sich in der Gegend zurechtzufinden. **€€**

B&B Rocca sul Mare
In einem ehemaligen Kloster in der Altstadt; mit Panoramablick von der Dachterrasse. **€€**

Relais Parallelo 41
Kleines, renoviertes B&B im Herzen der Altstadt. Die Zimmern verblüffen mit handbemalten Decken. **€€€**

MASSIMO BUONAIUTO/SHUTTERSTOCK ©

Pizzomunno

gion mit der höchsten Anzahl an blauen Flaggen ausgezeichnet (eine Art Michelin-Sterne-Ranking für Strände). Traveller, die ein weniger populäres Ziel als das überfüllte – wenn auch immer noch atemberaubende – Polignano a Mare im Großraum Bari suchen, sollten einen Abstecher zu den ruhigeren Stränden von Vieste machen. Die Gegend ist bei italienischen Reisenden besser bekannt und für ausländische Traveller, die sich eher an der Küste des Salento aufhalten, ein verstecktes Juwel.

Die Tour geht an Viestes berühmtestem Strandabschnitt los, dem **Pizzomunno**, einem romantischen Strand in der Nähe der Altstadt von Vieste, um den sich eine ergreifende Liebeslegende rankt. Am besten genießt man ihn bei Sonnenuntergang, wenn die Hitze des Tages einer erfrischenden Brise Platz macht. Nur 40 Minuten von Vieste entfernt liegt einer der symbolträchtigsten Strände des Gargano, dessen hohe weiße Felsen ein Beispiel sind für die wilde Schönheit und Natur des Gargano. Da man in direkter Nähe kaum Restaurants oder Stände findet, bringt man besser ein Sandwich mit.

Wer Strände mit Restaurants und Snackbars bevorzugt, sollte den **Pugnochiuso** aufsuchen. Dieser gemischte Sand- und Kieselstrand mit Liegeplätzen für Motorboote ist nur über den

VIESTE – KLEINE FLUCHTEN

Matteo Silvestri, ein Bauingenieur, der aus einer Fischereifamilie stammt, erzählt von seinen Lieblingsorten (die kaum jemand kennt).

Torre del Porticello
Bietet einen der schönsten Sonnenaufgänge in der Region Gargano. Die Sonne erhebt sich über dem Meer und färbt einen gut erhaltenen Sarazenenturm sowie den nahe gelegenen *trabucco* von Porticello in alle Rottöne. Ideal für einen romantischen Ausflug.

Masseria La Sgarrazza
Eine kulinarische und weinkulturelle Institution, die jedes Mittagessen, jedes Abendessen und auch jede Übernachtung zu etwas ganz Besonderem macht. Wenn man nachts vom Garten aus den Sternenhimmel betrachtet, fühlt man sich wie in eine blaue Decke mit funkelnden Punkten gehüllt.

Le Ginestre Family & Wellness
Inmitten des Parco Nazionale del Gargano, 8 km von Vieste entfernt. Mit diversen Pools und Wellness-Center. **€€**

Sciali
300 m vom Meer entfernt, mit kostenlosem Zugang zum Strand, Sonnenschirmen und Liegestühlen (für Gäste). **€€**

Hotel La Caravella
Moderne Unterkunft, nur 50 m vom berühmten Strand von Pizzomunno weg. **€€€**

IL TRABUCCO

Wenn man von der Adria kommt, wird der Blick von seltsamen Holzkonstruktionen gefesselt, deren Antennen dem Meer zugewandt sind und an denen riesige Fischfangnetze hängen. Dieser Gigant des Meeres, der *trabucco*, entstand in der Antike aus der Notwendigkeit heraus, sich dem Meer zuzuwenden und dabei die Füße fest auf dem Boden zu behalten. Nur so war es den Menschen möglich, zu fischen, ohne zu segeln. Heute sind diese *trabucchi* ein historisches und kulturelles Symbol für den einfachen Lebensstil der Einheimischen in den Tagen vor dem Tourismusboom. Diese einzigartigen und rudimentären Fischereigeräte, die mit komplexen Techniken von einfachen Fischern gebaut wurden, scheinen heute für viele Menschen die Poesie verlorener Zeiten zu besingen.

***Trabucco* (Fischfangvorrichtung), Vieste**

Eingang eines nahe gelegenen Resorts (gegen Gebühr) oder über das Meer zu erreichen (mit einem Mietboot). Die Einheimischen empfehlen auch gern die **Baia dei Porci**, besser bekannt als „schmaler Strand". Um dorthin zu gelangen, muss man eine etwa 30 m hohe Sanddüne hinunter- und wieder hinaufsteigen, doch als Belohnung wartet ein kleines, abgelegenes Paradies voller Ruhe, Natur und wunderbaren Bademöglichkeiten.

UNTERWEGS VOR ORT

Hier bewegt man sich hauptsächlich zu Fuß oder mit dem Fahrrad fort, denn im Stadtzentrum gibt's immer weniger kostenlose Parkplätze. Und vor allem im Sommer ist es aufgrund des großen Menschenzustroms nicht einfach, in Vieste Parkplätze zu finden (die zudem in der Regel nicht kostenlos sind; die blaue Linien auf dem Boden neben einem Bürgersteig bedeuten, dass man für einen Stundenparkschein zahlen muss – ansonsten gibt's ein Bußgeld). Verkehrsinseln und verkehrsbeschränkte Zonen für hier wohnende Einheimische werden im gesamten Stadtzentrum zwischen 20 Uhr und 8 Uhr morgens überwacht. Also vorsichtig sein und auf die Uhrzeiten achten, wenn man im Stadtzentrum parkt, sonst kann das Fahrzeug entfernt werden. Am besten parkt man etwas außerhalb des Zentrums. Wer im historischen Zentrum wohnt, hat alles in unmittelbarer Nähe. Die Hauptstraße ist ab 20 Uhr für den Autoverkehr gesperrt, sodass man weder öffentliche Verkehrsmittel noch ein Auto benötigt, um von A nach B zu kommen.

Rund um Vieste

Hier gibt's Natur jenseits der Strände zu entdecken.

Die malerischsten Dörfer liegen zwar am Meer, doch die Pfade und Wanderwege, die zum Parco Nazionale del Gargano führen, sind auf jeden Fall einen Besuch wert. Die andauernde Verstädterung hier wurde glücklicherweise 1991 durch die Gründung dieses Parks gestoppt. Mit 1181 km² ist er eines der größten Schutzgebiete Italiens und ein Paradies mit großer Artenvielfalt, das im Umbra-Wald gipfelt, einem UNESCO-Gebiet, das zu Recht als „grüne Lunge" Apuliens bezeichnet wird. Mit einer Höhe von 800 m herrschen hier auch im Sommer ideale Temperaturen für Wanderungen. Viel Spaß dabei!

TOP TIPP

Auf dem Weg zum Nationalpark bietet sich in Peschici ein kurzer Stopp für einen Imbiss oder eine Mittagspause an. Der Umweg dauert zwar etwa 40 Minuten, aber die Aussicht ist es wert.

Baia delle Zagare (S. 620)

DIE BESTEN RESTAURANTS

Al Trabucco da Mimì
Unter einem *trabucco* in Peschici gibt's das frischeste Seafood, das gekonnt und ohne viel Aufhebens zubereitet wird. **€€**

Porta di Basso
Restaurant auf der Klippe von Peschici. Einfach eines der drei Degustationsmenüs auswählen und sich überraschen lassen. **€€€**

Casa li Jalantuúmene
Renommiertes Restaurant mit saisonalen Menüs und guten vegetarischen Gerichten. **€€**

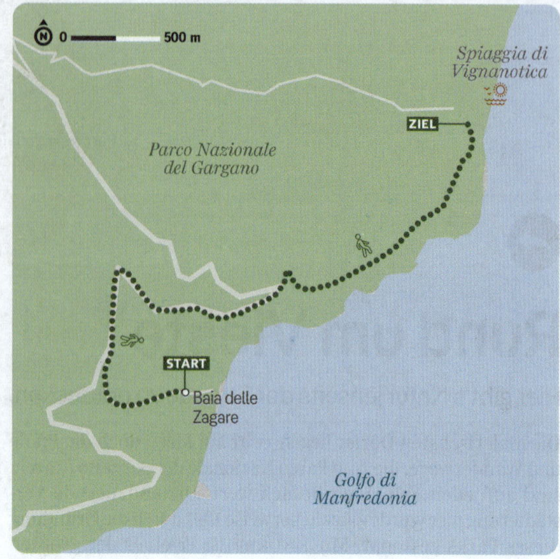

Wanderwege mit Meerblick

APULIENS ARTENVIELFALT ENTDECKEN

Der **Pfad der Liebe** ist einer der reizvollsten Wanderwege im Gargano, vielleicht sogar in ganz Apulien. Der 3 km lange Weg verläuft zwischen zwei der berühmtesten Strände des Gargano und verdankt seinen Namen den romantischen Aussichten. Die Strecke kann binnen etwa einer Stunde zurückgelegt werden und verläuft etwa 140 m über dem Meeresspiegel.

Die Route kann in beide Richtungen gewandert werden: entweder von der Nähe der **Baia delle Zagare** in Richtung **Spiaggia di Vignanotica** oder umgekehrt. Der Weg beginnt nicht direkt in der Baia delle Zagare, sondern an einem Zugangspunkt entlang der Straße SP53, der sich etwa 2 km nach der Bucht in Richtung Vignanotica befindet. Am Zugangspunkt gibt es einen kleinen, kostenlosen Parkplatz mit nur wenigen Stellplätzen und ohne Service. Die ersten Schritte des Weges sind fast eben, dann beginnt ein leichter Anstieg.

Kurz darauf erblickt man auf der rechten Seite den meistfotografierten Ort des Gargano in seiner ganzen Pracht – Baia del-

ÜBERNACHTEN RUND UM VIESTE

Rifugio Sfilzi
Acht Zimmer mit drei und vier Betten, ideal für Gruppen oder Familien. In Vico del Gargano. **€€**

Locanda al Castello
Ein Aufenthalt hier ist wie der Besuch eines großen, gemütlichen Privathauses. An der Steilküste von Peschici, mit fantastischem Blick. **€€**

Cantoniera d'Umbra
Bewirtschafteter Bauernhof in Monte Sant'Angelo. Perfekt zum Ausruhen und für gutes Essen, bevor man die Wanderwege in Angriff nimmt. **€€**

le Zagare. Die Bucht wird oft zu den schönsten Stränden Italiens gezählt, und vom Pfad der Liebe aus hat man einen bezaubernden Ausblick.

Der Blick, der sich einem bietet, gleicht einer Postkarte: weiße Klippen, die ins blaue Meer eintauchen, kleine, in den Felsen eingelassene Buchten, aus dem Wasser aufragende Felsen und eine Vegetation, die alles einrahmt. Geht man weiter, erreicht man einen Pinienwald mit schattigen Plätzen und Tischen, an denen man sich entspannen kann. Bei den Bäumen hier handelt es sich um Aleppo-Kiefern, eine Art, die in dem trockenen Klima gedeiht und bis zu 200 Jahre alt wird.

Der Weg führt schließlich bergab, und zwischen der Vegetation tauchen die hohen Felsen auf, die die Ankunft an der Spiaggia di Vignanotica ankündigen, einem Kleinod zwischen dem Grün des Waldes und dem Weiß der Felsen. Der Pfad der Liebe bietet während der gesamten Wanderung Ausblicke über das Meer, aber mit Ausnahme des Endpunktes (oder des Startorts) an der Baia di Vignanotica führt er nie direkt zum Strand hinunter.

Der unbefestigte Weg verläuft auf einem alten Saumpfad, und ein Holzzaun schützt die gesamte Strecke. Die Wanderung ist nicht wirklich anspruchsvoll, doch der Boden kann manchmal steinig sein und ist nicht für Kinderwagen geeignet. Passendes Schuhwerk ist unbedingt empfehlenswert (keine Badelatschen!).

Der Kiefernwald, der diese Landzunge bedeckt, wurde in den 1990er-Jahren durch einen Großbrand beschädigt. In den folgenden Jahren wurden von der Gemeinde Mattinata und der Region Apulien Instandhaltungs- und Sicherheitsmaßnahmen durchgeführt, sodass der Pfad heute ein sehr sicherer Wanderweg ist.

DAS TIERISCHE MASKOTTCHEN DES GARGANO

Der Gargano-Hirsch gehört zu den bedrohten einheimischen Tierarten und kommt nur im **Wald von Umbrien** vor. Sie gilt als eine der besondersten Arten des Parks und ist leider aufgrund von Umweltveränderungen vom Aussterben bedroht. In letzter Zeit wurden jedoch wieder einige Exemplare gesichtet, was Tierschützer:innen Hoffnung gibt. Die Rehe des Gargano-Vorgebirges sind eine einheimische Rasse, die vom Rest Italiens isoliert ist und daher im Lauf der Zeit genetisch nicht „verunreinigt" wurde, weswegen angenommen wird, dass sie ein direkter Nachfolger der ursprünglichen italienischen Hirschrasse ist.

UNTERWEGS VOR ORT

Von der Küstenstraße SP53 Richtung der Straße abbiegen, die zum Strand von Vignanotica führt – links abbiegen, wenn man aus Richtung Vieste kommt, rechts abbiegen, wenn man von Mattinata aus fährt. Anschließend dem Schild des Campingplatzes Vignanotica folgen und daran vorbeifahren. Auf der linken Seite gibt's mehrere gebührenpflichtige Parkplätze. Jetzt nicht den Stufen zum Strand folgen (auch nicht den Shuttle nehmen, der zum Meer hinunterfährt), sondern Richtung des Weges gehen, der in der Nähe der Baia delle Zagare in den Wald führt.

KALABRIEN & BASILIKATA

VIEL GESCHICHTE UND HIMMELHOHE BERGE

Kalabrien und Basilikata – dieses ganz andere Italien – bieten eine nahezu unbekannte Reiseerfahrung: Frühgeschichte, glitzerndes Meer, außergewöhnliches Essen und faszinierende kleinstädtische Kultur.

Die durch und durch ländlichen Regionen Kalabrien und Basilikata gehören zu den am wenigsten besuchten Gegenden Italiens. Also genau das Richtige, wenn man die authentische – nicht die folkloristische – Version Italiens mit all ihren Widersprüchen kennenlernen möchte.

Kalabrien ist Italiens schlanke Stiefelspitze, wohingegen Basilikata zwischen Kampanien und Apulien eingekeilt ist. Die Gegend ist ein Naturwunder, gesäumt von 800 km blauem Meer vor den dicht bewaldeten Hügeln des südlichen Apennin. Die drei großen Parks (Pollino, Sila und Aspromonte) mit ihren an die Bergrücken geschmiegten Dörfern gehören zu den intaktesten Ökosystemen Italiens. In einigen dieser Dörfer leben Mitglieder der Griko- und Arbëresh-Minderheiten, in anderen gibt es mittelalterliche Burgen und seltene Reliquien aus dem Byzantinischen Reich und Magna Graecia.

Die schwer zugängliche und manchmal ungastliche Natur in dieser Gegend ist Segen und Fluch zugleich. Sie konnte sich die typischen Besonderheiten bewahren, verhinderte aber gleichzeitig jegliche Entwicklung.

Die Regionen gehören noch immer zu den ärmsten Italiens, und in diesen Hügeln gibt es eine lange Geschichte der Räuberei. Die 'Ndrangheta, Kalabriens hauseigene Mafia, gilt als reichstes Verbrechersyndikat weltweit.

Lang gehegte Stereotypen beschreiben die Gegend als rückständigen, stets gleichbleibenden Süden. In Zeiten des Klimawandels und des Übertourismus wird diese Region aber aufgrund des langsamen Lebensrhythmus, des starken Gemeinschaftsgefühls, der regionalen Küche und der unberührten Natur immer attraktiver.

DIE WICHTIGSTEN ZIELE

MATERA
Eine der ältesten Städte Europas. S. 628

MARATEA
Zwanglose Küstenschönheit. S. 635

LA SILA
Riesige Wälder, Seen und Schluchten. S. 640

COSTA DEGLI DEI
Traumhafte Blicke, Strände und Bootstouren. S. 645

REGGIO CALABRIA
Ungeschminkte Hauptstadt mit Jugendstilarchitektur. S. 650

Matera (S. 628)

Erste Orientierung

Italiens Stiefelspitze mit seinen hohen Gebirgszügen und Dorfkulturen räkelt sich zwischen zwei Meeren und ist für die spektakulärste Küste des Landes verantwortlich. Hier das Beste vom Besten.

Maratea, S. 635
Klein-Amalfi klammert sich an die dramatische Küste vor dem grandiosen Parco Nazionale del Pollino mit seinem reichen Ökosystem und seinen ungewöhnlichen italo-albanischen Gemeinschaften.

Matera, S. 628
Basilikatas berühmteste Stadt ist eine der ältesten Europas. Sie ist bekannt für ihre außergewöhnlichen von Hand geschaffenen Höhlenwohnungen und mit Fresken geschmückten Kirchen in einer malerischen Schlucht.

Costa degli Dei, S. 645

Kalabriens umwerfendster Küstenabschnitt bietet azurblaues Wasser, von Klippen gesäumte Strände und den schönen Ort Tropea.

La Sila, S. 640

Der etwa 736 km² große, von riesigen, spiegelglatten Seen durchsetzte Wald bildet Europas größtes Hochplateau, auf dem man im Sommer wunderbar Bootfahren und im Winter Skilaufen kann.

Reggio Calabria, S. 650

Kalabriens Hauptstadt ist ein Balkon mit Blick auf Sizilien. Eine lebendige Stadt voller Charakter mit Stränden und im Hinterland mit der letzten echten Wildnis Italiens.

AUTO

Am besten erkundet man die abgelegenen Buchten und Bergdörfer mit dem Auto. Entweder man nimmt Haarnadelkurven in Kauf oder fährt längere Strecken um die hohen Berge herum. Glücklicherweise herrscht hier aber nicht viel Verkehr. Im südlichen Aspromonte sind einige Straßen in schlechtem Zustand.

ZUG

Regionalzüge fahren entlang der traumhaften Tyrrhenischen Küste nach Scilla, Tropea und Maratea sowie landeinwärts nach Catanzaro. Eine Nebenstrecke führt durch Basilikata und verbindet Potenza mit Metaponto und Salerno.

BUS

In die Bergdörfer kommt man am besten mit dem Bus, obwohl sie wahrhaft langsam sind. Busse der SAM Autolinee verkehren zwischen einigen Orten im Nationalpark Pollino in Basilikata. ATAM fährt von Reggio Calabria nach Gambarie im Aspromonte und Ferrovie della Calabria von Cosenza und Crotone nach Sila.

Perfekte Tage

Diese Bergregionen sind logistisch gesehen eine Herausforderung. Man sollte viel Zeit einplanen und Hotspots an der Küste mit Wanderungen hinauf zu Berggipfeln kombinieren, denn nur so kommt man in den vollen Genuss.

LAURAVL/SHUTTERSTOCK ©

Matera (S. 628)

Wochenendtrip

● **Matera** (S. 628) muss man einfach gesehen haben. Man sollte sich eine Unterkunft in einer der *sassi* (Höhlenwohnungen) suchen, um voll und ganz in den außergewöhnlichen Schauplatz einzutauchen. Einen Tag spaziert man durch das Labyrinth der Gassen und besichtigt die **Palombaro Lungo** (S. 630), die **Madonna dell'Idris** (S. 630), die **Casa Noha** (S. 630) und das **MUSMA** (S. 631). Weiter geht's zur *gravina* (Schlucht) und nachmittags in die **Cripta del Peccato Originale** (S. 631), von wo man einen spektakulären Sonnenuntergang genießen kann.

● An den nächsten beiden Tagen fährt man nach **Montescaglioso, Bernalda** (S. 633) und in die Dörfer **Tursi** (S. 633) sowie **Aliano** (S. 633). Vormittags besucht man einen dieser Ort und fährt danach an den Strand bei **Marina di Pisticci** (S. 634).

GIUMA/SHUTTERSTOCK ©, FRANCESCA SCIARRA/SHUTTERSTOCK ©, REDA &CO SRL/ALAMY STOCK PHOTO ©

Beste Reisezeit

Eine gleichbleibend kühle Seebrise sorgt für idyllische Sommertage am Meer. Wer wandern, Weine kosten, gut essen und die Berge erkunden will, sollte am Ende des Frühjahrs oder im Herbst hierher reisen.

FEBRUAR

Aliano feiert **Carnevale** im alten Lukanischen Stil mit Vermummten und viel Schlemmerei.

MÄRZ/APRIL

Ostern ist der Auftakt der „Saison" mit beeindruckenden Prozessionen und Aufführungen. Die Besten finden in Catanzaro, Badolato und Laino Borgo statt.

MAI

In den Parks voller Wildblumen wandern und Volksfeste wie **Madonna della Stella** in San Costantino Albanese besuchen.

Eine Woche Zeit

● Man sollte sich für zwei Ausgangspunkte am Tyrrhenischen Meer entscheiden, beispielsweise Maratea und Tropea, und dort jeweils zwei bis drei Tage bleiben. In **Maratea** (S. 635) kann man die unglaublichen Küstenwege in Angriff nehmen oder über unzählige Stufen zur Statue von Christus dem Erlöser laufen. Schöne Strände wie die in **Fiumicello** (S. 636) und **Acquafredda** (S. 636) bieten sich zum Relaxen an. Der Parco Nazionale del Pollino im Hinterland eignet sich perfekt für eine Wanderung in der Gegend rund um **Rotonda** (S. 638) oder zur **Raganello-Schlucht** (S. 639).

● In **Tropea** (S. 646) wird es einem kaum gelingen, *diesem* Blick hinüber zu den Liparischen Inseln zu widerstehen. Wer will kann die Inseln auch im Rahmen eines Tagesausflugs besuchen. Nach einem Tag am Strand genießt man dann ein Abendessen in einem der malerischen Bergdörfer.

Länger Zeit

● Los geht's in **Reggio Calabria** (S. 650) mit dem Besuch des archäologischen Museums, gefolgt von einem Spaziergang an Italiens schönster Uferpromenade und einem Abendessen in einem der besten Restaurants Kalabriens. Als nächstes steht der wilde Nationalpark **Aspromonte** mit den Geisterstädten **Pentedàttilo** (S. 655), **Roghudi** (S. 655) und **Bova Superiore** (S. 655) auf dem Programm.

● Weiter geht's in das atemberaubende, nur 6 km vom Meer entfernte Bergdorf **Badolato** (S. 649). Von dort kann man die griechisch-byzantinischen Dörfer **Gerace** (S. 655) und **Stilo** (S. 655) sowie die Ruinen bei **Locri** (S. 655) besuchen. Und dann hat man noch genügend Zeit, um nachmittags ins kühle Nass zu springen. Zu guter Letzt geht's dann gen Norden nach **Cirò** (S. 644), besichtigt unterwegs das Aragonesische Kastell in **Le Castella** (S. 644) und beschließt den Tag mit einem erstklassischen Abendessen in **Dattilo** (S. 644).

ROBERTO MONTANARI/SHUTTERSTOCK ©, LEONORI/SHUTTERSTOCK ©, DIONISIO IEMMA/ SHUTTERSTOCK ©, GENNARO DIBS/SHUTTERSTOCK ©

JULI

Die Strände füllen sich langsam und die **Festivalsaison** beginnt. Am besten ist das einwöchige Fest, das dem Schutzheiligen von Matera gedenkt.

AUGUST

An den **Stränden** herrscht Party-Stimmung, **Wanderfans** tummeln sich in den Bergen und Flussschluchten von Pollino und La Sila.

SEPTEMBER

Milde Temperaturen am Strand, die **Weinlese** beginnt, in Diamante werden *peperoncino* und in Camigliatello Silano Waldpilze gefeiert.

DEZEMBER

In La Sila ist **Skifahren** möglich. **Weihnachten** wird in der ganzen Region mit Weihnachtskrippen (*presepe vivente*) eingeläutet. Besonders stimmungsvoll ist es in Matera.

MATERA

Matera, *la città sotterranea* (die unterirdische Stadt), ist ein ganz außergewöhnlicher Ort. Es soll die älteste Stadt Europas sein, ähnlich alt wie Aleppo oder Jericho. Natürliche Höhlen in steilen Felshängen boten schon den Menschen in der Altsteinzeit Schutz, zunächst Schafhirt:innen, Bäuerinnen und Bauern, später im 8. Jh. dann orthodox-basilianischen Mönchen, die ihre Höhlen mit eindrucksvollen Fresken bemalten, die 1993 von der UNESCO als einzigartig anerkannt wurden.

In den Blütezeiten im Mittelalter und in der Renaissance wuchs die Stadt, es wurden eine grandiose Kathedrale errichtet und Renaissance-Fassaden hinzugefügt. All das geriet aber durch die neuzeitliche Armut nach der Vereinigung Italiens in Vergessenheit. In seinem beeindruckenden, 1945 erschienen Buch *Christus kam nur bis Eboli* schrieb der im Exil lebende Carlo Levi „Christus kam nie soweit … noch hoffte er".

Jetzt hat sich der Kreis geschlossen. Nach zahlreichen öffentlichen Bauarbeiten und vielen EU-Geldern wurde die „Schande Italiens" (wie Matera einst genannt wurde) 2019 Kulturhauptstadt Europas und Drehort des letzten Bond-Films.

TOP TIPP

Die *sassi* (Höhlenwohnungen) auf beiden Seiten der Schlucht erreichst du über den Eingang an der Piazza San Francisco oder über die Via delle Beccherie in Richtung Piazza del Duomo. Du musst nur den Schildern nach Barisano oder Caveoso folgen. Caveoso ist auch von der Via Ridola zugänglich.

WARUM ICH MATERA LIEBE

Paula Hardy, Schriftstellerin

Mitzubekommen, wie sich die Stadt über die Jahrzehnte entwickelt hat, ist ein Privileg. Als ich in den 1990er-Jahren zum ersten Mal hier war, lastete auf den *sassi* noch eine schwere Geschichte. Heute sieht man die Schönheit, wenn die goldfarbenen Tuffsteine im Sonnenlicht glühen. Und die jungen Einheimischen sprechen mit Zuversicht darüber, welche Lehren aus der ärmlichen, autarken Vergangenheit für die heutigen globalen Probleme gezogen werden können.

Kreative Erhaltung

BEHUTSAMER TOURISMUS

Sextantio Le Grotte della Civita ist eins der ungewöhnlichsten Hotels in ganz Italien. Die über mehrere Höhlenwohnungen (darunter eine malerische Kirche aus dem 13. Jh.) verteilte Unterkunft befindet sich am Rand von Materas spektakulärer Schlucht in Civita, dem ältesten Teil der *sassi*. Es ist das geistige Kind des italienischen Unternehmers Daniele Kihlgren, der es sich seit 15 Jahren zur Aufgabe gemacht hat, einige der schönsten *borghi fantasma* (verlassene Dörfer) zu retten, die nur allzu oft in einem Land mit gewichtigen historischen Stätten als „unbedeutendes" Erbe angesehen werden.

Als Philosoph und Anthropologe hat Kihlgren die Vision, die ländlichen Orte so authentisch wie möglich zu bewahren und seinen Gästen eine einzigartige und eindringliche Erfahrung zu bieten. Schnickschnack wie Fernsehen, Klimaanlage oder selbst Licht ist nicht vorhanden. Stattdessen sind die 18 Höhlenzimmer mit rustikalen Möbeln und traditionell gewebtem Bettzeug ausgestattet. Die gemeißelten Wände und Fußbodenplatten sind total schlicht, sodass man das goldfarbene Leuchten des Tuffsteins im Kerzenschein genießen kann.

Abends einen Aperitif auf der Terrasse mit Blick über die Schlucht zu trinken, ist pure Magie. Das sachkundige Personal kann grandiose Kulturtouren, Wanderungen, Yoga und Massagen organisieren. Am allerbesten ist aber das aus mehreren Gängen bestehende Abendessen, das von Nunzia und Mirella zubereitet wird. Die raffinierte, einfache Hausmannkost ist köstlich und wahrscheinlich die Beste in der ganzen Region.

HIGHLIGHTS	**SCHLAFEN**	8 Sextantio Le Grotte della Civita	12 Stano
1 Monasterio di Santa Lucia e Agata alla Civita	3 Corte San Pietro	**ESSEN**	13 Vitoantonio Lombardo
KURSE & TOUREN	4 Il Vicinato	9 La Gattabuia	**AUSGEHEN**
2 Ferula Viaggi	5 La Casa di Ele	10 MateraMi	14 Bar Sottozero
	6 Le Dodici Lune	11 Oi Marì	
	7 L'Hotel in Pietra		

ÜBERNACHTEN IN MATERA

Corte San Pietro
Eines von Materas behaglichsten, schicksten Boutiquehotels in Sasso Caveoso. **€€€**

Il Vicinato
Reizendes B&B in einem Gebäude aus ca. 1600 mit Blick aufs Murgia-Plateau. **€**

L'Hotel in Pietra
Neun zen-artige, in den Fels gehauene, dezent gestylte Zimmer. Bäder mit schicken eingelassenen Badewannen. **€€**

BESTE RESTAURANTS IN MATERA

Vitoantonio Lombardo
In einer umwerfenden Höhle kommen gewagte, innovative Basilikata-Gerichte aus der Küche. €€€

Oi Mari
Perfekte Pizza. Die Spezialität des Hauses ist mit *pezzente*-Wurst belegt. €

materaMì
Ehrliche, gutbürgerliche Küche mit einer ungewöhnlichen Antipasti-Vielfalt. €€

Stano
Einfache, schmackhafte Speisen wie *cavatelli*-Pasta mit *crusco*-Pfeffer, gerösteten Brotkrumen und *caciocavallo*-Käse. €€

La Gattabuia
Moderne, gehobene Küche in einem ehemaligen Gefängnis, viele lukanische Weine. €€€

Bar Sottozero
Panzerotti (gebratene Teigtaschen) gefüllt mit köstlichen Produkten aus der Region. €

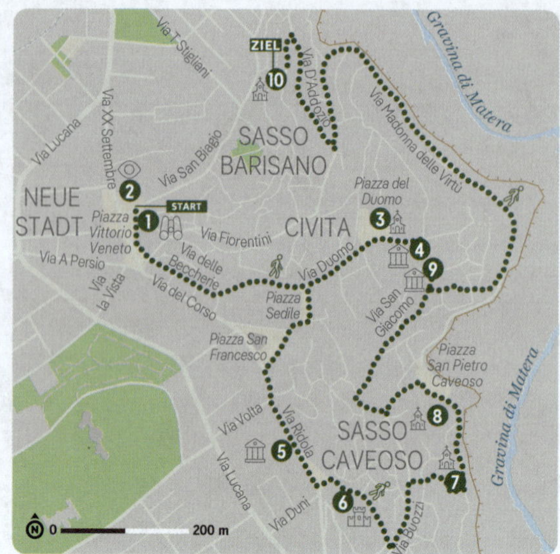

Stadtspaziergang: Grandiose Blicke, Höhlen & Palastmuseen

ZU FUSS DURCH URALTE ZEITEN

Los geht's an der Piazza Vittoria Veneto, wo man vom **1 Belvedere Luigi Guerricchio** einen ersten Blick auf den Sasso Barisano wirft. Dies ist der reichere Teil der beiden *sassi*-Bezirke mit kunstvollen Fassaden vor den dahinterliegenden Höhlenstrukturen. Hier befindet sich ferner der **2 Palombaro Lungo**, eine unglaubliche, 15 m tiefe Zisterne – eine der größten weltweit.

Nun bummelt man über die Via delle Beccherie zum **3 Duomo** (Kathedrale von Matera) und genießt unterwegs die umwerfenden Aussichtspunkte. Die Fresken in der honigfarbenen Kathedrale aus dem 13. Jh. wurden erst vor Kurzem wunderbar restauriert. Die nahegelegene **4 Casa Noha**, die getreue Rekonstruktion einer Höhlenwohnung mit multimedialer Ausstellung, erzählt die Geschichte von Materas (und der *sassis*) unglaublicher Reise ausführlich bis ins kleinste Detail.

Jetzt geht's wieder nach oben zur Piazza Sedile und links in die Via Ridola. Dort befinden sich das **5 Museo Ridola** und ein

ÜBERNACHTEN IN MATERA

h-sa Guesthouse
Moderne Pension mit Garten außerhalb der *sassi* mit kostenlosem Parkplatz außerhalb des Zentrums. €

La Casa di Ele
Der Palast aus dem 17. Jh. hat stimmungsvolle Zimmer mit Balkon und Blick auf die *sassi*. €€€

Le Dodici Lune
Stilvolles Höhlenhotel. Die Hotelgäste bekommen einen Nachlass von 10 % für den Besuch des Spas im Palazzo Gattini. €€

paar Meter weiter der 6 **Palazzo Lanfranchi**. Im Museum sind eine interessante ethnografische Ausstellung über die Region sowie einige bemerkenswerte griechische Töpferwaren beherbergt, im Palazzo befinden sich Kunstwerke von Carlo Levi, darunter das monumentale Wandgemälde *Lucania '61*.

Hinter dem Palazzo Lanfranchi ist der Sasso Caveoso mit den Höhlenkirchen 7 **Santa Lucia alle Malve** und 8 **Santa Maria di Idris**. Letztere ist in einen hohen Felsen gehauen und beherbergt zahlreiche Fresken. Zu guter Letzt spaziert man über die Via Madonna delle Virtù, genießt den Rundumblick über die Schlucht und erreicht schließlich das stimmungsvolle Museum für moderne Bildhauerei 9 **MUSMA** und ein Stück weiter die 10 **Chiesa San Pietro Barisano**, Materas größte Höhlenkirche mit zahlreichen Fresken.

Parco della Murgia Materana

REIN IN DIE SCHLUCHT

In der malerischen Landschaft des Murgia-Plateaus schneidet die Gravina di Matera eine schroffe, 200 m tiefe Furche in die Erde. Ihre Hänge sind übersät mit verlassenen Höhlen und Dörfern sowie rund 150 geheimnisvollen *chiese rupestri* (Felsenkirchen). Der 80 km² große Park steht seit 1990 unter Schutz und gehört seit 2007 zur UNESCO-Weltkulturerbestätte Matera. Von den *sassi* führen Wanderwege runter in die Schlucht, vom Parkplatz nahe dem **Monasterio di Santa Lucia** führen Stufen hinunter. Unten in der Schlucht erreicht man über eine Furt die gegenüberliegende Seite und kann dort zum **belvedere** (Aussichtspunkt; Drehort der Kreuzigung in Mel Gibsons Film *Die Passion Christi*) hinaufklettern. Die Wanderung dauert grob zwei Stunden und ist bei Sonnenuntergang besonders malerisch.

Vom *belvedere* erreicht mehrere Felsenkirchen, darunter **San Falcione** und **Madonna delle Tre Porte**. Vom *belvedere* führt eine Straße zum Informationszentrum **Jazzo Gattini,** das in einem ehemaligen Schafstall untergebracht ist. Das Personal kann geführte Wanderungen und Touren zu dem in der Nähe gelegenen jungsteinzeitlichen Dorf **Murgia Timone** organisieren. Längere geführte Ausflüge durch den Park sowie eine Tageswanderung zu dem Ort Montescaglioso organisiert **Ferula Viaggi**. Dieser Veranstalter verleiht auch Mountainbikes und bietet unter *bikebasilicata.it* detaillierte Routen für Ausflüge auf eigene Faust an.

MATERAS SIXTINISCHE KAPELLE

Jahrelang kursierte unter Murgias Schafhirt:innen der Mythos einer riesigen Höhlenkirche, die größer sein sollte, als all die anderen in der Stadt, aber erst 1963 wurde die **Cripta del Peccato Originale** (Krypta der Erbsünde) entdeckt. Das atemberaubende Benediktiner-Kloster aus der Zeit der Lombarden beherbergt 41 m² beeindruckend gut erhaltene Fresken aus dem 8. und 9. Jh. Die Apostel, die Jungfrau Maria und Szenen aus der Schöpfungsgeschichte sind anschaulich in einem einzigartigen byzantinischen Stil dargestellt. Aufgrund der sich wiederholenden Motive mit den für das Murgia-Plateau typischen roten Blumen wurde der Kunstschaffende „Blumenmaler" genannt. Die Höhle liegt 7 km südlich von Matera. Besichtigungen müssen über die Website gebucht werden, Treffpunkt ist der Kartenschalter (auf der Azienda Agricola Dragone).

UNTERWEGS VOR ORT

Autos sind in den *sassi* verboten. Man kann auf der Piazza della Visitazione oder der Piazza Matteotti parken oder im Hotel fragen, ob es private Garagen gibt. Miccolis betreibt einen Stadtservice zur Murgia Timone, Linea Sassi fährt eine Schleife um die *sassi*. Kleine dreirädrige Rikschas bieten einen Taxiservice im historischen Zentrum an.

Acerenza
Matera
Castelmezzano
Pietrapertosa
Craco
Aliano
Tursi

Rund um Matera

Materas Hinterland hat es wahrhaft in sich – hohe, wilde Berge, surreal geformte Plateaus, schöne Strände und uralte Ruinen.

Basilikata ist eine der kleinsten und eigenartigsten Regionen Italiens. Hier gibt es weder sanft geschwungene Hügel noch honigfarbene Villen. Dafür ragt nördlich von Matera der Lukanische Apennin wie ein eiserner Vorhang in den Himmel, bevor er gen Süden zu den sonnigen ionischen Stränden abfällt, wo die alten Griechen zivilisierte Städte wie Metaponto errichteten. Dort lehrte Pythagoras seinen Hypotenusensatz.

Die Berge sind alt und geheimnisvoll, in ihnen befinden sich Ruinen von Städten wie Grumentum und Klöster wie Venosas große Abbazia della Santissima Trinità. Eschereske, aus unzähligen Treppen bestehende Steindörfer klammern sich an Felswände, Geisterstädte wie Craco erinnern an ein Leben aus längst vergangenen Zeiten.

TOP TIPP

In den Bergen ist ein Auto zwingend erforderlich. Tankstellen gibt's nur vereinzelt, also unbedingt volltanken, bevor du dich auf den Weg machst. Auch Bargeld solltest du immer in der Tasche haben.

Aliano

SCOTTYELLOX/SHUTTERSTOCK ©

Calanchi, Aliano

Badlands & Strände

EINE REISE INS UNBEKANNTE

Einige Landstriche von Basilikata sind wie weiße Flecken auf alten Seekarten: Eine moderne Terra incognita. Die Gegend direkt südwestlich von Matera (ca. eine Autostunde) vermittelt ein solches Gefühl. Hier verwandelt sich das knochenweiße Gelände allmählich in bizarre geologische Schluchten, Grate und Zinnen, da das lehmhaltige Plateau in Richtung Küste zusammenbricht. Diese eigentümlich geformte Landschaft ist als *calanchi* (Badlands) bekannt.

Die atmosphärischsten Orte der *calanchi* sind das gespenstische **Craco** (das vollständig verlassen und Star mehrerer Passions-Filme ist), **Tursi** mit dem arabisch-romanischen Heiligtum **Santa Maria di Anglona** und **Aliano**, wo der im Exil lebende Carlo Levi *Christus kam nur bis Eboli* schrieb. Dort befindet sich ein kleines, Levi gewidmetes Museum. Im Februar findet hier Basilikatas atmosphärischster Masken-Karneval, die Maschere La Cornute (das gehörnte Maskenfest), statt.

Mit dem eigenen Auto kann man die Dörfer bei einem Tagesausflug besuchen. Wer es aber langsamer angehen lässt, fährt vom Plateau über das umwerfende, weiß gekalkte **Pisticci** (wo

HOLLYWOODS LIEBLING

Basilikata mag ja noch nicht auf dem Radar der Tourist:innen sein, diese jenseitige Region konnte sich aber nicht der Aufmerksamkeit Hollywoods entziehen. Hier werden regelmäßig Filme gedreht. Der berühmte Filmemacher Francis Ford Coppola ist mit dieser Gegend eng verbunden. Sein Großvater Agostino emigrierte 1904 aus **Bernalda** in die USA und seit er in den 1960er-Jahren die Heimat seiner Vorfahren ausfindig gemacht hatte, hält sich Francis regelmäßig hier auf. Er kaufte den aus dem 19. Jh. stammenden **Palazzo Margherita** am Corso Umberto und ließ ihn von Jacques Grange in ein Hotel voller Fresken und Carrara-Marmor umgestalten. Es ist extrem teuer, aber die **Cinecittà Bar** ist für jeden zugänglich und lohnt den Besuch allein schon wegen des umwerfenden Negroni. Bernalda ist eine tolle Basis zum Erkunden der Strände, Weinberge und Bergdörfer.

ÜBERNACHTEN IN DEN BADLANDS

San Teodoro Nuovo
Das frühere Jagdanwesen ist jetzt eine vornehme Unterkunft auf einem Bauernhof inmitten von Zitrushainen und Weinbergen. **€€€**

Borgo San Gaetano
Eine wunderschön renovierte Olivenmühle in einem hübschen Garten im lebendigen Bernalda. **€€**

Taverna La Contadina Sisina
Sensationelles, traditionelles Restaurant mit fünf einfachen Zimmern in Aliano. **€**

der Amaro Lucano erfunden wurde) nach **Metaponto**, eine ehemalige griechische Kolonie. Dort besichtigt man die Tempelruinen der **Tavole Palatine**, wo sich die Kreuzritter versammelten, und das **Museo Archeologico Nazionale**, in dem man die Funde der griechisch-römischen Stätte bewundern kann. Der beste Strand befindet sich in **Marina di Pisticci**, ein 8 km langer von Pinien gesäumter, seicht abfallender Sandstrand mit glasklarem Wasser.

ESSEN IM LUKANISCHEN APENNIN

Al Becco della Civetta
Für Castelmezzano typische Gerichte aus saisonalen Produkten. Unbedingt die vom Wald inspirierten Antipasti probieren. Im Obergeschoss gibt's auch Zimmer. **€€€**

La Locanda di Pietra
Das Palast-Restaurant in Pietrapertosa serviert erstklassische lukanische Speisen, vor allem kalte Platten, Berglamm und Fleisch von schwarzen Schweinen. **€€**

La Dimora dei Cavalieri
Agriturismo mit traditionellem Käse, Pasta und Pizza, einheimischen Körnerfrüchten und lokalen Weine. In Vaglio Basilicata, unweit Potenza. **€€**

Al Becco della Civetta

Lukanischer Apennin

DIE MINI-DOLOMITEN

Der seit 15 Mio. Jahren von Wind und Regen gegerbte Lukanische Apennin ist eine spektakuläre Bergkette, die 80 km westlich von Matera (ca. 90 Autominuten) steil in den Himmel ragt. Die verwitterten Gipfel haben bezeichnende Namen wie Eulenschnabel, Amboss und Steinadler. Es ist schwer vorstellbar, dass Menschen schon im 6. Jh. v. Chr. hier lebten und ganz außergewöhnliche Dörfer und monströse Kirchen in den Wolken errichteten. Die unglaublichsten Orte sind **Castelmezzano**, **Pietrapertosa** und **Acerenza**. Einer der ältesten Orte in Basilikata ist **Acerenza**, eine unbezwingbare Festung mit einer mit Fresken versehenen Basilika, in der der Heilige Gral versteckt sein soll.

Die stimmungsvollen Orte Pietrapertosa und Castelmezzano verstecken sich im dichten Wald Gallipoli Cognato. Der Name Pietrapertosa (1088 m) bedeutet „Gesteinstor", da das Dorf in dem Spalt einer Felswand eingekeilt ist. Es ist Basilikatas höchstgelegener Ort und bietet einen spektakulären Blick auf das Basento-Tal. Von hier kann man den 7 km langen Wanderweg **Sette Pietra** (Sieben Steine) in Angriff nehmen. Er führt hinunter ins Tal und wieder nach oben zum benachbarten Adlerhorst Castelmezzano, der sich entlang eines atemberaubenden Bergvorsprungs erstreckt. Zwischen Mai und Oktober kann man auch mit Italiens längster Zipline, **Il Volo dell'Angelo**, durch die Lüfte rasen.

Wer schwindelfrei ist, kann die grandiosen *vie ferrate* – die **Via Ferrata Salemm** oder die **Via Ferrata Marcirosa** – oder die 54 in den Fels gehauenen Stufen zur Burg von Castelmezzano in Angriff nehmen. Den Blick von dort oben wird man so schnell nicht vergessen.

UNTERWEGS VOR ORT

In dieser Gegend benötigt man ein Auto und feste Wanderschuhe.

MARATEA

Im Gegensatz zu der schroffen Landschaft der Basilikata bereitet das helle, sonnenverwöhnte Maratea pures Vergnügen. In dem kleinen Streifen an der Tyrrhenischen Küste ist Maratea das Herzstück von Basilikata. Eigentlich ist es eine lockere Ansammlung von Küstendörfern an den mit Pinien bewachsenen Klippen. Die idyllische Lage und die kurvige Küstenstraße von Sapri, die sich an den Klippen über dem Meer entlang schlängelt, erinnert an die Amalfiküste, jedoch ohne Tourimassen.

Eingeweihte kommen hierher auf der Suche nach einem wunderbaren Strandurlaub, aber man kann hier auch erstaunlich viel unternehmen. Klar, man kann tagelang an den malerischen Stränden die Seele baumeln lassen oder Bootstouren unternehmen. Wer möchte, kann aber auch die baumbestanden Hügel an der Küste erklimmen oder kurze Streifzüge ins Hinterland unternehmen und Dörfer oder heilige Stätten im traumhaften Parco Nazionale del Pollino besuchen.

TOP TIPP

Maratea ist eine Ansammlung kleiner Ortschaften mit einem Bahnhof mittendrin. Der Hafen liegt zehn Gehminuten weiter unten, das historische Zentrum Maratea Borgo versteckt sich oben in den Hügeln. Alle 30 Minuten fährt ein Bus vom Bahnhof ab.

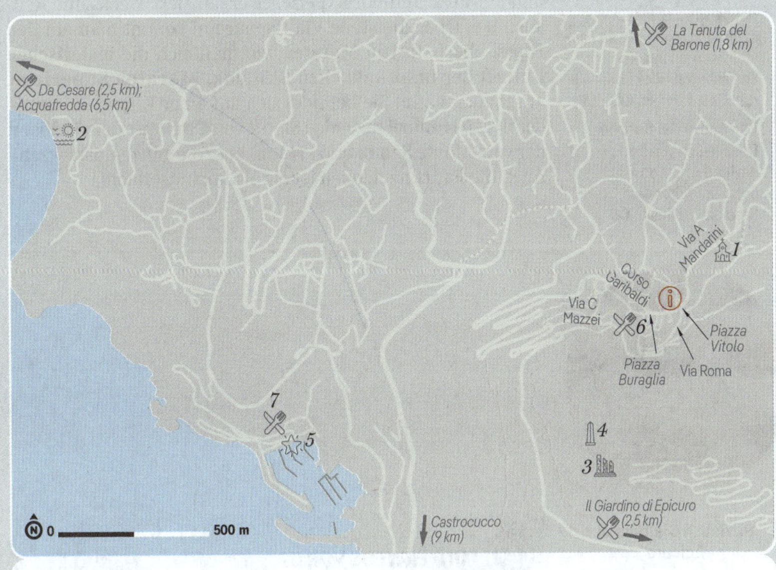

SEHENSWERTES
1 Convento di Sant'Antonio
2 Fiumicello
3 Maratea Superiore
4 Statue of Christ the Redeemer

KURSE & TOUREN
5 Nautilus Escursioni

ESSEN
6 Il Sacello
7 Ristorante 1999

ESSEN IN MARATEA

Il Giardino di Epicuro
In dem Slow-Food-Restaurant kommen köstliche, hausgemachte Pasta und grandiose Antipasti aus der Küche. **€€**

Ristorante 1999
Einfaches, hervorragend zubereitetes Seafood am Hafen. Unbedingt probieren sollte man Thunfisch mit süßer Zwiebelmarmelade. **€€€**

Il Sacello
Elegant präsentierte lokale Speisen mit Blick über die Dächer von Maratea Borgo. **€€**

Da Cesare
Himmlische Fischgerichte, wie z.B. mit Zackenbarsch gefüllte Ravioli, werden auf einer Terrasse mit Blick über den Golf serviert. **€€**

La Tenuta del Barone
Das Fleisch von Podolica-Rindern ist das Highlight. Die *fiorentina*-Steaks sind riesig. **€€**

Ravioli, Il Giardino di Epicuro

Lifestyle an der Küste, den Stränden & in den Cafés

RETRO-AMALFI

In Maratea sollte man einfach nur abschalten und sich an den hiesigen Naturschönheiten erfreuen. Das nette **Fiumicello** hat einen idyllischen Kieselsteinstrand zu bieten, wohingegen die Küste bei **Acquafredda** von tiefen Grotten und winzigen Buchten übersät ist. Familien fahren gern gen Süden nach **Castrocucco**, wo es einen großen, von Restaurants gesäumten Sandstrand gibt. Nautilus bietet Bootsausflüge zu versteckten Badestellen an, wer lieber taucht, wendet sich an das Centro Sub Maratea (in Porto di Maratea).

In Maratea selbst gibt es keinen Strand, dafür aber einen kleinen mondänen, von Restaurants gesäumten Yachthafen. Hoch oben thront **Maratea Borgo** (das historische Zentrum) mit Dutzenden pastellfarbenen Kirchen. Hier kann man stundenlang durch die Gassen bummeln, fotografieren und in Piazza Buraglia ein Eis essen. Weiter oben liegt das sehr beeindruckende **Rivello** mit seinem **Convento di Sant'Antonio** mit unzähligen wunderschönen Fresken.

Am besten ist aber eine Wanderung auf den Küstenwegen rund um die Landzunge, von der man einen schönen Blick auf den Golf von Policastro hat. In der Tourismusinformation an der Piazza Vitolo ist ein Heft mit den Wanderwegen erhältlich und Maratea Outdoor Experience organisiert Trecks und Reitausflüge. Über die steile Via Cappuccini kommt man auf den Hügel oberhalb von Maratea, wo man sich die malerischen Ruinen der ursprünglichen Siedlung, **Maratea Superiore**, anschauen kann. Sie befindet sich auf einer Klippe unterhalb der in den Himmel ragenden Statue von **Christus dem Erlöser**, der vom Monte San Biagio (644 m) über die ganze Küste wacht. Auch die Fahrt nach oben ist ein Wahnsinnserlebnis.

UNTERWEGS VOR ORT

Maratea liegt an der Bahnstrecke Neapel – Reggio Calabria, der Bahnhof befindet sich auf halber Strecke zwischen Maratea Borgo und Porto di Maratea. Hier halten auch lokale Busse und Busse, die nach Fiumicello und zu den großen Sandstränden von Castrocucco fahren. Wer aber mehrere Strände und Restaurants an der Küste besuchen möchte, sollte ein Auto zur Verfügung haben.

Rund um Maratea

Hinter dem verschlafenen Maratea befindet sich der steil ansteigende Parco Nazionale del Pollino, der größte Nationalpark Italiens. Er ist übersät mit einer seltenen Flora und Fauna.

Die „Berge des Apollon" (Pollino) sind eine 1960 km² große, aus verschiedenen Landschaften bestehende Gebirgskette, in der seltene Pflanzen und Tiere beheimatet sind. Zu den schneebedeckten Gipfeln gehören u. a. der Monte Pollino (2248 m), die Serra Dolcedorne (2267 m) und die Serra di Crispo (2053 m), die wegen ihrer Wälder aus Schlangenhaut-Kiefern, einer Reliktart aus der letzten Eiszeit, auch als „Garten der Götter" bekannt sind.

Der Pollino mit seinen Wäldern aus Eichen, Ahorn, Buchen, Kiefern und Tannen versinkt oft im Schnee. Im Frühjahr und Herbst sind die Wiesen übersät mit Blumen, Früchten und essbaren Pilzen, in den winzigen Orten werden esoterische Baumfeste gefeiert. In Orten wie San Costantino und San Paolo leben Arbëresh-Gemeinschaften, Nachfahren von Albanern, die im 15. Jh. hier vor den Osmanen Schutz suchten.

TOP TIPP

In Rotonda kann die Tourismusinformation des Nationalparks Guides, Wanderstrecken, Unterkünfte und Verkaufsstellen für Karten empfehlen.

Parco Nazionale del Pollino (S. 638)

FEDERICO RANO/ALAMY STOCK PHOTO ©

Ponte del Diavolo, Gole del Raganello

KUNST & ARCHITEKTUR IM POLLINO

Wer durch den Pollino fährt, wird erstaunt sein, was er alles zu sehen bekommt. Wenn man aber an einem Kinderkarussell auf einem Gipfel nahe San Severino Lucano vorbeikommt, glaubt man, Wahnvorstellungen zu haben. Aber keine Sorge, es ist nur Carsten Höllers Beitrag zur **Arte Pollino**. Dieses internationale Kunstprojekt soll Menschen veranlassen, die Landschaft aus einer anderen Perspektive zu betrachten. In diesem schönen, sich langsam drehenden Karussell im Wind über die Wälder zu schaukeln, ist eine einzigartige, meditative Erfahrung.

Im weiter südlich gelegenen Campotenese kommt man an einem hohen Holzstapel vorbei. Das ist **Catasta Pollino**, ein Kulturzentrum und eines der besten Restaurants im Park. Das Bauwerk liegt an der preisgekrönten Radstrecke **Ciclovia dei Parchi**.

Parco Nazionale del Pollino

UNBERÜHRTE NATUR, LANDLEBEN

Angesichts der großen, kaum bevölkerten Bergzüge bietet der Pollino die Möglichkeit, eine von der Entwicklung kaum berührte Lebensform kennenzulernen. Auf den mit Blumen übersäten Bergwiesen und an den dicht bewaldeten Hängen betreiben traditionelle Gemeinschaften in kleinem Rahmen Landwirtschaft und veranstalten wichtige ländliche Feste wie die Eheschließung der Bäume zu Ehren der Umgebung, in der sie leben.

Viggianello, Terranova di Pollino und Rotonda sind gute Ausgangspunkte für Ausflüge. Sie sind nur eine oder zwei Stunden von Maratea entfernt. In Rotonda ist die offizielle Hauptverwaltung des Parks. Dort befindet sich die Tourismusinformation und das L'Ecomuseo del Pollino, in dem man einen Überblick über das Kultur- und Naturerbe des Parks erhält.

Der sachkundige, englischsprachige **Giuseppe Cosenza** *(viaggiarenelpollino.it)* bietet unterschiedliche Touren an, darunter die Besteigung des Monte Pollino und Wanderungen zu

ÜBERNACHTEN IM POLLINO

Villa Crawford
Tolle Villa an den Klippen in San Nicola Arcella vor den Toren des Parco Nazionale del Pollino. **€€**

Agriturismo Colloreto
Die Unterkunft auf einem Bauernhof befindet sich inmitten von sanft geschwungenen Hügeln außerhalb von Morano Calabro und bietet rustikale Zimmer und ein gutes Restaurant. **€**

Albergo Villa San Domenico
Palast aus dem 18. Jh. mit Antiquitäten in den Zimmern, unweit der Kirche Santa Magdalena Morano Calabro. **€€**

den „Panzerkiefern", wie die unglaublichen Schlangenhaut-Kiefern auch genannt werden. Auch Vogelbeobachtungstouren, Wasserwandern, Mountainbiken und Pilzesammeln stehen auf dem Programm. **Discover Pollino** kann Sammelgenehmigungen, Guides und Pilz-Abendessen organisieren.

Wer keine Lust hat, Gipfel zu erklimmen, kann historische Routen in Angriff nehmen, die zu einigen der alten, im Park gelegenen Dörfer wie San Paolo Albanese und San Costantino Albanese führen. Diese abgelegenen Gemeinschaften pflegen ihre einzigartige italo-albanische Kultur, in vielen Kirchen finden griechische Gottesdienste statt. Ostern und in der zweiten Maiwoche ist der Besuch während der **Festa della Madonna della Stella** und der **Festa dei Nusazit** besonders interessant. Auf diesem Fest explodieren riesige Folklorepuppen aus Pappmaché (Nusazits) aufs Dramatischste.

Die Raganello Schlucht

FLUSSFAHRTEN, LOKALE KULTUR

In der Schlucht **Gole del Raganello** unter einem Baldachin aus grünen Blättern durch die schäumenden Stromschnellen der Klasse I und II zu rasen, bedeutet Adrenalin pur. Da der Pollino gen Süden nach Kalabrien abfällt, gewinnen zunächst kleine Bergflüsschen an Geschwindigkeit und Kraft. Auf ihrem Weg in Richtung Meer bilden sie steil abfallende Einschnitte und dunkle Höhlen in der Karstlandschaft. Die atemberaubende Schlucht UNESCO Global Geopark gehört zu den zehn tiefsten Schluchten Europas.

Eine Stunde landeinwärts von Maratea bietet **River Tribe** in Laino Borgo aufregende mehrtägige Rafting-, Kajak- und Flusswandertouren in der Schlucht. Dieses Unternehmen wurde von dem Berufssportler Antonio Trani gegründet, der viele der größten Flüsse der Welt mit einem Schlauchboot befahren hat, bevor er in die Heimat zurückkehrte, eine Mülldeponie regenerierte und dort seine Rafting-Basis mit idyllischen Camping- und Glamping-Plätzen eröffnete.

Es ist ein Beispiel für nachhaltigen Tourismus. Die Teilnehmenden erhalten unzählige Infos über die grandiose Gegend, auch wird daran gearbeitet, sie mit der hiesigen Kultur bekannt zu machen. Dazu gehören z. B. Flusstrecks, die unter der Ponte del Diavolo (Teufelsbrücke) beginnen und zum spektakulär gelegenen Ort Civita führen. Oder wie wär's mit einer Mountainbike- oder e-Bike-Touren nach Mormanno und Morano Calabro sowie Rafting-Ausflüge (29 km) zur Grotta del Romito, wo man einen perfekt erhaltenen jungpaläolithischen Felsen mit einem eingeritzten Auerochsen bewundern kann?

LOCAL TIPP: SAN NICOLA ARCELLA

Andrea Fama, Inhaber der Villa Crawford in dem netten Küstenort San Nicola Arcella, teilt gerne sein Wissen über diesen Ort. *(@villacrawfordsannicolaarcella)*

San Nicola Arcella
Der pastellfarbene Ort ist abends besonders schön. Wie wär's mit einem Bummel durch die engen Gassen und einem Drink oder Abendessen im coolen Qcècè?

Spiaggia dell'Arcomagno
Die kleine, abgelegene Bucht ist berühmt für den gigantischen Felsbogen, für glasklares Wasser und traumhafte Sonnenuntergänge.

Belvedere
Von dieser Aussichtsterrasse hat man einen wunderbaren Blick auf den Crawford-Turm, die Dino-Insel und den Golf von Policastro.

Note del Borgo
Auf dem magischen Fest im August geben Dichter:innen, Maler:innen und Musiker:innen allabendlich ihr Bestes an den schönsten Plätzen im Dorf.

UNTERWEGS VOR ORT

Öffentliche Verkehrsmittel sind im Pollina rar gesät, ohne eigenes Fahrzeug hat man es schwer. Am besten bucht man organisierte Wanderungen und vereinbart auch den Transfer über den Guide oder das Hotel. Busse der SAM Autolinee fahren nach Castelluccio, San Severino Lucano, Viggianello und Rotonda. Ab Rotonda fahren Fernverkehrsbusse von SLA nach Neapel.

LA SILA

Die riesigen Wälder von La Sila im Herzen Kalabriens bilden einen 130 km² großen geschützten Nationalpark. Einige glauben, es handelt sich um Dantes *selva oscura* (dunkler Wald), den Ort des Schlingerns in der Lebensmitte, in der die Sicherheiten des Lebens in einem Labyrinth finsterer Pfade verloren gehen. Im 12. Jh. bekam der Theologe Joachim von Fiore – dem der Hauptort des Parks, San Giovanni in Fiore, seinen Namen verdankt und der in der hiesigen mittelalterlichen Abtei beigesetzt ist – einen bevorzugten Platz im Paradies (Canto XII).

La Sila ist kein einheitlicher Wald, sondern vielmehr wie eine aus verschiedenen Plateaus, Zonen und unterschiedlichen Waldgebieten bestehende Schichttorte. Die höchsten Gipfel (über 2000 m) sind in Sila Grande, wo es Buchen, Grautannen und die für den Park typischen Kalabrischen Kiefern (aus denen römische und griechische Boote gebaut wurden) *en masse* gibt. Sila Greca im Norden ist noch immer stark albanisch geprägt. Sila Piccola in der Nähe von Catanzaro ist von Steineichen übersät.

TOP TIPP

Infos in englischer Sprache sind im Informationszentrum in Lorica und Taverna sowie in der Tourismusinformation in Camigliatello Silano erhältlich. Die Inhaber:innen von Sciglianos B&B Calabria sind sehr hilfsbereit. Cammina Sila bietet reguläre Wander- und Kanutouren an.

DAS DÜSTERTAL

Von **Sersale** in Sila Piccola wandert man in den sogenannten **Valli Cupe** (Düstere Täler). Die Täler haben ihr eigenes Biotop – an blassrosa Granitwände baumeln Farne, dazwischen Wasserfälle und Felstümpel. Die Kooperative *(riservanaturalevallicupe.it)* organisiert Wandertouren sowie Ausflüge auf dem Rücken eines Esels oder im Geländewagen in die Schlucht oder Besuche entlegener Klöster und Kirchen.

Der dunkle Wald

WANDERN UND RELAXEN AM SEE

Die Wälder im **Parco Nazionale della Sila** sind ein wahres Wunderland: üppiger Bewuchs, kühl und saftig grün. Man könnte fast meinen, man sei in den Alpen und nicht am Mittelmeer. Selbst im Sommer ist das Klima alpin kühl. Im Frühjahr blühen hier Wildblumen soweit das Auge reicht und im Herbst leuchten die Bäume in allen nur erdenklichen Rot- und Goldtönen. Das ist auch die Zeit für Pilze und Trüffel, die die Einheimischen in Massen zum Sammeln anlocken.

Im Park gibt es 66 Wanderwege (insgesamt 600 km). Aufgrund ihrer abgeschiedenen Lage ist ein Guide (Liste siehe Website des Parks) empfehlenswert. Bevor es losgeht, sollte man sich auf jeden Fall in den Informationszentren in Cupone, Villagio Mancuso oder Cotronei melden.

Zu den besten Routen gehört der Marsch auf den **Montenero** (1881 m), einen kargen Gipfel mit umwerfendem Blick über die Täler und Seen des Parks, und auf den **Monte Gariglione**

ÜBERNACHTEN IN LA SILA

San Lorenzo si Alberga
Ausgezeichnetes Restaurant in Camigliatello, einfache aber schicke Zimmer und hervorragendes hausgemachtes Frühstück. **€€€**

LorichiAmo
Modernes Chalet mit Balkonzimmern und Blick auf den Arvo-See. Die Sauna ist für Wandersleute ideal. **€€**

B&B Calabria
Angenehmes B&B in Scigliano mit Terrasse, Blick auf den Wald und sachkundigem Gastgeber. **€**

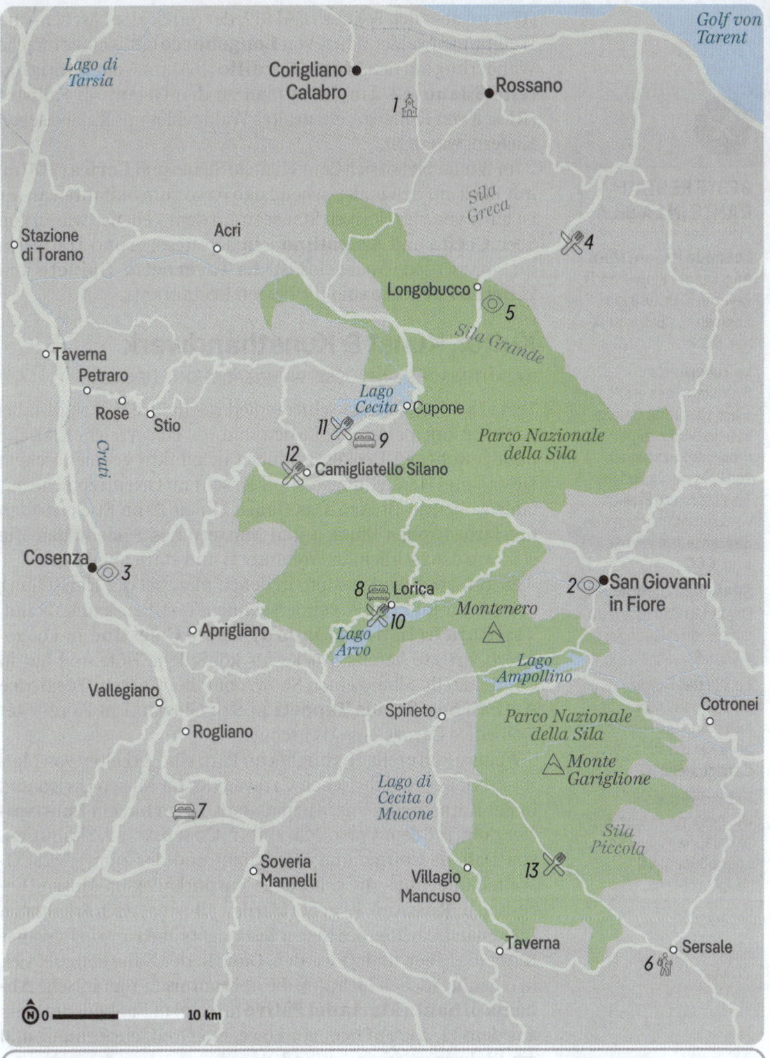

SEHENSWERTES
1 Abbazia di Santa Maria del Patire
2 Caruso Tessiture Artistiche e Scuola Tappeti
3 Cosenza
4 Fattoria Franco
5 Tessitura Artistica a Mano di Mario Celestino

KURSE & TOUREN
6 Valli Cupe

SCHLAFEN
7 B&B Calabria
8 LorichiAmo
9 San Lorenzo si Alberga

ESSEN
10 Il Brillo Parlante
11 La Tavernetta
12 Le Vie del Gusto
13 Locanda Pecora Nera
(siehe 12) Silafunghi Campanaro

BESTE RESTAURANTS IN LA SILA

Locanda Pecora Nera Anerkannte Slow-Food-Taverne in Buturo mit Speisen aus Bioprodukten. €€

La Tavernetta Grundlage des erstklassigen Essens in Camigliatello bilden regionale Produkte, von Samen von wild wachsendem Anis bis hin zu Fleisch von Lämmern, die in den Bergen aufgewachsen sind. €€€

Silafunghi Campanaro Der Ort in Camigliatello, um seinen Pilzhunger zu stillen. €

Le Vie del Gusto Salami und Trockengemüse sind die Highlights in dieser *osteria* in Camigliatello. €

Fattoria Franco Die besten Käseprodukte Kalabriens gibt's in Longobucco. €€

(1772 m) über den Sentiero CAI 312, der durch alte Lärchen- und Weißtannenwälder führt. Von **Longobucco** gibt's eine einfache Wanderung auf den **Monte Sordillo** (1551 m). Vom **Camigliatello Silano** (1272 m) kann man zu den Giganti di Fallistro (Riesen von Fallistro), ein uraltes Waldgebiet mit Kalabrischen Kiefern, wandern.

Im Winter bieten sich Camigliatello Silano und **Lorica** (1370 m) mit Blick auf den malerischen Lago Arvo zum Skifahren an. Er ist einer von vier riesigen Stauseen, an dem – ebenso wie an den Seen **Cecita** und **Ampollino** – in den Resorts und Trattorien im Sommer jede Menge los ist. **La Tavernetta**, **Spineto** und **Il Brillo Parlante** sind die besten Restaurants.

Kultur, Kunst & Kunsthandwerk

BYZANTINISCHE EINFLÜSSE, WUNDERSCHÖNE DECKEN

Trotz La Silas Weltabgeschiedenheit reicht ihre Volkskultur bis nach Turkmenistan, Kaukasien und ins Perserreich. Klar, die handgewobenen Decken erinnern in punkto geometrischem Design und Herstellungstechniken sehr an Orientteppiche mit eingewobenem Brokat. Das Ganze ähnelt dann Stickarbeiten mit farbenfrohen Blumen und Mustern aus Seidenfäden, die sich von dem schlichten Wolluntergrund stark abheben.

Es gibt zwei Werkstätten, in denen man bei der Herstellung zuschauen und diese wunderschönen Textilien kaufen kann. **Tessitura Artistica a Mano di Mario Celestino** in Longobucco fertigte bereits Stücke für königliche Höfe und hat in Camigliatello Silano einen Showroom. Bei **Caruso Tessiture Artistiche e Scuola Tappeti** in San Giovanni in Fiore leitet Domenico Caruso eine Webschule.

Weitere kulturelle Highlights im Park sind Arbeiten von Mattia Preti, dem kalabrischen Caravaggio, im Museo Civico und in der Kathedrale seiner Heimatstadt **Taverna**, ein Kunstspaziergang auf dem Corso Mazzini in **Cosenza** mit Skulpturen von Dalí, de Chirico und Modigliani und der zum UNESCO-Weltdokumentenerbe gehörende Purpurkodex im Museo Diocesano in **Rossano**. Er gehört zu den ältesten, noch erhaltenen Bilderhandschriften des Neuen Testaments und kann in Rossanos Kathedrale bewundert werden. Ganz in der Nähe befindet sich in einer herrlichen Lichtung die normannisch-romanische **Abbazia di Santa Maria del Pàtire** mit einem Fußbodenmosaik aus dem 12. Jh., auf dem ein Löwe, ein Greif, ein Zentaur und ein Einhorn zu erkennen sind.

UNTERWEGS VOR ORT

Von Cosenza oder Crotone erreicht man Camigliatello Silano und San Giovanni in Fiore mit den Linienbussen Ferrovie della Calabria. Wer den Park aber wirklich erkunden möchte, benötigt ein eigenes Auto.

Rund um La Sila

Dattilo
La Sila

Die von La Silas Wäldern abgeschirmte Ionische Küste ist ein geschützter Schlupfwinkel mit Sandstränden und sanften Hügeln mit den ältesten Rebstöcken Italiens.

Das Gebirgsmassiv La Sila erstreckt sich über drei Regionen, in seinen Ausläufern liegen Kalabriens größte Städte: Cosenza, Crotone und Catanzaro. Trotz ihrer Wahnsinnsgeschichte – alle drei waren im 8. Jh. v. Chr. bedeutende griechische Siedlungen – herrscht hier heute ein raues Alltagsleben.

Malerischer sind dagegen die Weinberge an der Ostküste. Die bereits von den Griechen angepflanzte Gaglioppo-Traube ist eine der ältesten weltweit. Hauptanbauorte sind Cirò, Cirò Marina, Crucoli und Melissa. Man sollte sich in dieser Gegend mit den sanften Hügeln, auf denen Schafe und Podolica-Rinder grasen, auf ein kleines Abenteuer einlassen und mit Michelin-Sternchen ausgezeichnete Speisen, gute Weine und hervorragende Strandrestaurants genießen.

TOP TIPP

In Cirò findet Anfang August in den alten Sarazenen-Märkten ein riesiges Weinfest statt. Die Keller sind für Besucher:innen geöffnet und in den Restaurants gibt es Abendessen, die unter einem bestimmten Motto stehen.

Podolica-Rind, La Sila

MARCO FINE/SHUTTERSTOCK ©

Dattilo: Ein gastronomicher Abstecher

EIN ABENDESSEN MIT WEIN AM MEER

Der einst in Cirò Marina hergestellte Krimisa war der offizielle Wein der Olympischen Spiele der Antike. Man versteht warum, wenn man im Dattilo, Caterina Ceraudos *agriturismo* (Unterkunft auf einem Bauernhof), einkehrt, das sich in einer 400 Jahre alten Mühle (eine Autostunde östlich von San Giovanni in Fiore) befindet. 1973 kaufte ihr Vater Roberto etwas Land in Strongoli auf den kalkhaltigen Hügeln mit Blick über das Ionische Meer. Als Pionier biodynamischer Landwirtschaft erweckte er die einheimische Pecorello-Traube zu neuem Leben. Und genau das tut Caterina jetzt in ihrem Restaurant mit kalabrischen Speisen.

Der Aufenthalt hier ist ein Erlebnis. Die Gäste können mit Roberto durch die Weinreben spazieren. Seine Liebe zu diesem Land wird in seinen sehr persönlichen Verkostungsführungen offensichtlich. Es gibt Tage, an denen für die Gäste ein Gourmet-Picknick gepackt wird, das man dann auf einen Bootsausflug oder eine Erkundungstour zu anderen Weinbergen mitnimmt.

Das Highlight ist aber das aus zwölf Gängen bestehende Abendmenü – ein Beispiel für Caterinas elegante Kochkunst. Der Fokus liegt auf den Hauptzutaten, die dem Aroma eine gewisse Intensität verleihen. Seafood aus der Region, Rindfleisch vom Bauernhof und alle möglichen Arten von Gemüse. Eine einzige, unsäglich süße Karotte, eine Schale mit intensiv schmeckenden Pilz-*tortelloni* und Schnapperfisch mit Bergamotte und süßem rosa Pfeffer sind nur einige der Highlights.

Vom Bauernhof erreicht man problemlos die Strände und Seafood-Restaurants in Cirò Marina ebenso wie andere in der Nähe gelegene Weinberge und die **Riserva Marina Capo Rizzuto** mit einem aragonischen Kastell auf der sagenumwobenen Insel Calypso.

WINZER:INNEN IN CIRÒ

Eine Gruppe kleiner Winzer:innen widmet sich der Mikrovinifikation unter Verwendung der besten Trauben der Region. Für einen Großteil der Produktion wird die unverwechselbare schwarze Gaglioppo-Traube verwendet, die der piemonter Nebbiolo-Traube sehr ähnelt.

Sergio Arcuri
Der Winzer in der vierten Generation stellt Weine aus alten Reben her. Sein Più Vite hat einen intensiven tiefroten Kirsch- und Blutorangengeschmack.

'A Vita
Francesco de Franco kreiert überraschende Geschmacksrichtungen wie den wunderbaren Leukò Bianco mit Grapefruit-, Mandel- und Aprikosennote.

Ippolito 1845
Das älteste Weingut Kalabriens produziert komplexe Weine wie den Ripe del Falco her.

Tenuta del Conte
Mariangela Parilla stellt wunderbar zu Meeresfrüchten passende Weißweine aus der Rebsorte Greco Bianco her.

UNTERWEGS VOR ORT

Zwischen Cosenza, Catanzaro und Crotone verkehren Busse. Wer aber die ländliche Gegend erkunden möchte, benötigt ein Auto.

COSTA DEGLI DEI

Kalabriens 800 km lange Tyrrhenische Küste ist eine Kombi aus wunderschön und hässlich. Die Autostrada del Mediterraneo (A2), eine der großen Küstenstraßen Italiens, schlängelt sich auf ihrer gesamten Länge durch Bergtunnel, vorbei an riesigen dunkelgrünen Waldabschnitten und immer wieder blickt man auf das schier endlos erscheinende himmelblaue Meer.

Südlich von Basilikata verbinden Strände die Urlaubsorte zwischen dem verschlafenen Praia a Mare und dem malerischen Diamante, das für seine Chilis und farbenfrohen Wandmalereien bekannt ist. Im Hinterland liegen Ortschaften wie Aieta und Tortora am Ende kurviger, wie Bänder aneinandergereihter Straßen. In dem Örtchen Paola schließlich befindet sich das Heiligtum des Franz von Paola, dem Schutzpatron Kalabriens, der hier 1416 geboren ist.

Das Juwel in der tyrrhenischen Krone ist aber zweifelsohne die Costa degli Dei (Küste der Götter). Diese knollige Halbinsel ist übersät von *macchia* (mediterranes Buschwerk) und Kiefern, die dramatisch bis an das glasklare Wasser reichen. Das Zentrum ist Tropea, ein bühnenreifer, im Hochsommer überlaufener Tourismusort.

TOP TIPP

Im Juli und August ist in Tropea besonders viel los. Pizzo, Parghelia, Capo Vaticano und Vibo Valentia sind tolle Alternativen, die nicht allzu weit von der Stadt entfernt sind. Die beiden nettesten Hotels in der Gegend sind die Villa Zufrò und Porto Pirgos.

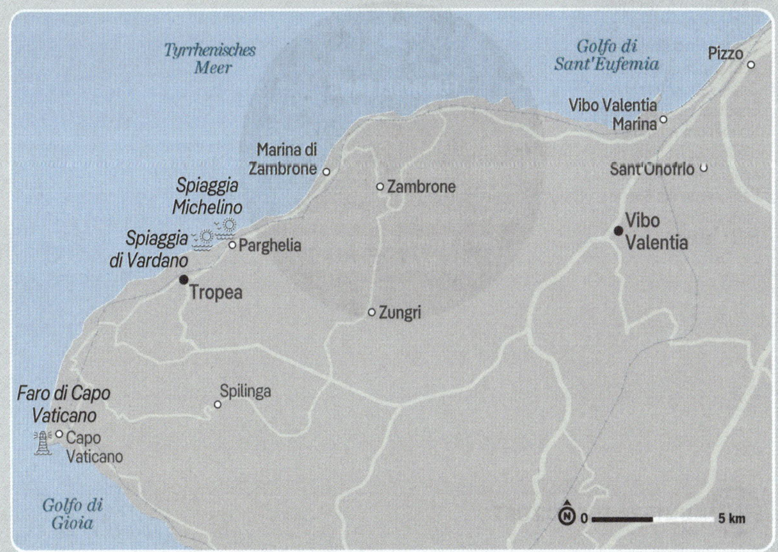

Die Küste der Götter

EIN KLEINES PARADIES

Der malerische, 56 km lange Küstenabschnitt zwischen Pizzo und Nicotera ist der schönste Kalabriens: weiße Sandstrände, schwindelerregende Granitklippen und dermaßen klares Wasser, dass man die sich im flachen Wasser tummelnden Fische beobachten kann. Das Zentrum ist das auf einer schroffen Klippe gelegene **Tropea** mit einem Gewirr aus Gassen und Plätzen. Die halbmondförmigen Strände laden zum Sonnenbaden ein, wer will, kann auch um die pittoreske Insel mit der hübschen Klosterkirche Santa Maria dell'Isola herumschwimmen.

Im Hochsommer ist Tropea von Besucher:innen überlaufen, sodass man sich lieber anderswo an der Küste eine Bleibe suchen sollte. Es gibt grandiose Strände und Hotels in **Zambrone** und **Parghelia** wie die **Spiaggia Michelino** und die **Spiaggia di Vardano**. Auch **Pizzo** ist ein netter, an einer Klippe gelegener Ort, der für seine köstlichen *tartufo*-Eiskugeln (eine umwerfende Schoko-Haselnuss-Trüffel-Bombe) und die schöne Höhlenkirche Chiesetta di Piedigrotta (S. 648) bekannt ist.

Der beste Badestrand ist aber am **Capo Vaticano**, einem felsigen Kap, das sich ins Meer erstreckt und einen grandiosen Blick auf die Liparischen Inseln bietet (die man im Rahmen eines Tagesauflugs von Tropea aus besuchen kann). Am Grotticelle-Strand kann man sich ein Tretboot mieten und den Tag mit schnorcheln und herumpaddeln verbringen. Auch ein Spaziergang zum Leuchtturm **Faro di Capo Vaticano** ist lohnenswert. Von dort kommt man in den Genuss des schönsten Sonnenuntergangs von ganz Italien.

LOCAL TIPP: SCHÖNE TAGESAUSFLÜGE

Abigail Johnson, Gründerin von Explore Calabria with iitaly *(@explorecalabria)*

Man sollte die Costa degli Dei nicht verlassen, ohne eine Fahrt hinaus ins türkisfarbene Wasser gemacht zu haben! Ab Tropea gibt es viele Ausflüge. Ich persönlich ziehe es aber vor, mir für einen Tag im Hafen ein kleines Motorboot zu mieten und mich treiben zu lassen. Eis in die Kühlbox legen, ein paar *'nduja* arancini einpacken und los geht's zu den winzigen Stränden, die nur vom Wasser aus zu erreichen sind. Man sollte unbedingt am Capo Vaticano schnorcheln und in Tropea den Sonnenuntergang genießen. Es ist einer der schönsten Momente Italiens, wenn die Sonne hinter Stromboli im Meer versinkt.

FÜR INSELFANS

Es fahren täglich Boote zu den Liparischen Inseln (S. 672). Sie liegen dichter an Kalabrien als an Sizilien. Man sollte sich über die verschiedenen Inseln informieren und sich dann für eine entscheiden.

UNTERWEGS VOR ORT

Wer in einem Ort wie Tropea oder Pizzo wohnt, benötigt kein eigenes Auto. Die Züge an der Küste sind langsam, fahren aber durch eine unglaubliche Landschaft. Die Fahrt allein ist schon ein Highlight. Wer aber jeden Strand an der Küste erkunden möchte, braucht einen Auto.

Costa degli Dei
Badolato

Rund um die Costa degli Dei

In dem 43 km breiten Landstreifen zwischen dem Tyrrhenischen und dem Ionischen Meer befinden sich unzählige idyllische Dörfer, alte Klöster und gute Restaurants.

Von Pizzo im Westen bis nach Soverato im Osten sind es nur 43 km – es ist die schmalste Stelle auf der kalabrischen Halbinsel. Daher war es stets eine wichtige Verbindung, wie es die riesige Burg in Vibo Valentia und das Kloster in Serra San Bruno beweisen. Dank eines neuen georeferenzierten Wegs ist die Strecke in drei Tagen zu Fuß zu bewältigen.

Wenn man am Ionischen Meer angekommen ist, spürt man sofort den Wechsel. Die dramatischen Klippen sind verschwunden, an deren Stelle befindet sich die von Zitrusbäumen gesäumte Bucht von Squillace mit ausgedehnten weißen Sandstränden. Soverato ist ein gepflegter Ort in der Mitte mit einem grandiosen Strand, einem botanischen Garten und ein paar tollen Musikfesten im Sommer.

TOP TIPP

Kalabriens berühmte *'nduja* (eine pikante Streichwurst) wird in Spilinga hergestellt, wo am 8. August ein Fest zu Ehren dieser Wurst stattfindet. Man bekommt sie in der Salumificio Latteria Monteporo.

Chiesetta di Piedigrotta (S. 648)

SCHÖNE LEGENDE & GUTES MITTAGESSEN

Ein Kilometer nördlich von Pizzo befindet sich eine merkwürdige Höhlenkapelle mit lebensgroßen Skulpturen von Heiligen und religiösen Szenen. Es ist die **Chiesetta di Piedigrotta**, eine Votivkapelle, die der Madonna di Piedigrotta gewidmet ist, die – laut Legende – Seeleute, die mit ihrem Schiff hier im 17. Jh. in einen Sturm gerieten, gerettet haben soll. Der Bildhauer Angelo Barone fügte Anfang des 20. Jhs. Skulpturen hinzu. Besonders schön ist es nachmittags, wenn Sonnenlicht bis tief in Höhle fällt und die Mineralien im Stein glitzern. Der vor der Höhle liegende Strand ist herrlich, aber es lohnt sich, zum langen, sandigen Lido Pescespada zu gehen, wo man mittags im **Ristorante Da Agostino** essen kann.

Von Küste zu Küste

HÖHLEN, KULTUR & DER KALABRISCHE WEG

Hinter der Küste erhebt sich das Serre-Massiv. Das 40 Autominuten von Tropea entfernte **1 Vibo Valentia** ist die Regionalhauptstadt. Sie liegt an einem Hang mit schönem Blick auf den Golfo di Sant'Eufemia und hat ein gut erhaltenes mittelalterliches Zentrum mit einer Straßenpflasterung aus Lavasteinen. Oben in der Normannen-Hohenstaufen-Burg kann man das Museo Archeologico „Vito Capialbi" besichtigen. Es beherbergt eine schöne Sammlung von Artefakten, darunter auch eine große Sammlung ungewöhnlicher Votivfiguren aus Terrakotta, die aus der Nekropole von Hipponion – der griechischen Stadt, auf der Vibo errichtet wurde – stammen. Die beste Zeit für einen Besuch in Vibo ist Ostern, denn da findet Affruntata, Kalabriens größtes Fest, statt.

Weitere Orte, die man landeinwärts mit dem Auto erreichen kann, sind **2 Le Grotte degli Sbariati di Zungri**, eine alte Höhlensiedlung, die im 11. Jh. von basilianischen Mönchen in Tuffstein gehauen wurde. Etwa 100 Höhlen sind über Steintreppen und aus einem System aus Wasserkanälen und Zisternen miteinander verbunden. Noch beeindruckender ist aber die riesige Kartause **3 Certosa di**

TOLLE BERGDÖRFER

Wer interessante Bergdörfer mit sehr unterschiedlichem Charakter besuchen möchte, fährt gen Süden nach Stilo und Gerace (S. 655).

ESSEN IM SERRE-GEBIRGE

Trattoria Vecchi Tempi
Grillrestaurant mit Bar in Vibo Valentia, wo man sich Sülze und Aufschnitt am Tresen aussuchen kann. **€€**

Il Normanno
In der durch und durch traditionellen Trattoria in Miletto werden fileja-Pasta und ausgezeichnete Salami serviert. **€€**

Lo Speziale
Restaurant in einem Palast in Petrizzi, in dem man Pasta mit kalabrischer Lakritze probieren kann. **€€**

Serra San Bruno. Sie wurde von dem namensgebenden Mönch anstelle eines Bistums gegründet, der hier seinen Lebensabend verbringen wollte. Nachdem man in Zenzero einen Zwischenstopp zum Mittagessen eingelegt hat, geht's weiter über eine kurvige Bergstraße runter in das Dorf **4 Badolato**.

Alternativ bietet sich etwas weiter im Norden eine Wanderung über die Halbinsel an. Der während des COVID-19-Lockdowns georeferenzierte Weg quer durch Kalabrien von Küste zu Küste *(kalabriatrekking.it)* beginnt in **5 Pizzo** und führt durch Olivenhaine und über Almen vorbei am **6 Lago dell'Angitola** nach **7 Monterosso Calabro**, **8 San Vito sullo Ionico** und **9 Petrizzi** und endet schließlich in **10 Soverato** am Ionischen Meer. Die Wanderung dauert drei Tage, die Strecke ist mit Wegpunkten versehen, es gibt einfache B&Bs und Landgasthäuser.

Kalabriens nettestes Dorf

MODERNES BERGLEBEN

Zwei Autostunden östlich von Tropea liegt zwischen zwei tiefen Tälern **Badolato**, ein Bergdorf aus dem 11. Jh. Dem Ort erging es fast wie den anderen kalabrischen *borghi fantasma*, die verfielen. Er konnte aber wiederbelebt werden, da man 1997 mit dem Schiff eintreffende, verzweifelte kurdische Flüchtlinge willkommen hieß. An Bord der *Ararat* waren 836 Personen. In Badolatos schöner Altstadt, die von Robert Guiscard, dem ersten Herzog von Kalabrien, gegründet wurde, lebten nur noch 350 von zu Spitzenzeiten 8000 Bewohner:innen.

Statt die verzweifelten Familien abzuweisen, bot der damalige Bürgermeister Gerardo Mannello an, sie in der Altstadt unterzubringen. Die Kurd:innen waren unendlich dankbar und begannen, einige der alten Häuser zu renovieren und bei der Bewirtschaftung der umliegenden Felder zu helfen. Der Einsatz war ein Riesenerfolg und erregte weltweit Aufmerksamkeit. Immer mehr Neugierige kamen, u. a. Promis wie die Regisseure Oliver Stone and Wim Wenders. Neue Unternehmen wie das fantastische turiner Eiscafé **Fabbrica del Gelato** und die Weinbar **Cicchinella** siedelten sich hier an. Auch *badolatesi* kehrten zurück in die Heimat.

Heute ist es ein lebendiger Ort – ein ungewöhnliches Phänomen in einer durch Abwanderung verlassenen Gegend. Wie wär's mit einem Spaziergang mit **Badolato Slow Village**, um mehr unglaubliche Geschichten zu hören und die Nachrichten der „Sprechenden Steine" zu lesen, die überall im Ort in die Mauern geritzt sind? Auch die Feierlichkeiten zu Ostern und der Besuch der 15 Kirchen im Ort sind lohnenswert. Man kann auch zu dem ruhigen **Convento Santa Maria degli Angeli** wandern oder im August das Festival **Insegui L'Arte** besuchen. Im Herbst bieten sich dann die Olivenernte und die Weinlese an.

LOCAL TIPP: BADOLATO

Guerino Nisticò, Mitglied von Badolato Slow Village *(@badolatoslowvillage)*

Badolato Marina
In nur 15 Minuten erreicht man von Badolato aus einen schönen Strand. Großartiges Seafood und kalabrischen Wein gibt's am Lido Solesi.

Ostern
Ostern ist eine magische Zeit in Badolato mit zahlreichen Volksfesten, echten Begegnungen und alten religiösen Prozessionen namens Cumprunta.

Badolato Slow Village
Auf einem Spaziergang mit einem unserer Guides versteht man die einzigartige Geschichte und trifft Einheimische.

Catojo dello Spinetto
In diesem alten Weinkeller kann man mit Blick übers Tal wunderbar zu Abend essen. Die von dem Chefkoch Ciro Piedimonte zubereiteten Speisen sind unglaublich.

Nido di Seta
Dieser Seidenhersteller hat die alte Kunst der Seidenproduktion zu neuem Leben erweckt.

UNTERWEGS VOR ORT

Ein Zug verkehrt entlang der Küste zwischen Badolato Marina, Soverato und Catanzaro Lido. Wer aber in den alten Ort Badolato und ins Hinterland möchte, benötigt ein Auto. In Badolato sind nur begrenzt Autos zugelassen, man sollte sich vorab im Hotel über Parkmöglichkeiten informieren.

REGGIO CALABRIA

Hafen, Verkehrskotenpunkt und Tor nach Sizilien - auf den ersten Blick scheint Reggio also eher zweckmäßig als faszinierend zu sein. Das stimmt aber in dem Moment nicht mehr, in dem man einen Fuß in das grandiose Nationalmuseum gesetzt hat, in dem sich einige der wertvollsten Artefakte aus der Zeit der Magna Graecia befinden.

Der architektonische Eklektizismus der Stadt und das schöne Jugendstilzentrum sind auf die geografische Lage in einer Erdbebenzone zurückzuführen. Das letzte große Erdbeben von 1908, das zugleich einen Tsunami auslöste, kostete mehr als 100 000 Menschen das Leben. Gemessen an italienischem Standard ist von den historischen Bausubstanzen nur wenig übrig. Aber der *lungomare* (Strandpromenade) mit Blick auf den Ätna auf der gegenüberliegenden Seite der Straße von Messina ist immer noch einer der stimmungsvollsten Plätze Italiens für eine abendliche *passeggiata* (Spaziergang).

Das Essen ist zum Glück wie eh und je über jeden Zweifel erhaben, denn die Stadt hat einige der besten Restaurants Kalabriens zu bieten. Um sich ordentlich Hunger zu holen, locken Wanderungen durch den nahe gelegenen Parco Nazionale dell'Aspromonte oder Ausflüge an die Küste in das reizende Fischereidorf Scilla.

TOP TIPP

Das in die Länge gezogene Straßennetz hinter dem *lungomare* ist gespickt mit Bars und Kneipen. In der Regel öffnen sie gegen 18 oder 19 Uhr. Wer in edler Umgebung einen Drink nehmen oder einen Happen essen will, geht ins Lievito oder ins Vesper.

Krieger aus dem Süden

ALTE & WAHRE HELDEN

Das **Museo Nazionale di Reggio Calabria** in dem monumentalen von Marcello Piacentini aus Marmor und Lava entworfenen Gebäude beherbergt Süditaliens beste Kollektion an Artefakten aus Magna-Graecia-Kolonien, von denen die kalabrische Halbinsel im 8. Jh. v. Chr. übersät war. An einem halben Tag kann man sich durch die Geschichte Kalabriens arbeiten: von der frühesten Jungsteinzeit bis zum glorreichen hellenistischen, byzantinischen und römischen Zeitalter.

Die Kronjuwelen des Museums sind aber die *Bronzi di Riace*, zwei göttliche Bronzestatuen griechischer Krieger, die 1972 auf dem Meeresgrund in der Nähe von Riace entdeckt wurden. Es sind wahrscheinlich weltweit die schönsten Beispiele für Skulpturen der griechischen Antike. Die schönere der beiden Figuren beeindruckt mit Augen aus Elfenbein, silbernen Zähnen und einem geheimnisvollen Mona-Lisa-Lächeln. Ihre Herkunft gibt Rätsel auf, man weiß aber, dass sie aus der Zeit um 450 v. Chr. stammen.

NOCH MEHR PRÄCHTIGE GRIECHISCHE RUINEN

Wer über die Straße von Messina hinüber nach Sizilien fährt, kann in Syrakus, Selinunt und in Agrigents Valle dei Templi (S. 696) noch mehr Magna-Graecia-Erbe erkunden.

HIGHLIGHTS
1 Museo Nazionale di Reggio Calabria

ESSEN
2 Cèsare
3 L'A Gourmet L'Accademia
4 La Vie del Gusto
5 Lisca Bianca

Dem Museum ebenbürtig ist **L'A Gourmet L'Accademia**, Reggios bestes Restaurant. Es wird von Filippo Cogliandro betrieben, einem Weltklasse-Koch und Anti-Mafia-Aktivist. Für seine kreativen Speisen verwendet er überraschende Produkte aus Kalabrien – wie Lakritze aus Rossano, Schwerfisch aus Scilla, süße rote Zwiebeln aus Tropea und Bergamotte aus der Region, das einst Versailles parfümierte.

BESTE RESTAURANTS IN REGGIO

Lisca Bianca
Hervorragend zubereiteter Fisch wie z.B. rotes Shrimp-Tatar, lecker duftende Spaghetti mit Muscheln und Schwertfischspieße. €€

La Cantina del Macellaio
Berühmt für seinen gemischten Grillteller, Pasta mit Schweinesauce und Kalbfreischröllchen. Ausgezeichnete kalabrische Weine. €€

La Vie del Gusto
Das freundliche Restaurant ist bekannt für seine großen Antipasti-Teller und Fleischgerichte. €€

Cèsare
Die beliebteste Eisdiele der Stadt befindet sich in einem Kiosk am *lungomare*. Unbedingt Bergamotteis probieren. €

UNTERWEGS VOR ORT

Reggio ist das Tor nach Sizilien. Die beiden Haupthäfen für die Überfahrt nach Sizilien sind die Stazione Marittima in Reggio Calabria und der Fährhafen in Villa San Giovanni, der 14 km nördlich von Reggio liegt und mit dem Zug zu erreichen ist. Von beiden Häfen fahren Personenfähren ab. Autofähren legen in Villa San Giovanni ab. In diesem Hafen starten auch die Eisenbahnfähren von Trenitalia. Reggios Hauptbahnhof, die Stazione Centrale, befindet sich am südlichen Stadtrand. Für Fußgänger, die zu den Fähren wollen, ist die Stazione Lido unweit des Hafens am günstigsten. Es bestehen Verbindungen nach Mailand, Rom und Neapel. Regionalzüge fahren an der Küste entlang nach Scilla, Tropea und Catanzaro.

Reggios Flughafen liegt ca. 5 km südlich der Stadt in Ravagnese. Von hier aus gibt es Flüge nach Rom, Turin und Mailand.

Rund um Reggio Calabria

Sizilien ist Reggios natürliches Hinterland. Die geheimnisvollen Berge hinter der Stadt bieten grandiose Wanderwege und eine einzigartige kalabrisch-griechische Kultur.

TOP TIPP

Zu den Aspromonte-Festen gehören u. a. Ostern in Gerace, das Fest des griechischen Erbes Paleariza in Bova, das Mittelalterspektakel Palio di Ribusa in Stilo und das Fest der Madonna di Polsi in San Luca.

Die sogenannten „Bitteren Berge" Kalabriens bzw. der Aspromonte haben einen furchterregenden Ruf. Im Sommer sind die ausgetrockneten Berghänge mit trockenen Gräsern, Mastixsträuchern und vertrocknetem Ginster bedeckt. Die weißen Felsen im ausgetrockneten *fiumare* (Flussbett) sehen aus wie verknöcherte Schnittwunden, die sich ihren Weg durch die Wälder bahnen. In der Nähe des Gipfels des Montalto soll eine Hexe gelebt haben und in Scilla soll die Straße von Messina von griechischen Monstern bewacht worden sein. Es heißt, dass sich die Köpfe der 'Ndrangheta auf dem Fest der Madonna di Polsi hier treffen, um ihre Todesliste zu aktualisieren und einen neuen *capo* zu wählen. Das mögen Lügengeschichten sein, aber diese der Sonne ausgesetzte Landschaft, in der jedes Zeitgefühl verloren geht, zaubert Fieberträume herbei.

Castello Ruffo, Scilla

ANDREW MAYOVSKYY/SHUTTERSTOCK ©

MARCO RUBINO/SHUTTERSTOCK ©

Chianalea

Mythisches Scilla

SCHNORCHELN UND BEZAUBERNDE KÜSTE

Als ob sie um ihr Leben fürchten würden, so klammern sich Scillas farbig gestrichene Häuser an den zerklüfteten Felsvorsprung, der bis zur Spitze der Erhebung ansteigt. Dort steht das **Castello Ruffo** und direkt darunter die blendend weiße **Chiesa Maria Santissima Immacolata**. In der Stadt, die eine halbe Zugstunde von Reggio entfernt ist, gibt es nicht viel zu sehen. Lohnenswert ist aber der Marsch hinauf auf die **Piazza San Rocco**, von wo man einen schönen Blick hat und die gewaltige Statue der namensgebenden Scylla bewundern kann. Die wunderschöne griechische Nymphe verärgerte die eifersüchtige Hexe Kirke und wurde daraufhin in ein monströses Halbfisch-Halbfrau-Wesen mit sechs grimmigen Hundeköpfen verwandelt, das später die Seeleute in der Straße von Messina terrorisierte.

Scillas Ortsteil am Berg ist durch einen winzigen Hafen vom Fischereiviertel **Chianalea** getrennt. Das Viertel mit seinen Terrassen auf Pontons scheint fast direkt im Wasser zu stehen. Man gelangt nur zu Fuß dorthin oder mit kleinen hoch und runter verkehrenden Ape-Taxis. Das Baden vor dem Sandstrand der Stadt ist grandios, ebenso wie Bootfahren und Tauchen in den vulkanischen Gewässern. **Scilla in Barca** unternimmt Ausflüge entlang der Küste und das **Scilla Diving Centre** bietet alles Erforderliche zum Tauchen.

BLICK ÜBER DIE VIOLETTE KÜSTE

Einen traumhaften Blick über die Straße von Messina bekommt man von dem **Sentiero dei Tracciolino**, einem grandiosen Panoramaweg, der oberhalb von Palmi beginnt und an der Küste bis nach Bagnara Calabra führt. Die Wanderung auf dem 7 km langen Weg dauert 2½ Stunden und bietet einen herrlichen Blick auf die Liparischen Inseln. Etwas anspruchsvoller ist der 18 km lange Rundwanderweg **Sentiero dell'Aquilla** oder Adlerweg *(aspro monteoutdoor.it)*, der in acht bis neun Stunden bewältigt werden kann.

Einen atemberaubenden Blick bekommt man auch vom *belvedere* auf dem **Monte Sant'Elia** oberhalb von Palmi. Bei Sonnenuntergang strahlt der Himmel zunächst goldfarben, wird dann pink und später tiefviolett – daher der Name dieses Küstenabschnitts.

ESSEN IN SCILLA

Caluna
Moderne Osteria mit kleiner Seafood-Speisekarte und regionalen Weinen. Die Pasta ist ein wahres Highlight. **€€**

Osteria del Centro
In diesem Restaurant hinter der Kirche von San Rocco werden köstliche Fleischgerichte und der allgegenwärtige Schwertfisch serviert. **€€**

Glauco
Auf einer romantischen Terrasse über dem Wasser kommen köstlich gegrillter Fisch und mit Auberginen und Shrimps gefüllte Ravioli aus der Küche. **€€**

DER APFEL DER APHRODITE

Citrus bergamia (kalabrische Bergamotte) wächst in den letzten Ausläufern des Bergmassivs Aspromonte zwischen Villa San Giovanni und Gioiosa Ionica. Ihr ätherisches Öl ist eine Hauptingredienz in Parfümen. Es wird dazu benutzt, aromatische Bouquets zu fixieren und den Duft zu verstärken. Die antiseptischen und antibakteriellen Eigenschaften werden von Big Pharma sehr geschätzt. Auch in Tees, Süßigkeiten und Kuchen findet das Öl Verwendung. Folglich ist Bergamotte die begehrteste Zitrusfrucht der Welt.

Azienda Agrituristica 'Il Bergamotto' ist eine Bergamotte-Plantage mit einem guten von Ugo Sergei geführten *agriturismo*. Hier übernachtet man inmitten von Zitrus- und Olivenbäumen und genießt abends das köstliche Essen. Ugo hilft auch dabei, Ausflüge im Aspromonte zu Fuß oder auf Eseln zu organisieren.

POLONIO VIDEO/SHUTTERSTOCK ©

Gerace

Vom **Lido Paradiso** kann man in Ruhe den Blick auf die Festung genießen und am Strand zusammen mit kalabrischen Urlauber:innen ein Sonnenbad nehmen. Anschließend folgt man ihrem Beispiel und geht in den **Dali City Pub**. Mit Blick auf Stromboli werden in dieser Beatles-Strandbar kühles Bier und Sandwiches mit *pesce spada* (Schwertfisch) serviert.

Aspromonte Grecanica

EIN WENIG WILDNIS

Die Berge im Aspromonte mit den saisonal bedingten Sturzbächen sind wunderschön. Unterirdische Wasseradern halten die Koniferenwälder auf den Gipfeln in ihrem satten Grün und lassen im Frühling Blütenmeere strahlen. Das wunderschöne Wandergebiet ist kreuz und quer von Wegen durchzogen. **Gambarie**, die größte Stadt, ist eine Autostunde entfernt. Von ihr lässt sich der Park am einfachsten erreichen. Die Straßen sind gut und das Parkbüro kann Tipps zu Aktivitäten und Guides geben.

Schwieriger zu erreichen sind die letzten Grecanico-Gemeinden auf den zerklüfteten Gipfeln am Ende der Halbinsel. Rund um Bova bewahren sie die letzten Spuren einer Grecanico-Gemeinschaft, die direkt vom westbyzantinischen Reich des 6. Jh. n. Chr. abstammen und auf die Magna Graecia zurückgehen. Die Zufahrt erfolgt über die SS106 südlich von Reggio. Von dort geht's über Serpentinenstraßen hinauf ins Hinterland

ÜBERNACHTEN & ESSEN IM ASPROMONTE

Borgo Pentedattilo
Eine unvergessliche Erfahrung – ein renoviertes Landhaus in einer spektakulären Geisterstadt; siehe *borgopentedattilo.it*. **€**

Al Borgo di Mafrica Marcello
Frischer Ricotta, Ziegeneintopf und lestopitta kommen in dieser griechisch angehauchten Trattoria in Bova Superiore aus der Küche. **€**

Qafiz
Gehobene Küche von Nino Rossi. Das Verkostungsmenü wird mit Wildkräutern und Produkten aus den Bergen verfeinert. **€€€**

zu der spektakulär gelegenen byzantinischen Burg **San Niceto**, in den verlassenen Orten **Pentedàttilo** und **Roghudi Vecchio**, das bei den Fluten im Jahre 1971 fast von dem Bergrücken rutschte, woraufhin die Bewohner:innen ihr Dorf verließen.

Von Roghudi kann man nach **Gallicianò**, **Condofuri**, **Amendolea** und **Bova Superiore** wandern, von wo man einen umwerfenden Blick auf die Berge und den Ätna hat. Die letzten griechisch sprechenden Bewohner:innen Kalabriens leben hier in ein paar Orten und bewahren ihre alten Traditionen und ihren Dialekt. Die Kooperative San Leo in Bova und Naturaliter in Condofuri können Guides und Unterkünfte vermitteln.

Alte Dörfer, Klöster & Ruinen

ARCHITEKTONISCHE SCHÄTZE

Am Nordrand des Aspromonte liegen die netten byzantinischen Dörfer **Gerace** und **Stilo** in den Hügeln hinter den Ruinen von **Locri Epizephyrii**. Die einst mächtige griechische Stadt Locri soll von griechischen geflohenen Sklav:innen besiedelt gewesen sein. Man kann durch die Ruinen schlendern und das **Museo e Parco Archeologico Nazionale** mit all seinen Schätzen besichtigen. Das Museum befindet sich 3 km südlich von Locri.

Aufgrund der anhaltenden Schikanen durch die Sarazenen wurde Locri im 10. Jh. verlassen und die Bewohner:innen zogen hinauf nach **Gerace**. Das spektakuläre und ursprüngliche mittelalterliche Bergdorf liegt 20 Autominuten landeinwärts. Es hat eine umwerfende Architektur zu bieten, z. B. die byzantinische **Chiesa di Santa Maria del Mastro**, die gotische **Chiesa di San Francesco** und das monumentale **Castello Normanno**. Die byzantinisch-romanische **Basilica Concattedrale di Gerace** ist die größte Kirche in Kalabrien. Sie beherbergt Wandteppiche von Jan Leyniers. Man sollte genügend Zeit mitbringen, um durch die idyllischen Straßen von Gerace zu schlendern. Im Juli findet das Street-Art-Festival namens Borgo di Incanto statt.

Eine Autostunde weiter nördlich liegt **Stilo**, eine byzantinische Schönheit mit dramatischer Bergkulisse. Auch in diesem Ort gibt es viele nette Kirchen. Von der **Cattolica**, einem griechisch-byzantinischen Backsteinbau hat man einen traumhaften Blick über das Ionische Meer. Auf dem **Monte Consolino** befinden sich Grotten basilianischer Einsiedler:innen. Eine Gemeinschaft von sechs orthodoxen rumänischen Mönchen kümmert sich noch immer um das stimmungsvolle **Monastero di San Giovanni Theristis**, das 8 km außerhalb des Orts liegt.

In den Aspromonte-Dörfern finden tolle Feste statt, u. a. Osterfeierlichkeiten in Gerace, Paleariza, ein griechisches Gedenkfest in Bova, das Pentedattilo Film Festival, der mittelalterliche Umzug Palio di Ribusa in Stilo und das Pilgerfest der Madonna di Polsi in San Luca.

BESTE RESTAURANTS AN DER IONISCHEN KÜSTE

A Squella
Traditionelle kalabrische Küche in Gerace mit Blick übers Tal. Unbedingt die hausgemachte Pasta probieren. €

Gambero Rosso
Unglaublich elegante, mit Michelin-Sternen ausgezeichnete Fischgerichte in Gioiosa Ionica. Die *Crudo* (rohe Meeresfrüchte) sind berühmt. €€€

La Buca del Re
In einem alten Ölkeller in Stilo werden hervorragende Charcuterie und große Teller mit hausgemachter Pasta serviert. €€

'A Lanterna
Grandioser *agriturismo* mit einer Landküche aus Bioprodukten in der Nähe der griechischen Ruinen in Caulonia. €€

UNTERWEGS VOR ORT

Man kann von Reggio Calabria mit der Stadtbuslinie 319 der ATAM nach Gambarie fahren. Wer aber auf Entdeckungstour gehen will, benötigt ein eigenes Fahrzeug und muss Spaß an Haarnadelkurven haben. Achtung: Die Straßen zu den Bergdörfern im Süden sind in keinem guten Zustand.

ROLF E. STAERK/SHUTTERSTOCK ©

Cefalù (S. 670)

DIE WICHTIGSTEN ZIELE

PALERMO
Architektonische Wunderwerke und außergewöhnliches Essen.
S. 662

LIPARI
Ein Paradies für Inselhopping, das Entschleunigung verspricht.
S. 672

CATANIA
Urbaner Ausgangspunkt für Ausflüge auf den Ätna.
S. 680

SIZILIEN

EWIGE SCHNITTSTELLE DES MITTELMEERES

Von byzantinisch bis barock, von arabisch bis Anti-Mafia: Nirgendwo sonst in Italien prallen Antike und Moderne mit solcher Haltung und kulturellen Kühnheit aufeinander.

In der sizilianischen Hauptstadt, nur wenige Schritte vom Meer entfernt, schlummert der Palazzo Butera im Schatten einer verzierten, erhöhten Promenade, die im 19. Jh. angelegt wurde, damit trauernde Witwen in Ruhe spazieren gehen konnten. In der experimentellen Galerie im Inneren gibt es keine Hinweisschilder zu den Kunstwerken – man muss sich ganz auf die eigene Intuition verlassen, um das Ensemble würdigen zu können.

Das Gleiche gilt für die gesamte Insel mit ihrer berauschenden Geschichte – sie ist eine Mischung aus Alt und Neu, Chaos und Ruhe, die zusammen mit den vorgelagerten Inselgruppen eine autonome Region in Italien bildet. Jahrhundertelang lockte Sizilien Griechen, Karthager und Römer in sein betörendes, schönes Versteck. Die spätere Herrschaft der Byzantiner, Sarazenen, Normannen, Deutschen, des Hauses Anjou und der Spanier bescherte Sizilien eine Fülle von künstlerischen und architektonischen Schätzen, die auch heute noch eine Hauptattraktion darstellen. Goldschimmernde byzantinische Mosaike, barocker Stuck oder mitreißender Jazz in einem mittelalterlichen Kloster sind nur der Auftakt zum sizilianischen *dolce vita* – oder *dolce far niente* (S. 770).

Die sizilianische Küche, die verschiedenen Einflüssen entspringt, intensiviert das Fest der Sinne noch. Inselprodukte – sonnenverwöhnte Kapern, Oliven, Mandeln und Pistazien, wilder Safran, Ricotta, Schalentiere, Thunfisch und Schwertfisch – sind die magischen Zutaten, seit Bacchus in der Nähe von Taormina Weinreben pflanzte und der griechische Gott der Schmiedekunst sein Feuer im Inneren des Ätna anfachte. Angesichts von Erdbeben, Vulkanen und der modernen Mafia sind es die Bäuerinnen und Bauern sowie die Kunstschaffenden, die den sizilianischen Karren am Laufen halten.

SYRAKUS
Griechische Theaterruinen und prachtvolle Barockstädte. **S. 687**

AGRIGENT
Siziliens großartigste archäologische Stätte. **S. 695**

TRAPANI
Kleine Hafenstadt mit artenreicher Meereslandschaft. **S. 699**

Erste Orientierung

Sizilien liegt zwischen Italien und Tunesien in türkisfarbenem Meer und verspricht jede Menge Abenteuer zu Wasser und zu Land. Sie ist die größte Insel des Mittelmeers, aber die wichtigsten Sehenswürdigkeiten lassen sich in wenigen Wochen problemlos erkunden.

Trapani, S. 699

In der kleinen Hafenstadt dreht sich alles um antike Architektur, Strände und Straßenleben. Darüber hinaus locken Salzpfannen, ein Naturschutzgebiet an der Küste und die Ägadischen Inseln.

Agrigent, S. 695

In dieser modernen, geschäftigen Stadt an der Mittelmeerküste treffen Alt und Neu aufeinander. Das bedeutet Strandhopping und eine Reise in die Vergangenheit zu Siziliens vielgerühmtem Tal der Tempel.

AUTO

Autofahren ist im verkehrsreichen Palermo und Catania eine Qual, aber entlang der Küste und im Landesinneren ist es im Allgemeinen angenehm und landschaftlich schön. Manche ländliche Bergstraßen sind einspurig und voller Schlaglöcher. Die Autobahnen A18 und A20 sind gebührenpflichtig. Außerhalb der Städte sind Ladestationen für Elektrofahrzeuge rar.

BUS & ZUG

Mit Ausnahme der Trenitalia-Züge, die entlang der tyrrhenischen Küste zwischen Catania und Trapani verkehren, fahren Busse in der Regel schneller und häufiger. Der private Betreiber Ferrovia Circumetnea *(www.circumetnea.it)* betreibt Züge rund um den Ätna. Sonntags ist der Betrieb in allen Bereichen eingeschränkt.

SCHIFF/FÄHRE

Autofähren überqueren regelmäßig die Straße von Messina vom italienischen Festland nach Sizilien, und von dort fahren viele Hochgeschwindigkeits-Tragflügelboote und langsamere *traghetti* (Fähren) zu Siziliens vorgelagerten Liparischen und Ägadischen Inseln. Die Boote verkehren das ganze Jahr über, im Winter allerdings seltener.

Palermo, S. 662

Siziliens Hauptstadt ist eine berauschend chaotische Stadt, verführerisch gewürzt mit byzantinischen Mosaiken, arabischen Bauten, Freskenkuppeln und sensationelem Essen.

Lipari, S. 672

Die größte und lebendigste der Liparischen Inseln ist ein idealer Ausgangspunkt für Inselhopping und bietet Kieselstrände, Restaurants mit köstlichem Essen, künstlerische Shopping-Möglichkeiten und ein zerklüftetes Hinterland zum Wandern.

Catania, S. 680

Im Morgengrauen mit Fischverkäufer:innen feilschen, tagsüber einen aktiven Vulkan erklimmen und bis zum Morgengrauen in der UNESCO-gelisteten Altstadt von Siziliens zweitgrößter Stadt tanzen.

Syrakus, S. 687

An der Südostküste Siziliens trifft alte griechisch-römische Pracht auf antike Inseleleganz und eine Reihe von spätbarocken Städten.

San Vincenzo (Stromboli)
Stromboli
Liparische Inseln
Panarea
Salina
Santa Marina Salina
Alicudi
Filicudi
Lipari
Lipari (Ort)
Vulcano Porto
Vulcano
Palmi
Golfo di Milazzo
Milazzo
Golfo di Patti
Messina
Villa San Giovanni
Capo d'Orlando
Patti
Barcellona
Reggio Calabria
Golfo di Termini Imerese
Cefalù
Santo Stefano di Camastra
Sant'Agata di Militello
Straße von Messina
Tusa
Parco Regionale dei Nebrodi
Mt. Soro
Castelbuono
Mistretta
Francavilla di Sicilia
Randazzo
Mélito di Porto Salvo
Pizzo Carbonara
Caltavuturo
Cesarò
Linguaglossa
Taormina
Petralia Sottana
Troina
Bronte
Ätna
Giardini-Naxos
Parco Naturale Regionale delle Madonie
Nicosia
Parco dell'Etna
Giarre
Leonforte
Agira
Regalbuto
Adrano
Zafferana Etnea
Nicolosi
Acireale
Enna
Catenanuova
Paternò
San Cataldo
Caltanissetta
Misterbianco
Catania
Pietraperzia
Barrafranca
Piazza Armerina
Golfo di Catania
Canicattì
Riesi
Scordia
Lentini
Naro
Mazzarino
Caltagirone
Augusta
Ravanusa
Grammichele
Golfo di Augusta
Vizzini
Sortino
Niscemi
Chiaramonte Gulfi
Canicattini Bagni
Floridia
Syrakus
Licata
Gela
Palazzolo Acreide
Ionisches Meer
Golfo di Gela
Vittòria
Comiso
Fontane Bianche
Ragusa
Noto
Avola
Scoglitti
Modica
Rosolini
Scicli
Marina di Ragusa
Ispica
Pozzallo
Pachino
Mittelmeer

0 50 km

Perfekte Tage

Man sollte die Reiseroute nicht mit zu vielen glitzernden Palazzi, Kunstgalerien und historischen Ruinen vollstopfen. Das Sightseeing lässt sich super mit Badepausen, malerischen Spaziergängen und Festen aufpeppen.

DAVID IONUT/SHUTTERSTOCK ©

Cattedrale di Palermo (S. 665)

Wenig Zeit

● Stürze dich in das labyrinthische historische Zentrum von **Palermo** (S. 662), wo atemberaubend schöne Kirchen, Kunsthandwerksstätten, Straßenmärkte und kulinarische Versuchungen locken. Den Anfang machen die Kronjuwelen, die **Cappella Palatina** (S. 664) im **Palazzo dei Normanni** (S. 663) und die **Kathedrale** (S. 665). Der Blick von der Dachterrasse ist einzigartig. Mittags gibt's Streetfood auf dem **Mercato del Capo** (S. 662).

● Mit dem Bus geht es zum **Duomo di Monreale** (S. 669). Zurück in Palermo genießt man, wie die untergehende Sonne den **Fontana Pretoria** (S. 662) rosa färbt, und gönnt sich dazu einen Drink auf dem Dach des **Le Terrazze del Sole** (S. 663). Abendessen gibt's im **Gagini** (S. 667) und danach Cocktails bis spät in die Nacht im **Farmacia Alcolica** (S. 664).

Beste Reisezeit

Der Sommer ist brütend heiß. Der Frühling mit seiner Wildblumenpracht und das Ende des Sommers sind ideal zum Wandern, Schwimmen und Tauchen. Die Ernte im Herbst ist ein Genuss für Gourmets.

APRIL

Religiöse Prozessionen, Barfußparaden und Marzipanlämmer prägen die **Osterwoche**. Auf den Liparischen Inseln reifen die ersten Kapern.

MAI

Die Rosen blühen und die ersten sonnenverwöhnten Früchte werden gepflückt. Bis August wird Salz aus den schimmernden **Salzpfannen** im Westen Siziliens geerntet.

JUNI

Die ersten Strand-Fans strömen an die Küste. Rooftop-Bars, Strandrestaurants und Liegestuhlverleihe läuten die **Sommersaison** ein.

EMILY MARIE WILSON/SHUTTERSTOCK ©, IPICS/SHUTTERSTOCK ©, ALEX SEGRE/SHUTTERSTOCK ©

Drei Tage Zeit

● Startpunkt ist **Catania** (S. 680), das nach einem Erdbeben im 17. Jh. aus Lava wiederaufgebaut wurde. Dort erwarten Reisende Märkte, Einkaufsmöglichkeiten und ein pulsierendes Nachtleben. Am zweiten Tag erklimmt man die luftigen Höhen des **Ätna** (S. 684), um die gewaltigen Ausmaße dieses aktiven Vulkans und seine große Artenvielfalt – einschließlich Weinberge – zu bewundern.

● Mit dem Zug geht es weiter nach **Syrakus** (S. 687), um eine der mächtigsten Städte der antiken Welt zu erkunden, die mit Athen konkurriert. Nun wandert man von der papyrusgesäumten Quelle **Fonte Aretusa** (S. 688) auf der Insel Ortygia zu den Altären und Grotten im **Parco Archeologico** (S. 688). Nach Einbruch der Dunkelheit kann man sich in der **griechischen Theaterruine** (S. 689) ein Sommertheaterstück unter dem Sternenhimmel ansehen.

Länger Zeit

● Bei der Grand Tour begibt man sich auf die Spuren der Romantiker:innen des 18. Jhs. Los geht's in **Palermo** (S. 662), majestätische Heimat der normannischen König:innen. Es folgt ein Tagesausflug nach **Cefalù** (S. 670), das bei Strandbesucher:innen beliebt ist. Im Südwesten warten die Hafenstadt **Trapani** (S. 699) sowie die beeindruckenden Tempelruinen in **Segesta** (S. 704), **Selinunt** (S. 705) und das Tal der Tempel in **Agrigent** (S. 695). Hier genießt man die wilden Strände und die fotogene **Scala dei Turchi** (S. 695) an der Küste von Agrigent. Von **Syrakus** (S. 687) aus geht's zu den barocken Schönheiten im UNESCO-gelisteten **Val di Noto** (S. 691), dann verfolgt man ein griechisches Drama in **Taormina** (S. 686). Zum krönenden Abschluss belohnt man sich mit einem Feuerwerk auf dem **Ätna** (S. 684) oder einem Inselabenteuer im **Liparischen Archipel** (S. 675).

JULI
Die Preise und Temperaturen steigen. Open-Air-Konzerte begeistern. Klassiker wie das **Tal der Tempel** bleiben bis spät in die Nacht geöffnet.

AUGUST
An den heißen Stränden ist es voll. Die Einheimischen schlemmen Feigen und frische Johannisbrotkerne. Das **Theaterfestival** von Segesta wird eröffnet.

SEPTEMBER
Die Weinstädte feiern die **Weinlese**. Strandclubs und Restaurants schließen am Monatsende. Die ersten Granatäpfel werden reif.

OKTOBER
Der Herbst bringt wilde Pilze, buntes Laub und **Erntefeste** in den Bergdörfern. Die Olivenernte ist in vollem Gang.

PALERMO

Mit ihrer fast 3000-jährigen Geschichte ist Siziliens vielschichtige Metropole das Ergebnis jahrhundertelanger schwindelerregender Höhen und vernichtender Tiefen. Palermo wurde 831 n. Chr. von den Arabern erobert, und als 1072 die Normannen einmarschierten, machte Roger I. (1031–1101) die alte griechische Hafenstadt zum Sitz seines „Sonnenkönigreichs". Er ermutigte die ansässigen Araber, Byzantiner, Griechen und Italiener zu bleiben.

Das heutige Palermo ist geprägt von Rebellion, Mut, Elend und Solidarität. Es ist ein Ort, an dem Piero jeden Morgen für einen weiteren Tag auf dem Markt einen riesigen Eisblock in ein Tuch wickelt, an dem reformierte Jugendliche Kekse in Handwerksküchen backen, um sie zu verkaufen. Talentierte Street Artists kämpfen gegen die Mafia, und die Einheimischen unterhalten sich auf Albanisch und Arabisch in diesem bunten Schmelztiegel der Geschichte und Kulturen. Sei neugierig. Wirf einen Blick in den mit Zitrusfrüchten gefüllten Kreuzgang, die bezaubernde Kapelle voller Putten oder die mit Müll übersäte Gasse und du wirst erstaunt sein, was du dort findest.

TOP TIPP

Zu Fuß lässt sich die chaotische Atmosphäre von Palermo am besten erleben. Die Hauptstraßen der Neustadt, Via Maqueda und Via Vittorio Emanuele, treffen sich am Quattro Canti (Vier Ecken) und unterteilen das historische Zentrum in vier lebhafte Viertel: Albergheria, Il Capo, La Kalsa und Vucciria.

MITTAGSPAUSE

Palermos wichtigster Obst- und Gemüsemarkt, der **Mercato del Capo**, fühlt sich noch genauso an wie im 9. Jh., als arabische Kaufleute, Pirat:innen und Sklavenhändler:innen ihre Waren feilboten. Man sollte auf die eigenen Taschen aufpassen, wenn man sich durch die **Porta Carini** schiebt, ein 1782 wieder aufgebautes Stadttor. In der **Via Porta Carini** wimmelt es von Ständen mit Zitronen, Kokosnüssen in Bechern und Walderdbeeren. Die Köstlichkeiten am Stiel sollte man unbedingt probieren. Im **Sit & Mancia** (Nr. 63) kann man das lokale Craft-Bier Birra dei Vespri trinken und *pastelle* (frittierte Gemüsescheiben), mit Pistazien gefüllte Sardinen oder Schwertfisch essen.

Quattro Canti

BACKSTAGE IM THEATER DER SONNE

Quattro Canti – wie die elegante Kreuzung von der Via Vittorio Emanuele und der Via Maqueda allgemein genannt wird – ist nicht nur das Epizentrum von Palermos beachtlicher Altstadt. Der charakteristische Platz (offiziell Piazza Vigliena) trägt auch den Spitznamen **Il Teatro del Sole** (Sonnentheater) wegen des Lichtspiels, das sich jeden Tag auf dem perfekten Kreis der konkaven Fassaden abzeichnet.

Wenn man zu verschiedenen Tageszeiten an diese belebte Kreuzung zurückkehrt, kann man beobachten, wie die Sonne immer ein anderes Gebäude anstrahlt – unbeleuchtete Fassaden verschwinden in einem raffinierten Perspektivenspiel im kobaltblauen Himmelsgewölbe. Fromme Gläubige, die im Stil von Speakers' Corner predigen, wartende Taxis, die Musik aus tragbaren Lautsprechern schmettern lassen, und Pferdekutschen runden das Bild ab.

Fontana Pretoria

DRINKS BEI SONNENUNTERGANG AM BRUNNEN DER SCHANDE

Sizilianische Kirchenbesucher:innen waren von der schamlosen Nacktheit der in Marmor gemeißelten Nymphen, Tritonen und herumtollenden Flussgötter auf dem monumentalen Brunnen der **Piazza Pretoria** so empört, dass sie ihn Fontana della Vergogna (Brunnen der Schande) tauften. Der florentinische Bildhauer Francesco Camilliani schuf den Brunnen 1554/1555 für die toskanische Villa von Don Pedro de Toledo. 1573 erwarb

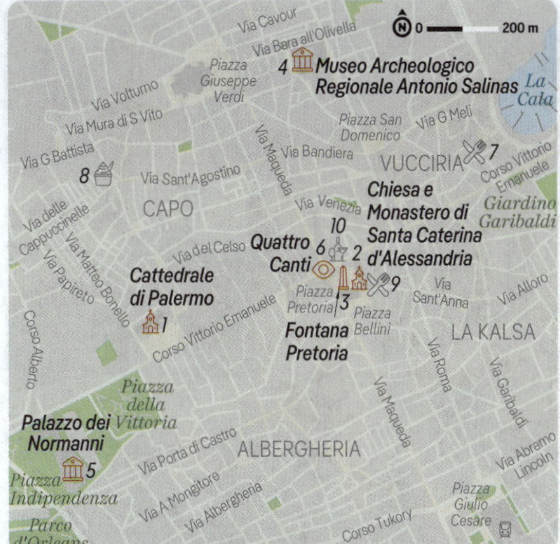

HIGHLIGHTS
1 Cattedrale di Palermo
2 Chiesa e Monastero di Santa Caterina d'Alessandria
3 Fontana Pretoria
4 Museo Archeologico Regionale Antonio Salinas
5 Palazzo dei Normanni
6 Quattro Canti

ESSEN
7 Gagini
8 Grattatella all'antica no Zu' Vicè
(siehe 6) Grattatella da Tonino
9 I Segreti del Chiostro

AUSGEHEN & FEIERN
10 Le Terrazze del Sole

Palermo den Brunnen, um den neuen Fontana di Orione in Messina zu übertrumpfen.

Das Lichtspiel auf den Aktfiguren, die in den gestuften Becken des Fontana Pretoria posieren, ist zu jeder Tageszeit faszinierend – und immer anders. Kommt man also öfter mal vorbei, kann man die skurrile Szene in unterschiedlichem Licht bewundern. Den Sonnenuntergang genießt man am besten von oben bei einem Drink in der **Le Terrazze del Sole**, der Dachbar von Palermos historischem Grand Albergo Sole (jetzt Hotel B&B Palermo Quattro Canti) in der Via Vittorio Emanuele.

Palazzo dei Normanni

GLITZERNDE MOSAIKE IN EINEM KÖNIGSPALAST

Die überwältigende kulturelle Vielfalt des normannischen Siziliens zeigt sich sehr schön in Palermos Hauptattraktion: der Cappella Palatina, die wie ein seltenes Juwel im **Normannenpalast** (auch Palazzo Reale genannt) versteckt ist. Das von den Arabern im 9. Jh. auf dem höchsten Punkt der Stadt errichtete Wahrzeichen verwandelte sich mit der Ankunft der Normannen in Palermo im 11. Jh. von einer Verteidigungsfestung in einen Lustpalast. Seit 1947 tagt hier die sizilianische Regionalversammlung.

STREETFOOD IM HISTORISCHEN ZENTRUM

Mercato di Ballarò
Altmodische Karren mit *sfincione* (Pizza nach sizilianischer Art) und Stände, die *stigghiola* (Ziegendarm) im Freien grillen. **€**

Biga
Pizzastücke mit saisonalen Belägen – viele davon Slow-Food-würdig – und aus 48 Stunden gegärtem Teig. **€**

Friggitoria Chiluzzo
Ein Kiosk mit Palermos bestem *pane e panelle* (Sesambrot mit Kichererbsenbällchen) und *cazzilli* (Kartoffelkroketten). **€**

EINBLICKE IN DIE MAFIA

No Mafia Memorial
Infos über die Geschichte der Mafia und die Anti-Mafia-Bewegung in der Via Vittorio Emanuele 353.

Teatro Massimo
Auf den Stufen stehen, auf denen die kultige Mafia-Szene aus Francis Ford Coppolas *Der Pate III* gedreht wurde.

Muro della Legalità (Mauer der Legalität; 2022)
Das Wandgemälde an der Piazza degli Aragonesi ehrt 26 unbekannte Held:innen, die in Siziliens Kampf gegen die Mafia getötet wurden.

Wandgemälde Falcone & Borsellino (2017)
Das Porträt der ermordeten Anti-Mafia-Magistraten Giovanni Falcone und Paolo Borsellino von Rosk e Loste dominiert den Hafen von La Cala.

ECSTK22/SHUTTERSTOCK ©

Fontana Pretoria (S. 662)

Bei einer Besichtigung der prunkvollen **königlichen Gemächer** (Fr–Mo) sieht man u. a. die Sala d'Ercole (Saal des Herkules), wo die Regionalversammlung an den anderen Tagen der Woche tagt, das Schlafgemach des Königs und die Sala dei Venti (Saal des Winds) mit byzantinischen Mosaiken und einer Holzdecke aus dem 18. Jh.

Aber es ist die goldschimmernde **Cappella Palatina**, die Roger II. 1130 in der Loggia des Palastes errichten ließ, die einem den Atem raubt. Der normannische König ließ die besten byzantinisch-griechischen Kunstschaffenden kommen, um das Innere der Kapelle mit Edelsteinen und Marmor auszustatten. Sie erfassen Ausdrücke, Details und Bewegungen außergewöhnlich künstlerisch in den figurativen Mosaiken. Im Presbyterium taucht man ein in das Leben Christi, der Heiligen, Propheten und Evangelisten, in der Apsis und der Kuppel bewundert man *Cristo Pantocratore* (*Christus der Allmächtige*) im Kreis von Engeln und im Mittelschiff lernt man das Alte Testament kennen.

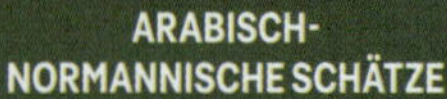

ARABISCH-NORMANNISCHE SCHÄTZE

Von 1130 bis 1194 arbeiteten die Normannen mit byzantinischen und arabischen Architekten, um griechische Tempel in Basiliken zu verwandeln. Palermos Capella Palatina, der **Duomo di Monreale** (S. 669) und Cefalùs **Duomo** (S. 670) sind die Stars jener Zeit.

SPÄTABENDS COCKTAILS TRINKEN IN PALERMO

Mak Mixology
In dieser schicken Bar in einer Einkaufsgalerie aus den 1930er-Jahren in der Via Maqueda werden Cocktails mit moderner Küche kombiniert.

Terzo Tempo Cocktail Lab
Hervorragende Cocktails (Sicilian Shepherds probieren!) oder individuelle Varianten mit dem eigenen Lieblings-Gin, -Rum oder -Whisky.

Farmacia Alcolica
Cocktails schlürfen mit Großstadt-Hipstern in einem flippigen Interieur aus Flohmarktfunden.

Cattedrale di Palermo

KÖNIGLICHE GRÄBER, SCHÄTZE UND EIN DACHSPAZIERGANG

Palermos **Kathedrale** – eine Augenweide aus geometrischen Mustern, Zikkuratzinnen, Majolika-Kuppeln und Blendbogen – ist ein meisterhaftes Beispiel für den außergewöhnlichen arabisch-normannischen Stil, den es nur auf Sizilien gibt. Eine hübsch bemalte Intarsienarbeit über dem prächtigen dreibogigen Eingang zeigt den Baum des Lebens als Teil einer komplexen geometrischen arabischen Komposition; zu sehen sind zwölf Rundfelder mit Früchten, Menschen und unterschiedlichen Tieren. Sie wird auf das Jahr 1296 datiert.

Der Innenraum hat zwar sehr beeindruckende Ausmaße, ist aber kaum mehr als eine marmorne Hülle für die interessantesten Sehenswürdigkeiten: die **normannischen Königsgräber** (gleich am Eingang links, mit den Überresten der bedeutendsten sizilianischen Herrscher: Roger II. und Friedrich II. von Hohenstaufen) und die **Schatzkammer** mit der Krone von Konstanze von Aragón aus dem 13. Jh., die von lokalen Handwerkern aus feinem Gold hergestellt und mit Juwelen besetzt wurde. In der Schatzkammer finden sich auch silberne Reliquienschreine, die einen Zahn und die Asche der hl. Rosalia bewahren. Das Beste kommt zum Schluss: die spektakuläre Wendeltreppe mit 110 steilen Steinstufen hinauf zu den **Dachterrassen** der Kathedrale mit Panoramablick über die Stadt.

Am Südportal der Kathedrale ziert eine Koranpassage eine Säule – die einzige Erinnerung an die Moschee aus dem 9. Jh., auf der 1184 der Bau der Kathedrale begann. Seitdem wurden viele, teilweise sehr gelungene Veränderungen an dem Bauwerk vorgenommen. So kam z.B. im 15. Jh. der Portikus mit drei Bogengängen von Antonio Gambara hinzu, ein Meisterwerk der katalanisch-gotischen Architektur, dessen Fertigstellung 200 Jahre dauerte. Andere Umbauten wiederum waren weit weniger gelungen, u.a. Ferdinando Fugas klobige Kuppel, die zwischen 1781 und 1801 hinzugefügt wurde.

FATIMIDISCHE KUNST

Schau in der dreischiffigen **Cappella Palatina** unbedingt nach oben! Eine bunte Truppe von Kamelen, Löwen, Greifen, Schreiberlingen, Musikern, Ringkämpfern, nackten Bauchtänzerinnen und anderen weltlichen Hofkünstler:innen der damaligen Zeit springt förmlich von den Gewölbedecken. Die aus Holz geschnitzte und von muslimischen Künstler:innen bemalte Decke ist ein seltenes Beispiel für die fatimidische Kunst des 12. Jhs. im Mittelmeerraum und einzigartig für eine christliche Kirche. Kufische Schriftzeichen umgeben die islamischen sternförmigen Polygone, während zwischen Decke und Wänden kunstvoll geschnitzte *muqarnas* wie Honigwaben herabtropfen.

FÜR ARCHÄOLOGIE-INTERESSIERTE

Die antike Stadt **Selinunt** (S. 705) zählt zu den faszinierendsten archäologischen Stätten Siziliens. Zusammen mit den griechischen Ruinen von **Segesta** (S. 704) wird daraus ein super Road Trip. Im März und April leuchten die umliegenden Felder gelb vom wilden Fenchel.

Museo Archeologico Regionale Antonio Salinas

ANTIKE SCHÄTZE IM KLOSTERGARTEN

Bücherwürmer können sich freuen: Der **Klostergarten** dieses Renaissanceklosters, das heute das älteste öffentliche **Museum** Siziliens beherbergt, ist der Himmel auf Erden. Man kann es sich auf einer alten Steinbank unter Bananenbäumen bequem machen und

BESONDERS GUT SPEISEN IN PALERMO

Le Cattive
Gehobene Küche des sizilianischen Weinguts Tasca d'Almerita mit Tischen inkl. Meerblick an der Mura delle Cattive. **€€€**

Osteria Ballarò
In dieser stilvollen, Slow-Food-würdigen *osteria* (Taverne) in den ehemaligen Stallungen eines Palazzo werden ausschließlich sizilianische Produkte aufgetischt. **€–€€**

Ciccio... in pentola
Kreative Fisch- und Seafoodgerichte, gepaart mit exzellentem Service, machen dieses elegante *ristorante* zu einem Favoriten der lokalen Gourmets. **€€**

die Sammlung phönizischer Sarkophage aus dem 5. Jh. v. Chr. im Innenhof betrachten (oder einfach in meditativer Stille ein Buch lesen).

Alle drei Innenhöfe im archäologischen Museum von Palermo sind imposant: Im ersten tummeln sich Wasserschildkröten in einem Springbrunnen, im zentralen glasüberdachten Hof mit der großen Rekonstruktion eines Giebels aus dem Tempel C in Selinunt (S. 705) treffen antike und moderne Welten aufeinander. Für die originalen dekorativen Friese aus Selinunt sollte man ausreichend Zeit einplanen – die Details sind äußerst faszinierend, etwa die Darstellung von Actaeon, der zur Strafe dafür, dass er Artemis nackt gesehen hat, von Hunden zerrissen wird.

Chiesa e Monastero di Santa Caterina d'Alessandria

BAROCKE KUNST & VOGELPERSPEKTIVE

Der Rundumblick über die Altstadt kann es fast aufnehmen mit den barocken Meisterwerken dieses **zum Kloster umfunktionierten Hospizes** aus dem frühen 14. Jh. Schon die Dachterrassen laden zum Schwärmen ein.

Man sollte sich zwei Stunden Zeit nehmen, um die kunstvoll und reich verzierten Innenräume zu erkunden. Die einschiffige Kirche, die zwischen 1580 und 1596 erbaut wurde, ist mit ihrer freskengeschmückten Kuppel, die den *Triumph der Heiligen Dominikaner* (1751) von Vito D'Anna zeigt, und den filigranen Verzierungen aus Blattgold und Marmorintarsien ein Musterbeispiel der italienischen Renaissance. Auf dem prächtigen Hauptaltar funkelt ein Tabernakel, verziert mit Amethysten und Lapislazuli. Der berühmte Barockkünstler Filippo Randazzo schuf das Gewölbefresko *Triumph der Hl. Katharina* (1744), und die Seitenkapellen sind mit bemerkenswerten Gemälden aus dem 17. Jh. von Vincenzo Marchese und Giacomo Lo Verdo – Schüler des Barockmeisters Pietro Novelli – geschmückt.

Zum Abschluss kann man sich in Santa Caterinas *pasticceria* **I Segreti del Chiostro** (Klostergeheimnisse) im ersten Stock die sündhaft guten *minni di vergine* (Jungfrauenbrüste, ein weißer Kuchen mit einer kandierten Kirsche obendrauf) gönnen. Man kann sie in aller Ruhe im Majolika-Kreuzgang des Klosters verzehren, der von duftenden Orangenbäumen und Mönchszellen mit Balkonen umgeben ist und in dessen Mitte sich ein von dem spätbarocken Bildhauer aus Palermo, Ignazio Marabitti (1719–97), gestalteter Brunnen aus dem 18. Jh. befindet.

KUNSTHANDWERKLICHES ÖKO-SHOPPING

Unabhängig von ihrer eigenen Boutique in der Via Vittorio Emanuele 314 empfiehlt die Juwelierin und Umweltschützerin **Nanà Aristova** ihre Lieblingsorte für kunsthandwerkliche und umweltbewusste Kreationen.

Ideestortepaper
Es sieht aus wie eine *bottega* (Werkstatt), ist aber in Wirklichkeit ein Verlag, der sich auf Aquarellzeichnungen spezialisiert hat. Hier gibt's Notizbücher und Postkarten mit Meeres- und Botanikmotiven.

La Profumoteca
Das Familienunternehmen kreiert in Handarbeit nachfüllbare und recycelbare Düfte und verwendet dabei ausschließlich traditionelle Herstellungsverfahren.

Sicilia Inspired
Hier geht es um Kunstschaffende, die Sizilien repräsentieren. Es gibt Zeichnungen mit Pigmenten aus Ätna-Lava, strahlende Skulpturen aus Agaven und Parfums, die Geschichten über den sizilianischen Geist heraufbeschwören.

ÜBERNACHTEN IN PALERMO

B&B Dimora Sinibaldi
Reichhaltiges, hausgemachtes Frühstück und 360-Grad-Blick auf die Stadt von der Dachterrasse dieses Palazzo-B&B in La Kalsa. **€€**

Stanze al Genio
Übernachten inmitten von Majolikakacheln in dem außergewöhnlichen Palazzo aus dem 16. Jh., dem Museum des Kunstsammlers Pio Mellina. **€€**

B&B Hotels – Hotel Palermo Quattro Canti
Die unübertroffene zentrale Lage und das Restaurant mit Dachbar verleihen diesem Hotel ein ausgezeichnetes Preis-Leistungs-Verhältnis. **€–€€**

Gagini

EDLE SPEISEN IN EINEM RENAISSANCE-ATELIER

Sumach aus Palermo, Knoblauch aus Nubien, Krabben und Hummer aus dem Mittelmeer, gelbe Pflaumen aus Monreale, Sesam aus Ispica und würzige Kapernblüten von der Liparischen Insel Salina: Das alles erleben Feinschmecker:innen im Gourmet-Himmel der modernen Küche des italienisch-brasilianischen Küchenchefs **Mauricio Zillo** – Palermos einzige mit einem Michelin-Stern ausgezeichnete Adresse. Man muss weit im Voraus reservieren, um einen Tisch in der Villa aus dem 16. Jh. zu ergattern – das Renaissance-Atelier des palermischen Bildhauers Antonello Gagini (1478–1536) ist eine zeitgenössische Galerie für einheimische Kunstschaffende, deren Gemälde an den goldenen Mauerwänden hängen. Am besten lässt man das Mittagessen aus, um das achtgängige Degustationsmenü voll auskosten zu können.

Grattatella-Wagen

DIE ALTMODISCHE KUNST, EINEN KÜHLEN KOPF ZU BEWAHREN

Umherziehende Wagen verkaufen *grattatella* – von einem dicken, in ein Tuch eingewickelten Eisblock handgeschabtes Eis, das in einem Plastikbecher mit frischem Fruchtsirup serviert wird. Zitrone ist der Klassiker, aber **Grattatella da Tonino** hat auch Minze, Tropical Rose, Orgeat, Cola und einen Regenbogen anderer moderner Geschmacksrichtungen in dem bunt bemalten Wagen, der oft an der Kreuzung von Via Maqueda und Via Vittorio Emanuele am Quattro Canti steht.

Piero Caccamo betreibt den Wagen seines verstorbenen Schwiegervaters Vincenzo Tirenna. Dieser war eine Legende aus Palermo und trug den Spitznamen *il re della grattatella* (der König der *grattatella*) – er stellte über 40 Jahre lang mit seinem Wagen **Grattatella all'antica no Zu' Vicè** vor dem Teatro Massimo den kultigen Sommerdurstlöscher der Stadt her. Piero entsaftet frische Granatäpfel und kratzt Eis auf Bestellung gegenüber der Via Porta Carini 20 in Il Capo.

VERSTECKTE GÄRTEN

Giardino Bistro Al Fresco
Drinks und Null-Kilometer-Küche, serviert von geläuterten Jugendlichen in einem Plumeria-Garten.

Chiesa di San Giovanni degli Eremiti
Bei der stimmungsvollen Kirchenruine aus dem 12. Jh. kann man sich auf eine Steinbank unter einem Granatapfelbaum zurückziehen.

Giardino Garibaldi
Panelle vom berühmten Sandwich-Laden Francu U Vastiddaru unter Palermos ältestem Feigenbaum genießen.

Orto Botanico
Die botanischen Gärten sind ein Lichtblick für müde Stadtmenschen und erzählen die Geschichte der vielfältigen Landschaft Palermos.

MEHR STRASSENFUTTER

Folgt man den Gerüchen zum Vucciria-Markt auf der Piazza Caracciolo, trifft man auf Rocky Basile, der mit die besten *pani câ mèusa* (Brötchen mit Milz und Lunge) in Palermo verkauft. In Catania ist **La Pescheria** (S. 682) ein weiterer Street-Food-Tempel.

UNTERWEGS VOR ORT

Von Palermos Aeroporto Falcone Borsellino, 35 km nordwestlich des Zentrums, kommt man gut in die Stadt. Ob mit dem Zug oder Bus – bis zum Bahnhof Palermo Centrale und dem Busbahnhof Via Tommaso Fazello sind es ca. 50 Minuten.

Die beste Art, das Zentrum Palermos zu erkunden, ist zu Fuß. Feste, bequeme Schuhe oder Sandalen – Flip-Flops sind keine gute Wahl – sind ratsam, um unebenen Bürgersteigen, staubigen Straßen und rutschigem Steinpflaster zu trotzen.

Über Apps gibt's Leihoptionen: Ridemovi für normale und elektrische Fahrräder; Tier, BiT, Link, Helbiz oder Bird für E-Scooter. Auf der Piazza Giuseppe Verdi, der Piazza del Parlamento und anderen großen Plätzen stehen meist Motorroller, Fahrräder und dreirädrige Piaggio-Ape-Stadttaxis.

Mondello
Palermo
Cefalù
Monreale

Rund um Palermo

Palermos Lage garantiert erholsame grüne Landschaften, Sandstrände und friedliche Inseln – alles nur eine kurze Fahrt mit dem Bus, Elektroroller oder Boot entfernt.

Von Schutzheiligen, die auf dem Monte Pellegrino Ruhe und Einsamkeit suchten, bis hin zu sizilianischen Königen und Adligen, die Jagdgebiete mit Rebhühnern und Fasanen anlegten – das Bedürfnis, dem Lärm, dem Schmutz und den Menschenmassen des alten Palermo zu entfliehen, ist ein fester Bestandteil der Stadtstruktur. Die natürliche Strahlkraft des urbanen Palermo ist unbestreitbar, aber wenn das Bedürfnis nach einer Pause aufkommt, bietet die Stadt wohltuende Ausflugsmöglichkeiten.

Ein sizilianisches Sprichwort besagt, wer nach Palermo kommt, ohne Monreale zu besuchen, kommt als Esel und geht als Trottel. Der Grund: In diesem Bergdorf befindet sich eines der wichtigsten Beispiele normannischer Architektur in Europa: der zum Weltkulturerbe gehörende Duomo di Monreale. Schimmernde goldene Mosaike und ein atemberaubender Blick über Palermo und das Tyrrhenische Meer sind mindestens einen halben Tag wert.

TOP TIPP

Tagesausflügler können im Rahmen von geführten Touren nach Mondello und Monreale kommen (die Hotels geben Auskunft), aber es ist billiger und einfacher, mit den öffentlichen Verkehrsmitteln oder dem Hop-on-Hop-off-Sightseeing-Bus zu fahren. *(city-sightseeing.it/en/palermo).*

Duomo di Monreale

ROMAN BABAKIN/SHUTTERSTOCK ©

Statue von Wilhelm II., Duomo di Monreale

Duomo di Monreale

SIZILIENS GOLDENER TEMPEL

Es geht auf eine Zeitreise ins italienische Mittelalter und seiner architektonischen Pracht. Steigt man von der Bushaltestelle am Fuß des Bergdorfs **Monreale** hinauf (AMAT-Linie 389 von Palermos Piazza Indipendenza), ist es schwer zu glauben, dass ein so bescheidener Ort Siziliens schönstes Beispiel normannischer Architektur bergen könnte. Bauherr Wilhelm II. wollte damit die Werke seines Großvaters Roger II. in Cefalù und Palermo übertreffen.

Im goldenen Mosaik der Kathedrale sind die Arche Noah auf den Wellen, Rebekka, die Kamele tränkt, Christus, der einen Aussätzigen heilt, der Mord an Abel sowie Adam und Eva zu sehen. Die mittelalterlichen Mosaik-Kunstschaffenden stammten aus Sizilien und Venedig, doch der stilistische Einfluss der Byzantiner durchdringt ihr 1184 vollendetes Werk. In der Buchhandlung der Kathedrale gibt's für 1 € eine Broschüre über alle 42 biblischen Szenen. Im romantischen **Kreuzgang** findet man Wilhelm II., der die Kathedrale der Madonna opfert. Die **Terrasse** der Kathedrale bietet einen himmlischen Blick auf den Klostergarten, die Majolika-Dächer der Kathedrale und die Stadt Palermo, die am Horizont am Meer liegt.

BAGHERIA WIEDER-ENTDECKEN

Suzanne Edwards, Co-Autorin von *Sicily: A Literary Guide for Travellers.*

Das lange Zeit vernachlässigte Bagheria hat eine Art Wiedergeburt erlebt. Die Stadt war eine Sommerresidenz von Palermos Aristokratie, und mehrere ihrer Palazzi können besichtigt werden. Am faszinierendsten ist die **Villa Palagonia** (1715).
Das runde Gebäude selbst ist wunderschön, aber das Beste bietet die Gartenmauer: fantasievolle Statuen, von perückenbewehrten Aristokraten bis zu pferdeköpfigen Wasserspeiern und buckligen Gnomen. Es kursierten Gerüchte über die Beweggründe des Eigentümers, von denen die schillerndsten besagten, dass die Statuen die zahlreichen Liebhaber seiner Frau parodieren sollten. Die Einheimischen vermieden es, sie anzusehen, insbesondere schwangere Frauen, da sie glaubten, sie seien verflucht.

GUTES GELATO RUND UM PALERMO BEKOMMEN

Gelateria della Piazzetta
Mandelkrokant, Lakritze und Zimt sind die hervorstechenden Geschmacksrichtungen in diesem Lokal in Monreale mit Tischen auf einer winzigen Piazza.

Caffè Traina
Vom Hafen von Ustica aus steigt man die Treppe zum Dorf hinauf, um das seit 1931 bei den Inselbewohner:innen beliebte Gelato zu kosten.

Latte Pa
Gibt es etwas Besseres als Brioche mit Maulbeer-, Pistazien- oder Wassermelonen-Gelato an der Strandpromenade von Mondello?

AUF ZUR PARTY

Nur die Söhne der örtlichen Fischer dürfen an der **Ntinna a mari** teilnehmen, dem Finale des jährlichen Festes zu Ehren des Schutzpatrons von Cefalù am 6. August. Bei der alten Tradition versuchen 17 Männer in Badeshorts, eine 16 m lange, über dem Wasser schwebende Stange im Il Molo zu überqueren, um eine Fahne von San Salvatore zu erobern. Die schmale Stange ist mit Fett eingeschmiert, was für viel Heiterkeit sorgt.

Während des viertägigen Fests, das mit einem Feuerwerk am Strand endet, genießt man Cefalùs typisches Gericht *pasta 'a taianu*. Abgeleitet vom arabischen *taoio* („Terrakotta-Schale"), werden zwei Arten von Fleisch (vom Rind, Lamm oder Schwein) mit Auberginen, Tomatensauce und *pecorino* in einer Terrakotta-Schale geschichtet.

Ntinna a mari, Cefalù

Strandleben in Mondello

PALERMOS SOMMERSPIELPLATZ

An den Sommerwochenenden zieht man die Sonnenbrille auf und steigt an der Piazza Sturzo in Palermo in den AMAT-Bus 806 ein oder chartert ein Motorboot von La Cala aus, um zum beliebtesten Strandort der Stadt zu gelangen. Einst ein schlammiger, malariageplagter Hafen, kam das goldsandige Mondello im 19. Jh. in Mode, als Adlige hier Sommervillen bauten. Auf dem Pier und in der Badeanstalt im Liberty-Stil von 1913, dem heutigen Top-Restaurant **Alle Terrazze** mit der trendigen *crudo*-Bar (rohes Seafood) und dem einmaligen Blick auf den Sonnenuntergang, erwartet die Gäste ein Hauch des alten Glamours.

Sakrale Verführung in Cefalù

MOSAIKE, GELATO & APERITIVO

Man muss nur den Massen folgen, die durch Cefalùs Flanierzone, dem von Geschäften gesäumten **Corso Ruggero**, zur Piazza Duomo strömen, um die sakrale Anziehungskraft zu spüren. Einfach treiben lassen ... aber darauf gefasst sein, dass man beim Anblick der gewaltigen, goldenen Festung des arabisch-normannischen **Duomo** wie vom Blitz getroffen stehen bleibt.

Von der Via Passafiume aus steigt man die Wendeltreppe am Ende des Kirchenschiffs hinauf und erklimmt einen der Zwillingstürme der Kathedrale. Der Blick aus der Vogelperspektive auf die bezaubernde Altstadt von Cefalù fasziniert beim Aufstieg, und das Panorama auf Stadt, Berge und Meer ist atemberaubend.

Unten am Altar erhält man gegen Vorlage der Eintrittskarte Zugang zu einem exklusiven Aussichtspunkt auf die berühmten Mosaike in der zentralen Apsis der Kathedrale. Eine hoch aufragende Figur des Cristo Pantocratore (Christus, der Allmächtige) ist der schimmernde Mittelpunkt dieser kunstvollen byzantinischen Mosaike – die ältesten und am besten erhaltenen Siziliens, die denen von Monreale 20 oder 30 Jahre voraus sind. Man sollte sich in Ruhe die Szene eines barmherzig dreinblickenden Christus ansehen, der eine aufgeschlagene Bibel mit einer lateinischen und griechischen Inschrift in der Hand hält. Oder die Jungfrau mit den vier Erzengeln, die als byzantinische Staatsdiener gekleidet sind. Weiter geht es in die Sakristei mit einem Altar vor einem Fenster mit Blick aufs Meer, in die Schatzkammer, die voller Schätze aus dem 12. bis 19. Jh. ist, und in den romantischen Klostergarten mit alten Säulen, die anmutige arabisch-normannische Bögen tragen.

Zurück im Gedränge auf der Piazza Duomo belohnt man sich nun mit einem Morgenkaffee oder einem *aperitivo* im **Duomo Gelatieri dal 1952**, dessen Terrasse den Platz beherrscht. Oder

CEFALÙS „PASTA IN DER PFANNE" PROBIEREN

Tinchité
In dieser Taverne mit einer schattigen Terrasse werden lokale Produkte verarbeitet. Toll sind die Hintergrundinformationen auf der Speisekarte. **€€**

La Botte
Seit über drei Jahrzehnten serviert dieses familiengeführte Restaurant in der Altstadt schmackhafte lokale und sizilianische Klassiker. **€€**

La Trinacria
Die Meeresblicke und die *pasta 'a taianu* entschädigen für den zehnminütigen Spaziergang zu dem Klippenrestaurant in einer alten Nudelfabrik. **€€**

man holt sich ein typisches Gelato mit Cannolo-Geschmack oder ein *affogato al caffè* (Espresso mit Vanilleeis) zum Mitnehmen.

La Rocca erklimmen

WANDERUNG BEI SONNENAUFGANG, RUINEN & AUSBLICKE

Der imposante Felsen, der über Cefalù thront, war einst der Standort einer arabischen Zitadelle, die 1061 von der **Normannischen Burg** verdrängt wurde, deren Ruinen noch heute den Gipfel krönen. Der Aufstieg in schwindelerregende Höhen über die **Salita Saraceni**, einer riesigen Treppe, die sich spektakulär durch Kiefern und drei Reihen von Stadtmauern schlängelt, bevor sie an Berghängen endet, belohnt mit Blicken auf die Küste.

Auch unterhalb des windigen Gipfels ist der Ausblick auf die Kathedrale und die roten Dächer der Altstadt von den Zinnen der alten Burgmauern aus beeindruckend. Noch eine Stufe weiter unten bieten Picknicktische unter Bäumen bei der Ruine des **Tempio di Diana** aus dem 4. Jh. v. Chr. (ausgeschildert als „Edificio Megalitico") einen ruhigen Platz zum Mittagessen. Um La Rocca zu erreichen, folgt man dem Vicolo Saraceni vom Corso Ruggero aus bergauf, der Weg dauert etwa 45 Minuten.

Flucht zum Capo Cefalù

ÖRTLICHES STRANDLEBEN & SCHNORCHELN

In Cefalùs Zentrum gibt es einen hinreißenden goldenen Sandstrand, den man nicht vorstellen muss – die halbmondförmige **Spiaggia di Cefalù** ist eine der besten Sandstrände Siziliens. Wer dem Trubel entfliehen will, folgt den Einheimischen zum Capo Cefalù, einem Kap mit einem alten **Leuchtturm** (1900) und klarem, türkisfarbenem Wasser zum Schnorcheln.

Vom Dom aus geht es den Corso Ruggero hinunter und dann rechts die Via Porpora entlang bis zu den Kalksteintrockenmauern, die von den Griechen im 4. und 5. Jh. v. Chr. errichtet wurden. Durch die *postierla* – ein Durchgang in den megalithischen Mauern, der den Zugang zu einer Quelle im Felsen ermöglichte – gelangt man direkt ans Meer. Der gepflasterte Weg, die Stufen und Brücken an den Felsen entlang führen zu schönen flachen Pools und Schnorchelplätzen.

SCHNORCHEL-PARADIES

Die vulkanischen **Liparischen Inseln** (S. 675) erheben sich vor der nordöstlichen Küste Siziliens aus kobaltblauem Wasser. Sie sind 1600 km² groß, liegen im Tyrrhenischen Meer und wurden zum Schnorcheln geschaffen. Nirgendwo sonst sind gin-klare Gewässer so reich an Wasserpflanzen und -tieren.

ITALIENS LECKERSTE LINSEN

Um die berühmten braunen Linsen zu probieren, die auf dem vulkanischen Inselchen **Ustica** angebaut werden, lohnt sich die 90-minütige Fahrt mit dem Tragflächenboot vom Fährhafen in Palermo. Zu empfehlen sind sie als *polpettine di lenticchie* (Linsenfrikadellen) im Ort Ustica in der **Trattoria Da Umberto**. Oder man fährt 1,8 km nach Westen zum **Agriturismo Hibiscus**, einem Bio-Linsenhof mit Unterkünften für Selbstversorgende und einem Museum, das sich mit den landwirtschaftlichen und seemännischen Traditionen der Insel beschäftigt. Man erfährt, wie die Linsen im Dezember mit Pferdepflügen gesät, im Juni geerntet und getrocknet, dann zerkleinert und von Hand „gesiebt" werden, um bei der *pistata delle lenticchie* die Linsen vom „Stroh" zu trennen.

UNTERWEGS VOR ORT

Fahrkarten für die Hin- und Rückfahrt (2,80 €) nach Monreale erhält man vor dem Einsteigen in den Bus am Ticketschalter neben der Bushaltestelle auf der Ostseite (Königspalast) der Piazza Indipendenza in Palermo. Vorsicht vor Taschendieben – das gilt auch für Busse von/nach Mondello. Die Tragflügelboote von Liberty Lines nach Ustica sind in der Hauptsaison komplett gefüllt – alle Fahrkarten sollte man etwa einen Tag im Voraus online buchen (*https://booking.libertylines.it*).

LIPARI

Lipari ist die größte, geschäftigste und am leichtesten erreichbare der Liparischen Inseln und beherbergt das ganze Jahr über etwa 12 000 Menschen – im Sommer sind es doppelt so viele. Wer mit dem Boot vom sizilianischen Festland im hübschen Hafen Marina Lunga einläuft, bekommt einen Vorgeschmack auf entspanntes Inselleben. Wer von den äußeren Liparischen Inseln zurückkehrt, den erinnert der aufdringliche Lärm kreischender *motorini* und das Geschrei, mit dem Bootsfahrten angepriesen werden, eher an eine Großstadt.

Die Stadt Lipari wurde von den Griechen gegründet und 365 n. Chr. durch ein Erdbeben zerstört. Die pastellfarbene Uferpromenade und die autofreie Hauptstraße täuschen über ihre Bedeutung als Verkehrsknotenpunkt hinweg. Vulkane formten das windgepeitschte Hochland, die steilen Klippen und die zerklüftete mediterrane *macchia* (Buschland) der Insel. Viele Ansässige leben noch heute vom Verkauf von Bimssteinen und Schmuck mit tiefschwarzem Obsidian, der aus alten vulkanischen Ablagerungen an der Nordostküste gewonnen wird.

TOP TIPP

Mit Mietwagen oder Motorroller dauert eine Rundfahrt über die Insel etwa eine Stunde. Wer mehr Zeit hat, wandert oder nutzt Busse und private Minibusse. Busfahrpläne, u. a. für die Kieselstrände an der Nordostküste (Spiaggia di Canneto liegt der Stadt Lipari am nächsten), findet man am Hafen.

Historisches Castello di Lipari

FÜNF JAHRTAUSENDE ANTIKER GESCHICHTE

Nachdem der rotbärtige Pirat Barbarossa 1544 in Lipari gewütet, die meisten Männer der Stadt ermordet und die Frauen versklavt hatte, befestigten die spanischen Herrscher die Siedlung. In ihrer beeindruckenden **Zitadelle** (1556) auf den Klippen wird die Geschichte der Insel lebendig.

Der Zugang erfolgt über die **Via del Concordato**, eine steile fotogene Treppe, die von der zentralen Via Garibaldi (gegenüber von Nr. 104) zur **Cattedrale di San Bartolomeo** hinaufführt. Die „Mutterkirche" in Lipari ist ein wunderschönes Beispiel für die Barockarchitektur des 17. Jhs. und ersetzte die normannische Kathedrale aus dem 11. Jh., die ebenfalls von dem unbarmherzigen Barbarossa zerstört wurde. Gleich nebenan befindet sich der Palazzo Vescovile (Bischofspalast) aus dem 18. Jh., in dem die prähistorische Abteilung des hochkarätigen **Museo Archeologico Regionale Eoliano** untergebracht ist. Anhand von dreifarbig bemalten Töpferwaren, Kupfer- und Bronzegegenständen, Opfergaben aus Lavastein, Marmorschnitzereien und fein gearbeiteten Werkzeugen aus Obsidian lässt sich die faszinierende Geschichte Liparis von den frühen neolithischen Siedlern bis zum römischen Lipára erkunden.

Das archäologische Museum erstreckt sich über sechs weitere Zitadellengebäude. Amphoren aus Schiffswracks, die weltweit größte Sammlung griechischer Miniatur-Theatermasken und exquisite bemalte Keramiken aus der griechischen Nekropole von Lipari ziehen in der **Sezione Classica** die Blicke auf sich. In der **Sezione Vulcanologica** befindet sich eine spannende

DER LIPARI-MALER

Im antiken griechischen Reich kamen die wertvollen Töpferwaren aus Lipari. Vasen mit Schmuck, Kosmetika und anderen Grabbeigaben, die zusammen mit dem Verstorbenen in den Sarkophag gelegt werden sollten, wurden aus Terrakotta geformt und mit immer kunstvolleren Mustern bemalt. Im 4. Jh. v. Chr. zeichneten Töpfer ausgefeilte Geschichten von (stets weiblichen) Verstorbenen zur Vorbereitung auf die Hochzeit ihrer Seele mit einer Gottheit. Einer dieser Meister war der Lipari-Maler, der zwischen 300 und 260 v. Chr. kunstvolle Werke in satten erdigen Farben auf Keramik malte. Sein Markenzeichen war ein eiförmiges Motiv, aus dem Lorbeerzweige herausragten.

HIGHLIGHTS
1 Belvedere Quattrocchi
2 Castello di Lipari
3 Osservatorio Geofisico
4 Spiaggia Valle Muria

SEHENSWERTES
5 Cattedrale di San Bartolomeo
6 Museo Archeologico Eoliano
7 Pianoconte

Darstellung der ältesten Industrien der Liparischen Inseln – die Gewinnung von Schwefel auf Vulcano und von Alaun, Bimsstein und Obsidian auf Lipari – und ihrer Vulkane. Zwischendurch gönnt man sich eine Pause in dem von Bäumen beschatteten **Archäologiegarten**, der mit restaurierten Sarkophagen aus dem 4. und 5. Jh. übersät ist. Eine Sommervorstellung mit Meerblick im Freiluft-Amphitheater ist ein Genuss.

ESSEN IN DER STADT LIPARI

Kasbah
Stylisher, von Kerzen beleuchteter Garten mit Pizza aus dem Holzofen, kreativen Pastagerichten und heimischem Schwertfisch (frisch von Mai bis September). **€€**

Osteria Liparota
Burrata mit Feigen und Sardellen von der Insel oder gebratenen Thunfisch in dieser gemütlichen *osteria* mit Tischen an der Straße genießen. **€€**

Gilberto e Vera
Die gut gefüllten *panini*, die nach Kund:innen benannt sind, bedienen jeden Geschmack und jede Stimmung in dieser Jahrzehnte bestehenden, familiengeführten Institution. **€**

AUF DER INSEL WANDERN

Uralte Maultierpfade und steile Wanderwege durchziehen das zerklüftete Innere der Insel. Wo früher nur Bäuerinnen und Bauern unterwegs waren, um Weinberge, Olivenhaine und Kapernfelder zu erreichen, sind heute Wandernde auf Erkundungstour. Die Beschilderung ist teils lückenhaft – am besten wandert man in Begleitung von Naturguides oder Naturschutzbiolog:innen von **Nesos** *(nesos.org)*. Die lokale Umweltorganisation vertreibt den Guide *Die 15 besten Wanderpfade der Liparischen Inseln* (7 €), erhältlich in Lipari am Corso Vittorio Emanuele 24, und organisiert geführte Wanderungen zur Botanik und Vogelbeobachtung, archäologische Ausflüge und Mountainbike-Touren (mind. 5 Pers., 20 €/Pers., Voranmeldung).

Wandern, Lipari

Schwimmen an der Spiaggia Valle Muria

EIN TAG AM STRAND

Steilklippen umgeben diesen **Kiesstrand** an Liparis Südwestküste, wo man sonnenbaden und in smaragdfarbenem Wasser schwimmen kann. Schon die Anreise ist ein Erlebnis. Die ausgeschilderte Abzweigung, 3 km westlich des Ortes Lipari, ist leicht per Auto oder Motorroller zu erreichen, aber es macht viel mehr Spaß, mit dem Bus dorthin zu fahren und zurück zu segeln. Von der Straße führt ein steiler Pfad (25 Min. zu Fuß) durch eine schroffe Landschaft mit hohem Gras, Wildblumen und Kakteen hinunter. Die Rückfahrt erfolgt auf dem Seeweg mit dem einheimischen Bootskapitän Barni – er ist am Strandkiosk zu finden – oder mit einem anderen Bootstaxi. An den Kais von Liparis Marina Corta stehen immer mehrere zur Verfügung (vorab buchen). Die Bootsfahrt bei Sonnenuntergang durch die *faraglione* (Felstürme) an der Westküste der Insel mit Blick auf Vulcanos rauchende Krater am Horizont ist unvergesslich.

Aussichtspunkte Osservatorio & Quattrocchi

INSELPANORAMEN BEI SONNENUNTERGANG

Die Aussichtsplattform **Osservatorio Geofisico** in der Nähe von Liparis Südwestzipfel bietet einen unvergleichlichen Blick gen Süden zur Insel Vulcano und zum Ätna und gen Westen in eine schwindelerregend steile Schlucht mit den von der untergehenden Sonne angestrahlten Alicudi und Filicudi im Hintergrund. Man parkt sein Auto am Ende der Straße und folgt dem Schotterweg bis zur Landspitze. An der Straße nach Pianoconte bietet der berühmte Aussichtspunkt **Belvedere Quattrocchi** (Vier Augen) atemberaubende Ausblicke auf Klippen, die ins Meer abfallen, während in der Ferne unheimliche Qualmwolken von den düsteren Höhen des benachbarten Vulcano aufsteigen. Der Sonnenuntergang an beiden Stellen ist traumhaft.

UNTERWEGS VOR ORT

In zahlreichen Hotels außerhalb der Stadt Lipari ist der Transfer vom Hafen im Preis inbegriffen. Ansonsten kann ein Minivan organisiert werden. Strandrestaurants und -bars nennen eionem Namen und Handynummern der Taxiboote, mit denen sie zusammenarbeiten. Alternativ gibt es auch Taxiboote an der Marina Corta und am Molo di Canneto. Man sollte im Voraus per Telefon buchen.

Von März bis Oktober werden an einigen Kiosken in der Marina Lunga und in Agenturen Tickets für organisierte Tagesausflüge zu anderen Liparischen Inseln verkauft. Das kann man aber einfach selbst erledigen: Tickets in der Hauptsaison mind. ein paar Tage im Voraus kaufen (online oder am Liberty-Lines-Ticketschalter in der Marina Lunga).

Über die App kann man Fahrkarten für die lokalen Urso-Busse kaufen (*ursobus.it*).

Rund um Lipari

Inselhopping um die Liparischen Inseln ist ein Spaß für hochseetüchtige Abenteuerlustige. Hinaus aufs Tyrrhenische Meer!

Obwohl die Insel Lipari reichlich kristallklares Wasser und wunderschöne, abgelegene Strände zu bieten hat, können die meisten Reisenden einem Bootsausflug zu einer anderen Liparischen Insel nicht widerstehen. Salina (20 Min. nördlich mit dem Tragflächenboot) und Vulcano (10 Min. südlich) liegen beide so nah, dass sie als separate Halbtagesausflüge von Lipari aus unternommen werden können – obwohl beide weitaus mehr Zeit wert sind. Um die raue Schönheit, den gemächlichen Rhythmus und die harte Realität des Insellebens auf dem hübschen Alicudi und dem vulkanischen Stromboli – etwa zwei Stunden westlich bzw. nordöstlich – so richtig zu genießen, sollte man ein paar Tage bleiben. Besuche auf Alicudi und Salina lassen sich gut kombinieren.

Wo auch immer es einen hinzieht, es warten spektakuläre Ausblicke und weiß getünchte Dörfer, traumhafte schwarze Sandstrände, eine nachhaltige Meeresküche (unbedingt die *spaghetti alla stromboliana* mit wildem Fenchel, Minze, Sardellen, Kirschtomaten und Semmelbröseln auf Stromboli probieren) und eine gehörige Portion ungewöhnlicher Abenteuer.

TOP TIPP

Motorroller, Mietwagen und Taxis vor der Ankunft buchen. Nur selten werden Fahrräder angeboten, und wo es Straßen gibt, sind sie steil und gefährlich eng. Auf Stromboli sollte man geführte Vulkanwanderungen bis auf 400 m Höhe weit im Voraus buchen (alles darüber ist tabu).

Hafen, Santa Marina Salina (S. 677)

LIPARISCHES ÖKO-PADDELN

Die liparischen Küsten, Höhlen und Strände aus einer anderen Perspektive erkunden – im Kajak oder auf dem Stand-up-Paddelboard, bei Tag, bei Sonnenuntergang oder bei Nacht. Von seiner Homebase auf Vulcano aus leitet der passionierte Kajakfahrer, Guide und Umweltschützer Eugenio Viviani von **Sicily in Kayak** halbtägige, ganztägige und mehrtägige Expeditionen rund um die verschiedenen Inseln. Abenteuerlustige, die gern abtauchen, können bei einer Sit-on-Top-Kajaktour Paddeln mit Schwimmen, Schnorcheln und Coasteering (Felsenklettern, Bergsteigen und Tauchen) kombinieren. Umweltbewusste Paddler:innen melden sich für eine von Eugenios Strandsäuberungen per Kajak an – er organisiert vier ganze Wochenenden im Jahr, um die Strände Vulcanos und Liparis zu säubern.

PASCAL BOEGLI/ALAMY STOCK PHOTOT ©

Bootstour, Grotta del Cavallo

Mit dem Roller auf Vulcano

ROADTRIP AUF ZWEI RÄDERN

Sobald man das Tragflächenboot am Hafen verlässt, lässt einen der penetrante Geruch nach faulen Eiern sofort an der Entscheidung für einen Tagesausflug auf diese vulkanisch aktive Insel zweifeln. Keine Sorge, abseits der Anlegestelle für Tragflügelboote verflüchtigen sich die üblen Schwefeldämpfe, die von dem dramatisch rauchenden Krater der Insel ausgehen.

Entlang der Promenade geht es gen Süden, vorbei an Ständen, die Bootstouren anbieten, zur schillernden Meereshöhle **Grotta del Cavallo** und zum natürlichen Schwimmbad **Piscina di Venere**. Biegt man rechts in die Via Provinciale ein, kann man bei **Luigi Rent** *(nolosprintdaluigi.com)* Räder mieten. Die Insel ist nur 20,9 km² groß, aber überraschend hügelig, sodass man am besten mit einem klassischen italienischen Roller oder einem E-Bike bedient ist (Luigis offene Mini Mokes sind auch cool). Wer Schnorchel oder Wanderschuhe vergessen hat oder den Rucksack für einen Tag abstellen möchte, ist hier auch richtig.

Die Hauptstraße in Richtung Süden führt 7 km lang kurvenreich bergauf zum **Capo Grillo**. Das Inselpanorama von diesem atemberaubenden Aussichtspunkt – Lipari und Salina mit Panarea, Stromboli und Filicudi in der Ferne – ist unvergleichlich.

ÜBERNACHTEN & ESSEN AUF VULCANO

Hotel Faraglione
Allein die Lage verleiht diesem Zwei-Sterne-Hotel am Hafen einen einzigartigen Reiz. **€**

Malvasia
Das beste *pane cunzato* – tellergroßes Brot in Olivenöl getränkt und reich belegt – des Liparischen Archipels. **€**

Trattoria da Pina
In der Trattoria am Meer in Gelso sind zwei einheimische Männer für den Fischfang zuständig und ihre Familien für die Küche. **€€**

Weiter geht's in Richtung Süden zum winzigen Hafen von **Gelso**. Es folgen ein Mittagessen in der familiengeführten **Trattoria da Pina** mit dem Fang des Vormittags, eine Siesta und ein nachmittägliches Bad am schwarzen Sandstrand **Spiaggia Cannitello**. Auf dem Rückweg in den Norden nach Porto di Ponente sollte man bei **Soffio sulle Isole** mit dem Winzer und Künstler Giuseppe Livio den Inselwein kosten. Der *aperitivo* bei Sonnenuntergang auf dem schönen Weingut, mit einem Glas vulkanrotem oder süßem Malvasia in der Hand, ist ein Erlebnis.

Made in Salina

KAPERN & HONIGSÜSSER WEIN VON SALINA

Salinas Trumpf sind ihre Süßwasserquellen. Sie ist die einzige Liparische Insel, die über nennenswerte Quellen verfügt, und die Einheimischen der grünen, zweigipfeligen Insel haben sich dies zunutze gemacht: Sie produzieren Wein, den Malvasia, und – wie die stolzen *salinari* betonen – die besten Kapern des Archipels (die Kapernrivalität zwischen den Inseln ist sehr ausgeprägt).

Von der Hafenstadt **Santa Marina Salina** geht es mit dem Bus in das 3 km südlich gelegene Küstenstädtchen **Lingua**. Handgeschriebene Schilder vor den Häusern preisen selbst angebaute Kapern, *caperoni* (Kapernbeeren), Kurkuma und Oregano an. Nahe der Bushaltestelle befindet sich der Wanderweg zum höchsten Punkt der Liparischen Inseln, dem **Monte Fossa delle Felci** (962 m; 2½ Std.). An den unteren Hängen führt der Weg an den erbsengrünen Weinbergen der **Azienda Agricola Carlo Hauner** vorbei. Man kann vorab anrufen, um mit einem Familienmitglied eine Kellereibesichtigung und eine Verkostung der klassischen Rot- und Weißweine sowie des charakteristischen Malvasia delle Lipari Passito DOC zu vereinbaren. Großvater und Maler Carlo Hauner pflanzte Ende der 1960er-Jahre die ersten Reben an und malte auch die Originaletiketten der Weinflaschen – kleine Kunstwerke, die an die Architektur der Insel, die grüne Vegetation Salinas, das Blau des Meeres und die Sonnenuntergänge erinnern. Zu den Verkostungen gibt es Kapern aus eigenem Anbau und Snacks – und statt des Abendessens genießt man dann lieber den Sonnenuntergang in **Pollara**.

Granitas Legenden

COOL BLEIBEN IM INSELSTIL

Wer mit Kindern auf Salina ist, wird diese familienfreundliche Insel nicht nur wegen der flachen Becken lieben, die die Betonmolen an der Spiaggia Biscotti in Lingua bilden. Gegenüber vom Kiesstrand liegt die lavendelblaue Terrasse des **Da Alfredo**,

NEKTAR DER GOTTHEITEN

Man geht davon aus, dass die Griechen 588 v.Chr. die **Malvasia**-Traube – der Name leitet sich von der griechischen Stadt Monemvasìa ab – nach Salina brachten. Der Wein wird noch immer nach traditionellen Verfahren hergestellt. Die Rebsorten Malvasia und Corinto Nero (Korinthiaki) werden Mitte September geerntet und die Trauben 15 bis 20 Tage lang in der Sonne auf *cannizzi* (gewebten Schilfmatten) getrocknet. Dieser Trocknungsprozess ist von entscheidender Bedeutung: Die Trauben müssen ausreichend trocknen, um den süßen Geschmack zu konzentrieren, aber nicht zu sehr, da sie sonst karamellisieren würden. Das Ergebnis ist ein süßer, dunkelgoldener oder hellbernsteinfarbener Wein, der, wie manche sagen, nach Honig schmeckt – für die Griechen „Nektar der Gottheiten". Der süße Dessertwein wird meist in sehr kleinen Gläsern serviert und passt gut zu Käse, süßem Gebäck und Mandelkeksen.

ÜBERNACHTEN & ESSEN AUF SALINA

Hotel Signum
Das mit einem Michelin-Stern prämierte Bio-Restaurant und das grandiose Spa machen das Refugium in Malfa zur Top-Boutique-Adresse der Insel. **€€€**

Agriturismo Al Cappero
Einfache Zimmer auf einem Kapernhof in Pollara, mit Terrasse, auf der sizilianische Hausmannskost serviert wird, und Sonnenuntergangsblick. **€**

Nni Lausta
Traubenmost und Malvasia-Weine stehen auf der vorwiegend vegetarischen Speisekarte der kreativsten Küche von Santa Maria Salina. **€€**

BESTE KREATIV-STÄTTEN AUF ALICUDI

Mouloud Bottega Tessile
Probiere mit Paola Costanzo in ihrer Werkstatt auf der Insel *(mouloud bottegatessile.com)* das traditionelle Weben aus. Sie verwendet nur natürliche Fasern: Bananenfasern, Nesselfasern, Bambus, Leinen, Hanf usw.

Salvatore & Bartolo
Man erkundet die Insel auf dem Wasser oder genießt einen *aperitivo al tramonto* (Drinks am frühen Abend am Meer) bei Sonnenuntergang mit Salvatore, dem Bootsführer (Tel.: 3271780631 oder 3421350725). Bartolo (Tel.: 3409828648) hat einen Esel und ein ganzes Leben voller Geschichten zu erzählen.

Il Club di Lea
Im Heim einer Inselbewohnerin, einer weiß getünchten Hütte mit meerblauer Treppe zur Veranda und atemberaubendem Meerblick, Bio-Inselprodukte schlemmen (Reservierungen über Tel.: 3387598846).

Roberto di Alicudi
Ausschau halten nach Exemplaren der traditionellen sizilianischen *pincisanti* oder der Glasmalerkunst dieses ansässigen Künstlers.

das in ganz Sizilien für seine *granite* bekannt ist. Zu den Aromen, die aus den Früchten des Landes kreiert werden, gehören Pistazie, Wassermelone, Zitrone, Feige und Maulbeere. Man holt sich Glasbecher mit Brombeer-*granite* und einen Korb mit Brioche und tunkt wie die Einheimischen Stücke davon ins Eis.

Die ausgezeichnete Ricotta-*granita* mit kandierten und gerösteten Kapern im **Pa.Pe.Ro** ist Grund für einen Besuch des kleinen Fischereidorfs **Rinella** an der Südküste von Salina.

Alicudi

INSEL DER STUFEN

Die zweitkleinste der Liparischen Inseln ist magisch und faszinierend. Sie wirkt auf der Karte wie ein schelmisches Anhängsel. Die 5,2 km^2 große Insel ist so abgelegen wie kein anderer Ort im Mittelmeerraum. Es gibt keine Straßen, sondern nur viele verwitterte Stufen aus vulkanischem Gestein, die unbarmherzig zum **Monte Montagnola** (675 m) hinaufführen. Dies ist ein Ort, an dem man nach Zimmern oder einem Bootstaxi herumfragen muss und Stunden damit verbringt, den Leuten beim Entladen und Säubern der Fische zuzusehen. Esel, Maultiere, Boote und Schubkarren sind die einzigen Transportmittel hier.

Vom Tragflächenboot im verschlafenen Hafen aus geht es einfach bergauf. Über den Treppenweg **Filo dell'Arpa** erreicht man in zwei Stunden den zentralen Gipfel von Alicudi. Die **Chiesa di San Bartolo** befindet sich auf der Hälfte des Aufstiegs. Oben an der T-Kreuzung, wo der Weg an einer Steinmauer endet, biegt man nach links ab, um den Krater des erloschenen Vulkans zu umrunden, oder nach rechts, um zu den dramatischen Klippen am Westrand Alicudis zu gelangen. Halte nahe des Gipfels nach den Timpone delle Femmine Ausschau, den riesigen Spalten, in die sich die Frauen bei Piratenüberfällen geflüchtet haben sollen. Die Aussicht aufs Meer ist himmlisch. Am Hafen bietet sich eine Abkühlung im Meer an – entweder am Kiesstrand direkt am Dock oder auf den Felsen im Süden.

Stromboli

WANDERUNGEN BEI SONNENUNTERGANG & KRATERFEUERWERK

Auf dieser seltsam hypnotischen Insel ist die Kraft der Natur nirgends so greifbar wie bei Nacht an den Hängen ihres geliebten **Vulkans**. Von einem Felsen oder den beiden Aussichtspunkten an den unteren Hängen des 924 m hohen Vulkans aus kann man das spektakuläre Feuerwerk beobachten, das aus dem verborgenen Krater explodiert. In manchen Nächten ist das Schauspiel sensationeller als in anderen – während der aktiven Phasen kommt es etwa alle 20 Minuten zu Eruptionen,

ÜBERNACHTEN & ESSEN AUF STROMBOLI

Hotel Villagio Stromboli
Eine 1950er-Jahre-Ikone. Zimmer mit Deckenventilatoren hin zum Blumenhof mit Meerblick. Privatstrand und Dachterrasse. **€€**

L'Osservatorio
In Strombolis beliebtestem Gartenrestaurant genießt man Pizza bei Kerzenlicht vor einem Vulkanfeuerwerk. **€€**

L'Angolo del Pesce
Sushi-Burger, Poke-Bowls und Tomaten- und Kapern-Donuts in einem Garten mit Lichterketten. Partystimmung bei Dunkelheit. **€**

MMAC72/GETTY IMAGES ©

Eruption auf Stromboli

denen ein lautes Grollen vorausgeht. Der Anblick der rot glühenden Gesteinsbrocken, die ab und zu den lavageschwärzten Hang hinunter ins Meer purzeln, ist atemberaubend. Bei Dunkelheit leuchtet die orangefarbene Glut des Vulkans noch heller.

Von Stromboli aus erreicht man zu Fuß zwei Aussichtspunkte mit Blick auf die **Sciara del Fuoco** – die schwarze Lavanarbe an Strombolis Nordhang. Zu der Plattform auf 290 m kann man alleine wandern, für den Aussichtspunkt auf 400 m braucht man einen Guide. Wanderungen in kleinen Gruppen mit einem Vulkanologen (8 km, 5 Std.) starten bei **Magmatrek** (Via Vittorio Emanuele). Los geht's zwei oder drei Stunden vor Sonnenuntergang, gegen 22 Uhr ist Rückkehr. Im Gepäck sollte man ein Picknick und eine Taschenlampe (Stab- oder Stirnlampe) für den Rückweg haben. Wanderschuhe (die braucht man) und andere Ausrüstung kann man bei **Totem Trekking** ausleihen.

Wer auf 290 m Höhe wandern möchte, sollte sich bei den Guides über die Route informieren. **Stromboli Adventures** (Via Roma 17) bietet auch einen Informationsdienst mit einer familienfreundlichen Ausstellung über einen der aktivsten Vulkane der Welt. Dessen Aktivität wird in Stromboli vom Labor für experimentelle Geophysik (LGS) der Uni Florenz überwacht. Deren App „View Stromboli" stellt täglich Berichte und Live-Bilder bereit.

BESTE SHOPS FÜR VULKANWANDERUNGEN

La Bottega del Marano
Vor dem Feinkostgeschäft mit italienischen Käsesorten, Fleisch und Gerichten zum Mitnehmen bildet sich immer eine Schlange.

La Pagnotta
In der Bäckerei an der Hauptstraße gibt's *cartocciata* (Teigtaschen) mit Thunfisch, Kapern und Kartoffeln oder Pistazienpesto und Mortadella sowie Pizzastücke und Focaccia.

Il Canneto
In der *pasticceria* in der Via Roma kann man sich mit Zucker eindecken: Die meisten Mandel- und Pistaziengebäcke passen gut in einen Rucksack.

UNTERWEGS VOR ORT

Von den Liparischen Inseln liegt Vulcano dem sizilianischen Festland am nächsten, weshalb die Liberty-Lines-Tragflügelboote besonders häufig verkehren: Alle Schiffe, die von Milazzo und Messina nach Lipari fahren, halten zuerst hier. Wenn man nach Salina fährt, sollte man sich erkundigen, welchen Fährhafen man ansteuern möchte – auf der Insel gibt's zwei. Boote nach Stromboli stoppen meist in Santa Marina Salina (Ostufer), Boote von Lipari nach Alicudi in Rinella (Südufer).

Private Bootstaxis von unabhängigen Kapitänen verkehren auf jeder Insel und sind sehr nützlich, um abgelegene Strände und Höhlen zu erreichen. Reservieren kann man telefonisch über Handynummern. Nicht erschrecken: Auf Stromboli düsen Taxifahrer barfuß durch die Gegend.

CATANIA

Aufgrund ihrer Nähe zum Ätna war die zweitgrößte Stadt Siziliens schon mehrfach von verheerenden Vulkanausbrüchen betroffen. Im Jahr 1669 wurde sie von kochender Lava überflutet, und 1693 erschütterte ein Erdbeben die Region. Auf Catanias Stadttor Porta Ferdinandea steht die Inschrift „*Melior de cinere surgo*" (Ich erhebe mich gestärkt aus der Asche), die den Stolz der Bevölkerung Catanias auf ihre wiederaufgebaute, von der UNESCO geschützte Stadt zum Ausdruck bringt.

Im Lauf der Jahrhunderte zogen Griechen, Römer, Byzantiner, Araber, Normannen, Franzosen, Aragonier und Spanier durch die Stadt, und die beeindruckenden schwarz-weißen Palazzi und schwindelerregenden Kuppeln, die sich über den grandiosen barocken Plätzen und dem lebhaften Straßenleben erheben, locken auch heute noch eine Vielzahl von Architekturfans an.

TOP TIPP

Zur Erfrischung holt man sich am besten in einem *chiosco* (Getränkekiosk) aus dem 19. Jh. ein *seltz limone e sale* (Sprudelwasser, Zitronensaft und Salz) oder einen *mandarino verde* (mit grünem Mandarinensirup). Costa nahe der Piazza Stesicoro und Giammona auf der Piazza Vittorio Emanuele III sind die Favoriten im Jugendstil.

BESTE AUSSICHTSPUNKTE

Chiesa Badia di Sant'Agata
Von der Terrasse der Kirche hat man einen 360-Grad-Panoramablick auf die Dächer und Kuppeln der Stadt und den unruhigen Ätna im Norden.

Ostello degli Elefanti
In der Dachbar dieses beliebten Hostels in einem Palazzo aus dem 17. Jh., nur einen Steinwurf von der Kathedrale entfernt, kann man bei Sonnenuntergang einen *aperitivo* genießen.

Chiesa di San Nicolò l'Arena
Im Benediktinerklosterkomplex an der Piazza Dante geht es über 141 Stufen hinauf auf das Dach der Kirche mit ihrer auffälligen, unvollendeten Fassade – das Panorama ist einmalig.

Stadtspaziergang: Durch die wiederauferstandene Stadt

DIE BAROCKE ARCHITEKTUR GENIESSEN

Man sollte beim Bummeln unbedingt nach oben schauen, um keine der prächtigen, von der UNESCO ausgezeichneten Barockbauten aus schwarzer Lava und weißem Kalkstein zu verpassen. Der Rundgang beginnt an der **Piazza del Duomo** mit dem Wahrzeichen der Stadt: der **Fontana dell'Elefante** (1736), im lokalen Dialekt als *u Liotru* bekannt, ein Elefant aus Lavastein, der von einem Obelisken überragt wird. Das plätschernde Wasser der **Fontana dell'Amenano** aus dem 19. Jh. ergießt sich in den unterirdischen Fluss Amenano, der einst oberirdisch verlief. Der Star der Piazza ist die **Cattedrale di Sant'Agata**, die der Schutzpatronin der Stadt gewidmet ist, welche am 5. Februar mit einem der größten Feste Siziliens gefeiert wird. Hier ruht der weltberühmte katanische Komponist Vincenzo Bellini. Nebenan ist die konkav-konvexe Fassade der **Chiesa Badia di Sant'Agata** ein architektonisches Meisterwerk von Giovanni Battista Vaccarini.

Weiter geht es über die Via Etnea zur Piazza Università, die von dem **Palazzo Sangiuliano** und dem **Palazzo Università** eingerahmt wird. Den wunderschönen gepflasterten Hof hat Vaccarini entworfen. Dann biegt man links ab und folgt der Via Alessi bis zur **Via Crociferi**, einem Meisterwerk des Barock: Hier kann man die **Chiesa di San Giuliano** und den **Arco di San Benedetto** und am anderen Ende der Straße Vaccarinis **Villa Cerami** (heute die juristische Fakultät der Universität) bewundern. Über die Via Penninello gelangt man zurück in die

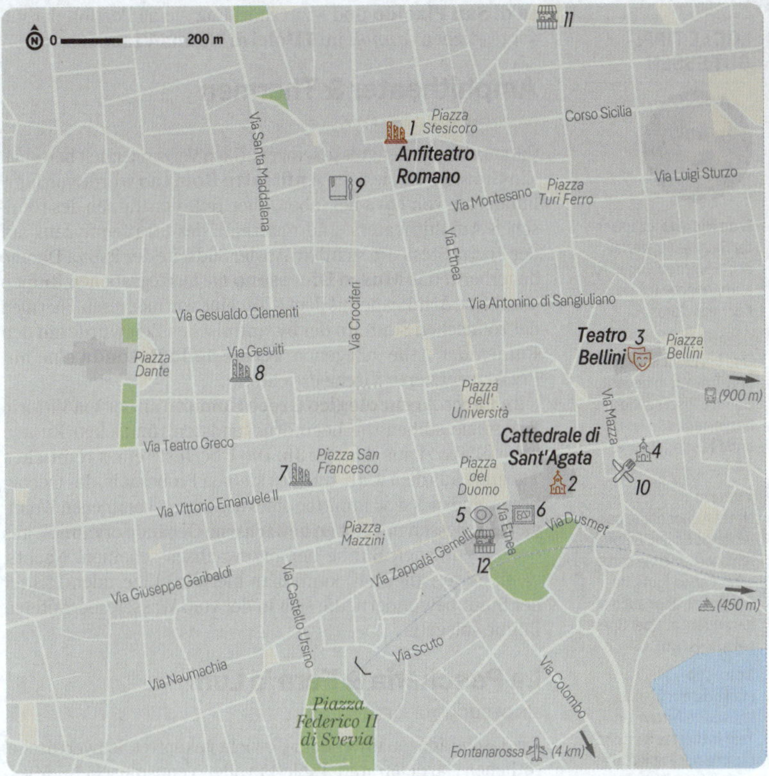

HIGHLIGHTS
1 Anfiteatro Romano
2 Cattedrale di Sant'Agata
3 Teatro Bellini

SEHENSWERTES
4 Chiesa di San Placido
5 Fontana dell'Amenano
6 Museo Diocesano
7 Parco Archeologico Greco Romano
8 Terme della Rotonda
9 Villa Cerami

ESSEN
10 I Dolci di Nonna Vincenza

SHOPPEN
11 Fera 'o Luni
12 La Pescheria

Via Etnea und geht an der Kreuzung **Quattro Canti** in Richtung Osten die Via Sangiuliano entlang bis zum neobarocken **Teatro Bellini**. Das Theater wurde 1890 mit der Oper *Norma* eingeweiht, die als Inspiration für die *pasta alla norma* (Pasta mit Basilikum, Auberginen, Ricotta und Tomaten) diente. Zum Abschluss empfehlen sich ein Abstecher zur nahe gelegenen **Chie-**

ÜBERNACHTEN & ESSEN IN CATANIA

Habitat
Eine Fabrik aus dem 19. Jh., die zum Boutique-Hotel umfunktioniert wurde; in der Nähe des Teatro Massimo. **€€**

Mè Cumpari Turiddu
Kleine Erzeuger:innen und die Liebe zu Slow Food prägen die raffinierten Gerichte in diesem ungewöhnlichen Bistro im Vintage-Stil. **€€**

Fud Off
Einer der coolsten Orte für zwanglose Snacks und Cocktails. **€€**

sa di San Placido und – zur Stärkung – eine Portion der unvergesslichen *cannoli* im **I Dolci di Nonna Vincenza**.

Amphitheater & Thermen

DAS RÖMISCHE CATANIA

Catania hat die Zeugnisse seiner antiken Vergangenheit bewahrt. Ein Großteil des riesigen **Anfiteatro Romano** wurde vor Jahrhunderten von Lava begraben, aber Teile der Ruinen des römischen Amphitheaters sind unterhalb des Straßenniveaus auf der Piazza Stesicoro sichtbar. An der Südseite der Piazza Duomo beherbergt das **Museo Diocesano** die ausgegrabenen Ruinen der Terme Achilleane aus dem 5. Jh., eine von mehreren Thermen der römischen Stadt. In der byzantinischen Zeit wurde auf den Ruinen der nahe gelegenen **Terme della Rotonda** eine mit Fresken verzierte Kirche errichtet.

Im **Parco Archeologico Greco Romano** an der Via Vittorio Emanuele stehen die beeindruckendsten römischen Ruinen neben Palazzi aus dem 18. Jh. Die Überreste eines römischen Theaters aus dem 2. Jh. und des kleinen Probesaals, des Odeon, liegen eindrucksvoll inmitten eines heruntergekommenen Wohnviertels, dessen mit Reben bewachsene Gebäude organisch aus der versunkenen Bühne hervorzuwachsen scheinen. Nachts, wenn es geregnet hat, kann man hier die glitzernden Lichter der Stadt bewundern, die sich in der vom Wasser überfluteten Bühne spiegeln.

La Pescheria & Fera 'o Luni

EIN BESUCH AUF DEN MÄRKTEN

Die Tische ächzen unter dem Gewicht geköpfter Schwertfische, rötlicher Garnelen und Tabletts voller Venusmuscheln, Miesmuscheln, Seeigel und allerlei rätselhaftem Meeresgetier auf dem quirligen Fischmarkt von Catania, La Pescheria (A' Piscaria im örtlichen Dialekt). Am frühen Morgen – um 7 Uhr geht's los – gibt's die meiste Action und den besten Fang. Ausschau halten nach Ständen, die Kostproben anbieten, und Restaurants, die frischen Fisch zubereiten!

Saisonales Obst, Gemüse, Gewürze, Kleidung und vieles mehr findet man auf der Fera 'o Luni, einem Vormittagsmarkt, den es seit dem Mittelalter gibt und der seit 1832 die Piazza Carlo Alberto mit dem Stimmengewirr der Händler:innen erfüllt.

LOCAL TIPP: GUT ESSEN

Ivan Nicosia, lizenzierter Reiseleiter, verrät seine Empfehlungen für authentische lokale Küche in Catania.

Canni e Pisci
Das bei Einheimischen und Travellern beliebte Canni e Pisci serviert hervorragende Fisch- und Fleischgerichte. €€€

Vuciata
Nette Atmosphäre und leckeres Essen. Empfehlenswert sind die *sarde a beccafico* (gefüllte Sardinen), aber auch alles andere auf der Speisekarte ist gut. €€

Scirocco
Man bestellt frische, knusprige *fritture* (in Teig frittiertes Seafood), die in einer Papiertüte serviert werden, und genießt sie beim Herumschlendern. €

Piazza Scammacca
Vier Themenrestaurants, eine Konditorei, eine Cocktailbar, ein Weinladen und ein Ausstellungsraum für zeitgenössische Kunst. €€

UNTERWEGS VOR ORT

Der Flughafen von Catania liegt 7 km südwestlich der Stadt und es gibt regelmäßige Zug- und Busverbindungen (Alibus) zum Hauptbahnhof. Von dort aus sind es nur 20 Minuten zu Fuß oder eine kurze Fahrt mit der U-Bahn (Haltestelle Piazza Stesicoro) bis zum historischen Zentrum, das kompakt, gut zu Fuß zu erkunden und teils hügelig ist. Um schnell voranzukommen, empfiehlt sich das E-Scooter-Sharing-System: Mit den Apps von Helbiz, Dott oder Lime findet man ein Gefährt. Ein Fahrrad zu mieten, sollte man sich gut überlegen – der Verkehr ist chaotisch und das Lavasteinpflaster kann sehr herausfordernd sein.

Ein Hop-on-Hop-off-Bus, der an der Piazza del Duomo abfährt, deckt die wichtigsten Sehenswürdigkeiten im Zentrum ab. Mit Catanias einziger Metrolinie geht's von der Haltestelle Giovanni XXIII (gegenüber dem Hauptbahnhof) bis zur Haltestelle Cantania Borgo, wo ein Zug der Ferrovia Circumetnea abfährt, der den Ätna umrundet.

Rund um Catania

Bronte
Ätna
Riserva Naturale La Timpa
Acireale
Riviera dei Ciclopi
Catania

Die mythische Küste, die schon Homer liebte, und die zischenden Krater des brodelnden Ätna bieten jede Menge Outdoor-Abenteuer.

Vor den Toren Catanias erstreckt sich die Ionische Küste, ein kobaltblauer Streifen, um den sich uralte Mythen ranken, mit hübschen Fischereidörfern und genügend sizilianischen Wahrzeichen, um ein Souvenir-Geschirrtuch zu füllen. Das mondäne Taormina liegt auf halber Höhe eines Berghangs und ist der angesagte Ort für Promis und Tagesausflügler.

Nichts übertrifft eine Wanderung auf den Ätna. Der höchste aktive Vulkan Europas liegt bedrohlich vor Catania und verspricht Wandernden surreale Mondlandschaften, unvergleichliche Ausblicke auf das italienische Festland und eine tiefe, seltene Stille, wie man sie sonst kaum findet. Seine gestuften unteren Hänge sind ein Traum für Outdoor-Fans, die hier im Sommer Mountainbiken, im Winter Skifahren und Schneeschuhwandern und sich in der Nebensaison in einer bezaubernden Unterwelt aus in Lava gehauenen Höhlen und versteckten eisblauen Gletschern austoben.

TOP TIPP

Die beste Zeit für eine Wanderung auf den Ätna sind die Monate April, Mai, September und Oktober. Auch wenn es in den unteren Höhenlagen heiß ist, ist es oben windig (und manchmal eisig). Hier sind Wanderschuhe, Windjacke, warme Kopfbedeckung, Handschuhe und Sonnenbrille gefragt. Das Rifugio Sapienza verleiht Ausrüstung.

Griechisches Theater, Taormina (S. 686)

TRABANTOS/GETTY IMAGES ©

Crateri Silvestri, Ätna

PARCO DELL'ETNA

Der **Ätna** (3326 m), der den Osten Siziliens beherrscht, ist der höchste italienische Berg südlich der Alpen und der größte aktive Vulkan Europas. Er ist ständig aktiv und bricht relativ häufig aus, am spektakulärsten aus den vier Gipfelkratern, aber noch häufiger aus den Spalten und alten Kratern an den Flanken des Berges. Wegen dieser Aktivitäten, die engmaschig von 120 seismologischen Stationen und Satelliten überwacht werden, ist der Berg immer mal wieder für Besucher:innen gesperrt.

Seit 1987 steht der Vulkan unter dem Schutz des Nationalparks Parco dell'Etna *(parcoetna.ct.it)*. Auf einer Fläche von 581 km^2 verteilen sich 21 Dörfer und Städte. Die Landschaft reicht von schneebedeckten Berggipfeln über Mondwüsten aus nackter schwarzer Lava bis zu Buchenwäldern und grünen Weinbergen.

Wandern an den unteren Hängen des Ätna

WILDE LAVAPFADE AUF EINEM AKTIVEN VULKAN

Die unteren Hänge des Ätna kann man gut zu Fuß bewältigen. Viele eindrucksvolle Wanderungen kann man zwar auf eigene Faust unternehmen, doch oberhalb von 2450 m ist es verboten, ohne einen professionellen Guide zu laufen. Zu den empfohlenen Trekkingunternehmen gehören Guide Vulcanologiche Etna Nord und Etna Exclusive Guide. Vom Parkplatz des **Rifugio Sapienza** am Südhang – am nächsten an Catania, eine Stunde per Auto, zwei Stunden per Bus – sind es fünf Minuten Fußweg zum unteren Krater der inaktiven **Crateri Silvestri**, die 1892 bei einem Ausbruch entstanden sind, und 20 Minuten zum oberen Krater über einen einfachen, ausgeschilderten Pfad.

Wer mehr Zeit und Energie hat, nimmt den zweistündigen Weg **Schiena dell'Asino** (5,5 km) nicht weit vom Parkplatz. Entspannt, aber bergauf geht es entlang des Valle del Bove, wo sich Lavaströme sammeln. Am Himmel kreisende Raubvögel und tolle Ausblicke auf Catania und das Ionische Meer begleiten einen auf dem Weg.

ÜBERNACHTEN & ESSEN AM ÄTNA

Rifugio Sapienza
Direkt neben der Talstation der Seilbahn. Übernachten, essen, Fahrrad mieten, Touren buchen. **€**

Rifugio Ragabo
Familiengeführtes Berggasthaus in einem schönen Pinienwald in der Nähe von Piano Provenzana; die hausgemachten Maccheroni sind vorzüglich. **€**

Osteria del Siciliano
Ausgezeichnete sizilianische Küche in Nicolosi. Üppige Portionen. Unbedingt die Pistazienravioli probieren. **€€**

Am Osthang des Ätna, im fruchtbaren Val Calanna, führt der **Weg 704** (2 Std., 4 km) zwischen Wäldern und Lava (die von den Ausbrüchen zwischen 1991 und 1993 stammt, die das Tal vollständig überfluteten) zum Gipfel des Berges Calanna. Startpunkt des Weges ist in Piano dell'Acqua in **Zafferana Etnea**. In dieser Stadt muss man den lokalen Honig und die sizilianische Pizza probieren, also die frittierte Calzone, die mit *tuma* (Käse) und Sardellen gefüllt ist.

Rauf auf den Ätna

MIT EINEM GUIDE AUF 3000 M STEIGEN

Das Tor zum ruhigeren Nordhang ist **Piano Provenzana** (1800 m), eine kleine Skistation. Hier startet die 90-minütige geführte Jeeptour mit **Etna Freedom** *(etnafreedom.it)* hoch zum **Observatorio Volcanologico**, das sich auf 2900 m Höhe über dem Valle del Leone erhebt. Vulkanolog:innen zeigen auf dem Weg nach oben Lavaströme und erloschene Krater und führen Besucher:innen auf einem halbstündigen Spaziergang um das Observatorium herum, damit sie die ungewöhnliche Aussicht genießen können, ehe es wieder nach unten geht.

Gipfelstürmer:innen können zusätzlich eine geführte Wanderung vom Observatorium bis auf 3300 m buchen, wofür man vier bis fünf Stunden einkalkulieren sollte. Tickets für beide Touren kann man im Voraus online oder am Kartenschalter von Etna Freedom am Parkplatz von Piano Provenzana erwerben.

Die Seilbahn **Funivia dell'Etna** fährt vom Rifugio Sapienza an der Südseite hoch zum **Montagnola** (2500 m). Mit einem Jeep von Star (Tickets gibt's vor Ort) geht's weiter zur **Torre del Filosofo** (2920 m). Von hier aus kann man zu Fuß mit einem Guide weitergehen, den man in einer kleinen Holzhütte bei der Torre del Filosofo engagieren kann.

Ein unvergessliches Erlebnis ist es, mit der letzten Seilbahn auf 2500 m hinaufzufahren, den herrlichen Sonnenuntergang zu genießen und bei Mondschein wieder abzusteigen. Verlaufen kann man sich nicht: Die Seilbahnmasten zeigen den Weg.

Der Ätna von unten

LAVATUNNEL & HÖHLEN

Ab in die verborgene Unterwelt des Ätna, einem Labyrinth aus Tunneln und Höhlen, die von Lavaströmen geformt wurden und in der Antike als Begräbnisstätten, Schutzräume und Lagerstätten für Schnee und Eis dienten. Die **Grotta dei Lamponi** (Himbeerhöhle) erstreckt sich über 700 m und die **Grotta del Gelo** (Eishöhle), die durch einen Ausbruch im 17. Jh. entstanden

WEINVERKOSTUNG AUF VULKANISCH

Auf dem fruchtbaren Vulkanboden des Ätna werden einige der besten Weine Italiens angebaut. Dazu gehört auch der **Etna DOC**, einer von 23 sizilianischen Weinen mit dem Prädikat Denominazione di Origine Controllata. Mit einem Auto und ein bisschen Planung bietet der Berg eine atemberaubende Kulisse für die Suche nach dem perfekten Wein. Dutzende von Weingütern bieten *degustazione* (Weinverkostungen) an, aber man muss im Voraus buchen.

Manche, wie **Donnafugata Randazzo**, führen Wanderungen durch die Weinberge mit Blicken auf den Ätna und Kellereitouren durch. Andere, z.B. **Cantine Palmento Costanzo**, sind Zeugnis für die herkulische Entschlossenheit der Winzer:innen am Ätna, die ihre Reben auf steilen Trockenmauerterrassen über einem Lavastrom aus dem 19. Jh. anbauen. Im **Tenuta di Fessina**, einem verlassenen Dorf, das zu einem Weingut umgemodelt wurde, kann man übernachten.

ESSEN IN TAORMINA

Osteria RossoDiVino
An einer romantischen, heimeligen Treppe gibt's eine ausgezeichnete Fischküche und eine gute Weinkarte. **€€**

Bam Bar
Die beste *granita* der Stadt – kein Wunder, dass es immer voll ist. Geschmacksrichtung „saisonale Früchte" kosten! **€**

Pasticceria D'Amore
Nicht abreisen, ohne die frisch gefüllten *cannoli* zu probieren! **€**

DIE BESTEN STRÄNDE RUND UM TAORMINA

Isola Bella
Ein wunderschönes Naturschutzgebiet mit Kieselstrand, das in einer herrlichen Bucht mit Fischereibooten liegt und zu Fuß über eine schmale Sandbank zu erreichen ist.

Lido Mazzarò
Nördlich der Isola Bella, einer der beliebtesten Strände der Gegend.

Giardini Naxos
Südlich von Taormina, 4 km lange Kiesel- und goldene Sandstrände.

Lido Spisone
Gut ausgestatteter Sandstrand mit mehreren offenen Bereichen und einer Reihe von Steininseln im Meer.

Lido Mazzeo
Breiterer Strand mit feinem Sand, ca. 3 km nördlich vom Lido Mazzarò.

ist, gilt als der südlichste Gletscher Europas. Beide lassen sich bei einer anspruchsvollen Tageswanderung (20 km, 8 Std.) durch Kiefernwälder und Lavaströme vom Piano Provenzana aus entdecken. Das Trekkingunternehmen **Gruppo Guide Alpine Etna Nord** bietet geführte Wanderungen an.

Ein Date mit dem eleganten Taormina

DIE PERLE DES IONISCHEN MEERES

Seit die Adligen im 18. Jh. hier auf ihrer ausgedehnten Europareise, der „Grand Tour", eine Prise sizilianisches Dolce Vita schnupperten, ist das bei den Prominenten beliebte Taormina eines der größten Reiseziele Siziliens. Von der **Porta Messina** strömen die Shopper auf den von Boutiquen gesäumten **Corso Umberto I**. Nachdem man den **Palazzo Corvaja** aus dem 10. Jh. bewundert hat, geht's nach Südwesten für einen spektakulären Ausblick von der **Piazza IX Aprile** auf die Bucht. An dem Platz steht die **Chiesa di San Giuseppe** aus dem frühen 18. Jh. Durch den Uhrenturm Torre dell'Orologio aus dem 12. Jh. geht's nun westwärts zur **Piazza del Duomo** mit Barockbrunnen und Kathedrale aus dem 13. Jh. Von hier aus verliert man sich im Labyrinth der Seitenstraßen, in denen sich alte Palazzi, kleine Kirchen und mit Keramik verzierte Gassen verbergen.

Wer nun eine grüne Oase der Ruhe braucht, sollte sich auf den Weg zu den herrlich gelegenen öffentlichen Gärten der **Villa Comunale** machen. Der Garten wurde von der Engländerin Florence Trevelyan Ende des 19. Jhs. angelegt und ist ein wunderbarer Ort, um den Menschenmassen zu entfliehen. Nebenbei hat er tropische Pflanzen und zarte Blumen, unter die sich wunderliche Narrenfiguren mischen, sowie einen atemberaubenden Blick auf die Küste und den Ätna zu bieten.

Showtime im Teatro Greco

ZWEI SHOWS IN EINER

Von Taorminas fantastischem **griechischen Theater** auf einer Klippe bietet sich ein sensationeller Blick auf den Ätna. Es wurde im 3. Jh. v. Chr. errichtet und wird noch heute genutzt. Dieses perfekte Hufeisen, das zwischen Meer und Himmel schwebt, ist das griechische Theater mit der spektakulärsten Lage der Welt und das zweitgrößte Siziliens (nach Syrakus). Wer eine der begehrten Eintrittskarten für ein Sommerkonzert ergattert, wird gleich doppelt belohnt: mit der Aufführung auf der Bühne und mit dem feuerroten Strom des ausbrechenden Ätna dahinter.

UNTERWEGS VOR ORT

Stündlich fahren Busse (*interbus.it*) von Catania nach Taormina und zurück, die zwischen 1¼ und zwei Stunden brauchen. Die beiden Hauptzugänge zum Ätna sind im Norden und Süden. Die südliche Route (Etna Sud) führt über Nicolosi und das Rifugio Sapienza, 18 km weiter oben am Berg. Der nördliche Zugang, Etna Nord, erfolgt über Piano Provenzana, 16 km südwestlich von Linguaglossa.

Der Ätna ist mit öffentlichen Verkehrsmitteln schwer zu erreichen. AST-Busse fahren täglich nur von Catania zum Rifugio Sapienza (2 Std.) am Südhang. Für die andere Ätna-Seite braucht man ein Auto oder eine organisierte Tour *(excursionsetna.it)*. Um die Krater aus der Ferne zu bewundern, fährt man die 114 km lange Strecke der Ferrovia Circumetnea ab der U-Bahn-Station Catania Borgo.

SYRAKUS

Mehr als jede andere Stadt verkörpert Syrakus die zeitlose Schönheit Siziliens: Zwischen den Zitronenhainen ragen antike griechische Ruinen empor, Cafétische füllen die barocken Piazzas und honigfarbene mittelalterliche Gässchen führen zum Meer. Heute kann man sich nur schwer vorstellen, dass Syrakus in seiner Blütezeit die größte Stadt der Antike war und zwischenzeitlich sogar Athen oder Korinth in den Schatten stellte.

Die glorreiche Geschichte der Stadt begann 734 v. Chr., als sich Eroberer aus Korinth erstmals auf der Insel Ortygia (Ortigia) niederließen. Vier Jahre danach wurde die eigentliche Stadt auf dem Festland gegründet. Fast dreitausend Jahre später sind die Ruinen der damals neuen Stadt namens Neapolis eine der bedeutendsten archäologischen Stätten Siziliens. Direkt vor dem Festland gelegen ist Ortygia noch immer die schönste Ecke von Syrakus. Das äußerst stimmungsvolle Viertel wird im Sommer von Instagram-Romantiker:innen überflutet, die von den schönen Straßenzügen und reizvollen Restaurants, Bars und Geschäften angezogen werden.

TOP TIPP

Um den Massen zu entgehen, besucht man La Giudecca, das alte jüdische Viertel um die Via della Maestranza und das jüdische Ghetto in der Via della Giudecca. Nach Ortygia (erkundbar zu Fuß) gelangt man über die Ponte Umbertino oder die Ponte Santa Lucia.

Antico Mercato di Ortygia

LECKEREIEN VOM MARKT

Ortygias Open-Air-Markt findet jeden Morgen außer sonntags vor dem Tempio di Apollo statt. Durch ein Kaleidoskop von Ständen mit Seafood, Obst, Gemüse, Kräutern und Käse gelangt man bis zu **Fratelli Burgio**. Man nimmt auf der Terrasse Platz, bestellt eine Wurstplatte und ein Glas Wein und genießt das Spektakel der Verkäufer:innen, die mit Rufen und Gesten um die Aufmerksamkeit der Kundschaft buhlen. Frisch geschälte Austern und riesige Panini, die vor den Augen des Gastes mit Produkten aus der Region zubereitet werden, sind die Hauptattraktion der legendären **Caseificio Borderi**. Wer auf Fisch steht, sollte im **La Lisca** das rote Thunfisch-Tatar mit *friggitelli* (süßer Chili) genießen.

Einmal um Ortygia herum

DIE INSEL UMRUNDEN

Für den Rundgang um Ortygia und seine schöne Umgebung muss man nicht einmal eine Stunde einplanen. Die Tour beginnt am **Forte San Giovannello**, einem Teil des Festungssystems der Insel aus dem 16. Jh., von wo aus man einen schönen Blick auf das moderne Syrakus auf dem Festland hat. Weiter geht es entlang des Lungomare di Levante zum **Forte Vigliena** – hier kann man die Wellen fotografieren, die gegen die zinnenbewehrten Festungsmauern peitschen. Im **Castello Maniace** aus dem 13. Jh. an der Südspitze der Insel findet im Juli das Elektromusik-Festival **Ortigia Sound System** statt. Unbedingt sehenswert ist der gewölbte Mittelsaal des Schlosses. Weiter geht es

DIE BESTEN BADESTELLEN

Forte Vigliena
Direkt neben der Festung führt eine Metalltreppe zu den Felsen darunter. Der Platz ist begrenzt, aber das Wasser ist tief genug zum Tauchen. Im Sommer gibt es eine zusätzliche Holzplattform.

Cala Rossa
Für diejenigen, die einen richtigen Strand bevorzugen. Der sandige Halbmond ist sehr klein und ist im Sommer häufig überfüllt.

Zefiro Solarium
Unterhalb der Fonte Aretusa bietet diese Holzplattform Liegestühle, Sonnenschirme, Musik und Getränke. Bei Einbruch der Dunkelheit verwandelt sie sich in eine Lounge-Bar.

HIGHLIGHTS
1 Duomo
2 Parco Archeologico della Neapolis

SEHENSWERTES
3 Antico Mercato di Ortygia
4 Castello Maniace
5 Fonte Aretusa
6 Fontana di Diana
7 Forte San Giovannello
8 Forte Vigliena
9 Galleria Regionale di Palazzo Bellomo

am Westufer entlang zum **Fonte Aretusa**, dem legendären Ort, an dem die Göttin Artemis Aretusa in eine sprudelnde Quelle verwandelte, die heute ein hübscher Papyrusteich ist. Die Tour endet auf dem Steg – ein magischer Ort, um den Sonnenuntergang zu genießen.

Parco Archeologico della Neapolis

ALTES GRIECHISCHES DRAMA AUF & NEBEN DER BÜHNE

Der Gedanke, in demselben Theater zu sitzen – möglicherweise sogar auf demselben Platz –, in dem der antike griechische Dramatiker Aischylos seine Tragödien zum ersten Mal auf der Bühne verfolgte, ist ziemlich verrückt. Syrakus' **Teatro Greco**,

ÜBERNACHTEN & ESSEN IN ORTYGIA

Alla Giudecca
In einem restaurierten Gebäude aus dem 15. Jh., über einem alten jüdischen Ritualbad. Wunderschöner Innenhof. **€€**

Hotel Gutkowski
Schlichter, aber schicker Mix aus Vintage-Details und industriellem Flair. Für ein Zimmer mit Meerblick im Voraus buchen. **€**

A Putia delle Cose Buone
Angenehme Atmosphäre, gute Hausmannskost, großzügige Portionen. Ein netter Anlaufpunkt zum Mittagessen; abends wird eine Reservierung empfohlen. **€€**

das im 5. Jh. v. Chr. erbaut und zwei Jahrhunderte später wieder aufgebaut wurde, bot 16 000 Menschen Platz und bleibt eines der renommiertesten Theater Siziliens. Der Besuch eines Theaterstücks im Sommer ist unvergesslich. Von Mitte Mai bis Anfang Juli führt das Istituto Nazionale del Dramma Antico (INDA) – die einzige Schule für klassisches griechisches Drama außerhalb Athens – während des **Festival del Teatro Greco** klassische griechische Stücke (in italienischer Sprache) auf. Tickets gibt es im Vorverkauf online oder an der Kasse vor dem Theater.

Vor der Aufführung kann man bei einem Spaziergang im **archäologischen Park** ins antike griechische Syrakus zurückreisen. Die geheimnisvolle **Latomia del Paradiso** neben dem Theater ist ein steilwandiger Kalksteinbruch, in dem in der Antike Baumaterial gewonnen wurde. Er ist durchzogen von Katakomben, und es duftet überall nach Zitronen- und Magnolienbäumen. Einst waren hier unten die 7000 Überlebenden des Krieges zwischen Syrakus und Athen (413 v. Chr.) eingesperrt. Der Tyrann Dionysios soll vom Eingang des **Orecchio di Dionisio** aus seine Gefangenen belauscht haben und nutzte dafür die perfekte Akustik der 23 m hohen und 65 m tiefen Grotte.

Beim **Ara di Gerone II** handelt es sich um einen monolithischen Opferaltar aus dem 3. Jh. v. Chr., auf dem bis zu 450 Ochsen gleichzeitig zu Ehren Hierons II. geschlachtet werden konnten. Im **Anfiteatro Romano** aus dem 2. Jh. v. Chr. sorgten Pferderennen für Unterhaltung. Zum Schluss besucht man das **Museo Archeologico Paolo Orsi**, eine zentrale Anlaufstelle für die Geschichte Syrakus' von der Vorgeschichte bis zur Römerzeit.

BESTE DRINKS ZU SPÄTER STUNDE

BOATS
Trotz des nautischen Dekors steht „Boats" für „Based on a True Story". Gute Getränkekarte, Barpersonal und tolles Vinyl.

Muciula
Gute Stimmung und ein großartiger Ort für einen *aperitivo* mit einer riesigen Platte Street-Food-Knabbereien, dazu gibt es Live-Musik auf der Piazzetta San Rocco.

Cortile Verga
Drinks und chillige Musik in einer der besten Cocktailbars von Ortygia; in einem Innenhof aus dem 18. Jh.

Spaziergang: Tour durch Ortygia

TEMPEL, KIRCHEN, BRUNNEN & GASSEN

Man überquert die Ponte Umbertino und bewundert die Ruinen des ältesten dorischen Tempels Siziliens, des **1 Tempio di Apollo**. Weiter geht's südlich auf dem Corso Matteotti zu Giulio Moschettis **2 Fontana di Diana** (1906–07) auf der Piazza Archimede. Die Hauptfigur des Brunnens ist Artemis, die Göttin der Jagd, die ihre Magd Aretusa in eine Quelle verwandelte, um sie vor den lästigen Annäherungsversuchen des aufdringlichen Flussgottes Alpheus zu schützen.

Nun folgt man der Via Roma weiter nach Süden und biegt rechts auf die Piazza Minerva ab. Bemerkenswert sind die dorischen Säulen des Athenatempels aus dem 5. Jh. v. Chr., auf dem Syrakus' Kathedrale im 7. Jh. errichtet wurde. Bevor man den **3 Duomo** betritt, sollte man Syrakus' Vorzeigeplatz und seine barocken Palazzi aus blassgoldenen Steinen, die wie aus Licht gebaut scheinen, gebührend bewundern. Der spanische

EIS ESSEN IN ORTYGIA

Voglia Matta
Das beste Eis der Stadt. Unbedingt Brioche mit Gelato-Füllung statt einer klassischen Eiswaffel probieren.

Crema & Cioccolato
Freundliches Personal und Tische im Freien. Sehr empfehlenswerte Geschmacksrichtungen: *nocciola* (Haselnuss) und Pistazie.

Il Cucchiaino
Das Pistazieneis ist einfach göttlich. Vor allem in Kombination mit Ricotta.

BESTE ORTE FÜR SÜSSE LECKEREIEN

I Cannoli del Re
Die *cannoli* werden hier nicht in der traditionellen Schale serviert, sondern in einer Waffel, sodass man sie im Gehen genießen kann. Außerdem kann man die Füllung wählen.

Bar Condorelli
Direkt an der Piazza Duomo. Einfach Platz nehmen und den Trubel beobachten: Kinder spielen, Menschen musizieren und man selber genießt eine *granita* (aromatisiertes Crushed-Ice-Getränk).

Pasticceria Artale
Es ist nicht besonders schick, aber die köstlichen Backwaren sind der Hammer. Die Theke ist ein Fest für die Augen, dann folgt das Fest für den Magen.

Architekt Juan Vermexio meißelte sein Markenzeichen (eine kleine Eidechse) in einen Quader an der linken Ecke des Dachsims vom **4 Palazzo Municipale** (1629). Auf der anderen Seite steht der **5 Palazzo Arcivescovile** aus dem 17. Jh., in dem die **Biblioteca Alagoniana** mit seltenen Manuskripten aus dem 13. Jh. untergebracht ist. In der **6 Chiesa di Santa Lucia alla Badia** kann man eine Nonnenstube mit einem wunderschönen blauen Majolikaboden entdecken. Bevor man die Piazza del Duomo verlässt, sollte man sich hinsetzen und bei einer Pistazien-*granita* aus der **Bar Condorelli** (Nr. 16) das Treiben der spielenden Kinder und der Straßenmusizierenden auf dem Platz beobachten.

Oder man läuft fünf Minuten nach Süden zum katalanisch-gotischen Palazzo **7 Galleria Regionale di Palazzo Bellomo** aus dem 13. Jh. und hält unterwegs bei Cannoli Del Re an, wo man typisch sizilianische *cannoli* in einem Hörnchen statt in der traditionellen Schale bekommt. Unter den Kunstwerken der Galerie, die von der frühbyzantinischen Zeit bis zum 19. Jh. reichen, ist die *Verkündigung* (1474) des bedeutendsten Künstlers Siziliens des 15. Jhs., Antonello da Messina, ein Highlight.

UNTERWEGS VOR ORT

Der Großteil Ortygias ist nur für ansässige Autofahrer:innen befahrbar. Am Eingang der Insel gibt es zwei gebührenpflichtige Parkplätze (Marina und Talete).

Die Anreise mit dem Zug ist nur von Catania aus wirklich praktisch – von anderen Orten aus nimmt man besser den Bus. Vom Bahnhof Syrakus bis Ortygia sind es 20 Minuten zu Fuß oder 10 Minuten mit dem elektrischen Minibus 1. Zum Parco Archeologico della Neapolis gelangt man mit dem Minibus 2 ab Molo Sant'Antonio (direkt westlich der Brücke nach Ortygia). Fahrkarten sind im Bus zu kaufen. Bei Siracuse Tour Bike *(siracusatourbike.it)* kann man Fahrräder leihen; der Anbieter organisiert auch Fahrradtouren durch die Stadt.

Rund um Syrakus

Geschichte und Natur sind in Syrakus eng miteinander verwoben. In dem hypnotischen Netz aus malerischen und geschichtsträchtigen Landschaften kann man sich herrlich treiben lassen.

Gole della Stretta
Sortino
Pista Ciclabile Rossana Maiorca
Buccheri
Buscemi
Palazzolo Acreide
Syrakus
Area Marina Protetta del Plemmirio

Das Gebiet um Syrakus ist das Sizilien aus der Fernsehserie *Commissario Montalbano* – ein Reigen strahlender Hügelstädte, weitläufiger Traumstrände und mit Olivenbäumen übersäter Hänge, der alle anzieht, von französischen Kunstschaffenden bis zu mailändischen Herrschenden auf der Suche nach einem Neuanfang. Das smaragdgrüne Meer lockt mit spektakulären Höhlen zwischen goldenen Klippen und einer reichen Unterwasserwelt, die nur darauf wartet, mit einer Schnorchelmaske erkundet zu werden *(ortigiadiving.com)*. Von Mai bis September werden vom Hafen von Syrakus aus Bootsausflüge entlang der Küste und geführte Radtouren *(siracusatourbike.it)* ins Innere der felsigen Halbinsel angeboten. Auf Geschichts-Fans warten eine in eine Felsenschlucht gehauene prähistorische Nekropole und prächtige Barockstädte.

TOP TIPP

Versäume nicht, ein Glas Moscato di Noto oder süßen, blumigen Passito zu kosten, die aus den um Noto angebauten Trauben produziert werden. Besuche auch entweder im Rahmen einer Weinprobe oder auf eigene Faust Weinkeller entlang der Strado del Val di Noto *(stradadelvaldinoto.it)*.

Corso Vittorio Emanuele, Noto **(S. 693)**

MARCO OSSINO/SHUTTERSTOCK ©

Necropoli di Pantalica

PIZZOLO IN SORTINO

Der für Syrakus typische *pizzolo* (lokale Pizza) stammt aus Sortino. Reste von Brotteig wurden in Familienküchen traditionell für die Herstellung von Focaccias verwendet, die mit Thymian, Salz und Öl gewürzt wurden. Heute wird der *pizzolo* mit einer zusätzlichen Teigschicht belegt, sodass er einem Pizzasandwich ähnelt, das mit Käse, Oregano, Pfeffer und allem, was den *pizzarolo*-Bäcker:innen sonst noch einfällt, gefüllt ist. Im La Castellina und im Le Monache in Sortino gibt es einige wilde Kombis. Süße Variationen strotzen vor Ricotta und Honig – zum Nachtisch geht's ins **La Pizzoleria**.

Ab ins Valle dell'Anapo

BAROCKE DÖRFER UND GRÄBER AUS DER BRONZEZEIT

Es gibt drei gute Gründe, **Sortino**, 40 Minuten nordwestlich von Syrakus, zu besuchen: Es ist ein bezauberndes Barockdorf, man kann authentische lokale *pizzoli* (Pizza) probieren, und die *fascitrari* (Imker) der Stadt produzieren ausgezeichneten Honig, daher der Spitzname „Stadt des Honigs". Sehenswert sind die **Chiesa di Santa Sofia**, die der Schutzpatronin der Stadt gewidmet ist, und das prachtvolle Barockjuwel **Chiesa di Monevergine**. Im kleinen Museo dell'Opera dei Pupi wird die traditionelle sizilianische Puppenspieltradition lebendig, und das Hausmuseum Casa ro Fascitraru zeigt Utensilien der Imkerei.

Sortino ist auch das Sprungbrett für Erkundungen ins unberührte Valle dell'Anapo (Anapo-Tal). Die tiefe Kalksteinschlucht wurde von den Flüssen Anapo und Calcinara geformt und ist von malerischen Wanderwegen durchzogen (die mit „B" gekennzeichneten Wege sind etwas anspruchsvoller). Von einem riesigen Plateau aus blicken die **Necropoli di Pantalica**, die zum UNESCO-Weltkulturerbe gehören, auf die Stadt herab. Siziliens bedeutendste Nekropole aus der Eisen- und Bronzezeit besteht aus mehr als 5000 Gräbern unterschiedlicher Größe und Form, die wie Bienenwaben in den Kalkstein gehauen wurden. Die uralte Stätte entstand zwischen dem 13. und 8. Jh. v. Chr., aber ihre weitere Geschichte ist weitgehend unbekannt. Von der Stadt

ESSEN IN NOTO

Manna
Das in einem ehemaligen fürstlichen Weinkeller untergebrachte Restaurant ist das beste in Noto. Sizilianische Küche mit modernem Flair. **€€€**

Dammuso
Gemütliches Seafood-Restaurant. Der Thunfisch in Pistazienkruste lohnt sich. **€€**

Trattoria Giufà
In Rotwein gekochtes Kaninchen und Tintenfischbällchen mit Sultaninen und gerösteten Mandeln sind in dieser beliebten Trattoria vorzüglich. **€€**

selbst ist wenig erhalten geblieben, außer dem Anaktron, dem Prinzenpalast. Man kann den archäologischen Park auf eigene Faust oder mit einem Guide erkunden *(scopripantalica.it)*.

Barock in Bestform

NOTO, HONIGGOLDENER GARTEN AUS STEIN

Ein Erdbeben machte **Noto** 1693 dem Erdboden gleich, doch aus der Tragödie ging ein größeres Vermächtnis hervor. Das UNESCO-gelistete Noto ist eine elegante barocke Schönheit, die wegen ihrer prächtigen Palazzi, Kirchen, Glockentürme und Balkone mit geschnitzten Masken und Putten auch als „Garten aus Stein" bezeichnet wird. Bei Sonnenuntergang entfaltet die Stadt ihren ganzen Zauber: Die Kalksteinbauten leuchten honiggold.

Durch die Porta Reale taucht man in das hübsche historische Zentrum von Noto ein. Auf dem Corso Vittorio Emanuele gen Westen geht's zur **Chiesa di San Francesco d'Assisi all'Immacolata** und zur **Basilica del Santissimo Salvatore** neben einem Benediktinerkloster. Dann bestaunt man das Originalportal der **Chiesa di Santa Chiara**, das nach der Tieferlegung der Straße im 19. Jh. überflüssig wurde. Das Innere mit Stuckarbeiten beherbergt einen der schönsten Barockaltare von Noto. Das Highlight ist aber der Panoramablick von der Dachterrasse.

Die pfirsichfarbene Kuppel, die die Skyline dominiert, stammt von der **Basilica Cattedrale di San Nicolò**, einer renovierten Barockschönheit. Vor der Kathedrale steht der **Palazzo Ducezio**, heute das Rathaus mit einem Spiegelsaal im Stil von Versailles. Der **Palazzo Landolina** und der **Palazzo Nicolaci di Villadorata** mit ihren schmiedeeisernen Balkonen, die von grotesken Figuren gestützt werden, sind weitere tolle Fassaden, die die architektonisch wunderbare Piazza Municipio flankieren. Weiter geht's in westlicher Richtung auf dem Corso Vittorio Emanuele zur **Chiesa di San Domenico**, einem von Notos schönsten Barockgebäuden. Ihr Grundriss in Form eines griechischen Kreuzes stammt vom Architekten Rosario Gagliardi, der hier angeblich bestattet wurde. Einen Häuserblock weiter nördlich prunkt die **Via Cavour** mit einer Fülle an Palazzi aus dem 18. Jh.

NOTO ANTICA

Das Noto, das man heute zu Gesicht bekommt, stammt aus dem 18. Jh., aber schon Jahrhunderte vorher stand hier eine Stadt namens Netum. Die mittelalterliche Ruinenstadt Noto Antica ist nur eine kurze Autofahrt vom Stadtzentrum entfernt. Sie liegt auf einer Hochebene mit Blick auf das grüne Flusstal von Asinaro, das mit Mandel-, Oliven- und Zitrusbäumen gespickt ist.

Barocke Städte

EIN ZWEITÄGIGER ROADTRIP

Im Südosten Siziliens, einer Landschaft mit abgelegenen Felsschluchten, weiten Ausblicken und stillen Tälern, befindet sich das „barocke Dreieck", ein Gebiet mit UNESCO-gelisteten Hügelstädten, die für ihre Barockarchitektur bekannt sind.

Etwas mehr als 35 km südlich von Syrakus findet sich in **1 Noto** die wohl schönste Straße Siziliens – der Corso Vittorio Emanu-

AUSGEHEN IN NOTO

Anche Gli Angeli
Das Lokal in einer ehemaligen Kirche ist perfekt für einen *aperitivo* beim Blättern in Büchern oder für einen Absacker zu Live-Musik. **€€**

Il Brillo Parlante
Eine Weinstube in Familienbesitz, in der lokale Käsesorten und Weine serviert werden. Der Sommelier Giuseppe berät gern. **€€**

Il Libertyno
Der ideale Ort für ein gutes Bier oder einen Cocktail, begleitet von sizilianischen Tapas. **€€**

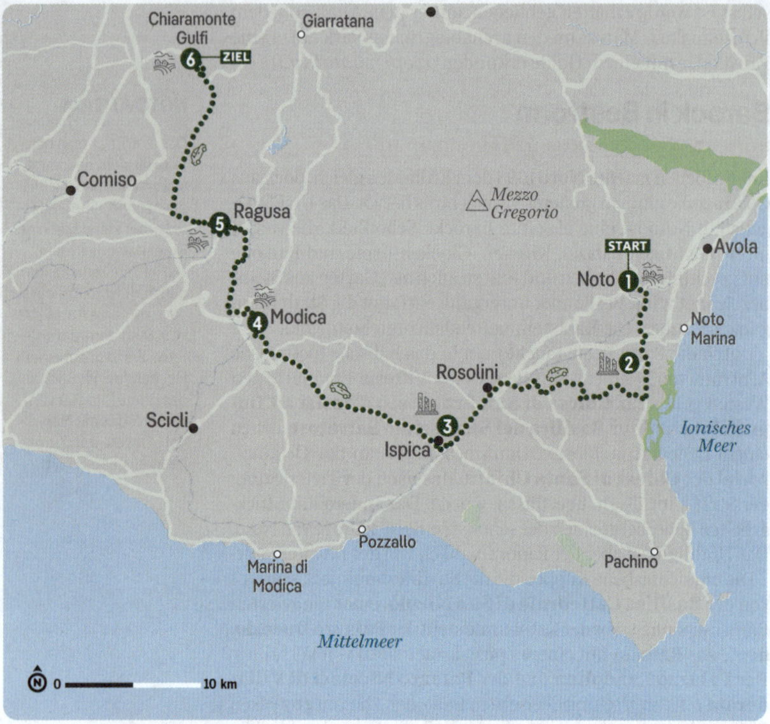

ele. Die SP19 führt Richtung Süden zur **2 Villa Romana del Tellaro** mit ihren römischen Mosaiken. Weiter geht's nach **3 Ispica**, eine Hügelstadt mit Blick auf eine riesige Schlucht, die Cava d'Ispica, die mit prähistorischen Gräbern übersät ist. Folgt man der SS115 weitere 18 km, gelangt man in die lebhafte Stadt **4 Modica** in einer felsigen Schlucht. Mit super Unterkünften und Restaurants ist sie der ideale Ort zum Übernachten. Die besten barocken Sehenswürdigkeiten befinden sich in Modica Alta, der Oberstadt. Man sollte aber unbedingt Energie einsparen für eine *passeggiata* (Spaziergang) auf dem Corso Umberto I und ein Abendessen im mit einem Michelin-Stern ausgezeichneten Accursio oder in der familiengeführten Osteria dei Sapori Perduti.

Am nächsten Morgen geht es über felsige Hügel nach **5 Ragusa**. Die Stadt besteht aus zwei Teilen, wobei Ragusa Ibla eine klaustrophobische Ansammlung von grauen Steinhäusern und eleganten Palazzi an der Piazza Duomo ist – ein großartiges Beispiel für die Stadtplanung des 18. Jhs. Mittagessen wie bei Mamma gibt's im La Bettola, sizilianische Küche mit einem modernen Touch im Camùri. Oder man fährt weiter nach **6 Chiaramonte Gulfi**, einem beschaulichen Hügelstädtchen etwa 20 km nördlich entlang der SP10. Die Stadt, die wegen ihres atemberaubenden Panoramas auch als „Balcone della Sicilia" (Balkon Siziliens) bezeichnet wird, ist berühmt für ihr hochwertiges Olivenöl und ihr ausgezeichnetes Schweinefleisch. Probieren kann man das im Ristorante Majore.

UNTERWEGS VOR ORT

Für die Erkundung der Gegend um Syrakus ist ein eigener fahrbarer Untersatz nötig. Ein Zug und Busse verbinden Noto in 1½ bis zwei Stunden mit dem Flughafen Catania.

AGRIGENT

Der antiken griechischen Sage nach wurde Agrigent von dem kretischen Erfinder und Architekten Dädalus und seinem Sohn Ikarus gegründet. Historische Aufzeichnungen datieren den antiken Stadtstaat Akragas auf 580 v. Chr. Die vorhandene Wasserversorgung führte zu einem raschen Wachstum der Stadt, die im 5. Jh. v. Chr. mit 200 000 Menschen zu einer der größten Städte des Mittelmeerraums wurde. Der griechische Dichter Pindar beschrieb Akragas als die schönste Stadt, die je von Sterblichen erbaut wurde, während der agrigentinische Philosoph Empedokles sagte, dass ihre Bewohner:innen „feiern, als ob sie morgen sterben, und bauen, als ob sie ewig leben würden".

Ca. 3 km unterhalb der modernen Stadt Agrigent liegt das UNESCO-gelistete „Tal der Tempel", eine der spannendsten Stätten im Mittelmeerraum mit den am besten erhaltenen dorischen Tempeln außerhalb Griechenlands. Sie ist mit über 600 000 Besucher:innen pro Jahr Siziliens größte Touri-Attraktion. Um den Massen und der Hitze zu entgehen, sollte man frühmorgens oder bei Sonnenuntergang kommen (im Sommer bis 24 Uhr offen).

TOP TIPP

Es gibt eine offizielle Tal-der-Tempel-App mit Audioguide und Lageplänen. Um sich ein besseres Bild vom ursprünglichen Aussehen des Tals zu machen, sollte man das Archäologische Museum besuchen, in dem Artefakte der Stätte ausgestellt sind (z. B. der Telamon, eine 8 m hohe Statue).

Agrigents Altstadt

NOBLE PALAZZI UND HISTORISCHE KIRCHEN

Mitten durch den mittelalterlichen Stadtkern verläuft die **Via Atenea**, die von Läden, Trattorien und Bars gesäumte Flaniermeile Agrigents. Von ihr gehen enge Gassen und Treppen voller Paläste und historischer Kirchen ab. Den Anfang macht die **Cattedrale di San Gerlando** aus dem 11. Jh., die im Lauf der Jahrhunderte mehrmals umgebaut wurde. Ihre Fassade erreicht man über eine breite Treppe, die von einem unvollendeten Glockenturm aus dem 15. Jh. flankiert wird. Zu den Schätzen, die sie bewahrt, gehören eine normannische bemalte Holzdecke und ein ungewöhnlicher römischer Sarkophag. Niemand konnte je den rätselhaften „Brief des Teufels" entziffern, ein an eine Nonne gerichtetes Manuskript aus dem 17. Jh. in Geheimschrift.

Von der Via Duomo geht man fünf Minuten in südöstlicher Richtung über die Via de Castro und die Via Garufo zur **Chiesa di Santa Maria dei Greci**. Im Inneren der bezaubernden Kirche befinden sich eine normannische Decke, byzantinische Fresken sowie ein paar Überbleibsel der ursprünglichen dorischen Säulen des Tempels aus dem 5. Jh., auf dem die Kirche errichtet wurde. Nach einem weiteren zehnminütigen Spaziergang durch die Straßen der Altstadt erreicht man das **Monastero di Santo Spirito**, ein 1290 gegründetes Zisterzienserinnenkloster mit prächtigen Stuckarbeiten des genialen Spätbarock- und Rokokoarchitekten Giacomo Serpotta (1656–1732). Die Nonnen, die hier wohnen, backen köstliche Süßigkeiten, darunter auch *cuscusu* (süßer Couscous mit heimischen Pistazien) – man klingelt an der Tür, um hineinzukommen und zu kaufen.

BESTE STRÄNDE RUND UM AGRIGENT

Scala dei Turchi
Vom benachbarten Sandstrand aus bietet sich ein atemberaubender Blick auf diese spektakuläre weiße Klippe – Klettern verboten.

Riserva Naturale Torre Salsa
Das WWF-Naturreservat schützt einen sandigen Küstenstreifen mit Stränden, türkisblauem Wasser, Dünen, Kreidefelsen und Feuchtgebieten.

Spiaggia di Punta Bianca
Der wilde Strand ist ein Tauch-Paradies; es gibt keine Einrichtungen, also alles mitbringen.

Spiaggia di Nicolizia
Ein weiterer wilder, unerschlossener Strand, umgeben von mediterranen Sträuchern.

HIGHLIGHTS
1 Cattedrale di San Gerlando
2 Giardino della Kolymbetra
3 Tal der Tempel

SEHENSWERTES
4 Chiesa di Santa Maria dei Greci
5 Monastero di Santo Spirito
6 Via Atenea

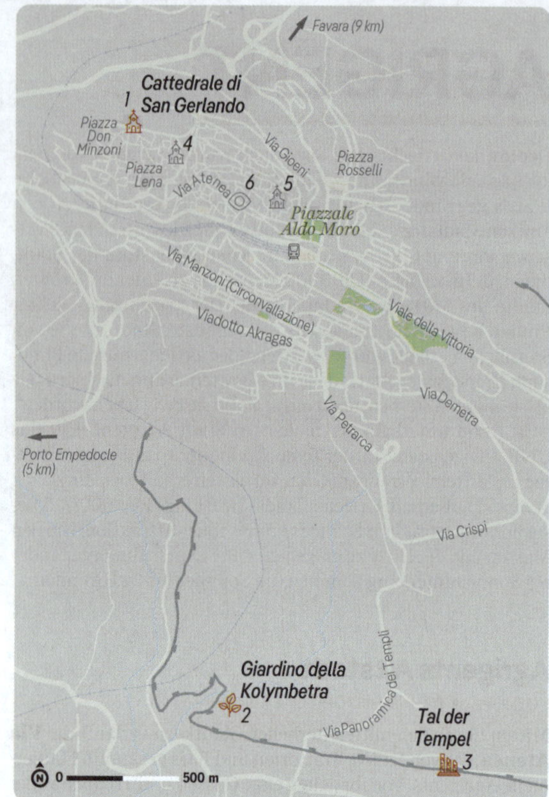

Wanderung durch das Tal der Tempel

UNESCO-GESCHÜTZTE DORISCHE SCHÄTZE

Die Erkundung beginnt in der östlichen Zone, wo sich die am besten erhaltenen Tempel von Agrigent befinden. Vom **1 Ticketschalter** aus führt ein kurzer Spaziergang zum **2 Tempio di Hera Lacinia** aus dem 5. Jh. v. Chr. (auch Tempio di Giunone genannt), der auf einem Bergrücken thront. Die Kolonnade und der Opferaltar sind noch weitgehend intakt. Die roten Spuren stammen von Brandschäden, die wahrscheinlich auf die karthagische Invasion im Jahr 406 v. Chr. zurückzuführen sind.

Von hier aus steigt man, vorbei an einem 500 Jahre alten Olivenbaum und byzantinischen Gräbern, zum **3 Tempio della**

ÜBERNACHTEN IN AGRIGENT

Cortile Baronello
Stilvolle Unterkunft in einem renovierten alten Haus direkt im Stadtzentrum. Sehr freundliche Gastgeber:innen. **€**

Camere a Sud
B&B im Herzen des historischen Zentrums. Mix aus modernem Design und traditionellen sizilianischen Akzenten. **€**

Terrazze di Montelusa
In einem stimmungsvollen alten Palazzo mit Originalmöbeln und schönen, grünen Panoramaterrassen. **€**

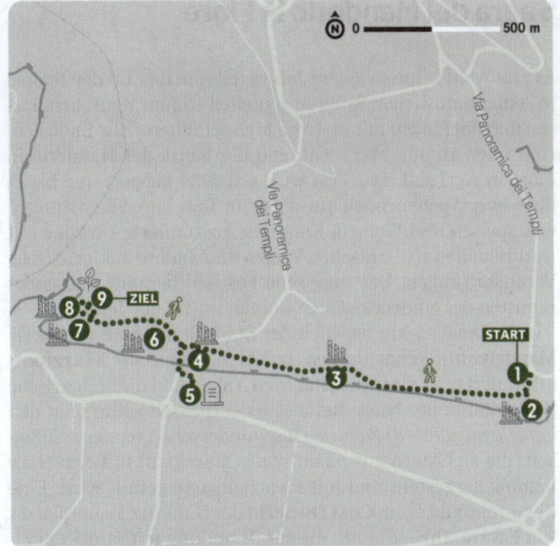

Concordia hinab. Dieses bemerkenswerte Bauwerk, das Vorbild für das UNESCO-Logo, ist seit seiner Erbauung im Jahr 430 v. Chr. fast vollständig erhalten geblieben. Dies ist zum Teil auf die Umwandlung in eine christliche Basilika im 6. Jh. zurückzuführen, zum Teil aber auch auf die stoßdämpfenden und erdbebenhemmenden Eigenschaften des weichen Lehms, auf dem das harte Felsfundament ruht. Weiter unten befindet sich der **4 Tempio di Ercole**, der älteste Tempel Agrigents, der vom Ende des 6. Jhs. v. Chr. stammt. Unterhalb der Haupttempel steht die kleine **5 Tomba di Terone** von 75 v. Chr.

Danach überquert man die Brücke für Passanten in den westlichen Bereich und macht am **6 Tempio di Giove** Halt. Dies wäre der größte dorische Tempel der Welt geworden, wenn sein Bau nicht durch die karthagische Plünderung von Akragas unterbrochen worden wäre. Nach einem kurzen Blick auf die Ruinen des **7 Tempio dei Dioscuri** (5. Jh. v. Chr.) und den Komplex von Altären und kleinen Gebäuden (6. Jh. v. Chr.), bekannt als **8 Santuario delle Divine Chtoniche**, endet der Besuch im **9 Giardino della Kolymbetra**. Der Garten in einer natürlichen Schlucht in der Nähe des Heiligtums bietet mehr als 300 (beschriftete) Pflanzenarten und Picknicktische. An Sommerabenden genießt man einen Aperitif und Live-Musik im Zitronenhain.

NACHTLEBEN IN AGRIGENT

Erika Cancialosi, Autorin und Administratorin von @ig_agrigento, verrät ihre Lieblings-Ausgehorte in Agrigent.

Cantina Granet Enobistrot
Der *dammuso* (gewölbter Steinsaal) in einem historischen Gebäude in der Via Atenea ist der ideale Ort, um sehr gute Weine in Verbindung mit hervorragendem Essen zu genießen. Im Sommer kann man auch im Freien sitzen. €€

Café Girasole
Ein trendiger Treffpunkt mit DJ und Sitzgelegenheiten im Freien für einen *aperitivo* oder einen Cocktail. €

'Nzolia
Eine große Auswahl an Weinen in einer sehr schönen Atmosphäre. Dazu gibt es tolles Fingerfood. €€

Caffè San Pietro
Direkt neben der Kirche San Pietro aus dem 18. Jh., die heute als Veranstaltungssaal dient, serviert das hippe Café Weine und *aperitivi*. €

ESSEN IN AGRIGENT

Aguglia Persa
Schön dargebotenes Seafood in einer Villa mit grünem Hof. €€

Kalòs
An Tischen auf Balkonen werden leckere *pasta all'agrigentina* (mit Tomaten, Basilikum und Mandeln) und hausgemachte *cannoli* serviert. €€

A' Putia Bottega Siciliana
Gute Option für ein zwangloseres Abendessen mit lokalen Käse-Platten, Focaccia, gegrilltem Gemüse und Craft-Bier. €

BESTE LOKALE

La Scala
Vincenzo Santalucia ist der perfekte Gastgeber in diesem fabelhaften Restaurant in der Via Atenea. Zwei Personen können auf einem kleinen Balkon mit Blick auf die Hauptstraße speisen. €€€

Il Re di Girgenti
Gehobene innovative Speisekarte und Blick auf das Tal der Tempel in der Ferne. Wer draußen sitzen will, muss reservieren. €€€

Sagra del Mandorlo in Fiore

MANDELBLÜTENFEST

Es gibt wohl keine schönere Jahreszeit, um das Tal der Tempel in seiner natürlichen Ruhe zu genießen – ohne Menschenmassen und überzogen mit zartrosa Mandelblüten –, als Ende Februar oder Anfang März während der Sagra del Mandorlo in Fiore in Agrigent. Das Fest wird seit 1934 gefeiert und bietet über zwei Wochenenden hinweg neun Tage lang Verkostungen von Speisen und Weinen, Konzerte, kostümierte Umzüge mit traditionellen sizilianischen Wagen und andere folkloristische Veranstaltungen. Das magische Festival beginnt und endet inmitten der eindrucksvollen Ruinen im Tal der Tempel.

In **Favara**, 15 km westlich der Stadt, kann man die lokale Mandelkultur kennenlernen. Das Mandelmuseum **Marzipan** informiert über die Geschichte, den Anbau und die kulinarische Verwendung der Nuss. Keinesfalls verpassen sollte man den *agnello pasquale di Favara*, eine wunderschön verzierte Süßigkeit, die zu Ostern aus *pasta reale* (Marzipan) in Form eines Lamms hergestellt und mit Pistazienpaste gefüllt wird. Eine Kostprobe gibt es im **Cosi Dunci** in der Nähe des Hauptplatzes von Favara. Ihre *cannoli*, die auf Bestellung mit samtigem Zitronen-Ricotta-Käse gefüllt werden, und andere süße Leckereien, bei denen die lokalen Mandeln im Mittelpunkt stehen, sind ebenfalls sehr gut.

Porto Empedocle

TOR DER SEEFAHRT ZUM ANTIKEN AGRIGENT

Im alten Akragas wurden Schwefel und Steinsalz von Porto Empedocle aus verschifft, 10 km südwestlich des Tals der Tempel an der Küste. Der Hafenort hieß ursprünglich Marina di Girgenti und wurde 1863 zu Ehren des griechischen Philosophen Empedokle, der hier geboren wurde, umbenannt. Der heute bekannteste Sohn der Stadt ist der sizilianische Schriftsteller Andrea Camilleri (1925–2019), dessen beliebte Kriminalromane mit Inspektor Montalbano in der Hauptrolle in der fiktiven Stadt Vigàta spielen – hinter der sich Porto Empedocle verbirgt. In der Via Salita Chiesa gibt es ein dem Schriftsteller gewidmetes Wandgemälde.

UNTERWEGS VOR ORT

Das historische Zentrum erkundet man am besten zu Fuß. Um zum Tal der Tempel zu gelangen, empfiehlt sich der Stadtbus 1, der halbstündlich vom Busbahnhof am Piazzale Rosselli in Agrigent bis zum Eingang Porta V in der Via Caduti di Marzabotto fährt (20 Min.).

Die Busse 2 und 2/ – die schnellere Route mit nur zehn Minuten – stoppen an der Haltestelle Tempio di Giunone in der Via Panoramica dei Templi am Osteingang der Tempel. Die Fahrpläne gibt es online *(trasportiurbaniagrigento.it)* und an den Bushaltestellen, die Fahrkarten in Tabakläden oder bei den Busfahrer:innen.

Alternativ kann man den Tempeltour-Bus *(tem pletourbusagrigento.com)* wählen, der das Tal der Tempel auf seinem Hop-on-Hop-off-Rundkurs anfährt. Für Autofahrer:innen stehen an beiden Eingängen offizielle Parkplätze zur Verfügung.

TRAPANI

Diese kleine Hafenstadt ist ein Schmelztiegel aus Alt und Neu und verführt mit antiken Kirchen, goldenen Palazzi und traditioneller Küche, die auf lokale Produkte und fairen Handel setzt. Im historischen Zentrum lädt die Via Garibaldi zu einem gemütlichen Bummel ein, Einheimische genießen ihre *passeggiata* und Reisende warten auf ihr nächstes Schiff.

In Trapani steht das Essen im Mittelpunkt, in den Trattorien werden Couscous, *busiate alla trapanese* (handgedrehte Nudeln mit Pesto aus Tomaten, Basilikum, Knoblauch und Mandeln) und Gerichte mit Kapern von der Insel Pantelleria gezaubert. An der Spiaggia di San Giuliano, 30 Minuten Fußweg von der Piazza Vittoria Emanuele entfernt, schlürfen Sonnenfans Cocktails in Strandclubs und stehen Schlange für frische Maiskolben – auf Bestellung gegrillt, gesalzen und in ein Blatt eingewickelt auf einem Handkarren auf dem goldenen Sand. Auf dem Stadtfriedhof erinnert das Wandgemälde Murale di Licuado der uruguayischen Street Artists Camilo Nuñez und Florencia Durán an das reiche multikulturelle Erbe Trapanis.

TOP TIPP

Im Sommer gibt es zahlreiche Veranstaltungen: Orgelkonzerte in der Kathedrale, kostenlose Führungen durch den Palazzo Riccio di Morana und das Street-Food-Festival Stragusto *(stragusto.it)*, bei dem im Juli drei Tage lang unverschämt leckere Kostproben und Live-Kochshows warten.

BESTE ORTE ZUM AUSGEHEN

BrigBar
Hochwertiger Kaffee und Gerichte aus lokalen Produkten. Kaffee und Bier werden auf nachhaltige Weise per Segelschiff nach Trapani transportiert.

Moai
DJs legen Lounge-Musik auf und Hipster tummeln sich auf Hockern an der Wand, um Cocktails bei Sonnenuntergang zu genießen; unvergleichliche Aussicht auf das Meer und den Sonnenuntergang.

Reise durch den Barock des 17. & 18. Jhs.

KIRCHEN, PALAZZI UND HÜBSCHE ARCHITEKTUR

Trapanis goldene Altstadt ist zwar maurisch geprägt, doch den meisten Charakter verleiht der Stadt die Barockarchitektur aus dem 17. und 18. Jh., die aus der spanischen Periode stammt. Man beginnt vor der **1 Cattedrale di San Lorenzo**, die 1421 erbaut wurde, aber im Lauf der Jahre vom Architekten Giovanni Biagio Amico zu ihrer heutigen barocken Form des 18. Jhs. verändert wurde.

Weiter geht es in Richtung Osten über die Flaniermeile Corso Vittorio Emanuele. Bei Nr. 12 veranschaulicht die monumentale **2 Chiesa dei Gesuiti** (1614) den Übergang vom Manierismus zum Barock. Der Innenraum ist reich verziert und erinnert mit seinen kunstvollen Marmorintarsien an die prachtvollen Barockkirchen Palermos. Am östlichen Ende der Straße besticht der **3 Palazzo Senatorio** (1672) mit seiner Apricot-Fassade und den eleganten Statuen in den Nischen.

MEHR BAROCK

Barocke Meisterwerke in ganz Sizilien erfreuen Architekturfans. Bei einer Besichtigungstour empfiehlt sich ein Besuch der Kirchen mit den Stuckarbeiten von Giacomo Serpotta in **Palermos** (S. 662) Sammlung I Tesori della Loggia, der Kathedralen in **Noto, Modica** und **Ragusa** (S. 694) sowie Agrigents **Monastero di Santo Spirito** (S. 695).

ÜBERNACHTEN & ESSEN IN TRAPANI

Residenzia La Gancia
Elegante Zimmer und eine Dachterrasse für Frühstück und Cocktails mit Gin aus Favignana bei Sonnenuntergang. **€€**

Ai Lumi
Dieses B&B mit Apartments samt Küchenzeile in einem Palazzo aus dem 18. Jh. ist kaum zu übertreffen; man betritt es über einen Innenhof voller Pflanzen. **€**

Tentazioni di Gusto
Hummer zappeln in einem Becken und Seafood-Gerichte triefen vor Kreativität in diesem eleganten Lokal mit Tischen in einer kleinen Gasse. **€€**

Geht man die **4** **Via Torrearsa** entlang und biegt rechts in die Via Carosio ein, findet man in der **5** **Antica Pasticceria Colicchia** (1885) im Palazzo dei Signori Carosio aus dem 18. Jh. klassischen Kaffee, *biscotti di fichi* (Feigenkekse) und die besten *cannoli* von Trapani. Weiter Richtung Norden geht's auf einen Iced Latte oder einen Cold Brew in die **6** **BrigBar**. Die Terrasse bietet einen Blick auf den historischen Fischmarkt von Trapani auf der **Piazza Mercato del Pesce**. Die geschwungenen Säulengänge aus dem 19. Jh. des venezianischen Architekten Giambattista Talotti, die einen aus dem Meer aufsteigenden Venusbrunnen umschließen, sind Romantik pur. Zum Abschluss schlendert man auf der **Via Garibaldi**, die mit barocken Palazzi geschmückt ist, Richtung Osten. Wer barock schlafen und träumen will, sollte im **7** **Ai Lumi** (S. 700) im Palazzo Berardo Ferro (Nr. 71–73) aus dem 18. Jh. einchecken.

Trapanis Korallen

KUNSTHANDWERK & MODERNE MEISTER:INNEN

Im **Rosso Corallo**, der Familienwerkstatt von Platimiro Fiorenza (geb. 1944), dem Sohn eines Korallengoldschmieds und anerkannter UNESCO Living Human Treasure, taucht man ein in die reiche Korallentradition von Trapani. Der berühmteste Korallenmeister Trapanis hat für den Papst eine *Madonna di Trapani* aus Korallen, Gold und Edelsteinen geschaffen (die in den Vatikanischen Museen in Rom ausgestellt ist) und für das italienische Modehaus Fendi eine Handtasche aus rotem Leder mit Korallen- und Silberüberzug kreiert, um dessen ikonische Baguette Bag zu feiern. Werkstattbesuche in der Via Osorio 36 führen durch die Geschichte der lokalen Korallenverarbeitung und zeigen Platimiros *retroincastro*-Technik (umgekehrte Einbettung), die im 17. Jh. von einem Handwerker aus Trapani eingeführt wurde.

Erschwinglichere Korallenketten, Ohrringe oder ein einfaches rotes Korallentröpfchen direkt aus einem Korallenfischnetz findet man in der **Bottega del Corallo**, der Werkstatt mit Laden der Korallenschmuckhändlerin Marzia Cipriano Novata am Corso Vittorio Emanuele 47.

Die Korallenschnitzerei geht auf das Jahr 1416 zurück, als Fischer Korallenriffe vor der Küste von Trapani und später vor San Vito Lo Capo entdeckten. Prachtvolle Kelche, Reliquienschatullen und *presepi* (Krippen) im **Museo Regionale Pepoli** veranschaulichen die bedeutende Kunstfertigkeit von Trapanis *corallari* zwischen dem 16. und 18. Jh. Das Museum für dekorative Künste, das sich wie ein kostbares Juwel im Kreuz-

NEGRONI-APERITIVI & SALZIGE SONNENUNTERGÄNGE

Der einstige italienische Barista des Jahres und ewige Genussmensch **Giulio Panciatic** zog von Turin nach Trapani, um mit dem New-Wave-Coffee-Shop BrigBar die Cafészene aufzumischen. Er verrät uns seine Lieblingsadressen in und außerhalb der Stadt.

„Nach einem harten Arbeitstag gehe ich immer in die **Bar Piccadilly** in der Via Torrearsa auf einen Negroni. Ich bin Romantiker, man kann Trapani nicht verlassen, ohne den Sonnenuntergang in den Salinen gesehen zu haben. Der Himmel färbt sich tiefrosa über den weißen Salzpfannen. Bei der **Laguna Lo Stagnone** gibt es ein kleines Restaurant, in dem man essen und die Sonne untergehen sehen kann. Es ist außergewöhnlich."

AUSGEHEN IN TRAPANI

Bar Il Salotto
Granatapfelsaft, der auf Bestellung gepresst wird, und eine Straßenterrasse mit Sofalandschaften.

Tenuta Adragna
Rustikale *vineria* (Weinbar) mit Sitzkissen und ausgezeichneten Weinen aus den eigenen Weinbergen außerhalb der Stadt.

Bardia Nuova
Von Juni bis September ist diese schicke Rooftop-Lounge-Bar ein idealer Ort für *aperitivi* und Drinks am Abend.

gang eines Klosters aus dem 14. Jh. versteckt, zeigt die Sammlung des einheimischen Grafen Agostino Pepoli (1848–1910). Er widmete sein Leben der Bewahrung des lokalen Kunsthandwerks in Trapani, insbesondere der Korallenschnitzerei, die bis zum 18. Jh., als die Korallenbänke in Trapani stark dezimiert waren, in Europa in Mode war.

La Processione dei Misteri

DIE GEFEIERTEN STATUEN DER STADT

Es versteht sich von selbst: Wer zu Ostern in der Stadt ist, darf sich die traditionellen viertägigen Feierlichkeiten zur Passion Christi in Trapani nicht entgehen lassen. Auch wenn man nicht religiös ist, ist es ein unvergessliches Erlebnis, die Begeisterung der Menschenmenge zu spüren – die nur noch von den Umzügen der Semana Santa in Sevilla übertroffen wird –, wenn die berühmten *misteri* (lebensgroße Holzstatuen von Maria, Jesus und anderen biblischen Figuren) in Begleitung einer trapanischen Band durch die Stadt ziehen.

Wer nicht über Ostern in der Stadt ist, sollte sich einen Vormittag Zeit nehmen, um die *misteri* in der **Chiesa Anime Sante del Purgatorio** *(processionemisteritp.it)* zu besichtigen. Die aus Zypressen- oder Korkholz geschnitzten, von Hand bemalten und bekleideten Figurengruppen stellen 20 Szenen vom Leidensweg und Tod Christi dar. Die meisten sind Originale aus dem 17. Jh.; einige wurden nach dem Zweiten Weltkrieg repariert oder ersetzt.

Am Dienstag vor Ostersonntag ziehen die Einwohner:innen von Trapani – vertreten durch 20 traditionelle *maestranze* (Gilden) – mit der lebensgroßen Jungfrau Maria durch die Stadt. Die nächtlichen Prozessionen der anderen *misteri* werden von Musizierenden begleitet, die zum langsamen, gleichmäßigen Trommelschlag Klagelieder spielen, und führen zu einer Kapelle auf der **Piazza Lucatelli**, bevor sie zur Chiesa Anime Sante del Purgatorio zurückkehren. Die Feierlichkeiten erreichen ihren Höhepunkt gegen 14 Uhr am Karfreitag, wenn die 20 Gilden aus der Kirche ausziehen. Die Träger halten die Statuen in Schulterhöhe auf blumengeschmückten Wagen und gehen in einem Wiegeschritt, um die Dramatik zu steigern. Die Prozession schlängelt sich die ganze Nacht durch die Altstadt und kehrt am Samstagnachmittag zur Kirche zurück.

COUSCOUS ALLA TRAPANESE

Die einzigartige Lage Trapanis an der Seeroute nach Tunesien machte den Couscous zu einer lokalen Spezialität. Eine Tischreservierung ist unbedingt erforderlich im **La Bettolaccia** mit strahlend weißem Interieur in einer Seitenstraße und in der familiengeführten **Caupona Taverna di Sicilia**, deren Sommerterrasse auf die geschnitzte Fassade der Chiesa Anime Sante dei Purgatorio blickt. Beide sind authentische Slow-Food-Favoriten für den traditionellen *couscous alla trapanese* – Couscous mit einer Sauce aus Seafood, Knoblauch, Chili, Tomaten, Safran, Petersilie und Wein, die man nach Gusto darüber gießt. Als *primo* teilen oder als Hauptgericht allein genießen!

COUSCOUS ALS SÜSSE SPEISE

Für eine süße Couscousvariante mit Pistazien aus der Region empfiehlt sich die von Zisterzienserinnen geführte Konditorei im **Monastero di Santo Spirito** (S. 695) in Agrigent.

UNTERWEGS VOR ORT

AST-Busse verbinden den Flughafen Trapani–Birgi Vincenzo Florio mit dem Hafen von Trapani; Taxis nach Trapani oder Marsala kosten pauschal 30 €. In der Stadt kann man mit den ATM-Bussen zu den Stränden und zur unteren Station der Seilbahn nach Erice fahren.

Rund um Trapani

Ob in einem mittelalterlichen Dorf auf einem Berg, inmitten griechischer Theaterruinen oder in den Salinen – die Ausblicke hier sind nicht von dieser Welt.

Im geschäftigen Hafen von Trapani verkehren vor allem Fähren, die über Nacht zur geheimnisvollen Vulkaninsel Pantelleria unweit von Tunesien fahren, und flotte Tragflächenboote, die Traveller zu verträumten Kieselstränden im Ägadischen Archipel bringen. Als l'Area Marina Protetta Isole Egadi – dem größten Meeresschutzgebiet im Mittelmeer – stehen Favignana und ihre kleineren Schwesterinseln für Slow Food, unberührte Natur und lebendige Geschichte im Überfluss.

Entlang der Küste, zwischen Trapani und der Weinstadt Marsala, befinden sich bezaubernde Salinen, in denen das wertvolle Salz für die Konservierung von Tre-Torri-Thunfisch gewonnen wird. Im Landesinneren bilden die bemerkenswert gut erhaltenen antiken Ruinen und die majestätische Landschaft in Segesta und Selinunt weiter südlich zwei der wichtigsten Highlights Siziliens. Die archäologische Stätte von Selinunt ist so groß, dass die Ausgrabungen seit 1823, als die ersten Metopen ausgegraben wurden, nie wirklich aufgehört haben.

TOP TIPP

Die Reise zu Trapanis Salinen unbedingt frühzeitig planen, denn die interessantesten Aktivitäten in der Saline Ettore e Infersa müssen im Voraus gebucht werden. Nach der Erkundung der Ruinen von Selinunt kann man sich mit einem Sprung ins Meer am Lido di Zabbar erfrischen, einem Strand, der sich unterhalb der archäologischen Stätte versteckt.

Griechisches Theater, Segesta (S. 704)

ALTE KULTUREN

Lange vor Ankunft der Griechen war Segesta die wichtigste Stadt der Elymer, einer antiken Zivilisation, die von den Trojanern abstammt und sich in der Bronzezeit auf Sizilien niederließ. Die Elymer standen in ständigem Konflikt mit dem griechischen Selinunt, dessen Zerstörung (409 v.Chr.) sie mit blutrünstiger Entschlossenheit verfolgten. Mehr als 100 Jahre später metzelte der griechische Tyrann Agathokles über 10 000 Elymer nieder und besiedelte Segesta wieder mit Griechen.

Castello di Venere, Erice

GRIECHISCHES THEATER

Eine Aufführung im griechischen Theater von Segesta während des **Segesta Teatro Festival** im August ist Gänsehaut pur. Das Teatro Greco in Taormina bietet während des Festivals **Taormina Arte** im Juli Theaterstücke und klassische Konzerte vor der Kulisse des Ätna, und in Syrakus werden beim **Festival del Teatro Greco** (S. 689) im Sommer griechische Tragödien aufgeführt.

Segesta

MAGIE INMITTEN ALTER RUINEN

Der Magie von Segesta, 32 km westlich von Trapani, sind noch alle erlegen. Es ist schlichtweg überirdisch schön, das Herzstück der Stadt, den **Dorischen Tempel**, inmitten von Wildblumen- und Grasfeldern zu bestaunen oder in einer heißen Sommernacht unter dem Sternenhimmel in einem **Griechischen Theater** aus dem 3. Jh. v.Chr. ein Theaterstück zu erleben. Die Ruinen aus dem 5. Jh. v.Chr., die am Rand einer tiefen Schlucht inmitten einsamer Berge liegen, gehören zu den eindrucksvollsten antiken Stätten der Welt.

Die 36 Säulen des bemerkenswert gut erhaltenen Tempels, der fünf Minuten Fußweg bergauf von der Kasse entfernt liegt, sind vollständig intakt – an windigen Tagen verwandeln sie sich in eine Orgel, die geheimnisvolle Töne von sich gibt. Das Theater (von der Kasse 1,25 km zu Fuß oder mit dem Shuttle-Bus) krönt den Gipfel des Monte Barbaro und bietet einen weiten Blick nach Norden auf den atemberaubenden Golfo di Castellammare. Man sollte sich mindestens einen halben Tag Zeit nehmen, um den außerordentlichen Erhaltungszustand der Ruinen und die majestätische Landschaft drumherum zu genießen.

MITTAGESSEN IN ERICE

Gusto Il Panino Gourmet
Gourmet-Panini, Salate und Craft-Bier von Bruno Ribadi, das eine Stunde die Küste runter gebraut wird.

Ristorante Monte San Giuliano
Durch einen steinernen Torbogen gelangt man in einen von Weinreben beschatteten Garten.

Liparoti
Auf *dolci* verzichten für eine hervorragende *granita*: Mandel, Pistazie und Zitronenschale oder gesalzenes Karamell und Erdnüsse.

Mittelalterliches Erice

RUINEN, AUSBLICKE & SENSATIONELLE KUCHEN

Es fällt schwer, den Höhepunkt eines Tagesausflugs nach Erice zu benennen. Das mittelalterliche Bergdorf blickt von seinem Sitz auf dem spektakulären Gipfel des Eryx über Trapani. Schon die Fahrt mit der Standseilbahn nach oben ist ein Erlebnis – vor allem bei blauem Himmel: Das beeindruckende Panorama reicht von San Vito Lo Capo bis zu den Salinen von Trapani.

In dem von Mauern geschützten Dorf aus dem 12. Jh. lässt man sich in einem faszinierenden Gewirr aus rutschigen Kopfsteingassen treiben – Schuhe mit gutem Profil können hier nicht schaden. Eine Stunde lang erkundet man die grasbewachsenen, stimmungsvollen Ruinen des **Castello di Venere** aus dem 12. bis 13. Jh., das von den Normannen über dem Venustempel erbaut wurde, und macht dann eine Pause bei Kaffee und Kuchen im versteckten Garten der **Pasticceria di Maria Grammatico**.

Ruinenerforschung in Selinunt

DEN GRÖSSTEN ARCHÄOLOGISCHEN PARK EUROPAS ENTDECKEN

Hut aufsetzen und hier im Indiana-Jones-Stil die Tempel und die Akropolis der westlichsten Kolonie des antiken Griechenlands erkunden. Das im 7. Jh. v. Chr. entstandene Selinos (Selinunt) war eine wohlhabende Metropole mit 100 000 Menschen und eine der reichsten und mächtigsten Städte der Welt, bis die Karthager sie 409 v. Chr. zerstörten.

Beim Verlassen des Ticketbüros fällt der fast vollständige **Tempel E** im Bereich der östlichen Tempel auf. Das im 5. Jh. v. Chr. erbaute und 1958 rekonstruierte Bauwerk ist das Prunkstück des Parks. Die anderen Tempel, u. a. der **Tempel G** aus dem 6. Jh., der einer der größten Tempel der griechischen Welt war, auch wenn er nie fertig gestellt wurde, sind nur noch Trümmerhaufen.

Danach folgt die **Akropolis** (ca. 2 km vom Eingang weg) mit fünf Tempeln auf einem schrägen Plateau. Der Blick aufs Meer ist grandios. **Tempel C**, der älteste Tempel, ist mit 14 intakten Säulen (von einst 17) das häufigste Fotomotiv. Der **Tempel B** aus hellenistischer Zeit war wohl dem agrigentischen Physiologen und Philosophen Empedokles gewidmet, dessen Entwässerungskonzept die Stadt vor der Geißel der Malaria bewahrte.

Anschließend läuft man etwa zwanzig Minuten in Richtung Westen, überquert den ausgetrockneten Fluss Modione und steigt einen unbefestigten Weg hinauf zum **Heiligtum der Malophoros**. In den zerstörten Ruinen dieses Tempels, der der Fruchtbarkeitsgöttin Demeter geweiht war, befinden sich zwei Altäre, von denen einer für Opfergaben diente. Die Tour endet in der **Antiken Stadt** nördlich der Akropolis auf dem Hügel von Manuzza, wo die meisten Einheimischen Selinunts lebten.

SYRAKUS VS. KARTHAGO

Ursprünglich mit Karthago verbündet, wechselte Selinunt nach der karthagischen Niederlage gegen Gelon von Syrakus 480 v. Chr. die Seite. Unter dem Schutz von Syrakus gewann die Stadt an Macht und Prestige, was zu territorialen Streitigkeiten mit ihrem nördlichen Nachbarn Segesta führte. Zum endgültigen Showdown kam es 409 v. Chr., als Letztere die Karthager um Hilfe baten. Selinunts ehemaliger Verbündeter willigte freudig ein und kam, um sich zu rächen. Die von Hannibal befehligten Truppen zerstörten die Stadt nach einer neuntägigen Belagerung, wobei nur diejenigen überlebten, die sich in den Tempeln verschanzt hatten.

Um 250 v. Chr., als die Römer kurz davor waren, die Stadt zu erobern, zogen sich die Leute nach Llybaeum (Marsala) zurück, die karthagische Hauptstadt auf Sizilien, aber erst nachdem sie so viel wie möglich zerstört hatten. Was sie übrig ließen, hauptsächlich Tempel, wurde im Mittelalter durch ein Erdbeben zerstört.

ÜBERNACHTEN & ESSEN RUND UM TRAPANI

Agriturismo Vultaggio
Safari-Zelte, B&B-Zimmer und ein Farmrestaurant, das keinen Kilometer entfernt liegt, machen das Refugium unwiderstehlich. **€**

Baglio La Luna
B&B in einem Bauernhaus am Hang mit einem atemberaubenden Meerblick, 2 km nördlich des Zingaro-Reservats. **€€**

La Tonnara di Scopello
Scopellos historische *tonnara* (Thunfischfabrik) bietet Ferienwohnungen und Hotelzimmer direkt am Wasser. **€€**

COUS COUS FEST

Trapanis beliebte Couscous-Gerichte stehen im Mittelpunkt dieses bunten sechstägigen Festes, das in der letzten Septemberwoche in der Küstenstadt **San Vito Lo Capo** gefeiert wird. Zu den Highlights gehören Kochshows, Workshops, Konzerte und die Couscous-Weltmeisterschaft, bei der Couscous-Köch:innen aus zehn Ländern gegeneinander antreten. Während des Festes kann man mit dem *ticket degustazione* (10 €) Dutzende Verkostungsstände in der Stadt und an San Vito Lo Capos berühmtem langen und schönen Sandstrand besuchen. Du kannst es vorab online oder an den Ständen vor Ort kaufen.

Die Salzstraße

BEI DER ERNTE VON ITALIENS FEINSTEM SALZ HELFEN

Entlang der Küste, zwischen Trapani und der Weinstadt **Marsala**, erstreckt sich eine imposante Landschaft mit *saline* (flache Salzbecken) und stillgelegten *mulini* (Windmühlen). Fährt man im Sommer von Trapani aus die Via del Sale (Salzstraße; SP21 auf Karten) entlang, kann man beobachten, wie die Salzbauern und -bäuerinnen das feinste Salz Italiens aus den rosafarbenen, glitzernden Salzpfannen ernten. Heute existiert nur noch eine kleine Handwerksindustrie, die die anspruchsvolle Kundschaft mit den beliebten *fior di sal* (Steinsalz), *cristalli di sal* (Salzkristalle) und *sale marino di Trapani IGP* (Speisesalz) versorgt.

In der **Saline Ettore e Infersa** *(seisaline.it)*, einem Salzmuseum in einer Windmühle aus dem 16. Jh., 25 km südlich von Trapani, erfährt man mehr über die Salzproduktion und kann an einer geführten Salinenwanderung oder einer Salzverkostung teilnehmen. Von Mai bis August ist es möglich, einen halben Tag lang selbst Salz zu ernten (Stiefel werden gestellt). Alternativ schippert man mit einem Lagunenboot (20 Min.) über den **Stagnone di Marsala** zur unbewohnten Insel Isola Lunga. Wieder zurück gibt's Mittagessen im Freien, Drinks bei Sonnenuntergang oder Abendessen mit Blick auf die Salinen im **Mamma Caura**.

Favignana

INSELABENTEUER FÜR EINEN TAG

Mit einem langsamen Boot (oder einem schnellen Tragflächenboot) gelangt man von Trapani oder Marsala aus zu diesem Inselidyll und verbringt den Vormittag mit der Erkundung der Thunfischkonservenfabrik **Ex-Stabilimento Florio delle Tonnare di Favignana e Formica** aus dem 19. Jh. In dem großen, eleganten Komplex aus lokalem Tuffstein mit Blick auf den Hafen kann man noch die Schuppen mit den alten Booten sehen, die Terrasse, wo der Thunfisch aufgehängt wurde, *la batteria de cottura* mit drei riesigen Schornsteinen aus rotem Backstein, wo der Thunfisch gekocht wurde, sowie die große Halle mit den originalen Verpackungstischen, wo die Dosen gefüllt wurden. Kurze Filme dokumentieren diverse Aspekte der Geschichte der Konservenfabrik und der Traditionen des Thunfischfangs, z. B. die berühmte *mattanza* der Insel. Die 1859 erbaute und bis 1977 in Betrieb befindliche *tonnara* war eine von vielen in Sizilien, die Favignanas berühmter Familie Flavio gehörten.

Nachmittags kann man sich am Hafen Zweiräder ausleihen – normale Drahtesel, E-Bikes oder 50ccm-Roller – und damit

DEKORATIVE SCHÄTZE

Mehr Einblick in die Bedeutung von Selinunt bekommt man an einem halben Tag im faszinierenden **Museo Archeologico Regionale Antonio Salinas** (S. 665) in Palermo. Die Metopen, die 1823 gefunden wurden, sind in diesem Museum ebenso ausgestellt wie Zierfriese und die Gorgonenmaske von Tempel C.

ÜBERNACHTEN & ESSEN AUF FAVIGNANA

La Casa del Limoneta
Ein bezaubernder, versunkener Garten voller Zitronenbäume umgibt dieses gemütliche, weiß getünchte B&B. **€€**

Villa Margherita
In diesem hübschen Villenhotel in den botanischen Gärten von Favignana herrschen Frieden und Ruhe. **€€**

Osteria del Sotto Sale
Die *busiate alla norma* (Pasta mit Aubergine, Tomate und Ricotta) in dieser lässig-schicken *osteria* ist perfekt. **€€**

FILIPPOBACCI/GETTY IMAGES ©

Salzbecken, Trapani

auf der malerischen, 3 km langen Route zum **Giardino dell'Impossible** düsen – einem beeindruckenden mediterranen Garten mit versunkenen Tuffsteinhöfen (manche bis zu 25 m tief), Tunneln, Höhlen, Grotten und Galerien, die in den 1950er- und 1960er-Jahren entstanden sind. Die privaten Gärten sind das Lebenswerk der Besitzerin und Visionärin Maria Gabriella Campo, die um die 80 Jahre alt ist und die meisten der rund 300 verschiedenen Pflanzenarten – einheimische und exotische –, die trotzig in der staubigen Tuffsteinlandschaft gedeihen, gepflanzt und gepflegt hat. Es gibt geführte Touren. Man kann auf dem Anwesen auch übernachten: in dem gehobenen Hotel **Villa Margherita** oder in einem Selbstversorger-Cottage.

Riserva Naturale dello Zingaro

WANDERPARADIES AM MEER

Der 7 km lange Wanderweg in diesem wilden **Naturschutzgebiet** an der Küste bietet atemberaubende Ausblicke auf das Meer. Wilder Johannisbrotbaum und gelbe Euphorbien bedecken die Hänge, und schmale Pfade führen hinunter zu Felsbuchten mit Kieselstränden und smaragdgrünem Wasser. Der beliebteste Ort zum Schnorcheln ist **Cala Marinella**, eine Bucht, die auf halbem Weg liegt. Eintrittskarten und eine Wanderkarte gibt es am Südeingang des Parks, 2 km nördlich von Scopello, oder am Nordeingang in San Vito Lo Capo.

WARUM ICH FAVIGNANA LIEBE

Nicola Williams, Autorin

Ich liebe die unprätentiöse, bodenständige Küche und die Nonchalance, mit der die Tuffsteinblöcke wie Legosteine in der Gegend verstreut herumliegen. Der weltweite Trend zur Inselflucht mag in den letzten Jahren stark zugenommen haben, aber die Inselbewohner:innen machen keine Anstalten, ihre Insel zu verändern. Favignana ist in erster Linie ihr Zuhause, wo der Fang des Tages in braunen Papiertüten voller *frittura mista* (gemischtes Seafood) bei **Tunafish City** landet, wo der altmodische Lebensmittelladen auf der Piazza Madrice *ricotta fresca* (frischer Ricotta) auf eine Tafel schreibt und wo Römische Kamille, Rosmarin und andere einheimische Pflanzen, die mit natürlichem Salzwasser aus einem handgefertigten Brunnen gegossen werden, im Isola-di-Favignana-Craft-Gin landen.

UNTERWEGS VOR ORT

Will man von Trapani aus zur Standseilbahn nach Erice, fährt man mit dem Bus 21 oder 23 vom Westende der Via GB Fardella (bei der Piazza Vittorio Emanuele) bis zur Endstation. Die Tarantola-Busverbindungen (*tarantolabus.com)* zwischen Trapanis Busbahnhof und Segesta (40–50 Min.) sind begrenzt. In Segesta müssen Autos auf einem extra Platz parken, die 1,5 km bis zu den Ruinen legt man dann zu Fuß oder mit dem Shuttlebus zurück.

Die Erkundung von Segesta und Selinunt zu Fuß erfordern Ausdauer, vor allem im Sommer, wenn Wasser, Sonnenschutz und ein Sonnenhut (sogar ein Regenschirm als Sonnenschirm) überlebenswichtig sind. In Selinunt ersparen E-Golfcarts am Haupteingang einen Teil der Lauferei.

Tickets für die Liberty-Lines-Tragflügelboote nach Favignana vorab buchen. Um ein Rad in Favignanas Hafen zu leihen, ist ein Ausweis nötig.

SARDINIEN

IN DEN FUSSSPUREN VON GIGANTEN

Abseits des Glamours gibt es eine Insel voller Mythen, Traditionen und einer atemberaubend hinreißenden Landschaft zu entdecken.

Eine Anekdote erzählt, dass Karim Aga Khan, als er zum ersten Mal das Land besuchte, das er auf Sardinien gekauft hatte, auf einem Esel angeritten kam und verschlafene Fischerdörfer ohne Strom, fließendes Wasser und befestigte Straßen vorfand. Natürlich soll er besorgt gewesen sein, ob seine Investition nicht ein riesiger Fehler gewesen war. Bei der Rückfahrt mit der Jacht entwickelte er aber seine Pläne für den kleinen Strandabschnitt, der als Costa Smeralda schließlich zu einem Grundbesitz wurde, der höhere Preise erzielt als kaum ein anderer auf der Welt und Sardinien zu einem Synonym für Reichtum, Promis und Ausschweifungen machen sollte.

Doch jenseits des Glamours von Porto Cervo existiert eine ganze Welt – die des echten, wahren Sardiniens mit dem imposanten Bergmassiv des Supramonte, den *tombe dei giganti* (Gigantengräber) und den schwül-warmen Winden von Cagliari. Und diese Welt wirkt nicht einfach nur anders, sondern mythisch, unsterblich. Obwohl überall auf Sardinien die Ehrfurcht vor der Tradition spürbar ist, lässt man sich nahezu furchtlos auf die Zukunft ein. Symbolträchtige Orte unternehmen radikale Schritte, um ihre Ressourcen zu erhalten, und Regionen, die einst als unzugänglich galten, öffnen sich der Welt.

Wer sich auch nur ein wenig von den ausgetretenen Pfaden entfernt, wird reich belohnt. Es herrscht eine große Gastfreundschaft auf der Insel. Man sollte also nicht überrascht sein, in die Werkstatt oder das Wohnzimmer von Einheimischen gebeten und zu einer faszinierenden Geschichtsstunde eingeladen oder mit köstlichen hausgemachten Leckereien bewirtet zu werden. Auf alle Fälle wird man auf die Insel zurückkehren wollen, ob mit einem Esel oder einer Jacht.

© SCHWARZE NINA/SHUTTERSTOCK

DIE WICHTIGSTEN ZIELE

CAGLIARI
Die kosmopolitische Hauptstadt Sardiniens. **S. 714**

BARBAGIA & SUPRAMONTE
Das Herzstück der sardischen Kultur. **S. 723**

ALGHERO & DIE WESTKÜSTE
Haute cuisine und ungezähmte Natur. **S. 731**

LA MADDALENA & GALLURA
Von Weinverkostung bis Schnorchelfreuden. **S. 739**

COSTA SMERALDA
Ein unverzichtbarer Teil der Wunschliste. **S. 743**

VADYM LAVRA/SHUTTERSTOCK ©

Der Strand von Capriccioli an der Costa Smeralda (S. 743)

Erste Orientierung

Die zweitgrößte Insel des Mittelmeers wird wegen ihrer unglaublichen natürlichen und kulturellen Vielfalt auch gerne als „Mikrokontinent“ bezeichnet. Ganz gleich, welche Regionen man besucht, es lassen sich überall atemberaubende Entdeckungen machen.

La Maddalena & Gallura, S. 739

Die Schönheit des Archipels, die unglaubliche Geschichte und kilometerlange, goldene Weinberge machen diese Ecke der Insel zu einem unverzichtbaren Ziel.

Costa Smeralda, S. 743

Alles vergessen, was man über die Spielwiese der Milliardäre zu wissen glaubt, und einfach nur die hinreißende, scheinbar endlose surreale Küste bewundern.

Alghero & die Westküste, S. 731

Staunen, wie vielfältig die Insel schon auf kleinstem Raum ist, und den schönsten Strand der Welt genießen.

AUTO

Dank der gut ausgebauten Straßen und Autobahnen (alle zollfrei) ist Sardinien ein fantastisches Ziel für einen Roadtrip. Wer seinem inneren Easy Rider Raum geben will, fährt mit dem Motorrad. Erfahrene Traveller bringen ihr Fahrzeug per Fähre mit, man kann aber auch problemlos ein Auto vor Ort mieten.

BUS

Eine Reihe von Unternehmen betreiben Orts-, Provinz- und Fernbusse, mit denen man fast jeden Punkt auf der Insel erreicht. Die Fahrten können allerdings lang werden, es gibt Verspätungen, und wer kein Italienisch spricht, könnte Probleme haben, sich zurechtzufinden.

ZUG

Die Züge sind sauber und günstig, verbinden aber nur größere Städte und Verkehrsknotenpunkte längs der Westachse der Insel. Der nostalgische Trenino Verde ist prima, um das ländliche Sardinien zu sehen, wenn man es nicht besonders eilig hat.

Barbagia & Supramonte, S. 723

Die uralten, kulturellen Traditionen sind hier ausgeprägter als anderswo auf der Insel – hier schlägt das wahre Herz Sardiniens.

Cagliari, S. 714

Von bunten Märkten bis zu Sandstränden bietet die Hauptstadt alles, was man von einem Ferienort verlangen kann – und das in Gehweite.

Perfekte Tage

Sardinien ist ein ganzjähriges Reiseziel mit endlosen Möglichkeiten. Ob man seinen Geist, seinen Körper oder seinen Appetit anregen möchte – die Insel hat für alle Wünsche etwas zu bieten.

ANA DEL CASTILLO/SHUTTERSTOCK ©

Carloforte (S. 721)

Wenig Zeit

● Der berauschende Mix aus alten Befestigungsanlagen, luftigen Café-Terrassen und lebendigen Straßen gibt **Cagliari** (S. 714) eine Vitalität, die direkt vom Meer hereinzuströmen scheint. Das Viertel **Marina** (S. 717) lockt mit einer Mischung aus traditionellen Restaurants und innovativen Neugründungen, die ihre Gäste mit köstlichen lokalen, nachhaltig zubereiteten Spezialitäten verwöhnen. Dank der vielen nahegelegenen Strände und Naturschutzgebiete kann man jederzeit Wanderungen durch unberührte, einzigartige Natur unternehmen. Und dann sollte man unbedingt einplanen, die Westküste mit **Sant'Antioco** (S. 720) und **Carloforte** (S. 721) zu besuchen, wo die Zeit nicht nur stehenzubleiben, sondern gar nicht zu existieren scheint.

Beste Reisezeit

Obwohl Sardinien vor allem als Ziel für den Sommerurlaub gilt, lohnt sich ein Besuch das ganze Jahr hindurch. Die Feste, die im Zeichen von traditionellem Essen, Kunsthandwerk und Tanz stehen, sollte man sich nicht entgehen lassen.

JANUAR/FEBRUAR

Während des **Carnevale** in Mamoiada, einem Dorf der Barbagia, soll der Umzug mit den finsteren *mamuthones*-Masken das Unheil abwehren.

MAI

In Cagliari ehrt die **Festa di Sant'Efisio** den Schutzheiligen der Stadt, und in Sassari lockt der traditionelle Reiterumzug der **Cavalcata Sarda**.

JUNI

Die beste Zeit, um die verwinkelten Gassen, die tollen Museen und das bunte Nachtleben von **Cagliari** zu erkunden; nur einen Steinwurf entfernt lockt der schöne Strand von Poetto.

CHIARA PAOLINI/SHUTTERSTOCK ©, PAOLO CERTO/SHUTTERSTOCK ©, ALF/GETTY IMAGES ©

Eine Woche

● Die einst wegen ihrer komplizierten Geschichte des Banditentums und Widerstands als Niemandsland angesehene **Barbagia** (S. 723) ist heute die Hüterin des kulturellen Erbes der Insel In den Kleinstädten **Oliena** (S. 726) und **Dorgali** (S. 726) wird das Kunsthandwerk gepflegt, während **Orgosolo** (S. 723) in eindrucksvollen Wandmalereien seine bewegende Vergangenheit präsentiert. Bei einer Wanderung in der Bergregion des **Supramonte** (S. 723), durch das **Valle di Lanaittu** (S. 726) oder auf den Monte **Tiscali** (S. 726) kann man die ältesten freigelegten Siedlungen Europas besichtigen. An der Küste lässt es sich wunderbar schnorcheln oder man mietet sich ein *gommone* (Gummiboot mit Motor), um den **Golfo di Orosei** (S. 729) zu erkunden und in versteckten Buchten zu baden. Und abends genießt man den Sonnenuntergang bei echtem sardischen *pecorino* (Schafskäse) und rubinrotem Cannonau-Wein.

Länger Zeit

● Natürlich sollte man auch die berühmteste Ecke Sardiniens einmal gesehen haben, aber in **Porto Cervo** (S. 743) gibt es viel mehr zu tun, als über steigende Preise zu lamentieren oder in der Marina nach den Luxusjachten der Promis Ausschau zu halten. Zur nördlichen Provinz **Gallura** (S. 739) gehören nämlich auch die über 60 Inseln des **La-Maddalena-Archipels** (S. 739), die unzählige Ausflugs- und Erkundungsmöglichkeiten bieten.

Eine Fahrt ins Landesinnere ist ebenso lohnend: Bei Spaziergängen durch kleine, authentische Orte wie **Luogosanto** (S. 741) bieten sich immer wieder Einblicke in die spannende Geschichte Sardiniens und dazu bestimmt die eine oder andere Gelegenheit, den zu Recht berühmten Weißwein Vermentino verkosten.

JULI

In Porto Cervo kämpft man sich (wenn man mag) durch die Massen, um Leute zu beobachten, und erholt sich anschließend beim **Schwimmen** rund um La Maddalena.

SEPTEMBER

In Cabras schnuppert man das Aroma der gesalzenen *bottarga* (Meeräschenrogen) und besucht die **Gigantengräber** rund um Tharros und Barumini.

OKTOBER

Bei einer Fahrt durch die **Barbagia** die traditionelle Küche erleben. Dazu zählen *porcheddu* (Spanferkel) und *pecorino* (Schafskäse).

NOVEMBER

Zeit, die **Cortes Apertas** (offenen Höfe) der Barbagia zu besuchen und die Küche, Kultur und Traditionen im Inselinnern zu erkunden.

CAGLIARI

Unter den vielen Arten von Hafenstädten sind keine so eindrucksvoll wie jene, die aus dem Meer herausgewachsen scheinen und sich auf großen Hügeln im Schutz einer Bucht erheben. Solche Städte leben nicht einfach nur am Meer, sondern verschmelzen förmlich mit ihm – auch wenn die Wellen nicht von jedem Fenster aus zu sehen sind, so sind sie doch überall spürbar. Solche Städte besitzen eine einzigartige, fast berauschende Energie. Jede ferne Schiffssirene, die man am Strand vernimmt, weckt Fernweh, und jede Umarmung im bernsteinfarbenen Licht der Laternen in einer schmalen Gasse fühlt sich an wie Sirenengesang, der Sehnsüchte aufkommen lässt. Cagliari ist ein wunderbares Beispiel für eine solche Stadt. Vom Castello-Viertel oben bis zum Marina-Viertel unten ist ihr Pulsieren unverkennbar: Cagliari ist die Seele Sardiniens.

TOP TIPP

Das Autofahren ist im Zentrum von Cagliari – außer für Anwohner – stark eingeschränkt, vor allem in den Vierteln Castello, Marina, Stampace und Villanova. Am besten sucht man außerhalb einen freien Parkplatz (mit weißen Linien markiert) und nutzt das gut ausgebaute Busnetz oder geht zu Fuß.

EIN MORGEN IN DER MARKTHALLE

In einer der größten Markthallen Europas, dem **Mercato di San Benedetto,** werden an mehr als 200 Ständen frisches Obst und Gemüse sowie örtliche Spezialitäten wie *porcheddu* (Spanferkel) und andere Fleisch- und Wurstwaren angeboten. Käse wie *pecorino* Fiore Sardo und *ricotta salata* konkurrieren um die Gunst der Kund:innen. Im Untergeschoss kommen die Fischer in der Morgendämmerung mit ihrem frischen Fang an – die günstigsten Angebote gibt's gegen Marktschluss, aber die besonderen Düfte am frühen Morgen lohnen das frühe Aufstehen. Nach dem Marktbesuch warten Cappuccino und Brioche in der **Pasticceria Piemontese**.

Ausflüge von Cagliari aus in die Natur

WEISSE STRÄNDE, ROSA FLAMINGOS

Einer der größten Vorzüge bei einem Cagliari-Besuch ist die Möglichkeit, das große kulturelle Angebot der Stadt mit einzigartigen Naturerlebnissen in unmittelbarer Nähe zu verbinden. Kein Ort eignet sich besser für einen kurzen Ausflug, als der feinsandige Strand von **Poetto**.

Wer fit ist, kann die fast 7 km lange Strecke vom Stadtzentrum nach Poetto gut zu Fuß zurücklegen, es gibt aber auch Busverbindungen – das „P" an den Bussen signalisiert, dass sie dort halten. (In den Sommermonaten kann man sich an den Haltestellen auch einfach an den mit Sonnenschirmen bewaffneten Einheimischen orientieren.) Poetto bietet alles, was das Urlauberherz begehrt: An dem kilometerlangen, feinsandigen Strand findet man auch bei großem Andrang ausreichend Platz, an der Uferpromenade tummeln sich Radler und Jogger, und zahlreiche Cafés und Bars bieten alle möglichen Snacks und Getränke an. Der Strandabschnitt erstreckt sich am Golfo degli Angeli (Engelsgolf) entlang bis zur **Sella del Diavolo** (Teufelssattel), womit gleich ein Ziel fürs Sightseeing vorgegeben ist – auch wenn man hier dem Himmel näher ist als der Hölle.

Bervor man in die Stadt zurückkehrt, lohnt ein Abstecher zum **Parco Naturale Regionale Molentargius Saline**, einem ehemaligen Salzbecken, in dem Rosaflamingos nisten. Das einst wichtigste Salzabbaugebiet der Insel erstreckt sich über 16 km^2. Architektonische Überreste aus dem 19. und 20. Jh. erinnern noch an diese Anlage, die heute eine grüne Oase mit Wanderwegen und Aussichtspunkten vor der Skyline von Cagliari ist.

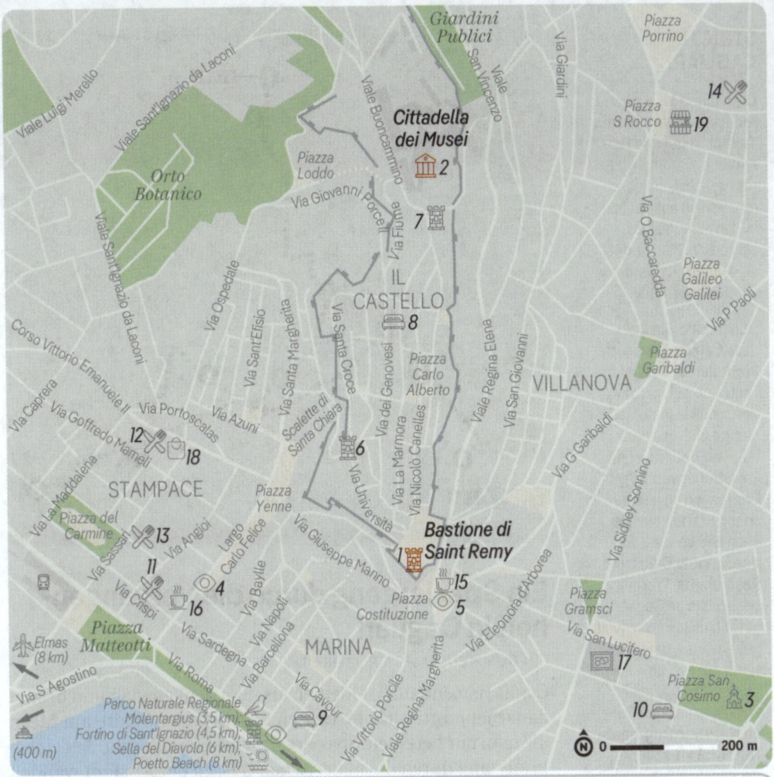

HIGHLIGHTS
1 Bastione di Saint Remy
2 Cittadella dei Musei

SEHENSWERTES
3 Basilica di San Saturnino
4 Largo Carlo Felice
5 Piazza Costituzione
6 Torre dell'Elefante
7 Torre di San Pancrazio

SCHLAFEN
8 Birkin Hotel – Castello
9 Palazzo Dessy
10 Palazzo Doglio

ESSEN
11 Ditrizio Pasticceria
12 Framento
13 Josto
14 Pasticceria Piemontese

AUSGEHEN
15 Antico Caffè
16 Caffè Svizzero

UNTERHALTUNG
17 Exmà

SHOPPEN
18 Etto Macelleria
19 Mercato di San Benedetto

ÜBERNACHTEN IN CAGLIARI

Birkin Hotel Collection
Schöne, gepflegte Zimmer, üppiges Frühstück und erstklassiger Service; Standorte in Castello, Marina und im Hafen. **€€€**

Palazzo Dessy
Die elegante Pension versteckt sich in Marina – wie laut es draußen auch werden mag, man schläft wie ein Baby. **€€**

Palazzo Doglio
Wer sich verwöhnen will, findet keinen besseren Ort als dieses historische Hotel, in dem alle Details bedacht wurden. **€€€**

STRICTLY CAGLIARI

Die frühere Menschenrechtsanwältin **Claudia Tavani** ist auf ihre Heimatinsel Sardinien zurückgekehrt, um über ihre Reisen auf der Insel und in aller Welt zu schreiben. Man findet sie auf Strictly Sardinia. *(@strictlysardinia)*

„Ich glaube wirklich, dass Cagliari die beste Stadt der Welt ist. Man kann sich gut fortbewegen, und sie bietet jede Menge interessanter Erlebnisse und für jeden Traveller etwas. Es gibt Unmengen an historischen Stätten und Museen und so viele ausgezeichnete Cafés und Restaurants. Was mir besonders an Cagliari gefällt: dass ich nie weit gehen muss, um in der Natur zu sein. Eine kurze Busfahrt bringt mich vom Zentrum zum **Parco Naturale Regionale Molentargius Saline,** wo ich Rosaflamingos beobachten kann. Ich kann aber auch auf der Landspitze der **Sella del Diavolo** wandern, mich dabei richtig verausgaben und den Blick auf den Strand von Poetto genießen. Wenn ich Inspiration brauche, schaue ich mir vom **Fortino di Sant'Ignazio** aus den prächtigen Sonnenuntergang an."

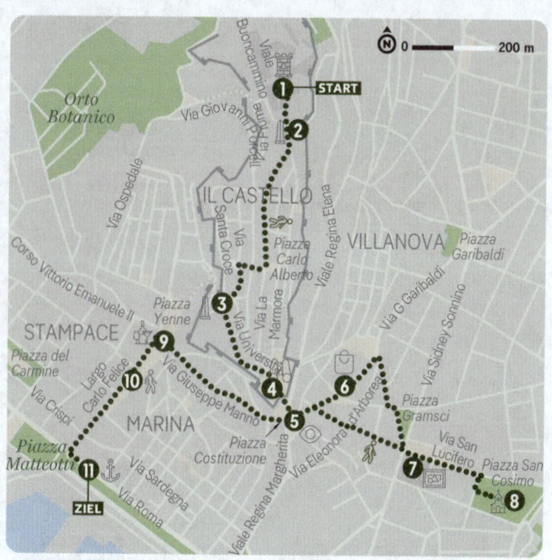

Ein Spaziergang durch die Vergangenheit in Cagliari

EIN BUMMEL ZU JEDER JAHRESZEIT

Cagliaris Zentrum ist kleiner, als man denken mag und besitzt daher jene Intimität historisch bedeutsamer Städte am Meer, die man nur bei einem Spaziergang wirklich entdeckt. Auf einem Rundgang durch die malerischen Gassen der Altstadt wandelt man zwangsläufig auf den Spuren der Vergangenheit und hat immer wieder das Gefühl, tief in die Geschichte einzutauchen.

Selbst in den wärmsten Monaten Juli und August weht der laue *maestrale* (Mistral) bis ins Viertel Castello, das umgeben von mittelalterlichen Befestigungsanlagen fast 100 m über dem Meeresniveau liegt. Die Geschichte Cagliaris beginnt hier: Der sardische Name der Stadt, Casteddu, bedeutet „Burg", und dieses Viertel ist die Heimat der eindrucksvollen **1 Cittadella dei Musei** an der Piazza Arsenale. Hier könnte man stundelang verweilen, doch wenn man nur für einen Teil der Zitadelle Zeit hat, sollte man sich für das Museo Archeologico Nazionale entscheiden, in denen unter anderem die eindrucksvollen Giganti di Monte Prama und eine herrliche Sammlung geheimnisvoller *bronzetti* (Bronzefigürchen) ausgestellt sind, die wahrscheinlich aus der Zeit der Nuraghenkultur stammen.

KAFFEE TRINKEN IN CAGLIARI

Antico Caffè
An diesem historischen Ort hat schon D. H. Lawrence geschrieben. Prima Kaffee und nettes Personal, das auch stundenlang verweilende Gäste erträgt.

Ditrizio Pasticceria
Dieses Juwel in Marina besticht mit einer riesigen Auswahl wunderbaren Gebäcks, mit perfekt zubereitetem Kaffee und üppigem Dekor.

Caffè Svizzero
Seit mehr als einem Jahrhundert begeistert das zentral gelegene Café mit dem besten Kaffee, den man sich nur vorstellen kann.

Das verwinkelte Viertel Castello ist eine Welt für sich, in der man auf Tuchfühlung mit dem Alltagsleben der Einheimischen kommt, sich Wäscheleinen über die Gassen spannen und Essensdüfte in der Luft liegen. Man kommt an den beiden Türmen vorbei, welche die Stadt überragen und einst Invasoren abwehren sollten – an der **2 Torre di San Pancrazio** aus dem Jahr 1305 und der **3 Torre dell'Elefante**, die 1307 fertiggestellt wurde. So eindrucksvoll sie auch sind, sie verblassen fast im Vergleich zur **4 Bastione di Saint Remy**. Das prächtige Bauwerk verbindet Castello über monumentale Marmortreppen mit dem unteren Teil der Stadt. Die Treppen, wie auch die Terrasse Umbertos I., wurden in der Zeit zwischen dem 19. und 20. Jh. errichtet.

Vom Fuß der Bastione di Saint Remy geht's nach links zu den schicken Schaufenstern von Villanova oder nach rechts zu den lebhaften Straßen und Plätzen von Marina. Aber vorher wartet noch die **5 Piazza Costituzione**, an der einige der Hauptstraßen von Cagliari zusammenlaufen – ein schöner Ort zum Verweilen und um das geschäftige Treiben der Stadt auf sich wirken zu lassen. Shoppinglustige werden von der **6 Via Garibaldi** begeistet sein, die durch das Zentrum von Villanova führt und von vielen kleinen, individuellen Läden gesäumt ist. Ein kurzes Stück die Via San Lucifero hinunter, gelangt man zum **7 Exmà**, einem Zentrum für zeitgenössische Kunst im früheren Schlachthaus. Nur ein paar Schritte weiter folgt an der Piazza San Cosimo die antike Ruine der **8 Basilica di San Saturnino**. Immer wieder laden hübsche Parks, Plätze und Cafés zu Pausen ein.

Die Geschichte aller großen Hafenstädte beginnt und endet dort, wo das Land auf das Meer trifft, und Cagliari bildet da keine Ausnahme. Obwohl der Stadtteil Marina heute ein freundliches Bild abgibt, mit malerischen Gassen, in denen das quirlige Leben tobt, hat er doch auch Spuren jener rauen Zeit bewahrt, in der einst Seemänner und Kaufleute die Nacht unsicher machten. Von der Via Manno aus kommend, stößt man an der **9 Piazza Yenne** auf das pulsierende Zentrum des Marina-Viertels. An dieser Piazza liegen viele Bars, die bis spät in die Nacht den ständigen Strom der Feiernden mit *aperitivi* versorgen. Während man auf dem **10 Largo Carlo Felice** in Richtung Meer schlendert, blickt man in die labyrinthartigen Gassen, aus denen es nach gegrilltem Fisch duftet und das Geräusch klappernder Teller zu vernehmen ist. Schließlich landet man unvermeidlich unter den Arkaden der **11 Via Roma** mit Blick auf Kreuzfahrtschiffe, Segelboote und vielleicht auch auf ein paar kleine sardische Fischerboote. Mit einem Drink in der Hand könnte man schwören, schon einmal hier oder doch an einem sehr ähnlichen Ort gewesen zu sein.

CAGLIARIS RESTAURANTSZENE

Cagliari besitzt eine gut etablierte Gastronomie, aber ehrgeizige junge Chefköch:innen geben der traditionellen Küche mit regionalen Zutaten, Nachhaltigkeit und einer guten Prise Kreativität neuen Schwung. Chefkoch **Pierluigi Fais** steht mit ein paar Restaurants, die für jeden Geschmack etwas bieten, an vorderster Front dieser neuen Szene. Die **Etto Macelleria** serviert rund um die Uhr in stilvollem Ambiente am Corso Vittorio Emanuele II einige wenige, nach Bestellung zubereitete, frische regionale Gerichte. Lust auf Pizza ? Auch dafür gibt's die perfekte Adresse: Das **Framento** hat die beste Sauerteigpizza der Stadt und dazu eine reiche Auswahl an Craft-Bieren. Und wer elegant speisen will, ist im **Josto** genau richtig, einem Schaufenster für traditionelle Gerichte, die mit Fais' typischem Stil abgewandelt wurden.

UNTERWEGS VOR ORT

Cagliari ist gut per Flugzeug und Fähre erreichbar. Der Aeroporto di Cagliari-Elmas „Mario Mameli" ist nur eine kurze Fahrt vom Zentrum entfernt, und der Haupthafen liegt nur wenige Schritte von den Arkaden der Via Roma entfernt. Wer sich in der Stadt aufhalten will, wird feststellen, dass man fast alles gut zu Fuß erreichen und für alles andere auf das gut ausgebaute Busnetz zurückgreifen kann. Wer allerdings Ausflüge zu den Naturparks, Stränden oder einfach ins Blaue unternehmen will, braucht ein Auto, aber es gibt jede Menge Autovermietungen, sowohl am Flughafen als auch in der Stadt.

Rund um Cagliari

Der Süden Sardiniens verfügt nicht nur über zauberhafte Strände, sondern auch über eine faszinierende Geschichte, die es zu entdecken lohnt.

TOP TIPP

Man sollte eine Übernachtung einplanen, um die außergewöhnliche Schönheit von Sant'Antioco und die herrliche Lage von Carloforte richtig zu erleben.

Die Geschichte Sardiniens ließe sich auf tausenderlei Arten erzählen, und jede würde aufzeigen, wie sehr sich die Insel vom Rest Italiens unterscheidet. Je weiter man sich von den gut etablierten Ferienorten entfernt, umso spärlicher werden die Urlauberkarawanen und umso deutlicher fällt das ausgedehnte, bergige Land ins Auge, das einen großen Teil des Inselinneren ausmacht. Tatsächlich war der südwestliche Zipfel Sardiniens – obwohl er nicht weniger attraktiv ist als die restlichen Teile der Insel – jahrhundertelang keine Ferienregion, sondern Sitz der Industrie. Dieser Umstand macht den Südwesten aber nicht weniger reizvoll, sondern bietet vielleicht gerade deshalb Besonderheiten, die eine Erkundung besonders lohnen.

Die größte Nuraghenstätte Sardiniens: Su Nuraxi di Barumini (S. 722)

VALERY ROKHIN/SHUTTERSTOCK ©

ATZORI RICCARDO/SHUTTERSTOCK ©

Porto Flavia, Masua (S. 720)

Die verlassenen Minen von Iglesias erkunden

TIEFE EINBLICKE IN DIE INDUSTRIEGESCHICHTE SARDINIENS

Seit der Bronzezeit galt Sardinien wegen seiner reichen Bodenschätze als die „Insel der Silberadern". Schon die Phönizier und die Byzantiner bedienten sich reichlich an diesen Schätzen, und als die Seefahrerrepubliken Genua und Pisa im 9. Jh. Stützpunkte auf der Insel errichteten, existierte bereits eine gut entwickelte Infrastruktur zur Gewinnung und Verarbeitung der Erze. Bis weit ins 20. Jh. hinein war Sardinien – insbesondere die im Süden gelegene Stadt Iglesias – ein Zentrum des Kohle-, Zink-, Blei- und Silberbergbaus. Die industrielle Erschließung hatte ihren Preis, sowohl für die Landschaft als auch für die Einheimischen: Der Bergbau war sehr gefährlich, da die Sicherheit der Arbeiter häufig vernachlässigt wurde, und zahllose Menschen kamen deshalb im Lauf der Generationen ums Leben.

Viele dieser Bergbausiedlungen sind erhalten geblieben und wurden als hervorragende historische Zeugnisse der Industriearchäologie für die breite Öffentlichkeit zugänglich gemacht.

SARDISCHER BOOTSBAU

Die Tradition des Bootsbaus ist fest in der Geschichte des Sardinien vorgelagerten Sulcis-Archipels verankert, zu dem Sant'Antioco (S. 720) und Carloforte (S. 721) gehören. Das kleine, aber feine und überaus detailreich gestaltete **Museo del Mare e dei Maestri d'Ascia** führt seine Besucher:innen in einer Ausstellung anhand von Werkzeugen, Booten und Videodokumentationen über bekannte Bootsbauerfamilien durch die spannende Geschichte des Bootsbaus in dieser Region. Im zugehörigen Souvenirshop findet man außergewöhnliche Arbeiten von regionalen Designer:innen, wie der aus Cagliari stammenden Silvia Congiu.

ÜBERNACHTEN IN SANT'ANTIOCO UND CARLOFORTE

MuMA Hostel
Das zum Bootsbaumuseum von Sant'Antioco gehörende MuMA hat saubere, freundliche Zimmer und serviert ein fabelhaftes regionales Frühstück. **€**

Lu' Hotel Riviera
Das sympathische Hotel in Carloforte bietet einen Panoramablick aufs Meer, luftige Zimmer und eine entspannte Strandatmosphäre. **€€**

Poecylia Resort
Kein Netz, aber dieses Resort in Carloforte ist so einladend, dass man die übrige Welt sowieso gleich vergisst. **€€€**

SCHMUCKSTÜCKE IN SANT'ANTIOCO

Paola von der **Gioielleria Malìa** (mit Läden in Sant'Antioco und Carloforte) hat nicht nur eine wunderbare Auswahl an traditionellem sardischen Filigranschmuck, sondern verrät einem auch, wo man gut essen kann und übernimmt gleich die Reservierung. Das **S'unda Manna** in Sant'Antioco ist ein tolles Meeresfrüchterestaurant, wo der fangfrische Fisch direkt vom Grill kommt, der hinter den Gästetischen steht. Man achtet nicht darauf, weil man in den Sonnenuntergang schaut – die Nase nimmt es aber wahr. Besonders empfehlenswert ist hier der Thunfisch.

Genuesisches Flair in Carloforte

Eine der ältesten Minen, das zum Parco geominerario storico ed ambientale della Sardegna gehörende **Montevecchio** mit seiner verlassenen Siedlung, liegt rund eine Autostunde nordwestlich von Cagliari. Die Anlage ist verfallen und wirkt umso mystischer und bewegender, weil sie wie ein gesunkenes Schiff in der Zeit gefangen zu sein scheint.

Weiter südlich stellt das Museo del Carbone in **Carbonia** den gigantischen Maßstab dieser Ingenieursprojekte auf sehr eindrückliche Weise den einfachen menschlichen Kräften der Arbeiter gegenüber, die diese erschufen. Doch um wirklich zu verstehen, was für herkulische Arbeiten hier verrichtet wurden, muss man nach **Masua** fahren, wo zwei 600 m lange Tunnel durch die Klippen gegraben wurden, um das Meer zu erreichen; dort treten sie 50 m über dem Wasserspiegel aus dem Felspfeiler Pan di Zucchero heraus ans Tageslicht. Dieses Wunderwerk moderner Ingenieurskunst wurde nach der Tochter seines Erfinders – Porto Flavia – benannt. Und es mag einem wie ein Wunder vorkommen, dass trotz Außer-Acht-Lassens sämtlicher Sicherheitsbestimmungen bei der Errichtung der Tunnelröhren in den frühen 1920er-Jahren nicht ein einziger Arbeiter ums Leben kam.

STRÄNDE IN SANT'ANTIOCO UND CARLOFORTE

Il Giunco
Der längste Strand in Carloforte bietet barrierefreien Zugang, und auch Hunde sind willkommen. Getränke und Snacks selber mitbringen!

Maladroxia
Der rund 10 km außerhalb von Sant'Antioco liegende Strand ist ideal für Familien, die einen Strandtag einlegen wollen.

La Conca
An diesem Strand in Carloforte kann man von den Klippen ins Meer springen und zu einer Höhle tauchen.

Die Kunst der Muschelseide in Sant'Antioco

SICH VON DER MEISTERIN VERZAUBERN LASSEN

Es gibt Legenden auf Sardinien, die sich manchmal in aller Öffentlichkeit verbergen. **Chiara Vigo**, die „Meisterin des Byssus" ist eine solche Legende. Ihr Haus liegt an der Hauptstraße von Sant'Antioco – mit dem Auto anderthalb Stunden von Cagliari entfernt – und ist nicht ausgeschildert. Die Eingangstür ist nur angelehnt und lädt nicht gerade zum Eintreten ein. Man sollte es aber dennoch tun, denn das **Museo del Bisso** ist nicht nur der vollgestopfte Raum im Erdgeschoss, der von seltsamen Wandbehängen und Rahmen schier überzuquellen scheint. Das eigentliche Museum ist die Frau selbst, unter deren durchdringendem Blick man eigentlich sofort wieder zurück auf die Straße fliehen möchte. Aber auch wenn man sich wie ein Störenfried fühlt, sollte man unbedingt bleiben.

Die riesige Edle Steckmuschel (*Pinna nobilis*), deren Gehäuse eine Länge von 1,2 m erreichen kann, verwendet Byssus (*bisso* auf Italienisch), um sich an Felsen festzuklammern. Diese Fäden sind als Muschelseide bekannt. Das feine, seltene Material wurde jahrtausendelang geerntet und zum Schmücken von Kleidung oder Wandbehängen verwendet. Die in Sant'Antioco geborene Chiara Vigo gehört nach eigenen Angaben der 30. Generation von *bisso*-Taucher:innen auf der Insel an. Ihre Werkstatt, die voller (unverkäuflicher!) Wandbehänge aus Muschelseide ist, hat vormittags und – nach einer ausgedehnten Mittagspause – nachmittags geöffnet. Ob ihre Geschichten im Einzelnen wahr sind, spielt keine Rolle: Man setzt sich hin und lässt sich verzaubern, wenn sie vorsichtig die winzigen Fäden von Algen säubert und dabei seltsame Lieder aus ihrer Jugend singt. Sie spricht kein Englisch, blickt oft mürrisch drein und scheint aus einer ganz anderen Welt zu kommen. Wer eine Weile bleibt, wird das nicht bereuen.

FESTIVALS IN CARLOFORTE

Carloforte lebte einst vom Thunfischfang; in jedem Juni wird dieses Erbe mit dem mehrtägigen Festival **Girotonno** geehrt, dessen Höhepunkt ein Thunfischkochwettbewerb mit internationalen Chefköch:innen und örtlichen Stars ist. Zum Girotonno gehören auch ein „Thunfisch-Dorf" in Carloforte und Kochvorführungen in der ganzen Stadt.

Das gemeinsame Erbe mit der arabischen Welt lebt in jedem Herbst beim **Cascà** wieder auf, dem internationalen Couscous-Fest. Chefköch:innen aus dem gesamten Mittelmeerraum kommen dann zusammen, tauschen Rezepte und Ideen aus und zaubern unzählige Variationen dieses für die Küche und Geschichte von Carloforte unverzichtbaren Grundnahrungsmittels.

Carlofortes genuesisches Erbe entdecken

EIN KLEINES STÜCK LIGURIEN

Gerade wenn man glaubt, endlich ein paar Brocken Sardisch zu verstehen, bereitet einem *U Pàize* eine böse Überraschung. Carloforte, diese ligurische Enklave auf der **Isola di San Pietro** (Petersinsel), ist einer der berauschendsten Orte, die es auf Sardinien zu entecken gibt. Die ursprünglichen Gründer stammten aus der Gegend um Genua und erhielten

FAHRT NACH NORDEN

Früh aufbrechen, um einen ganzen Tag in **Barumini** (S. 722) zu haben, der größten Nuraghenstätte auf Sardinien. Über die SS 131 ist sie leicht zu erreichen.

THUNFISCH ESSEN IN CARLOFORTE

Al Tonno di Corsa
Das mit Michelin-Stern ausgezeichnete Restaurant hat einen gemütlichen Speisesaal und eine kreative, ganz am Fang des Tages ausgerichtete Karte. **€€**

Osteria della Tonnara
Beim Thema Thunfisch in Carloforte das Maß aller Dinge – in entspannter Atmosphäre kann man sich Zeit nehmen, alles zu probieren. **€€**

Ristorante da Andrea
Hier kann man sich mit hervorragendem *cascà* (Couscous) und fangfrischem Thunfisch verwöhnen. **€€€**

die Erlaubnis, die Insel gemeinsam mit ligurischen Fischerfamilien zu besiedeln, die ihren Wohnsitz im tunesischen Tabarka aufgeben mussten.

Die 6000 Einwohner von Carloforte, dem Hauptort auf San Pietro, haben immer noch starke Bindungen nach Genua, was sich an ihrer Sprache (dem *tabarkino*) und ihrer Architektur erkennen lässt. Und in der Tat erinnern die engen Gassen und sanften Hänge an die Pastelltöne des Viertels Boccadasse in Genua, wo das Meer an jeder Ecke zu sehen ist. Auf San Pietro gibt es auch zahlreiche herrliche Strände, von denen jeder für sich seinen eigenen subtilen Charme hat. Man badet am familienfreundlichen Strand von **La Caletta** und genießt anschließend den frisch zubereiteten Thunfisch und ein Glas Weißwein im **Ristorante da Nicolo**, von wo man das Treiben auf dem Corso Cavour beobachten kann. Hier wirkt alles anders als irgendwo sonst – an jeder Ecke wartet eine neue Überraschung.

MEHR ZU DEN NURAGHEN

Einen Besuch lohnt nicht nur Su Nuraxi, sondern auch das **Centro Giovanni Lilliu**, das nach dem angesehenen Archäologen und Kommunalpolitiker benannt wurde, der den *nuraghe* (Steinturm) in den 1950er-Jahren entdeckte. Das Zentrum zeigt eine Fotochronik der Ausgrabungen sowie Kunsthandwerk aus ganz Sardinien. Im **Polo Museale Casa Zapata** in Barumini befindet sich außerdem eine eindrucksvolle Sammlung von Artefakten der Nuraghenkultur mit den Überresten des Nuraxi 'e Cresia, über denen später der Palazzo Zapata errichtet wurde.

Das prähistorische Barumini

FUNDE AUS EINER ANDEREN WELT

Bei einer Reise durch Sardinien nimmt man immer wieder seltsame Konstruktionen wahr, die auf den Feldern und Weiden oder auf Hügelspitzen stehen. Manche erscheinen in fast perfektem Zustand, andere, als hätten sie schon bessere Tage (oder Jahrhunderte) gesehen. Sie wirken wie eine Kreuzung aus Stonehenge und apulischen *trulli* (Rundhäusern aus Feldsteinen), sind aber etwas ganz anderes. Die ursprüngliche Funktion dieser eigenartigen Bauwerke ist bis heute nicht eindeutig geklärt. Es handelt sich um die *nuraghi*, die sichtbarsten und wichtigsten baulichen Zeugnisse einer prähistorischen Kultur, die verschwand, ohne schriftliche Aufzeichnungen zu hinterlassen. Nuraghen finden sich fast überall auf der Insel und lassen sich wahrscheinlich nirgendwo besser erleben als in der UNESCO-Welterbestätte **Su Nuraxi di Barumini**, die eine zweistündige Busfahrt von Cagliari entfernt ist.

Die Nuraghenkultur existierte vom 18. Jh. v. Chr. bis ins 6. oder möglicherweise sogar bis ins 11. Jh. n. Chr. Aber über die zeitliche Chronologie wird man am Fuß dieser unbeschreiblich eindrucksvollen Stätte bestimmt nicht nachdenken. Die runden Bauten sind so symmetrisch aus Felsen errichtet, dass man über die Kunstfertigkeit nur staunen kann. Atemberaubend ist auch schon allein der imposante Maßstab dieser Monumente. Niemand weiß genau, welchem Zweck diese Siedlungen dienten, doch geht man von der Gegenwart aus, so waren sie wohl als Ehrfurcht gebietende, inspirierende Versammlungsorte gedacht.

UNTERWEGS VOR ORT

Züge fahren von Cagliari Richtung Südwesten bis Carbonia; wenn man die Halbinsel erkunden will, mietet man am besten ein Auto. Sant'Antioco ist über eine Landbrücke mit der Hauptinsel verbunden und von Cagliari in einer Fahrtstunde bequem zu erreichen.

Um nach Carloforte zu gelangen, muss man hingegen die Fähre ab Calasetta nehmen. Die Überfahrt dauert rund 30 Minuten. Die Fähren zwischen beiden Häfen fahren regelmäßig – einem ausgiebigen Thunfischessen steht also nichts im Wege.

BARBAGIA & SUPRAMONTE

Wenn Cagliari die Seele Sardiniens ist, dann ist die Barbagia das Herz der Insel. Obwohl diese Region weitgehend mit der Provinz Nuoro zusammenfällt, bleibt sie ein wichtiger und eigenständiger kultureller, historischer und geografischer Begriff. Cicero beschrieb damit das „Land der Barbaren", jene Teile der Insel, die die römischen Armeen nie wirklich erobern konnten.

Immer noch herrscht ein unbändiger Unabhängigkeitsgeist in der Barbagia, und nirgends mehr als im Supramonte auf dem nordöstlichen Grat des Gennargentu-Massivs. Dieser Geist trug dazu bei, die sardische Sprache und die sardischen Bräuche zu erhalten. Die einsame Landschaft machte die Barbagia im 19. und 20. Jh. aber auch zu einem Rückzugsort für Banditen.

Die Gastfreundschaft in der Barbagia ist unglaublich herzlich. Es heißt, einst seien Riesen durch das Land gezogen, und egal, ob man durch die Ruinen der Nuraghen schlendert, zuschaut, wie *pane carasau* (Fladenbrot) gebacken wird oder in einsamen Buchten badet, wird man diese Legende glauben.

TOP TIPP

September ist der ideale Monat, um alles zu genießen, was die Insel so besonders macht. Man vermeidet den sommerlichen Massenandrang, das Meer ist immer noch warm genug, um zu schnorcheln, und man kommt rechtzeitig zum Autunno in Barbagia, einer drei Monate dauernden Feier der sardischen Kultur.

Die Stadt der 700 Wandmalereien

EINE LEUCHTEND BUNTE GESCHICHTE DES WIDERSTANDS

Es gibt Orte auf der Welt, die uns aufgrund einer besonderen Alchemie daran erinnern, wie klein wir sind. Das kann in großen Städten geschehen, wenn uns der Strom der Menschen überwältigt, aber auch in einem plötzlichen Augenblick der Einsamkeit und Stille. Und in einigen seltenen Fällen geschieht das auch, wenn wir etwas außergewöhnlich Schönem begegnen, das etwas Natürliches mit einer hohen Handwerkskunst verbindet. Die gesamte Barbagia hat dieses Potenzial, doch nirgendwo ist es so ausgeprägt wie in dem berühmt-berüchtigten Bergstädtchen **Orgosolo**, dessen komplexe und faszinierende Geschichte an fast jeder Wand des Ortes abgebildet ist.

Der Begriff des *banditismo sardo*, einer spezifischen Ausprägung des Banditenwesens auf Sardinien, existiert schon seit der Zeit der alten Römer. Im Lauf der Jahrhunderte entwickelte es sich als Reaktion auf die Gewalt und Unterdrückung, die die von Armut gebeutelten Landarbeiter und Hirten seitens der Großgrundbesitzer erfuhren. Da es an Gesetzen oder anderen Arten von Schutz fehlte, wurden die Netzwerke der Familien, die die Ortschaften in der Barbagia am Leben hielten, von Kleinkriminalität abhängig – und dies wiederum bildete eine wunderbare Schmiede für Antihelden und *banditi,* die in die Geschichte eingingen – als sagenumwobene Robin Hoods, die sich in der einsamen Bergwelt versteckten. Obwohl das Banditenwesen auf der gesamten Insel existierte, galten die Gebiete rund

OFFENE HÖFE IN DER BARBAGIA

1996 organisierte die Stadt Oliena das Event **Cortes Apertas**, bei dem historische Wohnhäuser ihre Pforten öffneten, um Kultur und Traditionen zu präsentieren, die über Generationen weitergegeben werden. Das Projekt war so erfolgreich, dass auch andere Städte dem Beispiel folgten. So entstand 2001 das Festival **Autunno in Barbagia**. Alljährlich öffnen nun von September bis Dezember 31 Städte der Region ihre Häuser für Besucher:innen. Jede Stadt hat ihr eigenes Erbe, und jedes für sich ist eine Erkundung wert. Sämtliche Infos zu den Events gibt's auf *cuore dellasardegna.it* oder auf *sardegnaturismo.it.*

HIGHLIGHTS
1 Gola Su Gorropu
2 Museo delle Maschere Mediterranee
3 Museo Diffuso di Arte Contemporanea
4 Museo Etnografico Sardo
5 Tiscali

SEHENSWERTES
6 Grotte di Sa Oche e Su Bentu
7 Museo Deleddiano

KURSE & TOUREN
8 Sardegna Nascosta
9 Valle di Lanaittu

SCHLAFEN
10 Agriturismo Guthiddai
11 Agriturismo S'Ozzastru
12 Agriturismo Testone
13 Lollovers
14 Rifugio Gorropu
15 Su Gologone
15 Su Lithu

um Nuoro im 20. Jh. als besonders schwer zu regieren, was den Verfolgungsdruck noch erhöhte. Im Gegenzug wurde das Banditentum immer brutaler: In den 1960er-Jahren waren Entführungen in der Gebirgsregion an der Tagesordnung; mehr als 150 Fälle wurden verzeichnet, bis dieses Unwesen 1997 weitgehend endete. Der Makel ist auf der Region haften geblieben, und Sardinien insgesamt brauchte eine Generation, um die Folgen zu überwinden.

In Orgosolo aber wurden die Spuren nicht beseitigt, und das mit voller Absicht. Im Jahr 1969 malte das Anarchistenkollektiv **Dioniso** das erste Wandbild in der Stadt, um damit die „Pratobello-Revolte" zu ehren, eine gewaltlose Widerstandsaktion der Menschen von Orgosolo. Bald begannen auch Leh-

ÜBERNACHTEN IN DER BARBAGIA

Agriturismo S'Ozzastru
Dieser *agriturismo* (Ferienbauernhof) in Dorgali verbindet Tradition mit modernem Komfort; der Pool ist wundervoll. **€€**

Rifugio Gorropu
Ebenfalls in Dorgali bietet das Rifugio Gorropu familien- und haustierfreundliche Gastlichkeit, regionale Küche und einen hinreißenden Ausblick. **€**

Su Lithu
Dieses Haus in Bitti ist kein durchschnittlicher *agriturismo* (es preist sich als „Boutiquehotel" an) und überzeugt mit traditioneller Kost und Gastlichkeit. **€€€**

ANDREA ETZI/SHUTTERSTOCK ©

Faszinierende Schlucht: Gola Su Gorropu (S. 726)

rende, ihre Schüler:innen zu ermutigen, Wandbilder zu malen. Kunstschaffende aus aller Welt strömten in die Kleinstadt, deren Geschichte sich nun unter freiem Himmel darbot. Heute gibt es mehr als 700 Wandmalereien in Orgosolo. Viele zeigen die Probleme der Sarden, noch mehr ihre Triumphe. Andere greifen internationale Themen auf und protestieren gegen ferne Kriege und weltweite Ungerechtigkeit. Während Orgosolo immer noch mit seiner komplexen Geschichte ringt, kommen Tausende, um diese beispiellose und faszinierende Straßenkunst zu bestaunen.

WARUM ICH DIE BARBAGIA LIEBE

Virginia Di Gaetano, Autorin

Eine Gemeinsamkeit verbindet all jene Orte auf der Welt, die als „schwierig" bezeichnet werden: Allzu häufig werden sie unterschätzt und übersehen. Es heißt, es lohne der Mühe nicht, sie aufzusuchen. Aber „schwierige" Orte sind in einem hervorragenden und kompromisslosen Sinne auch menschlich. Wer mit der Bereitschaft dorthin geht, Freundlichkeit zu geben und zu empfangen, wird mit den denkbar unglaublichsten Erlebnissen belohnt. Die Barbagia ist ein solcher Ort, und sie wird bei allen, die sich, wie ich, auf sie einlassen, einen bleibenden Eindruck hinterlassen.

Das versteckte Sardinien im Supramonte

EINE HERAUSFORDERUNG, DIE DEMÜTIG STIMMT

Manche Dinge erreichen einen dermaßen berühmt-berüchtigten Ruf, dass die bloße Erwähnung des Namens ein Gefühl zwischen Ehrfurcht und Einschüchterung hervorruft. Der wilde Supramonte-Gebirgszug bewirkt bei allen, die ihn kennen, genau diese Reaktion. Seine Gipfel sind schwindelerregend hoch, die tiefen, nebligen Täler von einem nahezu surrealen Flair. Falls wirklich einst Riesen über die Insel streiften und ihren Zauber hinterließen, dann bestimmt im Supramonte.

Lollovers
Diese Unterkunft im winzigen Lollove ist eine Reise in die Vergangenheit, bietet aber allen Komfort. **€€**

Agriturismo Guthiddai
Dieser Ferienhof am Su Gologone in Oliena bietet viele Erlebnisse, Dienstleistungen und Charme. **€€**

Agriturismo Testone
Wer sich einen Tag lang als Hirte fühlen will, findet im Testone in Nuoro eine schöne, gemütliche Ferienunterkunft. **€**

OLIENAS ERELEBNISHOTEL

Die Einheimischen in Oliena mögen das **Su Gologone** als *mosca bianca* (weißen Raben) bespötteln, aber sie werden auch von dem überduchschschnittlich guten Essen erzählen, das sie dort seit Jahrzehnten genießen. Die Anlage startete 1967 als Restaurant, zu einer Zeit, als die Gegend mehr für Kriminalität als für ihre Küche bekannt war. Im Lauf der Zeit kamen Übernachtungsmöglichkeiten hinzu, und die Anlage mauserte sich zu einem Luxusresort. Die Preise können einem gelegentlich die Tränen in die Augen treiben, aber wer sich auf die Kosten einlässt, findet keine bessere Bleibe als diese Oase am Fuß des Supramonte, die zudem mit außergewöhnlicher Kunst und herausragendem Kunsthandwerk ausgestattet ist. Das Restaurant ist so gut wie eh und je.

GIUMA/SHUTTERSTOCK ©

Tiscali

Die Berge sind längst von Riesen und Banditen befreit, trotzdem sollte man sich allein nicht zu tief in das einsame Gebirge vorwagen. Der Supramonte wird zwar gut überwacht, ist aber eine wilde, weitgehend unbewohnte Gegend, in der es fast nirgendwo Handyempfang gibt. Überdies wäre ein Trek durch diesen Gebirgszug ohne einen kundigen Guide, der etwas über die tausendjährige Geschichte erzählen kann, eine Schande: An jeder Ecke gibt es etwas Besonderes zu entdecken, wenn man nur weiß, wo man hinschauen und wen man fragen muss.

Glücklicherweise organisiert Fabrizio Caggiari Treks, Wanderungen und Kulturtouren über sein Unternehmen **Sardegna Nascosta**, das seinen Sitz in seiner Heimatstadt **Oliena** hat, einem der lebhaftesten Städtchen in der Barbagia. Kaum ein anderer bringt so viel Leidenschaft mit wie Caggiari, der nicht nur ein Guide, sondern freundlicher Botschafter seiner Insel ist, die diese Zuneigung erwidert. Auf dem Programm stehen Touren zur natürlichen Quelle Su Gologone am Fuß des Supramonte, zu den miteinander verbundenen Höhlen **Sa Oche** und **Su Bentu**, zum Nuraghendorf **Tiscali**, in die majestätischen Schluchten der **Gola di Gorropu** und ins **Valle di Lanaittu** sowie Kulturtouren nach Oliena und Orgosolo und traditionelle, von Hirten zubereitete Mahlzeiten in den Bergen.

Museen in der Barbagia

ANTIKE KULTUR TRIFFT AUF ZEITGENÖSSISCHE KUNST

Wenn man ein Quartier in der Provinzhauptstadt **Nuoro** oder im nahen Umland bezogen hat, ist man nur einen Steinwurf

BESTES KUNSTHANDWERK AUS DER BARBAGIA

Dorgali
Dorgali ist bekannt für seinen filigranen Schmuck. Man findet viele Läden vor Ort, die sich ganz dieser Kunst widmen.

Sarule
Das kleine Dorf zeichnet sich unter vielen mit seinen farbenfrohen, handgewebten Teppichen und Wandbehängen aus.

Desulo
In Desulo kann man dabei zuschauen, wie die berühmten bunten Festtrachten von Hand bestickt werden.

von einigen der faszinierendsten und vielfältigsten Museen der Insel entfernt. In der Tat könnte man ganze Teile Sardiniens als Freiluftmuseen bezeichnen, und die Sorgfalt, mit der das reiche kulturelle Erbe von den Einheimischen zusammengetragen und bewahrt wird, zeigt, wie wertvoll und hochgeschätzt es ist.

Das **Museo Deleddiano** zeigt in dem Haus, in dem Grazia Deledda (1871–1936) im Zentrum von Nuoru ihre Kindheit verbrachte, anhand einer Multimedia-Tour Deleddas Entwicklung als Schriftstellerin und belegt, wie bahnbrechend ihre Arbeit war. 1926 gewann sie als erste italienische Frau den Literaturnobelpreis. Grazia Deledda ist eine der wichtigsten Persönlichkeiten des modernen Sardiniens, und ihr Haus würdigt das.

Ebenfalls in Nuoro befindet sich das **Museo Etnografico Sardo** oder Museo del Costume mit der umfangreichsten Sammlung zur Geschichte und zu den charakteristischen Sitten und Traditionen Sardiniens. Das Museum residiert in einem eigens errichteten, einem traditionellen Dorf nachempfundenen Komplex und birgt mehr als 8000 Exponate, darunter Kleidung, Schmuck, Werkzeuge, Waffen und Masken von der gesamten Insel. Einen besonderen Blick lohnt der Saal der traditionellen Brote, der mehr als 600 verschiedene Brotsorten zeigt, die in den verschiedenen Orten zu besonderen Anlässen wie Hochzeiten, Geburten oder Feiertagen gebacken werden.

Eines der bekanntesten Wahrzeichen Sardiniens ist die furchterregende, in ein Schafsfell gehüllte und eine hölzerne Maske tragende Gestalt, die beim Fest der *mamuthones* in **Mamoiada** böse Geister verscheucht. Diese spezielle und noch viele weitere Masken sind im **Museo delle Maschere Mediterranee** ausgestellt, das anhand schriftlicher Aufzeichnungen und Videodokumentationen den Ursprung und die Bedeutung der Masken und ihrer zugehörigen Feste untersucht. Mamoiada selbst gehört zu den faszinierendsten Orten der Barbagia und lohnt einen ausgiebigen Rundgang. Schließt man die Augen, hört man die *mamuthones* marschieren.

Das neu eingerichtete **Museo Diffuso di Arte Contemporanea (MAC)** in dem winzigen antiken Städtchen **Lula** zeigt, wie sehr die Barbagia ihre Vergangenheit ehrt und gleichzeitig den Blick in die Zukunft richtet. Das Museum, das umgeben von früheren Bergbaugebieten und den drum herum gewachsenen Ortschaften liegt, stellt zeitgenössische Künstler:innen aus ganz Sardinien sowie internationale Größen vor. Wie Orgosolo ist auch Lula mit Wandmalereien geschmückt, und das Museum geht drinnen wie draußen auf diese Straßenkunst ein. Wer glaubt, er oder sie wüsste bereits alles über die Barbagia, wird im MAC eines Besseren belehrt.

TRADITIONELLE KÜCHE DER BARBAGIA

Jede Region Sardiniens hat ihre eigene Küche, und die der Barbagia steht ganz im Zeichen der Tradition.

Das allgegenwärtige *pane carasau* ist ein großes, hauchdünnes, knuspriges Fladenbrot. Im übrigen Italien wird es manchmal als *carta da musica* bezeichnet, aber nicht auf Sardinien.

Ein typisches Merkmal aller Feste in den Ortszentren ist *su porcheddu* (Spanferkel), das sorgfältig und delikat zubereitet wird.

Die Geschichte Sardiniens ließe sich allein schon anhand der traditionellen Herstellung des *pecorinos* erzählen: Bereits der Kyklop aus Homers *Odyssee* produzierte den gleichen Käse aus Schafsmilch, der noch heute hergestellt wird.

Zu jedem Essen gehört ein guter Schluck Cannonau. Dieser Rotwein wird in ganz Sardinien und vor allem in der Barbagia produziert. Er ist tiefrot und würzig und stammt häufig aus eigenem Anbau.

UNTERWEGS VOR ORT

Der nächstgelegene Flughafen ist der Aeroporto di Olbia Costa Smeralda, der rund 80 km nördlich von Nuoro und 100 km nördlich von Dorgali und Orgosolo liegt. Olbia hat auch eine Fährverbindung zum italienischen Festland und ist daher der bequemste Punkt zur Ein- und Ausreise. In der Region selbst braucht man ein Auto, um herumzukommen, weil es kaum öffentliche Verkehrsverbindungen gibt, besonders wenige zum Supramonte. Wer auf eigene Faust in den Bergen herumtouren will, braucht einen Geländewagen; der beste Rat ist aber, solche Fahrten Profis zu überlassen.

Barbagia
Cala Gonone

Rund um die Barbagia & den Supramonte

Wenn man glaubt, die Schönheit der Barbagia könnte einen nicht mehr überraschen, sollte man sich die Küste des Golfo di Orosei ansehen.

Die felsige Küstenlinie des Golfo di Orosei gehört mit ihren malerischen Buchten zwar auch noch zur Barbagia, scheint aber Welten entfernt von dem rauen Landesinneren. Die Ortschaft Cala Gonone ist das touristische Zentrum dieses Gebiets und mit einem großen Angebot an Dienstleistungen der beste Ausgangspunkt zur Erkundung der Küste. Der Golfo di Orosei ist zwar ein beliebtes Ziel, jedoch weitgehend unberührt, und außerhalb der Hauptsaison (Juli und August) verläuft das Leben hier angenehm ruhig. Man sucht sich seine *cala* (Bucht), blickt aufs türkisblaue Meer und freut sich, die Anreise auf sich genommen zu haben. Denn ein Besuch lohnt sich wirklich!

TOP TIPP

Der Golfo di Orosei ist ein Schutzgebiet, daher sollte man sich unbedingt über die geltenden Regeln informieren, bevor man auf eigene Faust eine Bootstour unternimmt. Besser ist es, einem erfahrenen Skipper das Steuer zu überlassen.

Türkisblaues Meer im Golfo di Orosei

PICS721/SHUTTERSTOCK ©

Nur zu Fuß erreichbar ist die Cala Goloritzè

Bootfahren im Golfo di Orosei

EIN MITREISSENDES ERLEBNIS

Der Golfo di Orosei gehört zum selben Nationalpark wie das Gennargentu-Massiv und erstreckt sich von Marina di Orosei im Norden bis zum Capo di Monte Santu im Süden. Dazwischen begegnen sich Land und Meer auf dramatische Art, und der Anblick dieser imposanten Szenerie mit bizarren Klippen, schneeweißem Sand und glasklarem Wasser raubt einem den Atem.

Die meisten *cale* (Buchten) am Golf sind entweder von Land aus komplett unzugänglich oder nur auf einer Wanderung durch das Gennargentu-Massiv erreichbar. Um so viel wie möglich zu sehen und gleichzeitig das fragile Ökosystem möglichst wenig zu beeinträchtigen, mietet man am besten eines der allgegenwärtigen *gommoni* (Motorschlauchboote) in **Cala Gonone**, der größten Stadt am Golf. Absolute Highlights sind jedoch die geführten Touren, die die Einheimischen Paolo Insolera und Maria Lucia Cossu von **Blue and Green Best** (*blubest.it*) anbieten. Dabei kann man das Gebiet in seiner ganzen Schönheit kennenlernen und erfährt viel über die Bemühungen, die zu seinem Schutz unternommen werden. Die Skipper sind überzeugt: Der Golf ist ein Geschenk, das erhalten werden muss.

CALA GOLORITZÈ

Die am äußersten Ende des Golfo di Orosei gelegene Cala Goloritzè wird wahrlich allen Erwartungen gerecht, was zum großen Teil den strengen Schutzbestimmungen zu verdanken ist. Der Strand entstand 1962 durch einen Erdrutsch, wurde 1995 zum Nationaldenkmal erklärt und erhielt den Status eines Schutzgebiets, der Booten das Anlanden verbietet.

Man erreicht den Strand zu Fuß auf einer 90-minütigen, mittelschweren Wanderung. Bequemer ist es vielleicht, von einem Zodiac-Boot aus ins Wasser zu gehen – man darf mit seiner Schnorchelausrüstung in einer bestimmten Entfernung zum Strand tauchen. Die Gegend ist unter Wasser mindestens genauso eindrucksvoll wie vom Strand aus.

SEINE EIGENE CALA AUSWÄHLEN

Cala Luna
Ein Nachmittag am längsten Strand des Golfs ist wunderschön; im Tal versteckt sich das Restaurant Su Neulagi.

Cala Mariolu
Der Strand ist einer der idyllischsten Flecken dieser Küste. Um ihn zu erhalten, wurde die Zahl der Besucher begrenzt.

Cala dei Gabbiani
Eine Bucht wie aus dem Bilderbuch, und beim Schwimmen im warmen Wasser vergisst man den Rest der Welt.

SARDISCH VERSTEHEN

Das Italienische kennt eine schier endlose Zahl an Dialekten, aber Sardisch ist eine eigene, auch staatlich anerkannte Sprache. Jahrzehntelang wurde das Sardische abgewertet und als Sprache der Armen und Ungebildeten betrachtet. Es blieb jedoch zum Glück erhalten und ist für die neuen Generationen eine Quelle des Stolzes. Man sollte also, wo immer man auf der Insel ist, keine Scheu haben, Muttersprachler:innen um Erklärungen zu bitten. Es gibt diverse Varianten dieser Sprache im Norden, im Süden und im Inneren der Insel, und niemand erwartet, dass sich Besucher:innen damit auskennen. Aber es ist schon ein Zeichen des Respekts, die Eigenständigkeit des Sardischen anzuerkennen und sardische Freunde mit einem herzlichen *„Ajò!"* zu begrüßen und ihre Antwort mit einem Lächeln zu erwidern.

A. EMSON/SHUTTERSTOCK ©

Eine der Höhlen in der Cala Luna (S. 729)

Man begreift schnell, warum sich die Einheimischen so leidenschaftlich für den Schutz des Golfes einsetzen. Ob es sich um die surreale Schönheit der Piscine di Venere oder die geheimnisvolle Grotta del Bue Marino handelt – kaum ein anderes Gebiet bietet so viele Attraktionen auf so engem Raum. Und dann sind da natürlich noch die atemberaubend schönen *cale*. Von den fast zehn Buchten, die es hier zu entdecken gibt, gleicht keine der anderen. Manche lassen sich nur vom Meer aus erreichen, andere laden mit Sandstränden zum Verweilen ein. Glücklicherweise braucht man aber gar nicht auszuwählen, denn Paolo und Maria Lucia veranstalten eine Kreuzfahrt mit fünf Übernachtungen zu fünf *cale* und an die sehenswertesten Stellen des Golfs.

UNTERWEGS VOR ORT

Wer in diesem Teil des Landes auf öffentliche Verkehrsmittel angewiesen ist, muss lange warten, denn Busse fahren entlang dieser Küste nur sporadisch. Einige Fähren verkehren zwischen Orosei und Baunei/Arbatax, am besten kommt man aber mit einem eigenen Auto herum. Aber Achtung: Ein großer Teil der Küstenstraße ist ungeeignet für Menschen mit Höhenangst, und viele Kurven können den Magen in Aufruhr versetzen – also Tabletten gegen Reisekrankheit mitnehmen!

ALGHERO & DIE WESTKÜSTE

Rom
Alghero & die Westküste

Sardinien mag vielleicht der eigenartigste Ableger Italiens sein und der Teil, dessen Landschaft so abwechslungsreich ist, wie nirgendwo sonst. In welche Richtung man auch aufbricht, man stößt überall auf eine eigene Kultur mit eigenem Dialekt, eigenen Traditionen und eigener Küche. Wenn man glaubt, das kosmopolitische Cagliari oder die Barbagia zu kennen, braucht man nur gen Westen zu fahren, und schon ist wieder alles anders: Während Oristano einen antiken Charme versprüht, wähnt man sich etwas weiter im Norden, in Alghero, plötzlich in Spanien.

Auch das sind Facetten dieser faszinierenden Insel – genauso authentisch wie jede andere Region und genauso geliebt von seinen Bewohner:innen. Und schließlich wartet dort oben, im Nordwesten, noch die hinreißende Riviera del Corallo (Korallenriviera) mit einem der schönsten Strände der Welt!

TOP TIPP

Der Naturschutz wird ernst genommen, vor allem an den vielen Stränden dieser Küste. Sand als Souvenir mitzunehmen, zieht eine heftige Geldstrafe nach sich. Also den Strand einfach genießen und alles an Ort und Stelle lassen!

Carnevale, Quarz & Kaviar

HISTORISCHER KARNEVAL UND STRÄNDE AUS QUARZSAND

Trotz ihrer bescheidenen Größe hat die Provinzhauptstadt **Oristano** im Lauf der Jahrhunderte einen eindrucksvollen Lebenslauf hingelegt, sie besitzt eine Fülle antiker Denkmäler und war aufgrund ihrer Lage am Golf im Mittelalter ein wichtiger Handelsposten. Zeugnisse dieser Blütezeit sind im vornehmen Stadtzentrum allgegenwärtig – eine Statue auf dem Hauptplatz ehrt Eleonora von Arborea, die die Carta de Logu einführte, die von 1395 bis 1827 das Gesetzbuch Sardiniens bildete.

Wie viele sardische Städte hat auch Oristano eine lange Tradition des *carnevale*, doch die Besonderheit bei **Sa Sartiglia**, dem Karneval in Oristano, ist, dass man sich um 500 Jahre zu den Ursprüngen zurückversetzt fühlt. Das Fest – eine berauschende Mischung aus Turnieren, Rennen und Theater – findet alljährlich am letzten Sonntag und Dienstag des Karnevals statt und besteht schon seit fast 560 Jahren. Die Sommer sind an der Westküste prächtig, aber im Februar leuchtet Oristanos Stern am hellsten.

Doch was wäre Sardinien ohne den Sommer, die endlosen Strände aus Quarzsand auf der Sinis-Halbinsel und die salzige Brise, die aus der gleichnamigen Lagune nach **Cabras** hineinweht? Diese Stadt erinnert an eine Miniaturversion von Almería und bildet das Zentrum, in dem sich die natürlichen, archäologischen und gastronomischen Schätze der gesamten Halbinsel vereinen – von der *bottarga* (Meeräschenrogen) bis zu den Artefakten des antiken **Tharros**. Diese Stadt wurde

DER ZAUBER DER BOTTARGA

Man nennt sie sardischen Kaviar, aber das ist zu kurz gegriffen. Seit Jahrhunderten werden die blassen Eiersäcke aus den Großkopfmeeräschen herausgezogen, zusammengebunden und zum Trocknen aufgehängt. So entsteht die *bottarga*. Der Legende nach hat der *maestrale* als einziger Wind die Kraft, ihr die typische bernsteingelbe Farbe zu geben; einst beschworen die Menschen das Meer, den Wind an den Strand zu bringen. Solche Beschwörungsgesänge werden heute in den Familienbetrieben rund um Cabras das ganze Jahr über nachgestellt. Man sie immer noch an der Lagune, während die *bottarga* im Wind trocknet.

HIGHLIGHTS
1 Area Archeologica di Tharros
2 Castello Malaspina
3 Grotta di Nettuno
4 Spiaggia della Pelosa

SEHENSWERTES
5 Chiesa di Santa Maria di Betlem
6 Is Aruttas
7 Maimoni
8 Mari Ermi
9 Torre di San Giovanni
10 Villa Piercy

SCHLAFEN
11 Aghinas
12 Hotel Regina d'Arborea
13 Hotel Sa Pischedda
14 Sa Pintadera

AUSGEHEN
15 Enoteca Su Camasinu

wahrscheinlich von den Phöniziern im 7. Jh. v. Chr. gegründet, doch viel früher existierten hier bereits Siedlungen der Nuraghenkultur. Man kann einen ganzen Tag in den Ruinen und im archäologischen Museum von Cabras verbringen; im Letzteren sind Funde aus Tharros sowie vom nahegelegenen Monte Prama ausgestellt. Cabras ist zwar klein, aber mit einer bewegten Vergangenheit sehr präsent in der Geschichte Sardiniens.

Die farbenfrohe toskanische Stadt

BOSA – EINE SURREALE SCHÖNHEIT

Wer Bilder der farbenfrohen Städte Burano, Vernazza oder Portofino im Kopf hat, wird von **Bosa** überrascht sein, dem kleinen Ort zwischen Oristano und Alghero an der Westküste Sardiniens. Das Städtchen mit 9000 Einwohnern wird vom spektakulären **Castello Malaspina** überragt, das im 12. Jh. von toskanischen Adligen erbaut wurde, die wussten, was gut ist. Anders als andere Seestädte Sardiniens profitierte Bosa von seiner Lage am Ufer des Flusses Temo, des einzigen schiffbaren Flusses auf der Insel, der eine wichtige Handelsroute bildete. Die Flussnähe war auch ideal zur Errichtung von Gerbereien, deren Überreste man heute noch bei einer romantischen Bootstour auf dem Temo sehen kann.

Niemand weiß genau, warum oder wann Bosas Altstadt, die im örtlichen Dialekt *Sa Costa* genannt wird, erstmals ihren fröhlichen Anstrich in den Farben des Regenbogens erhielt. Fragt man die Einheimischen, verweisen einige auf die Adligen, die einst die Burg bewohnten, und andere auf den **Carrasegare Osincu**, das örtliche Karnevalsfest, das viele als den verrücktesten und ausgelassensten Karneval der ganzen Insel ansehen. Vielleicht begann es aber auch mit den ersten Flaschen Malvasia, dem in Bosa produzierten Wein. Man kann versuchen, dem Geheimnis nachzuspüren, sollte am Ende aber nicht überrascht sein, wenn man länger bleibt, als geplant. Solche Orte wachsen einem ans Herz, und sind viel bunter, als die Fotos erahnen lassen.

MALVASIA-MEDITATIONEN

Wer noch nie das Glück hatte, in Italien einen „Meditationswein" zu verkosten, dem wird ein großzügiger Schluck **Malvasia di Bosa** eine Erleuchtung verschaffen, um die einen sogar Buddha beneiden würde. Dieser süße Wein ist ein echter Nektar und seit dem Mittelalter eines der wichtigsten Produkte Bosas. Heute genießt er DOP-Status nach italienischem Recht und darf nur in sieben Gebieten rund um Bosa angebaut werden. Am besten bucht man eine Verkostung in der **Enoteca Su Camasinu,** einer Verkaufsfiliale der berühmten Cantina Giovanni Battista Columbu, in der Altstadt. Übernachten kann man anschließend im zugehörigen *albergo diffuso* **Aghinas** (was „Traube" im örtlichen Dialekt bedeutet).

Schatzjagd in Alghero

AUF DEN SPUREN DER GROSSEN ENTDECKER

Große Eleganz – im Vergleich zu anderen Städten Sardiniens – begrüßt einen bei der Ankunft in Alghero. Der Unterschied zeigt sich schon sprachlich: Der katalanische Dialekt der Stadt, das Algherese, ist eine offiziell anerkannte Minderheitensprache, und viele der 43 000 Einwohner:in-

EIN HERBST FÜR SCHLEMMER

Die Sagra della Bottarga in Cabras findet oft im selben Zeitraum statt wie das **Cascà-Festival** (S. 721) in Carloforte – eine Traumreise für Schlemmer.

ÜBERNACHTEN AN DER WESTKÜSTE

Hotel Regina d'Arborea
Herrschaftliche Eleganz und eine erstklassige Lage sind die beiden Trümpfe dieses idyllischen historischen Hotels am Hauptplatz von Oristano. **€€€**

Sa Pintadera
Traditionelle Apartments mit modernen Annehmlichkeiten in Cabras; hinzu kommen ein Gemeinschaftsgarten und regionale Spezialitäten zum Frühstück. **€€**

Hotel Sa Pischedda
Dieses großartige Hotel nahe dem Ponte Vecchio in Bosa verfügt über ein ausgezeichnetes Restaurant und ein paar Zimmer mit Terrassen am Fluss. **€€**

ABSTIEG IN DIE NEPTUNSGROTTE

Man kann auf zwei unterschiedlichen Wegen zu der legendären **Grotta di Nettuno** gelangen. Entweder fährt man mit dem Auto oder Bus zum Eingang am Capo Caccia und schließt sich einer der obligatorischen Führungen an, die alle halbe Stunde starten. Dabei steigt man über die spektakuläre Escala del Cabirol (Rehleiter) zur Grotte hinunter, eine 400 m lange Stiege, die sich mit 654 Stufen an den Berg klammert. Wer schon immer seiner inneren Bergziege (oder eben seinem inneren Reh) freien Lauf lassen wollte, hat hier die Gelegenheit dazu. Oder man wählt die zweite Option und nimmt eines der Boote, die von Alghero aus zur Grotte pendeln. Auf der etwas mehr als 30 Minuten dauernden Fahrt bieten sich wunderbare Ausblicke auf den traumhaften Küstenabschnitt der Riviera del Corallo. Ob per Boot oder zu Fuß – ein Besuch der Neptunsgrotte ist ein unvergessliches Naturerlebnis.

VIVIANO TEDDE FOTOGRAFIA/SHUTTERSTOCK ©

Ein Fest der Superlative: die Cavalcata Sarda in Sassari

nen verwenden sie noch regelmäßig im Alltag. Auch die Architektur hat einen ganz anderen Charakter, der sich in der von dicken Mauern umgebenen Altstadt zeigt. Für die Seekriege des 11. Jhs. waren Festungen unerlässlich. Als Genua und Pisa um die Herrschaft über Alghero kämpften, errichteten die Genueser Festungswälle, um Invasionen abzuwehren. Als schließlich die Katalonier den Ort eroberten, war die Stadt bereits befestigt.

Diese Befestigungsanlagen waren auf Dauer angelegt. Algheros Bastionen gehören zu den besterhaltensten Italiens und bieten heute einen der schönsten Spazierwege am Mittelmeer. Jedes der Bollwerke ist einem großen Entdecker gewidmet: Kolumbus, Pigafetta, Magellan und Marco Polo blicken von ihnen aus zum fernen Horizont. Die weiten, erhöhten Wege werden von bauchigen Wachtürmen in Szene gesetzt, die einem bei einem Spaziergang durch die Stadt auffallen. Man sollte sich dem Zauber der Stadt einfach hingeben, die Zeit vergessen und sich treiben lassen.

Wer mehr Action benötigt, begibt sich auf Schatzsuche: Unübersehbar ist der aus dem 16. Jh. stammende **Torre di San Giovanni**, der heute Projekte wie #playalghero beherbergt, die

BESTE QUARZSANDSTRÄNDE AUF DER SINIS-HALBINSEL

Is Aruttas
Einst ein wohlgehütetes Geheimnis, aber diese Tage sind vorbei. Außer im August gibt's jedoch kein Problem, ein freies Plätzchen am Strand zu finden.

Maimoni
Die Farbe des Sandes ändert sich über die 2 km Länge des Strands von Rosa in Weiß. Und das Wasser erstrahlt Türkisblau, so weit das Auge reicht.

Mari Ermi
Der schöne Strand ist breit und flach mit einer ruhigen Unterströmung.

interaktive Schatzjagd, die Teil einer von der EU finanzierten Initiative ist und in Zusammenarbeit zwischen der Fondazione Alghero und Organisationen aus dem Libanon, Spanien und Jordanien entwickelt wurde. Von historischen Karten bis zu Mordermittlungen zeigt #playalghero die Stadt, wie sie einst war und auch heute noch ist: überraschend, vielseitig und stolz.

Die Feste von Sassari

VON DER CAVALCATA BIS ZUR FARADDA

Viele Reisende, die ihren Urlaub an der Westküste verbringen, planen für Sardiniens zweitgrößte Stadt nicht mehr als einen kurzen Zwischenstopp ein. Aber Sassari kümmert das nicht. Die häufig unbeachtete Stadt gilt jedoch tatsächlich mitunter als die tiefgründigste, in jedem Fall aber die gelehrteste Stadt auf der Insel. Die Universität von Sassari wurde 1562 von Jesuiten gegründet und zählt bis heute zu den besten Hochschulen Italiens. Überall in der Stadt trifft man auf Studierende, die eine freundliche und aufgeschlossene Atmosphäre verbreiten. Man hört den örtlichen Dialekt, das Sassarese, daneben aber auch Italienisch, Französisch und Spanisch. Die Küche spiegelt diese Mischung mit typischen Gerichten wie *fainé* wider, das sind Kichererbsenbratlinge, die sich gut mit Fleisch und Gemüse kombinieren lassens.

Sassari feiert im Jahreslauf einige spektakuläre Feste, darunter die berühmte **Cavalcata Sarda**, die vielleicht das „Beste der sardischen Kultur" vereint. Bei dem seit 1711 veranstalteten Fest kommen jedes Jahr am zweitletzten Maisonntag Gemeinden aus allen Teilen der Insel zusammen und feiern ihre jeweils ureigenen Traditionen und Bräuchen mit einem großen Umzug durch die Stadt. Man sieht von Ochsen gezogene Festwagen, reich verzierte Kostüme und Trachten sowie hochwertiges Kunsthandwerk aus ganz Sardinien.

Am 14. August wird mit der **Faradda di li Candareri** (Lichterfest) alljährlich die zum Himmel aufgefahrene Madonna geehrt, um ihr für die Bewahrung vor der Pestepidemie zu danken. In einer feierlichen Prozession werden dann riesige, kunstvoll geschmückte Kerzenleuchter auf einer vor 500 Jahren festgelegten und bis heute beibehaltenen Route durch die Straßen der Stadt zur **Chiesa di Santa Maria di Betlem** getragen.

EINE ENGLISCHE VILLA AUF SARDINIEN

Benjamin Piercy widmete sich im 19. Jh. über viele Jahre dem Bau von Bahnstrecken in Frankreich, Italien und seinem Heimatland Wales, aber seine Arbeit auf Sardinien sollte seinem Leben eine Wendung geben. Als Ingenieur der Compagnia Reale delle Ferrovie Sarde errichtete er die ersten Bahnstrecken quer über die Insel und schloss in dieser Zeit Freundschaft mit Garibaldi. Später kaufte er Ländereien außerhalb von Macomer und errichtete dort einen Hof mit einem englischen Landhaus. Seit einer Renovierung im Jahr 2010 ist die **Villa Piercy** für die Öffentlichkeit zugänglich. Man kann einen Nachmittag lang durch die prächtigen Gärten schlendern und über den Mann nachdenken, der sich mit diesem einzigartigen Ort seinen Traum verwirklicht hat.

UNTERWEGS VOR ORT

Algheros historisches Zentrum ist eine Zone mit eingeschränktem Verkehr (ZTL auf Italienisch), was bedeutet, dass auf Nichtanwohner heftige Geldstrafen zukommen, wenn sie ohne Erlaubnis parken. Überall in der Stadt sind Kameras installiert, sodass man sein Glück gar nicht erst versuchen, sondern lieber gleich einen der Parkplätze an der Piazza dei Mercati, an der Piazzale della Pace oder an der Via XX Settembre aufsuchen sollte, wo das Parken ca. 15 € pro Tag kostet. Die öffentlichen Verkehrsmittel sind in Alghero schnell und zuverlässig; Fahrkarten sind überall in der Stadt in den Tabakläden erhältlich.

In Alghero kann man sein Italienisch (oder Sardisch) ausprobieren, ohne Gefahr zu laufen, sich ernsthaft zu verirren, denn das Zentrum ist übersichtlich und die Menschen sind sehr hilfsbereit.

Isola dell'Asinara
Stintino
Porto Torres
Alghero

Rund um Alghero & die Westküste

Wenn man den Stadtrand von Alghero hinter sich gelassen hat, taucht man ein in die ungezähmte Natur der nördlichsten Spitze Sardiniens.

Auf dem Weg nach Stintino, dem beliebten, kleinen Fischerort im äußersten Nordwesten Sardiniens, kommt man durch wunderbare Landschaften, kann interessante Städte erkunden und fantastische regionale Spezialitäten verkosten. Und beim Anblick der sagenhaften Spiaggia della Pelosa wird man erst einmal nach Luft schnappen müssen. Doch nicht nur der berühmte Strand ist sehenswert, auch die Isola dell'Asinara, die einst als Italiens Alcatraz bekannt war und heute von kleinen, weißen Zwergeseln bewohnt wird, lohnt einen Besuch.

TOP TIPP

In der Hauptsaison muss man den Zutritt zum Strand von La Pelosa vorab buchen. Das geht ganz einfach über *lapelosastintino.com*.

Strand von La Pelosa

DENIS BELITSKY/SHUTTERSTOCK ©

Torre del Falcone

Sardiniens Traumstrand im Nordwesten

MEHR ALS WUNDERVOLLER SAND

Das Wort „Paradies" wird heutzutage recht inflationär verwendet – doch wer die beinahe surreal wirkende Szenerie der **Spiaggia della Pelosa** (kurz, La Pelosa) vor sich sieht, wird keinen besseren Begriff finden: Dieser Strand, der zu den schönsten der Welt zählt, ist wirklich ein wahres Paradies! Und die vielen Besucher:innen, die in Scharen herbeiströmen, sind der lebende Beweis dafür. Aber keine Sorge, auch zur Hochsaison findet man meist irgendwo noch ein ruhiges Plätzchen, um dem sanften Plätschern der Wellen zu lauschen, den alabasterweißen Sand durch die Finger rinnen zu lassen und zur malerischen **Torre del Falcone** hinüberzublicken, dem aragonesischen Wachtturm, der die Postkartenidylle perfekt macht. La Pelosa ist wegen des oft kräftigen *maestrale* (Mistral) auch bei Wind- und Kitesurfern beliebt.

Man kann von Stintino aus nach La Pelosa laufen, oder einen der regelmäßig verkehrenden Busse nehmen, die sogar aus Alghero und Sassari kommen. Eine Anfahrt mit dem Auto samt Parkplatzsuche sollte man vor allem in der Hauptsaison tun-

EINEN STRANDBESUCH BUCHEN

Seit 2018 ist die Zahl der Tagesbesucher an der **Spiaggia La Pelosa** in den Monaten Juni bis September auf 1500 Personen beschränkt, um die Erosion und Beschädigung des Strandes einzudämmen. In dieser Zeit muss man seinen Strandbesuch auf der Website *lapelosastintino.com* gegen eine geringe Gebühr reservieren. Vorgeschrieben ist außerdem eine Strohmatte, die unter das Badetuch gelegt werden muss, um keinen Sand mitzunehmen. Die Matte muss man selbst mitbringen und gegebenenfalls vorab kaufen. Wer allerdings nur am Strand spazieren oder schwimmen will, ohne einen Sonnenschirm oder Liegestuhl aufzustellen, kann dies jederzeit tun. Der Strand ist immer noch öffentlich, und die Einheimischen arbeiten intensiv daran, ihn zu schützen.

MITTAGESSEN IN CASTELSARDO

Il Cormorano
Am Hauptplatz eines der am besten erhaltenen mittelalterlichen Dörfer Sardiniens serviert dieses Restaurant einfallsreiche, traditionelle Gerichte. **€€€**

Ristorante Baga Baga
Dieses Restaurant bietet einen spektakulären Blick auf Castelsardo und das Meer sowie frische Meeresfrüchte und köstliche, traditionelle sardische Gerichte. **€€**

Rocca' Ja
Ein schlichtes sardisches Restaurant, das große Portionen serviert, einen schönem Ausblick bietet und immer gut besucht ist. **€€**

THUNFISCH-NOSTALGIE

Stintino ist ein echter Hotspot für Genießer und bietet genau die richtige Mischung aus Strandnostalgie und modernem Komfort. Es lohnt sich, hier anzuhalten und die tollen Restaurants an der Hauptstraße zu besuchen, die einen großen Teil ihres Angebots an Fisch und Meeresfrüchten von den den örtlichen Fischereien beziehen. Das **Museo della Tonnara** liefert faszinierende Einblicke in die vergangene Ära des Thunfischfangs – ein Thema, das einen durchaus wehmütig stimmen kann. Eine gute Möglichkeit, seinen Kummer mit einem Glas Vermentino zu ertränken, bietet das **Albergo Ristorante Silverstrino** im Ortszentrum. Und wenn man schon da ist, kann man auch gleich in einem der hübschen Zimmer des Gasthauses übernachten.

Hafen von Stintino

lichst vermeiden. Für den Strandbesuch gelten strenge Regeln: Das Rauchen und Abfall zu hinterlassen sind verboten und Hunde nur zu bestimmten Zeiten erlaubt. Außerdem ist es untersagt, Sand mitzunehmen. Die örtlichen Behörden ahnden jeden Verstoß mit hohen Geldstrafen. In den Monaten Juni bis September ist die Besucher:innenzahl begrenzt, man muss die Zutrittserlaubnis vorab online buchen und die Bescheinigung darüber mitbringen. Aber all diese Maßnahmen dienen dem Schutz und Erhalt dieses einzigartigen Paradieses.

Besuch der ehemaligen Gefängnisinsel

EIN WILDES ALCATRAZ

Wie viele Teile Sardiniens ist auch die **Isola dell'Asinara** einsam, dafür aber außergewöhnlich faszinierend. Auf der nach den hier lebenden Albino-Zwergeseln (*asini bianchi*) benannten, 51 km² großen Insel mit felsigen Küsten, lauschigen Buchten und verschlungenen Pfaden lässt man die Zivilisation komplett hinter sich. Vielleicht deshalb beherbergte sie einst eines der härtesten Hochsicherheitsgefängnisse Italiens, und vielleicht auch deshalb zogen sich Borsellino und Falcone, die heldenhaften Staatsanwälte aus Palermo, bei der Vorbereitung der Prozesse gegen die Mafia hierher zurück. Die Insel heißt nicht ohne Grund das „italienische Alcatraz".

Heute ist die Asinara ein Nationalpark und eine Zuflucht für Wildtiere; die Insel ist immer noch einsam, aber für ihre Besucher heute keine Strafe mehr, sondern ein Vergnügen. Es gibt immer noch einen kleinen Ort, **Cala d'Oliva**, und die kürzlich erbaute **Locanda del Parco** bietet einladende Zimmer und hat das ganze Jahr hindurch geöffnet. Zu erkunden gibt es schöne Wanderwege, abgelegene Sandstrände, Zeugnisse der Nuraghenkultur und die alten Baracken des *carcere* (Gefängnisses). Vor allem aber herrschen hier Ruhe und das Gefühl, meilenweit entfernt von der übrigen Welt zu sein.

Asinara ist nur mit den Booten lizenzierter Betreiber ab Stintino oder Porto Torres zu erreichen; Veranstalter in Stintino bieten auch eine Reihe interessanter geführter Touren an.

UNTERWEGS VOR ORT

Wenn man die kurvigen Straßen im Westen der Insel erkunden will, nimmt man am besten das eigene Auto oder Motorrad. Achtung: Wohnmobilurlauber:innen müssen während der Hauptsaison mit großem Andrang rechnen. Wegen der Fähren aus dem nahegelegenen Porto Torres steuern viele Wohnmobile die gleichen Strände an. Öffentliche Verkehrsmittel sind zwar vorhanden, fahren aber recht selten und kommen langsam voran: Für die Strecke mit dem Bus von Alghero nach Stintino benötigt man rund zwei Stunden; die Verbindung besteht fünf- bis sieben Mal am Tag.

LA MADDALENA & GALLURA

Es gibt ein Wort im Italienischen, dessen Übersetzung schwierig ist, weil viel verloren gehen kann: *suggestivo* bedeutet, etwas zu erwecken, es nachklingen zu lassen, tiefer zu empfinden. Ein Ort, der diese Kraft besitzt, muss mehr sein, als nur inspirierend. Er muss die Seele anrühren. Folgt man den Wegen von Staatsmännern und Troubadours in die nordöstliche Ecke Sardiniens, mag man diese Kraft empfinden, denn hier bildet das Zusammentreffen von Land und Meer den Inbegriff von *suggestivo*.

Der Parco Nazionale dell'Arcipelago di La Maddalena liegt in der Region Gallura, die sich über den nordöstlichen Zipfel Sardiniens und die vorgelagerten Inseln erstreckt. Die übernatürlich wirkende Landschaft lockt in den Sommermonaten Massen von Strandurlauber:innen an, aber es gibt hier auch eine reiche, interessante Geschichte zu entdecken. Kehrt man von den Inseln aufs Land zurück, findet man im Landesinneren Orte, an denen Riesen umherstreiften, Rockstars gefangen genommen wurden und der Vermentino in Strömen fließt.

TOP TIPP

Auf La Maddalena sollte man aufs Auto verzichten. Die Fähren vom Festland bringen Menschenmassen, Autos und Staus, die das fragile Ökosystem belasten. Leihboote sind eine preisgünstige Alternative, um auf Entdeckungstour zu gehen.

Eine Pilgerfahrt zu Garibaldis Insel

DIE ZUFLUCHT DES REVOLUTIONÄRS

Er wurde der „Held zweier Welten" genannt, aber bei näherer Betrachtung hat man da wohl noch eine ausgelassen. Niemand weiß genau, warum Giuseppe Garibaldi 1855 die halbe **Isola Caprera** kaufte, aber der Legende nach war er 1849 auf dem Weg in ein tunesisches Gefängnis, als der Kapitän des Schiffs, der aus La Maddalena stammte und ein glühender BEwunderer des Revolutionärs war, mit Garibaldi floh und ihn auf den Archipel brachte. Garibaldi blieb für einen Monat auf Caprera und kehrte bis zu seinem Tod immer wieder hierher zurück.

Tatsächlich zeigt die Uhr in Garibaldis Haus auf der Insel, der **Casa Bianca**, immer noch seine Todesstunde an: Er starb hier im Juni 1882. Zu seinen Lebzeiten war das Haus Exil und Zuflucht, ein Zentrum des politischen Lebens und zugleich ein Hof, der sich selbst versorgte. Hier plante Garibaldi den italienischen Nationalstaat und hierher zog er sich zurück, wenn seine Hoffnungen wieder einmal gescheitert waren. Das Haus war und ist eine Gedenkstätte für den Helden, der sich von allen denkbaren Welten ausgerechnet für diese hier entschied.

Wer den La-Maddalena-Archipel besucht, sollte den **Compendio Garibaldino** auf Caprera unbedingt auf der To-do-Liste haben. Der sehenswerte Komplex umfasst die Casa Bianca und die Gedenkstätte. Zu beachten ist, dass sich die Öffnungszeiten saisonal ändern, deshalb ist es ratsam, vor einem Besuch unbedingt auf die Webseite zu schauen. Und nicht vergessen, dass

NACHHALTIGE BOOTSFAHRTEN

Bei einem Besuch des La-Maddalena-Archipels gehören Exkursionen rund um die sieben Hauptinseln einfach dazu. Private Anbieter sind meist kostengünstig und eine gute Option für Gruppen: Der beste Skipper vor Ort ist Daniele von **Emerald Cruises**. Wer eine Tagestour mit allen Annehmlichkeiten und sogar einem DJ an Bord unternehmen will, ist auf der **Luxury Virginia** genau richtig. Das Boot ist außerdem so umgerüstet, dass es an keiner der Inseln anlegen muss, um Passagiere abzusetzen. Dadurch wird der Sandverlust beschränkt und bewiesen, dass Nachhaltigkeit durchaus attraktiv sein kann.

HIGHLIGHTS
1 Compendio Garibaldino

SEHENSWERTES
2 Capichera
3 Isola Budelli
4 Isola Razzoli
5 Isola Santa Maria
6 Petra Bianca
7 Piero Mancini
8 Tenute Filigheddu

SCHLAFEN
9 Agriturismo Saltara
10 Clelia's Boutique Rooms & Suites
11 Gallicantu
12 Lu Ciaccaru

AUSGEHEN
13 Osteria Cocò

SHOPPEN
14 Bottega Sfusa

es sich um eine Gedenkstätte handelt: Wenn man vom Boot kommt, sollte man also auf angemessene Kleidung achten. Rote Hemden und Ponchos sind natürlich immer gern gesehen.

Die Granithügel der Gallura

KÜNSTLERREFUGIUM UND EIN HEILIGES DORF

Sardinien ist eine jener Inseln, die einem unter die Haut gehen. Manche sind so gefesselt, dass sie sich erst bei einer Rückkehr wieder vollständig fühlen. Garibaldi war einer von ihnen; der legendäre Musiker Fabrizio de André ein weiterer. Der aus Genua stammende Sänger mochte nicht gewusst haben, wie tief seine Heimatstadt mit Sardinien verbunden war, als er hier ein *stazzo* – ein für die Gallura typisches Feldsteinhaus – kaufte, aber dennoch wählte er **L'Agnata** als Wohnsitz. Das Haus, nahe Tempio Pausania in den Granithügeln der Gallura gelegen, wurde in den Jahren, in denen De André hier mit seiner Frau lebte, zu einer Anlaufstelle für Dichter, Künstler und Musiker aus aller Welt. Und aus diesem Haus wurde das Paar in den turbulenten 1970er Jahren entführt und erst nach Zahlung eines

WEINE VERKOSTEN IN DER GALLURA

Petra Bianca
Das Bioweingut mit zugehörigem Hotel blickt auf die malerische Isola dei Gabbiani – nur einer von vielen Gründen, um den Ausflug mit einer Übernachtung zu verbinden. **€€**

Tenute Filigheddu
Üppig beladene Platten mit Fleisch und Käse werden in diesem familiengeführten Weingut zur Weinprobe serviert; Verkostungen nur nach Vereinbarung. **€**

Capichera
Einer der zu Recht renommiertesten Namen in der Region; bei einem Besuch dieses Weinguts (nur nach Vereinbarung) versteht man, warum. **€€**

ARTMEDIAFACTORY/SHUTTERSTOCK ©

La Maddalena

Lösegelds freigelassen – ein Erlebnis, das er in seinem berühmten Lied „Hotel Supramonte“ verarbeitete. Heute ist L'Agnata eine einzigartige Kombination aus Hotel, Restaurant und Kulturdenkmal für einen der einflussreichsten Künstler des modernen Italiens, zugleich aber auch eine Hommage an die Gallura und deren einmalige Schönheit.

In den Ausläufern der Monti Ghjuanni versteckt sich das winzige **Luogosanto,** ein, wie der Name schon sagt, heiliger Ort. Obwohl das Dorf weniger als 1000 Einwohner zählt, ist es seit dem Mittelalter ein wichtiges Pilgerziel und verströmt eine einmalig großzügige Gastfreundschaft. Mit mehr als 20 religiösen Gebäuden vor Ort, ist Luogosanto immer noch ein Ziel für die Gläubigen, aber heute kommen auch Abenteuerurlauber auf Wanderungen hier durch. Viele kommen auch zu einem der vielen Feste, die das ganze Jahr über hier stattfinden. Das vielleicht wichtigste ist die **Festa Manna**, bei der in den ersten beiden Septemberwochen alle religiösen Traditionen der Region Gallura wieder aufleben.

INSELERLEBNIS IM LA-MADDALENA-ARCHIPEL

Isola Budelli
Berühmt für die Spiaggia Rosa (rosa Strand). Der Zugang zu diesem Strand ist zwar verboten, man sollte aber vom Meer aus unbedingt einen Blick darauf werfen.

Isola Santa Maria
Die Insel beherbergte die Benediktiner, die als erste den Archipel bewohnten. Hier liegen einige der herrlichsten Strände in der Gegend.

Isola Razzoli
Die spektakulären Klippen der Insel und gruselige Geistergeschichten unterstreichen die überirdische Schönheit des Strandes von Cala Lunga.

STRANDSCHUTZ

Ähnlich wie **La Pelosa** (S. 737) setzt sich auch La Maddalena für Naturschutz ein, daher sind viele Strände für Besucher:innen gesperrt. Wer sich ein Boot leiht, sollte sich informieren, welche Gebiete das sind.

ÜBERNACHTEN IN DER GALLURA

Gallicantu
Ein hinreißender Mix aus Bewahrung des historischen Erbes, nachhaltiger Bauweise und schickem Interieur in Luogosanto. **€€€**

Lu Ciaccaru
In dem familiengeführten, restaurierten Anwesen fühlen sich Gäste wie zu Hause und werden ausgiebig verwöhnt. **€€€**

Agriturismo Saltara
Ein bewirtschafteter Hof mit charmanten Zimmern, Suiten und *stazzi,* die Komfort und Charme für recht wenig Geld bieten. **€€**

Der eigene Charme von La Maddalena

SCHICKE BOUTIQUEN UND KRISTALLKLARES MEER

Obwohl die Stadt La Maddalena für viele häufig nur ein schneller Zwischenstopp auf Bootstouren aus Palau oder ein Treffpunkt für Exkursionen rund um die Inseln ist, lohnt es durchaus, sich Zeit für einen ausgiebigen Besuch zu nehmen. Der einzige bewohnte Ort im Archipel hat eine faszinierende Geschichte, in der Piraten, Mönche und natürlich Napoleon eine Rolle spielen: Der junge General focht hier seine erste Schlacht aus – und verlor sie. An den Sieg über ihn wird in der ganzen Stadt erinnert. Gleichwohl versprüht La Maddalena einen besonderen, provenzalischen Charme: Der bezaubernde Hafen erinnert an Marseille, und die schicken, aber unaufdringlichen Läden könnten auch in Nizza stehen. Das alles stört jedoch nicht, denn trotzdem erlebt man hier immer noch das perfekt authentische Sardinien.

Die Fähren, die zwischen Palau und La Maddalena pendeln, sind effizient und verkehren regelmäßig. Ein besonderes Juwel in der Altstadt ist das **Clelia's Boutique Rooms & Suites**, dessen ursprünglicher Charme durch die nachhaltigen Hightech-Elemente, die der Inhaber Luca Marogna klug integriert hat, auf raffinierte Art unterstrichen wird. Die **Bottega Sfusa**, gleich um die Ecke am Corso Vittorio Emanuele, hat eine tolle Auswahl an regional hergestellten Bioseifen, Shampoos und hübschen Accessoires. Und wenn man sich eine kulinarische Pause gönnen möchte, findet man in der **Osteria Cocò**, nahe dem Hafen, die besten *fregola ai frutti di mare* (sardische Pasta mit Meeresfrüchten) der Stadt, die man idealerweise mit einem Glas Vermentino genießt.

DAS WEISSE GOLD DER GALLURA

Die Gallura zu bereisen, ohne ihren berühmtesten Exportartikel, den **Vermentino**, zu probieren, wäre ein Frevel. Glücklicherweise liegt das Weingut eines seiner führenden Produzenten nur einen Steinwurf von Luogosanto entfernt und bietet das ganze Jahr hindurch (nach Vereinbarung) Verkostungen an. **Piero Mancini** verliebte sich als Kind in das Land seiner Großeltern in der Gallura, und so kam es, dass er in den 1960er-Jahren dorthin zurückkehrte und blieb – was alle, die seinen Vermentino probiert haben, als großes Glück empfinden. Infos zur Buchung und einen Lageplan findet man auf der Website des Weinguts (*pieromancini.it*).

UNTERWEGS VOR ORT

Mit einer Fähre gelangt man von Palau hinüber zum Archipel; die Schiffe verkehren Tag und Nacht, und die Fahrt dauert weniger als 30 Minuten. Man kann sein Auto auf der Fähre mitnehmen, sollte aber daran denken, dass Maddalena und Caprera die einzigen Inseln sind, auf denen man fahren kann, da sie über den 600 m langen Passo della Moneta (die Caprera-Brücke) miteinander verbunden sind. Wer die weniger frequentierten Inseln besuchen möchte, muss ein Boot nehmen. Bootsvermietungen und Tourenangebote gibt es in der Stadt La Maddalena fast an jeder Ecke; bei größeren Gruppen halten sich die Kosten für eine Bootstour in bezahlbaren Grenzen.

COSTA SMERALDA

Es hilft, sich bei der Reiseplanung mental schon mal vorab auf horrende Summen einzustellen, die man bei einem Trip an die Costa Smeralda zahlen wird, ebenso wie auf die Menschenmassen, die nach Promis Ausschau halten. Aber auch wenn diese Enklave oft als seelenlos und oberflächlich abgestempelt wird, ist es interessant, mal einen Blick darauf zu werfen, denn es gibt landschaftlich fast nichts Vergleichbares auf der Welt.

Schließlich trägt die Smaragdküste ihren Namen nicht ohne Grund. Das viridiangrüne Wasser und die traumhaften Buchten lassen einen (fast) die extremen Preise vergessen; beim Schlendern durch die surreale Kulisse dieser sorgsam gepflegten Dörfer fühlt sich jeder wie ein Mogul. Dass das alles künstlich ist, was soll's? Einen Augenblick lang fühlt man sich ganz oben angekommen. Und für diesen Augenblick stimmt's ja auch.

TOP TIPP

Unterkünfte sind an der Costa Smeralda knapp und nicht gerade günstig. Nette B&Bs finden sich landeinwärts in Arzachena. Nicht versäumen sollte man den Markt im nahegelegenen San Pantaleo, auf dem donnerstags regionale Produkte von der gesamten Insel angeboten werden.

Der Glamour der Costa Smeralda

TREFFPUNKT DER MILLIARDÄRE

Wer als Durchschnittsmensch beim Schlendern durch **Porto Cervo** Eindruck schinden will, dürfte kaum Erfolg haben. Selbst Milliardäre tun sich hier manchmal schwer. Porto Cervo, das berühmteste Dorf an der Costa Smeralda, bleibt das Kronjuwel von Aga Khans Traum: Die 420 ständigen Einwohner leben heute auf Grundstücken, die zu den teuersten der Welt zählen. Die ursprüngliche Altstadt sieht aus, als hätte Gaudí seine Finger im Spiel gehabt, und die Straßen mit ihren sündhaft teuren Boutiquen werden allen Erwartungen gerecht. Im Sommer drängen sich im alten Hafen und in der neuen Marina die Luxusjachten; es macht Spaß, die Promenade entlang zu spazieren und das schillernde Jetset-Spektakel zu beobachten.

Den übrigen Dörfern in der näheren Umgebung fehlt der ganz große Glamour, doch ein Stück weiter die Küste hinunter liegt **Porto Rotondo**, das wilde Stiefkind von Porto Cervo. Die glitzernde Bucht besitzt einen eigenen Jachtclub, der noch etwas größer und extravaganter ist als der seines Mitstreiters. Aber von seiner mondänsten und schrillsten Seite zeigt sich Porto Rotondo im **Billionaire**, dem berühmt-berüchtigten Club-Restaurant, das zu einem Synonym für den exzessiven Lebensstil an der Costa Smeralda geworden ist. Gleichwohl ist dies noch immer eine der angesagtesten Adressen der Gegend. Wer diesen Club erleben will, muss teuer für das Privileg bezahlen – und wie immer ist es auch hilfreich, jemanden zu kennen, der entsprechende Kontakte hat.

BESTE STRÄNDE AN DER COSTA SMERALDA

Spiaggia del Principe
Die halbmondförmige Bucht aus weißem Sand bietet einen der schönsten Strände der Welt.

Cala di Volpe
Der Strand gehört zu dem über ihm liegenden gleichnamigen Luxushotel und verspricht ein einmaliges Erlebnis.

Spiaggia Capriccioli
Wegen des flachen, ruhigen Wassers ist dieser Strand bei Familien sehr beliebt.

Spiaggia del Grande & Piccolo Pevero
Nach Promis spähen, während man im azurblauen Meer badet.

Spiaggia Liscia Ruja
Der längste Strand an der Costa Smeralda ist schwer erreichbar. Die Anfahrt lohnt sich aber.

HIGHLIGHTS
1 Isola Tavolara
2 Spiaggia Capriccioli

SEHENSWERTES
3 Coddu Vecchiu
4 Li Muri
5 Spiaggia del Grande & Piccolo Pevero
6 Spiaggia del Principe
7 Spiaggia Liscia Ruja

ESSEN
8 Billionaire

Die Costa Smeralda erkunden

VERBORGENE JUWELEN

Die glamourösen Dörfer an der Costa Smeralda bieten viel Glanz und Luxus, aber wenig örtliche Kultur. Man muss jedoch nicht weit fahren, um einen Eindruck vom authentischen Sardinien zu bekommen. **Arzachena** liegt rund 20 km landeinwärts und ist der größte Ort an der Küste. Das Städtchen besitzt ein reiches kulturelles Erbe und rühmt sich einer fabelhaften Küche. Bekannt ist es auch für Manuel Marattos bunte Regenbogentreppe, die zur Chiesa di Santa Lucia hinaufführt. Die Stadt ist eine faszinierende Mischung aus Alt und Neu: Traditionelle *stazzi* wurden mit viel Liebe und Geschick in hübsche B&Bs umgewandelt, und zahlreiche Festivals werden am Fuß von Ruinen der Nuraghenkultur gefeiert.

Eines der beeindruckendsten bronzezeitlichen Monumente auf der Insel ist das Gigantengrab **Coddu Vecchiu.** Es liegt nur ein paar Kilometer außerhalb von Arzachena und lohnt in jedem Fall einen Abstecher. Die Megalithanlage bietet einen umwerfenden Anblick, und die großen Granittafeln, die den Zugangsweg bilden, versetzen jeden in Staunen. Ein kurzes Stück weiter

SARDINIENS BESTE BEAUTY-LABELS

Soha Sardinia
Die Linie mit natürlichen Produkten für Haare, Gesicht und Körper wurde von zwei Freunden aus Nuoro ins Leben gerufen.

Acqua di Sardegna
Die ursprünglich aus Alghero stammende Marke ist weltweit für ihre Parfüms bekannt.

FarmAsinara
Kosmetik von der Isola dell'Asinara, hergestellt aus regionalen Zutaten.

JOHN INSULL/ALAMY STOCK PHOTO ©

Freiluftmarkt in San Pantaleo

erreicht man die an einen Skulpturengarten erinnernde Nekropole von **Li Muri**, die vermutlich aus dem 4. Jt. v. Chr. stammt.

Im nahegelegenen **San Pantaleo** sollte man am besten donnerstags vorbeischauen, wenn der sehenswerte Freiluftmarkt stattfindet, der zu einer der bekanntesten Attraktionen der Gegend geworden ist. Von regionalem Käse über Kunsthandwerk bis hin zu Kaschmirwolle reicht das üppige Angebot. Das winzige Bergstädtchen ist ein echtes Stück authentisches Sardinien, das es versteht, die Herzen seiner Besucher:innen mit Charme zu erobern. Die Einheimischen sind freundlich, sprechen auch ein wenig Englisch oder Französisch und bieten gerne Kostproben ihrer hausgemachten Produkte an. Während die Reichen und Schönen an der Küste um einen Platz im Jachtclub rangeln, kann man es sich hier richtig gutgehen lassen.

DAS KÖNIGREICH TAVOLARA

Vor langer Zeit gab es Gerüchte über ein James-Bond-artiges Schurkennest auf der **Isola Tavolara**, vielleicht darin begründet, dass Teile des Bond-Streifens *Der Spion, der mich liebte* in Porto Cervo gedreht wurden. Vielleicht kamen die Gerüchte aber auch wegen des streng geheimen NATO-Stützpunkt im Osten der Insel auf... Tatsächlich jedoch ist das gewaltige Kalksteinmassiv, das steil aus dem Meer ragt, genau der richtige Ort für große Aufschneidereien: So wurde die Insel sogar zum „kleinsten Königreich der Welt" erklärt, als König Karl Albert von Sardinien-Piemont die Tavolara-Insel dem Oberhaupt der örtlichen Schäferfamilie Bertoleoni überließ. Und badet man unter dem riesigen Schatten des Felsens, glaubt man gern, dass hier einst Riesen hausten.

BOOTSTOUREN AN DER KÜSTE

Tagesausflüge per Boot von der Costa Smeralda zum La-Maddalena-Archipel (S. 739) werden von vielen Anbietern organisiert und bieten wundervolle Eindrücke.

UNTERWEGS VOR ORT

Der Aeroporto di Olbia-Costa Smeralda hat die besten Anbindungen an die nördlichen und östlichen Regionen Sardiniens; seine Kapazität wird ständig erweitert. Vom Fährhafen in Olbia gibt's ganzjährig Überfahrten vom/zum italienischen Festland. Besonders beliebt ist die Überfahrt mit Übernachtung, für die eine Kabine unbedingt zu empfehlen ist.

PRAKTISCHES

Die wichtigsten Informationen für die perfekte Reise nach Italien im Überblick. Nützliche Tipps, Tricks und Hintergründe zur Orientierung und Vorbereitung.

Fahrrad-Rikschafahrer, Battistero di San Giovanni, Florenz (S. 408)

Ankunft

Italiens größte internationale Flughäfen befinden sich in Rom (Aeroporto Fiumicino bzw. Leonardo da Vinci) und Mailand (Aeroporto Malpensa). Ein paar Auslandsflüge landen auch in Venedig (Aeroporto Marco Polo) und Neapel (Aeroporto Capodichino). Zudem gibt's viele Anreisemöglichkeiten per Zug, Bus oder Fähre. Je nach Distanz ist die Bahn potenziell eine sehr gute Alternative zum Flugzeug.

Grenzübergänge
Wer von der Schweiz aus einreist, muss damit rechnen an der Grenze (kein EU-Mitglied) mitunter Personalausweis bzw. Reisepass vorzuzeigen.

Einreise
Aufgrund des Schengener Abkommens können EU-Bürger und Schweizer visumfrei nach Italien einreisen.

SIM-Karten
Lokale SIM-Karten bieten erschwingliche Prepaid-Tarife für Handys ohne Vertrag. Zum Erwerb einer italienischen SIM-Karte muss man einen Ausweis mit Foto vorlegen. EU-Bürger:innen zahlen mit eigenem Vertrag keine Roaming-Gebühren.

WLAN
Italienische Flughäfen sowie viele örtliche Hotels, Hostels und Cafés bieten Gratis-WLAN. In älteren und/oder ländlichen Unterkünften kann die Signalqualität aber schwanken.

VON LINKS NACH RECHTS: FUSE/GETTY IMAGES ©, GEORGE MDIVANIAN / EYEEM/GETTY IMAGES ©

Vom Flughafen in die Stadt

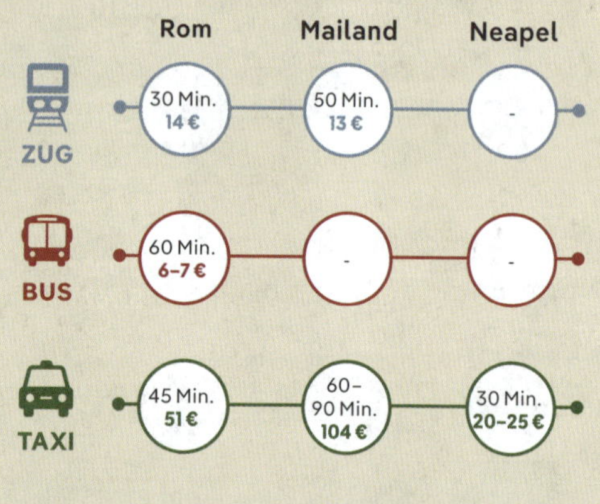

	Rom	Mailand	Neapel
ZUG	30 Min. **14 €**	50 Min. **13 €**	-
BUS	60 Min. **6–7 €**	-	-
TAXI	45 Min. **51 €**	60–90 Min. **104 €**	30 Min. **20–25 €**
SAMMEL-TAXI	60 Min. **25 €**	60 Min. **10 €**	20 Min. **5 €**

ETIAS

Das neue digitale ETIAS-Sicherheitssystem (European Travel Information and Authorisation System) für den Schengen-Raum nimmt Ende 2023 den Betrieb auf. Zum Recherchezeitpunkt war ein ETIAS-Beitritt der Schweiz bereits angekündigt. Aktuelle Infos hierzu gibt's unter *etiasvisa.com*.

Unterwegs vor Ort

Für weite Reisen durchs lang gestreckte Italien empfehlen sich die leistungsfähigen und relativ günstigen Hochgeschwindigkeitszüge. Viele örtliche Großstädte haben auch gute Nahverkehrsnetze. Erkunden ländlicher Regionen erfordert ein eigenes Auto.

REISEKOSTEN

Mietwagen
Ab 30 €/Tag

Benzin
Ca. 1,80 €/l

Leihfahrräder
ab 10 €/Tag

Zugticket Mailand–Rom
Ab 58 €

Nahverkehr

Italiens Großstädte haben ausgedehnte Bus-, Straßenbahn- und U-Bahnnetze (meist mit preiswerten Kombi- bzw. Tourismustickets) – zunehmend ergänzt durch Sharing-Programme für Fahrräder und E-Scooter. In Venedig kommen noch die Vaporetti (Personenfähren) hinzu.

Mietwagen

Nur fürs Erkunden ländlicher Regionen machen Mietwagen wirklich Sinn. Interessierte (Mindestalter 21 Jahre) kommen bei Online-Buchung günstiger weg. Kleinere Autos erleichtern das Parken. Umfassende Infos zum Thema liefern der Automobile Club d'Italia (*www.aci.it*), aber auch der ADAC.

TIPP

Die App Citymapper (Download unter *citymapper.com*) liefert umfassende Echtzeit-Infos zu Nahverkehrsoptionen (inkl. Leihfahrräder und E-Scooter) in italienischen Großstädten.

TICKETS ENTWERTEN

Tickets für staatlich betriebene Nahverkehrsmittel (Busse, Straßenbahnen, Regionalzüge; Vaporetti in Venedig) sind jeweils vor Fahrtantritt durch Stempeln (Datum/Uhrzeit) zu entwerten. Im Fall von Regionalzügen gibt's hierfür grüne Automaten an den Zugängen zu den Bahnsteigen. Straßenbahn- und Busgäste nutzen die gelben Bordautomaten. Wer mit einem nicht entwerteten Ticket erwischt wird, bezahlt ein Bußgeld (50–110 €). Wegen der Zug- und Platzbindung müssen Fahrkarten für Hochgeschwindigkeitszüge (z. B. Frecciarossa, Frecciargento, Frecciabianca, Italo, InterCity, EuroCity) nicht entwertet werden.

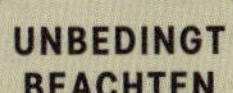

UNBEDINGT BEACHTEN

In Italien gilt Rechtsverkehr.

Die zulässige Höchstgeschwindigkeit beträgt innerorts 50 km/h, 90–110 km/h auf Landstraßen und 130 km/h auf Autobahnen.

0,5‰

Die Promillegrenze liegt bei 0,5 g/l (0,0 unter 21 Jahren und/oder drei Jahren Führerscheinbesitz).

Mautstrecken & Anwohnerzonen

Italiens zahlreiche Autobahnen (autostradas) sind teils mautpflichtig. In diesem Fall holt man sich ein Ticket an der Zufahrtsstation und bezahlt bei der Ausfahrt (bar oder per Karte). Historische Stadtzentren dürfen oft nur von Anwohnenden mit Genehmigung befahren werden (vorab beim Hotel fragen).

Taxis

In den Großstädten gibt's überall Taxistände. Ansonsten bestellt man sich ein Funktaxi per Telefon (Hinweis: Der Gebührenzähler läuft dann bereits während der Anfahrt zum Abholpunkt). Trips durchs Zentrum kosten meist 10 bis 15 €. Uber ist in Italien größtenteils verboten; nur in Rom und Mailand gibt's Uber Black. Eine Alternative ist MyTaxi.

Zug & Bus

Züge sind Italiens beliebteste öffentliche Verkehrsmittel. Neben Hochgeschwindigkeits-Fernstrecken gibt's auch viele Regionalbahnen. Diese werden durch leistungsfähige Regionalbusnetze ergänzt. Zugreisen empfehlen sich für Fahrten zwischen Großstädten und entlang der Küste. In ländlichen Gegenden sind Busse vergleichsweise besser.

Geld

WÄHRUNG: EURO (€)

Karte oder bar?

Bekannte Kreditkarten werden landesweit akzeptiert (Amex seltener). Per Gesetz müssen italienische Geschäfte und Dienstleister digitale Zahlungen akzeptieren. Vor allem im Süden gibt's Ausnahmen für kleine Läden. Auch bei kleinen Museen ist Kartenzahlung teils nicht möglich.

Geldautomaten

Landesweit gibt's Geldautomaten (bancomat) mit internationaler Vernetzung (Visa/MasterCard/Cirrus/Maestro). Das Tageslimit für Abhebungen liegt jeweils bei 250 €. Aufgrund der überzogenen Transaktionsgebühren sollte man Euronet-Geräte möglichst meiden.

Steuern & Rückerstattungen

Viele Käufe und Dienstleistungen unterliegen automatisch einer Mehrwertsteuer (Imposta sul Valore Aggiunta; IVA) von 22 %. Schweizer Staatsbürger:innen können sich diese bei der Ausreise unter bestimmten Bedingungen zurückerstatten lassen. Infos hierzu gibt's unter *www.taxrefund.it*.

Trinkgeld

Restaurants Kein Trinkgeld; die Rechnung beinhaltet bereits die Service- und Gedeckgebühr *(coperto)*.

Hotels In Spitzenklassehotels optional.

Taxis Kein Trinkgeld.

Bars Generell kein Trinkgeld; etwas Kleingeld (0,10–0,20 €) aber optional.

WIEVIEL KOSTET ...

ein Stück Pizza
2,50 €

ein Negroni mit *aperitivo*
8–10 €

ein Hauptgericht (mittelteuer)
25–35 €

ein Museumsticket
10–20 €

WIE ... EIN PAAR EUROS SPAREN?

Touristenkarten (Großstädte) bringen Ersparnis bei lokalen Museen und geführten Touren (teils auch im Nahverkehr).

Bus/Zug Mehrfachtickets bzw. Tagespässe statt Einzelfahrten nutzen.

Bars/Cafés Kaffee bzw. Frühstück am Tresen genießen, um Servicegebühren für Tischkellner zu sparen.

Altersnachweis/Studierendenausweis EU-Bürger und Schweizer unter 18 Jahren können Italiens staatliche Museen und Sehenswürdigkeiten gratis besuchen (Rabatte zwischen 18 und 25 Jahren).

1. Sonntag des Monats Freier Eintritt bei vielen Sehenswürdigkeiten.

BEZAHLEN IN RESTAURANTS

Restaurantgäste müssen theoretisch am Tisch um die Rechnung bitten (il conto, per favore?). Viele Einheimische gehen auch einfach zum Tresen und bezahlen dort. Zwecks Selbstschutz und Vermeidung von Steuerbetrug durch das Lokal: Niemals ein Stück Papier mit draufgekritzelter Gesamtsumme akzeptieren, sondern immer eine offizielle Rechnung mit einzeln aufgeführten Positionen (il conto dettagliato) inklusive Steuer verlangen! Ansonsten ist etwas Vorsicht bei Restaurantbesuchen geboten: In Tourismushochburgen kommt es mitunter zu betrügerisch überhöhten Rechnungen, die teils sogar internationale Schlagzeilen machen.

LOCAL TIPP

Statt öffentlicher Toiletten (Gebühr 1,00–1,50 €) kann man auch die Örtchen von Bars oder Cafés benutzen. Ohne eine Bestellung wird das aber als äußerst unhöflich erachtet.

Übernachten

Ländliche Idylle

Italiens charaktervolle *agriturismi* und *masserie* (Ferienbauernhöfe) erfüllen den Traum vom idyllischen Landleben. In Umbrien und der Toskana boomen diese Unterkünfte schon lange. Von den Bergwiesen in Trentino-Südtirol bis hin zu Siziliens Weinbergen sind sie nun landesweit zu finden. Perfekt für Familien, Erholungssuchende und Fans von kulturellem Eintauchen (z. B. über Trüffelsuche, Olivenernte oder Kochkurse).

Himmlische Hotels

Klöster und Konvente zählen zu Italiens interessantesten Bleiben: Viele Abteien bessern ihre Finanzen auf, indem sie Zellen oder Zimmer günstig an normale Tourist:innen vermieten. Andernorts werden nur Pilger akzeptiert – oder Gäste, die sich in spirituelle Klausur begeben (z. B. in Assisi sehr beliebt). Echte Klöster haben oft eine abendliche Sperrstunde. Ansonsten gibt's in Italien auch Luxushotels in umgebauten früheren Klöstern (z. B. das Eremito in Umbrien).

Berghütten

Italiens leicht nutzbare *rifugi* (Berghütten; z. B. in den Alpen oder im Apennin) sind meist nur von Juni bis Ende September geöffnet. Innerhalb des Netzwerks reicht das Spektrum von spartanischen Schutzhütten (*bivacchi*) bis hin zu hostelartigen Lodges mit Heizung, Strom und warmer Küche. Der Club Alpino Italiano (*cai.it*) führt ein aktuelles *rifugi*-Verzeichnis.

PREIS FÜR EINE ÜBERNACHTUNG

agriturismo
40–80 €

Hostelbett
20–60 €

Designer-Hotel
200–250 €

Budgetunterkünfte

Im Rahmen von **Hostelling International** (*www.hihostels.com*) betreibt die **Associazione Italiana Alberghi per la Gioventù** vor Ort diverse Jugendherbergen (*ostelli per la gioventù*). Zudem folgen Mailand, Venedig, Rom, Turin, Florenz, Bologna, Neapel und Palermo dem Trend in anderen europäischen Großstädten: Dort gibt's nun jeweils tolle Designer-Hostels mit Schlafsälen, Privatzimmern und super Einrichtungen.

B&Bs & Pensionen

Italien unterscheidet zwischen B&Bs (Zimmer in Privathäusern) und familiengeführten *pensioni* (eigentlich Kleinhotels). Die beiden Optionen bilden das Rückgrat der nationalen Tourismusindustrie. Die Palette reicht dabei von restaurierten Gehöften und kleinen Stadthäusern bis hin großstädtischen Palazzi. Entsprechend variieren auch die Preise (60–140 €/Übernachtung).

AIRBNB

Vor der COVID-19-Pandemie wurden vor allem in Italiens Kunstmetropolen (Rom, Venedig, Florenz) steigende soziale Schäden durch immer mehr Airbnb-Vermietungen befürchtet: Die Einheimischen beklagten ihre Vertreibung durch explodierende Wohnungsmieten. Mit dem Lockdown wurde das volle Ausmaß des Problems offentsichlich: Einst lebendige Städte wurden zu Geisterstädten. 2021 richteten Florenz und Venedig ein *decalogo* (wörtl. „Zehn Gebote") an Italiens Regierung. Unter diesen zehn Anregungen für besseres Tourismus-Management war auch die Forderung, das Airbnb-Geschäft stärker zu regulieren – z. B. über die Einstufung von Mietverhältnissen (unter 30 Tagen als rein touristisch bzw. kommerziell) und deren quantitative Begrenzung (pro Jahr und Anbieter max. 90 Tage bei zwei Vermietungen).

Reisen mit Kindern

Italien bietet unbegrenzten Familienspaß: In seinen Großstädten lassen sich viele Kulturschätze mit Audioguides, Smartphone-Apps und tollen Führungen erkunden. Draußen auf dem Land ist die Vielfalt ebenso groß: Dort warten z. B. Schnorcheln, Schwimmen und viele Strände (Apulien, Kalabrien, Sizilien, Sardinien) oder Bergwandern und Baden in Seen (Alpen, Apennin). Und ansonsten kann man überall radeln, reiten und spazieren gehen.

Sehenswertes

Italiens Museen und Bauwerke stellen alle Schulbücher locker in den Schatten. Nur wenige lokale Sehenswürdigkeiten organisieren spezielle Führungen oder Workshops für Kids. Oft gibt's aber kinderfreundliche Multimedia-Displays, Touchscreens und Audioguides (teils auch Virtual-Reality-Headsets). Geschichten über Italiens legendäre Vergangenheit (z. B. Pompejis Untergang, Gladiatorenkämpfe im Kolosseum) machen Lust auf's Sightseeing.

Vergünstigungen

Bei staatlichen Sehenswürdigkeiten ist der Eintritt unter 18 Jahren frei; EU-Bürger und Schweizer zwischen 18 und 25 Jahren bezahlen 2 € pro Ticket. Die meisten anderen Attraktionen gewähren Kinderrabatte (6–18 Jahre).

Beste Regionen für Kids

Rom & Latium Antike Ruinen, gruselige Katakomben und super Pizza.

Toskana Tolle Villen plus Wandern, Radfahren und Reiten draußen auf dem Land.

Neapel & Kampanien Ruinen in Neapel, Pompeji und am Vesuv.

Sizilien & Sardinien Vulkane, großartige Strände, interessante Inselerkundungen, prima Wassersport.

Dolomiten Italiens beste Skiorte für Familien; Wandern und Radfahren im Sommer.

Ausstattung

- Restaurants und öffentliche Einrichtungen haben nur selten Wickeltische.
- Die meisten Mittel- und Spitzenklassehotels bieten Kinderbetten an (rechtzeitig reservieren).
- Für Kinder unter 150 cm Körpergröße und/oder zwölf Jahren sind Kindersitze in Autos vorgeschrieben (bei Mietwagen rechtzeitig mitreservieren).

TIPPS

Kolosseum (S. 66)

Die antiken Spektakel der Römer in dem globalen Wahrzeichen nachvollziehen.

Liparische Inseln (S. 673)

Sieben winzige Vulkaninseln mit vielfältiger Natur (z. B. flüssige Lava, schwarze Sandstrände).

Venedig (S. 268)

Im Wasser-Wunderland eigene Stak-Versuche wie ein Gondoliere unternehmen.

Apulien (S. 293)

Italiens beste Sandstrände, schöne Küstenorte und kinderfreundliche Küche.

ESSEN GEHEN

Kinderfreundliche Klassiker wie Eis, Pizza und Pasta machen Restaurantbesuche bei Italienreisen mit Kids zur reinsten Freude. Kleine Gäste sind hier praktisch immer willkommen – vor allem in zwanglosen Trattorias mit meist recht schlichtem Angebot (Nudelgerichte, Grillfleisch). Italienische Familien essen spät zu Abend; nur wenige Lokale öffnen schon vor 19.30 Uhr. Mitunter gibt's ein spezielles *menu bambino*. Falls nicht, kann man überall problemlos eine *mezzo porzione* (halbe Portion) oder einen einfachen Pasta-Teller mit Olivenöl und Parmesan bestellen. Mancherorts stehen Hochstühle (*seggioloni*) zur Verfügung.

Sicher reisen

BETRÜGER & DIEBSTAHL

In Tourismushochburgen und überfüllten öffentlichen Verkehrsmitteln sind Taschendiebe aktiv. An bekannten Sehenswürdigkeiten wie dem Kolosseum sind Ticket-Schlepper ein potenzielles Problem. Auf der Straße gilt Vorsicht vor Unterschriften- oder Spendensammelnden ohne offizielle Ausweise. Bestohlene sollten innerhalb von 24 Stunden zur Polizei gehen und dort eine Anzeige-Bestätigung für ihre Reiseversicherung verlangen.

WALDBRÄNDE & ÜBERSCHWEMMUNGEN

Fast 30 % Italiens sind bewaldet. Die zunehmend heißen Sommer in Europa verursachen hier immer mehr Busch- und Waldbrände – vor allem im Süden (Apulien, Kalabrien, Sizilien). Auf die Hitzewellen folgen oft extreme Unwetter mit verheerenden Folgen (Beispiel: Adriaküste im Mai 2023). Wer von einer Naturkatastrophe überrascht wird, sollte sofort alle Evakuierungsanweisungen strikt befolgen.

Erdbeben & Vulkanausbrüche

Italien liegt am Reibungspunkt der Afrikanischen und Eurasischen Kontinentalplatte: Vor allem für Rom, Florenz, Bologna und den zentralen Apennin gilt ein hohes Erdbeben-Risiko. Teil der tektonischen Lebendigkeit sind auch aktive Vulkane: Der Vesuv (Neapel), Ätna (Sizilien) und Stromboli können jederzeit ausbrechen. Die Protezione Civile (*www.protezionecivile.gov.it*) überwacht die aktuellen seismischen bzw. vulkanischen Verhältnisse.

LEITUNGSWASSER

In Italien generell bedenkenlos trinkbar, sofern kein Warnhinweis vorhanden (*acqua non potabile* bzw. „Kein Trinkwasser").

SICHER SCHWIMMEN UND BADEN

Grüne Flagge
Sicherer Badestrand

Gelbe Flagge
Sicher am Ufer, aber kein Hinausschwimmen

Rote Flagge
Gefahr, Schwimmen und Baden verboten

Zwei rote Flaggen
Das Wasser ist für die Öffentlichkeit gesperrt

Blaue und violette Flagge
Gefährliche Meereslebewesen wurden gesichtet

Drogen

Wer in Italien mit einer großen Drogenmenge erwischt und als Dealer:in eingestuft wird, kann bis zu 22 Jahre hinter Gittern verbringen. Das Land hat den Besitz geringer Cannabis-Mengen für den persönlichen Konsum inzwischen entkriminalisiert. Besitz jeglicher anderer Drogen gilt als Straftat. Ersttäter:innen kommen aber eventuell mit einer Verwarnung davon.

MEDIZINISCHE VERSORGUNG

Die medizinische Versorgung ist landesweit gut. Örtliche Apotheken geben Gesundheitstipps und verkaufen rezeptfreie Medikamente für kleinere Wehwehchen. Zudem können sie Fachärzt:innen und Krankenhäuser empfehlen. Außerhalb der normalen Öffnungszeiten haben Notfallapotheken in der Nähe geöffnet (jeweils Aushang am Eingang beachten). Der Rettungsdienst hat die Telefonnummer 118.

Essen, Trinken & Feiern

Etikette beim Essen

Eine komplette Mahlzeit in einem italienischen Restaurant besteht aus *antipasto* (Vorspeise), *primo piatto* (erster Gang) und *secondo piatto* (zweiter Gang) mit *insalata* (Salat) oder *contorno* (Gemüse-Beilage) – gefolgt von *dolci* (Dessert), Obst, Kaffee und *digestivo* (Likör). Den meisten Italiener:innen ist das aber insgesamt zu viel. Am besten tut man es ihnen gleich und bestellt nur gezielt.

KULINARISCHES

Piatto del giorno: Tagesgericht.
Antipasto: Warme oder kalte Vorspeise; ein gemischter Probierteller heißt *antipasto misto*.
Primo: Erster Gang; meist eine recht große Schüssel mit Pasta, Risotto oder zuppa (Suppe).
Secondo: Zweiter Gang; oft *pesce* (Fisch) oder *carne* (Fleisch).
Contorno: Beilage; meist verdura (Gemüse).
Carte dei vini: Weinkarte.
Dolce: Dessert; inklusive *torta* (Kuchen).
Frutta: Obst; meist Abschluss einer Mahlzeit.
Nostra produzione: Selbstgemachtes von Brot und Nudeln bis hin zu *liquori* (Likören).
Surgelato: Tiefkühlware (meist Fisch oder Seafood).
Menù fisso: Günstiges Festpreis-Menü und landesweit eher eine Seltenheit: Gibt's meist nur mitags in beliebten Trattorias mit Arbeiter:innen-Publikum.

Wo?

Beliebte (Spitzen-)Restaurants erfordern Reservierung (vor allem in der Hauptsaison).

Trattoria: Zwangloses, familiengeführtes Restaurant mit traditioneller Regionalküche.

Ristorante: Vornehmes Lokal; oft mit Dresscode, langer Weinkarte und vergleichsweise noblerer Küche (regional oder national).

Osteria: Ähnelt einer Trattoria; Schwerpunkt auf traditioneller Küche.

Enoteca: Zwanglose Weinbar; serviert immer auch Häppchen oder größere Gerichte.

Agriturismo: Ferienbauernhof mit Zimmern und Restaurant (Eigenprodukte).

WIE... einen Kaffee bestellen?

Die eigene Kaffee-Premiere in Italien ist eine Art inoffizieller Initiationsritus. Regel Nummer Eins: Niemals nach einer großen, doppelten Magermilch-Vanille-Latte o. Ä. fragen. Koffeinhaltiges ordert man hier meist nur mit dem Wort *caffè* (in italienischen Kaffeebars wird kaum von „Espresso" gesprochen).

Ein *macchiato* ist ein Espresso mit einem Schuss heißer Milch. Ein *americano* ist ein Espresso mit Heißwasser-Zusatz. König der italienischen Milchkaffees ist der *cappuccino*: ein Espresso mit einer Krone aus Milchschaum und Schokoladenpulver (optional).

In Italien wird jeglicher Kaffee mit geschmacksoptimierter Temperatur (*tiepido* bzw. lauwarm) serviert. So kann die *crema* (der karamellfarbige Oberflächenschaum) das Aroma bewahren. Aus demselben Grund wird die Milch mit Dampf erhitzt: So entsteht ein reichhaltiger und dichter Schaum (*schiuma*), der die Essenz der *crema* einfängt. Wer seinen Kaffee heißer mag, bestellt ihn *molto caldo*.

PREISE FÜR ESSEN & TRINKEN

ein *cornetto* (Croissant)/Brioche
1,10–2 €

ein *aperitivo*
8–10 €

ein Espresso
1,10 €

eine kleine Eiswaffel
2–3 €

ein Mittagessen in einer Trattoria
15–20 €

ein Abendessen in einem Michelin-Sternerestaurant
200–250 €

Bier
4–6 €

ein Glas Wein
5–8 €

WIE... vegetarisches finden?

Für viele Italiener:innen bedeutet Vegetarismus, kein rohes Fleisch zu essen. Reine Vegetarier:innen gibt es hier nur wenig. Jedoch verzehren viele Einheimische Fleisch nur in begrenzten Mengen (vor allem im Süden). In den Großstädten wächst die Zahl der Restaurants und Cafés, die Vegetarisches, Veganes und Rohkost servieren. Spitzenrestaurants haben meist auch eine vegetarische Auswahl. In Bar-Cafés bekommt man zunehmend auch *cornetti vegani* (vegane Croissants) und *latte di soia* (Sojamilch).

In vegetarisch anmutenden Gerichten auf normalen Speisekarten verstecken sich oft Tierprodukte. Dies gilt u. a. potenziell für gefülltes Gemüse (z. B. Zucchiniblüten mit Sardellenpaste als Würze) oder Pasta-Varianten mit Tomatensoße (eventuell mit *guanciale* bzw. Schweinespeck aromatisiert). Wer sicher gehen will, fragt vorab nach, ob ein bestimmtes Gericht *senza carne o pesce* (ohne Fleisch oder Fisch) ist.

Veganer:innen haben es vor allem in Italiens Norden noch schwerer: Dort spielen Milchprodukte eine zentrale kulinarische Rolle. Käse wird landesweit verwendet – im Zweifelsfall daher gezielt eine Option *senza formaggio* (ohne Käse) verlangen.

Vegetarisches in Italien

Übers letzte Jahrzehnt haben Vegetarismus bzw. Veganismus in Italien zugenommen. Aktuell zählen 8,9 % der Gesamtbevölkerung zu einer der beiden Gruppen. Eine Pionierin auf diesem Gebiet ist Carlotta Perego (Cucina Botanica; *cucinabotanica.com*).

Nützliche Phrasen

Io sono vegano/vegana: Ich bin Veganer/in
Non mangio prodotti di origine animale: Ich esse keine Tierprodukte.
Non mangio i latticini: Ich esse keine Milchprodukte.
Contiene uova? Enthält das Ei?
Avete latte di soia? Haben Sie Sojamilch?

APERITIVO

Ein *aperitivo* wird oft als „Drink mit Häppchen vor dem Essen“ beschrieben. Doch eine italienische *apericena* (Happy Hour) ist weitaus mehr: ein oft günstiger Mix aus Aperitif und *cena* (Abendessen). In meist zwangloser Atmosphäre gibt‘s dabei meist Buffet (Antipasti, Nudelsalate, Wurstwaren, ein paar warme Gerichte). Dieses füllt dann den Magen zum Preis eines einzigen Drinks, an dem gewiefte Gäste über die ganze Happy-Hour-Dauer (ca. 17 od. 18–20/ 21 Uhr) nuckeln. Möglich ist das vor allem in Großstädten wie Mailand, Turin, Rom, Neapel und Palermo. Die Venezianer:innen laben sich an *ombre* (halb gefüllten Weingläsern) und *cicheti* (lokaltypischen Tapas).

Aperitivo-Bars sind auch sehr beliebt für erste Dates und bei Singles auf Kontaktsuche – und bei vielen jungen Einheimischen, die sich kein Abendessen im Restaurant leisten können.

Aperitivi sind landesweit populär. Die Urform wurde aber 1786 in Turin erfunden: In Piemonts Hauptstadt versetzte der Destillateur Antonio Benedetto Carpano damals weißen Muskateller mit Kräutern und Gewürzen, um Wermut zu erhalten. Das Getränk wurde schnell als Appetitanreger bekannt und verwandelte Carpanos Arbeitsplatz (ein Spirituosengeschäft) in Turins angesagteste Ausgeh-Adresse vor dem Abendessen. Zu den beliebtesten *aperitivi* zählt heute der Spritz: ein Mix aus Prosecco, Tafelwasser und Aperol, Campari oder Cynar (vergleichsweise herber).

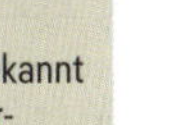

Verantwortungsbewusst reisen

Reisen & Klimawandel

Nicht zu ignorieren: Jede Reise verursacht klimaschädliche Emissionen. Lonely Planet fordert daher alle Traveller auf, nachhaltig zu reisen und ihren CO_2-Fußabdruck möglichst gering zu halten. Über zahlreiche Online-Kohlenstoffrechner (z. B. *resurgence.org/resources/carbon-calculator.html*) lässt sich die Emissionsmenge pro Trip einschätzen. Diese kann dann oft proportional in Spendenbeträge an internationale Klimaschutz-Initiativen umgerechnet werden. Auch viele Fluglinien und Buchungsportale bieten diese Möglichkeit, die Lonely Planet weiterhin für alle Reisen von Angestellten nutzt. Dennoch ist uns bewusst, dass das mehr Schadensminderung als Lösung ist.

Übernachten

Italiens Netzwerk von Ferienbauernhöfen *(agriturismo.it)* ermöglicht günstige und authentische Erlebnisse (oft mit Essen aus Eigenprodukten). Andere Organisationen engagieren sich für mehr Ethik im Tourismussektor. Beispielsweise will Fairbnb.coop bessere Kontakte zwischen Reisenden und lokalen Gastgeber:innen schaffen. *Addiopizzotravel.it* (Sizilien) kämpft für nachhaltigen Tourismus ohne Mafia-Dominanz.

Slow Food

Die italienische **Slow-Food-Bewegung** (*www.slowfood.it*) fördert Projekte, die gleichzeitig echte kulinarische Traditionen und lokale Ökosysteme schützen. Ihr jährlich aktualisierter Restaurantführer namens Osterie d'Italia empfiehlt sich für Traveller, die regionale Biodiversität und deren Bewahrer:innen unterstützen wollen.

Kreuzfahrtschiffe

Am besten auf Kreuzfahrten verzichten: Die Schiffe verursachen weiterhin große Umweltschäden in Italiens Hafenstädten. Immerhin ist Venedigs Lagune nun für die größten Pötte dieser Art gesperrt.

Kulturelle Aspekte

Nicht auf bzw. an historischen Freitreppen, Springbrunnen, Ruinen, Monumenten oder Museumseingängen picknicken: Ständige Abnutzung und Verschmutzung (auch durch Essensreste) verursachen Schäden. Insofern sollte man nach der nächsten Sitzbank suchen und seinen Müll mitnehmen bzw. korrekt in einem öffentlichen Mülleimer entsorgen.

Laut Italiens größtem Umweltschutzverband namens Legambiente gibt in den schwächer besuchten Landesregionen (z. B. Umbrien, Kalabrien, Basilikata, Molise) über 2500 „sterbende Dörfer". Diese kann man durch Reisen abseits der üblichen Touristenpfade unterstützen. *Sextantio.it* ist ein entsprechendes Modellprojekt.

Auch soziale Initiativen verdienen Support: Beispielsweise kümmert sich **Binario95** (*binario95.it*) seit 20 Jahren um Obdachlose in Rom. Weitere Anregungen liefert *legacoopsociali.it*.

In Italiens größeren Städten sowie an der Amalfiküste gibt's viele Radwege und Bikesharing-Programme. Hinzu kommen immer mehr regionale und nationale Fahrradrouten (Details unter *eurovelo.com/italy*). Die längste davon ist die Via Francigena.

Regionalprodukte

Souvenirs kauft man am besten bei lokalen Läden – vor allem in kleinen Ortschaften, wo das eigene Geld, das man da lässt viel bewirken kann. Unter Italiens tollen Kunsthandwerksprodukten sind z. B. Murano-Glas (Venedig), Keramiken (Amalfi und Sizilien), Lederwaren (Rom) oder Textilien (Florenz).

Trinkwasser

Selbstabfüllung statt gekauftes Mineralwasser in Flaschen: Landesweit findet man *le fontanelle* (kleine Trinkbrunnen) und *nasoni* („große Nasen" bzw. große Trinkbrunnen). Besonders viele davon gibt's in Rom, Venedig, Turin und Florenz.

Traveller können **Italiens Nationalparks** *(parks.it)* durch Besuche und lokale Naturschutzorganisationen durch Spenden unterstützen.

San Patrignano bei Rimini gilt als Europas größtes Drogen-Therapiezentrum. Frühere Drogenabhängige leiten hier die Pizzeria Sp.accio *(https://spaccio.sanpatrignano.org)*.

15

Auf dem globalen Nachhaltigkeitsindex belegt Italien aktuell den 15. Platz. Das Land hat stark in erneuerbare Energien investiert (geplanter Anteil bis 2030: 30 %) und klimafreundliche Entwicklung als weltweit erste Nation zum Staatsziel erklärt.

Etikette: E-Scooter, Fahrräder & Rollkoffer

Achtung beim Benutzen von E-Scootern, Fahrrädern und Rollkoffern in historischen Stadtzentren: Das Benutzen (inkl. Hinauf-/Hinunterziehen) auf historischen Treppen ist aus gutem Grund streng verboten. 2022 beschädigte ein Tourist die Spanische Treppe in Rom per E-Scooter (Schaden 25 000 €). Wenige Monate später fuhr ein anderer mit seinem Masarati die Treppe hinunter und muss sich nun wegen „Beschädigung eines Kulturerbes" vor Gericht verantworten. Ihm droht eine hohe Haftstrafe.

INFOS IM INTERNET

wwoof.it
Freiwilligenjobs auf Bio-Bauernhöfen.

aitr.org
Verzeichnisse mit nachhaltigen Tourismusprojekten.

legambienteturismo.it
Italiens größter Verband für sanften Tourismus.

Länger bleiben und langsamer reisen: Je länger der Aufenthalt, desto weniger Emissionen pro Tag. Unbekanntere Ziele wählen: Beispielsweise Padua oder Triest statt Venedig, Lecce oder Matera statt Florenz, Piemont oder Apulien statt der Toskana.

LGBTIQ+-Traveller

Homosexualität, Crossdressing und Geschlechtsumwandlungen sind in Italien ab 16 Jahren legal und werden hier weithin akzeptiert. Eingetragene gleichgeschlechtliche Lebenspartnerschaften sind inzwischen zu großen Teilen gleichgestellt (Gesetzesbeschluss von 2016). Gleichgeschlechtliche Ehen sind in Italien aber weiterhin verboten. Auch ansonsten ist die hiesige Gesellschaft immer noch recht konservativ eingestellt. Vor allem außerhalb größerer Städte empfiehlt sich daher Diskretion.

ALEXANDER SPATARI/GETTY IMAGES ©

LGBTIQ+-Gemeinden

Am Kolosseum-Ende der Via di San Giovanni in Rom herrscht ein schwulenfreundliches Klima. In Mailand sind die Vias Lecco, Tadino und NoLo bei der LGBTIQ+-Szene beliebt. Die Turiner Disko Centralino veranstaltet jede Woche die große Szene-Party Bananamia. In Genua ist der Virgo Club die angesagteste Adresse. Der Queer und Crisco Club sind die beiden größten LGBTIQ+-Locations in Florenz. Apulien im Süden ist sogar eine Art Szene-Mekka: Sein früherer Regionalpräsident Nichi Vendola war einer der ersten italienischen Politiker mit öffentlichem Coming-out.

ALLGEMEINE TOLERANZ

Italiens gesellschaftliche Einstellung zu LGBTIQ+-Themen ist komplex: Umfragen zeigen, dass die Meisten für Gleichberechtigung und die gesetzliche Anerkennung gleichgeschlechtlicher Partnerschaften sind. Andererseits dominieren hier immer noch traditionelle katholische Werte in puncto Sexualität und Geschlechterrollen. In kleineren Orten können öffentliche Zuneigungsbekundungen daher negative Reaktionen hervorrufen.

LGBTIQ+ IN BOLOGNA

Bologna ist Sitz von Italiens nationalem LGBTIQ+-Verband Arcigay und Geburtsort zweier Szene-Ikonen: des Filmemachers Pier Paolo Pasolini und des Sängers Lucio Dalla. An der örtlichen Villa Cassarini steht ein Denkmal für die verfolgten LGBTIQ+-Menschen im Zweiten Weltkrieg (eins von nur drei in ganz Europa). Am 27. Januar und 25. April findet hier eine Zeremonie statt.

Szene-Events

Rom, Mailand, Turin, Padua, Bologna, Florenz, Neapel, Palermo und Catania gelten als LGBTIQ+-freundlich – ebenso die Küstenferienorte Rimini, Capri, Torre del Lago (Toskana), Taormina (Sizilien) und Gallipoli (Apulien). Im Juni und Juli finden dort sowie in 30 weiteren italienischen Städten jeweils große Pride-Paraden statt. Unter *www.gay.it* gibt's News, Artikel und Tratsch für die LGBTIQ+-Szene.

Gay Village

Das Gay Village (*facebook.com/GayVillage*; Mitte Juni–Mitte Sept. tgl. abends) verwandelt den Parco del Ninfeo in einen Mix aus Freiluftkino, Ausstellungsfläche, Open-Air-Fitnessstudio, Tanzbühne, Theater und Party-Location.

INFOS IM INTERNET

Arcigay (*arcigay.it*) Italiens nationaler LGBTIQ+-Interessenverband (gegr. 1980). **Coordinamento Lesbiche Italiano** (*clrbp.it*) Italiens nationaler Lesben-Verband mit regelmäßigen Kulturevents in Rom. **Circolo Mario Mieli di Cultura Omosessuale** (*mariomieli.org*; Rom) Kulturzentrum mit Gesprächsrunden, Szene-Events und sozialen Services. **Pride** (*prideonline.it*) LGBTIQ+-Plattform mit Infos zu Kultur, Politik, Tourismus und Gesundheit.

Barrierefrei reisen

Reisende mit Handicap haben es in Italien bislang recht schwer: Beispielsweise reduziert Kopfsteinpflaster die Mobilität von Rollstuhlfahrer:innen, während viele Gebäude keine Aufzüge haben. Menschen mit eingeschränktem Seh- oder Hörvermögen ergeht es hier ähnlich. Allerdings wächst das landesweite Bewusstsein für Themen wie Barrierefreiheit und Inklusion immer stärker.

Freier Museumseintritt

Viele Museen und Kunstgalerien gewähren freien Eintritt für Besucher:innen mit offensichtlichem Handicap und/oder entsprechendem Ausweis (eine Begleitperson jeweils ebenfalls kostenlos).

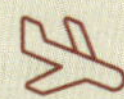

Am Flughafen

Bei rechtzeitiger Benachrichtigung leisten Fluglinien Unterstützung am Flughafen. Barrierefreie Züge bzw. Busse verbinden die Flughäfen von Rom (Fiumicino, Ciampino) und Mailand (Malpensa) mit dem jeweiligen Stadtzentrum. Eine Alternative sind die rollstuhlgerechten Fahrzeuge des landesweit vertretenen Taxi-Services *3750.it*.

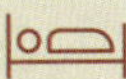

Übernachten

Neuere und größere Hotels vermieten meist ein paar barrierefreie, aber nicht unbedingt attraktive Zimmer (bei der lokalen Tourismusinformation nachfragen). Viele neuere Hostels sind auf Gäste mit Handicap eingerichtet. *Villageforall.net* führt Verzeichnisse mit barrierefreien Unterkünften.

PARKEN

Ein entsprechender EU-Ausweis (sichtbar im Auto abgelegt) ermöglicht Selbstfahrer:innen mit Handicap das uneingeschränkte Benutzen italienischer Behindertenparkplätze.

Erschwerte Mobilität

Historische Stadtzentren mit Kopfsteinpflaster und Dörfer auf Hügelspitzen stellen Rollstuhlfahrer:innen vor Probleme. Auch in größtenteils flachen Großstädten (z. B. Mailand) blockieren abgestellte Autos und Motorroller viele Bürgersteige.

Nahverkehr

Zuggäste können Unterstützung über SalaBlu (*https://salabluonline.rfi.it*) anfordern. Viele Stadtbusse sind barrierefrei – manche Haltestellen aber eventuell nicht (vorab bei der Fahrerin bzw. beim Fahrer nachfragen).

WEITERE INFOS

Accessible Italy (*accessibleitaly.com*) Veranstaltet geführte Touren, vermittelt persönliche Assistent:innen und bietet diverse Services an (z. B. Leihausrüstung, Zimmerbuchung, barrierefreie Mietwagen).
Rome & Italy (*romeanditaly.com/accessible*) Offeriert geführte Touren, barrierefreie Unterkünfte, Leihausrüstung und Mietwagen. Die Touroption *Wheely Trekky* besucht per Spezial-Rikscha und Sänfte viele archäologische Stätten, die mit Handicap ansonsten nicht zugänglich sind.
Village for All (*villageforall.net/en*) Bewertet touristische Einrichtungen in Italien und San Marino.

TAXIS

Manche Taxis sind auf Gäste mit *sedia a rotelle* (Rollstuhl) eingerichtet (beim Buchen nachfragen). **Fausta Trasporti** (*https://accessibletransportationrome.com*) und **3750.it** betreiben entsprechende Fahrzeuge.

BARRIEREFREIE STRÄNDE

Die Fondazione Cesare Serono (*fondazioneserono.org*) führt entsprechende Verzeichnisse.

Kurz & Knapp

ÖFFNUNGSZEITEN

Die folgenden Öffnungszeiten gelten jeweils für die Hauptsaison (im Winter kürzer).

Banken Mo–Fr 8.30–13.30 & 14.45–16.30 Uhr

Bars & Cafés 7.30–20 Uhr (teils auch bis 1 oder 2 Uhr).

Restaurants 12–15 & 19.30–23 Uhr (Sommer länger)

Geschäfte Mo–Sa 9–13 & 15.30–19.30 Uhr (in Großstädten teils ganztägig; mancherorts Mo geschlossen)

Dresscode

Beim Besuch von Kirchen ist nackte Haut nicht angebracht. Beim Essengehen schick anziehen: Italiener:innen mögen Strandkluft in Restaurants überhaupt nicht.

GUT ZU WISSEN

Bevölkerung
59,3 Mio.

Landesvorwahl
39

Notfallnummer
112

Zeitzone
Mitteleuropäische Zeit (MEZ)

FEIERTAGE & FERIEN

Die meisten Italiener:innen nehmen ihren Jahresurlaub im August. Über mindestens einen Teil des Monats haben dann viele Firmen und Geschäfte geschlossen (vor allem rund Ferragosto bzw. Mariä Himmelfahrt am 15. August).

Capodanno (Neujahr) 1. Januar

Epifania (Dreikönigstag) 6. Januar

Pasquetta (Ostermontag) März/April

Giorno della Liberazione (Befreiungstag) 25. April

Festa del Lavoro (Tag der Arbeit) 1. Mai

Festa della Repubblica (Tag der Republik) 2. Juni

Ferragosto (Mariä Himmelfahrt) 15. August

Festa di Ognisanti (Allerheiligen) 1. November

Festa dell'Immacolata Concezione (Mariä Empfängnis) 8. Dezember

Natale (1. Weihnachtsfeiertag) 25. Dezember

Festa di Santo Stefano (2. Weihnachtsfeiertag) 26. Dezember

Rauchen
Rauchverbot in allen geschlossenen öffentlichen Räumlichkeiten (inkl. Restaurants, Bars, Läden, öffentliche Verkehrsmittel).

Mindestalter für Alkoholkonsum
Landesweit 16 Jahre in Restaurants und Bars.

Strom 220–230 V/50 Hz

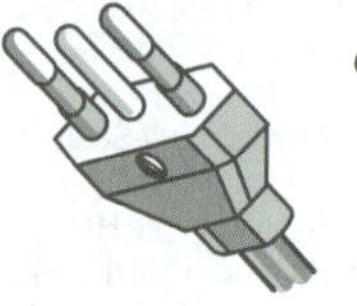

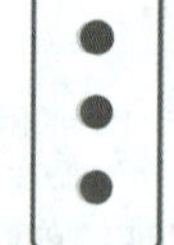

Type L
220 V/50 Hz

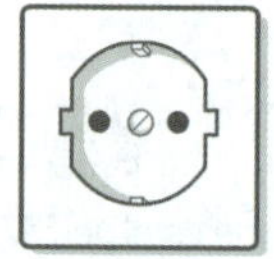

Type F
230 V/50 Hz

SEAN PAVONE/SHUTTERSTOCK ©

Rom (S. 58)

Italienisch gehört zur romanischen Sprachfamilie und ist beispielsweise eng mit Spanisch und Französisch verwandt.

Nützliches

Hallo. *Buongiorno. bwon·jor·no*
Auf Wiedersehen. *Arrivederci. a·rih·ve·der·tschih*
Ja. Si. *sih*
Nein. No. *no*
Bitte. Per favore. *per fa vo-re*
Danke. Grazie. *gra-tsie*
Entschuldigen Sie bitte. *Mi scusi.* (form.)/ *Scusami.* (inform.). *mih skuh·zih/ skuh·sa·mih*
Entschuldigung. Mi dispiace. *mih dihs·pia·tsche*
Wie heißen Sie? *Come si chiama. ko·me sih kia·ma*
Ich heiße ... Mi chiamo... *mih kia-mo...*
Sprechen Sie Englisch? Parla/parli inglese? (form./inform.). *par-la/par-lih ihn-gle-se*
Ich verstehe nicht. Non capisco. *non ka-pih-sko*

Unterwegs

Wo ist (z. B. der Bahnhof)? Dov'è. *do·ve ...*
Wie lautet die Adresse? *Qual'è l'indirizzo. kwa·le lihn·dih·rih·tso*
Könnten sie das bitte aufschreiben? *Può scriverlo, per favore?. pwo skrih·ver·lo per fa·vo·re*
Könnten Sie mir das zeigen (auf der Karte)? *Può mostrarmi (sulla pianta)? pwo mos·trar·mih (suh·la pian·ta)*

Schilder

Aperto/a Geöffnet
Chiuso/a Geschlossen
Informazione Information
Bagno WC/Toiletten
Prohibito/a Verboten
Uscita Ausgang

Uhrzeit & Datum

Wieviel Uhr ist es? *Che ora è?. ke o·ra e*
Es ist 1 Uhr. *È l'una. e luh·na*
30 Min. nach (1). *(L'una) e mezza. (luh·na) e me·dsa*
Morgen mattina. *ma·tih·na*
Nachmittag *pomeriggio. po·me·rih·jo*
Abend *sera. se·ra*
Gestern *ieri. je·rih*
Heute *oggi. o·jih*
Morgen *domani. do·ma·nih*

Notfall

Hilfe! *Aiuto! a·juh·to*
Lassen Sie mich allein! *Lascia-mi in pace!. la·scha·mih ihn pa·tsche*
Ich bin krank. *Mi sento male. mih sen·to ma·le*
Rufen Sie ...! *Chiami. kia·mi*
einen Arzt *un medico. uhn me·dih·ko*
die Polizei *la polizia. la po·lih·tsih·a*

Essen & Ausgehen

Was würden Sie empfehlen? *Cosa mi consiglia? ko·sa mih kon·sih·lia*
Prost! *Salute! sa·luh·te*
Das war lecker. *Era squisito! e·ra skwih·zih·to*
Vegetarisch. *vegetariano.*

ZAHLEN

1 **uno** *u·no*
2 **due** *du·e*
3 **tre** *tre*
4 **quattro** *kwa·tro*
5 **cinque** *tschin·kwe*
6 **sei** *sei*
7 **sette** *set·te*
8 **otto** *ot·to*
9 **nove** *no·we*
10 **dieci** *die·tchi*

ITALIENISCHE ENTLEHNUNGEN IM DEUTSCHEN

Einige – darunter z. B.Ciao, Bella, Pasta, Mafia, Maestro.

Zehn lokaltypische Phrasen

Was geht ab – Cosca c'é – *ko-sa-tsche*
Alles ok? – Tutto a posto? – *tuh-ta pos-to*
In Ordnung – Va bene – *va be-ne*
Super! – Fantastico! – *fan-tas-tih-ko*
Das ist wahr – È vero –*e ve-ro*
Sicher – Certo – *tscher-to*
Auf keinen Fall! – Per niente! – *per nien-te*
Sie machen Spaß! – Scherzi! – *scher-tsih*
Wenn auch nur! – Magari! – *ma-ga-rih*
Wirklich? – Davvero? – *da-ve-ro*

AUSSPRACHE

In puncto Aussprache unterscheidet sich nur das R vom deutschen Pendant (vergleichsweise viel stärker gerollt).

Achtung!

Viele italienische Worte sehen wie deutsche Worte aus, haben aber eine völlig andere Bedeutung, z. B. ist *kamera ka·me·ra* ein Zimmer, keine Kamera (das wäre auf Italienisch eine macchina fotografica ma·ki·na fo·to·gra·fi·ka).

Grammatik

Auf Italienisch gibt es ein höfliches und ein familiäres Wort für „du" (Lei lay bzw. tu tu); Verben haben für jede Person eine unterschiedliche Endung, wie im Deutschen „Ich tue" und „er/sie tut".

Italienisch in Italien

Die Italiener:innen sind sehr stolz auf die lange Geschichte und den großen Einfluss ihrer Sprache. Zu Recht: Das Italienische kommt dem antiken Latien am nächsten. So zählt Italien (wie auch der deutschspachige Raum) z. B. zu den wenigen europäischen Ländern, in denen Synchronisation von Filmen gegenüber Untertiteln bevorzugt wird.

WO WIRD ITALIENISCH GESPROCHEN?

Italien war nie eine bedeutende Kolonialmacht. Im Lauf der Zeit sind jedoch viele Italiener:innen in alle Welt ausgewandert. Die enorme globale Beliebtheit ihrer Küche und Kultur (von Spaghetti-Western bis hin zur Oper) hat dazu beigetragen, dass Italienisch an vielen ausländischen Schulen gern als Fremdsprache gewählt wird.

*plus San Marino & Vatikanstadt

ZONA
MONUMENTALE
TRULLI
P

STORYBOOK

Mit fünf Reportagen tief in den italienischen Alltag eintauchen.

Trulli-Häuser, Alberobello (S. 600)

Selinunt (S. 705)

JEROME LABOUYRIE/SHUTTERSTOCK ©

DIE GESCHICHTE ITALIENS IN 15 ORTEN

Die Geschichte Italiens ist durch zwei Epochen der Einheit gekennzeichnet – das Römische Reich und die heutige demokratische Republik, die aus den Trümmern des Zweiten Weltkriegs entstanden ist. Zwischen diesen beiden Epochen lagen anderthalb Jahrtausende der Teilung und Zerrüttung, der Invasionen und Konflikte. Von Stefania D'Ignoti

IN DER ZEIT vom 6. bis zum 3. Jh. v. Chr. eroberte die Stadt Rom die italienische Halbinsel; in den folgenden Jahrhunderten breitete sie ihren Einfluss über den größten Teil des Mittelmeerraums und Westeuropas aus und entwickelte sich zu einem Imperium, das über weite Teile der damals bekannten Welt herrschte. Die römische Zivilisation hat der westlichen Gesellschaft ein bemerkenswertes Erbe hinterlassen und prägt noch heute viele Aspekte der europäischen Geschichte.

Doch nachdem das Reich im 5. Jh. n. Chr. untergegangen war, wurde das Gebiet des heutigen Italien von mehreren barbarischen Invasionen heimgesucht. Das zuvor geeinte Reich zerfiel in mehrere kleinere, unabhängige Nationen wie etwa den Kirchenstaat. In dem darauffolgenden Chaos entwickelte sich eine der blühendsten Kunstepochen der westlichen Geschichte, die Renaissance (ca. 1400–1600). Erst Mitte des 19. Jhs. fand diese Zerrüttung mit der kurzlebigen Vereinigung Italiens als Nationalstaat und Königreich ein Ende, nur um zwischen den beiden Weltkriegen kurzzeitig wieder zersplittert zu werden, bis es 1946 zu der modernen Republik wurde, die man heute kennt.

1. Su Nuraxi

VOR DER ÄRA DER GROSSEN REICHE

Von 1900 bis 730 v. Chr. waren die *nuraghe* die Hauptform der prähistorischen megalithischen Bauten in Italien. 7000 dieser geheimnisvollen Steintürme sind über ganz Sardinien verstreut. Die Nuraghe Su Nuraxi – ein UNESCO-Weltkulturerbe – in Barumini ist die größte und berühmteste von Sardinien. Heute besteht der Komplex aus einer majestätischen *nuraghe,* die von einem ausgedehnten Nuraghendorf umgeben ist. Die Geschichtswissenschaft hat bisher noch keine Erklärung für den Zweck dieses Ortes, aber er könnte ein Symbol für Reichtum oder Macht gewesen sein, oder ein Zeichen dafür, dass dieser Teil des Landes bereits in Besitz genommen war.

Mehr zu Su Nuraxi auf S. 722

2. Selinunt

GRIECHISCHE TEMPEL UND TÄLER

Süditalien stand vom 8. bis 11. Jh. v. Chr. unter griechischer Herrschaft, und die beeindruckenden Ruinen von Selinunt erzählen die Geschichte vom Aufstieg und Niedergang der Kolonie. Heute ist dieser weitläufige Komplex mit einer Fläche von rund 270 ha der größte archäologische Park in Europa. Er umfasst sieben Tempelruinen mit einer über 2500 Jahre alten Geschichte. Die Stadt liegt auf einer Landzunge, und die Ruinen der antiken Tempel mit Blick auf das Mittelmeer sind ein reizvoller Ort zum Verweilen, den man sich bei einer Reise nach Sizilien nicht entgehen lassen sollte.

Mehr zu Selinunt auf S. 705

3. Foro Boario

DIE URSPRÜNGE ROMS

Auf der Piazza della Bocca della Verità befand sich im antiken Rom das Areal des Foro Boario (lateinisch für Viehmarkt). Seine Existenz geht auf frühere Zeiten zurück, auf die eigentliche Gründung Roms, und deshalb gilt er als symbolischer Ort, der Zeuge der

fortschreitenden städtischen Entwicklung Roms war. Im 2. Jh. v. Chr. wurde der Platz erheblich vergrößert, um dem Bedarf des schnell wachsenden Roms gerecht zu werden. Heute ist er einer der berühmtesten Plätze der italienischen Hauptstadt.

Mehr zur Piazza della Bocca della Verità auf S. 71

4. Arena di Verona

NACH DEN GLADIATOR:INNEN

Die Arena di Verona ist zwar kleiner als das Kolosseum in Rom, aber eines der größten Beispiele römischer Architektur und dank der häufigen Restaurierungen seit dem 16. Jh. auch eines der am besten erhaltenen antiken Amphitheater. In den Sommermonaten ist sie Schauplatz der Arena-di-Verona-Opernfestspiele, die hier seit 1913 regelmäßig stattfinden; in der übrigen Zeit des Jahres ist sie ein beliebtes Ziel für zahlreiche internationale Musikschaffende.

Mehr zur Arena di Verona auf S. 352

5. Torre degli Asinelli

ITALIENS ANDERER SCHIEFER TURM

Im 13. Jh., in einer Zeit des Konflikts zwischen den Päpsten und dem Kaiser des Heiligen Römischen Reiches, war Italien in zwei politische Fraktionen gespalten – die *guelfi* und die *ghibellini* –, wie Dante Alighieri in der *Göttlichen Komödie* erzählt. Wann und von wem die Torre degli Asinelli in Bologna erbaut wurde, lässt sich bis heute nicht mit Sicherheit sagen. Es wird jedoch angenommen, dass der schiefe Turm seinen Namen Gherardo Asinelli verdankt, einem adligen Ritter der Fraktion der Ghibellinen, dessen Familie möglicherweise der Turm gehörte.

Mehr zur Torre degli Asinelli auf S. 368

6. Palazzo dei Priori

GESCHICHTEN AUS DEM MITTELALTER

Der zwischen 1293 und 1443 im gotischen Stil errichtete Palazzo dei Priori in Perugia ist eines der besten Beispiele für einen öffentlichen Palast aus dieser Zeit, die von dem aufkommenden Phänomen der Stadtstaaten dominiert war. Durch ein mit Greif- und Löwenstatuen geschmücktes Portal aus dem 13. Jh. gelangt man in die prächtige Galleria Nazionale dell'Umbria, in der die Meisterwerke der berühmten Künstler Duccio di Buoninsegna, Piero della Francesca, Beato Angelico, Pinturicchio und Perugino, des Meisters von Raffaello, präsentiert werden.

Mehr zum Palazzo dei Priori auf S. 512

7. Basilica di San Lorenzo

SCHÖNHEIT DER RENAISSANCE

Weniger bekannt als die Cattedrale di Santa Maria del Fiore, verkörpert die Basilica di San Lorenzo in Florenz eines der besten architektonischen Beispiele der Renaissance. Sie ist als Mausoleum der Medici bekannt, der Familie, die Florenz regierte und vor allem zur Bedeutung der Stadt sowie zur Entstehung und Entwicklung der Renaissance entscheidend beitrug. An ihrer Errichtung waren bedeutende Kunstschaffende wie Brunelleschi und Michelangelo beteiligt.

Mehr zur Basilica di San Lorenzo auf S. 425

8. Ponte dei Sospiri

(UN)ROMANTISCHE LEGENDEN

Viele Venedig-Traveller fahren gern mit einer Gondel unter dem Ponte dei Sospiri (Seufzerbrücke) hindurch. Doch was bei den Meisten als Brücke der Liebenden gilt, war ursprünglich der Zugang vom Dogenpalast zum Palazzo delle Prigioni, wohin die gerade verurteilten Gefangenen gebracht wurden. Durch die Fenster der Brücke konnten die Verurteilten ein letztes Mal den Himmel sehen, bevor sie in den Kerker gesperrt wurden; die Seufzer waren Ausdruck ihrer Sehnsucht nach Freiheit. Im Lauf der Zeit hat die Brücke jedoch eine romantischere Bedeutung erlangt, denn nun steht sie für die Seufzer von Liebenden.

Mehr zum Ponte dei Sospiri auf S. 277

9. Teatro San Carlo

LYRISCHES PRESTIGE

Neben der Piazza del Plebiscito, dem Wahrzeichen Neapels, steht das Teatro San Carlo, der Tempel der italienischen Lyrik-Oper; es ist 41 Jahre älter als die berühmtere Mailänder Scala. Dieses gigantische Opernhaus wurde 1737 auf Anordnung von König Karl VII. von Bourbon – einer französisch-spanischen Dynastie, die über Jahrhunderte Süditalien beherrschte – erbaut. Alle großen Kunstschaffenden standen hier auf der Bühne. Das Theater war ein Symbol der Macht der Bourbonen, die jahrzehntelang die Entstehung eines geeinten Italiens behinderten.

Mehr zum Teatro San Carlo auf S. 553

10. Palazzo Carignano

AUF DEM WEG ZUR EINHEIT

Jede Ecke Turins kündet vom Risorgimento – einer historischen Epoche, die von politischen Bewegungen geprägt war, die zur Einigung Italiens führten, zum ersten Mal seit dem Römischen Reich. Turin war die erste Hauptstadt des Königreichs, und das Symbol dieser Epoche ist der Palazzo Carignano, Sitz des ersten italienischen Parlaments und Geburtsort von Vittorio Emanuele II., dem ersten König von Italien. 2011 fanden hier anlässlich des 150. Jahrestags der Gründung Italiens farbenprächtige nationale Feierlichkeiten statt.

Mehr zum Palazzo Carignano auf S. 167

11. Vittoriano

DAS NEUE ITALIEN WIRD GEFEIERT

Ende des 19. Jhs. wurde die Hauptstadt Italiens von Turin nach Rom verlegt, was dort einen tiefgreifenden Prozess der Stadtentwicklung nach sich zog. In dieser Zeit der Erneuerung, als Italien seine ersten Schritte als vereinigtes Land machte, wurde das Vittoriano erbaut. Dieses 1885 begonnene Monument sollte das Andenken an Vittorio Emanuele II. ehren, den König, unter dem die Einigung des Landes vollzogen wurde. Es wurde am 4. Juni 1911 anlässlich des 50. Jahrestages der Vereinigung eingeweiht, und seit dem 4. November 1921 befindet sich hier das Grab des unbekannten Soldaten.

Mehr zum Vittoriano auf S. 67

12. Forte di Osoppo

ITALIEN UND DER ERSTE WELTKRIEG

Einige der wichtigsten Schlachten, an denen Italien während des Ersten Weltkriegs beteiligt war, fanden in diesem Gebiet in Friaul-Julisch Venetien statt. Das 1923 zum Nationaldenkmal erklärte Gebiet wurde 1951 entmilitarisiert und umfasst noch zahlreiche Überreste aus der Zeit des Ersten Weltkriegs. Obwohl der Ort Schauplatz schrecklicher Kriegsgräuel war, finden heute in der wunderschönen Landschaft am Fluss Tagliamento, mit Blick auf die herrliche Natur und Wanderwegen, zahlreiche kulturelle Veranstaltungen statt.

13. Monumento alla Vittoria

SCHWIERIGES FASCHISTISCHES ERBE

In Trentino-Südtirol wurden Stadtplanung und Architektur als Instrumente des internen Kolonialismus eingesetzt, die der Faschismus nutzte, um die nach dem Ersten Weltkrieg von Österreich abgetrennten nördlichen Grenzgebiete zu „italienisieren". In Bozen ist dieses Erbe vor allem am faschistischen Monumento alla Vittoria (Siegesdenkmal) sichtbar. Das Bauwerk ist gleichzeitig ein Denkmal für die Gefallenen des Ersten Weltkriegs und eine Erinnerung an die faschistische Rhetorik, mit der Südtirol italienisiert werden sollte. Nach dem Ende der Diktatur waren die mit dem Faschismus verbundenen Denkmäler und Gebäude Auslöser für Auseinandersetzungen zwischen Deutschen und Italiener:innen, die in dieser autonomen Provinz leben, und seit der Rückkehr der Rechtsextremen in Italien hat es mehrere Demonstrationen gegeben, um es abzuschaffen.

14. Piazza Umberto I

DER WIRTSCHAFTLICHE AUFSCHWUNG

Nach dem Ende des Zweiten Weltkriegs und einer langsamen wirtschaftlichen Erholung erlebte Italien einen Aufschwung, der seinen Ausdruck im Urlaub auf der Insel Capri vor der Küste Neapels fand. Die Menschen zogen ihre Sonntagskleidung an und tanzten im Sommer bis zum Sonnenaufgang auf der Piazza Umberto I. In den 1960er-Jahren wurde die Piazzetta zum pulsierenden Herzen des gesellschaftlichen Lebens der Insel; sie erhielt den Spitznamen „Wohnzimmer der Welt" und wurde als florierendes internationales Urlaubsziel zum Symbol Italiens für die nächsten Jahrzehnte.

Mehr zur Piazza Umberto I auf S. 570

15. Porta d'Europa

DIE FLÜCHTLINGSKRISE IN ITALIEN

Das fast 5 m hohe Denkmal „Tür zu Europa" wurde von den dramatischen Geschichten der Tausenden Eingewanderten inspiriert, die unter unvorstellbaren Schwierigkeiten versuchen, mit dem Boot von Afrika nach Europa zu gelangen. Seit 2015 ist Italien stark von der Flüchtlingskrise betroffen, und mehr als eine halbe Mio. Menschen gelangten nach Lampedusa, dem südlichsten Punkt Italiens, wo sich das größte Flüchtlingslager des Landes befindet. Dieses Monument mahnt künftige Generationen, die Tragödien der Eingewanderten nicht zu vergessen und sich darüber klar zu werden, wie nahe sie einander geografisch sind.

Gäste draußen vor einer Bar, Rom (S. 58)

MICHAL PORACKY/SHUTTERSTOCK ©

DOLCEFARNIENTE: MYTHEN & WAHRHEIT

Eine Haltung, eine Lebensart, die Seele des italienischen Sommers – gefangen zwischen Stereotypen und dem echten Leben.
Von Benedetta Geddo

ALLE HABEN SCHON EINMAL vom Dolce Vita gehört, einer Idee, die Frederico Fellini 1960 mit seinem gleichnamigen Film unsterblich gemacht hat und die Tausende Menschen in aller Welt zum Träumen verführte und ihn ihnen den Wunsch weckte, die berühmte Szene mit Marcello Mastroianni und Anita Ekberg am Trevi-Brunnen in Rom nachzuerleben.

Durch den Film wurde die Idee vom Dolce Vita weltweit bekannt, und er verwandelte Italien – und einige Orte, von Portofino über Rom bis zur Amalfiküste, ganz besonders – in ein Land der Träume mit nicht enden wollendem Glamour hinter einem Vorhang der bittersüßen Nostalgie für die glücklichen Tage des Wirtschaftsbooms der Nachkriegszeit.

Doch das Dolce Vita ist im Kern eine cineastische Erfindung, die auf einigen tatsächlichen Aspekten des italienischen Lebens aufbaute. Sie fing den Zeitgeist dieser ganz besonderen Ära ein: die Cinecittà-Studios in den 60er-Jahren, die allgegenwärtigen internationalen Stars, den Glamour und schönen Schein des Kinos. Der Begriff *Dolcefarniente* meint dagegen etwas völlig anderes.

Na gut, nicht ganz: Die beiden Ideen haben schon etwas gemeinsam, und sei es nur das Adjektiv „süß". Das Dolcefarniente – das süße Nichtstun – überschneidet sich mit dem Dolce Vita im Sinne von „mit Muße und ohne Eile". Doch seine Wurzeln reichen viel weiter zurück als in die zweite Hälfte des 20. Jhs.

Das italienische Wort, das die Idee des Dolcefarniente am besten verkörpert, ist *ozio*. Im Lauf der Jahrhunderte bekam *ozio* zwar auch einige negative Konnotationen, doch es wurde direkt von den Römern ins moderne Italienisch übernommen, und die Italiener:innen selbst bemerkten, dass die Griechen das Konzept des Dolcefarniente schon vor ihnen kannten.

Der römische Poet Virgil beschreibt in seinen *Eklogen* im 1. Jh. v. Chr., wie die Griechen Arbeit verabscheuten und ihre Zeit lieber mit nobleren Dingen wie sportlicher Betätigung, Philosophie und Poesie verbrachten. In der *1. Ekloge* bezeichnet er die die freie Zeit als göttliches Geschenk.

Viele seiner Zeitgenossen im Alten Rom, darunter Schriftsteller und Philosophen, teilten die Idee, dass der wahre Wert eines Menschen sich nicht nur nach seiner Arbeit bemesse, sondern auch nach dem, was er tue, wenn er nicht beschäftigt sei. Doch beim *ozio* und Dolcefarniente geht es nicht um Faulheit, sondern um die genussvolle Muße – ein kleiner, aber entscheidender Unterschied.

BAR
Farnese
20
TIRARE
BAR

Seit der Römerzeit erfreute sich die Idee des Dolcefarniente im Lauf der Jahrhunderte immer wieder wachsender oder sinkender Beliebtheit. Der feine Unterschied zwischen Faulheit und Muße ging verloren, freie Zeit galt mit der Ausbreitung der katholischen Moral als kritikwürdig – nur um später wieder hoch im Kurs zu stehen. Heute scheint freie Zeit etwas zu sein, das sich immer weniger Menschen leisten können, das aber dennoch immer mehr Menschen anstreben, um sich erden zu können. Jedenfalls ist die Idee des Dolcefarniente in der italienischen Kultur tief verwurzelt und taucht bis heute immer wieder auf.

Das könnte einer der Gründe dafür sein, dass sich das Klischee, die Italiener:innen seien insgesamt recht faul, so hartnäckig hält – weil die Gesellschaft den fundamentalen Unterschied zwischen Muße und Faulheit nicht verstanden hat, den die Römer schon vor Jahrhunderten machten. Doch dieser Unterschied ist der Schlüssel zum Dolcefarniente.

Hier mal ein Beispiel: Während eines langen, sonnigen italienischen Sommers sind viele Geschäfte unmittelbar nach dem Mittagessen geschlossen. Doch das hat nichts mit dem Klischee von den faulen Italiener:innen zu tun, sondern mit der geografischen Realität des Landes – mit den sengend heißen Sommertagen, wenn die Sonne zwischen zwölf und sechzehn Uhr am unerbittlichsten glüht. Daher bleiben die Italiener:innen nachmittags lieber drinnen, um sich vor der Sonne zu schützen. Das ist keine Faulheit, und es ist auch kein Dolcefarniente.

Nochmal zurück zum Sommer, der schönsten Jahreszeit in Italien. In seinem Roman *Call Me By Your Name* liefert der ägyptisch-amerikanische Schriftsteller André Aciman eine der besten Beschreibungen des Dolcefarniente, die ich je gelesen habe. Er schrieb: „Was tat man hier so? Nichts. Auf das Ende des Sommers warten. Und was tat man dann im Winter? Ich lächelte angesichts der Antwort, die ich gleich geben würde. Er verstand, was gemeint war, und sagte: ‚Sagen Sie nichts: Etwa auf den Sommer warten?'"

Genau darum geht es, um das, was man tut, während man auf das Ende des Sommers wartet. Für die Italiener:innen bedeutet Dolcefarniente, Zeit für Dinge zu haben, die im geschäftigen Alltag vernachlässigt werden, was immer das auch sein mag: Lesen, Backen, Briefmarkensammeln, zu einem Spaziergang oder einer Radtour aufbrechen, vor allem aber mit anderen Menschen zusammenkommen. Wir Italiener:innen sind gesellige Menschen, und für uns heißt Dolcefarniente, sich mit Freunden zum Mittagessen an einen Tisch zu setzen und zu schwatzen, bis es plötzlich Nachmittag und bald darauf Zeit für einen Aperitif ist.

Genau das verbinden die meisten Italiener:innen mit den langen Sommertagen, wenn das Leben auf einmal ins Licht von goldenen Stunden und Kindheitserinnerungen getaucht ist und die Zeit nur ganz langsam zu verstreichen scheint. Das heißt nicht, dass es im Frühling, Herbst oder Winter kein Dolcefarniente gäbe, ganz im Gegenteil: Zu jeder Jahreszeit hat es seinen eigenen Charakter. Aber im Sommer ist das Dolcefarniente noch einmal eine Sache für sich.

Doch egal zu welcher Jahreszeit, ob man zum Sonnenuntergang ein Glas Wein trinkt oder es sich an einem Winternachmittag zu Hause gemütlich macht, Dolcefarniente ist keine Faulheit und keine Untätigkeit, sondern es bedeutet, das zu tun, was man am liebsten tut, wenn man Muße hat und die Zeit nicht von dringenderen Dingen abknapsen muss. Es ist das Leben im perfekten Moment: genau hier und genau jetzt das süße Nichtstun zu genießen.

Zum Schluss sollten aber noch ein paar Dinge klargestellt werden. Natürlich verwandelt sich zu viel Dolcefarniente irgendwann einmal in Faulheit, in Italien genauso wie überall sonst auf der Welt, und auch den Römern selbst war das sehr bewusst, während sie ihre Zeit des *ozio*, die sie *otium* nannten, genossen. Und natürlich trifft das Konzept des Dolcefarniente wie alle Generalisierungen nur bis zu einem gewissen Punkt zu.

In Italien leben mehr als 60 Mio. Menschen. Und auch wenn das Dolcefarniente ohne Zweifel Teil der italienischen Kultur ist, so heißt das doch nicht, dass jeder Einzelne von ihnen es auf die gleiche Weise interpretiert oder sich überhaupt Zeit dafür nimmt. Die Idee von der Realität des Alltags benötigt Komplexität und Tiefe, die über das hinausgehen, was man über die Italiener:innen und ihre Lebensart so gehört hat. Vertrauen Sie mir, schließlich bin ich selbst Italienerin.

DIE ITALIENISCHE KÜCHE: EIN MYTHOS

Die Suche nach „authentischer" Küche entwickelt sich oft zur Jagd nach dem Heiligen Gral, dabei liegt das Glück doch oft so nah.
Von Virginia DiGaetano

EINER MEINER ERSTEN AUFTRÄGE als Reiseleiterin war eine Gruppe selbsternannter „Gourmets", die an einer Tour durch Zentral- und Süditalien interessiert waren. Trotz meiner instinktiven Abneigung gegen die Begriffe „Gourmet" und „Tour" erstellte ich eine Route rund um traditionelle Zutaten, Gerichte und Orte. Zwei Wochen langen probierten sie römische *porchetta*, umbrische Trüffel und noch warmen *mozzarella di bufala* vor den Toren Neapels. Die durchwachsene Resonanz wurde taktvoll geäußert: Das eine war ihnen zu fett, das andere zu sauer.

Eines unserer Ziele erreichten wir zu jener kulinarischen Unzeit zwischen Mittag- und Abendessen, zu der nur die trostlosesten Lokale geöffnet haben. Der Besuch eines „authentischen" Bauernhofs am selben Tag war bereits ins Wasser gefallen und die ausgehungerte Gruppe irrte durch die verlassenen Straßen, bis einem von ihnen ein Neonschild mit der Aufschrift „Home Cooking" auffiel. Bevor ich protestieren konnte, betraten sie einen Laden, den lediglich eine prominent platzierte Mikrowelle und *parmigiana di melanzane*, die „berühmte" Spezialität des Hauses, als Gastronomiebetrieb auswiesen. Das Gericht, das serviert wurde, hatte kaum mehr was mit Aubergine (*melanzana*) oder Parmigiana zu tun, doch alle verzehrten es mit purem Vergnügen. Das gefräßige Schweigen durchbrachen schließlich die Worte „Endlich italienisches Essen!".

Seit Josef von Arimathäa sich dazu entschloss, die halbe Welt auf die vergebliche Jagd nach dem Gral zu schicken, gab es keine unsinnigere Mission und so wie sich um den Gral tausende Mythen spannen, haben wir vergessen, was die italienische Küche eigentlich so besonders macht. Wir sind so von „authentischen" Erlebnissen besessen, dass wir die Gerichte des Betrugs und Meineids bezichtigen, obwohl die Schuld doch bei uns selbst zu suchen ist.

Wie schmeckt etwas Authentisches und warum suchen wir gerade in Italien so krankhaft danach? Jede der 20 Regionen in diesem so facettenreichen Land könnte das Vorrecht auf ein italienisches Nationalgericht beanspruchen und jede Stadt, jeder Ort und jedes Dörfchen hat endlose Varianten davon. Fragt man jemanden in Genua nach dem Rezept für Pesto, diskutiert – ehe das Gegenüber telefonisch um mütterlichen Rat

STORYBOOK

Caponata und Bruschetta

ELENA VESELOVA/SHUTTERSTOCK ©

fragen kann – auf einmal die ganze Straße darüber, ob Knoblauch nun hineingehört oder nicht. Und wer bei einem Spaziergang durch die belebten sizilianischen Gassen von Palermo oder Catania *caponata* probiert, sollte sich bloß nicht anmaßen, eines davon zum Original zu erklären.

Die besten Restaurants im Piemont und in Venetien bieten allesamt hauseigenes Risotto mit dem Anspruch auf die originalgetreueste Version. Niemand macht dem öligen *mantecato* Konkurrenz, den man beim Besuch einer befreundeten Familie irgendwo in den Reisebenen des Po-Tals bekommt. In Bologna servieren geradezu mystifizierte Trattorien *ragù bolognese*, das so lange auf dem Herd kocht, dass es auf den Wänden bernsteinfarbene Schlieren hinterlässt, die wie die Jahresringe eines Baumes Aufschlüsse über das Alter des Speiseraums geben. Auch hier gibt es endlose forensische Diskussionen über die korrekte Temperatur und die Kochzeit. Jeder hat eine andere Meinung und für einen selbst, als Neuling auf dem Gebiet, klingt alles plausibel.

Nach Rom führen bekanntlich alle Wege und hier ist die Frage aller Fragen die nach der wahren Carbonara. Hitzige Debatten um den richtigen Speck (*guanciale*), die Nudelform (Rigatoni) und die Ursprünge des Gerichts (wer kennt die schon) werden mit religiösem Eifer geführt und auf jede Person, die sich für den Heiligen Hüter der Carbonara hält, kommen mindestens fünf gegensätzliche Meinungen. Irgendwann scheint sich alles in einem einzigen kulinarischen Nebel aufzulösen, in dem jedes Essen „authentisch“ wirkt. Dann erinnert man sich plötzlich nur noch an dieses Mikrowellengericht in diesem einzigen offenen Lokal an jenem Tag, an dem einem alles egal war. Wem das geschieht, der hat sich von der immensen Fülle des italienischen kulinarischen Kanons überwältigen lassen, doch keine Sorge, das passiert den Besten unter uns.

Es gibt jedoch ein Geheimnis, das im Grunde mehr als offensichtlich ist. In Italien zu essen bedeutet, die Vielfalt zu umarmen, sich den ureigenen Geschmackserlebnissen hinzugeben, jedes Gericht, jeden Bissen, jeden Löffel mit allen Sinnen zu erleben. Es geht um Freude, Gemeinschaft und Leidenschaft, die sich wie die rauchigen Aromen eines perfekten *ragù* miteinander verbinden. Die Suche nach „Authentizität“ ist mittlerweile das verzweifelte Streben nach kulinarischen Erlebnissen, die sich für uns (oder die jeweilige Instagram-Gemeinde) durch und durch „echt“ anfühlen. Im Grunde wollen wir jedoch einfach nur dazugehören und tatsächlich ist jedes Erlebnis, das wir mit anderen teilen, „echt“. „Authentische“ Erfahrungen geben uns manchmal das Gefühl, Teil von etwas zu werden. In Italien wirkt alles flüchtig, vergänglich und zerbrechlich, das Essen ist jedoch – in welcher Form auch immer – echt. Beim Dazugehören geht es nicht um das warum, sondern um das wie. Es gibt kein Nationalgericht, denn jede Speise ist ein Beweis für unsere Existenz, zumindest bis die letzten Soßenreste vom Teller gewischt sind. Italien ist ein altes Land mit einer langen Geschichte, in dem alles im Fluss ist. Doch heute Morgen, heute Abend oder an einem Sonntagnachmittag brechen wir gemeinsam das Brot und es ist – ob gesalzen oder nicht – „echtes italienisches Essen“, weil es tiefere, echte Bedürfnisse befriedigt.

Jahre nach jener Tour aß ich mit einem hoch geschätzten alten Freund in einem der oft übersehenen Viertel Neapels zu Mittag. Es war einer dieser brütend heißen, schwülen Tage, an denen nur einige Gläser *Fiano di Avellino* – ein Weißwein, der für diese Umstände erfunden zu sein scheint – helfen. Ich bestellte lediglich eine *insalata caprese* mit reifen Tomaten und saftigem Mozzarella, doch mein Freund, der aus Neapel stammt, entschied sich ohne zu zögern für Auberginen-Parmigiana. Das Gericht kam, blubbernd wie Lava aus dem nahen Vesuv, und er langte unbeirrt und mit dem typischen Mut angesichts der glühend heißen Terrine zu. Ich fragte ihn, warum er sich das antut. Er schluckte den goldenen Fiano hinunter und gab mir die einfache, wunderbare Antwort:

„Ich wollte echtes Essen.“

Abgeordnetenkammer im Palazzo di Montecitorio, Rom (S. 83)
ALESSIA PIERDOMENICO/SHUTTERSTOCK ©

UNREGIERBARES ITALIEN

Die italienische Politik erscheint oft unorganisiert, chaotisch und verwirrend. Und genau das ist das Problem. Von Virginia DiGaetano

WER SICH JEMALS längere Zeit in Italien aufgehalten hat, erlebte sehr wahrscheinlich einen Regierungswechsel. Das wurde natürlich nicht an die große Glocke gehängt, kann aber von Taxifahrer:innen bis Steuerberater:innen dennoch erwähnt werden. Nicht, dass sie es als furchtbar wichtig empfinden, denn mit 70 Regierungen in knapp 75 Jahren fühlt sich das politische System Italiens wie ein amputiertes Körperglied an, das unbedingt wieder richtig funktionieren will. Der reine Anachronismus.

Doch auch wenn sich das Land scheinbar permanent am Rand einer Katastrophe befindet, so kann das System immerhin verhindern, dass eine Person die Macht an sich reißt. In Italien misst sich der Erfolg führender Politiker:innen eher daran, wie oft sie die Macht abgeben mussten, statt sie zu behalten. Dieses System funktioniert einwandfrei.

Die Aussage, Italien sei an den Folgen des Zweiten Weltkriegs zerbrochen, wird dem Trauma nicht ganz gerecht: Unter Mussolini war die Wirtschaft zusammengebrochen und der gesellschaftliche Zusammenhalt verschwunden. Die Wunden waren jedoch noch tiefer. Nach zwei Jahrzehnten Faschismus bestand eine moralische und fast schon psychotische Ablehnung von Idealen wie Ordnung, Disziplin und Autorität. Als Italien beim Referendum 1946 die Wahl zwischen der Wiederherstellung der vor dem Krieg abgeschafften Monarchie und der Ausrufung einer Republik hatte, entschied sich die Mehrheit aus ebenso viel Verzweiflung wie Überzeugung für letzteres.

In der verfassungsgebenden Versammlung wollten und konnten sich die Abgeordneten auf wenig mehr einigen, als die erneute Machtergreifung durch eine einzelne Person zu verhindern. So wurde das Amt des Premierministers bzw. der Premierministerin bewusst schwach gehalten und von beiden Kammern des Parlaments abhängig gemacht. Doch wie so vieles, was in den Wirren der Nachkriegsjahre schief ging, wurde auch die Republik in einem politischen Vakuum gegründet. Niemand war bereit, die Vergangenheit aufzuarbeiten, und niemand hatte wirklich einen Plan für die Zukunft. Denn alles war besser als die jüngste Vergangenheit. So wurde Führungsschaft zu einem fiktiven Konzept im

Italien des 20. Jhs. Die Verfassung begründete die unendliche Geschichte einer Politik der guten Absichten und gab nur eine sehr allgemeine Richtung vor.

Die neue Verfassung hätte aber die Bevölkerung stärker daran beteiligen sollen, den Weg in die Zukunft festzulegen. Stattdessen kann ein kleiner Teil der Regierung das ganze System zum Einsturz bringen, was dann zum permanenten Wechsel der Premierminister:innen führte. Keine in der Politik tätige Person, und sei er oder sie noch so mächtig, übersteht ein Misstrauensvotum im italienischen Parlament. Selbst Giulio Andreotti, der im Nachkriegsitalien über so viel Macht verfügte, dass er schon der „Beelzebub" genannt wurde, musste siebenmal eine neue Regierung bilden. Tatsächlich hält er auch den zweifelhaften Rekord (einer von vielen) der kürzesten Amtszeit mit neun Tagen. Danach musste er sich einer Vertrauensabstimmung stellen, die er verlor.

In den folgenden Jahren wiederholte sich das Spiel immer und immer wieder. In der Zeit des ehemaligen Sängers auf Kreuzfahrtschiffen Silvio Berlusconi entwickelte (oder besser degenerierte) die italienische Politik endgültig zum Witz. Bei der endlosen Folge technokratischer Regierungen und großer Koalitionen war es unmöglich zu sagen, wer gerade gewählt war und wer mit wem koalierte. Außerdem verwandelten die byzantinischen Wahlgesetze das politische System in ein undurchdringliches Labyrinth. Das war jedoch kein Chaos und auch nicht ungeplant, sondern die Perfektion eines Systems, das die Mittelmäßigkeit förderte, um den erneuten Ausbruch von Totalitarismus zu verhindern.

Die Tatsache, dass Krisen zum Standard der Politik werden, hätte und hat andere Staaten ruiniert. Doch Italien hat überlebt und blühte auf, wegen oder vielleicht auch trotz dieser Uneinigkeit. Alles, was die Welt an Italien liebt und schätzt, von der Kunst über die Architektur bis zu handgemachter Pasta beruht auf dieser inneren Zerrissenheit. Italiens Göttlichkeit besteht aus seiner offensichtlichen Unmöglichkeit – die Tatsache, dass es trotz allem noch existiert.

Demokratien müssen sich mit der Unvollkommenheit abfinden, aber gleichzeitig den Idealzustand anstreben. Noch so ein Anachronismus. Demokratien auf der ganzen Welt unterliegen derzeit dem Stresstest. Einige schaffen es, andere zerbrechen. Wie die Gassen, Kanäle, Boulevards und Bergstraßen, die das Land durchziehen, verfolgt Italien seinen Weg in der Politik. Dabei lauert überall der Geist des Faschismus, der sich ins italienische Bewusstsein eingebrannt hat. Manchmal scheint er auch wieder aufzutauchen wie ein nie bewältigtes Trauma. Doch der *poltrona*, quasi der Thron der italienischen Republik, ist gespickt mit spitzen Nägeln und so scharfkantig, dass es sich niemand darauf bequem machen möchte. Die Situation ist nicht ideal, doch sie verschafft uns Zeit.

Wer Italien wirklich liebt, muss das Chaos mit dem Übernatürlichen verbinden. Wir tun das mit unserer eigenen Art des Kompromisses: Wir werden nach Regeln regiert und verwaltet, die für uns Menschen völlig unverständlich sind. Andererseits verfügen wir über gute Beziehungen, die uns helfen, mit allen Widrigkeiten fertig zu werden. Gelegentlich werden wir von der dunklen Macht der *burocrazia* heimgesucht, doch wir begegnen ihr mit angemessener Reaktion. Wir fragen uns lautstark, warum so viele Gesetze für so wenig Regierung nötig sind und warum das ganze System nicht einfach irgendwie neu gestartet werden kann und wir dann dankbar sein können, dass dabei die unglaublichen Schätze dieses schönen Landes erhalten bleiben. Wir schauen auf unerschlossenes oder verlassenes Land und erkennen ein ungeheures Potenzial so weit das Auge reicht. Und wir wünschen uns, dass es doch endlich etwas besser funktionieren soll, wenn wieder einmal die Regierung wechselt.

Und dann leben wir unser Leben weiter, mit dieser unmöglichen Mischung aus Fatalismus und Hoffnung, und freuen uns auf das, was noch kommen kann. Italien aber ist das beste und schlechteste der zwei Welten und wird weiter bestehen. Bis in alle Ewigkeit.

DOV'ERA, COM'ERA:
WARUM ITALIEN IN DER VERGANGENHEIT LEBT

Zerstörte Gebäude werden originalgetreu wieder aufgebaut, Kunsthandwerker:innen arbeiten nach jahrhundertealten Traditionen. Und die Frage stell sich: Was hat Italiens Liebe zur Vergangenheit mit dem Dolce Vita zu tun? Von Julia Buckley

WAS HABEN LEONARDO da Vincis *Abendmahl*, Bolognas *Sala Anatomica* und Venedigs *Teatro La Fenice* gemeinsam? Keines ist das, was es zu sein scheint. Während *Das Abendmahl* – zum Glück – das Original ist, wurde das Mailänder Kloster, in dem es hängt, nach der Zerstörung im Zweiten Weltkrieg wieder aufgebaut. Und die anderen beiden? Sind ebenfalls Nachbildungen der Originale. Doch das ist nicht zu erkennen, denn Italiens Liebe zu seiner Geschichte und Tradition sorgt dafür, dass alles so bleiben soll, wie es war.

Dov'era, com'era („Wo es war, wie es war") lautet Italiens Motto. Was durch Bomben oder Feuer zerstört wurde, wie der Sala Anatomica und La Fenice, wird wieder aufgebaut. Dabei wird dann aber, wie im Fall des Fenice 1996, das neue Gebäude nicht etwa auch gleich modernisiert, sondern wird wieder genau so aufgebaut, wie es vor 200 Jahren aussah. Das ist aber nicht zu sehen. Wer heute das Fenice besucht, kommt kaum auf die Idee, dass die barbusigen Meerjungfrauen aus Stuck und die vergoldeten Putten 2003 geschaffen wurden. Ein anderes Wahrzeichen von Venedig ist ebenfalls modern. Der hohe Campanile aus Backstein auf dem Markusplatz wurde 1912 errichtet. Er ist die perfekte Nachbildung des mittelalterlichen Turms, der im 10. Jh. begonnen und 1514 vollendet wurde, dann aber 1902 einstürzte.

Beim *Abendmahl* liegen die Dinge etwas anders. Kunst ist in Italien heilig. Deshalb wurden wieder hergestellte Wände nicht mit den ursprünglichen Fresken bemalt, sondern wie im Fall des Refektoriums von Santa Maria delle Grazie nur weiß getüncht. *Dov'era, com'era* – so wie sie waren, bevor Leonardo und seine Kollegen sich ans Werk machten.

Italien steckt in vielerlei Hinsicht in seiner Vergangenheit fest. Wenn Einheimische über ihre Stadt sprechen, schwärmen sie von ihrer Geschichte in der Renaissance, loben die mittelalterliche Kirche im Ort und zeigen – wie in Bergamo – die Überreste einer frühchristlichen Kirche unter der barocken Kathedrale. Sie kochen auch immer noch nach jahrhundertealten Traditionen. So stammt ein traditionelles Gericht in Ferrara vom Hof der Familie Este aus der Zeit der Renaissance.

Buchhändler:innen beim Duomo in Mailand (S. 235)

BUENA VISTA IMAGES/GETTY IMAGES ©

Auch die Sprache wird bewahrt, und zwar sowohl die Hochsprache als auch die Dialekte. In Städten wie Neapel, Venedig und Palermo wird in Bars und Zeitungskiosken noch Dialekt gesprochen. In den kleinen Städten lernen die Kinder Italienisch in der Schule und den örtlichen Dialekt zu Hause. Und während die Menschen in den Städten versuchen, die vor der Vereinigung gesprochenen Dialekte zu bewahren, kämpft die Landbevölkerung gegen das Überhandnehmen von Englisch und Italienisch. Die Accademia della Crusca (wörtlich „die Akademie der Kleie"), die 1564 in Florenz gegründet wurde, soll den linguistischen Weizen von der Spreu trennen, indem sie schnöde Anglizismen durch italienische Worte ersetzt und die italienische Sprache rein hält. So legte sie 2020 in einem Essay mit 3500 Worten fest, dass COVID maskulin und nicht feminin ist.

Selbst die Geschäfte fühlen sich der Geschichte verpflichtet. Nicht nur, wenn es um die unendlich vielen Pastaformen im Land geht (als unmöglich gelten z. B. Croxetti, runde mittelalterliche Pasta aus Ligurien, die wie Hostien aussehen und teilweise auch so schmecken), sondern auch bei Souvenirs. Italienische Kunsthandwerker:innen erwecken jahrhundertealte Techniken zu neuem Leben und fertigen Marmorpapier in Venedig (die Technik gelangte einst aus der Türkei über die Seidenstraße hierher) und geflochtene Körbe und Hüte in der Provinz Macerata in den Marken. Die *botteghe* von San Gregorio Armeno in Neapel stellt schon seit dem Mittelalter Krippenfiguren in derselben Straße her.

Die Achtung vor der Geschichte wird noch deutlicher in der Architektur. Obwohl während des Faschismus moderne Bauten in Hülle und Fülle entstanden (mehr dazu später), finden sich im *centro storico* der meisten Städte keine modernen Gebäude. Es gibt sie zwar, doch sie wurden etwas abseits errichtet. In Städten von Padua bis Lecce ist die Altstadt von hässlichen modernen Gebäuden umgeben, während schön gelegene Städte wie Urbino und Matera ihre Betonblöcke in den 1950er-Jahren an der weniger spektakulären Seite des Hügels oder der Schlucht errichten.

Hat das die modernen Architekten in Italien frustriert? Vermutlich schon. Carlo Scarpa aus Venedig entwickelte einfach einen sehr unscheinbaren Stil. Die wenigen Projekte in seiner Heimatstadt sind fast unsichtbar und wollen keinesfalls mit der bombastischen Umgebung konkurrieren. Nachdem sich Claudio Nardi zunächst vom sizilianischen Barock inspirieren ließ, fiel sein Hotel in Florenz dann deutlich schlichter aus. Zuerst baute er die alte Fabrik Riva Lofts zu seinem Atelier um und danach in ein einfaches modernes Hotel. Er bezeichnet es als „kollektive Erinnerung", in der die Vergangenheit des Gebäudes zu erkennen ist. So gesehen braucht man wirklich keine Wolkenkratzer.

Natürlich gibt es moderne Architektur in Italien – die zumeist Weltklasse-Niveau hat –, doch sie ist nur außerhalb der Stadtzentren zu finden. So z. B. der Bosco Verticale (oder Vertikaler Wald) in Mailand; die beiden Mehrfamilienhäuser, die mit 17 000 Bäumen bepflanzt sind, stehen im modernen Stadtviertel Porta Nuova nördlich des Stadtzentrums. Die 2012 angelegte Piazza Gae Aulenti erinnert eher an Amerika als an einen Platz in Italien. Ein weiteres Beispiel für moderne Architektur findet sich in Genua. Dort hat Renzo Piano das Hafenviertel Porto Antico umgestaltet. Dafür gab es jedoch einen guten Grund. Der uralte Hafen, von dem einst Kolumbus in die neue Welt aufbrach, wurde nach dem Bau des neuen Hafens im 19. Jh. nicht mehr gebraucht. Mit der Umgestaltung 1992 erweckte Piano das Viertel zu neuem Leben.

Italiens Liebe zu seiner historischen Architektur hat jedoch auch eine Kehrseite. In den 1920er- und 1930er-Jahren formte der faschistische Diktator das Land nach seinen Vorstellungen um. Getrieben von dem Ziel, eine neue Architektur zu schaffen, ließ der bauwütige Mussolini ganze Städte neu errichten und fügte seine faschistische Architektur den historischen Stätten hinzu, wie etwa bei der Piazza del Duomo in Mailand. Dabei verband er die klassischen Strukturen des alten Rom mit den geraden Linien des Art déco zu einem neuen Stil der rationalistischen Architektur. Beispiele dafür sind der Hauptbahnhof in Mailand und das Stadtviertel EUR in Rom. Der Stil ist zwar spektakulär, diente aber auch der Propaganda. Mit der Berufung auf das alte Rom rechtfertigte er seinen Anspruch, ein zweites Kaiserreich von Gottes Gnaden zu begründen. Um die glorreichen Zeiten von Kaiser Augustus und anderen wieder herzustellen, eroberte er Länder wie Äthiopien, Albanien und Ägypten. Die mit der Vergangenheit verbundene Architektur wiederum sollte den Faschismus für immer zum wesentlichen Bestandteil des Landes machen.

ATZORI RICCARDO/SHUTTERSTOCK ©

Einige alte Stile sind einander ähnlicher als andere. So findet man in Italien kaum die Industriearchitektur des 19. und 20. Jhs., denn die Bauten wurden abgerissen und neu errichtet, sobald sich die Mode änderte. Einige Ausnahmen gab es jedoch, wie z. B. die Areadocks in Brescia, eine Reihe von Eisenbahndepots, die in ein Zentrum des Nachtlebens verwandelt wurden, das man so eher in Downtown Los Angeles erwarten würde. Auch Turin hat als einzige Stadt ihr industrielles Erbe bewahrt, indem alte Fabriken zu Galerien und Veranstaltungsorten wurden.

WÜRDE ITALIEN AUCH OHNE DIE IDEE DES DOV'ERA, COM'ERA SO VIELE TOURISTEN ANZIEHEN? EHER NICHT.

Seit solche Veranstaltungsorte immer beliebter werden, dürften bald auch weitere Industriebauten auf diese Weise erhalten werden. Das Arsenale, die frühere Schiffswerft in Venedig ist heute einer der gefragtesten Veranstaltungsorte des Filmfestivals Biennale. Und während sich der Tourismus auf Sardinien vor allem auf die Strände konzentriert, besinnen sich die Orte Iglesias und Carbonia auf ihre alten Bergwerke und eröffnen im Bergwerk Serbariu das Museo del Carbone (Kohlemuseum). Auch das Schaubergwerk in den Klippen von Porto Flavia zeigt eine ganz andere Seite von Sardinien. Selbst Carbonia ist eine Art Kulturerbestätte, denn auch diese Stadt wurde von Mussolini neu gebaut. Seitdem hat sich hier kaum etwas verändert, und so ist sie ein gutes Beispiel für den rationalistischen Stil.

Von der einer Heiligenverehrung gleichkommenden Liebe zu seiner Vergangenheit profitiert Italien nun schon seit der Zeit der großen Bildungsreisen. Wir alle kommen wegen dieser Geschichte hierher: das ursprünglich erhaltene *centro storico*, die Kirche mit dem Original von Tintoretto, die Biennale in der ehemaligen Schiffswerft. Ein großer Teil des Dolce Vita beruht auf dieser Fähigkeit, die Vergangenheit am Leben zu erhalten. Würde Italien auch ohne die Idee des *dov'era, com'era* so viele Touristen anziehen? Eher nicht.

Mittlerweile sind Vergangenheit und Moderne eine Liaison eingegangen, die zerbrechlich ist und sich ständig verändert. Während des Lockdowns im Januar 2021 entdeckten Spaziergänger auf Lido einen riesigen Haufen Backsteine, die an den Strand gespült worden waren. Es stellte sich heraus, dass die byzantinischen, mittelalterlichen und sogar römischen Steine von einem eingestürzten Campanile stammten und in der Lagune entsorgt worden waren.

Passenderweise tauchten sie genau zu dem Zeitpunkt auf, als die Menschen in Venedig ihre Vergangenheit angesichts der unsicheren Zukunft bewahren wollten und die Steine einsammelten. *Dov'era, com'era* – der Campanile ist zwar zerstört, aber nicht verschwunden.

Porto Flavia, Sardinien (S. 720)

ALBERTO MASNOVO/SHUTTERSTOCK ©

Vittoriano, Rom (S. 67)

DAS LAND DER TAUSEND KULTUREN

Italiens Geschichte – von den rivalisierenden Stadtstaaten zur Einigung 1861 – zeigt, dass es ein Land ungeheurer Vielfalt ist. Von Julia Buckley

WERDEN ITALIENER:INNEN nach ihrem Lieblingsort gefragt, halten sie die Frage für einen Witz. Rom, Florenz, Venedig? Sicher nicht, sondern immer die jeweilige Heimatstadt.

Mehr als die meisten Europäer:innen fühlen sich die Italiener:innen in ihrem Geburtsort verwurzelt. Nicht umsonst spricht die Landbevölkerung von ihrem *paese* – wörtlich das „Land" – wenn sie ihr Dorf meint. Für Italiener:innen sind Städte und Dörfer ihre Welt. Sie haben ihr eigenes Essen, ihr Kunsthandwerk und oft einen eigenen Dialekt.

Grund für diese Haltung ist die recht junge Geschichte Italiens. Während Portugal 1143 und Dänemark schon 965 gegründet wurden, wurde Italien erst 1861 zu einer einzigen Nation. Davor bestand das Land aus rivalisierenden Regionen, die im Laufe der Jahrhunderte wechselnde Allianzen bildeten, sobald eine fremde Invasion drohte. Das Wort „Italien" wurde zwar schon seit Jahrtausenden benutzt, jedoch nicht als Bezeichnung für die gesamte Halbinsel. Dante beschrieb das Italien, das wir heute darunter verstehen, als *I bel paese là dove 'l sì suona* – das schöne Land, das wie das Wort *sì* (= ja) klingt. Und *sì* – daher stammt Italiens Spitzname als *bel paese*.

Doch das Jahr 1861 – als Vittorio Emanuele II vom neuen Parlament in Turin zum König proklamiert wurde – ist nicht die ganze Geschichte. Als *risorgimento* (Wiederauferstehung) wird der jahrzehntelange Kampf (1848–71) um die Einigung des Landes bezeichnet. Bis 1830 bestand die Halbinsel aus acht Staaten, die alle ihre eigenen Gesetze und Zollbestimmungen hatten. Heute sind viele Straßen nach den Vorkämpfern der Einheit benannt: Cavour, Mazzini, und natürlich Garibaldi. 1861 hatten sie bis auf Rom und Venetien (die unter der Herrschaft des Papstes bzw. Österreichs standen) zusammengebracht. 10 Jahre später war die Einigung vollendet, und nach dem Ersten Weltkrieg kamen weitere Regionen in den Bergen dazu.

Die bewegte Geschichte ist die Stärke Italiens und der Grund für vieles, was wir an diesem Land so lieben. Während der Renaissance konkurrierten die einzelnen Staaten miteinander um die Verpflichtung der besten Künstler, Schriftsteller und Architekten. Selbst der aus Florenz vertriebene Dante schrieb seine *Göttliche Komödie* in Ravenna und sparte nicht an Häme und Kritik an seiner Geburtsstadt. Wäre Italien schon damals ein Land gewesen, gäbe es wohl all die großartigen Kunstwerke nicht. Aus diesem Grund konnte sich auch eine äußerste vielseitige Architektur entwickeln, denn statt einer zentralen Hauptstadt gab es eine in jeder Region, die die unterschiedlichsten Prachtbauten errichteten.

Die Staaten erfreuten sich nicht nur der uneingeschränkten Loyalität ihrer Bevölkerung, sondern waren teilweise auch von fremden Mächten beherrscht, was die Gesellschaft noch enger zusammenschweißte. So hasst Venedig bis heute Frankreich und fordert teilweise sogar eine Entschädigung für die von Napoleon verursachten Zerstörungen und Plünderungen. Und Sardinien wird niemals vergessen, wie Spanien die Insel bis auf die Knochen ausbeuteten.

Es sind jedoch nicht nur die ausländischen Fremden, die sie hassen. Der Patriarch oder Oberster Priester von Venedig stammt aus Genua. Die Bevölkerung nimmt ihn nicht ganz ernst und bezeichnet ihn als *poverino* („armes Ding"), denn Genua und Venedig standen als größte Seemächte in ewiger Konkurrenz zueinander. Heute tragen die vier ehemaligen Seemächte Venedig, Genua, Pisa und Amalfi jedes Jahr eine hart umkämpfte Regatta um die Vorherrschaft auf See aus. Neapel dagegen hasst Garibaldi, weil dieser 1860 durch die Stadt zog und angeblich die kostbarsten Schätze raubte. Durch die Einigung verlor der ehemals wohlhabende Süden viel Geld. Mit der Einigung des Landes sorgte Garibaldi für einen tiefen Riss zwischen dem Süden und Norden, der bis heute besteht und den Erfolg von Parteien wie der Lega Nord begründet.

Was die Politik zerstört, sorgt jedoch für faszinierende Reiseerlebnisse. Garibaldis Anhänger in ihren roten Hemden wurden als *I Mille* (Die Tausend) bezeichnet und bis heute scheint Italien das Land der 1000 Kulturen zu sein. Überall gibt es unterschiedliche Gerichte, Essensfeste und Rituale. Von seltsamen Seefischen in Iseo und Como bis zum herbstlichen Kastanienfest im toskanischen Apennin, wo seit Jahrhunderten der Albero *del pane* (Brotbaum) der Armen gefeiert wird.

Je weiter du reist, desto mehr regionale Unterschiede wirst du entdecken. So ist in der Po-Ebene das traditionelle Grundnahrungsmittel Reis und nicht Pasta, während das Street Food in Ligurien ganz dem Mittelalter verhaftet ist (d. h. ohne Tomaten auskommt). In der Toskana werden überwiegend Hülsenfrüchte gegessen, in Venetien dagegen Polenta. Im Norden wird traditionell Butter verwendet, im Süden Öl. Doch nicht nur die Essensgewohnheiten unterscheiden sich. Auch die legendäre Freundlichkeit des Südens ist im Norden nicht zu finden.

Auch wenn Italiener:innen in andere Städte umziehen, bleiben sie ihrem Geburtsort immer treu. Fragt man Einheimische in Mailand, woher er oder sie kommt, so lautet die Antwort fast nie „Mailand", sondern es folgt eine verklärende Beschreibung des Geburtsortes. In Cammarata in Sizilien organisierten Angehörige der Generation Y, die wegen des Jobs ihre Heimatstadt verlassen hatten und während der Pandemie wieder zurückkehrten, das berühmte Ein-Euro-Wohnprojekt, um ihre Stadt zu neuem Leben zu erwecken.

Die übertriebene Fixierung auf den Herkunftsort hat auch ihre Nachteile. So wirst du in Bologna kaum ein Restaurant finden, das nicht nur die Küche Bolognas anbietet (das Oltre bietet zumindest eine moderne Küche Bolognas und das Ristorante Ponterosso in Monteveglio variiert sehr kreativ die traditionelle Küche). Und in Rom musst du eben *cacio e pepe* und *gricia* essen.

Andererseits ist es diese Vielfalt, die Italien zu einem der faszinierendsten Länder der Welt macht. Jeder Ort hat seine eigene Kultur, von der Küche über die Sprache bis zur Lebenseinstellung. Das *paese* ist überall anders. Und das gilt es zu entdecken.

REGISTER

Verweise auf Karten **000**

Verweise auf Karten **000**

Verweise auf Karten **000**

Verweise auf Karten **000**

Verweise auf Karten **000**

Verweise auf Karten **000**

R

Verweise auf Karten **000**

S

Verweise auf Karten **000**

ÜBER DIESES BUCH

Dies ist die 10. deutschsprachige Ausgabe von Lonely Planet *Italien*, basierend auf der 16. englischen Auflage von *Italy*. Dieser Reiseführer wurde von den folgenden Personen produziert:

Designentwicklung Marc Backwell

Inhaltliche Entwicklung Mark Jones, Sandie Kestell, Anne Mason, Joana Taborda

Kartografische Entwicklung Katerina Pavkova

Produktentwicklung Sandie Kestell, Fergal Condon

Leitung der Buchserienentwicklung Darren O'Connell, Piers Pickard, Chris Zeiher

Verantwortlicher Redakteur Daniel Bolger

Produktredakteurin Clare Healy

Buchdesign Fergal Condon

Kartografie Anthony Phelan

Redaktionsassistenz Janet Austin, Andrew Bain, Andrea Dobbin, Alison Killilea, Amy Lysen, Mani Ramaswamy, Brana Vladisavljevic

Umschlagrecherche Hannah Blackie

Dank an Ronan Abayawickrema, Katie Connolly, Gwen Cotter, Esteban Fernandez, Karen Henderson, Kate James

„Die Insel San Giorgio Maggiore (S. 307) ist eine Miniaturausgabe von Venedig. Die überwältigende Basilika mit Glockenturm von Palladio sieht fast so aus wie der Markusdom."

„Giorgio Vasaris und Federico Zuccaris *Jüngstes Gericht* (1572–1579) lässt sich auf dem Weg die 463 Stufen hinauf bis zum Dach der Cattedrale di Santa Maria del Fiore (S. 408) bewundern."

LINKS: VIACHESLAV LOPATIN/SHUTTERSTOCK ©, RECHTS: SILVERFOX999/SHUTTERSTOCK ©

ÜBER DIESES BUCH

Lonely Planet Global Limited

Digital Depot, Roe Lane (off Thomas Street)

Digital Hub

Dublin 8

D08 TCV4

Ireland

Verlag der deutschen Ausgabe:

MAIRDUMONT

Marco-Polo-Str. 1

73760 Ostfildern

www.lonelyplanet.de, www.mairdumont.com, lonelyplanet-online@mairdumont.com

Italien

10. deutsche Auflage August 2023, übersetzt von *Italy*, Mai 2023, Lonely Planet Global Limited

Deutsche Ausgabe © Lonely Planet Global Limited, August 2023

Fotos © wie angegeben 2023

Printed in China

Redaktion: Hannah Biller, Annegret Gellweiler, Sophie Härter, Guido Huß, Susanne Junker, Olaf Rappold, Katrin Schmelzle, Lisa Spägele, Stephanie Ziegler (red. sign, Stuttgart)

Übersetzung: Tobias Ewert, Derek Frey, Marion Gref-Timm, Gabriela Huber Martins, Laura Leibold, Britt Maaß, Marion Matthäus, Julie Rinkel-Bacher, Dr. Christian Rochow, Beate Staib

Dieses Buch wurde auf FSC® zertifiziertem Papier gedruckt. FSC® ist ein internationales Zertifizierungssystem für nachhaltigere Waldwirtschaft. Das Holz für dieses Papier kommt aus Wäldern, die verantwortungsvoller bewirtschaftet werden.